汽车专项维修技术精华丛书

汽修常用必备工具书

新款汽车保养灯归零与程序设定大全

张凤山◎主编

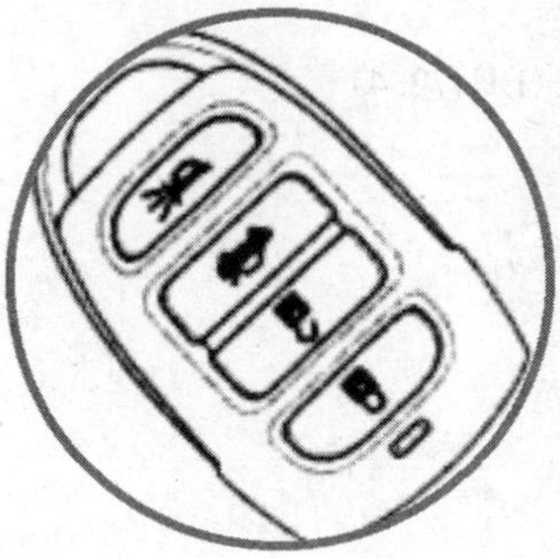

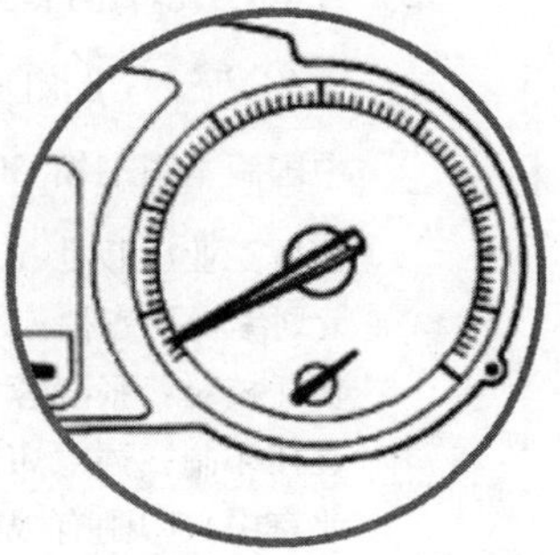

机械工业出版社
CHINA MACHINE PRESS

本书详细介绍了2008～2018年进口、国产车型200余款，内容包括防盗系统设定、匹配、编程、保养灯归零、初始化设定等。本书涉及的车型新、车系全，提供的资料新、准确翔实，操作步骤详细具体，让维修人员看得懂，用得上，是一本具有较高使用价值的维修工具书。

本书可供汽车维修人员参考和查阅，也可供汽修专业师生参考。

图书在版编目（CIP）数据

新款汽车保养灯归零与程序设定大全/张凤山主编．—北京：机械工业出版社，2018.5

（汽车专项维修技术精华丛书）

ISBN 978-7-111-59369-0

Ⅰ.①新… Ⅱ.①张… Ⅲ.①汽车－车灯－维修 Ⅳ.①U472.41

中国版本图书馆CIP数据核字（2018）第045370号

机械工业出版社（北京市百万庄大街22号 邮政编码100037）

策划编辑：齐福江 责任编辑：齐福江

责任校对：张晓蓉 封面设计：鞠 杨

责任印制：孙 炜

北京中兴印刷有限公司印刷

2018年7月第1版第1次印刷

184mm×260mm·27印张·658千字

0 001—2 500册

标准书号：ISBN 978-7-111-59369-0

定价：108.00元

前　　言

随着电子控制技术在汽车上的应用范围越来越广泛，以前只有高档汽车才有遥控器，而现在低端汽车也有遥控器。当增加或更换遥控器时，必须对新遥控器进行编程，否则遥控器将无法正常使用。当更换遥控器电池或遥控器出现故障时，也必须对遥控器进行同步设定。除这些需要进行程序设定外，还需要对保养车辆执行各种归零及设置，如保养灯归零、指南针设定、电动车窗和电动天窗的初始化、电动座椅位置记忆设定、电子钟时间设定等。

为满足维修厂和快修店的需求，我们整理、编译了200余款车型的维护保养资料，对车辆维护保养中必须执行的各种常见的遥控器设定、遥控器匹配、玻璃的防夹设定、电控单元编码与设定、怠速的设定、电动车窗的设定、保养归零以及初始化等做了详尽的介绍。维修人员参考此书，可以快速、准确地对各种新款轿车执行遥控器设定、匹配、编程、保养灯归零及其各项设定工作。

本书内容新颖，图文并茂、资料详实，详细地介绍了2008～2018年新款奔驰、宝马、路虎、捷豹、奥迪、沃尔沃、大众、斯柯达、标致、雪铁龙、通用别克、凯迪拉克、雪佛兰、悍马、福特、林肯、吉普、丰田、雷克萨斯、本田、讴歌、日产、英菲尼迪、三菱、斯巴鲁、马自达、现代、起亚、一汽奔腾、吉利、上汽荣威、长城、江淮、比亚迪、长安等200余款新车型。

本书由张凤山主编，李光、静永臣、林志柏、马俊任副主编，参加编写工作的还有赵树刚、袁绍武、张磊、朱德禄、苏洪、王颖、白俊杰、高建国、刘士春、王玥、佟荣长、王宝友、王宏臣、张立常、王新、高飞、崔秀梅、齐文明、卢元成、孙丽、张力言、吴梅、杨卫东、赵玉珠、陈磊、王蕾、白雪、静婧、冉明珠、苗吉祥、褚延辉、董红光、张焱、卢元祥、王宏、常宝新、侯艳香、张鹏、齐自平、马纪新、李辉、王秀文、李爽、魏琪、李玉朴、齐险峰、李明、袁野、王丽娟、李玉成、姜大庆、李强。本书在编写过程中，还参考了大量国内外相关的文献和资料，在此谨向这些资料信息的原创者们表示由衷的感谢！

编　者

目　　录

第七章 大众车系遥控器设定与保养灯归零 …………………………… 117

第三十章　一汽奔腾车系遥控器设定与保养灯归零 …… 399

第三十一章　吉利车系遥控器设定与保养灯归零 …… 403

第三十二章　上海荣威车系遥控器设定与保养灯归零 …… 405

第三十三章　长城车系遥控器设定与保养灯归零 …… 407

第一章　奔驰车系遥控器设定与保养灯归零

第一节　奔驰车系遥控器设定

一、奔驰 W169、W245、W221、W251、W219、W164、W230、W171、W639、X164 轿车遥控器设定（2008～2014 年）

（一）系统操作 1

1. 带无钥匙进入系统

（1）报警系统及中控锁系统将在无钥匙模式下解除。

① 携带遥控器接近车辆，握住驾驶人侧或乘客侧车门把手，所有车门及燃油箱盖解锁和报警系统解除。

② 携带遥控器接近车辆，接触行李箱盖把手，行李箱解锁和服侍。

（2）报警系统及中控锁系统将在无钥匙模式下激活。

① 点火开关置于 OFF 挡。

② 确保所有车门及行李箱盖关闭。

③ 按下驾驶人侧或乘客侧车门把手上的锁止按钮来锁止车辆。

④ 压住驾驶人侧或乘客侧车门把手上的锁止按钮来关闭车窗和天窗。

> **注意：**报警系统及中控锁系统功能可以使用诊断设备来改变。

2. 所有车型

（1）C－Class/CLK 车型：系统 LED 灯位于车内检测传感器/倾斜传感器解除开关上，在中央控制板上。

（2）其他车型：系统 LED 灯位于中控锁开关处。

（3）按下遥控器上的锁止键，锁止车辆并激活报警系统。指示灯将闪烁 3 次。

（4）按下遥控器上的解锁键，解锁车辆并解除报警系统。

（5）有些车型（若在控制模块，有选择编程）

① 按一下遥控器上的解锁键，解除系统并打开驾驶人侧车门和燃油箱盖。

② 按下遥控器上的解锁键 2 次，解除系统并打开所有车门和行李箱。

③ 当车速超过 15km/h 时，系统将自动锁止所有车门。

（6）若在 40s 内车门或行李箱没有打开，则锁止重新激活。

（7）车内检测传感器/倾斜传感器解除开关位于车顶控制板或中央控制板上。

（8）有些车型

① 遥控器上有行李箱释放键。

② 当车辆锁止时，使遥控器上的锁止键保持在压下位置，关闭车窗和天窗。

③ 当车辆解锁时，使遥控器上的解锁键保持在压下位置，打开车窗和天窗。

注意：在打开或关闭车窗和天窗时，遥控器一定要对准驾驶人侧车门把手上的红外线接收器。红外线只在此功能操作中使用，在报警系统及中控锁系统中不使用红外线。

（9）用遥控器可以改变报警系统及中控锁系统功能。

（二）遥控器编程

1. 当出现以下情况时，必须重新编程

（1）增加或更换遥控器。

（2）系统有故障。

2. 编程方法

遥控器只能利用诊断设备进行编程。

（三）遥控器电池更换方法

奔驰轿车遥控器电池更换方法，如图 1-1 所示。

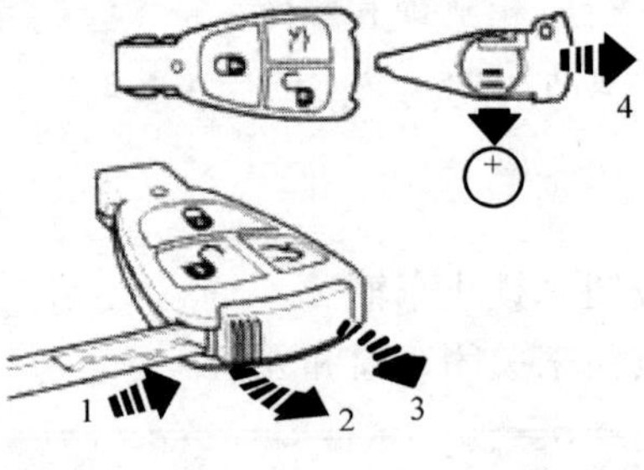

a) 类型1

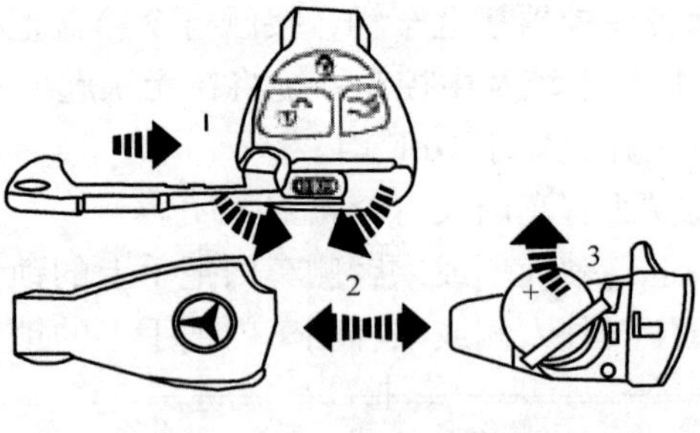

b) 类型2

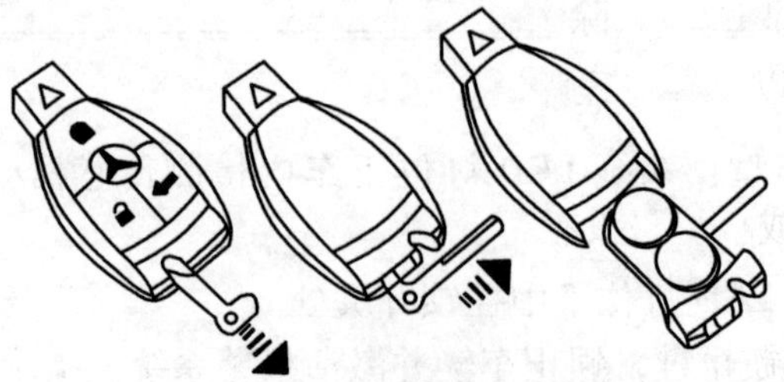
c) 类型3

图 1-1 电池更换方法

（四）系统操作 2

关闭点火开关后进入防盗报警状态。

（五）防盗编程

1. 当出现以下情况时，必须重新编程

（1）增加或更换遥控器。

（2）系统有故障。

2. 编程方法

防盗系统只能利用诊断设备来进行编程。

二、奔驰 W204 轿车遥控器设定（2008～2014 年）

（一）系统操作 1

1. 所有车型

（1）按下遥控器（图 1-2）锁止键，锁止车辆和激活报警系统。指示灯将闪烁 3 次。

（2）按下遥控器解锁键，解锁车辆和解除报警系统。指示灯将闪烁 1 次。

（3）整体关闭：使遥控器锁止键在压下位置来关闭车窗和天窗（若装备）。

（4）整体打开：使遥控器解锁键在压下位置来打开车窗和天窗（若装备）。

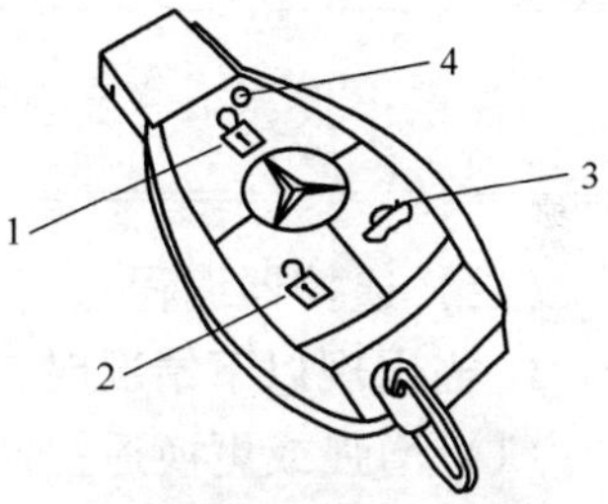

图 1-2　遥控器
1—锁止键　2—解锁键
3—行李箱盖释放键　4—LED 灯

> **注意：**在打开或关闭车窗和天窗时，遥控器一定要对准驾驶人侧车门把手上的红外线接收器。红外线接收器只在此功能操作中使用，在报警系统及中控锁系统中不使用红外线接收器。

（5）按下并按住行李箱盖释放键开行李箱。

（6）编程解锁功能

① 同时按下并按住遥控器锁止键和解锁键约 6s，直到遥控器 LED 灯闪烁两次。

② 按下遥控器解锁键一次，解除系统、解锁驾驶人侧车门和燃油箱盖。

③ 按下遥控器解锁键两次，解除报警系统、解锁全车车门和行李箱盖。

（7）重复上述程序可以重新编程解锁功能回到原始设定。当车速超过 15km/h 时，系统将自动锁止所有车门。

（8）若在 40s 内车门或行李箱没有打开，则锁止/报警重新激活。

2. 带无钥匙进入系统

（1）报警系统及中控锁系统将在无钥匙模式下解除。

（2）携带遥控器接近车辆，握住驾驶人侧车门把手，所有车门及油箱盖解锁和报警系统解除。

（3）携带遥控器接近车辆，按下行李箱释放按钮，行李箱打开和报警系统解除。指示灯将闪烁 1 次。报警系统及中控锁系统将在无钥匙模式下激活。

（4）确保所有车门及行李箱盖关闭。

（5）按下驾驶人侧或乘客侧车门把手（图 1-3）上的锁止键来锁止车辆。指示灯将闪烁 3 次。

（6）继续按下驾驶人侧或乘客侧车门把手上的锁止键来关闭车窗和天窗（若装备）。

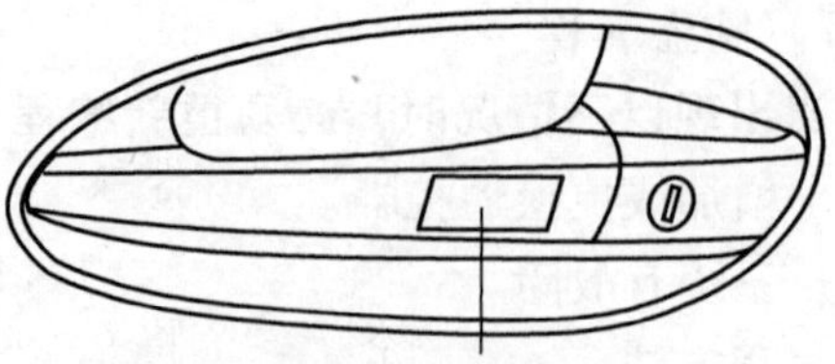

图 1-3　车门把手

注意： 报警系统及中控锁系统功能可以使用车辆多功能控制系统和诊断设备来改变。

（二）遥控器编程

1. 当出现以下情况时，必须重新编程

（1）增强或更换遥控器。

（2）系统有故障。

2. 编程方法

（1）获得所有的遥控器。

（2）遥控器只能利用诊断设备进行编程。

（三）遥控器电池更换方法

遥控器电池更换方法，如图 1-4 所示。

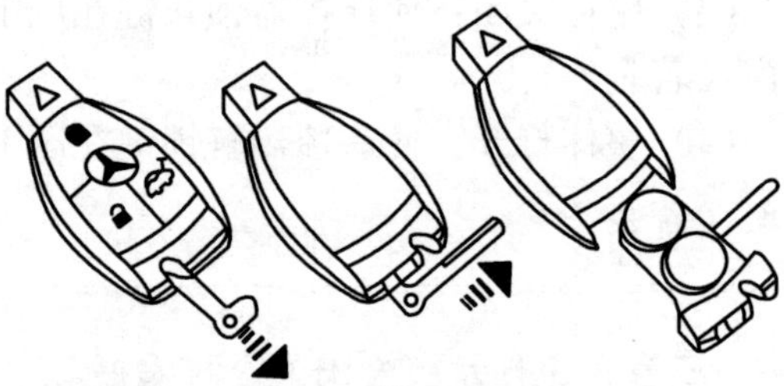
图 1-4　遥控器电池更换方法

（四）系统操作 2

关闭点火开关后进入防盗报警状态。

（五）防盗编程

1. 当出现以下情况时，必须重新编程

（1）增加或更换遥控器。

（2）系统有故障。

2. 编程方法

（1）获得所有遥控器。

（2）防盗系统只能利用诊断设备来进行编程。

三、奔驰 W212 轿车遥控器设定（2008～2014 年）

（一）系统操作 1

1. 所有车型

（1）按下遥控器（图 1-5）锁止键激活中控锁系统和报警系统。指示灯将闪烁 3 次。

（2）按下遥控器解锁键解锁中控锁系统和解除报警系统。指示灯将闪烁 1 次。

（4）按下行李箱盖释放键解锁行李箱。

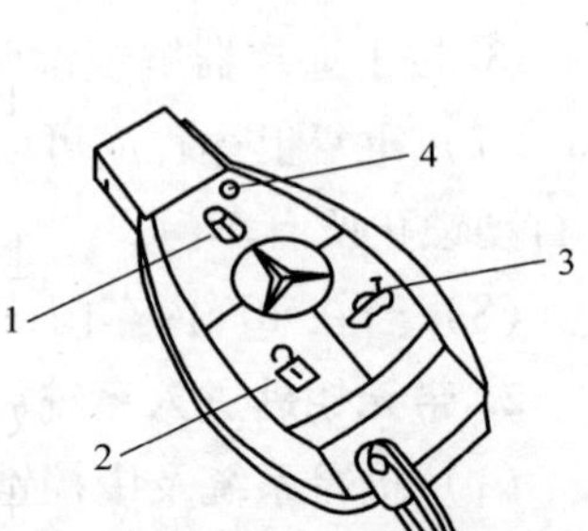

图 1-5　遥控器
1—锁止键　2—解锁键
3—行李箱盖释放键　4—LED 灯

2. 带无钥匙进入系统

（1）报警系统及中控锁系统将在无钥匙模式下激活：

① 关闭点火开关。

② 确保车门和行李箱关闭。

③ 触摸一下车门把手的传感器表面，如图1-6所示。指示灯闪烁 3 次。

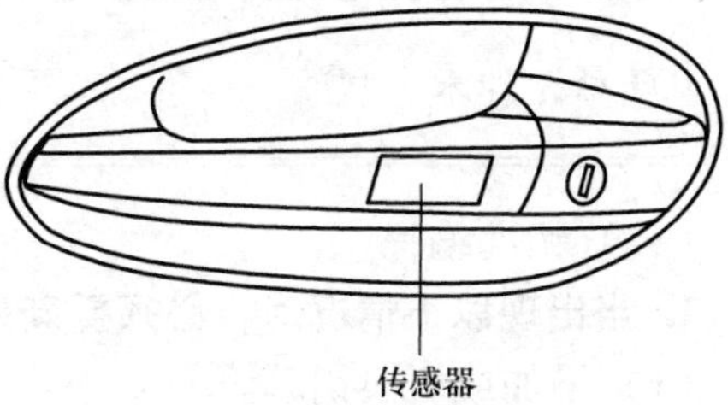

图 1-6　车门把手

(2) 报警系统及中控锁系统将在无钥匙模式下解除：携带遥控器接近车辆，握住一下车门把手，所有车门及油箱盖解锁和报警系统解除。指示灯闪烁 1 次。

(二) 遥控器编程

1. 当出现以下情况时，必须重新编程

(1) 增加或更换遥控器。

(2) 系统有故障。

2. 编程方法

(1) 获得所有的遥控器。

(2) 遥控器只能利用诊断设备进行编程。

(三) 遥控器电池更换方法

遥控器电池更换方法，如图 1-7 所示。

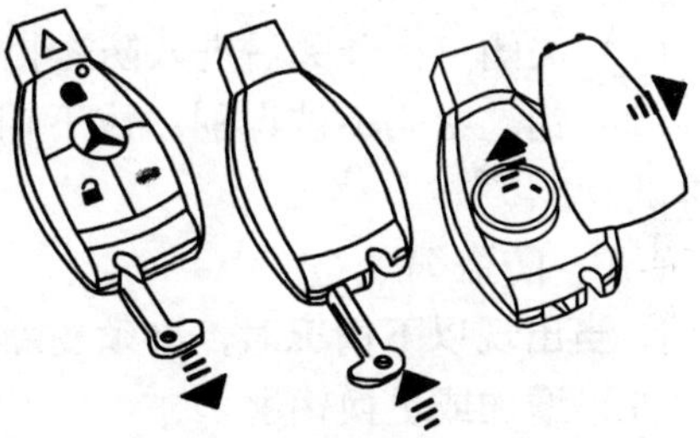

图 1-7　电池更换方法

(四) 系统操作 2

关闭点火开关后进入防盗警报状态。

(五) 防盗编程

1. 当出现以下情况时，必须重新编程

(1) 增强或更换遥控器。

(2) 系统有故障。

2. 编程方法

(1) 获得所有遥控器。

(2) 防盗系统只能利用诊断设备来进行编程。

四、奔驰 W451 轿车遥控器设定（2010 ~ 2014 年）

(一) 系统操作 1

(1) 按下钥匙（图 1-8）解锁键解锁车辆和报警系统解除。指示灯闪烁 1 次。

(2) 按下钥匙锁止键锁止车辆和激活报警系统。指示灯闪烁 3 次。

(3) 按下行李箱释放键仅行李箱解锁。

(4) 如果已编程：车门将在车速超过约 15km/h 时自动落锁。

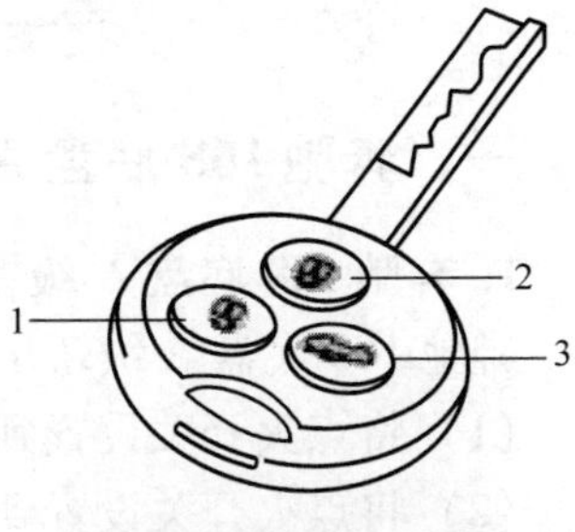

图 1-8　钥匙
1—解锁键　2—锁止键
3—行李箱释放键

(5) 自动落锁设定

① 点火开关关闭。

② 同时按下并按住钥匙锁止键和车辆车门锁止控制开关。

注意： 如果在60s内已解锁，车门和尾门未被开启，报警系统及中控锁将重新激活。

（二）钥匙编程

1. 当出现以下情况时，必须重新编程

（1）增加或更换钥匙。

（2）系统有故障。

注意： 最多6把钥匙可以被编程。

2. 编程方法

钥匙只能利用诊断设备进行编程。

（三）钥匙电池更换方法

钥匙电池更换方法，如图1-9所示。

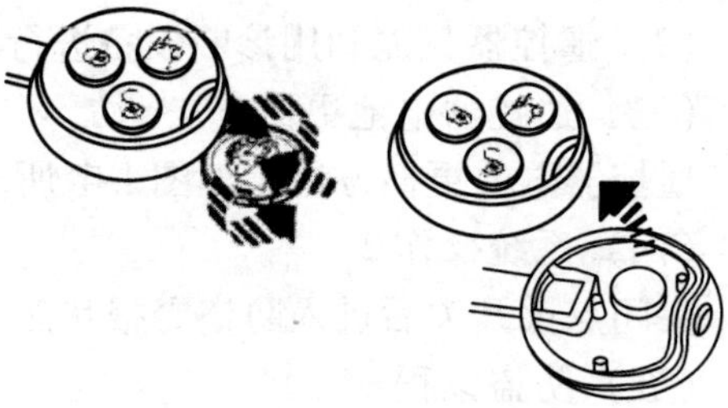

图1-9　钥匙电池更换方法

（四）系统操作2

（1）关闭点火开关后进入防盗报警状态。

（2）钥匙密码不被识别，拔下钥匙，等待5s后再试。

（五）防盗编程

1. 当出现以下情况时，必须重新编程

（1）增加或更换钥匙。

（2）系统有故障。

注意： 最多6把钥匙可以被编程。

2. 编程方法

防盗系统只能利用诊断设备来进行编程。

第二节　奔驰车系保养灯归零及其他设定

一、奔驰168底盘A级轿车保养灯归零及其他设定（2008～2014年）

1. 奔驰168底盘A级轿车保养归零设定

奔驰168底盘A级轿车保养间隔归零设定操作步骤如下：

（1）将点火开关设置到ON，并迅速按下图1-10所示的A按钮2次。

（2）将点火开关设置到OFF。

（3）按下按钮A并保持按压状态，同时将点火开关转至ON。

（4）10s后，新的保养间隔将显示在显示屏上，并伴随有一声蜂鸣。

（5）松开按钮A。

（6）将点火开关设置到 OFF。

2. 奔驰 168 底盘 A 级轿车电动车窗初始化设定

维护保养过程中如果断开过蓄电池，维修完毕，重新连接蓄电池后要按照如下叙述执行电动车窗初始化设定操作：

（1）将点火开关设定到 ON。

（2）按住电动车窗的关闭开关，使车窗完全关闭。

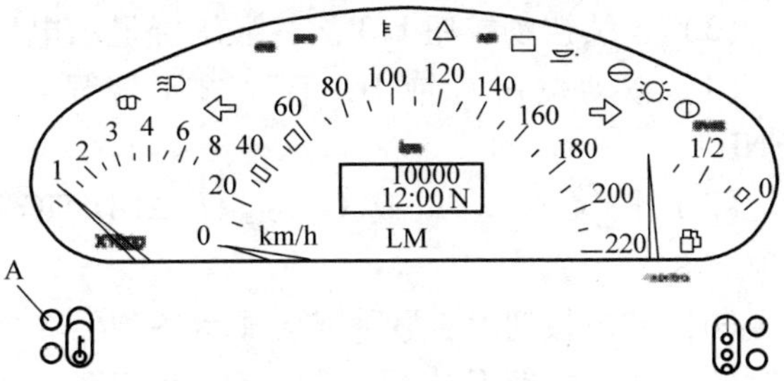

图 1-10　按钮 A 识别

（3）按住车窗的关闭开关，使开关在自动关闭位置保持 5s。

（4）确保车窗可以完全开启。

（5）确保车窗可以完全关闭。

（6）如果车窗不能完全开启或关闭，则重复操作步骤（1）~（5）。

（7）对其他电动车窗也执行同样的设定操作。

（8）将点火开关设置到 OFF。

3. 奔驰 168 底盘 A 级轿车电动天窗设定

维护保养过程中如果断开过蓄电池，维修完毕，重新连接蓄电池后要按照如下叙述执行电动天窗的设定操作：

（1）将点火开关设置到 ON。

（2）按住天窗的关闭开关，使天窗完全关闭。

（3）按住天窗的关闭开关，使开关在自动关闭位置保持 5 ~ 10s。

（4）确保天窗可以完全开启。

（5）确保天窗可以完全关闭。

（6）如果电动天窗不能完全开启或关闭，则重复以上操作步骤。

（7）将点火开关设置到 OFF。

4. 奔驰 A 级轿车转向盘位置传感器设定

维护保养过程中如果断开过蓄电池，维修完毕，重新连接蓄电池后要按照如下叙述执行方向盘位置传感器的设定操作：

转向盘位置传感器设定操作如下：

（1）起动发动机。

（2）使发动机怠速运行。

（3）将转向盘从一侧极限位置转动到另一侧极限位置。

（4）将点火开关设置到 OFF。

二、奔驰 169 底盘 A 级轿车保养灯归零及其他设定（2008 ~ 2014 年）

1. 奔驰 169 底盘 A 级轿车保养间隔归零设定

（1）将点火开关转至 Ⅰ。

（2）确保仪表板显示里程，如果仪表板没有显示里程，则反复按下图 1-11 所示的按钮 A 或 B，直到里程显示为止。

(3) 连续按动按钮 E 3 次。显示屏显示电压。

(4) 按动按钮 C 或 D，直至显示屏显示 “SERVICE MENU”。

(5) 按动按钮 F 或 G，选择 ADDITIONAL WORK 选项。

(6) 按下按钮 B。显示屏会显示各种保养项目。

(7) 按动按钮 F 或 G，选择 SERVICE3。

(8) 按下按钮 B。

(9) 按动按钮 F 或 G，选择机油级别。

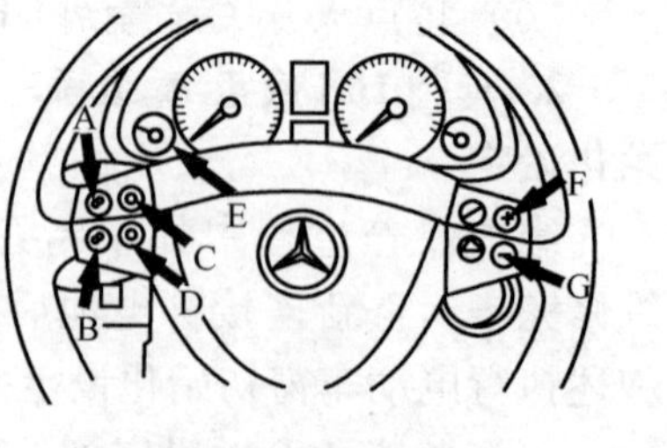

图 1-11　按钮识别

(10) 按下按钮 B。显示屏会显示 “POSITION CONFIRMED” 或 “ITEM CONFIREMD” 字样。

(11) 反复按动按钮 A。

(12) 将点火开关设置到 OFF。

2. 奔驰 169 底盘 A 级轿车电动车窗初始化设定

维护保养过程中如果断开过蓄电池，维修完毕，重新连接蓄电池后要按照如下叙述执行电动车窗的设定操作：

(1) 将点火开关设定到 ON。

(2) 操作车窗的关闭开关使车窗完全关闭。

(3) 提起车窗的关闭开关并保持 1s。

(4) 确保车窗可以完全开启。

(5) 确保车窗可以完全关闭。

(6) 如果车窗不能完全开启或关闭，则重复操作步骤 (1) ~ (5)。

(7) 对其他车窗也执行同样的设定操作。

(8) 将点火开关设置到 OFF。

三、奔驰 203 底盘 C 级轿车归零与设定 (2010 ~ 2013 年)

1. 奔驰 203 底盘 C 级轿车机油类型归零设定

奔驰 203 底盘 C 级轿车机油类型归零设定操作步骤如下：

(1) 将点火开关设置到 I 位置，如图 1-12 所示。

(2) 确保仪表板显示里程，如果仪表板没有显示里程，则反复按下按钮 B，如图 1-13 所示，直到里程显示为止。

(3) 连续按动按钮 A 3 次。

(4) 将点火开关转至位置 Ⅱ。

(5) 按动按钮 C，直至显示屏显示 “SERVICE DISPLAY”。

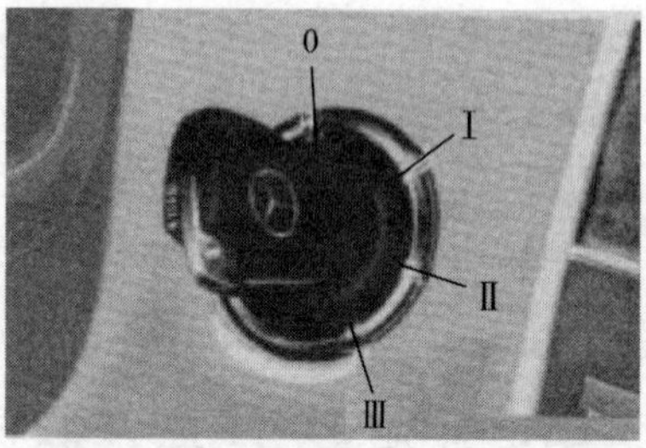

图 1-12　点火开关位置识别

(6) 按下按钮 A，显示屏显示 “OIL TYPE” 信息，显示屏显示 “STANDARD” “QUAL 229.3” 或 “QUAL 229.5”。

(7) 按下按钮 D，选择使用的机油类型。

（8）按下按钮 C，显示屏显示“CONFIRM OIL RESET，PRESS R BUTTON FOR 3s”。

（9）按下按钮 A，保持按下状态 3s 以上，显示屏显示“SERVICE CONFIRMED”。

（10）按下按钮 C，显示屏显示“SERVICE DISPLAY”。

（11）按下按钮 B，直至显示屏显示里程。

（12）将点火开关设置到位置 0。

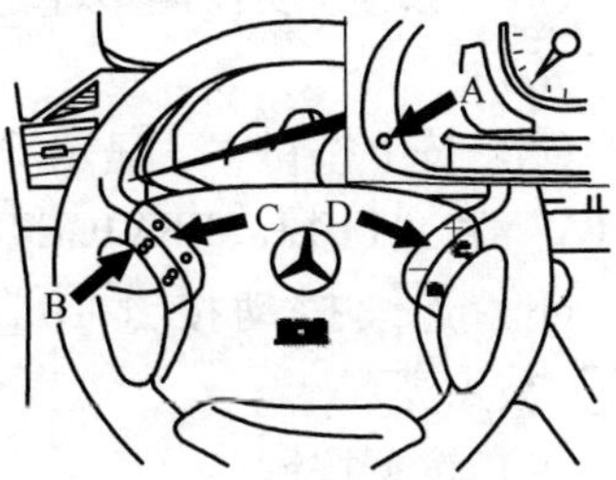

图 1-13　按钮识别

2. 奔驰 203 底盘 C 级轿车电动车窗初始化设定

维护保养过程中如果断开过蓄电池，维修完毕，重新连接蓄电池后要按照如下叙述执行电动车窗的设定操作：

（1）将点火开关设定到位置Ⅱ。

（2）操作车窗的关闭开关使车窗完全关闭。

（3）提起车窗的关闭开关并保持 1s。

（4）确保车窗可以完全开启。

（5）确保车窗可以完全关闭。

（6）如果车窗不能完全开启或关闭，则重复操作步骤（1）~（5）。

（7）对其他电动车窗也执行同样的设定操作。

（8）将点火开关设置到位置 0。

3. 奔驰 203 底盘 C 级轿车电动天窗设定

维护保养过程中如果断开过蓄电池，维修完毕，重新连接蓄电池后要按照如下叙述执行电动天窗的设定操作：

（1）将点火开关设定到位置Ⅱ。

（2）按住天窗的开关，使天窗完全倾斜，继续按住开关持续 1s。

（3）确保天窗可以完全开启。

（4）确保天窗可以完全关闭。

（5）如果电动天窗不能完全开启或关闭，则重复操作步骤（1）~（5）。

（6）将点火开关设置到位置 0。

4. 不配备无钥匙进入功能的奔驰 204 底盘 C 级轿车归零与设定

12 键式转向盘不配备无钥匙进入功能的奔驰 204 底盘 C 级轿车保养归零设定操作步骤如下：

（1）将点火开关转至位置Ⅰ，如图 1-14 所示。

（2）确保仪表板显示里程，如果仪表板没有显示里程，则反复按下图 1-15 中的按键 D，直到里程显示为止。

（3）反复按动按键 A，直至显示屏显示“TRIP”。

（4）按住按键 B，然后按住按键 C。

（5）等待5s 后，松开按键 B 或 C，显示屏会显示“DYNAMOMETER TEST”或“ASSYST PLUS”。

图 1-14　点火开关位置识别

（6）连续按动按键D直至“ASSYST PLUS”被点亮。

（7）按下按键C，显示屏会显示“SERVICE DATA”和“FULL SERVICE”。

（8）连续按动按键D直至“FULL SERVICE”被点亮。

（9）按下按键C。

（10）反复按动按键D直至“CONFIRM SERVICE”被点亮。

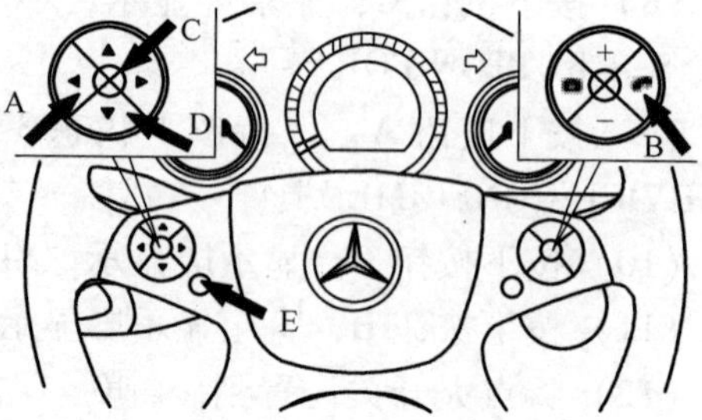

图1-15　12键式转向盘按键识别

（11）按下按键C，显示屏会显示“SERVICE CARRIED OUT?”。

（12）连续按动按键D，直至“YES”被点亮。

（13）按下按键C，显示屏会显示“ NO TAKE – BACK POSSIBLE”。

（14）连续按动按键D直至“CONFIRMATION”被点亮。

（15）按下按键C，显示屏应显示“FULL SERVICE CARRIED OUT”。

（16）反复按动按键C和E，使显示屏显示里程。

（17）将点火开关设置到位置0。

4键式转向盘不配备无钥匙进入功能的奔驰204底盘C级轿车保养归零设定操作步骤如下：

（1）将点火开关转至位置Ⅰ。

（2）确保仪表板显示里程，如果仪表板没有显示里程，则反复按下图1-16中的按键D，直到里程显示为止。

（3）反复按动按键A，然后立即按住按键C。

（4）等待5s后，松开按键B或C，显示屏会显示电压。

（5）松开按键A和C。

（6）按动按键B，显示屏会显示“ASSYST PLUS”。

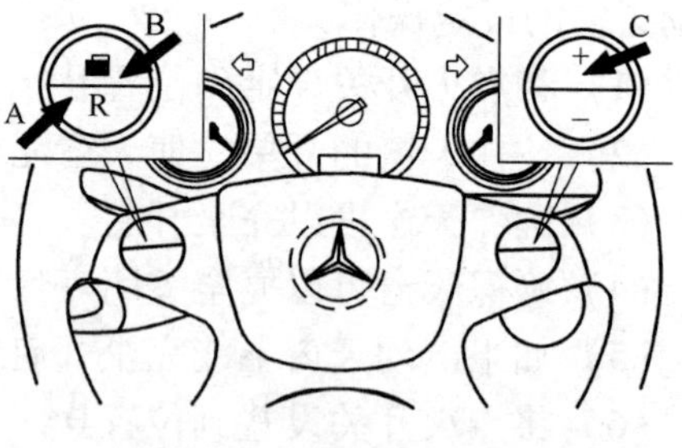

图1-16　4键式转向盘按键识别

（7）按下按键A，显示屏会显示“SERVICE DATA”。

（8）按下按键B，显示屏会显示“FULL SERVICE”。

（9）按下按键A。

（10）反复按动按键B直至显示屏显示“CONFIRM SERVICE”。

（11）按下按键A，显示屏会显示“SERVICE COMPLETED”。

（12）按下按键C，显示屏会显示“NO TAKE – BACK POSSIBLE”。

（13）按下按键C，显示屏应显示“FULL SERVICE CARRIED OUT”。

（14）反复按动按键B，使显示屏显示里程。

（15）将点火开关设置到位置0。

5. 配备无钥匙进入功能的奔驰 204 底盘 C 级轿车保养归零设定

12 键式转向盘配备无钥匙进入功能的奔驰 204 底盘 C 级轿车保养归零设定操作步骤如下：

（1）不要踩下制动踏板或离合器踏板，按压一下 START/STOP 按钮，使点火开关设定到位置 1。

（2）反复按下图 1-15 所示的按键 D，直到里程显示为止。

（3）反复按动按键 A，直至显示屏显示“TRIP”。

（4）按住按键 B，然后立即按住按键 C。

（5）等待 5s 后，松开按键 B 或 C，显示屏会显示“VEHICLE DATA”“DYNAMOMETER TEST”或“ASSYST PLUS”。

（6）连续按动按键 D 直至“ASSYST PLUS”被点亮。

（7）按下按键 C，显示屏会显示“SERVICE DATA”和“FULL SERVICE”。

（8）连续按动按键 D 直至“FULL SERVICE”被点亮。

（9）按下按键 C。

（10）反复按动按键 D 直至“CONFIRM SERVICE”被点亮。

（11）按下按键 C，显示屏会显示“SERVICE CARRIED OUT?”。

（12）连续按动按键 D，直至“YES”被点亮。

（13）按下按键 C，显示屏会显示“ NO TAKE - BACK POSSIBLE”。

（14）连续按动按键 D 直至“CONFIRMATION”被点亮。

（15）按下按键 C，显示屏应显示“FULL SERVICE CARRIED OUT”。

（16）反复按动按键 C 和 E，使显示屏显示里程。

（17）将点火开关设置到位置 0。

4 键式转向盘配备无钥匙进入功能的奔驰 204 底盘 C 级轿车保养归零设定操作步骤如下：

（1）不要踩下制动踏板或离合器踏板，按压一下 START/STOP 按钮，使点火开关设定到位置 1。

（2）反复按下按键 B，直到里程显示为止。

（3）反复按动按键 A，然后立即按住按键 C。等待 5s 后，显示屏会显示电压。

（4）松开按键 A 和 C。

（5）按动按键 B，显示屏会显示“ASSYST PLUS”。

（6）按下按键 A，显示屏会显示“SERVICE DATA”。

（7）按下按键 B，显示屏会显示“FULL SERVICE”。

（8）按下按键 A。

（9）反复按动按键 B 直至显示屏显示“CONFIRM SERVICE”。

（10）按下按键 A，显示屏会显示“SERVICE COMPLETED”。

（11）按下按键 C，显示屏会显示“NO TAKE - BACK POSSIBLE”。

（12）按下按键 C，显示屏应显示“FULL SERVICE CARRIED OUT”。

（13）反复按动按键 B，使显示屏显示里程。

（14）将点火开关设置到位置 0。

四、奔驰 211 底盘 E 级轿车保养归零（2007～2014 年）

1. 奔驰 211 底盘 E 级轿车保养间隔归零

（1）将点火开关转至位置Ⅰ，如图 1-17 所示，如果保养间隔到期，维护信息会显示在显示屏上。

（2）反复按动图 1-18 所示的按钮 A，使显示屏显示里程读数、温度或速度。

（3）连续 3 次按动按钮 E。

（4）随着一声蜂鸣声，电压会显示在显示屏上。

（5）按下按钮 D 直至“SERVICE”显示在显示屏上。

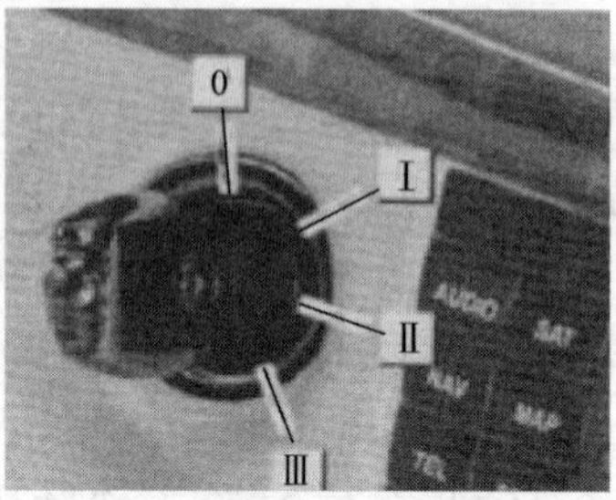

图 1-17　点火开关位置识别

（6）重复按下按钮 F 或 C，选择“CONFIRMATION”选项。

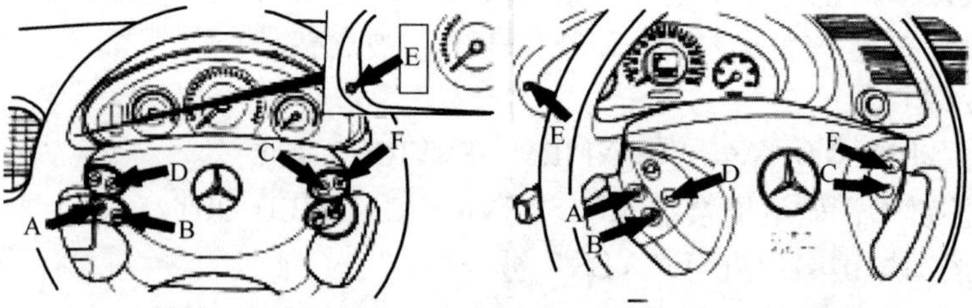

图 1-18　按钮识别

（7）按下按钮 B，选择“COMPLETE SERVICE”。

（8）按下按钮 B，字符“SERVICE CONFIRMED”会出现在显示屏上。

（9）反复按动按钮 A，直至“SERVICE MENU”显示在显示屏上。

（10）反复按动按钮 F 或 C，直至“SPECIAL WORK”显示在显示屏上。

（11）按下按钮 B。

（12）按下按钮 F 或 C，直至“SERVICE 3”显示在显示屏上。

（13）按下按钮 B。

（14）按下按钮 F 或 C，选择机油级别。

（15）按下按钮 B，“ITEM CONFIRMED”或“POSITION CONFIRMED”会显示在显示屏上。

（16）反复按动按钮 A 或 B，使显示屏显示里程读数、温度或速度。

（17）将点火开关设置到位置 0。

2. 奔驰 211 底盘 E 级轿车电动车窗初始化设定

维护保养过程中如果断开过蓄电池，维修完毕，重新连接蓄电池后要按照如下叙述执行电动车窗初始化的设定操作：

（1）将点火开关置于 ON。

（2）操作车窗的关闭开关使车窗完全关闭，继续按住车窗的关闭开关并保持至少 1s。

（3）确保车窗可以完全开启。

（4）确保车窗可以完全关闭。

（5）对其他电动车窗也执行同样的设定操作。

（6）将点火开关置于 OFF。

3. 奔驰 211 底盘 E 级轿车转向盘位置传感器设定

维护保养过程中如果断开过蓄电池，维修完毕，重新连接蓄电池后要按照如下叙述执行方向位置传感器的设定操作：

（1）起动发动机，使发动机怠速运行。

（2）将转向盘从一侧极限位置转动到另一侧极限位置。

（3）将点火开关置于 OFF。

4. 奔驰 212 底盘 E 级轿车保养归零

保养归零操作步骤如下：

（1）将车门、发动机舱盖和行李箱盖彻底关闭。

（2）将点火开关转至位置Ⅰ。

（3）反复按动图 1-19 所示的按钮 A，使里程表显示屏显示。

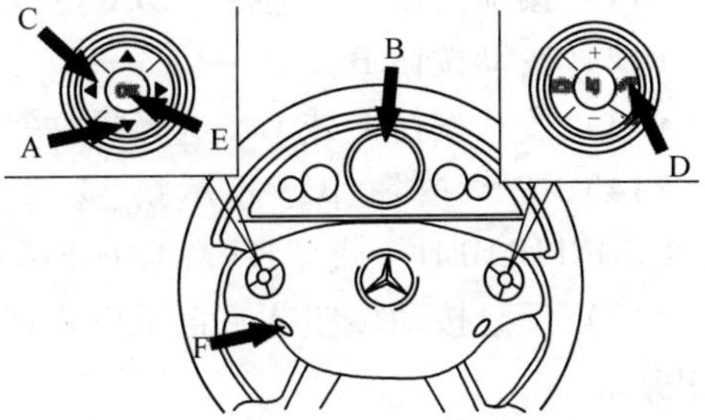

图 1-19　按钮识别

（4）反复按动按钮 C，直至显示“TRIP”。

（5）在 5s 内，按住按钮 D。

（6）在 1s 内，按住按钮 E。

（7）等待约 5s 后，松开按钮 D 和 E，显示屏会显示“VEHICEL DATA”“DYNAMONETER TEST”和“ASSYST PLUS”。

（8）反复按动按钮 A，直至“ASSYST PLUS”字符变为高亮显示。

（9）按下按钮 E，显示屏会显示“SERVICE DATA”和“FULL SERVICE”。

（10）反复按动按钮 A，使“FULL SERVICE”变为高亮显示。

（11）按下按钮 E。

（12）反复按动按钮 A，使“CONFIRM SERVICE”变为高亮显示。

（13）按下按钮 E，显示屏会显示“OIL QUAL –.–”和“SERV. CARRIED OUT”。

（14）反复按动按钮 A，使“YES”变为高亮显示。

（15）按下按钮 E，显示屏会显示“NO TAKE – BACK POSSIBLE”。

（16）反复按动按钮 A，使“CONFIRMATION”变为高亮显示。

（17）按下按钮 E，显示屏会显示“FULL SERVICE CARRIED OUT”。

（18）按下按钮 E。

（19）反复按动按钮 F，使显示屏显示里程。

（20）将点火开关设置到位置 0。

5. 奔驰 207 底盘 E 级轿车保养归零

与奔驰 212 底盘 E 级轿车相同。

五、奔驰 219 底盘 CLS 级轿车保养灯归零（2008 ~ 2014 年）

1. 保养间隔归零设定

（1）将点火开关设定到位置Ⅰ，如图 1-20 所示。

（2）确认仪表板显示里程或温度，如果没有显示，则反复按动图 1-21 所示的按钮 A 或 B，直至里程或温度显示出来。

（3）按动 3 次按钮 E，蜂鸣器应发出蜂鸣声并显示电压。

（4）按动按钮 D，直至显示屏显示“SERVICE MENU”。

（5）反复按动按钮 C，选择“CONFIRMATION”。

（6）按动按钮 B，选择“COMPLETE SERVICE”。

（7）按动按钮 B，显示屏会显示“SERVICE COMFIRMED”。

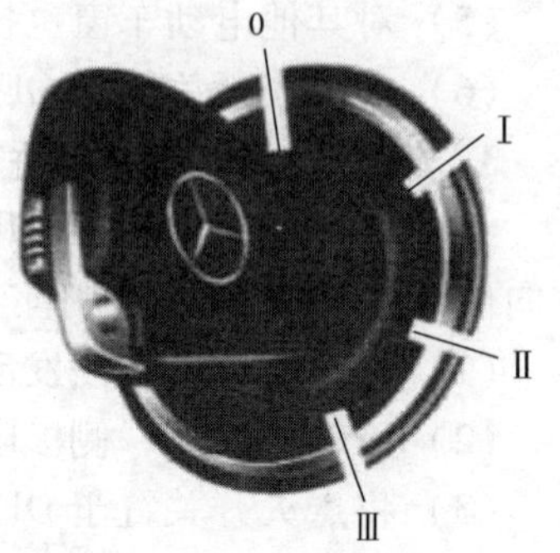

图 1-20　点火开关位置识别

（8）按动按钮 A，选择“SERVICE MENU”。

（9）按动按钮 F，选择“SPECIAL WORK”。

（10）按动按钮 B。

（11）按动按钮 C，选择“SERVICE 3”。

（12）按动按钮 B。

（13）按动按钮 F 或 C，选择机油等级。

（14）按动按钮 B，显示屏显示“POSITION CONFIRMED”或“ITEM COMFIRMED”。

（15）反复按动按钮 A，直至里程或温度显示出来。

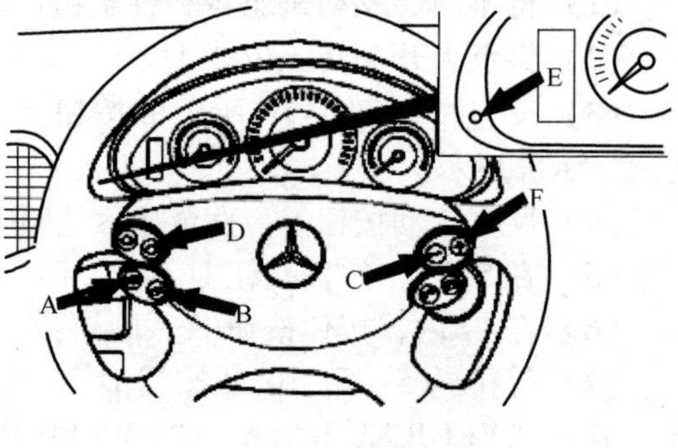

图 1-21　按钮识别

（16）将点火开关设定到位置 0。

2. 电动车窗初始化设定

维护保养过程中如果断开过蓄电池，维修完毕，重新连接蓄电池后要按照如下叙述执行电动车窗初始化的设定操作：

（1）将点火开关置于 ON。

（2）操作车窗的关闭开关使车窗完全关闭，继续按住车窗的关闭开关并保持至少 1s。

（3）确保车窗可以完全开启。

（4）确保车窗可以完全关闭。

（5）对其他电动车窗也执行同样的设定操作。

（6）将点火开关设置到 OFF。

六、奔驰 220 底盘 S 级轿车保养归零（2008～2014 年）

1. 奔驰 220 底盘 S 级轿车保养灯归零

保养灯归零设定操作步骤如下：

（1）将点火开关设置到 ON。

（2）反复按动图 1-20 所示的按钮 B，直至车辆行驶的总里程和单次行驶里程数字均显示在车速表的显示屏上。

（3）反复按动按钮 C，直至显示屏显示保养标志和距下一次保养的剩余里程数字。

（4）按下按钮 A，保持 3s，显示屏将显示“DO YOU WANT TO RESET THE SERVICE INTERVAL? CONFIRM BY PRESSING THE R BUTTON”字符。

（5）松开按钮 A。

（6）在5s 内按下按钮 A，直至新的保养间隔出现在显示屏上。

（7）松开按钮 A。

（8）将点火开关设置到 OFF。

图 1-22　按钮识别

2. 奔驰 220 底盘 S 级轿车电动车窗初始化设定

维护保养过程中如果断开过蓄电池，维修完毕，重新连接蓄电池后要按照如下叙述执行电动车窗初始化的设定操作：

（1）将点火开关置于 ON。

（2）操作车窗的关闭开关使车窗完全关闭，继续按住车窗的关闭开关并保持至少 1s。

（3）确保车窗可以完全开启。

（4）确保车窗可以完全关闭。

（5）对其他电动车窗也执行同样的设定操作。

（6）将点火开关设置到 OFF。

3. 奔驰 220 底盘 S 级轿车电动天窗设定

维护保养过程中如果断开过蓄电池，维修完毕，重新连接蓄电池后要按照如下叙述执行电动天窗的设定操作：

（1）将点火开关置于 ON。

（2）按住天窗的开关，使天窗完全倾斜，继续按住开关持续 1s。

（3）确保天窗可以完全开启。

（4）确保天窗可以完全关闭。

（5）将点火开关设置到 OFF。

4. 奔驰 220 底盘 S 级轿车转向盘位置传感器设定

维护保养过程中如果断开过蓄电池，维修完毕，重新连接蓄电池后要按照如下叙述执行方向位置传感器的设定操作：

（1）起动发动机，使发动机怠速运行。

（2）将转向盘从一侧极限位置转动到另一侧极限位置。

（3）将点火开关设置到 OFF。

七、奔驰 221 底盘 S 级轿车保养归零设定（2008～2014 年）

保养归零设定操作方法如下：

（1）将点火开关转至位置Ⅰ，如图 1-21 所示。

（2）同时按住图 1-24 所示的按钮 A 和 B，持续 5s。

（3）按压按钮 D 或 E，选择“ASSYST PLUS WORKSHOP”。

（4）按压按钮 A。

（5）按压按钮 D 或 E，选择“SERVICE DONE”。

（6）按压按钮 A。

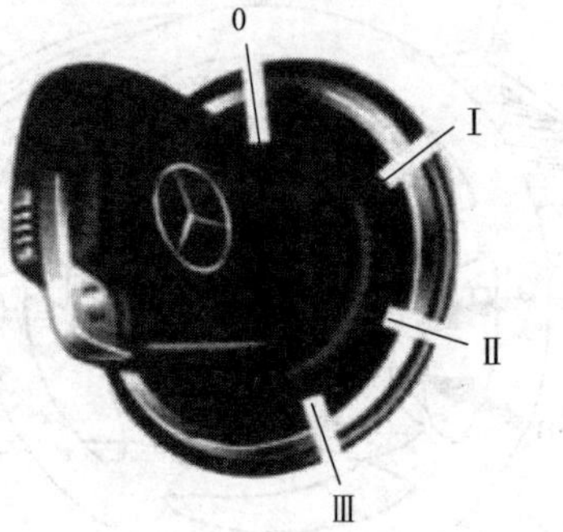

图 1-21　点火开关位置识别

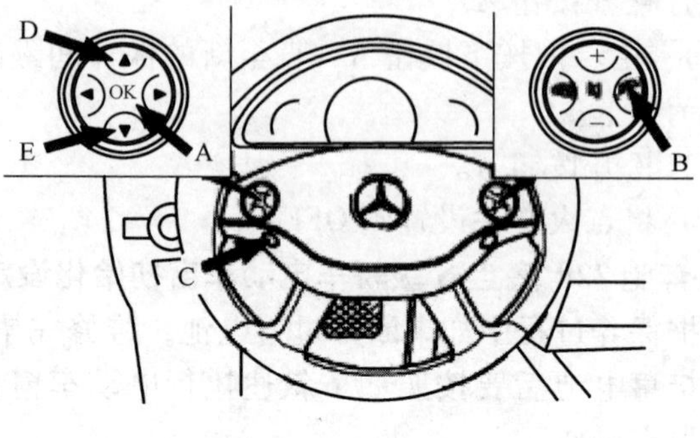

图 1-24　归零按钮识别

（7）按压按钮 D 或 E，选择“SERVICE DUE”。
（8）按压按钮 A。
（9）按压按钮 D 或 E，选择“FULL SERVICE”。
（10）按压按钮 A。
（11）按压按钮 D 或 E，选择“OIL UALITY”。
（12）按压按钮 A。
（13）按压按钮 D 或 E，选择“YES”。
（14）按压按钮 A。
（15）按压按钮 C 2 次，选择“ASSYST PLUS WORKSHOP”。
（16）按压按钮 C。
（17）将点火开关设置到位置 0。

八、奔驰 163 底盘 ML 级轿车保养归零与设定（2008～2015 年）

1. 奔驰 163 底盘 ML 级轿车保养间隔提示灯归零设定

（1）将点火开关置于 ON，并迅速按下如图 1-25 所示的 A 按钮 2 次。
（2）将点火开关置于 OFF。
（3）按下按钮 A 并保持不动，同时将点火开关转至 ON 位。
（4）等待 10s 后，新的保养间隔将显示在显示屏上，并伴随有一声蜂鸣。
（5）松开按钮 A。
（6）将点火开关置于 OFF。

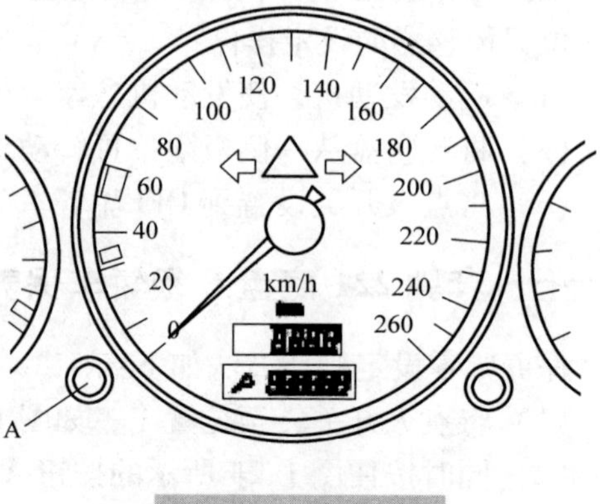

图 1-25　按钮识别

2. 奔驰 163 底盘 ML 级轿车电动车窗初始化设定

维护保养过程中如果断开过蓄电池，维修完毕，重新连接蓄电池后要按照如下叙述执行电动车窗初始化的设定操作：
（1）将点火开关设定到 ON。

（2）按住车窗的关闭开关使车窗完全关闭，继续按住车窗的关闭开关并保持至少1s。

（3）确保车窗可以完全开启。

（4）确保车窗可以完全关闭。

（5）对其他电动车窗也执行同样的设定操作。

（6）将点火开关置于OFF。

九、奔驰164底盘ML级轿车保养归零（2008～2015年）

1. 奔驰164底盘ML级轿车保养间隔提示灯归零设定

（1）将点火开关置于位置Ⅰ，如图1-26所示。

（2）确认仪表板显示里程或温度，如果没有显示，则反复按动图1-27所示的按钮A或B，直至里程或温度显示出来。

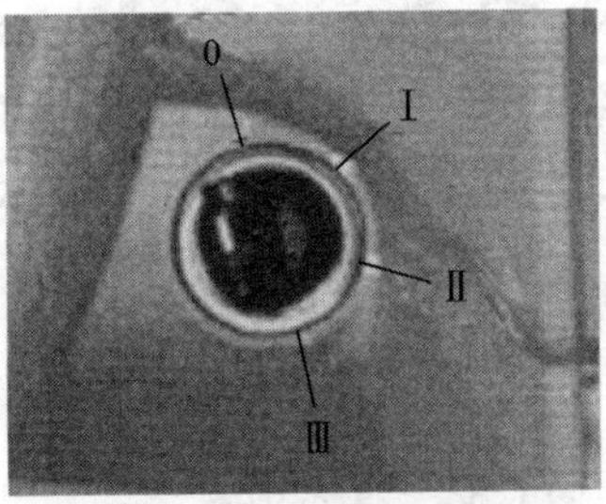

图1-26 点火开关位置识别

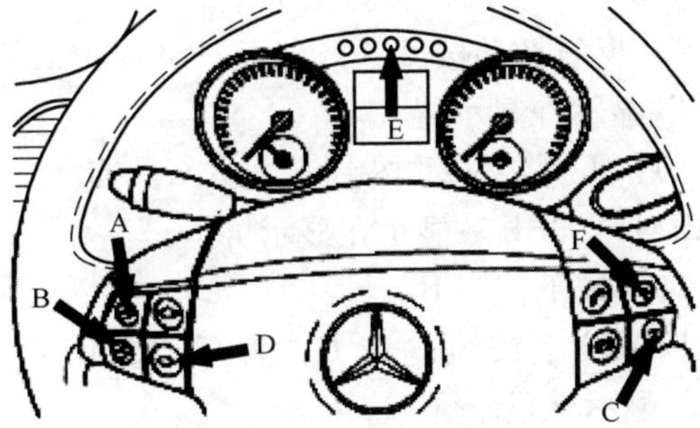

图1-27 按钮识别

（3）按动3次按钮E，蜂鸣器应发出蜂鸣声并显示电压。

（4）按动按钮D，直至显示屏显示“SERVICE MENU”。

（5）反复按动按钮F或C选择“CONFIRMATION”。

（6）按动按钮B选择“COMPLETE SERVICE”。

（7）按动按钮B，显示屏会显示“SERVICE COMFIRMED”。

（8）按动按钮A，选择“SERVICE MENU”。

（9）按动按钮F或C，选择“SPECIAL WORK”。

（10）按动按钮B。

（11）按动按钮C，选择“SERVICE 3”。

（12）按动按钮B。

（13）按动按钮F或C，选择机油等级。

（14）按动按钮B，显示屏显示“POSITION CONFIRMED”或“ITEM COMFIRMED”。

（15）反复按动按钮A，直至里程或温度显示出来。

（16）将点火开关置于0。

十、奔驰164底盘GL级轿车保养灯归零（2008～2015年）

1. 奔驰164底盘GL级轿车保养归零设定

（1）将点火开关转至位置Ⅰ，如图1-28所示，如果保养间隔到期，维护信息会显示在显示屏上。

（2）反复按动图1-29所示的按钮A使显示屏显示里程读数、温度或速度。

（3）连续3次按动按钮E。

（4）随着一声蜂鸣声，电压会显示在显示屏上。

（5）按下按钮D直至“SERVICE”显示在显示屏上。

（6）重复按下按钮F或C，选择“CONFIRMATION”选项。

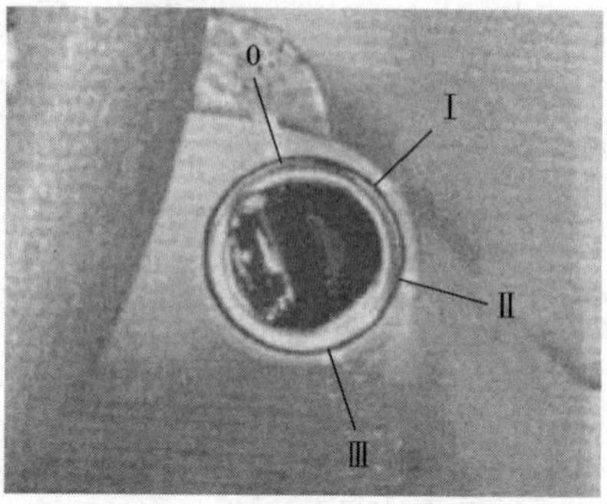

图1-28　点火开关位置识别

（7）按下按钮B，选择“COMPLETE SERVICE”。

（8）按下按钮B，字符“SERVICE CONFIRMED”会出现在显示屏上。

（9）反复按动按钮A，直至“SERVICE MENU”显示在显示屏上。

（10）反复按动按钮F或C，直至“SPECIAL WORK”显示在显示屏上。

（11）按下按钮B。

（12）按下按钮F或C，直至“SERVICE 3”显示在显示屏上。

（13）按下按钮B。

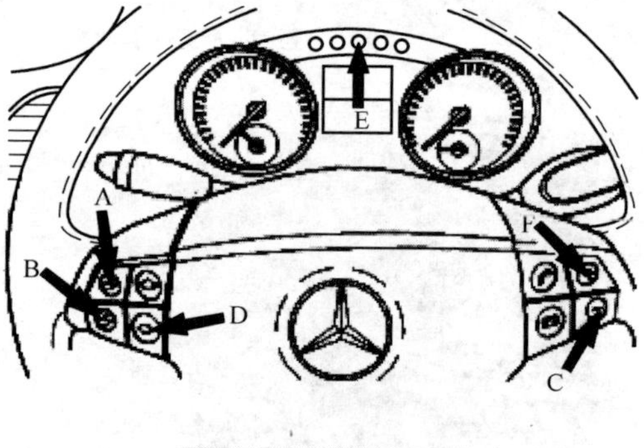

图1-29　按钮识别

（14）按下按钮F或C，选择机油级别。

（15）按下按钮B，“ITEM CONFIRMED”或“POSITION CONFIRMED”会显示在显示屏上。

（16）反复按动按钮A或B，使显示屏显示里程读数、温度或速度。

（17）将点火开关置于0。

2. 奔驰164底盘GL级轿车电动车窗初始化设定

维护保养过程中如果断开过蓄电池，维修完毕，重新连接蓄电池后要按照如下叙述执行电动车窗初始化的设定操作：

（1）将点火开关置于ON。

（2）抬起并保持车窗的关闭开关使车窗完全关闭。

（3）继续按住车窗的关闭开关并保持至少1s。

（4）确保车窗可以完全开启。

（5）确保车窗可以完全关闭。

（6）对其他电动车窗也执行同样的设定操作。

（7）将点火开关置于OFF。

3. 奔驰164底盘GL级轿车电动天窗设定

维护保养过程中如果断开过蓄电池，维修完毕，重新连接蓄电池后要按照如下叙述执行电动天窗的设定操作：

（1）将点火开关置于ON。

（2）按住天窗的开关，使天窗完全倾斜，继续按住开关持续 1s。

（3）确保天窗可以完全开启。

（4）确保天窗可以完全关闭。

（5）将点火开关置于 OFF。

4. 奔驰 164 底盘 GL 级轿车转向盘位置传感器设定

维护保养过程中如果断开过蓄电池，维修完毕，重新连接蓄电池后要按照如下叙述执行转向盘位置传感器的设定操作：

（1）起动发动机，使发动机怠速运行。

（2）将转向盘从一侧极限位置转动到另一侧极限位置。

（3）将点火开关置于 OFF。

十一、奔驰 251 底盘 R 级轿车保养归零（2008～2015 年）

1. 奔驰 251 底盘 R 级轿车保养归零设定

（1）将点火开关转至位置 Ⅰ，如图 1-30 所示，如果保养间隔到期，维护信息会显示在显示屏上。

（2）反复按动如图 1-31 所示的按钮 A 或 B，使显示屏显示里程读数、温度或速度。

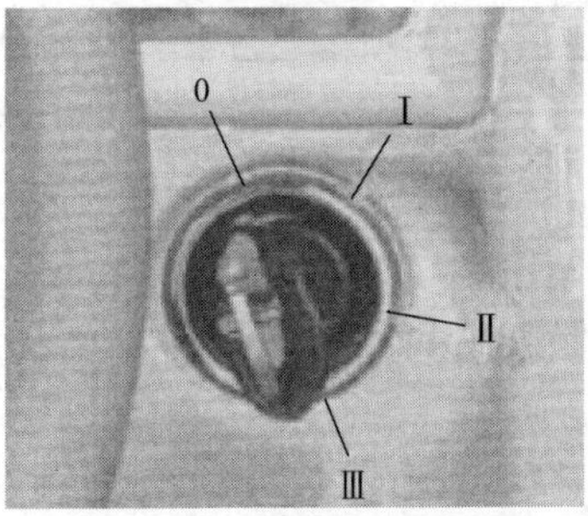

图 1-30　点火开关识别

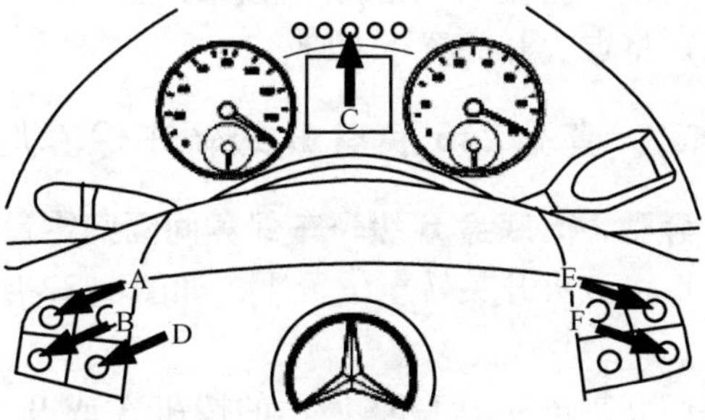

图 1-31　按钮识别

（3）连续 3 次按动按钮 C，随着一声蜂鸣声，电压会显示在显示屏上。

（4）按下按钮 D，直至“SERVICE MENU”显示在显示屏上。

（5）重复按下按钮 E 或 F，选择“CONFIRMATION”选项。

（6）按下按钮 B，确认选择，字符“CONFIRMATION”会出现在显示屏上。

（7）按下按钮 B，确认选择，字符“ SERVICE CONFIRMATION”会出现在显示屏上。

（8）反复按动按钮 A，直至“SERVICE MENU”显示在显示屏上。

（9）反复按动按钮 E 或 F，直至“SPECIAL WORK”显示在显示屏上。

（10）按下按钮 B。

（11）按下按钮 E 或 F，直至“SERVICE 3”显示在显示屏上。

（12）按下按钮 B，显示屏会显示“STANDARD LIL”或“OIL QUALITY 229. 5”。

（13）按下按钮 E 或 F，选择机油级别。

（14）按下按钮 B，“ITEM CONFIRMED”或“POSITION CONFIRMED”会显示在显示屏上。

（15）参照图1-39，反复按动按钮A，使显示屏显示里程读数、温度或速度。

（16）将点火开关置于0位。

2. 奔驰251底盘R级轿车电动车窗初始化设定

维护保养过程中如果断开过蓄电池，维修完毕，重新连接蓄电池后要按照如下叙述执行电动车窗初始化的设定操作：

（1）将点火开关置于ON。

（2）抬起并保持车窗的关闭开关使车窗完全关闭。

（3）继续按住车窗的关闭开关并保持至少1s。

（4）确保车窗可以完全开启。

（5）确保车窗可以完全关闭。

（6）对其他电动车窗也执行同样的设定操作。

（7）将点火开关置于OFF。

3. 奔驰31底盘R级轿车转向盘位置传感器设定

维护保养过程中如果断开过蓄电池，维修完毕，重新连接蓄电池后要按照如下叙述执行方向位置传感器的设定操作：

（1）起动发动机，使发动机怠速运行。

（2）将转向盘从一侧极限位置转动到另一侧极限位置。

（3）将点火开关置于OFF。

十二、奔驰245底盘B级轿车保养灯归零（2008～2015年）

1. 奔驰245底盘B级轿车保养间隔归零设定

（1）将点火开关转至位置Ⅰ，如图1-32所示，如果保养间隔到期，维护信息会显示在显示屏上。

（2）反复按动图1-33所示的按钮A或B，使显示屏显示里程读数、温度或速度。

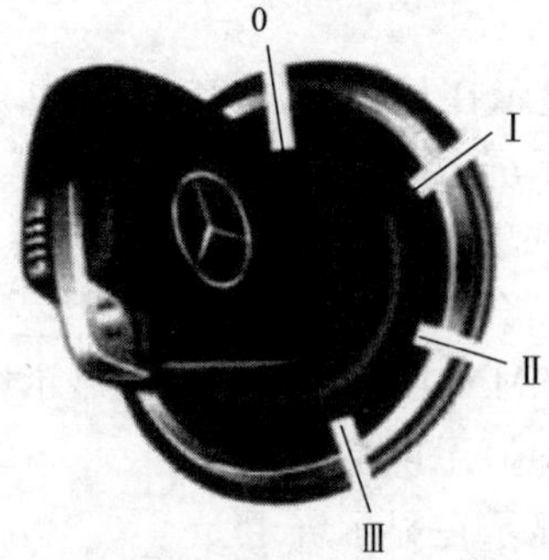

图1-32　点火开关位置识别

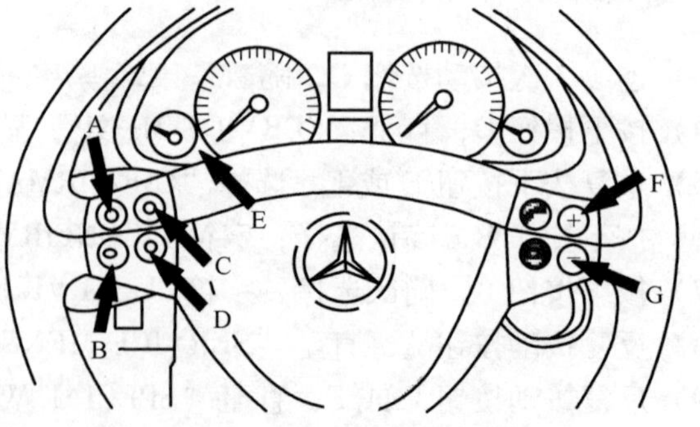

图1-33　归零按钮识别

（3）连续3次按动按钮E。电压会显示在显示屏上。

（4）按下按钮C或D，直至“SERVICE MENU”显示在显示屏上。

（5）重复按下按钮F或G，选择“CONFIRMATION”选项。

（6）按下按钮B，“CONFIRMATION”和“TOTAL SERVICE”会显示在显示屏上。

（7）按下按钮 B，字符“SERVICE CONFIRMATION”会出现在显示屏上。

（8）反复按动按钮 A，直至“SERVICE MENU”显示在显示屏上。

（9）反复按动按钮 F 或 G，直至“ADDITIONAL WORK”显示在显示屏上。

（10）按下按钮 B，显示屏会显示多个维护选项。

（11）按下按钮 F 或 G，选择“SERVICE 3”。

（12）按下按钮 B。

（13）按下按钮 F 或 G，选择机油级别。

（14）按下按钮 B，“ITEM CONFIRMED”或“POSITION CONFIRMED”会显示在显示屏上。

（15）反复按动按钮 A，使显示屏显示里程读数、温度或速度。

（16）将点火开关设置到位置 0。

2. 奔驰 245 底盘 B 级轿车电动车窗初始化设定

设定方法与 R 级轿车相同。

十三、奔驰 414 底盘唯雅诺轿车保养归零（2007～2016 年）

1. 奔驰 414 底盘唯雅诺轿车保养归零设定

（1）将点火开关置于 ON，然后迅速按动 2 次按钮 A，如图 1-34 所示。

（2）将点火开关置于 OFF。

（3）按住按钮 A，同时将点火开关设定到 ON 状态。

（4）等待 10s 后，显示屏显示新的保养间隔，蜂鸣器会发出一声蜂鸣。

（5）松开按钮 A。

（6）将点火开关设定到 OFF。

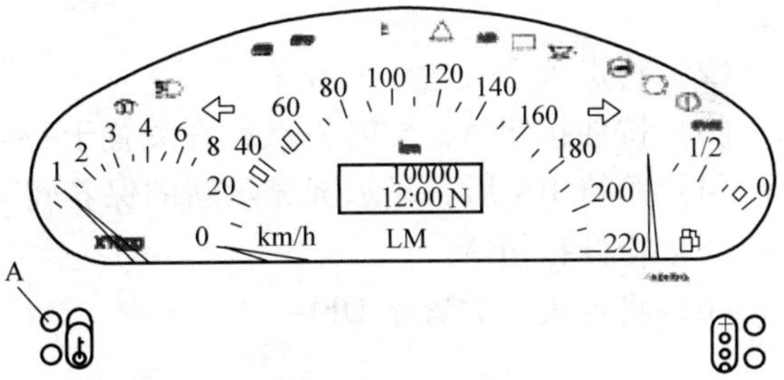

图 1-34　按钮识别

2. 电动车窗初始化设定

维护保养过程中如果断开过蓄电池，维修完毕，重新连接蓄电池后要按照如下叙述执行电动车窗初始化的设定操作：

（1）将点火开关置于 ON。

（2）反复按住车窗的关闭开关使车窗完全关闭。

（3）将车窗的关闭开关设定在自动关闭位置并保持至少 1s。

（4）确保车窗可以完全开启。

（5）确保车窗可以完全关闭。

（6）对其他电动车窗也执行同样的设定操作。

（7）将点火开关置于 OFF。

3. 转向盘位置传感器设定

维护保养过程中如果断开过蓄电池，维修完毕，重新连接蓄电池后要按照如下叙述执行转向盘位置传感器的设定操作：

（1）起动发动机，使发动机怠速运行。

（2）将转向盘从一侧极限位置转动到另一侧极限位置。

（3）将点火开关置于 OFF。

十四、奔驰 638 底盘 V 级轿车保养归零（2007 ~ 2016 年）

保养归零设定操作步骤如下：

（1）将点火开关 ON，然后迅速按动 2 次按钮 A，如图 1-35 所示。

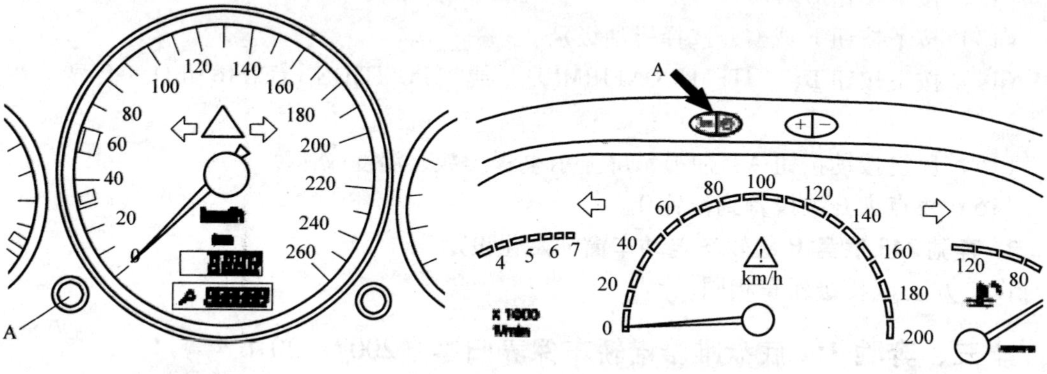

a) 类型1　　b) 类型2

图 1-35　按钮识别

（2）将点火开关置于 OFF。

（3）按住按钮 A，同时将点火开关置于 ON。

（4）等待 10s 后，显示屏显示新的保养间隔，蜂鸣器会发出一声蜂鸣。

（5）松开按钮 A。

（6）将点火开关置于 OFF。

第二章　宝马车系遥控器设定与保养灯归零

第一节　宝马车系遥控器设定

一、宝马 E81/E82/E87/E88、E90/E91/E92/E93、E60/E61、E63/E64、E70、E71/E72、E89 车型遥控器设定（2007～2016 年）

（一）系统操作 1

1. 带无钥匙进入系统

（1）警报系统及中控锁系统将在无钥匙模式下解除。

① 携带遥控器接近车辆，握住驾驶人侧或乘客侧车门把手，所有车门及油箱盖解锁和报警系统解除。

② 携带遥控器接近车辆，按下行李箱释放按钮，行李箱打开和报警系统解除。

（2）报警系统及中控锁系统将在无钥匙模式下激活。

① 点火开关置于 OFF。

② 确保所有车门及行李箱盖关闭。

③ 按下驾驶人侧或乘客侧车门把手上的锁止按钮 1s 来锁止车辆和激活报警系统。

④ 压住驾驶人侧或乘客侧车门把手上的锁止按钮来关闭车窗和天窗并折回后视镜。

> **注意：** 报警系统及中控锁系统功能可以使用遥控器、车辆多功能控制系统和诊断设备来改变。

2. 所有车型

（1）按下遥控器（图 2-1）锁止键，一次激活中控锁和报警系统。

（2）使遥控器锁止键，在压下位置并保持来关闭车窗和天窗并折回后视镜。

（3）按下遥控器解锁键，在压下位置并保持来打开车窗和天窗。

（5）按下遥控器行李箱释放键，来打开行李箱。

（6）有一个应急钥匙插在遥控器上。

（二）遥控器编程

1. 当出现以下情况时，必须重新编程

增加或更换遥控器。

2. 编程方法

（1）遥控器只能利用诊断设备进行编程。

（2）最多可以编程 10 个遥控器。

（三）遥控器电池更换方法

1. 带无钥匙进入系统

遥控器电池更换方法，如图 2-2 所示。

2. 不带无钥匙进入系统

不需要更换电池。用每个钥匙插入点火开关行驶一段距离会给电池再充电。

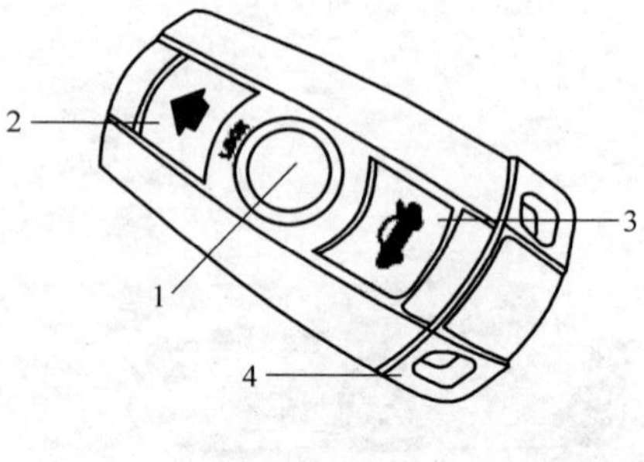

图 2-1 遥控器
1—锁止键 2—解锁键 3—行李箱释放键 4—应急钥匙

（四）系统操作 2

关闭点火开关后进入防盗报警状态。

（五）防盗编程

1. 当出现以下情况时，必须重新编程

（1）增加或更换遥控器。

（2）系统有故障。

2. 编程方法

防盗系统只能利用诊断设备来进行编程。

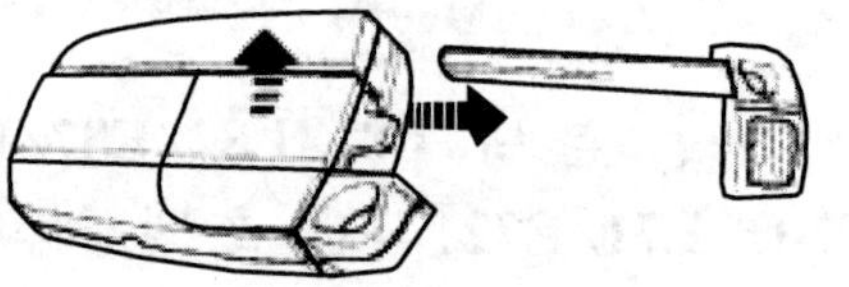

图 2-2 电池更换方法

二、宝马 F10、F01、F02、F04、E65/E66 车型遥控器设定（2010～2012 年）

（一）系统操作 1

（1）按下钥匙（图 2-3）锁止键一次激活报警系统及中控锁系统。

（2）在 10s 内再次按下钥匙锁止键并保持 10s，解除倾斜传感器及车内检测传感器报警系统。

（3）倾斜传感器及车内检测传感器保持解除状态直到重新激活报警系统后恢复作用。

（4）按下钥匙解锁键一次解除报警系统且仅驾驶人侧车门解锁。

（5）按下钥匙解锁键两次解除报警系统且所有车门解锁。

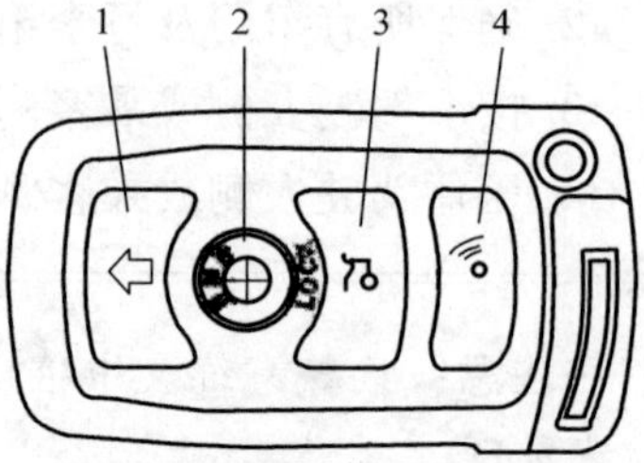

图 2-3 钥匙
1—解锁键 2—锁止键
3—行李箱释放键 4—鸣笛键

（6）保持钥匙解锁键在压下位置，则开启车窗及天窗。

（7）按下钥匙键 4，则开启车内灯光。

（8）按下钥匙键 4，超过 2s，则恐吓报警响起。

（9）按下行李箱释放键，则行李箱开启。

（10）有些车型

① 按下钥匙键 3，可完全打开行李箱。

② 再次按下钥匙键 3，可以中断打开。

③ 按住钥匙键 3 关闭行李箱。

④ 松开钥匙键 3，可中断关闭行李箱。

（二）钥匙编程

1. 当出现以下情况时，系统需进行编程

（1）增加或更换钥匙。

（2）系统出现故障。

2. 编程方法

钥匙只能用诊断设备进行编程。

（三）电池更换

> **注意：**没有必要更换钥匙电池，只需用手把钥匙插入点火开关内，一年内进行一次长途行驶，即可将电池充电。

（四）系统操作 2

关闭点火开关后进入防盗报警状态。

（五）防盗编程

1. 当出现以下情况时，系统需进行编程

增加或更换遥控器。

2. 编程方法

只能使用诊断设备进行编程。

三、宝马 E83 轿车遥控器设定（2008～2015 年）

（一）系统操作 1

（1）按下锁止键（图 2-4），激活报警系统、中控锁和双重锁止系统。

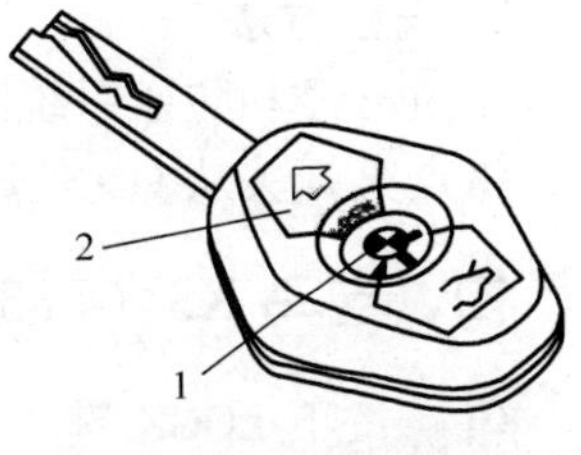

图 2-4　钥匙
1—锁止键　2—解锁键

（2）按下锁止键 1 次，车内灯点亮。

（3）保持钥匙锁止键在压下位置，来关闭车窗和天窗。

（4）若钥匙锁止键松开时不正常，则进行下述操作（若装备报警系统）：

① 短暂按下并松开解锁键。

② 按下并保持住锁止键。

（5）进行下述操作可以解除防盗系统倾斜传感器和车内检测传感器的功能：在激活报警系统、中控锁系统和双重锁止系统后短暂按下钥匙锁止键。直到报警系统、中控锁系统和双重锁止系统解除时，防盗系统倾斜传感器和车内检测传感器才关闭。

（6）若在 2min 内没有打开车门或行李箱，则锁止重新激活。

（7）可以利用诊断设备来改变报警系统和中控锁功能。

（二）钥匙编程

1. 当出现以下情况时，必须重新编程

增加或更换钥匙。

2. 编程方法

（1）车辆解锁。

（2）进入车辆，关闭驾驶人侧车门。

（3）将点火开关从 ON 位调到 OFF 位。

（4）拔下点火钥匙。

（5）按下并按住解锁键。

（6）保持解锁键在压下位置，10s 内短暂地按下锁止键 3 次。

（7）松开解锁键。

（8）中控锁系统将快速地锁止和解锁来表明编程成功。

注意：每把钥匙要在 30s 内完成编程程序。最多可以编程 4 把钥匙。

（三）电池更换

注意：没有必要更换钥匙电池，只需用手把钥匙插入点火开关内，一年内进行一次长途行驶，即可将电池充电。

（四）系统操作 2

关闭点火开关后 10s 进入防盗报警状态。

（五）防盗编程

1. 当出现以下情况时，系统需进行编程

增加或更换钥匙。

2. 编程方法

更换已经和防盗系统匹配好的钥匙，进行如下操作：

将点火开关从 ON 位调到 OFF 位。

四、宝马 X3（E83）轿车遥控器设定（2014～2016 年）

（1）按下 LOCK 键，激活警报系统、中控锁系统和双重锁止系统。

（2）按一下 LOCK 键，使车内灯点亮。

（3）使 LOCK 键在压下位置，关闭车窗和天窗。

（4）若 LOCK 键，松开时不正常，则进行下述操作（若装配警报系统）。

① 短暂按下并松开 UNLOCK 键

② 按下并保持住 LOCK 键。

（5）进行下述操作可以解除防盗系统倾斜传感器和车内检测传感器的功能；在激活警报系统、中控锁系统和双重锁止系统后短暂按下 LOCK 键。

（6）直到报警系统、中控锁系统和双重锁止系统解除时，防盗系统倾斜传感器和车内检测传感器才关闭。

（7）若在 2min 内没有打开车门或行李箱，则锁止重新激活。

（8）可以利用诊断设备改变防盗/中控锁功能。

五、宝马 7 系（740Li E38）轿车遥控器设定（2014～2016 年）

（1）关闭 4 个车门，用车内的中控门锁按钮将车门闭锁。

（2）接通点火开关再断开，拔出点火钥匙。

（3）在 10s 内按住点火钥匙遥控“解锁”键的同时，按动“闭锁”键 3 次后松开，此时可以看到钥匙上的遥控指示灯闪动。如果匹配成功，ZKE（中央车身电子系统）会激活中控系统锁止并解锁车门一次，表示钥匙遥控功能同步设定成功。

六、宝马迷你 Cooper、Cooper S 轿车遥控器设定（2009～2013 年）

（一）系统操作 1

1. 带无钥匙进入系统

（1）报警系统和中控锁系统可在无钥匙模式下解除。

① 携带遥控器接近车辆，按驾驶人侧车门把手（图 2-5）上的锁止/解锁键 1 次，解除报警系统和解锁车辆。

② 按下并按住驾驶人侧车门把手锁止/解锁键来打开车窗及天窗。

③ 携带遥控器接近车辆，按下尾门的释放键，则尾门解锁报警系统解除。

（2）报警系统和中控锁系统可在无钥匙模式下激活。

① 将点火开关置于 OFF。

② 确保所有车门及尾门关闭。

③ 按下驾驶人侧车门把手锁止/解锁键 1 次，则报警系统激活且车辆上锁。

④ 按下并按住驾驶人侧车门把手锁止/解锁键来关闭车窗及天窗。

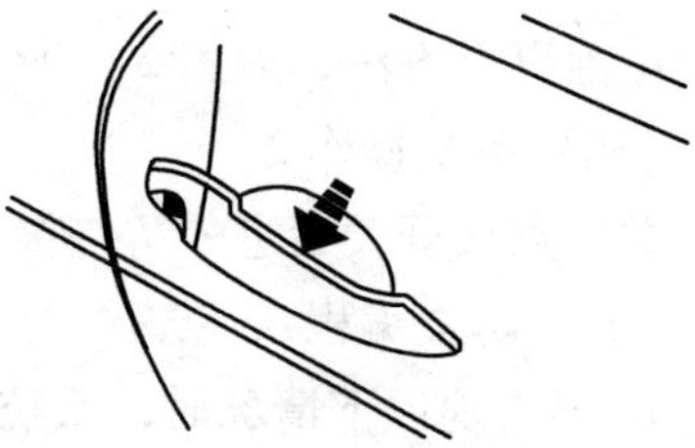

图 2-5　车门把手

注意： 报警系统和中控锁功能可使用遥控器、车辆多功能控制系统（若装备）和诊断设备进行更改。

2. 所有车型

（1）按下遥控器（图 2-6）锁止键 1 次来激活报警系统及中控锁系统。指示灯闪烁 1 次（若已编程）。

（2）按下遥控器解锁键解锁车辆和解除报警系统。指示灯闪烁 1 次（若已编程）。

如果已编程，则按以下操作进行：

（1）按下遥控器解锁键 1 次来解除报警系统且仅解锁驾驶人侧车门。指示灯闪烁 1 次。

（2）按下遥控器解锁键 2 次来解除报警系统和解锁所有车门。指示灯又闪烁 1 次。

（3）按住遥控器解锁键在压下位置来打开车窗及天窗。

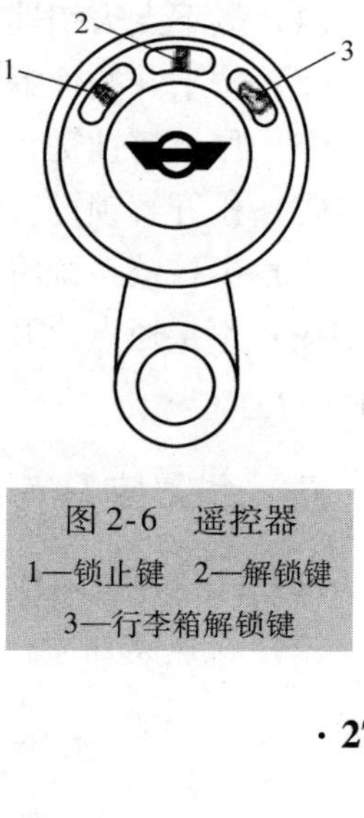

图 2-6　遥控器
1—锁止键　2—解锁键
3—行李箱解锁键

(4) 按下遥控器按行李箱解锁键来解锁后车门。

(5) 在遥控器内还有一把应急机械钥匙，如图 2-7 所示。

注意：报警系统和中控锁功能使用遥控器、车辆多功能控制系统和诊断设备进行更改。

(二) 遥控器编程

1. 当出现以下情况时，系统需进行编程

增加或更换遥控器。

2. 编程方法

遥控器只能使用诊断设备进行编程。

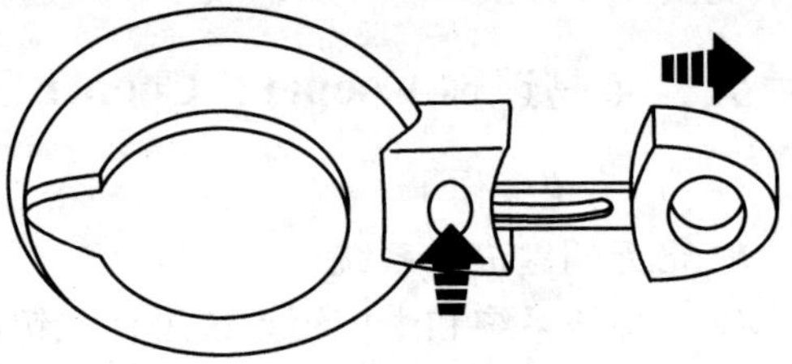

图 2-7 应急机械钥匙

(三) 电池更换方法

电池更换方法，如图 2-8 所示。

(四) 系统操作 2

关闭点火开关后进入防盗报警状态。

(五) 防盗编程

1. 当出现以下情况时，系统需进行重新编程

(1) 系统出现故障。

(2) 增加或更换遥控器。

2. 编程方法

防盗系统只能使用诊断设备进行编程。

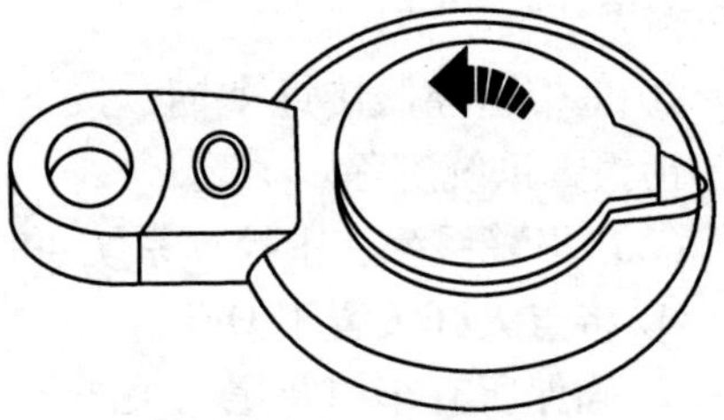

图 2-8 电池更换方法

七、华晨宝马 3 系 (E90) 轿车遥控器设定 (2005 ~ 2016 年)

(1) 车辆解锁。

(2) 进入车辆，关闭驾驶人侧车门。

(3) 将点火开关从 ON 位调到 OFF 位。

(4) 拔下点火钥匙。

(5) 按下并按住解锁键。

(6) 保持解锁键在压下位置，10s 内迅速地按下锁止键 3 次。

(7) 松开解锁键。

(8) 中控锁系统将快速地锁止和解锁来表明编程成功。

(9) 不接通点火开关的情况下，重复步骤 (5) ~ (8) 可设定其他遥控器 (最多可设定 4 个)。

八、华晨宝马 5 系轿车遥控器设定 (2008 ~ 2016 年)

(1) 打开并关闭任意车门。

(2) 将点火开关转到 I 位 (KLR)，然后在 5 秒内关闭点火开关。

（3）再将钥匙开到仪表灯亮，在30s（建议保持20s左右）内将点火开关转到OFF，这个时候拔下钥匙，按下开锁键（向上的箭头按键）并保持。

（4）在按压开锁按键时（不能松开），按下并释放锁止按键（宝马标识按键）3次。

（5）释放开锁按键，若设定成功，则基本模块立即发出一个开锁和锁止信号。

第二节 宝马车系保养灯归零

一、宝马1系轿车保养灯归零（2007～2012年）

1. 保养间隔归零设定

（1）在执行保养间隔重新设定前必须确认仪表板显示的时间正确。

（2）将点火开关置于ON。

（3）按下图2-9所示的按键A，保持按压状态约10s，直至显示屏如图2-10所示显示首个保养项目。

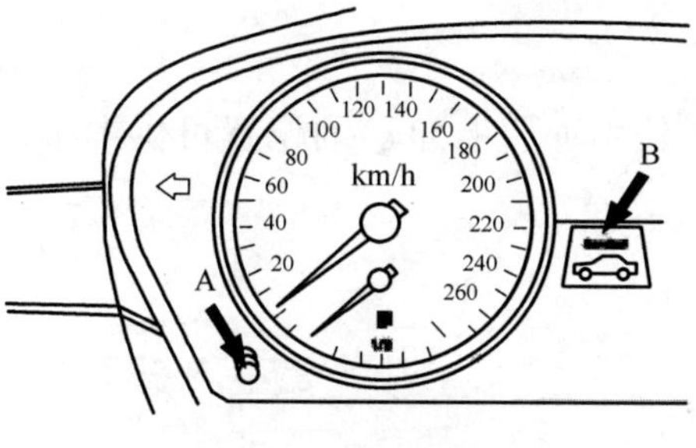

图2-9 按键识别

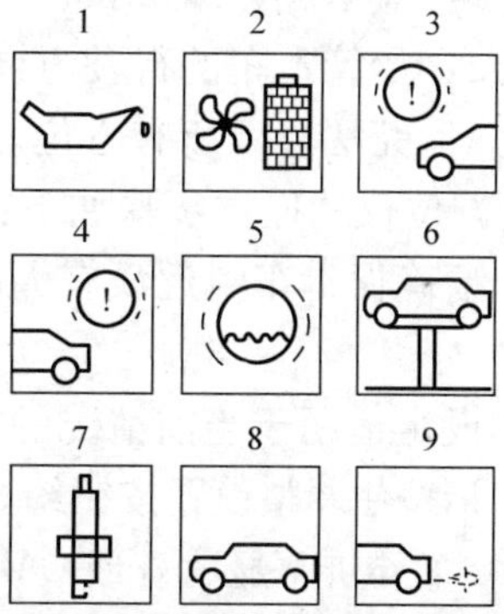

图2-10 保养项目识别

1—发动机机油 2—花粉过滤器 3—前轮制动衬块 4—后轮制动衬块 5—制动液 6—车辆检测 7—火花塞 8—车辆检查 9—废气排放检测

（4）按动按键A可以显示下一项保养项目。

（5）对显示的项目保养间隔重新设定时，可按住按键A保持3s以上，直至显示屏显示“Reset?”字符。

（6）再次按住按键A保持3s以上。

（7）将点火开关置于OFF。

2. 驾驶人侧座椅位置和外后视镜位置记忆功能设定

车辆维修保养过程中如果断开过蓄电池负极电缆，则驾驶人侧座椅位置和外后视镜位置记忆存储信息均会因断电而失效，必须按照下面的叙述重新设定：

（1）把点火钥匙彻底插入点火锁芯，如图2-11所示。

（2）将座椅位置和外后视镜位置调整到理想位置。

（3）按压记忆设定按钮MEMORY，按钮内部指示灯亮起，如图2-12所示。

图 2-11　将点火钥匙彻底插入点火锁芯

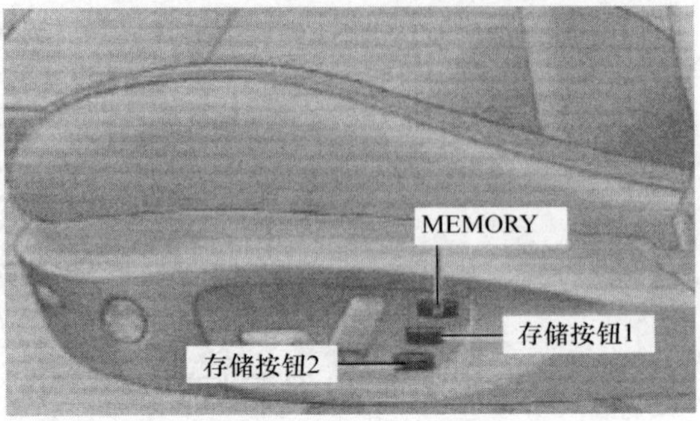

图 2-12　记忆功能设定按键识别

（4）按压希望的存储 1、2 存储在某个位置，指示灯熄灭。

3. 方位仪设定

在以下情况中，必须按照如下叙述设定方位仪：

情况 1：显示屏显示 C 或 CAL 字样。

情况 2：尽管本车的行驶方向改变了，但方位仪显示的方位却没有变化。

情况 3：无法显示所有方位。

设定方位仪的操作步骤如下：

（1）请确保本车附近没有大的金属物体或架空电线，而且有足够的位置可供本车进行圆周行驶。

（2）设定适用于当前情况的方位仪方位区。

（3）请按住调整设置按钮约 6～7s，如图 2-13 所示，直至屏幕显示 C 或 CAL，然后以不超过 7km/h 的车速将本车行驶完整的一圈。

如果设定成功，显示屏即可出现方位显示。

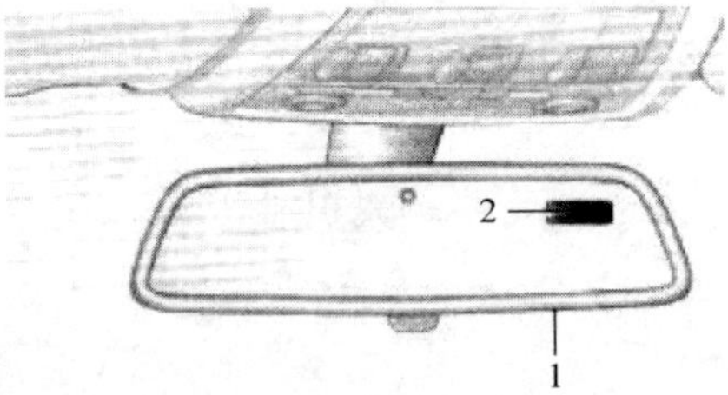

图 2-13　数字式方位仪显示屏和调节按钮识别
1—设置按钮　2—显示屏

4. 电动天窗初始化设定

维护保养过程中如果断开过蓄电池，维修结束重新连接蓄电池后要按照如下叙述执行电动天窗设定操作：

（1）点火开关置于 ON 位。

（2）按住电动天窗的倾斜开关，天窗完全倾斜。

（3）继续按住开关，等待约 30s 后，天窗会从最大倾斜位置处继续倾斜，约 5s 后，天窗会完全关闭；最后天窗会完全打开，然后迅速完全关闭。

（4）松开电动天窗的开关。

（5）将点火开关置于 OFF。

二、宝马 3 系（E90/E91/E92/E93）轿车保养灯归零（2008～2016 年）

1. 保养间隔归零设定

保养间隔归零设定操作步骤参见如下叙述：

（1）在执行保养间隔重新设定前必须确认仪表板显示的时间正确。

（2）将点火开关置于 ON。

（3）如图 2-14 所示，按下按钮 C，保持按压状态约 10s，直至显示屏显示首个保养项目。

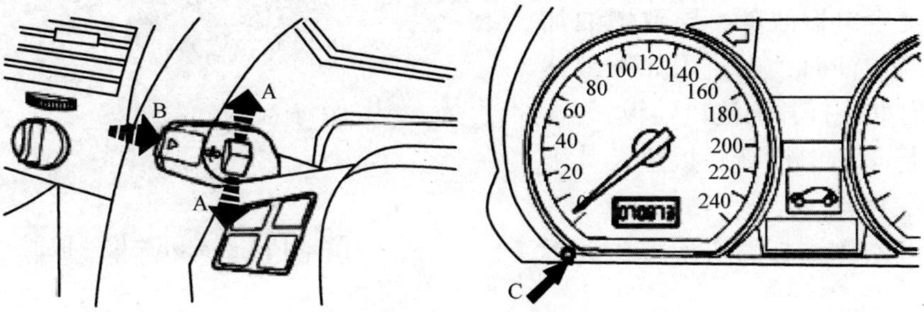

图 2-14　按钮识别

（4）按动按钮 A 可以显示下一项保养项目，如图 2-10 所示。

（5）对显示的项目保养间隔重新设定时，可按住按钮 B 保持 3s 以上，直至显示屏显示“Reset?”字符。

（6）再次按住按钮 A 保持 3s 以上。

（7）将点火开关置于 OFF。

2. 电动天窗初始化设定

与 1 系轿车相同。

三、宝马 5 系（E60/E61）轿车保养灯归零（2008～2017 年）

1. 保养间隔归零设定

（1）在执行保养间隔重新设定前必须确认仪表板显示的时间正确。

（2）将点火开关置于 ON。

（3）按下图 2-15 所示的按键 A，保持按压状态约 10s，直至显示屏显示首个保养项目。

（4）按动按键 A 可以显示下一项保养项目，如图 2-10 所示。

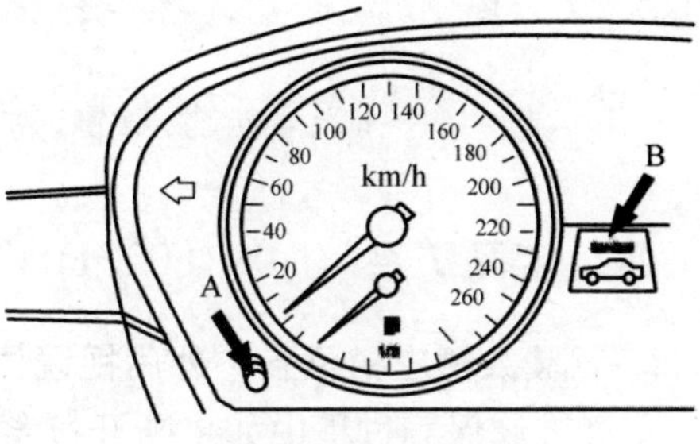

图 2-15　按键识别

（5）对显示的项目保养间隔重新设定时，可按住按键 A 保持 3s 以上，直至显示屏显示“Reset?”字符。

（6）再次按住按键 A 保持 3s 以上。

（7）将点火开关置于 OFF。

2. 驾驶人侧座椅位置、外后视镜和转向盘位置记忆功能设定

车辆维修保养过程中如果断开过蓄电池负极电缆，则驾驶人侧座椅位置、外后视镜位置转向盘记忆存储信息均会因断电而失效，必须按照如下叙述重新设定：

（1）把点火开关设定到位置Ⅰ或Ⅱ，如图 2-16 所示。

（2）将座椅位置、外后视镜位置和转向盘位置调整到理想位置。

（3）按压记忆设定按钮 MEMORY，按钮内部指示灯亮起，如图 2-17 所示。

（4）按压希望的存储 1、2 存储在某个位置，指示灯熄灭。

3. 燃油加注口盖板手动开启设定

当车辆发生电器故障，导致燃油加注口无法开启加油时，可使用如下叙述采用手动开启办法打开加注口盖板：

（1）在行李箱中抬高底板垫及其下面的盖板。

（2）打开右侧饰板的快换接头并拆下右侧饰板。

（3）拉起带加油符号的按钮，如图 2-18 所示。

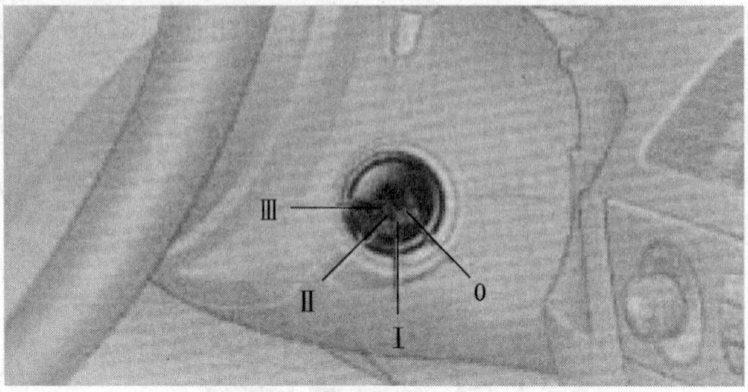

图 2-16　点火开关位置识别

4. 电动天窗设定

与 1 系轿车相同。

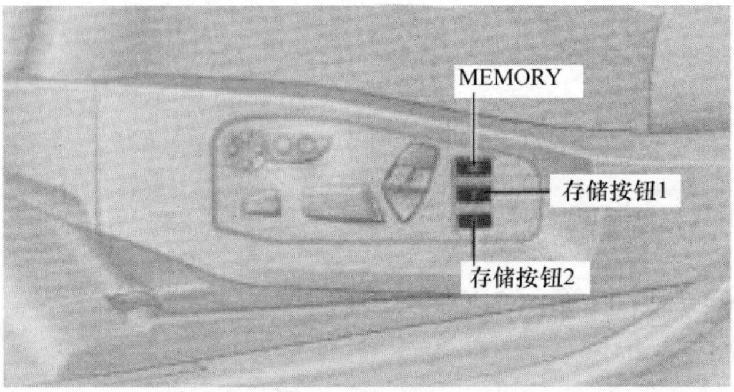

图 2-17　记忆功能设定按键识别

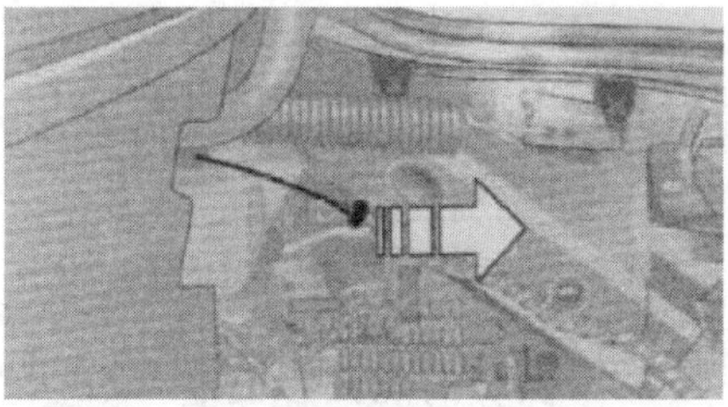
图 2-18　燃油加注口盖板开启按钮

四、宝马 7 系（F01/F02/F04）轿车保养灯归零（2008～2016 年）

1. 驾驶人侧座椅位置、外后视镜位置和转向盘位置记忆功能设定

车辆维修保养过程中如果断开过蓄电池负极电缆，则驾驶人侧座椅位置、外后视镜位置和方向盘记忆存储信息均会因断电而失效，必须重新设定。记忆功能设定操作参见如下叙述：

（1）把点火开关置于接通位置。

（2）将座椅位置、外后视镜位置和转向盘位置调整到理想位置。

（3）按压记忆设定按钮 MEMORY，按钮内部指示灯亮起，如图 2-19所示。

（4）按压希望的存储 1、2 存储某个位置，指示灯熄灭。

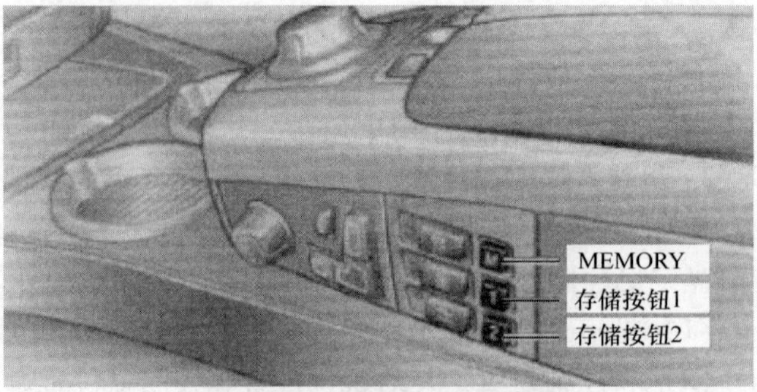

图 2-19　记忆功能设定按键识别

2. 燃油加注口盖板手动开启设定

如果发生了电气故障，可以手动开启燃油箱盖板。手动开启操作方法参见如下叙述：

（1）把盖板上的手柄往上提，打开行李箱内右边的盖板。

（2）把带有加油符号的按钮拉开，如图2-20所示，即可手动开启加注口盖板。

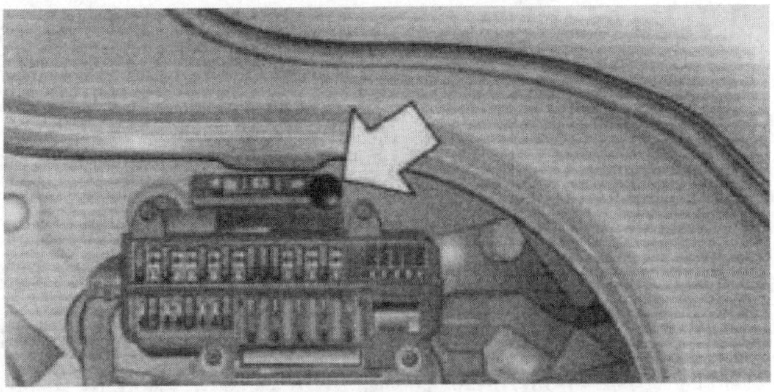

图2-20　燃油加注口盖板手动按钮识别

3. 保养归零设定

（1）按下 START/STOP 按钮，将点火开关置于 ON。

（2）按照图2-21所示，按住按钮A，直至第一个保养项目显示在显示屏上。

（3）反复按动按钮A，选择需要归零的保养项目，比如“OIL SERVICE，INSPECTION”等。

（4）选择完毕后，显示屏会显示“RESET EXECUTABLE”。

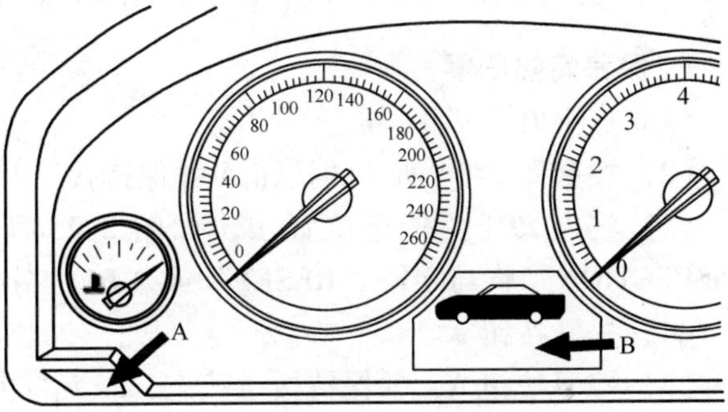

图2-21　归零按钮A和显示屏B识别

（5）按住按钮A，持续3s，显示屏会显示“RESET RUNNING”，然后会显示“RESET SUCCESSFUL”。

（6）按下 START/STOP 按钮，将点火开关设置到 OFF 状态。

4. 电动天窗设定

与宝马6系轿车相同。

五、宝马 Z4 系（E85/E86）轿车保养灯归零（2008～2013年）

（1）点火开关置于 OFF。

（2）如图2-22所示，按住按钮A。

（3）将点火开关转至位置Ⅰ，如图2-23所示。

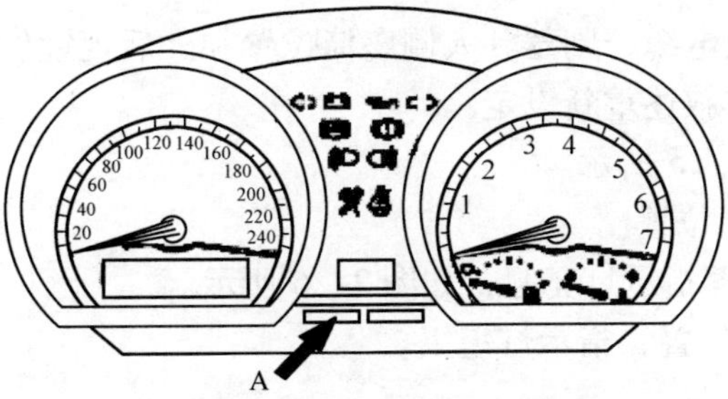

图2-22　归零按钮A识别

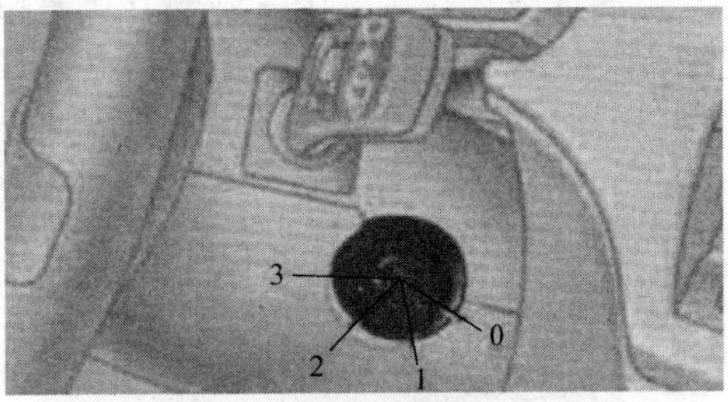

图2-23　点火开关位置识别

（4）继续按住按钮A，显示屏显示“OIL SERVICE”或“INSPECTION”，随后显示“RESET”或“RE”字符。

（5）松开按钮A。

（6）按住按钮A，持续5s，直至显示屏上的“RESET”或“RE”闪烁。

（7）短暂按住按钮A，即可重新设定保养间隔，显示屏会显示新的保养间隔，然后显示屏会显示制动液更换间隔，并附加显示一个钟表状的图案和“RESET”或“RE”。

（8）按住按钮A，持续5s，直到显示屏上的“RESET”或“RE”闪烁。

（9）短暂按动按钮A，即可重新设定制动液更换间隔。

归零设定完毕后，显示屏会显示“END SIA”字符约2s。

六、宝马X3（E84）轿车保养灯归零（2008～2016年）

1. 保养间隔归零

（1）点火开关置于OFF。

（2）按如图2-24所示的按钮A并保持按下状态。

（3）将点火开关转至位置Ⅰ，如图2-25所示。约5s后，字符“OIL SERVICE”或“INSPECTION”将与字符“RESET”或“RE”字符一同显示在显示屏上。

（4）松开按钮A。

（5）按下按钮A，并保持按压状态，5s后字符“RESET”或“RE”将开始闪烁。

（6）松开按钮A，然后再次按下并松开按钮A，显示屏会显示新的保养间隔，然后显示屏会显示一个钟表标志和字符“RESET”或“RE”字符。

（7）按下并松开按钮A，显示屏会显示“END SIA”约2s。

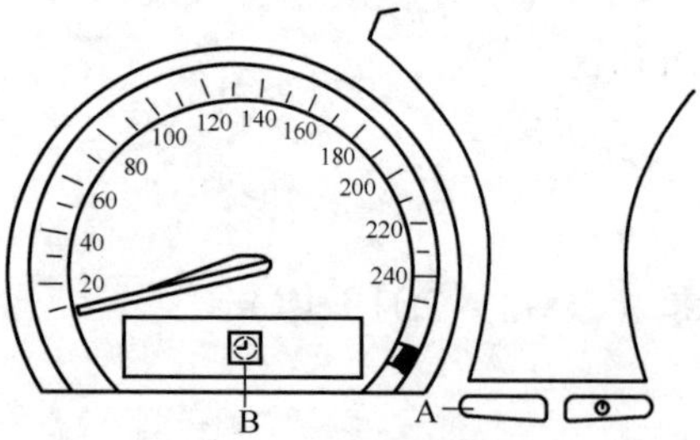

图2-24　按钮A和标志B识别

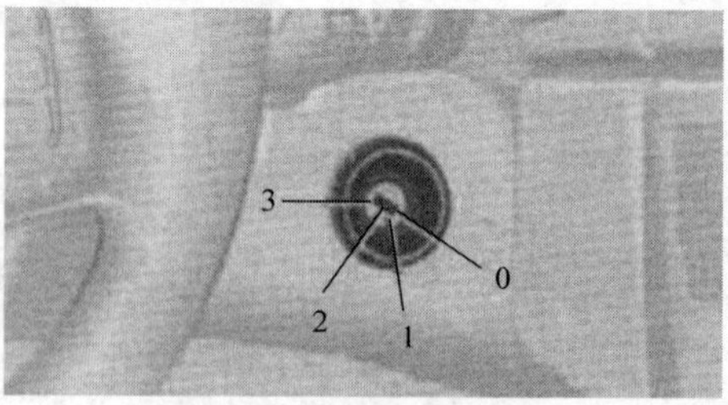

图2-25　点火开关位置识别

2. 驾驶人侧座椅位置和外后视镜位置设定

车辆维修保养过程中如果断开过蓄电池负极电缆，则驾驶人侧座椅位置和外后视镜位置记忆存储信息均会因断电而失效，必须按照如下叙述重新设定：

（1）把点火开关设定到位置Ⅰ或Ⅱ，如图2-25所示。

（2）将座椅位置和外后视镜位置调整到理想位置。

（3）按压记忆设定按钮MEMORY，按钮内部指示灯亮起，如图2-26所示。

（4）按压希望的存储1、2或3存储在某个位置，指示灯熄灭。

3. 方位仪设定

在以下情况中，必须设定方位仪：

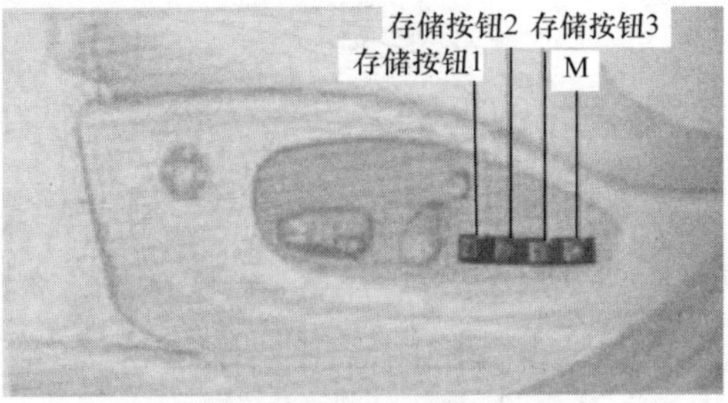

图 2-26 记忆功能设定按键识别

情况 1：显示的方位不正确。

情况 2：尽管车辆的行驶方向改变了，但显示的方位却没有变化。

情况 3：所有方位均不显示。

如果调整方位仪方位区，则请按住调整按钮 1 约 3 ~ 4s，如图 2-27 所示。显示器上随即出现已设定的方位仪方位区号码。如果要变更方位区 2 的设定，则请反复按压该调整按钮，直到显示器上出现与本车所在位置相符的方位仪方位区号码。方位仪在约 10s 后重新处于备用状态，然后按照如下叙述执行设定操作：

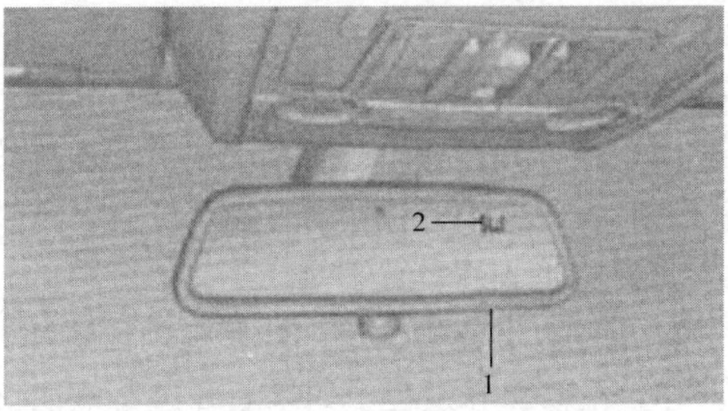

图 2-27 方位仪显示屏和调节按钮识别

（1）请确保本车附近没有大的金属物体或架空电线，而且有足够的空间可供本车进行圆周行驶。

（2）设定适用于当前情况的方位仪方位区。

（3）请按住调整按钮约 6 ~ 7s，然后以不超过 7km/h 的车速将本车行驶完整的一圈。

如果设定成功，显示屏即可出现方位显示。

4. 电动车窗初始化设定

维修保养过程中如果断开过蓄电池，维修完毕，重新连接蓄电池后要按照如下步骤执行电动车窗初始化设定操作：

（1）点火开关置于 ON。

（2）确保车门和车窗均处于完全关闭状态。

（3）按住电动车窗的开启开关，使电动车窗完全开启。

（4）提起电动车窗的关闭开关，使电动车窗完全关闭，继续保持开关的提起状态，持续 2s。

（5）对其他的电动车窗也执行同样的设定操作。

（6）将点火开关置于 OFF。

5. 电动天窗设定

与宝马 6 系轿车相同。

七、宝马 X5（E53）轿车保养灯归零（2008 ~ 2016 年）

1. 保养间隔归零设定

（1）点火开关置于 OFF。

（2）如图 2-28 所示，按下仪表板上的按钮 A 并保持按压状态。

（3）将点火开关转至位置 Ⅰ，如图 2-29 所示。约 5s 后，字符“OIL SERVICE”或“INSPECTION”将与字符“RESET”或“RE”字符一同显示在显示屏上。

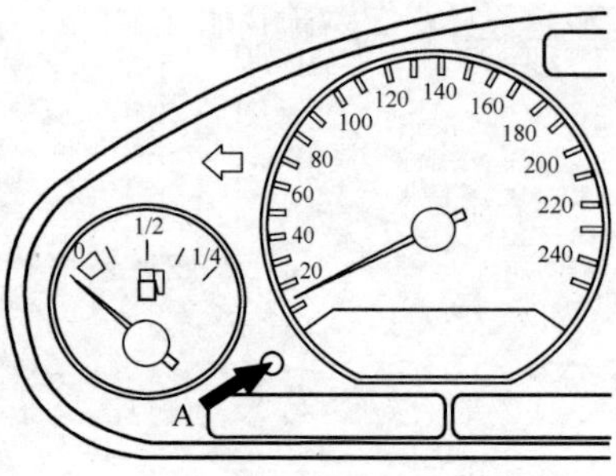

图 2-28　仪表板按钮 A 识别

图 2-29　点火开关位置识别

（4）松开按钮 A。

（5）按下按钮 A，并保持按压状态，5s 后字符“RESET”或“RE”将开始闪烁。

（6）松开按钮 A，然后再次按下并保持按压状态，显示屏会显示新的保养间隔。

（7）按下并松开按钮 A，显示屏会显示“END SIA”约 2s。

（8）将点火开关置于 OFF。

2. 驾驶人侧座椅位置、外后视镜位置和转向盘位置记忆功能设定

车辆维修保养过程中如果断开过蓄电池负极电缆，则驾驶人侧座椅位置、外后视镜位置和转向盘倾斜角度记忆存储信息均会因断电而失效，必须按照如下叙述重新设定：

（1）把点火钥匙转到位置Ⅰ或Ⅱ，如图 2-29 所示。

（2）将座椅位置、外后视镜位置和转向盘位置调整到理想位置。

（3）按压记忆设定按钮 MEMORY，按钮内部指示灯亮起，如图 2-30 所示。

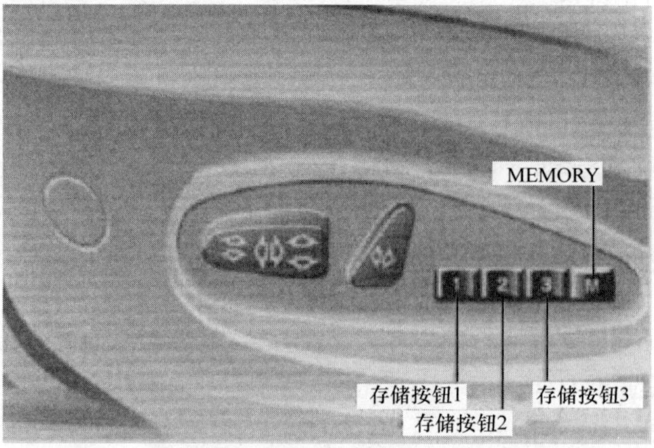

图 2-30　记忆功能设定按键识别

（4）按压位置记忆的存储按钮 1、2 或 3，存储在设定好的位置，指示灯熄灭。

3. 电动天窗紧急开启设定

发生电气故障时，可以按照图 2-31 的方向采用手动方式操作电动天窗。

（1）打开位于车内后视镜上方的眼镜盒。

（2）用随车工具中的内六角扳手，插入预留的开口内，将电动天窗向希望的方向转动即可开启开窗。

4. 电动天窗设定

维护保养过程中如果断开过蓄电池，维修结束重新连接蓄电池后要按照如下叙述执行电动天窗设定操作：

（1）点火开关置于 ON。

（2）按住电动天窗的倾斜开关，天窗完全倾斜。

（3）继续按住开关，等待约 15s 后，天窗会从最大倾斜位置处继续倾斜，再等待 5s 后，天窗会完全关闭；最后天窗会完全打开，然后迅速完全关闭。

（4）松开电动天窗的开关。

（5）将点火开关置于 OFF。

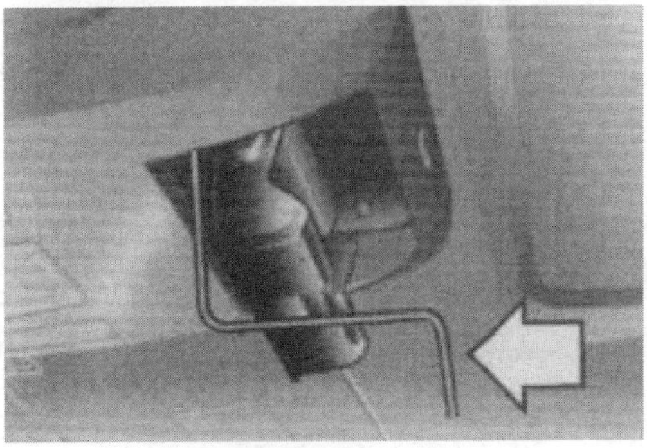

图 2-31 电动天窗紧急开启

5. 方位仪设定

与 X3 轿车相同。

6. X5（E70）轿车设定

电动天窗设定方法与 X5（E53）轿车设定方法相同。

八、宝马 X6 轿车保养灯归零（2008～2016 年）

1. 驾驶人侧座椅位置、外后视镜位置和转向盘位置记忆功能设定

车辆维修保养过程中如果断开过蓄电池负极电缆，则驾驶人侧座椅位置、外后视镜位置和转向盘记忆存储信息均会因断电而失效，必须按照如下叙述重新设定：

（1）把点火开关置于 ON 位。

（2）将座椅位置、外后视镜位置和转向盘位置调整到理想位置。

（3）按压记忆设定按钮 MEMORY，按钮内部指示灯亮起，如图 2-32 所示。

（4）按压希望的存储 1、2，存储在某个位置，指示灯熄灭。

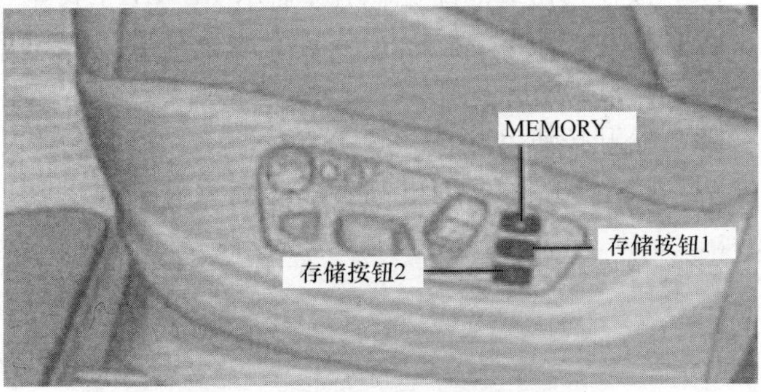

图 2-32 记忆功能设定按键识别

2. 电动天窗设定

维护保养过程中如果断开过蓄电池，维修结束重新连接蓄电池后要按照如下叙述执行电动天窗设定操作：

（1）点火开关置于 ON。

（2）按住电动天窗的倾斜开关，天窗完全倾斜。

（3）继续按住开关，等待约 30s 后，天窗会从最大倾斜位置处继续倾斜，约 5s 后，天窗会完全关闭；最后天窗会完全打开，然后迅速完全关闭。

（4）松开电动天窗的开关。

（5）将点火开关置于 OFF。

3. 保养归零设定

按照如下叙述执行操作间隔指示灯归零设定：

（1）把遥控钥匙插入点火插槽。

（2）不要踩下制动踏板或离合器踏板。

（3）按下 START/STOP 按钮，将点火开关置于 ON，维修类型和距离下次维护的时间/里程会短暂显示在显示屏上。

（4）如图 2-33 所示，按住按钮 C 约 10s，直至显示屏显示第一个保养项目。

（5）反复按下按钮 A，选择需要执行归零的保养项目，如图 2-34 所示。

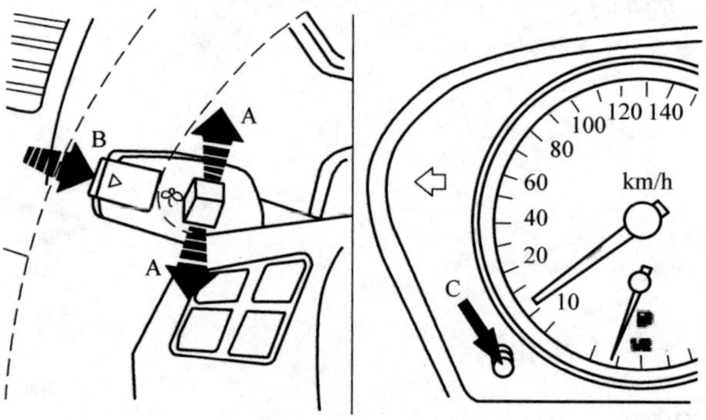

图 2-33　按钮识别

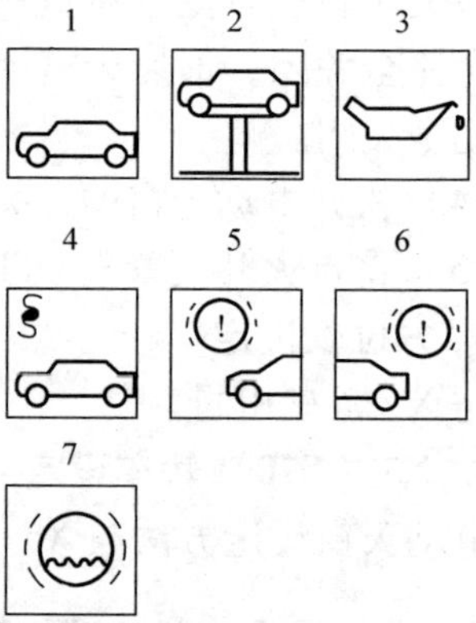

图 2-34　保养项目识别

1—车辆检查　2—全车检查

3—发动机机油　4—车辆检测

5—前轮制动衬　6—后轮制动衬

7—制动液

（6）按住按钮 B，直至显示屏显示 RESET 字符。

（7）按住按钮 B，显示屏会显示钟表符号。RESET 符号和一个对勾符号会显示在显示屏上，表示归零完成。

（8）松开按钮 B。

（9）按下 START/STOP 按钮，将点火开关置于 OFF。

第三章　路虎车系遥控器设定与保养灯归零

第一节　路虎车系遥控器设定

一、路虎神行者 2 系遥控器设定（2006 ~ 2013 年）

（一）系统操作 1

（1）按下遥控器（图 3-1）锁止键 1 次锁止车辆和激活报警系统。

（2）指示灯闪烁 1 次。

（3）带双重锁止车辆

① 在 3s 内按下遥控器锁止键 2 次来激活双重锁止系统和报警系统。

② 指示灯闪烁 2 次。

③ 按下遥控器解锁键解锁车辆和解除报警系统。

④ 指示灯又闪烁 2 次。

⑤ 遥控器上有行李箱释放键。

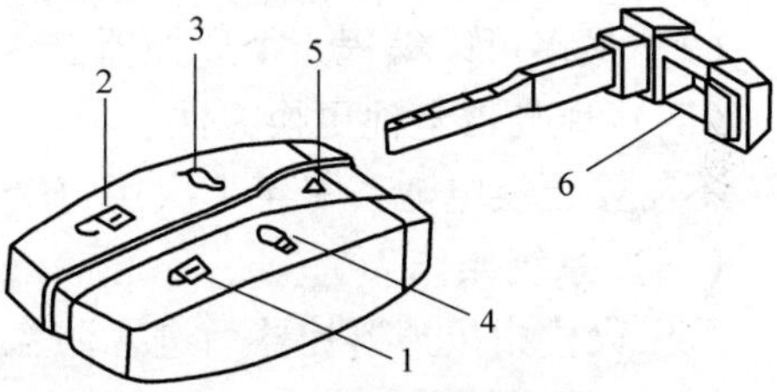

图 3-1　遥控器

1—锁止键　2—解锁键　3—行李箱释放键　4—前照灯键　5—报警键　6—应急钥匙

⑥ 按下遥控器按键打开前照灯约 25s。

⑦ 在 3s 内按下遥控器按键至少 3s 或 3 次激活恐吓报警系统。

⑧ 遥控器有一个应急钥匙插在其中。

（4）一些车型

① 按下遥控器解锁键 1 次解除报警系统且仅解锁驾驶人侧车门、燃油箱盖和行李箱。

② 按下遥控器解锁键 2 次解除报警系统和解锁全车车门及行李箱。

（5）编程解锁功能

① 关闭点火开关。

② 同时按下并按住遥控器锁止键/解锁键约 4s。

③ 指示灯闪烁 2 次来确认解锁功能编程完成。

④ 重复上述程序可以将遥控器重新编程到原始功能。

（6）整体打开/关闭

① 按住遥控器锁止键在压下位置约 2s 关闭车窗。

② 按住遥控器解锁键在压下位置约 2s 打开车窗。

(7) 当车速高于 7km/h 时，车辆自动锁止全车车门。

(8) 如果车辆解锁后在 60s 内车门或行李箱没有打开，锁止将重新激活。

(9) 报警系统和中控锁系统功能可以使用遥控器改变。

(二) 同步设定

1. 当出现以下情况时，需对遥控器同步设定

车辆在不遥控范围内反复操作遥控器按键和系统失效。

2. 同步设定方法

(1) 打开点火开关。

(2) 起动发动机并运转至少 6min。

(3) 检查钥匙的操作。

(三) 遥控器编程

1. 当出现以下情况时，必须重新编程

(1) 增加或更换遥控器。

(2) 系统有故障。

2. 编程方法

(1) 遥控器只能利用诊断设备进行编程。

(2) 最多可以编程 3 个遥控器。

(四) 遥控器电池更换方法

不需要更换电池。每年 1 次用每个钥匙放入点火槽行驶一段距离会给电池再充电。

(五) 系统操作 2

从点火槽中拔掉遥控器后进入防盗报警状态。

(六) 防盗编程

1. 当出现以下情况时，必须重新编程

(1) 增加或更换遥控器。

(2) 系统有故障。

2. 编程方法

防盗系统只能利用诊断设备来进行编程。

二、路虎发现 3 系 (2005 ~ 2010 年)、4 系 (2005 ~ 2016 年) 遥控器设定

(一) 系统操作 1

(1) 按下钥匙 (图 3-2) 锁止键 1 次激活双重锁止系统和报警系统。

(2) 按下钥匙解锁键 1 次解除报警系统且仅解锁驾驶人侧车门。

(3) 按下钥匙解锁键 2 次解除报警系统且解锁所有车门。

(4) 按下钥匙按键则系统将执行以下功能中的一项。

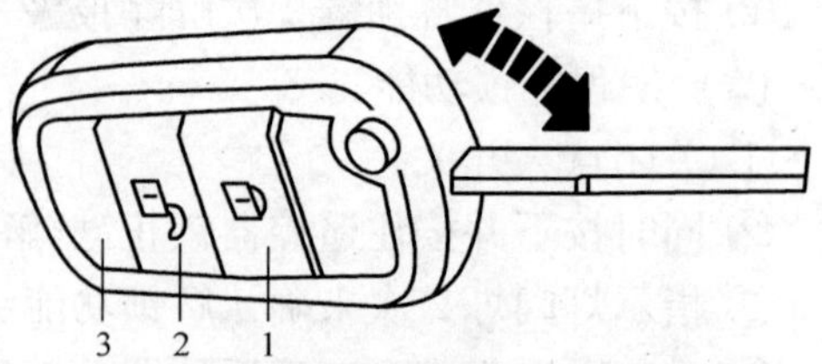

图 3-2 钥匙

1—锁止键 2—解锁键 3—激活键

① 激活恐吓报警系统。
② 激活前照灯。
③ 打开尾门。
④ 打开尾门车窗。
⑤ 激活空气悬架高度调整系统。

（二）遥控器编程

1. 当出现以下情况时，必须重新编程

增加或更换遥控器。

2. 编程方法

遥控器只能利用诊断设备进行编程。

（三）遥控器电池更换方法

不需要更换电池。当钥匙在车辆上使用时，自己会充电。

（四）系统操作 2

拔掉钥匙后进入防盗报警状态。

（五）防盗编程

更换的钥匙已经编程。

三、路虎揽胜遥控器设定（2006～2013 年）

（一）系统操作 1

（1）报警系统和中控锁功能可以更改。

（2）钥匙的应答可以通过附加功能来设定。

（3）按下钥匙（图 3-3）锁止键激活双重锁止系统和报警系统。

（4）在锁止车辆 10s 内再次按下钥匙锁止键解除车内检测传感器和倾斜传感器。

（5）按下钥匙解锁键解锁车辆和解除报警系统。

（6）一些车型（若已编程）

① 按下钥匙解锁键 1 次解除报警系统且仅解锁驾驶人侧车门。

② 按下钥匙解锁键 2 次解除报警系统且解锁所有车门。

③ 按住钥匙锁止键在压下位置关闭车窗和天窗。

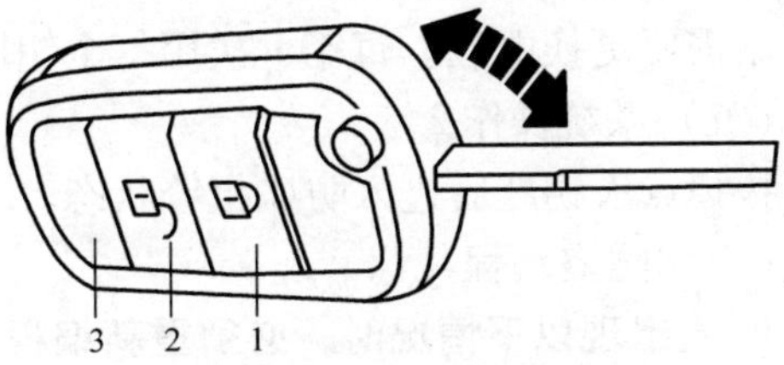

图 3-3　钥匙
1—锁止键　2—解锁键　3—激活键

④ 按住钥匙解锁键在压下位置打开车窗和天窗。

⑤ 当车速高于 16km/h 时，车门将自动锁止。

⑥ 如果车辆解锁后在 2min 内车门或行李箱没有打开，锁止将重新被激活。

（7）编程解锁功能

① 关闭点火开关。

② 同时按下并按住遥控器锁止键/解锁键约 3s。

③ 系统马上锁止和解锁车辆 1 次来确认解锁功能编程完成。
④ 重复上述程序可以将遥控器重新编程到原始功能。
(8) 按下钥匙按键，则系统将执行以下功能中的一项。
① 激活恐吓报警系统。
② 激活前照灯。
③ 打开尾门。
④ 打开尾门车窗。
⑤ 激活空气悬架高度调整系统。
(二) 同步设定
1. 当出现以下情况时，需对钥匙同步设定。
车辆在不遥控范围内反复操作钥匙按键和系统失效。
2. 同步设定方法
(1) 打开点火开关。
(2) 起动发动机并运转至少 6min。
(3) 检查钥匙的操作。
(三) 钥匙编程
1. 当出现以下情况时，必须重新编程
(1) 增加或更换钥匙。
(2) 系统有故障。
2. 编程方法
(1) 钥匙只能利用诊断设备进行编程。
(2) 最多可以编程 3 把钥匙。
(四) 钥匙电池更换方法
不需要更换电池。每年 1 次用每个钥匙插入点火开关行驶一段距离会给电池再充电。
(五) 系统操作 2
拔掉点火钥匙后进入防盗报警状态。
(六) 防盗编程
1. 当出现以下情况时，必须重新编程
(1) 增加或更换钥匙。
(2) 系统有故障。
2. 编程方法
防盗系统只能利用诊断设备来进行编程。

四、路虎揽胜（运动版）遥控器设定（2006 ~ 2014 年）

(一) 系统操作 1
(1) 按下钥匙（图 3-4）锁止键 1 次锁止车辆和激活报警系统。
(2) 指示灯闪烁 3 次。
(3) 带双重锁止系统：
① 按下钥匙锁止键 2 次激活双重锁止系统和报警系统。指示灯闪烁 3 次。

② 按下钥匙解锁键解锁车辆和解除报警系统。指示灯闪烁 1 次。

（4）若已编程：按下钥匙解锁键 1 次解除报警系统且仅驾驶人侧车门、燃油箱盖和尾门解锁。

（5）若已编程：按下钥匙解锁键 2 次解除报警系统且全部车门和尾门解锁。

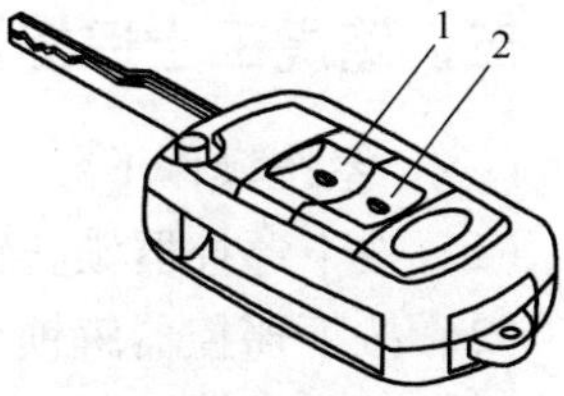

图 3-4　钥匙
1—锁止键　2—解锁键

（6）编程解锁功能

① 关闭点火开关。

② 同时按下并按住遥控器锁止键/解锁键约 3s。

③ 系统马上锁止和解锁车辆 1 次来确认解锁功能编程完成。

④ 重复上述程序可以将遥控器重新编程到原始功能。

（7）如果车辆解锁后在 60s 内车门或行李箱同时打开，锁止将被重新激活。

（8）报警系统和中控锁功能可以使用钥匙更改。

（9）钥匙的应答可以通过附加功能来设定。

（二）同步设定

1. 当出现以下情况时，需对钥匙同步设定

在不遥控范围内反复操作钥匙按键和系统失效。

2. 同步设定方法

（1）打开点火开关。

（2）起动发动机并运转至少 6min。

（3）检查钥匙的操作。

（三）钥匙编程

1. 当出现以下情况时，必须重新编程

（1）增加或更换钥匙。

（2）系统有故障。

2. 编程方法

（1）钥匙只能利用诊断设备进行编程。

（2）最多可以编程 3 把钥匙。

（四）钥匙电池更换方法

不需要更换电池。每年 1 次用每个钥匙插入点火开关行驶一段距离会给电池再充电。

（五）系统操作 2

拔掉点火钥匙后进入防盗报警状态。

（六）防盗编程

1. 当出现以下情况时，必须重新编程

（1）增加或更换钥匙。

（2）系统有故障。

2. 编程方法

防盗系统只能利用诊断设备来进行编程。

五、路虎卫士遥控器设定（2008~2014 年）

（一）系统操作 1

（1）按下遥控器锁止键锁止车辆（仅带中控锁车型）和激活报警系统。

（2）按下遥控器解锁键解锁车辆（仅带中控锁车型）和解除报警系统。

（二）同步设定

1. 当出现以下情况时，需重新同步设定

（1）遥控器更换电池。

（2）系统有故障。

2. 同步设定方法

（1）用钥匙解锁车辆。

（2）解除报警系统。

（3）打开点火开关。

（4）关闭点火开关。

（5）拔掉点火钥匙。

（6）若电池更换超过 5min：用车主手册上的 4 位车辆安全码来解除系统。

（7）按住遥控器关闭车辆。

（8）连续快速按下遥控器任意一键 4 次或更多。

（三）遥控器编程

1. 当出现以下情况时，必须重新编程

（1）增加或更换遥控器。

（2）系统有故障。

2. 编程方法

更换遥控器只能利用诊断设备进行编程。

（四）钥匙电池更换方法

电池更换方法如图 3-5 所示。

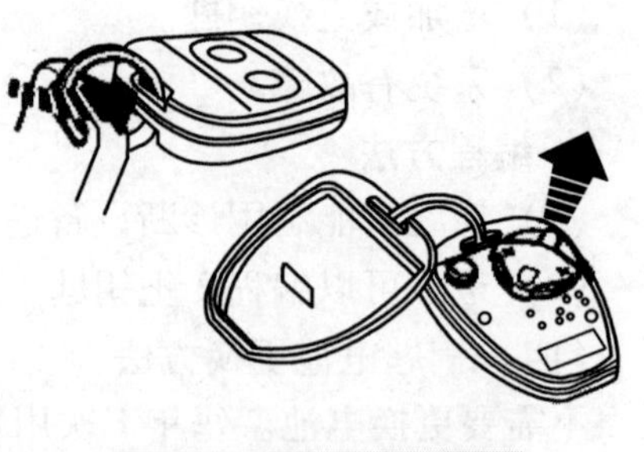

图 3-5　电池更换方法

（五）系统操作 2

用遥控器锁止车辆后进入防盗警报状态。

（六）防盗编程

1. 当出现以下情况时，必须重新编程

（1）增加或更换遥控器。

（2）系统有故障

2. 编程方法

更换遥控器只能利用诊断设备来进行编程。

六、新路虎卫士遥控器设定（2013~2015 年）

（1）首先用钥匙锁、开驾驶人侧车门激活遥控信号接收器，打开驾驶人侧车门，然后关闭所有车门、天窗及发动机舱盖。

（2）点火开关置于 ON，所有仪表灯亮，不要起动车。

（3）点火开关置于 OFF 拿出钥匙，按住遥控器开锁键不放、再按锁键 3 次，这时可听到门锁会工作。

（4）如果有第 2 个遥控器，必须在 15s 内接着按第 2 个遥控器开锁键不放、再按锁键 3 次，这时可听到门锁会工作。

（5）设定完毕，打开驾驶人侧门即可。

第二节 路虎车系保养灯归零

一、路虎神行者保养灯归零（2006～2010 年）

1. 尾门电动车窗初始化设定

车辆在维护保养过程中如果断定开过蓄电池，对尾门电动车窗按如下叙述进行重新设定：

（1）确保尾门车窗完全开启。

（2）起动发动机。

（3）确保车辆的所有用电设备（空调、收音机、除霜器等）均不要开启。

（4）将发动机转速提高到 1500r/min 并保持在这个转速。

（5）等待 10s 后操作如下：

1）按住尾门车窗的关闭开关，使尾门车窗彻底关闭。

2）松开尾门车窗的关闭开关。

3）按住尾门车窗的开启开关，使尾门车窗彻底开启。

4）松开尾门车窗的开启开关。

5）按住尾门车窗的关闭开关，使尾门车窗彻底关闭。

6）松开尾门车窗的关闭开关。

（6）在操作过程中如果听到蜂鸣器发出蜂鸣，尾门车窗彻底开启时，要重复设定程序。

（7）将发动机转速调节到怠速运行状态。

（8）将点火开关置于 OFF。

2. 燃油切断开关初始化设定

车辆发生碰撞时，为防止燃油外泄导致更大的灾害，车辆的燃油切断开关会启动，切断燃油供应，并开启车锁，维修完毕，确认燃油系统没有泄漏后，要执行燃油切断开关初始化复位，使燃油系统恢复供应，开关位置如图 3-6 所示，按下开关上的橡胶复位按钮即可使开关复位。

3. 仪表板照明亮度设定

车辆配有仪表板照明亮度调节滚轮，如图 3-7 所示，驾驶人将滚轮向上方转动，即可增强仪表板照明亮度，将滚轮向下方滚动，可降低仪表板照明亮度。

4. 电子时钟时间初始化设定调节

在维护保养过程中如果断开过蓄电池，则电子钟需要重新进行时间设定，将点火开关转到位置Ⅰ，如图 3-8 所示，用手指按动电子钟显示屏左侧的 H（小时）调节按钮和 M（分钟）调节按钮，如图 3-9 所示，调节到准确的时间。同时按下 H 和 M 按键，可以使时间的显示方式在 12h 显示或 24h 显示方式之间进行切换。

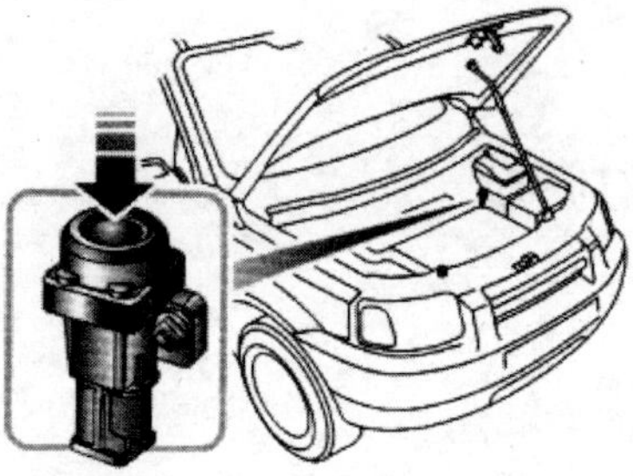

图 3-6　燃油切断开关安装位置及复位按钮识别

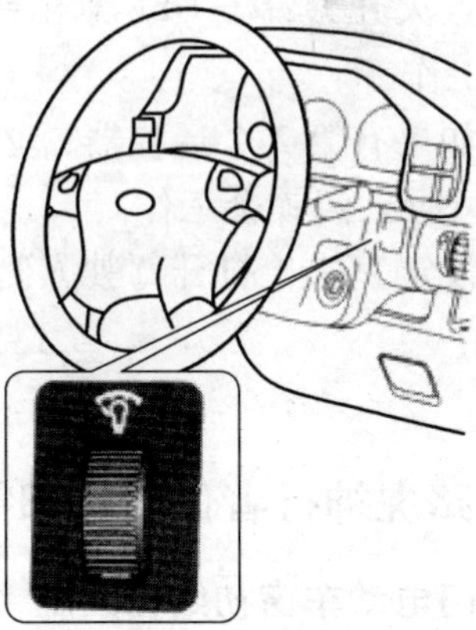

图 3-7　仪表板照明亮度调节滚轮识别

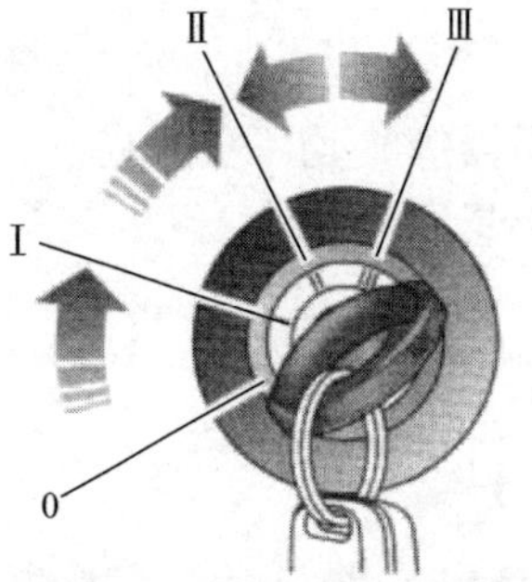

图 3-8　点火开关位置识别

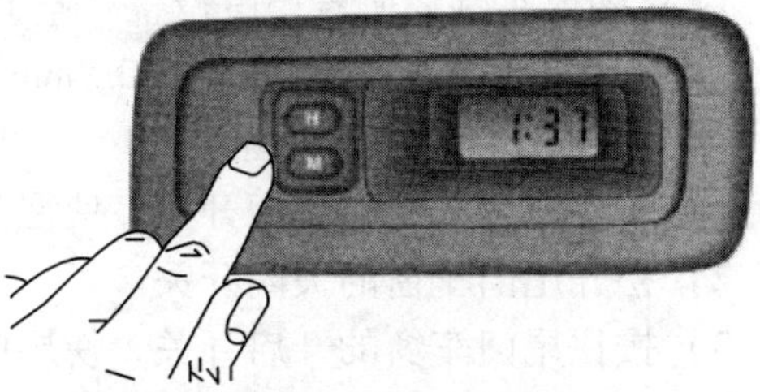

图 3-9　电子时钟时间设定按钮识别

二、路虎神行者 2 代保养灯归零（2010～2014 年）

1. 保养灯归零设定

（1）把摇控钥匙插入点火插槽中。

（2）不要踩下制动踏板或离合器踏板。

（3）按照图 3-10 所示，按住按钮 A 或 B。

（4）按住 START/STOP 按钮将点火开关置于 ON。

（5）将点火开关置于 ON 后，等待 10s，松开按钮 A 或 B，显示屏（图 3-10 中的 C）会显示“DLST”或“DATE”来表示归零模式。如果显示屏没有显示，则重复本操作步骤。

（6）显示屏显示后，在 10s 内，按住 A 或 B 保持 5s 以上，显示屏会显示“RESET”。

（7）等待 3～5s，显示屏会显示“DATE”或“END”。如果显示屏显示 DATE，在 10s 内，按住按钮 A 或 B 保持 5s 以上，显示屏会显示 RESET。如果显示屏显示 END，则表示退出归零模式。

（8）按下 START/STOP 按钮，将点火开关置于 OFF。

2. 仪表板照明亮度调节设定

车辆配有仪表板照明亮度调节滚轮，如图 3-11 所示，驾驶人将滚轮向上方转动，即可增强仪表板照明亮度，将滚轮向下方滚动，可降仪表板照明亮度。

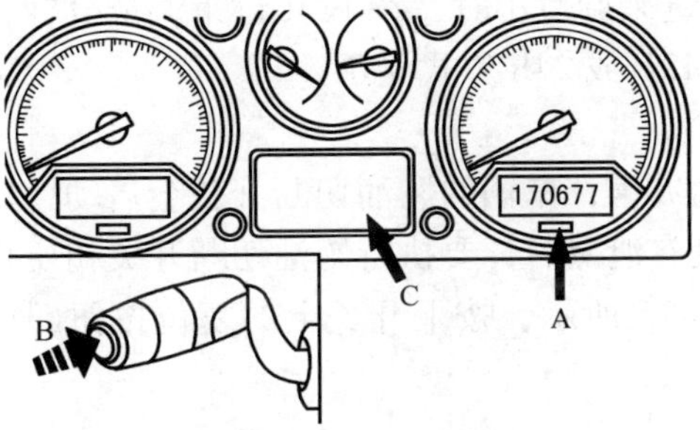

图 3-10　按钮识别

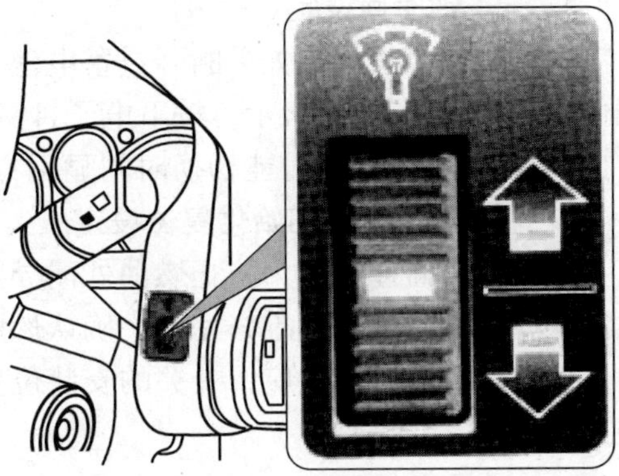

图 3-11　仪表板照明亮度调节滚轮

3. 电动座椅位置记忆设定

如果车辆在维修保养过程中断开过蓄电池，则原先存储的电动座椅位置记忆设定会被清除，必须重新进行设定操作，通过执行电动座椅位置记忆设定，可以设定并存储 3 种座椅位置。

（1）按下记忆按键，启动座椅位置记忆功能。

（2）在 5s 内按下位置存储按键 1、2 或 3，将该位置存储，按键识别如图 3-12 所示。

（3）仪表板会显示“MEMORY STORED”（记忆已存储）字样，同时仪表板分发出提示音，表示该位置已经成功设定并存储。

4. 电动车窗初始化设定

如果发生蓄电池连接断开、电量耗尽或供电中断，则车窗需要按照如下叙述的操作步骤进行初始化设定：

（1）完全关闭车窗。

（2）松开开关，然后将其提升至关闭位置并保持 2s，开关识别如图 3-13 所示。

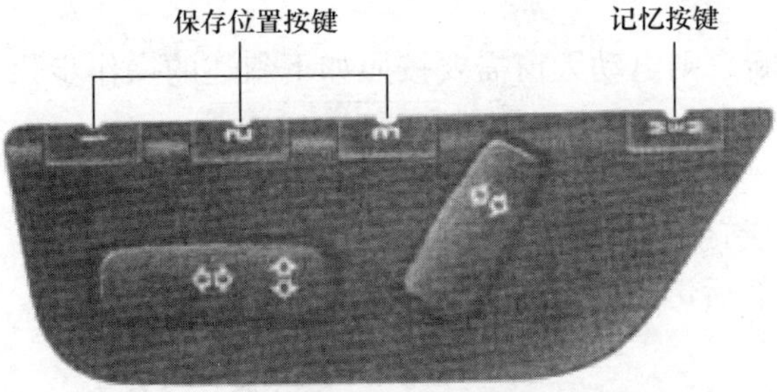

图 3-12　电动座椅位置记忆按键识别

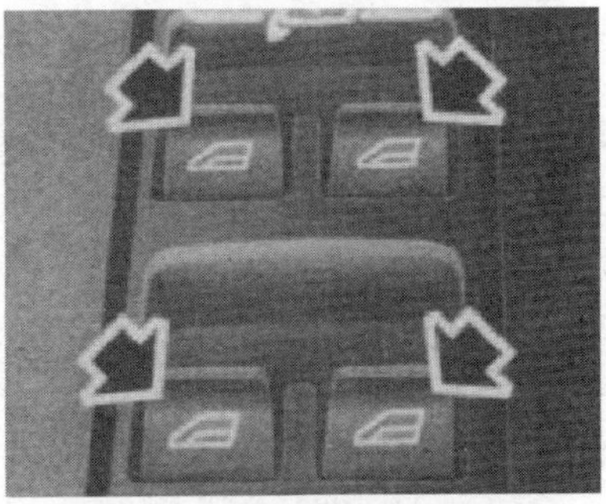

图 3-13　电动车窗开关识别

（3）完全打开车窗。

（4）松开开关，然后将其推至打开位置并按住保持 2s。

（5）提升并松开开关以便用单触式功能。

（6）对每一个车窗重复以上步骤。

5. 电子钟时间设定

在维护保养过程中如果断开过蓄电池，则电子钟需要进行时间设定，可将点火开关设定到位置Ⅰ，如图3-14所示，按下电子钟旁边的H键来调节小时，按下M键来调节分钟，同时按下H和M键，则可能切换时间显示方式，即12h或24h方式显示。

6. 燃油切断开关初始化复位设定

车辆发生碰撞时，为防止燃油外泄导致更大的灾害，车辆的燃油切断开关会启动，切断燃油供应并开启车锁，维修完毕，确认燃油系统没有泄漏后，要执行燃油切断开关初始化复位，使燃油系统恢复供应，开关的安装位置如图3-15所示，按下开关上的复位按钮即可使开关复位。

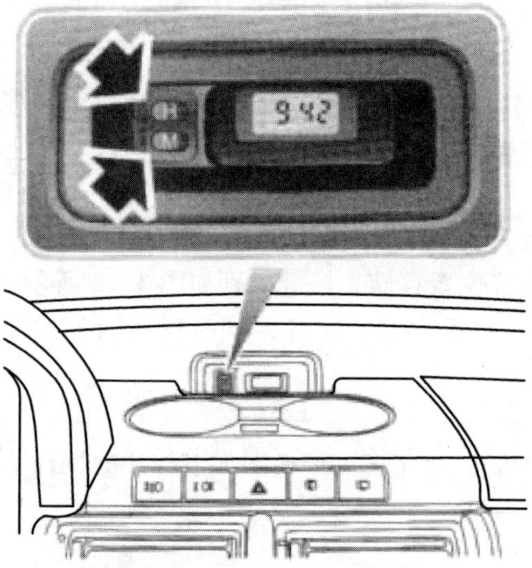

图3-14　电子钟键调节键识别

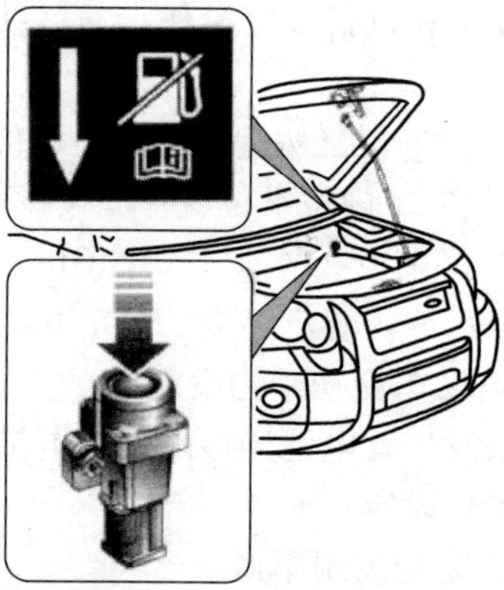

图3-15　燃油切断开关安装位置及复位按钮识别

7. 电动天窗单触功能初始化设定

如果蓄电池连接断开、电量耗尽或供电中断，则电动天窗需要按照如下叙述的操作步骤执行进行初始化设定：

（1）点火开关置于ON，如图3-16所示。

（2）按住电动天窗关闭开关，使天窗完全关闭，然后继续按住关闭开关保持2s。电动天窗会完全开启，然后迅速关闭。

（3）松开开关。

（4）确保电动天窗能完全开启。

（5）确保电动天窗能完全关闭。

（6）如果电动天窗不能顺利完全开启或关闭，则重复步骤（1）~（3）。

（7）如果电动天窗顺利开启或关闭，则表示重新设定操作成功完成，可将点火开关置于OFF，结束操作。

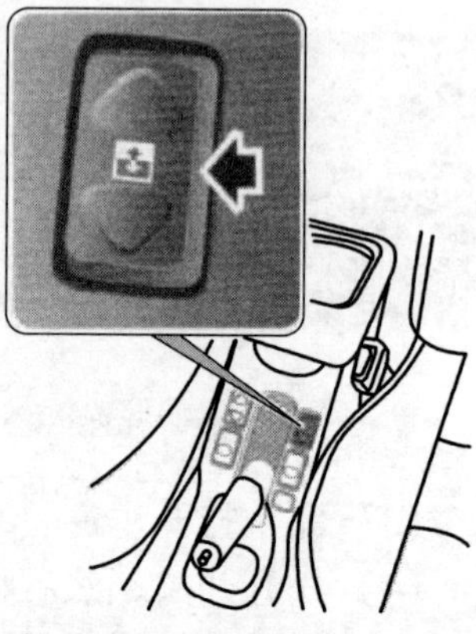

图3-16　电动天窗开关识别

三、路虎发现 2 保养灯归零（1999～2004 年）

1. 保养灯归零设定

（1）点火开关置于 ON，如图 3-17 所示。

（2）按照图 3-18 所示，按住按钮 A。

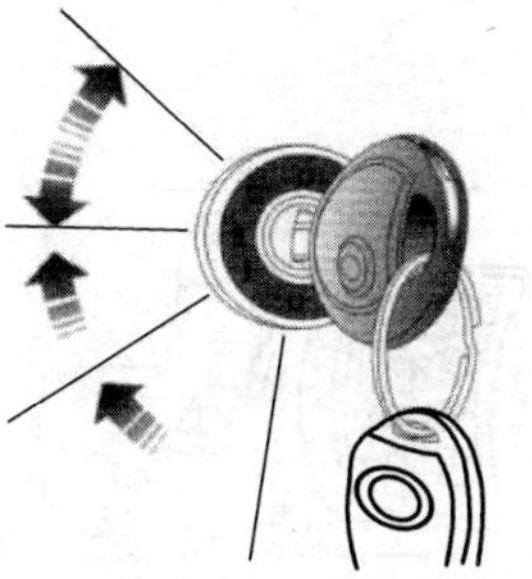

图 3-17　点火开关位置识别

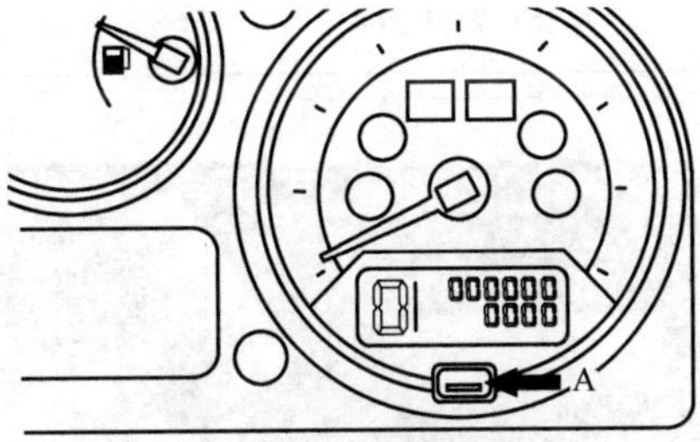

图 3-18　归零按钮识别

（3）将点火开关置于Ⅱ位置。字母“SERVICE”闪烁 5s 后持续显示。

（4）在 10s 内松开按钮 A，显示屏显示“OIL”。

（5）如果要重新设定 OIL 灯，则在 10s 内按下按钮 A，持续保持 6s 以上，显示屏显示“RESET”，持续显示 5s 后显示屏显示“INSPECTION”。

（6）如果要跳过 OIL 灯归零，则在 10s 内按下按钮 A，但保持的时间不要超过 5s，显示屏会显示 INSPECTION。

（7）若要重退出设定，则在 10s 内不按按键 A 即可。

（8）若要重设 INSPECT 保养灯，则在 10s 内按下按键 A 并保持至少不超过 5s，显示屏显示“RESET”，5s 后会变为显示“DATE”。

（9）若要跳过 INSPECT 保养灯归零，则在 10s 内按下按键 A 并保持不超过 5s，显示屏显示 DATE。

（10）若要退出设定，则在 10s 内不按按键 A 即可。

（11）若要重设 DATE 保养灯，则在 10s 内按下按键 A 并保持至少 6s；显示屏显示 RESET，5s 后变为显示 END。

（12）若要跳过 DATE 保养灯归零，则在 10s 内按下按键 A 并保持不超过 5s，显示屏显示 END。

（13）若要重复设定，则在 10s 内按下按键 A 并保持不超过 5s。

（14）10s 后将存储此次保养的保养类型和时间/距离。

（15）点火开关置于 OFF。

2. 电动座椅位置记忆设定

在维护保养中如果断开过蓄电池电缆，则预先存储的电动座椅位置会失效，必须按照如下叙述执行电动座椅位置记忆设定，可以设定并存储 3 种座椅位置。

（1）将点火开关转至位置Ⅱ。

（2）按下记忆按键，如图 3-19 所示，启动座椅位置记忆功能。

(3) 在5s内按下位置预设按键1、2或3，将该位置存储。

(4) 仪表板会显示“MEMORY STORED”(记忆已存储) 字样，同时仪表板会发出提示音，表示该位置已经成功设定并存储。

3. 仪表板照明亮度设定

在车辆的仪表板上配有一个照明亮度调节滚轮，如图3-20所示，使用时可左右转动滚轮，将仪表板的照明亮度调节到合适的程度。

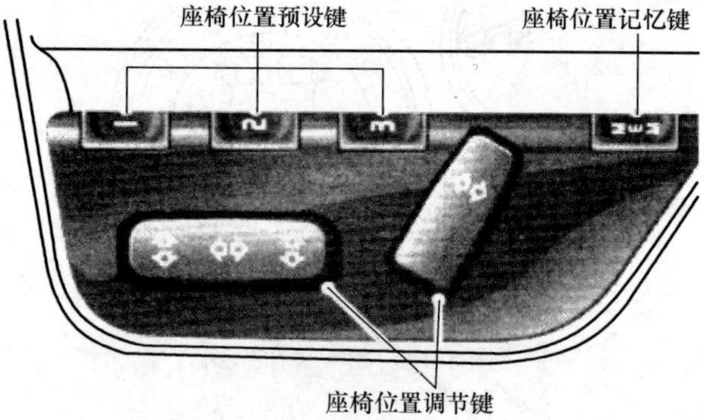

图3-19　电动座椅位置记忆按键识别

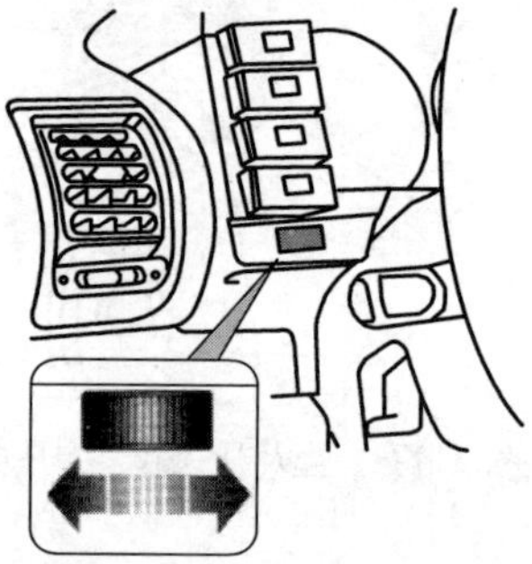

图3-20　仪表板照明亮度调节滚轮

4. 燃油切断开关初始化复位设定

车辆发生碰撞时，为防止燃油外泄导致更大的灾害，车辆的燃油切断开关会启动，切断燃油供应并开启车锁，维修完毕，确认燃油系统没有泄漏后，要将燃油切断开关复位，使燃油系统恢复供应，开关的安装位置如图3-21所示，按下开关上的复位按钮即可使开关复位。

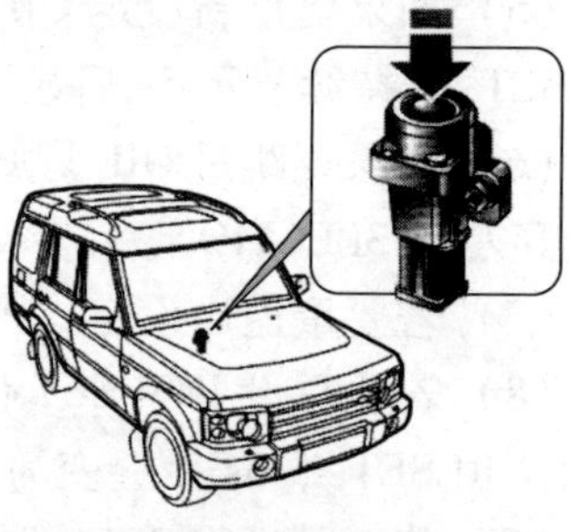

图3-21　燃油切断开关安装位置及复位按钮识别

5. 电动天窗重新设定

如果蓄电池连接断开、电量耗尽或供电中断，则电动车窗需要按照如下叙述重新设定：

(1) 点火开关接通。

(2) 按住电动天窗关闭开关，使天窗完全关闭，然后继续按住关闭开关保持20s。

(3) 电动天窗会完全开启，然后会迅速关闭。

(4) 松开开关。

(5) 确保电动天窗能完全开启。

(6) 确保电动天窗能完全关闭。

(7) 如果电动天窗不能顺利完全开启或关闭，则重复步骤 (1)~(4)。

(8) 如果天窗能顺利开启或关闭，则表示重新设定操作成功完成，可将点火开关关闭，结束操作。

6. 方位仪初始化设定

如果蓄电池连接断开、电量耗尽或供电中断，则方位仪需要按照如下叙述执行初始化设定：

(1) 将点火开关置于Ⅱ位，车内后视镜应显示字母C。

（2）如果不显示，则按照图3-22所示，用圆珠笔按压车内反光镜下方的按钮，保持按压6s以上，直至字母C显示出来。

（3）驾驶车辆以8km/h的速度做圆周行驶。车内后视镜应正常显示车辆行驶的方向。如果不能正常显示，应再次执行初始化设定操作。

四、路虎发现3保养灯归零（2004～2008年款）

按照如下叙述执行保养灯归零设定操作：

（1）点火开关置于OFF。

（2）按照图3-23所示，按住按钮A。

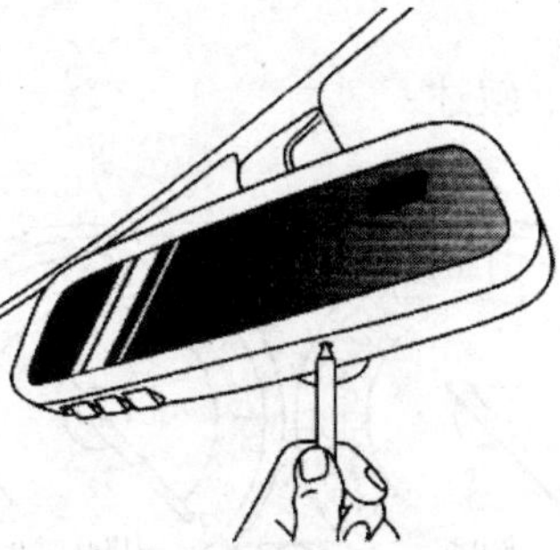

图3-22　用圆珠笔按压按钮

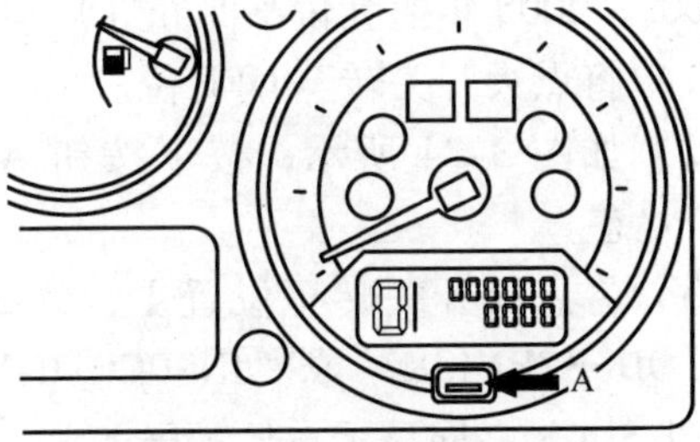

图3-23　保养灯归零按钮识别

（3）将点火开关置于Ⅱ。字母SERVICE闪烁5s后保持持续显示状态。

（4）在10s内松开按钮A，显示屏显示字母“DIST”。

（5）在10s内按下按钮A，持续按住6s以上，显示屏显示字母RST，持续显示5s后显示屏显示字母END。

（6）松开按钮A，等待10s。

（7）将点火开关置于OFF位。

五、路虎发现4保养灯归零（2009～2016年）

1. 保养灯归零设定

保养灯归零设定只能使用诊断设备执行完成。

2. 电动车窗重新设定

如果在维修保养过程中蓄电池连接断开，需要对电动车窗执行重新设定。

（1）点火开关接通。

（2）提拉并按住电动车窗关闭开关，使车窗完全关闭。

（3）松开电动车窗关闭开关。

（4）提拉并按住电动车窗关闭开关，持续1s。

（5）对其他电动车窗重复步骤（1）～（4）的操作。

（6）将点火开关关闭，结束操作。

3. 电动天窗重新设定

如果蓄电池连接断开、电量耗尽或供电中断，则电动天窗需要按照如下叙述重新设定：

（1）点火开关接通。

（2）按住电动天窗关闭开关，使天窗完全关闭，然后继续按住关闭开关保持 20s。

（3）电动天窗会完全开启，然后会迅速关闭。

（4）松开开关。

（5）确保电动天窗能完全开启。

（6）确保电动天窗能完全关闭。

（7）将点火开关关闭，结束操作。

六、路虎揽胜（2002～2012 年）

1. 保养灯归零设定

2002～2005 年揽胜轿车保养灯归零设定方法参见如下叙述：

（1）将点火开关转至 OFF 位。

（2）如图 3-24 所示，按下按钮 A 并保持按压状态。

（3）将点火开关转至位置 I，约 5s 后，字符“OIL SERVICE”或“INSPECTION”或“RESET SIA”一同显示在显示屏上。

（4）松开按钮 A，按下按钮 A 并保持按压状态，等待约 5s 后，字符“RESET SIA”将开始闪烁。

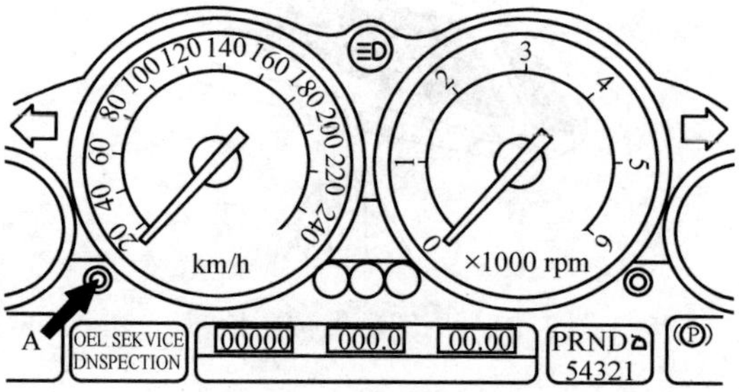

图 3-24　保养归零按钮识别

（5）松开按钮 A，按下按钮 A 并再次松开，新的保养间隔将显示在显示屏上。

（6）按下并松开按钮 A，显示屏将显示“END SIA”字符。

（7）将点火开关转至 OFF 位。

2006～2012 年揽胜轿车保养灯归零设定只能使用诊断设备完成。

2. 转向盘位置传感器重新设定

如果在维修保养过程中蓄电池连接断开，需要对转向盘位置传感器按如下叙述执行重新设定：

（1）起动发动机。

（2）把转向盘从一侧极限位置转到另一侧极限位置。

（3）将点火开关置于 OFF 位。

3. 电动天窗重新设定

如果在维修过程中蓄电池连接断开，需要对电动天窗按如下叙述执行重新设定：

（1）点火开关置于 ON。

（2）按住电动天窗的倾斜开关，如图 3-25 所示，使天窗完全倾斜，然后继续按住倾斜开关保持 20s。

（3）松开电动天窗的倾斜开关。

图 3-25　电动天窗倾斜开关识别

（4）确保电动天窗可以完全开启。

（5）确保电动天窗可以完全关闭。

（6）将点火开关转至 OFF。

4. 电子时钟初始化设定

维修过程中如果断开过蓄电池，则要对电子时钟的指示时间按如下叙述进行初始化设定：

（1）如图 3-26 所示，进入导航显示屏的主菜单，转动旋钮，高亮并选择 SET 功能。

（2）再转动旋钮，高选择 CLOCK 功能。

（3）在 CLOCK 菜单中，高亮并选择 SET 功能。

（4）显示屏会显示时间，在分钟显示下方会有一道绿线，转动旋钮，即可对分钟数值进行调节，调节完毕后，按压一下旋钮即可确认分钟数值已经调节完毕。

（5）绿线会显示在小时数值下方，转动旋钮将小时数值调节到需要的数值，然后按压旋钮进行确认。

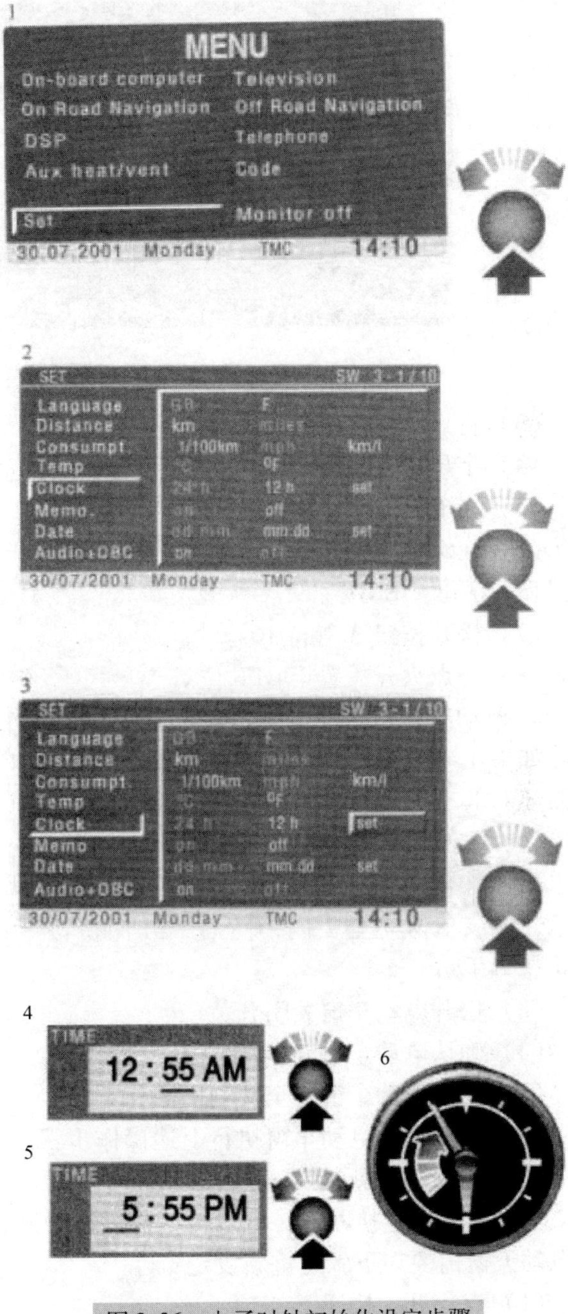

图 3-26 电子时钟初始化设定步骤

七、路虎极光 EVOQUE（2012 ~2016 年）

（1）接通点火开关。

（2）用转向盘右侧的 5 个键（4 个方向键，1 个 OK 键）和转向开关尾部的 i 键（图 3-27），调出服务功能菜单中的 VIN 码和报警状态。

（3）选择报警状态：按住转向盘右侧 5 个键中的“向下”键和转向开关尾部的 i 键，保持 5s 以上。

（4）然后启动车辆，检查保养灯是否归零，如果保养灯没有归零则再重复上述各步骤。

八、路虎揽胜运动版轿车保养灯归零（2008 ~2012 年）

1. 保养灯归零设定

（1）点火开关设定在关闭位置。

（2）按照图 3-25 所示，按住按钮 A。

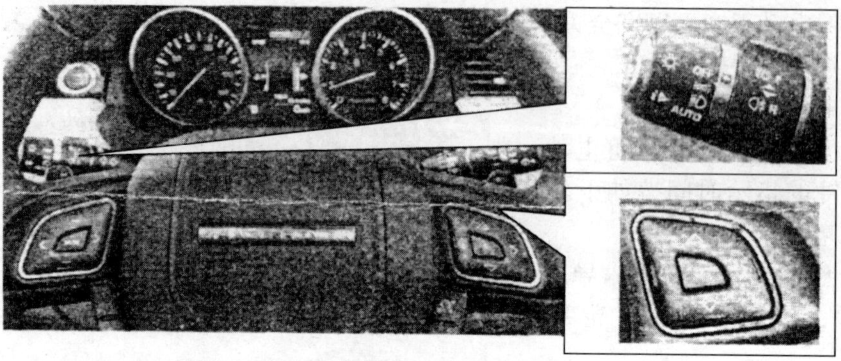

图 3-27　揽胜极光多功能方向盘与组合开关

（3）将点火开关置于Ⅱ位。

（4）字母“SERVICE”闪烁 5s 后保持持续显示状态。

（5）在 10s 内松开按钮 A，显示屏显示字母“DIST”。

（6）在 10s 内按下按钮 A，持续按住 6s 以上，显示屏显示字母 RST，持续显示 5s 后显示屏显示字母“END”。

（7）松开按钮 A 等待 10s。

（8）将点火开关置于 OFF 位。

2. 电动车窗重新设定

如果在维修保养过程中蓄电池连接断开，则需要对电动车窗按如下叙述进行重新设定：

（1）点火开关接通。

（2）按住一个电动车窗开关，如图 3-28 所示，使该车窗完全关闭，然后继续保持按压状态 1s 以上。

（3）松开电动车窗关闭开关。

（4）确认电动车窗完全开启。

（5）确认电动车窗完全关闭。

（6）对其余的电动车窗执行上述操作步骤。

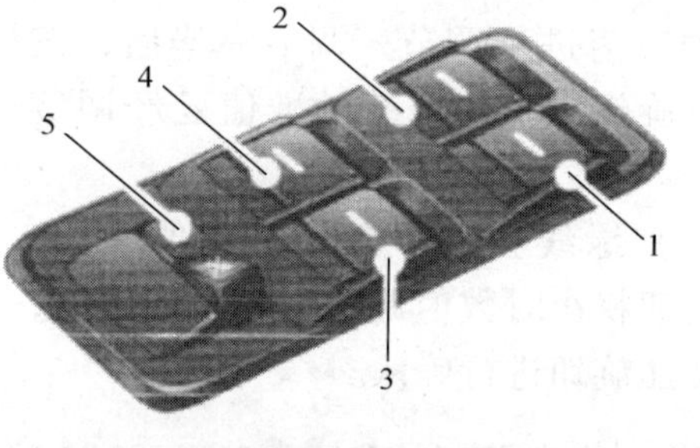

图 3-28　电动车窗开关识别

1—右前电动车窗开关　2—左前电动车窗开关

3—右后电动车窗开关　4—左后电动车窗开关

5—电动后窗开关

3. 电动天窗重新设定

如果蓄电池连接断开、电量耗尽或供电中断，则电动天窗需要如下叙述重新设定：

（1）点火开关接通。

（2）按住电动天窗关闭开关，如图 3-29 所示，使天窗完全关闭，然后继续按住关闭开关保持 20s。

（3）电动天窗会完全开启，然后会迅速关闭。

（4）松开开关。

（5）确保电动天窗能完全开启。

（6）确保电动天窗能完全关闭。

（7）将点火开关关闭，结束操作。

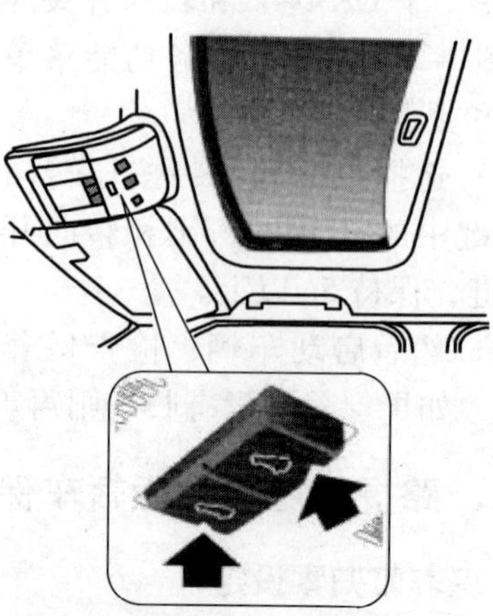

图 3-29　电动车窗开关识别

第四章　捷豹车系遥控器设定与保养灯归零

第一节　捷豹车系遥控器设定

一、捷豹 XF（2008～2011 年）、XK（2009～2011 年）、XKR（2009～2011 年）轿车遥控器设定

（一）系统操作 1

1. 带无钥匙进入系统

（1）报警系统和中控锁可在无钥匙模式下激活。

① 关闭点火开关。

② 确保所有车门及行李箱关闭。

③ 按下驾驶人侧或乘客侧车门把手锁止键（图 4-1）1 次锁止车辆。指示灯闪烁 1 次。

④ 在 3s 内按下驾驶人侧或乘客侧车门把手锁止键 2 次激活双重锁止系统和报警系统。指示灯闪烁 2 次。

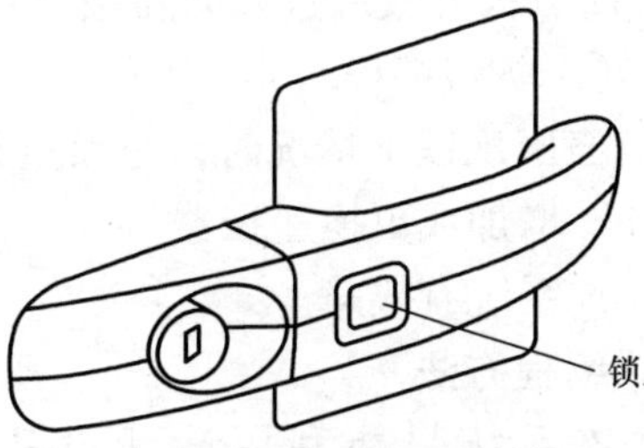

图 4-1　车门把手

（2）报警系统和中控锁可在无钥匙模式下解除。

① 携带遥控器接近车辆，握住驾驶人侧或乘客侧车门把手报警系统解除及所有车门解锁。

② 携带遥控器接近车辆，按下行李箱释放按钮，报警系统解除且行李箱打开。

2. 不带无钥匙进入系统

（1）按下遥控器（图 4-2）锁止键 1 次锁止车辆和激活报警系统。指示灯闪烁 1 次。

（2）在 3s 内按下锁止键 2 次激活双重锁止系统和报警系统。指示灯闪烁 2 次。

（3）按下解锁键 1 次解锁车门和解除报警系统。指示灯闪烁 2 次。

（4）按下行李箱释放键 1 次仅解锁行李箱。

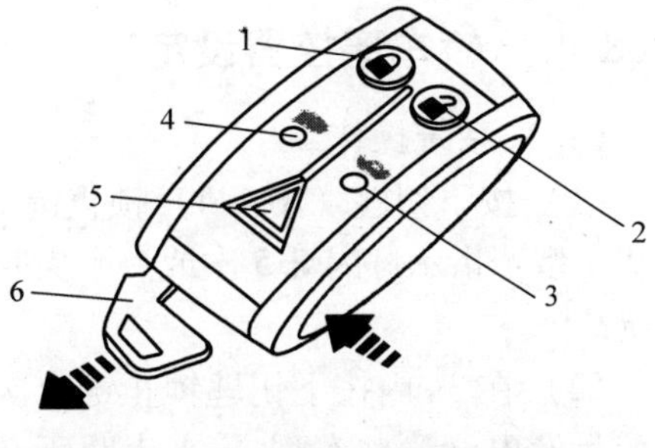

图 4-2　遥控器
1—锁止键　2—解锁键　3—行李箱释放键
4—前照灯键　5—报警键　6—应急钥匙

（5）按下按键4打开前照灯约25s。

（6）在25s内再次按下按键4解除前照灯。

（7）在3s内按下键至少3s或3次激活恐吓报警系统。

（8）在3s内按下键至少3s或3次解除恐吓报警系统。

（9）将遥控器插入点火槽后恐吓报警系统解除。

（10）在遥控器中插有一个应急钥匙。

3. 所有车型

（1）按下遥控器解锁键1次解除报警系统和驾驶人侧车门。指示灯闪烁2次。

（2）按下遥控器解锁键2次解除报警系统和解锁全车车门及行李箱。

（4）如果车辆解锁后在60s内车门或行李箱没有打开，锁止将重新激活。

（二）遥控器编程

1. 当出现以下情况时，必须重新编程

（1）增加或更换遥控器。

（2）系统有故障

2. 编程方法

遥控器只能利用诊断设备进行编程。

（三）遥控器电池更换方法

遥控器电池更换方法如图4-3所示。

（四）系统操作2

关闭点火开关后进入防盗报警状态。

（五）防盗编程

1. 当出现以下情况时，必须重新编程

（1）增加或更换遥控器。

（2）系统有故障。

2. 编程方法

防盗系统只能利用诊断设备来进行编程。

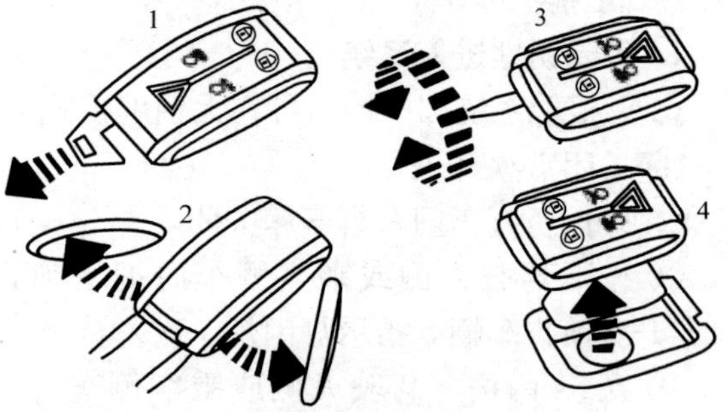

图4-3　遥控器电池更换方法

二、捷豹 X－TYPE/XJ6/XJ8/XJR（2003～2010年）、S－TYPE（2001～2008年）轿车遥控器设定

（一）系统操作1

（1）按下钥匙（图4-4）锁止键1次锁止车辆和激活报警系统。指示灯闪烁1次。注意：一些车型若指示灯闪烁5次或一个尖叫的警告声音2次，则车门、行李箱或发动机舱盖打开或系统故障。

（2）在3s内按下钥匙锁止键2次激活双重锁止系统和报警系统。指示灯闪烁2次和声音信号发出（一些车型）来表明所有车门双重锁止。

（3）按下钥匙解锁键解锁车门和解除报警系统。指示灯闪烁2次。

（4）按下钥匙行李箱释放键1次仅解锁行李箱。

（5）按下键4打开前照灯，25～30s内再次按下键4解除前照灯。

（6）在25～30s内再次按下键4解除前照灯。

（7）整体打开和关闭。

① 按住钥匙锁止键在压下位置3s，关闭车窗和天窗（若装备）。

② 按住钥匙解锁键在压下位置3s，关闭车窗和天窗（若装备）。

（8）一些车型（若编程）：按下钥匙解锁键1次，解除报警系统且仅解锁驾驶人侧车门。

（9）在3s内按下钥匙解锁键2次，解除报警系统且解锁全车车门。

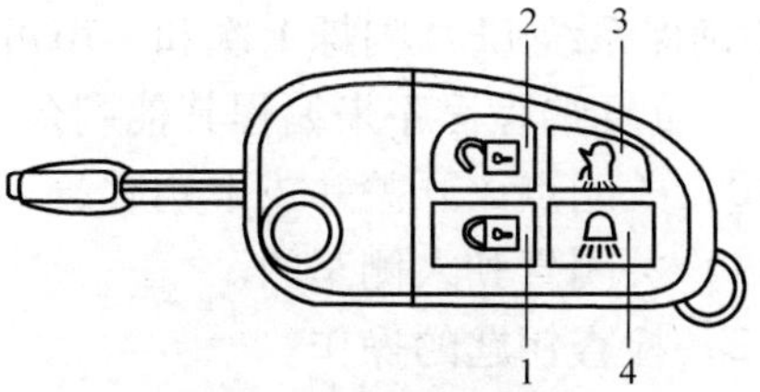

图4-4　钥匙

1—锁止键　2—解锁键

3—行李箱释放键　4—前照灯键

（10）编程解锁功能

① 关闭点火开关。

② 同时按下并按住钥匙锁止键和解锁键约4s。

③ 指示灯闪烁2次确认解锁功能编程完成。

④ 重复上述步骤可以将钥匙编回原始功能。

（11）在3s内按下键4累计3次激活恐吓报警系统。

（12）将点火开关打开，恐吓报警系统解除。

（13）如果车辆解锁后在45s内车门或行李箱没有打开，锁止将重新激活。

（14）报警系统和中控锁系统功能可以使用车辆多功能控制系统（若装备）和诊断设备来改变。

（二）钥匙编程

1. 当出现以下情况时，需进行重新编程

（1）增加或更换遥控钥匙。

（2）系统出现故障。

2. 钥匙编程方法

> **注意**：S－Type/s－Type仅能使用诊断设备来完成。在编程期间若可以听到一双重警告声音，说明系统出现故障，重复编程程序。

（1）获取所有带遥控器的钥匙。

（2）打开驾驶人侧车门。

（3）操作远/近光开关在远光位置并按住。

（4）将点火钥匙插入点火开关，将其转至ACC位。

（5）确保系统LED闪烁1次和一声可以听到的警告声。

（6）操作远/近灯光开关在远光灯位置5次。

（7）确保系统LED闪烁1次和一声可以听到的警告声。

（8）编程模式激活

① 在第一把钥匙上按下和松开锁止或解锁键。

② 确保系统 LED 闪烁 1 次和一声可以听到的警告声来表明正确的编程。

(9) 重复编程程序来编程其他剩余的钥匙。

(10) 关闭点火开关并拔下钥匙。

(11) 关闭驾驶人侧车门。

(12) 检查钥匙的操作。

(13) 钥匙也可以用诊断设备来编程。

注意：最多可以编程 5 把钥匙。

(三) 电池更换方法

电池更换方法，如图 4-5 所示。

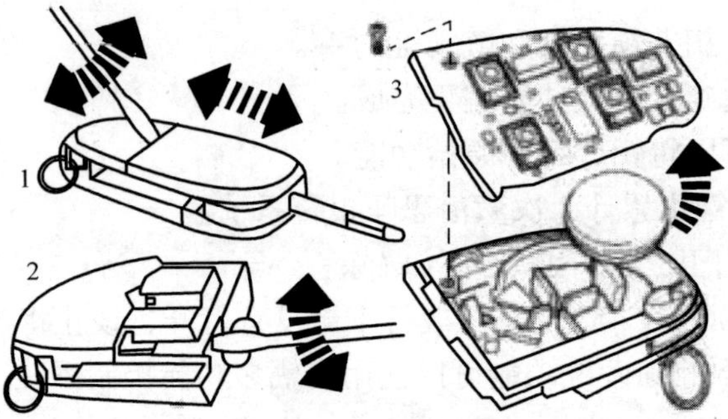

图 4-5 电池更换方法

(四) 系统操作 2

(1) 系统 LED 在仪表板上部。

(2) 拔掉点火钥匙后系统进入报警系统。

(3) 点火开关置于 ON。

(4) 确保报警 LED 点亮 3s。

若报警 LED 闪烁超过 3s，说明系统有故障。

(五) 防盗编程

1. 当出现以下情况时，需进行重新编程

(1) 当增加遥控钥匙时。

(2) 系统故障时。

2. 编程方法

注意：s－Type/X－Type 只能使用诊断设备进行编程。需要 2 把已编程的钥匙。

(1) 装备两把已编程完毕的钥匙 A 和钥匙 B。

(2) 将钥匙 A 插入点火开关内。

（3）点火开关置于Ⅱ。

（4）在5s内：关闭点火开关并拔出钥匙A。

（5）在10s内：插入钥匙B到点火开关。

（6）点火开关置于Ⅱ位置。

（7）在5s内：关闭点火开关并拔出钥匙B。

（8）编程模式将被激活。

（9）在20s内进行以下操作

① 将需要编程的钥匙插入点火开关。

② 点火开关置于Ⅱ位置。

③ 系统LED点亮3s，表明编程程序完成。

④ 关闭点火开关，拔掉点火钥匙。

⑤ 重复以上程序编程剩余的钥匙。

⑥ 钥匙也可以使用诊断设备来编程。

注意：最多可对8把遥控钥匙进行编程。

第二节　捷豹车系保养灯归零

一、捷豹X－TYPE轿车保养灯归零（2008～2014年）

1. 电动座椅位置和车外电动后视镜记忆设定

（1）将点火开关转至Ⅰ位或Ⅱ位。

（2）将驾驶人侧电动座椅和外后视镜调节到理想位置。

（3）如图4-6所示，按下M键，蜂鸣器会发出一声提示音，表示已经进入位置记忆模式。

（4）5s内按下位置预先按键1、2或3，将当前设定好座椅和车外电动后视镜位置存储。

2. 保养灯归零设定

（1）将点火开关转至OFF。

（2）如图4-7所示，在3s内按住按钮C，将点火开关设定到ON，松开按钮C，按住按钮B，然后按住按钮C。显示屏A即可显示“RESETTING SERVICE MODE”。

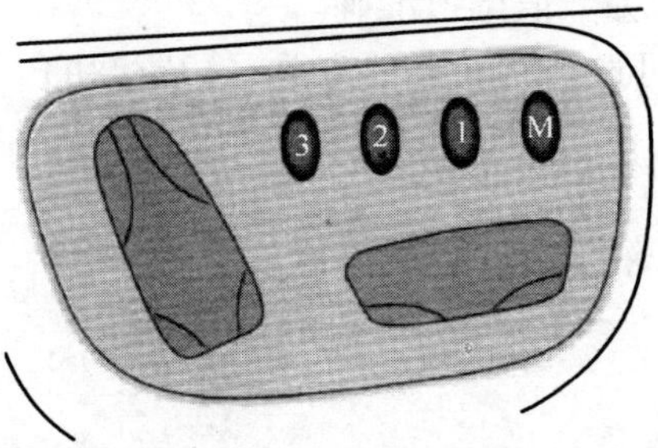

图4-6　电动座椅位置和车外后视镜记忆设定按键

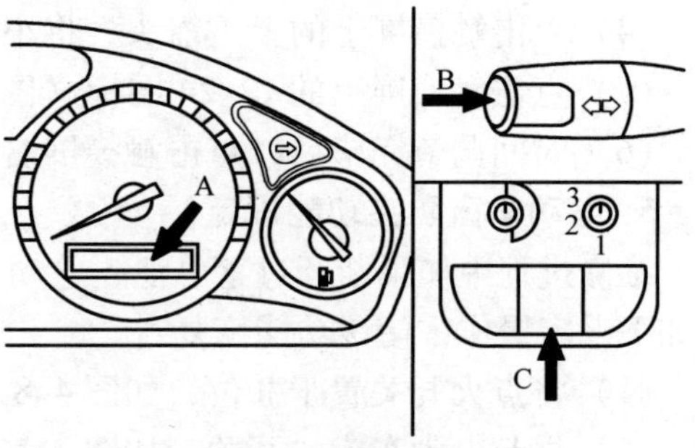

图4-7　按钮识别

（3）按住按钮 B 和 C 保持 10s。

（4）松开按钮 B 和 C。

（5）将点火开关转至 OFF 位。

3. 燃油切断开关复位设定

车辆发生碰撞时，车辆配备的燃油切断开关会启动，切断燃油供应，防止燃油泄漏发生更大的灾害，维修完毕后，确认燃油系统没有泄漏时，要对燃油切断开关执行复位设定，恢复燃油供应。开关位于车辆右侧装饰板后的搁脚空间内，在右前门柱前方。按照如下叙述执行复位设定：

（1）将点火开关转至 0 位（即 OFF 位），如图 4-8 所示。

（2）按下复位开关，如图 4-9 所示。

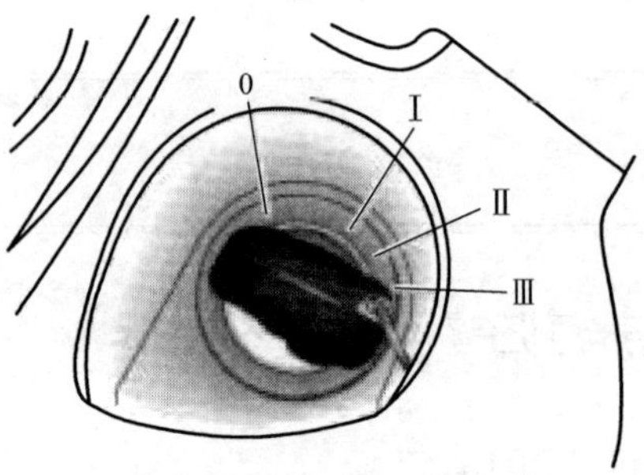

图 4-8　点火开关位置识别

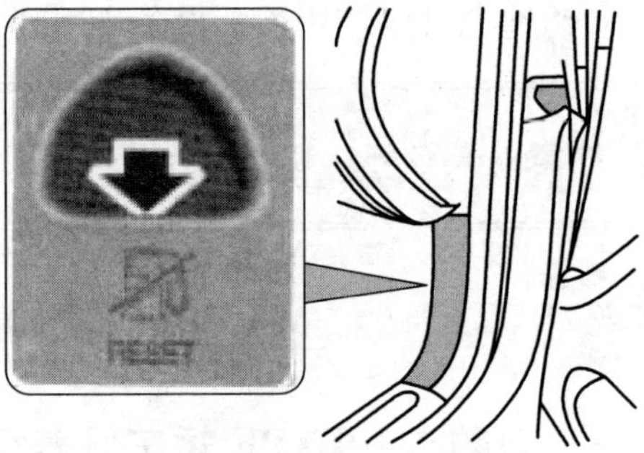

图 4-9　复位开关

（3）将点火开关转至Ⅱ位，稍等几秒钟后，再将点火开关转至 0 位。

（4）再次检查是否有燃油泄漏。

4. 电子时钟时间设定

维修过程中如果断开过蓄电池，电子时钟会因断电而停止工作，维修完毕后，按照如下叙述重新将电子时钟的时间调节准确：

（1）点击触摸屏上的 MENU 键，选定进入 MENU 功能。

（2）点击触摸屏上的 SYSTEM SETUP（系统设定），选定进入 SYSTEM SETUP 功能。

（3）点击触摸屏上的 SET CLOCK（设定时钟）图标，如图 4-10 所示。

（4）点击触摸屏上的上下箭头，将小时数值和分钟数值调节准确。

（5）点击触摸屏上的 12/24 图标（图 4-10）即可选择时间显示方式（12h/24h）。

（6）时间调节完毕后，点击触摸屏右下角的 SET 图标即可完成设定操作。

5. 电动车窗防夹功能设定

维修过程中如果断开过蓄电池，电动车窗的防夹功能会失效，重新连接蓄电池后，要执行如下设定操作，使该功能恢复：

（1）将点火开关置于Ⅱ位，如图 4-8 所示。

（2）提起电动车窗的开关，如图 4-11 所示，使车窗完全关闭，然后不要松开，继续保持 2s。

图 4-10 触摸屏识别

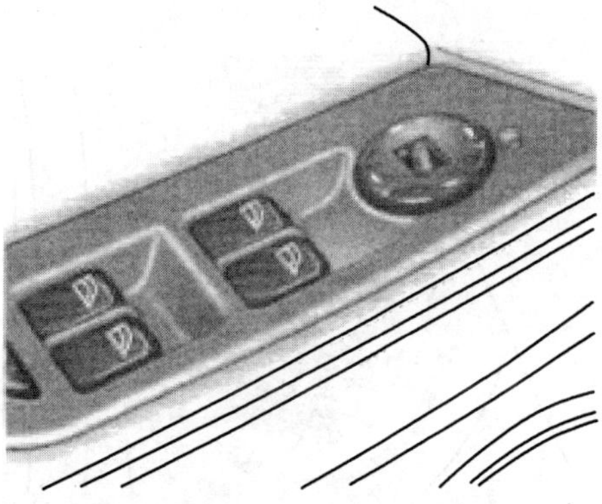

图 4-11 电动车窗识别

（3）松开电动车窗的开关。

（4）再次提起电动车窗的开关并保持 2s。

（5）松开电动车窗的开关。

（6）确认电动车窗能完全开启。

（7）确认电动车窗能完全关闭。

（8）对其他的电动车窗也重复该操作程序。

（9）所有车窗的设定程序执行完毕后，将点火开关置于 OFF 位。

二、捷豹 S－TYPE 轿车保养灯归零（2006～2014 年）

1. 驾驶位置记忆设定

驾驶人可将座椅位置、转向盘倾斜角度和车外后视镜的位置调节到理想位置后将各项位置存储，一共可以存储两种。

（1）将驾驶人侧电动座椅、转向盘倾斜角度和车外后视镜调节到理想位置。

（2）如图 4-12 所示，按下 A 键，红色的 LED 灯会点亮 5s。

（3）红色 LED 灯点亮时，按下位置预设按键 1 或 2，将当前设定好的各项位置存储。

（4）存储完毕后，蜂鸣器会发出提示音，表示记忆设定已经成功完成。

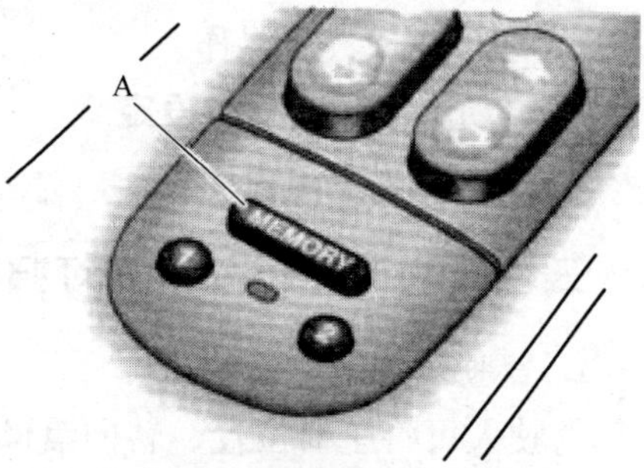

图 4-12 驾驶位置记忆设定按键

2. 燃油切断开关复位设定

车辆发生碰撞时，车辆配备的燃油切断开关会启动，切断燃油供应，防止发生更大的灾害，维修完毕后，确认燃油系统没有泄漏时，要对燃油切断开关执行复位设定，恢复燃油供应。开关位于车辆左侧装饰板后的搁脚空间内。按照如下叙述执行复位设定：

（1）将点火开关转至 O 位（即 OFF 位），如图 4-13 所示。

（2）按下复位开关，如图 4-14 所示。

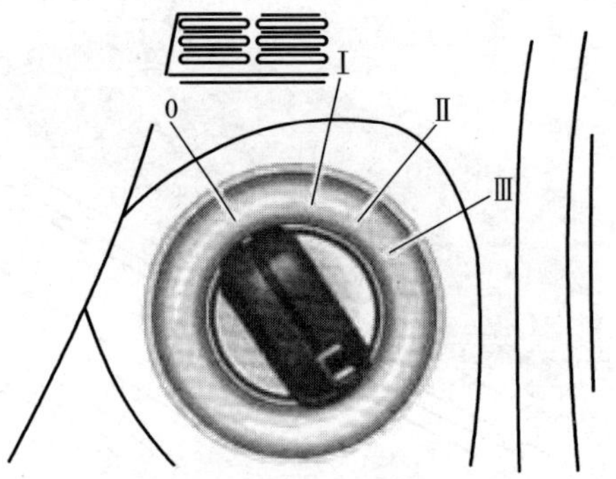

图 4-13　点火开关位置

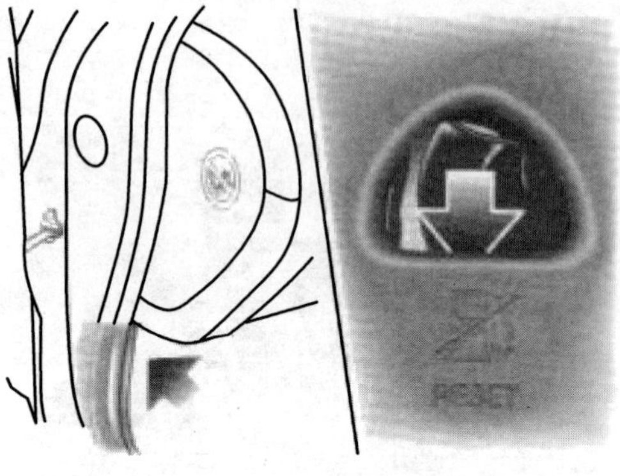

图 4-14　复位开关

(3) 将点火开关转至Ⅱ位，稍等几秒钟后，再将点火开关转至 O 位。

(4) 再次检查是否有燃油泄漏。

3. 电子时钟时间设定

维修过程中如果断开过蓄电池，电子时钟会因断电而停止工作，维修完毕后，要按照如下叙述重新将电子时钟的时间调节准确：

(1) 在触摸屏的时间显示区长按 3s，即可进入时间设定。

(2) 点击触摸屏上的上下箭头，将小时数值和分钟数值调节准确。

(3) 点击触摸屏上的 12/24 图标，如图 4-15 所示，即可选择时间显示方式（12h/24h）。

(4) 时间调节完毕后，点击触摸屏右下角的 Set 图标即可完成设定操作。

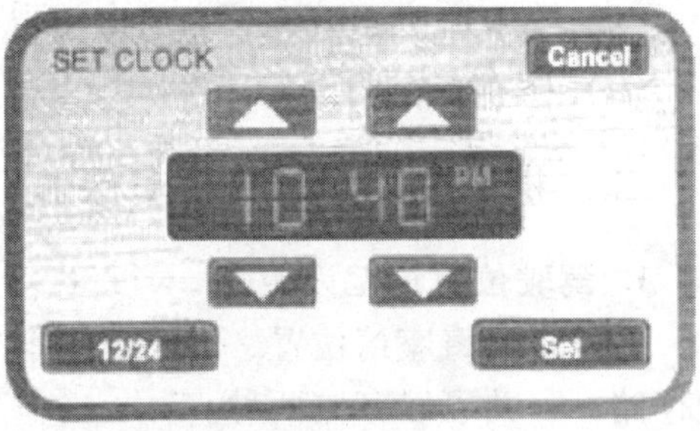

图 4-15　触摸屏

4. 电动车窗防夹功能设定

与 X－TYPE 轿车相同。

三、捷豹 XK 轿车保养灯归零（2002～2014 年）

1. 驾驶位置记忆设定

驾驶人可将座椅位置、转向盘倾斜角度和车外后视镜的位置调节到理想位置后将各项位置存储，一共可以存储 3 种驾驶位置。

(1) 将驾驶人侧电动座椅和车外后视镜调节到理想位置。

(2) 如图 4-16 所示，按下 A 键，LED 灯会点亮 5s。

(3) LED 灯点亮时，按下位置预设按键 1、2 或 3，将当前设定好的各项位置存储。

(4) 存储完毕后，蜂鸣器会发出提示音，表示记忆设定已经成功完成。

2. 仪表板照明调光器设定

仪表板上带有照明调节装置，可按下按钮使其弹出，转动按钮即可调节仪表板照明亮度，如图 4-17 所示。

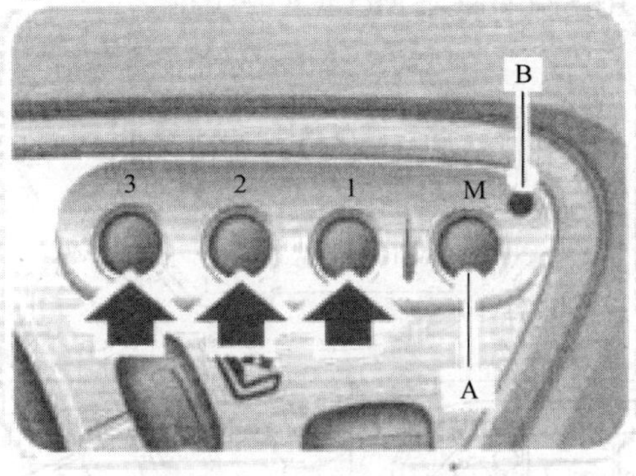

图 4-16　驾驶位置记忆设定按键

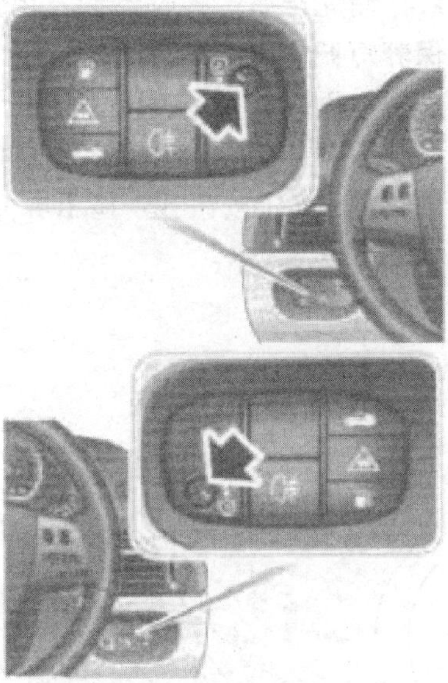

图 4-17　仪表板照明调光器按钮

3. 电动车窗防夹功能设定

与 X－TYPE 轿车相同。

4. 电子时钟时间设定

维修过程中如果断开过蓄电池，电子时钟会因断电而停止工作，维修完毕后，要按照如下叙述重新将电子时钟的时间调节准确：

（1）如图 4-18 中的 1，选择 Clock adjust（时钟调节）。

（2）点击相应的时间调节箭头（2 和 3），将小时和分钟数值调节准确。

（3）点击时间显示方式（箭头 4），选定 12h 或 24h 方式显示。

（4）点击 Set（箭头 5），完成时间调节操作。

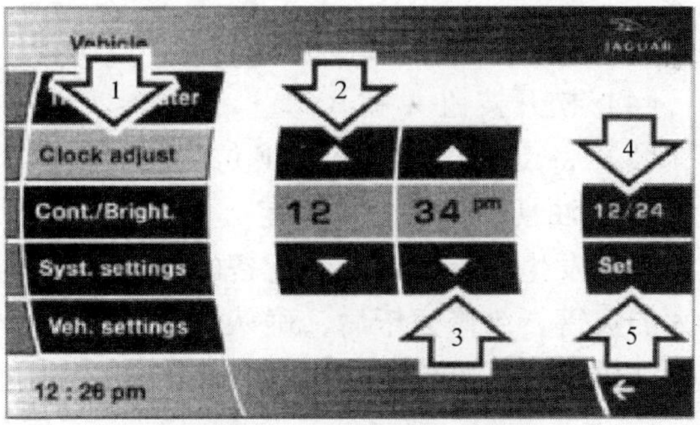

图 4-18　电子时间钟调节

四、捷豹 XJ 轿车保养灯归零（2002～2014 年）

1. 驾驶位置记忆设定

驾驶人可将座椅位置、转向盘倾斜角度和车外后视镜的位置调节到理想位置后将各项位置存储，一共可以存储 3 种驾驶位置。

（1）将点火开关转至 OFF。

（2）将驾驶人侧电动座椅、转向盘倾斜角度和车外后视镜调节到理想位置。

（3）如图 4-19 所示，按下 A 键，LED 灯会点亮 5s。

（4）LED 灯点亮时，按下位置预设按键 1、2 或 3，将当前设定好的各项位置存储。

（5）存储完毕后，蜂鸣器会发出提示音，表示记忆设定已经成功完成。

2. 保养灯归零设定

（1）将点火开关置于 OFF 位。

（2）按照图 4-20 所示，在 3s 内按住按钮 A，将点火开关置于 ON 位，松开按钮 A，按住按钮 B，然后按住按钮 A。显示屏 C 即可显示“RESETTING SERVICE MODE”。

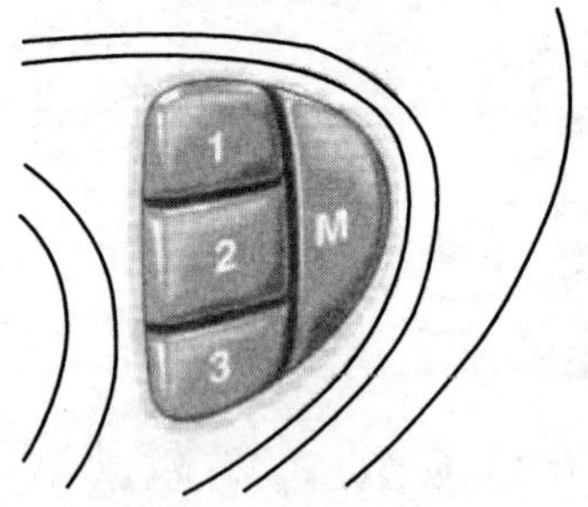

图 4-19　驾驶位置记忆设定按键

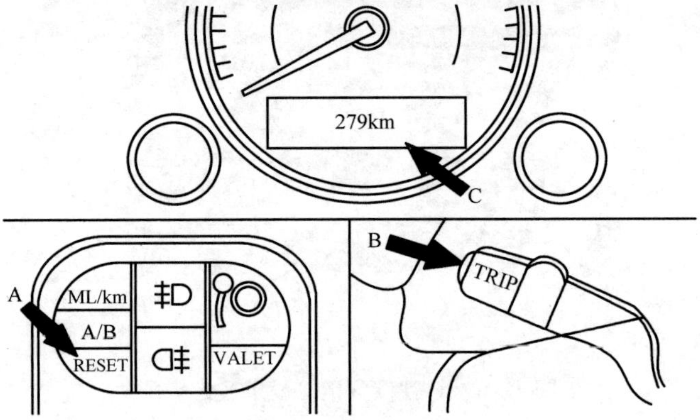

图 4-20　按钮识别

（3）按住按钮 A 和 B 保持 10s。

（4）松开按钮 A 和 B。

（5）将点火开关转至 OFF 位。

3. 燃油切断开关复位设定

车辆发生碰撞时，车辆配备的燃油切断开关会启动，切断燃油供应，防止燃油泄漏发生更大的灾害，维修完毕后，确认燃油系统没有泄漏时，要对燃油切断开关执行复位设定，恢复燃油供应。开关位于车辆右侧装饰板后的搁脚空间内，在右前门柱前方。按照如下叙述执行复位设定：

（1）将点火开关转至 0 位（即 OFF 位），如图 4-21 所示。

（2）按下复位开关，如图 4-22 所示。

（3）将点火开关转至Ⅱ位，稍等几秒钟后，再将点火开关转至 0 位。

（4）再次检查是否有燃油泄漏。

4. EPB（电子驻车制动）**设定**

如果车辆仪表板显示屏显示“APPLE PARKBAKE”的提示，则依照如下叙述执行操作：

（1）将点火开关置于 ON。

（2）彻底踩下制动踏板并保持。

（3）如图 4-23 所示，提起 EPB 开关，然后释放开关。

（4）将点火开关置于 OFF。

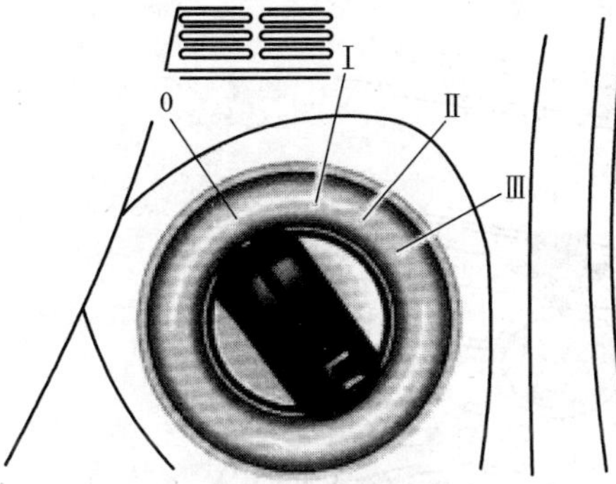

图 4-21　点火开关位置识别

图 4-22　复位开关

5. 时钟时间设定

按照图 4-24 所示，按动时钟下的“+”和“-”调节按键，即可将时钟的时间调节准确。

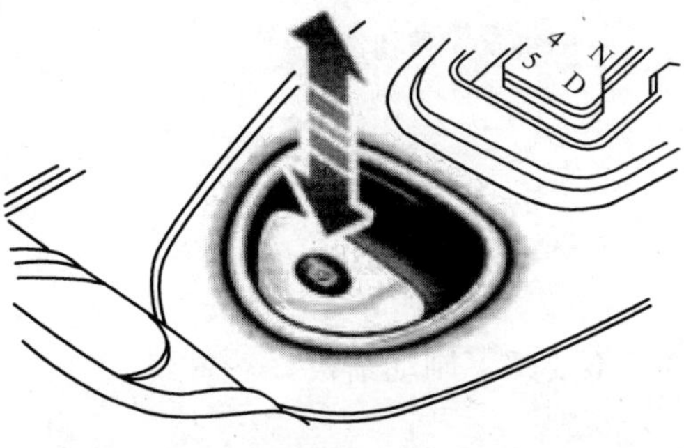

图 4-23　EPB（电子驻车制动）开关识别

图 4-24　时钟调节按键识别

五、捷豹 XF 轿车保养灯归零（2006~2013 年）

1. 驾驶位置记忆设定

驾驶人可将座椅位置、转向盘倾斜角度和车外后视镜的位置调节到最适合驾驶人需要的理想位置后将各项位置存储，一共可以存储 2 种驾驶位置。

（1）将点火开关转至 OFF。

（2）将驾驶人侧电动座椅、转向盘倾斜角度和车外后视镜调节到理想位置。

（3）如图 4-25 所示，按下按键 3，进入位置记忆设定功能。

（4）按下位置预设按键 1 或 2，仪表板上的显示屏上会显示“MEMORY 1（或 MEMORY 2）SETTINGS SAVED”信息。

（5）存储完毕后，蜂鸣器会发出提

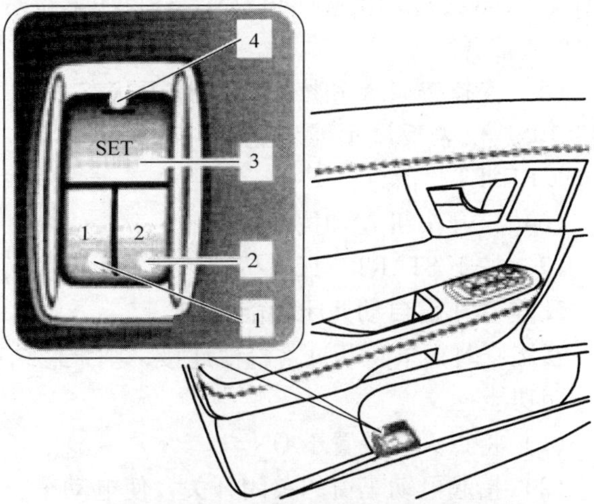

图 4-25　驾驶位置记忆设定按键
1—记忆位置预设置 1　2—记忆位置预设置 2
3—记忆功能设置键　4—LED 指示灯

示音，表示记忆设定已经成功完成。

2. 燃油切断开关重新设定

车辆配有燃油切断功能，当发生碰撞时，系统会根据碰撞的严重程序关闭燃油系统。维修完毕，要按照如下叙述执行燃油切断重新设定。

（1）将点火开关置于 OFF，等待 10s。

（2）不要踩下制动踏板，按下发动机 START/STOP 按钮，如图 4-26 所示，等待 30s。

（3）检查车辆是否有燃油泄漏，如果发生燃油泄漏，不要起动发动机，并立即送修。

（4）如果没有发现燃油泄漏，可起动发动机。

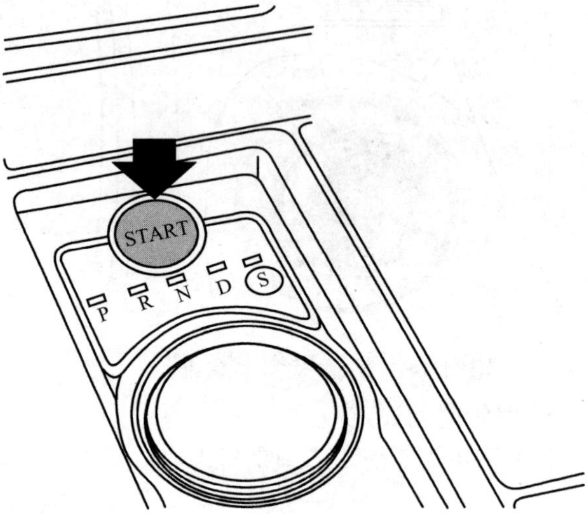

图 4-26　按钮识别

3. 电子时钟时间设定

与 XK 轿车相同。

4. 保养灯归零

（1）将点火开关置于 OFF，在 3s 内，按住按钮 A，不要踩下制动踏板。

（2）按下 START/STOP 按键，如图4-27 所示，使点火开关接通。

（3）松开按钮 A。

（4）按住按钮 B，然后按住按钮 A。仪表板显示屏会显示“RESETTING SERVICE MODE”信息。

（5）保持按钮 A 和按钮 B 的按下状态，持续 10s。仪表板显示屏会显示“SERVICE MODE RESET”信息。

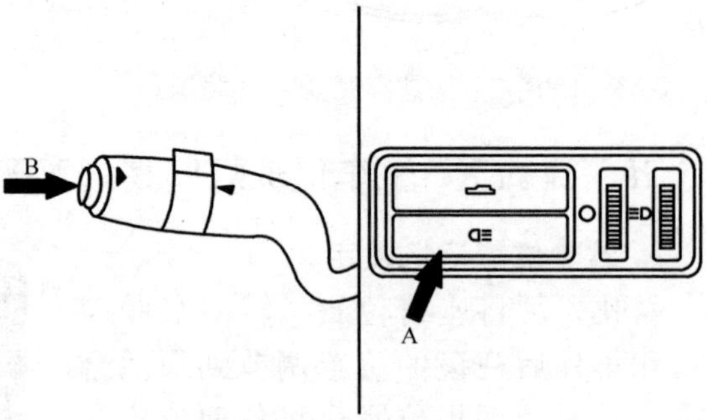

图 4-27　按钮识别

（6）松开按钮 A 和按钮 B。

（7）按下 START/STOP 按键，使点火开关关闭。

5. 电动车窗自动开闭功能设定

在维修时如果断开过蓄电池连接，则维修结束后，要依照如下叙述重新设定电动车窗自动开闭功能：

（1）将点火开关置于 ON。

（2）抬起电动车窗的关闭开关，使电动车窗彻底关闭。

（3）松开关闭开关。

（4）抬起电动车窗的关闭开关并保持 2s。

（5）松开关闭开关。

（6）抬起电动车窗的开启开关，使电动车窗彻底开启。

（7）松开开启开关。

（8）抬起电动车窗的开启开关并保持2s。

（9）检查车窗的自动开启和关闭功能是否恢复。如果没有恢复，则重复操作程序。如果功能恢复，则对其他的电动车窗也同样执行设定操作。

（10）当所有的车窗均执行完设定操作后，将点火开关关闭，即可彻底完成设定。

6. 电动天窗设定

维修时如果断开过蓄电池连接，则维修结束后，要依照如下叙述重新设定电动天窗功能：

（1）将点火开关置于ON。

（2）按住电动车窗的倾斜开关，如图4-28所示，直至天窗完全倾斜。

（3）松开倾斜开关。

（4）按住电动天窗的倾斜开关，持续30s以上。

（5）天窗会完全开启，然后迅速彻底关闭。

（6）松开倾斜开关。

（7）确认电动天窗运行正常后，将点火开关置于OFF位。

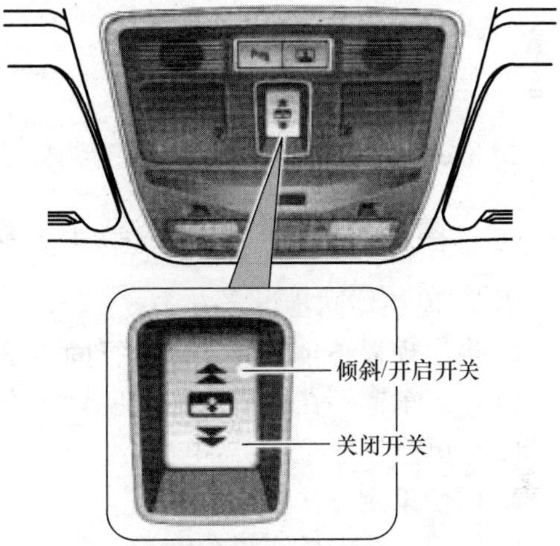

图4-28　电动天窗开关识别

7. 导航功能恢复设定

维修时如果断开过蓄电池连接，则维修结束后，要依照如下叙述重新恢复导航系统的功能：

（1）重新连接好蓄电池。

（2）将点火开关置于ON位，先等待5min以上即可。

8. EPB（电子驻车制动）设定

与XJ轿车相同。

第五章 奥迪车系遥控器设定与保养灯归零

第一节 奥迪车系遥控器设定

一、奥迪 A2/A4（8E）轿车、奥迪 A4 敞篷车遥控器设定（2008～2013 年）

钥匙/遥控器同步设定方法：

1. 当出现以下情况时，需进行同步设定。

（1）当车辆不在遥控范围内反复操作钥匙/遥控器和系统失效。

（2）更换钥匙/遥控器电池。

2. 同步设定方法

（1）用钥匙机械解锁车辆。

（2）按下遥控钥匙的解锁键。

（3）将该钥匙插入点火开关并打开点火开关。

（4）再次关闭点火开关并拔出钥匙。

（5）按下遥控钥匙的解锁键或锁止键。

二、奥迪 A3 轿车遥控器设定（2008～2014 年）

（一）系统操作 1

（1）系统 LED 灯在中央仪表板。

（2）报警系统和中控锁功能可使用诊断设备进行更改。

（3）按下钥匙/遥控器锁止键锁止所有车门和激活报警系统。

（4）按下钥匙/遥控器解锁键解锁所有车门和解除报警系统。

（5）按下钥匙/遥控器行李箱释放键 1 次仅解锁行李箱。

（6）一些车型（若编程）

① 按下钥匙/遥控器解锁键 1 次解除报警系统且仅解锁驾驶人侧车门和燃油箱盖。

② 在 5s 内按下钥匙/遥控器解锁键 2 次解除报警系统和解锁所有车门和行李箱。

③ 按住钥匙/遥控器锁止键在压下位置来关闭车窗。

④ 按住钥匙/遥控器解锁键在压下位置来打开车窗。

（7）当车速超过 15km/h 时，车门将自动锁止。

（8）车内检测传感器和倾斜传感器解除开关位于驾驶人侧车门上。

（9）当进入报警系统后，内部照明灯关闭。

（10）若锁止车辆后，系统 LED 点亮 30s，则说明系统有故障。

（11）若在报警状态，指示灯不闪烁，则检查发动机舱盖、车门和行李箱滑完全关闭。

（二）同步设定

1. 当出现以下情况时，需进行同步设定

（1）当车辆不在遥控范围内反复操作钥匙/遥控器和系统失效。

（2）更换钥匙/遥控器电池。

2. 同步设定方法

（1）若车辆锁止：用钥匙在驾驶人侧手动解锁。

（2）按下钥匙/遥控器解锁键 1 次。

（3）将点火开关打开再关闭。

（4）从点火开关中拔出钥匙/遥控器。

（5）按下钥匙/遥控器锁止键或解锁键 1 次。

（6）系统将正确地动作 1 次，若不同，重新设定程序。

（三）钥匙/遥控器编程

1. 当出现以下情况时，系统需进行编程

（1）增加或更换钥匙/遥控器。

（2）系统出现故障。

2. 编程方法

钥匙/遥控器只能使用诊断设备进行编程。

> **注意：** 最多可编程 4 把钥匙（在同一时间）

（四）钥匙/遥控器电池更换方法

钥匙/遥控器电池更换方法，如图 5-1 所示。

图 5-1　电池更换方法

（五）系统操作 2

关闭点火开关后系统进入报警状态。

（六）防盗编程

1. 当出现以下情况时，系统需进行重新编程

（1）钥匙/遥控器不被识别，打开点火开关，仪表显示“SAFE”。

（2）系统故障，打开点火开关，仪表显示“SAFE”。

（3）增加或更换钥匙/遥控器。

2. 编程方法

防盗系统只能使用诊断设备进行编程。

三、奥迪 A4/A5/Q5/S5（2008～2011 年）、奥迪 A6（2011～2014 年）轿车遥控器设定

（一）系统操作 1

1. 不带无钥匙进入系统

（1）按下遥控器锁止键激活双重锁止系统和报警系统。指示灯闪烁 1 次。

（2）按下遥控器（图 5-2）解锁键解除中控锁和报警系统。指示灯闪烁 2 次。

（3）如果指示灯不闪烁在报警状态，则检查发动机舱盖、车门和行李箱是否完全关闭。

（4）简短地按下遥控器行李箱/尾门释放键，则仅解锁行李箱/尾门。

（5）按下遥控器行李箱/尾门释放键持续 1s，则开启行李箱/尾门。

（6）一些车型

① 按下遥控器解锁键 1 次解除报警系统且仅解锁驾驶人侧车门。

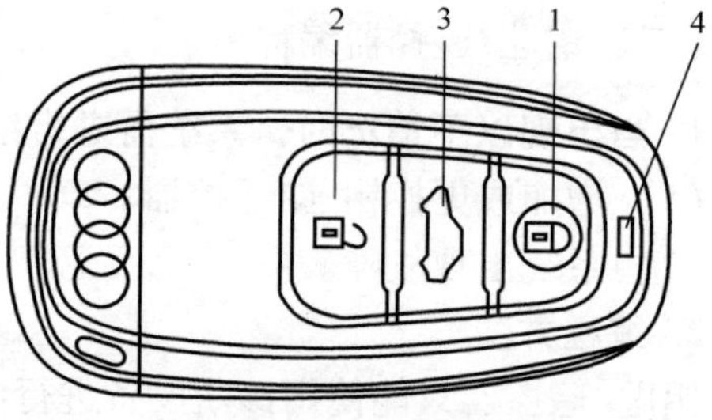

图 5-2 遥控器

1—锁止键 2—解锁键

3—行李箱释放键 4—指示灯

② 按下遥控器解锁键 2 次解除报警系统和解锁所有车门。

③ 当车速超过 15km/h 时，车门自动锁止。

（7）整体打开/关闭（若编程）

① 按住遥控器锁止键在压下位置来关闭车窗及天窗（若装备）。

② 按住遥控器解锁键在压下位置来打开车窗及天窗（若装备）。

（8）如果车辆解锁后在 60s 内车门或行李箱没有打开，锁止将重新激活。

注意：报警系统和中控锁功能可使用诊断设备或车载多功能控制系统进行更改。

2. 带无钥匙进入系统

（1）报警系统/中控锁系统和双重锁止系统可在无钥匙模式下激活

① 关闭点火开关。

② 确保所有车门和行李箱/尾门关闭。

③ 按下驾驶人侧或乘客侧车门把手锁止键 1 次双重锁止车辆和激活报警系统。

④ 在 2s 内按下驾驶人侧或乘客侧车门把手锁止键 2 次锁止车辆和激活报警系统。

（2）报警系统/中控锁系统和双重锁止系统可在无钥匙模式下解除：携带遥控器接近车辆，拉任意车门把手，解除报警系统和解锁车门。

（3）一些车型（若编程）

① 携带遥控器接近车辆，拉驾驶人侧车门把手仅解锁驾驶人侧车门和解除报警系统。

② 当车速超过 15km/h 时，车门自动上锁。

（4）整体关闭：按下并按住驾驶人侧或乘客侧车门把手（图 5-3）锁止键来关闭车窗及天窗（若装备）。

（5）如果已解锁的车辆在 1min 内所有车门及行李箱未被开启，则车辆自动锁止。

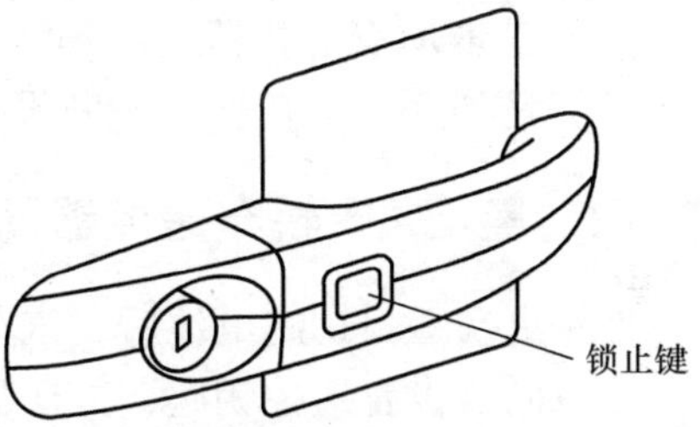

图 5-3 车门把手

注意：报警系统和中控锁功能可使用诊断设备或车载多功能控制系统进行更改。

（二）同步设定

1. 当出现以下情况时，需进行同步设定

（1）当车辆不在遥控范围内反复操作钥匙/遥控器和系统失效。

（2）更换钥匙/遥控器电池。

2. 同步设定方法

（1）在车辆的有效距离内按下遥控钥匙的某个按键。

（2）必要时使用应急钥匙通过车门锁开启车辆。

（3）将该钥匙插入点火开关并打开点火开关。

（4）再次关闭点火开关。

（三）遥控器编程

1. 当出现以下情况时，系统需进行编程

（1）增加或更换遥控器。

（2）系统出现故障。

2. 编程方法

（1）获取所有遥控器。

（2）遥控器只能使用诊断设备进行编程。

（四）遥控器电池更换方法

电池更换方法如图 5-4 所示。

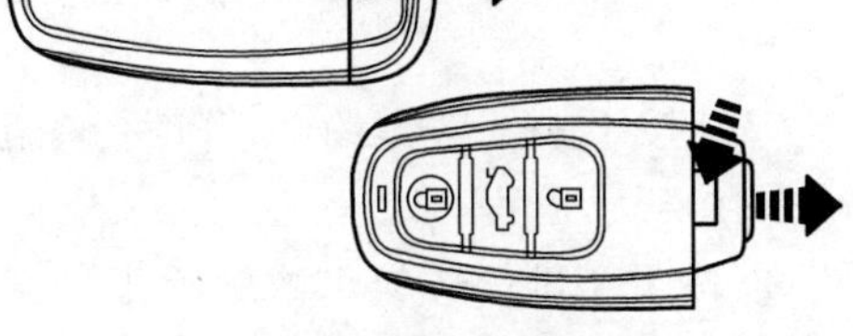

图 5-4 电池更换方法

（五）系统操作 2

关闭点火开关后系统进入报警状态。

（六）防盗编程

1. 当出现以下情况时，系统需进行重新编程。

（1）遥控器不被识别，仪表显示“SAFE”。

（2）系统故障。

（3）增加或更换遥控器。

2. 编程方法

（1）获取所有遥控器。

（2）防盗系统只能使用诊断设备进行编程。

四、奥迪 Q3 轿车遥控器同步设定（2013～2018 年）

如果更换遥控钥匙电池后，汽车无法通过遥控解锁/锁止，可以同步设置遥控钥匙，方法如下。

（1）按压遥控钥匙上的“解锁”按钮，如图 5-5 所示。

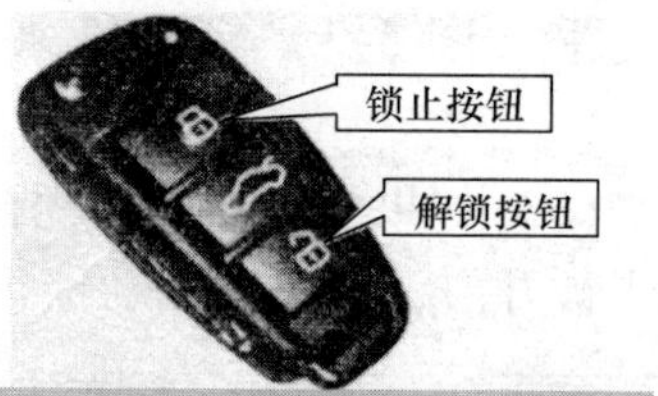

图 5-5 一汽奥迪 Q3 遥控钥匙

（2）在 30s 内用钥匙打开驾驶人侧车门。

（3）按压“解锁”按钮或“锁止”按钮。

五、奥迪 Q7 轿车遥控器设定（2007～2015 年）

（一）系统操作 1

1. 所有车型

（1）按下钥匙（图 5-6）锁止键激活双重锁止系统和报警系统。钥匙 LED 闪烁 1 次。指示灯闪烁 1 次。

（2）按下钥匙解锁键解锁车门和解除报警系统。钥匙 LED 闪烁 1 次。指示灯闪烁 2 次。

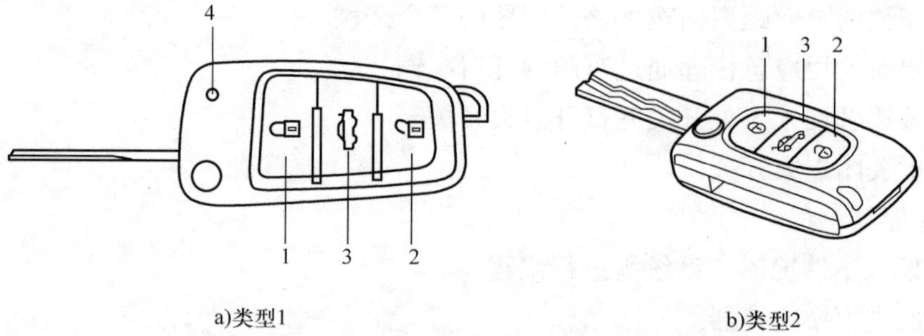

图 5-6 钥匙

1—锁止键 2—解锁键 3—行李箱释放键 4—LED 灯

（3）按下钥匙按键约 1s 解锁行李箱。

（4）若已编程

① 按下钥匙解锁键 1 次解除报警系统且仅解锁驾驶人侧车门。

② 按下钥匙解锁键 2 次解除报警系统和解锁所有车门。当车速超过 15km/h 时，车门锁止。

（5）检查中控锁状态。

（6）按下钥匙锁止键

① 当超过一个解锁车辆的范围，钥匙 LED 灯点亮 1 次然后快速闪烁。

② 当超过一个锁止车辆的范围，钥匙 LED 灯点亮 1 次然后慢速闪烁。

注意： 当操作时钥匙的 LED 不闪烁，请检查钥匙电池。

（7）整体关闭：按住钥匙锁止键在压下位置来关闭车窗和天窗。

（8）整体打开：插入钥匙到驾驶人侧车门锁，保持钥匙在解锁位置来打开车窗和天窗。

（9）如果已解锁的车辆在 60s 内所有车门及行李箱未被开启，则车辆自动锁止。

注意： 报警系统/中控锁功能可以使用车载多功能控制系统和诊断设备改变。

2. 带无钥匙进入系统

（1）报警系统/中控锁系统和双重锁止系统可在无钥匙模式下激活

① 关闭点火开关。

② 确保所有车门和行李箱/尾门关闭。

③ 按下驾驶人侧或乘客侧车门把手锁止键 1 次双重锁止车辆和激活报警系统。

④ 在 2s 内按下驾驶人侧或乘客侧车门把手锁止键 2 次锁止车辆和激活报警系统。

（2）报警系统/中控锁系统和双重锁止系统可在无钥匙模式下解除；携带遥控器接近车辆，拉任意车门把手，解除报警系统和解锁车门。

（3）整体关闭：按下并按住驾驶人侧车门把手（图 5-7）锁止键来关闭车窗和天窗。

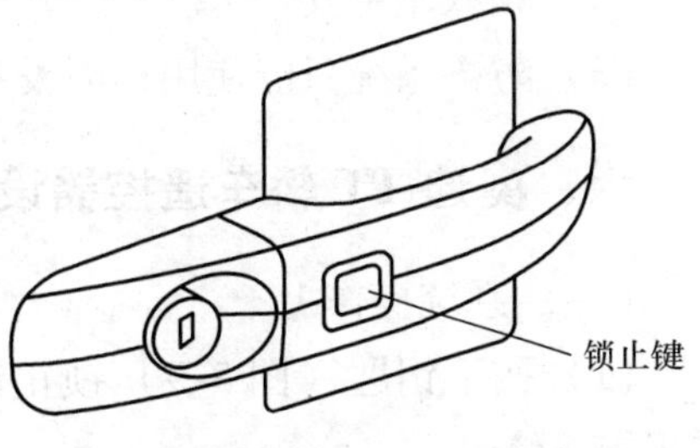

图 5-7　车门把手

（4）如果已解锁的车辆在 60s 内所有车门及行李箱未被开启，则车辆自动锁止。

注意： 报警系统/中控锁功能可以使用车载多功能控制系统和诊断设备改变。

（二）同步设定

1. 当出现以下情况时，需进行同步设定。

（1）当车辆不在遥控范围内反复操作钥匙和系统失效。

（2）更换钥匙电池。

2. 同步设定方法

（1）用钥匙机械解锁车辆。

（2）将该钥匙插入点火开关并打开点火开关。

（3）再次关闭点火开关。

（三）钥匙编程

1. 当出现以下情况时，系统需进行编程

（1）增加或更换钥匙。

（2）系统出现故障。

2. 编程方法

（1）获取所有钥匙。

（2）获取车主安全卡。

（3）钥匙只能使用诊断设备进行编程。

（四）遥控器电池更换方法

遥控器电池更换方法，如图 5-8 所示。

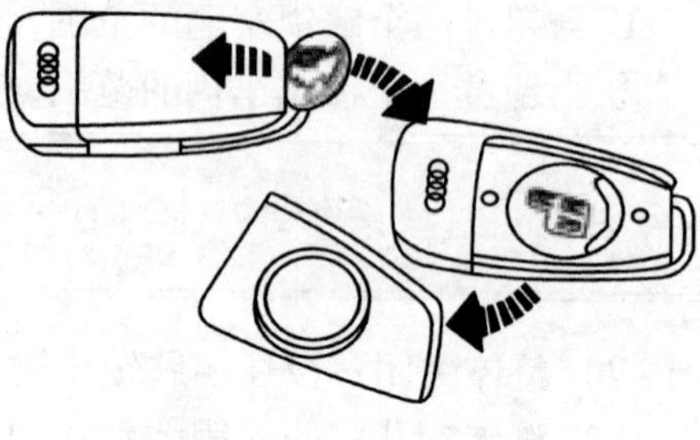

图 5-8　电池更换方法

（五）系统操作 2

关闭点火开关后系统进入报警状态。

（六）防盗编程

1. 当出现以下情况时，系统需进行重新编程

（1）钥匙不被识别：仪表显示“SAFE”。

（2）系统故障。

（3）增加或更换钥匙。

2. 编程方法

（1）获取所有钥匙。

（2）获取车主安全卡。

（3）防盗系统只能使用诊断设备进行编程。

六、奥迪 TT 轿车遥控器设定（2008～2011 年）

（一）系统操作 1

（1）按下钥匙（图 5-9）锁止键激活双重锁止和报警系统。

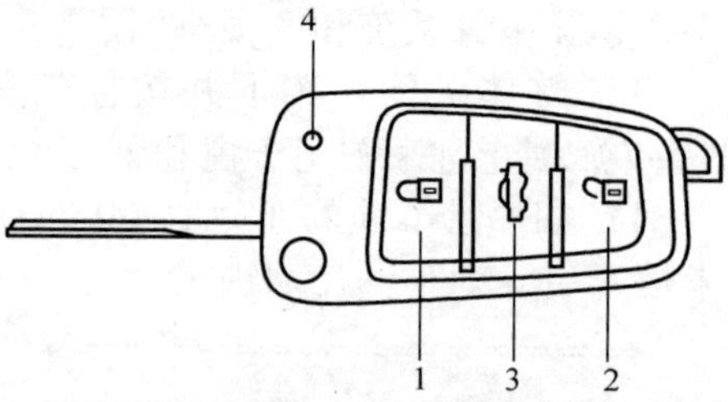

图 5-9　钥匙

1—锁止键　2—解锁键

3—行李箱释放键　4—LED 灯

（2）指示灯闪烁 1 次来表明车辆锁止。

（3）按下钥匙解锁键解除中控锁和报警系统。

（4）指示灯闪烁 2 次来表明车辆解锁。

（5）按下钥匙行李箱释放键约 1s 解锁行李箱。

（6）一些车型（若已编程）

① 按下钥匙解锁键 1 次解除报警系统且仅解锁驾驶人侧车门。

② 按下钥匙解锁键 2 次解除报警系统和解锁所有车门。当车速超过 15km/h 时，车门自动锁止。

（7）整体打开 /关闭（不带报警系统）

① 按下并按住钥匙锁止键来关闭车窗。

② 按下并按住钥匙解锁键来打开车窗。

（8）整体关闭（带警报系统）：按下并按住钥匙锁止键来关闭车窗。

（9）如果已解锁的车辆在 30s 内所有车门及行李箱未被开启，则车辆自动锁止。

（二）同步设定

1. 当出现以下情况时，需进行同步设定。

（1）当车辆不在遥控范围内反复操作钥匙和系统失效。

（2）更换钥匙电池。

2. 同步设定方法

（1）按下钥匙解锁键。

（2）在30s内用钥匙手动打开驾驶人侧车门。

（3）按下钥匙锁止键或解锁键。

（4）系统马上锁止或解锁车辆，否则重新设定程序。

（三）钥匙编程

1. 当出现以下情况时，系统需进行编程

（1）增加或更换钥匙。

（2）系统出现故障。

2. 编程方法

（1）获取所有钥匙。

（2）钥匙只能使用诊断设备进行编程。

（四）遥控器电池更换方法

遥控器电池更换方法如图5-10所示。

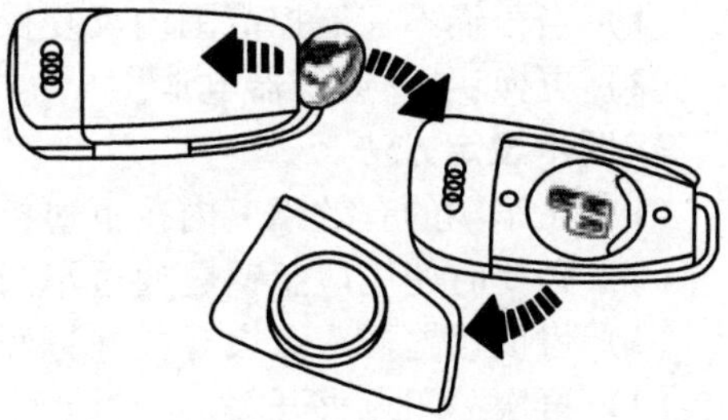

图5-10　电池更换方法

（五）系统操作2

关闭点火开关后系统进入报警状态。

（六）防盗编程

1. 当出现以下情况时，系统需进行重新编程

（1）钥匙不被识别，仪表显示“SAFE”。

（2）系统故障。

（3）增加或更换钥匙。

2. 编程方法

（1）获取所有钥匙。

（2）防盗系统只能使用诊断设备进行编程。

七、一汽奥迪A4轿车遥控器设定（2005～2009年）

1. 当出现以下情况时，需进行同步设定

（1）当车辆不在遥控范围内反复操作钥匙/遥控器和系统失效。

（2）更换钥匙/遥控器电池。

2. 同步设定方法

（1）用钥匙机械解锁车辆。

（2）按下遥控钥匙的解锁键。

（3）将该钥匙插入点火开关并打开点火开关。

（4）再次关闭点火开关并拔出钥匙。

（5）按下遥控钥匙的解锁键或锁止键。

八、一汽奥迪 A6 轿车遥控器设定（2008～2015 年）

1. 当出现以下情况时，需进行同步设定

（1）当车辆不在遥控范围内反复操作钥匙/遥控器和系统失效。

（2）更换钥匙/遥控器电池。

2. 同步设定方法

（1）按下遥控钥匙的某个按键。

（2）用遥控钥匙的钥匙齿在车门锁处打开或关闭一次车门。

（3）整个过程不允许超过 30s。

九、一汽奥迪 A4L（2009～2016 年）、奥迪 Q5（2010～2018 年）轿车遥控器设定

1. 当出现以下情况时，需进行同步设定

（1）当车辆不在遥控范围内反复操作钥匙/遥控器和系统失效。

（2）更换钥匙/遥控器电池。

2. 同步设定方法

（1）在车辆的有效距离内按下遥控钥匙的某个按键。

（2）必要时使用应急钥匙通过车门锁解锁车辆。

（3）将该钥匙插入点火开关并打开点火开关。

（4）再次关闭点火开关。

十、一汽奥迪 A6L 轿车遥控器设定（2008～2018 年）

1. 当出现以下情况时，需进行同步设定

（1）当车辆不在遥控范围内反复操作钥匙/遥控器和系统失效。

（2）将该钥匙插入点火开关并打开点火开关。

2. 同步设定方法

（1）用钥匙机械解锁车辆。

（2）将该钥匙插入点火开关并打开点火开关。

（3）再次关闭点火开关。

十一、一汽奥迪 Q5 轿车遥控器匹配（2013～2018 年）

（1）进入中央门锁系统，自适应直接清除。

（2）进入调整功能，输入 01 组，确定，同步新的钥匙遥控功能。

（3）输入钥匙的数量，如 00002，就是 2 把要匹配的钥匙。

（4）保存，退出系统。

（5）15s 内依次按一下每个遥控器即可。

十二、一汽奥迪 A3/TT 轿车遥控器设定（2013～2018 年）

OBD 适配器连接 TRANSPONDER 适配器上，并把 TRANSPONDER 适配器连接到主机上，如图 5-11 所示。

把 OBD 适配器连接到车的诊断口上，从主菜单中选择“防盗”，如图 5-12 所示。

图 5-11　把 TRANSPONDER 适配器连接到主机上

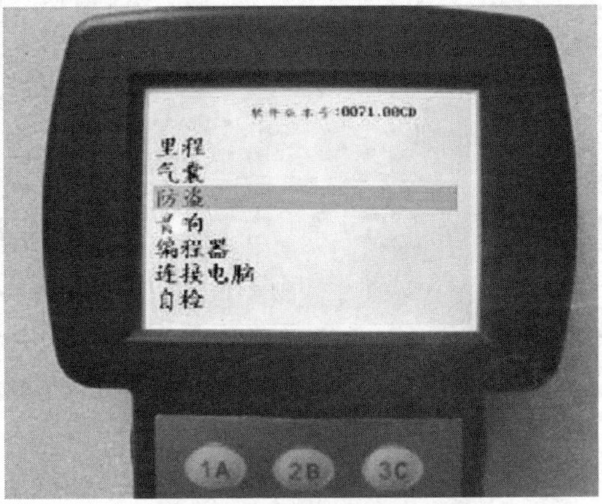

图 5-12　选择“防盗”

选择“奥迪”，然后选择“奥迪第四代防盗系统”，如图 5-13 所示。

选择“A3（CDC）”或者“TT（CDC）”，如图 5-14 所示。

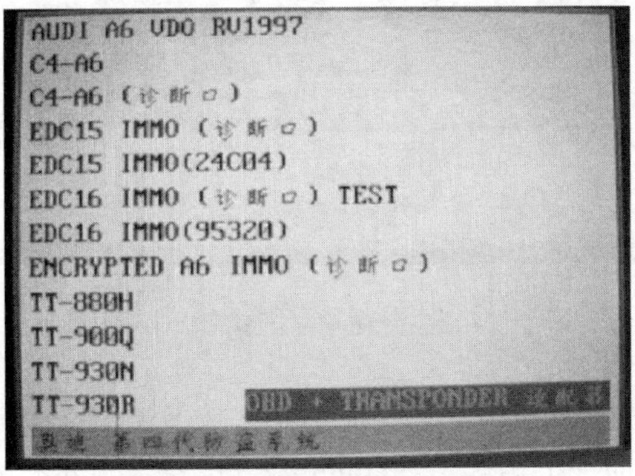

图 5-13　奥迪第四代防盗系统

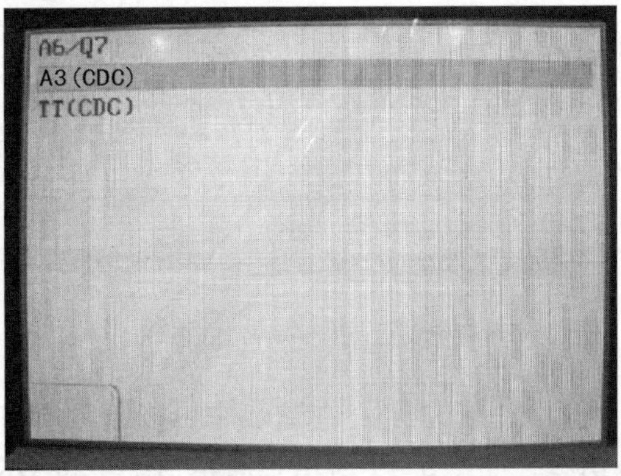

图 5-14　选择“A3（CDC）”或者“TT（CDC）”

在“A3（CDC）”或者“TT（CDC）”菜单下，有 4 个选项，如图 5-15 所示。现在逐一介绍这 4 个选项的操作步骤。

选择“防盗匹配”，此菜单可以匹配钥匙到车上。

打开点火开关，手上至少要有 2 把钥匙：一个用来打开点火开关，如图 5-16 所示；另一个用来匹配到车上。按 OK 键继续。

首先必须确定钥匙是否是从经销商那里定制回来的，如图 5-17 所示。如果是，按 OK 进入钥匙匹配程序。如果不是，按 ESC 键进入写钥匙程序。

1. 钥匙匹配

如果按 OK 键，将进入钥匙匹配程序。在这个菜单中有两个选项“添加钥匙”和“匹配钥匙”。“添加钥匙”是为车添加一把钥匙，并保留所有的原车钥匙。“匹配钥匙”是匹配钥匙到车上，这时要备齐所有的原车钥匙，如图 5-18 所示。

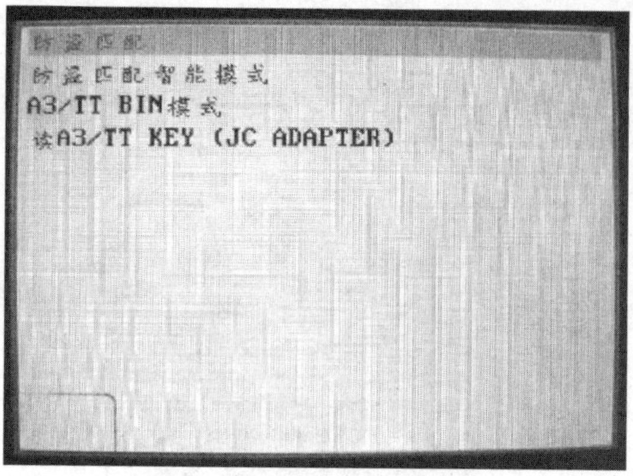

图 5-15　有 4 个选项

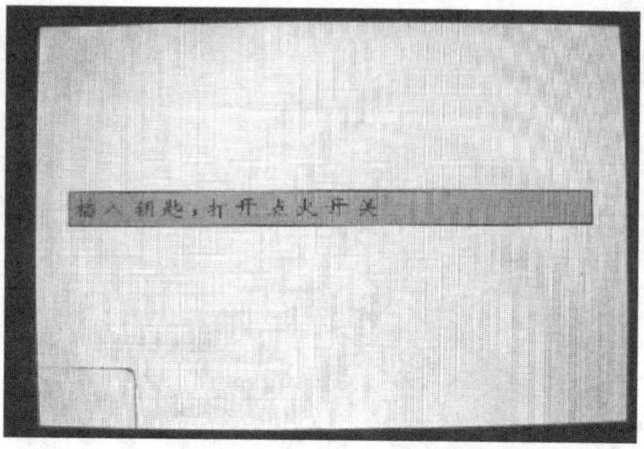

图 5-16　打开点火开关

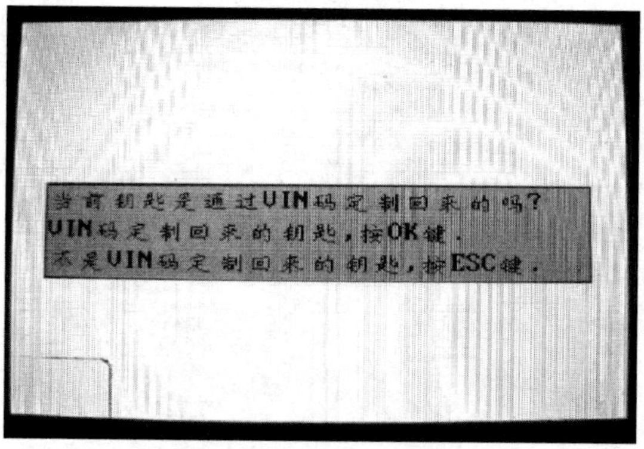

图 5-17　进入写钥匙程序

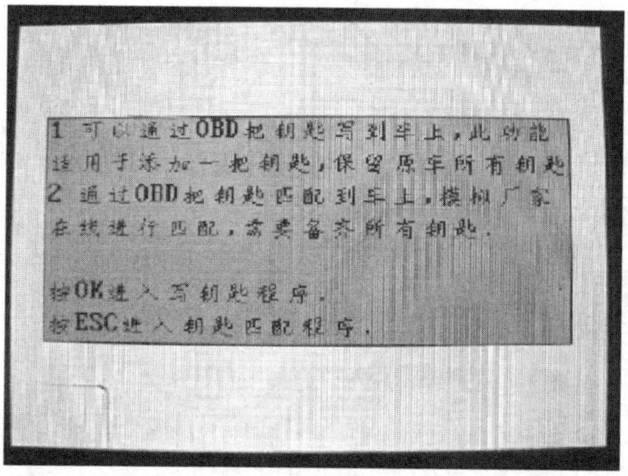

图 5-18　匹配钥匙

添加一把钥匙：在这步中可以删除所有原车钥匙。按 OK 键添加钥匙，按 ESC 键删除所有钥匙，如图 5-19 所示。通常情况下按 OK 键添加一把钥匙。约 5min 后，设备会显示“操作完成”，如图 5-20 所示。这意味着这把新钥匙已经成功地添加到车上。可以用这把钥匙起动车辆了。

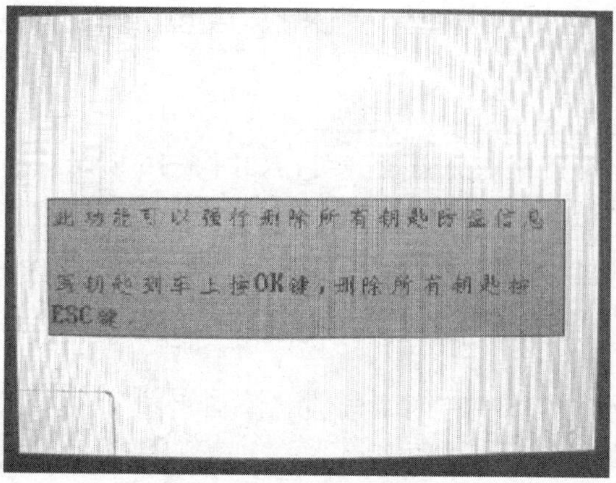

图 5-19　删除所有钥匙

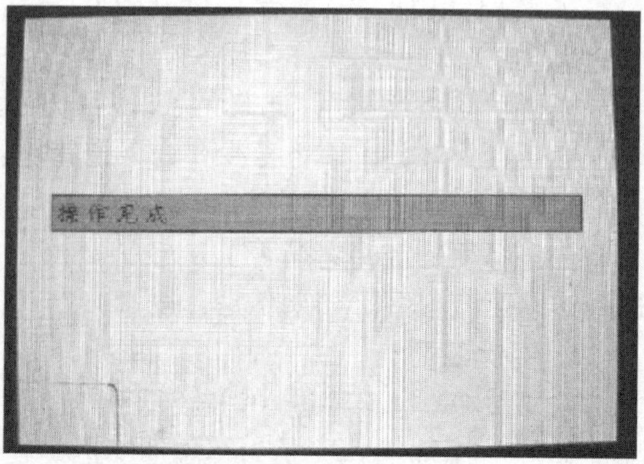

图 5-20　显示“操作完成”

注册钥匙：这个功能会将所有的钥匙注册到车上。因此，必须所有的原车钥匙都在手上（如果一把钥匙在家里，当此过程完成后，在家里的钥匙将不能起动车了），然后按照设备的提示一步步操作。当完成时，可以用任何一把钥匙起动这台车。

2. 写钥匙

（1）如果按 ESC 键，将进入写钥匙菜单，请将新的钥匙正确地放到 TRANSPONDER 适配器上，然后按 OK 键，设备将把钥匙写成此车的专用钥匙。写成功后，按 OK 键进入钥匙匹配菜单，如图 5-21 所示。

（2）选择“放到匹配智能模式”，如图 5-22 所示。这个菜单可以通过快捷方式给车添加一把钥匙。

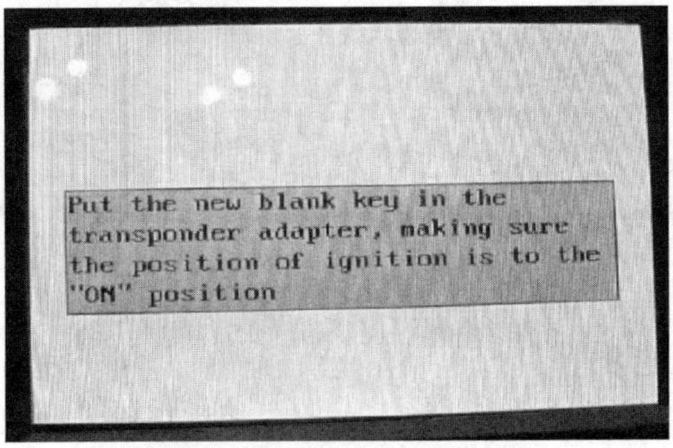

图 5-21 进入钥匙匹配菜单

图 5-22 选择“放到匹配智能模式”

在这步中，确保点火开关是在 OK 的位置，把新的空白钥匙正确地放在 TRANSPONDER 适配器里，如图 5-23 所示。按任意键继续。

到这步，钥匙已经成功地添加到车上，如图 5-24 所示，按任意键继续。

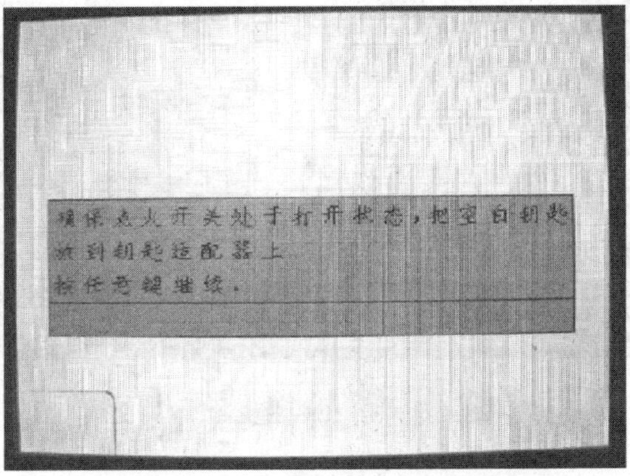

图 5-23 把新的空白钥匙正确地放在 TRANSPONDER 适配器里

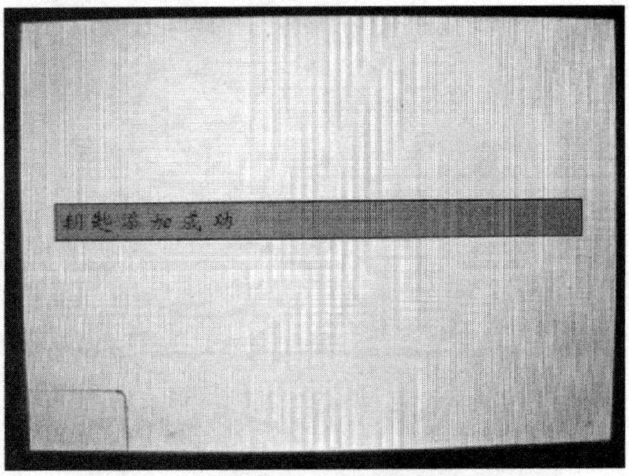

图 5-24 钥匙已经成功地添加到车上

（3）选择“A3/TT BIN 模式”，如图 5-25 所示。然后没有设备不能和车进行通信，请选择这项。但是，首先应该选择“读 A3/TT KEY（JC ADAPTER）”用 JC 适配器读取仪表的数据，所以用户必须有 JC 适配器。

在这步中，要拆下仪表并用 JC ADAPTER 读取仪表的数据，保存成 bin 文件。然后复制到 SD 卡的“USER”文件夹中。如图 5-26 所示，按 OK 键继续，按 ESC 键退出，选择“READ A3/TT KEY（JCADAPTER）读取仪表数据。

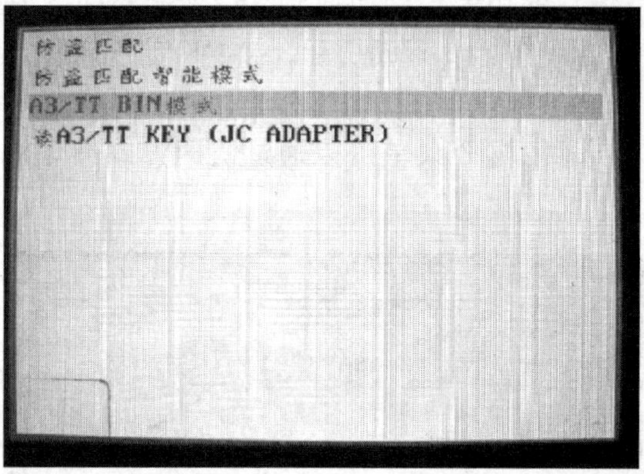

图 5-25　选择“A3/TT BIN 模式”

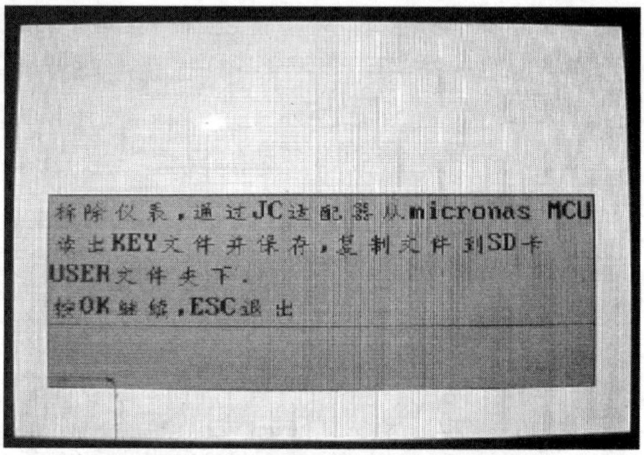

图 5-26　选择“READ A3/TT KEY（JCADAPTER）读取仪表数据

在这步中，确保点火开关处在打开状态。如图 5-27 所示，把新的空白钥匙正确地放在 TRANSPONDER 适配器上。按任意键继续。

选择用 JC 适配器读取的文件，如图 5-28 所示，并把钥匙放到 TRANSPONDER 适配器上。

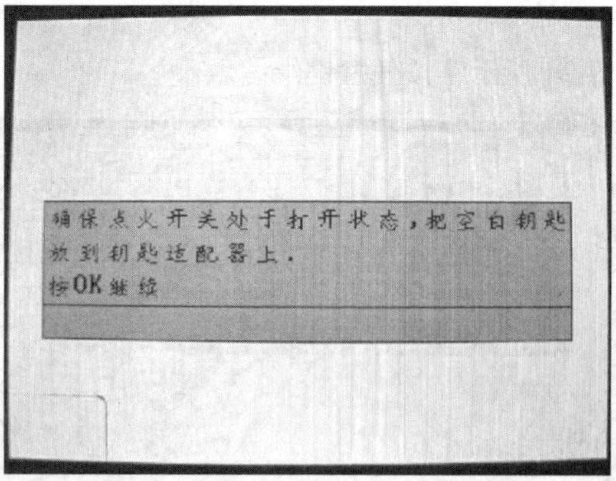

图 5-27　把新的空白钥匙正确地放在 TRANSPONDER 适配器上

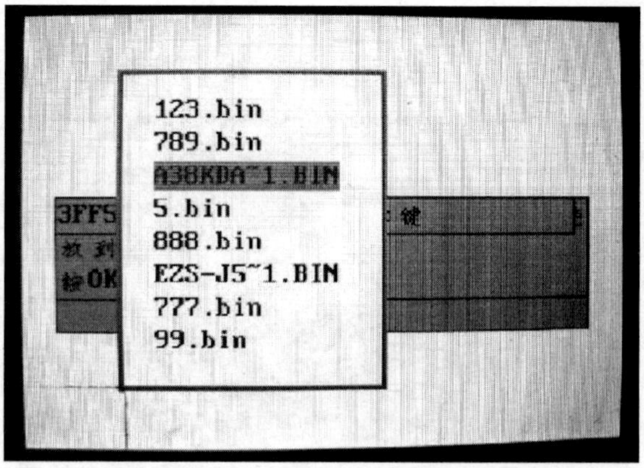

图 5-28　选择用 JC 适配器读取的文件

到此步，如图 5-29 所示，已经成功地把钥匙添加到车上，可以起动车。

（4）选择“读 A3/TT KEY（JCADAPTER）”，如图 5-30 所示。这个菜单要连接 JC 适配器。

接线如图 5-31 所示。

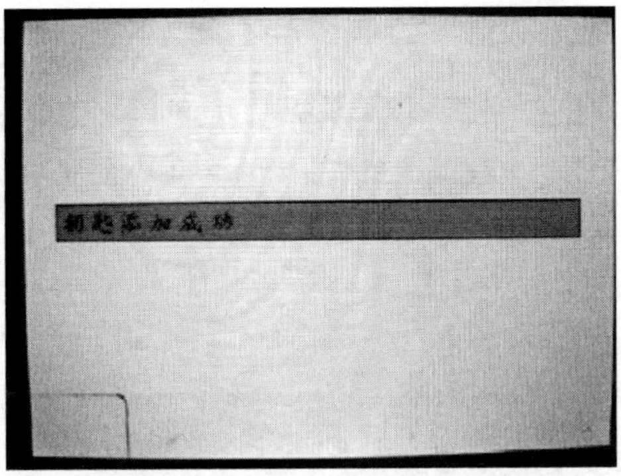

图 5-29 成功地把钥匙添加到车上

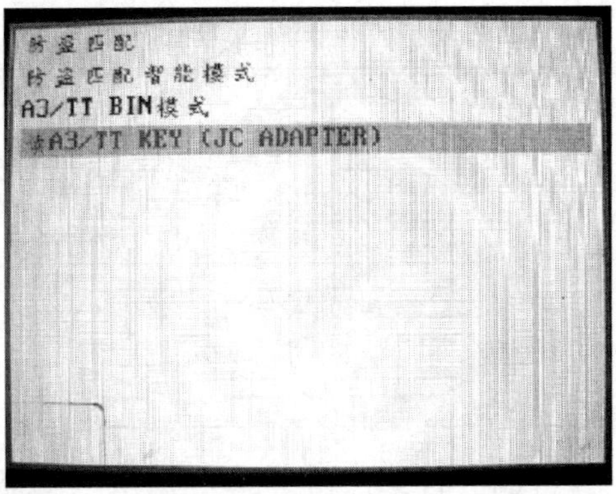

图 5-30 选择“读 A3/TT KEY（JCADAPTER）”

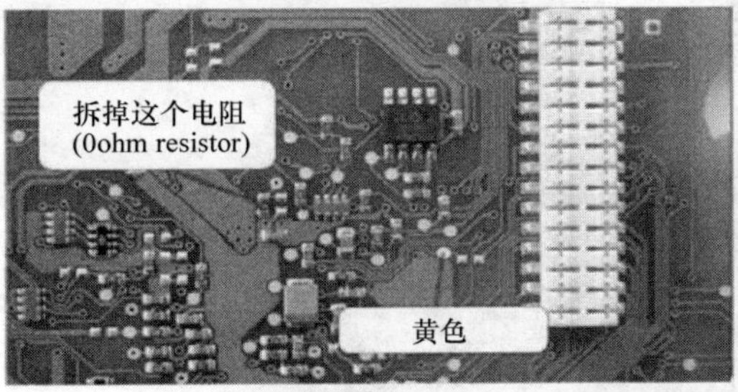

a) 接线图

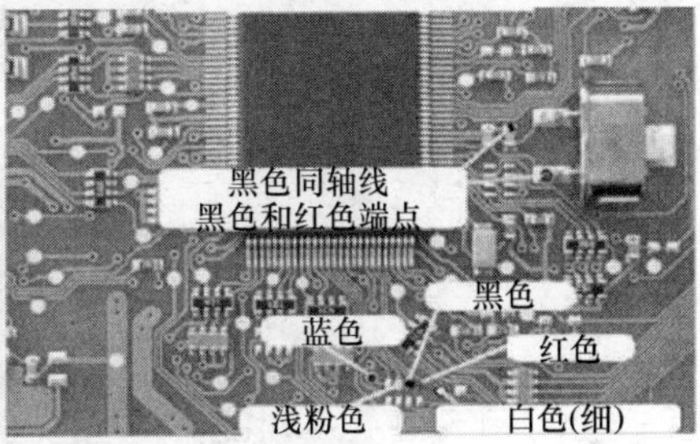

b) 接线图

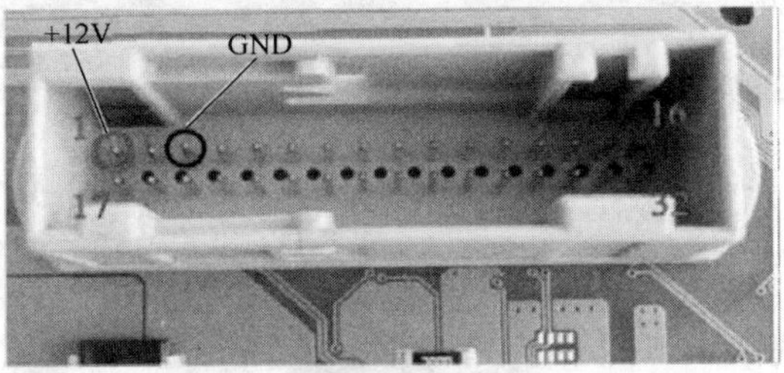

c) 连接线路板

图 5-31 JC 适配器接线图

读取文件并保存。如果要在“A3/TT BIN MODE“菜单中用到，要把它复制到 SD 卡的 USER 文件夹中，如图 5-32 所示。

图 5-32 拷贝菜单

注意： 匹配钥匙或者写钥匙的时候，必须把芯片正确地放在防盗 transponder 适配器上，如图 5-33 所示，否则将不能正确地读取芯片 ID，这时需要调整芯片在适配器上的位置，芯片在钥匙中的位置如图 5-34 所示；芯片应该在椭圆环之内并且尽量靠近椭圆环，有时候把钥匙放在椭圆环里或者靠近椭圆环，但是钥匙里面的芯片却没有在椭圆环里或者靠近椭圆环，此时将不能正常工作。

正确的放置方式如图 5-35 所示。错误的放置方式如图 5-36 所示。

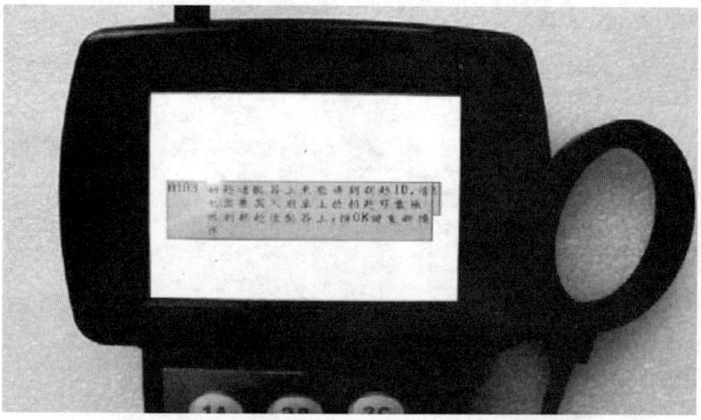

图 5-33　把芯片正确地放在防盗 transponder 适配器上

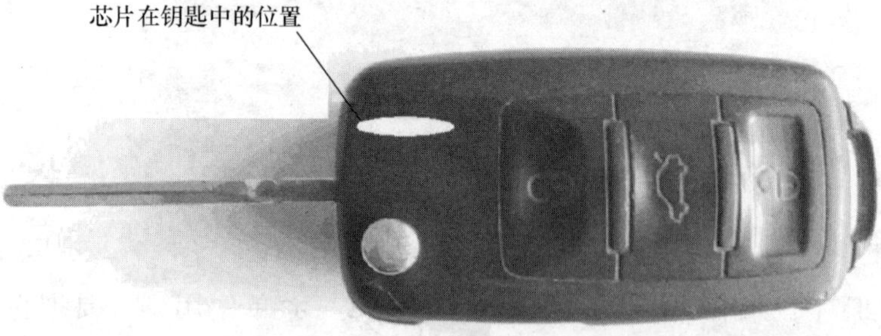

图 5-34　芯片在钥匙中的位置

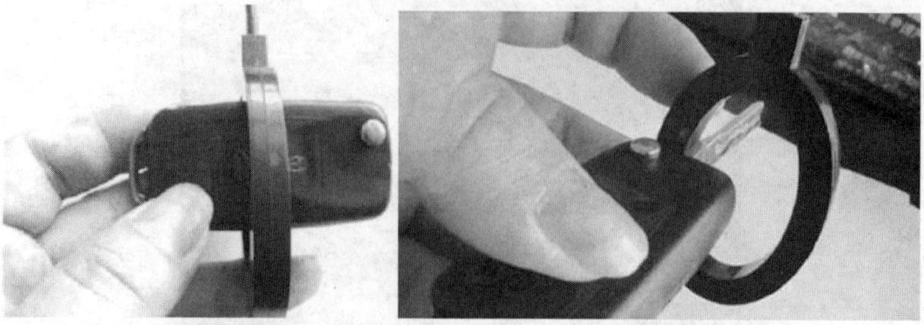

a) 正确放置　　b) 正确放置

图 5-35　正确的放置方式

十三、一汽奥迪 A8 轿车遥控器设定（2013 ~2018 年）

1. 防盗密码获取

（1）确认遥控的频率（315M 或 433M）。

（2）车辆链接阿福迪，进入阿福迪主程序界面。首先第一件事情就是要获取防盗密码，获取密码有以下两个方法：

① 通过 OBD 口读取发动机 ECU 中存在的防盗密码。

② 拆发动机 ECU 读数据获取。

在增加钥匙的情况下，可以用阿福迪通过 OBD 数据获取防盗密码。打开阿福迪以后，打开主程序，选择发动机 ECU，如图 5-37 所示，由发动机 ECU 读取数据。

图 5-36 错误的放置方式

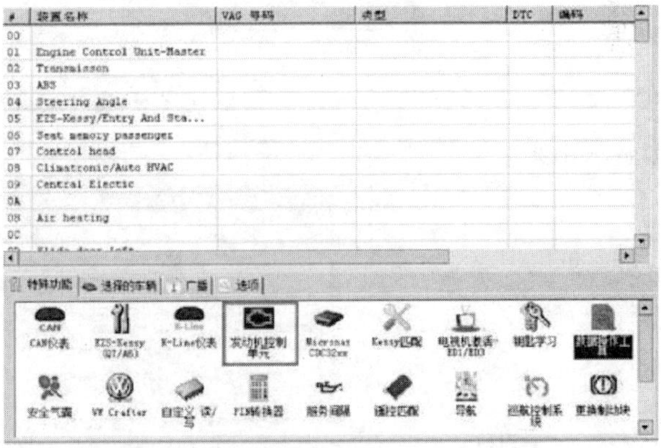

图 5-37 由发动机 ECU 读取数据

进入后选择 ECU 类型，也是选择发动机 ECU 的型号。而 A8 的发动机 ECU 有两种型号：一种是 7.1，还有一种是 9.1。

7.1 型号的做起来比较简单，不管是增加还是全丢，都可以免拆做好。而 9.1 型号的相对复杂，不管是增加还是全丢，都需要拆。

现在以 7.1 为例说明。在开始做的时候，我们又如何判断它是 7.1 还是 9.1 型号的 ECU 呢？可以通过在 ECU 类型选择为自动诊断，然后点读取 EEPROM，约等待 1min 左右，就会显示出 ECU 的类型，并且会显示 EEPROM 的数据。点“保存到文件”按钮首先把数据保存，然后用手机拍照或 QQ 截图的方式记录下这个界面，保留着，接下来的步骤需要用到，如图 5-38 所示。

因为这个界面包含有登录密码、固件保护字节，在界面左下角。也就说明已经得到了防盗密码和固件保护字节。而固件保护字节只会显示 6 个字节，第 7 个字节会被隐藏。需要通过着车钥匙获取，然后退出发动机 ECU。

2. 学习钥匙

点进入钥匙学习。进入后，要看第一个选项“汽车检测类型”。如已经显示为“Audi A8”，也就代表已经通信成功了。还有可以看这个界面的其他选项，如“发动机起动许可”，显示“Yes”代表现在这把钥匙可以起动车子，如果是“NO”，就代表这把钥匙不能起动车子。也就是我们打开钥匙学习以后，以上这些个选项如图 5-39 所示，这些选项都是否能正

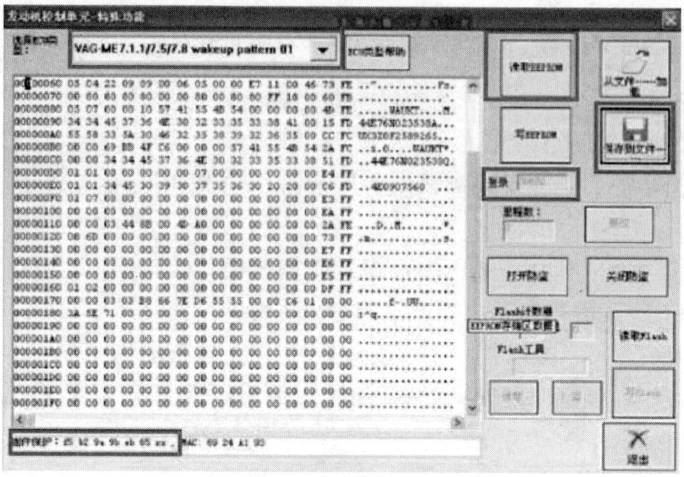

图 5-38　读取 EEPROM

常显示出来。

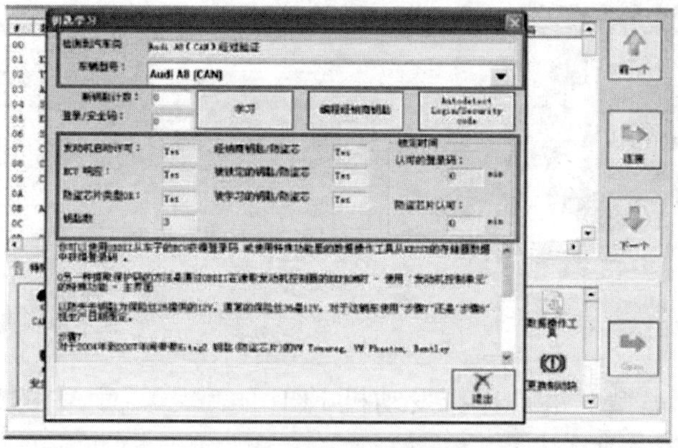

图 5-39　学习选项

如果都显示正常，点击“编程经销商钥匙”这个按钮进入，会再弹出以下 3 个选项，如图 5-40 所示。

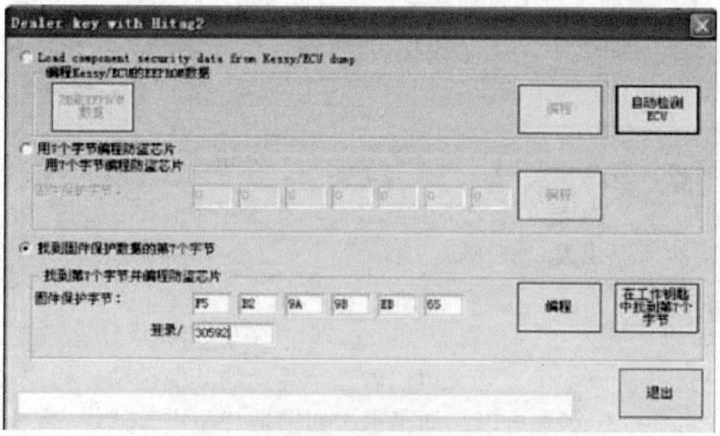

图 5-40　进入选项

第一个选项功能是需要加载发动机数据来生成经销商钥匙，是针对从 OBD 口无法读取密码和数据的情况下使用；第二个选项是加载 7 个字节编号来生成经销商钥匙；第三个选项是找到第 7 个固件保护字节来说生成经销商钥匙。

选择第三个选项，只要把刚才用截图、拍照记录下来的 6 个固件保护字节和登录密码填入对应的方框中，然后点后面的按钮，“在工作钥匙中找到第 7 个字节”会出现提示的界面，“请将原车钥匙（可以发动的钥匙）放入编程器”，如图 5-41 所示。

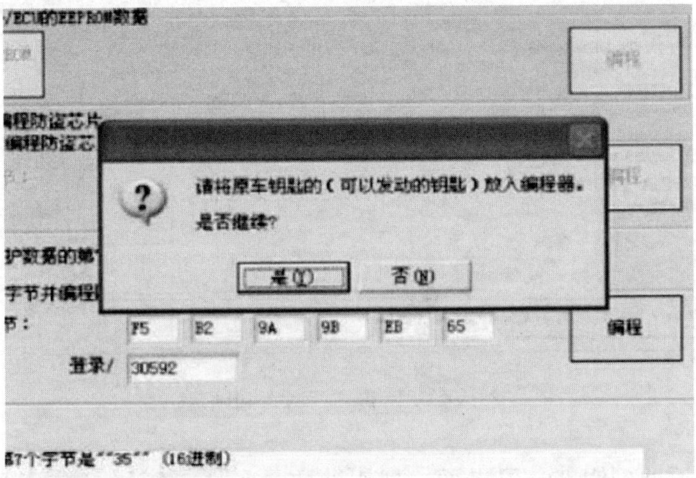

图 5-41　将原车钥匙（可以发动的钥匙）放入编程器

把原车的钥匙放入到阿福迪的编程线圈，点“是”在左下角会显示“已成功完成，第 7 个是35（16 进制）”，如图 5-42 所示：当找到了第 7 个固件字节以后，点“编程”提示要把新钥匙放到阿福迪的编程线圈。按照提示把新钥匙放到编程线圈。

点“确定”，然后会提示“按住制动踏板并按解锁按钮，确定连接到设备后，你可以松开踏板”。这个提示的意思是，如果在做增加钥匙的时候，并不需要理会这个提示，直接点确定就可以了。但是在全丢的情况，就需要通过提示中的方法去唤醒车辆通信，也就是踩制动踏板和按车内解锁开关的方法。

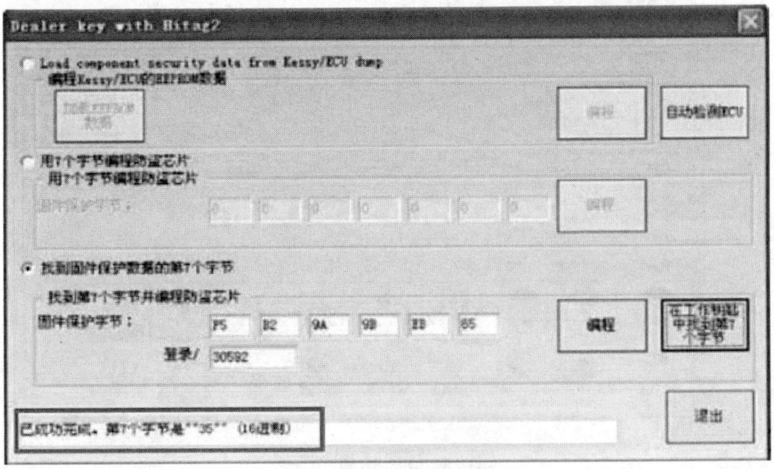

图 5-42　第 7 个固件字节

点“确定”以后，左下角显示“尝试字节（#000）放入钥匙”。再等一会显示“读出第7个字节成功，防盗芯片写入和锁定，第7个字节是79”，如图5-43所示。也就是经销商钥匙已经生成成功了。

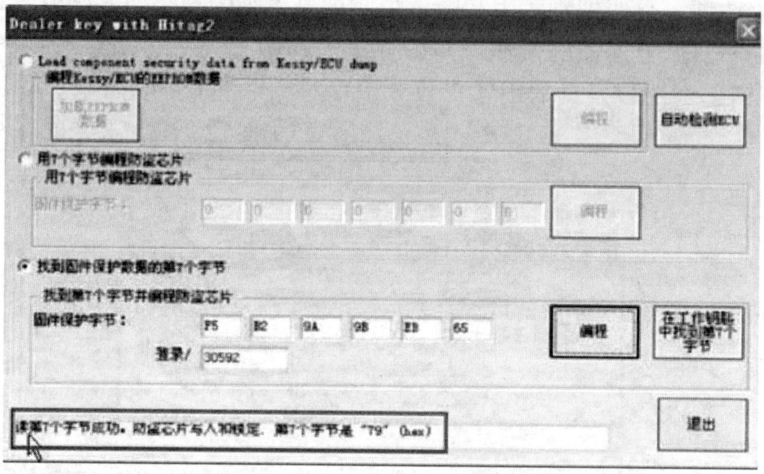

图5-43　防盗芯片写入和锁定

点“退出”。返回到钥匙学习界面，把钥匙数量和登录密码（防盗密码）都填好。点“学习”，会提示“关闭点火开关并移开钥匙，然后再次插入钥匙并打开点火开关”，按照提示去做，之后点OK。

会出现提示“请关闭点火开关，插入每把要被学习的钥匙，然后在转向锁被锁定前把它放在CRANK的位置”，如图5-44所示。

如图5-45所示，当出现这个提示后，把在点火开关内的钥匙拔出来，然后插进去，听到转向盘解锁的声音后，拔出来。再插入另一把新钥匙，听到转向盘解锁的声音，再拔出来。当听到2把钥匙都解锁以后，点“确定”即意味完成钥匙增加。

提示：此方法步骤和大众辉腾、途锐的钥匙匹配方法基本相同。

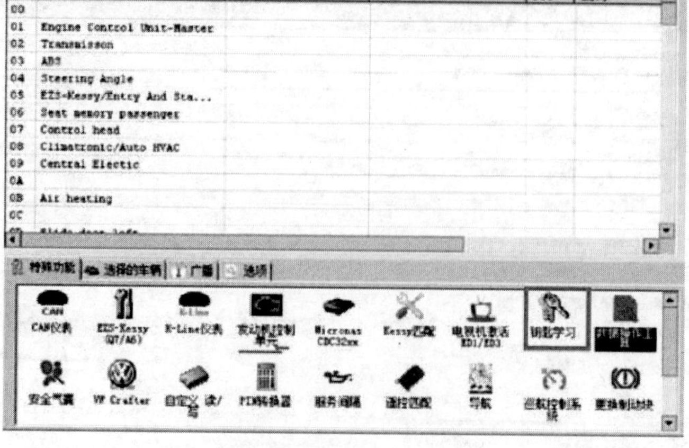

图5-44　钥匙学习

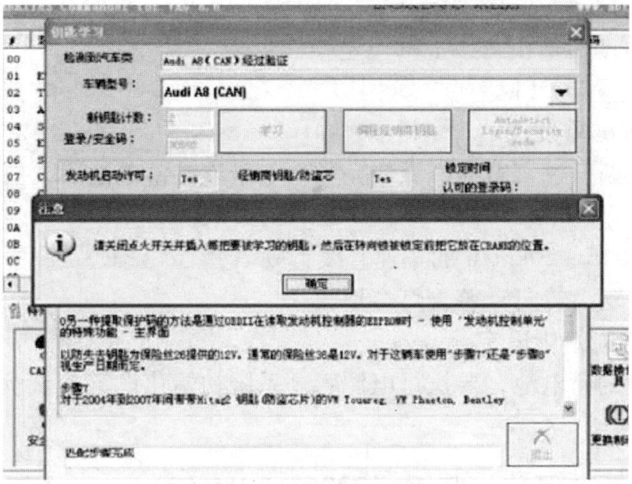

图 5-45　钥匙解锁

第二节　奥迪车系保养灯归零

一、奥迪 Q5 轿车保养灯归零（2010～2018 年）

1. 机油更换间隔提示归零设定

（1）将遥控钥匙插入点火插槽中。

（2）如图 5-46 所示，按动按钮 A。

（3）转动控制器 B，直至信息显示屏显示“Service interval display”。

（4）按动按钮 C。

（5）转动控制器 B，直至信息显示屏显示“Reset oil change interval ?”。

（6）按动按钮 C。信息显示屏显示“Do you really want to reset the oil change interval?”。

（7）转动控制器 B，直至显示屏显示“Yes”。

（8）按动按钮 C。

（9）从点火插槽中拔出遥控钥匙。

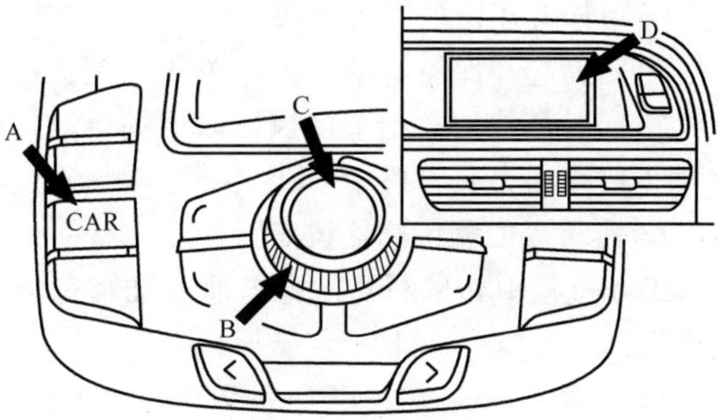

图 5-46　按钮识别

2. 电动车窗初始化设定

维修过程中如果断开过蓄电池，维修完毕，重新连接蓄电池后要按照如下叙述执行电动车窗初始化设定操作：

（1）将点火开关置于 ON。

（2）提起并保持电动车窗的关闭开关，使电动车窗彻底关闭。

（3）松开车窗的关闭开关。

（4）提起并保持电动车窗的关闭开关，持续 1s。

（5）对其他的电动车窗执行以上的设定操作步骤。

（6）将点火开关置于 OFF。

3. 转向盘位置传感器设定

维修过程中如果断开过蓄电池，维修完毕，重新连接蓄电池后，要按照如下叙述执行设定操作：

（1）驾驶车辆以 15 ~20km/h 的车速直线行驶。

（2）EPS（电控动力转向）警告灯会熄灭。

4. 电源管理系统初始化设定

如果更换了车辆的蓄电池，要执行电源管理系统初始化设定，该设定只能使用诊断设备进行操作完成。

二、奥迪 Q7 轿车保养灯归零（2006 ~2015 年）

1. 保养归零设定

Q7 轿车的保养归零设定只能使用诊断设备操作完成。

2. 电动车窗初始化设定

维修过程中如果断开过蓄电池，维修完毕，重新连接蓄电池后要按照如下叙述执行电动车窗初始化设定操作：

（1）将点火开关置于 ON。

（2）提起并保持电动车窗的关闭开关，使电动车窗彻底关闭。

（3）松开车窗的关闭开关。

（4）提起并保持电动车窗的关闭开关，持续 1s。

（5）对其他的电动车窗执行以上的设定操作步骤。

（6）将点火开关置于 OFF。

3. 转向盘位置传感器设定

维修过程中如果断开过蓄电池，维修完毕，重新连接蓄电池后，要按照如下叙述执行设定操作：

（1）驾驶车辆以 15 ~20km/h 的车速直线行驶。

（2）EPS（电控动力转向）警告灯会熄灭。

三、奥迪 A8 轿车保养灯归零（2011 ~2013 年）

1. 保养归零设定

A8 轿车的保养归零设定只能使用诊断设备操作完成。

2. 点火钥匙应急开锁设定

如果不能拔出点火钥匙（例如由于汽车蓄电池电量耗尽），则必须采取如下叙述操作步骤进行设定。

（1）转动点火钥匙到位置 3，如图 5-47 所示。

（2）用一支圆珠笔或类似的物件压下并按住应急开锁按钮，如图 5-48 所示。

（3）拔出点火钥匙。

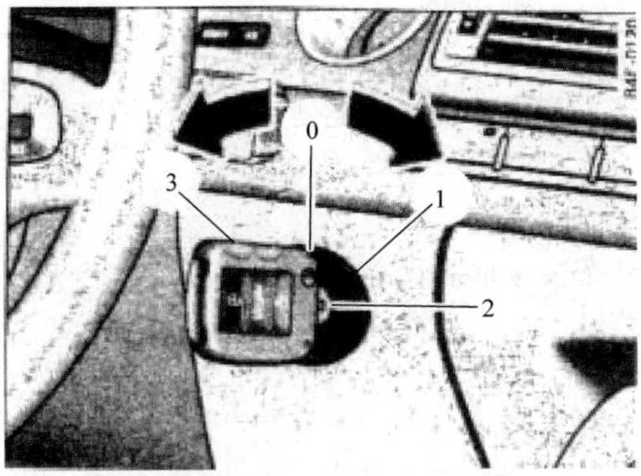

图 5-47　点火钥匙位置识别

图 5-48　点火钥匙应急开锁按钮

3. 电动车窗初始化设定

如果维护保养过程中断开过蓄电池，维修完毕，重新连接好蓄电池后，要按照如下叙述执行电动车窗初始化设定：

（1）将点火开关置于 ON。

（2）提起并保持电动车窗的关闭开关，使电动车窗彻底关闭。

（3）松开车窗的关闭开关。

（4）提起并保持电动车窗的关闭开关，持续 1s。

（5）对其他的电动车窗执行以上的设定操作步骤。

（6）将点火开关置于 OFF。

4. 转向盘位置传感器设定

与 Q7 轿车设定方法相同。

四、奥迪 A5 轿车保养灯归零（2008～2016 年）

1. 机油更换间隔提示归零设定

（1）将遥控钥匙插入点火插槽中。

（2）按照图 5-49 所示，按动按钮 A。

（3）转动控制器 B，直至信息显示屏显示“Service interval display”。

（4）按动按钮 C。

（5）转动控制器 B，直至信息显示屏显示“Reset oil change interval ?”。

（6）按动按钮 C。信息显示屏显示“Do you really want to reset the oil change interval?”。

（7）转动控制器 B，直至显示屏显示“Yes”。

（8）按动按钮 C。

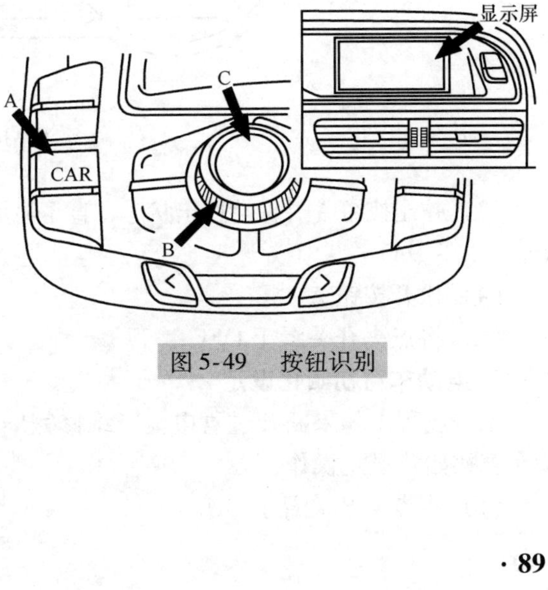

图 5-49　按钮识别

（9）从点火插槽中拔出遥控钥匙。

2. 电动车窗初始化设定

如果维护保养过程中断开过蓄电池，维修完毕，重新连接好蓄电池后，要按照如下叙述执行电动车窗初始化设定：

（1）将点火开关置于 ON。

（2）提起并保持电动车窗的关闭开关，使电动车窗彻底关闭。

（3）松开车窗的关闭开关。

（4）提起并保持电动车窗的关闭开关，持续 1s。

（5）对其他的电动车窗执行以上的设定操作步骤。

（6）将点火开关置于 OFF。

3. 转向盘位置传感器设定

维修过程中如果断开过蓄电池，维修完毕，重新连接蓄电池后，要按照如下叙述执行设定操作：

（1）驾驶车辆以 15 ~20km/h 的车速直线行驶。

（2）EPS（电子稳定程序）警告灯会熄灭。

五、奥迪 A3 轿车保养灯归零（2008 ~2013 年）

1. 保养归零设定

（1）将点火开关置于 ON。

（2）如图 5-50 所示，拉出仪表板上的按钮 A 并松开，5s 内显示屏会显示扳手标志或“SERVICE”字符。

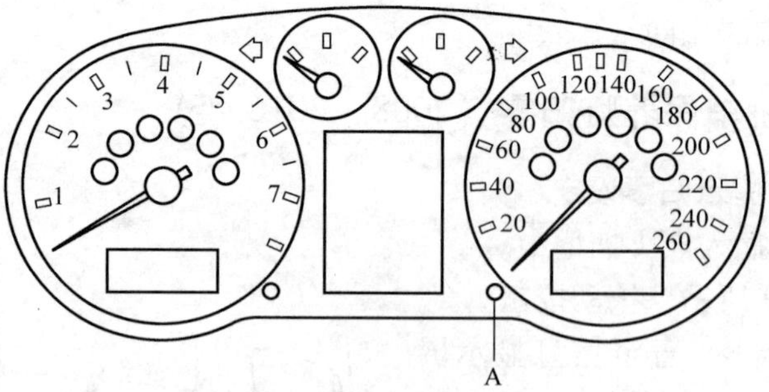

图 5-50　按钮 A 识别

（3）拉出按钮 A 并保持拉出状态，直至显示屏显示“– – –”或“SERVICE IN – – – KM – – – DAYS”。

（4）松开按钮 A。

（5）将点火开关置于 OFF。

2. 电动车窗初始化设定

维修过程中如果断开过蓄电池，维修完毕，重新连接蓄电池后，要按照如下叙述执行电动车窗初始化设定操作：

（1）将点火开关置于 ON。

（2）提起并保持电动车窗的关闭开关，使电动车窗彻底关闭。

（3）松开车窗的关闭开关。

（4）提起并保持电动车窗的关闭开关，持续1s。

（5）对其他的电动车窗执行以上的设定操作步骤。

（6）将点火开关置于OFF。

3. 转向盘位置传感器设定

与A5轿车相同。

六、奥迪TT轿车保养灯归零（2008～2013年）

1. 2000～2006年TT轿车保养间隔归零设定

如果轿车配备的是长效保养间隔仪表板，则只能使用合适的诊断设备进行保养归零；如果车辆配备的是定期保养型的仪表板，则可以用如下叙述的方法进行保养归零操作：

（1）如图5-51所示，按下仪表板上的按钮A并保持按压状态。

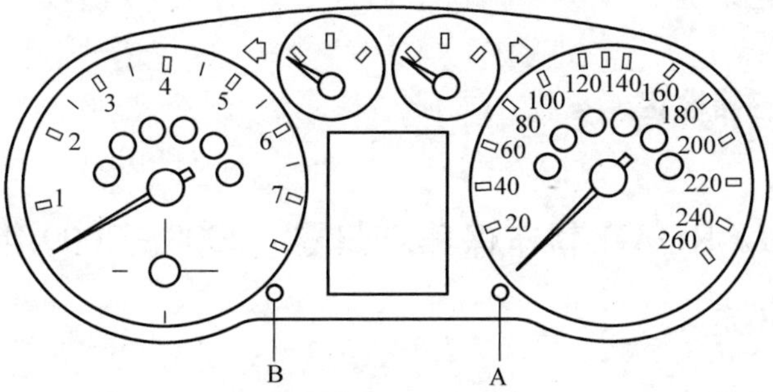

图5-51 按钮识别

（2）将点火开关置于ON，“SERVICE”字符将显示在里程表的显示屏上。

（3）松开按钮A。

（4）在5s内，按下按钮B，使“SERVICE”字符在显示屏上消失。

（5）将点火开关置于OFF。

2. 2007～2013年TT轿车保养间隔归零设定

如果轿车配备的是长效保养间隔仪表板，则只能使用合适的诊断设备进行保养归零；如果车辆配备的是定期保养型的仪表板，则可以用如下叙述的方法进行保养归零操作：

（1）将点火开关置于ON。

（2）拉出如图5-52所示的仪表板上的按钮A然后松开，“SERVICE”字符将显示在里程表的显示屏上。

（3）拉出按钮A并保持拉出状态，直至显示屏显示“SERVICE IN －－－MI/KM－－－DAYS”。

（4）松开按钮A。

（5）将点火开关置于OFF。

3. 车窗自动升降功能设定

车辆在维修保养中如果断开后又再次接上汽车蓄电池接线，则车窗自动升降功能会失

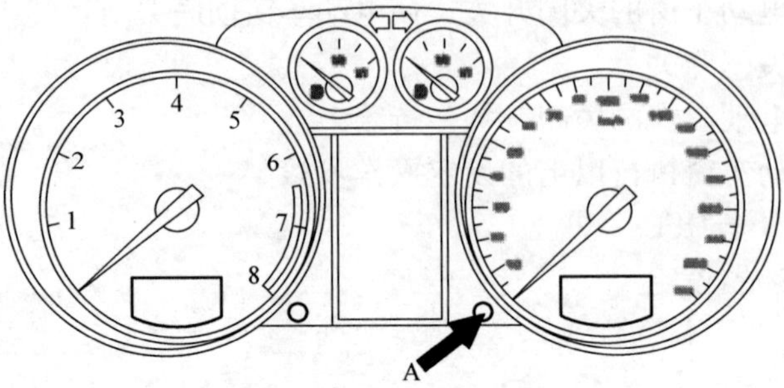

图 5-52 按钮 A 识别

灵。可以按照如下叙述恢复此功能：

（1）持续抬起车窗升降器开关，使车窗向上移动至限定位置。

（2）松开开关，然后再次抬起 1s，此时即可重新恢复车窗玻璃自动升降功能。

4. 电动车窗初始化设定

与 A5 轿车相同。

5. 转向盘位置传感器设定

与 A5 轿车相同。

七、奥迪 A4 ALLROAD 轿车保养灯归零（2008～2009 年）

1. 保养间隔归零设定

与 RS6 轿车相同。

2. 电动车窗初始化设定

维修过程中如果断开过蓄电池，维修完毕，重新连接蓄电池后，要按照如下叙述执行电动车窗初始化设定操作：

（1）将点火开关置于 ON。

（2）提起并保持电动车窗的关闭开关，使电动车窗彻底关闭。

（3）松开车窗的关闭开关。

（4）提起并保持电动车窗的关闭开关，持续 1s。

（5）对其他的电动车窗执行以上的设定操作步骤。

（6）将点火开关置于 OFF。

3. 转向盘位置传感器设定

维修过程中如果断开过蓄电池，维修完毕，重新连接蓄电池后，要按照如下叙述执行设定操作：

（1）驾驶车辆以 15～20km/h 的车速直线行驶。

（2）EPS（电子稳定程序）警告灯会熄灭。

八、奥迪 R8 轿车保养灯归零（2008～2009 年）

保养间隔归零设定操作步骤如下：

（1）将点火开关置于 ON。

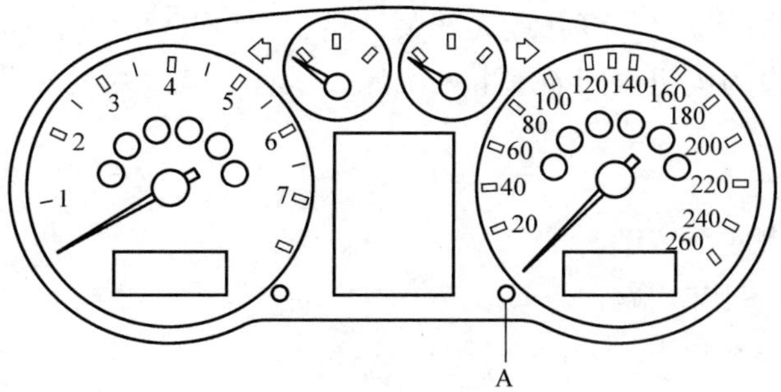

图 5-53　按钮识别

（2）按图 5-53 所示，将按钮 A 向外拔出，然后松开，直至显示屏显示“SERVICE DUE!”字符。

（3）按住按钮 A，直至显示屏显示“SERVICE IN - - - KM - - - DAYS”字符。

（4）松开按钮 A。

（5）将点火开关置于 OFF。

九、一汽奥迪 A4 轿车保养灯归零（2008 ~ 2012 年）

车辆的保养灯要专用的诊断仪器来设定：

INSP——检查保养

（1）按下 A 键，点火开关打开，松开 A 键，这时在显示器上显示“SERVICE”或“SERVICE IN X X X X MI”的字。

（2）按下 B 键直到显示器清除和复位，出现新的保养间隔或“SERVICE!”。

（3）关闭点火开关。

十、一汽奥迪 A4L 轿车保养灯归零（2008 ~ 2016 年）

首先选择 CAN/OBD - 16［BT01 - 038］接头，连接金奔腾汽车电脑解码器，打开点火开关：

（1）保养灯归零：进入大众 CAN/BUS 系统→仪表系统→匹配功能→002，将 00001 改为 00000，即可。

（2）保养信息设定：将 43 组的值改为 00150，42 组的值改为 00150，40 组的值改为 00075，则显示距下次保养距离为 7500km。

（3）保养时间间隔设定：49 组的值改为 90，则显示距下次保养日期为 90 天。

前照灯设定

大众装配自动前照灯的车辆，在更换前照灯或拆装前照灯后在仪表上前照灯故障灯会点亮，需对前照灯重新设定，设定方法：

用金奔腾汽车电脑解码器，打开点火开关：进入大灯控制系统→基本调整→001→确定；基本调整→002→确定；即可。

十一、一汽奥迪 A6 轿车保养灯归零（2008 ~ 2012 年）

（1）关闭点火开关。

（2）按住仪表右边的按钮，打开点火开关，显示“SERVICE”。

（3）按住仪表左边的按钮直到显示下一次保养里程。调完后的保养周期是15000km。

还有另一种方法：

（1）关闭点火开关。

（2）同时按住仪表两个按键。

（3）按住后不放，打开钥匙。

（4）释放按键，归零完成。

十二、一汽奥迪 A6L 轿车保养灯归零（2012～2015 年）

（1）2012 款奥迪 A6L 仪表为 UDS 协议，机油保养周期调整和复位比以前输入通道号的方法不同。仪表外观的区分如图 5-54 所示。仪表发动机转速表和车速表指针默认位置在 6 点钟方向。

图 5-54　发动机转速表和车速表指针默认位置

（2）保养周期复位：手工操作（通过多媒体显示屏 MMI 操作）。

1）如图 5-55 所示，按钮① 汽车设置进入菜单；按钮②返回；按钮③转动选择，按压确认。

图 5-55　按钮位置

2）按按钮①进入汽车设置并选择到“保养和检查”，如图 5-56 所示。

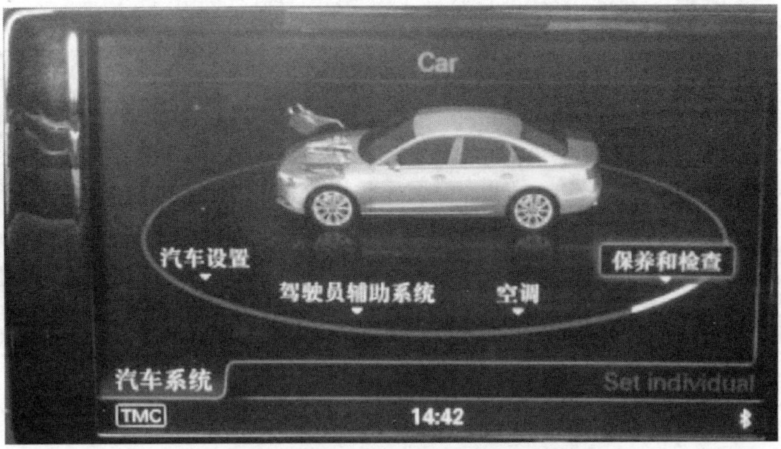

图 5-56　进入汽车设置“保养和检查”

3）通过旋转按钮③选择“保养周期”并确定进入下一级界面，如图 5-57 所示。

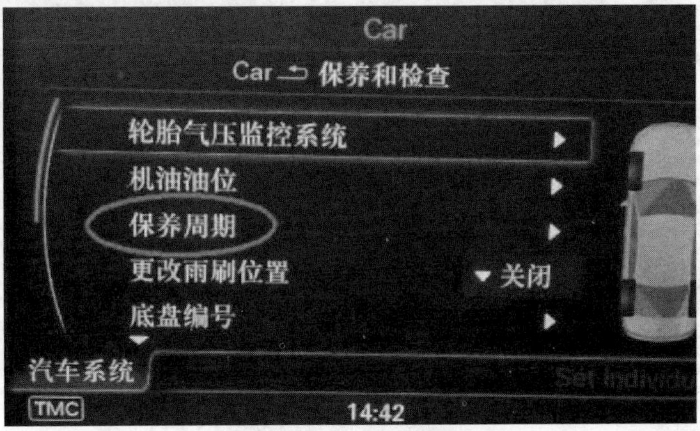

图 5-57　选择保养周期

4）进入“保养周期”出现第一个图的界面，如图 5-58a 所示，通过旋转按钮③调到第二个图，如图 5-58b 所示。

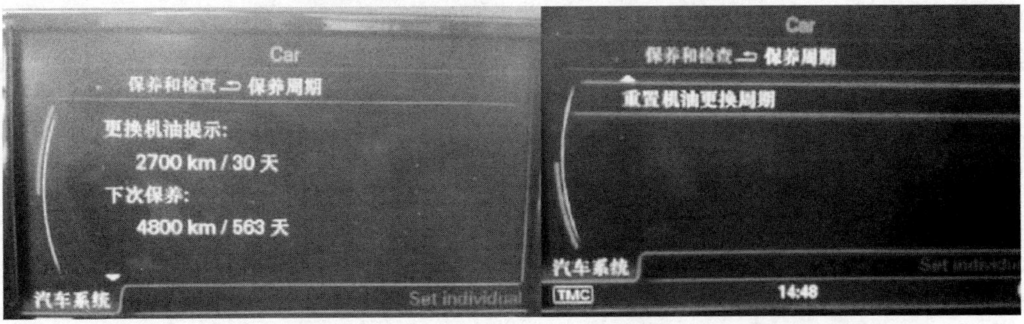

a)　　b)

图 5-58　进入保养周期界面

5）如图 5-59 所示，到这一步就很容易了，按提示操作就可以了。

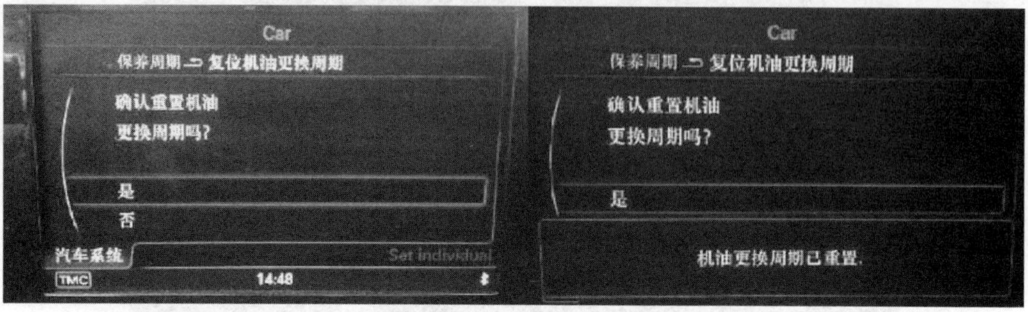

图 5-59　确认重置机油

6）保养周期复位到此结束，如图 5-60 所示。

图 5-60　复位结束

（3）保养周期的更改。复位完了，有些客户想根据自己的驾驶习惯更改保养的周期，如果是这样，就需要使用解码器操作了。

第六章　沃尔沃车系遥控器设定与保养灯归零

第一节　沃尔沃车系遥控器设定

一、沃尔沃 C30（2006~2011 年）、沃尔沃 S40（2006~2011 年）、沃尔沃 C70（2007~2011 年）、沃尔沃 V50（2006~2011 年）轿车遥控器设定

（一）系统操作 1

1. 带无钥匙进入系统

（1）报警系统和中控锁系统在无钥匙模式下解除

① 携带遥控器接近车辆，拉某个车门把手：解锁车辆和解除报警系统。

② 携带遥控器接近车辆，按下行李箱/尾门释放键：打开行李箱和解除报警系统。

（2）报警系统和中控锁系统在无钥匙模式下激活

① 关闭点火开关。

② 确保车门和行李箱/尾门完全关闭。

③ 按下驾驶人侧或乘客侧车门把手上锁止键（图 6-1）1 次锁止车辆。

（3）报警系统和中控锁系统功能可以使用车辆多功能控制系统和诊断设备来改变。

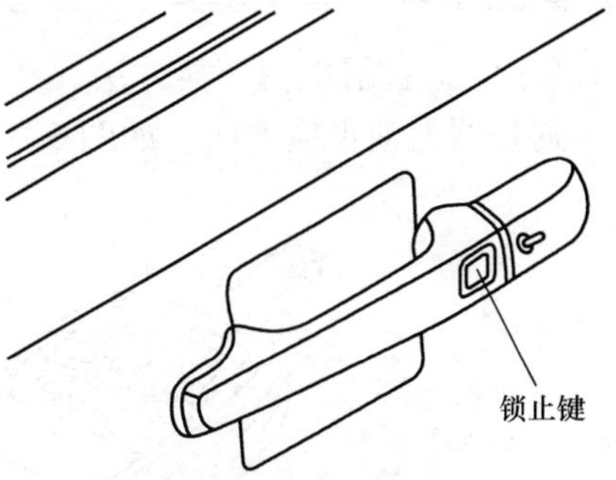

图 6-1　车门把手

2. 所有车型

（1）系统 LED 位于仪表板上。

（2）当系统进入报警状态，LED 每 1s 闪烁 1 次。

（3）当报警系统触发，LED 每 1s 闪烁 6 次，直到打开点火被开启，则车辆自动锁止和激活报警系统。

（4）如果已解锁的车辆在 2min 内所有车门及行李箱未被开启，则车辆自动锁止和激活报警系统。

（5）按下遥控器（图 6-2）锁止键锁止车辆和激活报警系统。

（6）按住遥控器锁止键在压下位置来关闭车窗和天窗。

（7）按下遥控器解锁键解除报警系统和解锁全车车门和行李箱。

(8) 按住遥控器解锁键在压下位置来打开车窗。

(9) 按下遥控器行李箱/尾门释放键1次仅解锁行李箱/尾门。

(10) 按下遥控器开启灯光键激活下列功能：①车内灯光照明。②驻车灯照明。③车牌照灯照明。④车门后视镜照明。

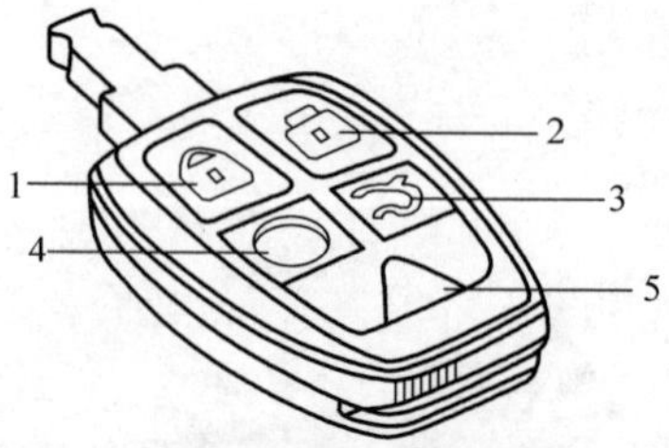

图6-2 遥控器
1—锁止键 2—解锁键 3—行李箱释放键
4—开启灯光键 5—恐吓键

(11) 按下遥控器恐吓键至少3s或3s内按2次激活恐吓报警的下列功能：①喇叭声音。②车内灯光照明。③指示灯闪烁。

(12) 在激活的5s后再次按下恐吓键解除恐吓报警系统。

(13) 在30s恐吓报警系统自动停止。

(14) 车门检测传感器和倾斜传感器解除开关位于上部车门灯开关饰板上。

(15) 报警系统和中控锁系统功能可以使用车辆多功能控制系统和诊断设备来改变。

(二) 遥控器编程

1. 当出现以下情况时，系统需进行编程

(1) 增加或更换遥控器。

(2) 系统出现故障。

2. 编程方法

(1) 获取所有遥控器。

(2) 遥控器只能使用诊断设备进行编程。

注意： 最多可编程6个遥控器。

(三) 遥控器电池更换方法

遥控器电池更换方法，如图6-3所示。

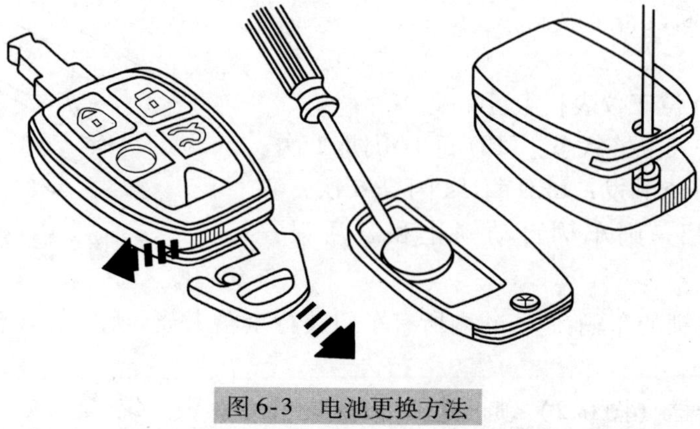

图6-3 电池更换方法

（四）系统操作 2

关闭点火开关后系统进入报警状态。

（五）防盗编程

1. 当出现以下情况时，系统需进行重新编程

（1）系统故障。

（2）增加或更换遥控器。

2. 编程方法

（1）获取所有遥控器。

（2）防盗系统只能使用诊断设备进行编程。

二、沃尔沃 S80 轿车遥控器设定（2009～2011 年）

（一）系统操作 1

1. 带无钥匙进入系统

（1）报警系统和中控锁系统在无钥匙模式下解除

① 携带遥控器（图 6-4）接近车辆，拉某个车门把手：解锁车辆和解除报警系统。

② 携带遥控器接近车辆，按下行李箱/尾门释放键：打开行李箱和解除报警系统。

（2）报警系统和中控锁系统在无钥匙模式下激活

① 关闭点火开关。

② 确保车门和行李箱/尾门完全关闭。

③ 按下任何一个车门把手锁止按钮 1 次锁止车辆。

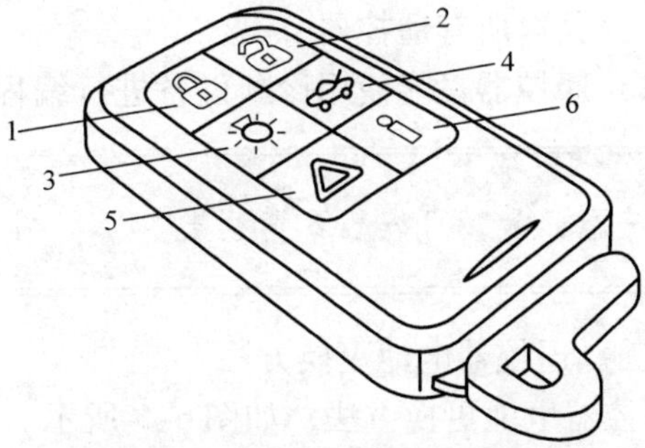

图 6-4　遥控器

1—锁止键　2—解锁键　3—开启灯光键
4—行李箱释放键　5—恐吓键　6—信息键

（3）按下按键表明报警系统/中控锁系统状态。

（4）报警系统和中控锁系统功能可以使用车辆多功能控制和诊断设备来改变。

2. 所有车型

（1）系统 LED 位于仪表板上。

（2）当系统进入报警状态，LED 每 1s 闪烁 1 次。

（3）当报警系统触发，LED 每 1s 闪烁 6 次，直到打开点火开关后熄灭。

（4）如果已解锁的车辆在 2min 内所有车门及行李箱未被开启，则车辆自动锁止和激活警报系统。

（5）按下遥控器锁止键锁止车辆和激活报警系统。

（6）按住遥控器锁止键在压下位置来关闭车窗和天窗。

（7）按下遥控器解锁键解除报警系统和解锁全车车门及行李箱。

（8）按住遥控器解锁键在压下位置来打开车窗和天窗。

（9）按下遥控器靠近灯光键激活下列功能：①车内灯光照明。②驻车灯照明。③车牌照灯照明。④车门后视镜照明。

（10）按下遥控器行李箱/尾门释放键1次仅解锁行李箱/尾门。

（11）按下遥控器恐吓键至少3s或3s内按2次激活恐吓报警的下列功能：①喇叭声响。②指示灯闪烁。

（12）在激活的5s后再次按下恐吓键解除恐吓报警系统。

（13）在2min+45s后恐吓报警系统自动停止。

（14）车门检测传感器和倾斜传感器解除开关位于中央控制台。

（15）警报系统和中控锁系统功能可以使用车辆多功能控制系统和诊断设备来改变。

（二）遥控器编程

1. 当出现以下情况时，系统需进行编程

（1）增加或更换遥控器。

（2）系统出现故障。

2. 编程方法

（1）获取所有遥控器。

（2）遥控器只能使用诊断设备进行编程。

注意：最多可编程6把钥匙。

（三）遥控器电池更换方法

遥控器电池更换方法，如图6-5所示。

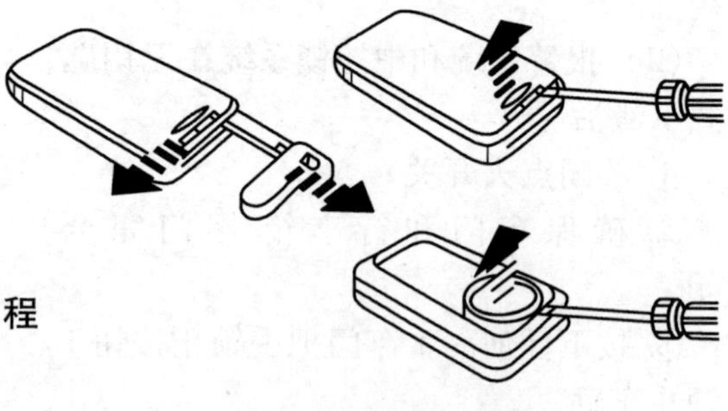

图6-5　电池更换方法

（四）系统操作2

关闭点火开关后系统进入报警状态。

（五）防盗编程

1. 当出现以下情况时，系统需进行重新编程

（1）系统故障。

（2）增加或更换遥控器。

2. 编程方法

（1）获取所有遥控器。

（2）防盗系统只能使用诊断设备进行编程。

三、沃尔沃S60（2011~2013年）、沃尔沃XC60/XC70（2009~2011年）、沃尔沃V70（2007~2011年）轿车遥控器设定

（一）系统操作1

1. 所有车型

（1）系统LED位于仪表板上。

（2）当系统进入报警状态，LED每1s闪烁1次。

（3）当报警系统触发，LED每1s闪烁6次，直到打开点火开关后熄灭。

（4）按下遥控器锁止键（图 6-6）锁止车辆。10s 后双重锁止系统和警报系统（若装备）激活。

（5）按下遥控器解锁键解除报警系统和解锁全车车门和行李箱。

（6）若已编程：

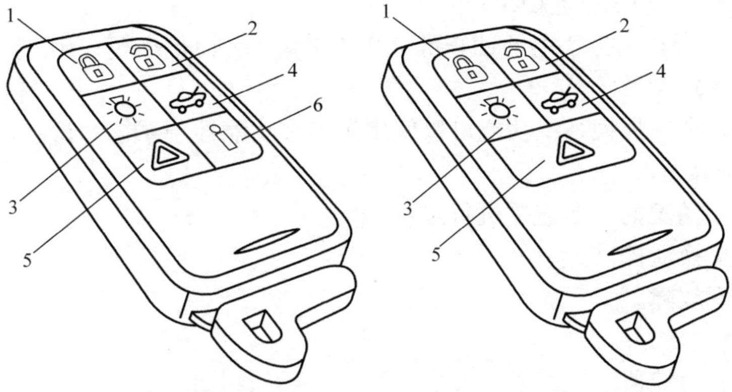

图 6-6　遥控器
1—锁止键　2—解锁键　3—开启灯光键
4—行李箱释放键　5—鸣笛键　6—信息键

① 按下遥控器解锁键 1 次解除报警系统且仅解锁驾驶人侧车门。

② 在 10s 内按下遥控器解锁键 2 次解除报警系统和解锁全车车门及行李箱。

（7）按下遥控器靠近灯光键激活指示灯、车内和外部灯光。

（8）按下遥控器行李箱释放键 1 次仅解锁行李箱/尾门。

（9）按下遥控器恐吓键至少 3s 或 3s 内按 2 次激活恐吓报警系统。

（10）在激活的 5s 后再次按下恐吓键解除恐吓报警系统。

注意： 在 2min + 45s 后恐吓报警系统自动停止。

（11）按下信息键来表明报警系统/中控锁系统状态：①绿色 LED（图 6-7），车辆锁止。②黄色 LED，车辆解锁。③红色 LED，报警系统触发。④两个红色 LED 交替闪烁，警报系统已经触发和车辆已经占用。

（12）整体打开/关闭

① 按下并按住遥控器锁止键约 4s 来关闭车窗和天窗。

② 按下并按住遥控器解锁键约 4s 来打开车窗和天窗。

（13）如果已解锁的车辆在 2min 内所有车门及行李箱未被开启中，则车辆自动锁止和激活报警系统。

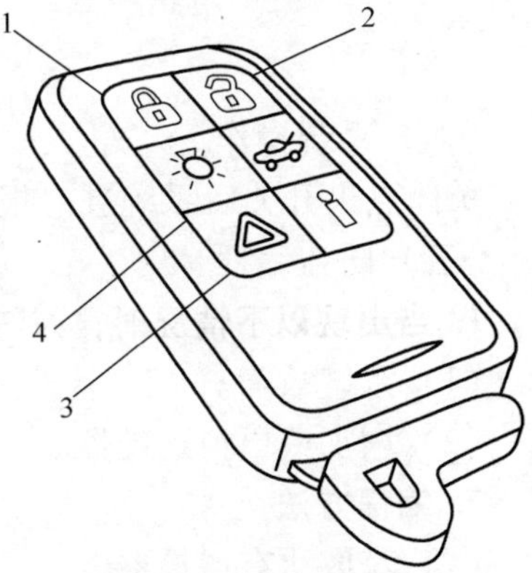

图 6-7　指示灯
1—绿色　2—黄色　3、4—红色

2. 带无钥匙进入系统

（1）报警系统和中控锁系统在无钥匙模式下解除

① 携带遥控器接近车辆，拉某个车门把手：解锁车

辆和解除报警系统。

② 携带遥控器接近车辆，按下行李箱释放键：打开行李箱和解除报警系统。

（2）报警系统和中控锁系统在无钥匙模式下激活

① 关闭点火开关。

② 确保车门和行李箱完全关闭。

③ 按下任何一个车门把手上的锁止键（图 6-8）1 次锁止车辆。10s 后双重锁止系统和报警系统（若装备）激活。

（3）报警系统和中控锁系统功能可以使用车辆多功能控制系统和诊断设备来改变。

（二）遥控器编程

1. 当出现以下情况时，系统需进行编程

（1）增加或更换遥控器。

（2）系统出现故障。

2. 编程方法

（1）获取所有遥控器。

（2）遥控器只能使用诊断设备进行编程。

（三）遥控器电池更换方法

遥控器电池更换方法，如图 6-9 所示。

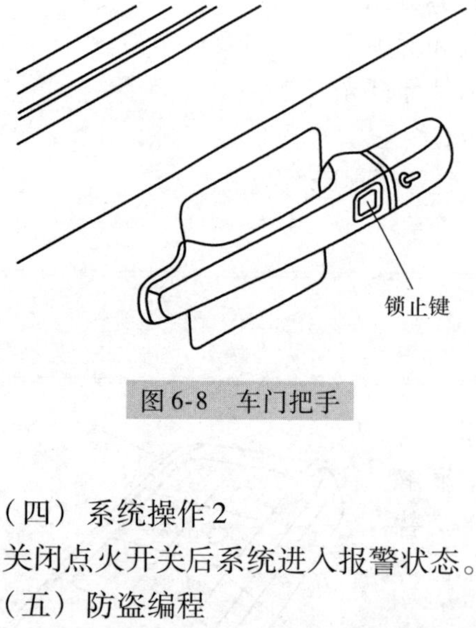

图 6-8　车门把手

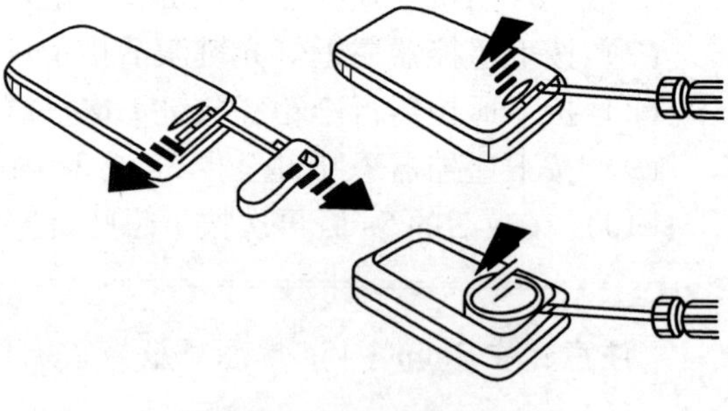

图 6-9　电池更换方法

（四）系统操作 2

关闭点火开关后系统进入报警状态。

（五）防盗编程

1. 当出现以下情况时，系统需进行重新编程

（1）系统故障。

（2）增加或更换遥控器。

2. 编程方法

（1）获取所有遥控器。

（2）防盗系统只能使用诊断设备进行编程。

四、沃尔沃 XC90 轿车遥控器设定（2002 ~2011 年）

（一）系统操作 1

（1）系统 LED 位于仪表板上。

（2）当系统进入报警状态，LED 每 2s 闪烁 1 次。

（3）按下钥匙锁止键（图 6-10）锁止车辆和激活警报系统。

（4）一些车型：按住钥匙锁止键在压下位置来关闭车窗和天窗。

（5）按下钥匙解锁键解除报警系统和解锁全车车门及行李箱。

（6）一些车型：按住钥匙解锁键在压下位置来打开车窗。

（7）如果已解锁的车辆在 2min 内所有车门及行李箱未被开启，则车辆自动锁止和激活报警系统。

（8）按下钥匙行李箱/尾门释放键 1 次仅解锁行李箱/尾门。

（9）按下钥匙靠近灯光键激活下列功能：①车内灯光照明。②驻车灯照明。③车牌照灯照明。④车门后视镜照明。

（10）按下钥匙恐吓键至少 3s 或 3s 内按 2 次激活恐吓报警的下列功能：①喇叭声音。②指示灯闪烁。

（11）按下恐吓键解除恐吓报警系统。

（12）在 25s 恐吓报警系统自动停止。

（13）车门检测传感器和倾斜传感器解除开关位于上部车门灯开关饰板上。

（14）报警系统和中控锁系统功能可以使用车辆多功能控制系统和诊断调车为改变。

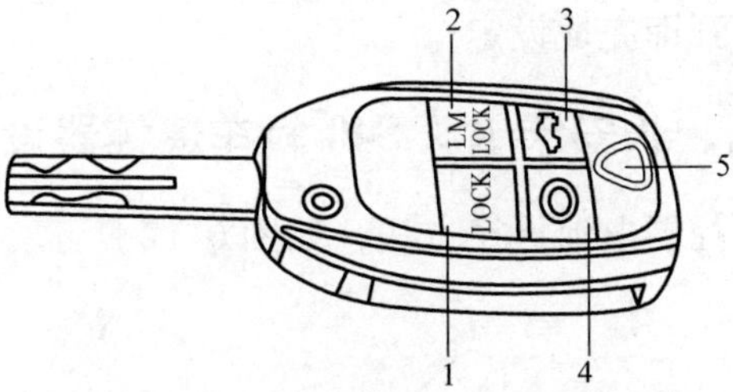

图 6-10　钥匙

1—锁止键　2—解锁键　3—行李箱释放键　4—靠近灯光键　5—恐吓键

（二）钥匙编程

1. 当出现以下情况时，系统需进行编程

（1）增加或更换钥匙。

（2）系统出现故障。

2. 编程方法

（1）获取所有钥匙。

（2）钥匙只能使用诊断设备进行编程。

注意：最多可编程 6 把钥匙。

（三）钥匙电池更换方法

遥控器电池更换方法，如图 6-11 所示。

（四）系统操作 2

关闭点火开关后系统进入报警状态。

（五）防盗编程

1. 当出现以下情况时，系统需进行重新编程

（1）系统故障。

（2）增加或更换钥匙。

2. 编程方法

（1）获取所有钥匙。

（2）防盗系统只能使用诊断设备进行编程。

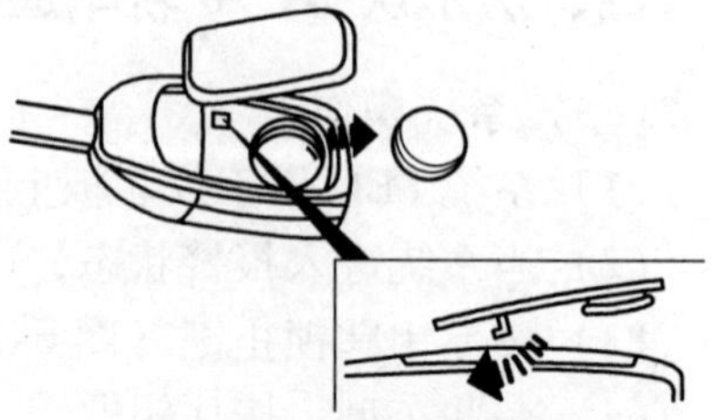

图6-11　电池更换方法

五、沃尔沃 C70 遥控器设定（2000～2014 年）

关闭点火开关5s后，系统进入防盗状态，打开点火开关，防盗指示灯 LED 将点亮 5s，假如 LED 灯闪烁约 1min，可能是钥匙密码没有被识别或钥匙故障，拔下钥匙等待 5s 后重试，否则需要对钥匙进行重新编程。

当系统有故障时，需要设定遥控器和钥匙编程，操作过程必须借助原厂检测仪 VADIS 进行编程，最多可以为 6 把遥控器编程。

六、沃尔沃 C30 轿车遥控器设定（2008～2014 年）

（1）点火开关 key－on，按遥控接收器功能键直到 LED 灯第Ⅱ段亮。

（2）点火开关 key－off，遥控接收器 LED 灯第Ⅰ段会亮。

（3）按功能键选择 LED 灯Ⅰ、Ⅱ、Ⅲ段亮熄的不同组合来达到不同的防盗模式。

（4）选定模式后，按下遥控器按键，直到遥控接收器 LED 灯Ⅰ段亮，再 key－off，将车门打开即完成设定。

七、长安沃尔沃 S40 轿车遥控器设定（2006～2011 年）

遥控器电池更换方法，如图 6-12 所示。

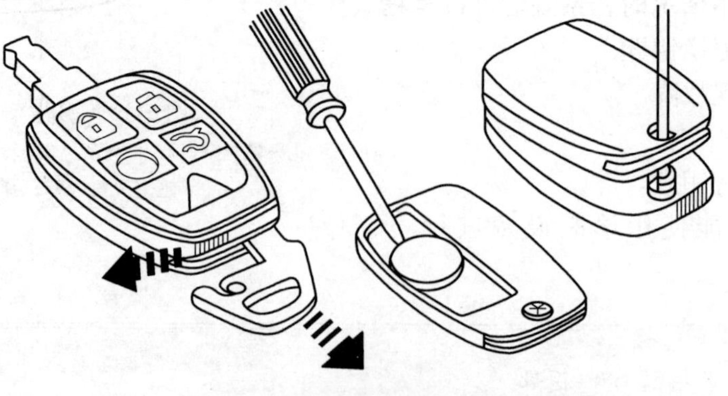

图6-12　电池更换方法

八、长安沃尔沃 S80L 轿车遥控器设定（2009～2015 年）

遥控器电池更换方法，如图 6-13 所示。

1. 基本报警防盗系统（BASIC ALARM）遥控器同步设定/复制程序

（1）将点火开关转到Ⅰ或Ⅱ段，再转回 OFF（0）位置，在 10s 内操作 5 次，最后一次

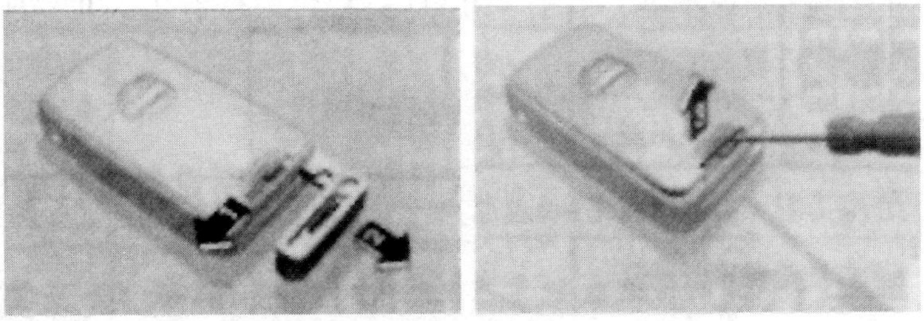

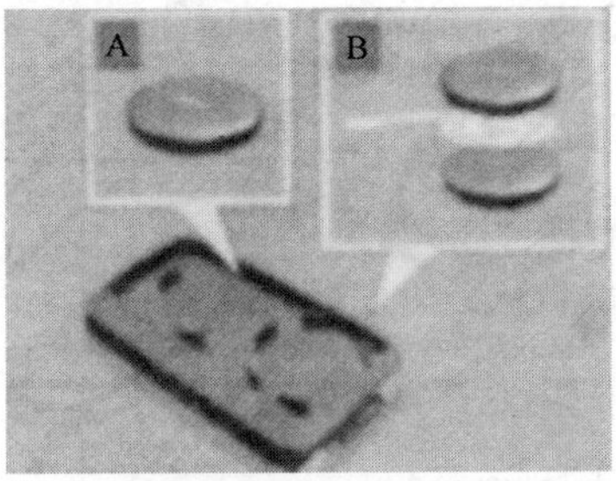

图6-13　电池更换方法

保持点火开关在Ⅰ或Ⅱ段的位置。

（2）完成步骤（1）后在30s内，按压“LOCK”键或“UNLOCK”键一下。

（3）如果要复制另外的遥控器，则必须在步骤（1）完成后，30s内执行步骤（2）即可，最多可复制3个遥控器。

（4）将点火开关Key－Off后，即离开设定/复制程序。

遥控器与接收器互相必须配合才能使用；VOLVO原厂提供的BASIC ALARM系统的遥控器与接收器料号见表6-1。

表6-1　接收器模组与遥控器匹配料号列表

形式	接收器模组料号	遥控器匹配料号
A	9148647	9148646
C	9128710	9128709
H	9128928	9128927

注：当更换接收器模组后，仍须进行同步设定程序。步骤同上（1）～（4）。

2. 防护报警第一代（GUARD ALARM－I）遥控器重新设定/复制程序

（1）将车门全关闭，并将点火开关转到第Ⅱ段，如图6-14所示。

（2）按住遥控接收器功能开关，如图6-15所示，直到使LED灯第Ⅰ和第Ⅱ均亮然后放开功能开关。

（3）再利用功能开关选择LED指示灯Ⅰ、Ⅱ或Ⅲ决定所要选择的设定内码模式，如果LED指示灯亮着，表示该组内码已有设定；如果LED指示灯不亮；表示未被设定；如果已有设定的内码，在进行重新设定程序时仍然可以被重新设定以取代旧有的内码。

（4）10s内利用遥控器，如图6-16所示，按下遥控键，即可自行重新设定，每一组

LED 指示灯内码可复制 2 个遥控器，由于 VOLVO 遥控接收器有Ⅰ、Ⅱ、Ⅲ 3 组内码设定，因此可拥有 6 个遥控器。

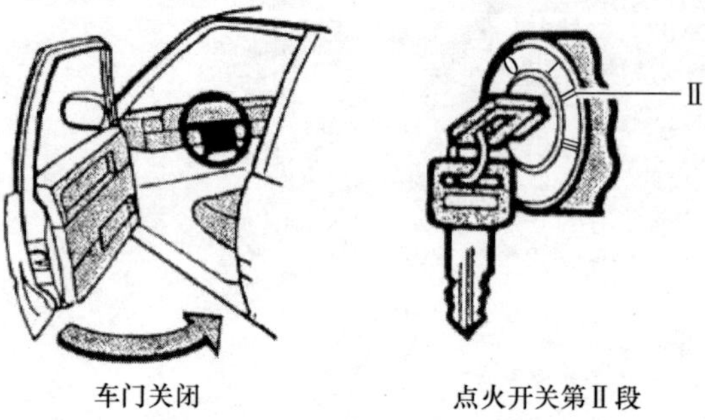

图 6-14　点火开关位置图

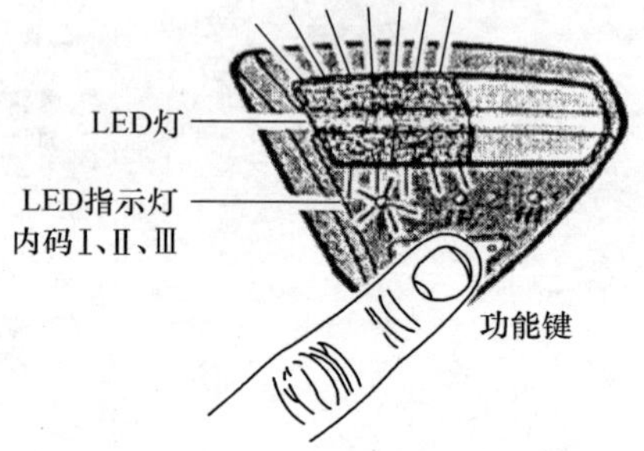

图 6-15　LED 灯状态图

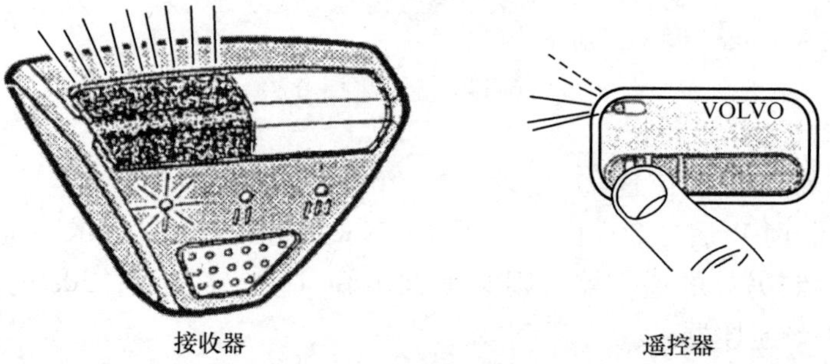

图 6-16　遥控器与接收器示意图

GUARD ALARM－Ⅰ系统在进行遥控器复制设定时，当点火开关 Key－ON 时，接收器上的 LED 灯Ⅰ、Ⅱ，以每 3s 闪烁 1 次的现象时，表示目前防盗系统是在“暂时完全解除防盗模式”。恢复防盗模式的步骤，将点火开关转到第Ⅱ段，然后按遥控器按键 2 次即可恢复防盗功能。

（5）暂时完全解除防盗模式的设定程序。当设定进入该功能模式时，相当于该系统完全不存在，防盗系统不起作用，如要拆蓄电池时，也要进入此模式再拆蓄电池，否则在装回蓄电池后，必须重新执行防盗。

设定程序：将点火开关转到Ⅱ段（RUN）位置。按住遥控器按键保持 3s 以上即可。

解除“暂时完全解除防盗模式”步骤：

（1）不用遥控器的解除方法。将点火开关转到Ⅱ段（RUN）位置。按住接收器的功能键直到如图 6-17 所示，再放开即可。

（2）使用遥控器的解除方法。将点火开关转到Ⅱ段（RUN）位置。然后按 2 下遥收器按键，如图 6-17 所示，解除该模式，当该车有中控锁系统时，所有门锁会自动全部锁上。

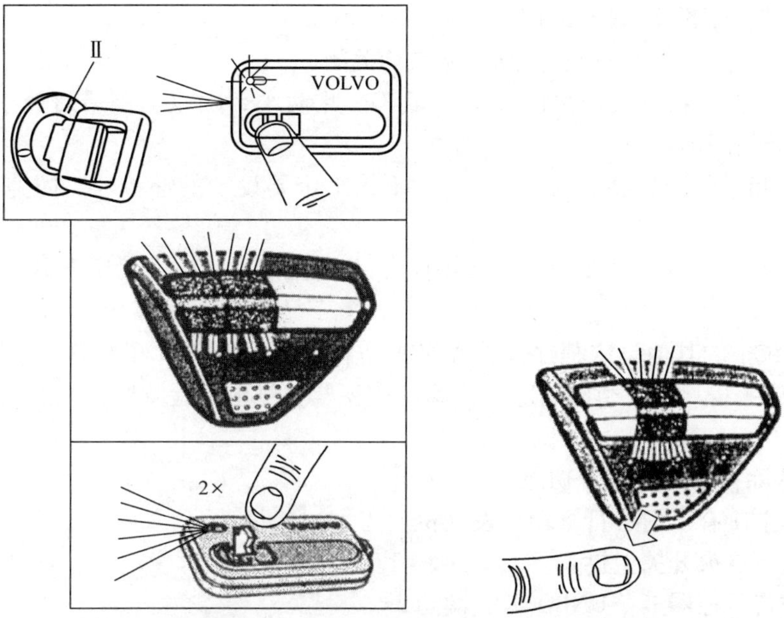

图 6-17　遥控器与接收器的功能键位置图

3. 防护报警第二代（GUARD ALARM－Ⅱ）防盗遥控器重新设定/复制程序

（1）遥控器重新设定/复制程序

1）将发动机舱盖，行李箱盖及车门均关闭。

2）将点火开关由 OFF 位置转到第Ⅱ段 10s 之内 5 次，最后放在第Ⅱ段位置。

3）第 1 个设定的遥控器必须在 15s 内按下遥控器前面的按键，当接收器 LED 灯闪烁时，表示已接收设定完成。

4）第 2 个遥控器必须在完成第 1 个遥控器设定 LED 灯开始闪烁起 10s 内，按下遥控器前面的按键，如图 6-18 所示。

5）最多可复制 4 个遥控器。

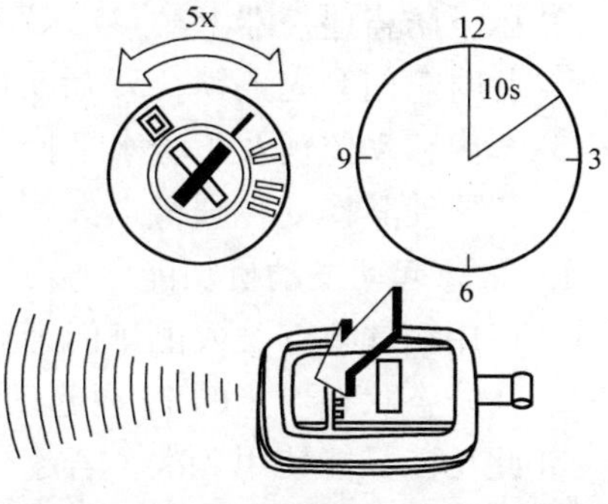

图 6-18　点火开关及遥控器按键位置图

（2）防护警报第二代（GUARD ALARM－Ⅱ）系统暂时完全解除防盗模式的设置

设定程序：

1）将点火开关转到Ⅱ段，然后按下遥控器 3s 以上，再放开。

2）此时接收器上的Ⅰ、Ⅱ灯会以每 3s 闪烁 1 次，表示已进入该模式。此时遥控器已无法控制系统。

解除程序：

1）将点火开关转到 OFF 位置。

2）按 2 下遥控器按键即恢复正常防盗功能。

4. 晶片钥匙防护中控及报警识别系统（VGLA）防盗遥控器重新设定/复制程序

（1）遥控器重新设定/复制程序

1）确定所有车门、行李箱、发动机舱盖均关闭。

2）在10s之内，将点火开关由OFF转到ON此动作5次以上，最后放于第Ⅱ段位置。防盗指示灯应开始闪烁。

3）当防盗指示灯开始亮着的15s内，压下第1个要设定的遥控器。防盗指示灯会亮着约2s。

4）在防盗指示灯亮着约2s后，开始闪烁，此时必须在10s内，压下另一个遥控器上的按键，即可设定。

（2）此系统中的其他设定程序。在VGLA防盗系统中拥有3项特殊短暂设定功能：暂时解除自动防盗警告功能、暂时解除车内移动监视及车身水平检测监控状态功能、紧急起动发动机功能。

1）暂时解除自动防盗警告功能

① 关闭车上所有车门、行李箱、发动机舱盖。

② 将钥匙自点火开关上拆下。

③ 压下防盗遥控器上“UNLOCK”键约3s。

④ 车门会先开锁，并在3s后将上锁，并又再次开锁。

⑤ 在15s内压下防盗遥控器上“UNLOCK”键，此时防盗警告功能已解除，若要使其作用，则压下防盗遥控器上“LOCK”键即可。

2）暂时解除车内移动监视及车身水平检测监控状态功能

① 关闭车上所有车门、行李箱及发动机舱盖。

② 将钥匙自点火开关上拆下。

③ 压下防盗遥控器上“LOCK”键约3s。

④ 此时车门会先上锁，3s后车门又会再次上锁，并立即再开启。

⑤ 车内移动监视及车身水平检测监控传感器不再将信号传到VGLA ECU。

⑥ 若要使其作动，则将点火开关Key－on即可。

3）紧急起动发动机功能

① 使用钥匙将驾驶人侧车门开启，防盗状态将在约25s后停止。

② 在防盗状态停止的1s内起动发动机。

③ 此功能只能使用7次，若超过7次以上，则需使用防盗遥控器解除。

第二节　沃尔沃车系保养灯归零

一、长安沃尔沃S40轿车保养灯归零（2006～2011年）

1. 保养间隔设定

（1）确认所有车门均关闭。

（2）将点火开关转至位置Ⅰ。

（3）按下如图6-19所示的按钮A并保持按压状态。

（4）迅速将点火开关转至位置Ⅱ（该操作应在2s内完成）。

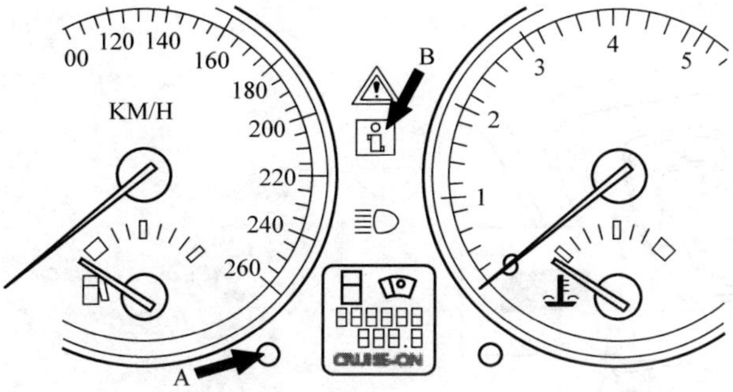

图 6-19　按钮识别

（5）持续按压按钮 A 直至保养间隔完成设定。

（6）完成设定后，黄色的警告灯 B 会点亮。

（7）在 4s 内松开按钮 A，设定彻底完成后有蜂鸣提示。

注意： 如果在 4s 内没有松开按钮 A，则保养间隔指示器将不会归零，但保养间隔指示器会停止闪烁。

2. 方位仪校正设定

如果在维护保养过程中断开过蓄电池，则需要重新对方位仪执行初始化设定操作，使其恢复正常的使用功能。初始化设定步骤参见如下叙述：

（1）将车辆停至开阔场地，发动机保持怠速运转。

（2）如图 6-20 所示，按住按键 1 至少 6s；随后，符号 C（表示校正）会显示在车内后视镜上（此按键是隐藏的，因此要用一个拉直的回形针类工具来按压）。

（3）按住按键 1 至少 3s，目前的磁区号码会显示出来。

（4）重复按压按键 1 数次，直到所要求的磁区号码显示，然后一直等候显示器恢复显示符号 C。

（5）随后按住此按键 9s，左置转向盘车辆选择 L，右置转向盘车辆选择 R。

（6）以不超过 10km/h 的时速做圆周绕行运动，直到方位仪方向在显示器上显示，表示方位仪校正完成。

3. 电动调节座椅位置记忆设定

如果在维护保养过程中断开过蓄电池，会导致原先存储的座椅位置设定信息被清除，必须再次对座椅位置进行记忆设定。座椅位置记忆设定按键参见如下叙述：

（1）将电动座椅调节至合适的位置。

（2）按下图 6-21 所示的 M 键，同时按下数字键 1、2 或 3，即可将该位置信息存储。

二、沃尔沃 S80 轿车保养灯归零（2000～2012 年）

1. 2000～2006 年款沃尔沃 S80 轿车保养间隔归零设定

（1）确认所有车门均关闭。

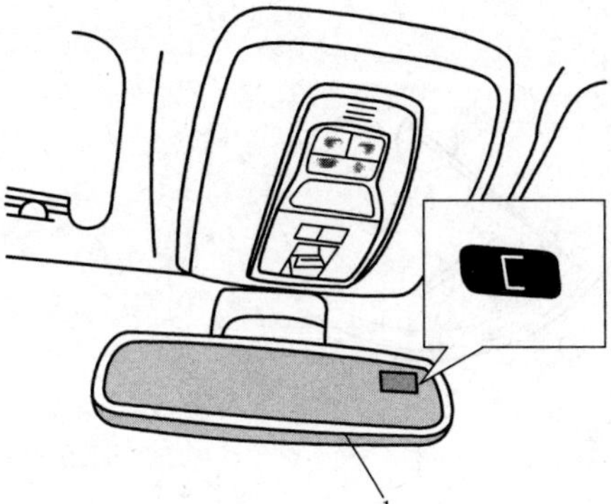

图 6-20　方位仪校正按键

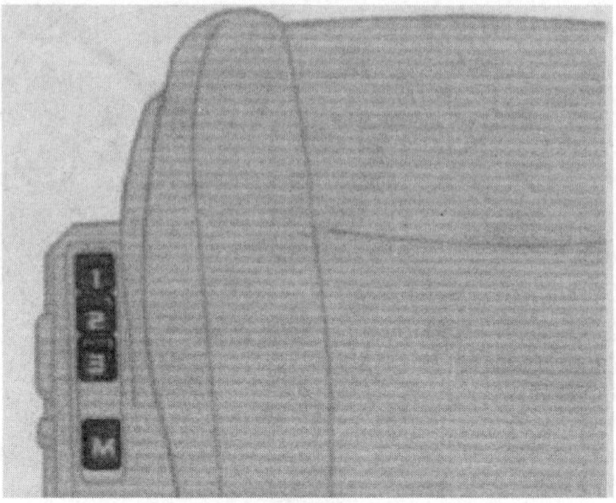

图 6-21　座椅位置记忆设定按键

（2）将点火开关转至位置Ⅰ，如图 6-22 所示。

（3）按下图 6-23 所示的按钮 A 并保持按压状态。

图 6-22　点火开关位置识别

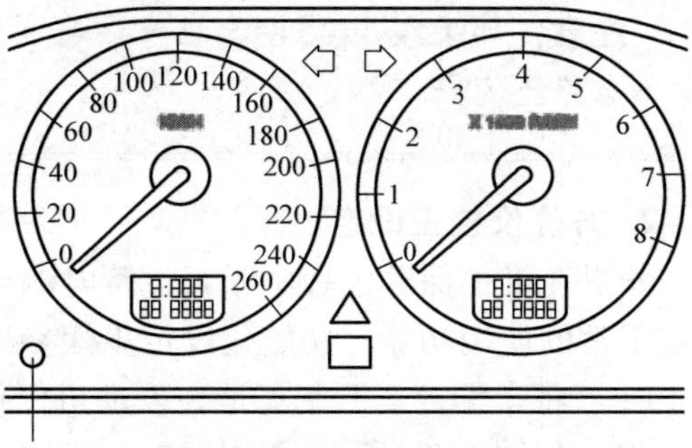

图 6-23　保养间隔归零按钮识别

（4）迅速将点火开关转至位置Ⅱ。

（5）持续按压按钮 A 直至里程表读数重新设定为 0。

（6）在 4s 内松开按钮 A，保养间隔设定完成后发出一声蜂鸣提示。

注意：如果在 4s 内没有松开按钮 A，则保养间隔指示器将不会归零，但保养间隔指示器会停止闪烁。

2. 2007～2012 年沃尔沃 S80 轿车保养间隔归零设定

（1）按照图 6-24 所示，把遥控钥匙插入点火插槽中，不要踩下任何踏板。

（2）按动点火插槽旁边的 START/STOP 按键 1 次，将点火开关设置到位置Ⅰ。

（3）按图 6-25 所示，按住保养间隔归零设定按钮 A。

图 6-24　将遥控钥匙插入点火插槽

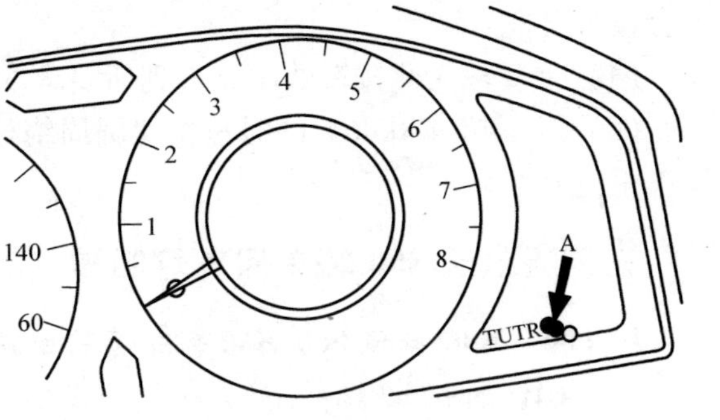

图 6-25　归零设定按钮识别

（4）按住 START/STOP 按键持续 2s，使点火开关接通。

（5）等待 10s。

（6）看到仪表板上的信息指示灯如图 6-26 所示，开始闪烁时，松开归零设定按钮 A。

（7）蜂鸣器会发出一声蜂鸣，表示归零设定完成。

3. 电动调节座椅和车外电动后视镜位置记忆设定

在维修保养过程中如果断开了蓄电池，会导致原先存储的座椅位置和电动后视镜信息被清除，必须按照如下叙述再次对座椅位置和后视镜位置进行记忆设定：

（1）将电动座椅和电动后视镜调节至合适的位置。

（2）按下图 6-27 中按键 4，同时按下数字键 1、2 或 3，即可将该位置存储。

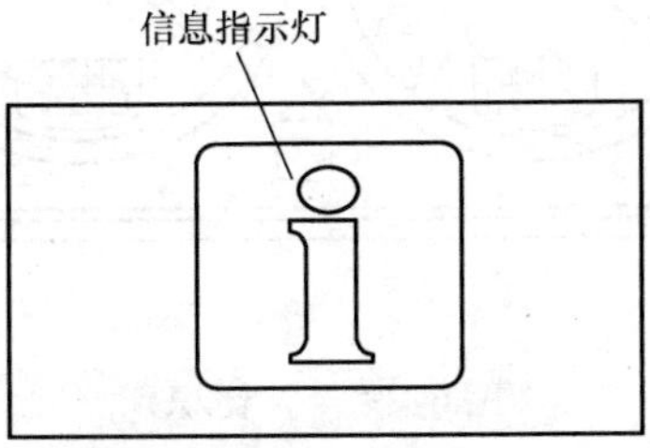

图 6-26　信息指示灯识别

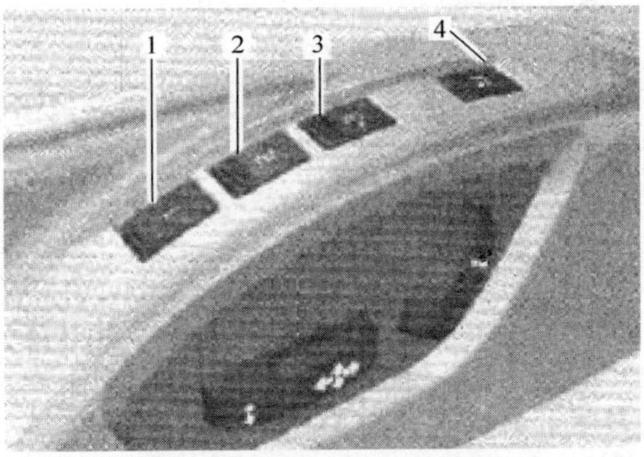

图 6-27　座椅位置和电动后视镜位置记忆设定按键

4. 方位仪校正设定

车辆更换蓄电池后，要按图 6-28 初始化步骤对方位仪重新进行设定。

（1）将洗车停至一开阔场地，发动机怠速运转。

（2）用回形针或类似物品按压车内电动后视镜后面的按键，持续按压 6s，直至 CAL 字样显示在后视镜显示屏上。

（3）用回形针或类似物品按压车内电动后视镜后面的按键，持续按压 3s，目前的磁区号

图 6-28　方位仪显示屏

码会显示出来。

（4）重复按压此按键数次，直到所要求的磁区号码（1~15）显示。

（5）以不超过 8km/h 的时速慢速圆周绕行，直到方位仪方向在显示器显示，表示方位仪校正完成。

三、沃尔沃 S60 轿车保养灯归零（2000~2012 年）

1. 2000~2002 年沃尔沃 S60 轿车保养间隔归零设定

（1）确认所有车门均关闭。

（2）将点火开关转至位置Ⅰ。

（3）按下按钮 A 并保持按压状态。

（4）点火开关转至位置Ⅱ。

（5）持续按压按钮 A 直至保养间隔指示器闪烁（约 10s 左右）。

（6）在 5s 内松开按钮 A，保养间隔设定完成后发出一声蜂鸣提示。

注意：如果在 5s 内没有松开按钮 A，则保养间隔指示器将不会归零，但保养间隔指示器会停止闪烁。

2. 2003~2012 年沃尔沃 S60 轿车保养间隔归零

（1）确认所有车门均关闭。

（2）将点火开关转至位置Ⅰ。

（3）按下图 6-29 所示的按钮 A 并保持按压状态。

（4）迅速点火开关转至位置Ⅱ。

（5）持续按压按钮 A 直至里程表读数重新设定为 0。

（6）在 5s 内松开按钮 A，保养间隔设定完成后发出一声蜂鸣提示。

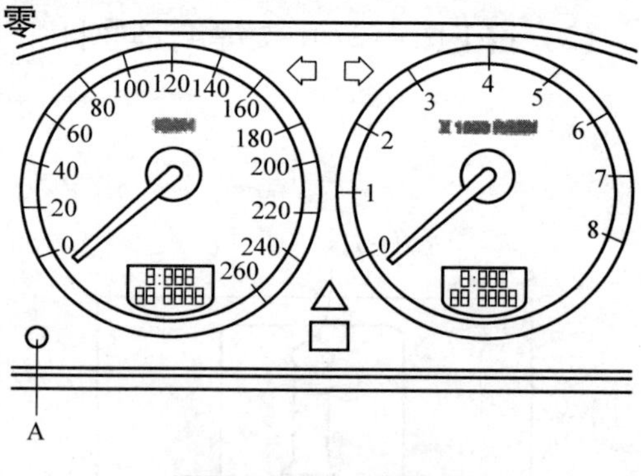

图 6-29　按钮识别

注意：如果在 5s 内没有松开按钮 A，则保养间隔指示器将不会归零，但保养间隔指示器会停止闪烁。

3. 电动天窗重新设定

维修保养过程中如果断开过蓄电池，则电动天窗需要执行重新设定程序。

（1）将点火开关转动到位置Ⅰ。

（2）按下电动天窗倾斜开关，使天窗完全倾斜。

（3）按住电动天窗倾斜开关保持 5s。

（4）电动天窗关闭。

（5）松开电动天窗倾斜开关。

（6）将点火开关设置到 OFF 状态。

4. 空调系统鼓风机电机开关设定

维修保养过程中如果断开过蓄电池，则空调系统鼓风机电动机开关需要执行重新设定程序。

（1）将点火开关设置到 ON 状态。

（2）将空调系统鼓风电动机开关转动到最大。

（3）将空调系统鼓风电动机开关转动到最小。

（4）将点火开关设置到 OFF 状态。

四、沃尔沃 XC90 轿车保养灯归零（2002～2012 年）

1. 沃尔沃 XC90 轿车保养间隔归零设定

（1）确认所有车门均关闭。

（2）将点火开关转至位置Ⅰ，如图 6-30 所示。

（3）按下图 6-31 所示的按钮 A 并保持按压状态。

（4）迅速点火开关转至位置Ⅱ。

（5）持续按压按钮 A 直至里程表读数重新设定为 0。

（6）在 4s 内松开按钮 A，保养间隔设定完成后发出一声蜂鸣提示。

图 6-30　点火开关设置识别

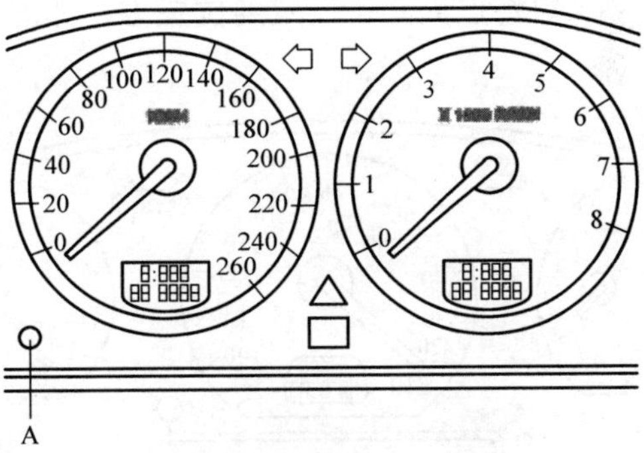

图 6-31　按钮 A 识别

> **注意：**如果在 5s 内没有松开按钮 A，则保养间隔指示器将不会归零，但保养间隔指示器会停止闪烁。

2. 电动天窗重新设定

维修保养过程中如果断开过蓄电池，则电动天窗需要执行初始化设定程序。

（1）将点火开关转动到位置Ⅰ。

（2）按下电动天窗倾斜开关，使天窗完全倾斜。

（3）按住电动天窗倾斜开关保持 5s。

（4）电动天窗关闭。

（5）松开电动天窗倾斜开关。

（6）将点火开关置于 OFF。

3. 空调系统鼓风机电动机开关设定

维修保养过程中如果断开过蓄电池，则空调系统鼓风机电动机开关需要执行重新设定程序。

（1）将点火开关设置到位置Ⅰ。

（2）将空调系统鼓风电动机开关转动到最大。

（3）将空调系统鼓风电动机开关转动到最小。

（4）将点火开关设置到位置Ⅱ。

五、沃尔沃 C70 轿车保养灯归零（2000～2012 年）

1. 2000～2005 年沃尔沃 C70 轿车归零设定

（1）将点火开关置于 OFF。

（2）按住归零按钮 A，如图 6-32 所示。

（3）点火开关置于 ON。

（4）持续按住按钮 A 直至保养间隔指示灯闪烁（约 10s 左右）。

（5）在 4s 内松开按钮 A。

2. 2006～2012 年款沃尔沃 C70 轿车归零设定

（1）关闭所有车门。

（2）将点火开关设定到位置Ⅰ，如图 6-33 所示。

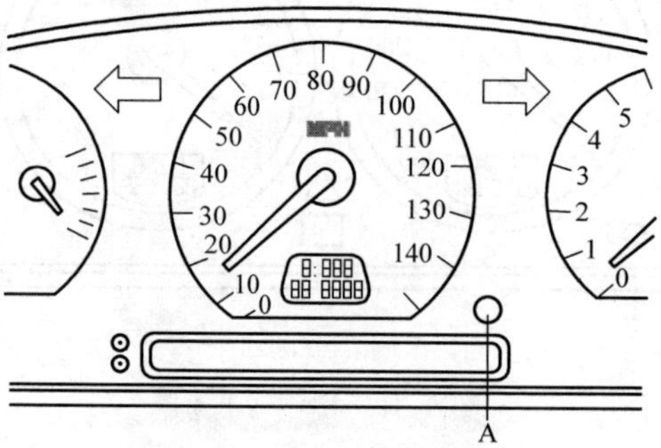

图 6-32　按钮 A 识别

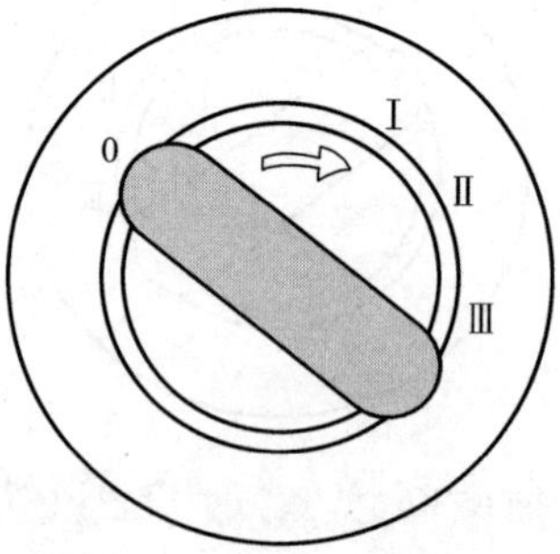

图 6-33　点火开关位置识别

（3）如图 6-34 所示，按住的归零按钮 A。

（4）在 2s 内将点火开关设定到位置Ⅱ。

（5）继续按住归零按钮 A，直至保养信息重新设定。

（6）看到黄色警告灯 B 亮起后，在 4s 内松开归零按钮 A。

（7）蜂鸣器会发出一声蜂鸣，表示归零彻底完成。

3. 方位仪初始化设定

在维护保养过程中如果断开过蓄电池，应对车辆的方位仪功能执行初始化设定操作。

（1）将汽车停至一开阔场地，发动机保持怠速运转。

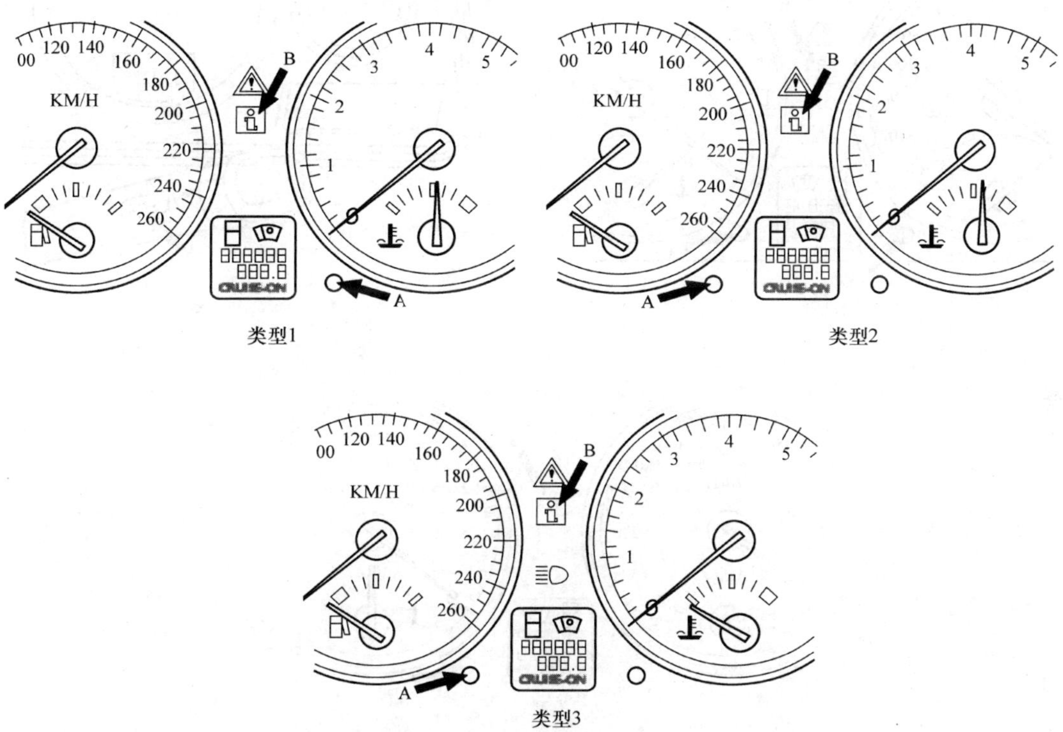

图 6-34　归零按钮 A 和黄色警告灯 B 识别

（2）用回形针或类似物品按压车内电动后视镜底部按钮，持续按压 6s，直至字符 C 显示在后视镜显示屏上。

（3）用回形针或类似物品按压车内电动后视镜底部按钮，如图 6-35 所示，持续按压 3s，目前的磁区号码会显示出来。

（4）重复按压底部按钮数次，直到所要磁区号码（1 ~ 12）显示出来。等待片刻，直至后视镜显示屏显示字符 C。

（5）按住底部按钮，持续 9s 选择 L（左置转向盘）。以不超过 10km/h 的时速慢速圆周执行，直到方位仪方向在显示器上显示，表示方位仪校正完成。

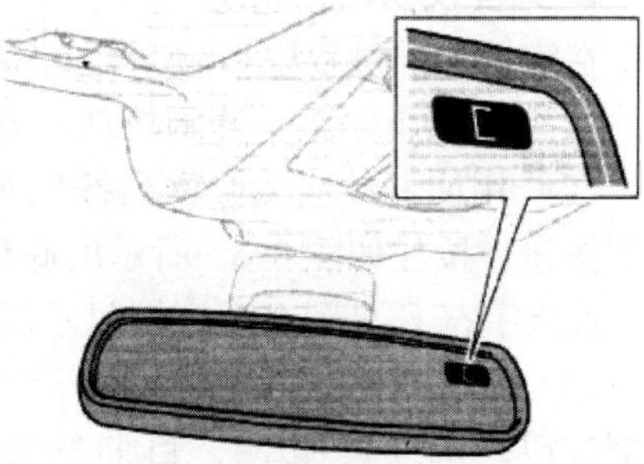

图 6-35　底部按钮识别

六、沃尔沃 C30 轿车保养灯归零（2006 ~ 2013 年）

1. 保养灯归零设定

（1）关闭所有车门。

（2）将点火开关设定到位置Ⅰ。

（3）按住图 6-36 中的归零按钮 A。

（4）2s 内将点火开关设定到位置Ⅱ。

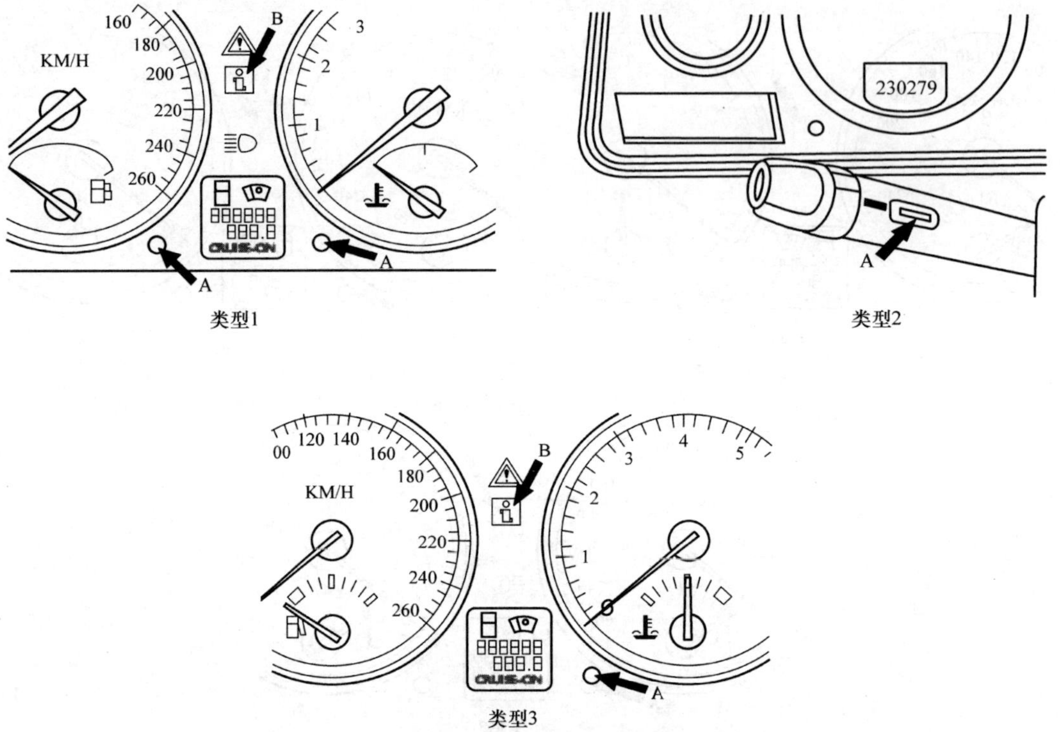

图 6-36　归零按钮 A 和黄色警告灯 B 识别

（5）继续按住归零按钮 A，直至黄色警告灯 B 亮起。

（6）松开归零按钮 A。蜂鸣器会发出一声蜂鸣，表示归零彻底完成。

2. 方位仪初始化设定

在维护保养过程中如果断开过蓄电池，应对车辆的方位仪功能执行初始化设定操作。

（1）将汽车停至一开阔场地，发动机保持怠速运转。

（2）用回形针或类似物品按压车内电动后视镜底部按钮，按住如图 6-37 所示的底部按钮持续按压 6s，直至字符 C 显示在后视镜显示屏上。

图 6-37　底部按钮识别

（3）用回形针或类似物品按压车内电动后视镜底部按钮，持续按压 3s，目前的磁区号码会显示出来。

（4）重复按压底部按钮数次，直到所要磁区号码（1～12）显示出来。等待片刻，直至后视镜显示屏显示字符 C。

（5）按住底部按钮，持续 9s 选择 L（左置转向盘）。以不超过 10km/h 的时速慢速圆周执行，直到方位仪方向在显示器上显示，表示方位仪校正完成。

第七章　大众车系遥控器设定与保养灯归零

第一节　大众车系遥控器设定

一、大众 Eos（2006～2011 年）、途观（2008～2011 年）轿车遥控器设定

（一）系统操作 1

（1）系统 LED 位于驾驶人前车门门板上。

（2）按下钥匙锁止键（图 7-1）1 次激活双重锁止系统和报警系统。指示灯闪烁 1 次。

（3）按下钥匙锁止键 2 次锁止车辆和激活报警系统。指示灯闪烁 1 次。

（4）按下钥匙解锁键 1 次解锁车辆及解除报警系统。指示灯闪烁 2 次。

（5）按下行李箱释放键约 1s 解锁行李箱。

（6）一些车型（若已编程）解锁控制

① 按下钥匙解锁键 1 次解除报警系统且仅解锁驾驶人侧车门。

② 在 2s 内按下解锁键 2 次解除报警系统和解锁全车车门及行李箱。

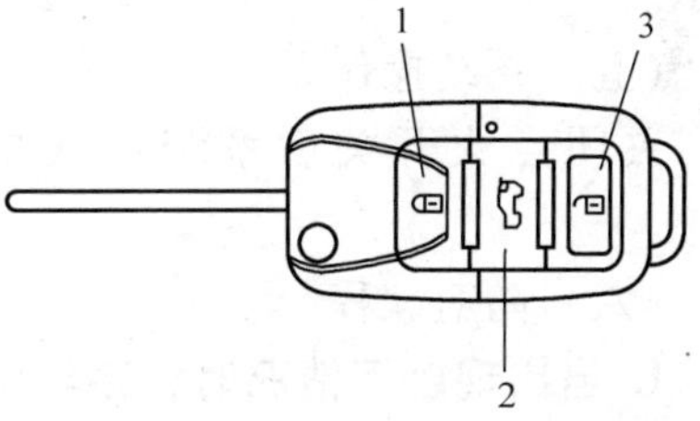

图 7-1　钥匙
1—锁止键　2—解锁键　3—行李箱释放键

（7）车内检测传感器/倾斜传感器解除

① 关闭点火开关。

② 按下车内检测传感器/倾斜传感器解除开关位于驾驶人侧车门上。在 30s 内锁止车辆。

> **注意：** 车内检测传感器/倾斜传感器在车辆再次被锁止后激活。

（8）当车速高于 15km/h 后，车门将自动锁止。

（9）如果已解锁的车辆在 30s 内所有车门及行李箱未被开启，则车辆自动锁止和激活报警系统。

（10）防盗报警系统及中控锁功能可用诊断设备进行更改。

（二）同步设定

1. 当出现以下情况时，需进行同步设定

（1）当车辆不在遥控范围内时反复操作钥匙后系统失效。

（2）更换钥匙电池。

2. 同步设定方法

在1min内：①按下钥匙解锁键。②用机械钥匙手动解锁车辆。

（三）钥匙编程

1. 当出现以下情况时，系统需进行编程

（1）增加或更换钥匙。

（2）系统出现故障。

2. 编程方法

钥匙只能使用诊断设备进行编程。

> **注意：** 最多可编程4把钥匙。

（四）钥匙电池更换方法

钥匙电池更换方法，如图7-2所示。

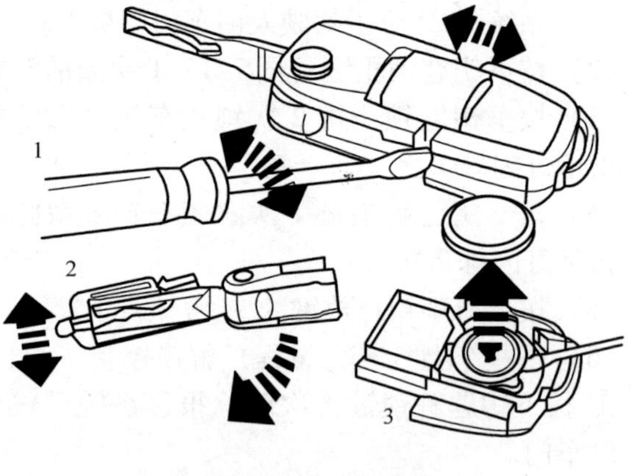

图7-2 电池更换方法

（五）系统操作2

关闭点火开关后系统进入报警状态。

（六）防盗编程

1. 当出现以下情况时，系统需进行重新编程

（1）系统故障。

（2）钥匙密码不被识别：在仪表板数字多功能显示“SAFE”或“IMMOBILIZER ACTIVE”。

（3）增加或更换钥匙。

2. 编程方法

（1）获取所有要编程的钥匙。

（2）防盗系统只能使用诊断设备进行编程。

二、大众尚酷、高尔夫轿车遥控器设定（2008~2012年）

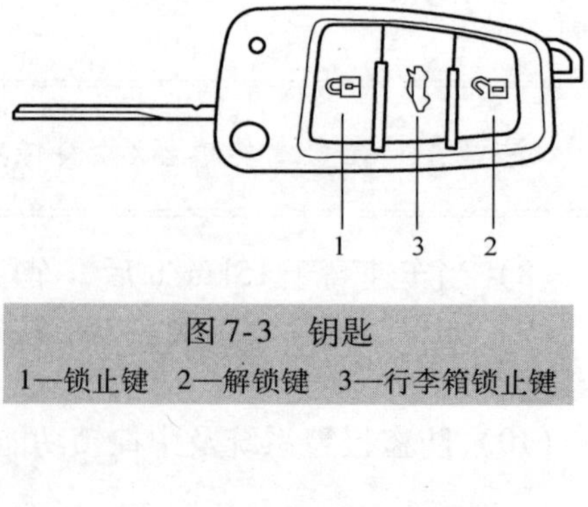

图7-3 钥匙

1—锁止键 2—解锁键 3—行李箱锁止键

（一）系统操作1

（1）按下钥匙锁止键（图7-3）1次锁止车辆和激活报警系统。指示灯闪烁1次。

（2）按下钥匙解锁键 1 次解锁车辆和解除报警系统。指示灯闪烁 2 次。

（3）按下行李箱释放键约 1s 解锁行李箱。指示灯闪烁 2 次。

（二）同步设定

1. 当出现以下情况时，需进行同步设定

（1）当车辆不在遥控范围内时反复操作钥匙后系统失效。

（2）更换钥匙电池。

2. 同步设定方法

（1）按下解锁键 1 次。

（2）用机械钥匙手动锁上车辆。

（3）在 60s 内用机械钥匙手动解锁车辆。

（三）钥匙编程

1. 当出现以下情况时，系统需进行编程

（1）增加或更换钥匙。

（2）系统出现故障。

2. 编程方法

（1）获得所有要编程的钥匙。

（2）钥匙只能使用诊断设备进行编程。

注意：最多可编程 4 个钥匙。

（四）钥匙电池更换方法

钥匙电池更换方法，如图 7-4 所示。

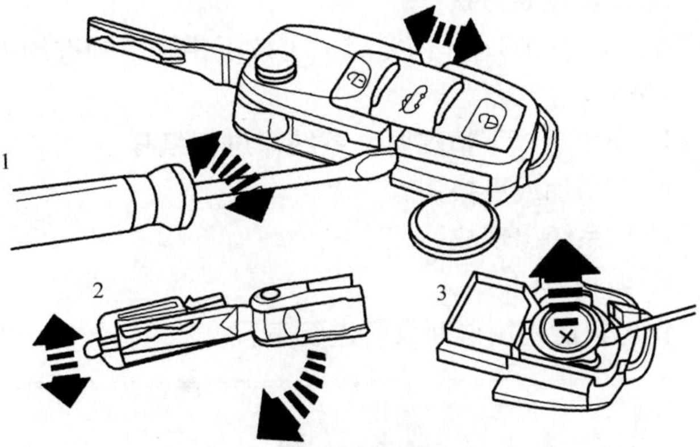

图 7-4　电池更换方法

（五）系统操作 2

（1）关闭点火开关后系统进入报警状态。

（2）打开点火开关。

（3）仪表板数字多功能显示屏显示“SAFE”，则钥匙密码不被识别。拔下钥匙，等待 5s 后再试。

（六）防盗编程

1. 当出现以下情况时，系统需进行重新编程

（1）系统故障。

（2）增加或更换钥匙。

2. 编程方法

（1）获取所有要编程的钥匙。

（2）防盗系统只能使用诊断设备进行编程。

三、捷达轿车遥控器设定（2005～2012 年）

（一）系统操作 1

（1）系统 LED 位于驾驶人前车门门板上。

（2）报警系统/中控锁功能可以使用诊断设备来改变。

（3）按下钥匙锁止键锁止车辆和激活报警系统。

（4）按下钥匙锁止键解锁车辆和激活报警系统。

（5）一些车型（若已编程）解锁控制

① 按下钥匙解锁键 1 次解除报警系统且仅解锁驾驶人侧车门。

② 在 5s 内按下解锁键 2 次解除报警系统和解锁全车车门及行李箱。

③ 按住钥匙锁止键在压下位置来关闭车窗和天窗。

④ 按住钥匙解锁键在压下位置来打开车窗。当车速超过 15km/h 时，车门自动锁止。

（6）如果已解锁的车辆在 30s 内所有车门及行李箱未被开启，则车辆自动锁止和激活警报系统。

（7）当进入报警状态，车内灯关闭。

（8）车内检测传感器/倾斜传感器解除开关位于驾驶人侧 B 柱上。

（9）钥匙上有行李箱释放键。

（二）同步设定

1. 当出现以下情况时，需进行同步设定

当车辆不在遥控范围内时反复操作钥匙后系统失效。

2. 同步设定方法

所有步骤在 1min 内完成：①按下钥匙解锁键约 1s。②用机械钥匙手动解锁车辆。

（三）钥匙编程

1. 当出现以下情况时，系统需进行编程

（1）增加或更换钥匙。

（2）系统出现故障。

2. 编程方法

钥匙只能使用诊断设备进行编程。

注意：最多可编程 4 把钥匙。

（四）钥匙电池更换方法

钥匙电池更换方法，如图 7-5 所示。

（五）系统操作 2

（1）关闭点火开关后系统进入警报状态。

（2）打开点火开关。

（3）确保防盗警告灯点亮约 3s，如图 7-6 所示。

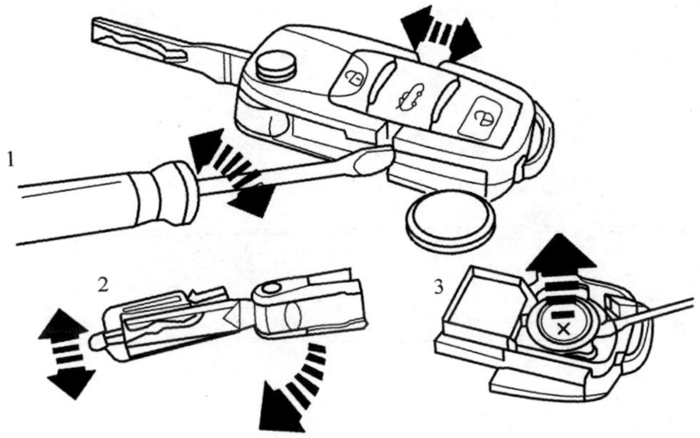

图 7-5　电池更换方法

图 7-6　指示灯

（六）防盗编程

1. 当出现以下情况时，系统需进行重新编程

（1）系统故障。打开点火开关，防盗警告灯连续地闪烁或点亮。

（2）在仪表板数字多功能显示“IMMOBILIZER ACTIVE”。

（3）增加或更换钥匙。

2. 编程方法

（1）获取所有要编程的钥匙。

（2）防盗系统只能使用诊断设备进行编程。

> **注意：**最多只能给 4 把钥匙编程。

四、途锐（2008～2010 年）、途安（2008～2015 年）轿车遥控器设定

（一）系统操作 1

（1）警报系统/中控锁功能可以使用仪表板数字多功能显示来改变。

（2）按下钥匙锁止键锁止车辆和激活报警系统。

（3）按下钥匙锁止键解锁车辆和激活报警系统。

（4）当进入报警状态，车内灯关闭。

（5）车内检测传感器/倾斜传感器解除开关位于驾驶人侧 B 柱上。

（6）钥匙上有行李箱释放键。

（二）同步设定

1. 当出现以下情况时，需进行同步设定

当车辆不在遥控范围内时反复操作钥匙后系统失效。

2. 同步设定方法

钥匙的同步设定只能通过诊断设备来完成。

（三）钥匙编程

1. 当出现以下情况时，系统需进行编程

（1）增加或更换钥匙。

（2）系统出现故障。

2. 编程方法

钥匙只能使用诊断设备进行编程。

注意：最多可编程 8 把钥匙。

（四）钥匙电池更换方法

钥匙电池更换方法，如图 7-7 所示。

（五）系统操作 2

关闭点火开关后系统进入报警状态。

（六）防盗编程

1. 当出现以下情况时，系统需进行重新编程

（1）系统故障。打开点火开关，防盗警告灯连续地闪烁或点亮，如图 7-8 所示。

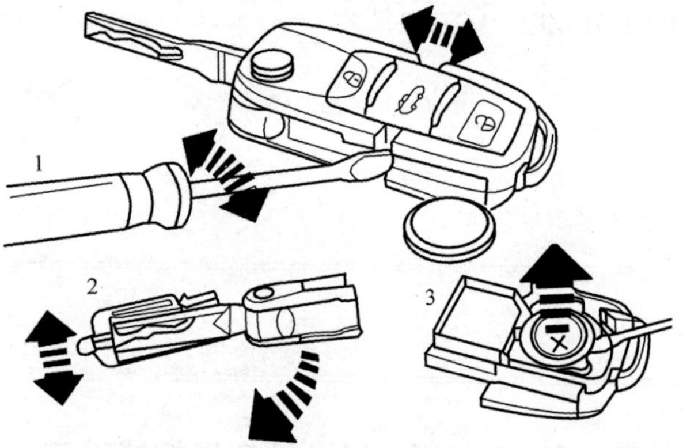

图 7-7　电池更换方法

图 7-8　指示灯

（2）在仪表板数字多功能显示“IMMOBILIZER ACTIVE”和一声警告声音。

（3）增加或更换钥匙。

2. 编程方法

（1）获取所有要编程的钥匙。

（2）防盗系统只能使用诊断设备进行编程。

注意：最多只能给 8 钥匙编。

五、大众甲壳虫轿车遥控器设定（2000～2013 年）

（一）系统操作 1

（1）系统 LED 位于驾驶人侧和前乘客侧车门板上部。

（2）报警系统/中控锁功能可以使用诊断设备来改变。

（3）按下钥匙解锁键1次解除报警系统且仅解锁驾驶人侧车门。

（4）在5s内按下钥匙解锁键2次解锁全车车门和解除报警系统。

（5）当进入报警状态，车内灯关闭。

（6）如果已解锁的车辆在30s内所有车门及行李箱未被开启，则车辆自动锁止和激活报警系统。

（7）车内检测传感器解除开关位于驾驶人侧B柱上。

（8）假如车辆在约28天没有使用，LED灯关闭。

（二）同步设定

1. 当出现以下情况时，需进行同步设定

当车辆不在遥控范围内时反复操作钥匙后系统失效。

2. 同步设定方法

（1）在1min内完成下列操作：①按下钥匙锁止键或解锁键约1s。②用机械钥匙手动锁止和解锁车辆。

（2）系统将马上锁止或解锁动作。

（3）假如不动作，重复同步设定程序。

（三）钥匙编程

1. 当出现以下情况时，系统需进行编程

（1）增加或更换钥匙。

（2）系统出现故障。

2. 编程方法

（1）打开点火开关。

（2）将要编程的钥匙插入驾驶人侧车门锁。

（3）手动锁止车辆。

（4）按下锁止键或解锁键。等待至少1s。

（5）再次按下钥匙锁止键或解锁键。车辆喇叭鸣叫表明编程完成。

注意：钥匙也可以通过诊断设备来完成。最多可编程4把钥匙。

（四）钥匙电池更换方法

钥匙电池更换方法，如图7-9所示。

（五）系统操作2

（1）关闭点火开关后系统进入报警状态。

（2）打开点火开关。

（3）确保防盗警告灯点亮约3s，如图7-10所示。

（六）防盗编程

1. 当出现以下情况时，系统需进行重新编程

（1）系统故障：打开点火开关，防盗警告灯连续地闪烁或点亮。

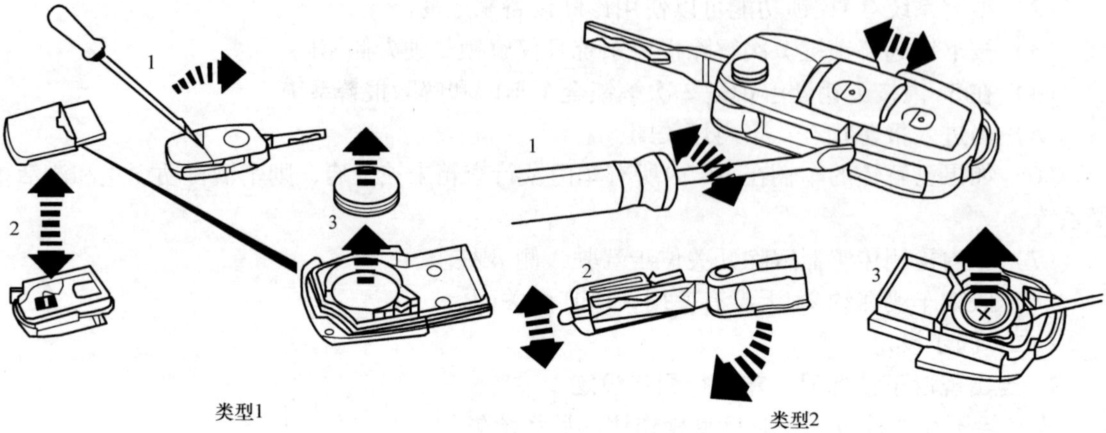

图 7-9　电池更换方法

(2) 系统故障：发动机运转约 1s，然后熄火。

(3) 增加或更换钥匙。

2. 编程方法

(1) 获取所有要编程的钥匙。

(2) 防盗系统只能使用诊断设备进行编程。

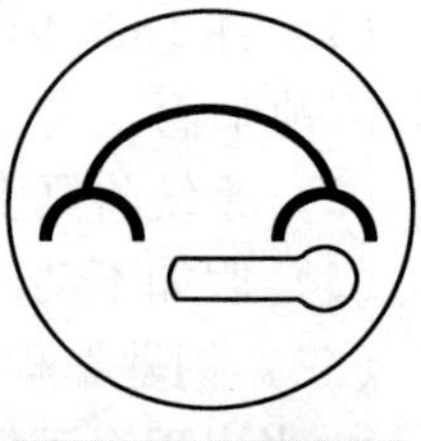

图 7-10　指示灯

注意： 最多只能给 8 钥匙编程。

六、大众辉腾轿车遥控器设定（2003～2015 年）

(一) 系统操作 1

1. 带无钥匙进入系统

(1) 报警系统/中控锁系统可在无钥匙模式下解除

① 携带钥匙接近车辆，握住驾驶人侧或乘客侧车门把手：解除车辆和解除报警系统。

② 携带钥匙接近车辆，按下行李箱释放键：打开行李箱和解除报警系统。

(2) 报警系统/中控锁系统可在无钥匙模式下激活

① 关闭点火开关。

② 从车上拔下遥控器。

③ 按下驾驶人侧或乘客侧车门把手上的锁止键来锁止车辆和激活报警系统。

④ 按住锁止键在压下位置来关闭车窗和天窗。

2. 所有车型

(1) 系统 LED 位于驾驶人前车门门板上。

(2) 报警系统/中控锁功能可以使用车辆多功能控制系统和诊断设备来改变。

(3) 按下遥控器锁止键锁止车辆和激活报警系统。

（4）按下遥控器解锁键解锁车辆和解除报警系统。

（5）一些车型（若已编程）

① 按下遥控器解锁键 1 次解除报警系统且仅解锁驾驶人侧车门。

② 在 5s 内按下钥匙解锁键 2 次解除报警系统和解锁所有车门及行李箱。

③ 按住钥匙锁止键在压下位置来关闭车窗。

④ 按住钥匙解锁键在压下位置来打开车窗。当车速超过 15km/h 时，车门自动锁止。

（6）如果已解锁的车辆在 30s 内所有车门及行李箱未被开启，则车辆自动锁止和激活警报系统。当进入报警状态，车内灯关闭。

（7）车内检测传感器和倾斜传感器解除开关位于驾驶人侧 B 柱上。

（8）遥控器上有行李箱释放键。

（9）在遥控器中插着一个应急钥匙。

（二）遥控器编程

1. 当出现以下情况时，系统需进行编程

（1）增加或更换遥控器。

（2）系统出现故障。

2. 编程方法

遥控器只能使用诊断设备进行编程。

> **注意：** 最多可编程 4 把遥控器。

（三）遥控器电池更换方法

电池更换方法如图 7-11 所示。

（四）系统操作 2

（1）不带无钥匙进入系统：拔下钥匙后系统自动进入报警状态。

（2）带无钥匙进入系统：关闭点火开关。将钥匙远离车辆，关闭驾驶人侧车门 5s 后进入报警状态。

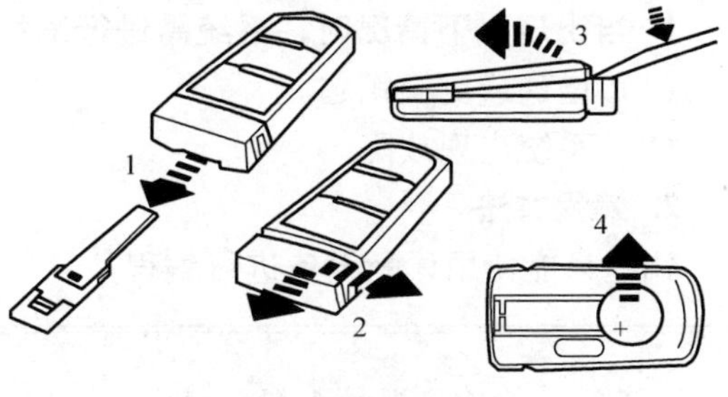

图 7-11　电池更换方法

（五）防盗编程

1. 当出现以下情况时，系统需进行重新编程

（1）系统故障。打开点火开关。仪表板数字多功能显示屏显示“IMMOBILIZER ACTIVE”。防盗警告灯连续点亮，如图 7-12 所示。

图 7-12　指示灯

（2）增加或更换遥控器。

2. 编程方法

防盗系统只能使用诊断设备进行编程。

七、大众 GTI（2006～2009 年）、大众 Rabbit（2006～2009 年）轿车遥控器设定

（一）系统操作 1

（1）报警系统及中控锁功能可用诊断设备进行更改。

（2）按下钥匙锁止键 1 次锁止所有车门及行李箱和激活报警系统，如图 7-13 所示。

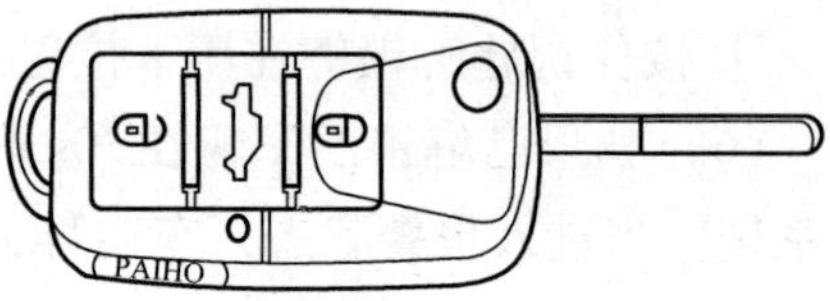

图 7-13　钥匙

（3）按下钥匙解锁键 1 次解除报警系统和解锁所有车门和行李箱。

（4）按下钥匙行李箱释放键仅解锁行李箱。

（5）如果已解锁的车辆的车门或行李箱在 30s 内未被打开，则报警系统重新激活和所有车门自动上锁。

（二）同步设定

1. 当出现以下情况时，需进行同步设定

当车辆不在遥控范围内时反复操作钥匙后系统失效。

2. 同步设定方法

（1）按下钥匙解锁键。

（2）在 1min 内：使用主钥匙手动将驾驶人侧车门解锁。

（3）打开点火开关。

（4）系统将马上锁止或解锁车辆。

（三）钥匙编程

1. 当出现以下情况时，系统需进行编程

（1）增加或更换钥匙。

（2）系统出现故障。

2. 编程方法

钥匙只能使用诊断设备进行编程。

注意：最多可编程 4 把遥控器。

（四）钥匙电池更换方法

钥匙电池更换方法，如图 7-14 所示。

（五）系统操作 2

关闭点火开关后系统进入报警状态。

（六）防盗编程

1. 当出现以下情况时，系统需进行重新编程

（1）系统故障。

（2）增加或更换钥匙。

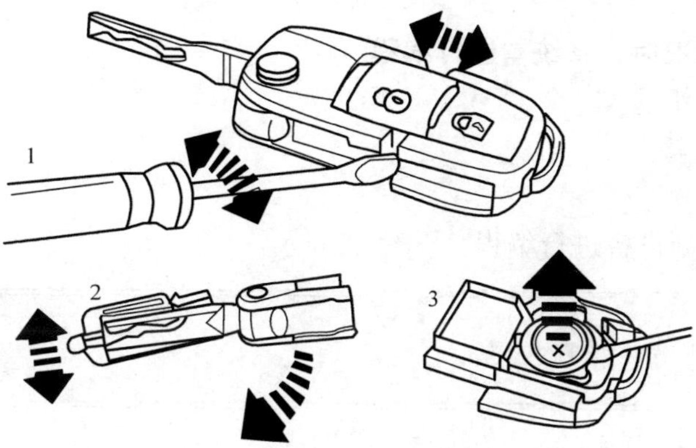

图 7-14　电池更换方法

2. 编程方法

防盗系统只能使用诊断设备进行编程。

> **注意：** 最多可以编程 4 把钥匙。

八、大众 CC（2010 ~ 2018 年）轿车遥控器设定

（一）系统操作 1

（1）报警系统及中控锁功能可用诊断设备进行更改。

（2）按下钥匙锁止键 1 次锁止所有车门及行李箱和激活报警系统，如图 7-15 所示。

图 7-15　钥匙

（3）按下钥匙解锁键 1 次解除报警系统且仅解锁驾驶人侧车门。

（4）在 5s 内按下解锁键 2 次解除报警系统并解锁所有车门。

（5）按下行李箱释放键仅解锁行李箱。

（6）如果已解锁的车辆的车门或行李箱在 30s 内未被打开，则报警系统重新激活和所有车门自动上锁。

（二）同步设定

1. 当出现以下情况时，需进行同步设定

当车辆不在遥控范围内时反复操作钥匙后系统失效。

2. 同步设定方法

（1）按下钥匙解锁键。

（2）在驾驶人侧车门锁内插入应急钥匙。

（3）手动解锁车辆（防盗报警将响起）。

（4）用遥控钥匙将点火开关打开。

（5）关闭点火开关。系统将马上锁止或解锁车辆。

（三）钥匙编程

1. 当出现以下情况时，系统需进行编程

（1）增加或更换钥匙。

（2）系统出现故障。

2. 编程方法

钥匙只能使用诊断设备进行编程。

> **注意：** 最多可编程 4 把遥控器。

（四）钥匙电池更换方法

钥匙电池更换方法，如图 7-16 所示。

（五）系统操作 2

关闭点火开关后系统进入警报状态。

（六）防盗编程

1. 当出现以下情况时，系统需进行重新编程

（1）系统故障。

（2）增加或更换钥匙。

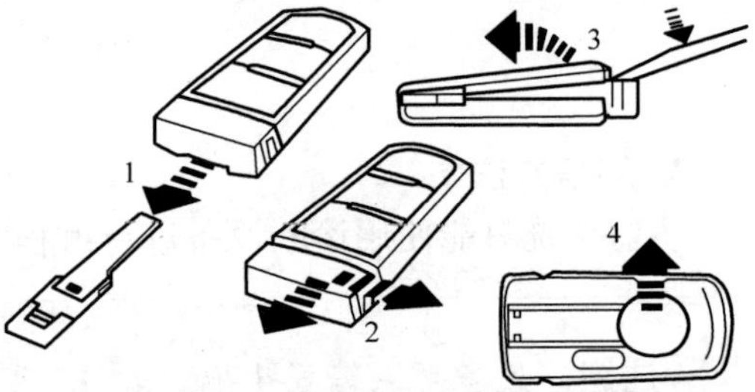

图 7-16　电池更换方法

2. 编程方法

防盗系统只能使用诊断设备进行编程。

> **注意：** 最多可以编程 4 把钥匙。

九、大众 Transporter 轿车遥控器设定（2004～2011 年）

（一）系统操作 1

（1）按下钥匙锁止键 1 次锁止车辆和激活报警系统。

（2）按下钥匙解锁键 1 次解除报警系统且仅解锁车辆。

（3）如果已解锁的车辆的车门或行李箱在 30s 内未被打开，则报警系统重新激活和所有车门自动上锁。

（二）同步设定

1. 当出现以下情况时，需进行同步设定

当车辆不在遥控范围内时反复操作钥匙后系统失效。

2. 同步设定方法

（1）将钥匙插入点火开关。

（2）在 5s 内：①将点火开关打到 ON 再回到 LOCK。②将点火开关打到 ON。

（3）在 15s 内：用钥匙手动锁止车辆或用驾驶人侧车门锁止键手动锁止车辆。

（4）在 30s 内：①按下钥匙锁止键或解锁键 2 次。②检查每把钥匙是否工作正常。

（三）钥匙编程

1. 当出现以下情况时，系统需进行编程

（1）增加或更换钥匙。

（2）系统出现故障。

2. 编程方法

钥匙只能使用诊断设备进行编程。

> **注意：** 最多可编程 4 把遥控器。

（四）钥匙电池更换方法

钥匙电池更换方法，如图 7-17 所示。

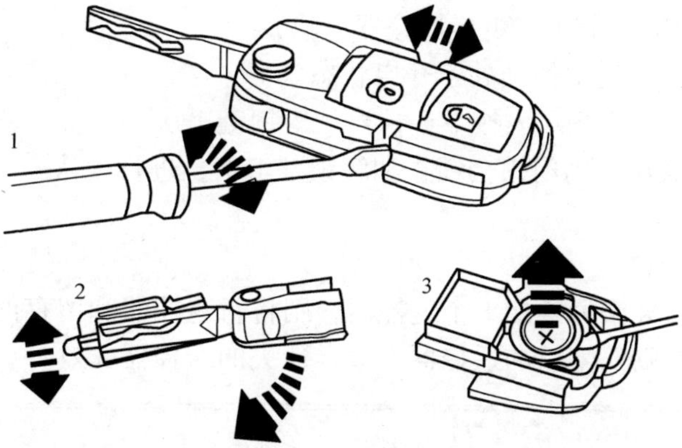

图 7-17　电池更换方法

（五）系统操作 2

关闭点火开关后系统进入报警状态。

（六）防盗编程

1. 当出现以下情况时，系统需进行重新编程

（1）系统故障。

（2）增加或更换钥匙。

2. 编程方法

防盗系统只能使用诊断设备进行编程。

> **注意：** 最多可以编程 4 把钥匙。

十、上海大众桑塔纳（B2）（2003 ~ 2011 年）、桑塔纳 3000（2004 ~ 2011 年）轿车遥控器设定

（一）常规遥控器匹配方法

（1）关闭点火开关。

（2）关闭所有的车门。

（3）在5s内，连续打开点火开关到ON端再关断点火开关3次。

（4）在第3次关断点火开关后，控制器则进入60s的学习模式；进入学习模式后，如果车门处于解锁状态，门锁无运作；如果车门锁处于锁止状态，则由控制器进行解锁（门保险弹起），以表示控制器处于学习模式。

（5）按遥控器上任意键2次，间隔时间约为2s，闭锁器自动闭锁再开锁，来确定学习成功；如果闭锁器无闭锁再开锁动作，则表示学习不成功。

（6）重复上一步骤，来学习第2把遥控器，然后退出学习模式。

（二）退出学习模式

当控制器遇到下面的任一条件，则退出学习模式：

（1）从进入学习模式后60s时间，自动退出学习模式。

（2）匹配第2个遥控器成功后，自动退出学习模式。

（三）同步设定方法（适用于更换遥控器电池）

（1）关闭所有车门，使中控锁处于开启状态。

（2）打开点火开关，在30s内按下遥控器的解锁键1次。

（3）若同步设定成功，则门锁会锁止和解锁各1次，进行确认。

（四）学习的结果

1. 匹配1个新遥控器

如果1个遥控器遗失需另匹配1个遥控器，则将新遥控器和留存的老遥控器一起进行1次匹配。匹配成功后，则匹配后的遥控器有效，遗失的遥控器失效。

注意：如果新的遥控器匹配不成功，则老的遥控器仍旧有效；只要有1个遥控器匹配成功，老的遥控器就失效了。

2. 只需1个遥控器

遥控系统可以同时使用2个遥控器。如果只需使用1个遥控器，则匹配时有2种匹配方式：

（1）匹配时用同1个遥控器匹配2次。即进入学习模式后，按遥控器任一按钮2次，闭锁器动作1次，表示这个遥控器匹配成功；然后用同一遥控器按任一键2次，闭锁器再动作1次，表示同一个遥控器匹配成功。这时匹配完成，只有这个匹配成功后的遥控器有效，其余遥控器均无效。

（2）匹配时用1个遥控器匹配1次，匹配成功后等60s，这样只有这个遥控器有效，其余遥控器均无效。

注意事项：本遥控匹配方法适用于桑塔纳（B2）和桑塔纳3000遥控器的匹配。图7-18所示遥控器（330 959 753）只能与图7-19所示桑塔纳（B2）接收器（330－959 800B）和图7-20所示桑塔纳3000改进版（33D 959 800）相匹配。不能与其他接收器匹配。

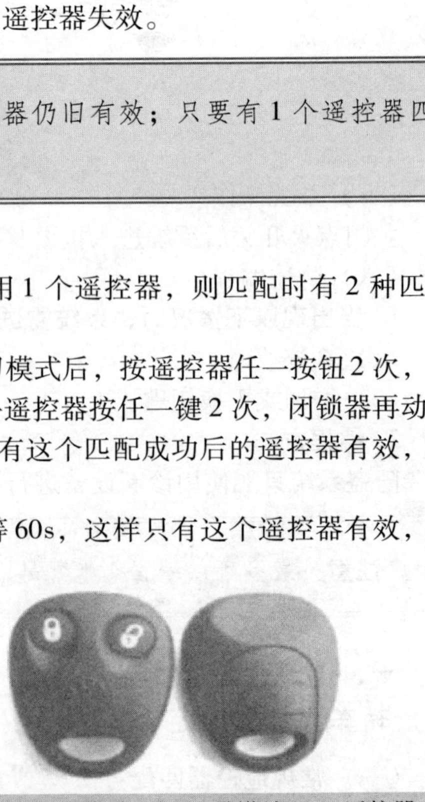

图7-18　桑塔纳（B2）/桑塔纳3000遥控器

图 7-19　桑塔纳（B2）接收器

图 7-20　桑塔纳 3000 改进版接收器

十一、上海大众波罗（2002～2006 年）、波罗劲情（2006～2010 年）、波罗劲取（2006～2010 年）轿车遥控器设定

（1）打开点火开关（KL15）。

（2）连接 VAS 5051B 进入舒适控制单元或中控门锁控制单元；46［舒适控制单元］-012［匹配］-00［清除遥控学习值］；46［舒适控制单元］-012［匹配］-01［输入需要匹配钥匙的数量］-确定-关闭点火开关（KL15）并拔出钥匙后连续 2 次按下遥控器的解锁键，2 次之间的间隔约为 2s。

十二、上海大众新波罗轿车遥控器设定（2011～2016 年）

（1）打开点火开关（KL15）。

（2）连接 VAS 5051B 进入舒适控制单元或中控门锁控制单元；09［车身控制单元］-012［匹配］-00［清除遥控学习值］；09［车身控制单元］-012［匹配］-01［输入需要匹配钥匙的数量］-确定-关闭点火开关（KL15）并拔出钥匙后连续 2 次按下遥控器的解锁键，2 次之间的间隔约为 2s。

十三、上海大众朗逸轿车遥控器设定（2008～2011 年）

（1）打开点火开关（KL15）。

（2）连接 VAS 5051B 进入舒适控制单元或中控门锁控制单元；09［车身控制单元］-012［匹配］-00［清除遥控学习值］；09［车身控制单元］-012［匹配］-01［输入需要匹配钥匙的数量］-确定-关闭点火开关（KL15）并拔出钥匙后连续 2 次按下遥控器的解锁键，2 次之间的间隔约为 2s。

十四、上海大众朗逸/朗行/朗境遥控器同步设定（2013～2017 年）

如果经常在遥控钥匙的作用距离之外按压“解锁”按钮，则可能导致无法用遥控钥匙将汽车解锁和闭锁，此时必须对遥控钥匙进行同步调整。

同步调整方法如下。

（1）按压一下遥控钥匙上的“解锁”按钮，如图7-21所示。

（2）在 1min 之内用钥匙头将汽车解锁。

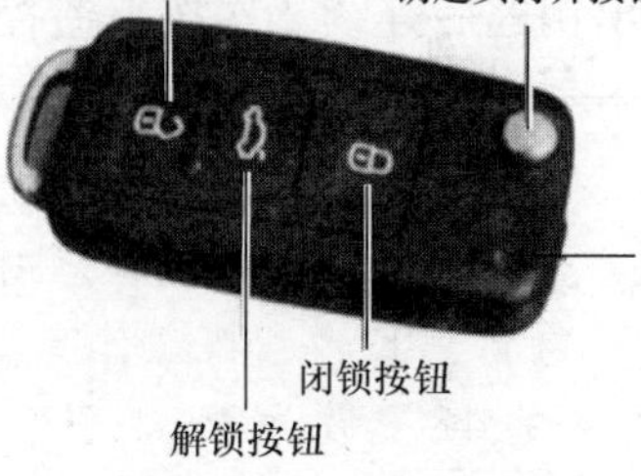

图 7-21　遥控钥匙

十五、上海大众途安轿车遥控器设定（2008～2015 年）

（1）打开点火开关（KL15）。

（2）连接 VAS 5051B 进入舒适控制单元或中控门锁控制单元；46［舒适控制单元］-012［匹配］-00［清除遥控学习值］；46［舒适控制单元］-012［匹配］-01［输入需要匹配钥匙数量］-确定-关闭点火开关（KL15）并拔出钥匙后连续 2 次按下遥控器的解锁键，2 次之间的间隔约为 2s。

十六、上海大众途观轿车遥控器设定（2010～2017 年）

（1）打开点火开关（KL15）

（2）连接 VAS 5051B 进入舒适控制单元或中控门锁控制单元；09［车身控制单元］-012［匹配］-00［清除遥控学习值］；09［车身控制单元］-012［匹配］-01［输入需要匹配钥匙的数量］-确定-关闭点火开关（KL15）并拔出钥匙后连续 2 次按下遥控器的解锁键，2 次之间的间隔约为 2s。

十七、上海大众帕萨特领驭（2005～2009 年）、帕萨特新领驭（2009～2011 年）轿车遥控器设定

遥控器设定方法 1

如果多次在遥控钥匙有效作用距离区外按动遥控钥匙上的按键，就有可能造成遥控钥匙失灵，在这种情况下要对遥控钥匙进行同步设定。同步设定应在 1min 以内完成：

（1）锁止所有的车门，按住遥控钥匙上的解锁键或锁止键，持续约 1s，此时车门仍然保持锁止状态，控制器会识别出一个有效的固定编码。

（2）用遥控钥匙打开或锁止车辆 1 次。

（3）遥控钥匙会被控制器识别为有效的机械代码，一个新的编码会在钥匙和遥控器之间交换完成，同步过程结束。

遥控器设定方法 2

（1）打开点火开关（KL15）。

（2）连接 VAS 5051B 进入舒适控制单元或中控门锁控制单元；46［舒适控制单元］-012［匹配］-00［清除遥控学习值］；46［舒适控制单元］-012［匹配］-01［输入需要匹配钥匙的数量］-确定-关闭点火开关（KL15）并拔出钥匙后连续 2 次按下遥控器的解锁键，2 次之间的间隔约为 2s。

（3）35［中控门锁控制单元］-02［匹配］-00［清除遥控学习值］；35［中控门锁控制单元］-012［匹配］-01［输入需要匹配钥匙的数量］-确定-关闭点火开关（KL15）并拔出钥匙后连续 2 次按下遥控器的解锁键，2 次之间的间隔约为 2s。

注意：从 LSVDM49F672312369 开始，帕萨特领驭 2.0 手动、2.0 自动、1.8T 手动豪华型、1.8T 手自一体豪华型的舒适系统功能有所变化。相关变化如下：

1）遥控控制器零件号由原来的 1C0 959 799C 更改为 1C0 962 258AC，自诊断地址由原来的 46 更改为 35。

2）4个车门控制器零件号由原来的3BD 959 801/802/811/812更改为3DB 959 801A/I02A/811A/812A，更改后的车门控制器不能用VAS 505X进行自诊断。

3）主要功能对比见表7-1。

表7-1　主要功能对比

项　　目	老系统	新系统
后视镜电动调节	左/右后视镜联动可调	左/右后视镜分别独立电动可调
后视镜记忆功能（仅比较原来豪华配置的）	带后视镜记忆	不带后视镜记忆功能
车门控制器诊断功能	带诊断	不带诊断
通过遥控钥匙实现关闭功能	可通过编码实现	不能实现

十八、上海大众全新帕萨特（NMS）轿车遥控器设定（2011～2017年）

（1）打开点火开关（KL15）。

（2）连接VAS 5051B进入舒适控制单元或中控门锁控制单元；09［车身控制单元］-012［匹配］-00［清除遥控学习值］；09［车身控制单元］-012［匹配］-01［输入需要匹配钥匙的数量］-确定-关闭点火开关（KL15）并拔出钥匙后连续2次按下遥控器的解锁键，2次之间的间隔约为2s。

十九、一汽大众捷达轿车遥控器设定（2013～2017年）

（1）遥控控制器零件号为1GD 962 258。（遥控控制器零件号读取方法：通过VAS 5051/5052进入地址05，右上角有“1GD 962 258”字样）

第1把遥控钥匙的匹配：

1）将要匹配的点火钥匙在点火开关内开/关3次（在点火挡与关闭挡之间），完成初始化。要求开/关3次总时间不超过5s。）

2）拔出点火钥匙。

3）按住钥匙的任意一个按键（解锁键或锁止键）。

4）在10s内按另一个按键3次。

5）释放所有按键。

6）钥匙的LED灯闪烁5次。

7）至此，第1把钥匙匹配完成。

注意事项：

① 适配第2把钥匙不需重新初始化，但距上一把钥匙适配结束时间不能超过20s。

② 再度初始化钥匙或接通点火开关，或接收期限结束，钥匙匹配过程都将被迫中断。

（2）舒适系统控制单元零件号为1GD 959 875 D，版本号为0200的捷达车。（控制单元零件号读取方法：通过VAS 5051/5052进入地址05，右上角有“1GD 959 875 D”和“0200”字样。注意：每辆车最多可匹配4把遥控钥匙。

第1把钥匙的匹配：

1）将要匹配的点火钥匙在点火开关内开/关 3 次（在点火挡与关闭挡之间），要求间隔 0.1 ~ 1s。

2）听到控制器短音提示后，拔出点火钥匙。

3）按住遥控钥匙的任意一个按键，不要松开。

4）按住钥匙的另一个按键，即此时同时按住 2 个按键。

5）听到控制器提示音后，释放所有按键。

6）至此，第 1 把钥匙匹配完成。

第 2 把钥匙的匹配：重复 3）~ 5）步骤。

注意事项：

① 步骤 2）~ 5）必须在 2s 内完成。

② 如果需要匹配多个遥控钥匙，则相邻 2 个钥匙匹配完成的时间间隔不能超过 2s。

如果匹配工作执行到步骤 1）后未继续下面的操作，则原有匹配过的遥控钥匙将失效。

（3）舒适系统控制单元零件号为 1GD 959 875 D，版本号为 0300 的捷达车。（控制单元零件号读取方法：通过 VAS 5051/5052 进入地址 05，右上角有“1GD 959 875 D”和“0300”字样。注意：每辆车最多可匹配 4 把遥控钥匙。

第 1 把钥匙的匹配：

1）将要匹配的点火钥匙在点火开关内开/关 3 次（在点火档与关闭档之间），要求间隔 0.1 ~ 1s。

2）听到控制器短音提示后，拔出点火钥匙。

3）按住遥控钥匙的任意一个按键，不要松开。

4）按住钥匙的另一个按键，即此时同时按住 2 个按键。

5）听到控制器提示音后，释放所有按键。

6）至此，第 1 把钥匙匹配完成。

第 2 把钥匙的匹配：重复 3）~ 5）步骤。

注意事项：

① 在完成步骤 1）后的 15s 内必须完成所有遥控钥匙的匹配工作。

② 当以下条件任何一条满足时，匹配过程结束。a. 打开点火开关。b. 2 把遥控钥匙匹配完成。c. 完成步骤 1）后超过 15s。

③ 如果匹配工作执行到步骤 1）后未继续下面的操作，则原有匹配过的遥控钥匙仍然有效。

备注：

① 控制器和遥控器应配套使用，否则无法实现遥控功能。（控制器和遥控器配套使用原则：零件号为 1GD 962 258 控制器与零件号为 1GD 959 753 遥控器组合；零件号为 1GD 959875 D 控制器与零件号为 1GD 959 753 A 遥控器组合）。

② 地址 05 数据流读取功能：地址 05 – 08 – 01 能读取遥控钥匙数量。

二十、一汽大众新捷达 GIF 轿车遥控器设定（2008 ~ 2012 年）

第 1 把钥匙的匹配：

（1）将要匹配的点火钥匙在点火开关内开/关 3 次（在点火档与关闭档之间），完成初始化。要求开/关3次总时间不超过5s。以出点火钥匙。

(2) 按住遥控钥匙的任意一个按键（解锁键或锁上键）

(3) 在10s内按另一个按键3次。

(4) 释放所有按键。

(5) 钥匙的LED灯闪烁5次。

(6) 至此，第1把钥匙适配完成。

第2把钥匙的适配：重复（2）~（5）步骤。

注意事项：

① 匹配第2把钥匙不需重新初始化，但距上一把钥匙匹配结束时间不能超过20s。

② 再次初始化钥匙或接通点火开关，或接收期限结束，钥匙匹配过程都将被迫中断。

二十一、一汽大众宝来轿车遥控器设定（2002~2006年）

宝来车型的遥控钥匙匹配，在增加遥控钥匙时可以手动操作，操作方法如下：

(1) 将其中一把钥匙打开点火开关后，另一把插入左前车门的钥匙锁孔内，顺时针方向转动钥匙，当听到中控锁锁止的声音（同时按下遥控钥匙上的锁止键），当看到双闪指示灯闪烁或同时听到该车发出“滴”的一声，说明该遥控钥匙匹配完毕。

(2) 另一把钥匙的操作方法与以上的匹配方法相同。

注意：此车型最多匹配8把遥控钥匙。

二十二、一汽大众宝来经典轿车遥控器设定（2006~2008年）

第1把钥匙的匹配：

(1) 将要匹配的点火钥匙在点火开关内开/关3次（在点火档与关闭档之间），完成初始化。要求开/关3次总时间不超过5s。拔出点火钥匙。

(2) 按住遥控钥匙的任意一个按键（锁止键或解锁键）。

(3) 在10s内按下另一个按键3次。

(4) 释放所有按键。

(5) 钥匙的LED灯闪烁5次。

(6) 至此，第1钥匙匹配完成。

第2把钥匙的匹配：重复2）~5）步骤。

注意事项：

① 适配第2把钥匙不需重新初始化，但距上一把钥匙适配结束时间不能超过20s。

② 再次初始化钥匙或接通点火开关，或接收期限结束，钥匙匹配过程都将被迫中断。

二十三、一汽大众迈腾轿车遥控器设定（2007~2011年）

此款车型在更换舒适控制单元J393或舒适控制单元J393重新编码后需要做遥控钥匙匹配，不能够手动操作。当已匹配过的遥控钥匙，在强磁干扰或更换完遥控钥匙电池后可以手动进行如下匹配：

（1）将其中一把钥匙打开点火开关后，将钥匙上的机械小钥匙拔出，拆下左前门锁钥匙孔的护盖，用机械小钥匙插入左前车门的钥匙锁孔，顺时针方向转动钥匙，当听到中控锁闭锁的声音（同时按下遥控钥匙上的锁止键），当看到双闪指示灯闪烁或同时听到该车发出“滴”的一声，说明该遥控钥匙匹配完毕。

（2）另一把钥匙的操作方法与以上的匹配方法相同。

二十四、一汽大众新宝来轿车遥控器设定（2010～2015年）

（1）进入17（组合仪表）。

（2）进入11（登录），点旁边的7位密码，输入大众服务站提供的站码（4位）和服务编码（3位）和7位数防盗密码。

（3）输入正确的密码后点“执行”或“确定”或“OK”。

（4）进入10（匹配调整）。

（5）进入10s后软件默认的通道号是00，把它改成21，然后点“读取”。

在新建值内写入需要匹配的钥匙数量，再点“保存”。

在弹出的对话框上点“是”。

这时千万不要关闭软件，也不要退出，直接把点火开关上的钥匙拔出。

插入第2把需要匹配的钥匙，打开点火开关，等待3s后，再插入第3把。

依此类推，直到所有的钥匙匹配完成。

二十五、一汽大众速腾轿车遥控器设定（2008～2018年）

（1）主车门打开，钥匙开关3次不拔。

（2）关/开车门3次，门锁动作，则进入学习状态。

（3）按遥控器任意按键2次，门锁动作。

（4）拔出钥匙，门锁再动作，则遥控器匹配成功。

详细操作过程如下：

（1）打开驾驶位的门。

（2）用门上的开锁键锁门1次、开锁1次。

（3）把钥匙插进锁孔。

（4）把钥匙转到ON，然后转回到LOCK，10s内做3次，最后停在LOCK位（不用等仪表板上的那个钥匙形的灯灭）。

（5）关门开门3次，最后把门打开。

（6）防盗器这时应该会反应，表现为自动锁门1次、开门1次。

（7）在每个遥控器（很关键，没按的遥控器会失效，只有重新做遥控编程了）上任意一个钮按2次，ECU应该会锁门、开锁1次。

（8）把钥匙拔掉，防盗ECU会最后1次反应，约是4次连续的车门锁门和开锁。

二十六、大众高尔夫A6、A7轿车遥控器设定（2008～2018年）

（1）遥控器型号为IK0 959 753 N，使用5053进入09中央电器系统。

（2）点击匹配 -10，通道号选择 01，新建值写入 1，测试并保存。

（3）按压遥控器的锁车键，看到仪表双闪灯闪烁，即可松开遥控器。

（4）遥控匹配成功，拔掉钥匙下车，即可测试成功与否。

二十七、凌度遥控器同步设定（2014～2018 年）

若用遥控钥匙无法解锁和闭锁轿车，则必须对遥控钥匙进行同步设定。

（1）按压按钮 A（图 7-22），翻开轿车钥匙头。

（2）拆下驾驶人侧车门拉手盖罩。

（3）按压遥控器上的“解锁”按钮。

（4）1min 内用钥匙解锁轿车，至此即完成同步设定。

（5）安装好驾驶人侧车门拉手盖罩。

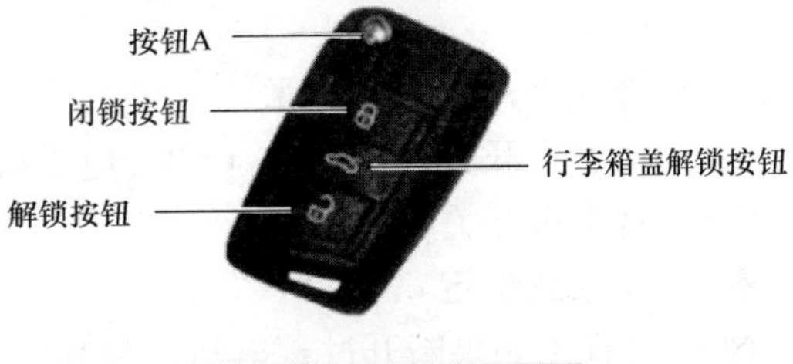

图 7-22 凌渡遥控器

第二节 大众车系保养灯归零

一、大众途锐轿车保养灯归零（2004～2016 年）

1. 保养间隔归零设定

如果轿车配备的是长效保养间隔仪表板，则只能使用合适的诊断设备进行保养归零；如果车辆配备的是定期保养型的仪表板，则可以用如下叙述的方法进行保养归零操作：

（1）按下如图 7-23 所示仪表板上的按钮 A 并保持按压状态。

（2）将点火开关置于 ON。“SERVICE RESET”字符将显示在里程表的显示屏上。

（3）松开按钮 A。

（4）按下按钮 B，即可完成保养提示归零设定。

（5）将点火开关置于 OFF。

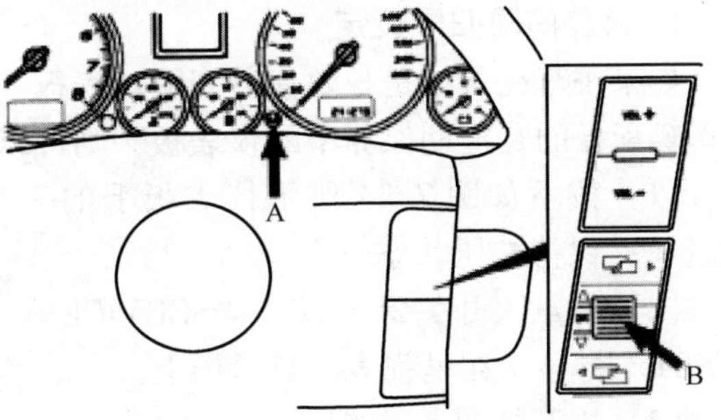

图 7-23 按钮识别

2. 电动车窗初始化设定

维护保养过程中如果断开过蓄电池，维修结束，重新连接蓄电池后要按照如下叙述执行电动车窗初始化设定操作：

（1）将点火开关置于 ON。

（2）确认所有车门和车窗均完全关闭。

（3）抬起驾驶人侧电动车窗的关闭开关，持续 1s。

（4）松开关闭开关。

（5）抬起驾驶人侧电动车窗的关闭开关，持续 1s。

（6）驾驶人侧电动车窗应恢复正常的操作功能。

（7）对其他车窗也执行同样的设定操作。

（8）将点火开关置于 OFF。

3. 2004~2006年大众途锐轿车转向传感器设定

维修过程中如果断开过蓄电池，维修完毕，重新连接蓄电池后，要执行设定操作。

（1）驾驶车辆以15~20km/h的车速直线行驶。

（2）EPS（电子稳定程序）警告灯会熄灭。

4. 2007~2013年大众途锐轿车转向传感器设定

（1）驾驶车辆直线行驶几米。

（2）停车。

（3）将点火开关置于OFF。

（4）将点火开关置于ON。ESP（电子稳定程序）警告灯会熄灭。

（5）将点火开关置于OFF。

5. 悬架系统设定

维修过程中如果断开过蓄电池，维修完毕，重新连接蓄电池后，要执行悬架系统设定操作，参见如下叙述：

（1）驾驶车辆直线行驶几米。

（2）停车。

（3）将点火开关置于OFF。

（4）将点火开关置于ON。

（5）将点火开关置于OFF。悬架系统警告灯会熄灭。

二、大众夏朗轿车保养灯归零（2000~2010年）

1. 保养间隔归零设定

如果轿车配备的是长效保养间隔仪表板，则只能使用合适的诊断设备进行保养归零；如果车辆配备的是定期保养型的仪表板，则可以用如下叙述的方法进行保养归零操作：

（1）按下如图7-24所示仪表板上的按钮A并保持按压状态。

（2）将点火开关置于ON。“SERVICE RESET”将显示在里程表的显示屏上。

（3）松开按钮A。

（4）按下按钮B，即可完成保养提示归零设定。

（5）将点火开关置于OFF。

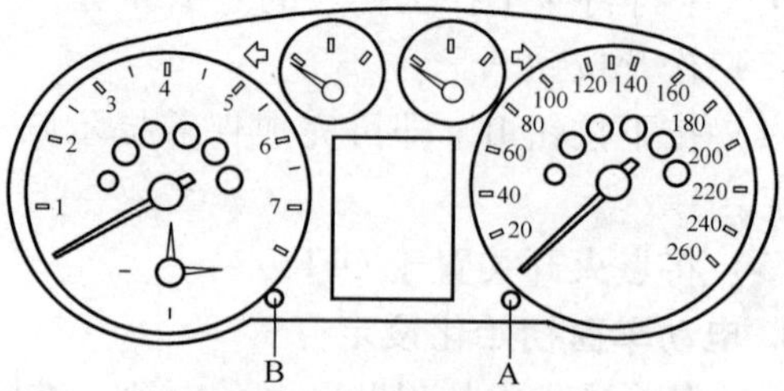

图7-24 归零按钮识别

2. 电动车窗初始化设定

维护保养过程中如果断开过蓄电池，维修结束，重新连接蓄电池后要按照如下叙述执行电动车窗初始化设定操作：

（1）确认所有车门和车窗均完全关闭。

（2）用钥匙插入驾驶人侧门锁，将车门上锁。

（3）转动钥匙，把车门门锁打开。

（4）再次用钥匙锁上车门，使钥匙在锁止位置停留的时间至少超过1s。

（5）电动车窗会恢复正常工作。

三、大众途观轿车保养灯归零（2008～2011年）

1. 保养间隔归零设定

如果轿车配备的是长效保养间隔仪表板，则只能使用合适的诊断设备进行保养归零；如果车辆配备的是定期保养型的仪表板，则可以用如下叙述的方法进行保养归零操作：

（1）将点火开关置于OFF。

（2）按下图7-25所示仪表板上的按钮A并保持按压状态。

（3）将点火开关置于ON。

（4）松开按钮A。

（5）在20s内按下按钮B，即可完成保养提示归零设定。

（6）将点火开关置于OFF。

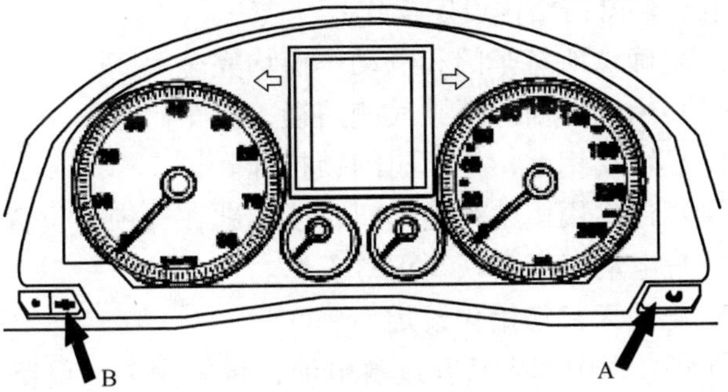

图7-25　归零按钮识别

2. 电动车窗初始化设定

维护保养过程中如果断开过蓄电池，维修结束，重新连接蓄电池后要按照如下叙述执行电动车窗初始化设定操作：

（1）将点火开关置于ON。

（2）确认所有车门和车窗均完全关闭。

（3）提起电动车窗的关闭开关至少保持1s。

（4）松开电动车窗的关闭开关。

（5）提起电动车窗的关闭开关至少保持1s。

（6）电动车窗应恢复正常工作。

（7）对其他车窗也执行同样的设定操作。

（8）所有的电动车窗初始化设定完毕后，将点火开关置于OFF。

3. 转向传感器设定

维修过程中如果断开过蓄电池，维修完毕，重新连接蓄电池后，要按照如下叙述执行转向传感器设定操作。

（1）驾驶车辆以15～20km/h的车速直线行驶。

（2）TCS（牵引力控制）/ESP（电子稳定程序）警告灯会熄灭。

（3）如果警告灯没有熄灭，就再次重复设定操作步骤。

四、大众甲壳虫轿车保养灯归零（2000～2012年）

1. 保养间隔归零设定

如果轿车配备的是长效保养间隔仪表板，则只能使用合适的诊断设备进行保养归零；如果车辆配备的是定期保养型的仪表板，则可以用如下叙述的方法进行保养归零操作：

（1）按住如图7-26所示的按钮A。

（2）将点火开关置于ON。

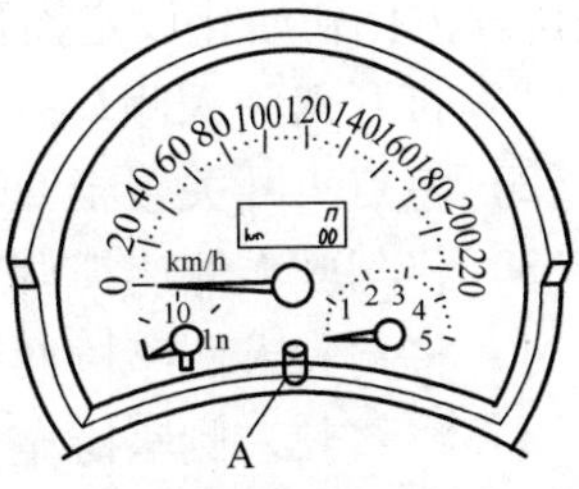

图7-26　归零按钮识别

（3）松开按钮 A。显示屏将显示“SERVICE”。
（4）按住按钮 A，直至显示屏上的“SERVICE”字符消失。
（5）将点火开关置于 OFF。

2. 电动车窗初始化设定

维修保养过程中如果断开过蓄电池，则维修完毕，重新连接蓄电池后，要按照如下叙述执行电动车窗初始化设定操作：
（1）确认所有车门和电动车窗均完全关闭。
（2）用钥匙插入驾驶人侧门锁，将车门上锁。
（3）转动钥匙，把车门门锁打开。
（4）再次用钥匙锁上车门，使钥匙在气锁止位置停留的时间至少超过 1s。
（5）电动车窗会恢复正常工作。

3. 电动天窗初始化设定

维修过程中如果断开过蓄电池，维修完毕，重新连接蓄电池后，要按照如下叙述执行设定操作：
（1）将点火开关置于 ON。
（2）按住电动天窗的开关，持续按住 10s。
（3）将点火开关置于 OFF。

五、大众辉腾轿车保养灯归零（2002～2015 年）

1. 保养间隔归零设定

辉腾轿车的保养间隔设定只能使用诊断设备操作完成。

2. 电动车窗初始化设定

维修保养过程中如果断开过蓄电池，则维修完毕，重新连接蓄电池后，要按照如下叙述执行电动车窗初始化设定操作：
（1）确认所有车门和电动车窗均完全关闭。
（2）用钥匙插入驾驶人侧门锁，将车门上锁。
（3）转动钥匙，把车门门锁打开。
（4）再次用钥匙锁上车门，使钥匙在气锁止位置停留的时间至少超过 1s。
（5）电动车窗会恢复正常工作。

3. 驾驶位置记忆初始化设定

维修过程中如果断开过蓄电池，则维修完毕，重新连接蓄电池后，要按照如下叙述执行驾驶位置记忆初始化设定操作：
（1）打开驾驶人侧车门。
（2）将点火开关置于 ON。
（3）将驾驶人侧座椅调节到最前位置。
（4）将驾驶人侧座椅调节到最高位置。
（5）将驾驶人侧座椅靠背调节到最前位置。

4. 转向传感器设定

维修过程中如果断开过蓄电池，维修完毕，重新连接蓄电池后，要使用诊断设备对转向传感器执行设定操作。

六、上海大众新途安保养灯归零（2016～2018年）

方法一：利用风窗刮水器操纵杆操作（图7-27）**进行复位**

（1）打开点火开关，如果显示屏中出现一个车辆符号或有警告信息，按压一次风窗刮水器操纵杆上的按钮A，进入“主菜单”。

（2）按压铵钮B的上端或下端，选择“设置”菜单，按下按钮A进行确认。

（3）按压按钮B的下端，选择“保养”菜单，按下按钮A进行确认。

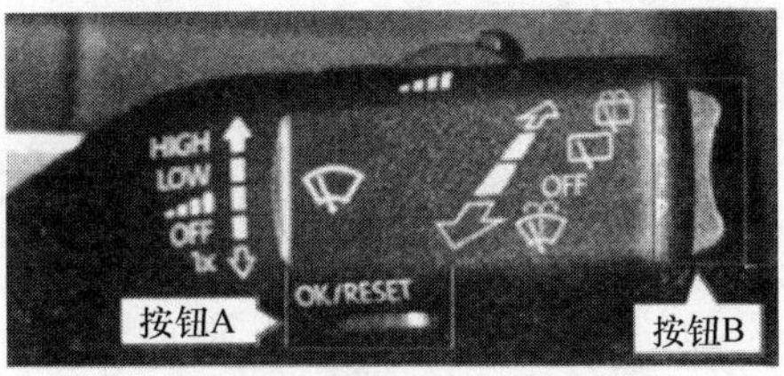

图7-27　全新途观风窗刮水器操纵杆

（4）按压按钮B的下端，选择“重置”菜单项，按下按钮A进行确认。

（5）仪表的多功能显示器中出现“确定要复位保养周期数据”，按下按钮A进行确认。

（6）通过“返回”菜单可以返回主菜单，复位完毕。

方法二：通过多功能转向盘上的按键进行复位

操作方法如图7-28所示。

（1）打开点火开关，显示屏中出现一个车辆符号或警告信息。

（2）按下按键⑤。

（3）反复按压键④，直至出现“设置”菜单。

（4）按下按键⑥，选择“保养”菜单项。

（5）按下按键⑤，确认“保养”选项。

（6）通过按键⑥，选择“重置”菜单项。

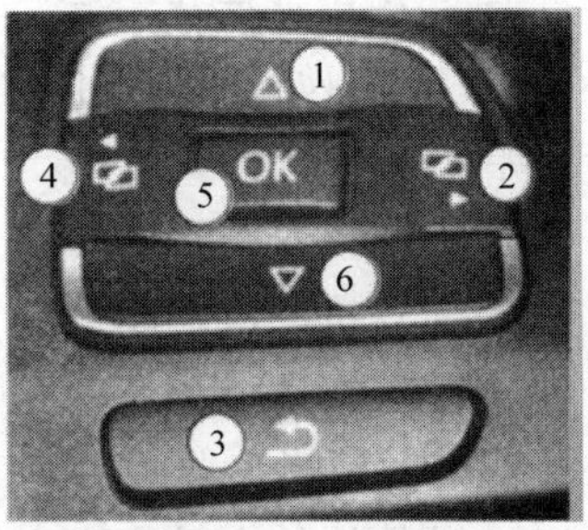

图7-28　多功能转向盘上的按键

（7）按下按键⑤，出现菜“确定要复位保养周期数据”。

（8）按下按键⑤进行确认。

（9）通过按键⑥，选择“返回”菜单。

（10）关闭点火开关。

七、大众高尔夫轿车保养灯归零（2009～2012年）

1. 保养间隔归零设定

如果轿车配备的是长效保养间隔仪表板，则只能使用合适的诊断设备进行保养归零；如果车辆配备的是定期保养型的仪表板，则可以用如下叙述的方法进行保养归零操作。

（1）配备多功能显示器的车型

1）将点火开关置于ON。

2）按动图7-29所示的按钮A。

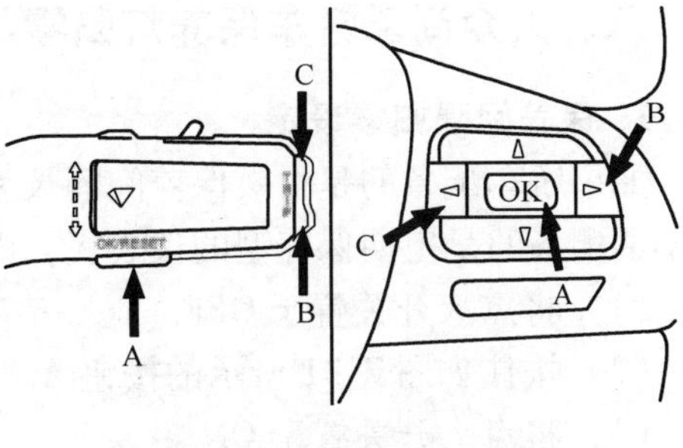

图7-29　归零按钮识别

3）反复按下按钮B或C，直至显示屏显示“settings”。

4）按动按钮 A。

5）反复按下按钮 B 或 C，直至显示屏显示“service”。

6）按动按钮 A。

7）反复按下按钮 B 或 C，直至显示屏显示“reset”。

8）把按钮 A 连按 2 次。

9）将点火开关置于 OFF。

（2）不配备多功能显示器的车型

1）将点火开关置于 OFF。

2）按住按钮 A（图 7-30）。

3）将点火开关置于 ON。

4）松开按钮 A。

5）按下按钮 B。等待显示屏回复到主菜单页面。

6）将点火开关置于 OFF。

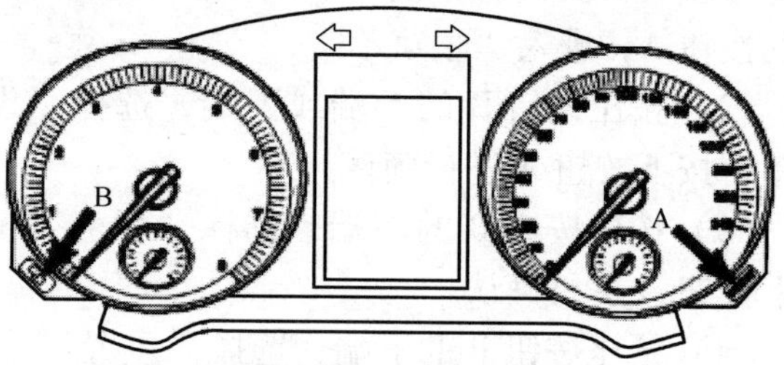

图 7-30　归零按钮识别

2. 电动车窗初始化设定

维修过程中如果断开过蓄电池，则维修完毕重新连接蓄电池后要按照如下叙述执行电动车窗初始化设定操作。

（1）将点火开关置于 ON。

（2）反复按动电动车窗的开启开关，使电动车窗完全开启。

（3）反复按动电动车窗的关闭开关，使电动车窗完全关闭，然后继续保持关闭的按压状态，直至听到蜂鸣器鸣响一声为止。

（4）对其他的电动车窗也执行同样的设定操作。

（5）将点火开关置于 OFF。

3. 转向位置传感器设定

维修过程中如果断开过蓄电池，维修完毕，重新连接蓄电池后，要按照如下叙述执行转向位置传感器设定操作。

（1）驾驶车辆以 15 ~ 20km/h 的车速直线行驶。

（2）TCS（牵引力控制）/ESP（电子稳定程序）警告灯会熄灭。

（3）如果警告灯没有熄灭，就再次重复设定操作步骤。

八、大众尚酷轿车保养灯归零（2009 ~ 2016 年）

1. 保养间隔归零设定

如果轿车配备的是长效保养间隔仪表板，则只能使用合适的诊断设备进行保养归零；如果车辆配备的是定期保养型的仪表板，则可以用如下叙述的方法进行保养归零操作：

（1）将点火开关置于 OFF。

（2）按住如图 7-31 所示的按钮 A。

（3）将点火开关置于 ON。

（4）松开按钮 A。

（5）在 20s 内，短暂按下按钮 B。保养间隔会重新设定。

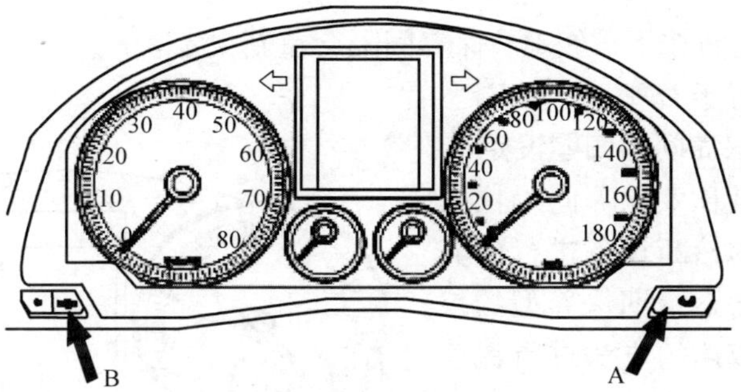

图 7-31　按钮识别

2. 转向传感器设定

维修过程中如果断开过蓄电池，维修完毕，重新连接蓄电池后，要按照如下叙述执行转向位置传感器设定操作：

（1）驾驶车辆以 15～20km/h 的车速直线行驶。

（2）TCS（牵引力控制）/ESP（电子稳定程序）警告灯会熄灭。

（3）如果警告灯没有熄灭，就再次重复设定操作步骤。

九、大众 CC 轿车保养灯归零（2008～2018 年）

1. 类型 1 仪表板保养间隔归零设定

如果轿车配备的是长效保养间隔仪表板，则只能使用合适的诊断设备进行保养归零；如果车辆配备的是定期保养型的仪表板，则可以用如下叙述的方法进行保养归零操作：

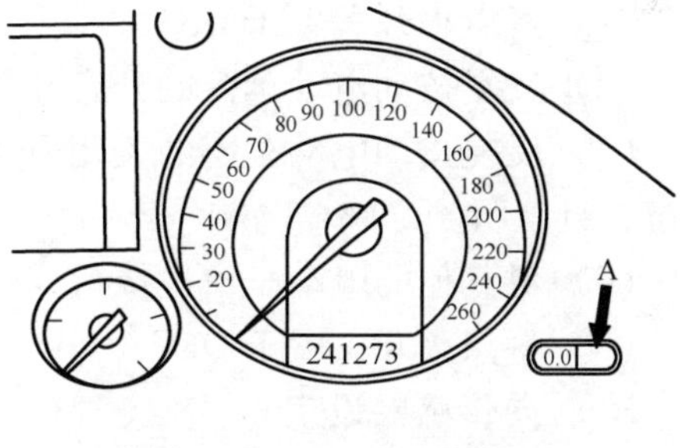

图 7-32　归零按钮 A 识别

（1）将点火开关置于 OFF。

（2）按住如图 7-32 所示的按钮 A。

（3）将点火开关置于 ON。

（4）松开按钮 A。

（5）在 20s 内，短暂按下按钮 B。保养间隔会重新设定。

（6）将点火开关置于 OFF。

2. 类型 2 仪表板保养间隔归零设定

如果轿车配备的是长效保养间隔仪表板，则只能使用合适的诊断设备进行保养归零；如果车辆配备的是定期保养型的仪表板，则可以用如下叙述的方法进行保养归零操作：

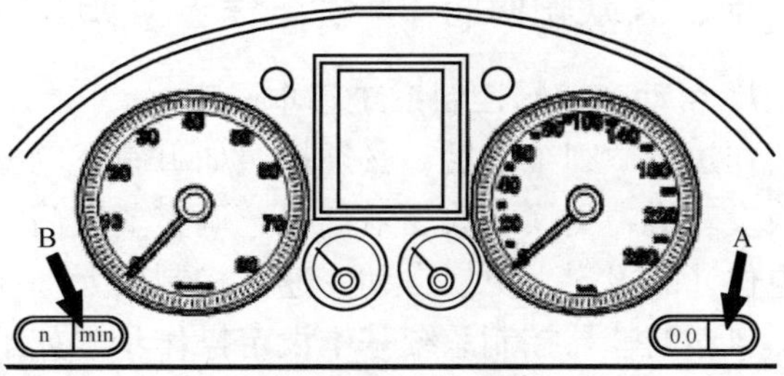

图 7-33　按钮识别

（1）将点火开关置于 OFF。

（2）按住图 7-33 所示的按钮 A。

（3）将点火开关置于 ON。

（4）松开按钮A。

（5）在20s内，短暂按下按钮B。保养间隔会重新设定。

（6）将点火开关置于OFF。

3. 类型3仪表板保养间隔归零设定

如果轿车配备的是长效保养间隔仪表板，则只能使用合适的诊断设备进行保养归零；如果车辆配备的是定期保养型的仪表板，则可以用如下叙述的方法进行保养归零操作：

（1）将点火开关置于OFF。

（2）按住图7-34所示的按钮A。

（3）将点火开关置于ON。

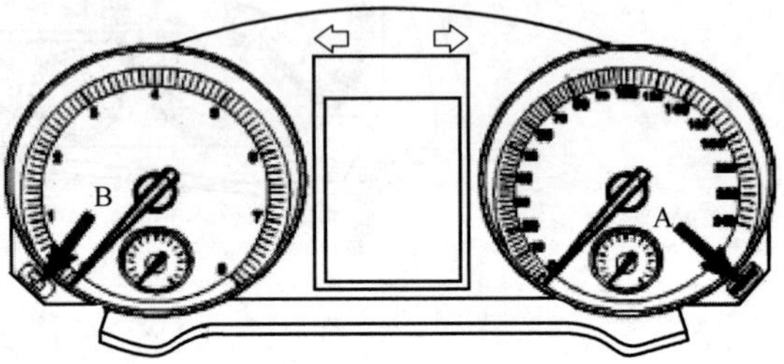

图7-34　按钮识别

（4）松开按钮A。

（5）在20s内，短暂按下按钮B。等待显示屏恢复到主菜单中的显示状态。保养间隔会重新设定。

（6）将点火开关置于OFF。

4. 电动车窗初始化设定

维修过程中如果断开过蓄电池，则维修完毕，重新连接蓄电池后，要按照如下叙述执行电动车窗初始化设定操作：

（1）将点火开关置于ON。

（2）反复按动电动车窗的开启开关，使电动车窗完全开启。

（3）反复按动电动车窗的关闭开关，使电动车窗完全关闭，然后继续保持关闭的按压状态，直至听到蜂鸣器鸣响一声为止。

（4）对其他的电动车窗也执行同样的设定操作。

（5）将点火开关置于OFF。

5. 转向传感器设定

维修过程中如果断开过蓄电池，维修完毕，重新连接蓄电池后，要按照如下叙述执行设定操作：

（1）驾驶车辆以15~20km/h的车速直线行驶。

（2）TCS（牵引力控制）/ESP（电子稳定程序）警告灯和转向警告灯会熄灭。

十、大众帕萨特B5轿车保养灯归零（2008~2015年）

1. 自动变速器控制系统基本设定

在执行下列维修后，必须按照如下叙述的操作步骤执行自动变速器控制系统基本设定：变换发动机，更换或改变节气门，调整节气门（设定怠速），更换节气门电位计，改变节气门电位计的设定，更换自动变速器控制单元。

自动变速器控制系统基本设定操作步骤如下：

（1）连接故障诊断仪VAG 1551，输入地址码02“变速器电子系统”，屏幕显示：

Rapid data transfer Select function ××	HELP
快速数据传输 选择功能××	帮助

（2）按下数字键0和4，执行基本设定功能，此时应将加速踏板保持在怠速位置，屏幕显示：

Rapid data transfer 04 – Basic setting	Q
快速数据传输 04 – 基本设定	Q

（3）用Q键确认，屏幕显示：

Basic setting Enter display group number ×××	HELP
基本设定 输入显示组号码 ×××	帮助

（4）按数字00和0，按Q键确认，屏幕显示：

System in basic setting	0→
系统正在基本设定中	0→

（5）将加速踏板踩到底，使换挡开关动作并保持在该位置3s，此时系统进行基本设定。

（6）按→键，故障诊断仪将回复到起始状态。

2. 发动机控制单元与节气门部件匹配设定

在车辆维修保养过程中，如果在更换蓄电池时造成发动机控制单元供电中断或更换发动机控制单元后，需要将发动机控制单元与节气门控制部件进行匹配。匹配时，要首先确认故障存储器中没有存储故障码；蓄电池电压至少为11.5V；所有电气设备如照明、后窗玻璃加热等都必须处于关闭状态；节气门必须处于怠速运行位置；如果配备巡航系统，其功能也必须保持正常。匹配操作步骤参见如下叙述：

发动机控制单元与节气门部件匹配设定操作步骤如下：

（1）连接故障诊断仪VAG 1551，用地址码01选定发动机控制单元，屏幕显示：

Rapid data transfer Select function ××	HELP
快速数据传输 选择功能 ××	帮助

（2）按键0和4，选定基本设定功能，并用Q键确认，屏幕显示：

Basic setting	HELP
Enter display group number ×××	
基本设定	帮助
输入显示组号码 ×××	

（3）按键0、9和8选定“显示组98”，并用Q键确认，屏幕显示：

System in basic setting	98→
×.××××V×.×××V Iding ADP. RUNS	
系统基本设定	98→
×.××××V×.×××V 怠速 ADP. RUNS	

（4）在按Q键后，如果节气门的位置调节器在最大、最小和五个中间位置运行，控制单元就会连续在存储器中存储相应的节气门角度；该过程持续约10s，随后节气门在启动位置保持片刻，随后关闭；匹配完成，关闭点火开关。

（5）节气门脏污、节气门拉索调整错误或蓄电池压过低或节气门控制部件损坏等有可能造成控制单元基本设定中断，在中断之后，将在故障码存储器中存入故障码“17967”或“17972”，在下一次打开点火开关时，将自动进行基本设定。

3. 发动机控制单元与电子防盗器的匹配设定

更换发动机控制单元，需要按照如下叙述将新的发动机控制单元与电子防盗器进行匹配。

（1）连接故障诊断仪VAG 1551，用地址码01选定发动机控制单元，屏幕显示：

Rapid data transfer	HELP
Select function ××	
快速数据传输	帮助
选择功能 ××	

（2）按键1和0，选择匹配功能，并用Q键确认，屏幕显示：

Adaptation
Feed in channel number ××
匹配
输入通道号码 ××

（3）按键00、选定通道00，用Q键确认，屏幕显示：

Adaptation　　　　Q Erase learnt values?	
匹配 删除学习值吗?	

(4) 用Q键确认，屏幕显示：

Adaptation　　　　→ Learnt values have been erased	
匹配 学习值已经删除	

(5) 按→键结束匹配，结束输出，并关闭点火开关。

(6) 按0和6键，结束输出。

(7) 关闭点火开关；在下一次点火开关接通时，发动机控制单元的识别码将由防盗装置的电子控制单元输入并存储。

十一、帕萨特领驭轿车保养灯归零（2008～2015年）

1. 收音机系统设定

维修保养过程中如果断开过蓄电池电缆，则车辆配备的带有防盗功能的收音机需要在维护保养完成后执行收音机防盗密码输入，收音机按键识别，如图7-35所示。

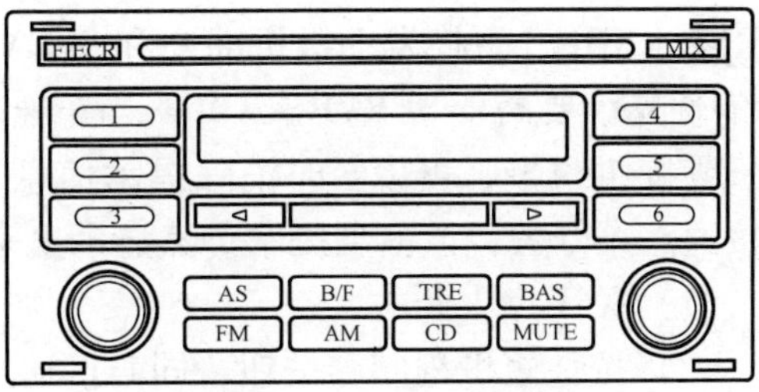

图7-35　收音机按键识别

(1) 打开收音机。收音机屏幕会显示“SAFE”信息。等待几秒钟后，数字显示器中会显示“1000”信息。

(2) 使用收音机面板上的选台按键输入收音机的防盗密码，按动按键1输入防盗密码的第一位数，按动按键2输入防盗密码的第二位数，以此类推。

(3) 按下选台按键6在左侧的带有三角形标记的按键，确认输入的密码。

(4) 如果密码输入正确，收音机经过短暂的搜索电台后会显示当前的频率并自动存储信号最好的电台。

2. 电动车窗防夹功能重新设定

在维修保养过程中如果断开过蓄电池，则电动车窗的自动防夹功能就不再起作用。重新连接蓄电池后，应按照如下叙述执行重新设定：

(1) 在车外将驾驶人侧车门上，将所有车门和车窗全部关闭。

(2) 使钥匙在锁上位置至少保持1s。驾驶人侧电动车窗和乘客侧电动车窗的防夹功能即可恢复。

3. 电动天窗紧急关闭设定

当发生供电故障导致电动天窗无法关闭时，可按照如下叙述使用手动方法关闭天窗：

（1）按照图 7-36 所示，用螺钉旋具拆卸塑料盖。

（2）从盖子支架中往外拉出手柄。

（3）按照图 7-37 所示，顺时针转动手柄，直至电动天窗关闭。

图 7-36 拆卸塑料盖

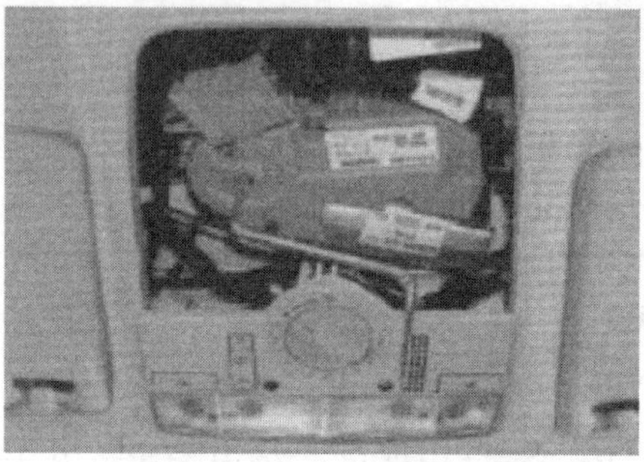

图 7-37 转动手柄关闭天窗

（4）把手柄塞入支架中，装上塑料盖。

十二、大众桑塔纳 3000 轿车保养灯归零（2008～2015 年）

维护保养到期时会行驶里程显示器提示，到维修保养的时候，在里程显示器上会出现 SERVICE OIL（更换发动机机油）和 SERVICE INSP（检修保养）字样，其中 SERVICE INSP 的优先级要高于 SERVICE OIL。当车速高于 5km/h 时，提示信息会自动消失，按住短里程归零按钮约 3s，可以暂时消除提示信息。但如果车辆不到维修厂进行维护保养，以后每次接通点火开关，该信息提示仍然显示出来。归零操作步骤参见如下叙述：

（1）关闭点火开关。

（2）按住短里程归零按钮，同时接通点火开关。

（3）点火开关接通后仍显示提示信息，在 30s 内再次按下短里程归零按钮，即可清除提示信息。

十三、大众宝来轿车保养灯归零（2008～2015 年）

（1）关闭点火开关。

（2）按下车速表旁的按钮 1，并保持该状态。

（3）每行驶 7500km，打开点火开关并松开按钮 1。蓝色背光组合仪表中里程显示屏 2 上出现“SERVICE（提醒功能）”字符，待中间显示屏的组合仪表上出现“SERVICEJETZT”字符，此时应检查机油。

（4）更换完机油和机油滤清器后，顺时针转动转速表门旁的调节按钮 1，这时保养周期显示就被复位了，显示屏上的显示内容和“SERVICE（提醒功能）”也就消失了。

（5）关闭点火开关，保养归零完成。

十四、大众波罗轿车保养灯归零（2010～2016 年）

维护保养间隔到期时，用户起动发动机后，系统会在里程表显示屏上显示 SERVICE OIL（更换发动机机油）或 SERVICE INSP（维修保养），提示用户及时到维修厂进行维护保养。完成维护保养后可按照如下叙述执行归零设定：

（1）在发动机熄火状态下按住车速表下方的归零按钮，如图 7-38 所示。

（2）起动发动机，等待 10s 后再松开归零按钮。里程表显示屏会显示阴影线，表示已经归零设定完毕。

图 7-38　归零按钮识别

十五、大众速腾轿车保养灯归零（2010～2018 年）

（1）首先按住保养按钮（＋按住小里程归零按钮）。

（2）插入钥匙到灯亮，听到叮的一声后放开保养按钮。

（3）不要转动钥匙，按住仪表旁边的分钟按键（MIN），如果分钟时间没有走动，归零成功。

十六、高尔夫 A6、A7 轿车保养灯归零（2010～2017 年）

（1）关闭点火开关，按压里程表测“SET”按钮。

（2）按住按钮打开点火开关，保养周期显示区进入清零模式。

（3）松开按钮，然后在 20s 内按压转速表左下角调节按钮，显示屏稍后即恢复为常规显示模式。

十七、大众迈腾 B7L 保养灯归零（2011～2016 年）

方法一：用组合仪表上的操作键进行复位

操作方法如图 7-39 所示。

（1）点火开关关闭时，按住“里程复位”按钮。

（2）打开点火开关。

（3）松开“里程复位”按钮，短按一次“时钟调整”按钮，保养周期显示处于复位模式状态，若干秒后，显示屏会切换回正常显示。

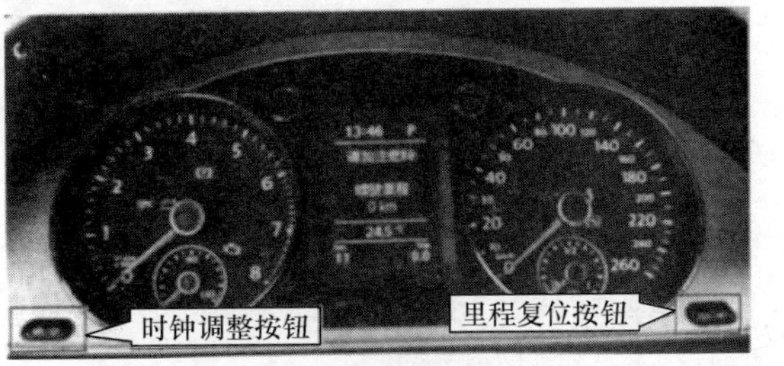

图 7-39　组合仪表

方法二：用风窗刮水器操纵杆操作（图 7-40）**进行复位**

（1）打开点火开关。

（2）按压风窗刮水器操纵杆上翘板开关的上端，直至仪表的多功能显示器中显示“主菜单”。

（3）按压翘板开关的下端，选择“设置”菜单，按下 OK/RESET 按钮进行确认。

（4）按压翘板开关的下端，选择“保养”菜单，按下 OK/RESET 按钮进行确认。

（5）按压翘板开关的下端，选择“重置”菜单项，按下 OK/RESET 按钮进行确认。

（6）仪表的多功能显示器中出现“确定要复位保养周期数据”，按下 OK/RESET 按钮进行确认。

（7）通过“返回”菜单可以返回主菜单，复位完毕。

方法三：用多功能转向盘右侧上的按键（图 7-41）进行复位

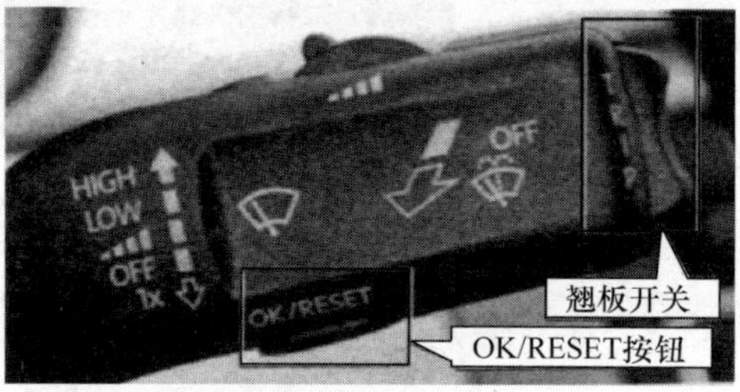

图 7-40　风窗刮水器操纵杆

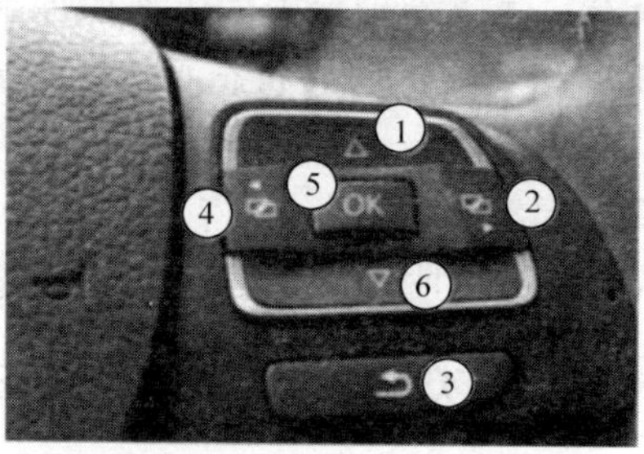

图 7-41　多功能转向盘上的按键

（1）打开点火开关。

（2）按下按钮④，直至仪表的多功能显示器中出现“设置”菜单。

（3）按下按钮⑥，选择“保养”菜单项。

（4）按下按钮⑤，确认“保养”选项。

（5）按下按钮⑤，选择“重置”菜单项。

（6）按下按钮⑤，仪表的多功能显示器中出现“确定要复位保养周期数据”。

（7）按下按钮⑤进行确认。

（8）通过“返回”菜单可以返回主菜单，复位完毕。

十八、朗逸/朗行/朗境保养灯归零（2013～2017 年）

（1）关闭点火开关。

（2）按住车速表旁的“复位”按钮（图 7-42）。

（3）打开点火开关。

（4）在仪表板的显示单元中出现一个闪动的扳手信号。

图 7-42　2016 款朗境仪表

（5）松开“复位”按钮。

（6）按下“时钟调节”按钮，保养周期显示器被复位，行驶里程表中的显示变成标准状态。

（7）关闭点火开关。

十九、凌度保养灯归零（2014～2018 年）

进行机油更换保养或定期检查保养后，可按下述方法将保养周期显示项清零。

（1）关闭点火开关。

（2）按住组合仪表上的“0.0”按钮，如图 7-43 所示。

（3）打开点火开关。

（4）当组合仪表显示屏显示下列某条信息时，松开按钮。

① 确定要复位保养服务的数据？

② 确定要复位车况检查服务的数据？

提示：当发动机处于运转状态时，按压风窗刮水器操纵杆上的OK/RESET按钮或按压多功能转向盘上的OK按钮，数秒后显示的保养信息隐去，返回常规显示模式。

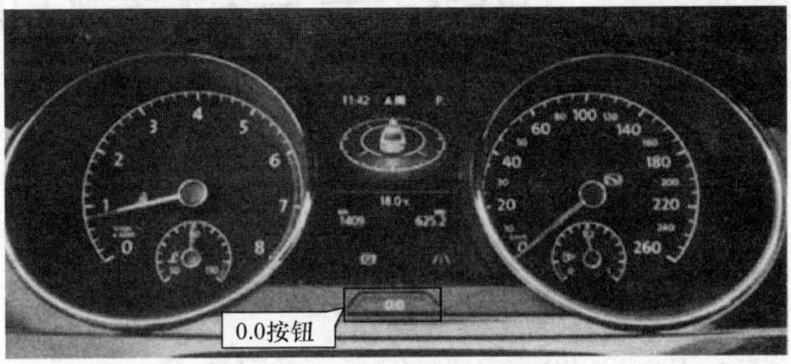

图7-43　2015款凌渡仪表

第八章　斯柯达车系遥控器设定与保养灯归零

第一节　斯柯达车系遥控器设定

一、斯柯达 Fabia Ⅱ（2009～2011 年）、斯柯达 Roomster（2006～2011 年）轿车遥控器设定

（一）系统操作 1

（1）系统 LED 位于驾驶人侧前车门门板上。

（2）按下钥匙锁止键（图 8-1）1 次锁止车辆和激活报警系统。指示灯闪烁 1 次表明车辆锁止。

（3）按下钥匙解锁键 1 次解锁车辆和解除报警系统。指示灯闪烁 2 次表明车辆解锁。

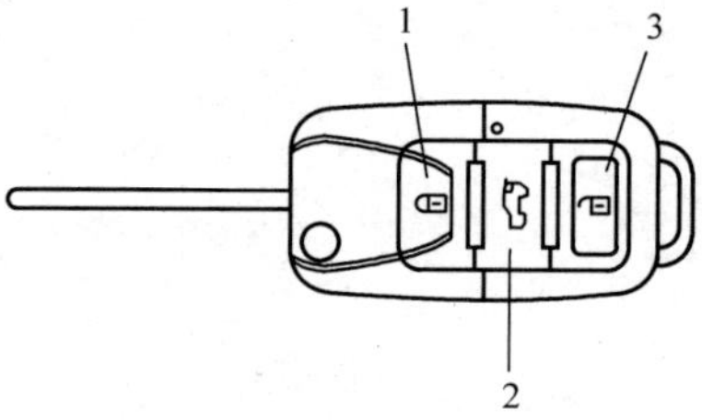

图 8-1　钥匙
1—锁止键　2—行李箱释放键
3—解锁键

（4）按下行李箱释放键约 1s 解锁行李箱。

（5）一些车型（若已编程）

① 按下钥匙解锁键 1 次解除报警系统且仅解锁驾驶人侧车门。

② 在 2s 内按下钥匙解锁键 2 次解除报警系统和解锁全车车门和行李箱。

（6）车内检测传感器/倾斜传感器解除

① 关闭点火开关。

② 按下车内检测传感器/倾斜传感器解除开关位于驾驶人侧车门上。在 30s 内锁止车辆。

注意： 车内检测传感器/传感器在车辆再次被锁止后激活。

（7）当车速高于 15km/h 后，车门将自动锁止。

（8）如果已解锁的车辆在 30s 内所有车门及行李箱未被开启，则车辆自动锁止和激活报警系统。

（9）防盗报警系统及中控锁功能可用诊断设备进行更改。

（二）同步设定

1. 当出现以下情况时，需进行同步设定。

（1）当车辆不在遥控范围内时反复操作钥匙和系统失效。

（2）更换钥匙电池。

2. 同步设定方法

在1min内：①按下钥匙锁止键或解锁键。②用钥匙手动解锁车辆。

（三）钥匙编程

1. 当出现以下情况时，系统需进行编程

（1）增加或更换钥匙。

（2）系统出现故障。

2. 编程方法

钥匙只能使用诊断设备进行编程。

（四）钥匙电池更换方法

钥匙电池更换方法，如图8-2所示。

（五）系统操作2

（1）关闭点火开关后系统进入报警状态。

（2）打开点火开关。

（3）确保防盗警告灯点亮约3s，如图8-3所示。

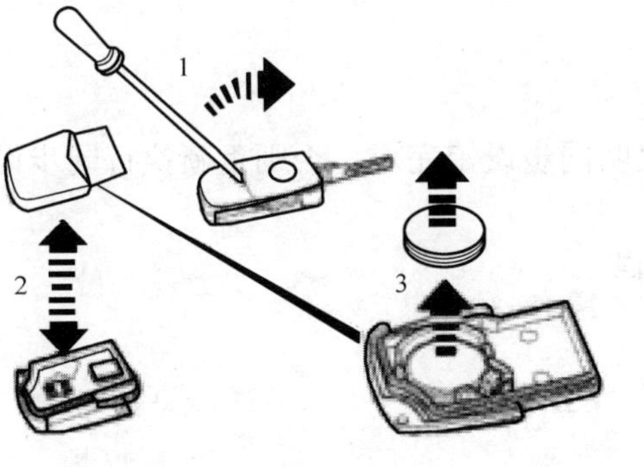

图8-2　电池更换方法

图8-3　防盗警告灯

（六）防盗编程

1. 当出现以下情况时，系统需进行重新编程

（1）系统故障。

（2）打开点火开关后，防盗警告灯连续地闪烁或点亮。

（3）增加或更换钥匙。

2. 编程方法

（1）获取所有钥匙。

（2）防盗系统只能使用诊断设备进行编程。

二、斯柯达明锐Ⅱ轿车遥控器设定（2008～2011年）

（一）系统操作1

（1）系统LED位于驾驶人侧前车门门板上。

（2）报警系统/中控锁功能可以使用诊断设备来改变。

（3）按下钥匙锁止键锁止车辆和激活报警系统。

（4）按下钥匙解锁键解锁车辆和解除报警系统。

（5）一些车型（若已编程）

① 按下钥匙解锁键1次解除报警系统且仅解锁驾驶人侧车门。

② 在5s内按下解锁键2次解除报警系统和解锁全车车门及行李箱。

③ 按住钥匙锁止键在压下位置来关闭车窗和天窗。

④ 按住钥匙键在压下位置来打开车窗。当车速超过15km/h时，车门自动锁止。

（6）如果已解锁的车辆在30s内所有车门及行李箱未被开启，则车辆自动锁止和激活报警系统。当进入报警状态后，车内灯关闭。

（7）车内检测传感器/倾斜传感器解除开关位于驾驶人B柱上。

（8）钥匙装备行李箱释放键。

（二）同步设定

1. 当出现以下情况时，需进行同步设定

（1）当车辆不在遥控范围内时反复操作钥匙和系统失效。

（2）更换钥匙电池。

2. 同步设定方法

（1）按下并按住钥匙锁止键或解锁键。

（2）约1min后，中控锁系统动作来表明同步设定完成，否则重新执行同步设定步骤。

（三）钥匙编程

1. 当出现以下情况时，系统需进行编程

（1）增加或更换钥匙。

（2）系统出现故障。

2. 编程方法

钥匙只能使用诊断设备进行编程。

注意：最多可以编程4把钥匙。

（四）钥匙电池更换方法

钥匙电池更换方法，如图8-4所示。

（五）系统操作2

（1）关闭点火开关后系统进入报警状态。

（2）打开点火开关。确保防盗警告灯点亮约3s，如图8-5所示。

（六）防盗编程

1. 当出现以下情况时，系统需进行重新编程

（1）系统故障。打开点火开关后，防盗警告灯连续地闪烁或点亮。

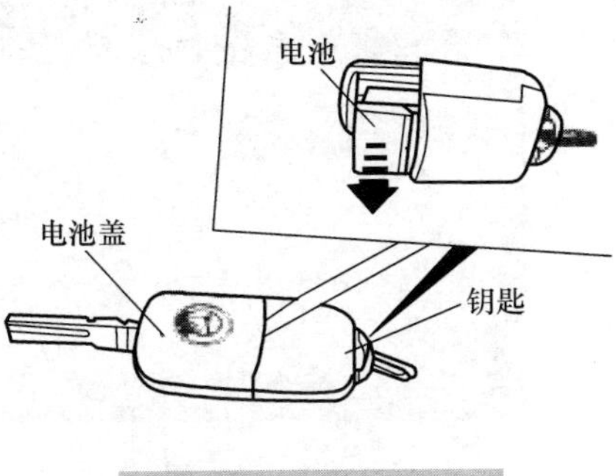

图 8-4　电池更换方法

图 8-5　防盗警告灯

（2）仪表板数字多功能显示“IMMOBILIZER ACTIVE”。

（3）增加或更换钥匙。

2. 编程方法

（1）获取所有钥匙。

（2）防盗系统只能使用诊断设备进行编程。

三、斯柯达速派轿车遥控器设定（2004～2008 年）

（1）首先把诊断数据线和汽车电脑连接上，打开车的电源（不要起动车辆）。

（2）打开笔记本电脑上的软件，输入 46，进入车的舒适系统，再进入 10（匹配），然后在通道那里输入 01，点击测试，然后输入新的需要匹配遥控的数量（匹配一个就输入 1），再点击保存。

（3）保存以后，把新的遥控器的 3 个键每个按 2s 以上，这样新遥控就匹配好了。

四、斯柯达野帝轿车遥控器设定（2009～2014 年）

（1）读取数据保存。

（2）芯片解锁（必须是全新空白 48 芯片）。

（3）进 TA4 生成斯柯达专用芯片。

（4）生成经销商钥匙输入数据保存。

（5）进 2007～2010 系统钥匙匹配，先插原钥匙读取密码保存，进行钥匙匹配，要等防盗灯不闪了，说明钥匙匹配成功，15s 内插下一把钥匙匹配，匹配中防盗警告灯不闪了，钥匙匹配成功。

（6）匹配遥控器。

五、斯柯达晶锐（2008～2014 年）、明锐（2007～2015 年）轿车遥控器设定

（1）车辆连接大众诊断仪 VAS 5051 诊断插口，打开点火开关，进入引导性功能界面，接着根据品牌、车型、年份、标识选择相应界面确定车辆标识，再按“→”键选定车身控制单元（BCM），如图 8-6、图 8-7 所示。

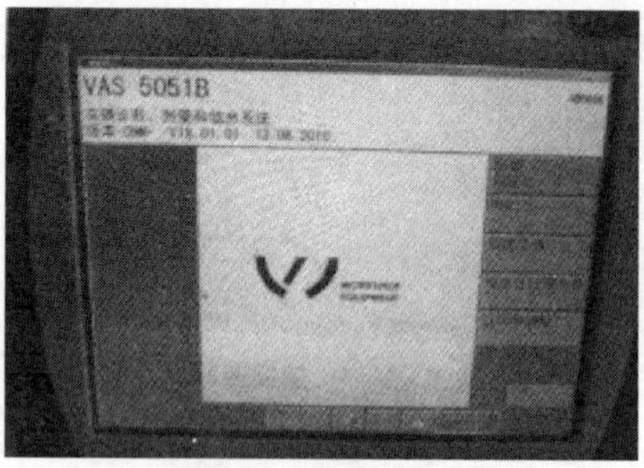

图 8-6　遥控器（一）

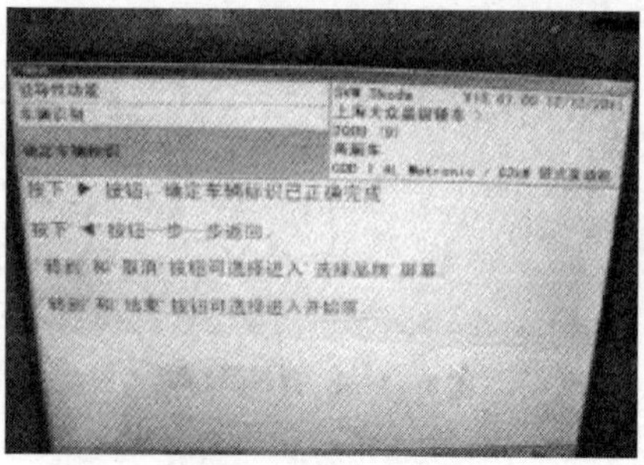

图 8-7　遥控器（二）

（2）选定车身控制单元（BCM）子菜单→匹配设定（BCM）→1→舒适系统模块（2）→4→匹配遥控钥匙，根据提示选择设定“是”，即设定完成，如图 8-8 ~ 图 8-11 所示。

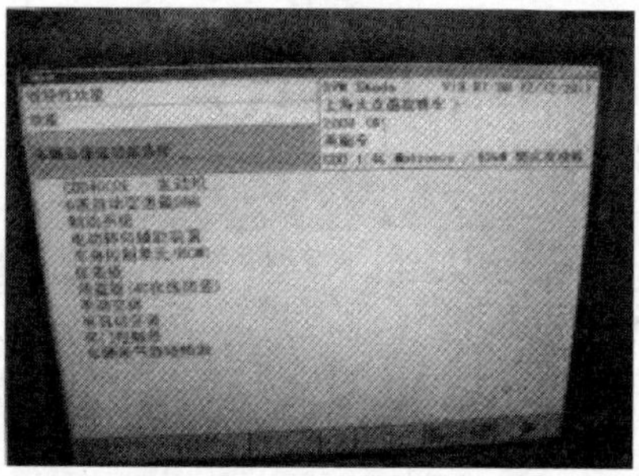

图 8-8　遥控器（三）

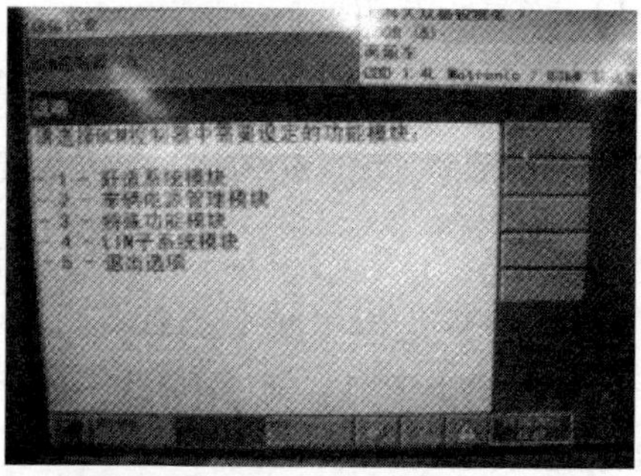

图 8-9　遥控器（四）

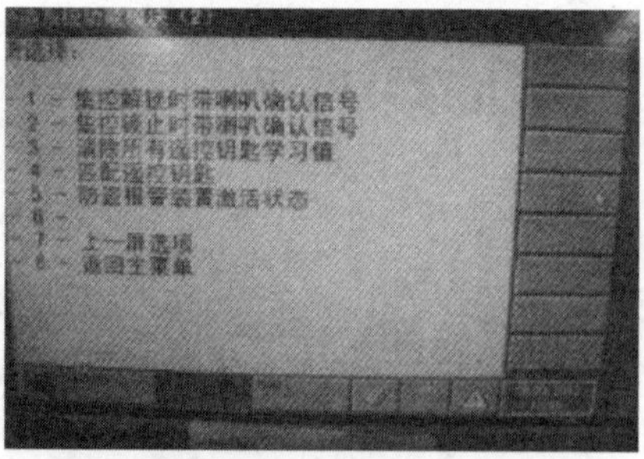

图 8-10　遥控器（五）

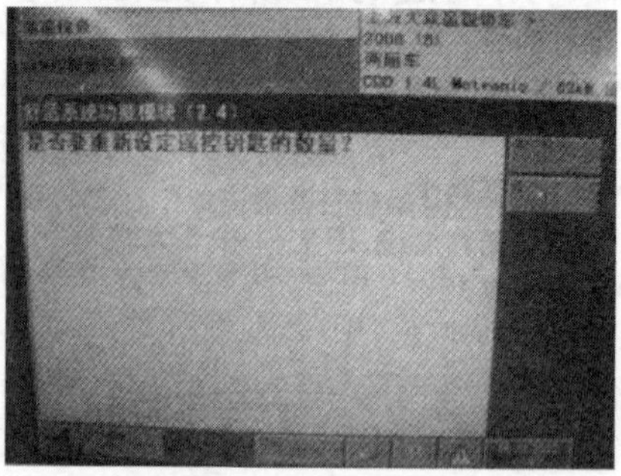

图 8-11　遥控器（六）

第二节　斯柯达车系保养灯归零

一、斯柯达晶锐轿车保养间隔归零设定（2000 ~ 2012 年）

1. 斯柯达晶锐轿车轿车保养归零间隔设定

（1）按住如图 8-12 所示的按钮 A。

（2）将点火开关置于 ON。保养信息或保养标识会显示在显示屏上。

（3）松开按钮 A。

（4）将按钮 A 向右转动，即可完成保养间隔归零设定。

（5）将点火开关置于 OFF。

2. 斯柯达晶锐轿车保养归零间隔设定

（1）将点火开关置于 OFF。

（2）按住如图 8-13 所示按钮 A。

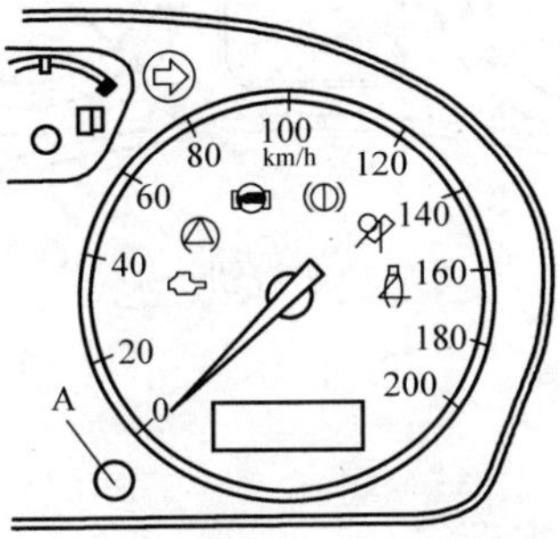

图 8-12　按钮 A 识别

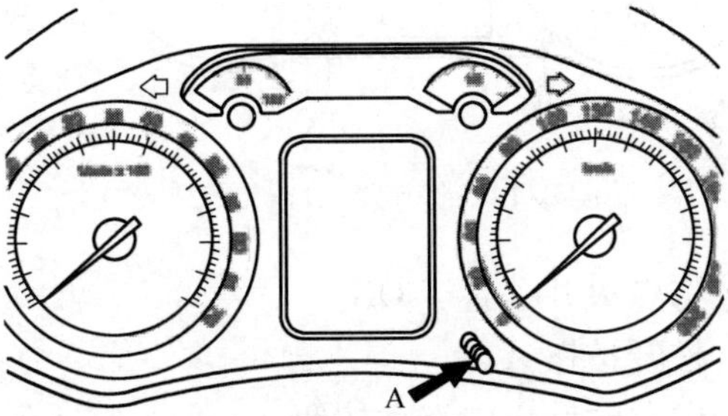

图 8-13　按钮 A 识别

（3）将点火开关置于 ON。

（4）松开按钮 A。

（5）将按钮 A 向右转动，即可完成保养间隔归零设定。

3. 斯柯达明锐轿车电动天窗设定

维护保养过程中如果断开过蓄电池，维修结束，重新连接蓄电池后，要按照如下叙述执行电动天窗设定操作：

（1）点火开关置于 ON。

（2）确认电动天窗的开关在关闭位置。

（3）按住电动天窗开关保持 10s 左右。

（4）检查电动天窗是否可以正常开闭。

（5）将点火开关置于 OFF。

二、斯柯达明锐轿车保养间隔归零设定（2008 ~2015 年）

1. 斯柯达明锐轿车保养间隔归零设定

（1）将点火开关置于 OFF。

（2）按住如图 8-14 所示的按钮 A。

（3）将点火开关置于 ON。

（4）里程表显示屏会显示 SERVICE 字符。

（5）松开按钮 A。

（6）将按钮 B 向右侧转动，即可完成保养间隔归零设定。

（7）将点火开关置于 OFF。

2. 斯柯达明锐轿车保养间隔归零设定

（1）将点火开关置于 OFF。

（2）按住如图 8-15 所示的按钮 A。

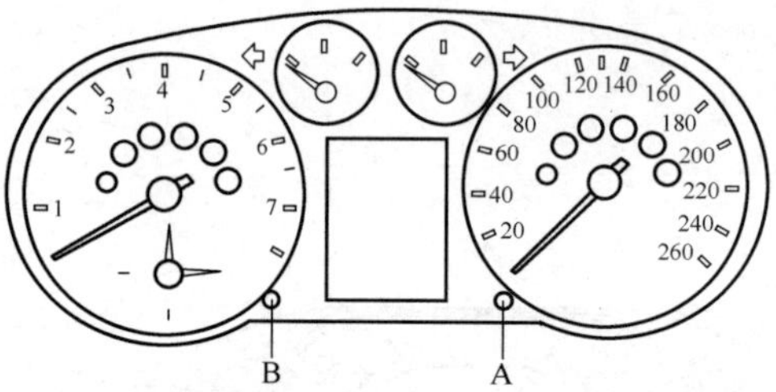

图 8-14　按钮 A 识别

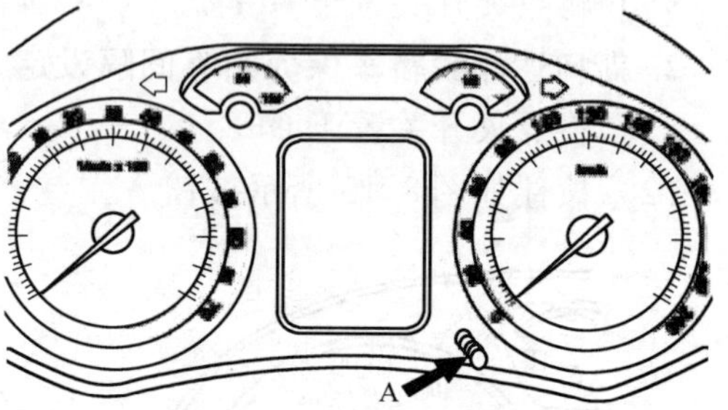

图 8-15　按钮识别

（3）将点火开关置于 ON。

（4）松开按钮 A。

（5）向顺时针方向转动按钮 A，即可完成保养间隔归零设定。

3. 电动天窗设定

与晶锐轿车相同。

三、斯柯达速派轿车保养灯归零设定（2002 ~ 2008 年）

1. 保养灯归零

（1）将点火开关设置到 OFF。

（2）按住如图 8-16 所示的按钮 A。

（3）将点火开关设置到 ON。里程表显示屏会显示 SERVICE。

（4）松开按钮 A。

（5）向顺时针方向转动按钮 B，即可完成保养间隔归零设定。

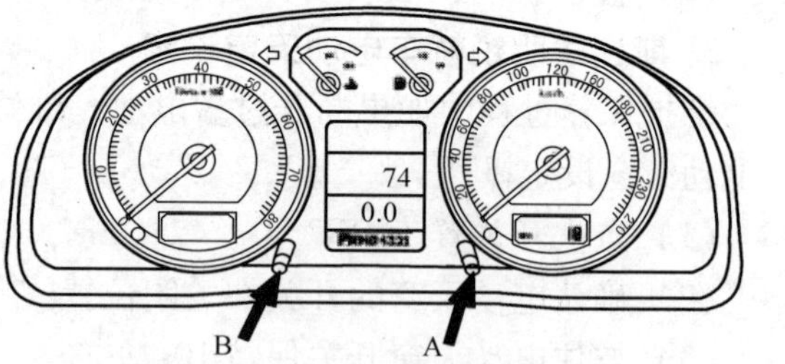

图 8-16　按钮识别

2. 电动天窗设定

与晶锐轿车相同。

四、斯柯达野帝轿车保养灯归零设定（2009 ~ 2013 年）

1. 带有多功能显示器的 YETI 轿车保养间隔归零设定

（1）将点火开关设置到 ON。

（2）按住图 8-17 所示的按钮 A，持续 1s 以上，使显示屏显示主菜单。

（3）短暂按动按钮 B。

（4）反复按动按钮 A，直至显示屏显示 SETUP 字符。

（5）短暂按动按钮 B。

（6）反复按动按钮 A，直至显示屏显示 SERVICE 字符。

（7）短暂按动按钮 B。

（8）反复按动按钮 A，直至显示屏显示 RESET 字符。

（9）短暂按动按钮 B。

（10）短暂按动按钮 B，执行确认。保养间隔归零设定完成。

（11）将点火开关设置到 OFF。

2. 没有配备多功能显示器的 YETI 轿车保养间隔归零设定

（1）将点火开关设置到 OFF。

（2）按住如图 8-18 所示的按钮 A。

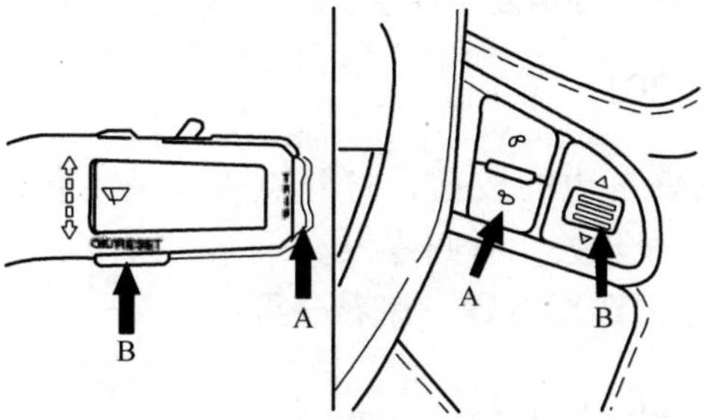

图 8-17　按钮识别

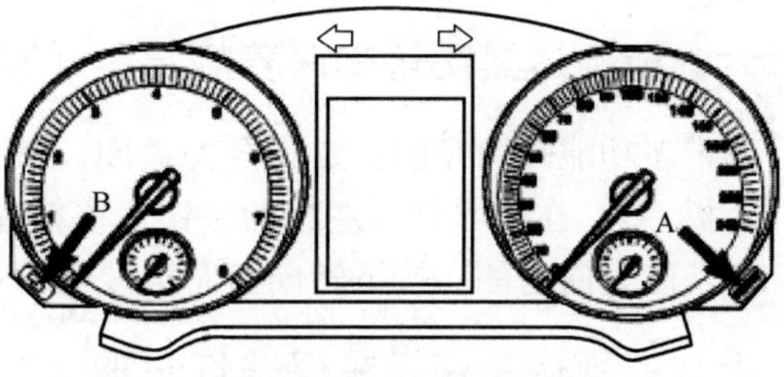

图 8-18　按钮识别

（3）将点火开关设置到 ON。

（4）松开按钮 A。

（5）按下按钮 B，使显示屏显示主菜单。保养间隔归零设定完成。

（6）将点火开关设置到 OFF。

3. 电动车窗初始化设定

维护保养过程中如果断开过蓄电池，维修结束，重新连接蓄电池后，要按照如下叙述执行电动车窗初始化设定操作：

（1）点火开关置于 ON。

（2）抬起并保持电动车窗的关闭开关，使电动车窗完全关闭。

（3）松开关闭开关。

（4）抬起并保持电动车窗的关闭开关，持续 3s 以上。

（5）对其他的电动车窗执行上述操作步骤。

（6）将点火开关设置到 OFF。

4. 电动天窗设定

维护保养过程中如果断开过蓄电池，维修结束，重新连接蓄电池后，要按照如下叙述执行电动天窗设定操作：

（1）将点火开关置于 ON。

（2）确认电动天窗的开关处于关闭位置。

（3）按住电动天窗的开关保持 10s 左右。

（4）检查电动天窗是否可以正常开闭。

（5）将点火开关设置到 OFF。

5. 转向盘位置传感器设定操作

维护保养过程中如果断开过蓄电池，维修结束，重新连接蓄电池后，要使用诊断设备执行方向盘位置传感器设定操作。

五、斯柯达明锐轿车保养灯归零（2012～2018 年）

（1）按住仪表上的按钮。
（2）打开点火开关（第 2 档就可以，不用起动）。
（3）右转按下的那个按钮。
（4）重新打开点火开关，检查是否复位成功，不行再重复 1 次。

六、斯柯达昊锐轿车保养灯归零（2010～2015 年）

不带多功能转向盘的：点火开关关闭，按住仪表右边的按钮，打开点火开关（仪表出现一个扳手），在按下仪表左边的按钮。重新打开点火开关，看归零没。

多功能方向盘的：按下转向盘右边“返回键”。再选择设置—保养—重设。

七、斯柯达晶锐轿车保养灯归零（2012～2017 年）

关掉点火开关，按住车速旁的按钮，打开点火开关，再按下转速表的按钮。

八、斯柯达晶锐轿车手动保养灯归零（2012～2017 年）

（1）将点火开关置于 OFF。
（2）按住仪表右键，不要松开。
（3）将点火开关置于 ON。
（4）松开仪表右键。
（5）按下仪表左键，操作完成。

操作完成后，“扳手”和报警音都没有了。再按 3 次左键后，仪表上会显示上次设置的保养间隔天数和里程，如图 8-19 所示，默认设置为 372 天、15000km。

图 8-19　默认设置

第九章　标致车系遥控器设定与保养灯归零

第一节　标致车系遥控器设定

一、标致 207 轿车遥控器设定（2008 ~ 2014 年）

（一）系统操作 1

（1）按下钥匙（图 9-1）的锁止键 1 次激活中控锁系统和报警系统。

（2）在车辆锁止 5s 内再次按下钥匙的锁止键激活双重锁止系统。

（3）按下钥匙解锁键解除报警系统、中控锁系统和双重锁止系统。

（4）若已解锁车辆在 30s 内没有再次打开车门或行李箱，锁止/报警系统重新激活。

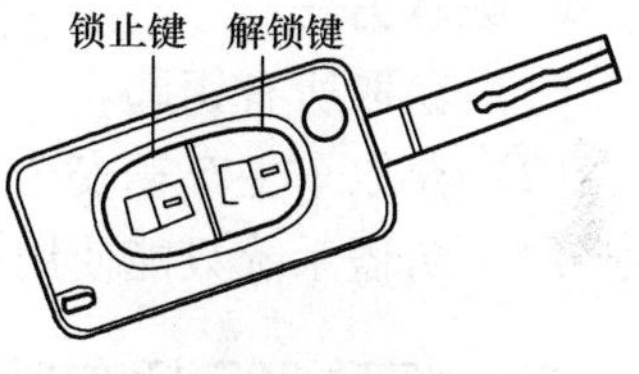

图 9-1　钥匙

（二）同步设定

1. 当出现以下情况时，需进行同步设定

（1）更换钥匙电池。

（2）当车辆不在遥控范围内时反复操作钥匙和系统失效。

（3）系统故障。

2. 同步设定方法

（1）关闭点火开关。

（2）用要同步设定的钥匙打开点火开关。

（3）按下并按住钥匙上的锁止键约 10s。

（4）关闭点火开关。

（5）从点火开关中拔下钥匙。

（6）同步设定程序结束。

（7）车辆将锁止和解锁来说明同步设定成功。

（三）钥匙编程

1. 当出现以下情况时，系统需进行编程

（1）增加或更换钥匙。

（2）系统出现故障。

2. 编程方法

（1）获取所有钥匙。

（2）获取车主车辆安全卡。

（3）钥匙只能使用诊断设备进行编程。

（四）钥匙电池更换方法

电池更换方法如图 9-2 所示。

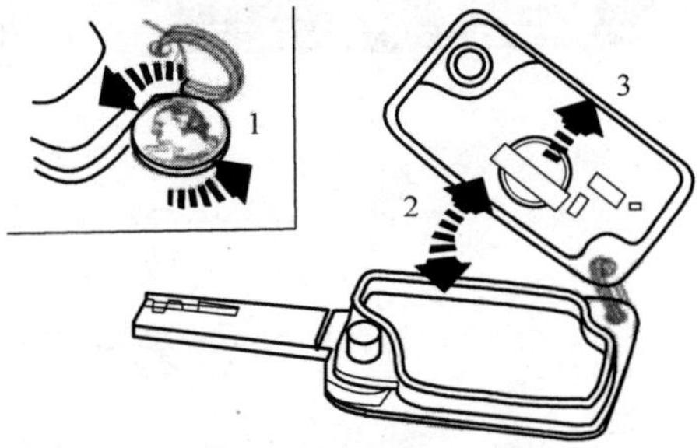

图 9-2 电池更换方法

（五）系统操作 2

点火开关关闭后系统进入报警状态。

（六）防盗编程

1. 当出现以下情况时，系统需进行重新编程

（1）系统故障。

（2）增加或更换钥匙。

2. 编程方法

（1）获取所有钥匙。

（2）获取车主车辆安全卡。

（3）防盗系统只能使用诊断设备进行编程。

二、标致 307 轿车遥控器设定（2002～2008 年）

（1）切断点火开关。

（2）再接通点火开关。

（3）按下遥控钥匙上的按钮 A 并保持数秒钟。

（4）切断点火开关并从防盗点火锁上取下遥控钥匙，设定成功。

三、标致 308（2008～2014 年）、标致 208CC（2010～2014 年）轿车遥控器设定

（一）系统操作 1

（1）按下钥匙的锁止键（图 9-3）1 次激活中控锁系统和报警系统。

（2）在车辆锁止 5s 内再次按下钥匙的锁止键激活双重锁止系统。

（3）按下并按住钥匙锁止键约 2s 来关闭车窗。

（4）按下钥匙解锁键解除报警中控锁系统和双重锁止系统。

（5）若已编程

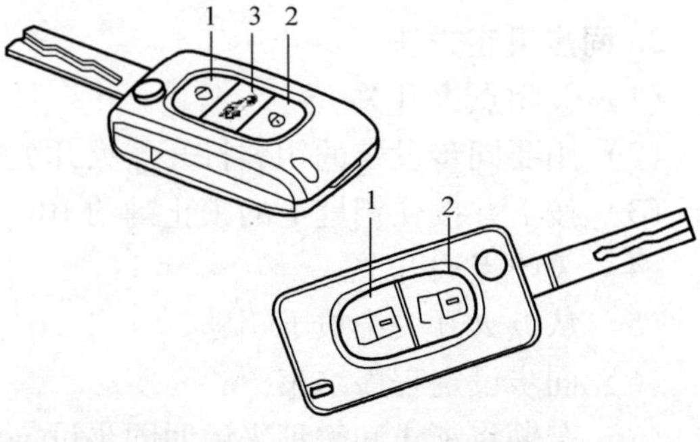

图 9-3 钥匙
1—锁止键 2—解锁键 3—行李箱释放键

① 按下钥匙解锁键 1 次解除报警系统且解锁驾驶人侧车门。
② 在 5s 内按下钥匙解锁键 2 次解除报警系统和解锁全车车门及行李箱。
③ 按下钥匙按键 3 仅解锁行李箱。
(6) 若已解锁车辆在 30s 内没有再次打开车门或行李箱，锁止/报警系统重新激活。

（二）同步设定

1. 当出现以下情况时，需进行同步设定

(1) 更换钥匙电池。
(2) 当车辆不在遥控范围内时反复操作钥匙和系统失效。
(3) 钥匙电池完全放电。

2. 同步设定方法

(1) 关闭点火开关。
(2) 用要同步设定的钥匙打开点火开关。
(3) 按下并按住钥匙上锁止键约 3s。
(4) 关闭点火开关。
(5) 从点火开关中拔下钥匙。
(6) 同步设定程序结束。
(7) 将车辆锁止和解锁来说明同步设定成功。

（三）钥匙编程

1. 当出现以下情况时，系统需进行编程

(1) 增加或更换钥匙。
(2) 系统出现故障。

2. 编程方法

(1) 获取所有钥匙。
(2) 获取车主车辆安全卡。
(3) 钥匙只能使用诊断设备进行编程。

（四）钥匙电池更换方法

电池更换方法如图 9-4 所示。

（五）系统操作 2

点火开关关闭后系统进入报警状态。

（六）防盗编程

1. 当出现以下情况时，系统需进行重新编程

(1) 系统故障。
(2) 增加或更换钥匙。

2. 编程方法

(1) 获取所有钥匙。
(2) 获取车主车辆安全卡。
(3) 防盗系统只能使用诊断设备进行编程。

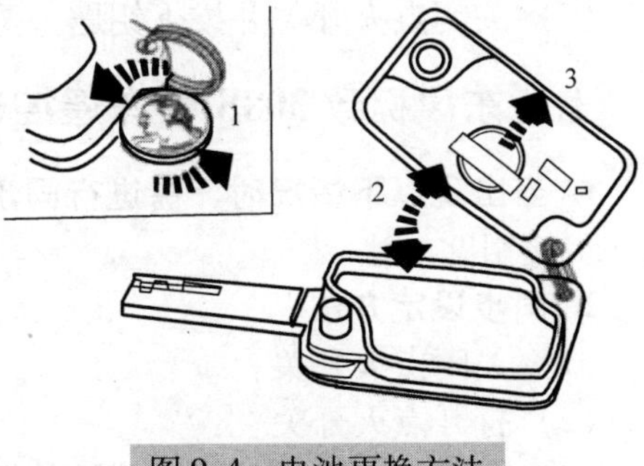

图 9-4　电池更换方法

四、标致 3008 轿车遥控器设定（2009 ~ 2012 年）

1. 系统操作

(1) 按下 LOCK 按键，激活中控门锁和防盗系统。

（2）在锁止车辆5s内再次按下LOCK按键，激活双重锁止系统。

2. 同步设定

（1）当出现一些情况时，必须进行同步设定。

1）在有效范围外连续操作遥控按键，系统无法工作。

2）更换钥匙电池。

3）系统有故障。

（2）同步设定方法。同标致206。

（3）重新设定。同标致206。

五、东风标致206轿车遥控器设定（2008～2012年）

1. 当出现以下情况时，需进行同步设定

更换钥匙电池。

2. 同步设定方法

（1）关闭点火开关。

（2）打开点火开关。

（3）按下钥匙的锁止键数秒。

（4）关闭点火开关。

（5）拔出点火钥匙。

（6）同步设定程序结束。

六、东风标致307轿车遥控器设定（2007～2013年）

（1）如果设定新的遥控器，那么必须先设定钥匙，然后才能设定遥控器。

（2）关闭点火开关，等待1min，不要按遥控器任何按键。

（3）将钥匙插入点火开关，然后打开点火开关到ON。

（4）在10s内按下遥控器闭锁键，保持10s以上。

（5）关闭点火开关并拔下钥匙。等待30s，激活遥控器。

七、东风标致308S轿车遥控器设定（2013～2015年）

1. 当出现以下情况时，需进行同步设定

更换钥匙电池。

2. 同步设定方法

（1）关闭点火开关。

（2）打开点火开关。

（3）按下遥控钥匙上的解锁键并保持数秒钟。

（4）关闭点火开关。

（5）拔出点火钥匙。

（6）同步设定程序结束。

八、东风标致508轿车遥控器设定（2014～2017年）

（一）系统操作

（1）按下钥匙的锁止键1次，激活中控锁系统和报警系统。

（2）按住钥匙的锁止键，在压下位置来关闭车窗和天窗。

（3）在车辆锁止5s内再次按下钥匙的锁止键，激活双重锁止系统。

（4）按下钥匙解锁键，解除报警系统、中控锁系统和双重锁止系统。

（5）若已编程

① 按下钥匙解锁键1次，解除警报系统且仅解锁驾驶人侧车门。

② 在5s内按下钥匙解锁键2次，解除报警系统和解锁全车车门及行李箱。

（6）若自动锁止开关打开：当车速超过10km/h时，车门将自动锁止。

（7）若已解锁车辆在30s内没有再次打开车门或行李箱，锁止/报警系统重新激活。

（8）报警系统/中控锁系统功能可以使用车辆多功能控制系统和诊断设备来改变。

（二）同步设定

1. 当出现以下情况时，需进行同步设定

（1）更换钥匙电池。

（2）当车辆不在遥控范围内时反复操作钥匙和系统失效。

（3）系统故障。

2. 同步设定方法

（1）关闭点火开关。

（2）打开点火开关。

（3）按下并按住钥匙上锁止键约10s。

（4）关闭点火开关。

（5）从点火开关中拔下钥匙。

（6）同步设定程序结束。

（7）车辆将锁止和解锁来说明同步设定成功。

（三）钥匙编程

1. 当出现以下情况时，系统需进行编程

（1）增加或更换钥匙。

（2）系统出现故障。

2. 编程方法

（1）获取所有钥匙。

（2）获取车主车辆安全卡。

（3）钥匙只能使用诊断设备进行编程。

九、东风标致301轿车遥控器初始化设定（2015～2018年）

当断开蓄电池后、更换遥控器电池或遥控器故障时，将无法用遥控器解锁、锁止或定位车辆。此时需使用钥匙解锁或锁止车门。然后，重新初始化遥控器。

（1）接通点火开关。

（2）马上按下遥控器上的“锁止”按键，保持几秒。

（3）关闭点火开关。

（4）遥控器初始化完成，遥控器所有功能被激活。

十、东风标致 408 轿车遥控器初始化设定（2015～2018 年）

如果当断开蓄电池后、更换遥控器电池或遥控器有故障时，将无法用遥控器解锁、锁止或定位车辆，此时先用钥匙解锁或锁止车门，然后重新初始化遥控器。

（1）接通点火开关。

（2）马上按下遥控器上的锁止键，保持几秒。

（3）关闭点火开关。

（4）遥控器初始化完成，遥控器所有功能被激活。

十一、东风标致 508 轿车遥控器初始化设定（2015～2017 年）

如果当断开蓄电池后、更换遥控器电池或遥控器有故障时，将无法用遥控器解锁、锁止或定位车辆，此时先用钥匙解锁或锁止车门，然后重新初始化遥控器。

（1）接通点火开关。

（2）马上按下遥控器上的“锁止”键，保持几秒。

（3）关闭点火开关。

（4）遥控器初始化完成，遥控器所有功能被激活。

十二、东风标致 3008 轿车遥控器初始化设定（2015～2018 年）

（1）关闭点火开关。

（2）将钥匙转到位置“2”（接通电源）。

（3）同时按下“锁止”键，持续几秒。

（4）关闭点火开关，拔出点火钥匙，遥控器初始化完成。

第二节　标致车系保养灯归零

一、标致 207 轿车保养灯归零（2006～2012 年）

1. 保养灯归零

每次定期维护做完之后，均应按照如下叙述进行保养灯归零操作：

（1）将点火开关设置到 OFF。

（2）按下如图 9-5 所示的按钮 A 并保持按压状态。

（3）将点火开关设置到 ON，仪表板显示屏将开始倒数。

（4）当显示屏显示“= =0”时，松开按钮 A，显示扳手标志的指示灯熄灭。

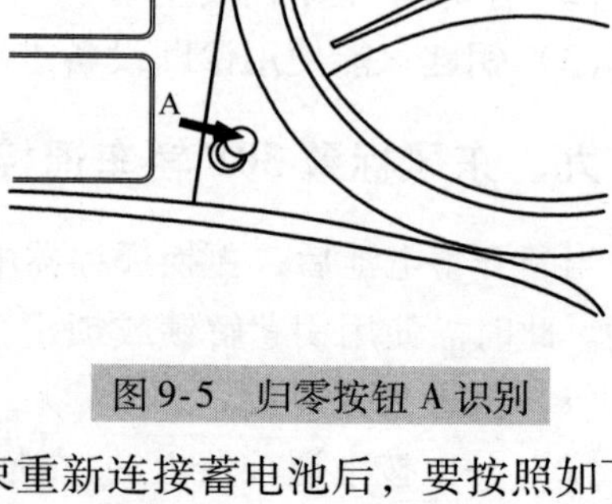

图 9-5　归零按钮 A 识别

2. 电动车窗初始化设定

维护保养过程中如果断开过汽车的蓄电池，维修结束重新连接蓄电池后，要按照如下叙述执行设定操作：

（1）关闭所有车门。

（2）将点火开关设置到 ON。

（3）提起电动车窗的关闭开关，使车窗完全关闭，车窗关闭后不要松手，仍然保持开关提起状态，持续时间 3s。

（4）按住电动车窗的开启开关，使车窗完全开启，车窗开启后不要松手，仍然保持开关按下状态，持续时间 3s。

（5）电动车窗的自动开关功能可恢复。

3. 电动天窗设定

维护保养过程中如果断开过汽车的蓄电池，维修结束重新连接蓄电池后，要按照如下叙述执行设定操作：

（1）沿逆时针方向将电动天窗开关转动到极限的位置。

（2）按住电动天窗开关，持续约 3s，电动天窗将彻底关闭，然后会轻轻开启。

（3）在 5s 内，松开电动天窗的开关。

二、标致 3008 轿车保养灯归零（2009～2018 年）

1. 保养归零设定

（1）将点火开关设置到 OFF。

（2）按下如图 9-6 所示的按钮 A。

（3）将点火开关设置到 ON，仪表板显示屏将开始倒数。

（4）当显示屏显示“＝0”时，松开按钮 A，显示扳手标志的指示灯熄灭。

（5）将点火开关设置到 OFF。

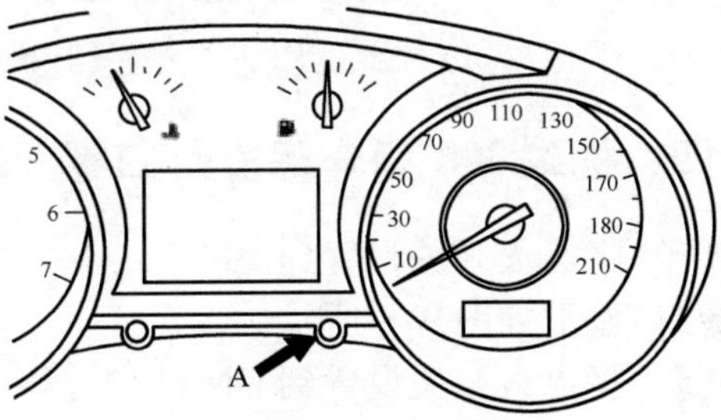

图 9-6　按钮 A 识别

2. 电动车窗初始化设定

维护保养过程中如果断开过汽车的蓄电池，维修结束重新连接蓄电池后，要按照如下叙述执行设定操作：

（1）关闭所有车门。

（2）将点火开关设置到 ON。

（3）提起电动车窗的关闭开关，使车窗完全关闭，车窗关闭后不要松手，仍然保持开关提起状态，持续时间 3s。

（4）按住电动车窗的开启开关，使车窗完全开启，车窗开启后不要松手，仍然保持开关按下状态，持续时间 3s。

（5）电动车窗的自动开关功能可恢复。

3. 中控锁初始化设定

维护保养过程中如果断开过汽车的蓄电池，维修结束重新连接蓄电池后，要按照如下叙述对遥控钥匙执行中控锁设定操作：

（1）用需要执行中控锁设定的遥控钥匙插入点火开关，将点火开关设置到 ON。

（2）按住遥控钥匙上的上锁按键，持续按压数秒钟。

（3）将点火开关设置到 OFF。

（4）从点火开关中拔出遥控钥匙，等待 10s。

三、标致 408 轿车保养灯归零（2015 ~ 2018 年）

每次保养之后，指示器必须归零，操作方法如下。

（1）关闭点火开关。

（2）按住“000”按键（图 9-7）。

（3）接通点火开关，里程表开始倒计时。

（4）当显示屏显示“初始化已完成”或“ =0”的时候，松开按键。

（5）显示屏上的扳手符号消失，指示器归零成功。

图 9-7　2015 款东风标致 408 保养灯归零按键

四、标致 308 轿车保养灯归零（2007 ~ 2012 年）

（1）将点火开关设置到 OFF。

（2）按下如图 9-8 所示的按钮 A。

（3）将点火开关设置到 ON。

（4）继续按住按钮 A，直至显示屏显示“0”字符。

（5）松开按钮 A，显示屏上的扳手标志应消失。

（6）将点火开关设定到 OFF。

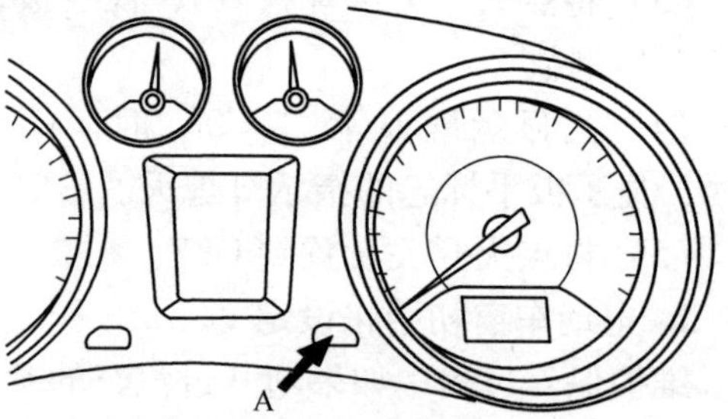

图 9-8　归零按钮识别

五、标致 307 轿车保养灯归零（2001 ~ 2008 年）

每次定期维护做完之后，均应按照如下叙述执行保养灯归零操作：

（1）将点火开关设置到 OFF。

（2）按住如图 9-9 所示的组合仪表上的按钮 A。

（3）将点火开关设置到 ON，持续按住按钮 A，保持 10s。

（4）里程表显示屏开始倒计数，当显示屏显示“0000. 0”时，松开按钮，此时组合仪表上显示屏中表示保养操作的扳手形指示灯应熄灭。

注意： 此操作完成后，如果断开蓄电池，必须将车辆上锁至少等待 5min，否则归零不会被控制单元记录下来。

六、标致 301 轿车保养灯归零（2014～2018 年）

每次保养后，保养指示器必须归零，操作步骤如下。

（1）关闭点火开关。

（2）按住“调节”按钮（图 9-10）。

（3）接通点火开关，里程表开始倒计时。

（4）当显示屏显示“=0”时，松开调节按钮，扳手符号消失。

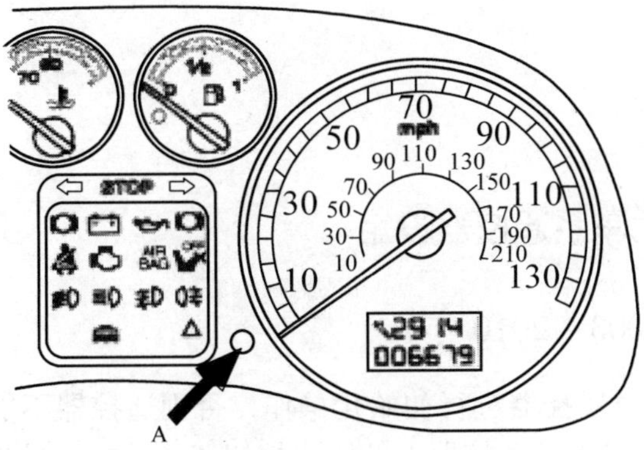

图 9-9　按钮识别

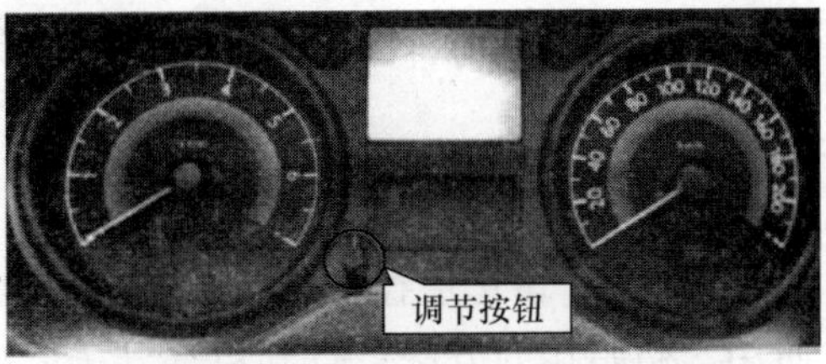

图 9-10　东风标致 301 仪表盘

七、标致 508 轿车保养灯归零（2015～2017 年）

每次保养之后，指示器必须归零，操作方法如下。

（1）关闭点火开关。

（2）按住“000”按键（图 9-11）。

（3）接通点火开关，里程表开始倒计时。

（4）当显示屏显示“初始化已完成”或“=0”的时候，松开按键。

（5）显示屏上的扳手符号消失，指示器归零成功。

图 9-11　东风标致新 508 保养灯归零按键

第十章　雪铁龙车系遥控器设定与保养灯归零

第一节　雪铁龙车系遥控器设定

一、雪铁龙 C2 轿车遥控器设定（2003~2010 年）

雪铁龙 C2 轿车遥控器换完电池后，需要对遥控器进行初始化操作，否则遥控器不能正常使用。初始化的方法：打开点火开关，然后马上按遥控器上的锁止按钮 A（此操作最少保持 10s 左右）直至该功能被激活。

二、雪铁龙 C3 Ⅰ/Ⅱ轿车遥控器设定（2008~2014 年）

（一）系统操作 1

（1）不带双重锁止系统：按下钥匙的锁止键（图 10-1 图 10-2）1 次激活中控锁系统和报警系统。

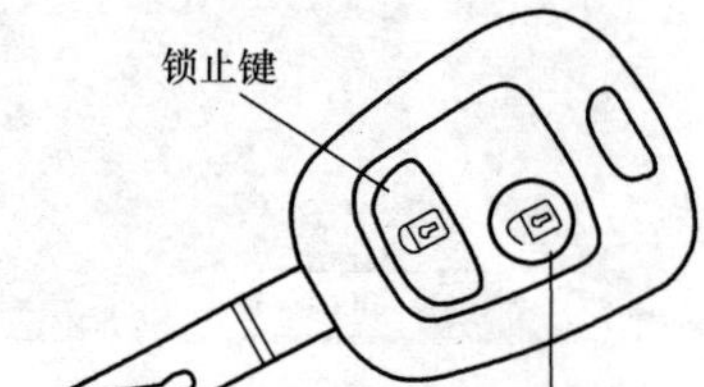

图 10-1　钥匙（类型 1）

图 10-2　钥匙（类型 2）

（2）带双重锁止系统（类型 1）

① 按下钥匙的锁止键 1 次激活双重锁止系统和报警系统。

② 在锁止车辆 5s 内再次按下锁止键解除双重锁止系统和激活中控锁系统。

（3）带双重锁止系统（类型 2）

① 按下钥匙的锁止键 1 次激活双重锁止系统和报警系统。

② 在锁止车辆 5s 内再次按下锁止键激活双重锁止系统。

（4）按下解锁键解除报警系统、中控锁和双重锁止系统。

(5) 若已解锁车辆在 30s 内没有再次打开车门或行李箱，锁止/报警系统重新激活。

(二) 同步设定

1. 当出现以下情况时，需进行同步设定

(1) 更换钥匙电池。

(2) 当车辆不在遥控范围内时反复操作钥匙和系统失效。

2. 同步设定方法

(1) 打开点火开关。

(2) 按下并按住钥匙上的锁止键约 10s。

(3) 关闭点火开关。等待 3s。

(4) 同步设定程序结束。

(5) 重复上述程序同步设定剩余钥匙。

(6) 车辆将锁止和解锁来说明同步设定成功。

(三) 钥匙编程

1. 当出现以下情况时，系统需进行编程

(1) 增加或更换钥匙。

(2) 系统出现故障。

2. 编程方法

(1) 获取所有钥匙。

(2) 获取车主车辆安全卡。

(3) 钥匙只能使用诊断设备进行编程。

(四) 钥匙电池更换方法

电池更换方法如图 10-3 所示。

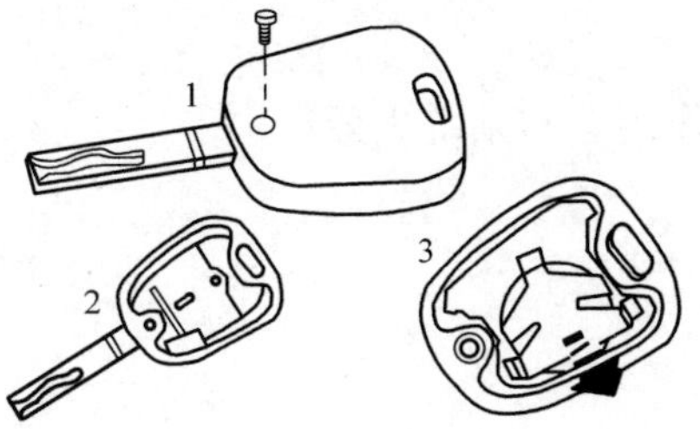

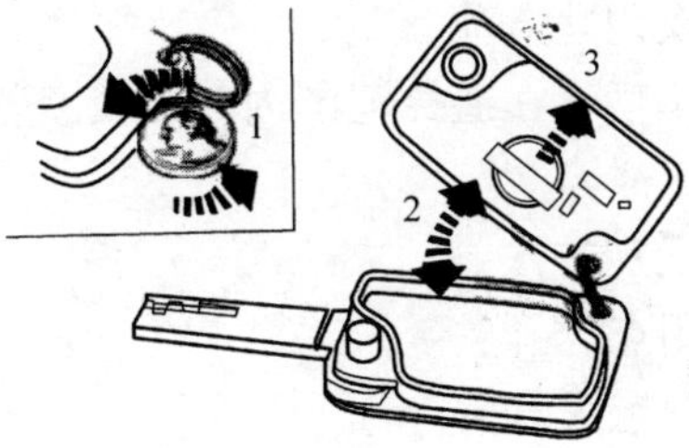

图 10-3 电池更换方法

(五) 系统操作 2

关闭点火开关后系统进入报警状态。

(六) 防盗编程

1. 当出现以下情况时，系统需进行重新编程

(1) 系统故障。

(2) 增加或更换钥匙。

2. 编程方法

（1）获取所有钥匙。

（2）获取车主车辆安全卡。

（3）防盗系统只能使用诊断设备进行编程。

三、雪铁龙 C4（2008～2012 年）、雪铁龙 C6（2008～2014 年）轿车遥控器设定

（一）系统操作 1

（1）按下钥匙的锁止键（图 10-4）1 次激活中控锁系统和报警系统。

（2）按住钥匙的锁止键在压下位置来关闭车窗。

（3）在锁止车辆 5s 内再次按下锁止键激活双重锁止系统。

（4）按下钥匙的解锁键解除报警系统、中控锁和双重锁止系统。

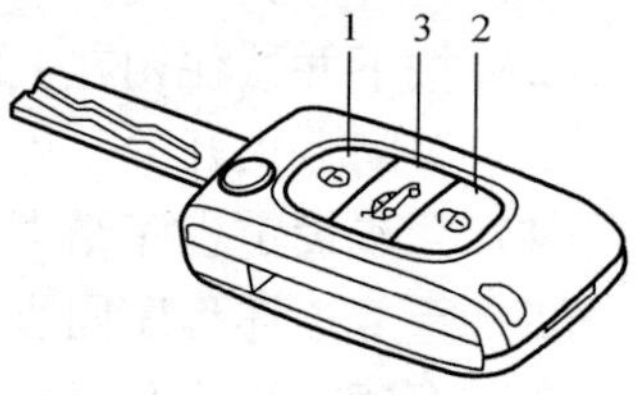

图 10-4　钥匙
1—锁止键　2—解锁键
3—行李箱释放键

（5）C6（若已编程）

① 按下解锁键 1 次解除报警系统且仅解锁驾驶人侧车门。

② 在 5s 内按下解锁键 2 次解除报警系统和解锁全车车门及行李箱。

（6）C6：报警系统/中控锁系统功能可以使用车辆多功能控制系统来改变。

（7）按下按键 3 前照灯将打开 60s。

（8）若已解锁车辆在 30s 内没有再次打开车门或行李箱，锁止/报警系统重新激活。

（二）同步设定

1. 当出现以下情况时，需进行同步设定

（1）更换钥匙电池。

（2）当车辆不在遥控范围内时，反复操作钥匙和系统失效。

（3）系统故障。

2. 同步设定方法

（1）关闭点火开关。

（2）打开点火开关。

（3）按下并按住钥匙上的锁止键约 10s。

（4）关闭点火开关。

（5）从点火开关中拔下点火钥匙。

（6）同步设定程序结束。

（7）车辆将锁止和解锁来说明同步设定成功。

（三）钥匙编程

1. 当出现以下情况时，系统需进行编程

（1）增加或更换钥匙。

（2）系统出现故障。

2. 编程方法

(1) 获取所有钥匙。

(2) 获取车主车辆安全卡。

(3) 钥匙只能使用诊断设备进行编程。

(四) 钥匙电池更换方法

电池更换方法如图 10-5 所示。

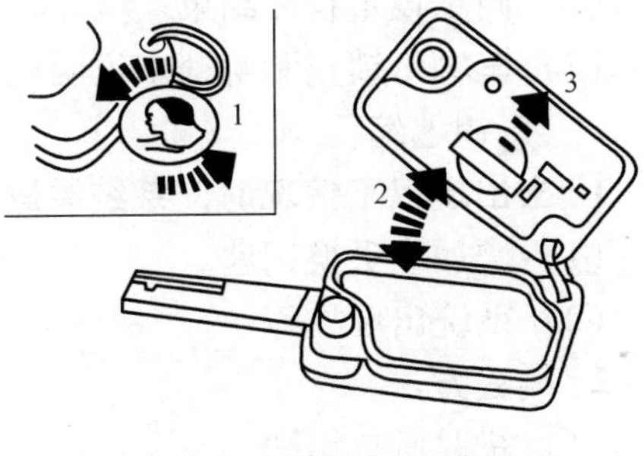

图 10-5　电池更换方法

(五) 系统操作 2

关闭点火开关后系统进入报警状态。

(六) 防盗编程

1. 当出现以下情况时，系统需进行重新编程

(1) 系统故障。

(2) 增加或更换钥匙。

2. 编程方法

(1) 获取所有钥匙。

(2) 获取车主车辆安全卡。

(3) 防盗系统只能使用诊断设备进行编程。

四、雪铁龙 C5 Ⅲ轿车遥控器设定（2008～2014 年）

(一) 系统操作 1

(1) 按下钥匙的锁止键（图 10-6）1 次激活中控锁系统和报警系统。指示灯闪烁 1 次。

(2) 在 1s 同按下钥匙的锁止键 2 次激活双重锁止系统 。指示灯闪烁 2 次。

(3) 按住钥匙的锁止键在压下位置来关闭车窗。

(4) 按下钥匙的解锁键解除报警系统和解锁车辆。指示灯快速闪烁。

(5) 按下按键 3 打开前照灯 60s。

(6) 在 60s 内按下按键 3 2 次解除前照灯。

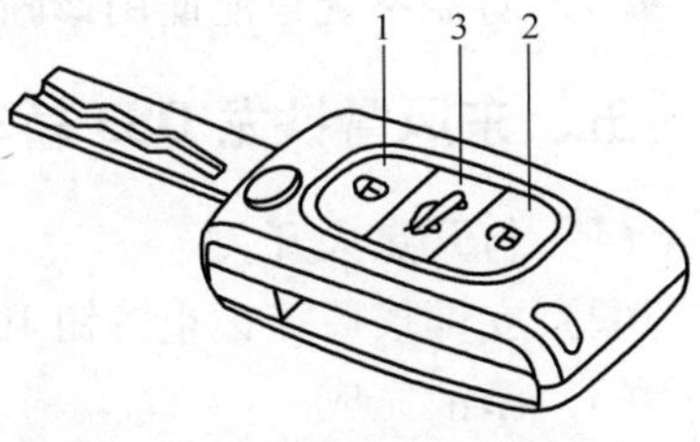

图 10-6　钥匙

1—锁止键　2—解锁键　3—行李箱释放键

(二) 同步设定

1. 当出现以下情况时，需进行同步设定

(1) 更换钥匙电池。

(2) 当车辆不在遥控范围内时反复操作钥匙和系统失效。

(3) 系统故障。

2. 同步设定方法

(1) 打开点火开关。

(2) 按下并按住钥匙上的锁止键约 10s。

(3) 车门将锁止。

(4) 释放锁止键。

(5) 关闭点火开关。

（6）同步设定程序结束。

（7）车辆将锁止和解锁来说明同步设定成功。

（三）钥匙编程

1. 当出现以下情况时，系统需进行编程

（1）增加或更换钥匙。

（2）系统出现故障。

2. 编程方法

（1）获取所有钥匙。

（2）获取车主车辆安全卡。

（3）钥匙只能使用诊断设备进行编程。

（四）钥匙电池更换方法

电池更换方法如图 10-7 所示。

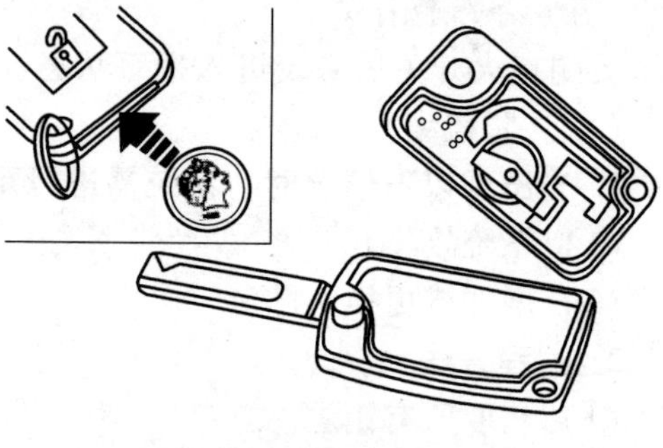

图 10-7　电池更换方法

（五）防盗编程

1. 当出现以下情况时，系统需进行重新编程

（1）系统故障。

（2）增加或更换钥匙。

2. 编程方法

（1）获取所有钥匙。

（2）获取车主车辆安全卡。

（3）防盗系统只能使用诊断设备进行编程。

五、东风雪铁龙 DS3 轿车遥控器设定（2009 ~ 2014 年）

（1）打开点火开关。

（2）立即按遥控锁止按钮 10s 以上。

（3）激活完成。

说明：必须先匹配防盗芯片钥匙，才可以匹配遥控器，否则无效。

匹配方法如下：

（1）关闭点火开关，拔出钥匙。等待 1min（实际中一般不需要等待）。

（2）插入钥匙，打开点火开关至 ON。

（3）按下锁定按键并保持 10s。

（4）关闭点火开关并拔出钥匙。

（5）如果还需要匹配其他遥控器，请重复（2）～（4）步骤。

六、东风雪铁龙凯旋轿车遥控器设定（2010 ~ 2013 年）

（1）如果设定新的遥控器，那么必须先设定钥匙，然后才能设定遥控器。

（2）关闭点火开关，等待 1min，不要按遥控器任何按键。

（3）将钥匙插入点火开关，然后打开点火开关置于 ON 档。

（4）在 10s 内按下遥控器闭锁键，保持 10s 以上。

（5）关闭点火开关并拔下钥匙。等待 30s，激活遥控器。

七、东风雪铁龙 C5 轿车遥控器设定（2010 ~ 2017 年）

遥控器更换电池后，应按照以下步骤执行遥控器同步设定，激活遥控器的各项功能：

（1）关闭点火开关。

（2）将钥匙转至点火开关 M 位置。

（3）立即长按遥控器上锁止键，持续按压十几秒。

（4）关闭点火开关，拔出钥匙。

（5）遥控器所有功能被激活。

八、东风雪铁龙 C2 轿车遥控器设定（2010 ~ 2014 年）

遥控器更换电池后，应按照以下步骤执行遥控器同步设定，激活遥控器的各项功能。

（1）关闭点火开关。

（2）立即持续按住遥控器按钮 A 约 10s，即可重新激活遥控器。

九、新爱丽舍轿车遥控器设定（2010 ~ 2018 年）

遥控器更换电池后，应按照以下步骤执行遥控器同步设定，激活遥控器的各项功能。

（1）关闭点火开关。

（2）按住遥控器上的锁止键，持续按压约 10s，即可完成遥控器同步设定。

十、新赛纳轿车遥控器设定（2010 ~ 2013 年）

1. 遥控器设定条件

打开点火开关。如果按下遥控器任一按钮时，仪表板上的车门开启指示灯闪烁，则表示遥控器的电池电量已经耗尽，需要更换电池，电池的型号为 CR1620。更换电池后要将遥控器同步设定，激活遥控器的各项功能。

2. 同步设定方法

（1）打开点火开关。

（2）按下遥控器按钮中的任意一个按钮，一直到该按钮所指示的动作完成，初始化操作约需十几秒钟。

十一、新毕加索轿车遥控器设定（2010 ~ 2013 年）

遥控器更换电池后，应按照以下步骤执行遥控器同步设定，激活遥控器的各项功能。

（1）关闭点火开关。

（2）按下遥控器按钮中的任意一个按钮，一直到该按钮所指示的动作完成，初始化操作约需十几秒钟。

第二节 雪铁龙轿车保养灯归零

一、雪铁龙 C4 轿车保养灯归零设定（2006 ~ 2012 年）

（1）将点火开关设定到 OFF。

（2）按住按钮 A，如图 10-8 所示。

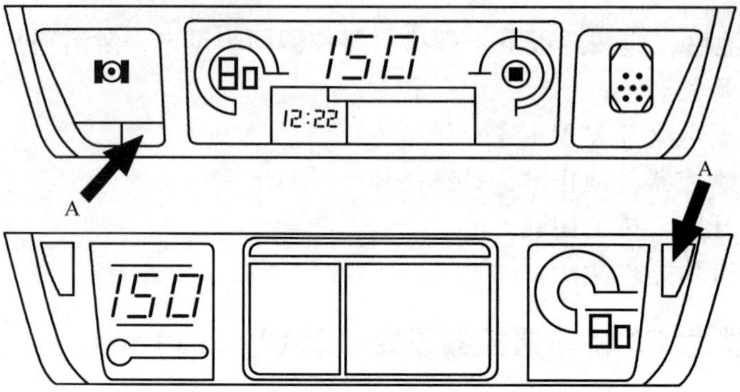

图 10-8　按钮识别

（3）将点火开关设定到 ON。
（4）持续按住按钮 A，直至显示屏显示 0。
（5）松开按钮 A。
（6）将点火开关设定到 OFF。

二、雪铁龙 C4 轿车电动车窗初始化设定（2006～2012 年）

维修保养过程中如果断开过蓄电池，维修完毕，重新连接蓄电池后要按照如下叙述执行设定操作：

（1）将点火开关设定到 ON。
（2）提起电动车窗的关闭开关，使车窗完全关闭，车窗关闭后不要松手，仍然保持开关提起状态，持续时间为 3s。
（3）提起电动车窗的开启开关，使车窗完全开启，车窗关闭后不要松手，仍然保持开关按下状态，持续时间为 3s。
（4）电动车窗的自动开关功能即可恢复。
（5）对其他的电动车窗也执行上述操作步骤。

三、雪铁龙 C5 轿车保养灯归零（2013～2017 年）

每次保养之后，保养指示器必须归零，操作方法如下。

（1）关闭点火开关。
（2）持续按下“里程表归零”按钮，如图 10-9 所示。
（3）打开点火开关，里程表显示开始倒计时。
（4）当显示出现“=0”，松开按钮，扳手符号消失。

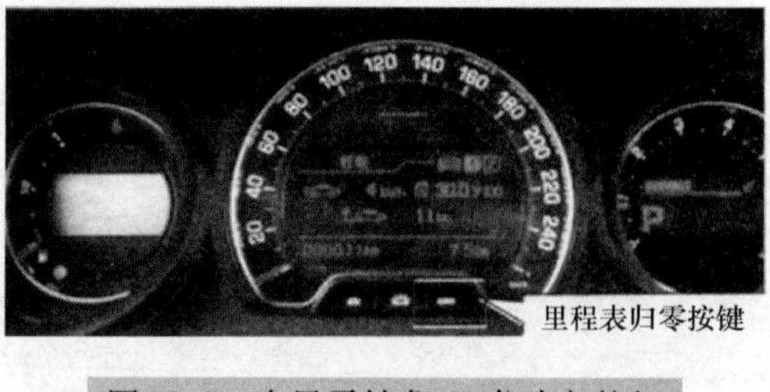

图 10-9　东风雪铁龙 C5 仪表与按钮

（5）操作完成后，等待至少5min，以保证归零设置完全储存。

四、雪铁龙C5轿车电动车窗初始化设定（2004～2007年）

维修保养过程中如果断开过蓄电池，维修完毕，重新连接蓄电池后要按照如下叙述执行初始化设定操作：

（1）将点火开关设置到ON。

（2）按住电动车窗的开启开关，使车窗完全开启。

（3）松开开启开关。

（4）提起电动车窗的关闭开关，使车窗完全关闭。

（5）松开关闭开关。

（6）确认电动车窗可以完全开启或完全关闭。

（7）对其他的电动车窗也执行上述操作步骤。

（8）将点火开关设置到OFF。

五、雪铁龙C5轿车电动车窗初始化设定（2008～2016年）

维修保养过程中如果断开过蓄电池，导致车窗玻璃无法自动完全关闭，则必须按照如下叙述执行初始化设定操作：

（1）按动车窗控制钮直到车门玻璃停止上升运动；放开控制键，再次拉住控制键直至车门玻璃完全关闭。

（2）车门玻璃关闭之后继续拉住控制键不放，约1s。

（3）按下控制键使车门玻璃到最低位置。

（4）当车门玻璃到达最低位置后，再次按住控制键不放，约1s。

六、雪铁龙C5轿车电动天窗防夹功能初始化设定（2008～2017年）

在蓄电池电缆断开后或出现故障时，需要按下如图10-10所示的按钮对电动天窗执行防夹功能初始化设定。

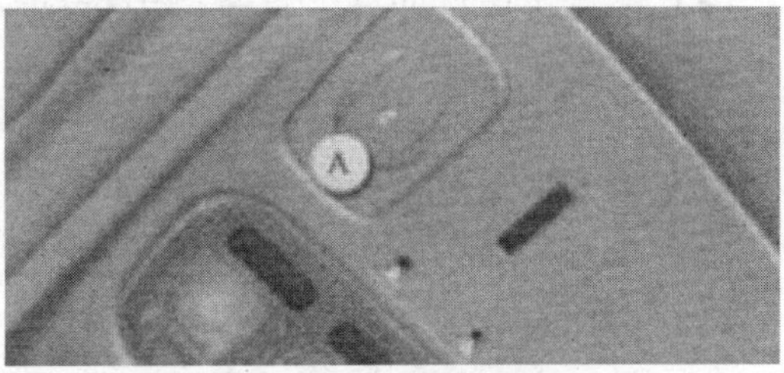

图10-10　电动天窗按键识别

电动天窗防夹功能初始化设定的操作步骤如下：

（1）在天窗完全关闭时，按控制键A直到天窗位于完全翘起位置。

（2）长按图10-25所示的控制键A至少10s。

（3）松开按键A。

（4）6s之内再次按下控制键A，并持续按住。

（5）4s之后，天窗按如下顺序运行：关闭→滑动打开→关闭，最终停止在关闭位置。

（6）松开按键A。

七、雪铁龙 DS3 轿车保养归零设定（2009～2012 年）

（1）将点火开关设置到 OFF。

（2）按住如图 10-11 所示的按钮 A。

（3）将点火开关设置到 ON。仪表板上的显示屏会倒数计时。

（4）等到仪表板的显示屏显示“==0”时，松开按钮 A。显示屏上的扳手标志将会消失。

（5）将点火开关设置到 OFF。

八、雪铁龙 C2 轿车保养灯归零（2003～2010 年）

1. 类型 1 仪表板保养灯归零设定

（1）将点火开关设定到 OFF。

（2）按住图 10-12 所示的按钮 A。

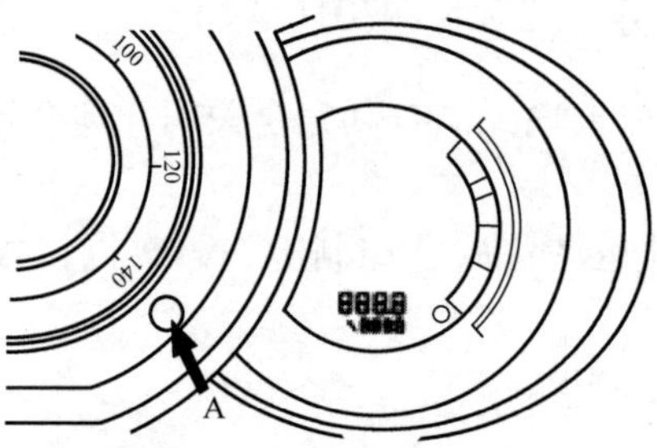

图 10-11　归零按钮识别

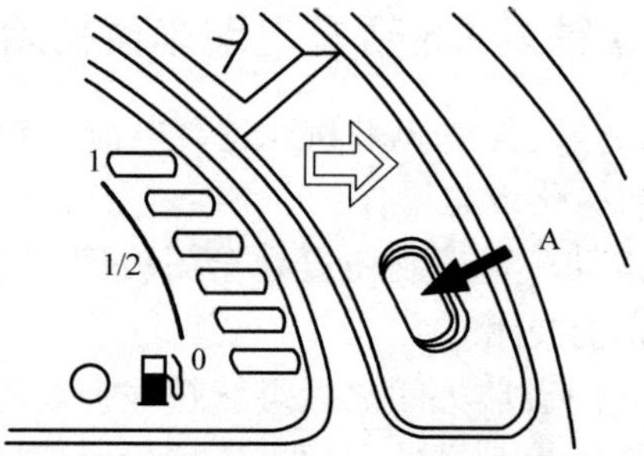

图 10-12　归零按钮识别（类型 1）

（3）点火开关设定到 ON。

（4）继续按住按钮 A，直至仪表板显示屏显示“0”，并且仪表板上的扳手形标志消失。

（5）将点火开关设定到 OFF。

2. 类型 2 仪表板保养灯归零设定

（1）将点火开关设定到 OFF。

（2）按住图 10-13 所示的按钮 A。

（3）将点火开关设定到 ON。

（4）继续按住按钮 A，直至仪表板显示屏显示“0”，并且仪表板上的扳手形标志消失。

（5）松开按钮 A。

（6）将点火开关设定到 OFF。

（7）将点火开关设定到 ON。

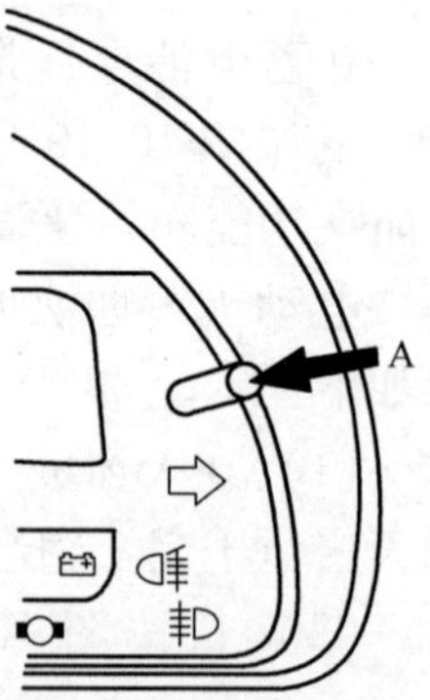

图 10-13　归零按钮识别（类型 2）

九、雪铁龙塞纳轿车电动天窗和电动车窗防夹功能初始化（2008～2014 年）

电动天窗防夹手功能初始化：当电动天窗滑行关闭碰到障碍时，防夹手功能会使电动天窗停止，随后打开。如果电动天窗不按照防夹手装置的命令正常工作，应重新对防夹手功能进行初始化操作。首先将电动天窗开关打到最大的升度或最大的开启角度，当天窗达到全开位置后，按住开关至少保持1s。

电动车窗防夹手功能初始化：在维修保养过程中，如果断开了蓄电池，则必须对电动车窗的防夹手功能进行初始化操作。首先用电动车窗开关将车窗玻璃完全降下，然后升上去。如果车窗玻璃只上升了几厘米，再次按下电动车窗开关，直至车窗玻璃完全升起。

十、雪铁龙塞纳轿车维护提示计数器归零（2010～2015年）

在车速里程表处设有维护提示灯，它会提到下一次维护的里程。每次在接通点火开关的5s内，象征维护的扳手形灯会发亮，同时在总里程表处显示出到下一次维护还剩余的里程数，提醒驾驶人还有多少里程需要维护。如果维护期限未到，5s后恢复正常显示。如果车辆超过了维护期限，每次接通点火开关的5s内，扳手形灯和已超过维护规定的里程数会闪烁，5s后，里程表恢复正常显示，但是扳手形灯一直亮着。首次维护提示里程为2500km，正常维护提示的里程间隔设定的是1000km。

在首次维护（2500km）、每间隔1000km的定期维护做完之后，才需对维护提示计数器进行清零。在维护其他里程时，不要对维护提示计数器清零，否则维护提示的里程与真正应该维护的里程就会不一致，也就不能起到维护提示的真正作用。

维护提示计数器的清零方法：在点火钥匙关闭的状态下，先按住仪表板上的日里程表清零按钮（车速表右侧）不松开，再接通点火开关，在里程表上出现计数直到0为止，表示清零成功，松开日里程表清零按钮即可。

十一、雪铁龙塞纳轿车电子节气门初始化设定（2008～2014年）

为了整个系统的良好运行，电子节气门必须执行初始化程序，目的在于读取节气门的最大开启、关闭位置等9个位置。电子节气门在更换控制单元、更换电动节气门、修复节气门、计算机的远程编码等情况下需要进行初始化设定操作，初始化方法参见如下叙述：

（1）打开点火开关到M位，如图10-14所示。

（2）点火开关保持在M位30s（不关闭点火开关，不踩加速踏板）。

（3）关闭点火开关15s（计算机在EEPROM中记下节气门初始化参数），注意在这15s内不要重新打开点火开关。

十二、新爱丽舍轿车电子节气门初始化设定（2010～2017年）

在更换发动机控制单元及电子节气门、修复节气门（含清洗）、对发动机控制单元进行编码等之后需要对电子节气门进行初始化操作。点火开关位置如图10-15所示。

电子节气门的初始化设定操作步骤如下：

（1）点火开关置于M位并保持30s，注意不得踩加速踏板。

（2）断开点火开关15s（发动机电控单元在EEPROM中记录节气门初始化参数）。

（3）拔出点火钥匙，注意断开点火开关15s时间内不能重新接通点火开关。

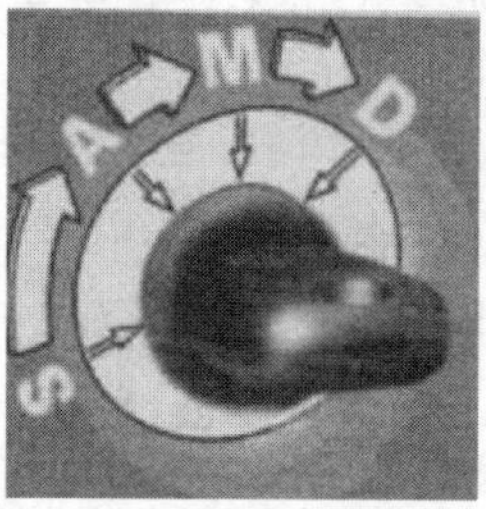

图 10-14 点火开关 M 位置识别

图 10-15 点火开关位置

十三、新爱丽舍轿车加速踏板位置传感器的初始化设定（2012～2018 年）

加速踏板位置传感器在更换发动机控制单元、更换或维修加速踏板位置传感器后，需按照如下叙述进行初始化操作。

（1）在不踩加速踏板的情况下将点火开关置于 M 位。

（2）将加速踏板踩到底。

（3）松开加速踏板，并起动发动机即可。

十四、东风雪铁龙 C3－XR 保养灯归零（2015～2018 年）

每次保养之后，保养指示器必须归零，操作方法如下。

（1）关闭点火开关。

（2）按住“日里程归零”按键，如图 10-16 所示。

（3）打开点火开关，里程表开始倒计时。

（4）当显示出现“＝0”，并且扳手符号消失时，松开按键。

（5）保养指示器归零成功。

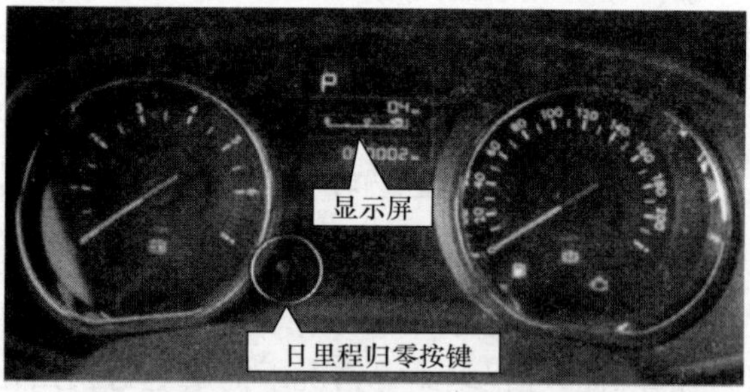

图 10-16 东风雪铁龙 C3－XR 仪表盘

十五、新毕加索保养灯归零（2010～2015 年）

每次在接通点火开关 2s 内会闪亮，同时在里程表处显示到下一次维护还剩余的里程数，2s 后消失。(距下次保养小于 2000km，闪亮 5s)。

如果毕加索轿车超过了保养期限而未保养，则每次接通点火开关 5s，警告灯和已超过维护规定数会显示，5s 后，里程显示正常值，但警告灯一直闪亮。

该轿车在首次维护（2000km），定期保养（每间隔 1 万 km）做完之后，需对保养灯归零，在维护其他里程时，不要对保养灯进行归零操作，否则维护提示的里程与真正应该保养的里程就对不上了。对此提醒用户对超过保养里程警告灯一直闪亮的情况，当时不要归零让其熄灭，一定要进行保养后再进行清零，让警告灯熄灭。

保养灯归零方法如下：

（1）点火开关置于 OFF 位（不打开）。

（2）用手指按住里程清零按钮不动。

（3）点火开关置于 ON 位（打开）。里程显示 10、9、8 倒计数直到 0 为止。

（4）松开清零按钮，关闭点火开关，拔出点火钥匙警告灯熄灭。

十六、东风雪铁龙 C4L 保养灯归零（2014～2018 年）

每次保养之后，保养指示器必须归零，操作方法如下。

（1）关闭点火开关。

（2）按住“日里程归零”按键，如图 10-17 所示。

（3）接通点火开关，里程表开始倒计时。

（4）当显示屏显示“=0”，并且扳手符号消失时，松开按键。

（5）保养指示器归零成功。

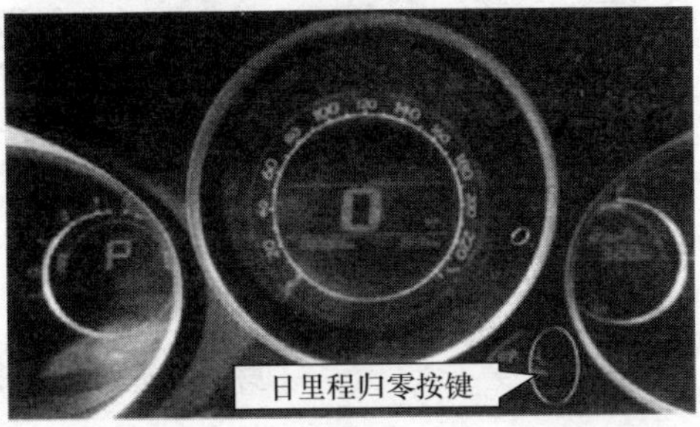

图 10-17　东风雪铁龙 C4L 仪表盘及按键

十七、东风雪铁龙 C4L 电动车窗及天窗初始化（2014～2018 年）

1. 电动车窗初始化

蓄电池断开后或电动车窗出现故障时，应该重新初始化车窗玻璃防夹功能。

（1）用控制键使玻璃完全下降，然后上升，只是上升几厘米。

（2）重新按控制键，直到完全关闭。

2. 天窗初始化

在蓄电池电缆断开后或出现故障时，需要初始化天窗防夹功能。在天窗完全关闭时，执行以下操作。

（1）按下天窗开关按键 B（图 10-18），直到天窗位于完全翘起位置时松手。

（2）长按键 B 至少 10s，直到天窗玻璃出现上摆动，再松开。

（3）6s 之内再次按下键 B，并持续按住。

（4）4s 之后，天窗按如下顺序运行：关闭→滑动打开→关闭，最终停止在关闭位置。

（5）松开按键，初始化自学习完成。

图 10-18　雪铁龙 C4L 天窗开关

第十一章　通用别克车系遥控器设定与保养灯归零

第一节　通用别克车系遥控器设定

一、别克昂科雷轿车遥控器设定（2008~2014 年）

（一）系统操作 1

（1）按下遥控器解锁键 1 次解除报警系统（若装备）且仅解锁驾驶人侧车门，遥控器如图 11-1 所示。

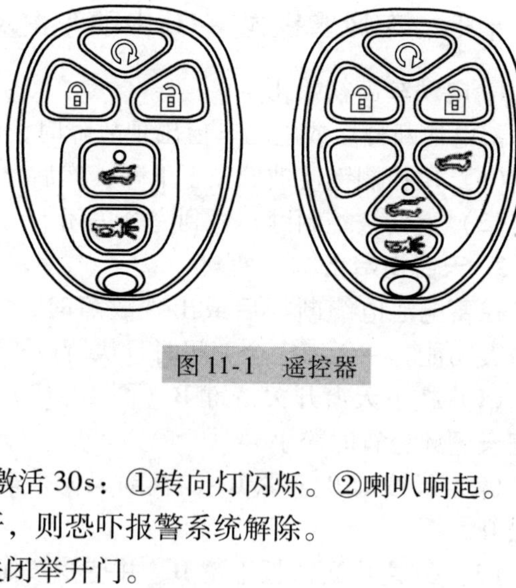

图 11-1　遥控器

（2）在 5s 内按下遥控器解锁键 2 次解除报警系统（若装备）和解锁所有车门。

（3）按下遥控器锁止键 1 次锁止所有车门和激活报警系统（若装备）。

（4）按下遥控器恐吓键 1 次激活如下功能：①喇叭响起 3 次。②转向指示灯闪烁 3 次。

（5）按下遥控器恐吓键超过 2s 则下列功能激活 30s：①转向灯闪烁。②喇叭响起。

（6）再次按下遥控器恐吓键或点火开关打开，则恐吓报警系统解除。

（7）按下并按住遥控器举升门键来打开或关闭举升门。

（8）按住遥控器举升门窗键来打开举门窗。

（9）报警/中控锁系统功能可应用驾驶人信息中心改变。

（二）遥控器编程

1. 当出现以下情况时，系统需进行编程

（1）增加或更换钥匙。

（2）系统出现故障。

2. 编程方法

配备驾驶人信息中心（DIC）按键的车辆。

（1）打开点火开关。

（2）按下车辆信息键 A（图 11-2）直到“PRESS TO RELEARN REMOTE KEY”显示。

(3) 编程模式已激活并按以下步骤进行操作

① 同时按下并按住第一把遥控器的锁止和解锁键保持 15s。

② 等待声音信号出现（表明编程成功）。

(4) 重复上述步骤来编程其他的钥匙。

(5) 关闭点火开关退出编程模式。

(6) 遥控器也可使用诊断设备进行编程。

注意：最多可编程 8 把钥匙。

(三) 遥控器电池更换方法

电池更换方法如图 11-3 所示。

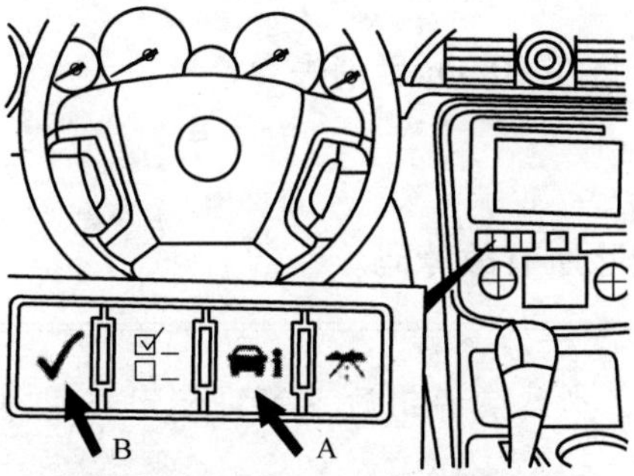

图 11-2 驾驶人信息中心按键

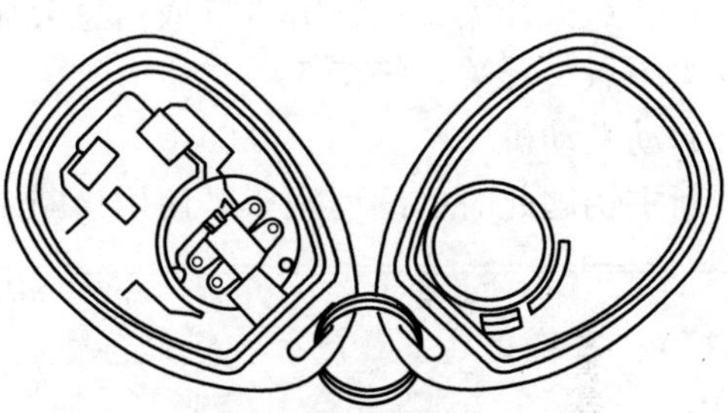

图 11-3 电池更换方法

(四) 系统操作 2

拔出点火钥匙后系统进入报警状态。

(五) 防盗编程

1. 当出现以下情况时，系统需进行重新编程

(1) 增加或更换钥匙。

(2) 系统故障。

2. 编程方法

(1) 有原始主钥匙的车辆

① 将原始主钥匙插入点火开关内。

② 打开点火开关。

③ 关闭点火开关。

④ 拔出原始主钥匙。

⑤ 在 10s 内插入新钥匙。

⑥ 打开点火开关。

⑦ 新钥匙将编程完毕。

注意： 用原始主钥匙最多可编程 10 把钥匙。

（2）没有原始主钥匙的车辆

注意： 所有车辆钥匙必须进行编程。

① 用要编程的主钥匙打开点火开关。
② 系统警告灯或信息将会显示。约 10min 后警告灯/信息将会消失。
③ 关闭点火开关。等待 5s。
④ 打开点火开关。系统警告灯或信息会显示，将在 10min 后消失。
⑤ 关闭点火开关。等待 5s。
⑥ 打开点火开关。系统警告灯或信息会显示，将在 10min 后消失。
⑦ 关闭点火开关。等待 5s。
⑧ 起动发动机。
⑨ 新主钥匙此时已编程完毕。使用诊断工具清除所有故障码。

注意： 更换钥匙也可使用诊断设备进行编程。被更换的钥匙不可再使用或用作原始钥匙。

二、别克君越（Lacrosse）（2005～2014 年）、别克君越 Terraza（2008～2010 年）轿车遥控器设定

（一）系统操作 1

（1）按下遥控器解锁键 1 次解除报警系统且仅解锁驾驶人侧车门，如图 11-4 所示。
（2）在 5s 内按下遥控器解锁键 2 次解除报警系统和解锁所有车门。
（3）按下遥控器锁止键激活报警系统和锁止所有车门。

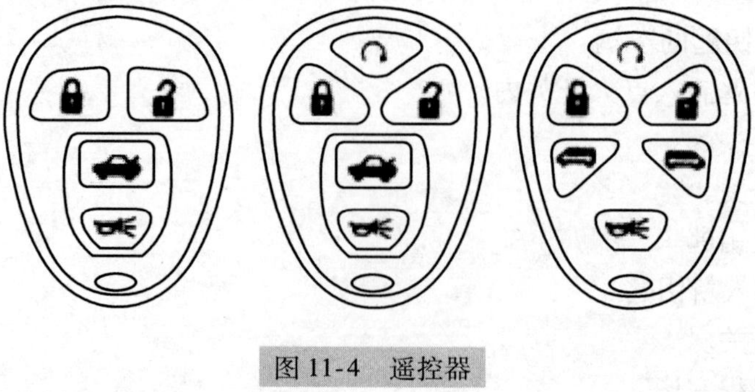

图 11-4　遥控器

（二）遥控器编程

1. 当出现以下情况时，系统需进行编程

（1）增加或更换钥匙。

（2）系统出现故障。

2. 编程方法

（1）获取所有钥匙的遥控器。

（2）遥控器只能使用诊断设备进行编程。

注意：最多可编程 4 把遥控器。

（三）钥匙电池更换方法

电池更换方法如图 11-5 所示。

（四）系统操作 2

拔出点火钥匙后系统进入报警状态。

（五）防盗编程

1. 当出现以下情况时，系统需进行重新编程

（1）增加或更换钥匙。

（2）系统故障。

2. 编程方法

（1）主钥匙可用的车辆

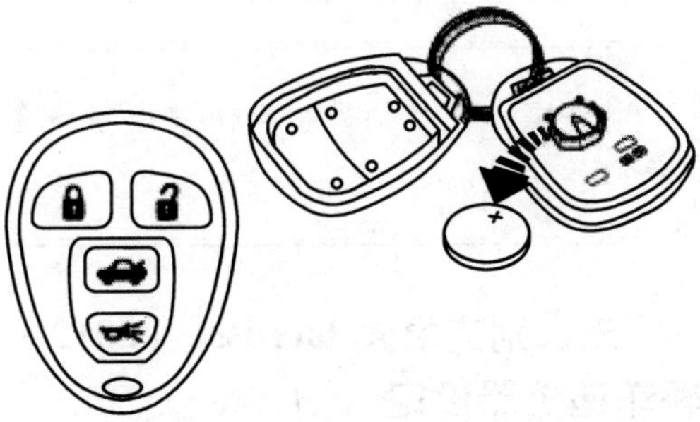

图 11-5　电池更换方法

注意：注意核实新钥匙有 PK3 标签。

① 打开点火开关并起动发动机。

② 关闭点火开关并将钥匙拔出点火开关。

③ 在 5s 内插入新钥匙。

④ 打开点火开关。

⑤ 新钥匙此时编程完毕。

注意：用主钥匙最多可编程 10 把钥匙。

（2）主钥匙不可用的车辆

注意：此编程程序不适合出口车辆。

编程新的主钥匙按以下步骤进行操作：

① 用要编程的主钥匙打开点火开关，驾驶人信息中心（DIC）显示“STARTING DIS-

ABLED DUE TO THEFT”。约 10min 后显示信息消失。

② 关闭点火开关，等待 5s。

③ 打开点火开关，驾驶人信息中心（DIC）显示“STARTING DISABLED DUE TO THEFT”。约 10min 后显示信息消失。

④ 关闭点火开关，等待 5s。

⑤ 打开点火开关，驾驶人信息中心（DIC）显示“STARTING DISABLED DUE TO THEFT”。约 10min 后显示信息消失。

⑥ 关闭点火开关，等待 5s。

⑦ 起动发动机。

⑧ 新的主钥匙编程完毕。

⑨ 使用诊断工具清除所有故障码。

> **注意：** 更换钥匙也可使用诊断设备进行编程来完成。被更换的钥匙不可再使用或用作原始钥匙。

三、别克君越 lacrosse（2012～2014 年）、别克君威 Regal（2013～2015 年）轿车遥控器设定

（一）系统操作 1

1. 系统操作

（1）按下遥控器解锁键 1 次解除报警系统且仅解锁驾驶人侧车门，如图 11-6 所示。

（2）在 5s 内按下遥控器解锁键 2 次解除报警系统和解锁所有车门。

（3）按下遥控器锁止键激活报警系统和锁止所有车门。

（4）按下遥控器释放键约 1s 来解锁行李箱。

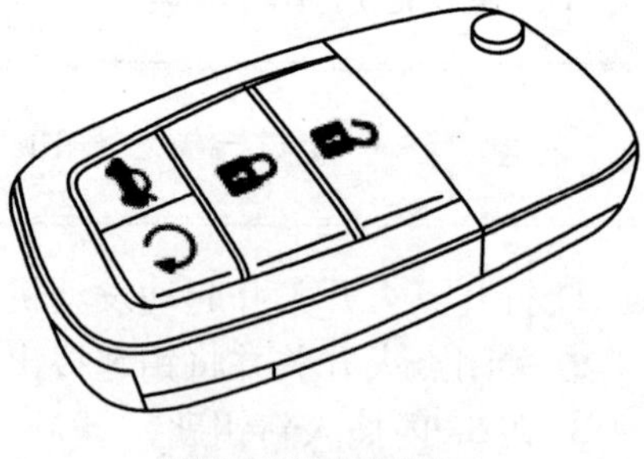

图 11-6 遥控器

（5）按下遥控器恐吓键一次激活如下功能：①喇叭响起 3 次。②危险警告灯闪烁 3 次。

（6）按下遥控器恐吓键超过 3s 则下列功能激活 30s：①危险警告灯闪烁。②喇叭间歇地响起。

（7）再次按下遥控器恐吓键或打开点火开关，则恐吓报警系统解除。

（8）报警/中控锁系统功能可使用驾驶人信息中心更改。

2. 遥控器编程

增加钥匙

（1）当出现以下情况时，系统需进行编程：

① 增加钥匙。

② 系统出现故障。

（2）编程方法

1）有原始主钥匙的车辆

① 将原始主钥匙插入点火开关内。

② 打开点火开关。

③ 关闭点火开关。

④ 拔出原始主钥匙。

⑤ 在 10s 内插入新钥匙。

⑥ 打开点火开关，确保系统警告灯熄灭。

⑦ 新钥匙此时编程完毕。

注意： 用原始主钥匙最多可编程 8 把钥匙。

2）无原始主钥匙的车辆

① 坐在车辆驾驶人座椅上。

② 关闭所有车门。

③ 按住驾驶人侧门上门锁开关的开锁键。

④ 按住开锁键，插入并拔出点火钥匙 2 次，不要转动锁芯。

⑤ 第 3 次插入点火钥匙时，将钥匙保留在点火开关中。

⑥ 松开开锁键，将听到 3 声鸣响，该鸣响反馈表示遥控器编程正在启动。

⑦ 继续按住驾驶人侧门上门锁开关的开锁键。

⑧ 同时按住遥控器上的开锁和闭锁键并保持 12s。

⑨ 松开门锁开关，会听到 2 声鸣响。表示遥控编程已成功。

更换钥匙

（1）当出现以下情况时，系统需进行编程

① 更换钥匙。

② 系统出现故障。

（2）编程方法：钥匙只能应用诊断设备进行编程。

3. 遥控器电池更换方法

电池更换方法如图 11-7 所示。

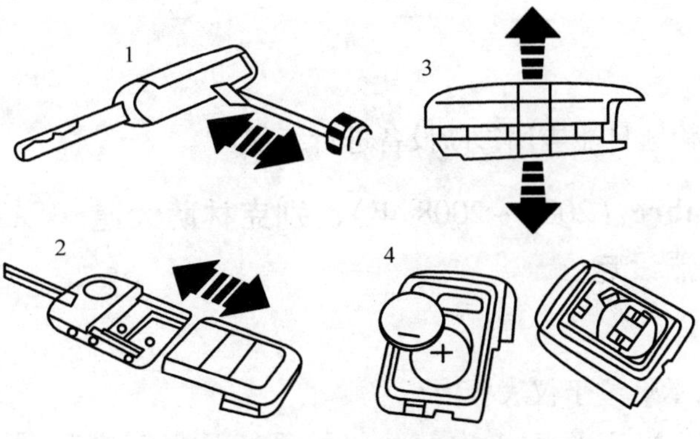

图 11-7 电池更换方法

（二）系统操作2

拔出点火钥匙后系统进入警报状态。

增加钥匙

（1）当出现以下情况时，系统需进行编程

① 增加钥匙。

② 系统出现故障。

（2）编程方法

1）有原始主钥匙的车辆

① 将原始主钥匙插入点火开关内。

② 打开点火开关。

③ 关闭点火开关。

④ 拔出原始主钥匙。

⑤ 在10s内插入新钥匙。

⑥ 打开点火开关，确保系统警告灯熄灭。

⑦ 新钥匙此时编程完毕。

2）无原始主钥匙的车辆

① 坐在车辆驾驶人座椅上。

② 关闭所有车门。

③ 按住驾驶人侧门上门锁开关的开锁键。

④ 按住开锁键，插入并拔出点火钥匙2次，不要转动锁芯。

⑤ 第3次插入点火钥匙时，将钥匙保留在点火开关中。

⑥ 松开开锁键，将听到3声鸣响，该鸣响反馈表示遥控器编程正在启动。

⑦ 继续按住驾驶人侧门上门锁开关的开锁键。

⑧ 同时按住遥控器上的开锁和闭锁键并保持12s。

⑨ 松开门锁开关，会听到2声鸣响。表示遥控编程已成功。

更换钥匙

（1）当出现以下情况时，系统需进行编程

① 更换钥匙。

② 系统出现故障。

（2）编程方法：钥匙只能应用诊断设备进行编程。

四、别克 La Sabre（2005～2008年）、别克林荫大道（Park Avenue）（2008～2014年）轿车遥控器设定

（一）系统操作

（1）系统LED指示灯位于仪表板内。

（2）按下遥控器UNLOCK键1次解除报警系统且仅解锁驾驶人侧车门，遥控器如图11-8或图11-9所示。

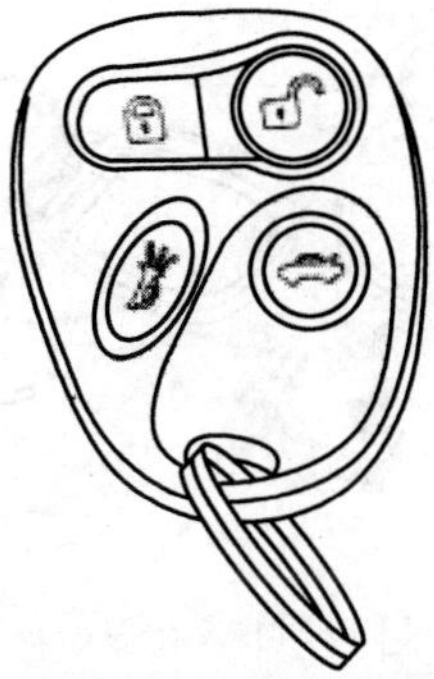

图 11-8　2007 年以前车型的遥控器

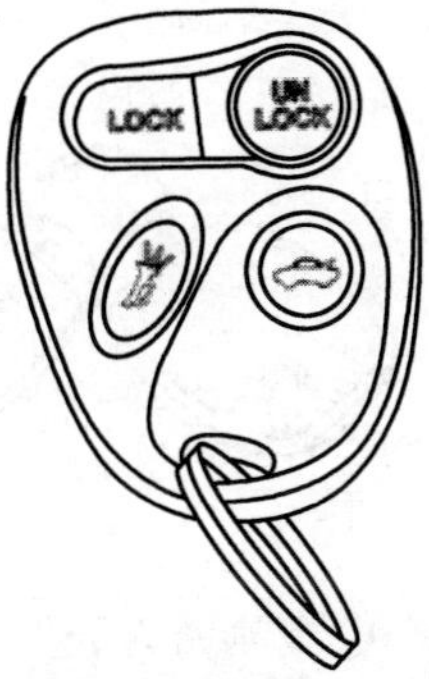

图 11-9　2008 年以后车型的遥控器

（3）在 2s 内按下遥控器 UNLOCK 键 2 次解除报警系统和解锁所有车门。

（4）激活系统

① 按下遥控器上 LOCK 键。

② 系统 LED 指示灯点亮。

③ 系统 LED 指示灯将在 30s 后熄灭。

（5）在系统 LED 指示灯熄灭前报警系统不进入报警状态。

（6）报警/中控锁系统功能可使用遥控器更改。

（二）遥控器同步设定

1. 当出现以下情况时，需进行同步设定

（1）遥控器在超出控制范围反复操作。

（2）更换遥控器电池。

（3）车辆蓄电池电压低或在充电情况下。

2. 同步设定方法

（1）站在离车辆 1.5m 内。

（2）同时按下遥控器 LOCK 和 UNLOCK 键约 7s。

（3）喇叭响起表明同步设定完成。

（三）遥控器编程

1. 当出现以下情况时，系统需进行编程

（1）增加钥匙。

（2）系统出现故障。

2. 编程方法

遥控器只能使用诊断设备进行编程。

注意： 最多可编程 4 把遥控器。

（四）遥控器电池更换方法

电池更换方法如图 11-10 和图 11-11 所示。

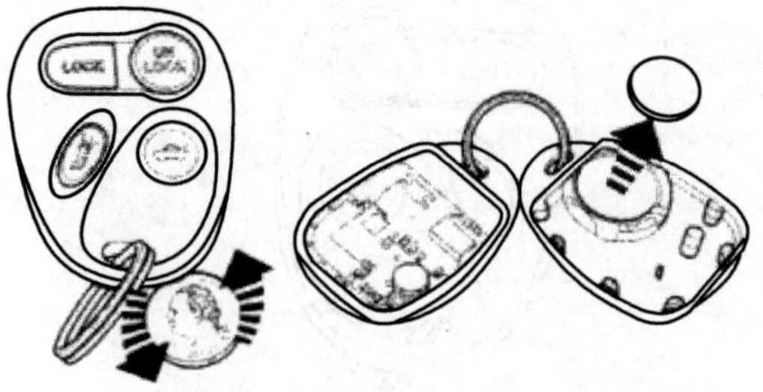

图 11-10　电池更换方法
（2007 年以前车型遥控器）

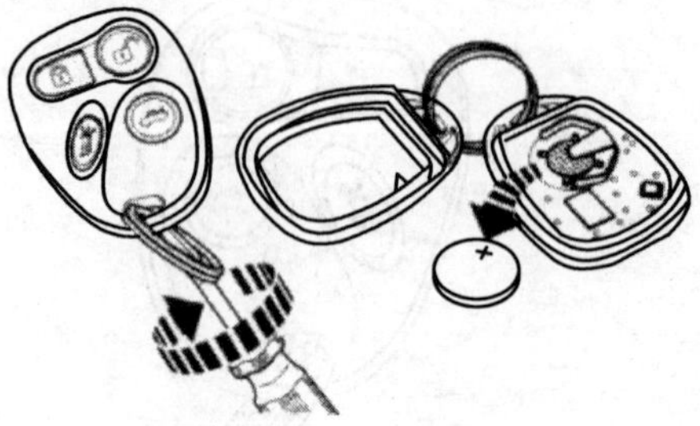

图 11-11　电池更换方法
（2008 年以后车型遥控器）

（五）系统操作 2

（1）拔出点火钥匙后系统进入报警状态。

（2）若发动机不能起动和防盗警告灯闪烁

① 拔出钥匙。

② 检查钥匙是否过脏或潮湿。若需要，清理遥控器。

③ 等待 3min 然后起动重试。

（六）防盗编程

1. 当出现以下情况时，系统需进行重新编程

（1）增加或更换钥匙。

（2）系统出现故障。

2. 编程方法

没有原始主钥匙的车辆：

（1）用要编程的主钥匙打开点火开关，系统 LED 灯将点亮。约 10min 后系统 LED 灯熄灭。

（2）关闭点火开关，等待 5s。

（3）打开点火开关，系统 LED 灯点亮。约 10min 后系统 LED 灯熄灭。

（4）关闭点火开关，等待 5s。

（5）打开点火开关，系统 LED 灯点亮。

（6）约 10min 后系统 LED 灯熄灭。

（7）关闭点火开关，等待 5s。

（8）起动发动机。

（9）新主钥匙此时编程完毕。

（10）使用诊断工具清除故障码。

有原始主钥匙的车辆：

（1）将主钥匙插入点火开关。

（2）打开点火开关。

（3）关闭点火开关。

（4）拔出主钥匙。

（5）在 10s 内插入新钥匙。

(6) 打开点火开关。

(7) 新钥匙此时编程完毕。

注意: 用主钥匙最多可编程10把钥匙。

五、别克GL8遥控器设定(2015~2016年)

若遥控器进入设定模式,将清除遥控电脑记忆的所有钥匙程序,必须重新设定所有钥匙(最多可设定4把钥匙)。

(1) 将钥匙从点火开关中取出。

(2) 从杂物箱右侧仪表板熔丝盒中拆下BCM PRGRM熔丝。

(3) 关闭所有车门及后备厢。

(4) 将点火开关关闭(旋到OFF位置),然后旋到ACC位置1s。BCM电脑开始操纵蜂鸣器响一声,安全指示灯闪烁一次。

(5) 同时按下钥匙的LOCK与UNLOCK键约5s,BCM电脑使蜂鸣器响一声,安全指示灯闪烁一次。

(6) 重复步聚(4)~(5)设定其他钥匙。

(7) 将钥匙从点火开关中拔出,并装回BCM PRGRM熔丝。

提示:重新编程后,新遥控器将取代旧的遥控器,即旧遥控器失效。

六、上海通用君威轿车遥控器设定(2006~2015年)

(一) 同步设定

1. 如果在更换遥控器电池后或在超出遥控门锁接收范围内操作遥控器16次,就需要对遥控器进行同步设定。君威轿车最多可同步设定1把遥控器,经过重新同步设定后的遥控器记忆在遥控门锁接收器内存中,未经编程的原有的遥控器将失效。如果车主丢失1把遥控器,将新配的遥控器和剩下的遥控器重新同步设定后,丢失的遥控器会失效。

2. 同步设定方法

(1) 坐在驾驶人座椅上。

(2) 从点火开关锁芯中拔出点火钥匙。

(3) 关闭所有车门。

(4) 按住门锁开关上的UNLOCK(开锁))按钮。

(5) 在按住门锁开关上的开锁按钮的同时,插入并拔出点火钥匙2次(切勿旋转锁芯)。

(6) 第3次将点火钥匙插入并保留在点火开关锁芯中。对于其余程序,点火开关必须保持在LOCK(锁止)位置。

(7) 松开门锁开关,听到3声警钟,指示遥控器编程起动。

(8) 同时按住遥控器上的锁止和解锁键约12s,听到2声警钟,这表示遥控器已经成功编程。

（9）对于其余遥控器（共4个遥控器），重复步骤（8）。

（10）从点火开关锁芯中拔出点火钥匙，退出设定程序。

（二）添加钥匙

1. 防盗读出程序操作方法

（1）先将点火钥匙置于ACC位置。

（2）接通点火开关，观察仪表板上的SECURITY指示灯点亮，10min后熄灭。

（3）SECURITY指示灯熄灭后，将点火钥匙关闭（位于LOCK）5s。

（4）接通点火点火开关，观察仪表板上的SECURITY灯点亮，10min后熄灭。

（5）SECURITY指示灯熄灭后，将点火钥匙关闭（位于LOCK）5s。

（6）接通点火开关，观察仪表板上SECURITY灯点亮，10min后熄灭。

（7）SECURITY指示灯熄灭后，将点火钥匙关闭（位于LODK）5s。

（8）起动车辆，发动机应能起动，说明防盗重新读出完成。

2. 添加钥匙

如果有已经读出的原配防盗钥匙，用下列操作步骤可以添加（总数最多为10把）钥匙：

注意：本程序不会删除先前读出的钥匙，需要读出的钥匙必须和现有钥匙齿形一致。

（1）利用先前已经读出的钥匙接通点火开关但不起动发动机。

（2）关闭点火开关并拔出钥匙。

（3）在10s内插入需要添加的钥匙，接通点火开关但不起动发动机，新钥匙即可完成编程。

七、上海通用君越轿车遥控器设定（2010～2014年）

（一）遥控器同步设定

1. 在以下条件下必须对遥控器重新进行同步设定

（1）遥控器的电池电量很弱。

（2）更换遥控器的电池。

（3）车辆蓄电池长时间电量很低或没有电。

2. 同步设定方法

（1）手持遥控器，站在距离车身1.5m的范围内。

（2）同时按下遥控器上的锁止键和解锁键，保持按压状态7～8s。

（3）汽车喇叭发出鸣响，表示遥控器同步设定成功完成。

（二）遥控器编程

（1）安装故障诊断仪。

（2）使用故障诊断仪访问“Body control Module（BCM）Special Function：Program Key Fobs”（车身控制模块（BCM）特殊功能：对遥控器编程）。

（3）按下故障诊断仪上的START（启动）按键。

（4）同时按下遥控器上的LOCK（锁止）和UNLOCK（解锁）键，在5～10s的停顿之后，故障诊断仪将显示遥控器已经被编程。

（5）重复之前的步骤，对其余的遥控器执行编程，最多可编程4个遥控器。

（6）拆卸故障诊断仪。

（7）操作遥控器的各个功能，确认系统操作正常。

八、上海通用英朗轿车遥控门锁控制模块的编程和设定（2011～2018年）

必须使用合适的装置对新的遥控门锁控制模块进行编程。确保满足以下条件，为遥控门锁控制模块编程做好准备：

（1）开始之前查阅完整程序。

（2）蓄电池完全充电。

（3）将点火开关置于ON。

（4）MDI数据链路插接器已固定。

（5）在编程前，重新连接所有断开的模块和装置。

若要编程和设置一个新更换的遥控门锁控制模块，执行以下程序：

（1）安装一个带MDI的故障诊断仪，并访问维修编程系统。

（2）关于模块编程，按照维修编程系统中的屏幕提示操作。

（3）检查驾驶人信息中心是否显示与校准有关的详细附加说明。如果驾驶人信息中心不存在附加说明，则编程完成。

如果遥控门锁控制模块不能接受编程，则执行以下步骤：

（1）检查所有连接。

（2）确认故障诊断仪使用最新版本软件。

重要注意事项：编程后，执行以下步骤以避免将来误诊。

（1）将点火开关置于OFF 10s。

（2）将故障诊断仪连接至数据链路插接器。

（3）在发动机关闭的情况下，将点火开关置于ON。

（4）使用故障诊断仪读取所有模块的历史故障诊断码。

（5）清除所有历史故障诊断码。

九、上海通用凯越轿车遥控器设定（2010～2015年）

（1）关好所有车门，打开点火开关然后关闭并把钥匙拔出来。

（2）开关车门4次，第4次的时候，把车门置于开的位置状态。

（3）打开关闭点火开关3次，并拔出钥匙，这时候转向灯会亮起来。

（4）同时按住遥控器的开锁跟关锁键，转向灯会再次亮起来，说明遥控器已经匹配上，没有参加的同步匹配的遥控器会失效，如果2把以上的遥控器重复第4步骤就行了。匹配遥控的步骤速度一定要迅速，不然进入不了匹配程序。

注意： 操作时，开始慢点，一直进不了匹配程序，不要紧，后面快点一下可以了。

第二节　通用别克轿车保养灯归零

一、别克昂科雷轿车保养灯归零（2010～2012 年）

1. 电子时钟时间调节设定

电子时钟按键识别如图 11-12 所示。

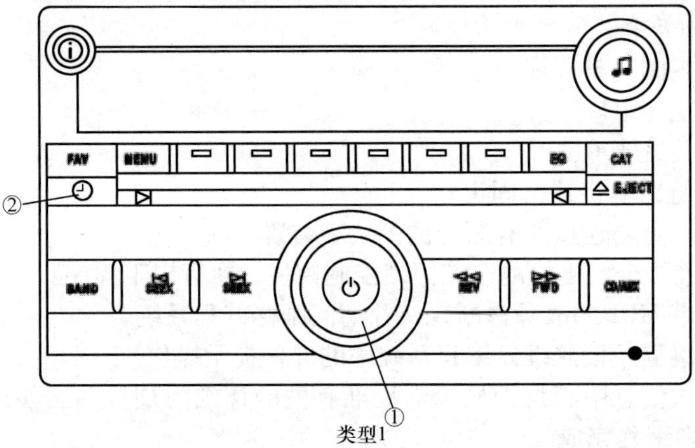

类型1

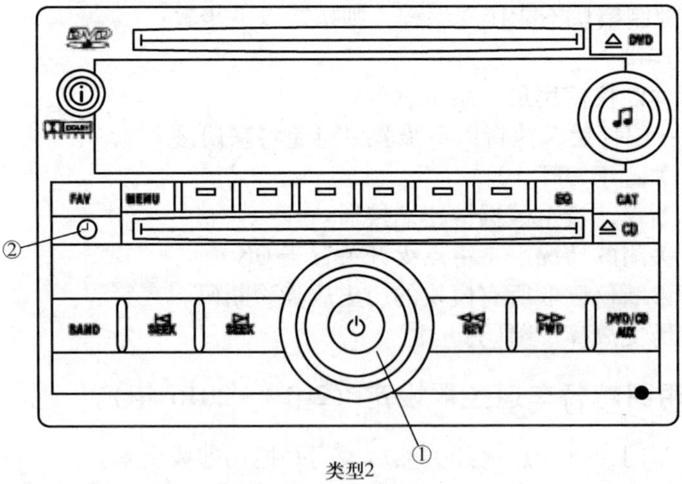

类型2

图 11-12　电子时钟按键识别

为使电子时钟调节设定功能正常工作，点火开关必须处于打开或附件位置。电子时钟时间调节方法如下：

（1）确保系统启用。轻按旋扭①，打开收音机。

（2）按下②直至时间和日期设置菜单显示。HR \ MIN \ MM \ DD 和 YYYY（小时、分钟、月、日和年）将显示在各按钮上方的显示屏上。

（3）按下所需设置下方的按钮。执行以下任一操作更改时间或日期：再按 1 次按钮增加 1 格时间或日期，按 SEEK 右箭头或 RWD 按钮增加时间或日期，按 SEEK 左箭头或 REV 按钮减少时间或日期，旋转旋钮调整时间或日期。

2. 电动车窗初始化设定

如果在维护保养过程中断开过电动车窗电源，则重新恢复供电后要按照如下叙述执行电动车窗重新设定：

（1）将点火开关置于 ON 或 ACC。

（2）关闭所有车门。

（3）按住电动车窗开关直至车窗完全打开。

（4）向上抬起车窗开关完全关闭车窗并继续保持抬起状态持续 3s 以上。

3. 轮胎压力监测重新设定

如果进行过轮胎换位或更换过轮胎压力传感器，则必须按照如下叙述执行轮胎压力监测器重新设定：

（1）拉紧驻车制动器。

（2）将点火开关设置到 ON，但不要起动发动机。

（3）同时按住遥控门锁发射器上锁定或解锁按钮 5s。

（4）显示屏上将显示“TIRE LEARNING ACTIVE”（胎压监视系统激活），喇叭将会鸣响 2 次，表示轮胎匹配过程已开始。

（5）先从左前轮胎开始：从气门芯上拆气门帽，增减轮胎气压 5s 或直到喇叭鸣响。

（6）按轮胎气门中心的金属气门芯放气；当增加轮胎气压时，不要超过轮胎胎壁上所列的最大充气压力；喇叭声可能会持续 30s，确认轮胎位置已经记忆。

（7）对于其余轮胎，按如下顺序重复上述步骤：右前轮胎，右后轮胎，然后是左后轮胎。

（8）在喇叭鸣响 2 声后，确认最后一个轮胎位置记忆后，将点火开关设置到 OFF。

（9）将轮胎气压设在正确的值。

（10）不要忘记将气门帽装回到气门芯上，气门帽可防止灰尘和潮气进入。

（11）如果“SERVICE TIRE MOITOR SYSTEM”（维修轮胎监视器系统）出现在驾驶人信息中心显示屏上，表示轮胎匹配过程未成功完成，重复设定步骤。

4. 发动机机油寿命监控系统归零设定

（1）将点火开关设定到 ON。

（2）按下图 11-13 所示的按钮 A，使显示屏显示“OIL LIFE REMAINING”及百分比数字。

（3）按下图 11-13 的按钮 B，保持按下状态 5s 以上。

（4）显示屏显示“OIL LIFE REMAINING100%”字符。

（5）蜂鸣器会鸣响 3 次，显示屏上显示的“CHANGE ENGINE OIL SOON”字符会消失。

（6）将点火开关设置到 OFF。

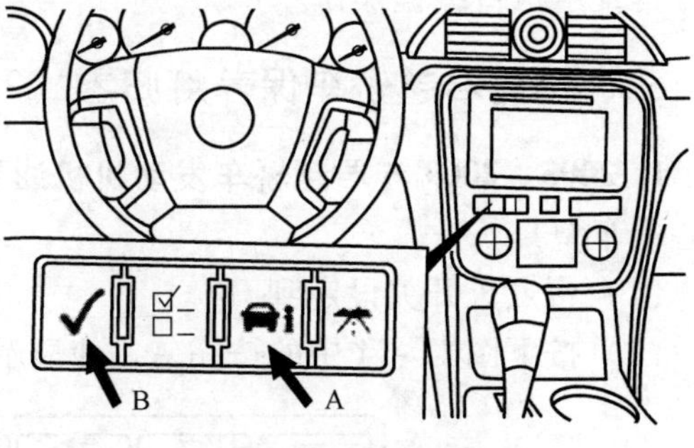

图 11-13　按钮识别

二、别克林荫大道轿车保养灯归零（2010～2014 年）

1. 防盗控制模块更换设定

在更换防盗系统模块后，用如下叙述设定新的防盗系统模块：

（1）将故障诊断仪连接至车辆。

（2）在发动机关闭的情况下，将点火开关设置于 ON。

（3）确保车辆上所有用电装置都已关闭。

（4）使用故障诊断仪，在“Service Programming System”（维修编程系统）下选择“Request Info”（请求信息），并按故障诊断仪屏幕上的指示进行操作。

（5）从车辆上断开故障诊断仪，并将故障诊断仪连接至带有最新维修编程系统（SPS）软件的 Techline 终端上。

（6）在 Techline 终端上，选择“Service Programming System”（维修编程系统）并按 Techline 终端屏幕上的说明进行操作；选择“TDM”（防盗系统模块）菜单选项。

（7）从 Techline 终端上断开故障诊断仪，并重新连接故障诊断仪至车辆。

（8）在发动机关闭的情况下，将点火开关设置于 ON。

（9）使用故障诊断仪，在“Service Programming System”（维修编程系统）下选择“program ECU”（编程电子控制单元），并按屏幕上的指示进行操作。

（10）将点火开关置于 OFF。

2. 转向盘转角传感器校准设定

更换过转向盘转角传感器后，必须按照如下程序执行校准程序：

（1）安装故障诊断仪。

（2）在发动机关闭的情况下，将点火钥匙置于 ON，选择“Chassis”（底盘）。

（3）选择“EBCM”（电子制动控制模块）。

（4）选择“Programming”（编程）。

（5）选择“Calibrate Steering Angle Sensor procedure”（校准转向盘转角传感器），然后按屏幕提示执行编程操作。

三、别克君越轿车保养灯归零（2005～2011 年）

1. 2005～2009 年君越轿车发动机机油更换提示系统归零设定（配备多功能驾驶人信息中心的车型）

（1）将点火开关设定到 ON。

（2）按下图 11-14 中的按钮 A，使显示屏显示“ENGINE OIL MONITOR”字符。

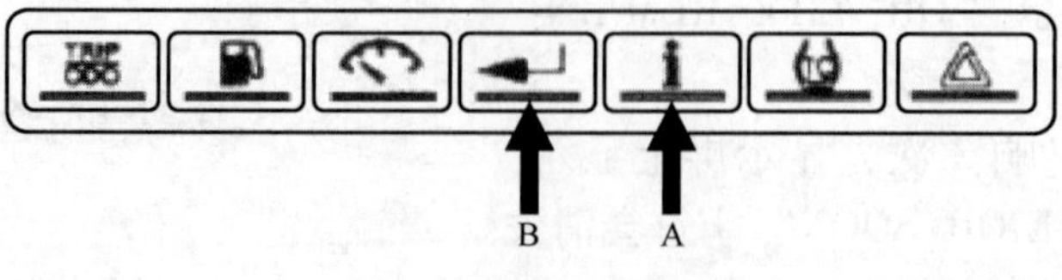

图 11-14　按钮识别

（3）按住图 11-14 中的按钮 B，直至显示屏上显示的“CHANGE ENGINE OIL SOON”字符消失。

（4）将点火开关设置到 OFF。

2. 2005～2009 年君越轿车发动机机油更换提示系统归零设定（不配备多功能驾驶人信息中心的车型）

（1）将点火开关设定到 ON。

（2）在 5s 内，将加速踏板踩下并松开 3 次。

（3）将点火开关设置到 OFF。

（4）起动发动机。

3. 2010 年君越轿车发动机机油更换提示系统归零设定（配备多功能驾驶人信息中心的车型）

（1）将点火开关设定到 ON。

（2）按下图 11-15 中的按钮 A，使显示屏显示“CHANGE ENGINE OIL SOON”字符。

（3）按住图 11-15 中的按钮 B，直至显示屏上显示的“OIL LIFE REMAINING 100%”字符。

（4）将点火开关设置到 OFF。

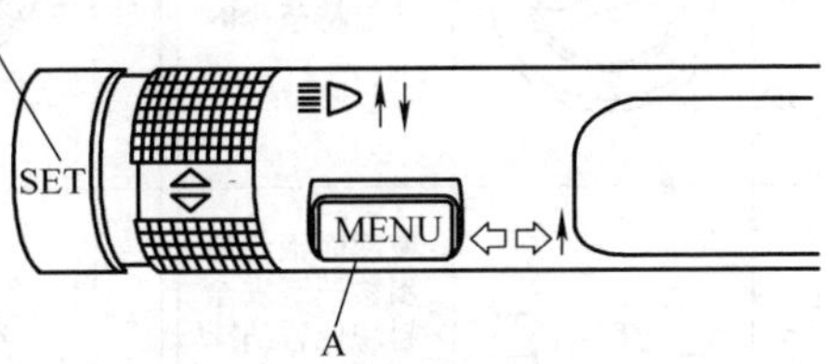

图 11-15　按钮识别

4. 2010 年君越轿车发动机机油更换提示系统归零设定（不配备多功能驾驶人信息中心的车型）

（1）将点火开关设定到 ON。

（2）在 5s 内，将加速踏板踩下并松开 3 次。

（3）将点火开关设置到 OFF。

（4）起动发动机。

5. 轮胎气压监视器重新设置程序

对于没有安装驾驶人信息中心的君越轿车，可按下仪表上的 Odo/Trip 按钮，把仪表板上的里程显示切换到只显示总计里程状态，然后按下 Odo/Trip 按钮并保持按压状态，等待几秒钟后，轮胎气压过低指示灯即会开始闪烁，当听到蜂鸣器发出 2 声鸣叫后，即表示重新设置操作完成。

对于安装了驾驶人信息中心的君越轿车，可按驾驶人信息中心上的 Gage 按钮（图 11-16），直到显示“TIRE MONITOR SYSTEM”（胎压检测系统）。此模式可复位胎压监测系统。按住设置/重置按钮，复位完成后将显示“TIRE MONITOR SYSTEM HAS BEEN RESET”（胎压监测系统已复位）。

图 11-16　驾驶人信息中心按钮功能识别及说明

6. 电动天窗初始化设定

在以下情况发生时，必须执行电动天窗初始化设定：

情况 1：天窗在运行过程中，电力供应突然中断，导致控制电路程序丢失。

情况 2：天窗在使用一段时间后，感觉天窗玻璃不能关闭到位（长时间使用，机械部件之间有磨损间隙）。

按照图 11-17 所示的操作流程执行初始化操作。

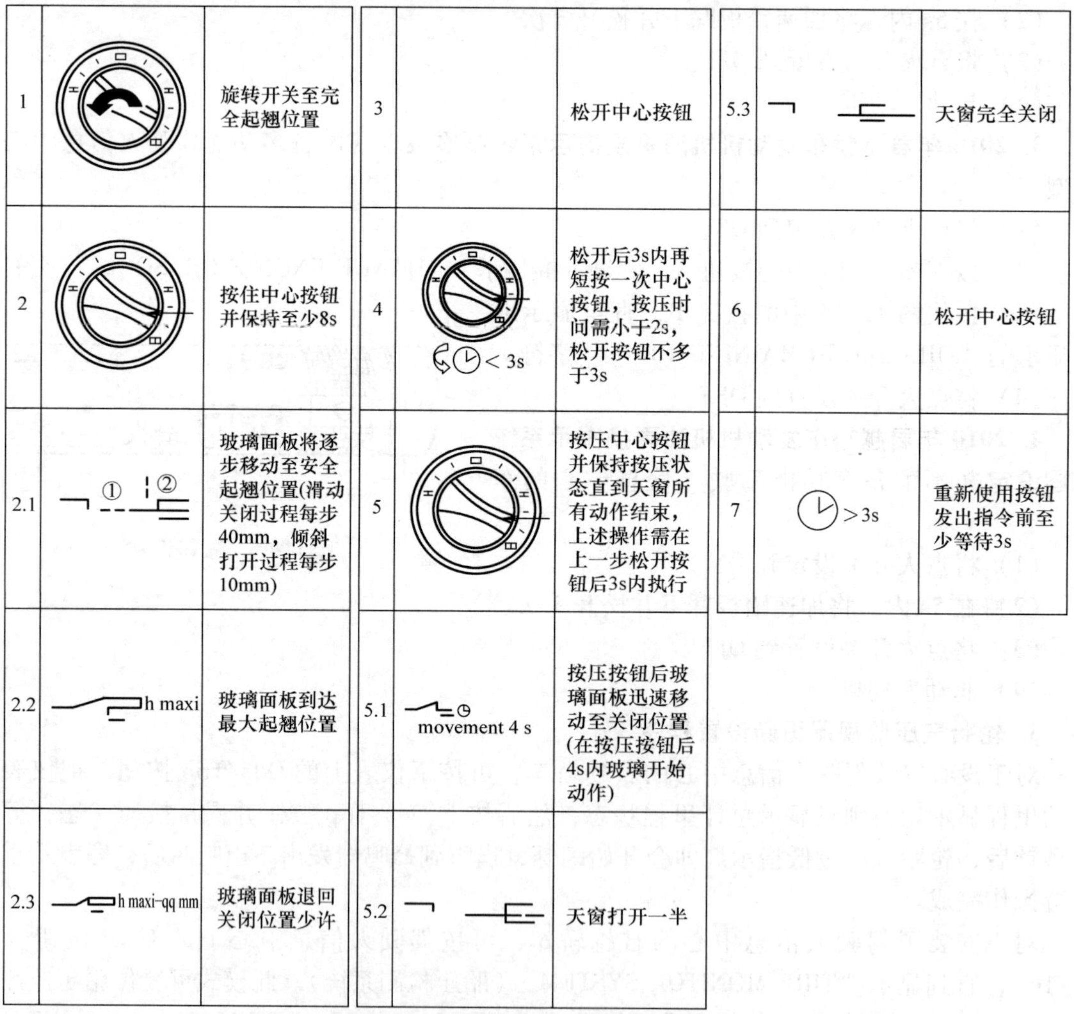

图 11-17　电动天窗初始化设定操作流程

7. 更换暖风、通风与空调控制模块后自动校准设置

在更换暖风、通风与空调系统控制模块时，必须按照如下叙述执行暖风、通风与空调系统控制模块校准程序。在暖风、通风与空调系统控制模块自动校准期间，不要调整暖风、通风与空调系统控制模块上的任何控制开关，校准中断会导致暖风、通风与空调系统性能不良。更换暖风、通风与空调控制模块后的自动校准设置操作步骤如下：

（1）将点火开关置于 OFF。

（2）断开故障诊断仪。

（3）安装暖风、通风与空调系统控制模块。

（4）连接先前断开的所有部件。

（5）起动车辆。

（6）等候40s，让暖风、通风与空调系统控制模块自动进行校准。

（7）确认没有当前故障码。

8. 更换暖风、通风与空调系统执行器后的自动校准设置

在更换暖风、通风与空调系统执行器后，必须按照如下叙述执行校准设置程序。在执行自动校准期间，不要调整暖风、通风与空调系统控制模块上的任何控制开关。校准中断会导致暖风、通风与空调系统性能不良。

更换暖风、通风与空调系统模块后的自动校准设置操作步骤如下：

（1）清除所有故障码。

（2）将点火开关置于OFF。

（3）安装暖风、通风与空调系统执行器。

（4）连接先前断开的所有部件。

（5）拆下空调系统的HVAC/ECAS熔丝至少10s。

（6）安装HVAC/ECAS熔丝。

（7）起动车辆。

（8）等候40s，让暖风、通风与空调系统控制模块自动进行校准。

（9）确认没有当前故障码。

9. 曲轴位置偏差读入设置

当执行了以下维修程序时，不论是否设置了故障码P0315，都要按照如下叙述执行曲轴位置（CKP）系统偏差读入程序：

（1）更换了发动机。

（2）更换了发动机控制模块。

（3）更换了缓振平衡器。

（4）更换了曲轴。

（5）更换了曲轴位置传感器。

修理了发动机，并因此影响了曲轴与曲轴位置传感器之间的关系。

曲轴位置偏差读入设置操作步骤如下：

（1）安装故障诊断仪。

（2）用故障诊断仪观察是否设置了发动机控制模块的故障码。

（3）使用故障诊断仪选择曲轴位置偏差读入程序。

（4）在故障诊断仪的提示指导下执行下列操作。

（5）挡住驱动轮；拉紧驻车制动器；不要踩下制动踏板；将点火开关从OFF位置转到ON位置；将变速器设置在空档或驻车档，踩住制动踏板（自动变速器），或踩住离合器踏板（手动变速器）；起动发动机并怠速运行；关闭空调；观察发动机的燃油切断点；加速至节气门全开位置；当发动机燃油切断时松开加速踏板。

（6）启动曲轴位置系统偏差读入程序，加速至节气门全开位置；当发生燃油切断时松开加速踏板；曲轴位置系统偏差读入程序可能需要重复多达5次，才能完成读入程序。

（7）故障诊断仪显示“Learn Status：Learned this ignition”（读入状态：本次点火已读入）；如果故障诊断仪显示故障码P0315已运行并通过了测试，则曲轴位置偏差读入程序执行完毕。

（8）在读入程序成功完成后，应断开点火开关至少30s。

10. 车身控制模块更换后的设置

车身控制模块更换后，必须按照如下叙述对新安装的车身控制模块执行编程操作：

（1）将蓄电池充足电。

（2）点火开关置于ON。

（3）连接故障诊断仪。

（4）进入故障诊断仪上的“SPECIAL FUNCTIONS”（特殊功能）菜单，对车身控制模块编程；选择“SET UP NEW BCM”（设置新的车身控制模块）。

（5）按照故障诊断仪上的说明，执行车身控制模块编程操作。

（6）如果编程不成功，检查所有的车身控制模块接头是否插接牢固；检查故障诊断仪是否有最新的软件版本。

11. 制动踏板位置传感器校准

如果更换车身控制模块、电子制动控制模块（EBCM）或者制动器接合传感器（BAS），则必须按照如下叙述对制动踏板位置（BPP）传感器进行校准：

（1）连接故障诊断仪进入“Body”（车身）菜单。

（2）选定“Body Control Module”（车身控制模块）菜单。

（3）进入“Special Functions”（特殊功能）菜单。

（4）选择“BPP Sensor Calibration”（制动踏板位置传感器校准）。

（5）遵照屏幕上的指示，执行校准操作。

四、别克陆尊GL8轿车保养灯归零（2000～2010年）

发动机机油更换提示系统归零设定操作步骤如下：

（1）将点火开关设定到ON。

（2）在5s内，将加速踏板踩下并松开3次。

（3）将点火开关设置到OFF。

五、别克英朗GT轿车电动车窗初始化（2010～2015年）

1. 电动车窗初始化设定

在维护保养过程中，如果断开过蓄电池，则需要重新执行电动车窗初始化设定操作。操作步骤参见如下叙述：

（1）关闭车门。

（2）接通点火开关。

（3）完全关闭车窗，然后继续按住关闭开关2s以上。

（4）对其他的电动车窗也执行上述步骤。

2. 电动天窗初始化设定

在维护保养过程中，如果断开过蓄电池，则需要重新执行电动天窗初始化设定操作。操作步骤参见如下叙述：

（1）如果天窗处于关闭状态，则按住电动天窗的关闭开关持续按住10s。

（2）如果天窗处于开启状态，则按住电动天窗的关闭开关使天窗关闭，然后松开关闭开关，最后再按住关闭开关保持10s。

六、别克凯越轿车怠速学习设定（2010～2014年）

每当断开或更换蓄电池电缆、发动机控制模块（ECM）或发动机控制模块熔丝时，都必须按照如下程序执行怠速学习设定程序。

（1）接通点火开关5s。

（2）使用故障诊断仪将怠速控制系统（ISC）复位。

（3）使用故障诊断仪将发动机控制模块复位，该操作仅对更换发动机控制模块有效。

（4）断开点火开关10s。

（5）接通点火开关10s。

（6）断开点火开关10s。

（7）在驻车/空档位置起动发动机。

（8）使发动机运行，直至发动机冷却液温度超过85℃。

（9）接通空调。

（10）如果车辆装备的是自动变速驱动桥，则踩住驻车制动器；在踩住制动踏板时，将变速器驱动桥挂在驱动档。

（11）关闭空调。

（12）将变速器置于驻车档。

（13）断开点火开关，至此怠速学习程序结束。

七、别克全新君威保养灯归零（2015～2016年）

每次更换机油之后，必须重设“机油寿命”显示屏，这样系统可计算下次更换发动机机油的时间。由于仪表的配备不同，复位机油寿命系统的方法有两种。

1. 低配仪表的车辆（仪表如图11-18所示）

复位机油寿命系统的方法如下。

（1）点火开关转至ON/RUN（打开/运转）位置。

（2）按下转向信号操纵杆上的MENU（菜单）按钮，如图11-19所示。

（3）用调节轮选择菜单“Vehicle information system（车辆信息系统）”。

（4）用调节轮选择菜单“Oil life system（机油寿命系统）”。

（5）按下转向信号操纵杆上的SET/CLR按钮复位。

图11-18　组合仪表（低配）

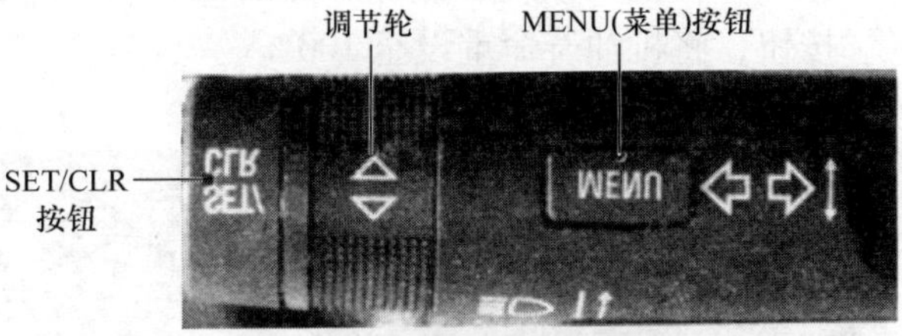

图11-19　转向信号操纵杆

2. 配备中高配仪表的车辆（仪表如图11-20、图11-21所示）

复位机油寿命系统的方法如下。

（1）在发动机关闭时，将点火开关转至ON/RUN（打开/运转）位置。

图 11-20　组合仪表（中配）

图 11-21　组合仪表（高配）

（2）使用转向盘右侧的驾驶人信息中心控制器（图 11-22），在驾驶人信息中心上显示“机油寿命”。

（3）按下驾驶人信息中心控制器上的“>”，显示屏显示“复位”，然后按下“√”，将机油寿命重设至 100%。

（4）关闭点火开关。当“请速更换机油”消息消失，“机油寿命 100%”消息显示时，系统即重置。如果“请速更换机油”信息在车辆起动后再次显示，则发动机机油寿命系统未被重置。重复复位步聚。

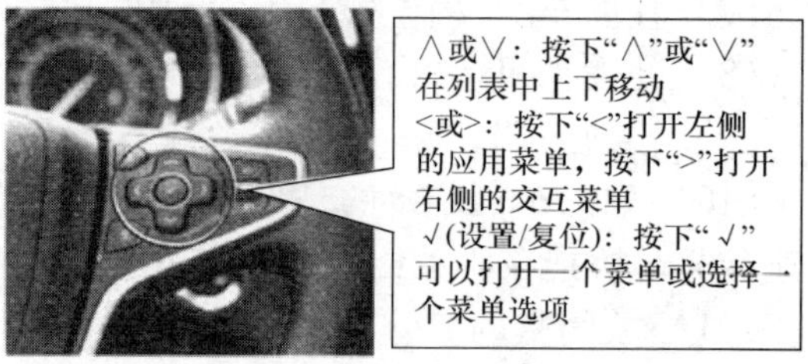

图 11-22　信息中心控制器

八、别克全新君越保养灯归零（2015 ~ 2018 年）

每次更换机油之后，必须重设“机油寿命”显示屏，这样系统可计算下次更换发动机机油的时间。复位机油寿命系统的方法如下。

（1）在发动机关闭时，将点火开关打开到 ON/RUN（点火/运转）位置。

（2）使用转向盘右侧的驾驶人信息中心控制器（图 11-23），在驾驶人信息中心上显示“Remaining oil life”（机油寿命）。当剩余机油寿命低时，显示屏上会显示“Changeengine oil soon”（请速更换机油）信息。

（3）按下驾驶人信息中心控制器上的“ > ”按钮，显示屏显示“复位”，然后按下“√”按钮，将机油寿命重设至 100%。

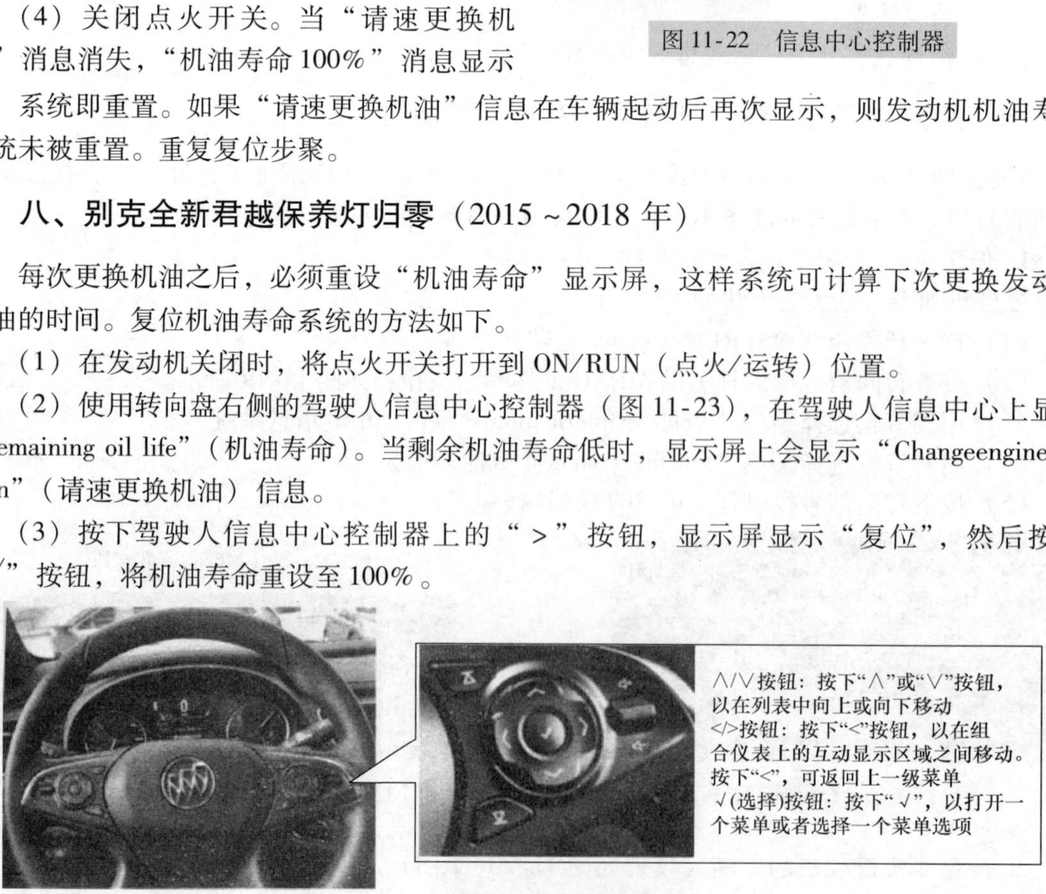

图 11-23　2016 款别克君越转向盘及仪表

（4）关闭点火开关。

当“Changeengine oil soon（请速更换机油）”消息消失，“Remaining oil life 100%（剩余机油寿命100%）”消息显示时，表明系统重置成功。如果“Changeengine oil soon（尽快更换发动机机油）”信息在车辆起动后再次显示，则发动机机油寿命系统未被重置，重复上述步骤。

九、别克昂克威保养灯归零（2015～2018年）

（1）在发动机关闭时，将点火开关打开到ON/RUN（点火/运转）位置。

（2）使用转向盘右侧的驾驶人信息中心控制器，在驾驶人信息中心上显示“Remaining oil life”（机油寿命）。

（3）按下驾驶人信息中心控制器上的“>”按钮，显示屏显示“复位”，然后按下“√”按钮，将机油寿命重设至100%。

（4）关闭点火开关。当“Change engine oil soon（请速更换机油）”消息消失，“Remaining oil life 100%（剩余机油寿命100%）”消息显示时，表明系统重置成功。如果“Change engine oil soon（尽快更换发动机机油）”信息在车辆起动后再次显示，则发动机机油寿命系统未被重置，重复上述步聚。

十、别克昂克拉保养灯归零（2013～2015年）

（1）在发动机关闭时，接通点火开关。

（2）按下转向信号操纵杆上的MENU（菜单）按钮。

（3）用转向信号操纵杆上的调节轮选择菜单“车辆信息”。

（4）用调节轮选择菜单“机油寿命”。

（5）按住转向信号操纵杆上的SET/CLR按钮几秒，将机油寿命重置为100%。

（6）将点火开关关闭。

提示：①不要在任何时候意外复位机油寿命显示，除非是在更换机油后，否则不能将其准确复位。

② 在车辆起动后，如果车辆信息“请速更换机油”或警告代码重新出现在驾驶人信息中心，那么发动机机油寿命监测系统未被复位。重新执行上述复位过程。

十一、别克威朗保养灯归零（2015～2018年）

（1）在发动机关闭时，将点火开关置于点火电源模式位置。

（2）在驾驶人信息中心上显示剩余机油寿命菜单。

（3）按住“√”数秒，以将机油寿命重设为100%。

（4）将点火开关置于关闭位置。

当“请速更换机油”信息消失，机油寿命100%信息显示时，系统即重置。

如果“请速更换机油”信息在车辆起动后再次显示，则发动机机油寿命监测系统未被重置，重复上述复位流程。

第十二章　凯迪拉克车系遥控器设定与保养灯归零

第一节　凯迪拉克车系遥控器设定

一、凯迪拉克 CTS 轿车遥控器设定（2010～2014 年）

（一）系统操作 1

（1）按下遥控器解锁键 1 次解除报警系统且仅解锁驾驶人侧车门。遥控器如图 12-1 所示。

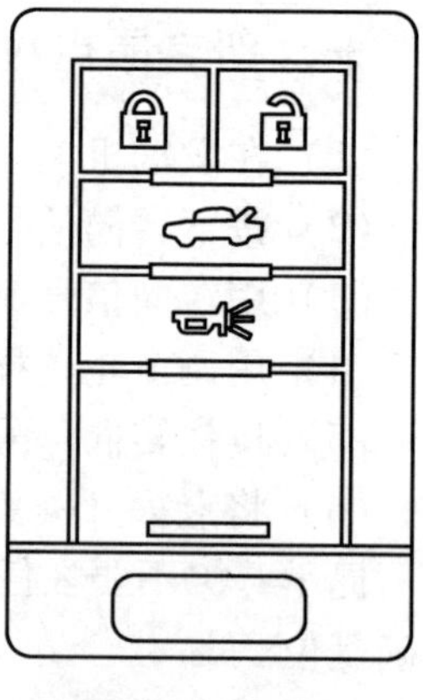

图 12-1　遥控器

（2）在 5s 内按下遥控器解锁键 2 次解除报警系统和解锁所有车门。

（3）按下遥控器锁止键 1 次激活报警系统和锁止所有车门。

（4）按下遥控器恐吓键 1 次激活如下功能：①喇叭响起 3 次。②转向灯闪烁 3 次。

（5）按下遥控器恐吓键超过 3s 激活下列功能 30s：①转向灯闪烁。②喇叭响起。

（6）再次按下遥控器恐吓键或打开点火开关，则恐吓报警系统解除。

（7）配备无钥匙进入系统的车辆报警/中控锁系统可在无钥匙模式下解除（如果该功能已设定）。

（8）携带无钥匙进入系统的车辆的遥控器接近车辆，则报警解除和解锁车门。

（9）在遥控器内插着 1 把应急机械钥匙。

（10）报警/中控锁系统功能可使用驾驶人信息中心（DIC）更改。

（二）遥控器编程

1. 当出现以下情况时，系统需进行编程

（1）增加或更换遥控器。

（2）系统出现故障。

2. 编程方法

（1）打开点火开关。

（2）反复按下车辆信息键 A（图 12-2），直到显示“PRESS TO RELEARN REMOTE

KEY”。

（3）按下设定/重设定键 B，直到显示“REMOTE KEY LEARNING ACTIVE”。

（4）编程模式激活，按以下步骤进行操作

① 同时按下并按住第 1 把遥控器的锁止键和解锁键约 15s。

② 等待声音信号出现（表明编程已完成）。

（5）重复上述步骤编程其他的遥控器。

（6）关闭点火开关来退出编程模式。

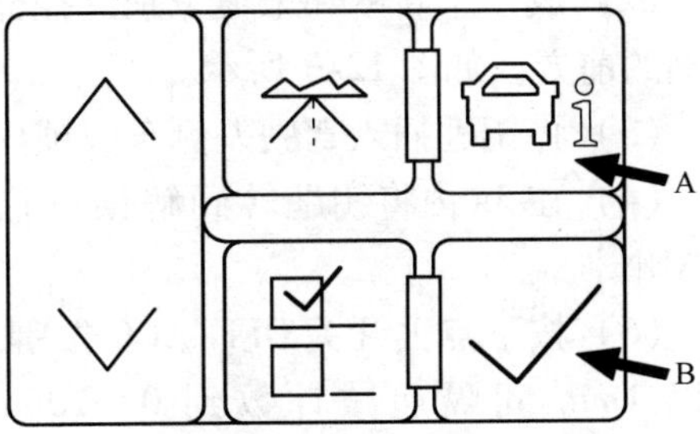

图 12-2　驾驶人信息中心

注意：遥控器也可使用诊断设备进行编程。最多可编程 8 把遥控器。

带无钥匙进入系统的车辆且有 1 把已经编程的遥控器：

注意：最多可编程 4 把遥控器。

（1）获取所有需要编程的遥控器。注意：关闭点火开关。

（2）在车辆内放置 1 把已经编程完毕的遥控器。

（3）将钥匙插入驾驶人侧车门锁内。

（4）在 5s 内将钥匙转到解锁位置 5 次。

（5）放一个新的和未被识别遥控器在中央控制台遥控器口袋中且遥控器的按键面朝着车辆的前方，如图 12-3 所示。确保一个声音信号发出。驾驶人信息中心屏幕将显示“READY FOR FOB3”。

（6）将遥控器从遥控器口袋中取出。

（7）放一个新的和未被识别遥控器在中央控制台遥控器口袋中且遥控器的按键面朝着车辆的前方。确保一个声音信号发出。驾驶人信息中心屏幕将显示“READY FOR FOB4”。

（8）将遥控器遥控器口袋中取出。

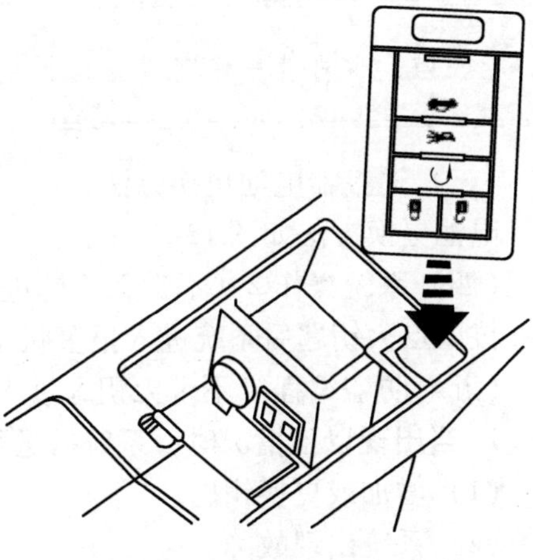

图 12-3　遥控器放置位置

（9）放一个新的和未被识别遥控器在中央控制台遥控器口袋中且遥控器的按键面朝着车辆的前方。确保一个声音信号发出。驾驶人信息中心屏幕将显“MAX FOBS LEARNED”。

（10）将遥控器遥控器口袋中取出。

（11）操作每把遥控器来检查操作。

（12）退出编程模式：按下点火开关 OFF/ACC 按键。

带无钥匙进入系统的车辆且没有已经编程完毕的遥控器：

（1）获取所有需要编程的遥控器。注意：关闭点火开关。

（2）放一个新的和未被识别遥控器在中央控制台遥控器口袋中且遥控器的按键面朝着车辆的前方，如图 12-3 所示。

（3）将钥匙插入驾驶人侧车门锁内。

（4）在5s 内将钥匙转到解锁位置 5 次。驾驶人信息中心屏幕将显示“OFF/ACC TO LEARN”。

（6）按下点火开关 OFF/ACC 按键，驾驶人信息中心屏幕将显示“WAIT 10 MINUTES”并以 1min 间隔递减计数到 0，10min 后驾驶人信息中心屏幕将显示“OFF/ACC TO LEARN”。

（7）按下点火开关 OFF/ACC 按键，驾驶人信息中心屏幕将显示“WAIT 10 MINUTES ”并以 1min 间隔递减计数到 0，10min 后驾驶人信息中心屏幕将显示“OFF/ACC TO LEARN”。

（8）按下点火开关 OFF/ACC 按键，驾驶人信息中心屏幕将显示“WAIT 10 MINUTES ”并以 1min 间隔递减计数到 0，10min 后一个声音信号发出且驾驶人信息中心屏幕将显示“READY FOR FOB1”，另一个声音信号发出且驾驶人信息中心屏幕将显示“READY FOR FOB2”。

（9）拔下第 1 把遥控（FOB1）。

（10）重复上述步骤来编程其他 3 把遥控器。

（11）当4 把遥控器全部编程完毕时，驾驶人信息中心屏幕将显示“MAX FOBS LEARNED”并将退出编程模式。

（12）操作每把遥控器来检查编程是否成功。

注意：也可使用诊断设备进行编程。

（三）遥控器电池更换方法

电池更换方法如图 12-4 所示。

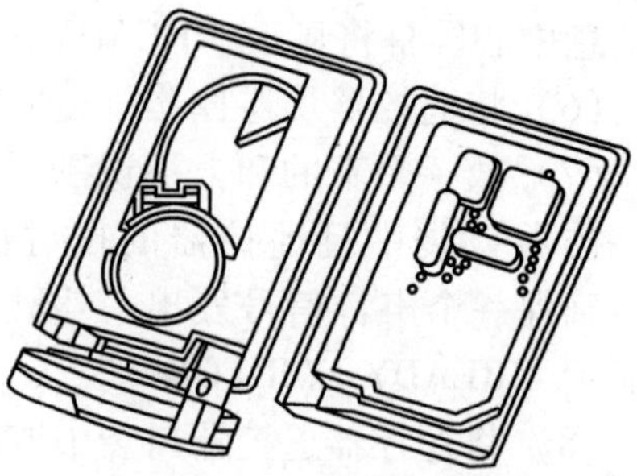

图 12-4　电池更换方法

（四）系统操作 2（不带无钥匙进入系统）

拔下点火钥匙后系统进入报警状态。

（五）防盗编程（不带无钥匙进入系统）

1. 当出现以下情况时，系统需进行编程

（1）增加或更换钥匙。

（2）系统出现故障。

2. 编程方法

没有原始主钥匙的车辆：

（1）用要编程的主钥匙打开点火开关。系统 LED 灯将点亮，约 10min 后系统 LED 灯将熄灭。

（2）关闭点火开关。等待 5s。

（3）打开点火开关。系统 LED 灯将点亮。约 10min 后系统 LED 灯将熄灭。

（4）关闭点火开关。等待 5s。

（5）打开点火开关。系统 LED 灯将点亮。约 10min 后系统 LED 灯将熄灭。
（6）关闭点火开关。等待 5s。
（7）起动发动机。
（8）新主钥匙此时将编程完毕。
（9）使用诊断工具清除故障码。
有原始主钥匙的车辆：
（1）将主钥匙插入点火开关内。
（2）打开点火开关。
（3）关闭点火开关。
（4）拔出主钥匙。
（5）在 10s 内插入新钥匙。
（6）打开点火开关。
（7）新钥匙此时编程完毕。

注意：用主钥匙最多可编程 10 把钥匙。

（六）系统操作 3（带无钥匙进入系统）
将点火开关转到 LOCK 或 OFF 后系统进入报警状态。
（七）防盗编程（带无钥匙进入系统）
1. 当出现以下情况时，系统需进行编程
（1）增加或更换遥控器。
（2）系统出现故障。
2. 编程方法
在遥控器编程程序中就给防盗系统编程了。

二、凯迪拉克 DTS 轿车遥控器设定（2008～2013 年）

（一）系统操作 1
（1）按下遥控器解锁键 1 次解除报警系统且仅解锁驾驶人侧车门。遥控器如图 12-5 所示。
（2）在 5s 内按下遥控器解锁键 2 次解除报警系统和解锁所有车门。
（3）按下遥控器锁止键 1 次激活报警系统和锁止所有车门。
（4）按下遥控器恐吓键 1 次激活如下功能：①喇叭响起 3 次。②转向灯闪烁 3 次。

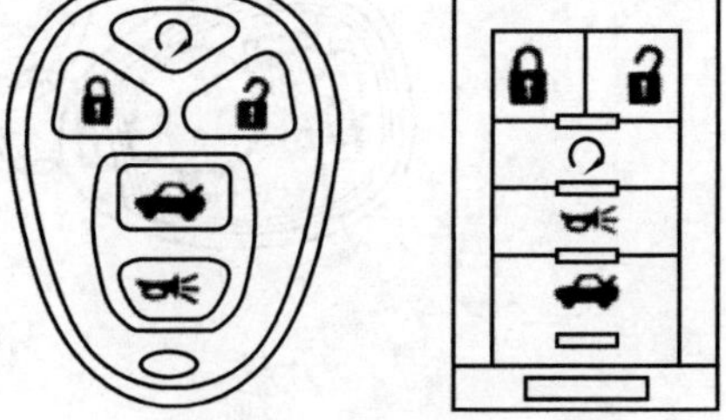
图 12-5　遥控器

（5）按下遥控器恐吓键超过 2s 则下列功能激活 30s：①转向灯闪烁。②喇叭响起。
（6）再次按下遥控器恐吓键或打开点火开关，则恐吓报警系统解除。
（7）行李箱解锁

① 变速杆位于 P 位。

② 按下遥控器行李箱释放键超过 1s 来解锁行李箱。

(8) 报警/中控锁系统功能可使用驾驶人信息系统来更改。

(二) 遥控器编程

1. 当出现以下情况时，系统需进行编程

(1) 增加或更换遥控器。

(2) 系统出现故障。

2. 编程方法

(1) 打开点火开关。

(2) 反复按下车辆信息键 A（图 12-6），直到显示“PRESS TO RELEARN REMOTE KEY”。

(3) 按下设定/重设定键 B，直到显示“REMOTE KEY LEARNING ACTIVE”。

(4) 编程模式激活，按以下步骤进行操作：同时按下并按住第 1 把遥控器的锁止键和解锁键保持 15s，等待声音信号出现（表明编程已完成）。

(5) 重复上述步骤来编程其他的遥控器。

(6) 关闭点火开关来退出编程模式。

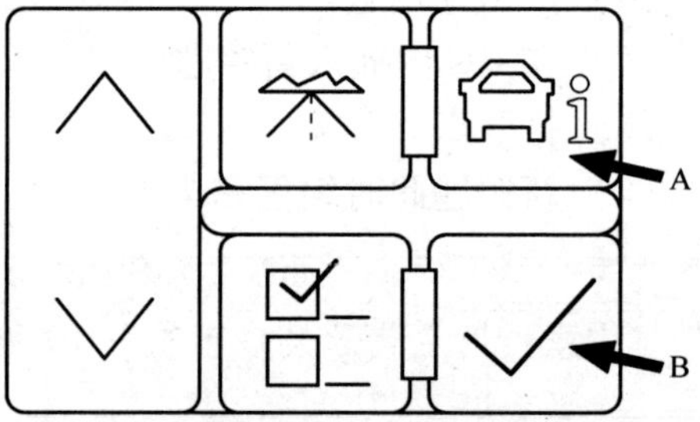

图 12-6 驾驶人信息中心

注意：遥控器也可使用诊断设备进行编程。最多可编程 8 把遥控器。

(三) 遥控器电池更换方法

电池更换方法如图 12-7 所示。

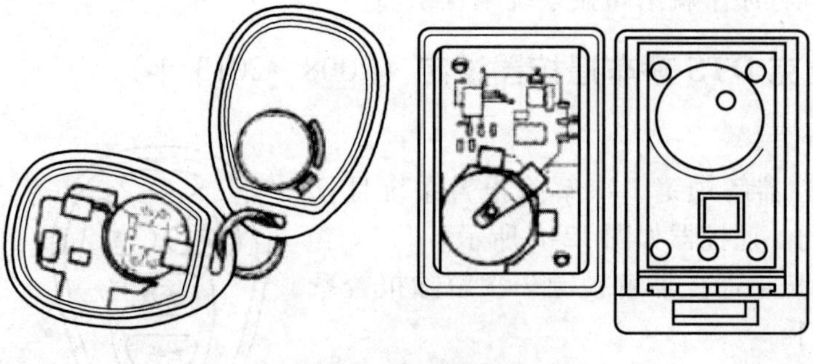

图 12-7 电池更换方法

(四) 系统操作 2

拔下点火钥匙后系统进入报警状态。

(五) 防盗编程

1. 当出现以下情况时，系统需进行重新编程

(1) 增加或更换钥匙。

（2）系统出现故障。

2. 编程方法

（1）将主钥匙插入点火开关内。

（2）打开点火开关。

（3）关闭点火开关。

（4）拔出主钥匙。

（5）在10s内插入新钥匙。

（6）打开点火开关。

（7）新钥匙此时将编程完毕。

> **注意：**用主钥匙最多可编程10把钥匙。

没有原始主钥匙的车辆：

> **注意：**车辆所有钥匙必须进行编程。

（1）用要编程的主钥匙打开点火开关。系统警告灯或信息将会显示，约10min后系统警告灯或信息将消失。

（2）关闭点火开关。等待5s。

（3）打开点火开关。系统警告灯或信息将会显示。约10min后系统警告灯或信息将消失。

（4）关闭点火开关。等待5s。

（5）打开点火开关。系统警告灯或信息将会显示，约10min后系统警告灯或信息将消失。

（6）关闭点火开关。等待5s。

（7）起动发动机。

（8）新主钥匙此时将编程完毕。

（9）使用诊断工具清除故障码。

三、凯迪拉克凯雷德轿车遥控器设定（2009～2013年）

（一）系统操作1

（1）按下遥控器解锁键1次解除报警系统且仅解锁驾驶人侧车门。遥控器如图12-8所示。

（2）在5s内按下遥控器解锁键2次解除报警系统和解锁所有车门。

（3）按下遥控器锁止键1次激活报警系统和锁止所有车门。

（4）按下遥控器恐吓键1次激活如下功能：

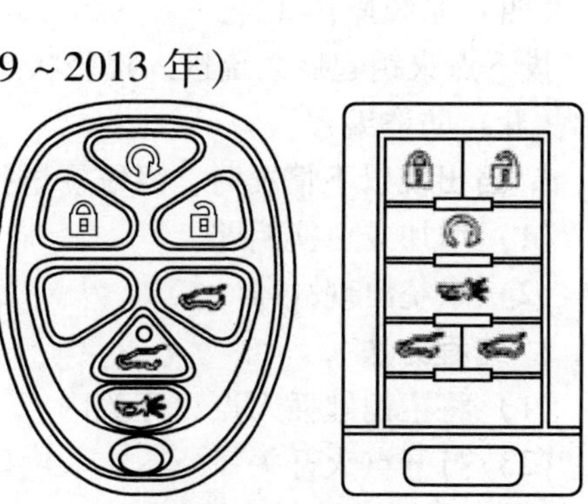

图12-8 遥控器

①喇叭响起 3 次。②转向灯闪烁 3 次。

（5）按下遥控器恐吓键超过 2s 则下列功能激活 30s：①转向灯闪烁。②喇叭响起。

（6）再次按下遥控器恐吓键或打开点火开关，则恐吓报警系统解除。

（7）按下并按住行李箱释放键来打开或关闭行李箱。

（8）按下并按住行李箱车窗键来打开行李箱车窗。

（9）报警/中控锁系统功能可使用驾驶人信息系统来更改。

（二）遥控器编程

1. 当出现以下情况时，系统需进行编程

（1）增加或更换遥控器。

（2）系统出现故障。

2. 编程方法

（1）打开点火开关。

（2）反复按下车辆信息键 A（图 12-9），直到显示“PRESS TO RELEARN REMOTE KEY”。

（3）按下设定/重设定键 B，直到显示“REMOTE KEY LEARNING ACTIVE”。

（4）编程模式激活，按以下步骤进行操作：同时按下并按住第 1 把遥控器的锁止键和解锁键保持 15s，等待声音信号出现（表明编程已完成）。

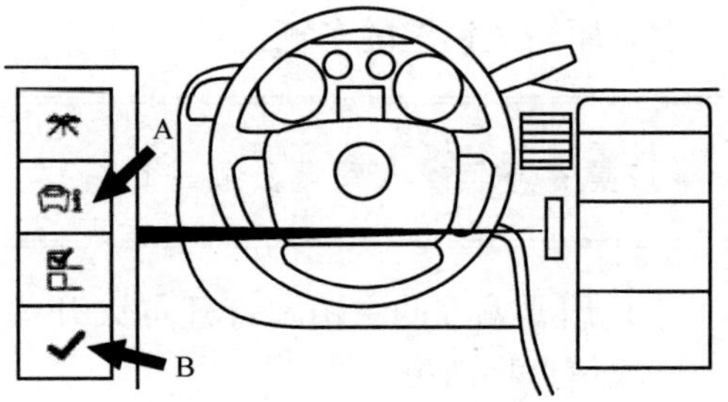

图 12-9　驾驶人信息中心

（5）重复上述步骤来编程其他的遥控器。

（6）关闭点火开关来退出编程模式。

注意： 遥控器也可使用诊断设备进行编程。最多可编程 8 把遥控器。

（三）遥控器电池更换方法

电池更换方法如图 12-10 所示。

（四）系统操作 2

拔下点火钥匙后系统进入报警状态。

（五）防盗编程

1. 当出现以下情况时，系统需进行重新编程

（1）增加或更换钥匙。

（2）系统出现故障。

2. 编程方法

（1）将主钥匙插入点火开关内。

（2）打开点火开关。

（3）关闭点火开关。

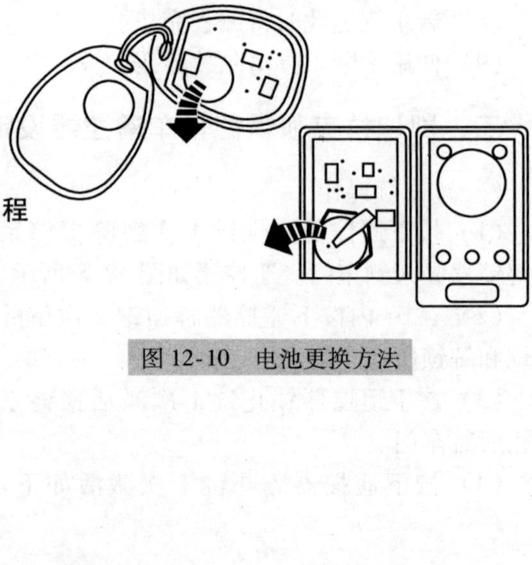
图 12-10　电池更换方法

（4）拔出主钥匙。

（5）在 10s 内插入新钥匙。

（6）打开点火开关。

（7）新钥匙此时将编程完毕。

注意：用主钥匙最多可编程 10 把钥匙。

没有原始主钥匙的车辆：

注意：车辆所有钥匙必须进行编程。

（1）用要编程的主钥匙打开点火开关。系统警告灯或信息将会显示。约 10min 后系统警告灯或信息将消失。

（2）关闭点火开关。等待 5s。

（3）打开点火开关。系统警告灯或信息将会显示，约 10min 后系统警告灯或信息将消失。

（4）关闭点火开关。等待 5s。

（5）打开点火开关。系统警告灯或信息将会显示，约 10min 后系统警告灯或信息将消失。

（6）关闭点火开关。等待 5s。

（7）起动发动机。

（8）新主钥匙此时将编程完毕。

（9）使用诊断工具清除故障码。

四、凯迪拉克 DRX 轿车遥控器设定（2008～2012 年）

（一）系统操作 1

（1）按下遥控器解锁键 1 次解除报警系统且仅解锁驾驶人侧车门。遥控器如图 12-11 所示。

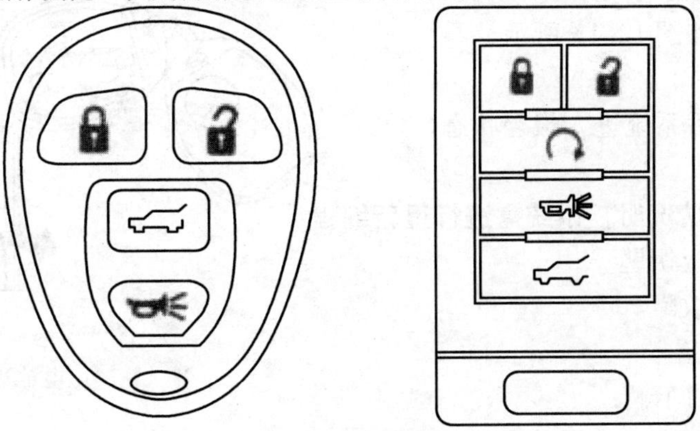

图 12-11　遥控器

（2）在5s内按下遥控器解锁键2次解除报警系统和解锁所有车门。

（3）按下遥控器锁止键1次激活报警系统和锁止所有车门。

（4）按下遥控器恐吓键一次激活如下功能：①喇叭响起3次。②转向灯闪烁3次。

（5）按下遥控器恐吓键超过2s则下列功能激活30s：①转向灯闪烁。②喇叭响起。

（6）再次按下遥控器恐吓键或打开点火开关，则恐吓报警系统解除。

（7）按下遥控器行李箱释放键来打开或关闭行李箱。

（8）警报/中控锁系统功能可使用驾驶人信息系统来更改。

（二）遥控器编程

1. 当出现以下情况时，系统需进行编程

（1）增加或更换遥控器。

（2）系统出现故障。

2. 编程方法

（1）打开点火开关。

（2）反复按下车辆信息键A（图12-12），直到显示“PRESS TO RELEARN REMOTE KEY”。

（3）按下设定/重设定键B，直到显示“REMOTE KEY LEARNING ACTIVE”。

（4）编程模式激活，按以下步骤进行操作

① 同时按下并按住第1把遥控器的锁止键和解锁键保持15s。

② 等待声音信号出现（表明编程已完成）。

（5）重复上述步骤来编程其他的遥控器。

（6）关闭点火开关来退出编程模式。

（7）遥控器也可使用诊断设备进行编程。

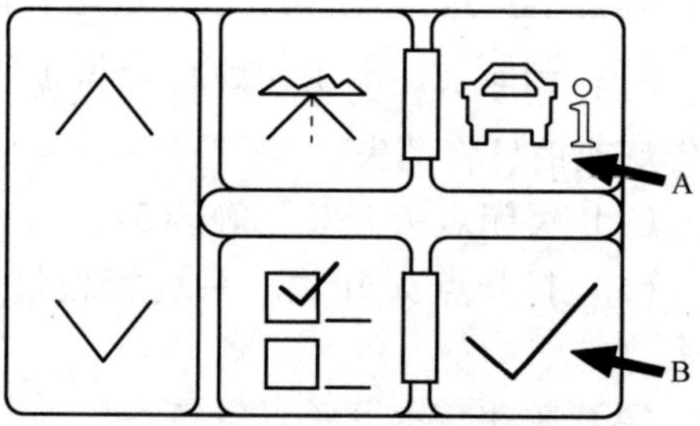

图12-12　驾驶人信息中心

注意：最多可编程8把遥控器。

（三）遥控器电池更换方法

电池更换方法如图12-13所示。

（四）系统操作2

拔下点火钥匙后系统进入报警状态。

（五）防盗编程

1. 当出现以下情况时，系统需进行重新编程

（1）增加或更换钥匙。

（2）系统出现故障。

2. 编程方法

有原始主钥匙的车辆：

（1）将主钥匙插入点火开关内。

图12-13　电池更换方法

（2）打开点火开关。

（3）关闭点火开关。

（4）拔出主钥匙。

（5）在10s内插入新钥匙。

（6）打开点火开关。

（7）新钥匙此时将编程完毕。

没有原始主钥匙的车辆：

（1）用要编程的主钥匙打开点火开关。系统LED灯将点亮，约10min后系统LED灯将熄灭。

（2）点火开关。等待5s。

（3）打开点火开关。系统LED灯将点亮，约10min后系统LED灯将熄灭。

（4）关闭点火开关。等待5s。

（5）打开点火开关。系统LED灯将点亮，约10min后系统LED灯将熄灭。

（6）关闭点火开关。等待5s。

（7）起动发动机。

（8）新主钥匙此时将编程完毕。

（9）使用诊断工具清除故障码。

五、凯迪拉克SRX轿车遥控器设定（2010～2015年）

（一）系统操作1

（1）按下遥控器解锁键解除报警系统且仅解锁驾驶人侧车门。遥控器如图12-14所示。

（2）在5s内按下遥控器解锁键2次解除报警系统和解锁所有车门。

（3）按下遥控器锁止键1次激活报警系统和锁止所有车门。

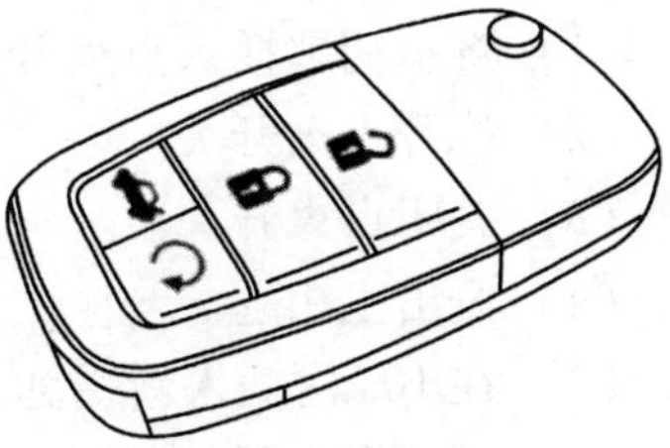
图12-14　遥控器

（4）按下遥控器行李箱释放键约1s激活行李箱释放。

（5）按下遥控器恐吓键1次激活如下功能：①喇叭响起3次。②转向灯闪烁3次。

（6）按下遥控器恐吓键超过3s则下列功能激活30s：①转向灯闪烁。②喇叭响起。

（7）再次按下遥控器恐吓键或打开点火开关，则恐吓报警系统解除。

（8）报警/中控锁系统功能可使用驾驶人信息系统来更改。

（二）遥控器编程

1. 当出现以下情况时，系统需进行编程

（1）增加或更换遥控器。

（2）系统出现故障。

2. 编程方法

遥控器只能使用诊断设备来编程。

（三）遥控器电池更换方法

电池更换方法如图12-15所示。

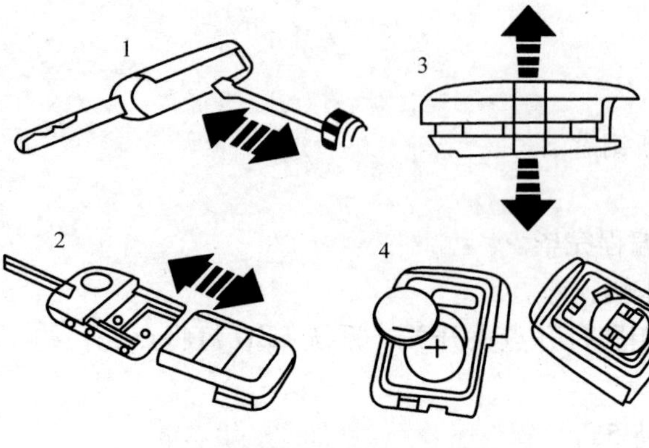

图 12-15　电池更换方法

（四）系统操作 2

拔下点火钥匙后系统进入报警状态。

（五）防盗编程

1. 当出现以下情况时，系统需进行重新编程

（1）增加或更换钥匙。

（2）系统出现故障。

2. 编程方法

有原始主钥匙的车辆：

（1）将主钥匙插入点火开关内。

（2）打开点火开关。

（3）关闭点火开关。

（4）拔出主钥匙。

（5）在 10s 内插入新钥匙。

（6）打开点火开关。

（7）确保系统警告灯熄灭。

（8）新钥匙此时将编程完毕。

注意：用主钥匙最多可编程 10 把钥匙。

没有原始主钥匙的车辆：

（1）用要编程的主钥匙打开点火开关。系统警告灯点亮。约 10min 后系统警告灯熄灭。

（2）关闭点火开关。等待 5s。

（3）打开点火开关。系统警告灯点亮，约 10min 后系统警告灯熄灭。

（4）关闭点火开关。等待 5s。

（5）打开点火开关。系统警告灯点亮，约 10min 后系统警告灯熄灭。

（6）关闭点火开关。等待 5s。

（7）起动发动机。

（8）新主钥匙此时将编程完毕。

（9）使用诊断工具清除故障码。

六、凯迪拉克 STS 轿车遥控器设定（2008～2014 年）

（一）系统操作 1

（1）按下遥控器解锁键 1 次仅解锁驾驶人侧车门。遥控器如图 12-16 所示。

（2）在 5s 内按下遥控器解锁键两次解锁所有车门。

（3）按下遥控器锁止键锁止所有车门。

（4）按下遥控器恐吓键：①喇叭响起 3 次。②转向灯闪烁。

（5）再次按下遥控器恐吓键或打开点火开关，则恐吓报警系统解除。

（6）报警/中控锁系统功能可使用遥控器更改。

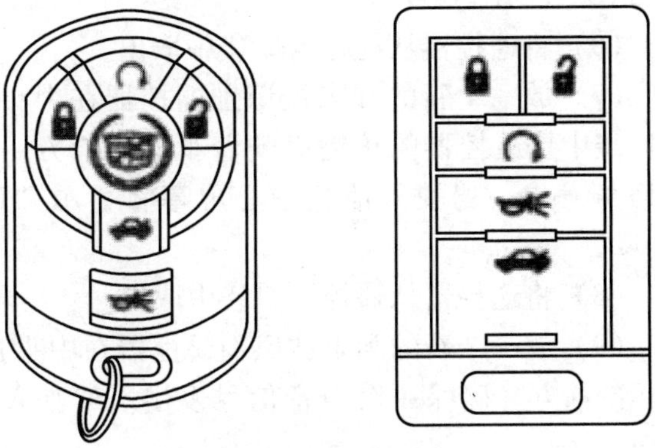

图 12-16　遥控器

（二）同步设定

1. 当出现以下情况时，需进行同步设定

（1）当车辆不在遥控范围内时反复操作遥控器和系统失效。

（2）更换遥控器电池。

2. 同步设定方法

（1）站在车辆 1.5m 范围内。

（2）按下遥控器某个按键来重新同步。

（3）遥控器将马上锁止或解锁车辆。

（三）遥控器编程

1. 当出现以下情况时，系统需进行编程

（1）增加或更换遥控器。

（2）系统出现故障。

2. 编程方法

有 1 把已经编程的遥控器可用：

注意：最多可编程 4 把遥控器。

（1）获取所有需要编程的遥控器。注意：关闭点火开关。

（2）在车辆内放置 1 把已经编程完毕的遥控器。

（3）将钥匙插入驾驶人侧车门锁内。

（4）在 5s 内将钥匙转到解锁位置 5 次。驾驶人信息中心屏幕将显示“READY FOR

FOB2”。

（5）放一个新的和未被识别遥控器在中央控制台遥控器口袋中且遥控器的按键面朝着车辆的前方，如图12-17所示。确保一个声音信号发出。驾驶人信息中心屏幕将显示“READY FOR FOB3”。

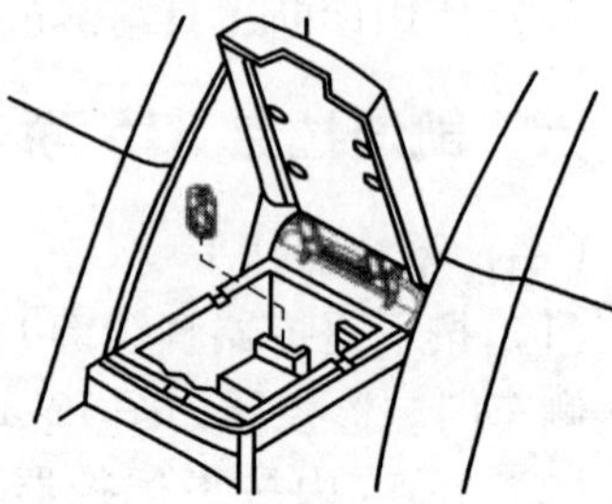

图12-17　遥控器放置位置

（6）将遥控器从遥控器口袋中取出。

（7）放一个新的和未被识别遥控器在中央控制台遥控器口袋中且遥控器的按键面朝着车辆的前方。确保一个声音信号发出。驾驶人信息中心屏幕将显示“READY FOR FOB4”。

（8）将遥控器从遥控器口袋中取出。

（9）放一个新的和未被识别遥控器在中央控制台遥控器口袋中且遥控器的按键面朝着车辆的前方。确保一个声音信号发出。驾驶人信息中心屏幕将显示“MAX FOBS LEARNED”。

（10）将遥控器从遥控器口袋中取出。

（11）操作每把遥控器来检查操作。

（12）退出编程模式：按下点火开关OFF/ACC按键。

没有已经编程完毕的遥控器：

（1）获取所有需要编程的遥控器。注意：关闭点火开关。

（2）放一个新的和未被识别遥控器在中央控制台遥控器口袋中且遥控器的按键面朝着车辆的前方，如图12-17所示。

（3）将钥匙插入驾驶人侧车门锁内。

（4）在5s内将钥匙转到解锁位置5次。

（5）驾驶人信息中心屏幕将显示“OFF/ACC TO LEARN”。

（6）按下点火开关OFF/ACC按键，驾驶人信息中心屏幕交显示“WAIT 10 MINUTES”并以1min间隔递减计数到0，10min后驾驶人信息中心屏幕将显示“OFF/ACC TO LEARN”。

（7）按下点火开关OFF/ACC按键，驾驶人信息中心屏幕将显示“WAIT 10 MINUTES”并以1min间隔递减计数到0，10min后驾驶人信息中心屏幕将显示“OFF/ACC TO LEARN”

（8）按下点火开关OFF/ACC按键，驾驶人信息中心屏幕将显示“WAIT 10 MINUTES ”并以1min间隔递减计数到0，10min后一个声音信号发出且驾驶人信息中心屏幕将显示“READY FOR FOB1”，另一个声音信号发出且驾驶人信息中心屏幕将显示“READY FOR FOB2”。

（9）拔下第一把遥控器（ROB1）。

（10）重复上述步骤来编程其他3把遥控器。

（11）当4把遥控器全部编程完毕时，驾驶人信息中心屏幕将显示“MAX FOBS LEARNED”并将退出编程模式。

（四）遥控器电池更换方法

电池更换方法如图12-18所示。

（五）系统操作2

用遥控器解除和进入报警状态。

（六）防盗编程

1. 当出现以下情况时，系统需进行编程

（1）增加或更换遥控器。

（2）系统出现故障。

2. 编程方法

在遥控器编程程序中就给防盗系统编程了。

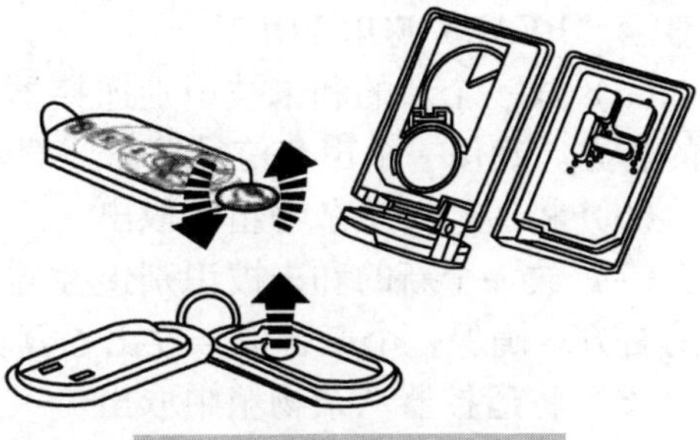

图12-18　电池更换方法

七、凯迪拉克SLR轿车遥控器设定（2008～2012年）

（一）系统操作1

（1）按下遥控器解锁键1次仅解除报警系统和仅解锁驾驶人侧车门。遥控器如图12-19和图12-20所示。

（2）在10s内按下遥控器解锁键2次解除报警系统和解锁所有车门。

（3）按下遥控器锁止键激活报警系统和锁止所有车门。

（4）行李箱释放：

① 确保关闭点火开关。

② 将变速杆位于P位。

③ 按下行李箱释放键释放行李箱。

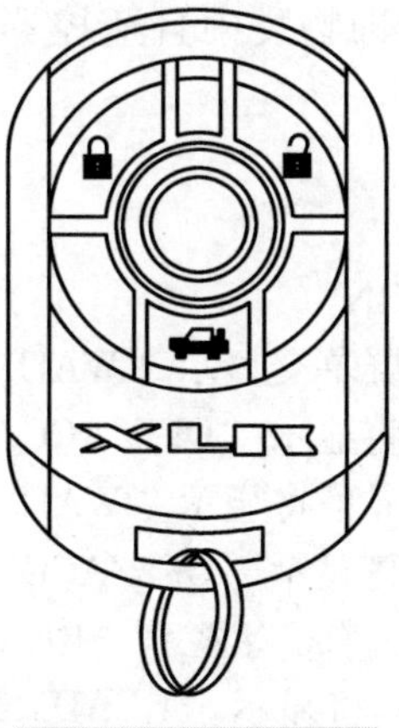

图12-19　遥控器

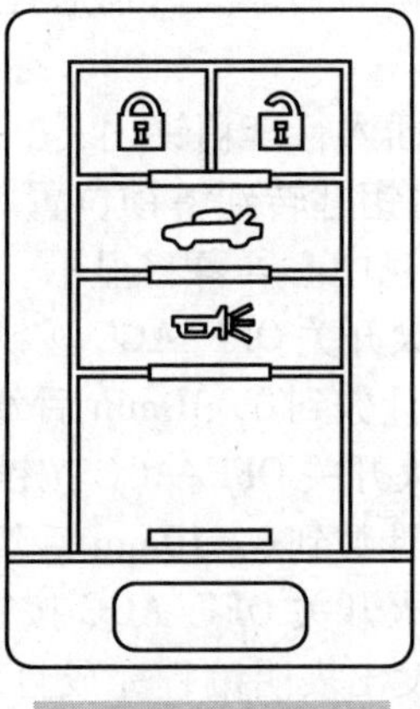

图12-20　遥控器

（二）遥控器编程

1. 当出现以下情况时，系统需进行编程

（1）增加或更换遥控器。

（2）系统出现故障。

2. 编程方法

有1把已经编程的遥控器可用：

（1）获取所有需要编程的遥控器。注意：关闭点火开关。

（2）打开行李箱。

（3）在车辆内放置1把已经编程完毕的遥控器。

（4）将钥匙插入行李箱锁内，在5s内将钥匙转到解锁位置5次，驾驶人信息中心屏幕将显示“READY FOR FOB2”。

（5）放一个新的和未被识别遥控器在杂物箱钥匙的饰物袋中且遥控器的按键面朝着车辆的右方。确保一个声音信号发出。驾驶人信息中心屏幕将显示“READY FOR FOB3”。

（6）将遥控器从杂物箱中取出。

（7）放一个新的和未被识别遥控器在杂物箱钥匙的饰物袋中且遥控器的按键面朝着车辆的右方。确保一个声音信号发出。驾驶人信息中心屏幕将显示“READY FOR FOB4”。

（8）将遥控器从杂物箱中取出。

（9）放一个新的和未被识别遥控器在杂物箱钥匙的饰物袋中且遥控器的按键面朝着车辆的右方。确保一个声音信号发出。驾驶人信息中心屏幕将显示“MAX FOBS LEARNED”。

（10）将遥控器从杂物箱中取出。

（11）操作每把遥控器来检查操作。

（12）退出编程模式：按下点火开关 OFF/ACC 按键。

没有已经编程完毕的遥控器：

（1）获取所有需要编程的遥控器。

注意：关闭点火开关。

（2）打开行李箱。

（3）放一个新的和未被识别遥控器在杂物箱钥匙的饰物袋中且遥控器的按键面朝着车辆的右方。

（4）将钥匙插入行李箱锁内：

① 在5s内将钥匙转到解锁位置5次。

② 驾驶人信息中心屏幕将显示“OFF/ACC TO LEARN”。

（5）按下点火开关 OFF/ACC 按键，驾驶人信息中心屏幕交显示“WAIT 10 MINUTES”并以1min间隔递减计数到0，10min后驾驶人信息中心屏幕将显示“OFF/ACC TO LEARN”。

（6）按下点火开关 OFF/ACC 按键，驾驶人信息中心屏幕将显示“WAIT 10 MINUTES”并以1min间隔递减计数到0，10min后驾驶人信息中心屏幕将显示“OFF/ACC TO LEARN”。

（7）按下点火开关 OFF/ACC 按键，驾驶人信息中心屏幕将显示“READY FOR FOB1”，有一个声音信号发出表明编程完成且驾驶人信息中心屏幕将显示“READY FOR FOB2”。

（8）拔下第1把遥控器（ROB 1）。

（9）重复上述步骤来编程其他3把遥控器。

（10）当4把遥控器全部编程完毕时，驾驶人信息中心屏幕将显示“MAX FOBS LEARNED”并将退出编程模式。

（11）操作每把遥控器来检查编程是否成功。

注意：也可使用诊断设备进行编程。

（三）遥控器电池更换方法

电池更换方法如图12-21和图12-22所示。

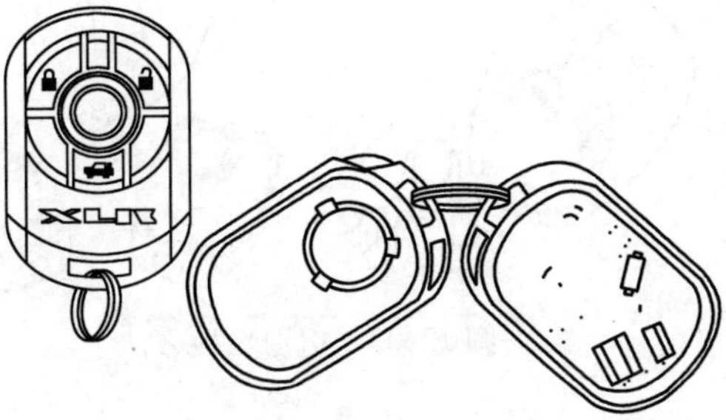

图 12-21　电池更换方法

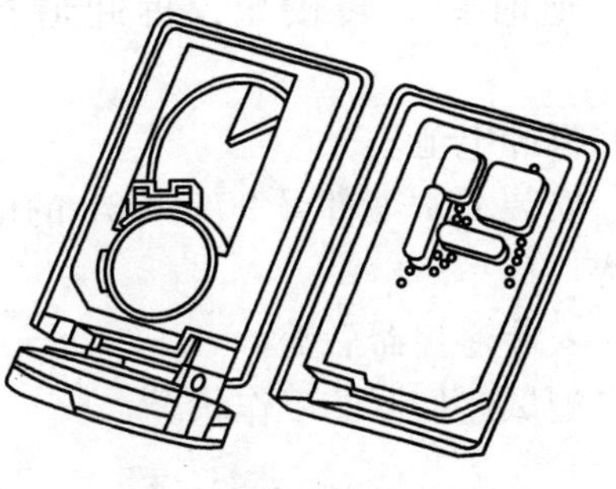

图 12-22　电池更换方法

（四）系统操作 2

用遥控器解除和进入报警状态。

（五）防盗编程

1. 当出现以下情况时，系统需进行编程

（1）增加或更换遥控器。

（2）系统出现故障。

2. 编程方法

在遥控器编程程序中就给防盗系统编程了。

八、上海通用凯迪拉克 CTS 轿车遥控器设定（2008～2014 年）

（一）钥匙编程

1. 钥匙编程条件

（1）当具备 2 把已编程好的主钥匙时，使用该程序能另外添加多达 10 把主钥匙或专用钥匙。

（2）如果要读入 1 把以上的专用钥匙，应在即将读入各专用钥匙前先插入 2 把已编程的主钥匙。

（3）该程序仅用添加钥匙，不能删除已编程的钥匙。

（4）待编程钥匙的外形必须与当前钥匙的完全相同。

2. 钥匙编程方法

（1）保持发动机关闭，用已编程好的主钥匙接通点火开关。

（2）关闭点火开关并拔出钥匙。

（3）在 10s 内插入第 2 把已编程的主钥匙，保持发动机关闭，并接通点火开关。

（4）关闭点火并拔出钥匙。

（5）在 10s 内插入要进行编程的新钥匙，保持发动机关闭，并接通点火开关，车辆即可对新钥匙执行编程。

（二）遥控器电池更换方法

遥控器电池电量不足时，要及时更换遥控器电池，电池更换如图 12-23 所示，电池更换方法如下：

（1）在遥控器背面的电池检修盖的槽中插入一个硬币。

（2）逆时针旋转硬币，拆卸遥控器后盖。

（3）拆卸电池。

（4）安装 GM 零件号 90541381 的电池或同等品。

（5）安装遥控器后盖。

（6）测试遥控器的工作状况。

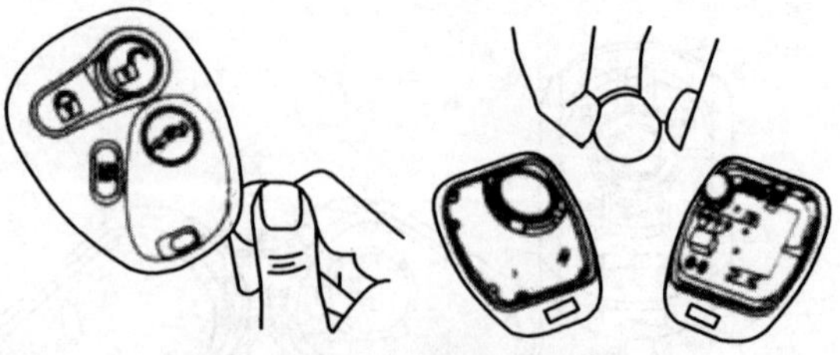
图 12-23　电池更换方法

第二节　凯迪拉克车系保养灯归零

一、凯迪拉克 CTS 轿车保养灯归零（2004～2016 年）

1. 指南针校准

点火开关接通时，指南针读数将出现在驾驶人信息中心显示屏上。在驾驶中，显示屏上将出现 N（北）、NE（东北）、E（东）、SE（东南）、S（南）、SW（西南）、W（西）、NW（西北），指出车辆的行驶方向。如果在数秒后读数不显示，则指南针可能需要校准。也可能是有强磁场（来自车上的各种磁性物体）干扰了指南针。关闭发动机，移走磁性物体，然后重新起动发动机并校准指南针。如果 CAL 出现在显示屏上，则指南针需要按照如下叙述执行校准。

校准指南针时，不要按动任何电动开关。例如：打开或关闭车窗或天窗、移动座椅、调节温度控制或其他电动功能将会干扰指南针校准。

校准指南针操作步骤如下：

（1）将车开到平坦、空旷的地方，如空旷的大型停车场，要能安全地绕圈行驶，确保场地远离电力线或大型金属建筑。

（2）确保指南针设在正确的偏差区域。

（3）反复按车辆信息菜单按钮如图 12-24 所示，直到显示有“PRESS √ TO CALIBRATE COMPASS”（按√ 校准罗盘）。

（4）按√ 按钮开始校准指南针。“CALIBRATING DRIVE IN CIRCLES”（驱动车辆转圈校准）将出现在显示屏上。

（5）以 8km/h 或更低的车速，严格按 360°绕圈行驶，直到“CALIBRATION COMPLETE”（校准完成）出现在显示屏上数秒。

（6）指南针校准完成后，系统将返回至以前的菜单。

2. 电动车窗快关功能编程设定

如果车窗电源断开，需要按照如下叙述对每个电动车窗的快关功能重新编程：

（1）点火开关设定到 ON 或 ACC。

（2）关闭所有车门。

（3）按住车窗开关如图 12-25 所示，直到完全打开车窗。

（4）向上拉车窗开关，将车窗完全关闭，并继续按住开关约 3s。

（5）对于其他车窗，重复上述步骤。

图 12-24 车辆信息菜单按钮

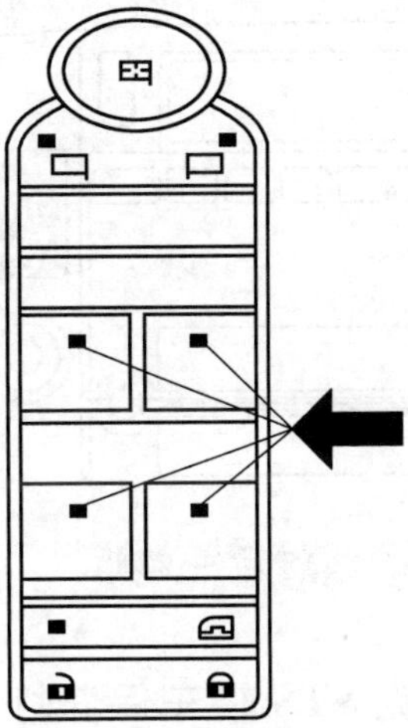

图 12-25 电动车窗开关

3. 记忆功能设定

本功能可为两位驾驶人（驾驶人 1 和驾驶人 2）保存和调用驾驶人座椅、车外后视镜和电动伸缩倾斜式转向盘（若装配）到您需要功能的位置。

按钮位于驾驶人车门面板上。记忆功能设定操作步骤如下：

（1）调整驾驶人座椅、车外后视镜和电动伸缩倾斜转向盘（若装配）到您需要的驾驶人位置。

（2）按住按钮并保持 3s。蜂鸣器会发出两声蜂鸣，确认设定已经存入记忆。

（3）在预设第 2 个位置时，重复上述步骤，但必须按下记忆按钮 2。

4. 配备多功能显示屏的 2005 ~ 2008 年 CTS 轿车保养归零设定

配备多功能显示屏的 2005 ~ 2008 年 CTS 轿车机油寿命保养归零设定操作步骤如下：

（1）将点火开关设定到 ON。

（2）如图 12-26 所示，反复按动按钮 A 或 B，直至显示屏上显示的“×××% ENGINE OIL LIFE”被高亮显示。

（3）按住按钮 D，直至显示屏显示“100%”。

（4）将点火开关设定到 OFF。

5. 配备导航系统的 2005 ~ 2008 年 CTS 轿车保养归零设定

配备导航系统的 2005 ~ 2008 年 CTS 轿车机油寿命保养归零设定操作步骤如下：

（1）将点火开关设定到 ON。

（2）按动如图 12-27 所示的按钮 A，开启导航系统。

（3）按动按钮 B，直至显示屏显示“INFORMATION”。

（4）按动按钮 C，直至显示屏上显示的“ENGINE OIL LIFE”被高亮显示。

（5）按住按钮 D，直至显示屏显示“100%”。

（6）将点火开关设定到 OFF。

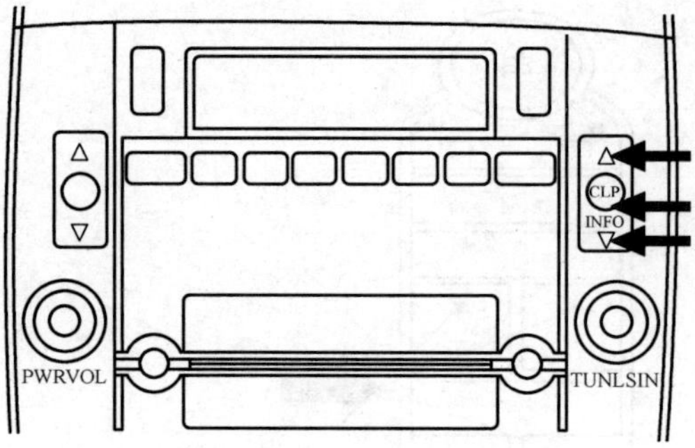

图 12-26　归零按钮识别

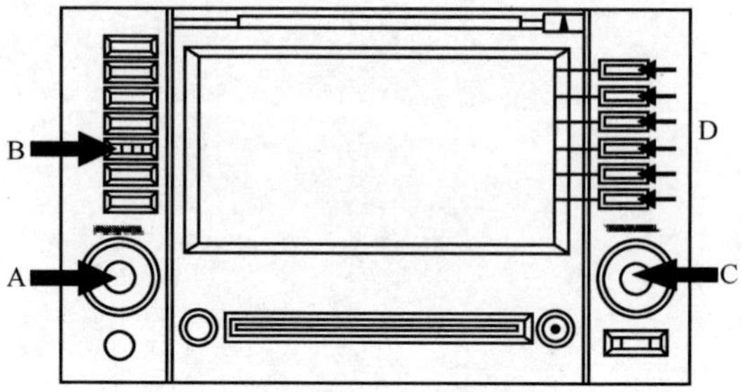

图 12-27　归零按钮识别

二、凯迪拉克 STS 轿车保养灯归零（2002～2012 年）

1. 电动车窗快关功能编程设定

如果车窗电源断开，需要按照如下叙述对每个电动车窗的快关功能重新编程：

（1）点火开关设定到 ACC。

（2）关闭所有车门。

（3）按住车窗开关直到完全打开车窗，如图 12-28 所示。

图 12-28　电动车窗开关

（4）向上拉车窗开关，将车窗完全关闭，并继续按住开关约 2s。

（5）对于其他车窗，重复上述步骤。

2. 音响电子时钟时间设定

（1）按压音响面板右侧的 TUNE/SELECT 旋钮，如图 12-29 所示，进入主菜单。

（2）旋转 TUNE/SELECT 旋钮，直至“SET CLOCK”字样显示在显示屏上。

（3）按压 TUNE/SELECT 旋钮，选定 SET CLOCK 选项。

（4）旋转 TUNE/SELECT 旋钮，调节时间。

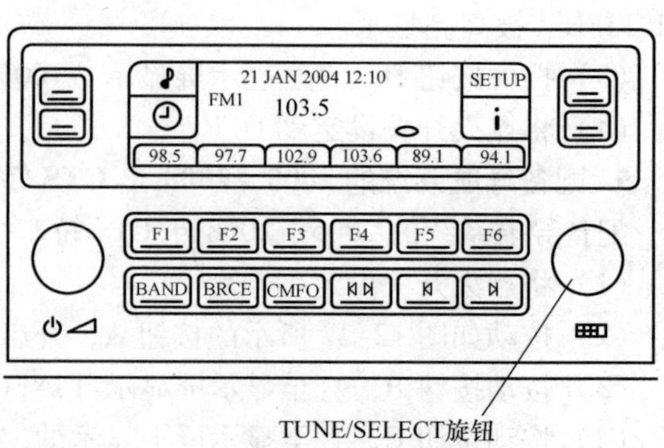

图 12-29　音响面板

（5）时间调节准确后，按压 TUNE/SELECT 旋钮确认。

（6）显示屏显示“VEHICLE TIME UPDATED”信息。

3. 日期设定

（1）按压音响面板右侧的 TUNE/SELECT 旋钮，进入主菜单。

（2）旋转 TUNE/SELECT 旋钮，直至“SET DATE”字样显示在显示屏上。

（3）按压 TUNE/SELECT 旋钮，选定“SET DATE”选项。

（4）旋转 TUNE/SELECT 旋钮，调节日期。

（5）日期调节准确后，按压 TUNE/SELECT 旋钮确认。

（6）显示屏显示“VEHICLE TIME UPDATED”信息。

4. 发动机机油寿命提示归零设定

（1）将点火开关设置到 ON。

（2）反复按动图 12-30 所示的按钮 A，直至显示屏高亮显示“ENGINE OILL LIFE”。

（3）按住按钮 B。

（4）机油寿命百分比会显示为“100%”。

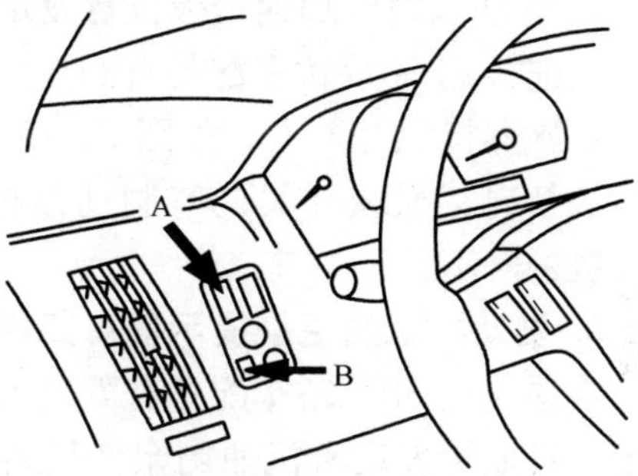

图 12-30　按钮识别

三、凯迪拉克凯雷德轿车保养灯归零（2004～2012 年）

1. 位置记忆设定

可使用位置记忆设定功能，将驾驶人认为理想的座椅位置、外部后视镜位置、加速踏板位置、制动踏板位置按照如下叙述存储记忆：

（1）将车辆的变速器设定在 P 位。

（2）将驾驶人电动座椅的位置，包括座椅靠背的倾斜角度、腰撑、外部电动后视镜位置和加速踏板、制动踏板的位置调节到理想位置。

（3）按压按键 1 或按键 2，连续按压 3s，如图 12-31 所示。蜂鸣器会发出 2 声提示音，表示位置设定已经成功存储。

2. 发动机机油寿命提示信息归零设定

（1）将点火开关设定到 ON。

（2）如图 12-32 所示，按动按钮 A 直至显示屏显示“OIL LIFE REMAINING”及百分比数字。

图 12-31　电动座椅位置记忆设定按键

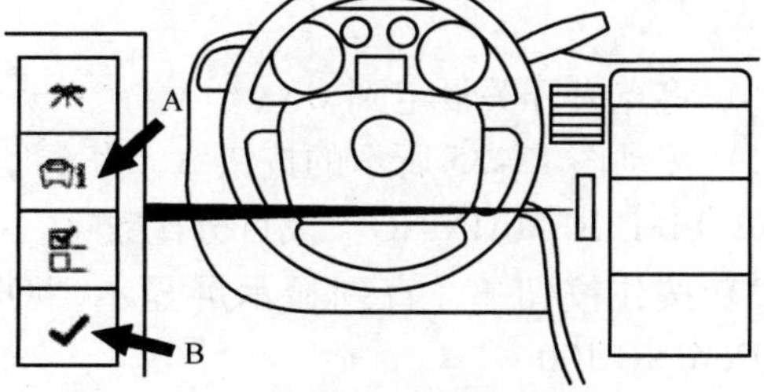

图 12-32　按钮识别

（3）按住按钮 B，持续 5s 以上，直至显示屏显示“OIL LIFE REMAINMING 100%”。

（4）发动机机油寿命监控系统将重新设定。

（5）将点火开关设定到 OFF。

四、凯迪拉克 SRX 轿车保养灯归零（2008 ~2012 年）

1. 制动踏板和加速踏板位置设定

凯迪拉克 SRX 轿车配备有制动踏板和加速踏板调节开关，位于刮水器操纵杆下方，如图 12-33 所示。驾驶人可针对自己的身高情况，操纵开关调节制动踏板和加速踏板的位置，提高驾驶的舒适性。

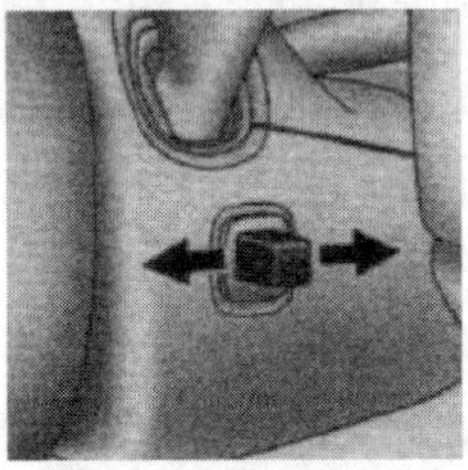

图 12-33　制动踏板和加速踏板位置设定开关识别

2. 发动机机油更换提示信息归零设定

凯迪拉克 SRX 轿车配备有驾驶人信息系统，按照图 12-34 所示，可显示发动机机油剩余使用寿命或机油更换提示信息，按动几次按钮 A，图 12-34 中的显示屏 B 即可显示“OIL LIFE REMAINING”或“CHANGE ENGINE OIL SOON”，驾驶人见到此类提示后，应尽快驾车到维修厂更换发动机机油，更换完毕后，维修人员要使用诊断设备对机油更换提示执行归零设定操作。

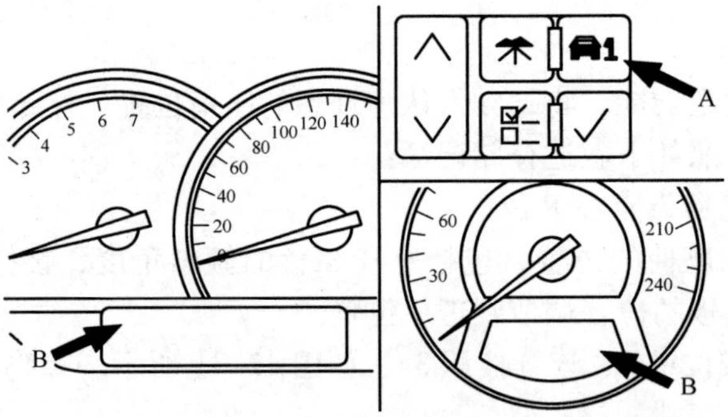

图 12-34　按钮和显示屏识别

五、凯迪拉克 DTS 轿车保养灯归零（2006 ~2012 年）

发动机机油寿命提示信息归零设定操作步骤如下：

（1）将点火开关设定到 ON。

（2）按动图 12-35 所示的按钮 A，直至显示屏显示“OIL LIFE REMAINING”及百分比数字。

（3）按住按钮 B，直到显示屏显示“OIL LIFE REMAINMING 100%”。

（4）发动机机油寿命监控系统将重新设定。

（5）将点火开关设定到 OFF。

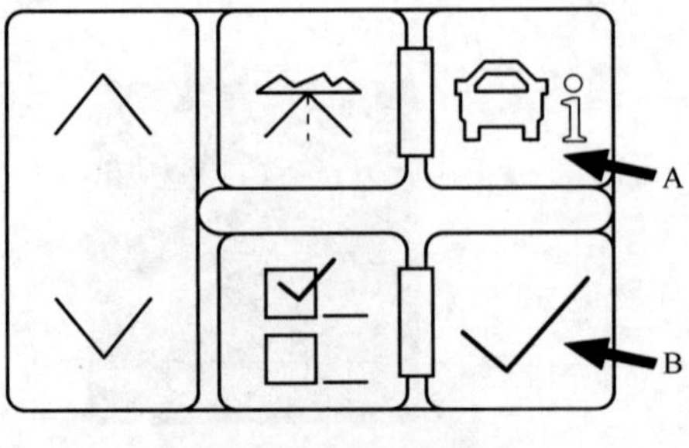

图 12-35　按钮识别

六、凯迪拉克 XLR 轿车保养灯归零（2005～2009 年）

发动机机油寿命提示归零设定操作步骤如下：

（1）将点火开关设置到 ON。

（2）反复按动图 12-36 所示的按钮 A，直至显示屏高亮显示“ENGINE OIL LIFE”。

（3）按住按钮 B。机油寿命百分比会显示为“100%”。

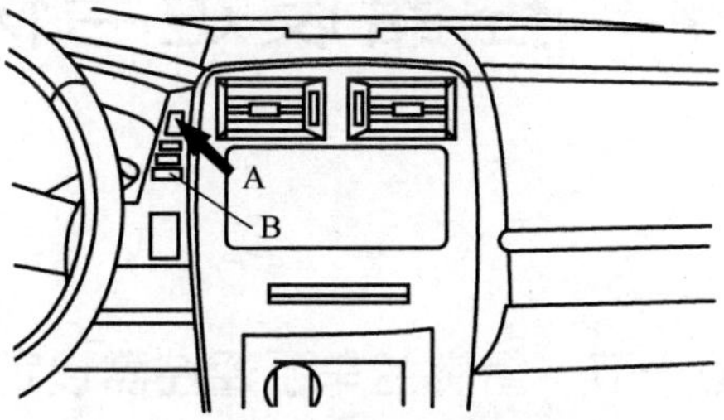

图 12-36　按钮识别

第十三章　雪佛兰车系遥控器设定与保养灯归零

第一节　雪佛兰车系遥控器设定

一、雪佛兰爱唯欧（2010～2014 年）、雪佛兰爱唯欧 5（2010～2014 年）轿车遥控器设定

（一）系统操作 1

（1）按下遥控器锁止键锁止所有车门和激活报警系统，危险警告灯闪烁 1 次和喇叭响起来确认操作。遥控器如图 13-1 所示。

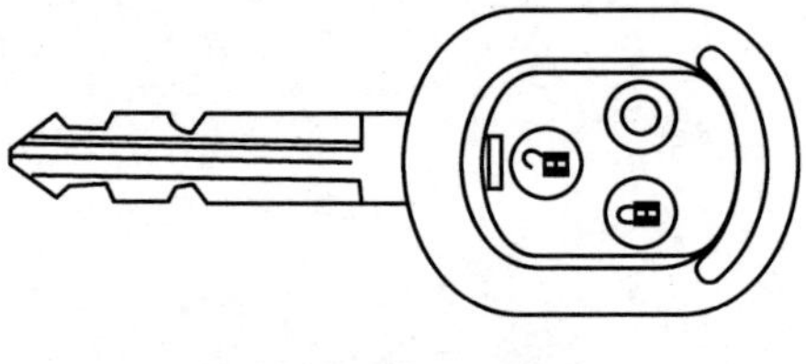

图 13-1　遥控器

（2）按下遥控器解锁键解除报警系统和解锁所有车门，危险警告灯闪烁 2 次来确认操作。

（二）遥控器编程

1. 当出现以下情况时，系统需进行编程

（1）增加或更换遥控器。

（2）系统出现故障。

2. 编程方法

（1）获取所有需要编程的钥匙。

（2）遥控器只能应用诊断设备进行编程。

注意：最多可编程 5 把遥控器。

（三）遥控器电池更换方法

电池更换方法如图 13-2 所示。

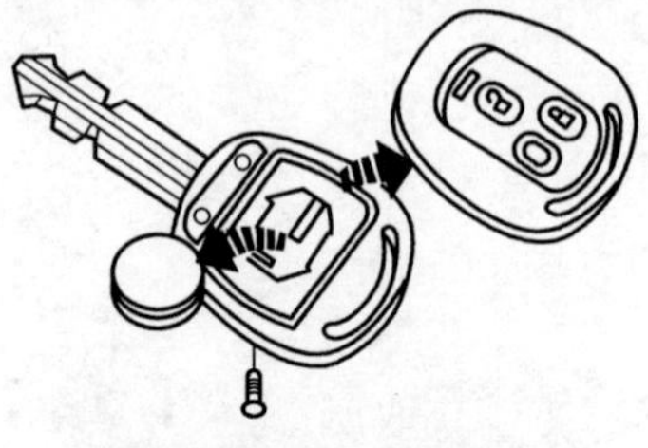

图 13-2　电池更换方法

（四）系统操作 2

拔下点火钥匙后系统进入报警状态。

（五）防盗编程

1. 当出现以下情况时，系统需进行编程

（1）增加或更换钥匙。

（2）系统出现。

2. 编程方法

防盗系统只能应用诊断设备进行编程。

> **注意：** 最多可编程 5 把钥匙。

二、雪佛兰迈锐宝轿车遥控器设定（2008～2014 年）

（一）系统操作 1

（1）按下遥控器解锁键 1 次解除报警系统且仅解锁驾驶人侧车门，遥控器如图13-3所示。

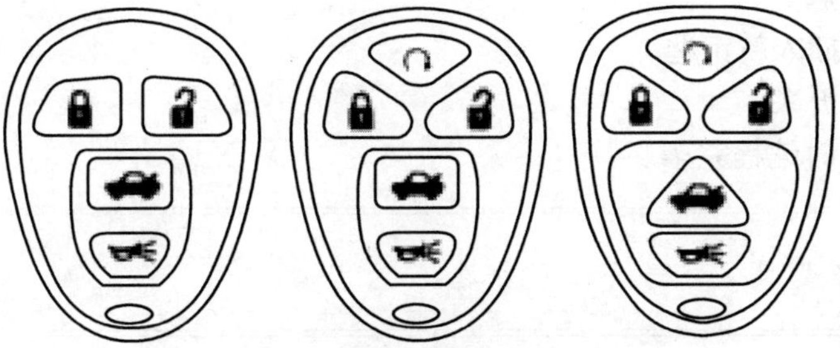

图 13-3　遥控器

（2）在 5s 内按下遥控器解锁键 2 次解除报警系统和解锁所有车门。

（3）按下遥控器锁止键 1 次激活报警系统和锁止所有车门。

（4）按下遥控器恐吓键 1 次激活如下功能：①前照灯闪烁 3 次。②驻车灯闪烁 3 次。③喇叭响起 3 次。

（5）按下遥控器恐吓键超过 3s 则下列功能激活 30s：①前照灯闪烁。②驻车灯闪烁。③喇叭响起。

（6）再次按下遥控器恐吓键或打开点火开关，则恐吓报警系统解除。

（7）行李箱释放：①关闭点火开关。②自动变速器变速杆置于 P 位。③按下行李箱释放键大约 1s 来释放行李箱。

（8）报警/中控锁系统功能可使用驾驶员信息中心系统来更改。

（二）遥控器编程

1. 当出现以下情况时，系统需进行编程。

（1）增加或更换遥控器。

（2）系统出现故障。

2. 编程方法

（1）获取所有要重新编程的遥控器。

（2）遥控器只能使用诊断设备来编程。最多可以编程 4 把遥控器。

(三) 遥控器电池更换方法

电池更换方法如图 13-4 所示。

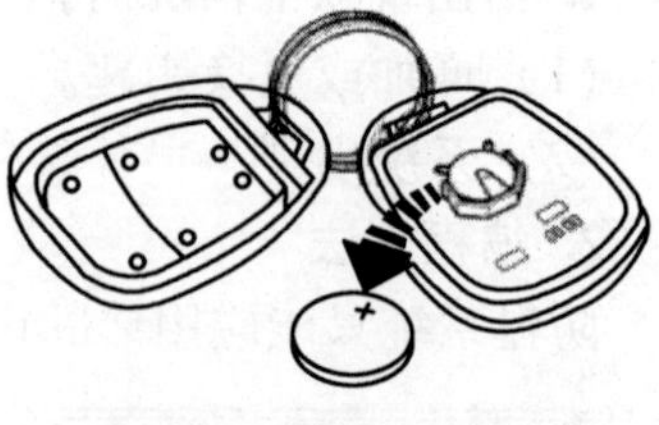

图 13-4 电池更换方法

(四) 系统操作 2

拔下点火钥匙后系统进入报警状态。

(五) 防盗编程

1. 当出现以下情况时，系统需进行重新编程

(1) 增加或更换钥匙。

(2) 系统出现故障。

2. 编程方法

有原始主钥匙的车辆：

(1) 将主钥匙插入点火开关内。

(2) 打开点火开关。

(3) 关闭点火开关。

(4) 拔出主钥匙。

(5) 在 10s 内插入新钥匙。

(6) 打开点火开关。

(7) 新钥匙此时编程完毕。

> **注意：** 用主钥匙最多可编程 10 把钥匙。

没有原始主钥匙的车辆：

> **注意：** 车辆所有钥匙必须进行编程。

(1) 用要编程的主钥匙打开点火开关。显示系统警告灯或信息。约 10min 后系统警告灯或信息消失。

(2) 关闭点火开关。等待 5s。

(3) 打开点火开关。显示系统警告灯或信息。约 10min 后系统警告灯或信息消失。

(4) 关闭点火开关。等待 5s。

(5) 打开点火开关。系统警告灯将点亮。约 10min 后系统警告灯或信息消失。

(6) 关闭点火开关。等待 5s。

(7) 起动发动机。

(8) 新主钥匙此时编程完毕。

(9) 使用诊断工具清除所有故障码。

三、雪佛兰 Suburban (2010～2012 年)、雪佛兰 Tahoe (2008～2014 年) 轿车遥控器设定

(一) 系统操作 1

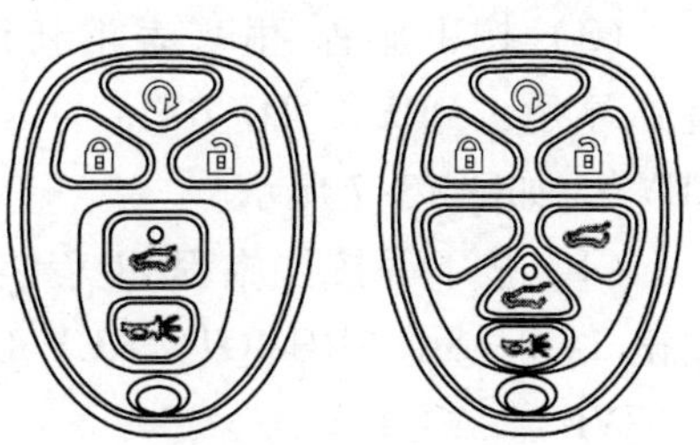

图 13-5 遥控器

（1）按下遥控器解锁键 1 次解除报警系统且仅解锁驾驶人侧车门。遥控器如图 13-5 所示。

（2）在 5s 内按下遥控器解锁键 2 次解除报警系统和解锁所有车门。

（3）按下遥控器锁止键 1 次激活报警系统和锁止所有车门。

（4）按下遥控器恐吓键 1 次激活如下功能：①转向灯闪烁 3 次。②喇叭响起 3 次。

（5）按下遥控器恐吓键超过 2s 则下列功能激活 30s；①转向灯闪烁。②喇叭响起。

（6）再次按下遥控器恐吓键或打开点火开关，则恐吓报警系统解除。

（7）按下并按住行李箱释放键来打开或关闭行李箱。

（8）按下并按住行李箱车窗键来打开行李箱车窗。

（9）报警/中控锁系统功能可使用驾驶人信息中心系统来更改。

（二）遥控器编程

1. 当出现以下情况时，系统需进行编程

（1）增加或更换遥控器。

（2）系统出现故障。

2. 编程方法

带驾驶人信息中心的车辆：

（1）打开点火开关。

（2）按下车辆信息键 A（图 13-6），直到显示“PRESS TO RELEARN REMOTE KEY”。

（3）按下设定/重设定键 B，直到显示“REMOTE KEY LEARNING ACTIVE”。

（4）编程模式激活，按以下步骤进行操作：同时按下并按住第 1 把遥控器的锁止键和解锁键保持 15s。等待声音信号出现（表明编程已完成）。

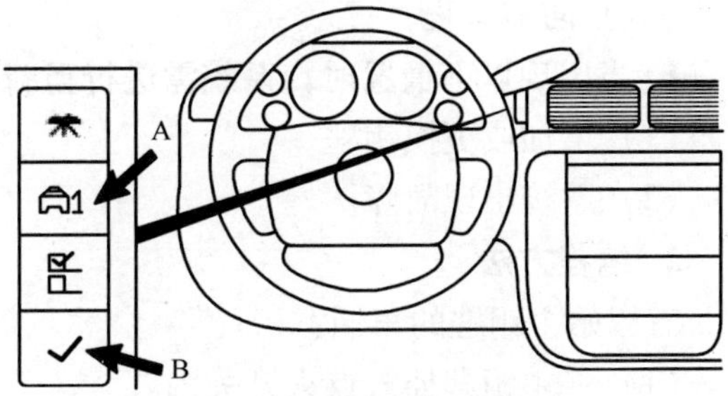

图 13-6 驾驶人信息中心

（5）重复上述步骤来编程其他的遥控器。

（6）关闭点火开关将退出编程模式。

> **注意：**遥控器也可应用诊断设备进行编程。最多可编程 8 把遥控器。

不带驾驶人信息中心的车辆：

（1）确保自动变速器车辆变速杆置于 P 位。

（2）打开点火开关。

（3）按下旅程/里程表重新设定按钮，直到显示“PRESS TO RELEARN REMOTE KEY”，如图 13-7 所示。

（4）按下并按住旅程/里程表重新设定按钮 3s，显示“REMOTE KEY LEARNING ACTIVE”。

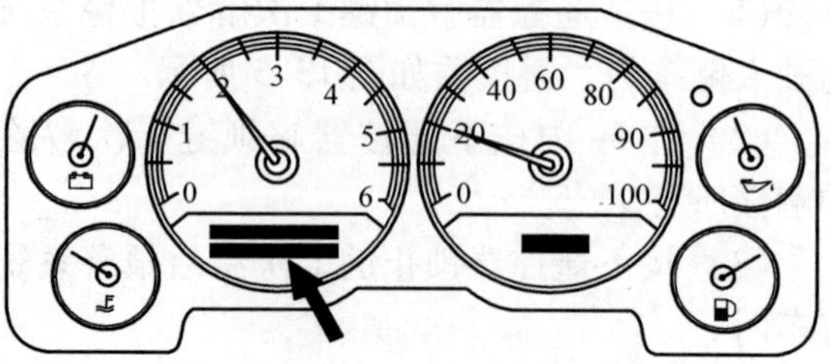

图 13-7　里程表

（4）编程模式激活，按以下步骤进行操作：同时按下并按住第 1 把遥控器的锁止键和解锁键保持 15s。等待声音信号出现（表明编程已完成）。

（5）重复上述步骤来编程其他的遥控器。

（6）关闭点火开关将退出编程模式。

（7）遥控器也可应用诊断设备进行编程。

注意： 最多可编程 8 把遥控器。

（三）遥控器电池更换方法

电池更换方法如图 13-8 所示。

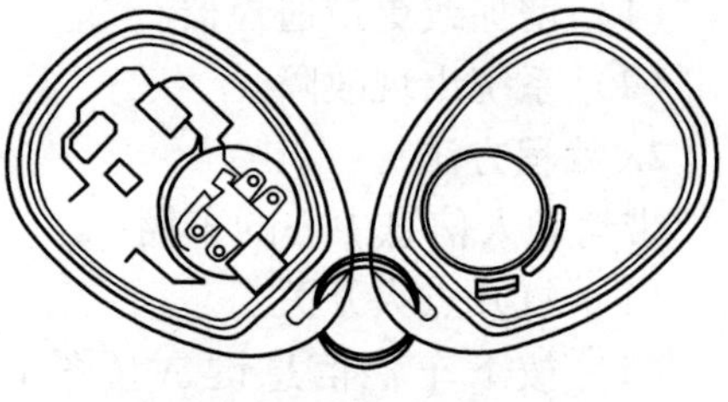
图 13-8　电池更换方法

（四）系统操作 2

拔下点火钥匙后系统进入报警状态。

（五）防盗编程

1. 当出现以下情况时，系统需进行重新编程

（1）增加或更换钥匙。

（2）系统出现故障。

2. 编程方法

有原始主钥匙的车辆：

（1）将主钥匙插入点火开关内。

（2）打开点火开关。

（3）关闭点火开关。

（4）拔出主钥匙。

（5）在 10s 内插入新钥匙。

（6）打开点火开关。

（7）新钥匙此时编程完毕。

注意： 用主钥匙最多可编程 10 把钥匙。

没有原始主钥匙的车辆：

注意： 车辆所有钥匙必须进行编程。

(1) 用要编程的主钥匙打开点火开关。系统警告灯或信息将显示。约 10min 后系统警告灯或信息消失。

(2) 关闭点火开关。等待 5s。

(3) 打开点火开关。系统警告灯或信息将显示。约 10min 后系统警告灯或信息消失。

(4) 关闭点火开关。等待 5s。

(5) 打开点火开关。系统警告灯或信息将显示。约 10min 后系统警告灯或信息消失。

(6) 关闭点火开关。等待 5s。

(7) 起动发动机。

(8) 新主钥匙此时编程完毕。

(9) 使用诊断工具清除所有故障码。

四、雪佛兰景程（2005~2007 年）、新景程（2007~2014 年）轿车遥控器设定

说明：景程轿车遥控器是和防盗芯片集成在一起的，遥控信号接收处理和发动机防盗功能都由车身控制模块完成，没有单独的遥控接收模块，遥控器编程是和防盗模块编程同时完成的。

重要注意事项：

(1) 在钥匙插入点火开关之前，不要将诊断仪连接到数据链路插接器上。如果点火开关接通之前连接了诊断仪，通信将出现错误并且可能无法完成编程程序。

(2) 车身控制模块识别出所有遥控器都必须在单个编程程序中进行编程。最多可将 4 个遥控器编程到一辆车的遥控门锁系统。执行该程序需要至少 2 把遥控器。对当前的或新的遥控器进行编程之前，必须从车主那里取得所有遥控器。未在此编程程序中进行编程的任何车辆遥控器在编程程序完成后都将不工作。开始编程前，确保车门、发动机舱盖和行李箱/后掀门是关闭的。如果系统处于编程模式中，接到第 1 个遥控器编程信号时，车身控制模块将清除所有之前已编程的遥控器。请勿在处于遥控门锁编程模式的其他车辆附近操作遥控器或对其进行编程，以防止遥控器对错误的车辆进行编程。

(一) 遥控器编程程序。

(1) 向车主询问获取 6 位安全码（出厂时系在钥匙上）。

(2) 保持发动机熄火，并接通点火开关。

(3) 安装诊断仪。

(4) 从 BODY（车身）菜单上，选择 IMMOBILIZER PROGRAMMING FUNCTION（防盗模块编程功能）。

(5) 每把遥控器都要按照诊断仪的指示操作，直到所有遥控器都完成编程。按以下说明输入 6 位安全码以继续编程。向上箭头用于输入数字，向下箭头用于输入字母，向左/向右箭头用于移动到下一位置。

(6) 按诊断仪的指示循环操作点火开关 3 次。

（7）将点火开关拨到 LOCK（锁定）位置。

（8）断开诊断仪。

（9）测试所有遥控器的操作。

重要注意事项：如果有任何遥控器不能正常操作，则标记该遥控器。

（10）如果有任何遥控器不能正常操作，对所有遥控器再次执行该程序。

（11）重复遥控器编程程序之后，如果原来不工作的遥控器仍旧不起作用，则参见遥控门锁不能进行编程部分。

（二）遥控器的同步

以下情况需要对遥控器进行同步：

（1）已对防盗模块进行编程。

（2）遥控器激活 255 次以上，而遥控器却不在车身控制模块的天线范围内。

（3）遥控门锁系统所采用的安全方式也可能导致需要同步，遥控器不会向车身控制模块发送两次同样的信号。

（4）车身控制模块不会响应之前已发送过的信号。这就避免其他人录制并回放该遥控器发出的信号。

（5）遥控器中的电池已更换。

（6）车辆蓄电池已长时间处于电量低或无电量状态。

执行以下步骤，使遥控器与车身控制模块同步：

（1）站在离车 1.5m 的范围内。

（2）同时按下并按住遥控器上的 2 个按钮 10s。遥控器上的发光二极管将快速闪烁，然后停止闪烁。

（3）按 LOCK/UNLOCK（锁止/解锁）键确认正确的操作。

五、雪佛兰乐风（2006～2010 年）、乐骋（2008～2010 年）轿车遥控器设定

重要注意事项：所有要由遥控门锁接收器识别的遥控器必须在一个编程序列中进行编程。如果将系统置于编程模式中，在接到第 1 个遥控器的编程信号时，系统将清除所有先前编程的遥控器。请勿在处于遥控门锁编程模式的车辆附近操作或编程遥控器，以防止对不正确的车辆进行遥控器编程。

（1）点火开关置于 ON（接通）位置，打开 TECH2。

（2）由 F0：诊断－200X（年份）－小客车－（1）雪佛兰－T－Lova 进入以下屏幕：

选择 F1：车身

选择 F1：遥控功能启动

选择 F1：特殊功能

选择 F1：遥控器编程

选择需要编程的遥控器数目

（3）TECH2 光标指示“遥控器控制件 1”，选择“ENTER”换另一个遥控器控制件。

（4）根据指示按压遥控器按钮完成遥控器编程。

注意：①遥控器编程完毕后，按键盘上的“EXIT”按钮。显示屏将确认已经编程的遥控器数目。如果显示的数目与编程的遥控器数目不一致，重复本程序。

② 按电源按钮关闭诊断仪，等候约10s，然后测试每个已编程遥控器的操作，确保遥控器工作正确。

六、雪佛兰赛欧轿车遥控器设定（2008～2013年）

1. 进入学习模式

（1）在开锁的状态下，将车门在3s内从关到开做2次（最终保持门开状态）。

（2）将钥匙插入点火开关，在10s内从ON调到OFF执行5次，最终保持OFF状态。

（3）看到转向灯闪烁1次，即表明系统已进入密码学习模式遥控器的学习。

（4）在系统进入学习模式的16s内，按下第1把要学习的遥控器的锁止键，如果看到转向灯闪了1次，即表示学习成功。

（5）若需要学习第2把遥控器，在16s内重复上一步即可。

（6）最多只能学习2个遥控器。

2. 退出学习模式

学习完遥控器以后有3种退出学习模式的方法：

（1）关一下所有打开的车门，如果看到转向灯闪了2次，即表示退出学习模式。

（2）打开点火开关置于ON，如果看到转向灯闪了2次，即表示退出了学习模式。

（3）16s内不执行任何动作，如果看到转向灯闪了2次，即表示退出了学习模式。

七、雪佛兰科帕奇轿车遥控器设定（2008～2014年）

（1）点火开关置于ON（接通）位置，打开TECH2。

（2）由F0：诊断－200X（年份）－小客车－雪佛兰－T－Lova进入以下屏幕：

选择F1：车身

选择F1：遥控功能启动

选择F1：特殊功能

选择F0：遥控器编程

（3）看到完成编程提示后按“ENTER”键。

（4）选择F0。

（5）按窗口下的编程键。在TECH2响1声后立刻按下遥控器上的开门和关门键，保持约4s后，TECH2会响2声，说明遥控器编程已结束。

八、雪佛兰科鲁兹轿车遥控器匹配方法（2010～2016年）

（1）进“通用”“科鲁兹×”“防盗系统2”输入密码，进入“5min密码验证时间”。

（2）密码验证成功后，进入后选“匹配钥匙”进入“10min系统配置界面”。

（3）剩下的步骤根据仪器提示完成，很好配。

（4）配好后遥控和芯片自动生成。

九、雪佛兰科鲁兹遥控门锁遥控器编程（2009～2016 年）

在对遥控门锁遥控器进行编程之前或无法正常编程时，请遵循以下指导进行操作：

> **注意：** 不要盲目地对控制模块编程。

（1）编程前连接车辆蓄电池充电器。遥控门锁遥控器编程可能最多需要 15min，车辆蓄电池低电压会在遥控门锁遥控器读入过程中妨碍遥控器的数据读入。

（2）检查故障码。防盗模块线圈（IMMO 线圈）故障会妨碍编程的进行。通常，BCM 的故障码 DTCB2955 00 表示防盗模块线圈故障。应首先排除防盗模块线圈的故障，并再次尝试门锁遥控器编程。

如果车身控制模块中设置了防盗模块故障码 DTC B3055，那么该故障码说明防盗模块可能正在与车身控制模块进行通信交流，但无法与遥控门锁遥控器建立通信。此问题至少有 2 种可能的原因，并且均不是由遥控门锁遥控器不良所引起。

1）遥控门锁遥控器位置不当。

2）防盗模块线圈位置不当。

（3）检查遥控器零件号是否正确。不同零件号的门锁遥控器均可能成功完成编程过程，但门锁遥控器将不会正常工作，故无法实现遥控门锁功能。因此，这可能被误判为遥控门锁遥控器编程故障。

> **注意：** 应仔细检查车辆的遥控门锁遥控器零件号是否正确。

（4）遥控门锁遥控器需要正确就位于遥控门锁遥控器编程凹槽内。

> **注意：** 将遥控门锁遥控器放入凹槽内，使其尽可能平置，从而充分接触凹槽表面。

（5）在遥控门锁遥控器编程过程中避免低频校验口令干扰。正常启动遥控门锁系统功能将导致车内低频通信的启动。此通信以相同频率进行，由靠近遥控门锁遥控器编程用通信的天线产生，并可能干扰车辆对遥控门锁遥控器成功编程的能力。在大多数情况下，这不会损坏遥控门锁遥控器，可以再次尝试进行编程。但个别情况下，在读入过程的不当时刻出现的低频校验口令可能使遥控门锁遥控器不能编程到任何车辆上。

> **注意：** 为了避免来自低频校验口令的干扰，建议当编程程序要求按下 Start/Stop Switch（起动/停止开关）时，按下按钮的持续时间应控制在 1～3s 内。

在遥控门锁遥控器编程过程中切勿执行以下操作：

1）拉动车门把手打开车门。

2）接触车门把手上的门锁传感器。

3）关上最后的车门（即在编程过程中保持至少1个车门打开）。

4）通过驾驶人车门锁芯对车门进行解锁。

5）打开行李箱。

注意：为了防止干扰，告知周围其他维修技术人员遥控门锁遥控器的编程即将进行，并要求他们不要执行触发低频校验口令的操作，包括上述触发操作，同时还包括按下Start/Stop Switch（起动/停止开关）。

（6）遥控门锁遥控器读入过程中误导性的“No Remote Detected”（未检测到遥控器）信息。编程过程中，驾驶人信息中心上的“No Remote Detected”（未检测到遥控器）信息可能并不正确。此外，此信息可能会阻止“Ready for Remote # 1”（已准备好对1号遥控器进行编程，或2号、3号等）信息的显示，因此增加了造成混乱的可能性。

注意：查看“No Remote Detected”（未检测到遥控器）信息是否因每次按下Start/Stop Switch（起动/停止开关）而清除并再次显示。若如此，则车辆可能没有处于读入模式。如果“No Remote Detected”（未检测到遥控器）信息不是因每次按下“Start/Stop Switch（起动/停止开关）”而清除并再次显示，那么此错误可能由该信息导致且车辆仍尝试读入遥控门锁遥控器。继续按维修程序执行遥控门锁遥控器编程步骤。

（7）编程完成后按下遥控门锁遥控器按钮。如果车辆指示遥控门锁遥控器已编程，但是遥控门锁遥控器不能使车辆起动，那么在编程过程中可能漏掉了某个关键步骤。

注意：从车辆上移除所有其他遥控门锁遥控器，并将不能起动车辆的遥控门锁遥控器放回到遥控门锁遥控器凹槽中，然后尝试起动车辆。如果起动成功，则将遥控门锁遥控器从凹槽中取出，按下遥控门锁遥控器上的解锁按钮，然后尝试用其他未放置在读入凹槽中的遥控门锁遥控器重新起动车辆。

（8）如果“Power Mode”（电源模式）改变但仍显示“No - Start”（无法起动），那么遥控门锁遥控器编程成功。即使点火模式改变，但发动机不能起动，那么编程成功，但存在妨碍发动机正常运行的其他问题。

注意：查看车辆电源模式是否从OFF（关闭）转为ACC（附件）。若如此，则遥控门锁遥控器工作正常，车辆存在其他问题，应进行发动机起动诊断程序。

（9）对快速读入的情况，车辆必须处于OFF（关闭）模式下。尝试用驾驶人车门锁芯进入遥控门锁遥控器编程模式时，车辆必须处于 OFF（关闭）模式下。

> **注意：** 在开始程序之前打开驾驶人侧车门，通过启动安装于车门上的开关但电动车窗不动作来确保车辆处于 OFF（关闭）模式下。

十、雪佛兰科帕奇防盗编程（2009～2017 年）

在更换科帕奇车型的某些控制模块时需进行相应的编程操作，这里介绍更换 ECM、VTD、钥匙等与防盗相关的编程操作。编程前请保证车辆电源电量充足，在编程过程中请勿开关车门和用电器，避免产生电流波动干扰。

（1）更换新的 ECM 后需执行“ECM 到 VTD 连接程序”，具体步骤如下：

1）ECM 进行维修编程（SPS），使用 T1s2 Web 以 Pass through 方式完成。

2）将钥匙插入点火锁芯，并将点火开关拨到 ON，准备对 VTD 进行维修编程。

3）在 T1s2 Web 上对 VTD 进行维修编程，选择编程条目“VTD 车辆防盗威慑”（重新读取和连接）—“ECM 到 VTD 连接程序”。

4）开始进行维修编程，用时约 10min。

5）显示编程成功后将点火开关关闭 30s。

6）拔出钥匙，重新插入，完成连接过程。

7）进入 ECM“模块设置”菜单，完成“系统配置”等条目。

（2）更换新 VTD 或同时更换新的 VTD 和新 ECM，执行上述维修项目时都需更换 2 把全新的钥匙，原车钥匙不能再使用，并且执行“钥匙获知程序”和“ECM 到 VTD 连接程序”2 项操作，具体步骤如下：

1）准备 2 把全新的钥匙。

2）对 ECM 进行维修编程（SPS），使用 T1s2 Web 以 Pass through 方式完成。

3）将第 1 把新钥匙插入点火锁芯，并将点火开关拨到 ON，准备对 VTD 进行维修编程。

4）在 T1s2 Web 上对 VTD 进行维修编程，选择编程条目“VTD 车辆防盗威慑”（重新读取和连接）—“钥匙获知程序”。

5）开始进行维修编程，用时约 10min。

6）维修编程完成后关闭点火开关，等待 10s 后拔出钥匙，完成第 1 把新钥匙的学习（称之为第 1 把主钥匙）。

7）插入第 2 把新钥匙，并将点火开关拨到 ON，等待 10s 后关闭点火开关。

8）拔出钥匙，完成第 2 把新钥匙的学习（称之为第 2 把主钥匙）。

9）ECM 到 VTD 连接程序参见“仅更换新 ECM”中“ECM 到 VTD 连接程序”的步骤。

说明：在 VTD 模块内部记录的全部与之匹配的钥匙中，处于第 1、第 2 学习顺位的 2 把钥匙称之为主钥匙。每当重新进行钥匙学习时，第 1、第 2 顺位被编入的钥匙就成为主钥匙，与钥匙在学习之前是否为主钥匙无关。

（3）添加新钥匙，该操作必须要在已有 2 把主钥匙在手的情况下完成，具体步骤如下：

1）准备需要添加的新钥匙。

2）将第1把主钥匙插入点火开关，点火开关拨到ON，停留2s后关闭点火开关。

3）将第1把主钥匙拔出后，在10s内插入第2把主钥匙，点火开关拨到ON，停留2s后关闭点火开关。

4）将第2把主钥匙拔出后，在10s内插入第1把新钥匙，点火开关拨到ON，停留2s后关闭点火开关。

5）重复以上操作，依次添加全部的新钥匙。

（4）遗失钥匙后重编程。遗失1把主钥匙：执行上述维修项目时至少需准备1把全新的钥匙，并且执行“钥匙获知程序”和“ECM到VTD连接程序”2项操作，具体步骤如下：

1）准备至少1把全新的钥匙。

2）对ECM进行维修编程（SPS），使用T1s2 Web以Pass through方式完成。

3）将存有的主钥匙插入点火锁芯，并将点火开关拨到ON，准备对VTD进行维修编程。

4）在T1s2 Web上对VTD进行维修编程，选择编程条目“VTD车辆防盗威慑”（重新读取和连接）—“钥匙获知程序”。

5）开始进行维修编程，用时约10min。

6）维修编程完成后关闭点火开关，等待10s后拔出钥匙，完成第1把新钥匙的学习（即第1把主钥匙）。

7）插入准备好的新钥匙，并将点火开关拨到ON，等待10s后关闭点火开关。

8）拔出钥匙，完成第2把新钥匙的学习（即第2把主钥匙）。

9）ECM到VTD连接程序，请参见“仅更换新ECM”中“ECM到VTD连接程序”的步骤。

说明：遗失全部原有钥匙执行上述维修项目时至少需准备2把全新的钥匙，并且执行“钥匙获知程序”和“ECM到VTD连接程序”2项操作，具体步骤与“更换新VTD”相同。

（5）操作要点总结如下：

1）一把钥匙一旦与一VTD模块进行过匹配，就只能用于使用该VTD的车辆，不能再与其他VTD进行匹配。因此，如果车辆更换了新VTD，原有的钥匙就全部作废。

2）每当对VTD模块执行完“钥匙获知程序”后必须立即执行“ECM到VTD连接程序”，完成一个完整的学习过程。

3）每当执行“ECM到VTD连接程序”前都需要使用最新的T1s2 Web系统对ECM进巡航维修编程。

4）对ECM进行维修编程时必须采用Pass through方式。当有部件需要更换时，为确保编程成功率，尽可能使用与原车零件号相同的部件。

十一、雪佛兰开拓者遥控器匹配（2008～2012年）

（1）拆开下护板，找到遥控控制盒。

（2）连接控制盒旁边的红色插头。

（3）然后同时按压遥控上的开锁键15s。

（4）直到听到中控锁开锁各1次。

第二节 雪佛兰车系保养灯归零

一、雪佛兰科帕奇轿车保养灯归零（2007～2017 年）

1. 保养灯归零设定

将点火开关转至 ON，在 5s 内快速踩下加速踏板 3 次，然后将点火开关设置到 OFF 即可完成保养归零设定操作。

2. 电子时钟设定

当点火开关处于 ACC 或 ON 时，数字显示时间。数字式时钟有 3 个调节钮，如图 13-9 所示。

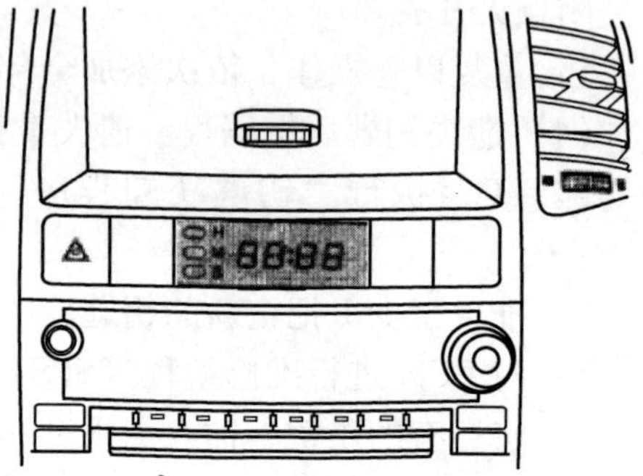

图 13-9 电子时钟设定按钮

H：小时按钮。

（1）要向前拨 1h，按 H 按钮。

（2）要向前拨若干小时，按住 H 按钮不放，直至达到正确的小时数。

M：分钟按钮。

（1）要向前拨 1min，按 M 按钮。

（2）要向前拨若干分钟，按住 M 按钮不放，直至达到正确的分钟数。

S：设置按钮。

要复位时间至最近的小时，可按 S 按钮，比如如果在 8:00～8:29 之间按下 S 按钮，则电子钟复位显示为 8:00；如果在 8:30～8:59 之间按下 S 按钮，则电子钟复位显示为 9:00。

3. 指南针校准设定

蓄电池断开后，必须重新校准指南针。

（1）同时按下 MODE 和 SET 按钮 2s 以上，指南针显示闪烁，如图 13-10 所示。

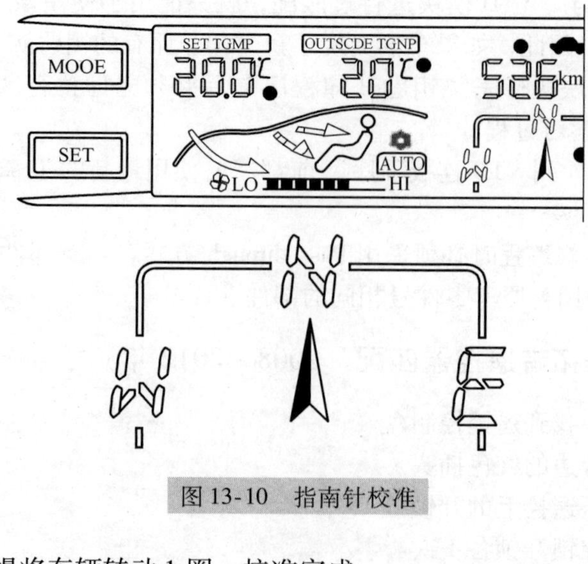

图 13-10 指南针校准

（2）在 90s 内慢慢将车辆转动 1 圈，校准完成。

(3) 校准完成时，指南针显示不再闪烁。

二、雪佛兰科迈罗轿车保养灯归零（2010～2015年）

(1) 将点火开关设定到ON。

(2) 在5s内，将加速踏板踩下并松开3次。

(3) 将点火开关设置到OFF。

(4) 起动发动机，如果显示屏如图13-11所示又显示“CHANGE ENGINE OIL”提示，则说明归零设定不成功，应重新执行设定操作。

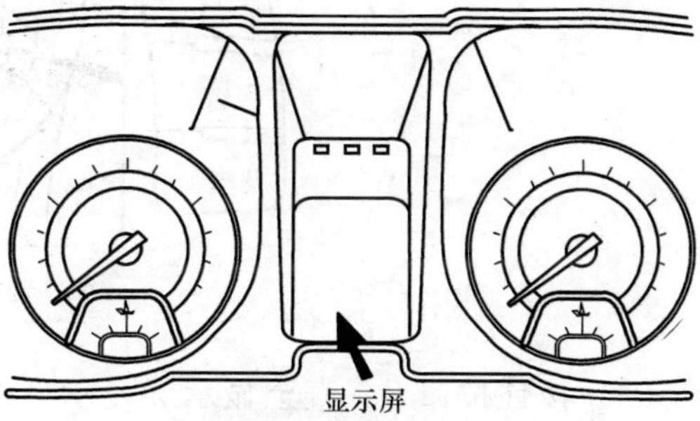

图13-11　显示屏识别

三、雪佛兰爱唯欧轿车保养灯归零（2009～2013年）

(1) 将点火开关设定到ON。

(2) 在5s内，将加速踏板踩下并松开3次。

(3) 将点火开关设置到OFF。

(4) 起动发动机，发动机更换机油提示灯闪烁，如图13-12所示，则说明归零设定不成功，应重新执行设定操作。

四、雪佛兰全新迈锐宝保养灯归零（2016～2018年）

(1) 在发动机关闭的情况下，将点火开关置于“打开/运行”位置。

(2) 按下转向信号操纵杆上的MENU（菜单）按钮。

(3) 进入“车辆信息”菜单。

(4) 用调节轮在屏幕菜单选项之间滚动，选择菜单“机油寿命”。

(5) 按下SET/CLR按钮，选择复位机油寿命系统。

(6) 将点火钥匙置于“锁定/关闭”位置。

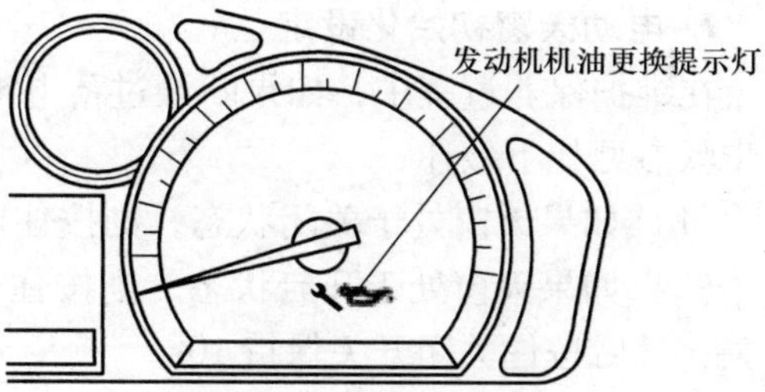

图13-12　显示屏识别

(7) “请速更换机油”信息不再显示，即表明系统已复位。起动车辆时，如果再次显示“请速更换机油”信息，则发动机机油寿命系统没有复位，重复上述步骤。

五、雪佛兰迈锐宝轿车保养灯归零（2008～2012年）

按照如下叙述执行发动机机油更换提示归零设定操作：

(1) 将点火开关设定到ON。

(2) 按下图13-13所示的按钮A和B。

(3) 反复按动按钮A，直至显示屏显示“OIL LIFE RESET”。

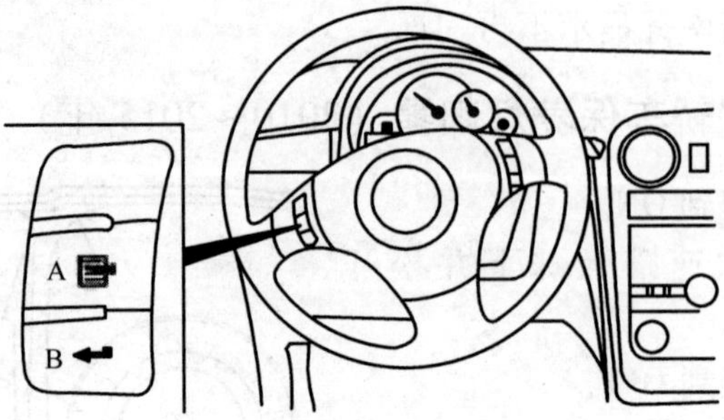

图 13-13　按钮识别

（4）按住按钮 B，直至显示屏显示“ACKNOWLEDGED”。显示屏显示“OIL LIFE REMAINING 100%”。

（5）将点火开关设定到 OFF。

六、雪佛兰科鲁兹轿车电动车窗初始化（2009～2015 年）

1. 电动车窗初始化设定

在维护保养过程中，如果断开过蓄电池，则需要重新执行电动车窗初始化设定操作，参见如下叙述：

（1）关闭车门。

（2）按通点火开关。

（3）完全关闭车窗，然后继续按住关闭开关 2s 以上。

（4）对其他的电动车窗也执行上述步骤。

2. 电动天窗初始化设定

在维护保养过程中，如果断开过蓄电池，则需要重新执行电动天窗初始化设定操作。操作步骤参见如下叙述：

（1）如果天窗处于关闭状态，则按住电动天窗的关闭开关持续按住 10s。

（2）如果天窗处于开启状态，则按住电动天窗的关闭开关使天窗关闭，然后松开关闭开关，最后按住关闭开关保持 10s。

第十四章　悍马车系遥控器设定与保养灯归零

第一节　悍马车系遥控器设定

一、悍马 H2 轿车遥控器设定（2006～2008 年）

（一）系统操作 1

（1）系统 LED 灯位于仪表板上。

（2）按下遥控器 UNLOCK 键 1 次解除报警系统且仅解锁驾驶人侧车门。遥控器如图14-1所示。

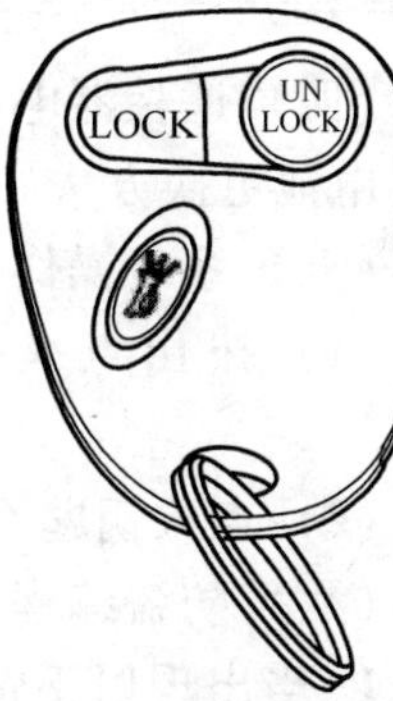

图 14-1　遥控器

（3）在 3s 内按下遥控器 UNLOCK 键 2 次解除报警系统和解锁所有车门。

（4）按下遥控器 LOCK 键锁止全部车门和激活报警系统。

（5）再次按下遥控器 LOCK 键喇叭响起来表明车辆已经锁止。

（6）按下遥控器恐吓键：①喇叭间断地响起。②外部照明灯光闪烁。

（7）再次按下遥控器恐吓键或打开点火开关，则恐吓报警系统解除。

（二）遥控器同步设定

1. 当出现以下情况时，需进行遥控器同步设定

（1）当遥控器在超出控制范围时被重复操作按键和系统失效。

（2）更换遥控器电池。

（3）车辆蓄电池电压过低。

2. 编程方法

（1）站在距离车辆 2m 处。

（2）按下并按住遥控器 LOCK 和 UNLOCK 键约 15s。

（3）系统将锁止或解锁车辆来表明遥控器同步化设定完成。

（三）遥控器编程

1. 当出现以下情况时，需进行重新编程

（1）增加或更换遥控器。

（2）系统故障。

2. 编程方法

（1）准备所有需要编程的遥控器。

（2）关闭所有车门。

（3）将钥匙插入点火开关内，但不转动点火开关。

（4）按下并按住车门锁止开关在解锁位置。

（5）将点火开关置于 ON→OFF→ON→OFF。

（6）松开车门锁开关。系统将立刻锁止或解锁车辆来表明编程模式激活。

（8）按如下步骤操作：

① 按下并按住第 1 把遥控器上的 LOCK 和 UNLOCK 键约 15s。系统将锁止或解锁车辆表明遥控器编程完毕。

② 重复上述步骤来编程的遥控器。

（9）打开点火开关将退出编程模式。

（10）检查遥控器操作。

> **注意：** 遥控器也可使用诊断设备进行编程。最多可编程 4 把遥控器。

（四）遥控器电池更换方法

电池更换方法如图 14-2 所示。

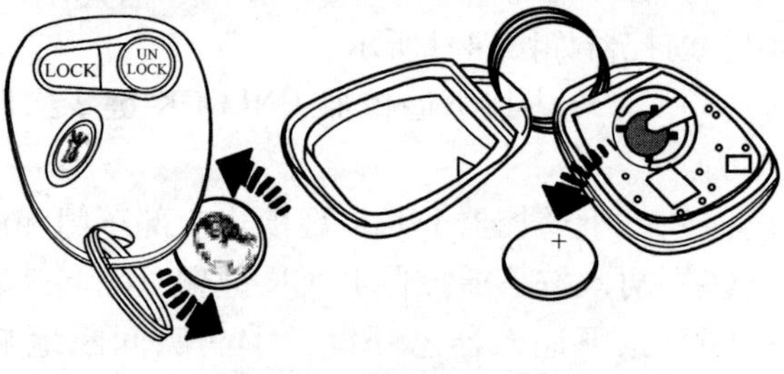

图 14-2　电池更换方法

（五）系统操作 2

（1）拔出点火钥匙后系统进入警报状态。

（2）点火钥匙不能识别电子密码。

（六）防盗编程

1. 当出现以下情况时，系统需进行重新编程

（1）点火开关总成。

（2）车身控制模块（BCM）。

（3）发动机控制模块（ECM）。

2. 编程方法

（1）打开点火开关。

（2）短暂旋转钥匙但不起动发动机。系统 LED 灯将点亮，约 10min 后系统 LED 灯熄灭。

（3）关闭点火开关。等待 5s。

（4）打开点火开关。

（5）短暂旋转钥匙但不起动发动机。系统 LED 灯点亮，约 10min 后系统 LED 灯熄灭。

（6）关闭点火开关。等待 5s。

（7）打开点火开关。

（8）短暂旋转发动机但不起动发动机。系统 LED 灯点亮，约 10min 后系统 LED 灯熄灭。

（9）关闭点火开关。等待 5s。

（10）起动发动机。

（11）关闭点火开关。

（12）使用诊断工具清除故障码。

二、悍马 H2 轿车遥控器设定（2008 ~ 2010 年）

（一）系统操作 1

（1）按下遥控器解锁键 1 次解除报警系统且仅解锁驾驶人侧车门。遥控器如图 14-3 所示。

（2）在 3s 内按下遥控器解锁键 2 次解除报警系统和解锁所有车门及行李箱。

（3）按下遥控器锁止键 1 次激活报警系统和锁止所有车门。

（4）按下遥控器恐吓键 1 次激活如下功能：①转向灯闪烁 3 次。②喇叭响起 3 次。

（5）按下遥控器恐吓键超过 2s 则下列功能激活 30s：①转向灯闪烁。②喇叭响起。

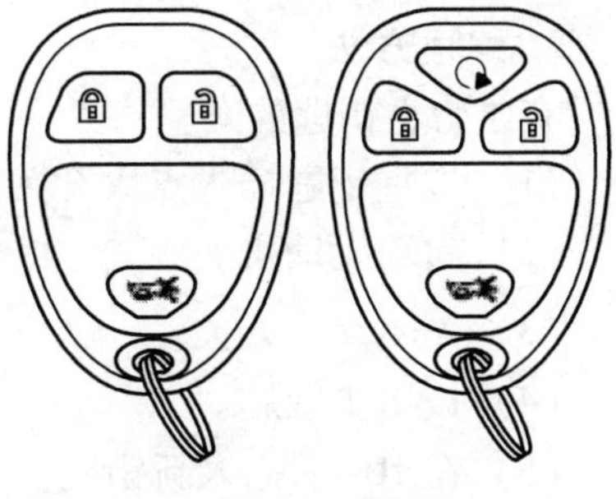

图 14-3　遥控器

（6）再次按下遥控器恐吓键或打开点火开关，则恐吓报警系统解除。

（7）报警/中控锁系统功能可使用驾驶人信息中心系统来更改。

（二）遥控器编程

1. 当出现以下情况时，系统需进行编程

（1）增加或更换遥控器。

（2）系统出现故障。

2. 编程方法

（1）打开点火开关 ON。

（2）反复按下车辆信息键 A（图 14-4）直到“PRESS TORELEARN REMOTE KEY。”

（3）按下设定/重新设定键 B 直到“REMOTE KEY LEARNING ACTIVE”。

（4）编程模式激活，按以下步骤进行操作：同时按下并按住第 1 把遥控器锁止和解锁键保持 15s，等待声音信号出现（表明编程已经完成）。

（5）重复上述步骤来编程其他的遥控器。

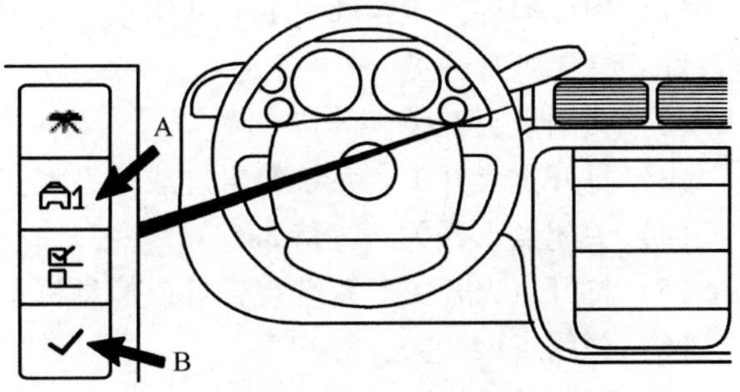

图 14-4　驾驶人信息中心

（6）关闭点火开关后退出编程模式。

注意： 遥控器也可使用诊断设备进行编程。最多可编程 8 把遥控器。

（三）遥控器电池更换方法

电池更换方法如图 14-5 所示。

（四）系统操作 2

拔出点火钥匙后系统进入报警状态。

（五）编程

1. 当出现以下情况时，系统需进行重新编程

（1）增加或更换钥匙。

（2）系统出现故障。

2. 编程方法

有原始主钥匙的车辆：

（1）将主钥匙插入点火开关内。

（2）起动发动机。

（3）关闭点火开关。

（4）拔出主钥匙。

（5）在 10s 内插入新钥匙。

（6）打开点火开关。

（7）新钥匙此时编程完毕。

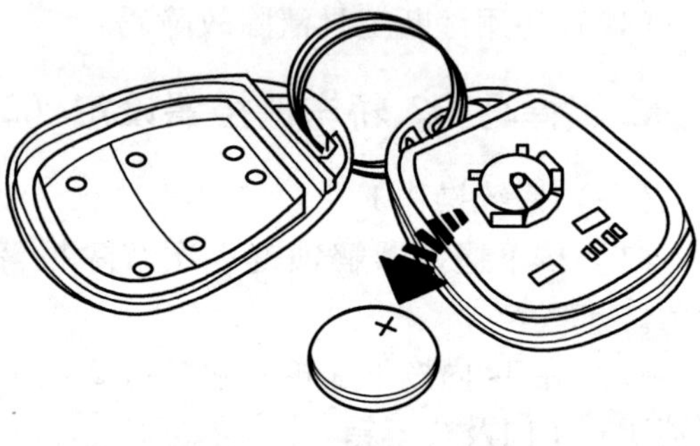

图 14-5　电池更换方法

注意： 用主钥匙最多可编程 10 把钥匙。

没有原始主钥匙的车辆：

注意： 车辆所有钥匙必须进行编程。

（1）用要编程的主钥匙打开点火开关。系统警告灯或信息将会显示，约 10min 后系统警告灯或信息消失。

（2）关闭点火开关。等待 5s。

（3）打开点火开关。系统警告灯或信息将会显示，约 10min 后系统警告灯或信息消失。

（4）关闭点火开关。等待 5s。

（5）打开点火开关。系统警告灯或信息将会显示，约 10min 后系统警告灯或信息消失。

（6）关闭点火开关。等待 5s。

（7）起动发动机。

（8）新主钥匙此时将编程完毕。

（9）使用诊断工具清除故障码。

三、悍马 H3 轿车遥控器设定（2008～2010 年）

（一）系统操作 1

（1）系统 LED 灯位于仪表板上。

（2）按下遥控器 UNLOCK 键 1 次解除警报系统且仅解锁驾驶人侧车门。遥控器如图 14-6所示。

（3）在3s 内按下遥控器 UNLOCK 键 2 次解除报警系统和解锁所有车门。

（4）按下遥控器 LOCK 键锁止全部车门和激活报警系统。

（5）再次按下遥控器 LOCK 键喇叭响起来表明车辆已经锁止。

（6）按下遥控器恐吓键：①喇叭间断地响起。②外部照明灯光闪烁。

（7）再次按下遥控器恐吓键或打开点火开关，则恐吓报警系统解除。

图 14-6　遥控器

（二）遥控器同步设定

1. 当出现以下情况时，需进行遥控器同步设定

（1）增加或更换遥控器。

（2）系统故障。

2. 编程方法

（1）获取所有遥控器。

（2）遥控器只能使用诊断设备来进行编程。

（三）遥控器电池更换方法

电池更换方法如图 14-7 所示。

（四）系统操作 2

（1）拔出点火钥匙后系统进入报警状态。

（2）点火钥匙不能识别电子密码。

（五）防盗编程

1. 当出现以下情况时，系统需进行重新编程

（1）点火开关总成。

（2）车身控制模块（BCM）。

（3）发动机控制模块（ECM）。

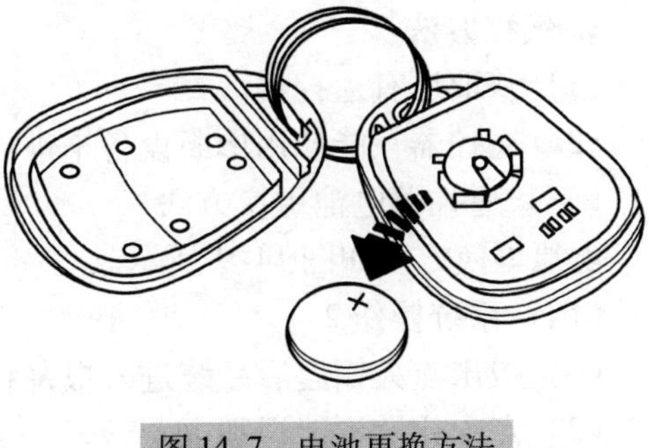

图 14-7　电池更换方法

2. 编程方法

（1）打开点火开关。

（2）短暂旋转钥匙但不起动发动机。系统 LED 灯将点亮，约 10min 后系统 LED 灯熄灭。

（3）关闭点火开关。等待 5s。

（4）打开点火开关。

（5）短暂旋转钥匙但不起动发动机。系统 LED 灯点亮，约 10min 后系统 LED 灯熄灭。

（6）关闭点火开关。等待 5s。

（7）打开点火开关。

（8）短暂旋转钥匙但不起动发动机。系统 LED 灯将点亮，约 10min 后系统 LED 灯将熄灭。

（9）关闭点火开关。等待 5s。

（10）起动发动机。

（11）关闭点火开关。

（12）使用诊断工具清除故障码。

四、悍马 H3 轿车遥控器设定（2011～2014 年）

（一）系统操作 1

（1）系统 LED 灯位于仪表板上。

（2）按下遥控器 UNLOCK 键 1 次解除报警系统且仅解锁驾驶人侧车门。遥控器如图 14-8所示。

（3）在 3s 内按下遥控器 UNLOCK 键 2 次解除报警系统和解锁全部车门。

（4）按下遥控器 LOCK 键锁止全部车门和激活报警系统。

（5）再次按下遥控器 LOCK 键喇叭响起来表明车辆已经锁止。

（6）按下遥控器恐吓键：①喇叭间断地响起。②外部照明灯光闪烁。

（7）再次按下遥控器恐吓键或打开点火开关，则恐吓报警系统解除。

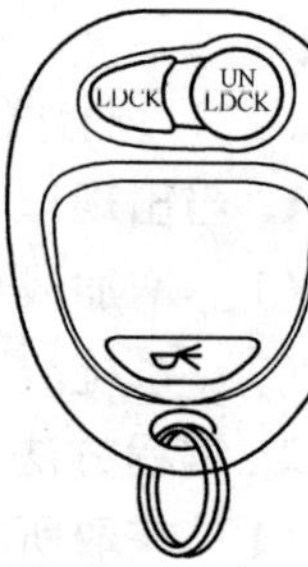

图 14-8　遥控器

（二）遥控器同步设定

1. 当出现以下情况时，需进行重新编程

（1）增加或更换遥控器。

（2）系统故障。

2. 编程方法

（1）获取所有遥控器。

（2）遥控器只能使用诊断设备来进行编程。

（三）遥控器电池更换方法

电池更换方法如图 14-9 所示。

（四）系统操作 2

（1）拔出点火钥匙后系统进入报警状态。

（2）点火钥匙不能识别电子密码。

（五）防盗编程

1. 当出现以下任何一个被更换时系统需进行编程

（1）点火开关总成。

（2）车身控制模块（BCM）。

（3）发动机控制模块（ECM）。

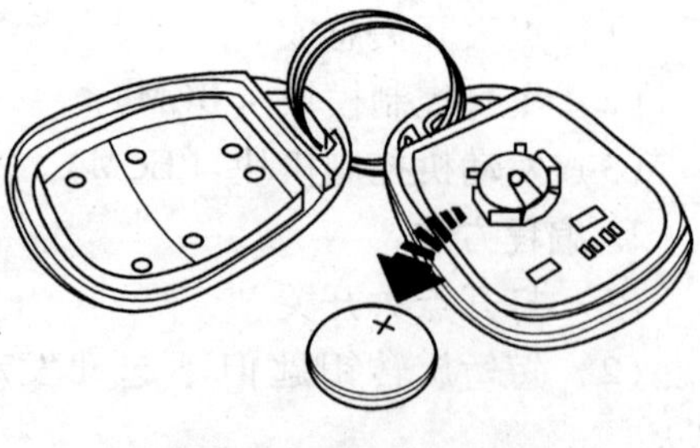

图 14-9　电池更换方法

2. 编程方法

防盗系统只能使用诊断设备来完成编程。

第二节　悍马车系保养灯归零

一、悍马 H2 轿车保养灯归零（2002 ~ 2013 年）

1. 位置记忆设定

可按照如下叙述操作步骤，使用位置记忆设定功能，将驾驶人认为理想的座椅位置和外部后视镜存储记忆。

（1）将车辆的变速器设定在 P 位。

（2）将驾驶人电动座椅的位置，包括座椅靠背的倾斜角度、腰撑，外部电动后视镜位置调节到理想位置。

（3）如图 14-10 所示，按压按键 1 或按键 2，连续按压 3s。蜂鸣器会发出 2 声指示音，表示位置设定已经成功存储。

图 14-10　电动座椅位置记忆设定按键

2. 2002 ~ 2007 年悍马 H2 轿车不配备多功能驾驶人信息中心机油寿命提示系统归零设定

不配备多功能驾驶人信息中心的 H2 轿车机油寿命提示系统的设定参见如下叙述：

（1）将点火开关转至 RUN 位置，但不起动发动机。

（2）在 5s 内将加速踏板连续踩下 3 次。如果显示屏（图 14-11）显示“OIL LIFE RESET”并闪烁 10s，则表示归零操作成功完成。

（3）将点火开关转至 LOCK 位置。

3. 2002 ~ 2007 年悍马 H2 轿车配备多功能驾驶人信息中心的 H2 轿车机油寿命提示系统归零设定

（1）将点火开关设置到 ON。

（2）反复按下图 14-12 所示的转向盘燃油信息按钮 A，使显示屏显示“ENGINE OIL LIFE”。

（3）按住按钮 B，持续 5s。显示屏显示“OIL LIFE RESET”，持续显示 10s，确认设定完成。

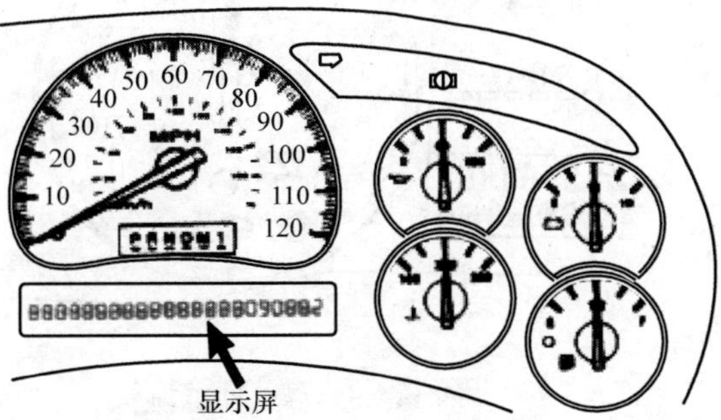

图 14-11　显示屏识别

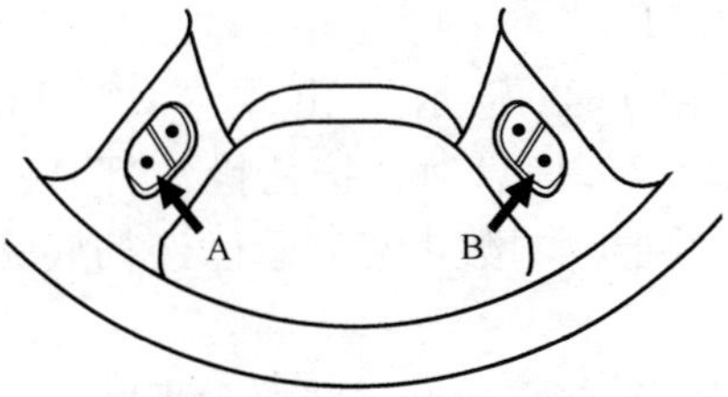

图 14-12　按钮识别

4. 2008～2013 年款悍马 H2 轿车机油寿命提示系统归零设定:

（1）将点火开关设置到 ON。

（2）反复按下图 14-13 所示的按钮 A，使显示屏显示“OIL LIFEEMAINC”（发动机机油寿命）及百分数。

（3）按住按钮 B，持续 5s。显示屏显示“OIL LIFE REMAINING100%”。

（4）将点火开关设置在 OFF。

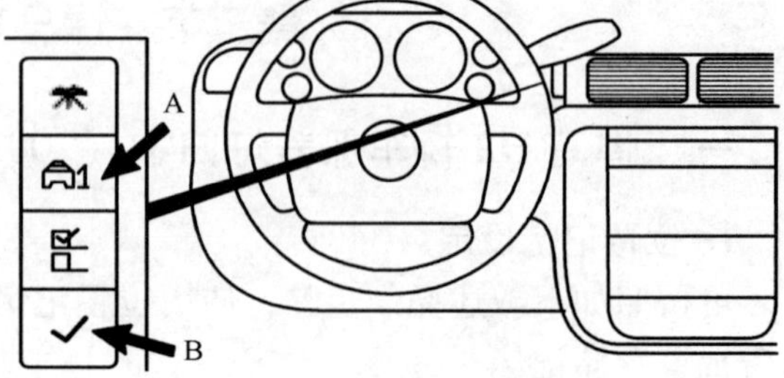

图 14-13　按钮识别

二、悍马 H3 轿车保养灯归零（2008～2012 年）

1. 音响电子时钟时间设定

（1）如图 14-14 所示，按住音响控制面板上的 H 按键，直至正确的小时数字显示在显示屏上。显示屏随之会显示 AM 或 PM 字样。

（2）按住 M 键，直至正确的分钟数字显示在显示屏上。

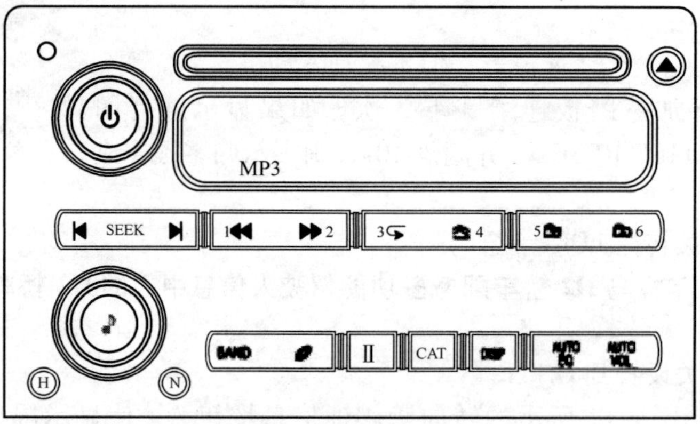

图 14-14　音响控制面板

2. 机油寿命提示系统归零设定

（1）将点火开关转至 ON，但不起动发动机。

（2）按动仪表板车速表下部的圆棒状操作杆 A，如图 14-15 所示，直至显示屏显示“OIL LIFE”。

（3）当显示屏出现“OIL LIFE”和“RESET”信息时，按住操作杆 A，直至听到蜂鸣器鸣响数声，表示已经彻底完成归零为止。

（4）将点火开关转至 LOCK。

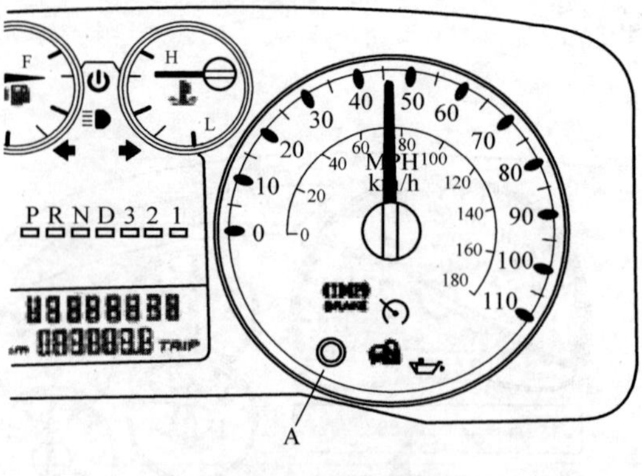

图 14-15　操纵杆识别

三、悍马 H3T 轿车保养灯归零（2009～2013 年）

机油寿命提示系统归零设定操作步骤如下：

（1）将点火开关转至 ON。

（2）按下按钮 A，如图 14-16 所示，直至显示屏显示 OIL LIFE 字符。

（3）当显示屏 B 显示“OIL LIFE”和“RESET”信息时，按住按钮 A，直至听到蜂鸣器鸣响数声，表示已经彻底完成归零为止。

（4）将点火开关设置到 LOCK。

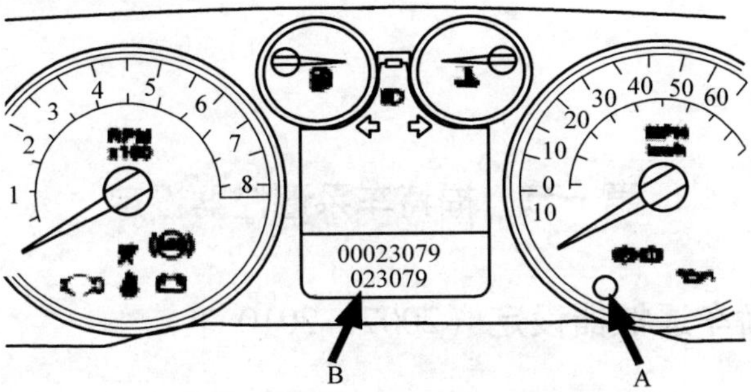

图 14-16　按钮和显示屏识别

第十五章 福特车系遥控器设定与保养灯归零

第一节 福特车系遥控器设定

一、福特锐界轿车遥控器设定（2007～2010年）

（一）系统操作1

（1）按下钥匙锁止键1次激活报警系统和锁止全车车门。方向指示灯闪烁来表明操作，钥匙如图15-1所示。

（2）在5s内按下钥匙锁止键2次锁止所有车门。喇叭响起一次和方向指示灯闪烁1次来表明所有车门锁止。若车门打开，喇叭响起2声。

（3）按下钥匙解锁键1次解除报警系统且仅解锁驾驶人侧车门。

（4）在5s内按下钥匙解锁键2次解除报警系统和解锁所有车门。

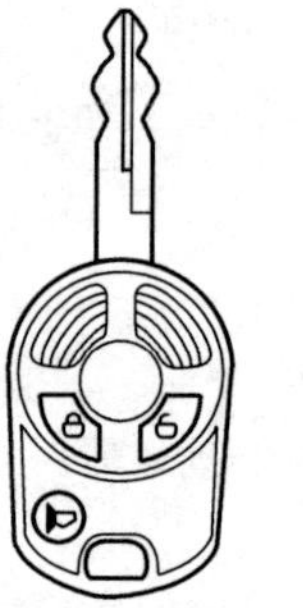

图15-1 钥匙

注意：系统可将钥匙编程为按下钥匙解锁键一次解锁全部车门。

（5）编程解锁功能

① 同时按下并按住解锁和锁止键约4s，方向指示灯闪烁2次来表明解锁功能被重新编程。

② 重复上述步骤可将解锁功能编程到原始功能。

（6）按下钥匙恐吓键约1s激活恐吓报警系统。喇叭响起和指示灯闪烁。

（7）再次按下钥匙恐吓键或打开点火开关，则恐吓报警系统解除。

（二）钥匙编程

1. 当出现以下情况时，系统需进行编程

（1）增加或更换遥控器。

（2）系统出现故障。

2. 编程方法

在防盗编程中钥匙将完成编程。

（三）钥匙电池更换方法

电池更换方法如图15-2所示。

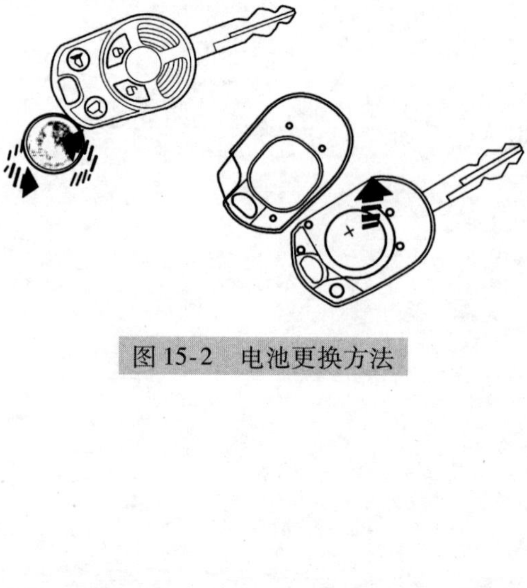

图15-2 电池更换方法

（四）系统操作2

（1）打开点火开关。确保系统警告灯点亮约3s。

（2）若系统警告灯不熄灭或闪烁，说明系统故障。

（五）防盗编程

1. 当出现以下情况时，系统需进行重新编程

（1）增加或更换钥匙。

（2）系统出现故障。

2. 编程方法

（1）准备2把已编程完毕的钥匙（A和B）。

（2）将A钥匙插入点火开关内。

（3）打开点火开关，等待3~10s。

（4）关闭点火开关并拔出钥匙A。

（5）在10s内将B钥匙插入点火开关内。

（6）打开点火开关，等待3~10s。

（7）关闭点火开关并拔出钥匙B。

（8）在20s内：①将需要编程的钥匙插入点火开关内。②打开点火开关，等待6s。

（9）关闭点火开关，拔出钥匙。

（10）检查编程完毕的钥匙功能。

（11）若发动机不能起动：①打开点火开关，等待20s。②关闭点火开关。③重复编程步骤。

（12）重复上述步骤来编程其他的钥匙。

注意：钥匙也可应用诊断设备进行编程。最多可编程8把钥匙。如果系统的备用钥匙编程模式未被开启，则上述操作不起作用。必须应用诊断设备将备用钥匙编程模式开启。

二、福特探索者（2010~2012年）、福特猛禽F150-350（2010~2013年）、福特野马（2010~2012年）轿车遥控器设定

（一）系统操作1

（1）按下钥匙锁止键1次激活报警系统和锁止全车车门。钥匙如图15-3所示。方向指示灯闪烁来表明操作。

（2）在3s内按下钥匙锁止键2次锁止全部车门。喇叭响起1次和方向指示灯1次来表明所有车门已锁止。若车门打开或行李箱或发动机舱盖打开，喇叭响起2次。

（3）按下钥匙解锁键1次解除报警系统且仅解锁驾驶人侧车门。

（4）在5s内按下钥匙解锁键2次解除报警系统和解锁所有车门。

图15-3　钥匙

注意： 系统可将钥匙编程为按下钥匙解锁键1次解锁全部车门。

（5）编程解锁功能

① 同时按下并按住解锁和锁止键约4s，方向指示灯闪烁2次来表明解锁功能被重新编程。

② 重复上述步骤可将解锁功能编程到原始功能。

（6）按下钥匙恐吓键约1s来激活恐吓警报系统。喇叭响起和方向指示灯闪烁。

（7）再次按下钥匙恐吓键或打开点火开关，则恐吓报警系统解除。

（二）遥控器编程

1. 当出现以下情况时，系统需进行编程

（1）增加或更换遥控器。

（2）系统出现故障。

2. 编程方法

在防盗编程中钥匙已经编程。

（三）遥控器电池更换方法

电池更换方法如图15-4所示。

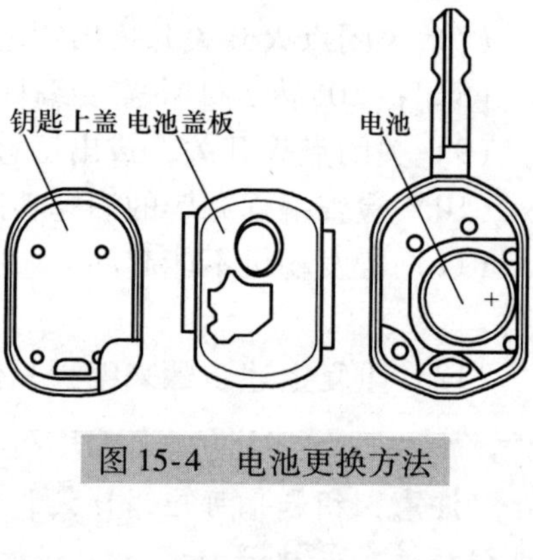

图15-4 电池更换方法

（四）系统操作2

（1）打开点火开关。确保系统警告灯点亮约3s。

（2）若系统警告灯不熄灭或闪烁，说明系统故障。

（五）防盗编程

1. 当出现以下情况时，系统需进行重新编程

（1）增加或更换钥匙。

（2）系统出现故障。

2. 编程方法

（1）准备2把已编程完毕的钥匙（A和B）。

（2）将A钥匙插入点火开关内。

（3）打开点火开关，等待3~10s。

（4）关闭点火开关并拔出钥匙A。

（5）在5s内将B钥匙插入点火开关内。

（6）打开点火开关，等待3~10s。

（7）关闭点火开关并拔出钥匙B。

（8）在10s内：①将需要编程的钥匙插入点火开关内。②打开点火开关，等待3~10s。

（9）关闭点火开关并拔下钥匙。

（10）检查已编程钥匙的功能。

（11）若发动机不能起动：①打开点火开关，等待30s。②关闭点火开关。③重复编程步骤。

（12）重复上述步骤来编程其他的钥匙。

注意： 钥匙也可应用诊断设备进行编程。最多可编程8把钥匙。如果系统的备用钥匙编程模式未被开启，则上述操作不起作用。必须应用诊断设备将备用钥匙编程模式开启。

三、福特猛禽 F150（2000～2012 年）、福特猛禽 F250（2000～2010 年）、福特猛禽 F250－550（2008～2011 年）轿车遥控器设定

（一）系统操作 1

（1）按下遥控器解锁键 1 次激活报警系统且锁止所有车门。遥控器如图 15-5 所示。

（2）在 3s 内按下遥控器解锁键 2 次解除报警系统和解锁所有车门。

（3）按下遥控器解锁键 1 次激活报警系统和锁止所有车门。

（4）在 3s 内按下遥控器锁止键 2 次锁止全部车门。喇叭响起 1 次来表明车辆车门锁止。若车门打开，喇叭响起 2 次。

（5）按下遥控器恐吓键 1 次激活恐吓报警系统。喇叭响起和驻车灯闪烁。

（6）再次按下遥控器恐吓键或打开点火开关，则恐吓报警系统解除。

图 15-5　遥控器

（二）遥控器编程

1. 当出现以下情况时，系统需进行编程

（1）增加或更换遥控器。

（2）系统出现故障。

2. 编程方法

（1）准备所有需要编程的钥匙。

（2）在 10s 内将点火开关由 OFF 调至 ON 连续 8 次。

（3）车门将锁止然后解锁。

（4）在 20s 内按下第 1 把遥控器任意按键。

（5）车门将锁止然后解锁。

（6）在 20s 内按下第 2 把遥控器任意按键。

（7）车门将锁止然后解锁。

（8）在 20s 内按下第 3 把遥控器任意按键。

（9）车门将锁止然后解锁。

（10）在 20s 内按下第 4 把遥控器任意按键。

（11）车门将锁止然后解锁。

（12）关闭点火开关。

（13）车门将锁止然后解锁。

注意：最多可编程 4 把遥控器。

（三）遥控器电池更换方法

电池更换方法如图 15-6 所示。

（四）系统操作2

（1）关闭点火开关后进入系统报警状态。

（2）打开点火开关。确保系统警告灯点亮约3s。

（3）若系统警告灯不熄灭或闪烁，说明系统故障。

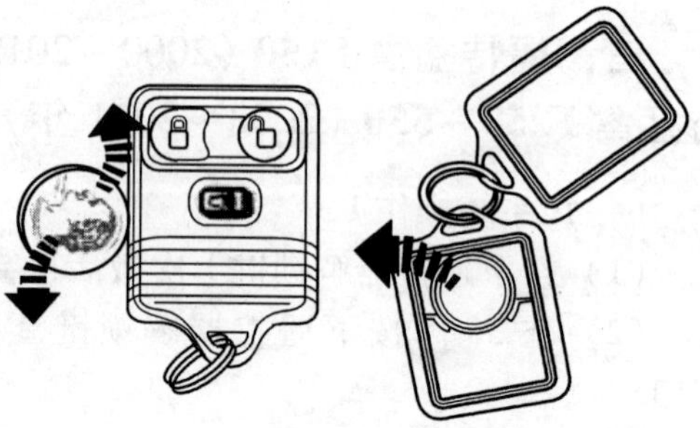

图15-6 电池更换方法

（五）防盗编程

1. 当出现以下情况时，系统需进行重新编程

（1）增加或更换钥匙。

（2）系统出现故障。

2. 编程方法

2006年及以前车型：

（1）准备2把已编程完毕的钥匙（A和B）。

（2）将A钥匙插入点火开关内。

（3）打开点火开关，等待1s。

（4）关闭点火开关并拔出钥匙A。

（5）在5s内将B钥匙插入点火开关内。

（6）打开点火开关，等待1s。

（7）关闭点火开关并拔出钥匙B。

（8）在10s内：①将需要编程的钥匙插入点火开关内。②打开点火开关，等待1s。

（9）关闭点火开关。

（10）起动发动机。

（11）若发动机不能起动和系统警告灯闪烁：①打开点火开关。②重复编程步骤。

（12）重复上述步骤来编程其他的钥匙。

（13）钥匙也可应用诊断设备进行编程。

> **注意：**最多可编程8把钥匙。如果系统的备用钥匙编程模式未被开启，则上述操作不起作用。必须应用诊断设备将备用钥匙编程模式开启。

2007年及以后车型：

（1）准备2把已编程完毕的钥匙（A和B）。

（2）将A钥匙插入点火开关内。

（3）打开点火开关，等待3～10s。

（4）关闭点火开关并拔出钥匙A。

（5）在5s内将B钥匙插入点火开关内。

（6）打开点火开关，等待3～10s。

（7）关闭点火开关并拔出钥匙B。

（8）在10s内：①将需要编程的钥匙插入点火开关内。②打开点火开关，等待3～10s。

（9）起动发动机。

（10）若发动机不能起动：①打开点火开关。②重复编程步骤。

（11）重复上述步骤来编程其他的钥匙。

注意：钥匙也可应用诊断设备进行编程。最多可编程8把钥匙。如果系统的备用钥匙编程模式未被开启，则上述操作不起作用。必须应用诊断设备将备用钥匙编程模式开启。

四、福特嘉年华轿车遥控器设定（2010～2013年）

（一）带无钥匙进入系统的车辆

1. 系统操作1

（1）警报/中控锁系统和双重锁止系统在无钥匙模式下激活：

① 关闭点火开关，确保所有车门和行李箱完全关闭。

② 按下驾驶人侧或乘客侧车门把手上的锁止键（图15-7）1次，锁止车辆。

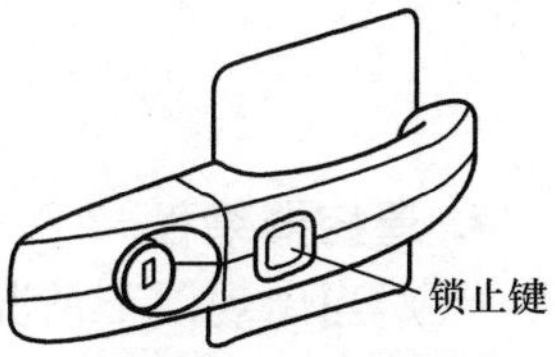

图15-7　车门把手

③ 在3s内按下驾驶员侧或乘客侧车门把手上的锁止键2次激活双重锁止和警报系统。指示灯将闪烁2次。

（2）警报/中控锁系统和双重锁止系统在无钥匙模式下解除：携带遥控器靠近车辆，拉任何一个车门把手：报警解除和车门解锁。指示灯闪烁1次。

（3）整体关闭：按下并按住驾驶人侧车门把手上的锁止键2s关闭车窗和天窗。

（4）在遥控器内插有1把应急机械钥匙（图15-8）。

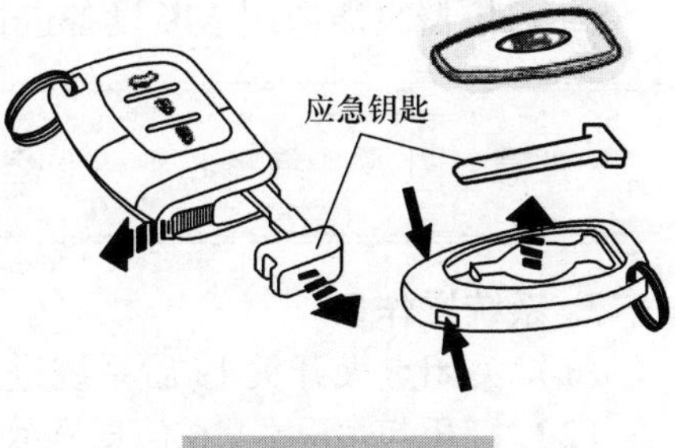

图15-8　遥控器

（5）报警系统和中控锁系统可使用遥控器解除和激活。

（6）按下遥控器解锁键1次解除报警系统且仅解锁驾驶人侧车门。指示灯闪烁1次。

（7）在3s内按下遥控器解锁键2次解锁全部车门和解除报警系统。指示灯闪烁1次。

（8）按下遥控器锁止键1次激活警报系统和锁止所有车门。指示灯闪烁2次。

（9）在3s内按下遥控器锁止键2次激活双重锁止系统和警报系统。指示灯闪烁2次。

（10）按下遥控器行李箱解锁键2次仅解锁行李箱。

（11）整体打开/关闭

① 按住遥控器锁止键约2s来关闭车窗和天窗。

② 按住遥控器解锁键约3s来打开车窗和天窗。

2. 同步设定

（1）当以下情况出现时，系统需进行同步设定：当遥控器被锁在车内。

（2）同步方法

① 将遥控器从车内取出。

② 按下遥控器解锁键。

③ 打开点火开关。
④ 起动发动机。
⑤ 关闭点火开关。
⑥ 车辆将锁止或解锁来表明同步设定完成。

3. 遥控器电池更换方法

电池更换方法如图 15-9 所示。

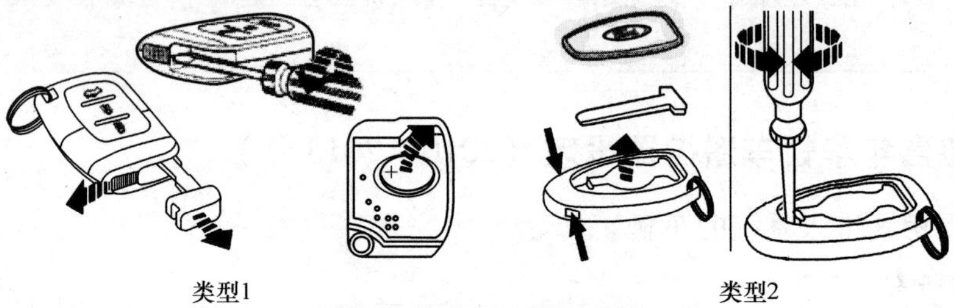

图 15-9　电池更换方法

4. 遥控器编程

（1）当出现以下情况时，系统需进行编程
① 增加或更换钥匙。
② 系统出现故障。
（2）编程方法
① 准备所有需要编程的钥匙。
② 遥控器只能应用诊断设备进行编程。

> **注意：** 最多可编程 8 把遥控器。

5. 系统操作 2

（1）关闭点火开关 1s 后系统进入报警状态。
（2）打开点火开关。在信息显示系统上显示“钥匙未被识别”，表明遥控器密码未被识别。

6. 防盗编程

（1）当出现以下情况时，系统需进行编程
① 增加或更换遥控器。
② 系统出现故障。在信息显示系统上显示“钥匙未被识别”。
（2）编程方法
① 准备所有需要编程的钥匙。
② 只能应用诊断设备进行编程。

> **注意：** 最多可编程 8 把遥控器。

（二）不带无钥匙进入系统的车辆：

1. 系统操作 1

（1）按下钥匙解锁键（图 15-10）解除报警系统和解锁车辆。

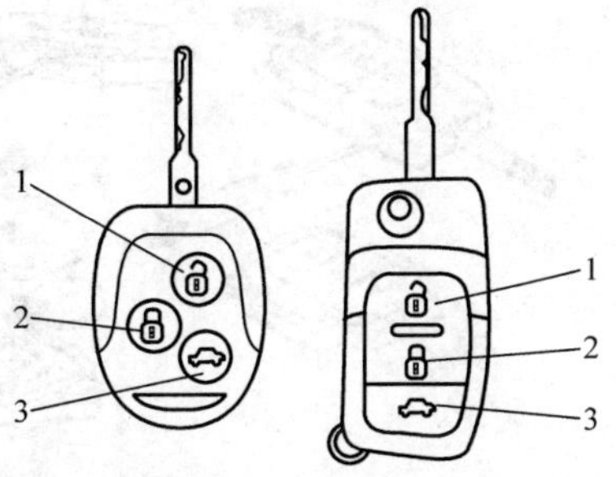

图 15-10 钥匙
1—解锁键 2—锁止键 3—行李箱释放键

（2）按下钥匙锁止键 1 次激活报警系统和锁止车辆。

（3）带双重锁止的车辆：在 3s 内按下钥匙锁止键 2 次激活双重锁止系统和报警系统。

（4）在 3s 内按下钥匙行李箱释放键 2 次解锁行李箱。

（5）一些车型（若在控制单元中项目已编程）

① 按下钥匙解锁键 1 次解除报警系统且仅解锁驾驶人侧车门。

② 在 3s 内按下遥控器解锁键 2 次解锁全部车门和解除报警系统。

（6）编程解锁功能

① 关闭点火开关。

② 同时按下并按住解锁和锁止键 4s。指示灯闪烁 2 次来表明解锁功能已被编程。

③ 重复上述步骤可将解锁功能改为原始功能。

（7）整体打开/关闭

① 按住遥控器解锁键在压下位置约 3s 来打开车窗和天窗。

② 按住遥控器锁止键在压下位置约 3s 来关闭车窗和天窗。

（8）如果已解锁的车辆在 45s 内车门和上门未被开启，则车辆自动锁止。

2. 钥匙编程

（1）当出现以下情况时，系统需进行编程

① 增加或更换钥匙。

② 系统出现故障。

（2）编程方法

① 系上安全带和关闭所有车门，在编程过程中避免其他警告声音信号的干扰。

② 在 6s 内将点火开关由 O 位置转至Ⅱ位置 4 次。

③ 关闭点火开关，但不要拔出钥匙。约 10s 后编程模式激活（一个状态提示音响起）。

④ 按下述步骤操作：按下并松开钥匙任意键，提示音响起。在第 1 把钥匙编程完毕 10s 后编程模式重新为第 2 把钥匙编程。重复上述步骤来编程全部钥匙（包括原始钥匙）。

⑤ 在点火开关内编程钥匙：不要将钥匙拔出点火开关，按下和松开钥匙任意键。

⑥ 退出编程模式：将点火开关置于Ⅱ位置或等待 10s。

⑦ 车辆将锁止和解锁车辆来表明钥匙已成功编程。

注意：最多可编程 8 把钥匙。

3. 遥控器电池更换方法

电池更换方法如图 15-11 所示。

4. 系统操作 2

（1）关闭点火开关后 3s 系统进入报警状态。系统警报后，仪表板上的 LE 灯将闪烁。

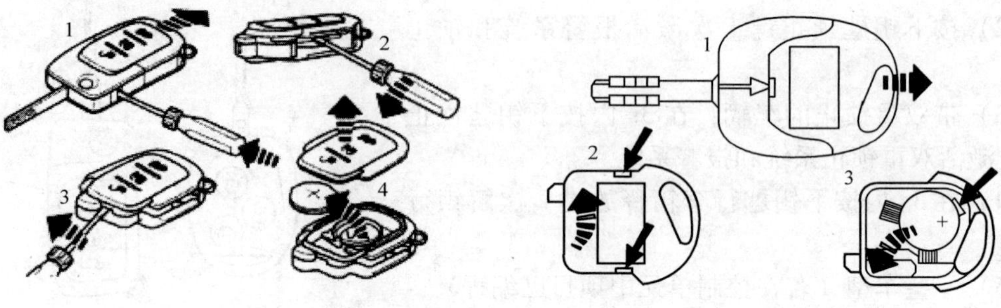

图 15-11　电池更换方法

(2) 打开点火开关。确保在仪表板上的 LED 灯闪烁约 3s。

(3) 如果 LED 灯持续点亮约 1min 或按 1min 间隔闪烁，然后不规律闪烁：钥匙识别码未被识别。

(4) 拔出钥匙，等待至少 20s 后再试。

5. 防盗编程

(1) 当出现以下情况时，系统需进行编程

① 系统出现故障。

② 在信息显示系统上显示“IMMOBILIZER ACTIVE”。

③ 增加或更换钥匙。

(2) 编程方法

① 准备所有需要编程的钥匙。

② 防盗系统只能应用诊断设备进行编程。

注意： 最多可编程 8 把钥匙。

五、福克斯（2008 ~ 2013 年）、野马（2008 ~ 2010 年）轿车遥控器设定

(一) 系统操作 1

(1) 按下遥控器锁止键 1 次激活警报系统和锁止所有车门。遥控器如图 15-12 和图 15-13所示。

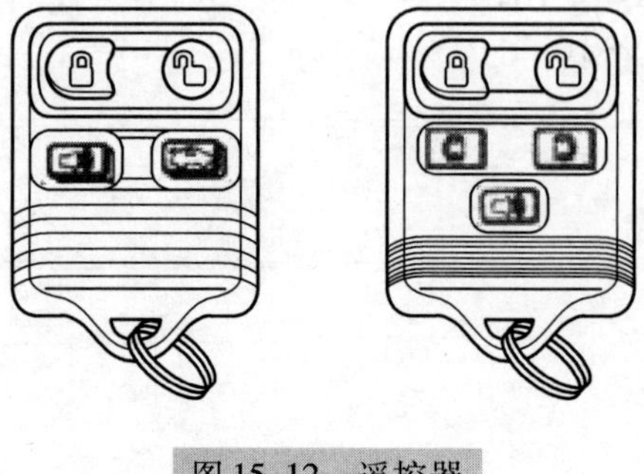

图 15-12　遥控器

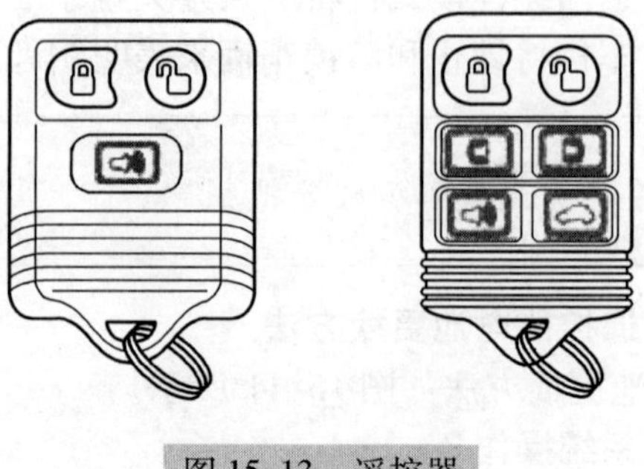

图 15-13　遥控器

（2）在3s内按下遥控器锁止键2次锁止全部车门。喇叭响起1次来表明车辆车门锁止。若车门打开，喇叭响起2次。

（3）按下遥控器解锁键1次解除报警系统且仅解锁驾驶人侧车门。

（4）在3s内按下遥控器解锁键2次解除报警系统和解锁所有车门。

（5）按下遥控器恐吓键1次激活恐吓报警系统。喇叭响起和方向指示灯或驻车灯闪烁。

（6）再次按下遥控器恐吓键或打开点火开关，则恐吓报警系统解除。

（二）遥控器编程

1. 当出现以下情况时，系统需进行编程

（1）增加或更换遥控器。

（2）系统出现故障。

2. 编程方法

确保执行下列步骤期间不要踩下制动踏板：

（1）准备所有需要编程的钥匙。

（2）在10s内将点火开关由OFF调至ON连续8次。

（3）车门将锁止然后解锁。

（4）在20s内按下第1把遥控器任意按键。

（5）车门将锁止然后解锁。

（6）在20s内按下第2把遥控器任意按键。

（7）车门将锁止然后解锁。

（8）在20s内按下第3把遥控器任意按键。

（9）车门将锁止然后解锁。

（10）在20s内按下第4把遥控器任意按键。

（11）车门将锁止然后解锁。注意：若车门锁不动作，等待几秒后再次按键。

（12）若有需要按以上步骤编程第5把和第6把钥匙或关闭点火开关。

（13）车门将锁止然后解锁。

注意：2005以前Five Hunderd/Focus/Freestar和Freestyle/Ranger/Taurus最多可编程4把遥控器。2006年及以后Freestar和Mustang最多可编程6把遥控器。

（三）遥控器电池更换方法

电池更换方法如图15-14所示。

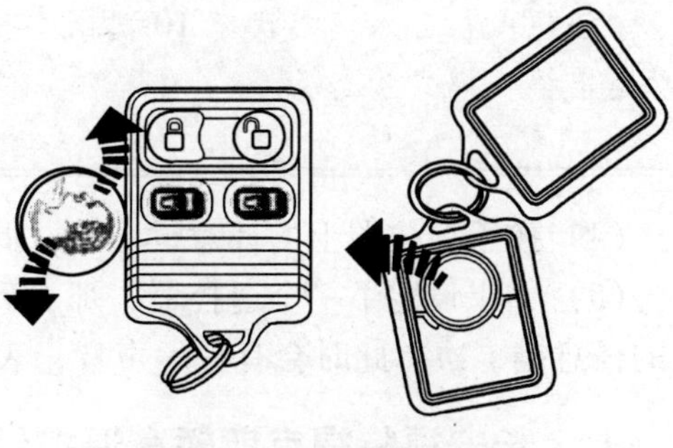

图15-14　电池更换方法

（四）系统操作2

（1）关闭点火开关后进入系统报警状态。

（2）打开点火开关。确保系统警告灯点亮约3s。

（3）若系统警告灯不熄灭或闪烁，说明系统故障。

（五）防盗编程

1. 当出现以下情况时，系统需进行重新编程

（1）增加或更换钥匙。

（2）系统出现故障。

2. 编程方法

（1）准备2把已编程完毕的钥匙（A和B）。

（2）将A钥匙插入点火开关内。

（3）打开点火开关，等待3~10s。

（4）关闭点火开关并拔出钥匙A。

（5）在5s内将B钥匙插入点火开关内。

（6）打开点火开关，等待3~10s。

（7）关闭点火开关并拔出钥匙B。

（8）在10s内：①将需要编程的钥匙插入点火开关内。②打开点火开关，等待3~10s。

（9）起动发动机。

（10）若发动机不能起动和系统警告灯闪烁：①打开点火开关，等待至少30s。②关闭点火开关。③重复编程步骤。

（11）重复上述步骤来编程其他的钥匙。

注意：钥匙也可应用诊断设备进行编程。最多可编程8把钥匙。如果系统的备用钥匙编程模式未被开启，则上述操作不起作用。必须应用诊断设备将备用钥匙编程模式开启。

六、长安福特蒙迪欧轿车遥控器设定（2013~2018年）

（1）关闭所有车门并系上安全带。

（2）在设定时不要有干扰的警告声音。

（3）在6s内将点火开关打开和关闭4次，在第4次关闭点火开关时，会有一个提示的声音，表示进入编程模式状态。

注意：在进入模式状态10s内设定遥控器。如果在10s内没有设定遥控器，那么自动退出编程模式状态。

（4）按下遥控器上的任意键1次，此时会有提示声音，表示遥控器设定成功。

（5）如果设定下一个遥控器，那么到第（3）步有提示声音后，接着再按下一个遥控器上的任意键1次，此时会有提示声音，表示遥控器设定成功。

七、长安福特福克斯轿车遥控器设定（2008~2012年）

（1）关闭所有车门并系上安全带。

（2）在设定时不要有干扰的警告声音。

（3）在6s内将点火开关打开和关闭4次，在第4次关闭点火开关时，会有一个提示的声音，表示进入编程模式状态。

注意：在进入模式状态10s内设定遥控器。如果在10s内没有设定遥控器，那么自动退出编程模式状态。

（4）按下遥控器上的任意键1次，此时会有提示声音，表示遥控器设定成功。

（5）如果设定下一个遥控器，那么到第（3）步有提示声音后，接着再按下一个遥控器上的任意键1次，此时会有提示声音，表示遥控器设定成功。

八、长安福特蒙迪欧致胜轿车遥控器设定（2008～2014年）

（1）关闭所有车门并系上安全带。

（2）在设定时不要有干扰的警告声音。

（3）在6s内将点火开关打开和关闭4次，在第4次关闭点火开关时，会有一个提示的声音，表示进入编程模式状态。

注意：在进入编程模式状态10s内设定遥控器。如果在10s内没有设定遥控器，那么自动退出编程模式状态。

（4）按下遥控器上的任意按键1次，此时会有提示声音，表示遥控器设定成功。

（5）如果设定下一个遥控器，那么到第（3）步有提示声音后，接着再按下一个遥控器上的任意键1次，此时会有提示声音，表示遥控器设定成功。

九、长安福特翼虎遥控器设定（2013～2018年）

（1）找到位于转向盘左下方靠近制动踏板处的保险盒，打开盒盖即可看到熔丝。

（2）取下12号位置的5A收音机/时钟熔丝。

（3）按下列程序设定新遥控器。

① 在防盗解除情况下，将点火开关从OFF打到ON位置8次，并停留在ON位置，此时车门会上锁，再开锁一次，表示成功进入学习模式。

② 20s内按遥控器任一键，车门会上锁，再开锁一次，表示此遥控器学习成功。

③ 重复步骤②，共可设定4把遥控器。完成4把遥控器设定后，自动退出学习模式。

④ 将点火开关从OFF位打到ON位置，车门会上锁，再开锁一次，表示强制退出学习模式，20s内没按遥控器任一键，也会自动退出学习模式。

⑤ 将5A收音机/时钟熔丝插回原处，设定完成。

十、长安福特锐界遥控器匹配（2015～2018年）

对于免钥匙的遥控器，用专用仪器进行设定；对于带钥匙的遥控器，可以用下面的方法进行匹配。

（1）关闭所有车门，在6s内将点火开关由OFF至ON位连续4次。

（2）使点火开关置于OFF位置。

（3）系统发出提示音，表明编程模式激活。

（4）在10s内按下第一把钥匙任意键。

（5）系统发出提示音，表明钥匙已经编程。

（6）关闭点火开关。

注意：最多可编程4把钥匙。

十一、长安福特翼博遥控器匹配（2013～2018年）

（1）关闭所有车门，并系上安全带。

（2）在设定时，不要有干扰的警告声音。

（3）在6s内将点火开关打开和关闭4次，在第四次关闭点火开关时，会有几下短暂的提示音，表示进入编程模式状态。

（4）按下遥控器上的“开锁”键2次，出现很小的嘀嘀声，表示遥控器设定成功。

十二、长安福特福睿斯增配遥控钥匙（2015～2017年）

需要两把原装钥匙辅助匹配，两把原车钥匙（原车遥控钥匙A、备用钥匙B）加新配钥匙（C）。

（1）将原车遥控钥匙A插入点火开关里面，转到第Ⅱ位置，等待1s，转回OFF位，取出钥匙A。

（2）在5s内，将备用钥匙B插入点火开关里面，转到第Ⅱ位置，等待1s，转回OFF位，取出钥匙B。

（3）在10s内，将新配钥匙C插入点火开关里面，然后将点火开关转到第Ⅱ位置，等待4s。

（4）当车双闪灯闪一次，车门自动开关一次，表示匹配成功。

（5）将点火开关转至OFF位置，等待5s。

第二节　福特车系保养灯归零

一、福特翼虎轿车保养灯归零（2013～2018年）

（1）关闭所有车门窗。

（2）打开点火开关至“2”位置。

（3）同时完全踩下加速踏板和制动踏板，并保持15s。

（4）等待仪表显示“Service：oil reset in prog”。

（5）再等待英文显示“Service：oil reset complete”，就可以松开加速踏板和制动踏板了。

（6）系统重新设置。

二、福特 S－MAX 轿车保养灯归零（2006～2011 年）

（1）关闭所有车门和车窗。

（2）将点火开关设定到 ON。

（3）同时踩下加速踏板和制动踏板并保持踩下状态，等待 15s。

（4）按下按钮 A（图 15-15）。保养提示灯熄灭。

（5）松开加速和制动踏板。

（6）将点火开关设置到 OFF。

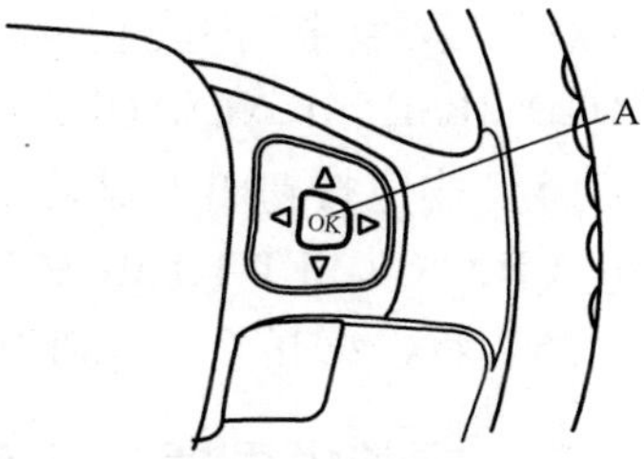

图 15-15　按钮识别

三、福特全新蒙迪欧轿车保养灯归零（2013～2017 年）

利用转向盘左侧上的“信息显示控制选择”键来设置，操作方法如下。

（1）向下选择“汽车”菜单，按右选择键进入“汽车”界面。

（2）按右选择键进入“汽车设置”界面。

（3）按向下键找到“机油寿命重设”选项，按右选择键进入“机油寿命重设”。

（4）按选择键选择“设定为 70%”。

注意：“70%”指 7000km 后会出现提醒保养信息，可根据客户使用的机油品牌和质量选择提醒保养的期限。

（5）长按功能选择键中的 OK 键，按住不放，等待提醒设置成功。

（6）设置成功后，仪表会提示机油的寿命为 70%。

四、福特探险者轿车保养灯归零（2006～2010 年）

1. 机油寿命提示归零设定（不配备多功能驾驶员信息中心系统）

（1）将点开关设定到 ON。

（2）按住图 15-16 所示的按钮 A，直至显示屏显示“SET PRESS MENU HOLD RESET”。

（3）按下按钮 A，然后松开。

（4）按住按钮 A，直至显示屏显示“SYSTEM CHECK HOLD RESET ”。

（5）反复按下按钮 A，直至显示屏显示“HOLD RESET IF NEW OIL”。

（6）按住按钮 A，直至显示屏显示“OIL LIFE SET TO 100%”。

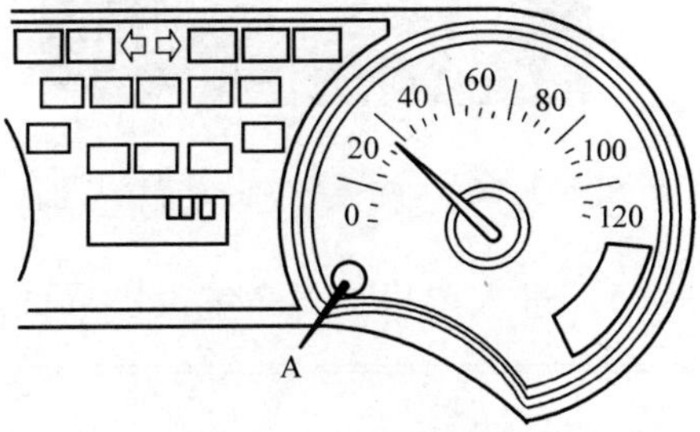

图 15-16　按钮识别

2. 机油寿命提示归零设定（配备多功能驾驶员信息中心系统）

（1）将点开关设定到 ON。

（2）按照图 15-17 所示，按下 2 次按钮 A。

（3）显示屏显示“PRESS RESET TO BEGIN SYSTEM CHECK”。

（4）反复按下按钮 B，直至显示屏显示“HOLD RESET IF NEW OIL”。

（5）按住按钮 B，保持 2s，直至显示屏显示“OIL CHANGE SET TO 100%”。

（6）将点火开关设定到 OFF。

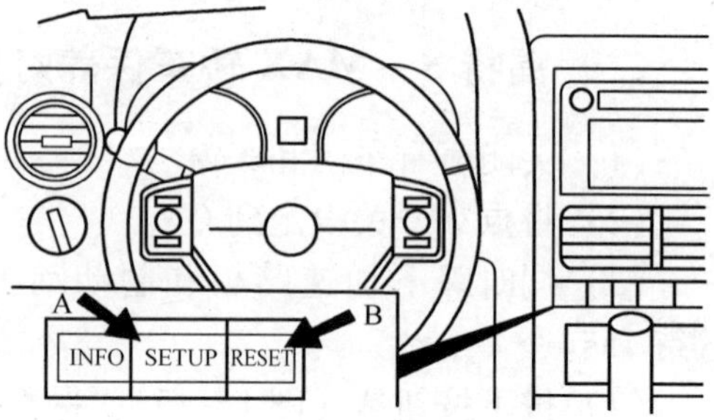

图 15-17　按钮识别

五、福特锐界轿车保养灯归零（2011 ~ 2013 年）

（1）利用转向盘左侧上的“信息显示控制选择键”来设置，如图 15-18 所示。

（2）向下选择“汽车”（图 15-19），按右选择键进入“汽车”界面。

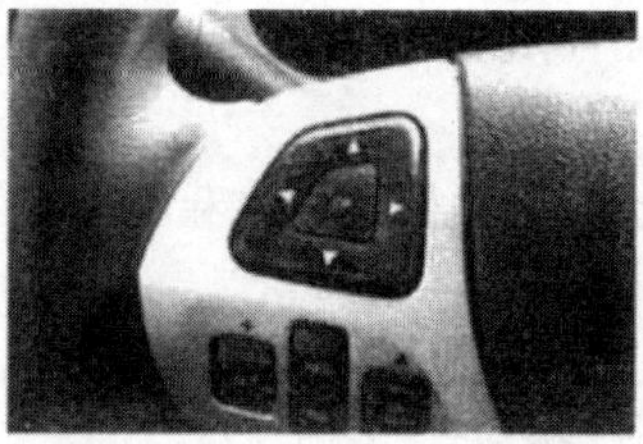
图 15-18　信息显示控制选择键

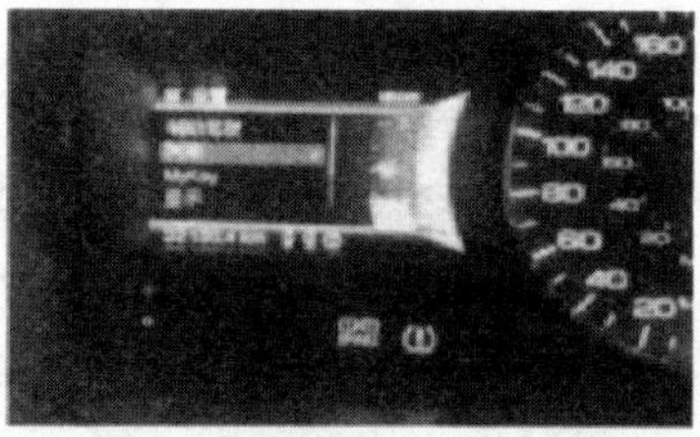
图 15-19　选择“汽车”界面

（3）继续按右选择键进入“汽车设置”界面（图 15-20）。

（4）按向下键找到“机油寿命重设”选项后，按右选择键进入“机油寿命重设”界面（图 15-21）。

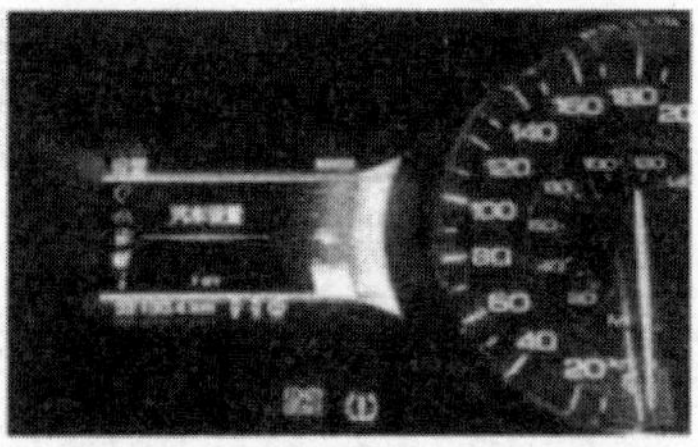
图 15-20　进入“汽车设置”界面

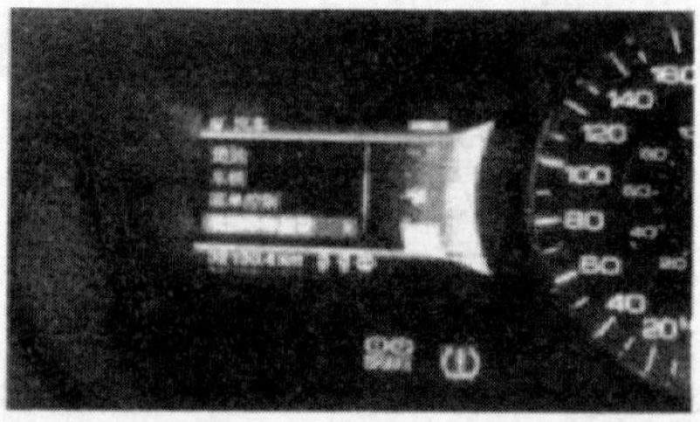
图 15-21　进入“机油寿命重设”界面

（5）进入“机油寿命重设”界面后，按选择键选择“设定为 70%”（图 15-22）。

注意：“70%”指 7000km 会出现提醒保养信息，可根据客户使用的机油品牌和质量选择来提醒保养的期限。

（6）长按功能选择键中的 OK 键来设定，按住不放，等待提醒设置成功。

（7）设置成功后，仪表会提示机油的寿命为 70%（图 15-23）。

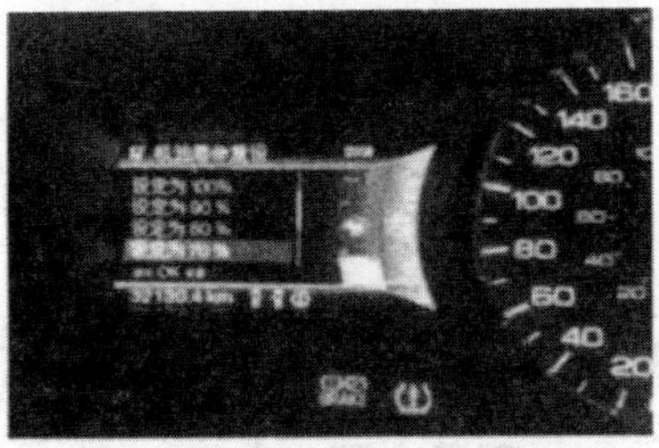

图 15-22 选择“设定为 70%”界面

图 15-23 提示机油的寿命为 70%

六、福特翼博轿车保养灯归零（2013～2018 年）

（1）关闭所有车门窗。

（2）打开点火开关至“2”位置。

（3）同时完全踩下并踩住制动踏板和加速踏板，等待 1min 左右就可以松掉。

（4）因车型配置的不同，有的车型会提示设置成功，有的车型不会提示。

七、福特野马轿车保养灯归零（2010～2013 年）

当车辆达到保养间隔时，显示屏会显示“CHANGE OIL SOON 或 OIL CHANGE REQUIRED”，提示车主尽快到维修厂更换发动机机油。机油更换完毕后，应按照如下叙述执行发动机更换提示归零设定操作：

（1）将点火开关设定到 ON。

（2）按下图 15-24 所示的按钮 A，直至显示屏显示“RESET FOR SYS CHECK”。

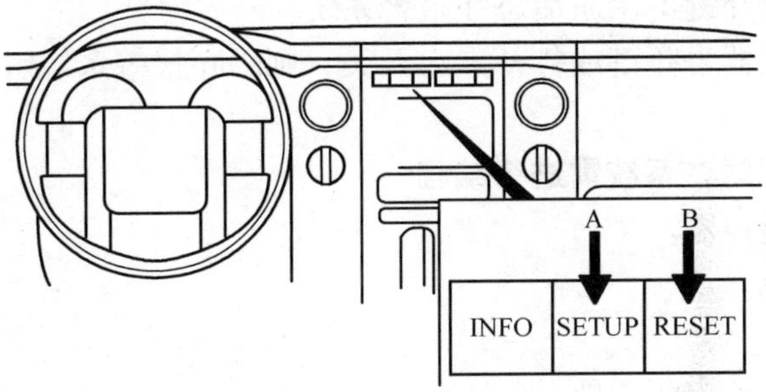

图 15-24 按钮识别

（3）按下按钮 A，然后松开。

（4）显示屏显示“OIL CHANGE ×××% HOLD RESET”。

（5）按住按钮 B 并持续 2s，显示屏显示“OIL CHANGE SET TO 100%”。

（6）将点火开关设定到 OFF。

第十六章　林肯车系遥控器设定

第一节　林肯车系遥控器设定

一、林肯 Mark LT 皮卡遥控器设定（2006 ~2008 年）

（一）系统操作 1

（1）按下遥控器锁止键 1 次激活报警系统和锁止所有车门。遥控器如图 16-1 所示。

（2）在 3s 内按下遥控器锁止键 2 次锁止全部车门。喇叭响起 1 次表明车辆车门锁止。若车门打开，喇叭响起 2 次。

（3）按下遥控器解锁键 1 次解除报警系统且仅解锁驾驶人侧车门。

（4）在 3s 内按下遥控器解锁键 2 次解除报警系统和解锁所有车门。

（5）按下遥控器恐吓键 1 次激活恐吓报警系统。

（6）再次按下遥控器恐吓键或打开点火开关，则恐吓报警系统解除。

（二）遥控器编程

1. 当出现以下情况时，系统需进行编程

（1）增加或更换遥控器。

（2）系统出现故障。

2. 编程方法

（1）准备所有需要编程的钥匙。

（2）在 10s 内将点火开关由 OFF 调至 ON 连续 8 次。

（3）车门将锁止然后解锁。

（4）在 20s 内按下第 1 把遥控器任意按键。

（5）车门将锁止然后解锁。

（6）在 20s 内按下第 2 把遥控器任意按键。

（7）车门将锁止然后解锁。

（8）在 20s 内按下第 3 把遥控器任意按键。

（9）车门将锁止然后解锁。

（10）在 20s 内按下第 4 把遥控器任意按键。

（11）车门将锁止然后解锁。

图 16-1　遥控器

（12）关闭点火开关。

（13）车门将锁止然后解锁。

注意：最多可编程4把遥控器。

（三）遥控器电池更换方法

电池更换方法如图16-2所示。

（四）系统操作2

（1）关闭点火开关后系统进入报警状态。

（2）打开点火开关。确保系统警告灯点亮约2s。

（3）若系统警告灯不熄灭或闪烁，说明系统故障。

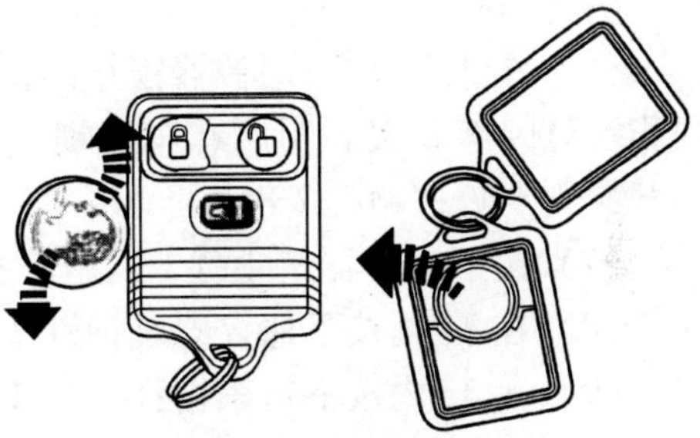

图16-2　电池更换方法

（五）防盗编程

1. 当出现以下情况时，系统需进行重新编程

（1）增加或更换钥匙。

（2）系统出现故障。

2. 编程方法

（1）准备2把已编程完毕的钥匙（A和B）。

（2）将A钥匙插入点火开关内。

（3）打开点火开关，等待3~10s。

（4）关闭点火开关并拔出钥匙A。

（5）在5s内将B钥匙插入点火开关内。

（6）打开点火开关，等待3~10s。

（7）关闭点火开关并拔出钥匙B。

（8）在10s内：①将需要编程的钥匙插入点火开关内。②打开点火开关，等待3~10s。

（9）起动发动机。

（10）若发动机不能起动：①打开点火开关。②重复编程步骤。

（11）重复上述步骤来编程其他的钥匙。

注意：钥匙也可应用诊断设备进行编程。最多可编程8把钥匙。如果系统的备用钥匙编程模式未被开启，则上述操作不起作用。必须应用诊断设备将备用钥匙编程模式开启。

二、林肯MKS轿车遥控器设定（2010~2012年）

（一）系统操作1

1. 带无钥匙进入系统的车辆

（1）报警/中控锁系统可在无钥匙模式下解除。

（2）携带遥控器靠近车辆，压下驾驶人侧车门上的无钥匙按键 1 次，解除报警系统且仅解锁驾驶人侧车门。指示灯闪烁 1 次和警告蜂鸣器响起，遥控器如图 16-3 所示。

（3）携带遥控器靠近车辆，压下行李箱释放键：解除报警系统和解锁行李箱。

（4）在遥控器内插有 1 把应急机械钥匙。

（5）按下遥控器锁止键 1 次激活报警系统和锁止所有车门。方向指示灯闪烁 1 次表明操作。如果任何车门或行李箱打开，则喇叭将响起 2 次。

（6）在 3s 内按下遥控器锁止键 2 次，喇叭将响起 1 次和方向指示灯闪烁 2 次表明所有车门锁止。如果任何车门或行李箱打开，则喇叭将响起 2 次。

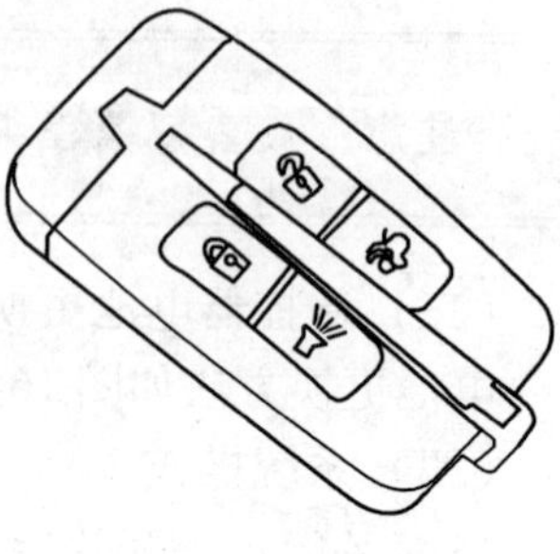

图 16-3　遥控器

（7）按下遥控器解锁键 1 次解除报警系统且仅解锁驾驶人侧车门。

（8）在 3s 内按下遥控器解锁键 2 次解除报警系统和解锁所有车门。

（9）在 3s 内按下行李箱释放键 2 次仅打开行李箱。

（10）报警/中控锁功能可更改。

2. 不带无钥匙进入系统

（1）按下遥控器锁止键 1 次激活报警系统和锁止所有车门。方向指示灯闪烁 1 次表明操作。如果任何车门或行李箱打开，则会将响起 2 次。遥控器如图 16-4 所示。

（2）在 3s 内按下遥控器锁止键 2 次，喇叭将响起 1 次和方向指示灯闪烁 2 次表明所有车门锁止。如果任何车门或行李箱打开，则喇叭将响起 2 次。

（3）按下遥控器解锁键 1 次解除报警系统且仅解锁驾驶人有车门。

（4）在 3s 内按下遥控器解锁键 2 次解除报警系统和解锁所有车门。

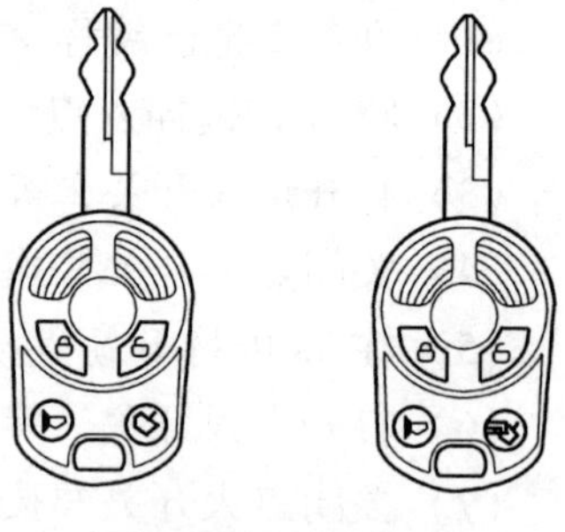

图 16-4　遥控器

（5）在 3s 内按下行李箱释放键 2 次仅打开行李箱。

（6）报警/中控锁系统功能可应用诊断设备进行更改。

（二）遥控器编程

1. 当出现以下情况时，系统需进行编程

（1）增加或更换遥控器。

（2）系统出现故障。

2. 编程方法

在防盗系统编程过程中遥控器已经编程完毕。

（三）遥控器电池更换方法

电池更换方法如图 16-5 和图 16-6 所示。

（四）系统操作 2

（1）关闭点火开关后进入系统报警

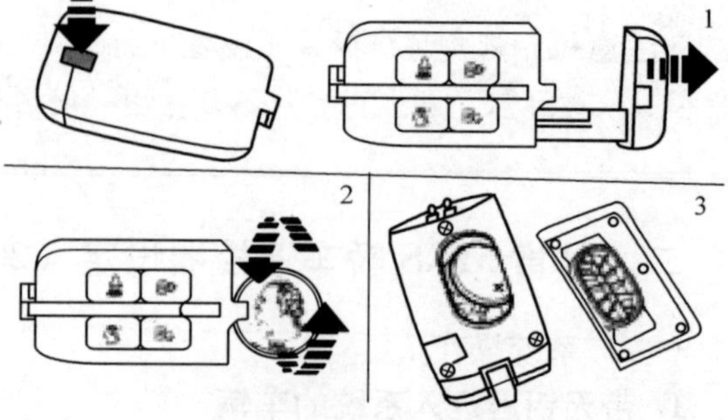

图 16-5　电池更换方法

状态。

（2）打开点火开关。确保系统警告灯点亮约 3s。

（3）若系统警告灯不熄灭或闪烁，说明系统故障。

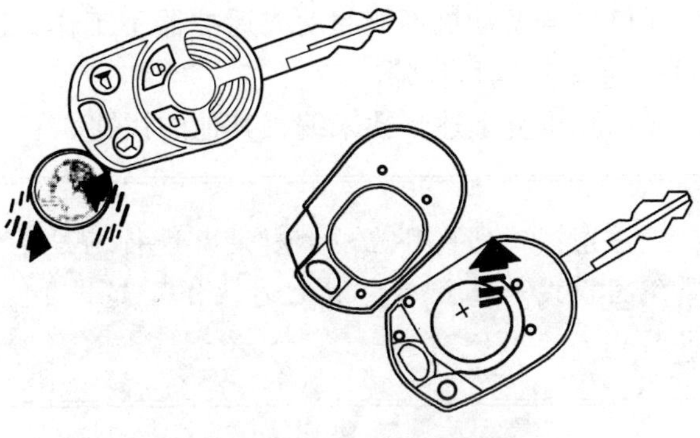

图 16-6　电池更换方法

（五）防盗编程

1. 当出现以下情况时，系统需进行重新编程

（1）增加或更换钥匙。

（2）系统出现故障。

2. 编程方法

带无钥匙进入系统车辆：

（1）准备 2 把已编程完毕的钥匙。

（2）将 2 把编程完毕的钥匙放置于车内。

（3）关闭所有车门。

（4）将新的未被编程的钥匙放置于杂物箱内钥匙饰物口袋中且按键向外和钥匙线圈相对。

（5）按下驾驶人侧或乘客侧车门门锁开关解锁键 3 次。

（6）踩下并松开制动踏板。

（7）按下驾驶人侧或乘客侧车门门锁开关解锁键 3 次。

（8）踩下并松开制动踏板。

（9）点火开关按钮开始闪烁表明编程模式激活，已经识别到 2 把编程完毕的钥匙。

（10）在 1min 内按下点火开关按钮来编程钥匙。

（11）当遥控器编程完毕后，将显示一个提示。

（12）将新钥匙从杂物箱内取出。

（13）按下遥控器解锁或锁止键退出编程模式。

（14）测试编程完毕的钥匙。

不带无钥匙进入系统车辆：

（1）准备 2 把已编程完毕的钥匙（A 和 B）。

（2）将 A 钥匙插入点火开关内。

（3）打开点火开关，等待 3 ~ 10s。

（4）关闭点火开关并拔出钥匙 A。

（5）在 3s 后不超过 10s；将钥匙 B 插入点火开关内。

（6）打开点火开关，等待 3 ~ 10s。

（7）关闭点火开关并拔出钥匙 B。

（8）在 3s 后不超过 20s：①将需要编程的钥匙插入点火开关内。②打开点火开关，等待 6s。

（9）关闭点火开关。拔出钥匙。

（10）检查遥控器操作或起动发动机。

（11）若发动机不能起动或遥控器不工作：①打开点火开关。②等待 20s。③关闭点火开关。④重复编程步骤。

（12）重复上述步骤来编程其他的钥匙。

注意：钥匙也可应用诊断设备进行编程。最多可编程 8 把钥匙。如果系统的备用钥匙编程模式未被开启，则上述操作不起作用。必须应用诊断设备将备用钥匙编程模式开启。

三、林肯 MKT 轿车遥控器设定（2010 ~ 2013 年）

（一）系统操作 1

（1）报警/中控锁系统可在无钥匙模式下解除。

（2）携带遥控器靠近车辆，压驾驶人侧车门上的无钥匙按键 1 次：解除报警系统且仅解锁驾驶人侧车门。指示灯闪烁 1 次和警告蜂鸣器响起。遥控器如图 16-7 所示。

（3）携带遥控器靠近车辆，压下举升门释放开关，解除报警系统和举升门打开。

（4）在遥控器内插有 1 把应急机械钥匙。

（5）按下遥控器锁止键 1 次激活报警系统和锁止所有车门。方向指示灯闪烁 1 次表明操作。如果任何车门或举升门打开，则喇叭将响起 2 次。

（6）在 3s 内按下遥控器锁止键 2 次，喇叭将响起 1 次和方向指示灯闪烁 2 次来表明所有车门锁止。如果任何车门或举升门打开，则喇叭将响起 2 次。

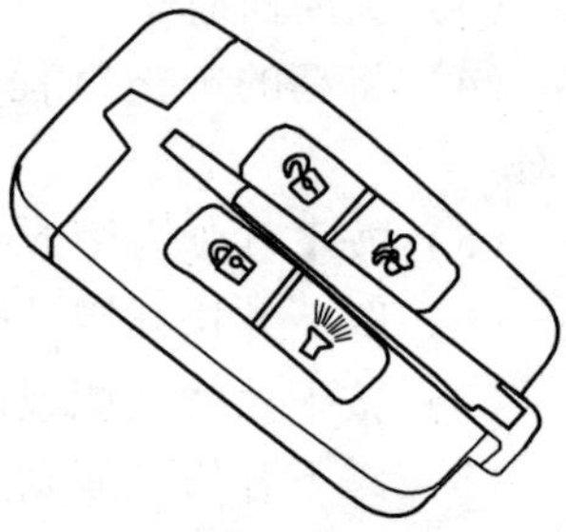

图 16-7　遥控器

（7）按下遥控器解锁键 1 次解除报警系统且仅解锁驾驶人侧车门。

（8）在 3s 内按下遥控器解锁键 2 次解除报警系统和解锁所有车门。

（9）在 3s 内按下举升门释放键 2 次仅打开举升门。

（10）报警/中控锁功能可更改。

（二）遥控器编程

1. 当出现以下情况时，系统需进行编程

（1）增加或更换遥控器。

（2）系统出现故障。

2. 编程方法

在防盗系统编程过程中遥控器已经编程完毕。

（三）遥控器电池更换方法

电池更换方法如图 16-8 所示。

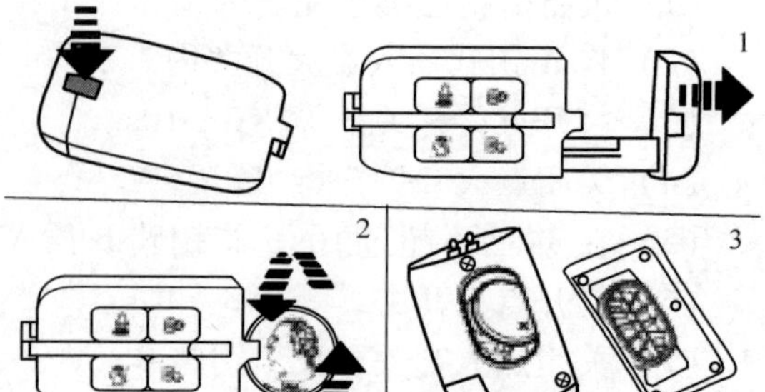

图 16-8　电池更换方法

（四）系统操作 2

（1）关闭点火开关后进入系统报警状态。

（2）打开点火开关。确保系统警告灯点亮约 3s。

（3）若系统警告灯不熄灭或闪烁，说明系统故障。

（五）防盗编程

1. 当出现以下情况时，系统需进行重新编程

（1）增加或更换钥匙。

（2）系统出现故障。

2. 编程方法

带无钥匙进入系统车辆：

（1）准备 2 把已编程完毕的钥匙。

（2）将 2 把编程完毕的钥匙放置于车内。

（3）关闭所有车门。

（4）将新的未被编程的钥匙放置于杂物箱内钥匙饰物口袋中且按键向外和钥匙线圈相对。

（5）按下驾驶人侧或乘客侧车门门锁开关解锁键 3 次。

（6）踩下并松开制动踏板。

（7）按下驾驶人侧或乘客侧车门门锁开关解锁键 3 次。

（8）踩下并松开制动踏板。

（9）点火开关按钮开始闪烁表明编程模式激活，已经识别到 2 把编程完毕的钥匙。

（10）在 1min 内按下点火开关按钮编程钥匙。

（11）当遥控器编程完毕将显示一个提示。

（12）将新钥匙从杂物箱内取出。

（13）按下遥控器解锁或锁止键退出编程模式。

（14）测试编程完毕的钥匙。

四、林肯 MKX 轿车遥控器设定（2008～2012 年）

（一）系统操作 1

（1）按下遥控器锁止键 1 次激活报警系统和锁止所有车门，方向指示灯闪烁来表明操作。遥控器如图 16-9 所示。

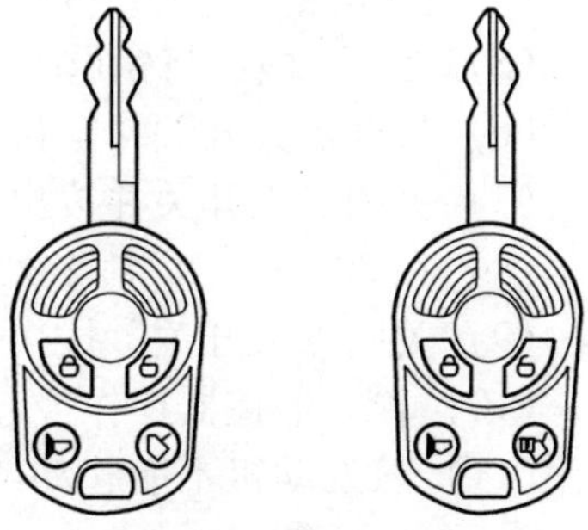

图 16-9 遥控器

（2）在 5s 内按下遥控器锁止键 2 次，喇叭将响起 1 次和方向指示灯闪烁 1 次表明所有车门锁止。如果任何车门或行李箱或发动机舱盖打开，则喇叭将响起 2 次。

（3）按下遥控器解锁键 1 次解除报警系统且仅解锁驾驶人侧车门。

（4）在 5s 内按下遥控器解锁键 2 次解除报警系统和解锁所有车门。

注意： 系统将可以编程为按 1 次遥控器解锁键打开全车车门。

（5）编程解锁功能

① 同时按下并按住解锁/锁止键约4s，方向指示灯闪烁2次表明解锁功能被重新编程。

② 重复上述步骤可将解锁功能编程到原始功能。

（6）按下恐吓键约1s激活恐吓报警系统。喇叭响起和方向指示灯闪烁。

（7）再次按下恐吓键或打开点火开关，恐吓报警系统将解除。

（8）在3s内按下行李箱释放键2次仅打开行李箱。

（二）遥控器编程

1. 当出现以下情况时，系统需进行编程

（1）增加或更换遥控器。

（2）系统出现故障。

2. 编程方法

在防盗系统编程的过程中遥控器已经编程完毕。

（三）遥控器电池更换方法

电池更换方法如图16-10所示。

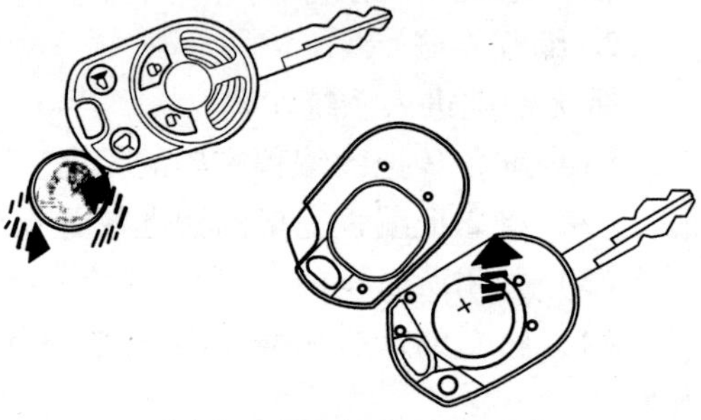

图16-10　电池更换方法

（四）系统操作2

（1）打开点火开关。确保系统警告灯点亮约3s。

（2）若系统警告灯不熄灭或闪烁，说明系统故障。

（五）防盗编程

1. 当出现以下情况时，系统需进行重新编程

（1）增加或更换钥匙。

（2）系统出现故障。

2. 编程方法

（1）准备2把已编程完毕的钥匙（A和B）

（2）将A钥匙插入点火开关内。

（3）打开点火开关，等待3~10s。

（4）关闭点火开关并拔出钥匙A。

（5）在10s内：将钥匙B插入点火开关内。

（6）打开点火开关，等待3~10s。

（7）关闭点火开关并拔出钥匙B。

（8）在20s内：①将需要编程的钥匙插入点火开关内。②打开点火开关，等待6s。

（9）关闭点火开关。拔出钥匙。

（10）检查遥控器操作或起动发动机。

（11）若发动机不能起动或遥控器不工作：①打开点火开关，等待20s。②关闭点火开关。③重复编程步骤。

（12）重复上述步骤来编程其他的钥匙。

注意：钥匙也可应用诊断设备进行编程。最多可编程8把钥匙。如果系统的备用钥匙编程模式未被开启，则上述操作不起作用。必须应用诊断设备将备用钥匙编程模式开启。

五、林肯 MKZ（2007～2013 年）、林肯 Zephyr（2006～2010 年）轿车遥控器设定

（一）系统操作 1

（1）按下遥控器锁止键 1 次激活报警系统和锁止所有车门，方向指示灯闪烁来表明操作。遥控器如图 16-11 所示。

（2）在 3s 内按下遥控器锁止键 2 次，喇叭将响起 1 次和方向指示灯闪烁 1 次来表明所有车门锁止。如果任何车门或行李箱或发动机舱盖打开，则喇叭将响起 2 次。

（3）按下遥控器解锁键 1 次解除报警系统且仅解锁驾驶人侧车门。

（4）在 5s 内按下遥控器解锁键 2 次解除报警系统和解锁所有车门。

注意：系统将可以编程为按 1 次遥控器解锁键打开全车车门。

（5）编程解锁功能

① 同时按下并按住解锁/锁止键约 4s，方向指示灯闪烁 2 次表明解锁功能被重新编程。

② 重复上述步骤可将解锁功能编程到原始功能。

（6）按下恐吓键约 1s 激活恐吓报警系统。喇叭响起和方向指示灯闪烁。

（7）再次按下恐吓键或打开点火开关，恐吓报警系统将解除。

（8）Zephyr：按下行李箱释放键 1 次释放行李箱。

（9）MKZ：在 3s 内按下行李箱释放键 2 次仅打开行李箱。

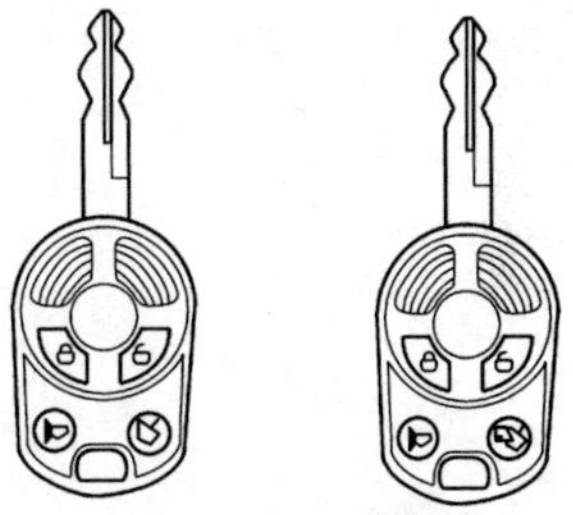

图 16-11　遥控器

（二）遥控器编程

1. 当出现以下情况时，系统需进行编程

（1）增加或更换遥控器。

（2）系统出现故障。

2. 编程方法

在防盗系统编程过程中遥控器已经编程完毕。

（三）遥控器电池更换方法

电池更换方法如图 16-12 所示。

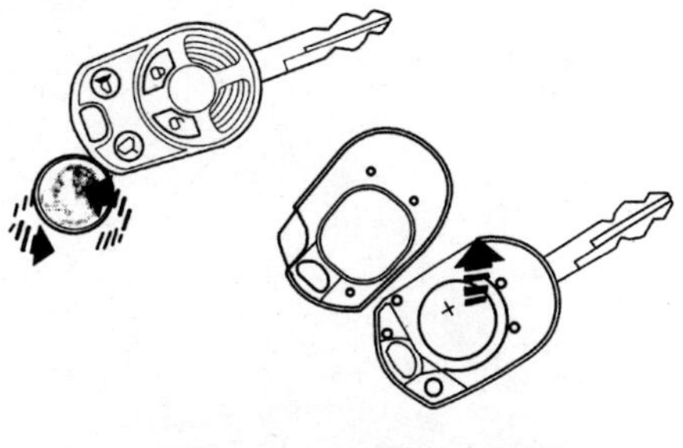

图 16-12　电池更换方法

（四）系统操作 2

（1）打开点火开关。确保系统警告灯点亮约 3s。

（2）若系统警告灯不熄灭或闪烁，说明系统故障。

（五）防盗编程

1. 当出现以下情况时，系统需进行重新编程

（1）增加或更换钥匙。

（2）系统出现故障。

2. 编程方法

（1）准备 2 把已编程完毕的钥匙（A 和 B）。

（2）将钥匙 A 插入点火开关内。

（3）打开点火开关，等待 3～10s。

（4）关闭点火开关并拔出钥匙 A。

（5）在 10s 内：将钥匙 B 插入点火开关内。

（6）打开点火开关，等待 3～10s。

（7）关闭点火开关并拔出钥匙 B。

（8）在 20s 内：①将需要编程的钥匙插入点火开关内。②打开点火开关，等待 6s。

（9）关闭点火开关。拔出钥匙。

（10）检查遥控器操作或起动发动机。

（11）若发动机不能起动或遥控器不工作：①打开点火开关，等待 20s。②关闭点火开关。③重复编程步骤。

（12）重复上述步骤来编程其他的钥匙。

注意： 钥匙也可应用诊断设备进行编程。最多可编程 8 把钥匙。如果系统的备用钥匙编程模式未被开启，则上述操作不起作用。必须应用诊断设备将备用钥匙编程模式开启。

第十七章　吉普车系遥控器设定与保养灯归零

第一节　吉普车系遥控器设定

一、指挥官（2010～2014 年）、大切诺基（2010～2017 年）轿车遥控器设定

（一）系统操作 1

（1）按下钥匙锁止键激活报警系统和中控锁系统。钥匙如图 17-1 和图 17-2 所示。

（2）按下钥匙解锁键 1 次解除报警系统和仅解锁驾驶人侧车门。

（3）在 5s 内按下钥匙解锁键 2 次解除报警系统和解锁全部车门及行李箱。

（4）在 5s 内按下钥匙行李箱释放键 2 次打开和关闭行李箱。

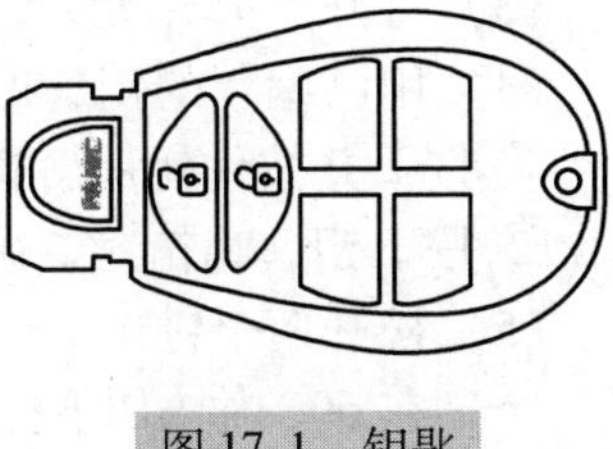

图 17-1　钥匙

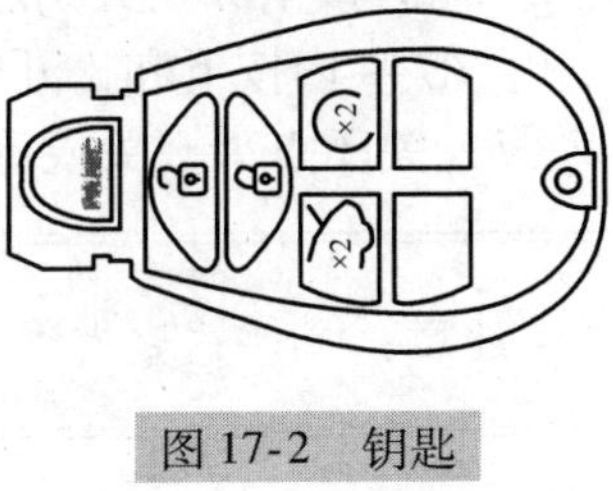

图 17-2　钥匙

（二）遥控器编程

1. 当出现以下情况时，系统需进行编程

增加或更换遥控器。

2. 编程方法

钥匙只能使用诊断设备来完成编程。

（三）钥匙电池更换方法

电池更换方法如图 17-3 所示。

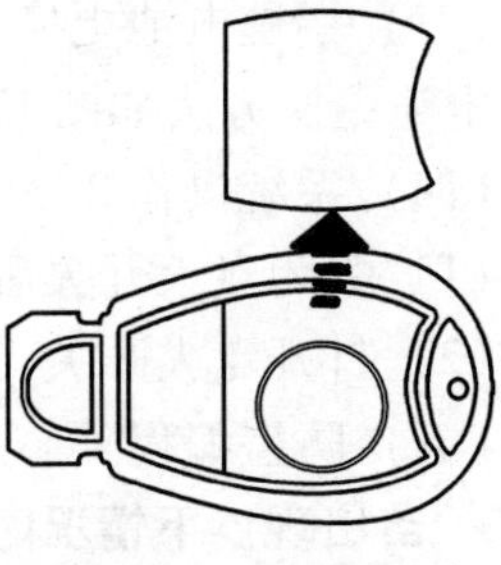

图 17-3　电池更换方法

（四）系统操作 2

打开点火开关，防盗警告灯点亮约 3s。

（五）防盗编程

1. 当出现以下情况时，系统需进行编程

增加或更换钥匙。

2. 编程方法

防盗系统必须用诊断设备来完成编程。

二、指南者（2010~2015 年）、自由客（2010~2015 年）、牧马人（2010~2016 年）轿车遥控器设定

（一）系统操作 1

（1）按下钥匙解锁键 1 次仅解锁驾驶人侧车门和车内灯点亮。钥匙如图 17-4 所示。

（2）在 5s 内按下钥匙解锁键 2 次解锁全部车门。

（3）当车辆锁止后，车内灯熄灭。

（4）当车速超过 24km/h 时，车门自动锁止。

（5）报警/中控锁功能可使用钥匙进行更改。

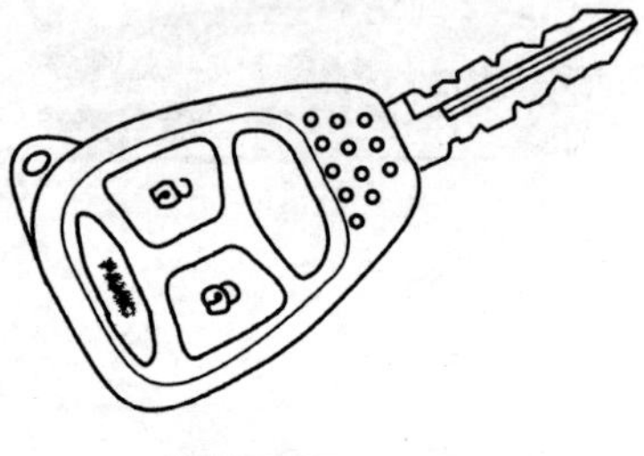

图 17-4　钥匙

（二）遥控器编程

1. 当出现以下情况时，系统需进行编程

增加或更换遥控器。

2. 编程方法

> **注意：** 必须有 1 把已经编程的有效钥匙来操作以下步骤。

（1）获取所有需要编程的钥匙。

（2）进入车内，关闭所有车门。

（3）打开点火开关。

（4）用已编程的钥匙做如下操作

① 按下并按住钥匙解锁键。至少 4s，但不能超过 10s。

② 按下钥匙鸣笛键。确保一提示音信号发出表明编程模式激活。

（5）松开两个键。

（6）在 60s 内按如下操作程序完成剩余钥匙编程

① 同时按下和松开钥匙锁止键和解锁键。确保一声音信号发出。

② 在 4s 内按下和松开解锁键。确保一声最终声音信号发出。

（7）关闭点火开关或等待 60s 退出编程模式。

> **注意：** 更换钥匙也可以使用诊断设备来完成。最多可编程 6 把钥匙。

（三）钥匙电池更换方法

电池更换方法如图 17-5 所示。

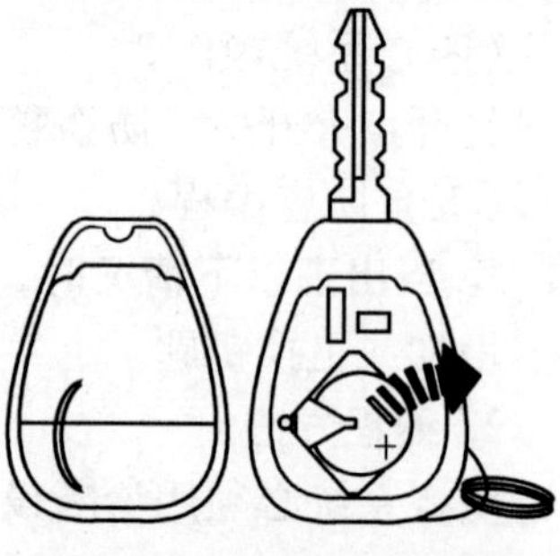

图 17-5　电池更换方法

（四）系统操作 2

（1）关闭点火开关后系统进入报警状态。

（2）打开点火开关，防盗警告灯闪烁点亮约 3s。

（五）防盗编程

1. 当出现以下情况时，系统需进行编程

增加或更换钥匙。

2. 编程方法

注意：必须有 2 把已编程的有效钥匙才能进行下列程序操作。

（1）获取所有需要编程的钥匙。

（2）用第 1 把已编程完毕的钥匙完成以下操作

① 打开点火开关，等待 3s 后关闭点火开关，拔出钥匙。

② 将第 2 把已编程的钥匙插入点火开关并打开点火开关。等待约 10s。确认防盗系统警告灯开始闪烁并有一声音信号发出。

③ 关闭点火开关并拔出钥匙。

④ 在 60s 内将未编程的新钥匙插入点火开关并打开点火开关。等待约 10s。确认有一声音信号发出和防盗系统警告灯一直点亮约 3s，说明系统编程完成。

（3）重复上述操作来编程剩下钥匙。

注意：更换钥匙也可使用诊断设备进行编程。最多可编程 6 把钥匙。

三、自由人轿车遥控器设定（2008～2014 年）

（一）系统操作 1

（1）按下钥匙/遥控器解锁键 1 次解除报警系统和仅解锁驾驶人侧车门。钥匙/遥控器如图 17-6 和图 17-7 所示。

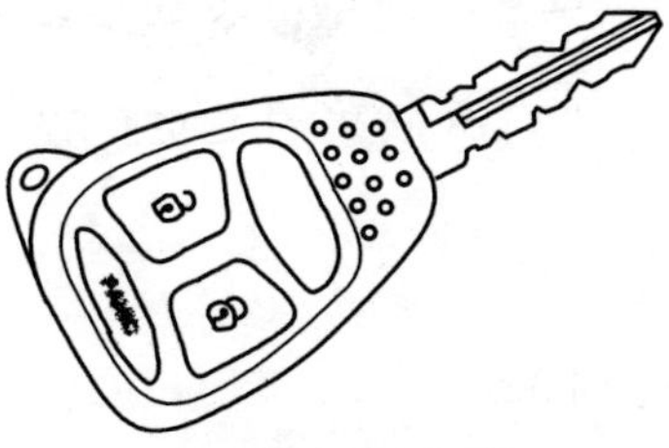

图 17-6　钥匙

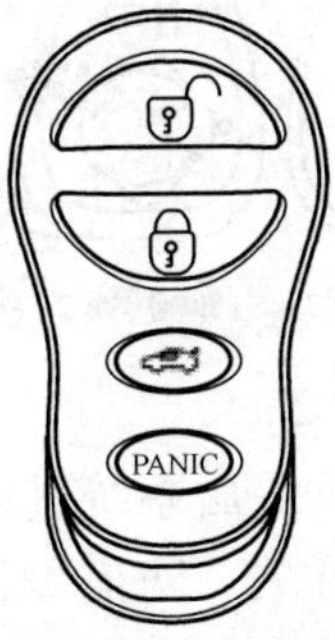

图 17-7　钥匙

（2）在 5s 内按下钥匙/遥控器解锁键 2 次解除报警系统和解锁全部车门。

（3）当车速超过 24km/h 时，车门自动锁止。

（4）警报/中控锁功能可使用钥匙/遥控器进行更改。

（二）钥匙/遥控器编程

1. 当出现以下情况时，系统需进行编程

增加或更换钥匙/遥控器。

2. 编程方法

注意：必须有1把已经编程的有效钥匙遥控器来操作以下步骤。

（1）获取所有需要编程的钥匙/遥控器。

（2）打开点火开关。

（3）用已编程的钥匙/遥控器做如下操作

① 按下并按住钥匙/遥控器解锁键最少10s。

② 在按住钥匙/遥控器解锁键4s后，按下钥匙/遥控器恐吓键后同时松开两键。确保一提示音信号发出表明编程模式激活。

（4）在30s内按如下操作程序剩余钥匙/遥控器编程。同时按下和松开钥匙/遥控器锁止键和解锁键，然后按下任意键。在每次操作后，确保一提示音信号发出。

（5）关闭点火开关或等待60s，退出编程模式。确保一提示音信号发出。

注意：更换钥匙/遥控器也可以使用诊断设备来完成。最多可编程6把钥匙/遥控器。

（三）钥匙/遥控器电池更换方法

电池更换方法如图17-8和图17-9所示。

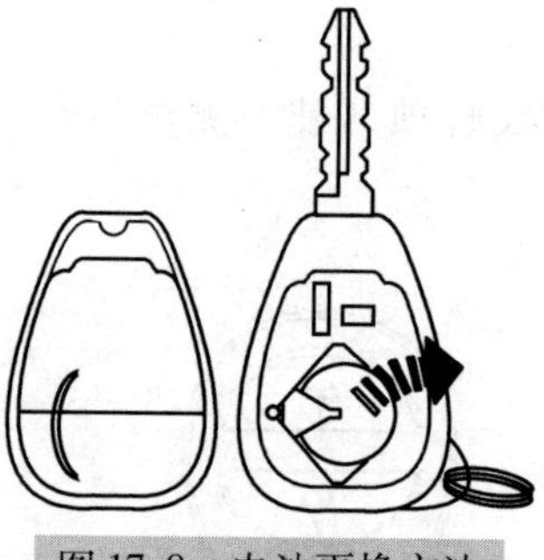

图17-8 电池更换方法

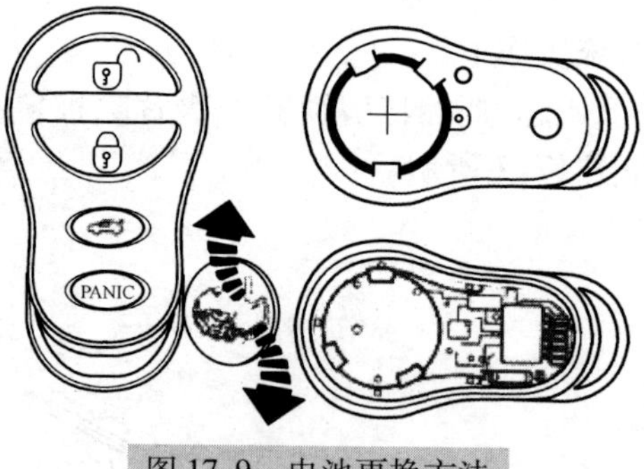

图17-9 电池更换方法

（四）系统操作2

（1）关闭点火开关后系统进入报警状态。

（2）打开点火开关，防盗警告灯闪烁点亮约3s。

（五）防盗编程

1. 当出现以下情况时，系统需进行编程

增加或更换钥匙。

2. 编程方法

注意：必须有2把已编程的有效钥匙才能进行下列程序操作。

（1）获取所有需要编程的钥匙。

（2）用第 1 把已编程完毕的钥匙完成以下操作：

① 打开点火开关。等待 3s 后关闭点火开关，拔出钥匙。

② 将第 2 把已编程的钥匙插入点火开关并打开点火开关，等待约 10s。确保防盗系统警告灯闪烁并有一提示音信号发出。

（3）在 60s 内完成如下操作

① 关闭点火开关并拔出钥匙。

② 将未编程的新钥匙插入点火开关并打开点火开关，等待约 10s。确认有一声音信号发出和防盗系统警告灯一直点亮约 3s，说明系统编程完成。

（4）重复上述操作来编程剩下的钥匙。

注意：更换钥匙也可使用诊断设备进行编程。最多可编程 8 把钥匙。

第二节　吉普车系保养灯归零

一、牧马人轿车保养灯归零（2001～2016 年）

1. 电子时钟时间设定

（1）将点火开关转至 ON 或 ACC，如图 17-10 所示。

（2）按住 TIME 按键并保持按压状态，直至显示小时的数字开始闪烁。

（3）如图 17-11 所示，转动右侧的 TUNE/SCROLL 控制钮，将小时数字调节成当前的时间。

（4）小时数字设定好后，按压一下 TUNE/SCROLL 按钮，显示分钟的数字开始闪烁。

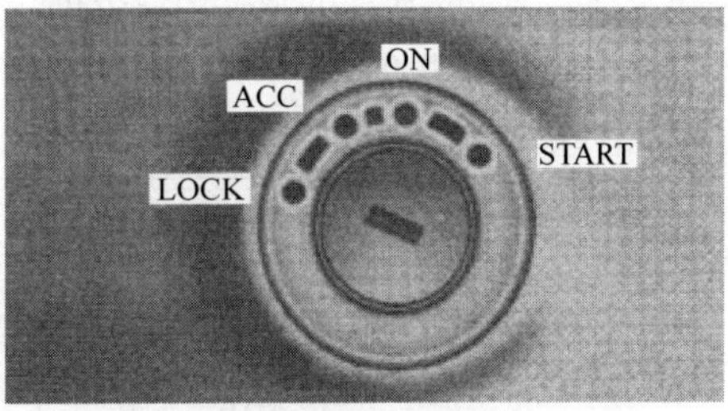

图 17-10　点火开关位置识别

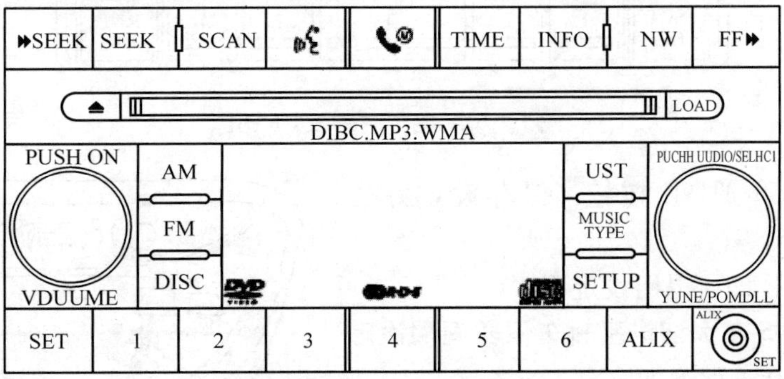

图 17-11　电子时钟设定按键

（5）转动右侧的 TUNE/SCROLL 控制钮，将分钟数字调节成当前的时间。

（6）按压一下 TUNE/SCROLL 按钮，保存设定好的时间。

（7）等待5s，即可退出设定程序。

2. 转向盘位置传感器设定

如果在维修保养过程中蓄电池连接断开，需要对转向盘位置传感器执行如下重新设定：

（1）起动发动机。

（2）使发动机怠速运行。

（3）把转向盘从一侧极限位置转到另一侧极限位置。

（4）将点火开关设置到OFF。

二、大切诺基轿车保养灯归零（2001～2013年）

1. 电子时钟时间设定

（1）将点火开关转至ON或ACC，如图17-12所示。

（2）如图17-13所示，按住TIME按键并保持按压状态，直至显示小时的数字开始闪烁。

（3）转动右侧的TUNE控制钮，将小时数字调节成当前的时间。

（4）小时数字设定好后，按压一下TUNE按钮，显示分钟的数字开始闪烁。

（5）转动右侧的TUNE控制钮，将分钟数字调节成当前的时间。

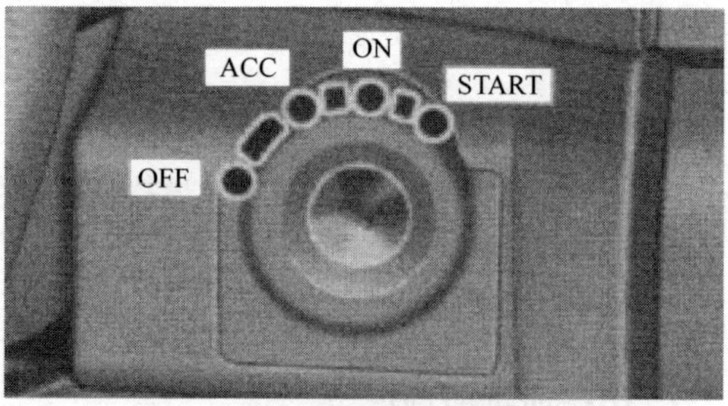

图17-12　点火开关位置识别

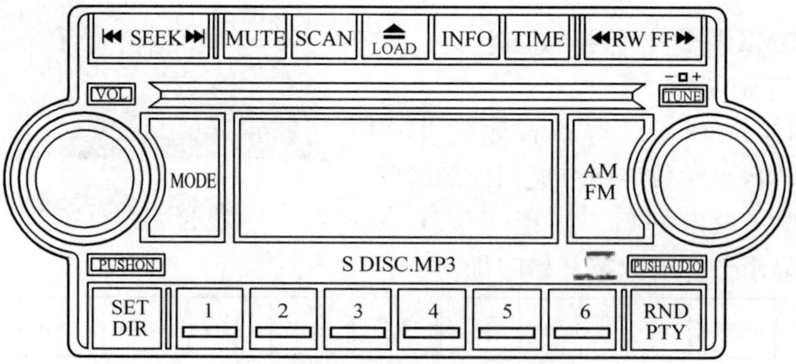

图17-13　电子时钟设定按键

（6）按压一下TUNE按钮，保存设定好的时间。

（7）等待5s，即可退出设定程序。

2. 2001～2005年大切诺基轿车保养间隔设定

（1）将点火开关设置到ON。

（2）如图17-14所示，按下仪表板上的按钮A，直至显示保养间隔。

（3）按下按钮B并保持按压状态至少3s，使

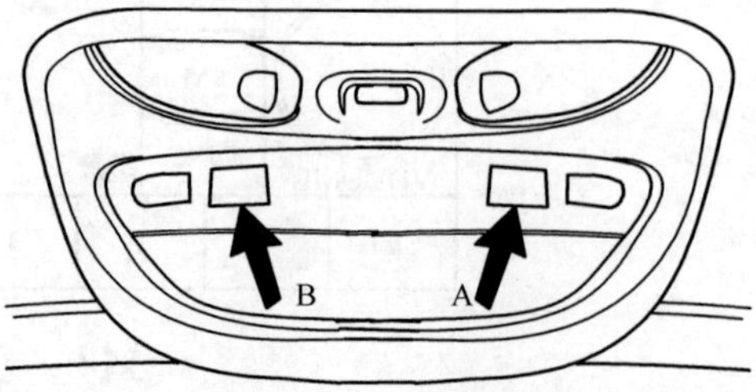

图17-14　按钮识别

显示屏重新设定。

3. 2005～2012 年大切诺基轿车保养间隔设定

（1）将点火开关设置到 ON。

（2）如图 17-15 所示，按下仪表板上的按钮 C，直至显示方向/温度。

（3）反复按动按钮 A，直至显示保养间隔。

（4）按下按钮 B 并保持按压状态至少 3s，使显示屏重新设定。

（5）将点火开关拧至 OFF。

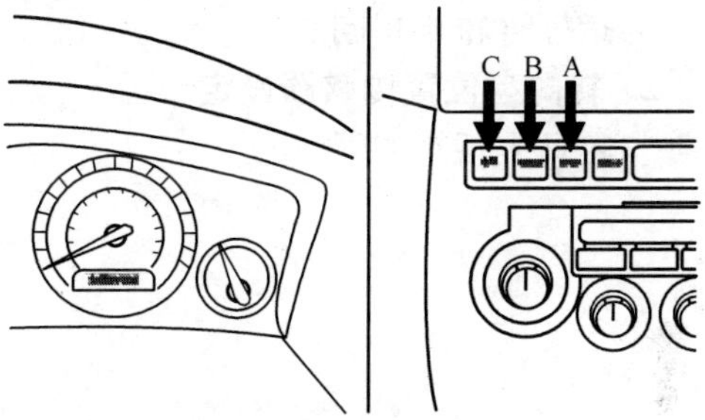

图 17-15　按钮识别

4. 电动车窗初始化设定

维护保养过程中如果断开过蓄电池，保养完毕，重新连接蓄电池后要按照如下叙述执行电动车窗初始化设定操作：

（1）把点火开关设定到 ON。

（2）按住电动车窗的关闭开关，使电动车窗完全关闭；然后继续按住关闭开关，持续 1s。

（3）确认电动车窗的自动开关功能恢复正常。

（4）把点火开关设定到 OFF。

5. 电动天窗设定

维护保养过程中如果断开过蓄电池，保养完毕，重新连接蓄电池后要按照如下叙述执行电动天窗设定操作：

（1）起动发动机。

（2）按住电动天窗的倾斜开关，使电动天窗完全倾斜，然后继续保持开关的按压状态，持续 1s。

（3）松开开关。

（4）按住电动天窗的关闭开关，持续 1s，使电动天窗完全关闭。

（5）确认电动天窗的功能恢复正常。

（6）把点火开关设定到 OFF。

三、指挥官轿车保养灯归零（2006～2012 年）

1. 保养提示归零设定

（1）将点火开关设置到 ON。

（2）在 10s 内，连续踩下 3 次加速踏板。

（3）将点火开关拧至 OFF。

2. 电动车窗初始化设定

与大切诺基轿车相同。

3. 电动天窗设定

与大切诺基轿车相同。

四、自由客轿车保养灯归零（2006～2012 年）

1. 保养提示归零设定

与指挥官轿车相同。

2. 转向盘位置传感器设定

与牧马人轿车相同。

五、指南者轿车保养灯归零（2006～2015 年）

1. 保养提示归零设定

与指挥官轿车相同。

2. 转向盘位置传感器设定

与牧马人轿车相同。

第十八章　丰田车系遥控器设定与保养灯归零

第一节　丰田车系遥控器设定

一、丰田坦途（2008～2012年）、丰田FJ酷路泽（2008～2013年）、丰田兰德酷路泽（2008～2012年）轿车遥控器设定

（一）系统操作1

（1）按下遥控器LOCK键激活报警系统和中控锁系统。丰田兰德酷路泽/FJ酷路泽遥控器如图18-1所示，丰田坦途遥控器如图18-2所示。

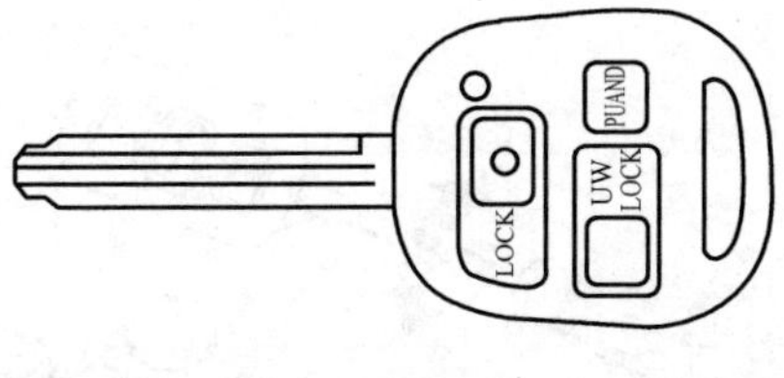

图18-1　兰德酷路泽/FJ酷路泽遥控器

图18-2　坦途遥控器

（2）按下遥控器UNLOCK键1次解除报警系统和仅解锁驾驶人车侧门。

（3）按下遥控器UNLOCK键2次解除报警系统和解锁所有车门。

（4）若已解锁的车辆在30s内车门或行李箱未被打开，则自动锁止和激活报警系统。

（二）遥控器编程

1. 当出现以下情况时，系统需进行编程

（1）增加或更换遥控器。

（2）系统出现故障。

2. 编程方法

（1）打开驾驶人车门，将钥匙从点火开关拔出。

（2）在5s内：将钥匙插入点火开关并拔出连续2次。

（3）在40s内：关闭和打开驾驶人侧车门2次。

（4）将钥匙插入点火开关并拔出。

（5）在40s内：关闭和打开驾驶人侧车门2次。

（6）将钥匙插入点火开关和关闭驾驶人侧车门。

（7）将点火开关从ON到OFF：1次为添加模式，2次为重新编程模式，3次为确认模式，5次为禁止模式。

（8）将钥匙拔出点火开关，系统将立刻依据已选定的不同模式锁止或解锁车辆1次、2次、3次或5次。1~4次，缓慢操作，使系统识别注册的遥控器数量。

（9）在40s内：同时按下并按住LOCK和UNLOCK键约1.5s。

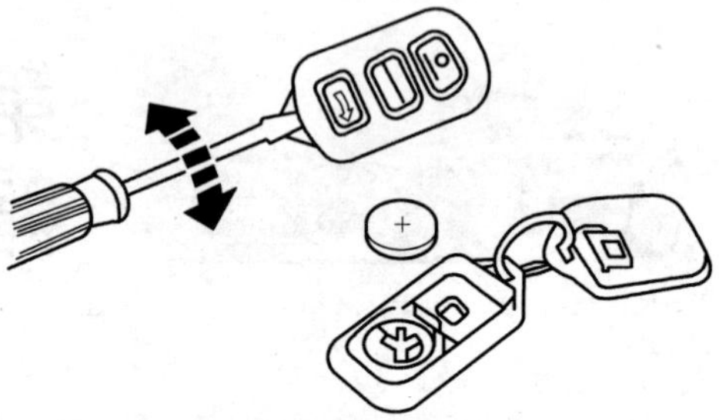

图18-3　Camry遥控器电池更换方法

（10）在3s内：按下LOCK键。系统将立刻锁止并解锁车辆1次以表明遥控器注册成功，若锁止、解锁2次则表明注册失败。

（11）在40s内重复按键步骤来编程剩下的遥控器。

> **注意：**打开驾驶人侧车门将退出编程模式。最多可编程4把遥控器。

（三）遥控器电池的更换方法

电池更换方法如图18-3~图18-5所示。

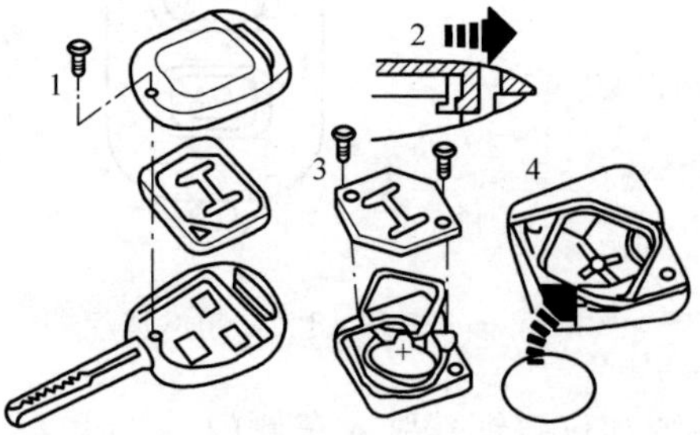

图18-4　兰德酷路泽/FJ酷路泽遥控器电池更换方法

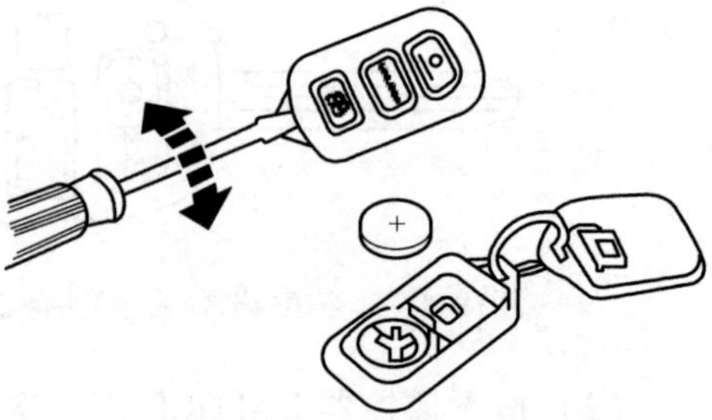

图18-5　坦途遥控器电池更换方法

（四）系统操作2

拔下点火钥匙后系统进入报警状态。

（五）防盗编程

1. 当出现以下情况时，系统需进行编程

（1）增加或更换钥匙。

（2）系统出现故障。

2. 编程方法

防盗系统只能使用诊断设备进行编程。

注意： 最多可编程 5 把主钥匙和 3 把副钥匙。

二、丰田雷克萨斯 Avensis 轿车遥控器设定（2009～2014 年）

不带无钥匙进入系统：

（一）系统操作 1

（1）按下钥匙锁止键（图 18-6）激活报警系统和中控锁系统。指示灯闪烁 1 次。

（2）按下钥匙锁止键 2 次激活双重锁止系统和报警系统。指示灯闪烁 2 次。

（3）按下钥匙行李箱释放键解除行李箱。指示灯闪烁 2 次。

（二）钥匙编程

1. 当出现以下情况时，系统需进行编程

（1）增加或更换钥匙。

（2）系统出现故障。

2. 编程方法

（1）打开驾驶人车门，将钥匙从点火开关拔出。

（2）在 5s 内：将钥匙插入点火开关并拔出连续 2 次。

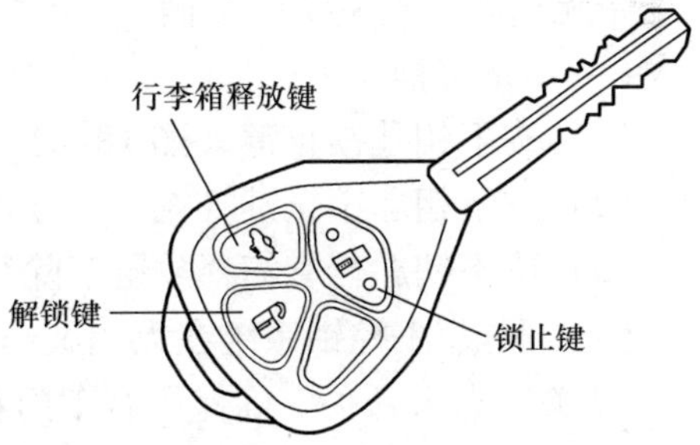

图 18-6　钥匙

（3）在 40s 内：关闭和打开驾驶人侧车门 2 次。

（4）将钥匙插入点火开关并拔出。

（5）关闭和打开驾驶人侧车门 2 次。

（6）将钥匙插入点火开关和关闭驾驶人侧车门。

（7）在 40s 内：①将点火开关从 ON 到 OFF 1 次为添加模式，2 次为重新编程模式，3 次为确认模式，5 次为禁止模式。②将钥匙拔出点火开关。

（8）在 5s 内：系统将依据已选定的不同模式立刻锁止或解锁车辆 1 次、2 次、3 次或 5 次。

（9）在 5s 内：①按下锁止键或解锁键 1 次。②在 3s 内按下同一个锁止键或解锁键 1 次。系统将立刻锁止并解锁车辆。

注意： 若系统将立刻锁止并解锁车辆 2 次，则表明注册失败。

（10）重复按键步骤来编程剩下的钥匙。

（11）打开车门将退出编程模式。最多可编程 4 把钥匙。

（三）钥匙电池的更换方法

电池更换方法如图 18-7 所示。

（四）系统操作 2

（1）关闭点火开关后系统进入报警状态。

（2）打开点火开关。

（3）若 LED 闪烁或一直点亮，则钥匙密码不能识别。拔下钥匙，等待 5s 再试。试验其他备用钥匙。

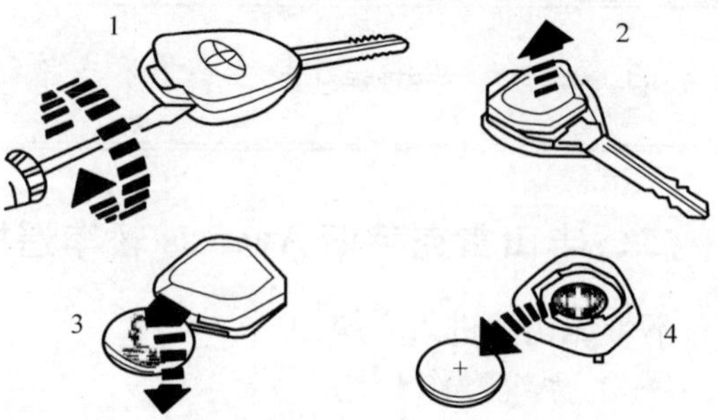

图 18-7　电池更换方法

（五）防盗编程

1. 当出现以下情况时，系统需进行编程

（1）增加或更换钥匙。

（2）系统出现故障。

2. 编程方法

防盗系统只能使用诊断设备进行编程。最多可以编程 4 把钥匙。

带无钥匙进入系统的车辆：

（一）系统操作 1

（1）按下钥匙锁止键（图 18-8）激活报警系统和中控锁系统。指示灯闪烁 1 次。

（2）按下钥匙锁止键（图 18-8）解除报警系统和解锁中控锁系统。指示灯闪烁 2 次。

（3）按下钥匙行李箱释放键解除行李箱。指示灯闪烁 2 次。

（4）警报/中控锁系统在无钥匙模式下激活

① 关闭点火开关。确保所有车门和行李箱关闭。

② 按下驾驶人侧车门把手上的锁止按钮（图 18-9）来锁止车辆和激活报警系统。指示灯闪烁 1 次。

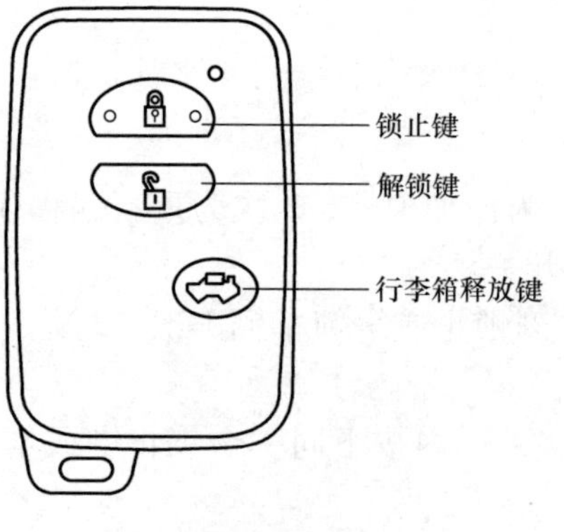

图 18-8　遥控器

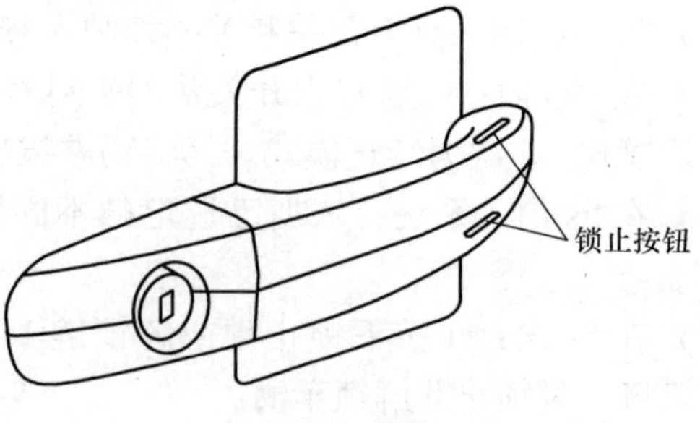

图 18-9　车门把手

（5）报警/中控锁系统在无钥匙模式下解除：携带遥控器靠近车辆，拉任何车门把手，解除报警系统和解锁车门。指示灯闪烁 2 次。

（二）钥匙编程

1. 当出现以下情况时，系统需进行编程

（1）增加或更换钥匙。

（2）系统出现故障。

2. 编程方法

（1）获取所有遥控器。

（2）遥控器只能使用诊断设备来完成编程。

注意：最多可以编程7把遥控器。

（三）钥匙电池的更换方法

电池更换方法如图18-10所示。

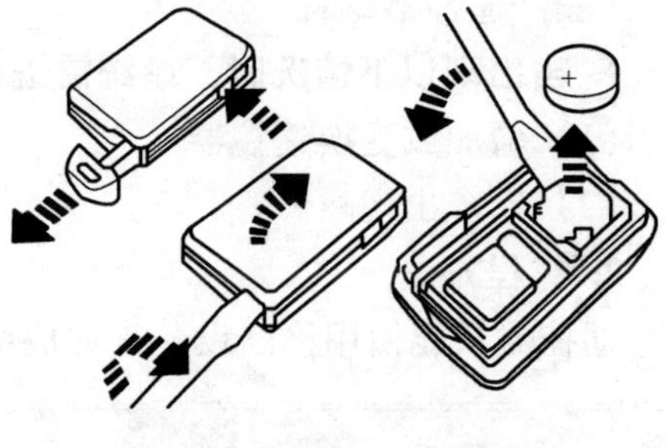

图18-10 电池更换方法

（四）系统操作2

关闭点火开关后系统进入报警状态。

（五）防盗编程

1. 当出现以下情况时，系统需进行编程

（1）增加或更换钥匙。

（2）系统出现故障，发动机不能起动：防盗警告灯闪烁或连续点亮。

2. 编程方法

（1）获取所有遥控器。

（2）防盗系统只能使用诊断设备进行编程。最多可以编程7把钥匙。

三、丰田兰德酷路泽LC200轿车遥控器设定（2008~2014年）

（一）系统操作1

（1）报警/中控锁系统在无钥匙模式下解除

① 携带遥控器靠近车辆，握住驾驶人侧或乘客侧车门把手，解除报警系统和解锁车门。

② 携带遥控器靠近车辆，按下行李箱释放按钮解除报警系统和打开行李箱。

（2）报警/中控锁系统在无钥匙模式下激活

① 关闭点火开关。确保所有车门和行李箱完全关闭。

② 按下驾驶人侧或乘客侧车门把手上的锁止按钮（图18-11）来锁止车辆和激活报警系统。

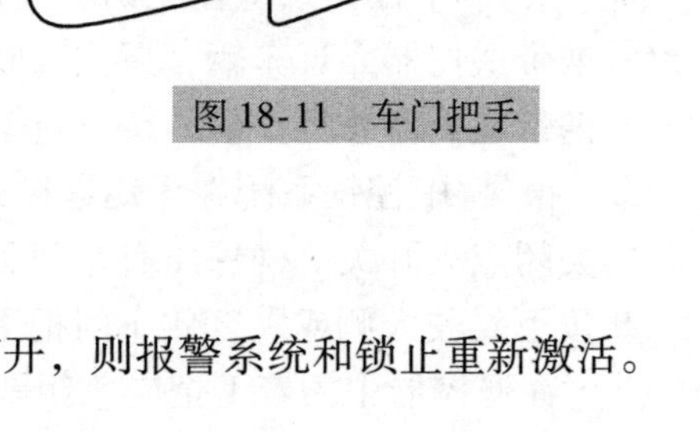

图18-11 车门把手

（3）按下遥控器锁止键（图18-12）激活报警系统和中控锁系统。指示灯闪烁1次。

（4）按下遥控器解锁键解除报警系统和解锁中控锁系统。指示灯闪烁2次。

（5）按下遥控器恐吓键超过1s激活恐吓报警系统。指示灯闪烁。

（6）若已解锁车辆在30s内车门或行李箱未被打开，则报警系统和锁止重新激活。

（7）在遥控器中插着1把应急钥匙。

（二）同步设定

1. 当以下情况出现时，系统需进行同步设定

（1）当遥控器被锁在车内。

（2）遥控器电池更换。

2. 编程方法

（1）按下遥控器解锁键，然后按下锁止键。

（2）同步设定程序完成。

（三）遥控器编程

1. 当出现以下情况时，系统需进行编程

（1）增加或更换遥控器。

（2）系统出现故障。

2. 编程方法

遥控器只能使用诊断设备来完成编程。

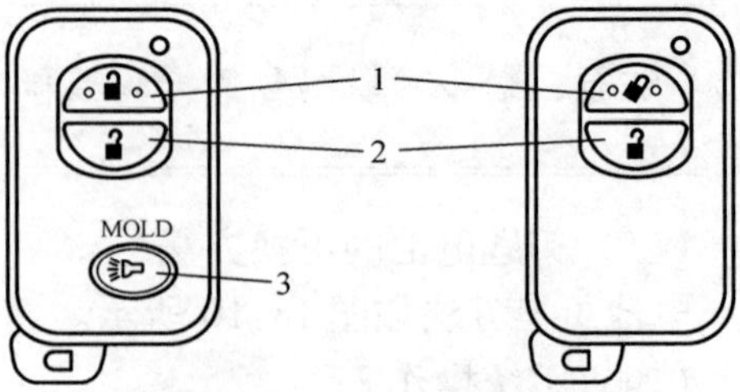

图 18-12　遥控器

1—锁止键　2—解锁键　3—鸣笛键

注意：最多可以编程 6 把遥控器。

（四）遥控器电池的更换方法

电池更换方法如图 18-13 所示。

（五）系统操作 2

关闭点火开关后系统进入报警状态。

（六）防盗编程

1. 当出现以下情况时，系统需进行重新编程

（1）增加或更换遥控器。

（2）系统出现故障。

2. 编程方法

防盗系统只能使用诊断设备进行编程。

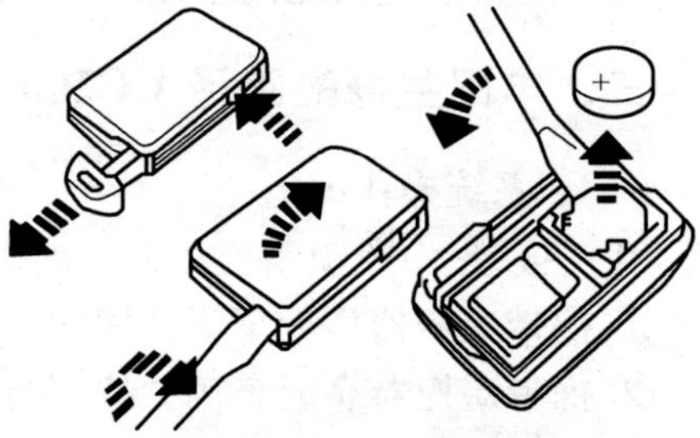

图 18-13　电池更换方法

四、普锐斯（2004～2010 年）轿车遥控器设定

（一）系统操作 1

1. 带无钥匙进入系统车辆

（1）报警/中控锁系统在无钥匙模式下解除

① 携带遥控器靠近车辆，握住驾驶人侧或乘客侧车门把手，解除报警系统和解锁车门。

② 携带遥控器靠近车辆，按下行李箱释放按钮解除报警系统和打开行李箱。

（2）报警/中控锁系统在无钥匙模式下激活

① 关闭点火开关。确保所有车门和行李箱完全关闭。

② 按下驾驶人侧或乘客侧车门把手上的锁止按钮来锁止车辆和激活报警系统。

（3）在遥控器中插着 1 把应急钥匙。

2. 所有车型

（1）按下遥控器锁止键激活报警系统和中控锁系统。遥控器如图 18-14 所示。

（2）按下遥控器解锁键 1 次解除报警系统且仅解锁驾驶人侧车门。

（3）在 3s 内按下遥控器解锁键 2 次解除报警系统和解锁全车车门。

（4）若已解锁车辆在 30s 内车门或行李箱未被打开，则报警系统和锁止重新激活。

（二）遥控器编程

1. 当出现以下情况时，系统需进行编程

（1）增加或更换遥控器。

（2）系统出现故障。

2. 编程方法

2008 年车型及以后不带无钥匙进入系统车辆：

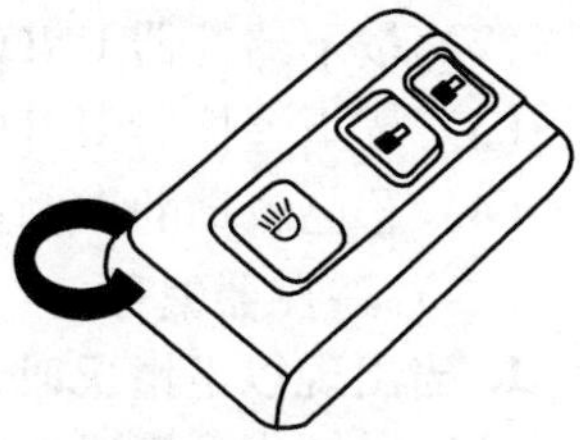

图 18-14　遥控器

（1）打开驾驶人车门，将钥匙从点火开关拔出。

（2）在 5s 内：将钥匙插入点火开关并拔出连续 2 次。

（3）在 40s 内：关闭和打开驾驶人侧车门 2 次。

（4）将钥匙插入点火开关并拔出 2 次。关闭和打开驾驶人侧车门 2 次。

（5）将钥匙插入点火开关并拔出 2 次。

（6）将钥匙插入点火开关和关闭驾驶人侧车门。

（7）在 40s 内（在完成下列操作时不要踩下制动踏板）：将点火开关从 ON 到 OFF，1 次为添加模式，2 次为重新编程模式，3 次为确认模式，5 次为禁止模式。

（8）将钥匙拔出点火开关。

（9）在 5s 内：系统将立刻依据已选定的不同模式锁止或解锁车辆 1 次、2 次、3 次或 5 次。1 ~4 次，缓慢操作，使系统识别注册的遥控器数量。

（10）在 40s 内：同时按下并按住锁止键和解锁键约 1. 5s。

（11）在 3s 内：按下锁止键。系统将立刻锁止并解锁车辆 1 次以表明遥控器注册成功，2 次则表明注册失败。

（12）在 40s 内重复按键步骤来编程剩下的遥控器。注意：打开车门将退出编程模式。最多可编程 4 把遥控器。

带无钥匙进入系统的车辆：遥控器只能使用诊断设备来完成编程。最多可以编程 5 把遥控器。

（三）遥控器电池的更换方法

电池更换方法如图 18-15 所示。

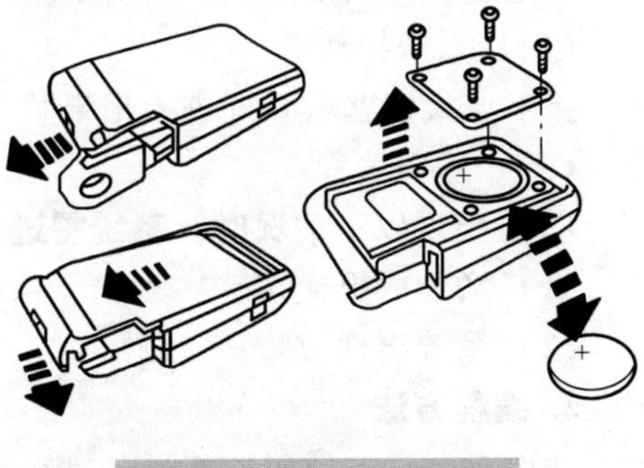

图 18-15　电池更换方法

（四）系统操作 2

从点火槽中拔下点火钥匙后系统进入报警状态。

（五）防盗编程

1. 当出现以下情况时，系统需进行重新编程

（1）增加或更换遥控器。

（2）系统出现故障。

2. 编程方法

防盗系统只能使用诊断设备进行编程。最多可以编程 5 把遥控器。

五、丰田 FJ 酷路泽（2006 ~2007 年）、丰田 RAV4（2008 ~2012 年）轿车遥控器设定

（一）系统操作 1

（1）按下遥控器 LOCK 键激活报警系统和中控锁系统。遥控器如图 18-16 所示。

（2）按下遥控器 UNLOCK 键 1 次解除报警系统且仅解锁驾驶人侧车门。

（3）按下遥控器 UNLOCK 键 2 次解除报警系统和解锁所有车门。

（4）若已解锁的车辆在 30s 内车门或行李箱未被打开，则自动锁止和激活报警系统。

（二）遥控器编程

1. 当出现以下情况时，系统需进行编程

（1）增加或更换遥控器。

（2）系统出现故障。

2. 编程方法

（1）打开驾驶人车门，将钥匙从点火开关拔出。

（2）在 5s 内：将钥匙插入点火开关并拔出连续 2 次。

（3）在 40s 内：关闭和打开驾驶人侧车门 2 次。

（4）将钥匙插入点火开关并拔出。

（5）在 40s 内：关闭和打开驾驶人侧车门 2 次。

（6）将钥匙插入点火开关和关闭驾驶人侧车门。

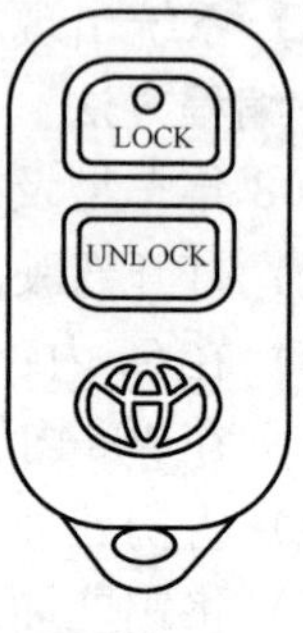

图 18-16　遥控器

（7）将点火开关从 ON 到 OFF，1 次为添加模式，2 次为重新编程模式，3 次为确认模式，5 次为禁止模式。

（8）将钥匙拔出点火开关：系统将立刻依据已选定的不同模式锁止或解锁车辆 1 次、2 次、3 次或 5 次。1 ~ 4 次，缓慢操作，使系统识别注册的遥控器数量。

（9）在 20s 内：同时按下并按住 LOCK 和 UNLOCK 键约 1.5s。

（10）在 3s 内：按下遥控器 LOCK 键。系统将立刻锁止并解锁车辆 1 次以表明遥控器注册成功，2 次则表明注册失败。

（11）在 40s 内重复按键步骤来编程剩下的遥控器。注意：打开驾驶人侧车门将退出编程模式。最多可编程 4 把遥控器。

（三）遥控器电池的更换方法

电池更换方法如图 18-17 所示。

（四）系统操作 2

拔下点火钥匙后系统进入报警状态。

（五）防盗编程

1. 当出现以下情况时，系统需进行编程

（1）增加或更换钥匙。

（2）系统出现故障。

2. 编程方法

防盗系统只能使用诊断设备进行编程。

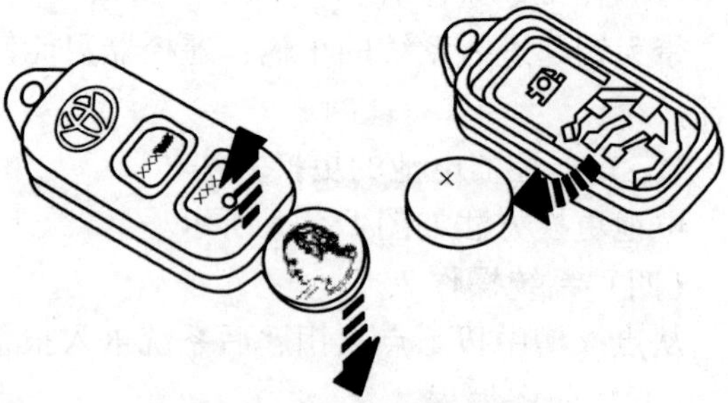

图 18-17　电池更换方法

> **注意：** 最多可编程 5 把主钥匙和 3 把副钥匙。

六、丰田汉兰达轿车遥控器设定（2008 ~ 2010 年）

类型 1：

（一）系统操作1

（1）按下遥控器锁止键激活报警系统和中控锁系统。遥控器如图18-18所示。

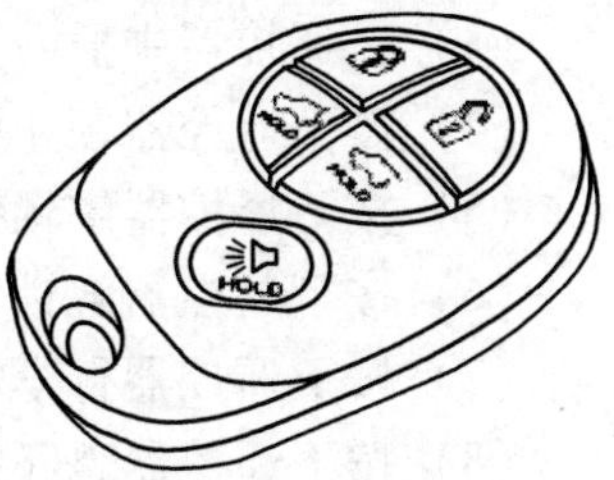

图18-18　遥控器

（2）按下遥控器解锁键1次解除报警系统且仅解锁驾驶人侧车门。

（3）按下遥控器解锁键2次解除报警系统和解锁所有车门。

（4）按下遥控器行李箱键约1s解锁和释放行李箱车窗。

（5）按下遥控器恐吓键超过1s激活恐吓报警系统。

（6）按下遥控器恐吓键或解锁键或打开点火开关来解除恐吓报警系统。

（7）若已解锁的车辆在30s内车门或行李箱未被打开，则自动锁止和激活报警系统。

（二）遥控器编程

1. 当出现以下情况时，系统需进行编程

（1）增加或更换遥控器。

（2）系统出现故障。

2. 编程方法

（1）打开驾驶人车门，将钥匙从点火开关拔出。

（2）在5s内：将钥匙插入点火开关并拔出连续2次。

（3）在40s内：关闭和打开驾驶人侧车门2次。

（4）将钥匙插入点火开关并拔出。

（5）关闭和打开驾驶人侧车门2次。

（6）将钥匙插入点火开关和关闭驾驶人侧车门。

（7）在40s内：将点火开关从ON到OFF，1次为添加模式，2次为重新编程模式，3次为确认模式，5次为禁止模式。

（8）将钥匙拔出点火开关：系统将立刻依据已选定的不同模式锁止或解锁车辆1次、2次、3次或5次。1~4次，缓慢操作，使系统识别注册的遥控器数量。

（9）在40s内：同时按下并按住锁止键和解锁键约1.5s。

（10）在3s内：按下遥控器锁止键。

（11）系统将立刻锁止并解锁车辆1次以表明遥控器注册成功，2次则表明注册失败。

（12）在40s内重复按键步骤来编程剩下的遥控器。注意：打开驾驶人侧车门将退出编程模式。最多可编程4把遥控器。

类型2：

（一）系统操作1

（1）报警/中控锁系统在无钥匙模式下解除

① 携带遥控器靠近车辆，握住驾驶人侧或乘客侧车门把手，解除报警系统和解锁车门。

② 携带遥控器靠近车辆，按下行李箱释放按钮解除报警系统并打开行李箱。

（2）报警/中控锁系统在无钥匙模式下激活

① 关闭点火开关。确保所有车门和行李箱完全关闭。

② 按下任何一个车门把手上的锁止按钮来锁止车辆和激活报警系统。

（3）在遥控器中插着1把应急钥匙。

（4）按下遥控器锁止键激活报警系统和中控锁系统。遥控器如图18-19所示。

（5）按下遥控器解锁键1次解除报警系统且仅解锁驾驶人侧车门。

（6）按下遥控器解锁键2次解除报警系统和解锁全车车门。

（7）按下遥控器行李箱释放键约1s解锁行李箱。

（8）按下遥控器恐吓键超过1s激活恐吓报警系统。

（9）按下遥控器恐吓键或解锁键或打开点火开关来恐吓报警系统。

（10）若已解锁车辆在30s内车门或行李箱未被打开，则报警系统和锁止重新激活。

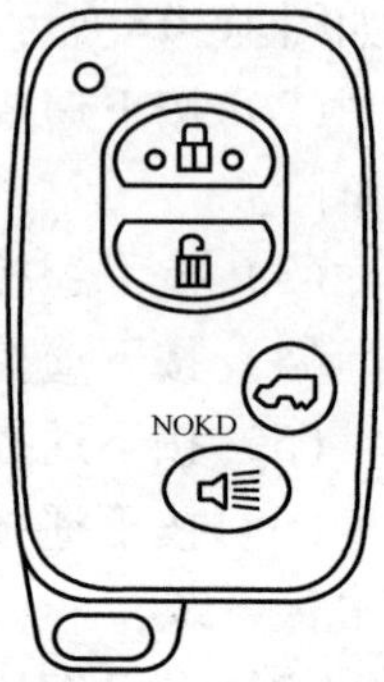

图18-19　遥控器

（二）遥控器编程

1. 当出现以下情况时，系统需进行编程

（1）增加或更换遥控器。

（2）系统出现故障。

2. 编程方法

遥控器编程只能使用诊断设备来完成。最多可以编程7所遥控器。

（三）遥控器电池的更换方法

电池更换方法如图18-20和图18-21所示。

图18-20　电池更换方法（类型1）

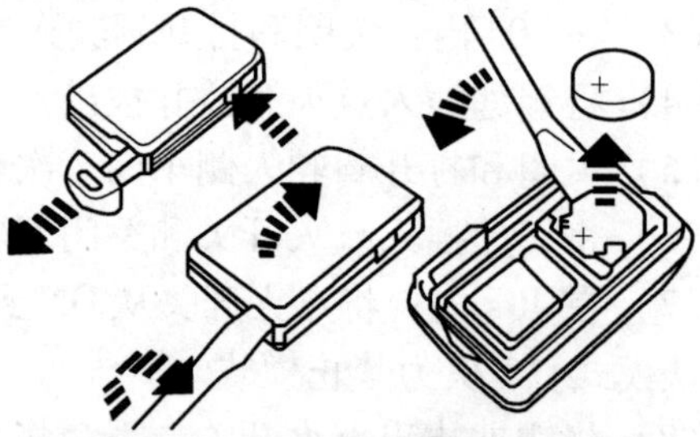

图18-21　电池更换方法（类型2）

（四）系统操作2

拔下点火钥匙后系统进入报警状态。

（五）防盗编程

类型1：

1. 当出现以下情况时，系统需进行重新编程

（1）增加或更换遥控器。

（2）系统出现故障。

2. 编程方法

防盗系统只能使用诊断设备进行编程。最多可以编程5把主钥匙和3把副钥匙。

类型2：

1. 当出现以下情况时，系统需进行重新编程

（1）增加或更换遥控器。

（2）系统出现故障。

2. 编程方法

防盗系统只能使用诊断设备进行编程。最多可以编程 7 把钥匙。

七、丰田红杉（2010～2012 年）、丰田塞纳（2008～2014 年）轿车遥控器设定

（一）系统操作

（1）按下遥控器锁止键激活报警系统和中控锁系统。遥控器如图 18-22～图 18-24 所示。

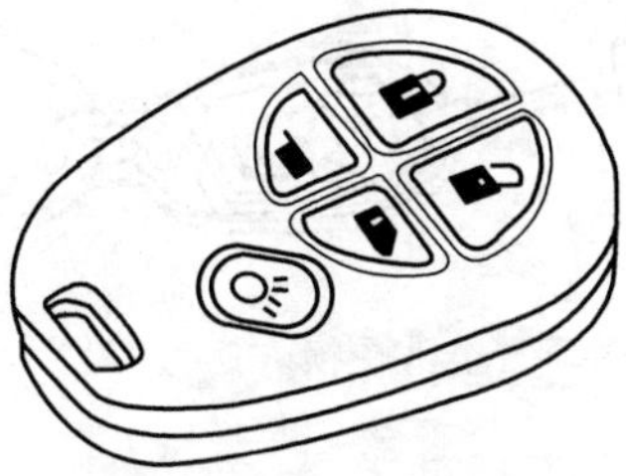
图 18-22　遥控器一

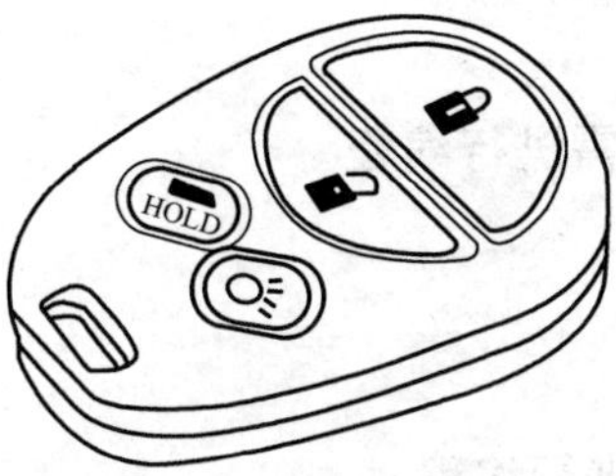

图 18-23　遥控器二

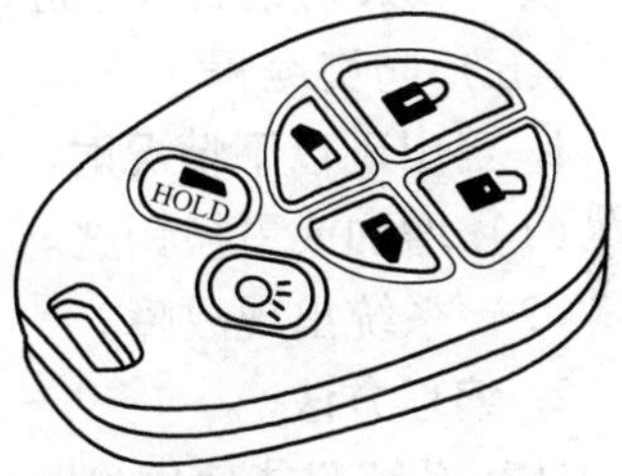

图 18-24　遥控器三

（2）按下并按住遥控器锁止键激活恐吓报警系统。

（3）按下遥控器解锁键 1 次解除报警系统和仅解锁驾驶人侧车门。

（4）在 3s 内按下遥控器 UNLOCK 键 2 次解除报警系统和解锁所有车门。

（5）若已解锁的车辆在 30s 内车门或行李箱未被打开，则自动锁止和激活报警系统。

（二）遥控器编程

1. 当出现以下情况时，系统需进行编程

（1）增加或更换遥控器。

（2）系统出现故障。

2. 编程方法

（1）打开驾驶人车门，将钥匙从点火开关拔出。

（2）在 5s 内：将钥匙插入点火开关并拔出连续 2 次。

（3）在 40s 内：关闭和打开驾驶人侧车门 2 次。

（4）将钥匙插入点火开关并拔出。

（5）关闭和打开驾驶人侧车门 2 次。

（6）将钥匙插入点火开关和关闭驾驶人侧车门。

（7）在 40s 内：将点火开关从 ON 到 OFF，1 次为添加模式，2 次为重新编程模式，3 次为确认模式，5 次为禁止模式。

（8）将钥匙拔出点火开关：系统将依据已选定的不同模式立刻锁止或解锁车辆 1 次、2 次、3 次或 5 次。1～4 次，缓慢操作，使系统识别注册的遥控器数量。

（9）在 40s 内：同时按下并按住遥控器锁止键和解锁键约 1.5s。

（10）在 3s 内：按下遥控器锁止键。系统将立刻锁止并解锁车辆 1 次以表明遥控器注册成功，2 次则表明注册失败。

（11）在40s内重复按键步骤来编程剩下的遥控器。

注意：打开驾驶人侧车门将退出编程模式。最多可编程4把遥控器。

（三）遥控器电池的更换方法

电池更换方法如图18-25所示。

（四）系统操作2

拔下点火钥匙后系统进入报警状态。

（五）防盗编程

1. 当出现以下情况时，系统需进行编程

（1）增加或更换钥匙。

（2）系统出现故障。

2. 编程方法

防盗系统只能使用诊断设备进行编程。

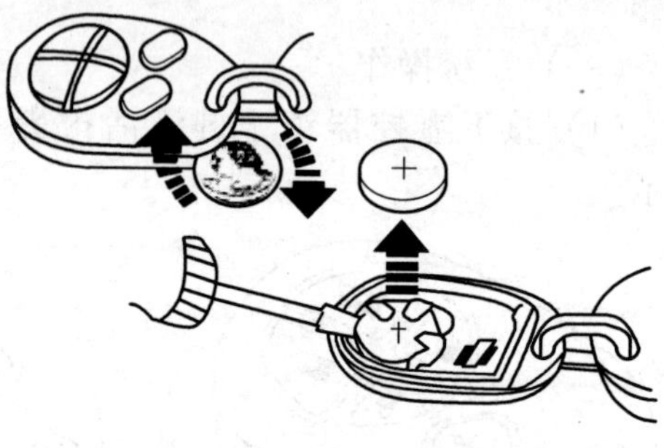

图18-25 电池更换方法

注意：最多可编程5把主钥匙和3把副钥匙。

八、丰田普拉多2700轿车遥控器设定（2008～2012年）

（1）关闭所有车门，然后打开驾驶人侧车门。

（2）将钥匙插入并拔出点火开关2次。

（3）关闭打开驾驶人侧车门2次。

（4）将钥匙插入并拔出点火开关2次。

（5）关闭并打开驾驶人侧车门2次。

（6）将钥匙插入点火开关，然后将车门关闭，打开点火开关到ON，然后关闭点火开关，拔下钥匙。此时中央门锁开关动作（闭锁和开锁）1次，表示进入添加模式。如果中央门锁开关没有动作，那么说明以上操作步骤没有做好或超出时间范围，需要重新操作。

（7）同时压下遥控器锁止键（LOCK）和解锁键（UNLOCK）1s，然后松开，在2s内再同时压下遥控器锁止键（LOCK）和解锁键（UNLOCK）1次，然后松开。此时中央门锁开关会动作（闭锁和开锁））1次，表示遥控器设定成功。如果中央门锁开关动作2次，那么表示没有设定成功。

（8）若设定下一把遥控器，则到第（7）步中央门锁开关动作（闭锁和开锁）1次后，接着按下一个遥控器，同时压下遥控器锁止键（LOCK）和解锁键（UNLOCK）1s，然后松开。在2s内再同时压下遥控器锁止键（LOCK）和解锁键（UNLOCK）1次，然后松开。此时中央门锁开关会动作（闭锁和开锁）1次，表示设定完成。

（9）选择开关模式

① 点火开关开关1次：添加模式，此时中央门锁开关会自动动作1次。

② 点火开关开关2次：重新编程模式，此时中央门锁开关会自动动作2次。

③ 点火开关开关3次：确认模式，此时中央门锁开关会自动动作3次。

④ 点火开关开关5次：禁止模式，此时中央门锁开关会自动动作5次。

图18-26 凯美瑞遥控器

九、丰田凯美瑞轿车遥控器设定（2008～2013年）

（一）钥匙清除方法

（1）关上所有车门，将已注册的主钥匙（图18-26）插入点火开关，并在15s之内，踩、放加速踏板6次。

（2）20s之内，踩、放制动踏板7次，此时SECURITY防盗指示灯应闪烁。

（3）拔下已注册的主钥匙，SECURITY防盗指示灯应闪烁，清除完成。

注意：除操作此过程的已注册主钥匙没有清除外，其他在防盗ECU内的钥匙码都被清除。

（二）钥匙同步设定方法

（1）关上所有车门，插入已注册的主钥匙到点火开关，在15s内踩放加速踏板5次。

（2）踩、放制动踏板6次。

（3）拔下已注册的主钥匙，并在10s内插入要注册的主钥匙。

（4）踩、放加速踏板1次，SECURITY防盗指示灯应闪烁。等待1min后，SECURITY防盗指示灯熄灭，即完成同步设定。

（5）如果要设定副钥匙，插入已注册的主钥匙，在15s内踩、放加速踏板4次。

（6）踩、放制动踏板5次，拔下已注册的主钥匙，在10s内，插入要设定的副钥匙。

（7）踩、放加速踏板1次，SECURITY防盗指示灯应闪烁。等待1min后，SECURITY防盗指示灯熄灭，即完成同步设定。

十、丰田海狮轿车遥控器设定（2008～2012年）

（1）关闭所有车门，然后打开驾驶人侧车门。

（2）将钥匙插入并拔出点火开关2次。

（3）关闭打开驾驶人侧车门2次。

（4）将钥匙插入并拔出点火开关1次。

（5）关闭并打开驾驶人侧车门2次。

（6）将钥匙插入点火开关，然后将车门关闭，打开点火开关到ON，然后关闭点火开关，拔下钥匙。此时中央门锁开关动作（闭锁和开锁）1次，表示进入添加模式。如果中央门锁开关没有动作，那么说明以上操作步骤没有做好或超出时间范围，需要重新操作。

（7）同时压下遥控器锁止键（LOCK）和解锁键（UNLOCK）1s，然后松开。在2s内再同时压下遥控器锁止键（LOCK）和解锁键（UNLOCK）1次，然后松开。此时中央门锁开关会动作（闭锁和开锁）1次，表示遥控器设定成功。如果中央门锁开关动作2次，那么表示没有设定成功。

（8）若设定下一个遥控器，则到第（7）步中央门锁开关动作（闭锁和开锁）1 次后，接着按下一个遥控器，同时压下遥控器锁止键（LOCK）和解锁键（UNLOCK）1s，然后松开。在 2s 内再同时压下遥控器锁止键（LOCK）和解锁键（UNLOCK）1 次，然后松开。此时中央门锁开关会动作（闭锁和开锁）1 次，表示设定完成。

（9）选择开关模式。点火开关开关 1 次为添加模式，此时中央门锁开关会自动动作 1 次。点火开关开关 2 次为重新编程模式，此时中央门锁开关会自动动作 2 次。点火开关开关 3 次为确认模式，此时中央门锁开关会自动动作 3 次。点火开关开关 5 次为保护模式，此时，中央门锁开关会自动动作 5 次。

十一、一汽丰田花冠（2008～2012 年）、一汽丰田威驰（2002～2008 年）轿车遥控器设定

（1）打开驾驶人侧车门，把钥匙插入点火开关中。

（2）在 10s 内把点火开关从 ON 转到 OFF 5 次。使安全指示器 LED 灯亮。

（3）安全指示器 LED 灯亮时，在 16s 内按压任意遥控器的按键 1 次。这样会使 LED 灯熄灭。

（4）再次按压同样的按键 1 次会使 LED 灯闪烁 1 次，然后保持常亮，遥控器识别码的注册就完成了。

（5）为了注册其他的遥控器（识别码），在先前的注册工作完成后 16s 内重复步骤（3）、（4）。

提示：①1 次能注册 4 个识别码。②如果试图注册 5 个遥控器（识别码），则最早注册在 TVSS ECU 中的识别码将被清除。③当任何一扇车门关上，点火开关转到 ON 或者遥控器在登记后的 16s 内没有信号发出，则 LED 灯会熄灭，识别码的登记就结束了。

十二、一汽丰田花冠 EX 轿车遥控器设定（2008～2014 年）

1. 进入注册模式

（1）在解锁状态下将钥匙插入点火开关。

（2）任何一扇车门在 5s 内完成开→关→开→关→开（起始时车门保持关的状态）。

（3）点火开关在 10s 内 ON→LOCK 5 次（最后保持 LOCK 的状态）。

（4）上述操作之后转向灯闪烁 1 次，表明进入注册状态。

2. 注册遥控器

（1）进入注册状态后在 5s 内同时按下遥控器的解锁与锁止键 1 次。这时转向灯闪烁 2 次，表明这个遥控器注册成功。

（2）第 1 个遥控器注册成功后 5s 之内，同时按下第 2 个遥控器的解锁与锁止键 1 次。这时转向灯闪烁 2 次，表明第 2 个遥控器注册成功。

（3）重复上述步骤，注册其他遥控器（花冠 EX 最多可以注册 4 个遥控器）。

3. 退出注册模式

（1）当 4 个遥控器全部注册完毕，将自动退出注册模式。

（2）如果注册的遥控器数量少于 4 个，那么在最后一个遥控器注册成功之后 5s 之内如果没有新的遥控器的信号，将退出注册模式。

注意： 退出注册模式时转向灯闪烁1次。就花冠EX而言，只有上述一种注册模式。在这种注册模式下，只要有一个遥控器被注册，那么系统中所存储以前的遥控器信息会被全部清除掉。即：每次注册时需要把所有的遥控器重新注册一遍。

十三、一汽丰田皇冠（2004~2008年）、一汽丰田锐志（2005~2010年）、一汽丰田卡罗拉（2007~2009年）轿车遥控器设定

（一）通过点火开关的操作来删除钥匙方法

（1）开始

① 驾驶人侧车门关闭时，安全指示灯闪烁。

② 钥匙没有插入到点火开关，提示：直到插入第1把钥匙。

（2）将已注册的主钥匙在点火开关内插入和拔出6次（结束时插入），安全指示灯熄灭。

（3）打开和关闭驾驶人侧车门7次（结束时为关闭），安全指示灯在35s内亮。

（4）拔出主钥匙，安全指示灯在10s内闪亮。

（5）安全指示灯熄灭。

（6）结束。

（二）通过点火开关的操作来注册添加钥匙方法

（1）开始

① 驾驶人侧车门关闭。在35s内，安全指示灯闪烁。

② 钥匙没有插入到点火开关。提示：直到插入第1把钥匙。

（2）将已注册的主钥匙在点火开关钥匙孔内插入和拔出5次（结束时插入），安全指示灯熄灭。

（3）打开和关闭驾驶人侧车门6次（结束时为关闭）。

（4）拔出主钥匙。

（5）将需要注册的钥匙插入到点火开关钥匙孔内，安全指示灯闪烁。

（6）60s过后，钥匙被注册。安全指示灯闪烁。

（7）下一步。安全指示灯熄灭。

（8）结束。

十四、一汽丰田皇冠（2009~2014年）、一汽丰田普锐斯（2008~2014年）轿车遥控器设定

（一）智能钥匙注册方法

（1）开始

① 驾驶人侧车门关闭。在35s内安全指示灯闪烁。

② 钥匙没有插入到点火开关钥匙孔内。提示：直到插入第1把钥匙。

（2）将已注册的主钥匙在点火开关中插入和拔出5次（结束时插入）。安全指示灯熄灭。

（3）打开和关闭驾驶人侧车门6次（结束时为关闭）。

（4）拔出主钥匙。亮1s后，安全指示灯熄灭。

（5）将需要注册的钥匙插入到钥匙槽内。安全指示灯闪亮。

（6）60s过后，钥匙被注册。安全指示灯闪烁。

（7）下一步。安全指示灯熄灭。

（8）结束。

（二）智能钥匙删除方法

（1）开始

① 驾驶人侧车门关闭。安全指示灯闪烁。

② 钥匙没有插入到点火开关钥匙槽内。提示：直到插入第1把钥匙。

（2）将已注册的主钥匙在点火开关钥匙槽内插入和拔出5次（结束时插入）。安全指示灯熄灭。

（3）打开和关闭驾驶人侧车门7次（结束时为关闭）。

（4）拔出主钥匙。安全指示灯在10s内点亮，1s后熄灭。

（5）安全指示灯熄灭。

（6）结束。

十五、一汽丰田锐志（2008～2013年）、一汽丰田卡罗拉（2010～2018年）、一汽丰田新威驰（2008～2014年）、一汽丰田RAV4（2010～2014年）轿车遥控器设定

（1）驾驶人侧门打开，钥匙未插入点火开关。

（2）在5s内钥匙插入和取出点火开关2次。

（3）在40s内关上再打开驾驶人侧门2次，然后插入钥匙到点火开关。

（4）关闭所有车门，以1s的时间间隔，把点火开关从LOCK到ON再转回LOCK，以操作的次数（1～5次）来进行模式选择。

ON－LOCK操作，1次为增加模式，2次为重新编程模式，3次为确认模式，5次为禁止模式。

（5）将钥匙拔出点火开关。

注意： 如果点火开关的ON－LOCK操作次数是0、4、6或更多，操作会结束而无任何信号。增加模式，是在增加新的识别码时保留已经注册的识别码。此模式用增加遥控器。如果注册了的识别码数目超过4个，以前注册的识别码将从最先录入的码开始被删除。重新编程模式，是删除所有旧的识别码，注册新的识别码。此模式用于更换新的遥控器或门接收器。确认模式，是在一次注册识别码前，确认已经注册了多少个识别码。禁止模式，是删除所有已经注册的识别码并取消无线门锁功能，遥控器丢失时用此模式。

（6）在3s内自动进行锁止—解锁（LOCK—UNLOCK）动作，选择的设定模式与锁止—解锁的循环次数相对应，以通知操作者模式已被选择。

注意： 在确认模式中，当锁止—解锁（LOCK—UNLOCK）动作进行了2次，表示2个识别码已注册。如果已注册的识别码数目是0，锁止—解锁（LOCK—UNLOCK）动作自动进行5次。

（7）在选择了增加模式或重新编程模式之后40s内，同时按住遥控器的锁止键（LOCK）和解锁键（UNLOCK）1～1.5s后，在3s内，按住其中一个键1s以上。

（8）在松开遥控器按键后的3s内，如果遥控器的识别码登记成功，门锁会自动进行锁止—解锁（LOCK—UNLOCK）1次，如果门锁自动进行锁止—解锁（LOCK—UNLOCK）2次，说明注册失败。从开始重做注册程序。

（9）如果继续注册，在上一注册之后中的40s内注册遥控器。

注意： 1次可以登记4个识别码。

（10）如果以下其中一个条件满足，注册程序将结束。

① 门锁控制继电器回应后超过40s。

② 驾驶人侧门被打开。

③ 钥匙插入点火开关里。

④ 1次注册了4个识别码。

十六、丰田普拉多4000轿车遥控器设定（2008～2012年）

（1）关闭所有车门，然后打开驾驶人侧车门。

（2）将钥匙插入并拔出点火开关2次。

（3）关闭打开驾驶人侧车门2次。

（4）将钥匙插入并拔出点火开关1次。

（5）关闭并打开驾驶人侧车门2次。

（6）将钥匙插入点火开关，然后将车门关闭，打开点火开关到ON，然后关闭点火开关，拔下钥匙，此时中央门锁开关动作（闭锁和开锁）1次，表示进入添加模式。如果中央门锁开关没有动作，那么说明以上操作步骤没有做好或超出时间范围，需要重新操作。

（7）同时压下遥控器锁止键（LOCK）和解锁键（UNLOCK）1s，然后松开。在2s内再同时压下遥控器锁止键（LOCK）和解锁键（UNLOCK）1次，然后松开。此时中央门锁开关会动作（锁止和解锁）1次，表示遥控器设定成功。如果中央门锁开关动作2次，那么表示没有设定成功。

（8）若设定下一个遥控器，则到第（7）步中央门锁开关动作（闭锁和开锁）1次后，接着按下一个遥控器，同时压下遥控器锁止键（LOCK）和解锁键（UNLOCK）1s，然后松开。在2s内再同时压下遥控器锁止键（LOCK）和解锁键（UNLOCK）1次，然后松开。此时中央门锁开关会动作（锁止和解锁）1次，表示设定完成。

（9）选择开关模式

① 点火开关开关 1 次：添加模式，此时中央门锁开关会自动动作 1 次。

② 点火开关开关 2 次：重新编程模式，此时中央门锁开关会自动动作 2 次。

③ 点火开关开关 3 次：确认模式，此时中央门锁开关会自动动作 3 次。

④ 点火开关开关 5 次：保护模式，此时中央门锁开关会自动动作 5 次。

十七、广汽丰田凯美瑞轿车遥控器设定（2008～2014 年）

（一）通过点火开关的操作来删除钥匙方法

（1）开始

① 驾驶人侧车门关闭。安全指示灯闪烁。

② 钥匙没有插入到点火开关。提示：直到插入第 1 把钥匙。

（2）将已注册的主钥匙在点火开关内插入和拔出 6 次（结束时插入）。安全指示灯熄灭。

（3）打开和关闭驾驶人侧车门 7 次（结束时为关闭），在 35s 内进行下一步。

（4）拔出主钥匙，安全指示灯在 10s 内点亮，1s 后熄灭。

（5）结束。

（二）通过点火开关的操作来注册添加钥匙方法

（1）开始

① 驾驶人侧车门关闭。在 35s 内，安装指示灯闪烁。

② 钥匙没有插入到点火开关钥匙孔内。提示：直到插入第 1 把钥匙。

（2）将已注册的主钥匙在点火开关钥匙孔内插入和拔出 5 次（结束时插入）。安全指示灯熄灭。

（3）打开和关闭驾驶人侧车门 6 次（结束时为关闭）。

（4）拔出主钥匙。

（5）将需要注册的钥匙插入到点火开关。安全指示灯闪亮。

（6）60s 过后，钥匙被注册。安全指示灯闪烁。

（7）安全指示灯熄灭。结束。

（三）遥控器设定方法

（1）驾驶人侧门打开，钥匙未插入点火开关。

（2）在 5s 内钥匙插入和取出点火开关 2 次。

（3）在 40s 内关上再打开驾驶人侧门 2 次，然后钥匙再次插入和取出点火开关 1 次。

（4）在 40s 内关上再打开驾驶人侧门 2 次，然后插入钥匙到点火开关。

（5）关闭所有车门，以 1s 的时间间隔，把点火开关从 LOCK 到 ON 再转回 LOCK，以操作的次数，（1～5 次）来进行模式选择。

ON－LOCK 操作，1 次为增加模式，2 次为重新编程模式，3 次为确认模式，5 次为禁止模式。

（6）钥匙拔出点火开关。

注意：如果点火开关的 ON－LOCK 操作次数是 0、4、6 或更多，操作会结束而无任何信号。增加模式，是在增加新的识别码时保留已经注册的识别码。此模式用增加遥控器。如果注册了的识别码数目超过 4 个，以前注册的识别码将从最先录入的码开始被删除。重新编程模式，是删除所有旧的识别码，注册新的识别码。此模式用于更换新的遥控器或门接收器。确认模式，是在 1 次注册识别码前，确认已经注册了多少个识别码。禁止模式，是删除所有已经注册的识别码并取消无线门锁功能，遥控器丢失时用此模式。

（7）在 3s 内自动进行锁止—解锁（LOCK—UNLOCK）动作，选择的设定模式与锁止—解锁的循环次数相对应，以通知操作者模式已被选择。

注意：在确认模式中，当锁止—解锁（LOCK—UNLOCK）动作进行了 2 次，表示 2 个识别码已注册。如果已注册的识别码数目是 0，锁止—解锁（LOCK—UNLOCK）动作自动进行 5 次。

（8）在选择了增加模式或重新编程模式之后 40s 内，同时按住遥控器的锁止键（LOCK）和解锁键（UNLOCK）1～1.5s 后，在 3s 内，按住其中一个键 1s 以上。

（9）在松开遥控器按键后的 3s 内，如果遥控器的识别码注册成功，门锁会自动进行锁止—解锁（LOCK—UNLOCK）1 次，如果门锁自动进行锁止—解锁（LOCK—UNLOCK）2 次，说明注册失败。从开始重做注册程序。

（10）如果继续注册，在上一次注册之后的 40s 内注册其他遥控器。

注意：1 次可以注册 4 个识别码。

（11）如果以下其中一个条件满足，注册程序将会结束。

① 门锁控制继电器回应后超过 40s。

② 驾驶人侧门被打开。

③ 钥匙插入点火开关里。

④ 1 次登记了 4 个识别码。

十八、广汽丰田汉兰达轿车遥控器设定（2010～2014 年）

（1）关闭所有车门，然后打开驾驶人侧车门。

（2）将钥匙插入并拔出点火开关 2 次。

（3）关闭打开驾驶人侧车门 2 次。

（4）将钥匙插入并拔出点火开关 1 次。

（5）关闭并打开驾驶人侧车门 2 次。

（6）将钥匙插入点火开关，然后将车门关闭，打开点火开关到 ON，然后关闭点火开关，拔下钥匙，此时中央门锁开关动作（锁止和解锁）1 次，表示进入添加模式。如果中央门锁开关没有动作，那么说明以上操作步骤没有做好或超出时间范围，需要重新操作。

（7）同时压下遥控器锁止键（LOCK）和解锁键（UNLOCK）1s，然后松开，在2s内再同时压下遥控器锁止键（LOCK和解锁键（UNLOCK）1次，然后松开，此时中央门锁开关会动作（闭锁和开锁）1次，表示遥控器设定成功。如果中央门锁开关动作2次，那么表示没有设定成功。

（8）若设定下一把遥控器，则到第（7）步中央门锁开关动作（锁止和解锁）1次后，接着按下一个遥控器，同时压下遥控器锁止键（LOCK）和解锁键（UNLOCK）1s，然后松开，在2s内再同时压下遥控器锁止键（LOCK）和解锁键（UNLOCK）1次，然后松开，此时中央门锁开关会动作（锁止和解锁）1次，表示设定完成。

（9）选择开关模式

① 点火开关开关1次：添加模式，此时中央门锁开关会自动动作1次。

② 点火开关开关2次：重新编程模式，此时中央门锁开关会自动动作2次。

③ 点火开关开关3次：确认模式，此时中央门锁开关会自动动作3次。

④ 点火开关开关5次：禁止模式，此时中央门锁开关会自动动作5次。

十九、广汽丰田雅力士轿车遥控器设定（2008~2009年）

（1）打开驾驶人侧车门，其他车门关闭。

（2）将点火开关打开并关闭5次，此时安全指示灯应该点亮。

（3）按下遥控器任意键，安全指示灯应该熄灭。

（4）再按遥控器任意键，安全指示灯再次点亮，遥控器设定完成。

（5）关闭车门，检查遥控器功能。

二十、广汽丰田雅力士轿车遥控器设定（2010~2014年）

1. 车辆应处于如下状态

（1）钥匙插入点火开关锁芯。

（2）仅驾驶人侧车门打开。

2. 进行下列操作设定遥控器

（1）在5s内将钥匙插入点火开关并拔出2次（以拔出结束）。

（2）关闭和打开驾驶人侧车门2次（以打开结束），然后将钥匙插入点火钥匙芯并拔出钥匙。

（3）关闭和打开驾驶人侧车门2次（以打开结束）然后将钥匙插入点火钥匙锁芯，并关闭车门。

（4）将点火开关LOCK－ON－LOCK转动1次，然后将钥匙从点火钥匙锁拔出。主车身ECU在5s内自动执行门锁锁止—解锁操作。

（5）在45s内同时按住原车遥控器上的锁止键和解锁键1~1.5s。然后放开，再按住其中一个键超过1s。

（6）在释放按键后5s内，如果注册成功，将自动执行1次锁止—解锁操作。如果自动执行2次锁止—解锁，说明注册失败。

（7）同时按住新的遥控器上的锁止键和解锁键1~1.5s。然后放开，再按住其中一个按键超过1s，在释放按钮后5s内，如果注册成功，将自动执行1次锁止—解锁操作。一次可注册6个识别码。

（8）满足下列条件之一，注册模式也将结束：

① 注册码注册完成后超过40s。

② 任意车门打开。

③ 钥匙插入点火开关锁芯。

④ 已注册 6 个识别码。

二十一、广汽丰田逸致轿车遥控器设定（2011～2015 年）

（1）驾驶人侧车门打开，其他车门关闭。

（2）钥匙插入点火开关并拔出 1 次。

（3）驾驶人侧车门关闭并打开 3 次，最后保持打开。

（4）钥匙插入点火开关并拔出 1 次。

（5）驾驶人侧车门关闭并打开 3 次，最后保持关闭。

（6）钥匙插入点火开关，（ON－OFF，1 次为添加模式，2 次为重新编程模式），拔出钥匙，中央门锁应该动作 1 次。

（7）同时按住遥控器上的锁止键与解锁键保持 1s，再按任意按键一下，车门锁动作 1 次，说明匹配成功。

第二节　丰田车系保养灯归零

一、丰田酷路泽轿车保养灯归零（2007～2012 年）

1. 电子钟时间调节

维护保养过程中如果断开过蓄电池，保养完毕，重新连接蓄电池后要按照图 18-27 所示重新调节电子钟时间。

2. 保养归零设定

（1）将点火开关设置到 ON。

（2）按下图 18-28 所示的按钮 A，显示里程读数。

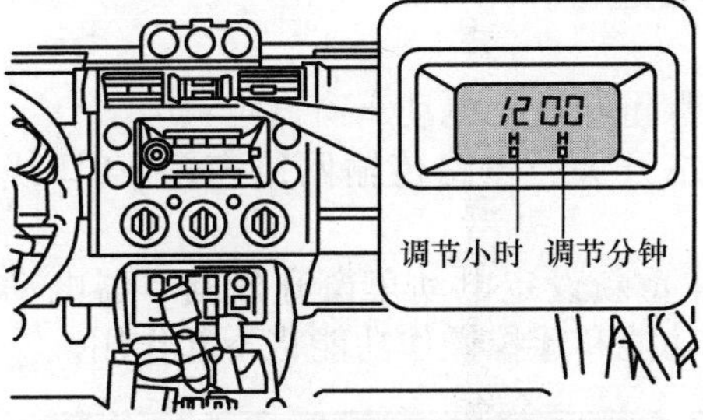

图 18-27　调节按钮识别

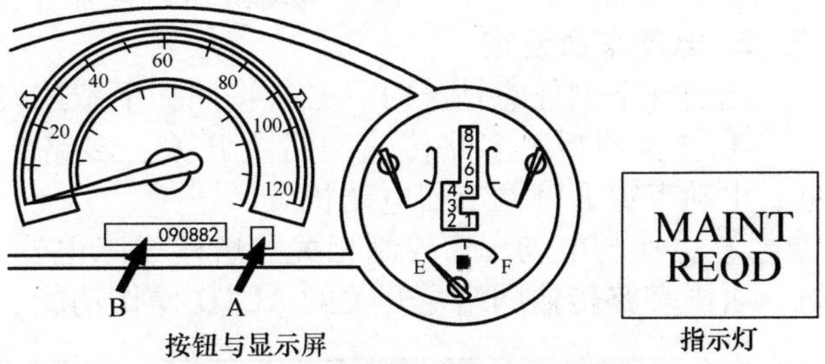

图 18-28　按钮与指示灯识别

（3）将点火开关设置到 OFF。

（4）按住按钮 A。

（5）将点火开关设置到 ON。

（6）继续按住按钮 A 并保持 5s 以上。显示屏 B 显示“000000”和“MAINT REQD”。

（7）当重新设定完成后，显示屏显示“MAINT REQD RESET COMPLETE”，随后指示灯会熄灭，表示归零设定完成。

二、丰田 RAV4 轿车保养灯归零（2005～2013 年）

（1）将点火开关设置到 ON。

（2）如图 18-29 所示，反复按动按钮 A，直至显示屏 B 显示“TRIP A”。

（3）将点火开关设置到 OFF。

（4）按住按钮 A。

（5）将点火开关设置到 ON。

（6）继续按住按钮 A 并保持 5s 以上。显示屏 B 显示“000000”和“MAINT REQD”，指示灯熄灭，表示归零设定完成。

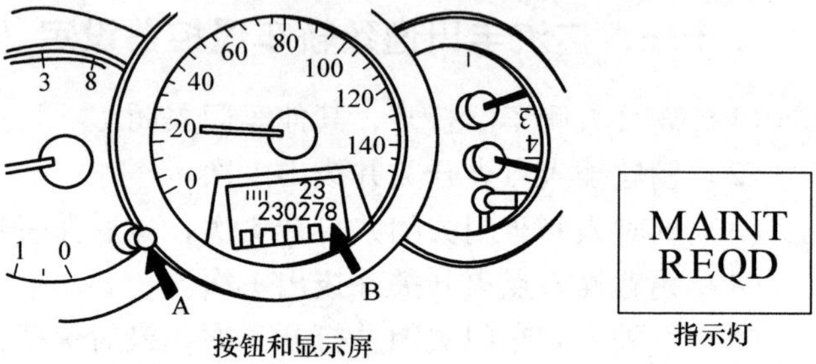

图 18-29　按钮、显示屏和指示灯识别

三、皇冠轿车保养灯归零（2007～2012 年）

1. 电动天窗系统设定

当出现下列任意情况时，需要按照如下叙述重新设定电动天窗：

① 蓄电池断开。

② 驱动齿轮连接器被连接/断开。

③ 电动天窗被更换或拆装。

电动天窗系统设定步骤如下：

（1）打开点火开关。

（2）如果电动天窗打开，则应完全关闭。

（3）按下天窗的滑动开关或倾斜开关。

（4）操作天窗：上倾→约 1s→下倾→滑动打开→滑动关闭。

（5）设置操作完成。检查电动天窗自动操作是否正常运行。

2. 电动车窗设定

当出现下列任意情况时，必须按照如下叙述设定步骤重新进行电动车窗设定：

① 更换或拆装多路传输网络主开关、多路传输网络开关、多路传输网络车门 ECU 线束、电动车窗升降调节器电动机。

② 更换与电动车窗控制相关的熔丝或断电器。除非重新设定电动车窗升降调节器电动机，否则多路传输网络主开关的 AUTO 操作功能、防夹功能和遥控操作功能将不起作用。

> **注意：**用各自的多种传输网络开关重新设定电动车窗升降调节器电动机，电动机不能用多路传输网络开关的遥控操作来重新设定。为防止强电流从导线中流过，不要同时重新设定两个或更换的电动车窗升降调节器电动机。

如果电动车窗开关被长时间持续操作，电动车窗升降调节器电动机将停止以使额定的负荷不会加到电动机上。在限制 AUTO UP/DOWN 的功能和遥控 UP/DOWN 功能的同时，即使在电动机停止之后继续操作开关，也会引起开关的“AUTO”灯闪烁，如果出现了这种情况，等待几分钟之后再重新设定。

电动车窗设定方法如下：

（1）打开点火开关。

（2）将电动车窗上升到半程。

（3）完全推上开关直到电动车窗完全关闭，并在电动车窗完全关闭之后将开关继续保持 1s 或更长时间。

（4）检查 AUTO UP /DOWN 功能操作是否正常，如果 AUTO UP/ DOWN 功能运行正常，则重新设定完成。

3. 方向控制模块设定

如果在维护保养过程中更换悬架和方向控制模块，更换高度控制传感器，则应按照如下叙述对方向控制模块进行设定。对方向控制模块进行设定后，应调整前照灯对光情况。

设定前检查确认车辆状况处于如下状况：

① 燃油箱中有约 10L 左右的燃油。

② 车辆卸载。

③ 车中应没有乘员。

④ 关闭前照灯。

⑤ 打开点火开关，检查警告灯是否点亮。正常情况下，警告灯应点亮 3s。

方向控制模块设定如下：

（1）用跨接线跨接诊断座端子 4 和 8，如图 18-30所示。

（2）通过旋转前照灯变光开关，使前照灯在 20s 内闪烁 3 次。注意：使前照灯以约 1s 的间隔闪烁。

（3）正常情况下，警告灯以 0.5s 的间隔闪烁 3 次，然后熄灭；设定电路出现故障时，警告灯不闪烁或持续闪烁。

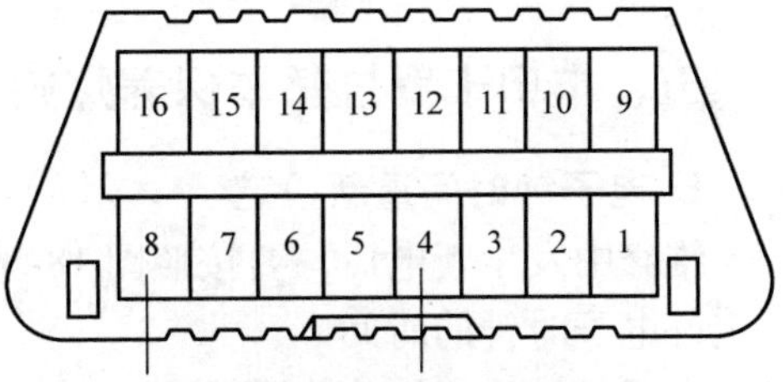

图 18-30　诊断座端子识别

4. 防滑控制模块设定

当更换轮胎或轮胎换位后，应按照如下叙述对防滑控制模块进行设定。设定前应检查轮胎压力并将其调整到规定值。点火开关置于 ON，车辆停止，若轮胎压力警告灯亮，如图 18-31 所示，则按住轮胎压力警告重置开关 1 ~ 2s，即可取消轮胎压力报警信号。

防滑控制模块设定操作步骤如下：

（1）停车，将点火开关转到 ON。

（2）按住轮胎压力报警重置开关 3s 或更长时间，直到轮胎压力警告灯闪烁 3 次（间隔 1s）。

（3）车辆以 30km/h 或更高的速度行驶，完成防滑控制模块设定。

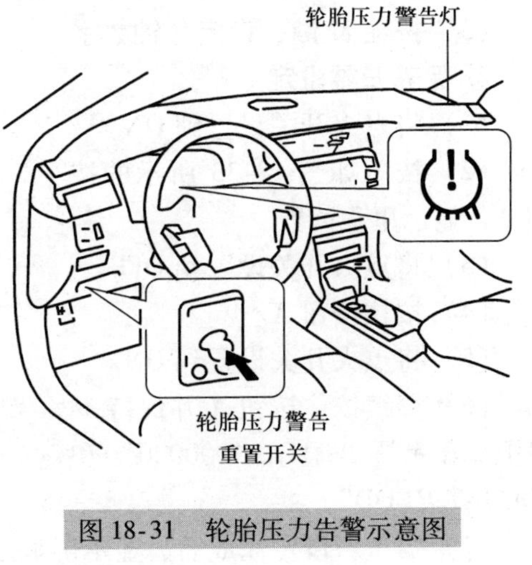

图 18-31　轮胎压力告警示意图

（4）车辆行驶20～60min后，检查轮胎压力警告灯是否点亮；车辆行驶时，若轮胎压力警告灯以0.25s的间隔闪烁，则设定可能失败，应重新设定；关闭点火开关，重复步骤（1）～（3）。

（5）完成设定后，防滑控制模块通过速度传感器监测轮胎压力。

四、丰田锐志轿车保养灯归零（2005～2012年）

1. 电动天窗设定

当出现下列任意情况时，需要按照如下叙述重新设定电动天窗：

① 蓄电池断开。

② 电动天窗驱动齿轮连接器被连接/断开。

③ 电动天窗被更换或拆装。

电动天窗系统设定步骤如下：

（1）打开点火开关。

（2）如果电动天窗打开，则应完全关闭。

（3）按下天窗的滑动开关或倾斜开关。

（4）操作天窗：上倾→约1s→下倾→滑动打开→滑动关闭。

（5）设置操作完成。检查电动天窗自动操作是否正常运行。

2. 防滑控制模块设置

设置方法与皇冠轿车相同。

五、丰田卡罗拉轿车保养灯归零（2005～2013年）

1. 电子钟时间重新设定

维修中发生断电后，要按照图18-32所示的按键重新设定好电子时钟的时间。

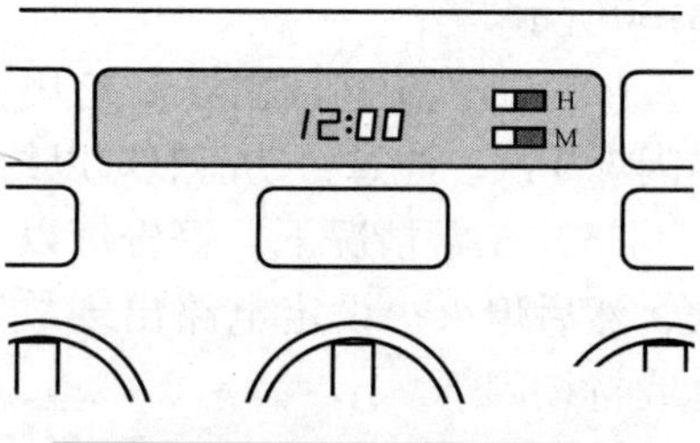

图18-32 电子时钟设定按键

电子时钟设定操作步骤如下：

（1）将点火开关设定到ACC或ON。

（2）按住H键，设定小时数字。

（3）按住M键，设定分钟数字。

2. 保养归零设定

（1）将点火开关设置到ON。

（2）按下如图18-33所示的按钮A，显示里程读数。

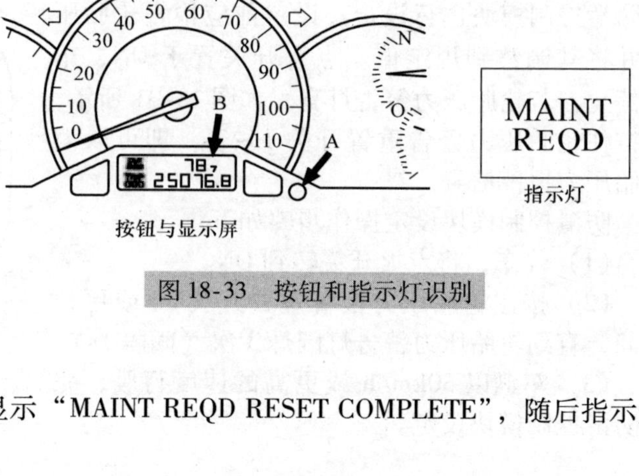

图18-33 按钮和指示灯识别

（3）将点火开关设置到OFF。

（4）按住按钮A。

（5）将点火开关设置到ON。

（6）继续按住按钮A并保持5s以上。显示屏B显示“000000”和“MAINT REQD”。

（7）当重新设定完成后，显示屏显示“MAINT REQD RESET COMPLETE”，随后指示灯会熄。

六、丰田雅力士轿车保养灯归零（2007～2013年）

1. 不配备无钥匙进入系统的雅力士轿车保养归零设定

（1）将点火开关设置到ON。

（2）反复按动图18-34所示的按钮B，直至显示屏C显示“TRIP A”。

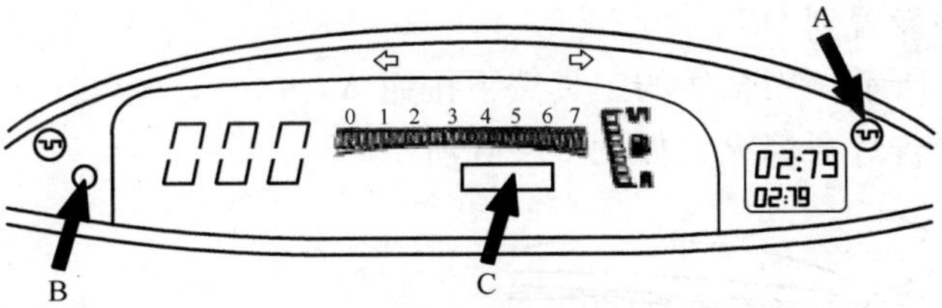

图18-34　按钮识别

（3）将点火开关设置到OFF。

（4）按住按钮B。

（5）将点火开关设置到ON。

（6）继续按住按钮B并保持5s以上。

（7）当显示屏不显示任何内容时，立即松开按钮B。显示屏随后显示“000000”，持续显示1s，然后警告灯熄灭。

（8）归零设定完毕，里程表会出现在显示屏上。

2. 配备无钥匙进入系统的雅力士轿车保养归零设定

（1）把遥控钥匙插入点火开关。

（2）按2次START/STOP按钮，使点火开关设置到ON。

（3）反复按动按钮B，直至显示屏显示“TRIP A”。

（4）按1次START/STOP按钮，使点火开关设置到OFF。

（5）按住按钮B。

（6）按2次START/STOP按钮，使点火开关设置到ON。

（7）继续按住按钮B并保持5s以上。

（8）当显示屏C不显示任何内容时，立即松开按钮B。显示屏随后会显示“000000”，持续显示1s，然后警告灯熄灭。

（9）归零设定完毕，里程表会出现在显示屏上。

3. 驾驶人电动车窗初始化设定

维护保养过程中如果断开过蓄电池，保养完毕，重新连接蓄电池后要按照如下叙述执行电动车窗初始化设定操作：

（1）将点火开关设定到ON。

（2）当驾驶人电动车窗警告灯开始闪时：

① 按住电动车窗的开启开关，使车窗完全开启，继续按住开关保持1s以上。

② 立即抬起并保持电动车窗的关闭开关，使车窗完全关闭，继续抬起关闭开关保持1s以上。

（3）松开开关。

（4）当驾驶人电动车窗警告灯点亮时，确认车窗可以彻底开启和彻底关闭。

（5）把点火开关设置到 OFF。

七、丰田海狮轿车保养灯归零（1998～2007 年）

（1）从仪表板上拆卸固定锁环。

（2）将点火开关设置到 ON。

（3）如图 18-35 所示，用合适的工具按下按钮 A。

（4）机油更换警告灯会熄灭，如图 18-36 所示。

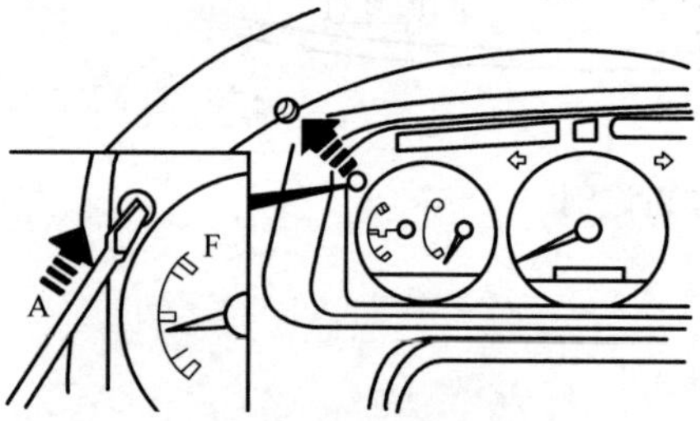

图 18-35　按钮识别

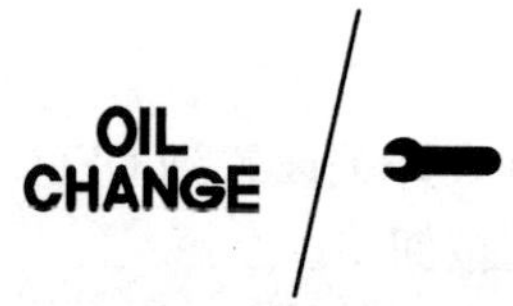

图 18-36　机油更换警告灯

（5）将点火开关设置到 OFF。

八、丰田坦途轿车保养灯归零（2003～2012 年）

1. 配备多功能显示屏的坦途轿车保养归零设定

（1）将点火开关设置到 ON。

（2）按下图 18-37 所示的按钮 A，显示屏显示“TRIP A”。

（3）将点火开关设置到 OFF。

（4）按住按钮 A。

（5）将点火开关设置到 ON。

（6）继续按住按钮 A 并保持 5s 以上。

（7）显示屏显示“MAINT REQD RESET COMPLETE”，持续显示 1s 后，显示屏重新显示里程读数。

（8）松开按钮 A，完成归零设定操作。

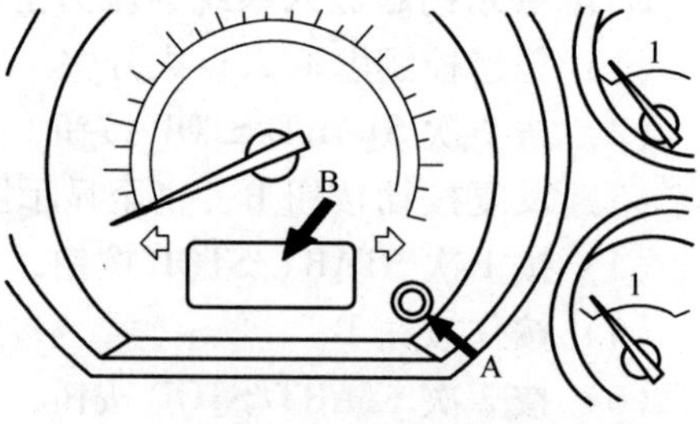

图 18-37　按钮与显示屏识别

2. 不配备多功能显示屏的坦途轿车保养归零设定

（1）将点火开关设置到 ON。

（2）按下图 18-38 所示的按钮 A，显示屏显示“TRIP A”。

（3）将点火开关设置到 OFF。

（4）按住按钮 A。

（5）将点火开关设置到 ON。

（6）继续按住按钮 A 并保持 5s 以上。显示屏显示“MA-

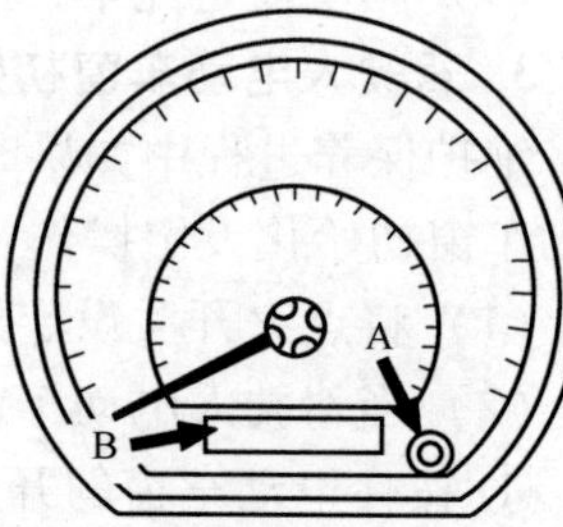

图 18-38　按钮识别

INT REQD RESET MODE”。

（7）当重新设定完成后，显示屏显示“000000”和“MAINT REQD”，指示灯会熄灭，如图18-39所示。

（8）归零设定操作完成。

图18-39　指示灯识别

九、丰田普锐斯轿车保养灯归零（2004～2012年）

1. 2004～2009年PRIUS轿车保养归零设定

（1）按动2次POWER按钮，将点火开关设置到ON。

（2）按下图18-40所示的按钮A，显示里程读数。

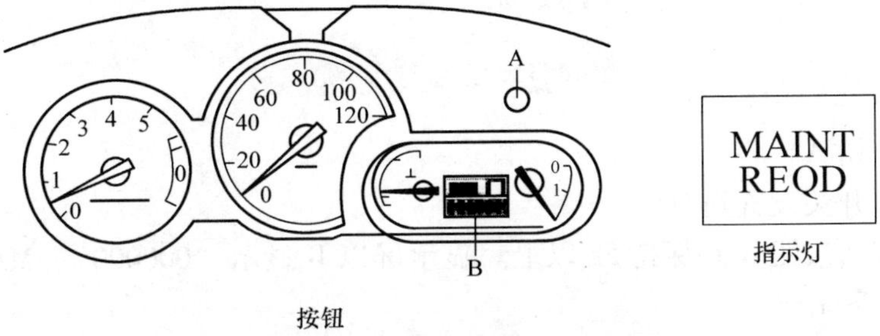

图18-40　按钮与指示灯识别

（3）按下POWER按钮，将点火开关设置到OFF。

（4）按住按钮A。

（5）按动2次POWER按钮，将点火开关设置到ON。

（6）继续按住按钮A并保持5s以上。显示屏B显示“000000”，MAINT REQD指示灯熄灭，表示归零完毕。

2. 2010～2012年PRIUS轿车保养归零设定

（1）将点火开关设置到ON。

（2）按下图18-41所示的按钮B，显示屏C显示“TRIP A”。

（3）将点火开关设置到OFF。

（4）按住按钮B。

（5）将点火开关设置到ON。

（6）继续按住按钮A并保持5s以上。显示屏以C显示“000000”，表示归零完毕。

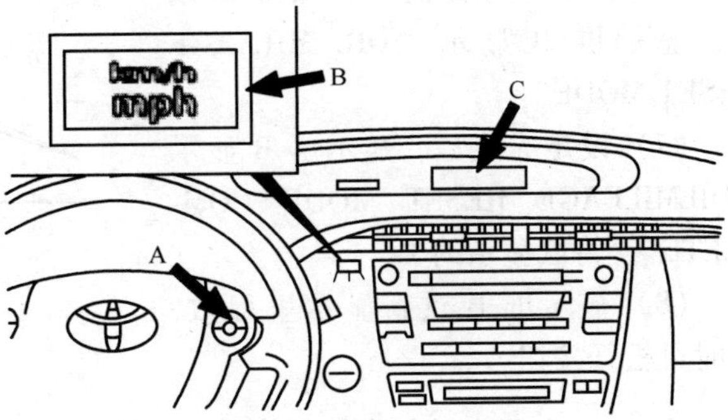

图18-41　按钮识别

十、丰田凯美瑞轿车保养灯归零（2007～2013年）

1. 不配备多功能显示屏的凯美瑞轿车保养归零设定

（1）将点火开关设置到ON。

（2）按下图18-42所示的按钮A，显示屏B显示“TRIP A”。

（3）将点火开关设置到OFF。

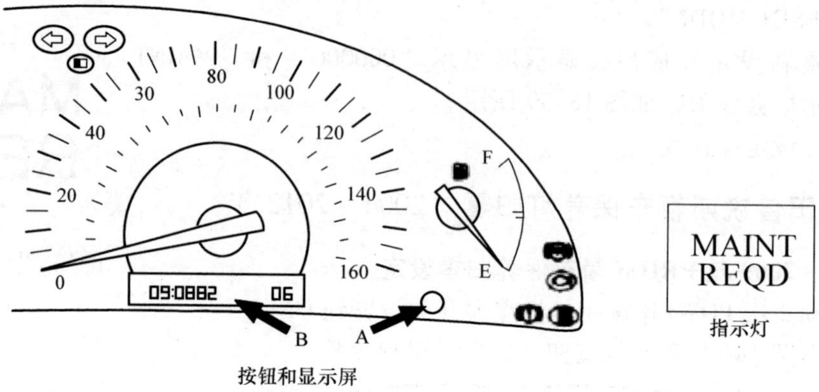

图 18-42　按钮与指示灯识别

（4）按住按钮 A。

（5）将点火开关设置到 ON。

（6）继续按住按钮 A 并保持 5s 以上。显示屏以 B 显示“000000”，MAINT REQD 指示灯熄灭，表示归零完毕。

2. 配备多功能显示屏的凯美瑞轿车保养归零设定

（1）将点火开关设置到 ON。

（2）按下图 18-43 所示的按钮 A，显示屏 B 显示“TRIP A”。

（3）将点火开关设置到 OFF。

（4）按住按钮 A。

（5）将点火开关设置到 ON。

（6）继续按住按钮 A 并保持 5s 以上。显示屏 B 显示“OIL MILEAGE RESET MODE”。

（7）设定完成后，显示屏 B 显示“OILMILEAGE RESET MODE COMPLETE”，持续显示约 1s。

（8）显示屏 B 重新显示里程数，此时可松开按钮 A。

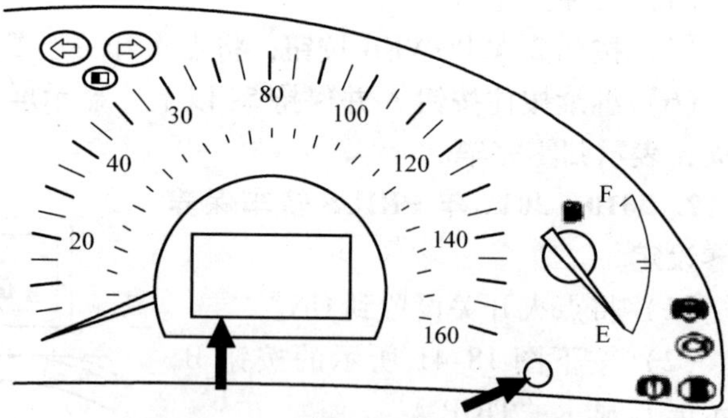

图 18-43　按钮与指示灯识别

十一、丰田红杉轿车保养灯归零（2008 ~ 2012 年）

1. 配备多功能显示屏的红杉轿车保养归零设定

（1）将点火开关设置到 ON。

（2）按下图 18-44 所示的按钮 A，显示屏 B 显示“TRIP A”。

（3）将点火开关设置到 OFF。

（4）按住按钮 A 。

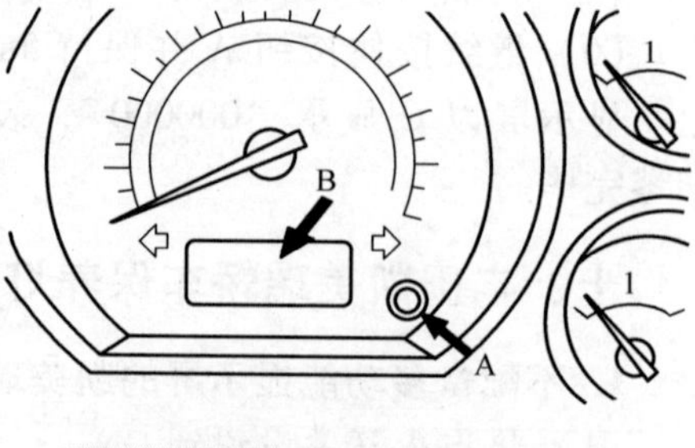

图 18-44　按钮与显示屏识别

（5）将点火开关设置到 ON。

（6）继续按住按钮 A 并保持 5s 以上。显示屏显示“OIL MILEAGE RESET MODE”。

（7）当重新设定完成后，显示屏 B 显示“OILMILEAGE RESET MODE COMPLETE”，持续显示约 1s，显示屏重新显示里程数。

（8）松开按钮 A，完成归零设定操作。

2. 不配备多功能显示屏的坦途轿车保养归零设定

（1）将点火开关设置到 ON。

（2）按下图 18-45 所示的按钮 A，显示屏 B 显示“TRIP A”。

图 18-45 按钮、显示屏与指示灯识别

（3）将点火开关设置到 OFF。

（4）按住按钮 A。

（5）将点火开关设置到 ON。

（6）继续按住按钮 A 并保持 5s 以上。显示屏显示“MAINT REQD RESET MODE”。

（7）当重新设定完成后，显示屏显示“000000”和“MAINT REQD”字符，指示灯会熄灭。

（8）归零设定操作完成。

十二、丰田汉兰达轿车保养灯归零（2008～2013 年）

（1）将点火开关设置到 ON。

（2）按下图 18-46 所示的按钮 A，显示屏 B 显示里程读数（类型 1 仪表）或显示“TRIP A”（类型 2 仪表）。

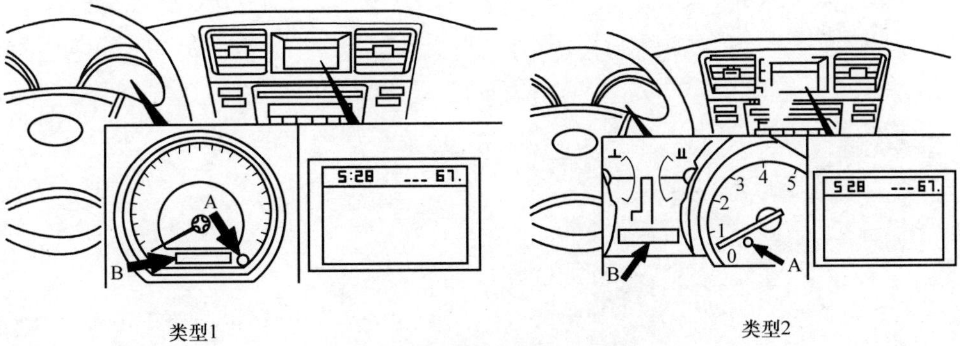

图 18-46 按钮与显示屏识别

（3）将点火开关设置到 OFF。

（4）按住按钮 A。

（5）将点火开关设置到 ON。

（6）继续按住按钮 A 并保持 5s 以上。显示屏 B 显示“COMPLETE”。

（7）松开按钮 A，归零设定完成。

第十九章　雷克萨斯车系遥控器设定与保养灯归零

第一节　雷克萨斯车系遥控器设定

一、雷克萨斯 LS400 轿车防盗系统设定与解除（2008～2016 年）

防盗系统采用车门锁控制系统元件和某些其他元件，当某人企图不用钥匙强行进入汽车或打开发动机舱盖或行李箱时，或当蓄电池被拆下又重新连接时，防盗系统会使喇叭发声，并闪烁前灯和尾灯约 1min 作为报警。与此同时，系统关闭所有车门并脱开起动机。

1. 防盗系统的设定

设定条件：

（1）关闭所有车门。

（2）关闭发动机舱盖和行李箱门。

（3）从点火开关锁芯拔出点火钥匙。

设定工作：

当下列（1）、（2）或（3）中任何一项操作完成时，防盗指示灯将按下表所示闪烁，并在执行操作后约 30s 完成防盗系统设定。

（1）有钥匙锁住左侧或右侧前门（所有车门通过钥匙联锁动作已锁住）。

（2）用门锁无线控制系统锁住所有车门。

（3）保持所有后门锁住及一扇前门锁住，不用钥匙锁住另一扇前门（无钥匙门锁）。

设定工作后需要时间	指示灯
约 30s 内	亮
约 30s 内	闪烁（亮 1s 灭 1s）

备注：防盗系统设定后，车门不能用门锁控制开关锁住或打开，行李箱门不能用行李箱门开启器开关打开。

2. 解除已设定的防盗系统

检查防盗指示灯是否在闪光。

下面（1）、（2）、（3）或（4）中的任何一项操作完成时，防盗系统即解除指示灯灭。

（1）用钥匙打开左侧或右侧前门。

（2）用门锁无线控制系统打开所有的车门。

（3）将点火钥匙插入点火锁芯，并将其转至 ACC 或 ON 时（只有在防盗系统从未工作时，该项才可执行）。

（4）用钥匙打开行李箱门。

防盗系统仅在行李箱门开时临时解除，在行李箱门关闭约 2s 后，防盗系统重新设定。

二、雷克萨斯 GS450h（2009～2013 年）、雷克萨斯 HS250h（2010～2013 年）、雷克萨斯 IS250（2009～2010 年）、雷克萨斯 IS350（2009～2010 年）、雷克萨斯 ISF（2010～2013 年）、雷克萨斯 LX570（2008～2010 年）、雷克萨斯 RX350（2010～2014 年）、雷克萨斯 RX450h（2010～2014 年）轿车遥控器设定

（一）系统操作 1

（1）报警/中控锁系统在无钥匙模式下解除

① 携带遥控器靠近车辆，握住任何一个车门把手，解除报警系统和解锁车门。

② 携带遥控器靠近车辆，按下行李箱释放按钮，解除报警系统和打开行李箱。

（2）报警/中控锁系统在无钥匙模式下激活

① 关闭点火开关。确保所有车门和行李箱完全关闭。

② 按下任何一个车门把手上的锁止按钮来锁止车辆和激活报警系统。注意：无钥匙进入卡是可以使用的，但没有遥控功能。

（3）在遥控器中插着 1 把应急钥匙。

（4）按下遥控器锁止键激活报警系统和中控锁系统。遥控器如图 19-1 所示，无钥匙进入卡如图 19-2 所示。

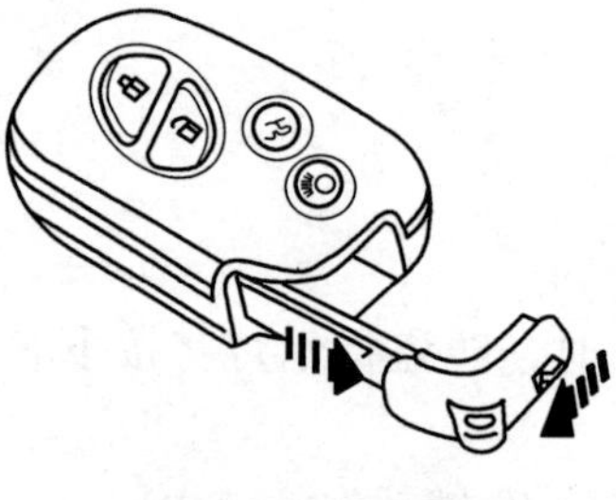

图 19-1 遥控器

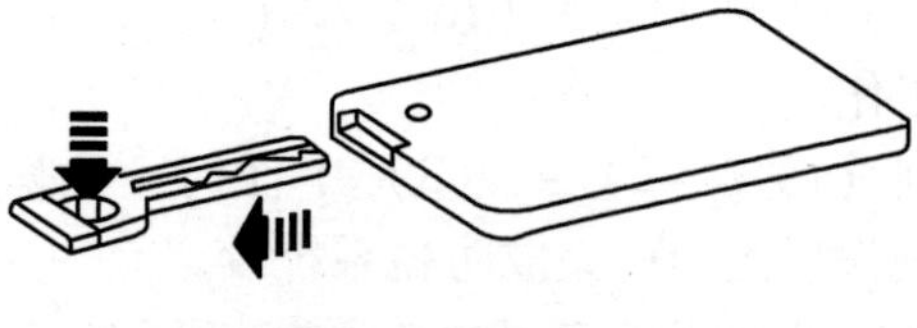

图 19-2 无钥匙进入卡

（5）按下遥控器解锁键 1 次解除报警系统和仅解锁驾驶人侧车门。

（6）在 3s 内按下遥控器解锁键 2 次解除报警系统和解锁全部车门。

（7）按下遥控器行李箱释放键约 1s 解锁行李箱。

（8）若已解锁车辆在 60s 内车门或行李箱未被打开，则报警系统和锁止重新激活。

（二）遥控器编程

1. 当出现以下情况时，系统需进行编程

（1）增加或更换遥控器/进入卡。

（2）系统故障。

2. 编程方法

遥控器/进入卡只能使用诊断设备进行编程。注意：最多可以编程 7 把遥控器/进入卡。

（三）遥控器电池更换方法

电池更换方法如图 19-3 所示。

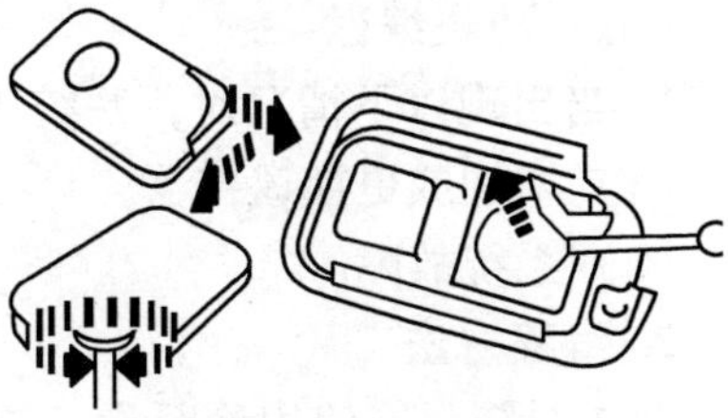

图 19-3　电池更换方法

（四）系统操作 2

关闭点火开关后系统进入报警状态。

（五）防盗编程

1. 当出现以下情况时，系统需进行重新编程

（1）增加或更换遥控器/进入卡。

（2）系统故障。

2. 编程方法

防盗系统只能使用诊断设备进行编程。注意：最多可编程 7 把遥控器/进入卡。

三、雷克萨斯 IS250（2006～2008 年）、雷克萨斯 IS350（2006～2008 年）轿车遥控器设定

（一）系统操作 1

（1）报警/中控锁系统在无钥匙模式下解除

① 携带遥控器靠近车辆，握住驾驶人侧车门把手，解除报警系统和解锁驾驶人侧车门。

② 携带遥控器靠近车辆，握住乘客侧或后车门把手，解除报警系统和解锁车门。

③ 携带遥控器靠近车辆，按下行李箱释放按钮，解除报警系统和打开行李箱。

（2）报警/中控锁系统在无钥匙模式下激活

① 关闭点火开关。确保所有车门和行李箱完全关闭。

② 按下任何一个车门把手上的锁止按钮来锁止车辆和激活报警系统。

（3）在遥控器中插着 1 把应急钥匙。

（4）按下遥控器锁止键激活报警系统和中控锁系统。遥控器如图 19-4 所示。

（5）按下遥控器解锁键 1 次解除报警系统和仅解锁驾驶人侧车门。

（6）在 3s 内按下遥控器解锁键 2 次解除报警系统和解锁全部车门。

（7）按下遥控器行李箱释放键约 1s 解锁行李箱。

（8）若已解锁车辆在 30s 内车门或行李箱未被打开，则报警系统和锁止重新激活。

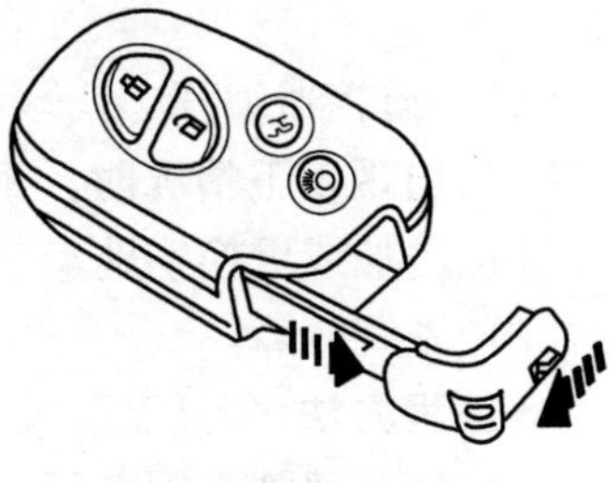

图 19-4　遥控器

（二）遥控器编程

1. 当出现以下情况时，系统需进行编程

（1）增加或更换遥控器。

（2）系统出现故障。

2. 编程方法

遥控器只能使用诊断设备进行编程。注意：最多可以编程 4 把遥控器。

（三）遥控器电池更换方法

电池更换方法如图 19-5 所示。

（四）系统操作 2

关闭点火开关后系统进入报警状态。

（五）防盗编程

1. 当出现以下情况时，系统需进行重新编程

（1）增加或更换遥控器。

（2）系统故障。

2. 编程方法

防盗系统只能使用诊断设备进行编程。注意：最多可编程 4 把遥控器。

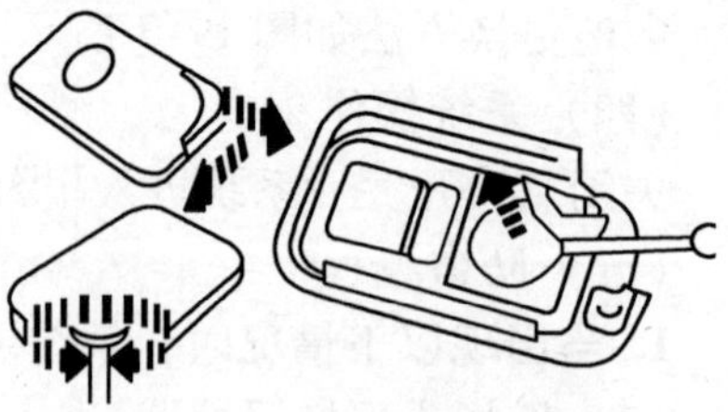

图 19-5 电池更换方法

四、雷克萨斯 RX330（2004～2006 年）、雷克萨斯 RX350（2007～2009 年）、雷克萨斯 RX400h（2008～2012 年）轿车遥控器设定

（一）系统操作 1

（1）按下钥匙 LOCK 键激活报警系统和中控锁系统。钥匙如图 19-6 和图 19-7 所示。

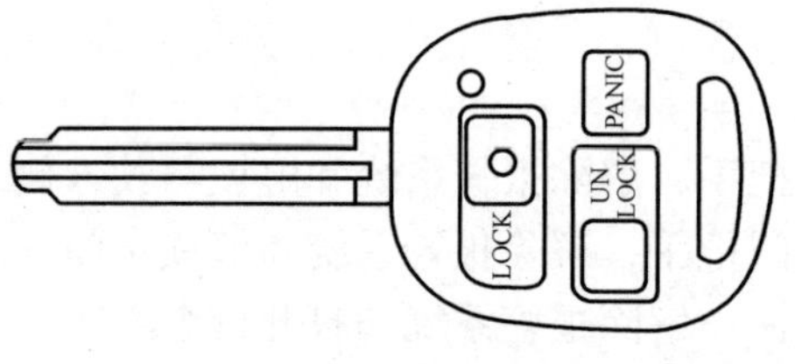

图 19-6 钥匙

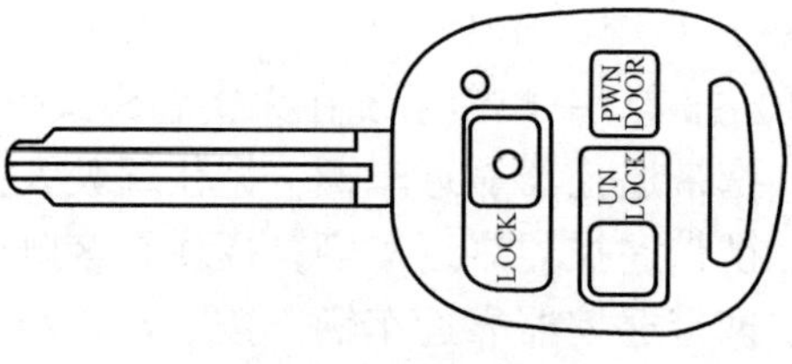

图 19-7 钥匙

（2）按下钥匙 UNLOCK 键 1 次解除报警系统和仅解锁驾驶人侧车门。

（3）在 3s 内按下 UNLOCK 键 2 次解除报警系统和解锁全部车门。

（4）若已解锁车辆在 30s 内车门和行李箱未被开启，则报警系统重新激活和车辆重新锁止。

（二）遥控器编程

1. 当出现以下情况时，系统需进行编程

（1）增加或更换钥匙。

（2）系统故障。

2. 编程方法

（1）打开驾驶人侧车门，其他车门关闭，将钥匙从点火开关拔出。

（2）在 5s 内：将钥匙插入点火开关并拔出连续 2 次。

（3）在 40s 内：关闭和打开驾驶人侧车门 2 次。

（4）将钥匙插入点火开关并拔出。

（5）在 40s 内：关闭和打开驾驶人侧车门 2 次。

（6）将钥匙插入点火开关和关闭驾驶人侧车门。

（7）将点火开关从 ON 到 OFF，1 次为添加模式，2 次为重新编程模式，3 次为确认模式，5 次为禁止模式。

（8）将钥匙拔出点火开关。系统将立刻依据已选定的不同模式锁止或解锁车辆 1 次、2 次、3 次或 5 次。1～4 次，缓慢操作，使系统识别注册的遥控器数量。

（9）在 40s 内：同时按下并按住 LOCK 键或 UNLOCK 键约 1.5s。

（10）在3s内：按下和松开LOCK或UNLOCK键。

（11）系统将立刻锁止—解锁车辆，1次以表明钥匙注册成功，2次则表明注册失败。

（12）在40s内重复按键步骤来编程剩下的钥匙。

注意：打开驾驶人侧车门或插入点火钥匙将退出编程模式。最多可编程4把遥控器。

（三）遥控器电池的更换方法

电池更换方法如图19-8所示。

（四）系统操作2

拔下点火钥匙后系统进入报警状态。

（五）防盗编程

1. 当出现以下情况时，系统需进行重新编程

（1）增加或更换遥控器。

（2）系统出现故障。打开点火开关，SECURITY警告灯连续点亮。

2. 编程方法

防盗系统只能使用诊断设备进行编程。最多可以编程5把主钥匙和3把副钥匙。

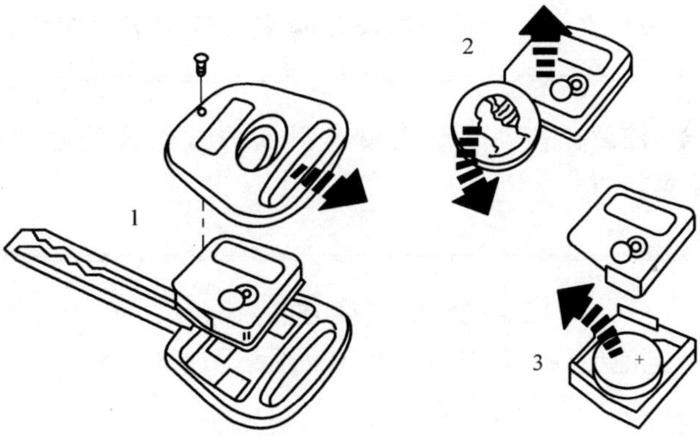

图19-8 电池更换方法

五、雷克萨斯SC340轿车遥控器设定（2008~2014年）

（一）系统操作1

（1）按下钥匙LOCK键激活报警系统和中控锁系统。钥匙如图19-9所示。

（2）按下钥匙UNLOCK键1次解除报警系统和仅解锁驾驶人侧车门。

（3）在3s内按下UNLOCK键2次解除报警系统和解锁全部车门。

（4）若已解锁车辆在30s内车门和行李箱未被开启，则报警系统重新激活和车辆重新锁止。

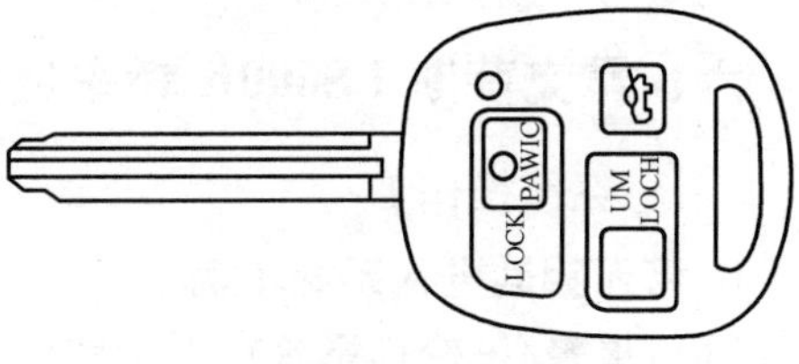

图19-9 钥匙

（二）遥控器编程

1. 当出现以下情况时，系统需进行编程

（1）增加或更换钥匙。

（2）系统故障。

2. 编程方法（2008年以后的车型）

（1）打开驾驶人侧车门，其他车门关闭，将钥匙从点火开关拔出。

（2）在5s内：将钥匙插入点火开关并拔出连续2次。

（3）在40s内：①关闭和打开驾驶人侧车门2次。②将钥匙插入点火开关并拔出。③关闭和打开驾驶人侧车门2次。④将钥匙插入点火开关和关闭驾驶人侧车门。

（4）在40s内：将点火开关从ON到OFF，1次为添加模式，2次为重新编程模式，3次为确认模式，5次为禁止模式。

（5）将钥匙拔出点火开关。系统将依据已选定的不同模式立刻锁止或解锁车辆1次、2次、3次或5次。1~4次，缓慢操作，使系统识别注册的遥控器数量。

（6）在40s内：同时按下并按住LOCK键UNLOCK键。

（7）在3s内：按下和松开LOCK或UNLOCK键。

（8）系统将立刻锁止—解锁车辆，1次以表明钥匙注册成功，2次则表明注册失败。

（9）在40s内重复按键步骤来编程剩下的钥匙。

注意：打开驾驶人侧车门或插入点火钥匙，将退出编程模式。最多可编程4把遥控器。

（三）遥控器电池的更换方法

电池更换方法如图19-10所示。

（四）系统操作2

拔下点火钥匙后系统进入报警状态。

（五）防盗编程

1. 当出现以下情况时，系统需进行重新编程

（1）增加或更换遥控器。

（2）系统出现故障。

2. 编程方法（2005年以后的车型）

防盗系统只能使用诊断设备进行编程。最多可以编程5把主钥匙和3把副钥匙。

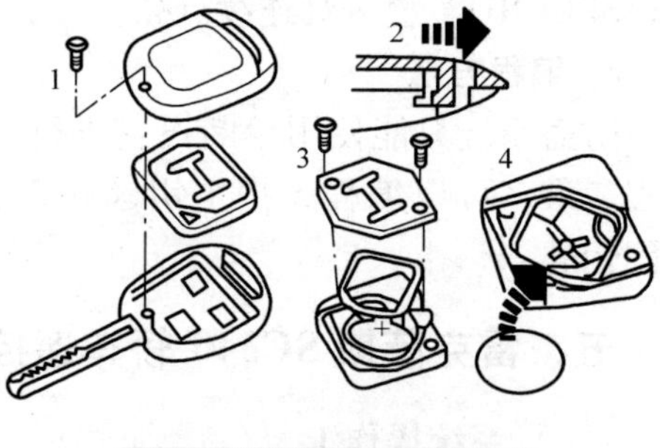

图19-10 电池更换方法

六、雷克萨斯LS600h轿车遥控器设定（2007~2014年）

（一）系统操作1

1. 带无钥匙进入系统车辆

（1）报警/中控锁系统在无钥匙模式下解除

① 携带遥控器靠近车辆，握住驾驶人侧或乘客侧车门把手，解除报警系统和解锁车门。

② 携带遥控器靠近车辆，按下行李箱释放按钮，解除报警系统和打开行李箱。

（2）一些车型（若已编程）

① 携带遥控器靠近车辆，握住驾驶人侧车门把手，解除报警系统和解锁驾驶人侧车门。

② 携带遥控器靠近车辆，握住乘客侧或后乘客车门把手，解除报警系统和解锁车门。

（3）报警/中控锁系统在无钥匙模式下激活

① 关闭点火开关。确保所有车门和行李箱关闭。

② 按下驾驶人侧或乘客侧车门把手上的锁止按钮来锁止车辆和激活报警系统。

③ 带双重锁止车辆，在2s内按下驾驶人侧或乘客侧车门把手上的锁止按钮2次来激活双重锁止系统。

④ 按住驾驶人侧或乘客侧车门把手上的锁止按钮在压下位置来关闭车窗和天窗。

（4）在遥控器中插着1把应急钥匙，如图19-11所示。

2. 所有车型

（1）按下钥匙/遥控器锁止键激活报警系统和中控锁系统。钥匙/遥控器如图19-11和图19-12所示。

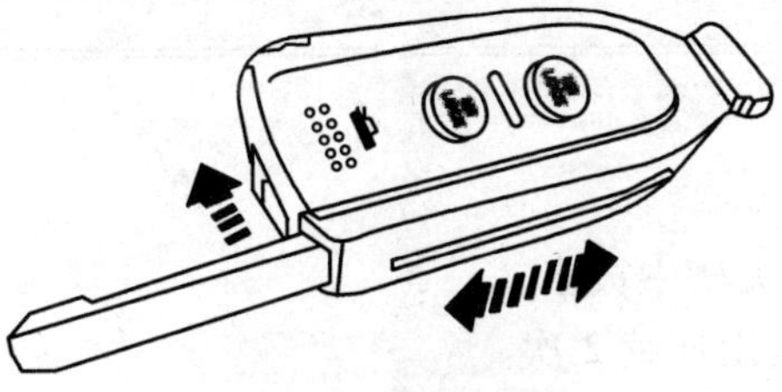

图19-11　遥控器

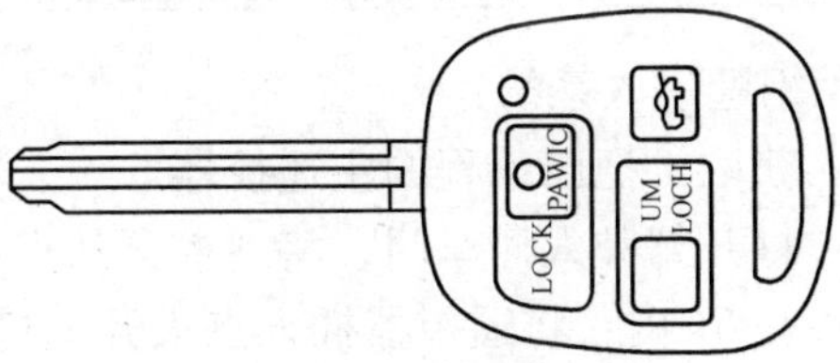

图19-12　钥匙

（2）带双重锁止系统车辆：在5s内按下钥匙/遥控器锁止键2次激活双重锁止系统。

（3）按下钥匙/遥控器解锁键解除报警系统和解锁车门。

（4）按下钥匙/遥控器行李箱释放键约1s解锁行李箱。

（5）若已解锁车辆在30s内车门或行李箱未被打开，则报警系统和锁止重新激活。

（6）一些车型（若已编程）：

① 按下钥匙/遥控器解锁键1次解除报警系统且仅解锁驾驶人侧车门。

② 在3s内按下钥匙/遥控器解锁键2次解除报警系统和解锁全部车门。

③ 按住钥匙/遥控器解锁键在压下位置来解锁全车车门和打开车窗和天窗。

④不带恐吓报警系统：按住钥匙/遥控器锁止键在压下位置来锁止全车车门和关闭车窗和天窗。

⑤ 带恐吓报警系统：按住钥匙/遥控器锁止/恐吓键超过3s来激活恐吓报警系统。

（7）报警/中控锁功能可以改变。

（二）遥控器编程

1. 当出现以下情况时，系统需进行编程

（1）增加或更换钥匙/遥控器。

（2）系统故障。

2. 编程方法

不带无钥匙进入系统：

（1）打开驾驶人侧车门，其他车门关闭，将钥匙从点火开关拔出。

（2）在5s内：将钥匙插入点火开关并拔出连续2次。

（3）在40s内：①关闭和打开驾驶人侧车门2次。②将钥匙插入点火开关并拔出。③关闭和打开驾驶人侧车门2次。④将钥匙插入点火开关和关闭驾驶人侧车门。

（4）在40s内：将点火开关从ON到OFF，1次为添加模式，2次为重新编程模式，3次为确认模式，5次为禁止模式。

（5）将钥匙拔出点火开关。系统将依据已选定的不同模式立刻锁止或解锁车辆1次、2

次、3 次或 5 次。1 ~ 4 次，缓慢操作，使系统识别注册的遥控器数量。

（6）在 40s 内：同时按下并按住 LOCK 键 UNLOCK 键约 1.5s，如图 19-12 所示。

（7）在 3s 内：按下和松开 LOCK 或 UNLOCK 键。

（8）系统将立刻锁止—解锁车辆，1 次以表明钥匙注册成功，2 次则表明注册失败。

（9）在 40s 内重复按键步骤来编程剩下的钥匙。

注意： 打开驾驶人侧车门或插入点火钥匙将退出编程模式。最多可编程 4 把遥控器。

带无钥匙进入系统：

（1）获取 1 把已编程的主遥控器。

（2）打开驾驶人侧车门，将遥控器从点火开关槽中拔出。

（3）在 5s 内：将遥控器插入点火开关槽并拔出连续 2 次。

（4）在 40s 内：①关闭和打开驾驶人侧车门 2 次。②将遥控器插入点火开关并拔出。

（5）在 40s 内：①关闭和打开驾驶人侧车门 2 次。②将钥匙插入点火开关槽和关闭驾驶人侧车门。

（6）在 40s 内：将点火开关从 ON 到 OFF 1 次为添加模式。

（7）将遥控器拔出点火开关槽。系统将立刻锁止或解锁车辆 1 次。

（8）用已编程的主遥控器进行如下操作：在 40s 内，按下和松开锁止键或解锁键，如图 19-11 所示。

（9）在 3s 内：系统将立刻锁止—解锁车辆，1 次以表明进入编程模式，2 次则表明编程模式没激活。

（10）用需要编程的遥控器如下操作：

在 40s 内：①同时按下并按住 LOCK 和 UNLOCK 键约 1s。②在 3s 内按下和松开 LOCK 或 UNLOCK 键。

在 3s 内：系统将立刻锁止—解锁车辆，1 次以表明钥匙注册成功，2 次则表明注册失败。

在 40s 内重复按键步骤来编程剩下的遥控器。

注意： 打开驾驶人侧车门或拔下遥控器从点火槽，将退出编程模式。最多可编程 5 把主遥控器和 3 把副钥匙。

（三）钥匙/遥控器电池更换方法

电池更换方法如图 19-13 和图 19-14 所示。

（四）系统操作 2

拔下钥匙/遥控器从点火开关/槽后系统进入报警状态。

（五）防盗编程

1. 当出现以下情况时，系统需进行重新编程

（1）增加或更换钥匙/遥控器。

（2）系统故障。

2. 编程方法

防盗系统只能使用诊断设备进行编程。

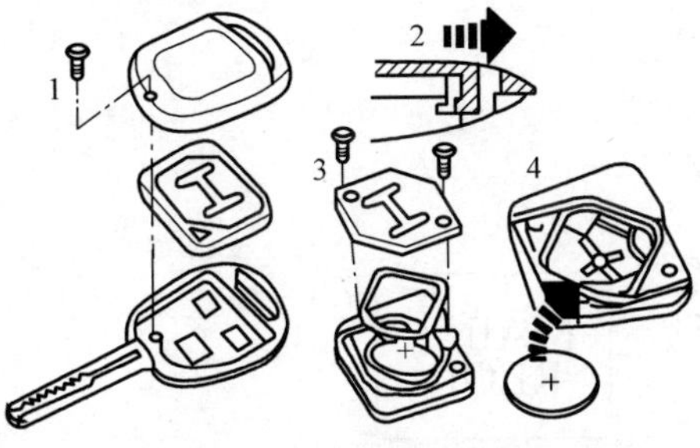

图 19-13　钥匙电池更换方法

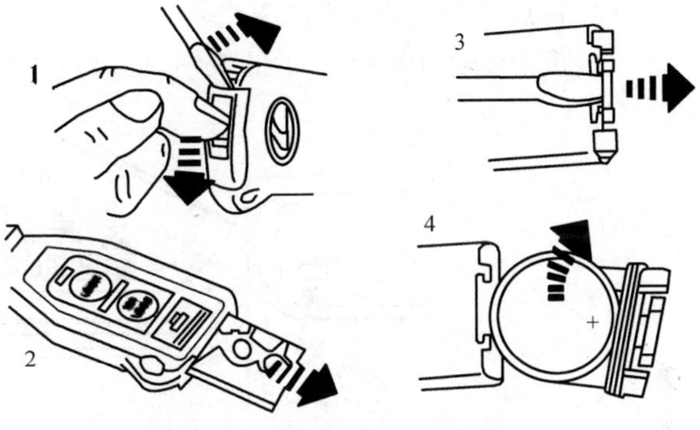

图 19-14　遥控器电池更换方法

第二节　雷克萨斯车系保养灯归零

一、雷克萨斯 RX 级轿车保养灯归零（2002～2009 年）

1. 电动车窗初始化设定

维护保养过程中如果断开过蓄电池，保养完毕，重新连接蓄电池后要按照如下叙述执行电动车窗初始化设定：

（1）将点火开关设定到 ON。

（2）按动电动车窗的开关，将电动车窗开启到半开位置。

（3）提起电动车窗的关闭开关，使车窗完全关闭；车窗完全关闭后，继续保持开关的提起状态，持续 1s 以上。

（4）松开电动车窗的关闭开关。

（5）确认电动车窗可以完全开启。

（6）确认电动车窗可以完全关闭。

（7）对其他的电动车窗也执行同样的设定操作。

（8）将点火开关设置到 OFF。

2. 电动天窗设定

维护保养过程中如果断开过蓄电池，保养完毕，重新连接蓄电池后要按照如下叙述执行电动天窗设定操作：

（1）将点火开关设定到 ON。

（2）按动电动天窗的倾斜开关，将电动天窗彻底倾斜，然后继续保持开关的按下状态，持续至少 1s。

（3）电动天窗会完全关闭，然后会完全开启并迅速关闭。

（4）松开电动天窗的倾斜开关。

（5）确认电动天窗可以完全开启。

（6）确认电动天窗可以完全关闭。

（7）将点火开关设置到 OFF。

3. 2004～2006 年 RX330 轿车保养归零设定

（1）将点火开关设置到 ON。

（2）按下如图 19-15 所示的按钮 A，显示屏 B 显示里程读数。

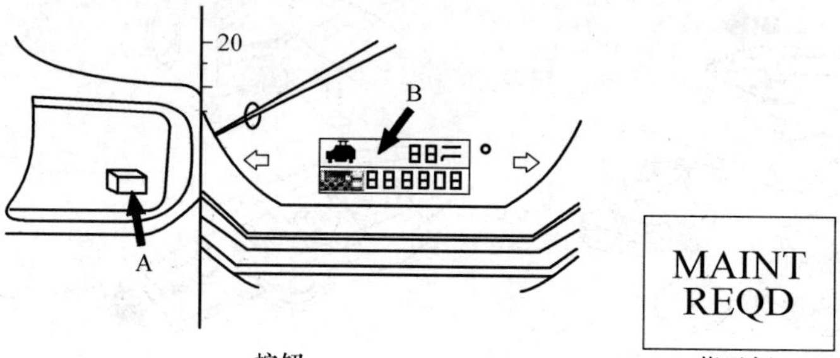

图 19-15　按钮与指示灯识别

（3）将点火开关设置到 OFF。

（4）按住按钮 A。

（5）将点火开关设置到 ON。

（6）继续按住按钮 A 至少保持 5s。

（7）显示屏 B 显示“00000”，MAINT REQD 指示灯熄灭，表示归零完成。

4. 2007～2009 年雷克萨斯 RX350 轿车保养归零设定

与 2004～2006 年雷克萨斯 RX330 轿车保养归零设定操作方法相同。

5. 2010 年雷克萨斯 RX350 轿车保养归零设定

（1）将点火开关设置到 ONF。

（2）按下如图 19-16 所示的按钮 A，显示屏 B，显示里程读数。

（3）将点火开关设置到 OFF。

（4）按住按钮 A。

（5）将点火开关设置到 ON，显示屏 B 会显示“MAINT REQD RESET MODE”。

（6）继续按住按钮 A 至少保持 5s。显示屏 B 显示“COMPLETE”，蜂鸣器会发出一声蜂鸣提示，表示设定完成。

（7）松开按钮 A。

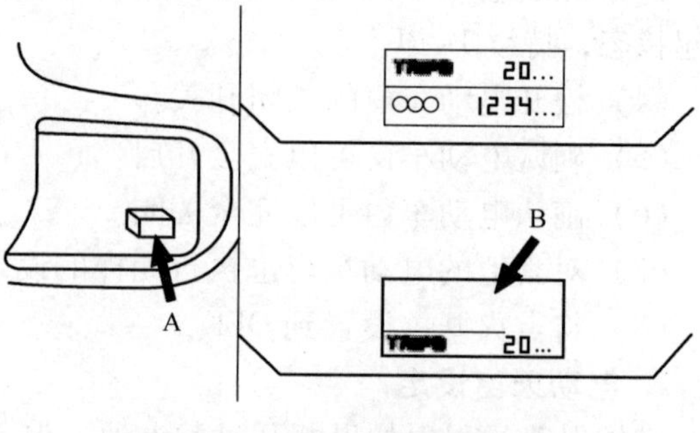

图 19-16　按钮与显示屏识别

6. 2006～2009 年雷克萨斯 RX400n 轿车保养归零设定

与 2010 年雷克萨斯 RX350 轿车保养归零设定操作方法相同。

7. 2010 年雷克萨斯 RX350 轿车保养归零设定

与 2010 年雷克萨斯 RX350 轿车保养归零设定操作方法相同。

二、雷克萨斯 GS 级轿车保养灯归零（2002～2012 年）

1. 电动车窗初始化设定

维护保养过程中如果断开过蓄电池，保养完毕，重新连接蓄电池后要按照如下叙述执行电动车窗初始化设定操作：

（1）将点火开关设定到 ON。

（2）按动电动车窗的开关，将电动车窗开启到半开位置。

（3）提起电动车窗关闭开关，将车窗完全关闭；车窗完全关闭后，继续保持开关的提起状态，持续 1s 以上。

（4）松开电动车窗的关闭开关。

（5）检查电动车窗的自动开启和关闭功能是否恢复正常；如果仍然不正常，则断开车辆的蓄电池，等待 10s，然后重新连接蓄电池，再次执行设定操作。

（6）将点火开关设置到 OFF。

2. 电动天窗初始化设定

维护保养过程中如果断开过蓄电池，保养完毕，重新连接蓄电池后要按照如下叙述执行电动天窗设定操作：

（1）将点火开关设定到 ON。

（2）确保电动天窗完全关闭。

（3）按动电动天窗的倾斜开关，将电动天窗彻底倾斜，然后继续保持开关的按下状态。

（4）电动天窗会完全关闭，然后会完全开启并迅速关闭。

（5）松开电动天窗的倾斜开关。

（6）确认电动天窗的自动开关功能恢复正常。如果不正常，则重新执行操作步骤。

（7）将点火开关设置到 OFF。

3. 2002～2012 年雷克萨斯 GX 系列轿车保养归零设定

（1）将点火开关设置到 ON 状态.

（2）按下如图 19-17 所示的按钮 A，使多功能显示屏 B 清除显示。

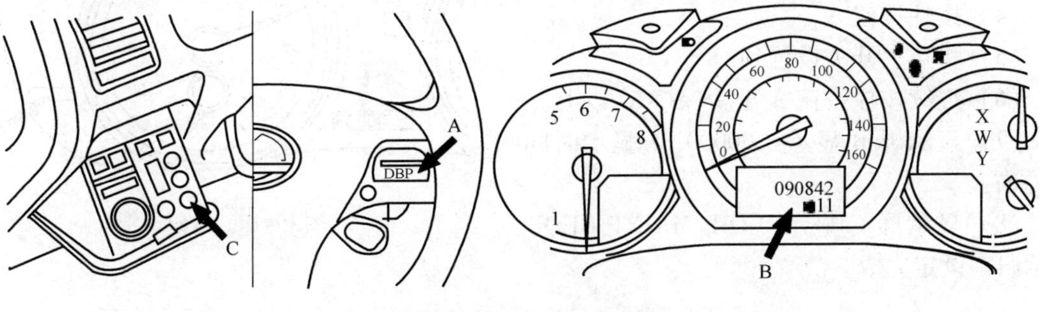

图 19-17　按钮与显示屏识别

（3）将点火开关设置到 OFF。

（4）按住按钮 C。

（5）将点火开关设置到 ON。

（6）按住按钮C，持续时间至少7s。显示屏B显示“OIL MILEAGE RESET”，表示设定完成。

三、雷克萨斯LS级轿车保养灯归零（2002～2012年）

1. 驻车辅助控制系统设定

维护保养过程中如果断开过蓄电池，保养完毕，重新连接蓄电池后要按照如下叙述执行设定操作：

（1）起动发动机。

（2）使车辆保持静止状态。

（3）将转向盘从一侧的极限位置转动到另一侧的极限位置。

2. 2002～2012年雷克萨斯LS系列轿车保养归零设定

（1）确保点火开关处于OFF。

（2）按下如图19-18所示的按钮A。

（3）将点火开关设置到ON。

（4）按住按钮A，至少持续6s。显示屏B显示“MILEAGE RESET”。蜂鸣器发出一声蜂鸣提示，表示归零完成。

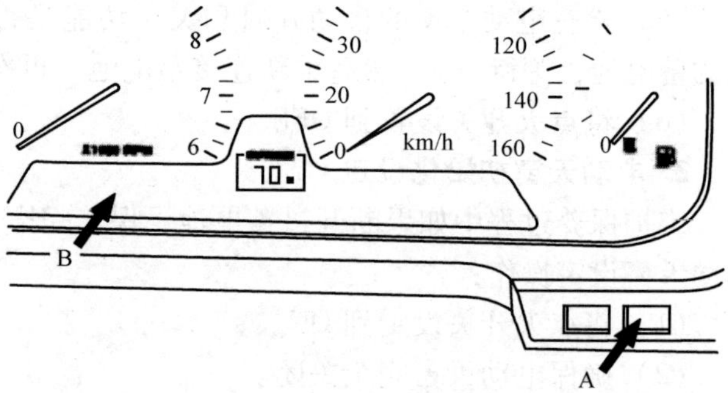

图19-18　按钮识别

四、雷克萨斯ES系列轿车保养灯归零（2008～2016年）

（1）将点火开关设置到ON。

（2）按下如图19-19所示的按钮A，显示屏B显示“TRIP A”。

（3）将点火开关设置到OFF。

（4）按住按钮A。

（5）将点火开关设置到ON。

（6）继续按住按钮A至少保持5s以上。

（7）显示屏B显示“00000”，显示时间约1s左右。

（8）显示屏C显示“OIL MAINT REQD”，表示归零设定完成。

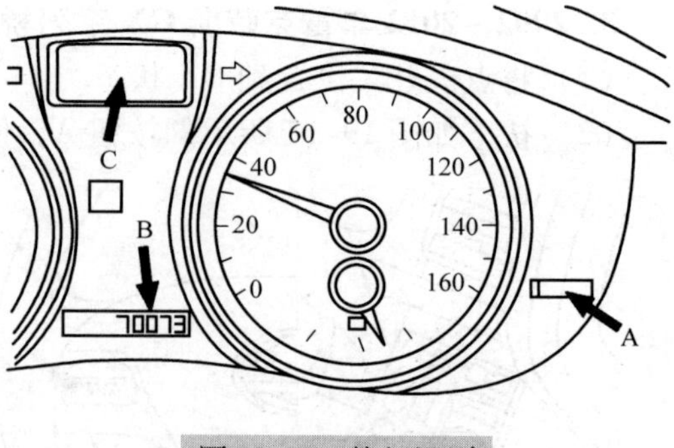

图19-19　按钮识别

五、雷克萨斯GX系列轿车保养灯归零（2008～2014年）

（1）将点火开关设置到ON。

（2）按下如图19-20所示的按钮A，显示屏B显示里程读数。

（3）将点火开关设置到OFF。

（4）按住按钮A。

（5）将点火开关设置到 ON。

（6）继续按住按钮 A。MAINT REQD 指示灯熄灭，表示归零完成。

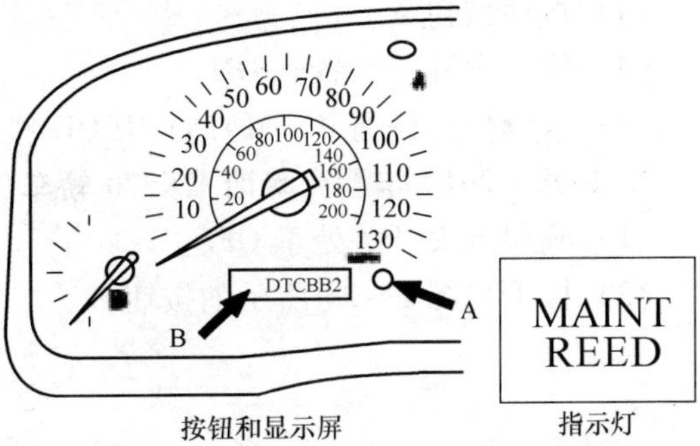

图 19-20　按钮、显示屏和指示灯识别

六、雷克萨斯 HS 系列轿车保养灯归零（2008～2014 年）

（1）将点火开关设置到 ON。

（2）按下如图 19-21 所示的按钮 A，显示屏 B 显示“TRIP A”。

（3）将点火开关设置到 OFF。

（4）按住按钮 A。

（5）将点火开关设置到 ON。

（6）继续按住按钮 A 至少保持 5s 以上。显示屏 B 显示“00000”，显示时间约 1s 左右。显示屏 C 显示“OIL MAINT REQD”，指示灯熄灭，表示归零设定完成。

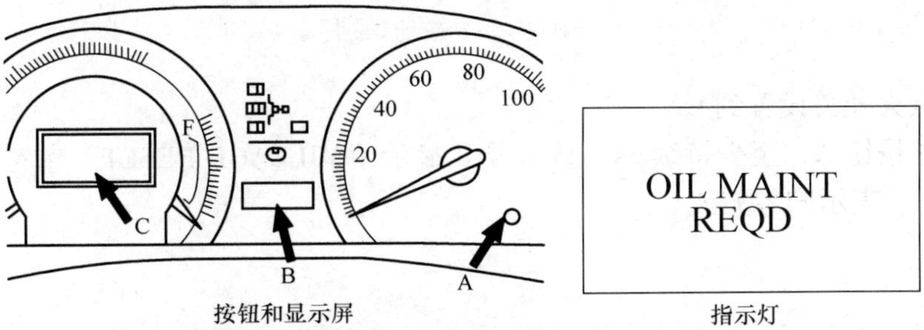

图 19-21　按钮、显示屏和指示灯识别

七、雷克萨斯 LX 系列轿车保养灯归零（2008～2014 年）

1. 2008～2013 年雷克萨斯 LX470 轿车保养提示归零设定

（1）将点火开关设置到 ON。

（2）按下如图 19-22 所示的按钮 A，直至显示里程读数。

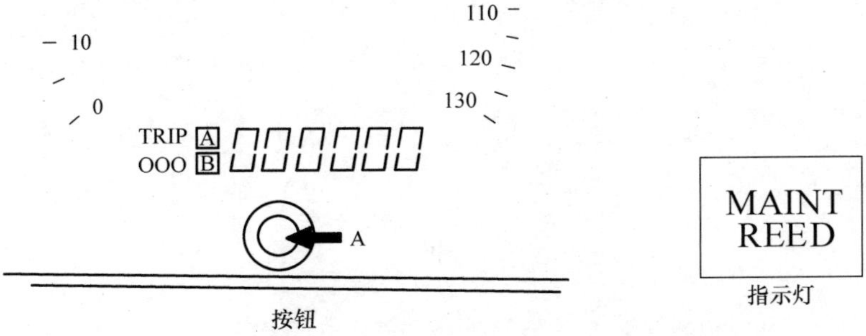

图 19-22　按钮和指示灯识别

（3）将点火开关设置到 OFF。

（4）按住按钮 A。

（5）将点火开关设置到 ON。

（6）继续按住按钮 A。MAINT REQD 指示灯熄灭，表示归零完成。

2. 2008～2014 年雷克萨斯 LX570 轿车保养归零设定

（1）确保点火开关处于 OFF。

（2）按下如图 19-23 所示的按钮 A。

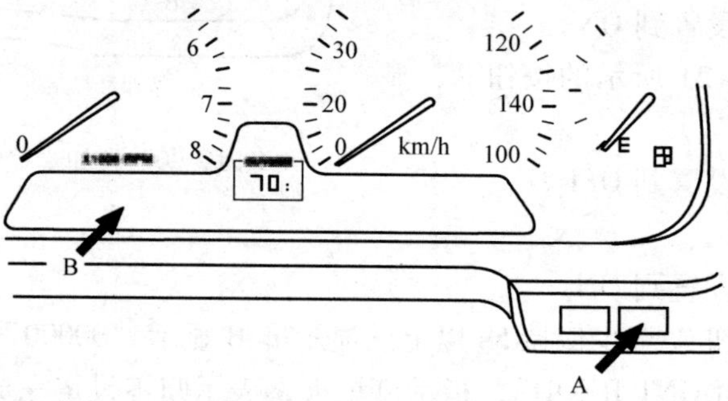

图 19-23　按钮识别

（3）将点火开关设置到 ON。

（4）按住按钮 A，至少持续 6s。显示屏 B 显示“MILEAGE RESET”字符。蜂鸣器发出一声蜂鸣提示，表示归零完成。

第二十章 本田车系遥控器设定与保养灯归零

第一节 本田车系遥控器设定

一、本田思域轿车遥控器设定（2006～2014 年）

（一）系统操作 1

（1）按下钥匙锁止键（图 20-1）1 次激活中控锁系统和报警系统（若装备）。

（2）在 5s 内再次按下已锁车辆的钥匙锁止键激活双重锁止系统和报警系统（若装备）。

（3）按下钥匙解锁键 1 次解除中控锁系统和报警系统（若装备）。车内灯点亮约 3s。

（4）如果已解锁车辆的车门或行李箱在 30s 内未被打开，则车辆自动锁止并激活警报系统。

（5）一些车型：按下钥匙解锁键 1 次仅解锁驾驶人侧车门和解除报警系统（若装备）。按下钥匙解锁键 2 次解锁全部车门和解除报警系统（若装备）。

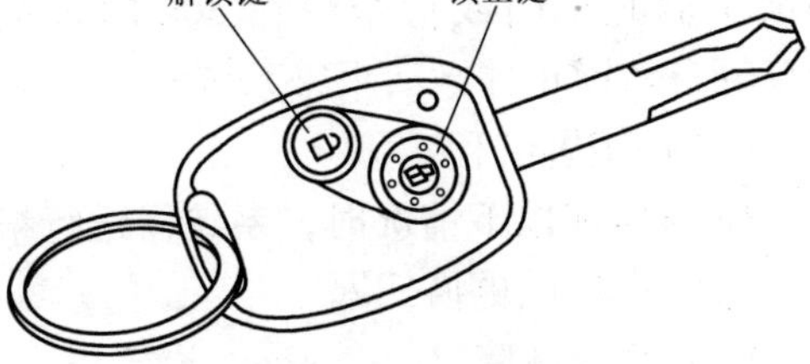

图 20-1 钥匙

（二）钥匙编程

1. 当出现以下情况时，系统需进行编程

（1）增加或更换钥匙。

（2）系统故障。

2. 编程方法

钥匙只能使用诊断设备进行编程。最多可以编程 6 把钥匙。

（三）钥匙电池更换方法

电池更换方法如图 20-2 所示。

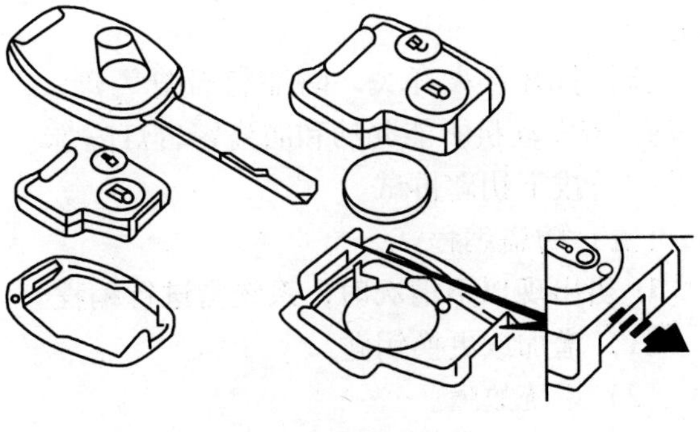
图 20-2 电池更换

（四）系统操作 2

（1）关闭点火开关后系统进入报警状态。

（2）打开点火开关。防盗警告灯闪

烁 1～2s。若发动机不能起动和防盗警告灯闪烁，则系统故障。

（3）拔下钥匙再试。

（五）防盗编程

1. 当出现以下情况时，系统需进行编程

（1）增加或更换钥匙。

（2）系统故障。

2. 编程方法

防盗系统只能使用诊断设备进行编程。注意：最多可编程 6 把钥匙。

二、本田 CR－V 轿车遥控器设定（2007～2011 年）

（一）系统操作 1

（1）按下钥匙锁止键（图 20-3）锁止所有车门和激活报警系统（若装备）。指示灯闪烁 3 次。

（2）在 5s 内再次按下已锁车辆的钥匙锁止键激活双重锁止系统和报警系统（若装备）。

（3）按下钥匙解锁键解锁所有车门和解除报警系统（若装备）。指示灯闪烁 1 次。如果已解锁车辆的车门或行李箱在 30s 内未被打开，则车辆自动锁止并激活报警系统。

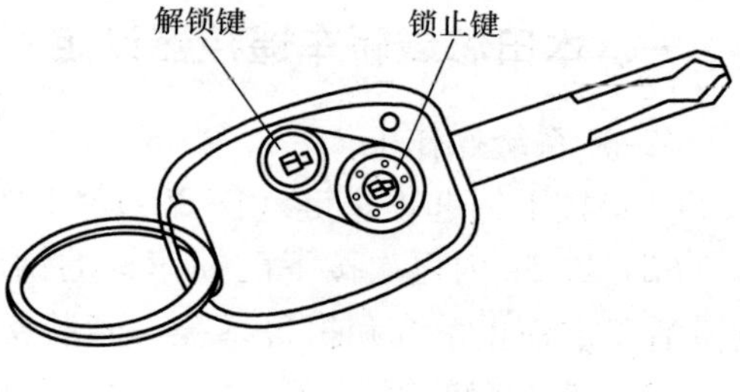

图 20-3 钥匙

（二）钥匙编程

1. 当出现以下情况时，系统需进行编程

（1）增加或更换钥匙

（2）系统故障。

2. 编程方法

钥匙只能使用诊断设备进行编程。

（三）钥匙电池更换方法

电池更换方法如图 20-4 所示。

图 20-4 电池更换方法

（四）系统操作 2

（1）关闭点火开关后系统进入报警状态。

（2）打开点火开关。防盗警告灯闪烁 1～2s。若发动机不能起动和防盗警告灯闪烁：系统故障。

（3）拔下钥匙再试。

（五）防盗编程

1. 当出现以下情况时，系统需进行编程

（1）增加或更换钥匙。

（2）系统故障。

2. 编程方法

防盗系统只能使用诊断设备进行编程。

三、广州本田锋范轿车遥控器设定（2008~2015年）

遥控器接收器装置内存中最多可以存储3个遥控器代码，如果要存储第4个代码，则第1次输入的代码将被擦除。注意：保证各步骤之间的时间间隔非常重要，确信车门、发动机舱盖和行李箱均已关闭。

遥控器设定方法：

（1）将点火开关置于ON。

（2）使遥控器对准电动车窗主控开关旁的接收器，在4s内按下遥控器的解锁键和锁止键。

（3）在4s内，将点火开关转到OFF。

（4）在4s内，将点火开关转到ON。

（5）使遥控器对准电动车窗主控开关旁的接收器，在4s内按下遥控器的解锁键或锁止键。

（6）在4s内，将点火开关转到OFF。

（7）在4s内，将点火开关转到ON。

（8）使遥控器对准电动车窗主控开关旁的接收器，在4s内按下遥控器的解锁键或锁止键。

（9）在4s内，将点火开关转到OFF。

（10）在4s内，将点火开关转到ON。

（11）在遥控器对准电动窗主控开关旁的接收器，在4s内按遥控器的解锁键或锁止键。

（12）确认听到门锁动作器的动作声音后，在4s内按下遥控器的解锁或锁止键。

（13）在10s内，使需要在接收器中存储其代码的遥控器（最多可再存储2个）对准接收器，然后按下遥控器的解锁键或者锁止键。在每个遥控器代码存储后，必须确认能听到门锁动作器的动作声音。

（14）将点火开关转到OFF，拔出钥匙。

（15）确定遥控器能够正常工作。

四、广州本田新奥德赛轿车遥控器设定（2010~2014年）

遥控器接收器装置内存中最多可以存储3个遥控器代码，如果要存储第4个代码，则第1次输入的代码将被擦除。注意：保证各步骤之间的时间间隔非常重要，确信车门、发动机舱盖和行李箱均已关闭。

遥控器设定方法：

（1）将点火开关置于ON。

（2）使遥控器对准电动车窗主控开关旁的接收器，在4s内按下遥控器的解锁键和锁止键。

（3）在4s内，将点火开关转到OFF。

（4）在4s内，将点火开关转到ON。

（5）使遥控器对准电动车窗主控开关旁的接收器，在4s内按下遥控器的解锁键或锁止键。

（6）在4s内，将点火开关转到OFF。

（7）在4s内，将点火开关转到ON。

（8）使遥控器对准电动车窗主控开关旁的接收器，在4s内按下遥控器的解锁键或锁止键。

（9）在4s内：将点火开关转到OFF。

（10）在4s内：将点火开关转到ON。

（11）在遥控器对准电动窗主控开关旁的接收器，在4s内按遥控器的解锁键或锁止键。

（12）确认听到门锁动作器的动作声音后，在4s内按下遥控器的解锁或锁止键。

（13）在10s内：使需要在接收器中存储其代码的遥控器（最多可再存储2个）对准接收器，然后按下遥控器的解锁键或者锁止键。在每个遥控器代码存储后，必须确认能听到门锁动作器的动作声音。

（14）将点火开关转到OFF，拔出钥匙。

（15）确定遥控器能够正常工作。

五、广州本田新飞度轿车遥控器设定（2008～2011年）

遥控器接收器装置内存中最多可以存储3个遥控器代码，如果要存储第4个代码，则第1次输入的代码将被擦除。注意：保证各步骤之间的时间间隔非常重要，确信车门、发动机舱盖和行李箱均已关闭。

遥控器设定方法：

（1）将点火开关置于ON。

（2）使遥控器对准电动车窗主控开关旁的接收器，在4s内按下遥控器的解锁键和锁止键。

（3）在4s内：将点火开关转到OFF。

（4）在4s内：将点火开关转到ON。

（5）使遥控器对准电动车窗主控开关旁的接收器，在4s内按下遥控器的解锁键或锁止键。

（6）在4s内：将点火开关转到OFF。

（7）在4s内：将点火开关转到ON。

（8）使遥控器对准电动车窗主控开关旁的接收器，在4s内按下遥控器的解锁键或锁止键。

（9）在4s内，将点火开关转到OFF。

（10）在4s内，将点火开关转到ON。

（11）在遥控器对准电动车窗主控开关旁的接收器，在4s内按遥控器的解锁键或锁止键。

（12）确认听到门锁动作器的动作声音后，在4s内按下遥控器的解锁或锁止键。

（13）在10s内：使需要在接收器中存储其代码的遥控器（最多可再存储2个）对准接收器，然后按下遥控器的解锁键或者锁止键。在每个遥控器代码存储后，必须确认能听到门锁动作器的动作声音。

（14）将点火开关转到OFF，拔出钥匙。

（15）确定遥控器能够正常工作。

六、广州本田雅阁（第八代雅阁）轿车遥控器设定（2008～2013年）

遥控器接收器装置内存中最多可以存储3个遥控器代码，如果要存储第4个代码，则第1次输入的代码将被擦除。注意：保证各步骤之间的时间间隔非常重要，确信车门、发动机舱盖和行李箱均已关闭。

遥控器设定方法：

（1）将点火开关置于ON。

（2）使遥控器对准电动车窗主控开关旁的接收器，在4s内按下遥控器的解锁键和锁止键。

（3）在4s内，将点火开关转到OFF。

（4）在4s内，将点火开关转到ON。

（5）使遥控器对准电动车窗主控开关旁的接收器，在4s内按下遥控器的解锁键或锁止键。

（6）在4s内，将点火开关转到OFF。

（7）在4s内，将点火开关转到ON。

（8）使遥控器对准电动车窗主控开关旁的接收器，在4s内按下遥控器的解锁键或锁止键。

（9）在4s内，将点火开关转到OFF。

（10）在4s内，将点火开关转到ON。

（11）在遥控器对准电动车窗主控开关旁的接收器，在4s内按遥控器的解锁键或锁止键。

（12）确认听到门锁动作器的动作声音后，在4s内按下遥控器的解锁或锁止键。

（13）在10s内：使需要在接收器中存储其代码的遥控器（最多可再存储2个）对准接收器，然后按下遥控器的解锁键或者锁止键。在每个遥控器代码存储后，必须确认能听到门锁动作器的动作声音。

（14）将点火开关转到OFF，拔出钥匙。

（15）确定遥控器能够正常工作。

七、广州本田凌派轿车遥控器设定（2015～2017年）

1. 遥控器与中央控制器的互识

遥控器与中央控制器不是一一对应的，使用遥控器前应该进行遥控器与控制器的互识别工作，即将遥控器里面的信息传输到遥控器。

（1）有2把机械钥匙的互识别方法。用第1把钥匙打开点火开关，用第2把钥匙在外部锁车，此时室内灯会点亮30s，表明可以对新的遥控起互相识别，互相识别的时候必须在30s内完成。按压2次遥控器开关的任意一个开关，室内灯熄灭，互识别结束。

（2）有1把机械钥匙的互相识别的方法。用钥匙打开点火开关，在2.5s内完成按压4次后窗除霜开关的动作，此时室内灯会点亮30s，表明可以对新的遥控器相互识别，互相识别的时间必须在30s内完成。按压2次遥控器开关的任意一个开关，室内灯熄灭。互相识别结束。

2. 每个中央控制器可以记忆 1 把遥控器信息

八、广州本田缤智轿车遥控器设定（2015 ~ 2018 年）

1. 遥控器的测试

使用遥控器打开或锁住车门时，如果遥控器上的 LED 灯不亮，说明 LED 有故障，应更换遥控器。如果任一车门打开，则无法用遥控器锁住车门。如果遥控器打开了车门锁，但没有在 30s 内开启车门，门锁会自动锁住车门。如果点火钥匙插在点火开关内，则无法用遥控器打开或锁住车门。

（1）按下锁止或开锁按钮 5 ~ 6 次，使遥控器复位。如果门锁工作则遥控器正常；如果门锁不工作，则转到第 2 步。

（2）拆开遥控器，检查是否有水浸入。如果发现有水浸入，就更换遥控器；如果无水损，则转到第（3）步。

（3）更换新的遥控器电池，并重新按锁止或开锁按钮 5 ~ 6 次，尝试用遥控器锁住车门。如果车门锁住或打开，则遥控器正常；如果车门不能锁住或打开，则转到第（4）步。

（4）重新对遥控器进行程序设定并登记，然后尝试打开或锁住车门。如果车门能锁住和开锁，则遥控器正常；如果车门不能锁住和开锁，则尝试对另一车辆进行程序设定，若仍无效，则更换此遥控器。

2. 遥控器的程序设定

保证各步骤之间的时间间隔非常重要，确信车门、发动机舱盖和行李箱均已关闭。遥控接收器装置内存中最多可存储 3 个发送器代码，如果要储存第 4 个代码，则第 1 次输入的代码将被擦除。

（1）将点火开关转到 ON。

（2）将遥控器对准电动车窗主控开关旁的遥控接收器，在 1 ~ 4s 内，按下遥控器的锁止或开锁按钮。

（3）在 1 ~ 4s 内，将点火开关转到 OFF。

（4）在 1 ~ 4s 内，将点火开关转到 ON。

（5）将遥控器对准电动车窗主控开关旁的遥控接收器，在 1 ~ 4s 内，按下遥控器的锁止或开锁按钮。

（6）在 1 ~ 4s 内将点火开关转到 OFF。

（7）在 1 ~ 4s 内将点火开关转到 ON。

（8）将遥控器对准电动车窗主控开关旁的遥控接收器，在 1 ~ 4s 内按下遥控器的锁止或开锁按钮。

（9）在 1 ~ 4s 内将点火开关转到 OFF。

（10）在 1 ~ 4s 内将点火开关转到 ON。

（11）将遥控器对准电动车窗主控开关旁的遥控接收器，在 1 ~ 4s 内，按下遥控器的锁止或开锁按钮。

（12）确认可以听到车门锁动作器的动作声音，在 1 ~ 4 内，再次按下遥控器的锁止和开锁按钮。

（13）在10s内，将需要在遥控接收器中储存其代码的遥控器（雅阁2个、奥德赛最多3个）对准接收器，然后按下遥控器的锁止和开锁按钮。每一遥控器代码存储后，均必须确认能听到门锁动作器的动作声音。

（14）将点火开关打到OFF拔出钥匙。

（15）确认发送器能正常工作。

九、东风本田思域（2012～2014年）、东风本田CR－V（2010～2015年）、东风本田思铂睿（2010～2015年）轿车遥控器设定

匹配遥控器时需要使用HDS专用诊断仪匹配钥匙。

十、东风本田杰德轿车遥控器设定（2015～2017年）

东风本田杰德轿车的遥控器数量最多能匹配4把，当匹配第5把时，第1把就会失效了。匹配方法如下：

（1）关闭全部车门。

（2）用前乘客侧车门上的旋钮锁上车门。

（3）在10s内将钥匙插入和拔出车门钥匙孔6次（插入和拔出算1次）。

（4）全部车门会自动开锁。

（5）在3s内打开车门钥匙孔到ACC档，同时重复做第2步。

（6）按1次遥控器的任意键，门锁就会动作。

（7）此时打开驾驶人侧车门，这1把钥匙就算配好了。

（8）需要下1把钥匙就再关上全部车门，用前乘客侧车门上的旋钮把车门锁上。

（9）按第2把钥匙的任意键，门锁也会动作。

（10）打开驾驶人侧车门，设定就成功了。

十一、东风本田XR－V轿车保养灯归零（2015～2017年）

（1）将点火开关置于LOCK或ACC时，里程表上将出现里程数。

（2）按住里程表复位按键，然后将点火开关置于ON，继续保持按住该按键至少5s，直到里程表上显示“000000”，且保养提示灯熄灭。若操作失败，保养提示灯将会继续闪烁。

第二节　本田轿车保养灯归零

一、本田雅阁轿车保养灯归零（2008～2013年）

机油寿命提示系统归零设定操作步骤如下：

（1）将点火开关设置到ON。

（2）按照图20-5所示，反复按动按钮A，直至显示机油寿命。

（3）按住按钮A，持续约10s，直至发动机机油剩余寿命和保养代码指示灯闪亮。

（4）按住按钮A，持续约5s，直至显示屏“OIL LIFE 100%”。

（5）将点火开关设置到OFF。

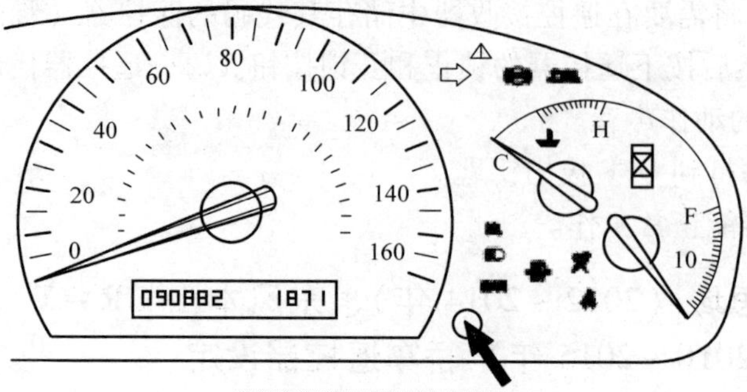

图 20-5 按钮识别

二、本田思域轿车保养灯归零（2006～2014 年）

机油寿命提示系统归零设定操作步骤如下：

（1）将点火开关设置到 ON。

（2）按照图 20-6 所示，反复按动按钮 A，直至显示机油寿命。

（3）按住按钮 A，持续约 10s，直至发动机机油剩余寿命和保养代码指示灯闪亮。

（4）按住按钮 A，持续约 5s，直至显示屏“OIL LIFE 100%”。

（5）将点火开关设置到 OFF。

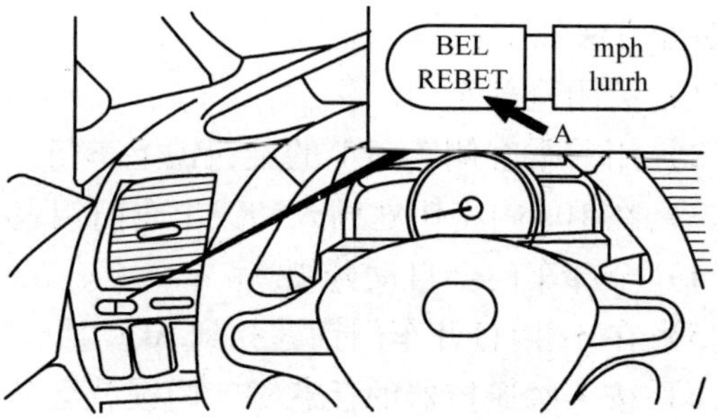

图 20-6 按钮识别

三、本田 CR－V 轿车保养灯归零（2007～2010 年）

机油寿命提示系统归零设定操作步骤如下：

（1）将点火开关设置到 ON。

（2）按照图 20-7 所示，反复按动按钮 A，直至显示机油寿命。

（3）按住按钮 A，持续约 10s，直至显示“INITIAL RESET MODE”。

（4）转动按钮 A，选择机油寿命指示灯。显示屏会开始闪亮。

（5）按下按钮 A。

（6）按住按钮 A，持续约 5s，直至显示屏显示“OIL LIFE 100%”。

（7）将点火开关设置到 OFF。

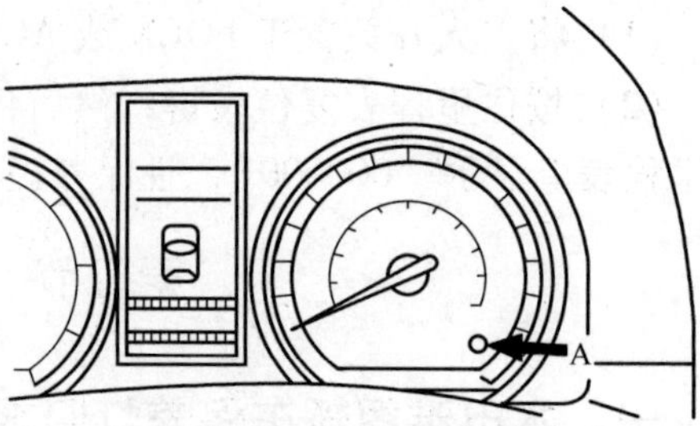

图 20-7 按钮识别

四、本田飞度轿车保养灯归零（2007～2010 年）

1. 2007～2009 年飞度轿车机油寿命提示系统归零设定

（1）将点火开关设置到 ON。

（2）按照图 20-8 所示，反复按动按钮 A，直至显示机油寿命。
（3）按住按钮 A，持续约 10s，直至发动机机油剩余寿命和保养代码指示灯闪亮。
（4）按住按钮 A，持续约 5s，直至显示屏“OIL LIFE 100%”。
（5）将点火开关设置到 OFF。

2. 2010 年飞度轿车机油寿命提示系统归零设定

（1）将点火开关设置到 ON。
（2）按照图 20-9 所示，反复按动按钮 A，直至显示机油寿命。

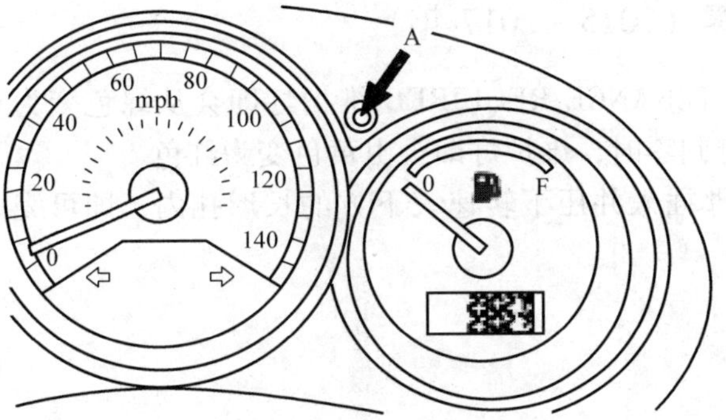

图 20-8　按钮识别

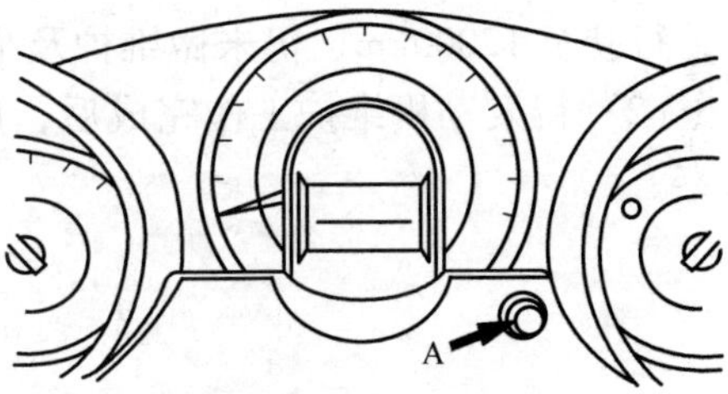

图 20-9　按钮识别

（3）按住按钮 A，持续约 10s，直至发动机机油剩余寿命和保养代码指示灯闪亮。
（4）按住按钮 A，持续约 5s，直至显示屏“OIL LIFE 100%”。
（5）将点火开关设置到 OFF。

五、本田奥德赛轿车保养灯归零（2007～2014 年）

机油寿命提示系统归零设定操作步骤如下：
（1）将点火开关设置到 ON。
（2）按照图 20-10 反复按动按钮 A，直至显示机油寿命。
（3）按住按钮 A，持续约 10s，直至显示“CUSTOM RESET”。
（4）按住按钮 A，直至显示屏显示“OIL LIFE 100%”（如果要取消重新设定，可按下按钮 B，使显示屏显示 CANCEL 字符，然后按下按钮 A）。
（5）将点火开关设置到 OFF。

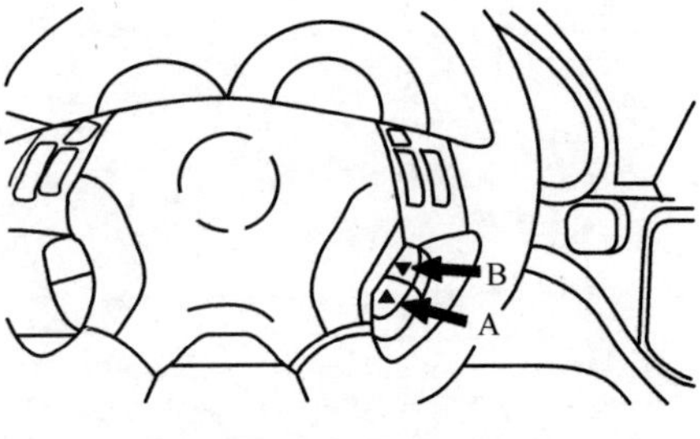

图 20-10　按钮识别

六、广州本田凌派轿车保养灯归零（2015～2017 年）

（1）关闭点火开关。
（2）按住回零调整按钮。
（3）打开点火开关，松开按钮。
（4）再按住按钮，保养灯周期指示器被清零。

七、广州本田缤智轿车保养灯归零（2015～2017年）

（1）汽车每行驶12000km，维护灯就会亮起，警告车主要做机油及滤芯的维护与更换，待机油及滤芯更换后，再重新设定维护灯。

（2）这个维护灯的按键位置在点火开关旁。若要重新设定，KEY－ON时将维护灯的按键按下3s即可重新设定。若要确定是否完成，先置KEY－OFF，再置KEY－ON看看维护灯是否再亮起，没有亮表示完成，若亮，则须再重做一次。

八、东风本田杰德轿车保养灯归零（2015～2017年）

（1）行驶里程将近12000km时，MAINTENANCE REQUIRED维护灯即会从绿色变为黄色，行驶至12000km，仍未做维护及维护灯归零时，维护灯即会由黄色变为红色。

（2）待发动机维护工作完成后，用钥匙插入并压下转速表下方的长形孔内，即可完成归零。

第二十一章 讴歌车系遥控器设定与保养灯归零

第一节 讴歌车系遥控器设定

一、讴歌 MDX（2010～2014 年）、讴歌 RDX（2010～2016 年）、讴歌 TSX（2009～2010 年）、讴歌 ZDX（2010～2012 年）轿车遥控器设定

（一）系统操作 1

（1）按下钥匙锁止键（图 21-1）1 次锁止车辆。

（2）在 5s 内按下钥匙锁止键 2 次激活报警系统。

（3）按下钥匙解锁键 1 次解除报警系统和仅解锁驾驶人侧车门。

（4）在 5s 内按下钥匙解锁键 2 次解锁所有车门和行李箱。

（5）在 5s 内按下钥匙解锁键 2 次并按住将打开车窗和天窗。

（6）按下钥匙键 3 超过 2s 激活恐吓报警系统。

（7）按下钥匙任意键或打开点火开关解除恐吓报警系统。

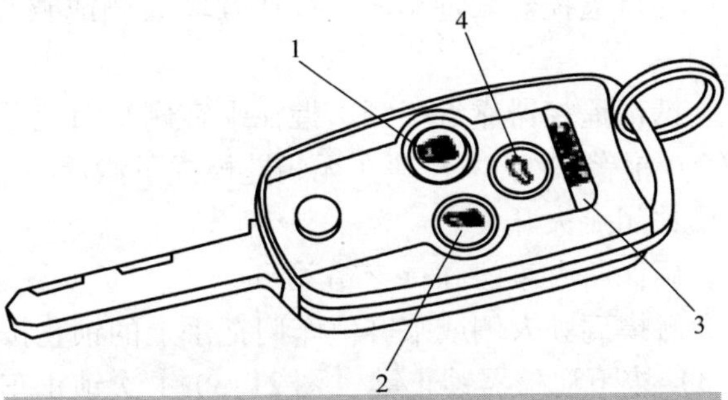

图 21-1 钥匙
1—锁止键 2—解锁键 3—恐吓键 4—行李箱释放键

（8）当车速超过 24km/h 时，车门将自动锁止。

（9）如果已解锁的车辆的车门在 30s、60s 或 90s（依据编程）内未被打开，则车辆自动锁止和报警重新激活。

（10）按下行李箱释放键 1 次打开和关闭行李箱。

（二）遥控钥匙编程

1. 当出现以下情况时，需对遥控钥匙进行编程

（1）增加或更换遥控器。

（2）系统故障。

2. 编程方法

遥控钥匙只能使用诊断设备来完成编程。最多可以编程 5 把遥控钥匙。

（三）遥控器电池更换方法（图 21-2）

（四）系统操作 2

用遥控器锁止车辆后系统进入报警状态。

（五）防盗编程

1. 当出现以下情况时，系统需进行重新编程

（1）系统故障。

（2）增加或更换钥匙。

2. 编程方法

防盗系统只能使用诊断设备进行编程。

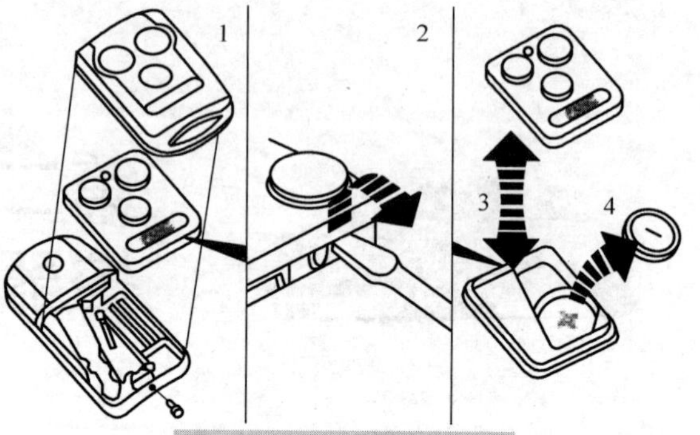

图 21-2　电池更换方法

注意： 最多可编程 5 把钥匙/遥控器。

二、讴歌 RL（2005～2010 年）、讴歌 TL（2009～2013 年）轿车遥控器设定

（一）系统操作

（1）报警系统/中控锁在无钥匙模式下解除

① 携带遥控器靠近车辆，握住驾驶人侧或乘客侧车门把手，解除报警系统和解锁驾驶人侧车门。

② 携带遥控器靠近车辆，握住乘客侧车门把手，解除报警系统和解锁所有车门。

（2）报警系统/中控锁在无钥匙模式下激活

① 关闭点火开关。

② 确保所有车门和行李箱关闭。

③ 触摸驾驶人侧或乘客侧车门把手上的锁止按钮来锁止车辆和激活报警系统。

（3）按下遥控器锁止键（图 21-3）1 次锁止车辆和激活警报系统。

（4）按下遥控器解锁键 1 次解除警报系统和仅解锁驾驶人侧车门。

（5）按下遥控器解锁键 1 次激活驾驶位置记忆功能。

（6）在 5s 内按下遥控器解锁键 2 次解锁所有车门。

（7）按下遥控器行李箱释放键约 2s 激活行李箱释放功能。

（8）按下遥控器键超过 2s 激活恐吓报警系统。

（9）按下遥控器任意键解除恐吓报警系统。

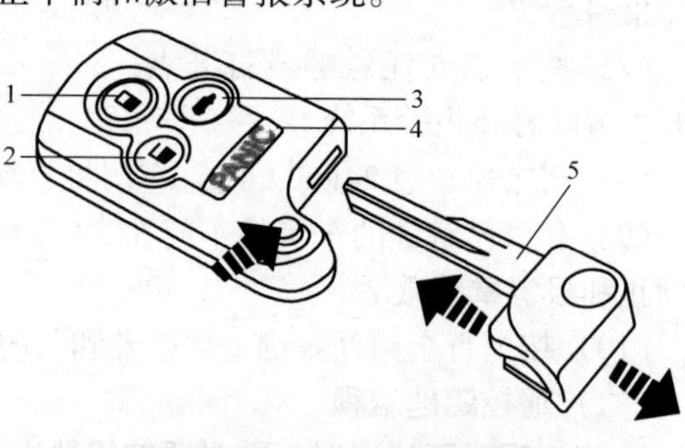

图 21-3　遥控器

1—锁止键　2—解锁键　3—行李箱释放键　4—恐吓键　5—应急钥匙

（10）当车速超过15km/h时，车辆将自动落锁（若该功能已选择）。

（11）若已解锁的车辆的车门或行李箱在30s内未被打开，则车辆重新锁止和激活报警系统。

（12）在遥控器内插着1把应急机械钥匙。

（二）遥控器编程

1. 当出现以下情况时，系统需进行编程

（1）增加或更换遥控器。

（2）系统有故障。

2. 编程方法

遥控器只能使用诊断设备进行编程。注意：最多可编程6把遥控器。

（三）钥匙/遥控器电池更换方法

电池更换方法如图21-4所示。

（四）系统操作2

（1）关闭点火开关后系统进入报警状态。

（2）打开点火开关。

（3）防盗警告灯点亮几秒。

（4）如果防盗警告灯闪烁几秒后快速闪烁，则钥匙密码未被识别。拔出钥匙再重试。

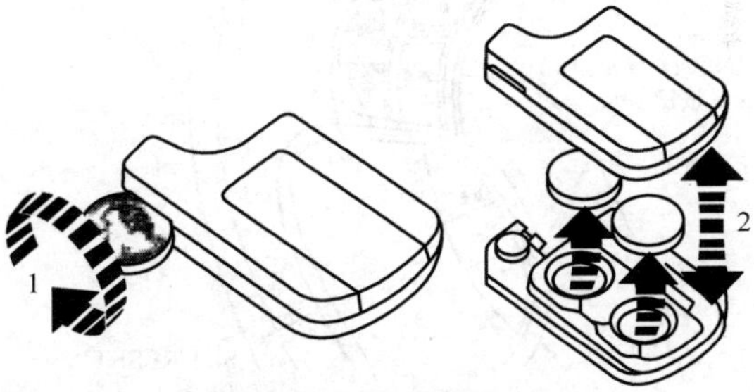

图21-4　电池更换方法

（五）防盗编程

1. 当出现以下情况时，系统需进行重新编程

（1）系统故障。

（2）增加或更换钥匙。

2. 编程方法

防盗系统只能使用诊断设备进行编程。

> **注意：** 最多可编程6把钥匙/遥控器。

第二节　讴歌车系保养灯归零

一、讴歌RL轿车保养灯归零（2006～2012年）

1. 发动机机油更换提示灯归零设定

（1）将点火开关设置到ON。

（2）如图21-5所示，反复按下转向盘上的SET/RESET按键，直至显示屏显示机油寿命数值或保养信息。

（3）按下SET/RESET按钮并保持按下状态至少10s，直至看到保养信息或“MAINTENANCE RESET”。按下转向盘上的INFO按键，选定显示屏上出现的RESET选项，按下

SET/RESET 按钮。

（4）将点火开关设置到 OFF。

2. 驾驶人座椅和车外后视镜位置记忆设定

在维护保养过程中如果断开过蓄电池电缆，则应按照如下叙述重新设定：

（1）将点火开关设置到 ON。

（2）将驾驶人电动座椅和车外电动后视镜均调节到理想位置。

（3）按照图 21-6 所示，按下 MEMO 按键，蜂鸣器会发出 1 声提示音。

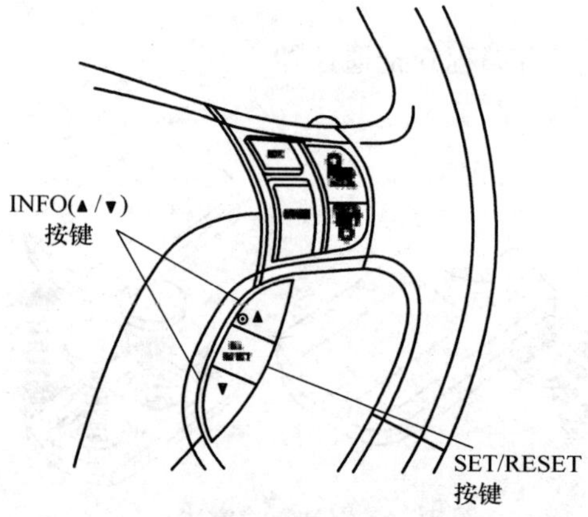

图 21-5　SET/RESET 按键和 INFO 按键识别

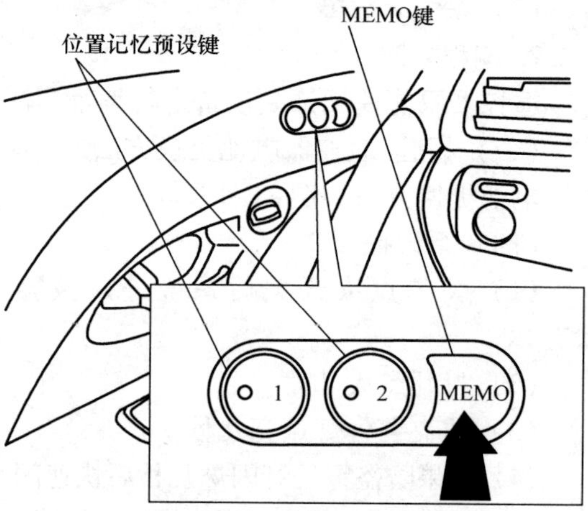

图 21-6　位置记忆设定按键

（4）听到提示音后，立即按下位置预设按键 1 或 2。

（5）蜂鸣器会发出 2 声提示音，按键上的 LED 灯也会点亮，表示该位置已经成功存储。

3. PCM（动力传动控制模块）**怠速学习设定**

在完成下列操作后，要进行怠速学习。

① 更换 PCM（动力传动控制模块）。

② 对 PCM（动力传动控制模块）执行软件升级。

③ 更换或清洁节气门体。

④ 对发动机或变速器执行分解操作。

PCM（动力传动控制模块）怠速学习设定操作如下：

（1）确保把车辆的用电附件（空调、音调、后窗除霜器、车灯）全部关闭。

（2）用 HDS（本田故障诊断仪）对 PCM（动力传动控制模块）执行设定操作。

（3）将点火开关设定到 ON，等待 2s。

（4）起动发动机，将变速器设定在 P 位或 N 位，把发动机转速器提高至 3000r/min，直至发动机冷却风扇开始运行。

（5）不踩下加速踏板，使发动机在怠速状态下运行 5min。

二、讴歌 TL 轿车保养灯归零（2006～2012 年）

1. 发动机机油更换提示灯归零设定

（1）将点火开关设置到 ON。

（2）如图 21-7 所示，反复按下 INFO 按键，直至显示屏显示“OIL LIFE”。

（3）按下 SET/RESET 按钮并保持按下状态至少 10s，显示屏显示询问信息请用户确认。

（4）如果用户确认要执行归零操作，按下 SEL/RESET 按钮选择 OK，即可执行归零。

2. 驾驶人座椅和车外后视镜位置记忆设定

在维护保养过程中如果断开过蓄电池电缆后，可按照下列步骤进行设定。

（1）将点火开关设置到 ON。

（2）将驾驶人电动座椅和车外电动后视镜均调节到理想位置。

（3）按下 MEMO 按键，如图 21-8 所示，蜂鸣器会发出 1 声提示音。

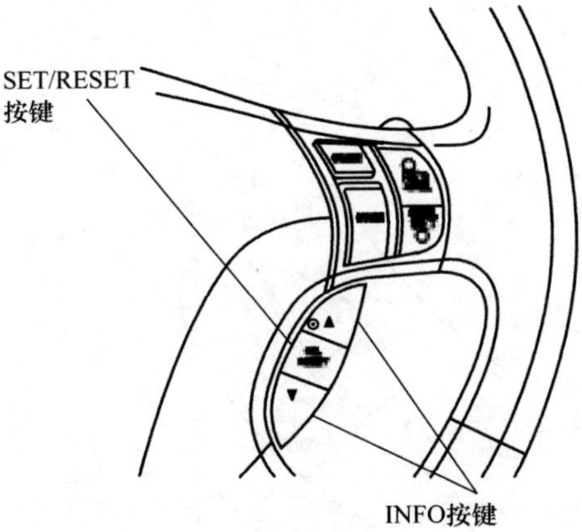

图 21-7　按键识别

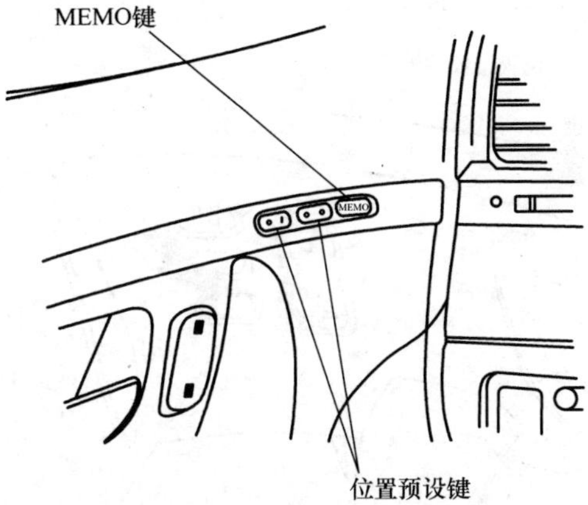

图 21-8　位置记忆设定按键

（4）听到提示音后，立即按下位置预设按键 1 或 2。

（5）蜂鸣器会发出 2 声提示音，按键上的 LED 灯也会点亮，表示该位置已经成功存储。

三、讴歌 MDX 轿车保养灯归零（2006～2014 年）

1. 发动机机油更换提示灯归零设定

（1）将点火开关设置到 ON。

（2）反复按下 INFO 按键，如图 21-9 所示，直至显示屏显示“OIL LIFE”。

（3）按下 SET/RESET 按钮并保持按下状态至少 10s，显示屏显示询问信息请用户确认。

（4）如果用户确认要执行归零操作，按下 SET/RESET 按钮选择 OK，即可执行归零。

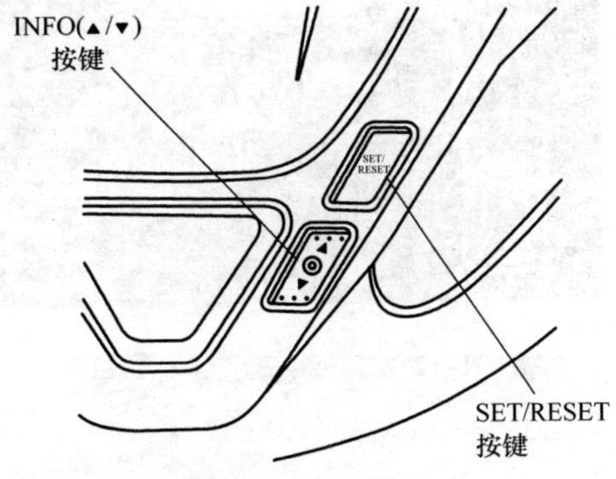

图 21-9　按键识别

2. 驾驶人座椅和车外后视镜位置记忆设定

在维护保养过程中如果断开过蓄电池电缆，则应按照如下叙述重新设定：

（1）将点火开关设置到 ON。

（2）将驾驶人电动座椅和车外电动后视镜均调节到理想位置。

（3）按下 MEMO 按键，蜂鸣器会发出 1 声提示音。

（4）听到提示音后，立即按下位置预设按键 1 或 2，如图 21-10 所示。

（5）蜂鸣器会发出 2 声提示音，按键上的 LED 灯也会点亮，表示该位置已经成功存储。

四、讴歌 RDX 轿车保养灯归零（2006～2012 年）

发动机机油更换提示灯归零设定操作方法如下：

（1）将点火开关设置到 ON。

（2）如图 21-11 所示，反复按动 SET/RESET 按键，直至显示屏显示“OIL LIFE”，如图 21-12 所示。

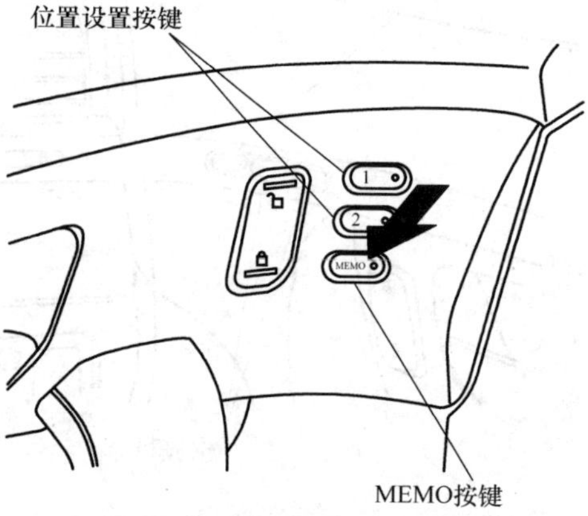

图 21-10　位置记忆设定按键

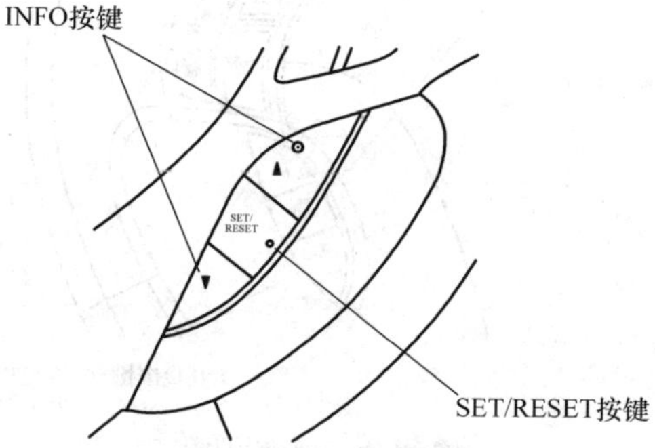

图 21-11　SET/RESET 按键识别

（3）按下 SET/RESET 按键持续 10s，显示屏上显示的“OIL LIFE”和保养编码会闪烁显示。

（4）继续按住 SET/RESET 按键持续 5s，显示屏上显示的保养编码会消失，“OIL LIFE”数值会重新设定为“100%”，如图 21-13 所示。

图 21-12　显示屏显示的 OIL LIFE

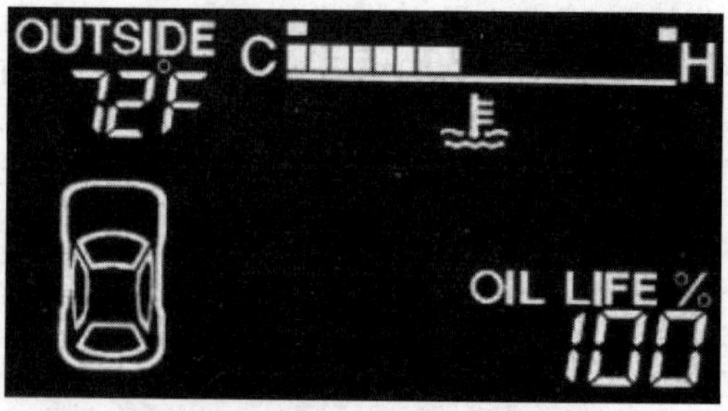

图 21-13　归零后的显示

五、讴歌 ZDX 轿车保养灯归零（2009～2012 年）

发动机机油更换提示灯归零设定操作方法如下：

（1）将点火开关设置到 ON。

（2）如图 21-14 所示，反复按动 SET/RESET 按键，直至显示屏显示“OIL LIFE”，如图 21-15 所示。

（3）按下 SET/RESET 按键持续 10s，显示屏上显示的“OIL LIFE”和保养编码会闪烁显示。

（4）用 SET/RESET 按键上方黑色上下箭头按键选择 RESET，显示屏上显示的保养编码会消失，“OIL LIFE”数值会重新设定为“100%”。

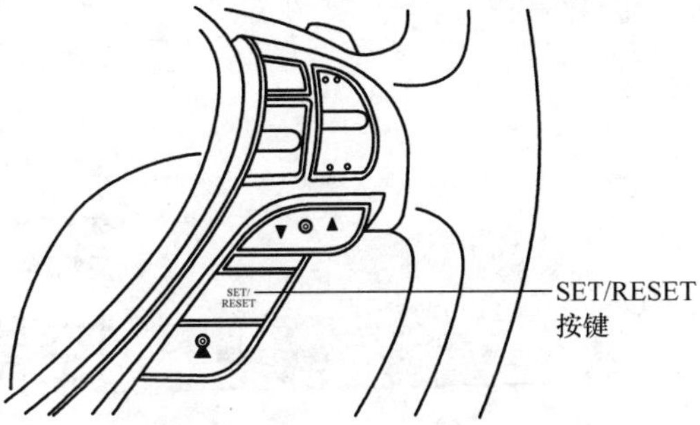

图 21-14　SET/RESET 按键识别

图 21-15　显示屏显示的“OIL LIFE”机油寿命

六、讴歌 TSX 轿车保养灯归零（2006～2012 年）

发动机机油更换提示归零设定操作步骤如下：

（1）将点火开关设定到 ON。

（2）如图 21-16 所示，反复按动按钮 A，直至显示屏显示“OIL LIFE”（机油寿命）。

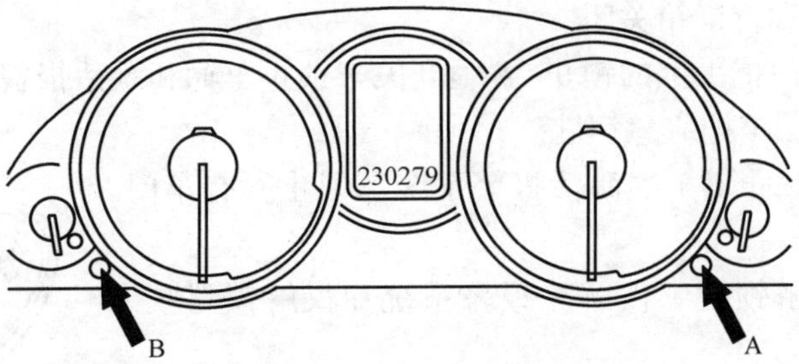

图 21-16　按钮识别

（3）按住按钮 A 持续 10s，显示屏上会显示发动机机油剩余寿命重新设定模式。

（4）按动按钮 B，显示屏显示“RESET”。

（5）按下按钮 A，进行确认。

（6）将点火开关设置到 OFF。

第二十二章　日产车系遥控器设定与保养灯归零

第一节　日产车系遥控器设定

一、日产 GT - R（2009 ~ 2017 年）、日产 Maxima（2009 ~ 2017 年）轿车遥控器设定（2009 ~ 2017 年）

（一）系统操作 1

（1）报警/中控锁系统在无钥匙模式下解除

① 携带遥控器靠近车辆，压下驾驶人侧或乘客侧车门把手上的锁止/解锁开关，解除报警系统并解锁驾驶人侧或乘客侧车门。指示灯闪烁 1 次和警告蜂鸣器响起。

② 携带遥控器靠近车辆，在 1min 内压下驾驶人侧或乘客侧车门把手上的锁止/解锁开关 2 次，解除报警系统并解锁所有车门。

③ 携带遥控器靠近车辆，压下行李箱上的解锁开关超过 1s，解除报警系统和行李箱打开。

（2）报警/中控锁系统在无钥匙模式下激活

① 关闭点火开关。

② 确保所有车门和行李箱关闭。

③ 压下两个前车门把手上的锁止/解锁开关来锁止车辆和激活报警系统。

（3）遥控器中插着 1 把应急钥匙。

（4）按下遥控器锁止键 1 次激活报警系统和锁止所有车门。遥控器如图 22-1 所示。

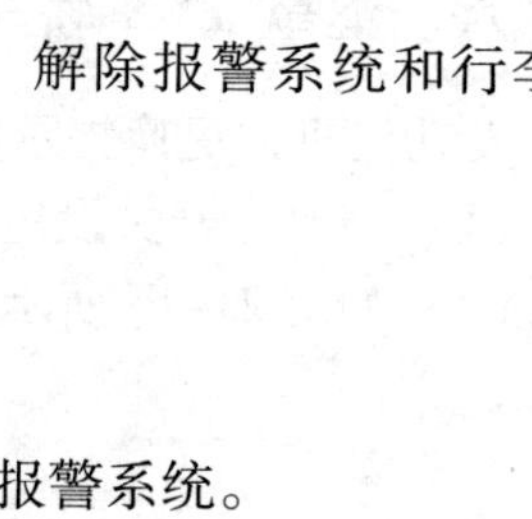

图 22-1　遥控器

（5）按下遥控器解锁键 1 次解除报警系统和仅解锁驾驶人侧车门。

（6）指示灯闪烁 1 次。

（7）在 1min 内按下遥控器解锁键 2 次解除报警系统和解锁所有车门。

（8）按下遥控器行李箱释放键至少 1s 仅解锁行李箱。

（9）按下遥控器恐吓键至少 1s 激活恐吓报警如下功能：①喇叭响起。②前照灯闪烁。

（10）按下遥控器任意按键解除恐吓报警系统。注意：恐吓报警在25s后自动停止。

（11）若已解锁的车辆在1min内所有车门和行李箱未被打开，则自动锁止。

（12）报警/中控锁系统功能可以使用诊断设备更改。

（二）遥控器编程

1. 当出现以下情况时，系统需进行编程

（1）增加或更换遥控器。

（2）系统出现故障。

2. 编程方法

遥控器只能使用诊断设备进行编程。最多可以编程4把遥控器。

（三）遥控器电池更换方法

电池更换方法如图22-2所示。

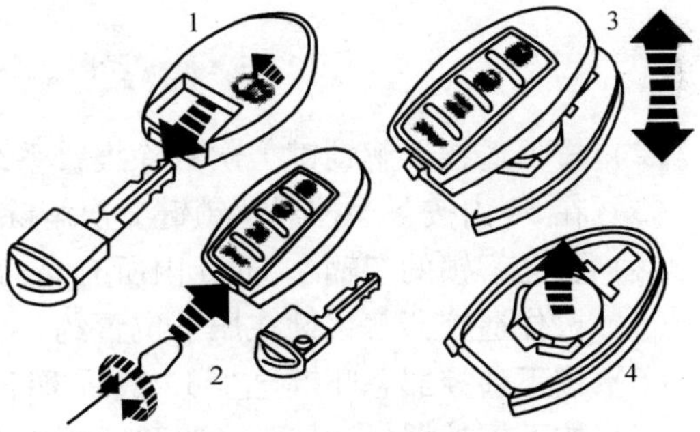

图22-2　电池更换方法

（四）系统操作2

（1）关闭点火开关后系统进入报警状态。

（2）若发动机不能起动，按以下步骤操作

① 移除所有可能对钥匙线圈进行干扰的信号源。

② 打开点火开关约5s。

③ 关闭点火开关。等待约10s。

④ 打开点火开关约5s。

⑤ 关闭点火开关。等待约10s。

⑥ 起动发动机。若发动机能起动，则表示有信号干扰源；如果发动机不起动，则系统有故障。

（五）防盗编程

1. 当出现以下情况时，系统需进行重新编程

（1）增加或更换遥控器。

（2）系统出现故障：打开点火开关，SECURITY警告灯持续点亮。

2. 编程方法

（1）防盗系统只能应用诊断设备进行编程。

（2）准备所有需要编程的遥控器。注意：最多可编程4把遥控器。

二、日产楼兰轿车遥控器设定（2008～2013年）

（一）系统操作1

1. 带无钥匙进入系统的车辆

（1）报警/中控锁系统在无钥匙模式下解除。遥控器如图22-3所示。

（2）报警/中控锁系统在无钥匙模式下激活：

① 关闭点火开关。

② 确保所有车门和行李箱关闭。

③ 压下两个前车门把手上的锁止/解锁开关来锁止车辆和激活报警系统。

(3) 遥控器中插着1把应急钥匙。

2. 不带无钥匙进入系统的车辆

(1) 按下遥控器锁止键1次激活报警系统和锁止所有车门。遥控器如图22-4所示。

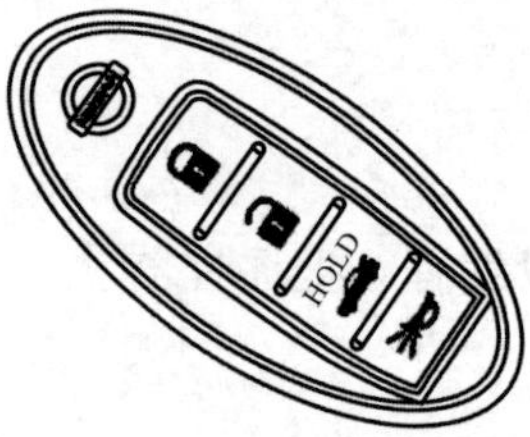

图22-3 遥控器

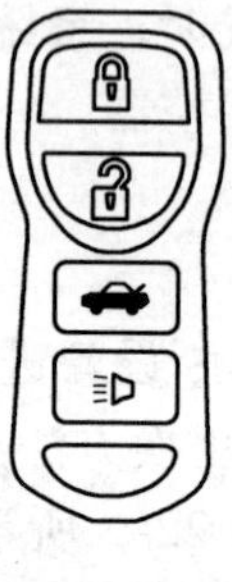

图22-4 遥控器

(2) 按下遥控器解锁键1次解除报警系统和仅解锁驾驶人侧车门及油箱盖。

(3) 在5s内按下遥控器解锁键2次解除报警系统和解锁全部车门。

(4) 若已解锁的车辆在1min内所有车门和行李箱未被打开，则自动锁止。

(5) 按住遥控器解锁键在压下位置约3s，1次车门解锁，打开前门车窗。

(6) 按下遥控器恐吓键至少1s激活恐吓报警如下功能：①喇叭响起。②前照灯闪烁。

(7) 按下遥控器任意按键解除恐吓报警系统。注意：恐吓报警在25~30s后自动停止。

(8) 报警/中控锁系统功能可以使用诊断设备更改。

(二) 遥控器编程

1. 当出现以下情况时，系统需进行编程

(1) 增加或更换遥控器。

(2) 系统出现故障。

2. 编程方法

不带无钥匙进入系统的车辆。

> **注意：**最多可编程5把遥控器。

(1) 获取所有需要编程的遥控器。

(2) 关闭所有车门。

(3) 在10s内将钥匙插入并拔出点火开关超过6次。指示灯闪烁2次。

(4) 将钥匙插入点火开关并转到ACC。

(5) 按下第1把遥控器上的任意键进行编程。指示灯闪烁2次表明车辆编程完成。旧的遥控器代码将被擦除。

(6) 编程其他遥控器

① 用驾驶人车门控制板上的锁止/解锁开关解锁然后再锁止车辆。

② 按下第2把遥控器上的键来进行编程。指示灯闪烁2次表明车辆编程完成。旧的遥控器代码将被擦除。

(7) 重复操作 (6) 编程剩下其他遥控器。

(8) 打开驾驶人车门后退出编程模式。

(9) 测试编程完毕的遥控器动作。注意：遥控器也可使用诊断设备进行编程。

带无钥匙进入系统车辆：

遥控器只能使用诊断设备进行编程。最多可以编程 4 把遥控器。

(三) 遥控器电池更换方法

电池更换方法如图 22-5 和图 22-6 所示。

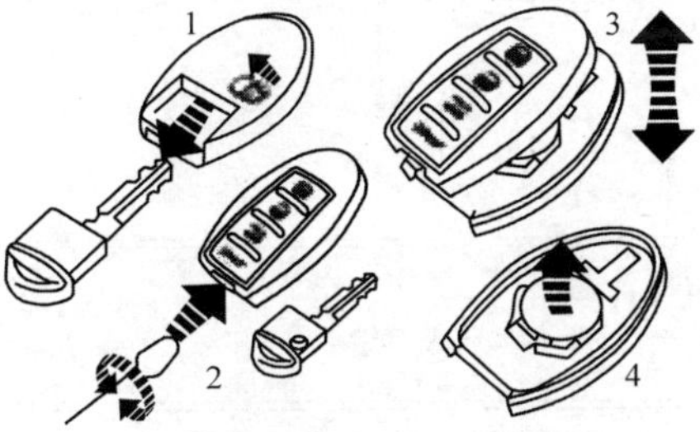

图 22-5　电池更换方法

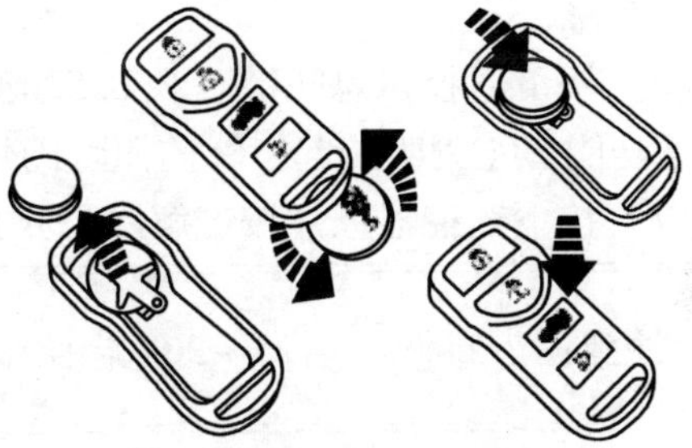

图 22-6　电池更换方法

(四) 系统操作 2

(1) 关闭点火开关后系统进入报警状态。

(2) 确保防盗警告灯简短地点亮，如图 22-7 所示。

图 22-7　防盗警告灯

(3) 若发动机不能起动，或遥控器电池电压低，按以下步骤操作：

① 移除所有可能对钥匙线圈进行干扰的信号源。

② 打开点火开关约 5s。

③ 关闭点火开关。等待约 10s。

④ 打开点火开关约 5s。

⑤ 关闭点火开关。等待约 10s。

⑥ 起动发动机。若发动机能起动，则表示有信号干扰源；如果发动机不起动，则系统有故障。

(五) 防盗编程

1. 当出现以下情况时，系统需进行重新编程

(1) 增加或更换遥控器。

(2) 系统出现故障：打开点火开关，SECURITY 警告灯持续点亮。

2. 编程方法

(1) 防盗系统只能应用诊断设备进行编程。

(2) 准备所有需要编程的钥匙/遥控器。注意：最多可编程 5 把遥控器。

三、日产贵士轿车遥控器设定 (2006～2015 年)

(一) 系统操作 1

(1) 按下遥控器锁止键 1 次激活报警系统和锁止所有车门。遥控器如图 22-8 所示。

(2) 按下遥控器解锁键1次解除报警系统和仅解锁驾驶人侧车门。

(3) 在5s内按下遥控器解锁键2次解除报警系统和解锁所有车门。

(4) 若已解锁的车辆在1min内所有车门和行李箱未被打开，则自动锁止。

(5) 按住遥控器解锁键在压下位置超过3s打开前门车窗。

(6) 按下遥控器恐吓键至少0.5s激活恐吓报警如下功能：①喇叭响起。②前照灯闪烁。

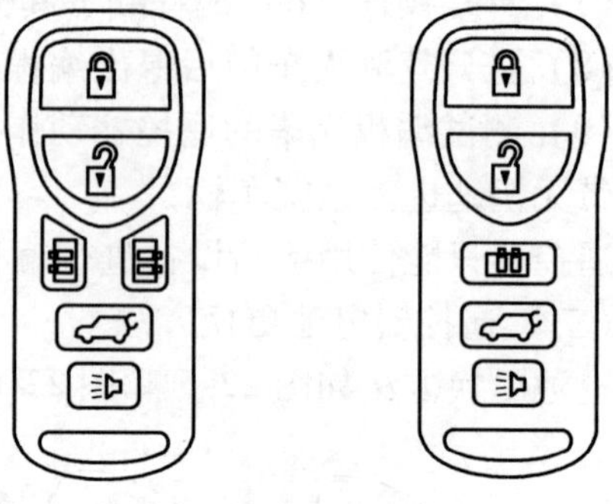

图22-8 遥控器

(7) 按下遥控器任意按键解除恐吓报警系统。

注意：恐吓报警在25~30s后自动停止。

(8) 报警/中控锁系统功能应使用诊断设备更改。

(二) 遥控器编程

1. 当出现以下情况时，系统需进行编程

(1) 增加或更换遥控器。

(2) 系统出现故障。

2. 编程方法

注意：最多可编程5把遥控器。

(1) 获取所有需要编程的遥控器。

(2) 关闭所有车门。

(3) 在10s内将钥匙插入并拔出点火开关超过6次。指示灯闪烁2次。

(4) 将钥匙插入点火开关并转到ACC。

(5) 按下第1把遥控器上的任意键来进行编程。指示灯闪烁2次来表明车辆编程完成。旧的遥控器代码将被擦除。

(6) 编程其他遥控器

① 用驾驶人车门控制板上的锁止/解锁开关解锁然后再锁止车辆。

② 按下第2把遥控器上的键来进行编程。指示灯闪烁2次表明车辆编程完成。旧的遥控器代码将被擦除。

(7) 重复操作(6)编程剩下其他遥控器。

(8) 打开驾驶人车门后退出编程模式。

(9) 测试编程完毕的遥控器动作。注意：遥控器也可使用诊断设备进行编程。

(三) 遥控器电池更换方法

电池更换方法如图22-9所示。

（1）SECURITY 警告灯位于中央仪表板上部。

（2）关闭点火开关后系统进入报警状态。

（3）若发动机不能起动，按以下步骤操作

① 移除所有可能对钥匙线圈进行干扰的信号源。

② 打开点火开关约 5s。

③ 关闭点火开关。等待约 5s。

④ 打开点火开关约 5s。

⑤ 关闭点火开关。等待约 5s。

⑥ 起动发动机。若发动机能起动，则表示有信号干扰源；如果发动机不起动，则系统有故障。

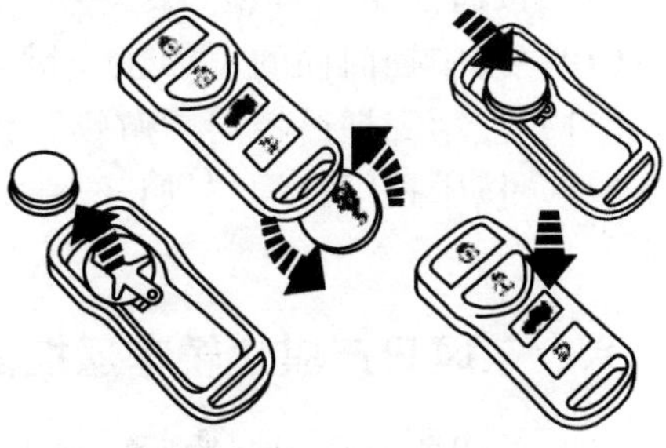

图 22-9　电池更换方法

（四）防盗编程

1. 当出现以下情况时，系统需进行重新编程

（1）增加或更换遥控器。

（2）系统出现故障：打开点火开关，SECURITY 警告灯持续点亮。

2. 编程方法

（1）防盗系统只能应用诊断设备进行编程。

（2）准备所有需要编程的钥匙/遥控器。注意：最多可编程 5 把遥控器。

四、日产奇骏轿车遥控器设定（2008～2013 年）

（1）拿出所有的遥控钥匙（最多可以设定 4 把遥控钥匙）。

（2）在 10s 内将点火开关接通、断开 6 次，最后保持在断开状态，2s 后防盗指示灯将闪烁 2 次，表明编程模式已经激活，2min 后进行如下操作：按住遥控钥匙上的 UN－LOCK 键；按压遥控钥匙上的 LOCK 键 3 次；松开遥控钥匙上的 UNLOCK 键，防盗指示灯将闪烁 1 次，说明该把遥控编程成功。

（3）重复步骤（2）完成对其他遥控钥匙的设定，完成第 4 把遥控钥匙编程后，防盗指示灯闪烁 3 次，说明所有遥控钥匙编程成功。

（4）将点火开关转到 ON，退出编程模式。

（5）检查所有已设定遥控钥匙。

五、东风日产新阳光轿车遥控器设定（2011～2016 年）

（1）关闭所有车门。

（2）打开点火开关。

（3）长按中控门锁的“解锁”键，直至双闪灯闪烁，放开中控门锁的“解锁”键。

（4）关闭点火开关。

（5）按中控门锁的“锁止”键。

（6）快速插、拔钥匙 6 次，车门锁自动打开。

（7）打开点火开关。

（8）按中控门锁的“锁止”键。

（9）按遥控器“解锁”键一次，第一把遥控器设定成功。

（10）按中控门锁的“锁止”键。

（11）按第二把遥控器“解锁”键一次，第二把遥控器设定成功。

（12）按中控门锁的“锁止”键，关闭点火开关，打开车门，然后关闭车门，遥控设定完成。

六、东风日产骐达轿车遥控器设定（2005~2010年）

（1）关闭所有车门，然后按下中央门锁开关上锁。

（2）在10s内将钥匙插入并拔出点火开关6次，在第6次将钥匙插入点火开关后，所有门锁开关自动解锁。

（3）在第6次将钥匙插入点火开关，所有门锁开关自动解锁后2s内，将点火开关转至ON 2s内，再按中央门锁开关上锁。

（4）按遥控器锁止键1次，所有门锁开关自动解锁，表示遥控器设定成功。

（5）若设定下一把遥控器，则到第（4）步按遥控器锁止键1次，所有门锁开关自动解锁后，接着再按中央门锁开关上锁，然后按遥控器闭锁键1次，所有门锁开关自动解锁，表示遥控器设定成功。

（6）打开驾驶人侧车门，退出学习模式。

七、东风日产颐达轿车遥控器设定（2005~2010年）

（1）关闭所有车门，然后按下中央门锁开关上锁。

（2）在10s内将钥匙插入并拔出点火开关6次，在第6次将钥匙插入点火开关后，所有门锁开关自动解锁。

（3）在第6次将钥匙插入点火开关，所有门锁开关自动解锁后2s内，将点火开关转至ON 2s内，再按中央门锁开关上锁。

（4）按遥控器锁止键1次，所有门锁开关自动解锁，表示遥控器设定成功。

（5）若设定下一把遥控器，则到第（4）步按遥控器锁止键1次，所有门锁开关自动解锁后，接着再按中央门锁开关上锁，然后按遥控器闭锁键1次，所有门锁开关自动解锁，表示遥控器设定成功。

（6）打开驾驶人侧车门，退出学习模式。

八、东风日产骊威轿车遥控器设定（2007~2015年）

（1）关闭所有车门，然后按下中央门锁开关上锁。

（2）在10s内将钥匙插入并拔出点火开关6次，在第6次将钥匙插入点火开关后，所有门锁开关自动解锁。

（3）在第6次将钥匙插入点火开关，所有门锁开关自动解锁后2s内，将点火开关转至ON 2s内，再按中央门锁开关上锁。

（4）按遥控器锁止键1次，所有门锁开关自动解锁，表示遥控器设定成功。

（5）若设定下一把遥控器，则到第（4）步按遥控器锁止键1次，所有门锁开关自动解锁后，接着再按中央门锁开关上锁，然后按遥控器闭锁键1次，所有门锁开关自动解锁，表示遥控器设定成功。

（6）打开驾驶人侧车门，退出学习模式。

九、东风日产轩逸轿车遥控器设定（2005～2010年）

遥控器设定方法：

（1）关闭所有车门，然后按下中央门锁开关上锁。

（2）在10s内将钥匙插入并拔出点火开关6次，在第6次将钥匙插入点火开关后，所有门锁开关自动解锁。

（3）在第6次将钥匙插入点火开关，所有门锁开关自动解锁后2s内，将点火开关转至ON 2s内，再按中央门锁开关上锁。

（4）按遥控器锁止键1次，所有门锁开关自动解锁，表示遥控器设定成功。

（5）若设定下一把遥控器，则到第（4）步按遥控器锁止键1次，所有门锁开关自动解锁后，接着再按中央门锁开关上锁，然后按遥控器闭锁键1次，所有门锁开关自动解锁，表示遥控器设定成功。

（6）打开驾驶人侧车门，退出学习模式。

十、东风日产天籁轿车遥控器设定（2008～2015年）

天籁车型（J31）遥控器不能人工匹配，只能使用CONSULT－Ⅱ或者CONSULT－Ⅲ匹配，不再详述。

十一、郑州日产帕拉丁遥控器设定（2003～2010年）

（1）解除防盗系统。

（2）关闭所有车门，在10s内将车门打开2次，最后一次为打开状态。

（3）点火开关处于关闭状态时，在10s内将点火开关打开和关闭4次，第4次在关闭状态，转向灯闪2次，表明进入设定模式。

（4）按遥控器上的任意键，转向灯闪烁1次，表示第1把遥控器设定成功。

（5）若设定下一把遥控器，则到第（4）步转向灯闪烁1次后，接着按下一把遥控器任意键，转向灯闪烁2次，表示第2把遥控器设定成功。

十二、郑州日产NV200遥控器设定（2008～2016年）

（1）先上车按中控锁开关，把车门锁上。

（2）把钥匙插拔6次，这时候锁会开（10s之内）。

（3）把钥匙插进开到ACC，在把中控锁开关锁上。

（4）按遥控器上的任意键。

（5）打开车门退出学习。

十三、郑州日产D22遥控器设定（2010～2014年）

D22高级车最多可匹配4个遥控器，匹配方法如下：

（1）关闭所有车门。

（2）如图22-10所示，查找车上M66插件的25号脚。

（3）如图22-11所示，将一根导线的一端连接到M66插件的25号脚，如图22-12所示，另一端对12V电源连接、断开6次，最后保持在断开状态。相当于点火钥匙插拔6次，示廓灯会闪烁2次。

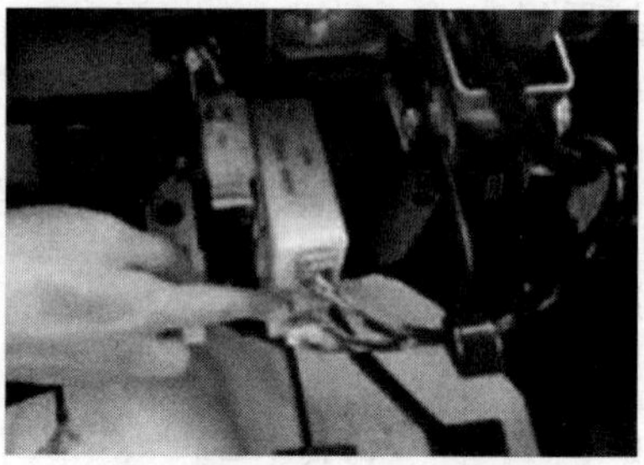

图22-10　M66插件的25号脚

图22-11　将导线的一端连接到M66插件的25号脚

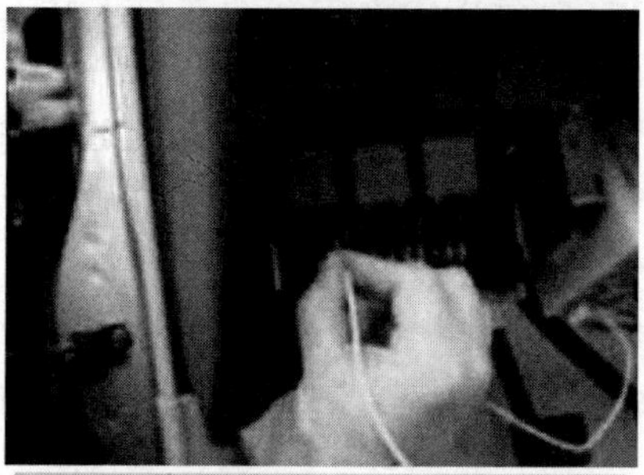

图22-12　另一端对12V电源连接

注意： 每次连接和断开电源的操作不要过快，如果操作太快，系统将不能注册。

（4）将点火开关转到ACC。

（5）按下遥控器的任一按钮。（危险警告灯将闪烁2次）这时新的密码已经输入，同时旧的密码被删除。

（6）若要输入其他遥控器进行下列操作：

① 用左前门闭锁/开锁开关（电动车窗和车门闭锁/开锁开关）将车门打开再关闭。

② 按下遥控器的任何按钮1次（警告灯闪烁2次）。新的遥控器密码写入，旧的密码删除。

还想增加遥控器密码的话，重复上面第（5）步的操作。最多可以输入4个遥控器的密码，如果多于4个，最早的密码将被删除。

（7）打开左前车门。

注意：

① 如果遥控器丢失，为防止非法使用，丢失遥控器的密码必须删除。

② 当注册增加1个遥控器时，原记忆存在的密码可能被删除或也可能没有被删除。

当增加遥控器时，如果记忆中4个密码存在，将删除旧的密码才能写入；如果少于4个密码存在记忆，当增加密码时，新的密码增加，但没有旧的密码被删除。

③ 如果你想增加2个以上的新的遥控器，每个新遥控器重复“增加密码”程序。

④ 最多可以输入4个遥控器密码，如果多于4个，最早的密码将被删除。

⑤ 如果1个密码被注册保存，同样的密码再次被保存，每注册1个密码将被认为增加1个密码。

十四、东风郑州日产皮卡（P27车型）遥控器设定（2010~2014年）

（1）防盗器置于解除状态下。

（2）在驾驶座上4门关闭的条件下，10s内将车门打开2次（打开→关闭→打开），车门最后一次需维持在打开状态。

（3）火开关在关闭状态时，10s内将点火开关来回开关3次（打开→关闭→打开→关闭→打开→关闭），最后一次维持在关闭状态。

（4）符合条件，转向灯闪2下，喇叭鸣叫2声表示进入密码学习模式。紧接着在30s内按遥控器按键，让主机设定遥控器密码。

按遥控器任一键，转向灯闪1下，喇叭鸣叫1声，第1个遥控器设定成功。

按另遥控器任一键，转向灯闪2下，喇叭鸣叫2声，第2个遥控器设定成功。

按另遥控器任一键，转向灯闪3下，喇叭鸣叫3声，第3个遥控器设定成功。

按另遥控器任一键，转向灯闪4下，喇叭鸣叫4声，第4个遥控器设定成功。

（5）跳离密码设定模式：当4组遥控器设定成功或车门关闭时，满足上述（4）中任一条件，主机立即跳离密码设定模式，转向灯闪2下。

（6）进入密码设定模式后，未成功载入新遥控器密码，则主机密码维持旧密码设定。只有经设定过的遥控器才有效，未经设定过的遥控器无效。

第二节　日产车系保养灯归零

一、日产贵士轿车保养灯归零（2006~2015年）

1. 加速踏板释放位置学习设定

与日产350Z轿车相同。

2. 节气门关闭位置学习设定

与日产350Z轿车相同。

3. 怠速空气量学习设定

在维修车辆时，如果更换了电子节气门控制执行器或发动机控制模块，都必须按照如下叙述执行怠速空气量学习设定，使发动机控制模块学习怠速空气量，将发动机怠速控制在规定范围内。

（1）执行“加速踏板释放位置学习”。

（2）执行“节气门关闭位置学习”。

（3）起动发动机暖机至正常工作温度。

（4）确保上述各个项目都符合条件。

（5）将点火开关转至 OFF，等待至少 10s。

（6）确保将加速踏板完全释放；将点火开关转至 ON，等待至少 3s。

（7）5s 内将加速踏板彻底踩下并完全释放 5 次。

（8）等待 7s，彻底踩下加速踏板并保持约 20s，直至仪表板上的 MIL（故障指示灯）由闪烁状态变为常亮状态。

（9）仪表板上的 MIL（故障指示灯）转变为常亮状态后 3s 内，彻底释放加速踏板。

（10）起动发动机怠速运行。等待 20s。

将发动机转速提高 2 ~3 次，确认发动机怠速和点火正时均在规定范围内。

发动机怠速：

4 速自动变速器车型：650 ~750r/min（变速器设定在 N 位）。

5 速自动变速器车型：625 ~725r/min（变速器设定在 N 位）。

点火正时：上止点前 10° ~20°（变速器设定在 P 位或 N 位）。

执行怠速空气量设定前需要满足的条件见表 22-1。

表 22-1　执行怠速空气量设定前需要满足的条件

项目	条　件
蓄电池电压	发动机怠速时应在 12.9V 以上
发动机冷却夜温度	应保持在 70 ~100℃
驻车/空档位置开关	应设定到 ON
用电附件（如空调、后窗除霜器、前照灯）	均应关闭
转向盘位置	应设定在正中位置
车速	应处于静止状态
变速器	应处于已经预热状态；对于配有 CONSULT – Ⅱ的车型，驾驶车辆直至 A/T 系统的“DATA MONITOR（数据监测）”模式中的“ATF TEMP SE1（ATF 温度传感器 1）”显示小于 0.9V；对于不配有 CONFSULT – Ⅱ的车型，驾驶车辆 10min

二、日产奇骏轿车保养灯归零（2008 ~2017 年）

1. 2001 ~2007 年 X – TRAIL（T30）轿车电子时钟设定

在维护保养过程中如果断开过蓄电池电缆，则电子时钟会因断电而失效，可按照如下叙述进行时间调节：

（1）按压电子时钟调节旋钮，如图 22-13 所示，直至屏幕出现时钟图案。

（2）向左侧转动调节旋钮，可以调节小时。

（3）向右侧转动调节旋钮，可以调节分钟。

2. 2008 ~2017 年 X – TRAIL（T31）轿车保养间隔提示灯归零设定

（1）将点火开关设定到 ON。显示屏将会显示扳手标志和距下一次保养的里程数字。

（2）如图 22-14 所示，在 5s 内，按住按钮 A，至少持续 3s。

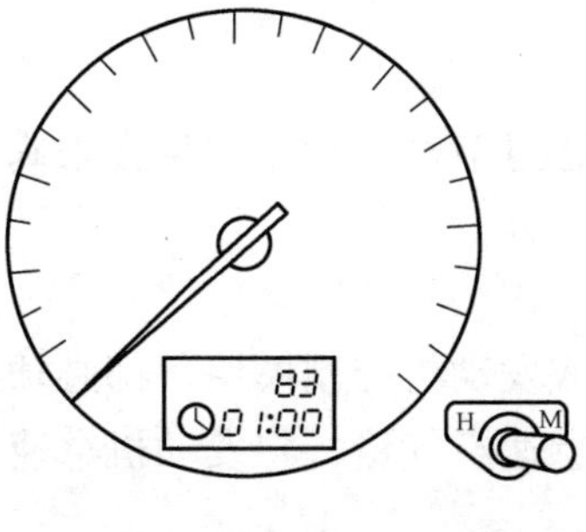

图 22-13　电子时钟调节旋钮

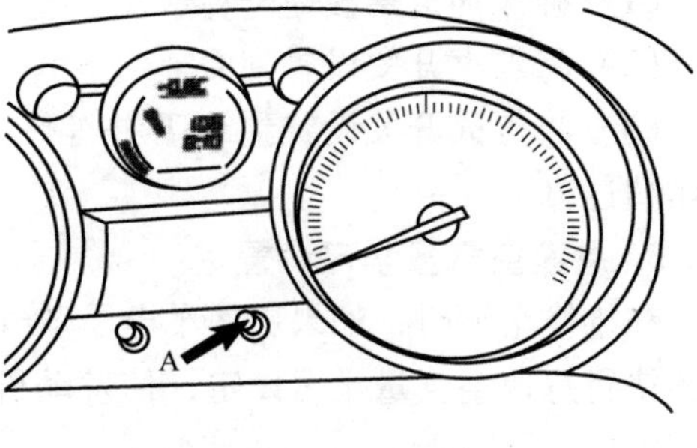

图 22-14　归零按钮识别

（3）扳手标志和距下一次保养的里程数字会闪烁显示。

（4）按下按钮 A。显示屏恢复到机油油位显示。

（5）将点火开关设置到 OFF。

三、日产楼兰轿车保养灯归零（2005 ~2012 年）

（1）将点火开关设定到 ON。

（2）如图 22-15 所示，按 2 次按钮 A，使显示屏显示维护信息。

（3）如图 31-22 所示，用操纵器 B 设定距下次保养的里程。

（4）选择“提示信息的显示”，按下按钮 C 确认。

（5）按下按钮 D，使显示屏返回主菜单。

（6）将点火开关设置到 OFF。

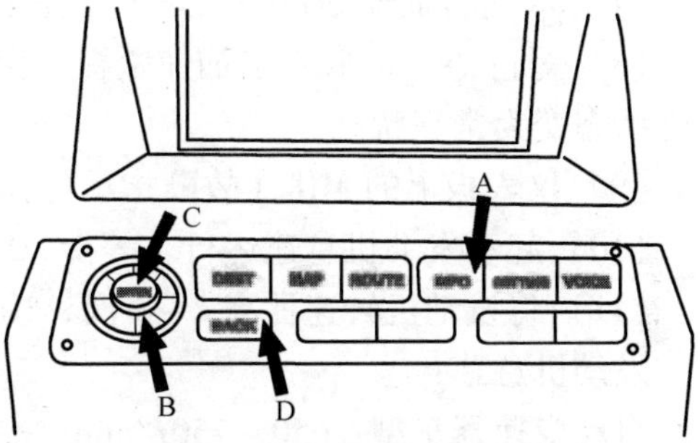

图 22-15　归零按钮识别

四、日产颐达/骐达轿车保养灯归零（2010 ~2013 年）

1. 加速踏板释放位置学习设置

在维修车辆时，如果断开过加速踏板位置传感器结束或断开过发动机控制模块连接线束，都必须按照执行加速踏板释放位置学习程序，使发动机控制模块通过监测加速踏板位置传感器的信号输出学习加速踏板完全释放的位置。

（1）确认将加速踏板完全释放。

（2）将点火开关设定到 ON 并等待至少 2s。

（3）将点火开关设定到 OFF 并等待至少 10s。

（4）再将点火开关设定到 ON 并等待至少 2s。

（5）最后将点火开关设定到 OFF 并等待至少 10s。

2. 节气门关闭位置学习设置

在维修车辆时，如果断开过电子节气门控制执行器结束或断开过发动机模块连接线束，都必须按照如下叙述执行节气门关闭位置学习程序，使发动机控制模块通过监测节气门位置传感器的信号输出来学习节气门完全关闭的位置。

（1）确保加速踏板完全释放。

（2）将点火开关设置到 ON。

（3）将点火开关设置到 OFF 并等待至少 10s，此时通过节气门动作的声音来确认节气门动作超过 10s。

3. 怠速空气量学习设置

在维修车辆时，如果更换了电子节气门控制执行器或发动机控制模块，都必须按照如下叙述执行怠速空气量学习设定，使发动机控制模块学习怠速空气量，将发动机怠速控制在规定范围内。

（1）执行“加速踏板释放位置学习”。

（2）执行“节气门关闭位置学习”。

（3）起动发动机暖机至正常工作温度。

（4）确保上述各个项目都符合条件。

（5）将点火开关转至 OFF，等待至少 10s。

（6）确保将加速踏板完全释放；将点火开关转至 ON，等待至少 3s。

（7）5s 内将加速踏板彻底踩下并完全释放 5 次。

（8）等待 7s，彻底踩下加速踏板并保持约 20s，直至仪表板上的 MIL（故障指示灯）由闪烁状态变为常亮状态。

（9）仪表板上的 MIL（故障指示灯）转变为常亮状态后 3s 内，彻底释放加速踏板。

（10）起动发动机怠速运行。等待 20s。

（11）将发动机转速提高 2 ~ 3 次，确认发动机怠速和点火正时均在规定范围内。

发动机怠速：

自动变速器车型：650 ~ 750r/min（变速器设置在 P 位或 N 位）。

手动变速器车型：600 ~ 700r/min（变速器设置在空档）。

点火正时：

自动变速器车型：上止点前 6° ±5°（变速器设置在 P 位或 N 位）。

手动变速器车型：上止点前 6° ±5°（变速器设置在空档）。

执行怠速空气量设定前需要满足的条件见表 22-2。

表 22-2　执行怠速空气量设定前需要满足的条件

项目	条　件
蓄电池电压	发动机怠速时应在 12.9V 以上
发动机冷却夜温度	应保持在 70 ~ 100℃
驻车/空档位置开关	应设定到 ON
用电附件（如空调、后窗除霜器、前照灯）	均应关闭
转向盘位置	应设定在正中位置
车速	应处于静止状态
变速器	应处于已经预热状态（将车辆运行 10min 即可达到预热状态）

五、日产天籁轿车保养灯归零（2008～2014年）

1. 加速踏板释放位置学习设置

加速踏板释放位置学习操作通过监测加速踏板位置传感器输出信号，学习加速踏板完全释放时的位置。在每次断开加速踏板位置传感器或发动机控制模块的结束接头后，必须按照如下叙述进行设置操作。

（1）确认将加速踏板完全释放。

（2）将点火开关设定到ON并等待至少2s。

（3）将点火开关设定到OFF并等待至少10s。

（4）将点火开关设定到ON并等待至少2s。

（5）将点火开关设定到OFF并等待至少10s。

2. 节气门关闭位置学习设置

节气门完全关闭的位置节气门关闭位置学习操作是通过监测节气门位置传感器输出信号，学习节气门控制执行器或发动机控制模块的结束接头后，必须按照如下叙述进行设置。

（1）确保加速踏板完全释放。

（2）将点火开关设定到ON。

（3）将点火开关设定到OFF，等待至少10s。

（4）通过节气门的动作声音来确认节气门动作超过10s。

3. 怠速空气量学习设置

在维修车辆时，如果更换了电子节气门控制执行器或发动机控制模块，都必须按照如下叙述执行怠速空气量学习设定，使发动机控制模块学习怠速空气量，将发动机怠速控制在规范范围内。

（1）执行“加速踏板释放位置学习”。

（2）执行“节气门关闭位置学习”。

（3）起动发动机暖机至正常工作温度。

（4）确保上述各个项目都符合条件。

（5）将点火开关转至OFF，等待至少10s。

（6）确保将加速踏板完全释放；将点火开关转至ON，等待至少3s。

（7）5s内将加速踏板彻底踩下并完全释放5次。

（8）等待7s，彻底踩下加速踏板并保持约20s，直至仪表板上的MIL（故障指示灯）由闪烁状态变为常亮状态。

（9）仪表板上的MIL（故障指示灯）转变为常亮状态后3s内，彻底释放加速踏板。

（10）起动发动机怠速运行。等待20s。

（11）将发动机转速提高2～3次，确认发动机怠速和点火正时均在规定范围内。

发动机怠速：650～750r/min（变速器设定在P位或N位）。

点火正时：上止点前10°～20°（变速器设定在P位或N位）。

执行怠速空气量设定前需要满足的条件见表22-3。

表 22-3 执行怠速空气量设定前需要满足的条件

项目	条件
蓄电池电压	发动机怠速时应在 12.9V 以上
发动机冷却夜温度	应保持在 70～100℃
驻车/空档位置开关	应设定到 ON
用电附件（如空调、后窗除霜器、前照灯）	均应关闭
转向盘位置	应设定在正中位置
车速	应处于静止状态
变速器	应处于已经预热状态；对于配有 CONSULT－Ⅱ的车型，驾驶车辆直至 A/T 系统的“DATA MONITOR（数据监测）”模式中的“ATF TEMP SE（自动变速器油液温度传感器）”显示小于 0.9V；对于不使用 CONFSULT－Ⅱ的自动变速器车型，驾驶车辆 10min

第二十三章　英菲尼迪车系遥控器设定与保养灯归零

第一节　英菲尼迪车系遥控器设定

一、英菲尼迪 FX35（2009～2013 年）、英菲尼迪 FX50（2009～2013 年）、英菲尼迪 G35（2007～2008 年）、英菲尼迪 G37（2008～2013 年）、英菲尼迪 M35（2006～2013 年）、英菲尼迪 M45（2006～2013 年）、英菲尼迪 QX56（2010～2014 年）轿车遥控器设定

（一）系统操作 1

（1）报警/中控锁系统在无钥匙模式下解除，遥控器如图 23-1 所示。

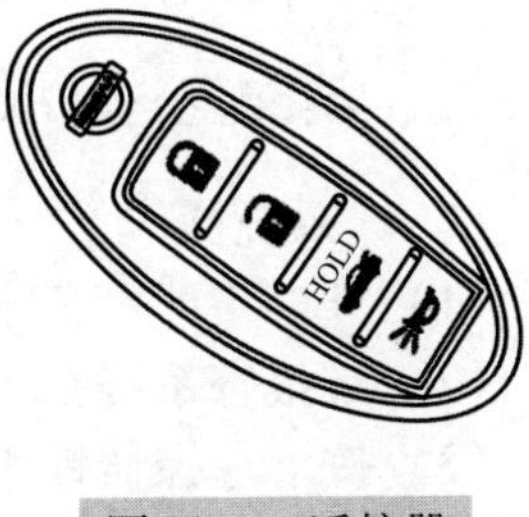

图 23-1　遥控器

① 携带遥控器靠近车辆，压下驾驶人侧车门把手上的锁止/解锁开关 1 次，解除报警系统和解锁驾驶人侧车门和油箱盖。

② 携带遥控器靠近车辆，压下乘客侧车门把手上的锁止/解锁开关 1 次，解除报警系统和解锁乘客侧车门及油箱盖。

③ 携带遥控器靠近车辆，在 5s 内压下车门把手上的锁止/解锁开关 2 次，解除报警系统和解锁所有车门。

④ 携带遥控器靠近车辆，压下行李箱上的解锁开关超过 1s，解除报警系统和打开行李箱。

（2）报警/中控锁系统在无钥匙模式下激活

① 关闭点火开关。

② 确保所有车门和行李箱关闭。

③ 压下两个前车门把手上的锁止/解锁开关来锁止车辆和激活报警系统。

（3）按下遥控器锁止键 1 次激活报警系统和锁止所有车门。

（4）按下遥控器解锁键 1 次解除报警系统和仅解锁驾驶人侧车门及油箱盖。

（5）在 5s 内按下遥控器解锁键 2 次解除报警系统和解锁全部车门。

（6）按下遥控器行李箱释放键至少 1s 仅打开行李箱。

（7）按下遥控器恐吓键至少 1s 激活恐吓报警如下功能：①喇叭响起。②前照灯闪烁。

（8）按下遥控器任意按键解除恐吓报警系统。注意：恐吓报警在 25s 后自动停止。

(9) 遥控器中插着 1 把应急钥匙。

(10) 报警/中控锁系统功能可以使用诊断设备更改。

(二) 遥控器编程

1. 当出现以下情况时，系统需进行编程

(1) 增加或更换遥控器。

(2) 系统出现故障。

2. 编程方法

遥控器只能使用诊断设备进行编程。最多可编程 4 把遥控器。

(三) 遥控器电池更换方法

电池更换方法如图 23-2 所示。

(四) 系统操作 2

关闭点火开关后系统进入报警状态。

(五) 防盗编程

1. 当出现以下情况时，系统需进行重新编程

(1) 增加或更换钥匙/遥控器。

(2) 系统出现故障：打开点火开关，SECURITY 警告灯持续点亮。

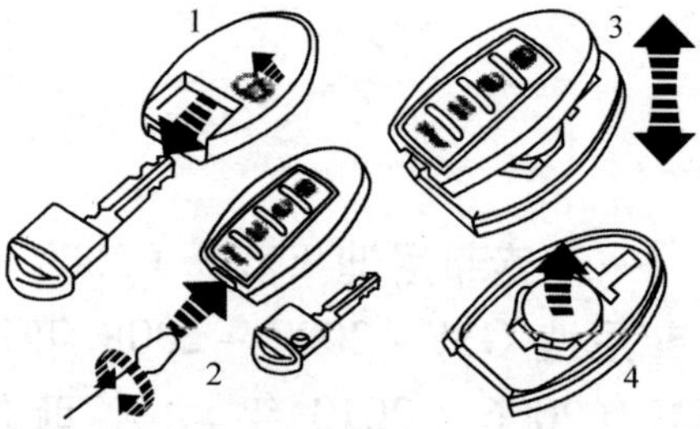

图 23-2 电池更换方法

2. 编程方法

(1) 防盗系统只能应用诊断设备进行编程。

(2) 准备所有需要编程的钥匙/遥控器。注意：最多可编程 4 把钥匙/遥控器。

二、英菲尼迪 QX56 轿车遥控器设定 (2008 ~ 2010 年)

(一) 系统操作 1

(1) SECURITY 警告灯中央仪表板上部。

(2) 带报警系统：当激活时，SECURITY 警告灯点亮约 30s，然后有规律地闪烁。

(3) 按下遥控器锁止键 1 次激活报警系统和锁止所有车门，遥控器如图 23-3 所示。

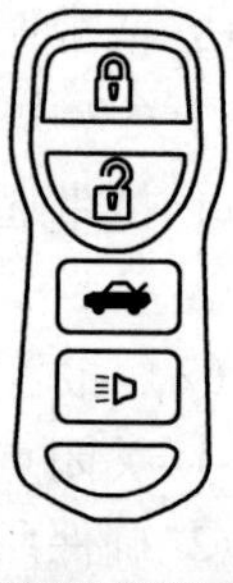
图 23-3 遥控器

(4) 按下遥控器解锁键 1 次解除报警系统和仅解锁驾驶人侧车门。

(5) 在 5s 内按下遥控器解锁键 2 次解除报警系统和解锁全部车门。

(6) 按住遥控器行李箱释放键至少 1s 仅打开行李箱。

(7) 按下遥控器恐吓键至少 1s 激活恐吓报警如下功能：①喇叭响起。②前照灯闪烁。

(8) 按下遥控器解锁键、锁止键或行李箱释放键解除恐吓报警系统。

> **说明：** 恐吓报警在 25s 后自动停止。

(二) 遥控器编程

1. 当出现以下情况时，系统需进行编程

(1) 增加或更换遥控器。

（2）系统出现故障。

2. 编程方法

注意：最多可编程5把遥控器。

（1）获取所有需要编程的遥控器。

（2）关闭所有车门。

（3）在10s内将钥匙插入并拔出点火开关超过6次。指示灯闪烁2次。

（4）将钥匙插入点火开关并转到ACC。

（5）按下第1把遥控器上的任意键来进行编程。指示灯闪烁2次来表明车辆编程完成。旧的遥控器代码将被擦除。

（6）编程其他遥控器

① 用驾驶人车门控制板上的锁止/解锁开关解锁然后再锁止车辆。

② 按下第2把遥控器上的任意按键来进行编程。

指示灯闪烁2次来表明车辆编程完成。旧的遥控器代码将被擦除。

（7）重复上述操作来编程剩下其他遥控器。

（8）打开驾驶人车门后退出编程模式。

（9）测试编程完毕的遥控器动作。注意：遥控器也可使用诊断设备进行编程。

（三）遥控器电池更换方法

电池更换方法如图23-4所示。

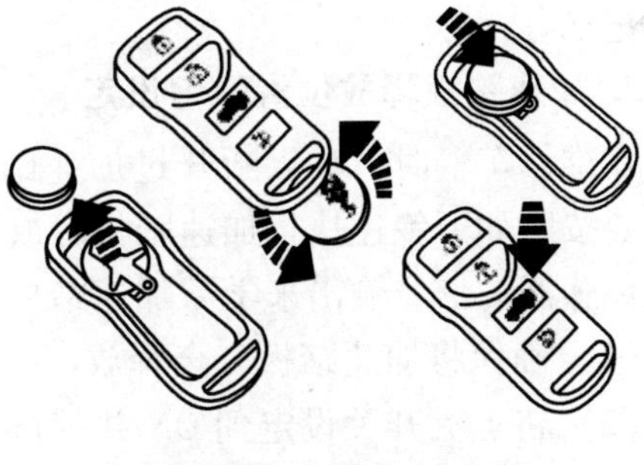

图23-4　电池更换方法

（四）系统操作2

（1）SECURITY警告灯位于中央仪表板上部。

（2）关闭点火开关后系统进入警报状态。

（3）若发动机不能起动，或遥控器电池电压低，按以下步骤操作：

① 移除所有可能对钥匙线圈进行干扰的信号源。

② 打开点火开关约5s。

③ 关闭点火开关。等待约10s。

④ 打开点火开关约5s。

⑤ 关闭点火开关。等待约10s。

⑥ 起动发动机。若发动机能起动；则表示有信号干扰源；如果发动机不起动，则系统有故障。

（五）防盗编程

1. 当出现以下情况时，系统需进行重新编程

（1）增加或更换遥控器。

（2）系统出现故障：打开点火开关，SECURITY警告灯持续点亮。

2. 编程方法

（1）防盗系统只能应用诊断设备进行编程。

（2）准备所有需要编程的钥匙/遥控器。注意：最多可编程5把遥控器。

第二节　英菲尼迪车系保养灯归零

一、英菲尼迪M系列轿车保养灯归零（2009~2012年）

1. 驾驶人位置、转向盘倾斜角度和车外后视镜位置记忆设定

在维护保养过程中如果断开过蓄电池电缆，则预先存储的座椅位置、转向盘倾斜角度和车外后视镜位置记忆均会丢失，可按照如下叙述将座椅位置、转向盘倾斜角度和车外后视镜调节到理想位置后加以存储记忆：

（1）对于自动变速器车型，将变速器设定到P位；对于手动变速器车型，拉起驻车制动器。

（2）将点火开关设定到ON。

（3）将驾驶人电动座椅位置、转向盘倾斜角度和车外后视镜调节到理想位置。

（4）按下如图23-5所示的SET键，在5s内按下按键1或按键2，按压时间应至少在1s以上。

（5）当前设定的位置即可存储记忆。

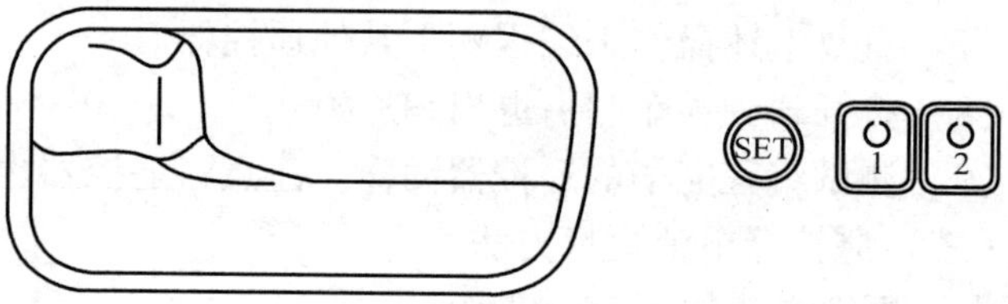

图32-5　位置记忆设定按键

2. 加速踏板释放位置学习设定

在维修车辆时，如果断开过加速踏板位置传感器线束或断开过发动机控制模块连接线束，要按照如下叙述执行加速踏板释放位置学习程序，使发动机控制模块通过监测加速踏板位置传感器的信号输出来学习加速踏板完全释放的位置：

（1）确保将加速踏板完全释放。

（2）将点火开关设定到ON并等待至少2s。

（3）将点火开关设定到OFF并等待至少10s。

（4）再将点火开关设定到ON并等待至少2s。

（5）最后将点火开关设定到OFF并等待至少10s。

3. 节气门关闭位置学习设定

在维修车辆时，如果断开过电子节气门控制执行器线束或断开过发动机控制模块连接线束，必须按照如下叙述执行节气门关闭位置学习程序，使发动机控制模块通过监测节气门位置传感器的信号输出来学习节气门完全关闭的位置。

（1）确保将加速踏板完全释放。

（2）将点火开关设定到ON。

（3）将点火开关设定OFF等待至少10s。

（4）再将点火开关设定到ON并等待至少2s。

4. 怠速空气量学习设定

在维修车辆时，如果更换了电子节气门控制执行器或发动机控制模块，都必须执行怠速空气量学习设定。使发动机控制模块学习怠速空气量，将发动机怠速控制在规定范围内。在执行怠速空气量学习设定前，先要确保满足表23-1所示的条件，然后按照如下叙述执行设定操作：

表23-1　怠速空气学习设定前需要满足的条件

项目	条　件
蓄电池电压	发动机怠速时应在12.9V以上
发动机冷却夜温度	应保持在70～100℃
驻车/空档位置开关	应设定到ON
用电附件（如空调、后窗除霜器、前照灯）	均应关闭
转向盘位置	应设定在正中位置
车速	应处于静止状态
变速器	应处于已经预热状态

（1）执行“加速踏板释放位置学习”。

（2）执行“节气门关闭位置学习”。

（3）起动发动机暖机至正常工作温度。

（4）确保上述各个项目都符合条件。

（5）将点火开关转至OFF，等待至少10s。

（6）确保将加速踏板完全释放；将点火开关转至ON，等待至少3s。

（7）5s内将加速踏板彻底踩下并完全释放5次。

（8）等待7s，彻底踩下加速踏板并保持约20s，直至仪表板上的MIL（故障指示灯）由闪烁状态变为常亮状态。

（9）仪表板上的MIL（故障指示灯）转变为常亮状态后3s内，彻底释放加速踏板。

（10）起动发动机怠速运行。等待20s。

将发动机转速提高2～3次，确认发动机怠速和点火正时均在规定范围内。

发动机怠速：

自动变速器车型：600～700r/min（变速器设定在P位或N位）。

手动变速器车型：600～700r/min（变速器设定在空档）。

点火正时：

自动变速器车型：上止点前10°～20°（变速器设定在P位或N位）。

手动变速器车型：上止点前10°～20°（变速器设定在驻车或空档）。

5. 电子时钟时间设定

车辆维修中如果断开过电子时钟的供电电路，则维修完毕后要将电子时钟调节到正确时间。对于第一种类型的电子钟，可按照图23-6所示，转动调节按钮，即可调节电子时钟。对于第二种类型的电子时钟（图23-7），可按照如下步骤调节：

（1）如果想向前调节电子时钟的时间，可按下按钮1。

（2）如果想向后调节电子时钟的时间，可按下按钮2。

(3) 如果想快速使时间向前或身后调节，可以按住按钮 1 或 2 保持 5s 以上。

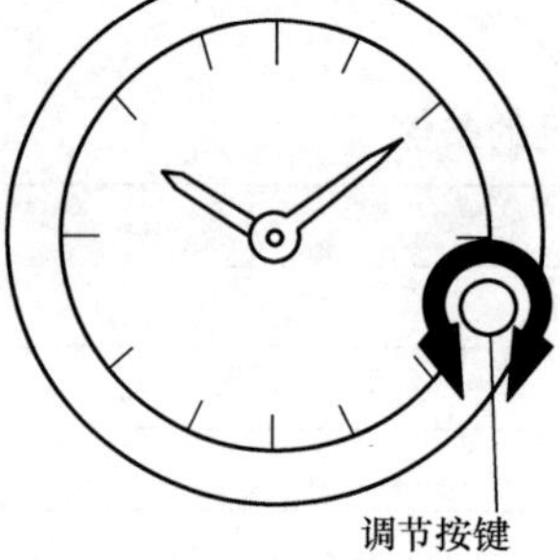

图 23-6 第一种类型电子时钟调节按钮

图 23-7 第二种类型电子时钟调节按钮

二、英菲尼迪 G 系列轿车初始化设置（2009 ~ 2012 年）

1. 驾驶人位置、转向盘倾斜角度和车外后视镜位置记忆设定

在维护保养过程中如果断开过蓄电池电缆，则预先存储的座椅位置、转向盘倾斜角度和车外后视镜位置记忆均会丢失，可按照如下叙述将座椅位置、转向盘倾斜角度和车外后视镜调节到理想位置后加以存储记忆：

(1) 对于自动变速器车型，将变速器设定到 P 位；对于手动变速器车型，拉起驻车制动器。

(2) 将点火开关设定到 ON。

(3) 将驾驶人电动座椅位置、转向盘倾斜角度和车外后视镜调节到理想位置。

(4) 按下 SET 键，如图 23-8 所示，在 5s 内按下按键 1 或按键 2，按压时间应至少在 1s 以上。

(5) 当前设定的位置即可存储记忆。

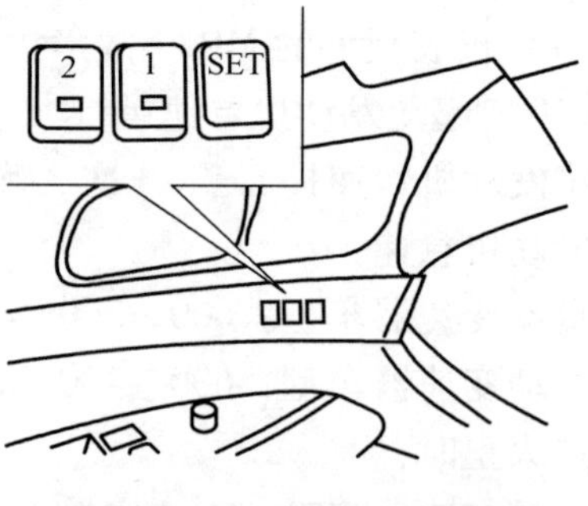

图 23-8 位置记忆设定按键

2. 加速踏板释放位置学习设定

与英菲尼迪 M 系列轿车相同。

3. 节气门关闭位置学习设定

与英菲尼迪 M 系列轿车相同。

4. 怠速空气量学习设定

与英菲尼迪 M 系列轿车相同。

5. 电子时钟时间设定

车辆维护保养过程中如果断开过蓄电池电缆，则维修完毕后要将电子时钟调节到正确时间。可按照如下叙述执行调节：

(1) 如果想向前调节电子时钟（图 23-9）的时间，可按下按钮 1。

(2) 如果想向后调节电子时钟的时间，可按下按钮 2。

(3) 如果想快速使时间向前或向后调节，可以按住按钮 1 或 2 保持 5s 以上。

三、英菲尼迪 FX 系列轿车保养灯归零（2009～2012 年）

1. 驾驶人位置、转向盘倾斜角度和车外后视镜位置记忆设定

在维护保养过程中如果断开过蓄电池电缆，则预先存储的座椅位置、转向盘倾斜角度和车外后视镜位置记忆均会丢失，可按照如下叙述将座椅位置、转向盘倾斜角度和车外后视镜调节到理想位置后加以存储记忆：

图 23-9　电子钟调节按钮识别

（1）对于自动变速器车型，将变速器设定到 P 位；对于手动变速器车型，拉起驻车制动器。

（2）将点火开关设定到 ON。

（3）将驾驶人电动座椅位置、转向盘倾斜角度和车外后视镜调节到理想位置。

（4）按下 SET 键，如图 23-10 所示，在 5s 内按下按键 1 或按键 2，按压时间应至少在 1s 以上。

（5）当前设定的位置即可存储记忆。

2. 加速踏板释放位置学习设定

与英菲尼迪 M 系列轿车相同。

3. 节气门关闭位置学习设定

与英菲尼迪 M 系列轿车相同。

4. 怠速空气量学习设定

与英菲尼迪 M 系列轿车相同。

5. 电子时钟时间设定

车辆维护保养过程中如果断开过蓄电池电缆，则维修完毕后要将电子时钟调节到正确时间。可按照如下叙述执行调节：

（1）如果想向前调节电子时钟（图 23-11）的时间，可按下按钮 1。

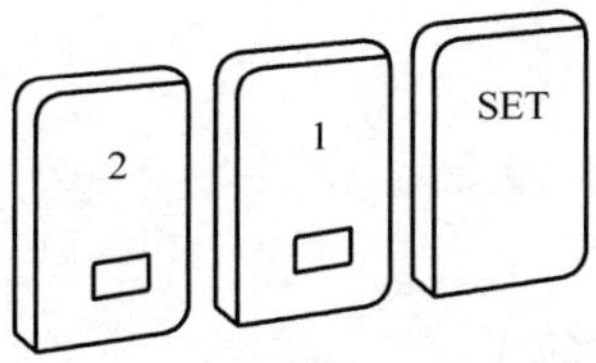

图 23-10　位置记忆设定按键

图 23-11　电子钟调节按钮识别

（2）如果想向后调节电子时钟的时间，可按下按钮 2。

（3）如果想快速使时间向前或身后调节，可以按住按钮 1 或 2 保持 5s 以上。

第二十四章　铃木车系遥控器设定与保养灯归零

第一节　铃木车系遥控器设定

一、铃木超级维特拉轿车遥控器设定（2005～2012 年）

（一）遥控器编程方法

（1）打开驾驶人侧车门。

（2）打开点火开关。

（3）在 10s 内将钥匙拔出点火开关。

（4）在 20s 内按下并松开驾驶人车门上的门控开关 3 次。

（5）打开点火开关。

（6）在 10s 内将钥匙拔出点火开关。车门将锁止，表明编程模式激活。

（7）在 20s 内按下并按住遥控器解锁键，车门锁将动作。此时表明该遥控器被编程完毕。

（8）松开解锁键。

（9）重复上述步骤来编程其他遥控器。最多可编程 3 把钥匙。

（二）更换遥控器电池

（1）用 1 把螺钉旋具拧下螺钉。

（2）取出遥控器外壳。

（3）取出旧电池，更换新电池，确保电池正极面朝下。

（4）盖上罩盖。装好遥控器。拧紧螺钉。

（5）检查遥控器功能。

二、铃木吉姆尼轿车遥控器设定（2001～2015 年）

遥控器编程方法：

（1）关闭点火开关。

（2）连接诊断设备。

（3）按诊断设备屏幕说明进行操作。最多可编程 4 把遥控器。

三、铃木利亚纳轿车遥控器设定（2001～2011 年）

（一）遥控器编程

（1）打开驾驶人侧车门。

（2）打开点火开关。

（3）在 10s 内将钥匙拔出点火开关。

（4）在 20s 内按下并松开驾驶人车门上的门控开关 3 次。

（5）打开点火开关。

（6）在 10s 内将钥匙拔出点火开关。

（7）按下并按住遥控器解锁键。车门锁将动作。此时表明该遥控器被编程完毕。

（8）松开解锁键。

（9）重复上述步骤来编程其他遥控器。最多可编程 3 把钥匙。

（二）更换遥控器电池

（1）用 1 把螺钉旋具拧下螺钉。

（2）取出遥控器外壳。

（3）取出旧电池，更换新电池。

（4）盖上罩盖。装好遥控器。拧紧螺钉。

（5）检查遥控器功能。

四、铃木 SX4 轿车遥控器设定（2006～2011 年）

（1）坐在驾驶人座椅上。

（2）关闭驾驶人侧车门。

（3）确保驾驶人侧车门未锁止。

（4）将钥匙插入点火开关内。

（5）在 25s 内按下驾驶人车门上的锁止开关先锁止后解锁连续 3 次。

（6）将车门上的锁止开关置于锁止位置。

（7）将钥匙插入并拔出点火开关连续 4 次。

（8）起动发动机。等待 3 次。

（9）按下并按住要设定的遥控器上的锁止键。一个声音信号响起 2 次。车门锁将动作。此时表明钥匙已成功编程完毕。

（10）在 30s 内重复上述步骤来编程其他钥匙。

（11）将钥匙拔出点火开关。

（12）编程模式结束。最多可编程 4 把钥匙。

五、铃木雨燕轿车遥控器设定（2004～2011 年）

（一）遥控器编程

（1）打开驾驶人侧车门。

（2）打开点火开关。

（3）在 10s 内将钥匙拔出点火开关。

（4）在 20s 内按下并松开驾驶人车门上的门控开关 3 次。

（5）打开点火开关。

（6）在 10s 内将钥匙拔出点火开关。

（7）车门将锁止来表明编程模式激活。

（8）在 20s 内按下并按住遥控器解锁键。车门锁将动作。此时表明该遥控器被编程完毕。

（9）松开解锁键。

（10）重复上述步骤来编程其他遥控器。最多可编程 3 把钥匙。

（二）更换遥控器电池

（1）用 1 把螺钉旋具拧下螺钉。

（2）取出遥控器外壳。

（3）取出旧电池。更换新电池。确保电池正极面朝下。

（4）盖上罩盖。装好遥控器。拧紧螺钉。

（5）检查遥控器功能。

六、长安铃木天语 SX4 轿车遥控器设定（2007 ~ 2016 年）

（1）坐在驾驶人座椅上。

（2）关闭驾驶人侧车门。

（3）确保驾驶人侧车门未锁止。

（4）将钥匙插入点火开关内。

（5）按下驾驶人车门上的锁止开关先锁止后解锁连续 3 次，最后为锁止位置。

（6）将钥匙拔出并插入点火开关连续 4 次，最后为拔出位置。

（7）起动发动机。等待 3s 熄火。

（8）按下要设定的遥控器上的任意键 1 次，完成设定。最多可以设定 4 把遥控器。

（9）必须在 30s 内完成设定，否则遥控器设定无效。

七、长安铃木雨燕轿车遥控器设定（2004 ~ 2016 年）

（1）关闭所有车门。

（2）打开驾驶人侧车门。

（3）打开点火开关。

（4）在 10s 内将钥匙拔出点火开关。

（5）拔下钥匙时，在 20s 内按下并松开驾驶人车门上的门控开关 3 次，第 3 次在松开位置。

（6）打开点火开关。

（7）在 10s 内将钥匙拔出点火开关，转向灯闪烁，车门将锁止和解锁 1 次来表明编程模式激活。

（8）按下并按住遥控器解锁键 1 次，所有车门锁将锁止并解锁 1 次，表示遥控器设定完成。

（9）若设定下一把遥控器，重复上述步骤来编程其他遥控器。最多可编程 3 把遥控器。

第二节　铃木车系保养灯归零

铃木 SX4 轿车保养灯归零（2006～2016 年）

1. 机油压力警告灯归零设定

当需要更换发动机机油和机油滤清器的时候，发动机控制系统即点亮仪表板上的机油压力警告灯，如图 24-1 所示，提示维修人员和驾驶人应及时到维修厂更换发动机机油和机油滤清器。更换完毕后，应使用诊断设备对机油压力警告灯进行归零设定操作，使其熄灭。

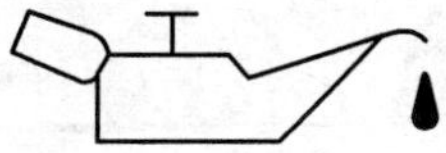

图 24-1　机油压力警告灯识别

2. 转向盘位置传感器归零设定

（1）起动发动机。

（2）使发动机怠速运行。

（3）驾驶车辆直线行驶，车速保持在 16～32km/h。

（4）TCS/ESP 警告灯会熄灭，表示设定完成。

第二十五章　三菱车系遥控器设定

一、三菱蓝瑟、三菱欧蓝德轿车遥控器设定（2008~2012 年）

（一）系统操作 1

（1）报警/中控锁系统在无钥匙模式下解除

① 携带遥控器靠近车辆，握住驾驶人侧车门把手，解除报警系统和解锁驾驶人侧车门。

② 携带遥控器靠近车辆，握住乘客侧车门把手，解除报警系统和解锁车门。

③ 携带遥控器靠近车辆，压下/行李箱释放键，解除报警系统和解锁行李箱。

（2）报警/中控锁系统在无钥匙模式下激活

① 关闭点火开关。

② 确保所有车门和行李箱关闭。

③ 压下任意前车门的锁止按钮来锁止车辆和激活报警系统。

> **注意：** 报警/中控锁系统功能可以使用诊断设备进行更改。

（3）在遥控器内插着 1 把应急机械钥匙，遥控器如图 25-1 所示。

（4）按下遥控器锁止键激活报警系统和中控锁系统。

（5）按下遥控器解锁键 1 次解除报警系统和仅解锁驾驶人侧车门。

（6）按下遥控器解锁键 2 次解除报警系统和解锁所有车门。

（7）按下遥控器恐吓键至少 1s 激活恐吓报警系统。

（8）按下遥控器任意键或打开点火开关解除恐吓报警系统。

（9）若已解锁的车辆在 30s 内所有车门和行李箱未被打开，则自动上锁和报警重新激活。

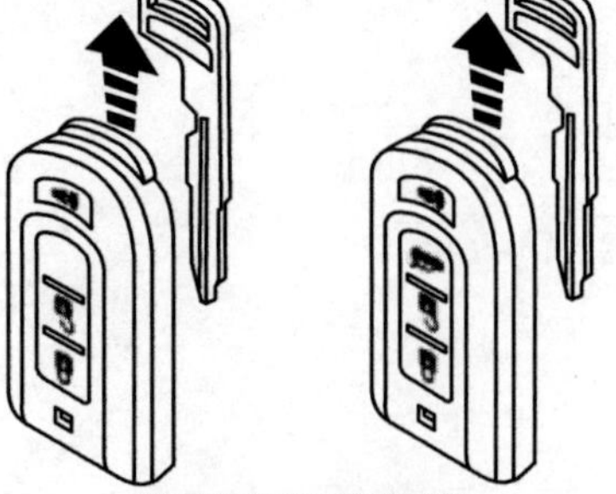

图 25-1　遥控器

（二）遥控器编程

1. 当出现以下情况时，系统需进行编程

（1）增加或更换遥控器。

（2）系统出现故障。

2. 编程方法

遥控器只能使用诊断设备进行编程。最多可编程4把遥控器。

（三）遥控器电池更换方法

电池更换方法如图25-2所示。

（四）系统操作2

关闭点火开关后系统进入报警状态。

（五）防盗编程

1. 当出现以下情况时，系统需进行重新编程

（1）增加或更换遥控器。

（2）系统出现故障

2. 编程方法

防盗系统只能使用诊断设备进行编程。最多可编程4把遥控器。

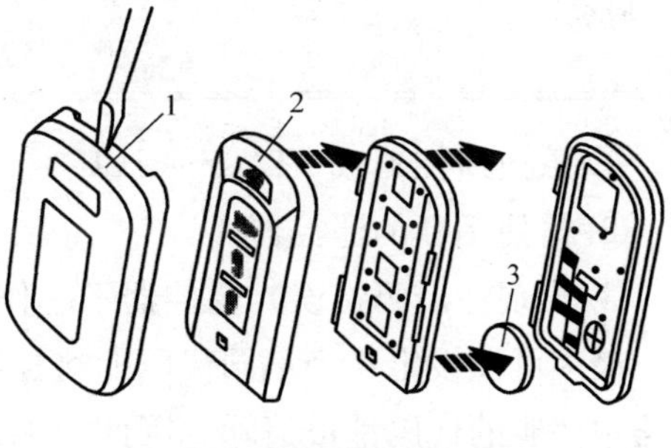

图25-2　电池更换方法

二、三菱蓝瑟轿车遥控器设定（2006～2015年）

（1）关闭车门。

（2）点火开关OFF—ON，重复3次然后转到OFF。

（3）按左门门锁开关，LOCK—UNLOCK—LOCK。

（4）按遥控器上的UNLOCK键门锁打开。

三、三菱菱绅轿车遥控器设定（2006～2013年）

（1）检查车门是否可以用钥匙正常锁止。

（2）将点火钥匙插入点火开关内，将其保持在OFF。

（3）将数据连接插接器的端子1搭铁，系统处于密码注册存储模式。

（4）在10s内，按下危险警告灯开关6次。

注意：步骤（4）完成后，所有车门将开锁/锁止1次，然后进入存储模式（无论危险警告灯开关何时被按下，它都会交替地开和关）。

（5）按下遥控器上任意按键，然后在第1次按下后10s内再按下2次，密码注册完毕。一旦程序被存储，所有车门将进行1次开锁和锁止操作。

（6）若用2个或更多的遥控器或增加第2个遥控器，要在设定第1个遥控器后1min内，进行同样的设定程序。

（7）在下列情况下，设定模式将被取消。

① 2个遥控器的密码都已经注册过。

② 诊断接口搭铁线断开。

③ 钥匙从点火开关内取出。

（8）注册完成后，拔下点火开关钥匙，关闭所有的车门。然后检查无钥匙进入系统的工作是否正常。

注意： 在下列情况下必须重新向 ETACS－ECU 内的 EEPROM（可擦写只读存储器）注册密码。

① 更换遥控器或 ETACS－ECU。

② 需使用新的遥控器。

③ 出现注册码错误，遥控器不起作用。

最多可以设定 4 个不同代码的遥控器。当第 1 个遥控器中的代码被注册时，先前所有遥控器中注册的代码都被清除。因此，如果要用 4 个遥控器或增加遥控器，所有遥控器的代码必须重新进行同时注册。

四、东南三菱戈蓝轿车遥控器设定（2006～2012 年）

（1）关闭所有车门。

（2）将钥匙插入点火开关，在 5s 内打开和关闭点火开关 3 次。

（3）按中央门锁开关，在 5s 内完成 LOCK（锁止）→UNLOCK（解锁）→LOCK（锁止），此时倒车镜上转向灯闪 2 次。

（4）按遥控器解锁键，此时门锁动作（锁止和解锁），转向灯闪 1 次，表示设定成功。

（5）若设定下一把遥控器，则到第（4）步按遥控器解锁键，此时门锁动作（锁止和解锁），转向灯闪 1 次，接下来按下一个遥控器解锁键，此进门锁动作（锁止和解锁），转向灯闪 1 次，表示设定成功。

五、东南 V3 菱悦轿车遥控器设定（2008～2013 年）

当遥控器损坏、丢失或更换锁头后，可通过重新学习将原遥控器信息从主机中删除，然后重新设定新遥控器。

（1）插入钥匙。

（2）拆开转向柱下护盖，找到遥控器主控制单元。

遥控器设定方法：

（1）用钢针按一下主控制单元学习按钮，主控制单元蜂鸣器“哔”响一声。

（2）主控制单元蜂鸣器“哔”响一声后，在 5s 内将点火开关连续打开（从 OFF 位置→ACC 位置）3 次，第 3 次停留在 ACC 位置 2s 以上，报警喇叭鸣叫一声，转向灯长亮，表示主控制单元进入学习状态。

（3）在 10s 内按遥控器上任何按键，转向灯闪 3 次后常亮，表示一个新遥控器设定成功，等待设定下一个遥控器。

注意：

① 进入学习状态后，每把遥控器只准按1次，若按2次，则造成一把遥控器同时设定了2次，另外一把遥控器没设定到，因为系统只允许设定2把遥控器，这时需要重新设定。

② 在第1把遥控器设定成功10s内，若没有设定第2把遥控器，则系统将退出学习模式。

③ 设定时必须将转向柱锁解码单元连接好，否则设定完毕后新钥匙只能遥控，转向柱锁不能正常解锁和锁止。系统进入学习状态后，如果15s内没有进行任何操作，那么系统将自动退出学习状态，原遥控器保持不变。

六、长丰三菱帕杰罗V73轿车遥控器设定（2005～2013年）

（1）将钥匙插入点火开关。

（2）诊断座1号脚搭铁。

（3）在10s内连续按动危险警告灯开关6次，门锁将进行1次锁止或解锁，表示进入编程模式状态。

（4）按下遥控器上的任意键1次，在10s内再按遥控器上的任意按键2次，门锁将自动进行1次锁止和解锁动作，表示遥控器设定成功。

（5）若设定下一把遥控器，则在完成第1把遥控器设定后1s内，接着按下一把遥控上的任意按键1次，在10s内再按遥控器上的任意键2次，门锁将自动进行1次锁止和解锁动作，表示遥控器设定成功。

七、北京三菱速跑轿车遥控器设定（2006～2010年）

（1）将钥匙插入点火开关。

（2）诊断座1号脚搭铁。

（3）在10s内连续按动危险警告灯开关6次，门锁将进行1次锁止或解锁动作，表示进入编程模式状态。

（4）按下遥控器上的任意键1次，在10s内再按遥控器上的任意按键2次，门锁将自动进行1次锁止和解锁动作，表示遥控器设定成功。

（5）若设定下一把遥控器，则在完成第1把遥控器设定后1s内，接着按下一把遥控器上的任意按键1次，在10s内再按遥控器上的任意键2次，门锁将自动进行1次锁止和解锁动作，表示遥控器设定成功。

第二十六章　斯巴鲁车系遥控器设定与保养灯归零

第一节　斯巴鲁车系遥控器设定

一、斯巴鲁翼豹轿车遥控器设定（2007～2014 年）

带无钥匙进入系统：

（一）系统操作 1

（1）报警/中控锁系统在无钥匙模式下激活

① 关闭点火开关。

② 确保所有车门和行李箱门关闭。

③ 压下驾驶人侧或乘客侧车门的锁止按钮（图 26-1）1 次来锁止车辆和激活报警系统。指示灯闪烁 1 次。

（2）报警/中控锁系统在无钥匙模式下解除

① 遥控器 LED 闪烁。

② 携带遥控器靠近车辆，握住驾驶侧和乘客侧车门把手锁止/解锁按钮 1 次，解除报警系统和解锁车门。指示灯闪烁 2 次。

（3）按下遥控器锁止键（图 26-2）激活报警系统和中控锁系统。指示灯闪烁 1 次。

（4）按下遥控器解锁键 1 次解除警报系统和解锁中控锁系统。指示灯闪烁 2 次。

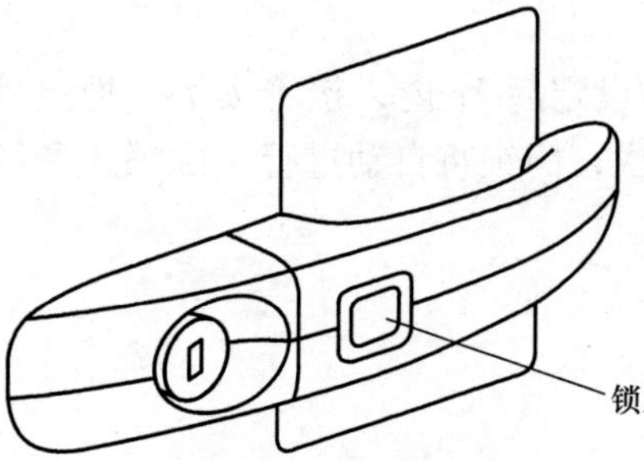

图 26-1　车门把手

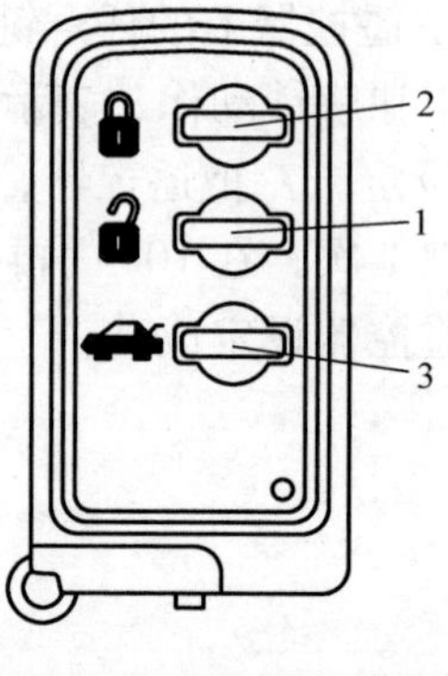

图 26-2　遥控器

1—解锁键　2—锁止键　3—行李箱释键

（5）按下遥控器行李箱释放键 1 次仅解锁行李箱。指示灯闪烁 2 次。

（6）若已解锁的车辆在 30s 内所有车门和行李箱未被打开，则自动上锁和报警重新激活。

（二）遥控器编程

1. 当出现以下情况时，系统需进行重新编程

（1）增加或更换遥控器。

（2）系统出现故障。

2. 编程方法

（1）获取所有遥控器。

（2）获取车主车辆安全卡。

（3）遥控器只能使用诊断设备来完成编程。最多可以编程 7 把遥控器。

（三）遥控器电池更换方法

电池更换方法如图 26-3 所示。

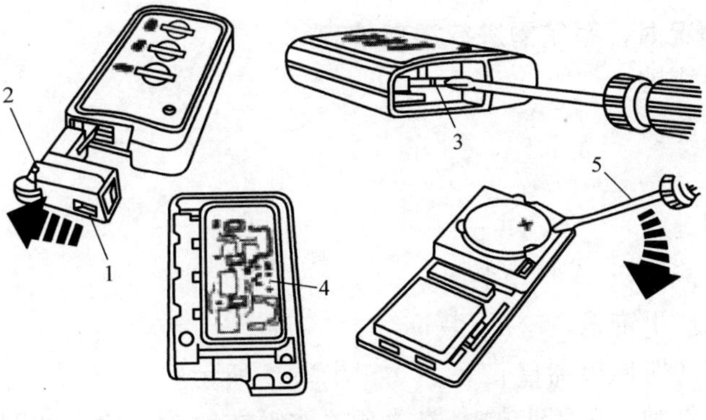

图 26-3　电池更换方法

（四）系统操作 2

关闭点火开关后系统进入报警状态。

（五）防盗编程

1. 当出现以下情况时，系统需进行重新编程

（1）增加或更换遥控器。

（2）系统出现故障。

2. 编程方法

（1）获取所有遥控器。

（2）获取车主车辆安全卡。

（3）遥控器只能使用诊断设备进行编程。最多可编程 7 把遥控器。

不带无钥匙进入系统：

（一）系统操作 1

（1）带双重锁止系统

① 按下钥匙锁止键（图 26-4）激活报警系统和双重锁止系统。指示灯闪烁 1 次。

② 按下钥匙解锁键约 2s 解除报警系统和解锁所有车门及行李箱。指示灯闪烁 2 次。

③ 按下行李箱释放键 1 次仅解锁行李箱。指示灯闪烁 2 次。

（2）不带双重锁止系统：

① 按下钥匙锁止键激活报警系统和双重锁止系统。指示灯闪烁 1 次。

② 按下钥匙解锁键 1 次解除报警系统和解锁所有车门及行李箱。指示灯闪烁 2 次。

③ 按下钥匙行李箱释放键 1 次仅解锁行李箱。指示灯闪烁 2 次。

④ 若已解锁的车辆在 30s 内所有车门和行李箱未被打开，则自动上锁和报警重新激活。

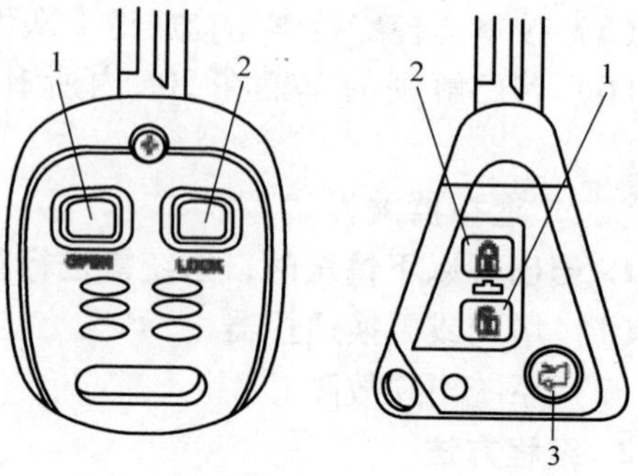

图 26-4　钥匙

1—锁止键　2—解锁键　3—行李箱释放键

（二）钥匙编程

1. 当出现以下情况时，系统需进行重新编程

（1）增加或更换钥匙。

（2）系统出现故障。

2. 编程方法

（1）获取所有钥匙。

（2）拆下驾驶人侧饰板/A 柱下装饰。

（3）拆下驾驶人侧下饰板/A 柱下装饰。

（4）连接中控锁注册插接器（白色），如图 26-5 所示。

（5）按下并按住驾驶人车门上的中控锁开关按键在解锁位置，如图 26-6 所示。车内灯将闪烁，系统将发出一声信号来表明编程模式开始。

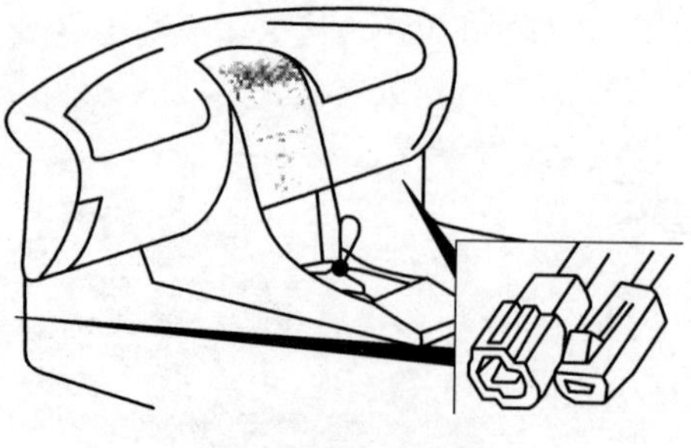

图 26-5　插接器

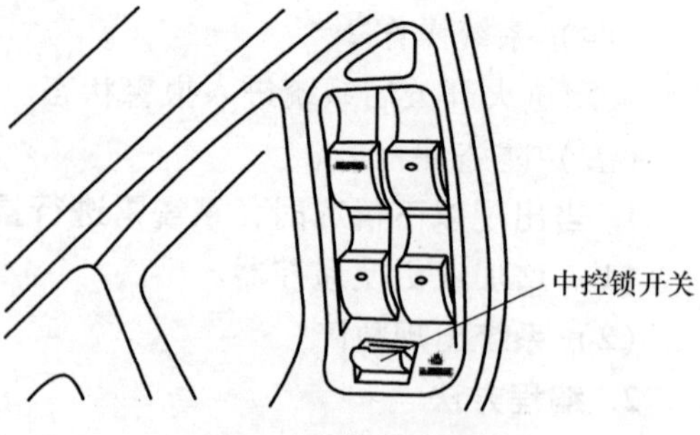

图 26-6　中控锁开关

（6）如下操作来编程第 1 把钥匙

① 按下并按住驾驶人车门上的中控锁开关按键在解锁位置。

② 按下钥匙解锁键 2 次和压下。

③ 车门锁将先后锁止和解锁来表明第 1 把钥匙编程完成。

（7）重复编程程序编程剩余其他钥匙。一旦最后一次编程完成，断开中控锁注册插接器。

（8）检查已编程的钥匙的操作。最多可以编程 4 把钥匙。

（三）钥匙电池更换方法

电池更换方法如图 26-7 和图 26-8 所示。

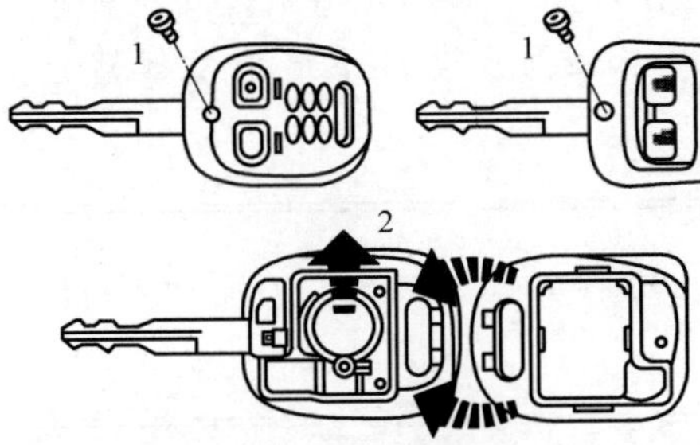

图 26-7 电池更换方法

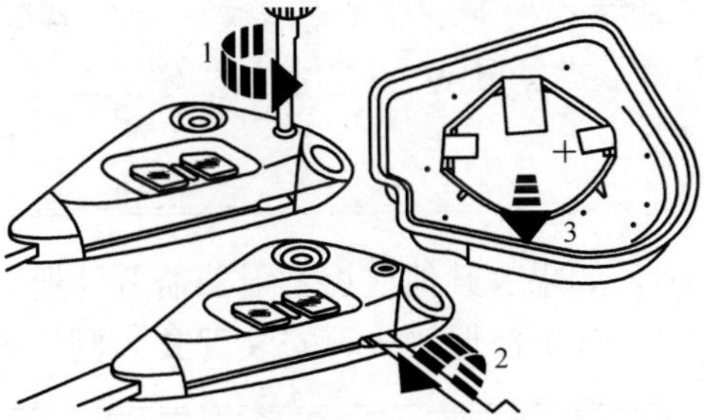

图 26-8 电池更换方法

（四）系统操作 2

（1）拔下点火钥匙后系统进入报警状态。

（2）当进入报警状态时，防盗警告灯闪烁，如图 26-8 所示。

（3）打开点火开关。

（4）防盗警告灯连续点亮，则钥匙密码不识别。拔下钥匙，等待 5s 后再试。

（五）防盗编程

1. 当出现以下情况时，系统需进行重新编程

（1）增加或更换钥匙。

（2）系统出现故障。

2. 编程方法

（1）获取所有钥匙。

（2）获取车主车辆安全卡。

（3）钥匙只能使用诊断设备进行编程。最多可编程 7 把钥匙。

二、斯巴鲁森林人轿车遥控器设定（2012 ~ 2018 年）

1. 遥控器注册

注意： 每一辆车最多可注册 4 个遥控器。更换或增加遥控器时，必须重新注册器。更换遥控器（钥匙））时，也必须注册发动机防盗锁止系统。

（1）从点火开关中拔出遥控器。

（2）拆下驾驶人侧下饰件盖，连接注册接头（单极白色接头）。

（3）将电动车窗主开关下的门锁开关 推至 UNLOCK。车厢灯闪烁，并且蜂鸣器鸣响指示系统处于注册模式。

（4）在门锁开关推到 UNLOCK 情况下，按下将被注册的遥控器按钮 2 次。

（5）当注册正常完成时，车门执行器执行闭锁→开锁操作。如果无法执行闭锁→开锁操作，再次尝试步骤（4）。

注意：按下遥控发射器按钮时，确保按 1 次，然后再按 1 次并保持片刻以检查车门执行器操作。请勿按下遥控发射器上的按钮超过 2 次。请勿反复按下遥控发射器上的按钮。

（6）如果有其他遥控发射器需要注册，重复步骤（4）。

（7）拆下注册接头，安装驾驶人侧下饰件盖。

注意：遥控发射器仅在门锁开关推至 UNLOCK 情况下可注册。释放门锁开关时，可以通过把门锁开关移到 UNLOCK 并保持来再次进行注册。注册新遥控器时，确保再次注册已经注册的遥控器。

2. 清除遥控器的注册

（1）从点火开关中拔出遥控发射器。

（2）拆下驾驶人侧下饰件盖，连接注册接头。（单极白色接头）。

（3）将电动车窗主开关下的门锁开关推至 LOCK。车厢灯闪烁，并且蜂鸣器鸣响指示系统处于清除模式。

（4）在门锁开关推至 LCOK 情况下，10s 内将钥匙插入/拔出点火开关 10 次。

（5）当注册正常清除时，车门执行器执行闭锁→开锁操作。如果无法执行闭锁→开锁操作，再次尝试步骤（4）。

（6）拆下注册接头，安装驾驶人侧下饰件盖。

注意：注册仅在门锁开关推至 LCOK 的情况下可清除。一旦门锁开关释放时，如果再次将门锁开关保持推在 LOCK，可执行清除模式。从注册模式转到清除模式之前完成注册。否则模式不能转换至清除模式。并且反之亦然。

三、斯巴鲁力狮轿车遥控器设定（2010～2018 年）

（1）拆下驾驶人侧的门栏盖，然后连接在前柱下端的编程插接器。

（2）将门锁打开。

（3）为了编程，将驾驶人侧车门的锁开关按到 UNLOCK 解锁，按下遥控器任意键 2 次。

（4）门锁会按顺序自动上锁和开锁，这说明完成了第 1 把遥控器的匹配。

（5）重复步骤（3）和（4）来对第 2 个和第 3 个遥控器进行匹配。

（6）在完成所有操作后，断开编程插接器，测试匹配好的遥控器，装好门栏盖即可。

四、斯巴鲁傲虎轿车遥控器设定（2008～2018年）

经检测芯片为4D60，遥控频率434。用设备（中文SBB）能进入系统，先把原车的遥控钥匙芯片取下，换上新的普通60芯片上车解码，按照提示操作。

（1）进入IMMO→防盗系统→斯巴鲁→傲虎05。

（2）插入新钥匙打开点火开关，进行新钥匙编程，写入计时。

（3）提示钥匙已保存，另外的钥匙是否保存，继续匹配按确认键，不匹配按退出。

第二节　斯巴鲁车系保养灯归零

一、斯巴鲁森林人轿车保养灯归零（2002～2012年）

维护保养过程中如果断开过蓄电池，保养完毕，重新连接蓄电池后要按照如下叙述执行电动车窗初始化设定操作：

（1）关闭驾驶员人侧车门。

（2）把点火开关设定到ON。

（3）把电动车窗降至半开位置。

（4）提起电动车窗的关闭开关，使电动车窗完全关闭，然后继续保持关闭开关的提起状态，持续1s。

（5）把点火开关设定到OFF。

二、斯巴鲁翼豹轿车初始化设定（2000～2012年）

1. 2000～2007年斯巴鲁翼豹轿车电动车窗初始化设定

电动车窗初始化设定与斯巴鲁森林人轿车相同。

2. 2008～2012年斯巴鲁翼豹轿车电动车窗初始化设定

电动车窗初始化设定与斯巴鲁森林人轿车相同。

三、斯巴鲁力狮轿车保养灯归零（2003～2012年）

电动车窗初始化设定与森林人轿车相同。

四、斯巴鲁傲虎轿车保养灯归零（2003～2012年）

电动车窗初始化设定与森林人轿车相同。

第二十七章　马自达车系遥控器设定与保养灯归零

第一节　马自达车系遥控器设定

一、马自达5轿车遥控器设定（2008～2013年）

（1）把第3把钥匙（也就是你新买来的钥匙，记住要开齿）插入点火开关，并扭到ON。确认防盗指示灯不停地闪烁，然后扭回到LOCK，拔出来。

（2）把第1把原装钥匙（遥控钥匙）插进点火开关，然后扭到ON，仪表板内很多灯都会亮，然后等防盗指示灯熄灭，迅速将钥匙回到LOCK，并拔出来。

（3）把第2把原配钥匙（是原装备用钥匙）按照步骤（2）重复。

（4）把刚开好齿的第3把钥匙按照步骤（2）重复。

二、一汽马自达6轿车遥控器设定（2007～2015年）

（1）关闭所有车门。然后打开驾驶人侧车门。

（2）将钥匙插入点火开关，然后打开和关闭点火开关3次，不要拔出钥匙。

（3）将车门关闭和打开3次，在第3次打开车门时，门锁开关动作1次，表示进入编程模式状态。

（4）按遥控器锁止键2次，门锁开关又动作1次。

（5）若设定下一个遥控，则重复步骤（4）。

（6）拔下钥匙，门锁开关动作2次，报警喇叭响2次，说明遥控器设定成功。

注意：

① 如果有2个遥控器，那么必须同时进行设定，设定过的能用，没设定过的不能用。

② 在设定前必须保证门灯开关、遥控器接收器、遥控器、线路正常。如果有一个部件出现问题，那么不会设定成功。

三、马自达睿翼轿车遥控器设定（2010～2015年）

用国产匹配仪二代开始进入马自达睿翼，选遥控器擦除与匹配。

匹配智能提示把遥控器放在副座上，中控锁开锁2次，提示按遥控器开锁键2次，第1把成功。

第2把遥控器放在前排乘客座上，中控锁开锁2次，提示按遥控器开锁键2次，第2把成功完成。

四、马自达8轿车遥控器设定（2014～2015年）

注意：设定时，用户有2把或2把以上的有效胡匙（钥匙1，钥匙2）。

（1）准备好新增的钥匙（钥匙3）用作注册。

（2）用钥匙1，打开点火开关到ON。

（3）检查安全灯是否点亮约3s，然后熄灭。

（4）在安全灯熄灭后约4s，将钥匙1打到LOCK。

（5）取下钥匙1。

（6）用钥匙2重复步骤（2）～（5）。

（7）用钥匙3重复步骤（2）～（5）。

五、长安马自达2（2007～2011年）、长安马自达3（2006～2014年）轿车遥控器设定

（1）关闭所有车门。然后打开驾驶人侧车门。

（2）将钥匙插入点火开关，然后打开和关闭点火开关3次，不要拔出钥匙。

（3）将车门关闭和打开3次，在第3次打开车门时，门锁开关动作1次，表示进入编程模式状态。

（4）按遥控器锁止键2次，门锁开关又动作1次。

（5）若设定下一个遥控器，则重复步骤（4）。

（6）拔下钥匙，门锁开关动作2次，报警喇叭响2次，说明遥控器设定成功。

注意：

① 如果有2个遥控器，那么必须同时进行设定，设定过的能用，没设定过的不能用。

② 在设定前必须保证门灯开关、遥控器接收器、遥控器、线路正常。如果有一个部件出现问题，那么不会设定成功。

六、长安马自达昂科塞拉轿车遥控器设定（2014～2017年）

1. 钥匙编程方法

（1）带好2把原车钥匙和折叠钥匙，坐入车内。

（2）将1把原钥匙插入锁孔转到ON，看到仪表板里红色小车指示灯亮起检测钥匙内的芯片，约1s后，指示灯熄灭，拔出钥匙。

（3）将第2把原钥匙插进去，转到ON，看到仪表板里红色小车指示灯亮起检测钥匙内的芯片，约1s后，指示灯熄灭，拔出钥匙。

（4）插入配好的折叠钥匙，转到ON，车内电脑进入检测及写入芯片状态，仪表板内红色指示灯闪动几下后熄灭，此时钥匙编程完成，试一下是否能正常起动车辆。

2. 遥控器编程方法

（1）打开车门，按动车门上的开锁键2次。

（2）将原钥匙插入锁孔内，转到ON，又转回到LOCK，循环3次，最后停在LOCK上，此动作5s内完成。

（3）关车门，再打开车门，如此循环3次，最后将车门停留在开的位置，此动作10s内完成。

（4）此时车上电脑做出第1次反应，自动锁门开锁1次。

（5）按新遥控器上任意键2次，此时车上电脑会做出第2次反应，自动锁门开锁1次。

（6）拔出钥匙，此时车上电脑做出最后1次反应，自动锁门开锁4次左右。匹配完成。

七、长安马自达CX－5轿车遥控器设定（2013～2015年）

（1）主车门打开，钥匙开关3次，不拔出。

（2）关—开车门3次，门锁动作，则进入学习状态。

（3）按遥控器任意按键2次，门锁动作。

（4）拔出钥匙，门锁再动作，则遥控器匹配成功。

第二节　马自达车系保养灯归零

一、马自达2轿车保养灯归零（2008～2013年）

（1）拆下仪表板总成，在仪表板后面有一个印制电路板，在板上找出标有NC和NO字样的地方。

（2）将印有上述字样一边的螺钉拆下拧到另一孔上去，即可完成归零。等到下次再做归零时，则再将螺钉拆下拧回原孔即可。

二、马自达3轿车保养灯归零（2006～2012年）

1. 电子时钟调节设定

（1）按下图27-1所示的CLOCK开关，直至蜂鸣器发出一声提示音，屏幕会显示“12Hr”或“24Hr”。

（2）按下SET开关，选定“12Hr”或“24Hr”时间显示方式，选中哪种显示方式，哪种显示方式就会闪烁。

（3）按下CLOCK开关，确认选中的时间显示方式。

（4）显示屏随后显示“Hr. ADJUST”，显示屏上显示小时的区域会闪烁；按下SET或INFO开关设定小时数字，然后再次按下CLOCK开关。

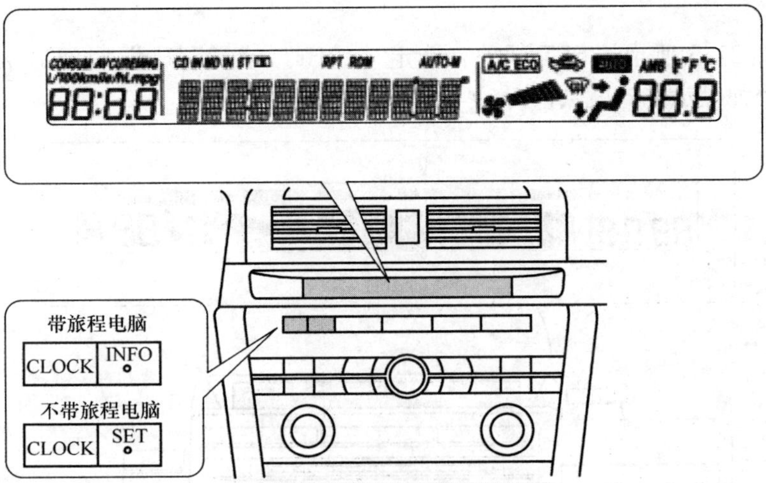

图 27-1　电子时钟调节按键

（5）显示屏随后显示“Min. ADJUST”，显示屏上显示分钟的区域闪烁；按下 SET 或 INFO 开关设定分钟数字，然后再次按下 CLOCK 开关。

2. 保养归零设定

（1）按动 START/STOP 按钮 2 次，使点火开关接通。

（2）如图 27-2 所示，反复按动按钮 A，直至显示屏 B 显示“SETTINGS”。

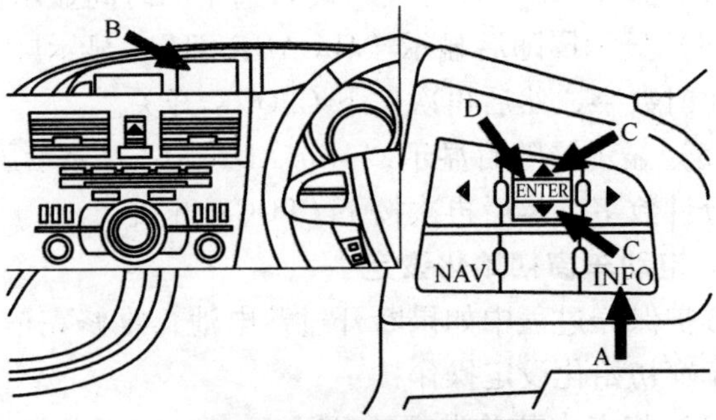

图 27-2　归零按钮识别

（3）反复按动按钮 C，直至“MAINTENANCE”被高亮显示。

（4）按动按钮 D。显示屏显示“TYPE ROTATION”和“SERVICE DUE”。

（5）反复按动按钮 C，直至“SERVICE DUE”被高亮显示。

（6）按动按钮 D。显示屏显示“SET”或“OFF”。

（7）按动按钮 D。

（8）反复按动按钮 C，直至“SET”被高亮显示。

（9）按动按钮 D。显示屏显示“DISTANCE”和“DAYS”。

（10）按动按钮 C，在“DISTANCE”和“DAYS”2 个选项中选定一个。

（11）按动按钮 D。显示屏显示“SET DISTACNE ××××MILES/KM”“SET DAYS ×××DAYS”。

（12）按动按钮 D。

（13）按动 START/STOP 按钮，使点火开关关闭。

三、马自达 5 轿车保养灯归零（2008～2014 年）

1. 电子时钟调节设定

（1）按下 CLOCK 开关，直至蜂鸣器发出一声提示音，屏幕会显示“12Hr”或

"24Hr"。

（2）按下图27-3所示的SET开关，选定"12Hr"或"24Hr"时间显示方式，选中哪种显示方式，哪种显示方式就会闪烁。

图27-3　电子时钟调节按键

（3）按下CLOCK开关，确认选中的时间显示方式。

（4）显示屏随后显示"Hr. ADJUST"，显示屏上显示小时的区域会闪烁；按下SET开关设定小时数字，然后再次按下CLOCK开关。

（5）显示屏随后显示"Min. ADJUST"，显示屏上显示分钟的区域闪烁；按下SET开关设定分钟数字，然后再次按下CLOCK开关。

2. 电动车窗初始化设定

维护保养过程中如果断开过蓄电池，维修完毕，重新连接蓄电池后要按照如下叙述执行电动车窗初始化设定操作：

（1）将点火开关设定到ON。

（2）按住电动车窗的开启开关，将电动车窗完全开启。

（3）提起电动车窗的关闭开关，使电动车窗完全关闭，然后继续保持开关的提起状态，保持2s。

（4）检查电动车窗是否恢复正常工作。

（5）对其他的电动车窗也执行同样的设定操作。

（6）将点火开关设置到OFF。

四、马自达6轿车保养灯归零（2008～2015年）

（1）按住保养按钮（是按住小里程归零按钮）。

（2）插入钥匙到灯亮，听到叮的一声后放开保养按钮，不要动钥匙。

（3）按住仪表旁边的分钟按钮（MIN），只要1min时间没有变动，归零成功。

五、马自达 CX－7 轿车保养灯归零（2003～2014 年）

1. 电动车窗初始化设定

与马自达 5 轿车相同。

2. 转向盘位置传感器初始化设定

维护保养过程中如果断开过蓄电池，维修完毕，重新连接蓄电池后要按照如下叙述执行转向盘位置传感器设定操作：

（1）起动发动机。

（2）使发动机怠速运行。

（3）把转向盘从一侧的极限转动到另一侧极限位置。

（4）驾驶车辆行驶 10min 左右。

（5）关闭发动机。

第二十八章　现代车系遥控器设定与保养灯归零

第一节　现代车系遥控器设定

一、北京现代瑞纳轿车遥控器设定（2010～2017年）

1. 遥控器密码输入（使用密码输入器）

（1）打开车门。

（2）连接密码输入器的电池（B+）、搭铁、信号线路。

（3）如果连接正常，信号线路激活，红色指示灯亮。

（4）如果代码保护器打开，传送通过信号线的数据。

（5）接收到来自密码输入器的数据时，BCM进入密码输入模式，并通过信号线路发送密码输入起动信号。

（6）接收到密码输入启动信号时，密码输入器绿色指示灯亮。

（7）按下遥控器的锁止键或解锁键，向BCM发送密码。

（8）如果要输入2个遥控器密码，执行第（7）步进行输入。

（9）如果代码保护器开关关闭或分离，代码存储模式将完成。

2. 遥控器密码输入（使用GDS）

（1）将GDS的DLS导线连接至位于驾驶侧防撞垫下板的诊断插接器（16针端子）上，如图28-1所示，打开GDS的电源。

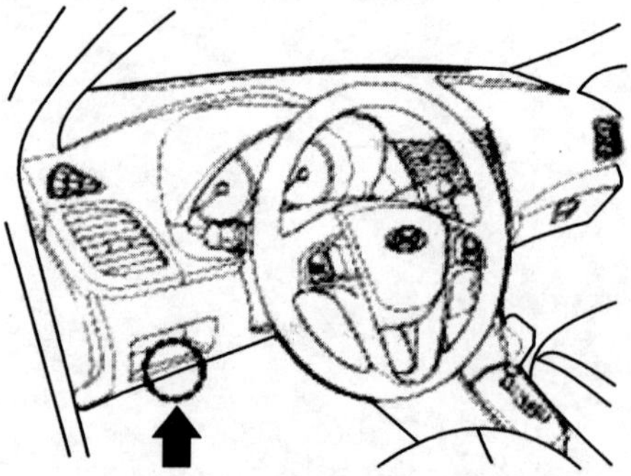

图28-1　DLC

（2）选择车型，执行“密码保存”，如图28-2所示。

（3）选择“密码输入”菜单后，按下ENTER键，屏幕将显示：

密码保存方法：

1）从锁筒上拔出点火开关钥匙。

2）按下OK键等待2s，然后按下遥控器上的“闭锁”键按钮1s以上。

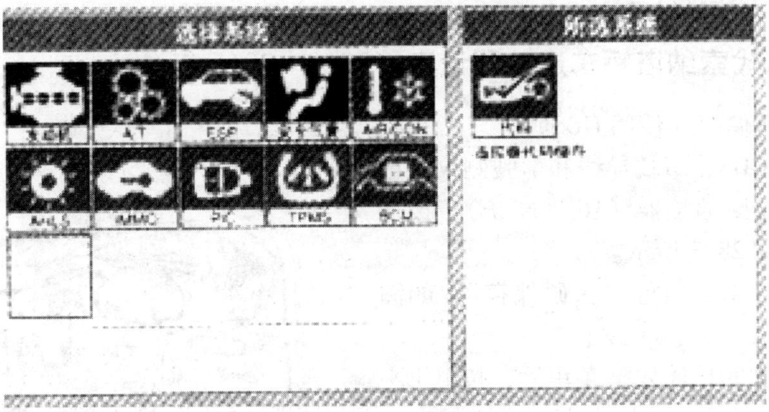

图 28-2　密码保存

3）准备就绪后按 OK 键。

（4）从点火开关钥匙锁筒内拔出钥匙后按下 ENTER 键，进入密码输入的下一个模式。遵循如下步骤，完成密码输入操作。

步骤 1：按下遥控器上的“闭锁”键按钮 1s 以上。已注册的遥控器 0 个。

步骤 2：密码保存方法。

保存第 1 个遥控器。

如果想要保存其他遥控器，按 OK 键。

按“取消”键退出。

检查保存的遥控器，必须转到 GDS 主屏幕。

步骤 3：按下遥控器上的“闭锁”按钮 1s 以上。

注册的遥控器数量：1 个

步骤 4：密码保存方法。

保存第 2 个遥控器。

如果想要保存其他遥控器，按 OK 键。

按“取消”退出。

步骤 5：按下遥控器上的“闭锁”按钮 1s 以上。

注册的遥控器数量：2 个

步骤 6：密码保存方法。

保存第 3 个遥控器。

如果想要保存其他遥控器，按 OK 键

按“取消”退出。

步骤 7：按下遥控器上的“闭锁”按钮 1s 以上。

注册的遥控器数量：3 个

步骤 8：密码保存方法。

按 OK 键，确认遥控器工作。

步骤 9：按下遥控器上的“闭锁”按钮 1s 以上。

注册的遥控器数量：4 个

二、第八代索纳塔轿车遥控器设定（2010～2015 年）

遥控器密码储存（使用 GDS）

（1）连接 GDS、DLC 导线和驾驶侧仪表板下装饰板内的诊断插接器（16 针端子），接通 GDS 电源，如图 28-3 所示。

（2）选择车型，执行“密码保存”，如图 28-4 所示。

（3）选择“密码输入”菜单后，按下 ENTER 键，屏幕如下显示密码保存方法：

1）从锁筒上拔出点火开关钥匙。

2）按下 OK 键等待 2s，然后按下遥控器上的“闭锁”键按钮 1s 以上。

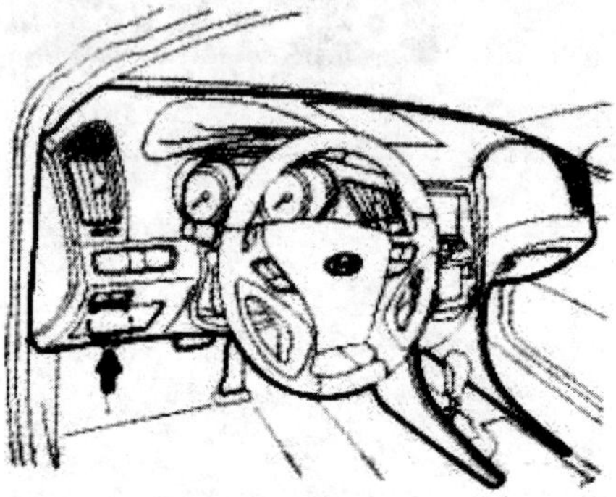

图 28-3　DLC

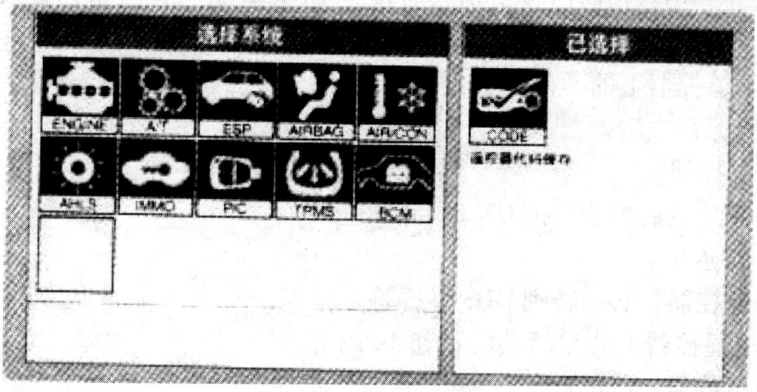

图 28-4　密码保存

3）准备就绪后按 OK 键。

（4）从点火开关钥匙锁筒内拔出钥匙后按下 ENTER 键，进入密码输入的下一个模式。遵循如下步骤，完成密码输入操作。

步骤 1：按下遥控器上的“闭锁”键按钮 1s 以上。注册的遥控器 0 个。

步骤 2：密码保存方法。

保存第 1 个遥控器。

如果想要保存其他遥控器，按 OK 键。

按“取消”键退出。

检查保存的遥控器，必须转到 GDS 主屏幕。

步骤 3：按下遥控器上的“闭锁”按钮 1s 以上。

注册的遥控器数量：1 个

步骤 4：密码保存方法。

保存第 2 个遥控器。

如果想要保存其他遥控器，按 OK 键。

按“取消”退出。

步骤 5：按下遥控器上的“闭锁”按钮 1s 以上。

注册的遥控器数量：2 个

步骤 6：密码保存方法。

保存第三个遥控器。

如果想要保存其他遥控器，按 OK 键

按“取消”退出。

步骤 7：按下遥控器上的“闭锁”按钮 1s 以上。

注册的遥控器数量：3 个

步骤 8：密码保存方法。

按 OK 键，确认遥控器工作。

步骤 9：按下遥控器上的“闭锁”按钮 1s 以上。

注册的遥控器数量：4 个

（5）注册完成后按取消结束。

三、北京现代途胜轿车遥控器设定（2010～2014 年）

1. 钥匙复制

（1）口令设定：当丢失了 ID 钥匙时，可以用口令和金奔腾彩圣解码器注册钥匙。

（2）初始口令：制造商将初始口令定为 2345（存储在 ICM 中）。输入新口令前，用初始口令可以注册钥匙。

（3）注册和更换口令：使用金奔腾彩圣解码器，可以把初始口令（全部设为 2345）更换为新口令。口令由 4 位数字（0～9）组成，注册新口令后，ICM 将以 ID 码的形式永久性记录下来，原口令 2345 不能再使用。

2. 钥匙注册和改码

（1）注册方法

1）开始注册。

2）用 ID 钥匙将点火开关从 ON 位置转至 OFF 位置，此时，ID 钥匙已注册（在 10s 内完成）。

3）用主钥匙 1 将点火开关从 ON 位置转至 OFF 位置，此时，主钥匙 1 已注册（在 10s 内完成）。

4）按上述方法注册主钥匙 2。

5）结束注册。

（2）主钥匙改变注册密码。当原主钥匙遗失或使用新主钥匙时，必须更改注册密码，方法如下：

1）使用 ID 钥匙，ICM 便进行确认。

2）用 ID 钥匙转动点火开关，在 10s 内完成 5 次 ON—OFF 动作。

3）拔出 ID 钥匙，用主钥匙 1 将点火开关从 ON 转至 OFF，此时，主钥匙 1 已注册（在 10s 内完成）。

4）按上述方法注册主钥匙 2。

5）结束注册。

3. 使用口令

当遗失 ID 钥匙，对新主钥匙进行注册时，使用金奔腾彩圣解码器可进行注册。ID 钥匙不能注册和复制。

（1）ICM 已经确认。

（2）用新主钥匙 1 将点火开关置于 ON。等待 5s。

（3）用金奔腾彩圣解码器输入口令（在 10s 内完成）。

（4）新主钥匙 1 注册结束，拔出钥匙（在 10s 内完成）。

（5）用新主钥匙 2 将点火开关从 ON 转至 OFF。新主钥匙 2 注册结束，拔出钥匙。

（6）结束注册。

四、北京现代酷派轿车遥控器设定（2010～2014 年）

1. 遥控防盗中控门锁

（1）按下遥控器 UNLOCK 按键，解除防盗系统并打开车门锁。

（2）按下遥控器 LOCK 按键，激活报警和中控门锁系统。

（3）报警喇叭响一下以表明收到信号。

2. 同步设定方法

需要进行同步设定的情况：在超出遥控范围外连续操作遥控按键，系统无法工作；系统失效。

（1）进入位于中央控制台后防盗控制模块。

（2）将记忆开关置于 OFF，打开点火开关。

（3）等待 5s，将记忆开关打到 SET 位置。

（4）按遥控器上 UNLOCK 按键，将密码传输至防盗控制模块。

（5）将记忆开关打到 OFF。

（6）开闭点火开关。

（7）同步设定完成。

（8）中控门上锁和开锁 1 次，验证设定完成。

3. 复制钥匙方法

需要进行复制钥匙的情况：添加或更换钥匙；系统失效。

（1）将主钥匙插入点火开关（主钥匙两侧均有现代标志）。

（2）开启点火开关。

（3）关闭点火开关。

（4）10s 内完成下述操作

① 拔出主钥匙。

② 将第 1 把需要编程的钥匙插入点火开关，该钥匙一侧有字母 M。

③ 开启点火开关。

④ 关闭点火开关。

（5）10s 内完成下述操作

① 拔出钥匙 1。
② 将第 2 把需要编程的钥匙插入点火开关。
③ 开启点火开关。
④ 关闭点火开关。
⑤ 拔出钥匙 2。
（6）编程结束。

第二节　现代车系保养灯归零

一、现代途胜轿车保养灯归零（2004～2014 年）

1. 电动天窗设定

维护保养过程中如果断开过蓄电池，维修完毕，重新连接蓄电池后要按照如下叙述执行电动天窗的设定操作：

（1）将点火开关设置到 ON。
（2）按住天窗的倾斜开关，使天窗完全倾斜。
（3）松开倾斜开关。
（4）持续按住天窗的倾斜开关，天窗会倾斜过最大倾斜位置。
（5）松开倾斜开关。
（6）将点火开关设置到 OFF。

2. 指南针归零设定

在维修过程中如果断开过蓄电池，则重新连接蓄电池后应执行如下指南针归零设定：

（1）起动发动机。
（2）以不超过 8km/h 的车速驾驶车辆进行圆周行驶。
（3）指南针即可重新显示正确方向。

二、现代朗动轿车保养灯归零（2013～2016 年）

（1）现代朗动组合仪表 LCD 显示器具备保养提示功能，自动计算并显示车辆周期保养服务的里程和时间。

（2）当续航里程或时间达到 1500km 或 30 天（保养间隔可使用专用仪器修改），每次将点火开关或发动机起动/停止按钮置于 ON 时显示“维护”信息几秒钟。

（3）如果超过已设定的维护保养间隔周期维护保养车辆，则每次将点火开关或发动机起动/停止按钮置于 ON（里程和日期变为“－－－”）时显示“需要维护”信息几秒钟，如果原车未设置维护间隔，则提示功能关闭，LCD 显示器上显示“维护关”信息。

（4）保养提示归零复位操作：按下 RESET（复位）按钮 5s 以上，激活复位模式，再次按下 RESET（复位）按钮 1s 以上，复位完成。

第二十九章　起亚车系遥控器设定与保养灯归零

第一节　起亚车系遥控器设定

一、起亚锐欧轿车遥控器设定（2005～2011 年）

（一）系统操作 1

（1）按下钥匙的锁止（图 29-1）激活报警系统和锁止车辆。

（2）按下钥匙的解锁键解除报警系统和解锁车辆。

（3）若已解锁车辆在 30s 内车门未被打开，锁止重新激活。

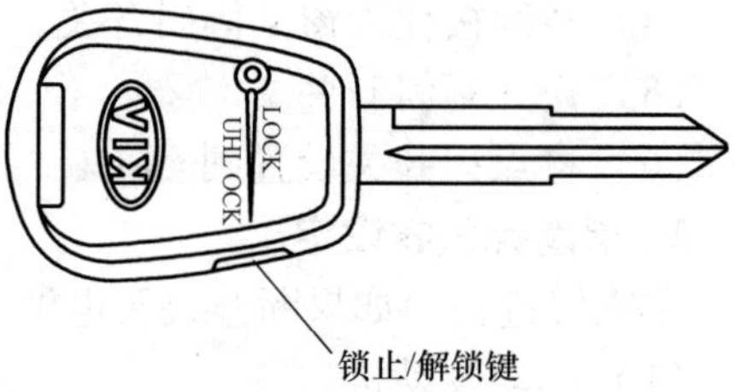

图 29-1　钥匙

（二）钥匙编程

1. 当出现以下情况时，系统需进行编程

（1）增加或更换钥匙。

（2）系统出现故障。

2. 编程方法

钥匙只能使用诊断设备进行编程

（三）钥匙电池更换方法

电池更换方法如图 29-2 和图 29-3 所示。

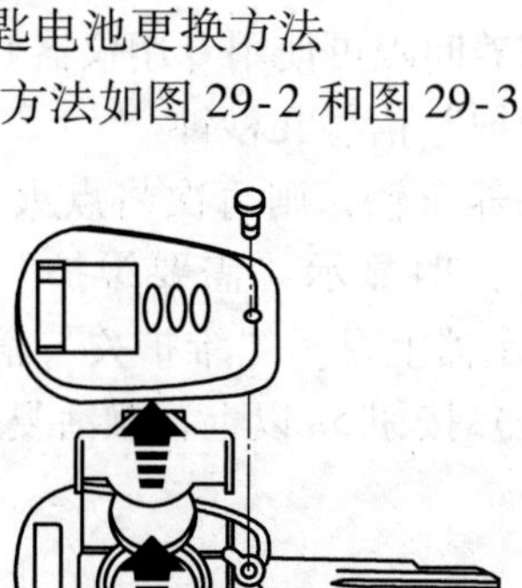

图 29-2　电池更换方法 1

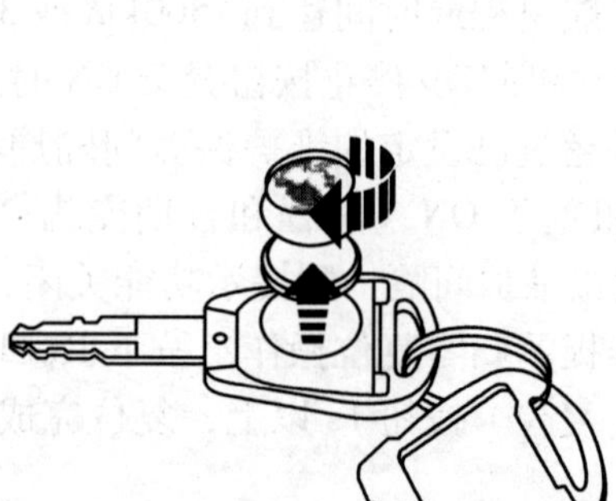

图 29-3　电池更换方法 2

（四）系统操作 2

关闭点火开关后系统进入报警状态。

（五）防盗编程

1. 当出现以下情况时，系统需进行重新编程

（1）系统故障。

（2）增加或更换钥匙。

2. 编程方法

防盗系统只能使用诊断设备进行编程。最多可以编程 4 把钥匙。

二、起亚秀尔轿车遥控器设定（2009～2013 年）

（一）系统操作 1

（1）按下钥匙/遥控器的锁止（图 29-4）激活报警系统和中控锁。指示灯闪烁 1 次。

（2）按下钥匙/遥控器的解锁键解除报警系统和中控锁。指示灯闪烁 2 次。

（3）按下钥匙/遥控器的行李箱释放键约 1s 解锁行李箱。指示灯闪烁 2 次。

（4）按下钥匙/遥控器恐吓键至少 5s 激活恐吓报警系统如下功能：①喇叭响起。②指示灯闪烁。

（5）按下钥匙/遥控器任意键解除报警恐吓系统。

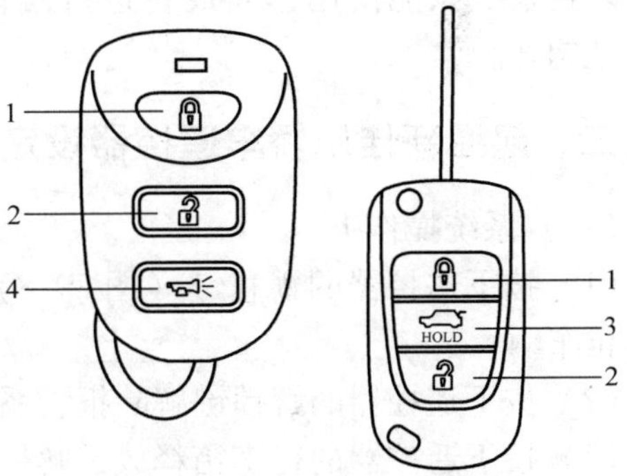

图 29-4　钥匙/遥控器
1—锁止键　2—解锁键
3—行李箱释放键
4—恐吓键

（二）钥匙/遥控器编程

1. 当出现以下情况时，系统需进行编程

（1）增加或更换钥匙/遥控器。

（2）系统出现故障。

2. 编程方法

钥匙/遥控器只能使用诊断设备进行编程。

（三）钥匙电池更换方法

电池更换方法如图 29-5 和图 29-6 所示。

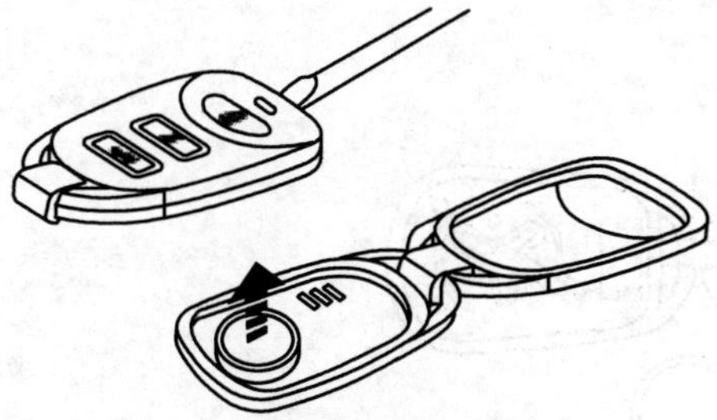

图 29-5　电池更换方法 1

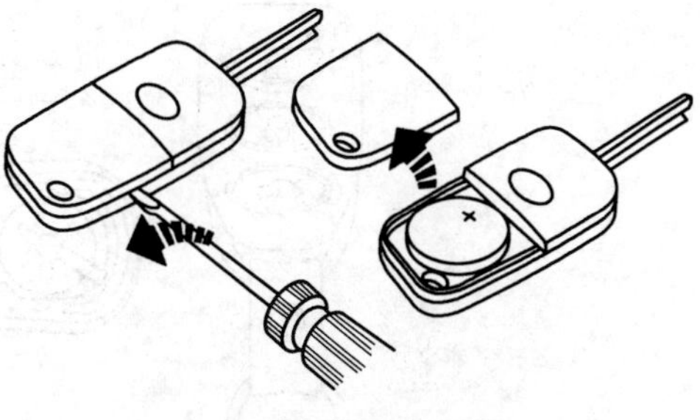

图 29-6　电池更换方法 2

（四）系统操作 2

（1）关闭点火开关后系统进入报警状态。

（2）打开点火开关。

（3）确保防盗警告灯点亮 5s，如图 29-7 所示。

（4）若防盗警告灯闪烁，则钥匙密码不被识别。拔下钥匙，等待 5s 后再试。用车辆备用钥匙再试。

图 29-7　防盗警告灯

（五）防盗编程

1. 当出现以下情况时，系统需进行重新编程

（1）系统故障。

（2）增加或更换钥匙。

2. 编程方法

防盗系统只能使用诊断设备进行编程。最多可以编程 8 把钥匙。

三、起亚新佳乐轿车遥控器设定（2006～2011 年）

（一）系统操作 1

（1）按下遥控器的锁止键（图 29-8）1 次激活报警系统和锁止车辆。

（2）按下遥控器的解锁键解除报警系统和解锁车辆。

（3）按下遥控器的行李箱释放键解锁行李箱（若装备）。

（4）若已解锁车辆在 30s 内车门未被打开，锁止重新激活。

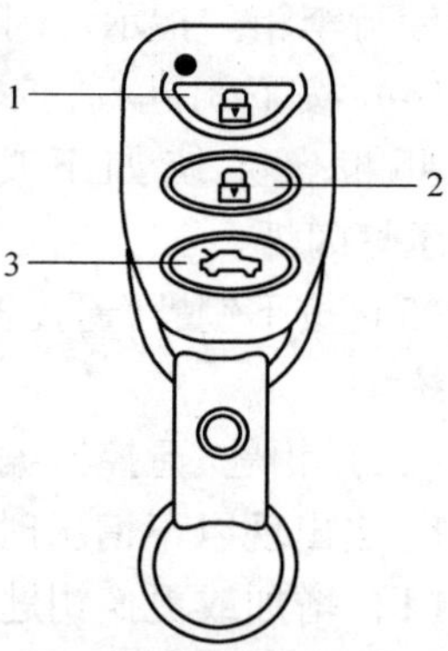

图 29-8　遥控器
1—锁止键　2—解锁键
3—行李箱释放键

（二）遥控器编程

1. 当出现以下情况时，系统需进行编程

（1）增加或更换遥控器。

（2）系统出现故障。

2. 编程方法

遥控器只能使用诊断设备进行编程。

（三）钥匙电池更换方法

电池更换方法如图 29-9 所示。

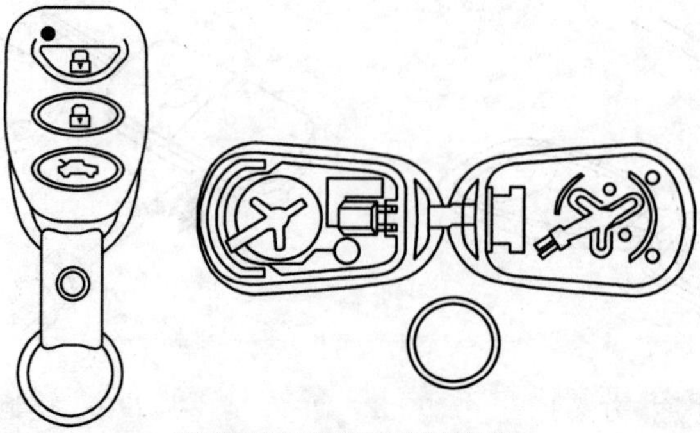

图 29-9　电池更换方法

（四）系统操作 2

关闭点火开关后系统进入报警状态。

（五）防盗编程

1. 当出现以下情况时，系统需进行重新编程

（1）系统故障。

（2）增加或更换钥匙。

2. 编程方法

防盗系统只能使用诊断设备进行编程。最多可以编程 4 把钥匙。

四、起亚嘉华轿车遥控器设定（2006～2011 年）

（一）系统操作 1

（1）按下遥控器的锁止键（图 29-10）1 次激活报警系统和锁止车辆。

（2）按下遥控器的解锁键解除报警系统和解锁车辆。

（3）按下遥控器的行李箱释放键完全打开或关闭行李箱（若装备）。

（4）按下遥控器的按键 4 打开或关闭左侧电动滑门（若装备）。

（5）按下遥控器的按键 5 打开或关闭右侧电动滑门（若装备）。

（6）按下遥控器恐吓键激活恐吓报警系统如下功能约 27s：喇叭响起和指示灯闪烁。

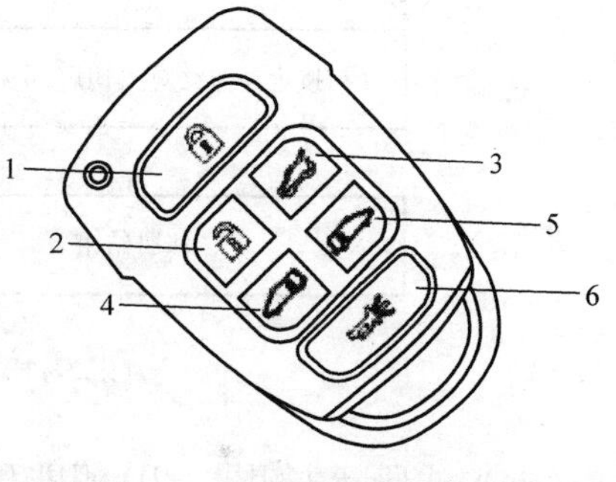

图 29-10　遥控器

1—锁止键　2—解锁键　3—行李箱释放键　4—左侧门键　5—右侧门键　6—恐吓键

（7）若已解锁车辆在 30s 内车门未被打开，锁止重新激活。

（二）遥控器编程

1. 当出现以下情况时，系统需进行编程

（1）增加或更换遥控器。

（2）系统出现故障。

2. 编程方法

遥控器只能使用诊断设备进行编程。

（三）钥匙电池更换方法

电池更换方法如图 29-11 所示。

（四）系统操作 2

关闭点火开关后系统进入报警状态。

（五）防盗编程

1. 当出现以下情况时，系统需进行重新编程

（1）系统故障。

（2）增加或更换钥匙。

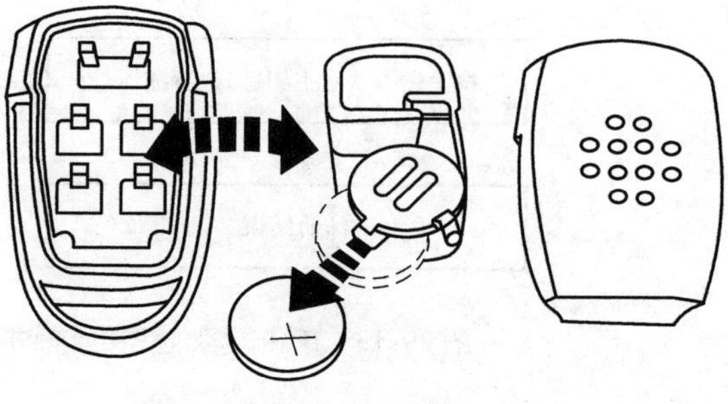

图 29-11　电池更换方法

2. 编程方法

防盗系统只能使用诊断设备进行编程。最多可以编程 4 把钥匙。

（六）新钥匙和新防盗电脑注册方法，如图 29-12 所示。

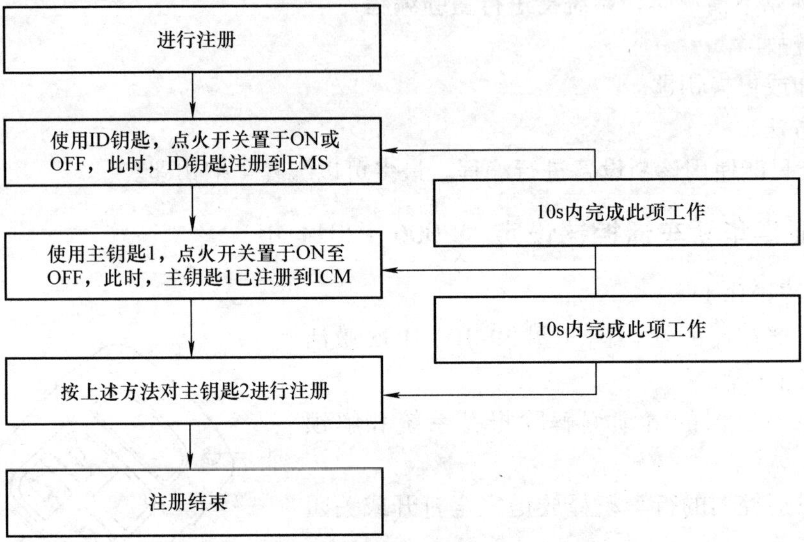

图 29-12　新钥匙和新防盗电脑注册方法

（七）注册新主钥匙，ID 钥匙和防盗电脑是旧的，注册方法如图 29-13 所示。

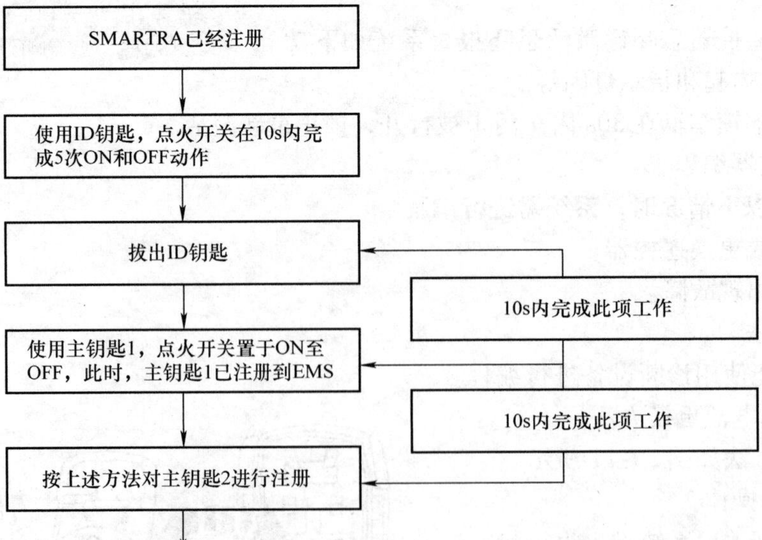

图 29-13　ID 钥匙和防盗电脑是旧的，注册新主钥匙，注册方法

第二节　起亚车系保养灯归零

一、起亚索兰托轿车保养灯归零（2006～2013 年）

维护保养过程中如果断开过蓄电池，维修完毕，重新连接蓄电池后要按照如下叙述执行电动天窗的设定操作：

（1）将点火开关设定到 ON。确保电动天窗完全关闭。

（2）按住天窗的倾斜开关，使天窗完全倾斜，继续按住开关持续 15s。

（3）松开倾斜开关。

（4）按住天窗的倾斜开关，天窗会完全关闭，然后完全开启并迅速关闭。

（5）松开倾斜开关。

（6）将点火开关设置到 OFF。

二、起亚佳乐轿车保养灯归零（2006～2013 年）

1. 电动天窗设定

维护保养过程中如果断开过蓄电池，维修完毕，重新连接蓄电池后要按照如下叙述执行电动天窗的设定操作：

（1）将点火开关设定到 ON。确保电动天窗完全关闭。

（2）按住天窗的倾斜开关，使天窗完全倾斜，继续按住开关持续 1s。

（3）松开倾斜开关。

（4）按住天窗的倾斜开关，天窗会倾斜过最大倾斜位置。

（5）松开倾斜开关。

（6）检查电动天窗是否可以正常工作。

2. 驾驶人侧电动车窗初始化设定

维护保养过程中如果断开过蓄电池，维修完毕，重新连接蓄电池后要按照如下叙述执行电动车窗的设定操作：

（1）将点火开关设定到 ON。

（2）按住车窗的开启开关使车窗完全开启。确保车窗可以完全开启。

（3）按住车窗的关闭开关使车窗完全关闭，继续按住车窗的关闭开关并保持至少 1s。确保车窗可以完全关闭。

（4）将点火开关设置到 OFF。

三、起亚狮跑轿车保养灯归零（2006～2013 年）

在维护保养过程中如果断开过蓄电池，则需要按照如下叙述执行电动天窗设定：

（1）将点火开关设定到 ON。

（2）如果天窗处于彻底关闭或倾斜状态，按下电动天窗的 TIILT UP（倾斜上升）按钮，直至电动天窗彻底倾斜上升；如果电动天窗处于滑动开启状态，则按住电动天窗的 CLOSE（关闭）按钮至少 5s，使天窗彻底关闭，然后按下电动天窗的 TIILT UP（倾斜上升）按钮，直至电动天窗彻底倾斜上升。

（3）松开 TILTUP（倾斜上升）按钮。

（4）按住 TLTUP（倾斜上升）按钮，天窗会继续上升到略高倾斜上升的最高位置，然后恢复到倾斜上升位置。

（5）电动天窗设定完毕。

四、起亚 K5 轿车保养灯归零（2012 ~ 2014 年）

（1）按 TIPE 键，按出保养提示数字。

（2）再常按 TIPE 键数秒，菜单显示有“消耗品设置”。

（3）按 REST 确定，按 TIPE 键选择，有 3000km、4000km 和 5000km。

第三十章　一汽奔腾车系遥控器设定与保养灯归零

第一节　一汽奔腾车系遥控器设定

一、奔腾 B70 轿车遥控器匹配方法（2006～2012 年）

遥控器匹配方法如图 30-1 所示。

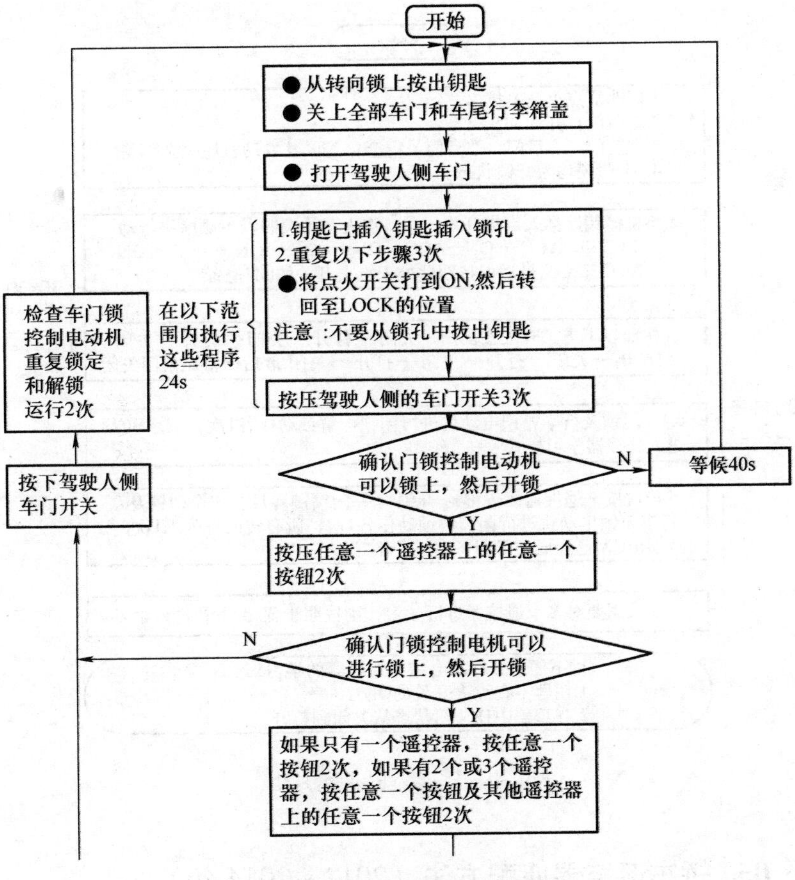

图 30-1　遥控器匹配方法

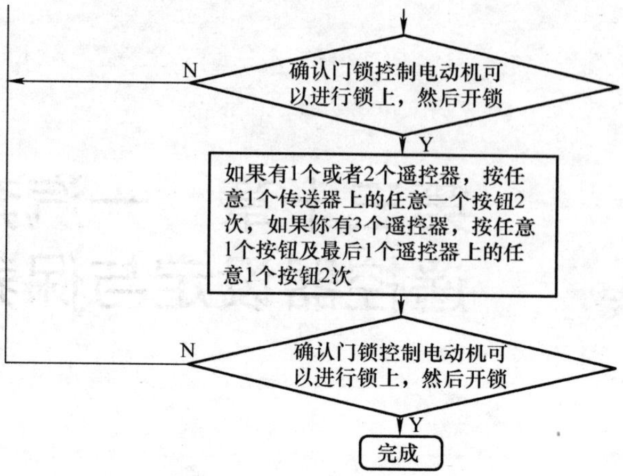

图 30-1　遥控器匹配方法（续）

二、奔腾 B70 轿车遥控器匹配方法（2011 ~ 2016 年）

遥控器匹配方法如图 30-2 所示。

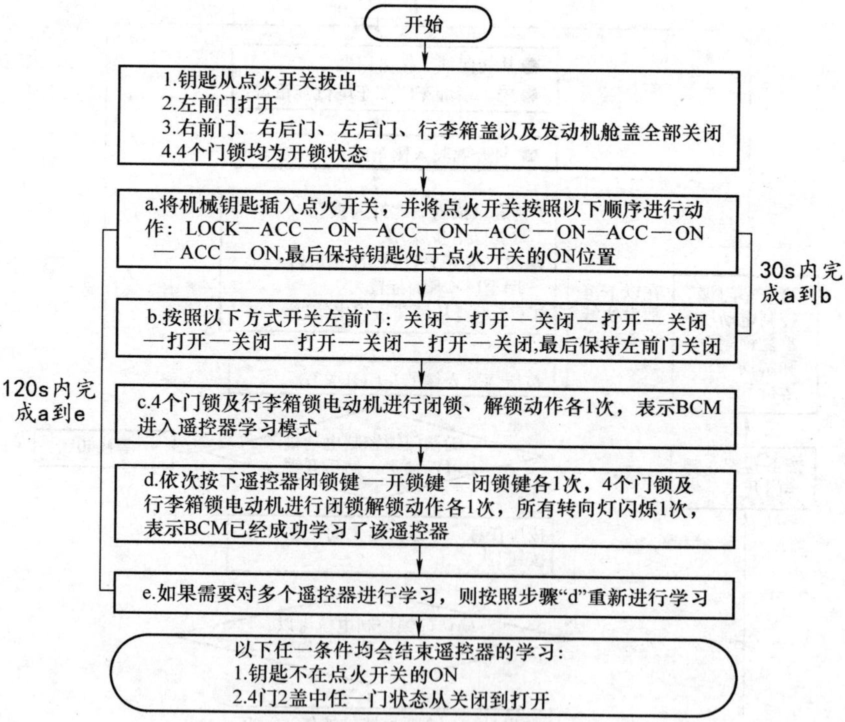

图 30-2　遥控器匹配方法

三、奔腾 B50 轿车遥控器匹配方法（2012 ~ 2014 年）

（1）系统处于防盗解除状态。

（2）打开车门，7s 内将钥匙插入点火开关再拔出，如此执行 4 次。

（3）在第 5 次插入钥匙时，将听到喇叭鸣响 1 次，车内灯熄灭，此时可按遥控器上的任意按键，将再次听到喇叭鸣响 1 次，车内灯点亮后再熄灭，说明遥控器已经学习完成。

（4）每辆车只能匹配 1 把遥控器。须在听到喇叭（车内灯熄灭）提示后 7s 内完成遥控器的学习工作，10s 后自动退出学习状态，喇叭鸣响 1 次。学习过程中将钥匙拔出即退出学习状态，喇叭鸣响 1 次。注意：在钥匙插入第 5 次时，应将钥匙留在点火钥匙孔内，此时按下遥控器任意键 1 次。

四、奔腾 X80/B90 轿车遥控器设定（2010～2018 年）

（1）关闭所有车门，然后打开驾驶人侧车门。

（2）将钥匙插入点火开关，然后打开和关闭点火开关 3 次，不要拔出钥匙。

操作过程在 5s 内完成：

打开点火开关→关闭点火开关（第 1 次）。

打开点火开关→关闭点火开关（第 2 次）。

打开点火开关→关闭点火开关（第 3 次）。

（3）将车门关闭和打开 3 次，在第 3 次打开车门时，门锁开关动作（锁止和开锁）1 次，表示进入模式状态。

操作过程在 6s 内完成：

关闭车门→打开车门（第 1 次）。

关闭车门→打开车门（第 2 次）。

关闭车门→打开车门（第 3 次）。

（4）按遥控器锁止键 2 次，门锁开关又动作 1 次。

（5）若设定下一个遥控器，则在第 1 个遥控器设定成功后，立即重复步骤（4）。

（6）拔下钥匙，门锁开关动作 2 次，报警喇叭响 2 次，说明遥控器设定成功。

注意：

1）如果有 2 个遥控器，则必须同时进行设定，设定过的能用，没设定过的不能用。

2）在设定前必须保证门灯开关、遥控器接收器、遥控器、线路正常。如果有一个部件出现问题，则不会设定成功。

第二节 奔腾车系保养灯归零

一、奔腾 B50 轿车保养灯归零（2012～2014 年）

（1）关闭钥匙门。

（2）按住右下角归零按钮。

（3）打开钥匙门（不是打火，按住归零按钮不能松开），仪表板会出现一个不闪烁的扳手符号。

(4) 松开归零按钮。

(5) 再按一下归零按钮。扳手符号消失。

二、奔腾 B90 轿车保养灯归零（2013～2016 年）

(1) 将车辆关闭钥匙处于 OFF。

(2) 长按刮水器端处调节按钮 5～8s 后，钥匙转至 ACC 处。

(3) 按刮水器端处调节按钮 10s，即可使保养灯归零。

三、奔腾 B50 轿车自动落锁设置（2012～2014 年）

(1) 按遥控器或用机械钥匙打开左前车门。

(2) 将钥匙插入点火开关，4 个车门处于关闭状态。

(3) 在 3s 内重复开关左前车门 5 次，如果转向灯闪 3 次，即完成设置。

(4) 重复可恢复设置（消除自动落锁）。

四、奔腾 B50、奔腾 B70 轿车初始化（2011～2015 年）

1. 电动车窗初始化设定

奔腾车系的电动车窗具备以下功能：

(1) 手动开启/关闭功能。

(2) 驾驶人侧自动开启/关闭功能。

(3) 驾驶人侧车窗防夹功能。

当驾驶人侧车窗开关断电后需要进行电动车窗的初始化设定，具体操作步骤如下：

(1) 将点火开关转至 ON。

(2) 按下驾驶人侧的开关，使门窗玻璃完全打开。

(3) 将驾驶人侧的开关拉到手动调节的位置，使车窗玻璃完全关闭，并使该开关处于该位置约 2s。

(4) 查看驾驶人侧车窗是否恢复自动升降和防夹功能。

2. 电动天窗初始化设定

奔腾车系的天窗具有以下功能：

(1) 天窗玻璃板上翘或平开。

(2) 自动开启/关闭功能。

(3) 天窗防夹功能。

断电后需要进行天窗的初始化设定，具体操作步骤如下：

(1) 按“关”键，使天窗关闭至初始位置。

(2) 按住“开”键，使天窗打开至最大。

(3) 松开“开”键，再按下“开”键持续 3s。

(4) 按“关”键使天窗关闭。

(5) 再按住“开”键使天窗打开至最大，此时会听到“呲”的一声响，设置完毕。

(6) 点触天窗开关，看天窗能否自动开启和关闭。如能，则天窗初始化成功；如不能，则重复步骤(1)～(5)。

第三十一章　吉利车系遥控器设定与保养灯归零

第一节　吉利车系遥控器设定

一、吉利金刚轿车遥控器设定方法（2011～2015年）

（1）在15s内完成设定

① 将钥匙插入点火开关，在7s内关闭和打开点火开关4次，第4次在打开ON位置。

② 观察空调开关面板的防盗灯（红色发光二极管），会快速闪烁3s，停顿1s，当防盗灯再次亮起时，将钥匙从ON位置拧到OFF位置，再到ON位置，此时喇叭会鸣叫1次，表示已进入学习模式。

③ 按下遥控器任意按键2s以上，喇叭会鸣叫1次，表示完成设定。

（2）如果设定下一个遥控器，在上一个遥控器设定成功后，接着按下一个遥控器任意按键2s以上，喇叭会鸣叫1次，表示完成设定。

（3）将钥匙从ON位置拧到OFF位置或等待10s，喇叭会鸣叫1次，表示退出学习模式。

（4）最多设定4把遥控器。

二、吉利远景轿车遥控器设定方法（2013～2017年）

（1）在15s内完成设定。

① 解除防盗，打开左前车门。

② 将钥匙插入点火开关。

③ 在10s内打开和关闭点火开关6次，在第6次关闭点火开关时，喇叭鸣叫2次，表示进入学习状态。

④ 按住遥控器任意按键，喇叭会鸣叫1次，表示设定成功。

（2）如果设定下一个遥控器，则在上一个遥控器设定成功后，接着按下一个遥控器任意按键，喇叭会鸣叫1次，表示设定成功。

三、吉利帝豪EC7轿车遥控器设定方法（2010～2017年）

（1）打开点火开关，发动机停止运转。

（2）打开驾驶人车门，钥匙在 10s 内 OFF—ON 6 次，最后停在 OFF 位置。

（3）防盗指示灯亮，转向灯闪烁 1 次，表示进入设定状态，然后按住遥控器任一键。如果防盗指示灯闪一下，转向灯闪烁 1 次，表示设定成功。

（4）重复步骤（2）、（3）的方法，可以依次设定 4 把遥控器。

（5）遥控器学习模式将在 10s 后或设定完 4 把遥控器后或至少设定 1 把遥控器后点火开关处于 ON 位置后自动退出。

第二节　吉利车系保养灯归零

一、吉利帝豪 EC7 轿车保养灯归零（2010～2017 年）

（1）带多功能转向盘的可以直接在转向盘菜单归零。

（2）没多功能转向盘的，按住仪表右边的键，打开点火开关，再按一下左边的键，完成归零。

二、吉利帝豪 EC7 轿车电动车窗玻璃升降器初始化（2010～2017 年）

1. 初始化操作方法

若要初始化系统，玻璃必须完全上升到顶，并且开关保持上拉状态，直到控制模块停止玻璃升降器电动机为止（在车窗位于顶部位置 1s 内）。每次系统失去初始化程序时，必须重复上述操作，以恢复防夹功能。

2. 初始化条件

（1）在初始化后，所有规定的系统功能必须可操作。

（2）初始化时，控制模块上的电压不得降至 9V 以下。

（3）当控制模块上的供电电压出现瞬间下降但仍大于 6V 时，已初始化的状态保持有效。

（4）每次车窗使用自动向上模式至自动停止时（在完全到顶位置），系统将得到最新的完全点到位置，并覆盖以前的数值，用于计算完全上升位置。

3. 注意事项

（1）只有新数值在已校准值范围内才覆盖原数值，否则控制模块将忽略新数值。

（2）若初始化程序尚未执行或已经丢失，则不提供自动上升，防夹和舒适性关闭功能，手动升、降和自动下降功能仍可操作。

以下情况会造成初始化程序丢失（如装备防夹功能）：

（1）电源被切断。

（2）在升降器移动时，电源电压降至 6V 以下。

（3）控制模块检测到不合逻辑的霍尔传感器信号。

（4）车窗移动到标准操作范围之外的位置。

第三十二章　上海荣威车系遥控器设定与保养灯归零

第一节　上海荣威车系遥控器设定

上海荣威 350、荣威 550 轿车遥控器设定（2010 ~ 2015 年）

（1）使用遥控器靠近车辆。

（2）快速操作任意按钮 4 次。

（3）第 4 次操作时全车车门应锁止或解锁。同步设定完成。

第二节　上海荣威车系保养灯归零

一、上海荣威 350 轿车保养灯归零（2010 ~ 2015 年）

用仪表板右侧按钮进行手动归零，具体步骤如下：

（1）关闭点火开关。

（2）同时按住 2 个箭头按扭，然后接通点火开关。

（3）约 3s 后松开 2 个箭头按扭。出现归零菜单，询问是否归零。

（4）按住 SET（归零），保持 3s 以上。

（5）按 MODE（模式）按扭。

（6）关闭点火开关，完成归零。

二、上海荣威 550 轿车车窗防夹功能重新设定（2010 ~ 2015 年）

在维护保养过程中，如果断开过蓄电池，则电动车窗的防夹功能将不能继续使用，必须按照如下叙述执行重新设定操作：

（1）完全打开所有车窗。

（2）彻底关闭所有车窗。电动车窗防夹功能即可恢复。

三、上海荣威 550 轿车电动车窗控制开关重新设定（2010 ~ 2015 年）

如果持续按动电动车窗控制开关超过 20s，系统可能会因为保护电动机寿命而导致电动车窗控制开关失效。出现这种情况后，重新开启 1 次点火开关即可使电动车窗控制开关恢复正常的控制功能。

四、上海荣威 550 轿车惯性开关复位设定（2010～2015 年）

车辆发生碰撞或突然冲击时，车辆的惯性开关会开启，切断发动机的燃油供应，防止车辆碰撞或遭受突然冲击后导致燃油泄漏而引发更大的灾害。当惯性开关开启时，车门门锁自动开锁，室内照明灯点亮，危险警告灯闪烁。惯性开关位于仪表板左侧的储物盒后面，如图 32-1 所示。车辆维修完毕，确认燃油系统没有泄漏后，要对开关执行复位操作。按动开关顶部即可完成开关的复位操作。恢复发动机燃油供应。

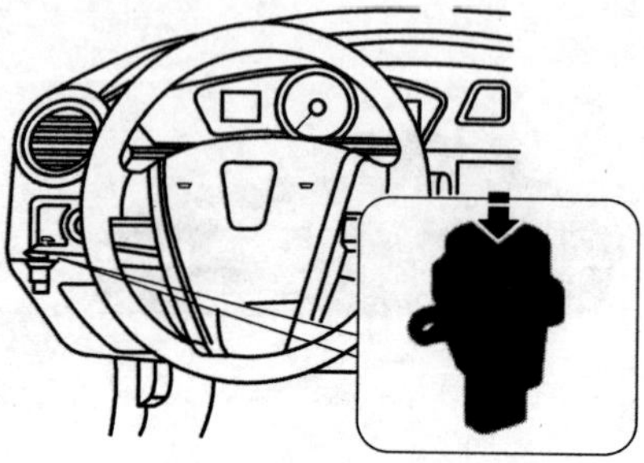
图 32-1 惯性开关

五、上海荣威 350 轿车惯性开关复位设定（2010～2015 年）

车辆发生碰撞或突然冲击时，车辆的惯性开关会开启，切断发动机的燃油供应，防止车辆碰撞或遭受突然冲击后导致燃油泄漏而引发更大的灾害。当惯性开关开启时，车门门锁自动开锁，室内照明灯点亮，危险警告灯闪烁。惯性开关位于发动机舱内右侧纵梁后侧，车辆维修完毕，确认燃油系统没有泄漏后，要对开关执行复位操作，按动图 32-2 所示的开关顶部即可完成开关的复位操作，恢复发动机燃油供应。

图 32-2 惯性开关复位

第三十三章　长城车系遥控器设定与保养灯归零

第一节　长城车系遥控器设定

一、长城哈弗 H6 遥控器设定方法（2013～2016 年）

（1）在 15s 内完成设定。

① 关闭所有车门，打开驾驶人侧车门。

② 将钥匙插入点火开关，然后快速将点火开关打开（ON 挡）和关闭（LOCK 挡）5 次。注意：第 5 次在 ON 挡位置时，危险警告灯闪 1 次，说明进入设定模式。

③ 按遥控器上的任意键，危险警告灯闪 1 次，表示设定成功。

（2）如果设定下一个遥控器，则在上一个遥控器设定成功后，接着按下一个遥控器任意次，危险警告灯闪 2 次，表示设定成功。

二、长城哈弗、风骏遥控器匹配（2012～2017 年）

（1）打开左前车门（勿关上），将原车钥匙插入点火锁，由 OFF 档到 ON 档连续转动 5 次，第五次停在 ON 档位置，转向灯闪一次，表示进入遥控器学习状态。

（2）按遥控器任意键，转向灯闪 2 次，表示第一个遥控器学习成功；再按第二个遥控器任意键，转向灯闪 2 次，表示第二个遥控器学习成功。

（3）在学习状态下，如果在 10s 内无任何遥控器按键操作，则系统自动退出学习状态。

三、长城腾翼 C30 遥控器匹配（2010～2016 年）

（1）关闭所有车门，打开驾驶人侧车门。

（2）将钥匙插入点火开关，然后打开和关闭 5 次。

（3）点火开关第五次在 ON 位置时，双闪灯闪一次，说明进入模式状态。

（4）按遥控器上的任意键，双闪灯又闪一次，表示设定成功。

四、长城哈弗 H3 遥控器匹配（2010～2013 年）

（1）所有车门关闭，主车门打开。

（2）钥匙插进点火开关，OFF 到 ON 5 次，最后一次保持在 ON 位置，双闪灯闪烁。

（3）按遥控器任意键1次，双闪灯再闪1次，表示第1把钥匙匹配成功。

第二节　长城车系保养灯归零

一、长城腾翼C50保养灯归零（2013~2015年）

按动仪表板左侧的RESET键，调到保养提醒界面，长按此键30s左右，保养提醒会恢复到5000km。

二、长城腾翼C30保养灯归零（2013~2016年）

汽车保养后必须对里程表进行归零，操作方法如下：

（1）打开点火开关，按压仪表板上复位按钮，直至里程表显示0为止。

注意：在轿车未进行保养前，不可因保养灯常亮而采取归零操作，这样里程表累积保养里程将不正确，保养灯会丧失提示保养的作用。

（2）关闭点火开关，将点火钥匙插到转速表下面的槽内进行归零。

（3）压下转向柱右侧仪表下面的按钮并按住3s，完成归零操作。

（4）按住组合仪表右侧的按钮SELECT与RESET，打开点火开关，10s后松开按钮，归零完成。

三、长城腾翼C30天窗初始化程序（2010~2013年）

重要条件：点火开关必须在ON才能执行初始化的程序。

天窗在FULL TILT的位置时，持续按住CLOSE按钮达到5s。

当天窗走到FULL TILT位置碰到阻拦点时，天窗将立刻被校正，自此ECU将可全功能操作。

现在ECU已具有所有功能及天窗所有位置。

四、长城炫丽注册遥控器

（1）在正常情况下，打开左前车门（勿关上），将原车钥匙插入点火锁，在5s内将车钥匙开关ON→OFF 5次，第5次停在ON位置上，蜂鸣器叫1声，车灯闪1次，进入注册状态。

（2）在10s内再按第2个遥控器任意键，蜂鸣器叫2声，第2个遥控器注册成功（最终注册4个遥控器）。

（3）在注册成功后，将车钥匙关闭（OFF），退出注册状态。如在10s内未按任何遥控键，则10s后系统退出注册状态，原遥控不变。

五、长城哈弗H8/H9电动车窗初始化（2015~2017年）

如果蓄电池在被断电或没电后重新连接，车窗必须初始化。

（1）一键起动开关置于 ON 模式。

（2）依次向上拉动各车窗开关超过压力点，直到车窗关闭，继续拉住开关约 2s。

（3）再次操作各车窗开关，使各车窗分别进行一次一键开启和一键关闭。

注意：每个车窗都要初始化。

六、长城哈弗 H8 全景天窗初始化（2015～2017 年）

天窗和遮阳帘系统出现紊乱，可以通过以下操作恢复。

1. 天窗初始化

（1）天窗开关将旋钮旋转至“关闭”位置并保持住，天窗完全关闭后，继续保持 8s 再松开。

（2）5s 内再次将旋钮旋转至“关闭”位置并保持住，约 3s 后天窗开始运动，从关闭到完全打开，最后再返回关闭位置。

（3）天窗运动到关闭位置后，松开旋钮，完成初始化。

2. 遮阳帘初始化

（1）持续按住“关闭”按钮，遮阳帘运动到关闭位置后，继续保持 8s 再松开。

（2）5s 内再次按压“关闭”按钮并保持住，约 3s 后遮阳帘开始运动，从关闭到完全打开，最后再返回关闭位置。

（3）遮阳帘运动到关闭位置后，松开按钮，完成初始化。

第三十四章　江淮车系遥控器设定与保养灯归零

第一节　江淮车系遥控器设定

一、江淮瑞鹰遥控器设定方法（2011～2014 年）

注意：在 15s 内完成设定。

（1）关闭点火开关，打开左前车门。

（2）将 ETACS 电脑外边的开关拨到 SET 位置。

（3）按住遥控器锁止键不放。

（4）等待 3s，将 ETACS 电脑外边的开关拨到 OFF 位置。

（5）再等待 3s，然后松开遥控器锁止键。

（6）等待 3s，再按遥控器锁止键 3s。

（7）松开遥控器锁止键，再按住 2s，此时 4 门中控锁动作（锁止和解锁），表示遥控器设定成功。

二、江淮宾悦遥控器的匹配方法（2010～2013 年）

（1）先使用 1 把机械钥匙删除已存储的遥控器信息：

① 使用钥匙将点火开关打到 ON。

② 同时按下油箱盖开启按钮与锁定/解锁按钮，随后再按下后雾灯开启按钮。已存储的 RCT 信息将被删除，转向灯将会闪烁 1 次以提醒遥控器信息已被删除。

（2）使用 2 把机械钥匙进行匹配。

① 使用第 1 把钥匙将点火开关打到 ON。

② 使用第 2 把钥匙锁定车辆，内部灯光点亮 30s，表明允许设置新的遥控器。

③ 将新的遥控器上的按钮按 2 次，内部灯光熄灭，同时新的钥匙匹配完成。

（3）使用 1 把机械钥匙进行匹配：

① 使用钥匙将点火开关打到 ON。

② 在 2.5s 内将后除霜按钮按下 4 次。内部灯光将点亮 30s，表明允许设置新的遥控器。

③ 将新的遥控器上的按钮按 2 次，内部灯光熄灭，同时新的钥匙匹配完成。

④ 如果装配的遥控器少于 4 个，则新的遥控器代码存储于下一个内在位置，当 4 个遥控器都配置好了，第 4 个钥匙代码将被重新写入，每把钥匙的配置都必须按以上方法进行。

第二节　江淮车系保养灯归零

一、江淮和悦 A30 保养灯归零（2013 ~ 2015 年）

（1）在插钥匙后（不旋转钥匙），按住仪表板按钮不放，约 5s。

（2）钥匙旋转到加电档位（不起动车），还是按住仪表板按钮不放，约 5s。这时候能看到仪表板的那些灯都亮了，进入自检程序。

（3）等待“扳手”自动消失，消失后再松开按钮，取下钥匙。

（4）关好车门，上锁。

二、江淮瑞风 S3 保养灯归零（2013 ~ 2015 年）

关闭点火开关，按住回零/调整按钮。打开点火开关，松开回零/调整按钮。按压按钮，保养周期指示器即被清为零，恢复为常规显示模式。

第三十五章　比亚迪车系遥控器设定与保养灯归零

第一节　比亚迪车系遥控器设定

一、比亚迪 F3 轿车遥控器设定方法（2011～2016 年）

注意：在 20s 内完成设定。

（1）关闭点火开关，拔出钥匙，关闭所有车门、发动机舱盖、行李箱盖。
（2）打开行李箱盖，打开左前车门。
（3）将钥匙插入点火开关。

注意：在以上步骤完成后 5s 内进行下一步操作，否则将退出设定模式。如果时间超过 5s，那么重新进行(1)～(3)步操作。

（4）打开点火开关 2 次。在 5s 内完成 OFF→ON→ACC→ON。
（5）关闭并打开车门 1 次，在 5s 内完成。
（6）关闭并打开点火开关 1 次，此时喇叭响 1 次，表示进入设定模式。
（7）按遥控器任意按键，此时喇叭响 2 次，表示遥控器设定成功。若喇叭响 4 次，则表示遥控设定失败。

二、比亚迪 F0 轿车遥控器匹配（2008～2015 年）

（1）用原车钥匙把后备厢打开，用遥控打开车门，坐进驾驶室，关闭所有车门。
（2）打开驾驶人侧车门。
（3）插进原车钥匙到点火开关，从 0 档转到 2 档，再从 2 档转到 0 档，然后再从 0 档到 2 档。
（4）关闭驾驶人侧车门，接着打开驾驶人侧车门，最后门是开着的。
（5）钥匙再从 2 档转回 0 档，最后从 0 档转到 2 档（注意这些步骤要在 10s 之内完成，或者可以在更短时间内完成）。

（6）此时仪表板上面的双闪灯会快闪 4 次，接着按住新遥控器的“锁车”键 2s，双闪灯会再闪 4 次，表示匹配成。

（7）拔出钥匙，设定结束。

三、比亚迪 S6 轿车遥控器匹配方法（2012 ~ 2015 年）

将钥匙拔出，确认关好 4 门、发动机舱盖和行李箱时按照以下步骤进行遥控钥匙匹配操作：

（1）打开行李箱盖。

（2）打开任意一车门。

（3）插入点火钥匙。在本步骤完成 5s 内执行下一步骤动作，否则将退出对码模式，如想继续，则需从步骤（1）开始。

（4）点火钥匙开关 2 次（起始状态 OFF →ON→ACC→本步骤完成状态 ON）。

原状态：点火钥匙位于 OFF。

第一步：将点火钥匙打到 ON。

第二步：将点火钥匙由 ON 打到 ACC。

第三步：将点火钥匙由 ACC 打到 ON。

本步骤完成状态：点火钥匙位于 ON。

在本步骤完成 5s 内执行下一步骤动作，否则将退出对码模式，如想继续，则需从步骤（1）开始。

（5）车门关开 1 次（原状态开→关→本步骤完成状态开）。车门打开→关闭→打开。

本步骤完成状态：车门打开。

在本步骤完成 5s 内执行下一步骤动作，否则将退出对码模式，如想继续，则需从步骤（1）开始。

（6）点火钥匙关开 1 次（原状态 ON→ACC→本步骤完成状态 ON）。

初始，点火钥匙位于 ON：

1）将点火钥匙由 ON 打到 ACC。

2）将点火钥匙由 ACC 打到 ON。

终了，点火钥匙位于 ON：

此时报警喇叭响 1 声表示进入匹配模式，请继续下一步操作；如不响，则未进入对码模式，如想继续，则需从步骤（1）开始。

（7）按遥控器任意键。步骤（6）中报警喇叭响后，按下遥控器任意键，此时报警喇叭会鸣叫指示对码结果。报警喇叭响 2 次，则匹配成功；报警喇叭响 4 次，则对匹配失败，如想继续，则需从步骤（1）开始。

第二节　比亚迪车系初始化

一、比亚迪 S7 电动车窗防夹功能初始化（2015 ~ 2017 年）

断开蓄电池常电，左前窗控自动上升功能失效，防夹功能失效，AUTO 指示灯闪烁，可通过初始化操作恢复电动车窗防夹功能。

（1）拨起车窗控制开关并保持，使玻璃上升至顶端，当玻璃上升至最顶端后松手。

（2）再次拨起车窗控制开关，使其在最顶端位置堵转400ms，此时窗控开关上的指示灯由闪烁变为点亮，表明初始化已完成。

二、比亚迪秦电动车窗防夹功能初始化（2014～2018年）

如果断开后又接上汽车起动蓄电池接线，则车窗自动上升，防夹功能会失灵，可采取以下步骤恢复此功能。

（1）持续拨起车窗升降器开关，使玻璃上升至最顶端并保持一小段时间。

（2）松开开关，再次拨起车窗升降器开关并保持一小段时间，此时自动上升及防夹功能恢复。

三、比亚迪宋电动车窗及天窗初始化（2016～2018年）

1. 电动车窗防夹功能初始化

左前车窗在升降运动过程中断掉蓄电池常电，左前窗控自动上升功能失效，防夹功能失效，AUTO指示灯闪烁，应按如下操作进行初始化设置。

拨起左前窗控制开关并保持，使玻璃上升至顶端并使其在最顶端位置堵转400ms，此时窗控开关上的指示灯由闪烁变为点亮，这表明初始化已完成。

2. 天窗或遮阳帘初始化

天窗或遮阳帘在运动过程中断蓄电池常电，则天窗或遮阳帘自动关闭功能失效，防夹功能失效。可按如下操作进行初始化设置。

（1）天窗初始化。顺时针旋转天窗旋钮并保持，使天窗运行至完全关闭位置并堵转400ms。

（2）遮阳帘初始化。按下遮阳帘关闭按键并保持，使遮阳帘运行至关闭位置并堵转400ms。

> **注意：**当仪表显示“请检查天窗系统”时，也可按照上述方法进行初始化设置。

本书获中国书刊发行业协会
“全国优秀畅销书”奖

信息科学与技术丛书

Protel 99 SE 原理图与 PCB 及仿真

清源计算机工作室　编

机械工业出版社

Protel 99 SE 是 Protel 公司推出的纯 32 位电路设计软件。本书从实用角度出发，全面介绍了 Protel 99 SE 的界面、基本组成以及使用环境等，并详细讲解了电路原理图、印制电路板的设计方法以及电路仿真。全书以讲解实例为主，将 Protel 99 SE 的各项功能结合起来，以便使读者能尽快掌握利用 Protel 进行电路设计的方法。

本书内容翔实、条理清晰、实例丰富，可以作为广大电路设计工作者以及大中专院校相关专业师生的参考书。

图书在版编目（CIP）数据

Protel 99 SE 原理图与 PCB 及仿真/清源计算机工作室编著. —北京：机械工业出版社，2004.1（2016.1 重印）

（信息科学与技术丛书）

ISBN 978-7-111-13225-7

Ⅰ.P… Ⅱ.清… Ⅲ.印制电路－计算机辅助设计－应用软件，Protel 99 Ⅳ.TN410.2

中国版本图书馆 CIP 数据核字（2003）第 095099 号

机械工业出版社（北京市百万庄大街 22 号　邮政编码 100037）
策　　划：胡毓坚
责任编辑：赵　慧　车　忱
责任印制：乔　宇
北京玥实印刷有限公司印刷
2016 年 1 月第 1 版 · 第 15 次印刷
184mm×260mm · 18.5 印张 · 457 千字
87001－88800 册
标准书号：ISBN 978-7-111-13225-7
定价：49.80 元

出版说明

随着信息科学与技术的迅速发展，人类每时每刻都要面对层出不穷的新技术、新概念。毫无疑问，在节奏越来越快的工作和生活中，人们需要通过阅读和学习大量信息丰富、具备实践指导意义的图书，来获取新知识和新技能，从而不断提高自身素质，紧跟信息化时代发展的步伐。

众所周知，在计算机硬件方面，高性价比的解决方案和新型技术的应用一直备受青睐；在软件技术方面，随着计算机软件的规模和复杂性与日俱增，软件技术受到不断挑战，人们一直在为寻求更先进的软件技术而奋斗不止。目前，计算机在社会生活中日益普及，随着因特网延伸到人类世界的层层面面，掌握计算机网络技术和理论已成为大众的文化需求。由于信息科学与技术在电工、电子、通信、工业控制、智能建筑、工业产品设计与制造等专业领域中已经得到充分、广泛的应用，所以这些专业领域中的研究人员和工程技术人员将越来越迫切需要汲取自身领域信息化所带来的新理念和新方法。

针对人们对了解和掌握新知识、新技能的热切期待，以及由此促成的人们对语言简洁、内容充实、融合实践经验的图书迫切需要的现状，机械工业出版社适时推出了“信息科学与技术丛书”。这套丛书涉及计算机软件、硬件、网络、工程应用等内容，注重理论与实践相结合，内容实用，层次分明，语言流畅，是信息科学与技术领域专业人员不可或缺的图书。

现今，信息科学与技术的发展可谓一日千里，机械工业出版社欢迎从事信息技术方面工作的科研人员、工程技术人员积极参与我们的工作，为推进我国的信息化建设作出贡献。

机械工业出版社

前　言

随着计算机工业的蓬勃发展，电路设计自动化——EDA（Electronic Design Automation）的工作环境已从早期昂贵的工作站进入一般的个人电脑，EDA 的设计思想也已普及到中小型企业及大专院校中。Protel 设计系统就是一套建立在 IBM 兼容 PC 环境下的 EDA 电路集成设计系统。事实上，Protel 设计系统是世界上第一套被引入 Windows 环境的 EDA 开发工具，以其高度的集成性和扩展性著称于世。Protel 公司于 2001 年推出 Protel 99 SE——具有 PDM 功能的强大 EDA 综合设计环境，它具有原理图设计、PCB 电路板设计、层次原理图设计、报表制作、电路仿真以及逻辑器件设计等功能，是电子工程师进行电路设计的最有用的软件之一。Prote1 99 SE 凭借其强大的功能，大大提高了电子线路的设计效率，今后必然成为广大电子线路设计工作者首选的计算机辅助电子线路设计软件。

本书从实用角度出发，详细介绍了 Protel 99 SE 最主要的两个部分，即原理图设计、印制电路板设计和电路仿真。在每个知识点的讲解过程中，均结合相应的实例，而且在每讲完一个相关的章节后，还以一个典型的实例进行深化。这些实例体现了作者丰富的电路设计与布线经验。

全书共 12 章，第 1 章～第 5 章为 Prote1 99 SE 的电路原理图设计部分；第 6 章讲述了层次原理图的设计方法；第 7 章讲述了报表的生成与打印出图知识；第 8 章～第 11 章是 PCB 电路板设计知识与实例讲解；第 12 章讲述了电路仿真知识。每章均结合典型工程设计实例进行讲解，使读者可以轻松掌握 Protel 99 SE 的各功能模块的使用。

本书主要面向广大电路设计工作者以及大中专院校师生，同时，本书又具有一定的深度，可以作为有一定经验的 Protel 使用人员的参考手册。

本书由清源计算工作室策划，江思敏、姜培刚和郑巍等编著。由于水平有限，时间仓促，书中缺点和不足在所难免，敬请广大读者批评指正。

编　者

目　录

第1章　Protel 99 SE 基础

1.1　Protel 99 SE 的发展

Protel 设计系统是一套建立在 IBM 兼容 PC 环境下的 EDA（Electronic Design Automation）电路集成设计系统。事实上，Protel 设计系统是世界上第一套被引入 Windows 环境的 EDA 开发工具，一向以其高度的集成性及扩展性著称于世。

在个人电脑早期的 DOS 操作系统下，图形界面不佳，存储器的管理也有缺陷。尽管如此，早在那时 Protel 公司就已经推出了一系列基于 DOS 环境的 EDA 程序。当 PC 操作系统发展到 Windows 3.1 时，虽然图形界面有所改善，但是存储器的管理功能仍不理想，以致 EDA 程序在运行时常常捉襟见肘。直到 Windows 95 操作系统出现后，这两个问题（图形界面和内存管理）才得到了合理的解决。如今，Protel 设计系统的软件工作平台已发展到 Windows 95/98/NT/2000/XP 环境，工作起来不仅更稳定，而且更好用。

Protel 99 SE 就是由早期 Protel 版本发展而来的，是基于 Windows95/98/2000/XP 环境的新一代电路原理图辅助设计与绘制软件，其功能模块包括电路原理图设计、印制电路板设计、无网格布线器、可编程逻辑器件设计、电路图模拟/仿真等。它是集电路设计与开发环境于一体的软件。

1.2　Protel 99 SE 绘图环境

1.2.1　Protel 99 SE 设计环境

当用户启动 Protel 99 SE 后，系统将进入设计环境。此时可以单击 File 菜单上的 New 命令，系统将弹出如图 1-1 所示的建立新设计数据库的对话框。

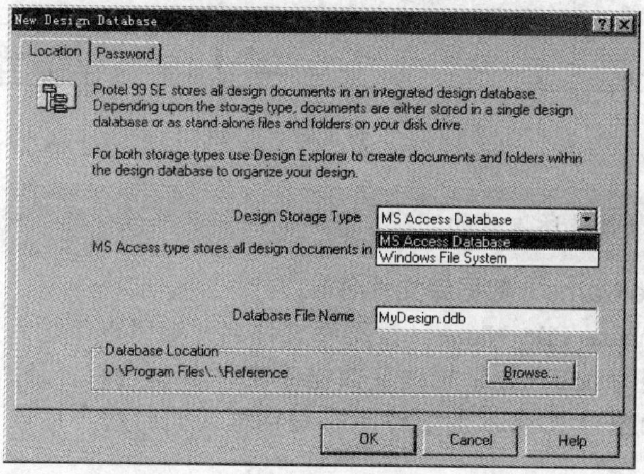

图 1-1　建立新设计数据库对话框

对话框中有以下两项。

1. Design Storage Type（设计保存类型）

用户的设计结果有两种保存类型。

（1）MS Access Database　设计过程中的全部文件都存储在单一的数据库中，和 Access 文件方式相同。即所有的原理图、PCB 文件、网络表、材料清单等都存在一个.ddb 文件中，在资源管理器中只能看到惟一的.ddb 文件。

（2）Windows File System　在对话框底部指定的硬盘位置建立一个设计数据库的文件夹，所有文件被自动保存在文件夹中。可以直接在资源管理器中对数据库中的设计文件如原理图、PCB 等进行复制、粘贴等操作。这种设计数据库的存储类型，便于在硬盘上对数据库内部的文件进行操作，但不支持 Design Team 特性。

当用户选择“MS Access Database”类型后，对话框将增加一个“密码（Password）”选项卡，如果选择“Windows File System”类型，则没有该选项卡。

当用户选择“MS Access Database”类型，如果用户想设定所设计的电路图数据库文件为保密级，则可以单击图 1-1 所示的对话框中的 Password，进入文件密码设置选项卡，如图 1-2 所示，用户可以选择“Yes”单选按钮，并且可以在 Password 编辑框中输入所设置的密码，然后在 Confirm Password（确认密码）编辑框中输入设置的密码，确认正确后，即设置成功。

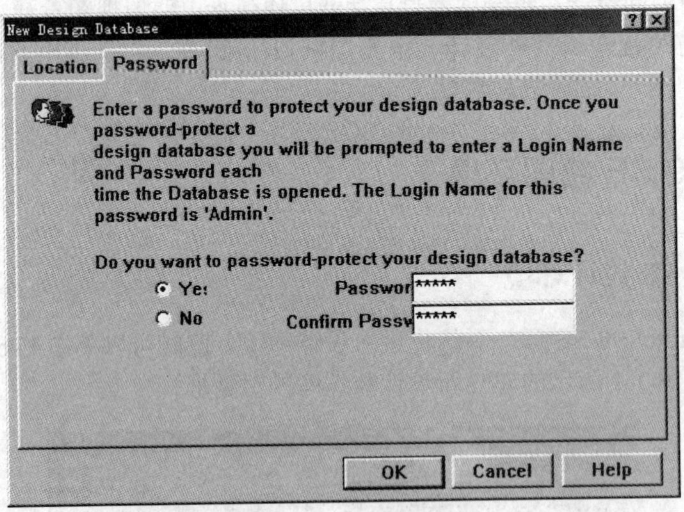

图 1-2　文件密码设置选项卡

注意：用户必须记住所设置的密码，否则将打不开所设计的文件数据库。

2. Database File Name（数据库文件名）

用户可以在 Database File Name（数据库文件名）编辑框中输入所设计的电路图的数据库名，文件的后缀为.ddb。如果想改变数据库文件所在当前目录，可以单击“Browse”按钮，系统将弹出如图 1-3 所示的文件另存对话框，此时用户可以设定数据库文件所在的路径。

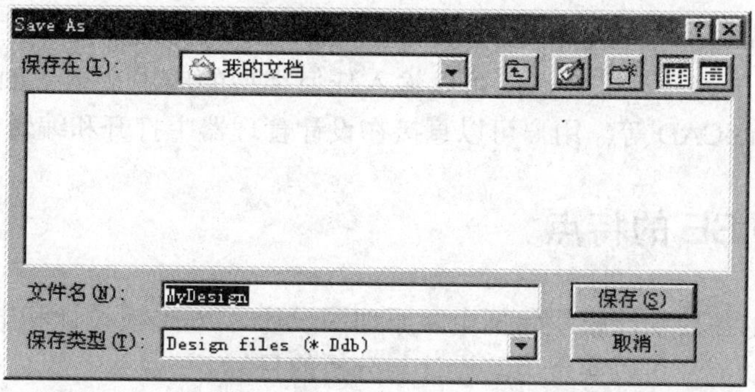

图 1-3　文件另存对话框

完成文件名的输入后，就可以单击“OK”按钮，进入设计环境，如图 1-4 所示。此时就可以进行电路图设计或其他的设计工作。

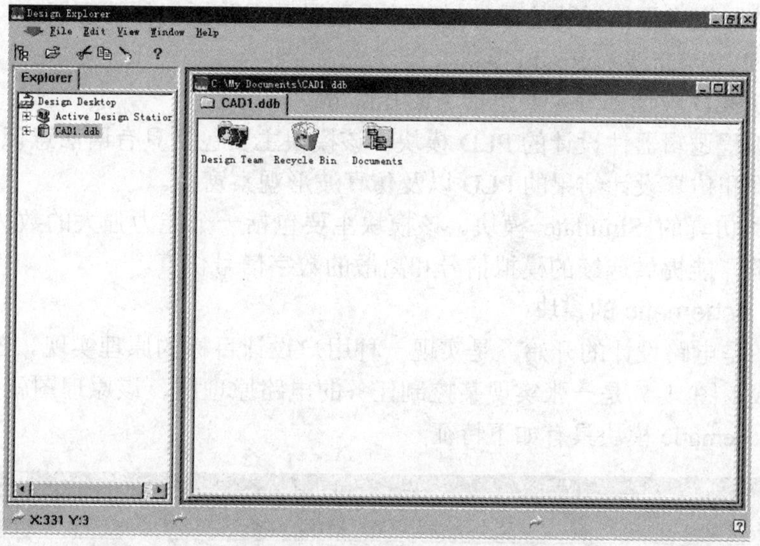

图 1-4　Protel 99 SE 设计环境

1.2.2　Protel 99 SE 的设计管理器

在 Protel 99 SE 中，所有的设计文档都集成在一个单一的设计库中，管理这个设计库的工具就是 Design Explorer，即设计管理器，如图 1-4 所示。设计管理器主要包含以下几个部分。

1．Design Team（设计组）管理器

Protel 99 的设计是面向一个设计组的，设计组的成员和特点都在 Design Team（设计组）中进行管理，可以在 Design Explorer 中定义设计组的成员和权限，这样就使通过网络来进行设计变得更加方便。设计组中的成员数量没有限制，并且他们可以同时访问同一个设计库。每个成员都可以看到当前哪个文档被打开，并且可以锁住文档防止其被修改。

2．Documents（文档）管理器

所有的文档都包含在 Design Documents（设计文档）主目录中，其中主要有电路设计文档电路原理图 Schematics 文件和印制电路板 PCB 文件。其子目录包括 PCB Fabrication（PCB

板制作）文件、Reports（报表）和 Simulation Analyses（仿真分析）等。Design Documents 中不仅包含 Protel 中的设计文件，还可以输入任何类型的应用文档，如 Microsoft Word、Microsoft Excel、AutoCAD 等。用户可以直接在设计管理器中打开和编辑这些文档。

1.3 Protel 99 SE 的特点

Protel 99 SE 的主要功能模块包括电路原理图设计、PCB 板设计和电路仿真器件设计，各模块具有丰富的功能，可以实现电路设计与分析的目标。

电路设计部分主要包括下面几部分：

- 用于原理图设计的 Schematic 模块。该模块主要包括设计原理图的原理图编辑器，用于修改、生成零件的零件库编辑器以及各种报表的生成器。
- 用于电路板设计的 PCB 设计模块。该模块主要包括用于设计电路板的电路板编辑器，用于修改、生成零件封装的零件封装编辑器以及电路板组件管理器。
- 用于 PCB 自动布线的 Route 模块。

电路仿真与 PLD 设计部分主要包括下面几部分：

- 用于可编程逻辑器件设计的 PLD 模块。该模块主要包括具有语法意识的文本编辑器、用于编译和仿真设计结果的 PLD 以及仿真波形观察窗口。
- 用于电路仿真的 Simulate 模块。该模块主要包括一个能力强大的数 / 模混合信号电路仿真器，能提供连续的模拟信号和离散的数字信号仿真。

1．原理图 Schematic 的模块

电路原理图是电路设计的开始，是实现一种用户设计目标的原理实现。图形主要由电子器件和线路组成。图 1-5 是一张实现某控制任务的电路原理图，该原理图就是由 Schematic 模块生成的。Schematic 模块具有如下特征。

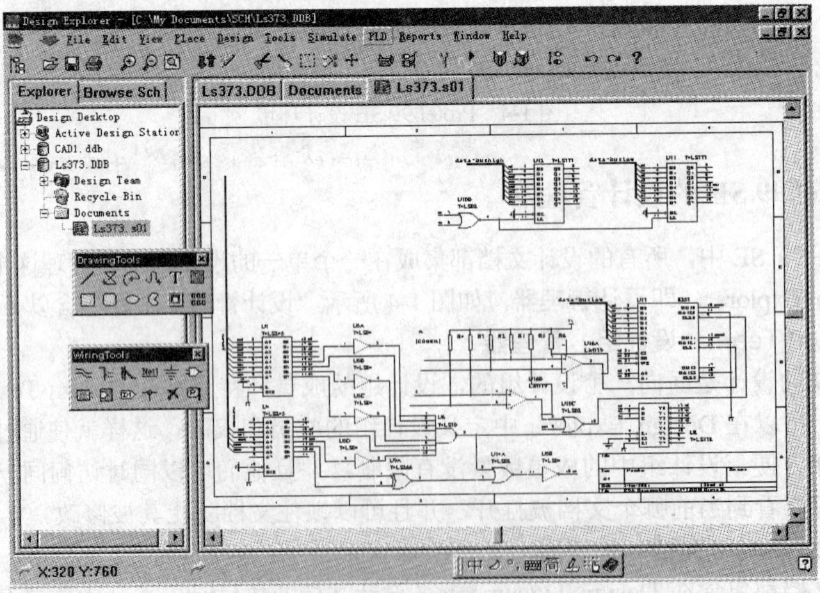

图 1-5　一张完整的电路原理图

（1）支持层次化设计

随着电路的日益复杂，电路设计的方法也日趋层次化（Hierarchy）。也就是说，可先将整个电路按照其特性及复杂程度切割成适当的子电路，必要时可以使用层次化的树状结构来完成。设计师先单独绘制及处理好每一个子电路，然后再将它们组合起来继续处理，最后完成整个电路。Schematic 完全提供了层次化设计所需要的功能。

（2）丰富而灵活的编辑功能

- 自动连接功能　在设计原理图时，有一些专门的自动化特性来加速电气件的连接。电气栅格特性提供了所有电气件（包括端口、原理图、总线、总线端、网络标号、连线和元件等）的真正“自动连接”。当它被激活时，一旦光标移到电气栅格的范围内，它就自动跳到最近的电气“热点”上，接着光标形状发生改变，指示出连接点。当这一特性和自动连接特性配合使用时，连线工作就变得非常轻松。
- 交互式全局编辑　在任何设计对象（如元件、连线、图形符号、字符等）上，只要双击鼠标左键，就可打开它的对话框。对话框显示该对象的属性，用户可以立即进行修改，并可将这一修改扩展到同一类型的所有其他对象，即进行全局修改。如果需要，用户还可以进一步指定作全局修改的范围。
- 便捷的选择功能　设计者可以选择全体，也可以选择某个单项，或者一个区域。在选择项中用户还可以不选某项，也可以增加选项。已选中的对象可以移动、旋转，也可以使用标准的 Windows 命令，如 Cut（剪切）、Copy（复制）、Paste（粘贴）、Clear（清除）等对其进行操作。

（3）强大的设计自动化功能

- 设计检验 ERC（电气法则检查）　它可以对大型复杂设计进行快速检查。电气法则检查 ERC 可以按照用户指定的物理/逻辑特性进行，而且可以输出各种物理 / 逻辑冲突的报告。例如没连接的网络标号、没连接的电源、空的输入管脚等等，同时还可将电气法则检查 ERC 的结果直接标记在原理图中。
- 数据库连接　它提供了强大灵活的数据库连接，原理图中任何对象的任意属性值都可以输入和输出，可以选择某些属性（可以是两个属性，也可以是全部属性）进行传送，也可以指定输入、输出的范围是当前图纸，还是当前项目或元件库，或者是全部打开的图纸或元件库。一旦所选择的属性值已输出到数据库，由数据库管理系统来处理支持的数据库，包括 dBASE III 和 dBASE IV。
- 自动标注　在设计过程的任何时候都可以使用“自动标注”功能（一般是在设计完成的时候使用），以保证无标号跳过或重复。

（4）在线库编辑及完善的库管理

- 不仅可以打开任意数目的库，而且不需要离开原来的编辑环境就可以访问元件库，通过计算机网络还可以访问多用户库。
- 元件可以在线浏览，也可以直接从库编辑器中放置到设计图纸上，不仅库元件可以增加或修改，而且原理图和元件库之间可以进行相互修改。
- 原理图提供 16000 多个元器件库（EE 三种模式），包括 AMD、Intel、Motorola、Texas Instruments、National Instruments、ZILOG、Maxim 以及 Xilinx、Eesof、PSPICE、SPICE 仿真库等。

2. 印制电路板 PCB 模块的特点

PCB 印制电路板是由电路原理图到制版的桥梁，设计了电路原理图后，需要根据原理图生成印制电路板，这样就可以制作电路板。如图 1-6 所示为一张由原理图生成的印制电路板 PCB 图。印制电路板 PCB 模块具有如下主要特点。

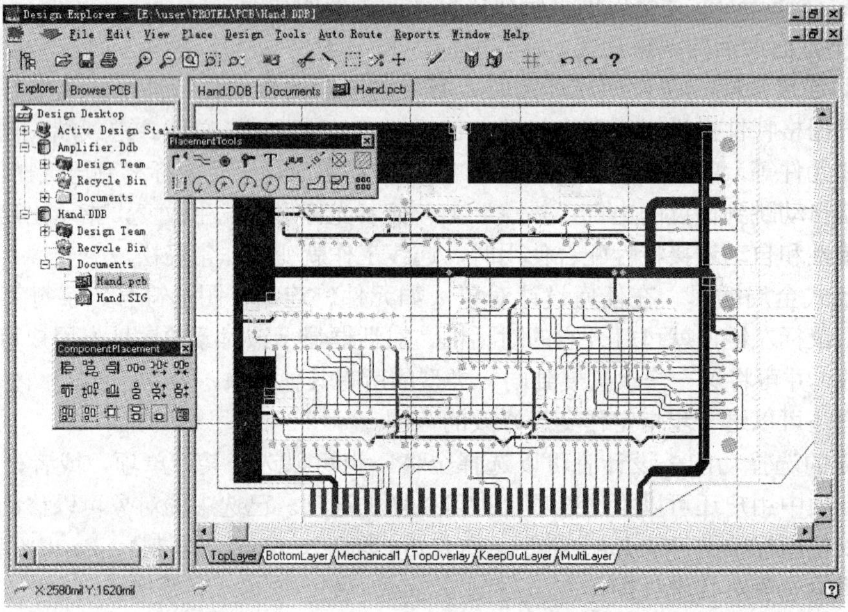

图 1-6　一块标准的 PCB 印制电路板图

（1）32 位的 EDA 设计系统

- PCB 可支持设计层数为 32 层、板图大小为（2540mm×2540mm）或（100in×100in）的多层线路板。
- 可作任意角度的旋转，分辨率为 0.001°。
- 支持水滴焊盘和异型焊盘。

（2）丰富而灵活的编辑功能

- 交互式全局编辑、便捷的选择功能、多层撤消或重做功能。
- 支持飞线编辑功能和网络编辑。用户勿需生成新的网络表即可完成对设计的修改。
- 手工重布线可自动去除回路。
- PCB 图能同时显示元件管脚号和连接在管脚上的网络号。
- 集成的 ECO（工程修改单）系统能记录用户的每一步修改，并将其写入 ECO 文件，用户可依此修改原理图。

（3）强大的设计自动化功能

- 具有超强的自动布局能力，它采用了基于人工智能的全局布局方法，可以实现 PCB 板面的优化设计。
- 高级自动布线器采用拆线重试的多层迷宫布线算法，可同时处理所有信号层的自动布线，并可以对布线进行优化。可选的优化目标如使过孔数目最少、使网络按指定的优先顺序布线等。

● 支持 Shape-based（无网络）的布线算法，可完成高难度、高精度 PCB 板（如 486 以上微机主板、笔记本微机的主板等）的自动布线。

● 在线式 DRC（设计规则检查），在编辑时系统可自动指出违反设计规则的错误。

（4）在线式库编辑及完善的库管理

设计者不仅可以打开任意数目的库，而且不需要离开原来的编辑环境就可访问、浏览元件封装库。通过计算机网络还可以访问多用户库。

（5）完备的输出系统

● 支持 Windows 平台上所有输出外设，并能预览设计文件。

● 可输出高分辨率的光绘（Gerber）文件，对其进行显示、编辑等。

● 还能输出 NC Drill 和 Pick＆Place 文件等。

3. PLD 逻辑器件设计

PLD99 支持所有主要的逻辑器件生产商。同其他 EDA 软件相比，PLD99 有两个独特的优点。第一是仅仅需要学习一种开发环境和语言就能够使用不同厂商的器件——用 PLD99 既可为 PAL16L8 设计一个简单的地址解码器，又可为 Xilinx5000 系列元件做一个专用的设计。第二是可将相同的逻辑功能做在不同的物理元件上，以便根据成本、供货渠道自由选择元件制造商。PLD99 全面支持 PLD 器件，包括 Altera Max，AMD MACH，Atmel 高密度 EPLDs，Cypress，Inter FLEX，ICT EPLD/FPGA’s，lattice，National MAPL，Motorola，Philips PML，Xilinx EPLD 等等。

1.4 Protel 99 SE 文件管理

在建立一个新的设计数据库后，如果用户没有进入具体的设计操作界面，Protel 99 SE 系统仅显示 File、Edit、View、Window 和 Help 五个与文件管理、设置视图、编辑操作有关的下拉菜单，如图 1-7 所示。

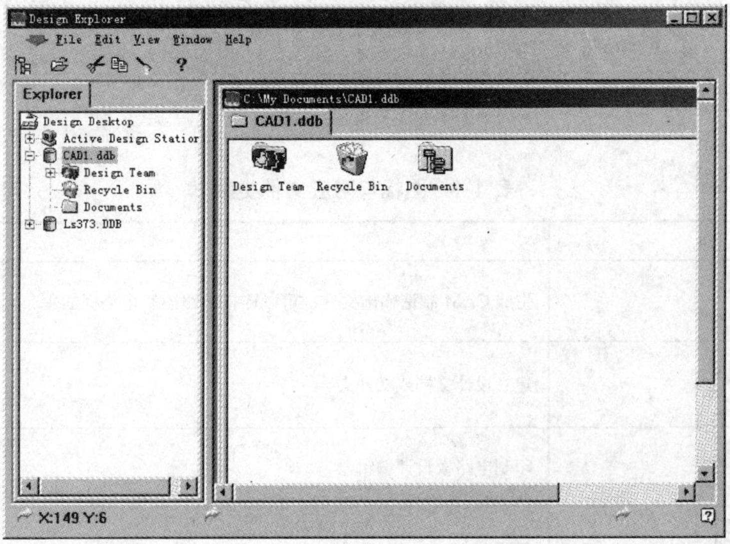

图 1-7　设计管理器界面

1.4.1 文件管理

文件管理主要通过 File 菜单中的各命令来实现如文件的打开、新项目的建立等，如图 1-8 所示。

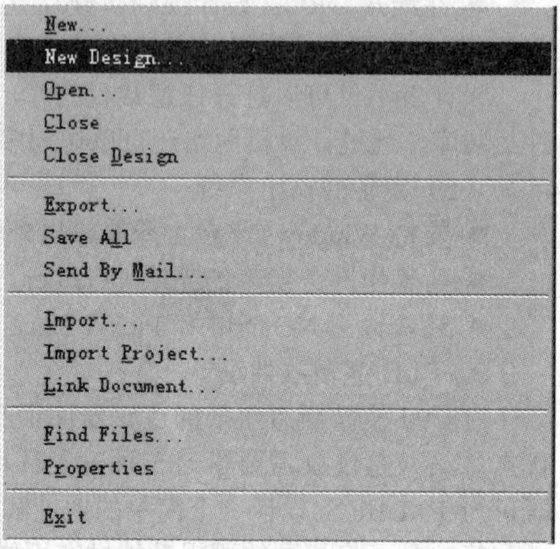

图 1-8 File 菜单

File 菜单的各项命令功能如下。

（1）New 新建一个空白文件，文件的类型可以是原理图 Sch 文件、印制电路板 PCB 文件、原理图元件库编辑文件 Schlib、印制电路元件库编辑文件 PCBlib、文本文件以及其他的文件等。选取此菜单项，系统会显示新文件对话框，如图 1-9 所示。用户可以选择所需建立的文件类型，然后单击“OK”按钮即可。

Protel 99 SE 里提供了丰富的编辑器资源，如图 1-9 所示。各图标所代表的文件类型见表 1-1。

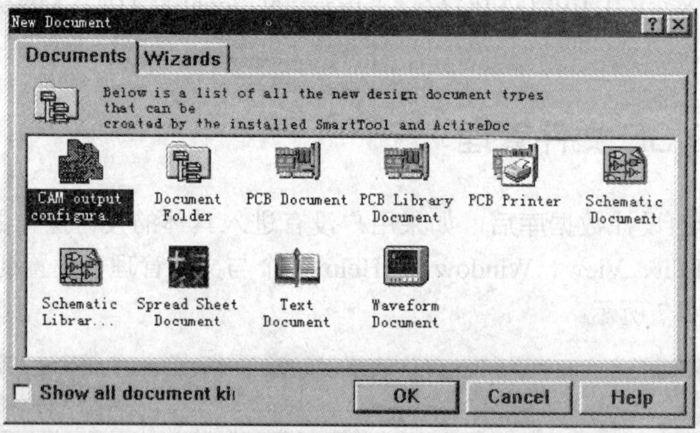

图 1-9 建立新文件对话框

表 1-1 图标与对应文件类型

按 钮	功 能
 CAM output configura...	生成 CAM 制造输出文件，可以连接电路图和电路板的生产制造各个阶段
 Document Folder	建立设计文档或文件夹
 PCB Document	印制电路板设计编辑器
 PCB Library Document	印制电路板元件封装编辑器

（续）

按　钮	功　能
PCB Printer	印制电路板打印编辑器
Schematic Document	原理图设计编辑器
Schematic Librar...	原理图元件编辑器
Spread Sheet Document	表格处理编辑器
Text Document	文字处理编辑器
Waveform Document	波形处理编辑器

（2）New Design　新建立一个设计库，所有的设计文件将在这个设计库中统一管理，该命令与用户还没有创建数据库前的 New 命令执行过程一致，用户可以参考 1.2 节。

（3）Open　打开已存在的设计库。执行该命令后，系统将弹出如图 1-10 所示的对话框，用户可以选择需要打开的文件对象或设计数据库。

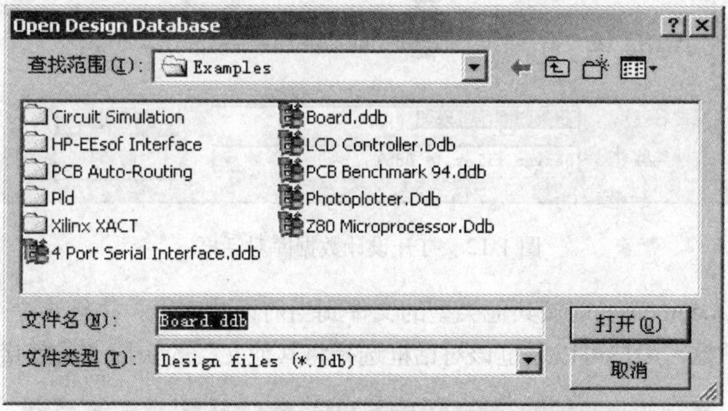

图 1-10　打开已存在的设计数据库

（4）Close　关闭当前已经打开的设计文件。

（5）Close Design　关闭当前已经打开的设计库。

（6）Export　将当前设计库中的一个文件输出到其他路径，对于在原理图和 PCB 环境下，该命令功能存在一些区别。

（7）Save All　保存当前所有已打开的文件。

（8）Send by Mail　选择该命令后，用户可以将当前设计数据库通过 Email 传送到其他计算机。这样对于异地设计和集成很方便。

（9）Import　将其他文件导入到当前设计库，成为当前设计数据库中的一个文件，选取此菜单项，会显示导入文件对话框，如图 1-11 所示，用户可以选取所需要的任何文件，将此文件包含到当前设计库中。

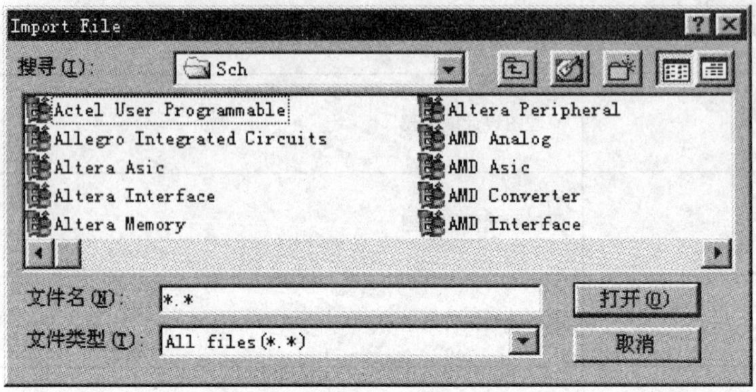

图 1-11　导入文件对话框

（10）Import Project　执行该命令后，可以导入一个已经存在的设计数据库到当前设计平台中，系统将弹出如图 1-12 所示的打开设计数据库对话框。

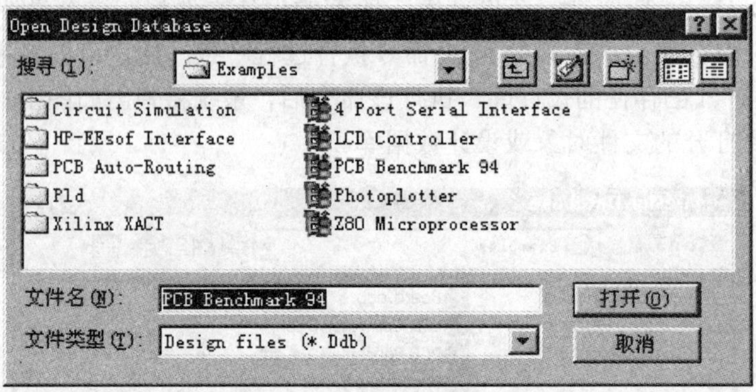

图 1-12　打开设计数据库对话框

（11）Link Document　连接其他类型的文件到当前设计库中。执行该命令后，系统弹出如图 1-13 所示的对话框，用户可以通过该对话框选择将其他文档的快捷方式连接到本设计平台。

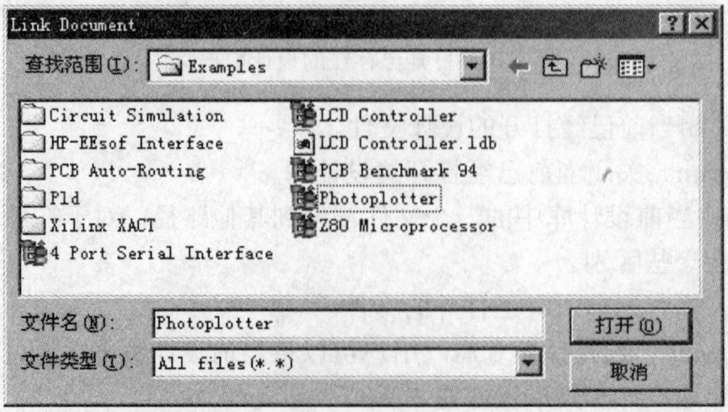

图 1-13　连接其他文件到本设计平台。

（12）Find Files　选择该命令后，系统将弹出如图 1-14 所示的查找文件对话框，用户可以用多种方式查找设计数据库中或硬盘驱动器上的其他文件。

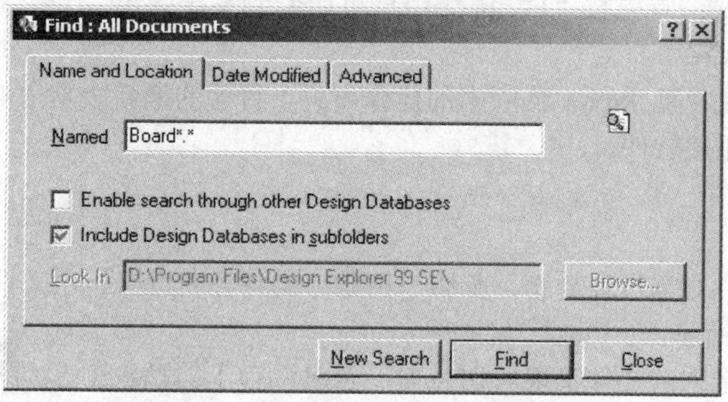

图 1-14　“查找文件”对话框

（13）Properties　管理当前设计库的属性。如果先选中一个文件对象，再执行该命令，则系统将弹出如图 1-15 所示的文件属性对话框，用户可以修改或设置文件属性和说明。

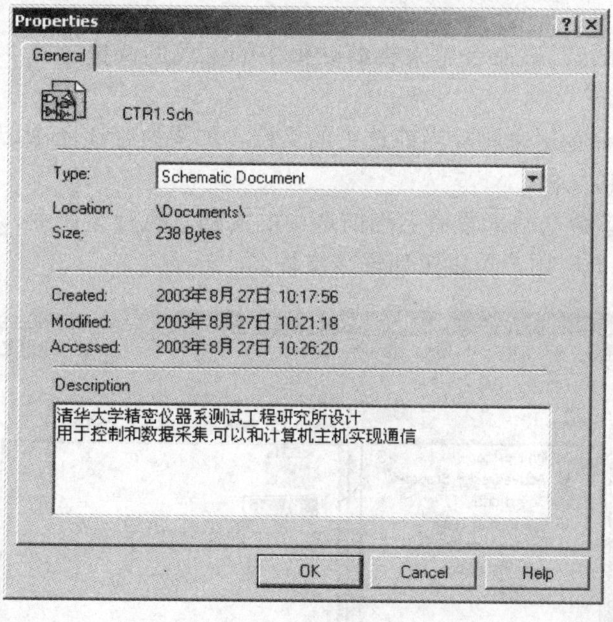

图 1-15　文件属性对话框

对于不同的文件对象，其属性对话框可能不同，这将在后面进行讲解。

（14）Exit　退出 Protel 99 SE 系统。

1.4.2　使用快捷菜单

上述部分命令可以从快捷菜单中输入。用户可以在当前设计数据库的空白处，单击鼠标右键，系统将弹出如图 1-16 所示的快

图 1-16　File 快捷菜单

捷菜单，用户可以从中选择操作命令。

另外用户也可以使用键盘来实现选择某项命令，如选择 File 菜单中的 New 命令，可以使用如下的操作方式：首先按“F”键，用户可以看到系统弹出了一个菜单，然后按“N”键，则执行了 New 命令。

使用键盘操作是以前 Protel 低版本的操作方式，目前的最新版本依然保留该功能，可以方便以前的用户使用该软件。

1.4.3 文件编辑

用户可以对文件对象进行复制、剪切、粘贴、删除等编辑操作，文件编辑命令位于 Edit 菜单中。如图 1-17 所示。

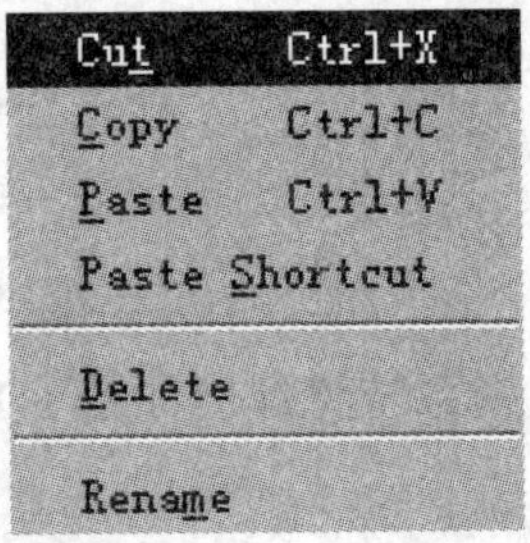

图 1-17 Edit 菜单

（1）Cut 对选中的文件实现剪切操作，暂时保存于剪贴板中，然后用户可以进行粘贴复制。

（2）Copy 将选中的文件复制到剪贴板中，用户可以进行粘贴复制。

（3）Paste 该命令用来实现将已保存在剪贴板中的文档复制到当前位置。

（4）Paste Shortcut 该命令用来将剪贴板中的文档的快捷方式复制到当前位置。

（5）Delete 该命令用来删除当前选中的文档，如果执行该命令，系统将弹出对话框提示用户是否真的删除该文件。

（6）Rename 该命令用来重命名当前选中的文档，执行该命令，可以重命名选中的文档，如图 1-18 所示，此时用户可以重新输入文件名。

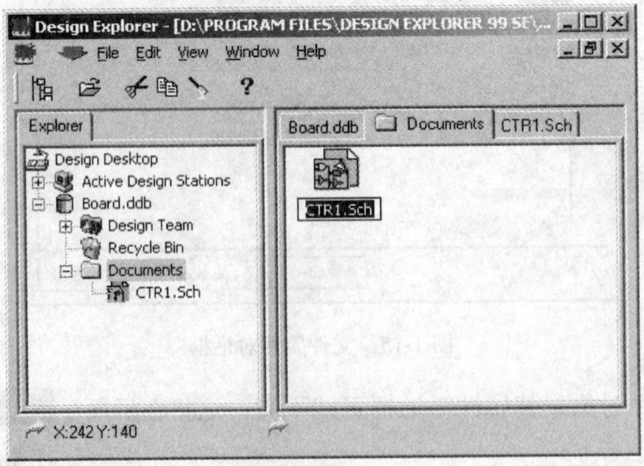

图 1-18 重命名文件

1.4.4 设计管理器

Protel 99 SE 有一个强大的设计管理器，其界面如图 1-19 所示，包括导航、设计窗口、面板、标签、工具栏等。它允许用户浏览和修改项目设计数据库。

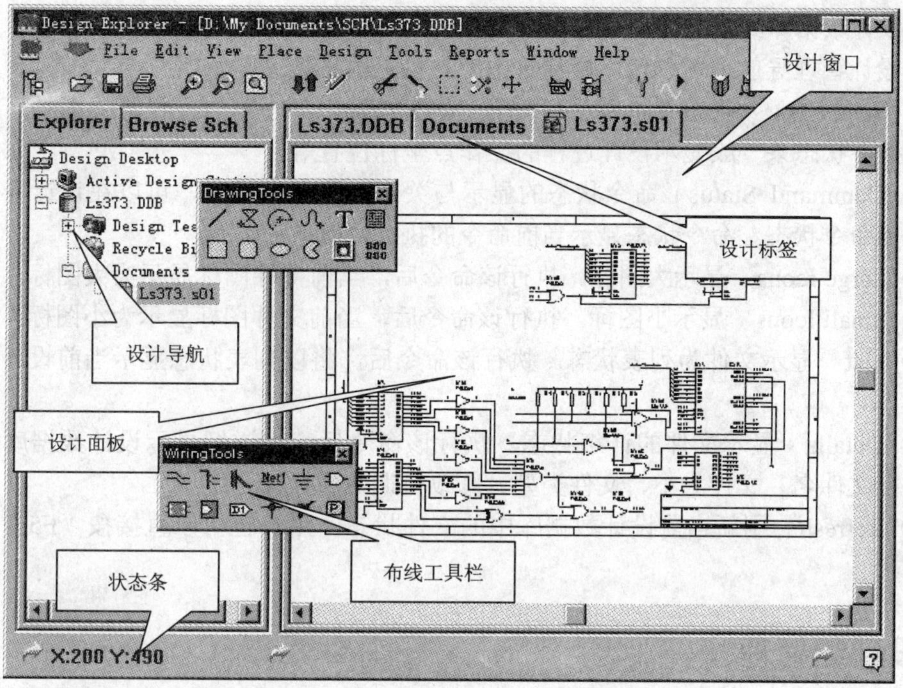

图 1-19　设计管理器

1.4.5　显示辅助查看工具

用户可以使用 View 菜单中的各命令来打开一些比较重要的查看工具和文件操作工具。用户可以实现设计管理器、状态栏、命令行、工具条、图标等的打开与关闭，View 菜单如图 1-20 所示。

（1）Design Manager　设计管理器导航的打开与关闭。如果设计管理器导航当前处于打开状态，则执行该命令为关闭设计管理导航。反之为打开。设计管理器以树状列表形式显示，用户可以通过设计管理器导航进行很方便的设计管理操作。设计管理器导航如图 1-21 所示。

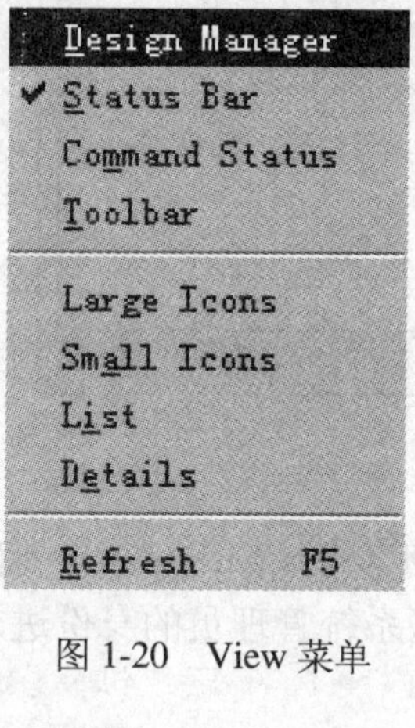

图 1-20　View 菜单

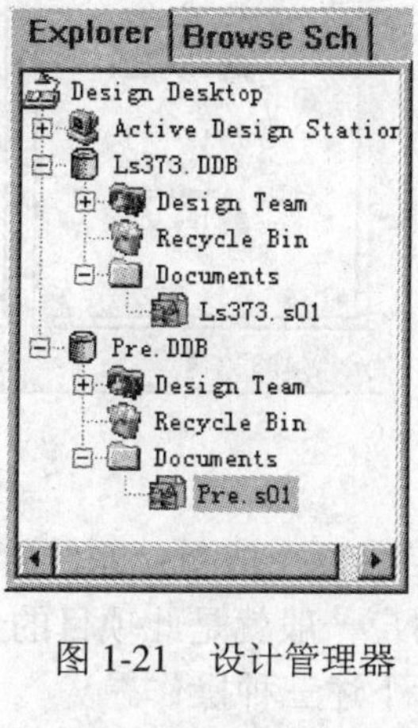

图 1-21　设计管理器

通过设计管理导航，用户可以清楚地查看当前设计平台上的设计数据库的情况，也可以导入其他设计数据库到当前设计平台中。

打开设计管理导航也可以使用鼠标单击工具条上的按钮来实现。

（2）Status Bar　状态条的显示与关闭。执行该命令后，可以在设计界面的下方显示或关闭状态条。状态条一般显示设计过程的操作点坐标位置等。

（3）Command Status　命令状态的显示与关闭。执行该命令，可以在设计界面的下方显示或关闭命令状态。命令状态显示当前命令的执行情况。

（4）Large Icons　显示大图标。执行该命令后，当前文件图标显示为大图标。

（5）Small Icons　显示小图标。执行该命令后，当前文件图标显示为小图标。

（6）List　显示文件为列表状态。执行该命令后，将以列表状态显示当前设计数据库中的文档。

（7）Details　显示文件的详细状态。执行该命令后，将详细显示设计数据库中的文件状态，包括文件名、文件大小、文件类型、修改日期等属性。

（8）Refresh　刷新当前设计数据库中的文件状态。用户也可以直接按“F5”键激活该命令。

1.5　设计组管理

Protel 99 SE 提供了一系列的工具，对多个用户同时操作项目数据库进行管理。这为多个设计者同时工作在一个项目设计组提供了安全保障。每个数据库默认都带有设计工作组（Design Team），包括 Members、Permision、Session 三个部分，如图 1-22 所示。

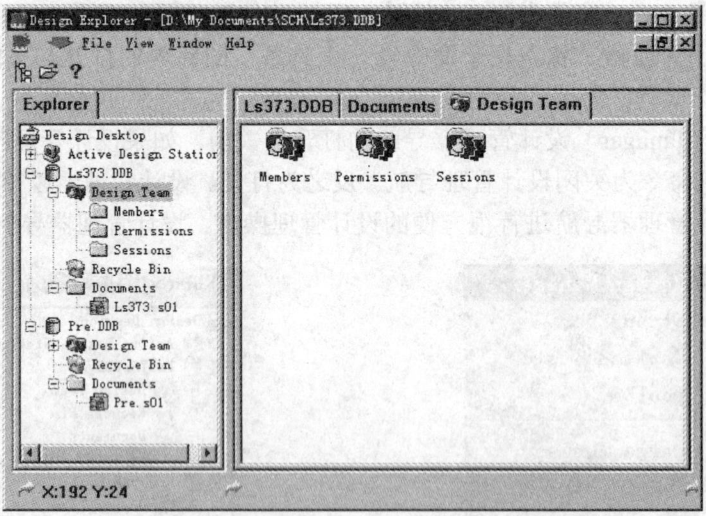

图 1-22　设计工作组

Members 自带两个成员：系统管理员（Admin）和客户（Guest）。当新建一个项目数据库时，建库的用户一般就是此项目的主管。用户可以以系统管理员的身份进入数据库。系统管理员可以进行下述三种操作。

（1）分配一个系统管理员密码来启动设计数据库。要设置文件密码，可以进入 Members

管理区，单击 Admin 图标，系统会弹出如图 1-23 所示的用户属性对话框，在这里进行设置。也可以参考 1.2 节的有关讲解来设置文件密码。

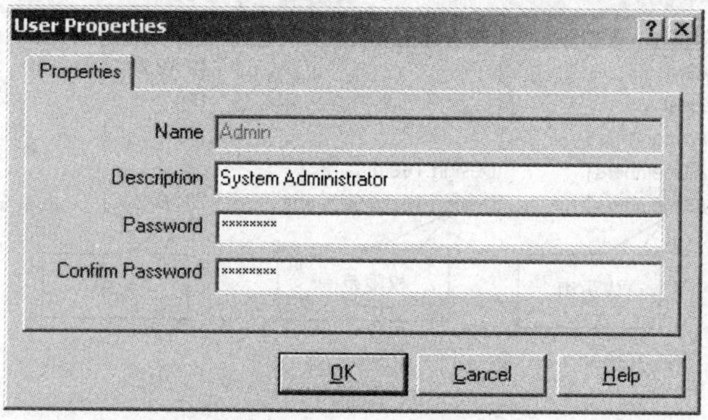

图 1-23　设置系统管理员密码

（2）创建设计其他组成员。在 Design Team 的 Members 文档面板上，单击鼠标右键会弹出 New Member 菜单命令，执行该命令后会弹出一个对话框，如图 1-24 所示。此时可以分配组员名字、密码及属性，这样就创建了一个新成员。

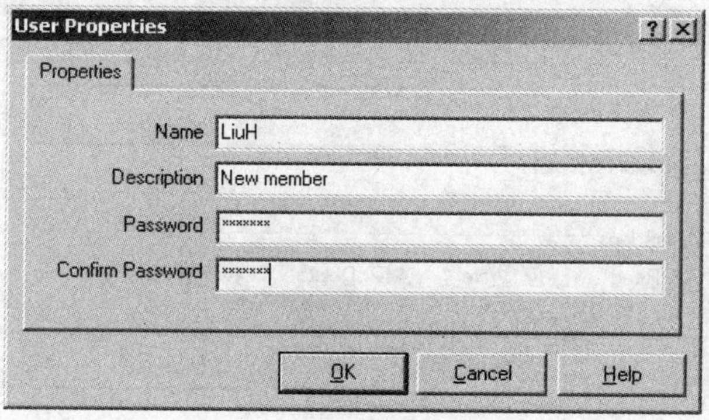

图 1-24　新建工作组成员

（3）设置每个成员的工作权限。对于设计组的成员，可以分别设置各成员的工作权限。具体设计方法如下。

首先双击 Permission 图标，进入 Permision 操作面板，如图 1-25 所示。然后在 Design Team 的 Permision 文档面板上，单击鼠标右键，系统将弹出 New Rule 菜单命令，执行该命令后，系统会弹出一个权限属性对话框，如图 1-26 所示。在该对话框中可以设置各个成员的工作权限。工作权限包括各个成员对设计数据库里的文件进行读（Read）、写(Write)、删除(Delete)、创建(Create)等操作的权利，如果设置为只读权限（Read），则该设计对象将只能读出，而不能进行其他操作。

在该对话框中的 User Scope 编辑框中，用户可以选择需要设置的对象，包括 Admin、Guest 和 All members。还可以在 Custom Scope 编辑框中设定各对象的权限范围。

使用鼠标双击需要设置工作权限的对象，也可以打开权限属性设置对话框。用户在选中需要设置权限的对象后，单击鼠标右键，从系统弹出的快捷菜单中选取 New Rule 命令，也可以进行权限设置操作。

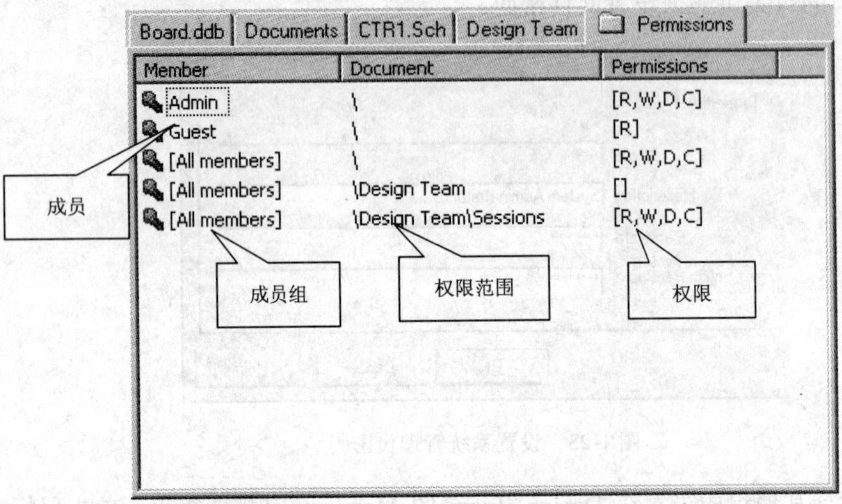

图 1-25 成员权限列表

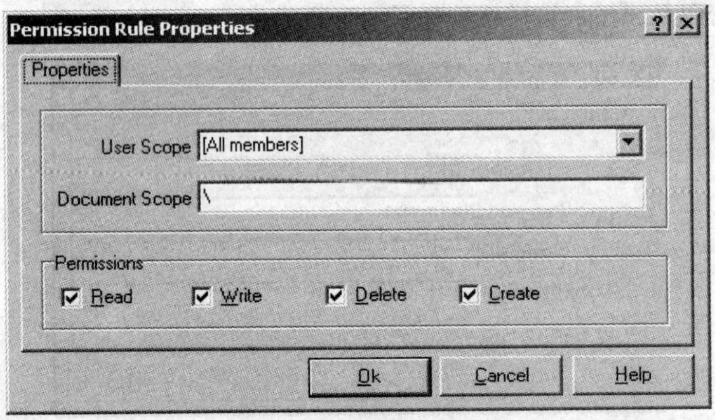

图 1-26 设置工作权限

把数据库设计成项目工作组模式后，每次启动设计数据库，每个工作组成员只能根据密码在各自被分配的权限范围内进行设计工作。每个成员在进入设计数据库后，能通过 Session 文档查看各文档的权限信息及其他成员打开和锁定文档的信息。

需要强调的是，设计工作组的成员及权限只与某个设计数据库有关。它们在不同数据库之间是独立的。

1.6 进入设计环境

Protel 99 SE 系统一共提供了 7 个设计环境，分别是原理图设计与编辑（Sch）、印制电路板设计与编辑（PCB）、原理图元件库编辑器（SchLib）、印制电路元件库编辑器（PcbLib）、表格处理编辑器（Spread）、文字处理编辑器（Text）、Wave Form 文件编辑器。

1.6.1 启动原理图设计环境

原理图编辑器实际上就是原理图的设计系统，用户在该系统中可以进行电路原理图的设计，生成相应的网络表，为后面的印制电路板的设计作好准备。进入原理图设计环境的操作过程如下。

（1）进入 Protel 99 SE 系统，执行 File→New 命令建立新的设计数据库，或打开一个已存在的设计数据库，具体操作可参考 1.1 节的讲解。此时系统将显示如图 1-27 所示的界面，用户就可以进行创建新的原理图文件操作。

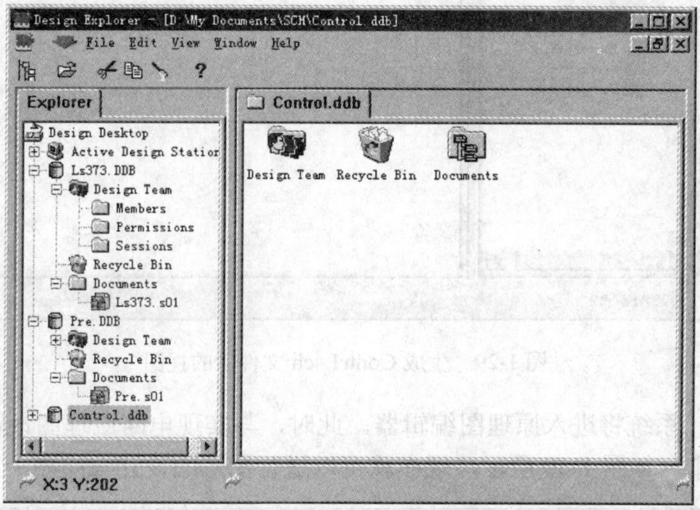

图 1-27　创建新的设计数据库

（2）执行当前菜单中的 File→New 命令，弹出 New Document 对话框，如图 1-28 所示。选取 Schematic Document 图标，然后单击"OK"按钮。

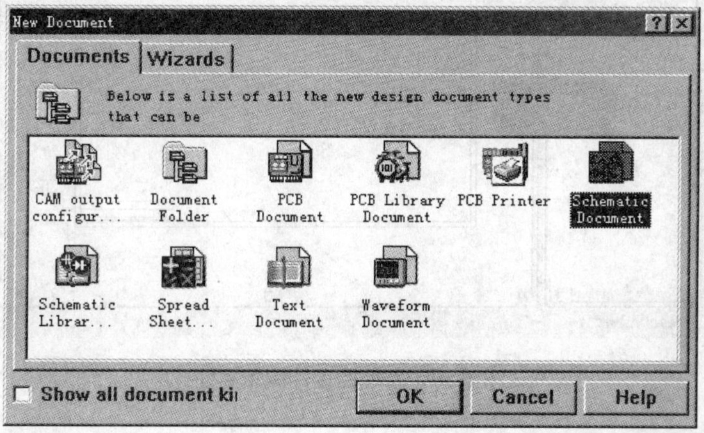

图 1-28　新建文件对话框

注意：用户可以在.ddb 数据库文件的根目录下创建新的电路原理图图形文件，也可以双击 Documents 图标，进入 Documents 子目录进行创建新文件操作。

（3）新建立的文件将包含在当前的设计数据库中，系统默认的文件名为“Sheet1”，用户可以在设计管理器中更改文件名，更改文件名后显示在设计数据库中，图 1-29 所示为生成 Contr1.sch 文件名的视图。

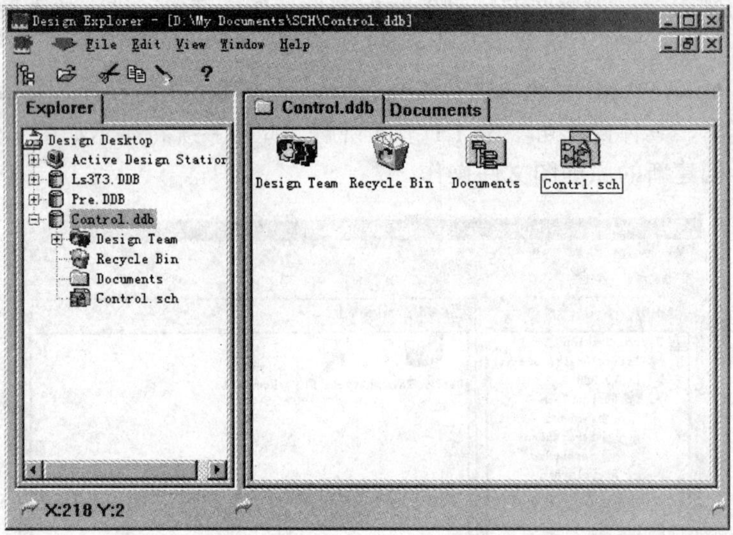

图 1-29　生成 Contr1.sch 文件后的视图

单击此文件，系统将进入原理图编辑器。此时，与实现电路原理图设计绘制有关的工具菜单全部显示出来，如图 1-30 所示，现在就可以进行图形的设计与绘制。

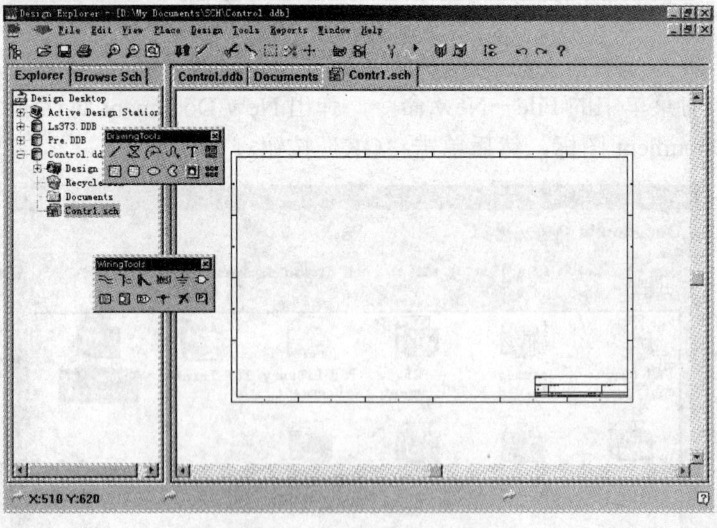

图 1-30　原理图设计编辑界面

1.6.2　启动印制电路板设计界面

印制电路板编辑器实际上是一个 PCB 板设计系统，它是在前面设计原理图和网络表的基础上，完成印制电路板的设计。启动印制电路板编辑器的过程与原理图类似。其操作步骤如下。

（1）首先运行 Protel 99 SE 应用程序，进入 Protel 99 SE 系统，执行 File→New 命令建立新的设计数据库，或打开一个已存在的设计数据库，具体操作可参考 1.1 节的讲解。

（2）建立或打开设计数据库后，系统将显示如图 1-27 所示的界面。此时用户就可以进行创建新的原理图文件操作。

（3）接着执行当前菜单中的 File→New 命令，弹出 New Document 对话框，如图 1-28 所示，选取 PCB Document 图标，然后单击“OK”按钮。

> 注意：用户可以在.ddb 数据库文件的根目录下创建新的 PCB 图形文件，也可以双击 Documents 图标，进入 Documents 子目录中进行创建新文件操作。

（4）新建立的文件将包含在当前的设计数据库中，系统默认的文件名为“PCB1”,用户可以在设计管理器中更改文件名，更改文件名后显示在设计数据库中。

单击此文件，系统将进入印制电路图编辑器，此时可以用来实现电路原理图设计绘制的工具菜单全部显示出来，如图 1-31 所示，现在就可以进行图形的设计与绘制。

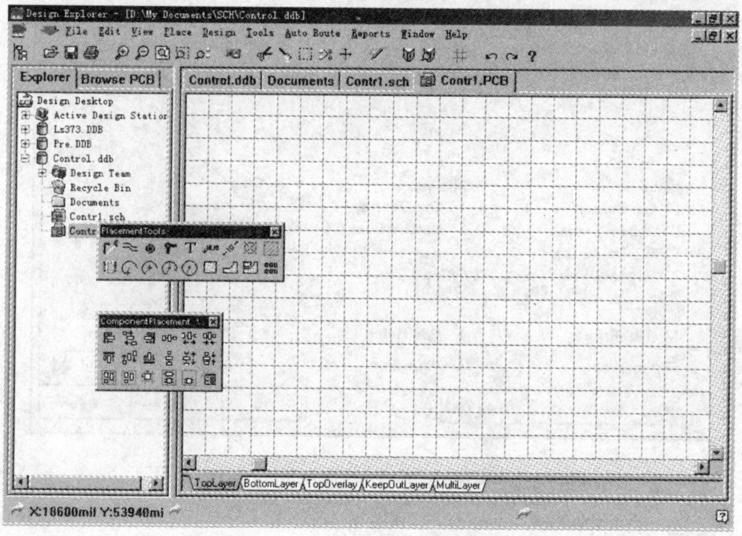

图 1-31 印制电路编辑器界面

1.7 设置 Protel 99 SE 界面环境

前文主要讲解了如何绘制电路原理图和制作 PCB 板，但是对于刚接触 Protel 99 SE 的用户来说，了解 Protel 99 SE 界面环境设置是学习该软件的重要一步。如果没有设置好界面，就有可能使用户产生一些误解。本章主要讲述两个方面的环境设置，即屏幕分辨率设置和界面参数设置。

1.7.1 屏幕分辨率

EDA 程序对屏幕分辨率的要求一向比其他类型的应用程序要高一些。例如在 Advanced

Schematic 中，如果屏幕分辨率没有达到 1024×768 像素，则某些控制面板就会被切掉一部分，此时用户将无法使用到被遮掉的那部分。在这种情形下当然很不方便，所以用户应尽量将屏幕分辨率调高到 1024×768 像素以上。

当屏幕尺寸太小时，在高分辨率方式下屏幕上的字就会变得很小，以致看起来很吃力，所以配置大尺寸的显示器是非常必要的。

当然，高分辨率的显示器必须要有相应的显示卡与之配合。配有 1MB 显存的显示卡可以显示 256 种颜色，对于 Advanced Schematic 来说这已经够用了。但如果显示卡配有 2MB 以上的显存，则可支持更高的分辨率及更多的色彩，如在 1024×768 像素分辨率下可以显示 65536 种颜色。

1.7.2 系统参数设置

系统参数设置可以使用户清楚地了解操作界面和对话框的内容，因为有时候，如果界面字体设置不合适，界面上的字符可能没法完全显示出来，如图 1-32 所示。

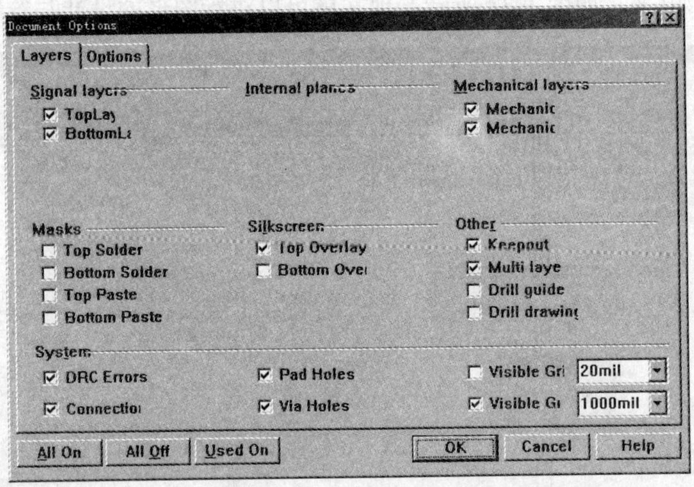

图 1-32　字符没有完全显示的对话框界面

1. 界面字体设置

用户可以执行系统的 Preferences 命令进行字体设置，该命令从 Protel 99 SE 的主界面左上角的下拉命令菜单选择，即使用鼠标点中下拉按钮，系统将弹出如图 1-33 所示的菜单，此时从该菜单选择执行 Preferences 命令，系统将弹出如图 1-34 所示的参数设置对话框。

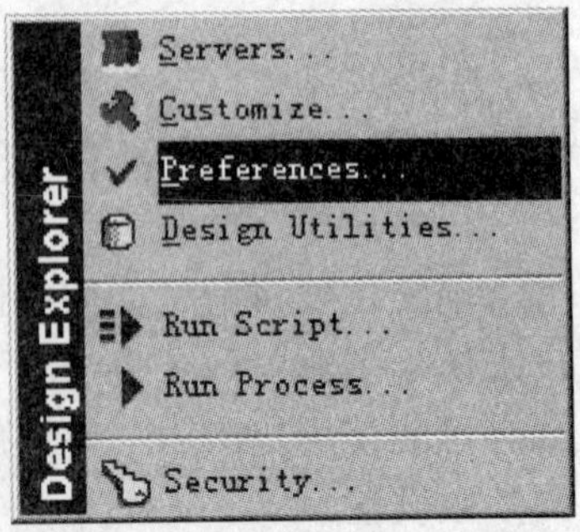

图 1-33　Design Explorer 菜单

在该对话框中，取消 Use Client System Font For All Dialogs 选项，然后单击“OK”按钮，则系统界面字体就变小，并且在屏幕上全部显示出来。如图 1-35 所示即为设置了字体后的对话框。

如果用户选择如图 1-34 所示对话框的“Change system font”按钮，还可以设置系统的字号。

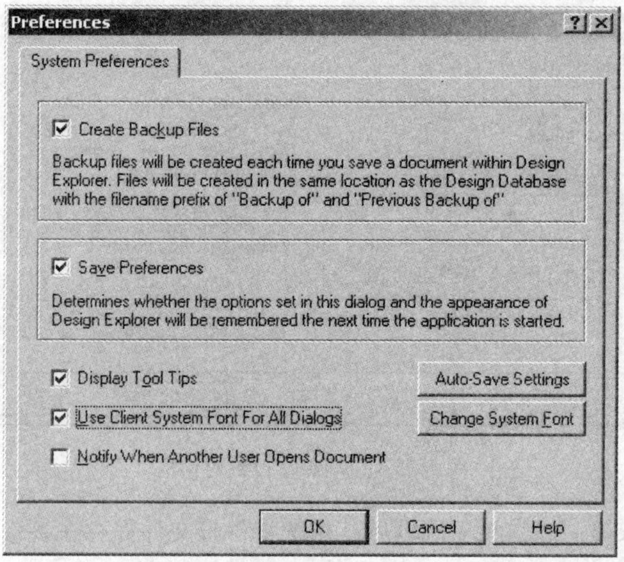

图 1-34　系统参数设置对话框

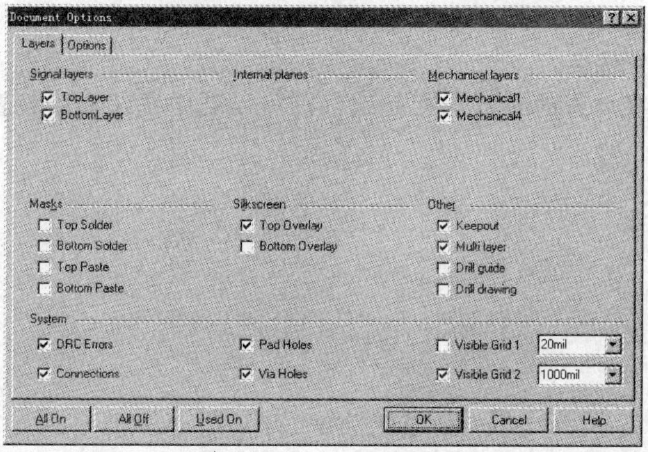

图 1-35　设置了系统界面字体后的对话框

2. 设置自动创建备份文件

如果用户在设计过程中，需要系统自动创建备份文件，则可以选中 Create Back up Files 复选框，则系统将会备份保存修改前的图形文件。

3. 自动保存文件

如果用户希望在设计工作过程中，系统定时自动保存文件，则可以单击“Auto-Save Settings”按钮，系统将会弹出如图 1-36 所示的对话框。

通过该对话框，用户可以设置自动保存参数，对话框各操作项的具体意义如下。

（1）Options 操作框　该操作框各操作选项用来设置参数。

- Enable　选中该复选框，则可以对 Options 操作框的其他选项进行设置。
- Number　该编辑框可以设置一个文件的备份数，一个文件最大备份数量为 10。
- Time Interval　该编辑框用来设置备份文件的时间间隔，单位为分钟。

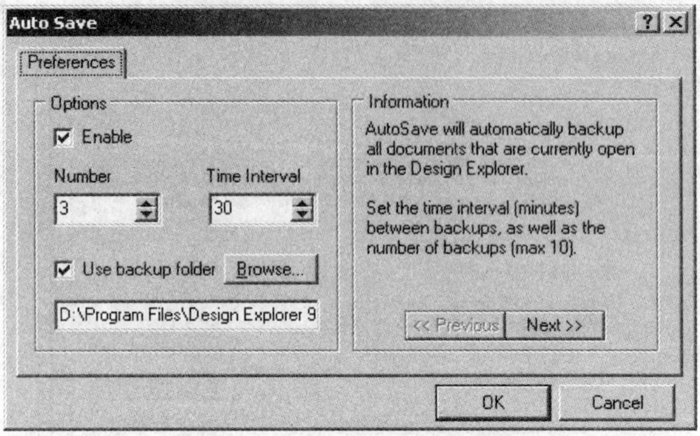

图 1-36　自动保存设置对话框

● Use Back Folder　选中该复选框后，系统将备份文件保存在备份文件夹，用户可以输入备份文件夹。

（2）Information 框　该框主要用来显示设置信息，用户可以按“Next”按钮察看下一屏信息。

4．系统参数设置保存

如果用户需要将设置的参数保存起来，则可以选中系统参数设置对话框中的 Save Preferences 选项。

第 2 章　Protel 99 SE 原理图设计基础

第 1 章主要讲述了 Protel 99 SE 的文件操作以及主要特点，以及相关的基础知识。本章正式进入电路设计系统的讲解。电路设计的第一步是进行原理图设计，所以本章先讲述 Protel 99 SE 原理图设计基础知识，掌握本章所讲述的知识点后，再学习电路原理图设计就很容易了。

2.1　电路原理图的设计步骤

2.1.1　电路板设计的一般步骤

一般来说，设计电路板最基本的过程可以分为 4 个主要步骤。

1．电路原理图的设计

电路原理图的设计主要是利用 Protel 99 SE 的原理图设计系统（Advanced Schematic）来绘制一张电路原理图。

2．生成网络表

网络表是电路原理图设计（Sch）与印制电路板设计（PCB）之间的一座桥梁。网络表可以从电路原理图中获得，也可从印制电路板中提取。

3．印制电路板的设计

印制电路板的设计主要是针对 Prote1 99 SE 的另外一个重要的部分 PCB 而言的，在这个过程中，借助 Prote1 99 SE 提供的强大功能，可以实现电路板的板面设计，完成高难度的布线工作。

4．生成印制电路板报表

设计了印制电路板后，还需要生成印制电路板的有关报表，并打印印制电路图。

整个电路板的设计过程首先是编辑电路原理图，然后由电路原理图文件产生网络表，最后再根据网络表进行线路板的布线工作。下面先了解一下电路原理图设计的有关知识。

2.1.2　电路原理图设计的一般步骤

电路原理图设计是整个电路设计的基础，它决定了后面工作的进展。通常，设计一个电路原理图的工作包括：设置电路图图纸大小，规划电路图的总体布局，在图纸上放置元器件，进行布局和布线，然后对各元器件以及布线进行调整，最后保存并打印输出。电路原理图的设计过程一般可以按如图 2-1 所示的设计流程进行。

（1）启动 Protel 99 SE 电路原理图编辑器。用户首先必须启动原理图编辑器，才能进行设计绘图工作，该操作可参考 1.6 节。

（2）设置电路图图纸大小以及版面。设计绘制原理图前必须根据实际电路的复杂程度来设置图纸的大小，设置图纸的过程实际上是一个建立工作平面的过程，用户可以设置图纸的大小、方向、网格大小以及标题栏等。

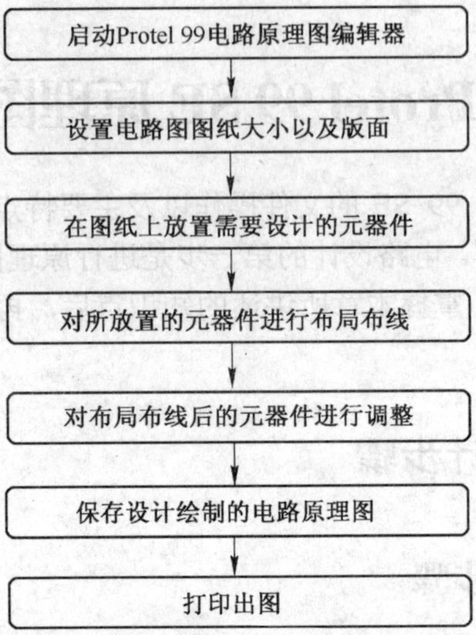

图 2-1　电路原理图设计一般流程

（3）在图纸上放置需要设计的元器件。这个阶段，用户根据实际电路的需要，从元件库里取出所需的元件放置到工作平面上。用户可以根据元件之间的走线等联系对元件在工作平面上的位置进行调整、修改，并对元件的编号、封装进行定义和设定等，为下一步工作打好基础。

（4）对所放置的元器件进行布局布线。该过程实际就是一个画图的过程。用户利用 Protel 99 SE 提供的各种工具、指令进行布线，将工作平面上的器件用具有电气意义的导线、符号连接起来，构成一个完整的电路原理图。

（5）对布局布线后的元器件进行调整。在这一阶段，用户利用 Protel 99 SE 所提供的各种强大功能对所绘制的原理图进行进一步的调整和修改，以保证原理图的美观和正确。这就需要对元件位置的重新调整，导线位置的删除、移动，更改图形尺寸、属性及排列。

（6）保存文档并打印输出。这个阶段是对设计好的原理图进行存盘、打印操作。这个过程实际是对设计的图形文件进行输出的管理过程。

2.2　Protel 99 SE 电路图设计工具

2.2.1　电路原理图设计工具栏

Protel 99 SE 的工具栏有 Main Tools（主工具栏）、Wiring Tools（原理图布线工具栏）、Drawing Tools（绘图工具栏）、Power Tools（电源及接地工具栏）、Digital Tools（常用器件工具栏）、Simulation Sources（信号仿真源工具栏）、PLD Tools（PLD 工具栏）等，如图 2-2 所示。充分利用这些工具会极大地方便电路图的绘制。下面介绍如何打开或关闭几个主要工具栏。

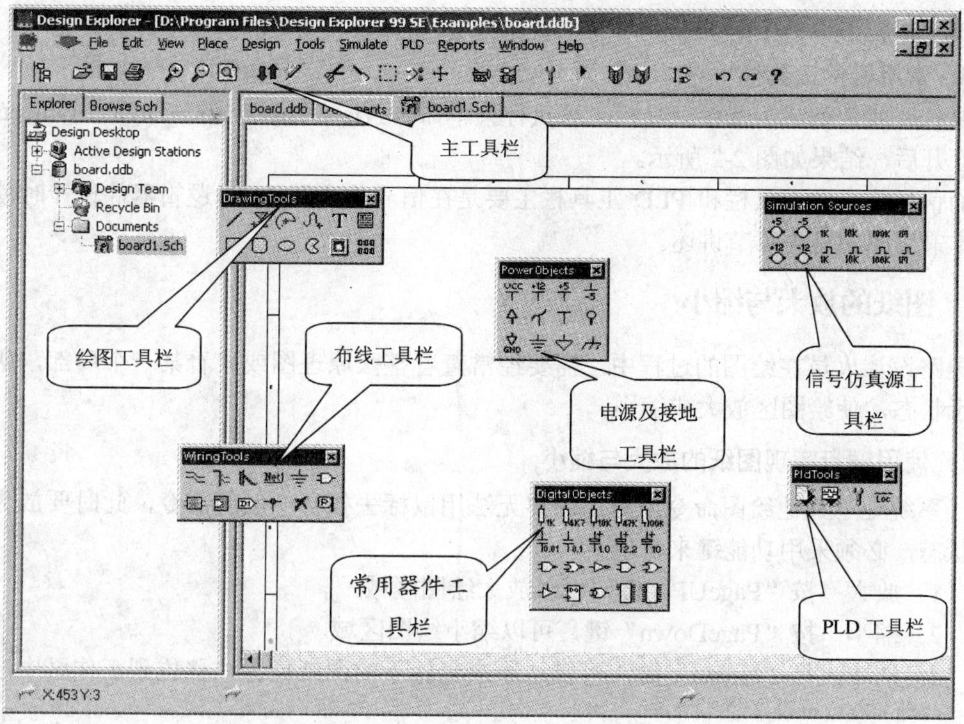

图 2-2　电路原理图绘制工具栏说明

1. 主工具栏

要打开或关闭主工具栏，可执行菜单命令 View→Toolbars→Main Tools，如图 2-3 所示。该工具栏打开后，结果如图 2-2 所示。

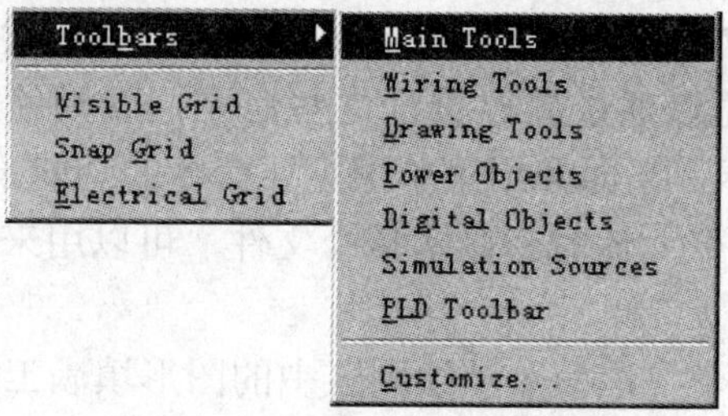

图 2-3　装载工具栏菜单

2. 布线工具栏

要打开或关闭布线工具栏，可执行菜单命令 View→Toolbars→Wiring Tools，该工具栏打开后，结果如图 2-2 所示。

3. 绘图工具栏

要打开或关闭绘图工具，可执行菜单命令 View→Toolbars→Drawing Tools。该工具栏打开后，结果如图 2-2 所示。

4. 电源及接地工具栏

要打开或关闭电源及接地工具栏，可执行菜单命令 View→Toolbars→Power Objects。该工具栏打开后，结果如图所示。

5．常用器件工具栏

要打开或关闭常用器件工具栏，可执行菜单命令 View→Toolbars→Digital Objects。该工具栏打开后，结果如图 2-2 所示。

而信号仿真源工具栏和 PLD 工具栏主要是在信号仿真和 PLD 逻辑器件设计时使用，这将在本书后面的有关章节讲述。

2.2.2 图纸的放大与缩小

电路设计人员在绘图的过程中，需要经常查看整张原理图或只看某一个局部，所以要改变显示状态，使绘图区放大或缩小。

1．使用键盘实现图纸的放大与缩小

当系统处于其他绘图命令下时，用户无法用鼠标去执行一般的命令，此时要放大或缩小显示状态，必须采用功能键来实现。

（1）放大　按“PageUP”键，可以放大绘图区域。

（2）缩小　按“PageDown”键，可以缩小绘图区域。

（3）居中　按“Home”键，可以从原来光标下的图纸位置，移位到工作区中心位置显示。

（4）更新　按“End”键，对绘图区的图形进行更新，恢复正确的显示状态。

（5）移动当前位置　按“↑”键可上移当前查看的图纸位置，按“↓”键可下移当前查看的图纸位置，按“←”键可左移当前查看图纸的位置，按“→”键可右移当前查看图纸的位置

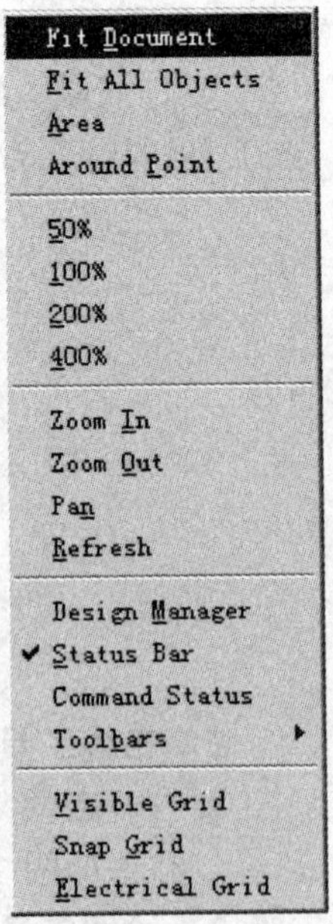

图 2-4　View 菜单

2．使用菜单放大或缩小图纸显示

Protel 99 SE 提供了 View 下拉菜单来控制图形区域的放大与缩小，在不执行其他的命令时，可以通过鼠标执行这些命令，否则使用键盘操作。View 菜单如图 2-4 所示。下面介绍菜单中主要命令的功能。

（1）Fit Document 命令　该命令显示整个文件，可以用来查看整张电路图。

（2）Fit All Objects 命令　该命令使绘图区中的图形填满工作区。

（3）Area 命令　该命令放大显示用户设定的区域。这种方式是通过确定用户选定区域中对角线上的两个角的位置，来确定需要进行放大的区域。首先执行此菜单命令；其次移动十字光标到目标的左上角位置，然后拖动鼠标，将光标移动到目标的右下适当位置，再单击鼠标左键加以确认，即可放大所框选的区域。

（4）Around Point 命令　该命令放大显示用户设定的区域。这种方式是通过确定用户选定区域的中心位置和选定区域的一个角的位置，来确定需要进行放大的区域。执行此命令，移动十字光标到目标区的中心，单击鼠标左键；然后移动光标到目标区的右下角，再单击鼠标左键加以确认，即可放大该选定区域。

（5）用不同的比例显示　View 菜单命令提供了 50%、100%、200%和 400%共四种显

示方式。

（6）Zoom In 和 Zoom Out　放大或缩小显示区域。

（7）Pan　移动显示位置。在设计线路时，经常要查看各处的电路，所以有时需要移动显示位置，这时可执行此命令。在执行本命令之前，要将光标移动到目标点，然后执行 Pan 命令，目标点位置就会移动到工作区的中心位置显示。也就是以该目标点为屏幕中心，显示整个屏幕。

（8）Refresh　更新画面。在滚动画面、移动元件等操作时，有时会造成画面显示含有残留的斑点或图形变形问题，这虽然不影响电路的正确性，但不美观。这时，可以通过执行此菜单命令来更新画面。

2.3　设置图纸

2.3.1　图纸大小设置

用大小合适的图纸来绘制电路图，可以使显示和打印都相当清晰，而且也比较节省磁盘存储空间。

1．选择标准图纸

要设置图纸的大小，可使用菜单命令 Design→Options，执行该命令后，系统将弹出 Document Options 对话框，在其中选择 Sheet Options 选项卡进行设置，如图 2-5 所示。

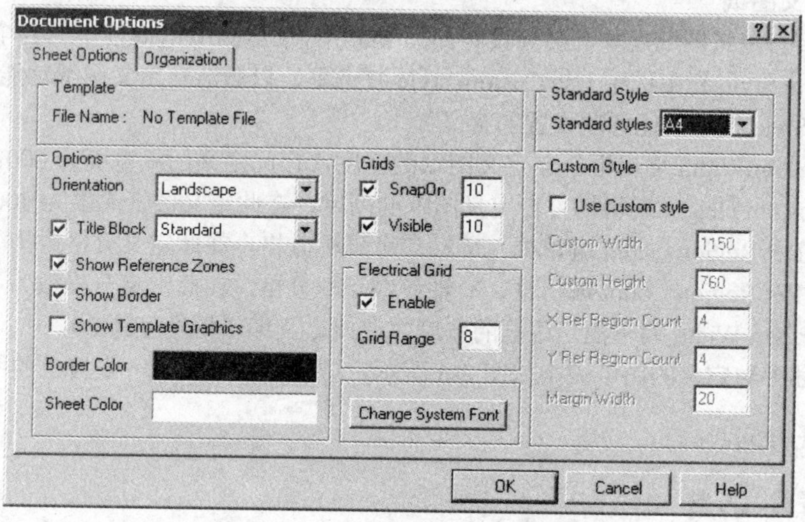

图 2-5　“文档选项——图纸”选项卡

Protel 99 SE Schematic 提供了十多种广泛使用的英制及公制图纸尺寸供用户选择。如果用户需要，也可以自定义图纸的尺寸。Protel 99 SE 提供的标准图纸尺寸见表 2-1。用户可以在图 2-5 所示对话框的 Standard Styles 栏的下拉列表框中选取。

表 2-1 Protel 99 SE 提供的标准图纸尺寸

尺 寸	宽度×高度/in	宽度×高度/mm
A	9.50×7.50	241.3×190.50
B	15.00×9.50	381.00×241.3
C	20.00×15.00	508.00×381.00
D	32.00×20.00	812.80×508.00
E	42.00×32.00	1066.80×818.80
A4	11.50×7.60	292.10×193.04
A3	15.50×11.10	393.70×281.94
A2	22.30×15.70	566.42×398.78
A1	31.50×22.30	800.10×566.42
A0	44.60×31.50	1132.84×800.10
ORCAD A	9.90×7.90	251.15×200.66
ORCAD B	15.40×9.90	391.16×251.15
ORCAD C	20.60×15.60	523.24×396.24
ORCAD D	32.60×20.60	828.04×523.24
ORCAD E	42.80×32.80	1087.12×833.12
Letter	11.00×8.50	279.4×215.9
Legal	14.00×8.50	355.6×215.9
TABLOID	17.00×11.00	431.8×279.4

2. 自定义图纸

如果需要自定义图纸尺寸，必须设置如图 2-5 所示 Custom Style 栏中的各个选项。首先，必须在 Custom Style 栏中选中 Use Custom style 复选框，以激活自定义图纸功能。

Custom Style 栏中其他各项设置的含义如下：

（1）CustomWidth 编辑框　自定义图纸的宽度，在此定义图纸宽度为 600。

（2）Custom Height 编辑框　自定义图纸的高度，在此定义图纸高度为 400。

（3）X Ref Region Count 编辑框　X 轴参考坐标分格，在此定义分格数为 4。

（4）Y Ref Region Count 编辑框　Y 轴参考坐标分格，在此定义分格数为 4。

（5）Margin Width 编辑框　边框的宽度，在此定义编辑框宽度为 20。

根据上述参数定义的图纸大小如图 2-6 所示，这样就自定义了一张自己的图纸。

2.3.2 图纸方向

1. 设置图纸方向

图纸设置是纵向还是横向，以及边框的颜色的设置等，可使用菜单命令 Design→Options 来实现。执行该命令后，系统将弹出 Document Options 对话框，并在其中选择 Sheet Options 选项卡进行设置，如图 2-5 所示。

Schematic 允许电路图图纸在显示及打印时选择为横向（Landscape）或纵向（Portrait）格式。具体设置可在 Options 操作框中的 Orientation（方位）下拉列表框中选取。通常情况下，在绘制及显示时设为横向，在打印时设为纵向打印。

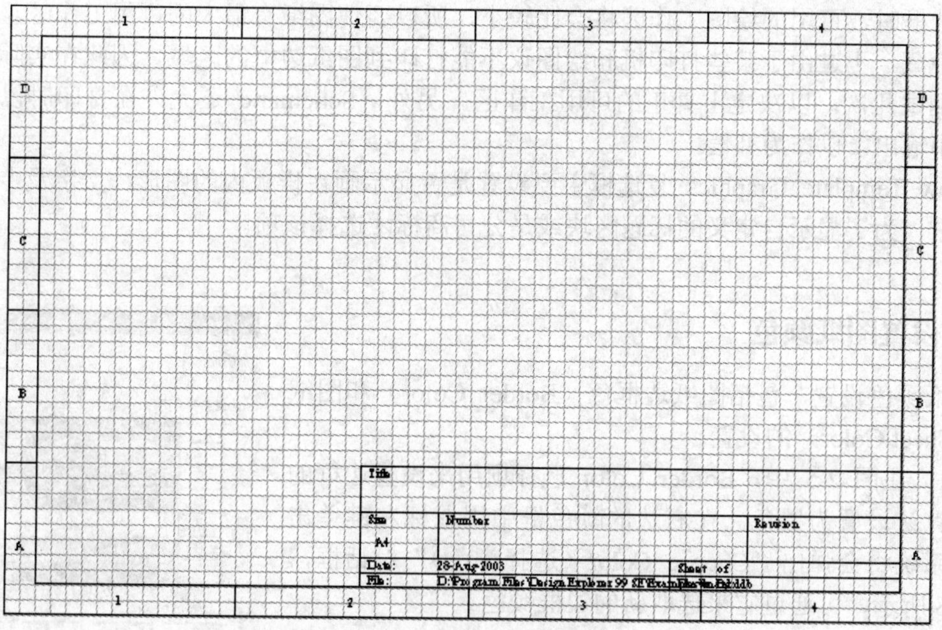

图 2-6　自定义图纸

2．设置图纸标题栏

Protel 提供了两种预先定义好的标题栏，分别是 Standard（标准）形式和 ANSI 形式，如图 2-7 所示。具体设置可在 Options 操作框中的 Title Block（标题块）右边的下拉列表框中选取，如图 2-5 所示。

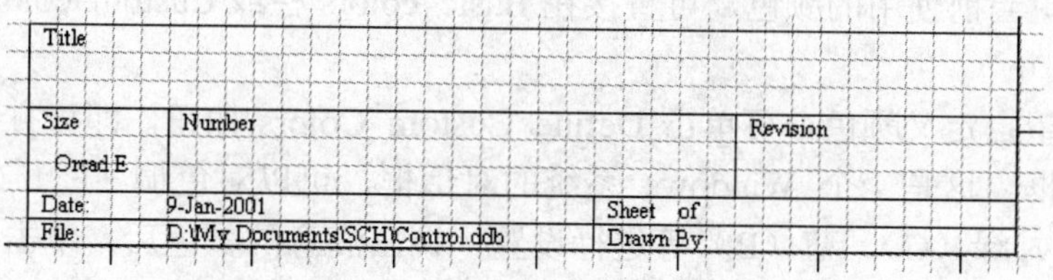

a)

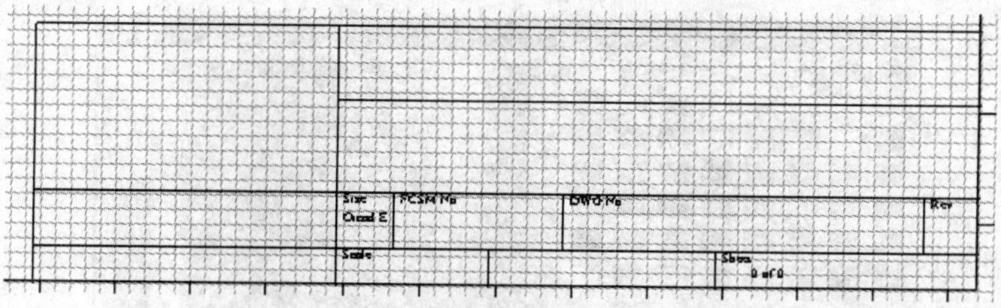

b)

图 2-7　标题栏的类型

a) 标准形式标题栏　b) ANSI 形式的标题栏

Show Reference Zones 复选框用来设置边框中的参考坐标。如果选择该选项，则显示参考坐标，否则不显示，一般情况下都应该选中。

Show Border 复选框用来设置是否显示图纸边框，如果选中则显示，否则不显示。当显示图纸边框时，可用的绘图工作区将会比较小，所以要使图纸有最大的可用工作区，可考虑将边框隐藏。不过由于某些打印机和绘图仪不能打印到图纸边框的区域，因此在实际工作中需要多测试几次，以决定出真正的可用工作区。另外，Schematic 还允许在打印时以一定的比例缩小输出，以作为补偿。

Show Template Graphics 复选框主要设置是否显示画在样板内的图形、文字及专用字串等。通常，为了显示自定义的标题区块或是公司商标才选择该项。

2.3.3 设置图纸颜色

图纸颜色设置，包括图纸边框色（Border Color）和图纸底色（Sheet Color）的设置。

（1）在图 2-5 中，Border Color 选择项用来设置边框的颜色，默认设置为黑色。在右边的颜色框中用鼠标左键单击一下，系统将会弹出“Choose Color（选择颜色）”对话框，如图 2-8 所示，可通过它来选取新的边框颜色。

（2）Sheet Color 选择项用来设置绘图纸的底色，默认的设置为浅黄色。要变更底色时，可在该栏右边的颜色框上用鼠标双击，打开 Choose Color 对话框，然后选取出新的图纸底色。

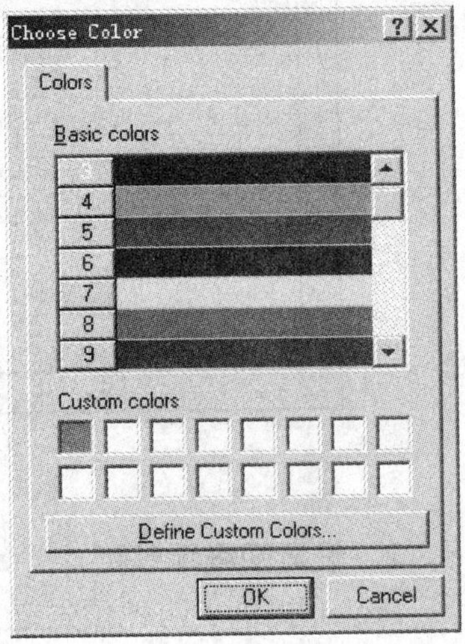

图 2-8　“选择颜色”对话框

Choose Color 对话框的 Basic color 框中列出了当前 Schematic 可用的 239 种颜色，并定位于当前所使用的颜色。如果用户希望变更当前使用的颜色，可直接在 Basic colors 栏或 Custom colors 栏中用鼠标单击选取。

如果用户希望自定义颜色，可单击 Define Custom Colors 按钮，即可打开如图 2-9 所示的“颜色”对话框。这是一个 Windows 系统的对话框，可以对色调（E）、饱和度（S）、亮度（L）、红（R）、绿（G）、蓝（B）等进行设置，调出满意的颜色后，单击按钮将它加入到自定义颜色栏中。

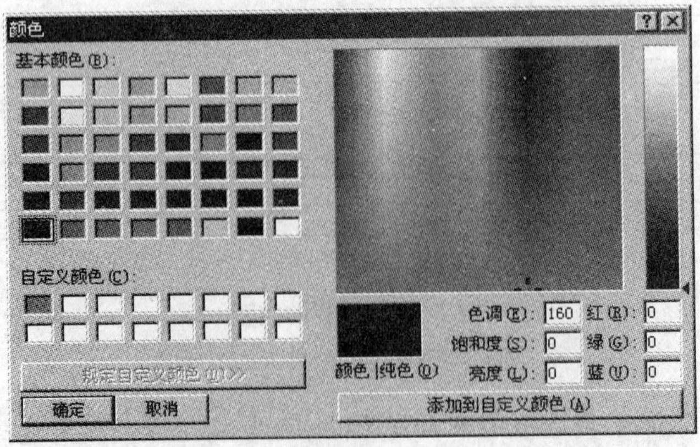

图 2-9　“颜色”对话框

2.4 设置系统字体

在 Protel 图纸上常常需要插入汉字或英文，系统可以为这些插入的字设置字体。如果在插入文字时，不单独进行修改字体，则默认使用系统的字体。系统字体的设置可以使用字体设置模块来实现。

当设置系统字体时，可以执行 Design/Options 菜单命令，系统将弹出如图 2-5 所示的对话框。进入 Sheet Options 选项卡，用鼠标单击“Change System Font”按钮，系统将弹出如图 2-10 所示的字体设置对话框。此时就可以设置系统的默认字体。

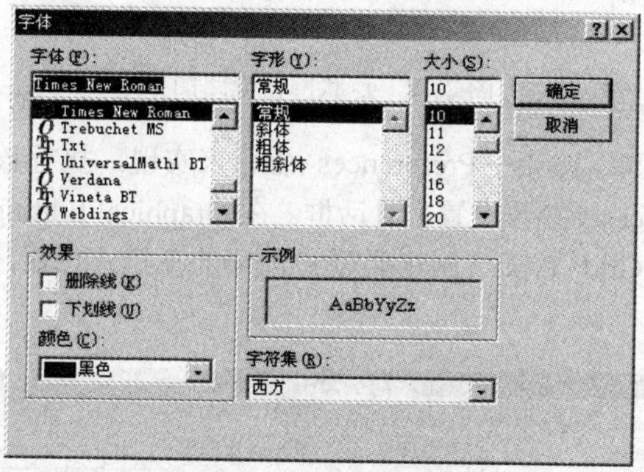

图 2-10　字体设置对话框

2.5 网格和光标设置

在设计原理图时，图纸上的网格为放置元器件、连接线路等设计工作带来了极大的方便。在进行图纸的显示操作时，可以设置网格的种类以及是否显示网格，也可以对光标的形状进行设置。

2.5.1 设置网格

Protel 99 SE 提供了两种不同形状的网格，分别是线状网格（Line）和点状网格（Dot），如图 2-11 和图 2-12 所示。

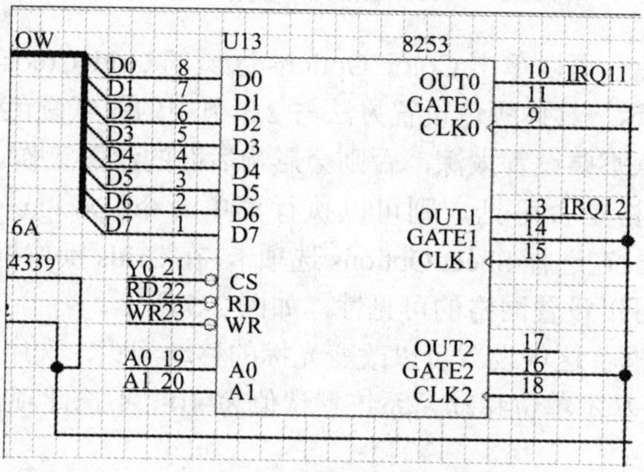

图 2-11　线状网格电路图

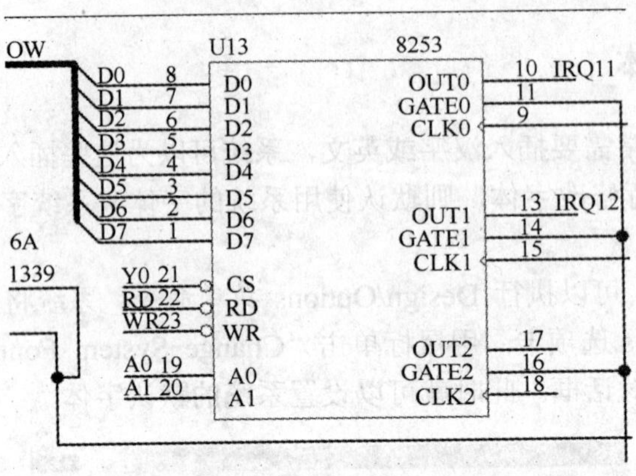

图 2-12　点状网格电路图

设置网格可以使用菜单 Tools→Preferences 命令来实现，执行该命令后，系统将会弹出如图 2-13 所示的 Preferences（参数设置）对话框。在 Graphical Editing 选项卡中，单击 Cursor→Grid Options 操作框的 Grid Type（网格类型）选项的下拉式按钮，就可以选择所需的网格类型。

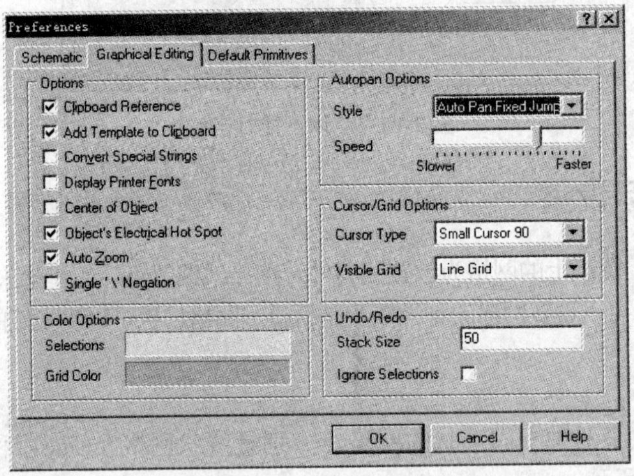

图 2-13　“Preferences（参数）”对话框

如果想改变网格颜色，可以单击 Color Options 区域的 Grid Color（网格颜色）按钮进行颜色设置，如图 2-13 所示。具体颜色设置方法与 2.3 节中的图纸颜色设置操作类似，不过设置网格的颜色时，要注意不要设置太深，否则会影响后面的绘图工作。

如果用户想设置网格是否可见，则可以执行菜单命令 Design→Options，系统将弹出 Document Options 对话框。在选择 Sheet Options 选项卡，在 Grids 操作框中对 SnapOn 和 Visible 两个选项进行操作，就可以设置网格的可见性，如图 2-5 所示。

（1）SnapOn 复选框　这项设置可以改变光标的移动间距，选中此项表示光标移动时以 SnapOn 右边的设置值为基本单位移动，系统默认值为 10；不选此项，则光标移动时以 1 个像素点为基本单位移动。

（2）Visible 复选框　选中此项表示网格可见，可以在其右边的设置框内输入数值来改变图纸网格间的距离，图 2-5 中表示网格间的距离为 10 个像素点；不选此项表示在图纸上不显示网格。

如果将 SnapOn 和 Visible 设置成相同的值，那么光标每次移动一个网格；如果将 Visible 设置为 20，而将 SnapOn 设置为 10 的话，那么光标每次移动半个网格。

2.5.2 电气节点

在如图 2-5 所示的 Electrical Grid 操作框中的选项与设置电气节点有关。如果选中此项，则在画导线时，系统会以 Grid 中设置的值为半径，以光标所在位置为中心，向四周搜索电气节点。如果在搜索半径内有电气节点的话，就会将光标自动移到该节点上，并且在该节点上显示一个圆点；如果取消该项功能，则无自动寻找节点的功能。选择 Enable 选项，表示选择该项功能；Grid Range（节点范围）设置框可以用来设置搜索半径。

注意：设置网格是否可见，还可以通过 View→Visible Grid 菜单命令来实现，如果当前没有显示网格，则执行该命令就可以显示网格。另外 View→Snap Grid 和 Electrical Grid 命令选项与上面的对应讲述的功能一样。

2.5.3 设置光标

光标是指在画图、放置元件和连接线路时的光标形状。要设定光标，可以选择执行菜单 Tools→Preferences 命令，系统将弹出如图 2-13 所示的 Preferences 对话框，选取 Graphical Editing 选项卡。

然后单击 Cursor / Grid Options 操作框中的 Cursor Type（光标类型）操作选项框右边的下拉按钮，在下拉列表中可以选择光标类型，系统提供了 Large Cursor 90、Small Cursor 90 和 Small Cursor 45 三种光标类型，如图 2-14 所示。

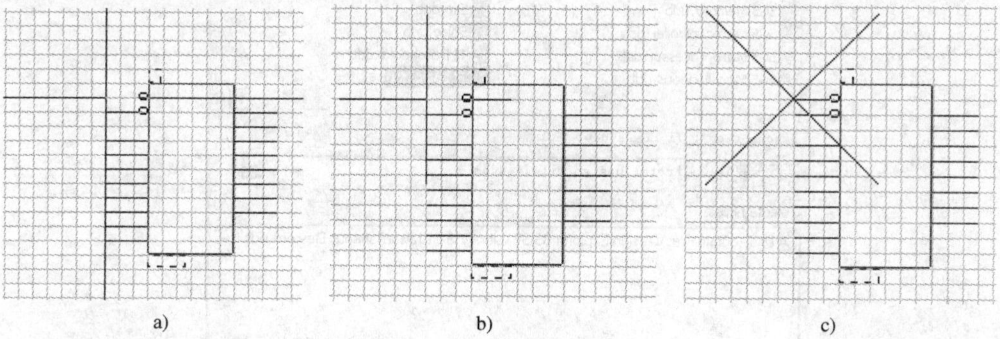

a) b) c)

图 2-14 光标类型

a) 大光标 b) 小光标 c) 交叉 45°光标

第3章 电路原理图设计

掌握了前面的基础知识后，就可以进行电路原理图的设计及绘制工作。本章将结合典型实例，讲述电子元器件的布置及调整，为后面的电路图高级设计打好基础。

3.1 装载元件库

在向电路图中放置元件之前，必须先将该元件所在的元件库载入内存。如果一次载入过多的元件库，会占用较多的系统资源，同时也会降低应用程序的执行效率。所以，最好的做法是只载入必要而常用的元件库，其他特殊的元件库在需要时再载入。装载元件库的步骤如下。

（1）使用鼠标单击设计管理器中的 Browse Sch 选项卡，然后单击 Add/Remove 按钮，屏幕将出现如图 3-1 所示的“Change Library File List（改变库文件列表）”对话框。用户也可以选取菜单 Design→Add→Remove Library 命令来打开此对话框。

（2）在 Design Explorer 99\Library\Sch 文件夹下选取元件库文件，然后双击鼠标或单击 Add 按钮，此元件库就会出现在 Selected Files 列表框中，如图 3-1 所示。元件库文件类型为.ddb 文件。

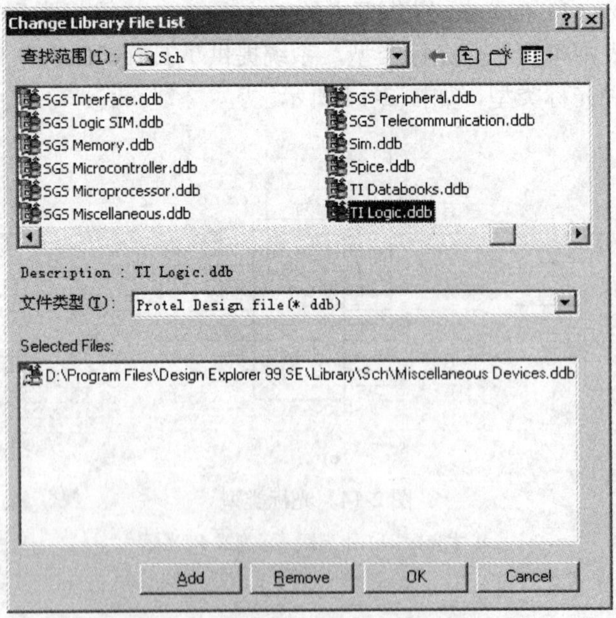

图 3-1 “改变库文件列表”对话框

（3）点击“OK”按钮，完成该元件库的添加。将所需要的元件库添加到当前编辑环境下后，元件库的详细列表将显示在设计管理器中，如图 3-2 所示。

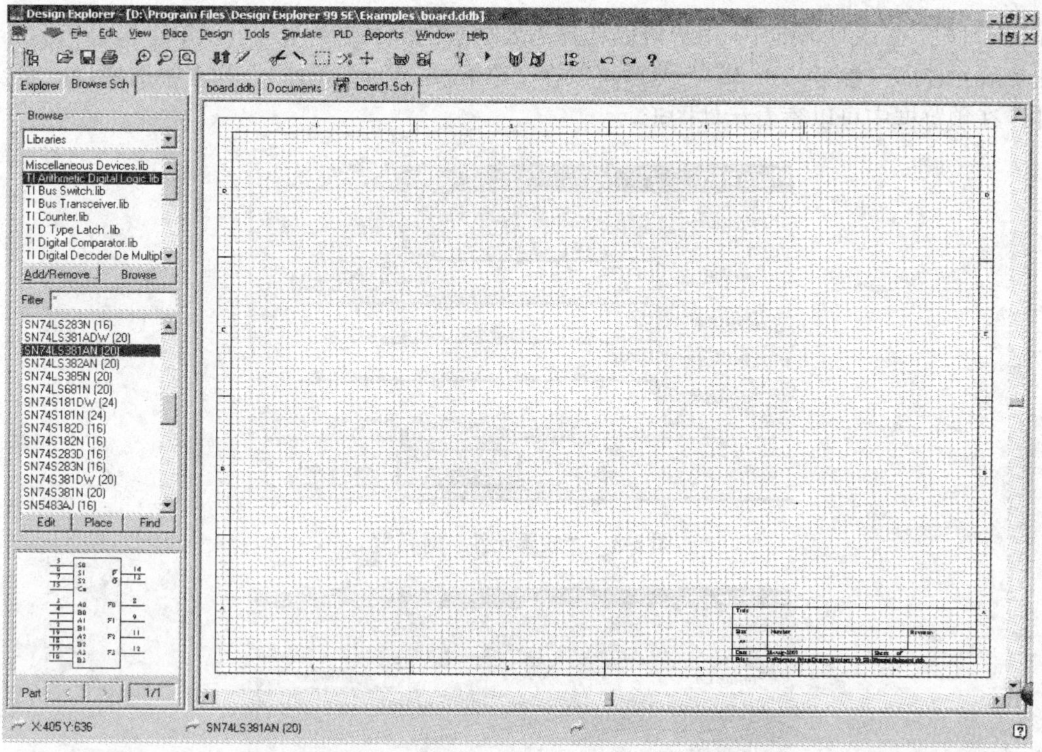

图 3-2　添加了元件库后的设计管理器

说明：Protel 已经将各大半导体公司的常用器件分类做好了专用的元件库，只要装载所需要的元器件的生产公司的元件库，就可以从中选择自己所需要的元件，如果用户习惯使用以前 DOS 环境下的标准元器件，则可以装载 Protel DOS Schematic Libraries 元件库，其中也包括大量常用的元器件。另外有两个常用的库，Sim.ddb 和 PLD.ddb 元件库，前者包括了一般电路仿真所需要的常用元器件，而后者主要包括逻辑器件设计所需要的元器件。

3.2　放置元器件

绘制原理图时，首先要进行元件的放置。在放置元件时，设计者必须知道元件所在的库并装载这些必须的元器件库到当前设计管理器，再从中取出或者制作原理图元件。

3.2.1　放置元器件

放置元件之前，应该选择需要放置的元器件，通常可以用下面两种方法来选取元件。

1．通过输入元件编号来选取元件

如果知道元件确切的编号名称，最方便的做法是通过菜单命令 Place→Part 或直接单击布线工具栏上的按钮，打开如图 3-3 所示的“Place Part（放置元件）”对话框。

（1）选择元件库　单击“Browse（浏览）”按钮，系统将弹出如图 3-4 所示的“浏览元件库”对话框，在该对话框中，用户可以选择需要放置的元件的库，也可以单击“Add/Remove”按钮加载元件库（参考 3.1 节），然后可以在“Components（元件）”列表中选择自己需要的元件，在预览框中可以察看元件图形。

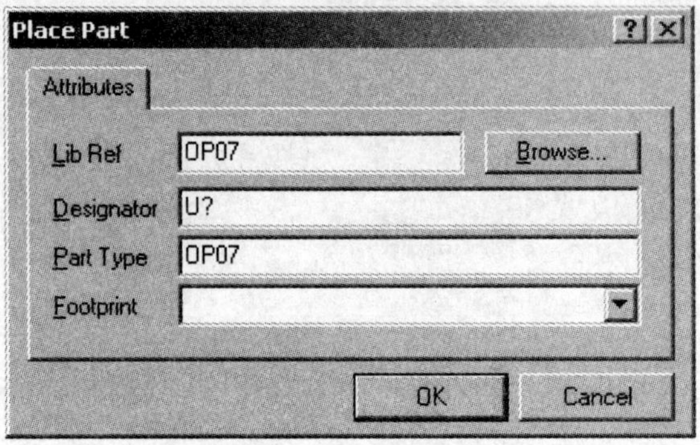

图 3-3 “放置元件”对话框

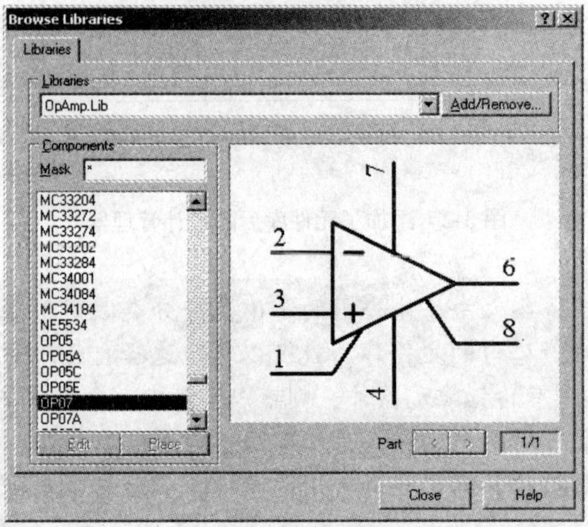

图 3-4 “浏览元件库”对话框

（2）输入流水号　选择了元件后单击“Close”按钮，系统返回到如图 3-3 所示的对话框，此时可以“Designator”编辑框输入当前元件的流水序号（例如 U1）。

注意： 无论是单张或多张图纸的设计，都绝对不允许两个元件具有相同的流水序号。

在当前的绘图阶段可以完全不理会输入流水号，即直接使用系统的默认值 U?。等到完成电路全图之后，再使用 Schematic 内置的重编流水序号（通过菜单命令 Tools/Annotate）功能，就可以轻易地将电路图中所有元件的流水序号重新编号一次。

假如现在为这个元件指定流水序号（例如 U1），则在以后放置相同形式的元件时，其流水序号将会自动增加（例如 U2、U3、U4 等等），如果选择的元件是多片集成的话，系统自动增加的顺序则是 U1A、U1B、U1C、 U1D、U2A、U2B.....。设置完毕，单击上述对话框中的“OK”按钮，屏幕上将会出现一个可随鼠标指针移动的元件符号，将它移到适当的位置，然后单击鼠标左键使其定位即可。

（3）元件类型显示　在 Part Type 编辑框中显示了元件的类型。

（4）封装类型显示　在 Footprint 框中显示了元件的封装类型。

完成放置一个元件动作之后，系统会再次弹出“Place Part（放置元件）”对话框，等待输入新的元件编号。假如现在还要继续放置相同形式的元件，就直接单击按钮，新出现的元件符号会依照元件包装自动地增加流水序号。如果不再放置新的元件，可直接单击 Cancel 按钮关闭对话框，放置了一个运算放大器后的图形如图 3-5 所示。

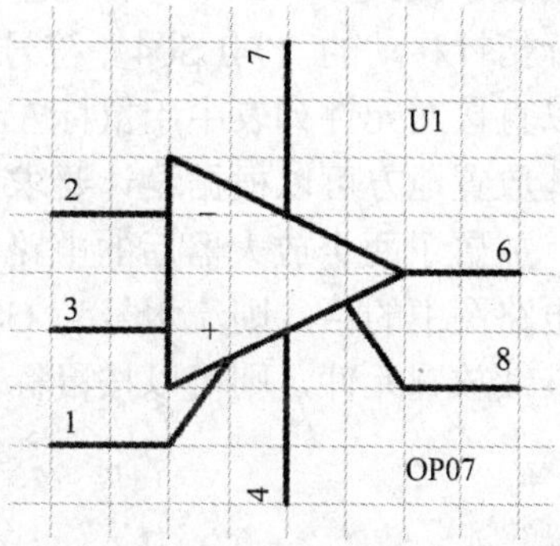

图 3-5　放置了一个运算放大器后的图纸

技巧：当放置一些标准元件或图形时，可以在绘制前调整位置，调整的方法为：在选择了元件，但还没有放置前，按住“Space”键，即可旋转元件，此时可以选择需要的角度放置元件。如果按“Tab”键，则会进入元件属性对话框，用户也可以在属性对话框中进行设置，这将在本章后面讲解。

2．元件列表选取

另外一种选取元件的方法是直接从元件列表中选取，该操作必须通过设计库管理器窗口的元件库管理列表来进行。

下面举例讲述如何从元件库管理面板中再选取一个放大器元件，如图 3-6 所示。

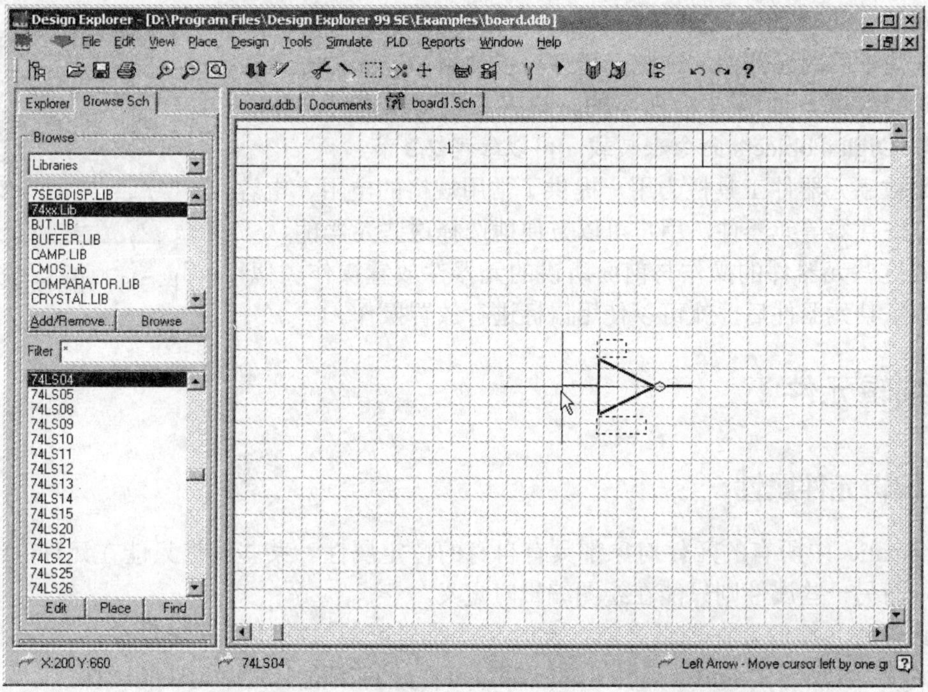

图 3-6　选取元件

首先在面板上的 Libraries 栏的列表框中选取 Sim OpAmp.lib 库，然后在零件列表框中使用滚动条找到“74LS04”，并选定它。接下来单击“Place”按钮，此时屏幕上会出现一个随鼠标指针移动的“74LS04”符号，将它移动到适当的位置后单击鼠标左键使其定位即可。也可以直接在元件列表中用鼠标左键双击“74LS04”将其放置到电路图中，这样可更方便些。具体放置地方可以根据设计要求来定。

放置了两个放大器后的电路图如图 3-7 所示，如果从设计管理器中选中该元件，再放置到电路图中的话，则流水号为 U?，如果使用 Plcace→Part 命令，则自动设置流水号。如果不再继续放置元件，则可以按鼠标右键结束该命令的操作。

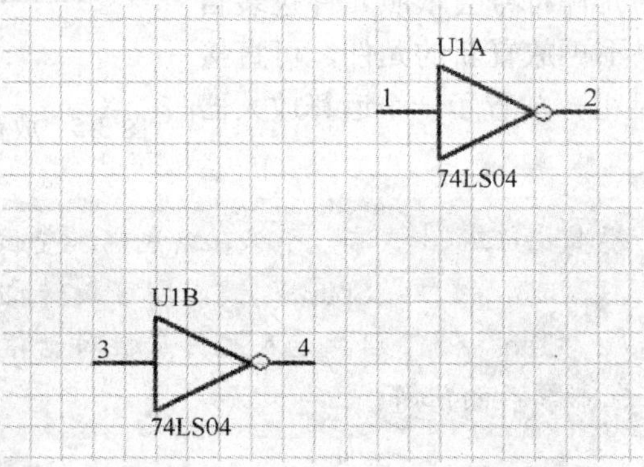

图 3-7　放置了两个元件后的图形

3.2.2　使用工具栏放置元件

用户不仅可以使用元件库来实现放置元件，还可以利用系统提供的一些常用的元器件，这些元器件可以使用 Digital Objects 工具栏来选择装载，如图 3-8 所示的。该工具栏可以通过 View→Toolbars→Digital objects 命令来装载，可以参考 2.2 节。

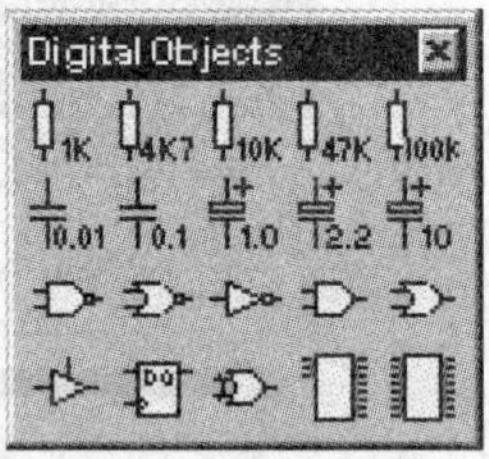

图 3-8　常用元器件工具栏

常用数字元器件工具栏为用户提供了常用规格的电阻、电容、与非门、寄存器等元器件，用户可以方便地选择这些元器件。

放置这些元器件的操作与前面所讲的元器件放置操作类似，只要选中了某元器件后，就可以使用鼠标进行放置操作。

3.3　编辑元件

3.3.1　编辑元件属性

Schematic 中所有的元件对象都具有自身的特定属性。某些属性只能在元件库编辑中进行定义，而另一些属性则只能在绘图编辑时定义。

在真正将元件放置在图纸之前，此时元件符号可随鼠标移动，如果按下“Tab”键就可以打开如图 3-9 所示的 Part（元件）对话框，可在此对话框中编辑元件的属性。

如果已经将元件放置在图纸上，则要更改元件的属性，可以通过菜单命令 Edit→Change

来实现。该命令可将编辑状态切换到对象属性编辑模式，此时只需将鼠标指针指向该对象，然后单击鼠标左键，即可打开 Part 对话框。另外，还可以直接在元件的中心位置，使用鼠标双击元件，也可以弹出 Part 对话框。然后用户就可以进行元件属性编辑操作。

（1）Attributes（属性）选项卡　该选项卡中的内容较为常用，它包括以下选项：

- Lib Ref　在元件库中所定义的元件名称，该名称不会显示在图纸中。
- Footprint　元件封装形式。
- Designator　元件在电路图中的流水序号。
- Part Type　显示在绘图中的元件类型，默认值与元件库中的元件类型 Lib Ref 一致。
- Sheet Path　成为图纸元件时，定义下层图纸的路径。
- Part　定义子元件序号，例如 U1A 为 1，U1B 为 2，U1C 为 3。
- Selection　切换选取状态，选择该选项后，则该元件为选中状态。
- Hidden Pins　是否显示元件的隐藏引脚，选择该选项可以显示元件的隐藏引脚。
- Hidden Fields　是否显示“Part Fields”选项卡中的元件数据栏。
- Field Name　是否显示元件数据栏名称。

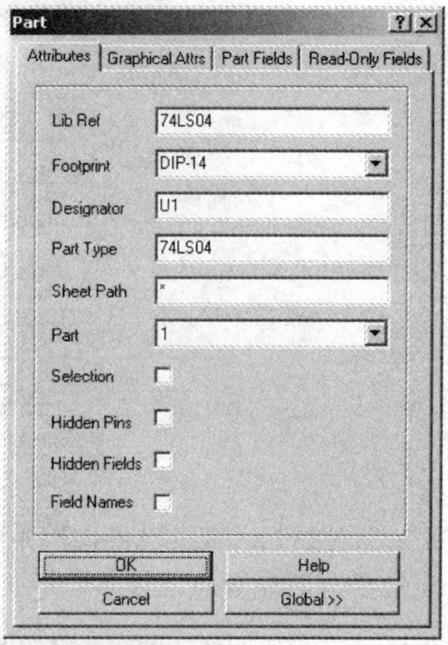

图 3-9　Part 对话框

如果单击“Global>>”按钮，则显示详细的元件属性，如图 3-10 所示。用户可以在后面弹出的详细的操作框中设置匹配属性和复制属性。

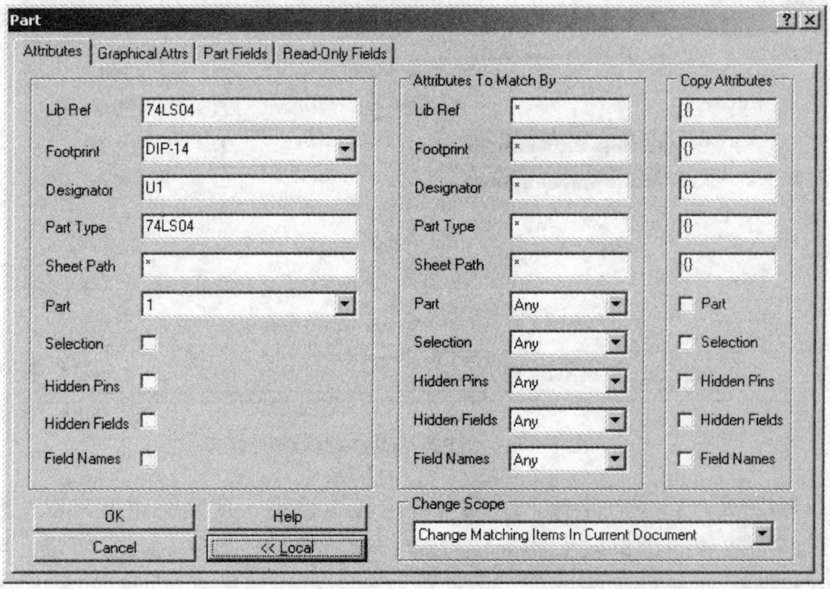

图 3-10　详细的零件属性选项卡

（2）Read-Only Fields 选项卡　该选项卡描述了有关该零件的可读的信息，包括零件库域和零件所属的识别属性，如图 3-11 所示。

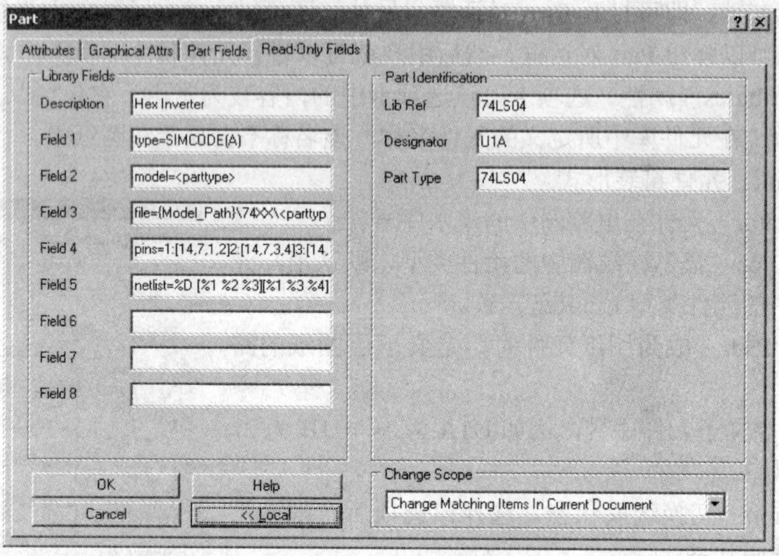

图 3-11　零件只读域属性选项卡

（3）Graphical Attrs 选项卡　该选项卡显示了当前元件的图形信息，包括图形位置、旋转角度、填充颜色、线条颜色、管脚颜色、以及是否镜像处理等，如图 3-12 所示。

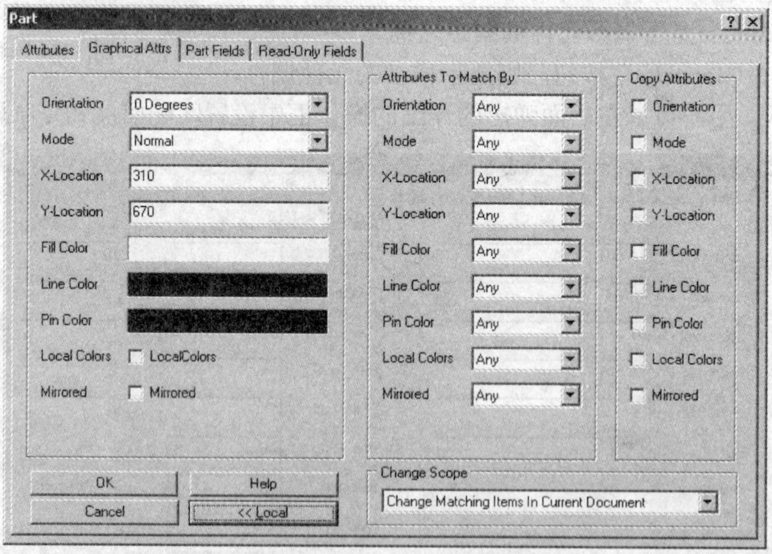

图 3-12　元件图形属性编辑选项卡

用户可以修改 X、Y 位置坐标，移动元件位置。设定一定旋转角度，以旋转当前编辑的元器件。如对前面放置的运算放大器旋转 180º，得到元件图如图 3-13 所示。用户还可以选中 Mirrored 复选框，将元件镜像处理，对元件镜像也可在放置元件时按“X”键来实现。

在设置或修改元件属性时，可以选择三种修改操作的作用范围，其中包括：“Change Matching Items In Current Document（修改在当前文档中匹配的元件）”；“Change This Item

Only（仅仅修改选中的元件）”;“Change Matching Items In All Document（修改在所有文档中匹配的元件）”。具体操作可以在详细的零件属性选项卡中右下角的“Change Scope（修改范围）”进行选择。

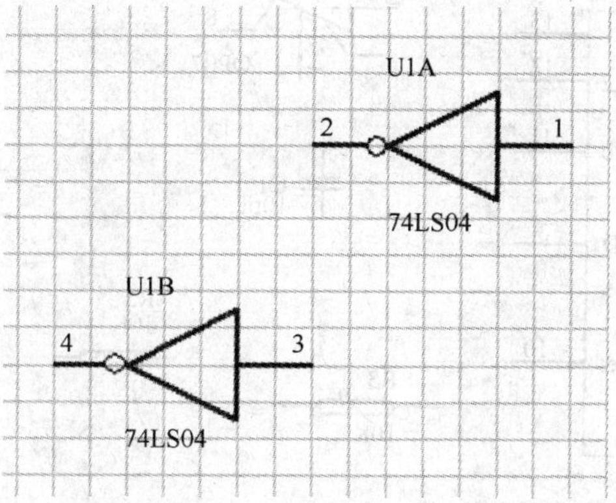

图 3-13 旋转运算放大器 180°的图形

3.3.2 编辑元件组件的属性

如果在元件的某一属性上双击鼠标左键，则会打开一个针对该属性的对话框。譬如在显示文字 U1A 上双击，由于它是 Designator 流水序号属性，所以出现对应的“Part Designator”对话框，如图 3-14 所示。

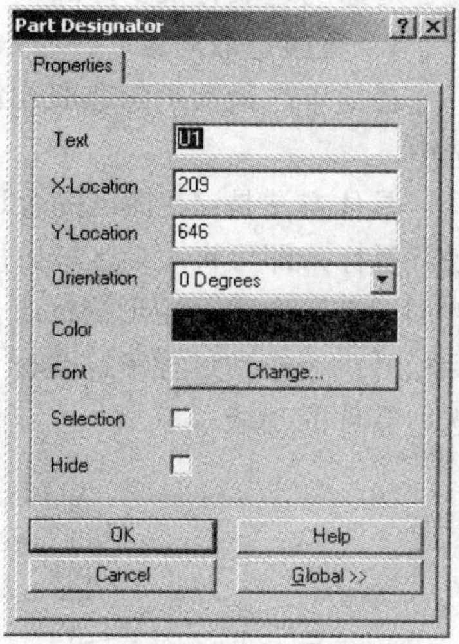

图 3-14 Part Designator 对话框

可以通过此对话框设置其流水序号名称（Text 栏）、X 轴和 Y 轴的坐标（X-Location 及 Y-Location 栏）、旋转角度（Orientation 栏）、组件的颜色（Color 栏）、组件的字体（Font 栏）、是否被选中（Selection）、是否隐藏显示（Hide）等更为细致的控制特性。

如果单击“Change”按钮，则系统会弹出一个字体设置对话框，可以对对象的字体进行设置，不过这只对选中的文本有效。

3.4 元件位置的调整

本节将以一个放置了电子元器件的图形为例讲解元件位置的调整。放置了元件的图形如图 3-15 所示。

元件位置的调整实际上就是利用各种命令将元件移动到工作平面上所需要的位置，并将元件旋转为所需要的方向。一般在放置元件时，每个元件的位置只是估计的，在进行电路原理图布线前还需要对元件的位置进行调整。

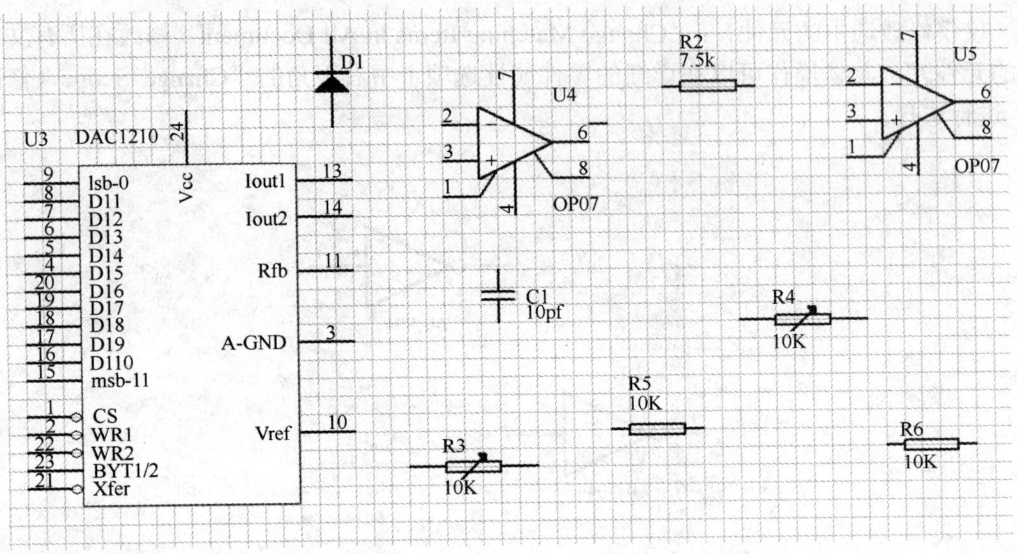

图 3-15　放置一些元器件的图纸

3.4.1　对象的选取

对象的选取有很多方法，下面介绍最常用的几种方法。

1．直接选取对象

最简单、最常用的选取元件的方法是直接在图纸上拖出一个矩形框，框内的元件全部被选中。

具体方法是：在图纸的合适位置按住鼠标左键，光标变成十字状，拖动光标至合适位置，松开鼠标，即可将矩形区域内所有的元件选中，如图 3-16 所示。而在图 3-17 中，被选中元件周围有一个黄色矩形框标志，表明该元件被选中。要注意的是在拖动的过程中，不可将鼠标松开；在拖动过程中，光标一直为十字状。另外，按住“Shift”键，单击鼠标，也可实现选取零件的功能。

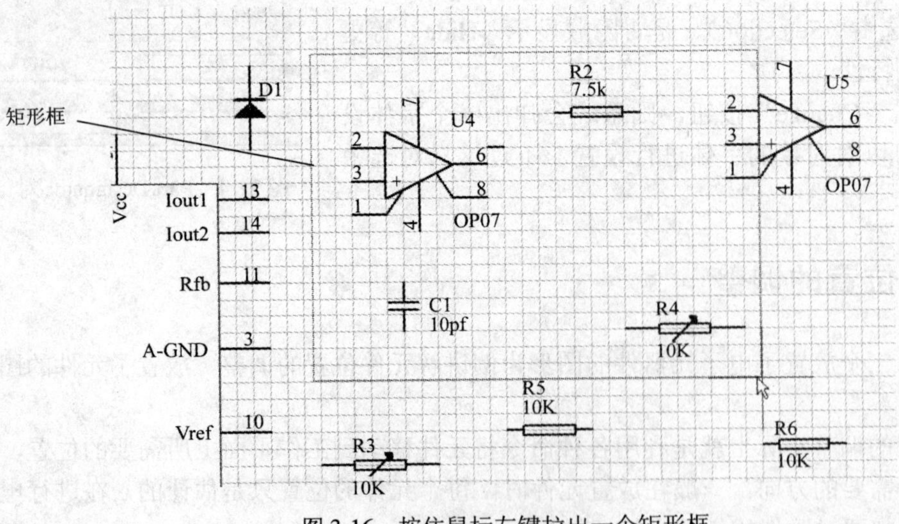

图 3-16　按住鼠标左键拉出一个矩形框

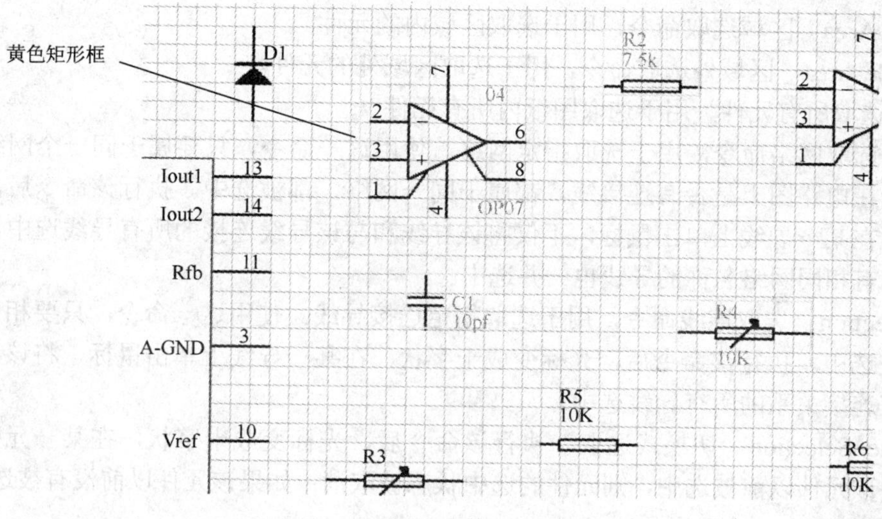

图 3-17　选取元件后的效果

2．主工具栏里的选取工具

在主工具栏里有三个选取工具，即区域选取工具、取消选取工具和移动被选元件工具，如图 3-18 所示。

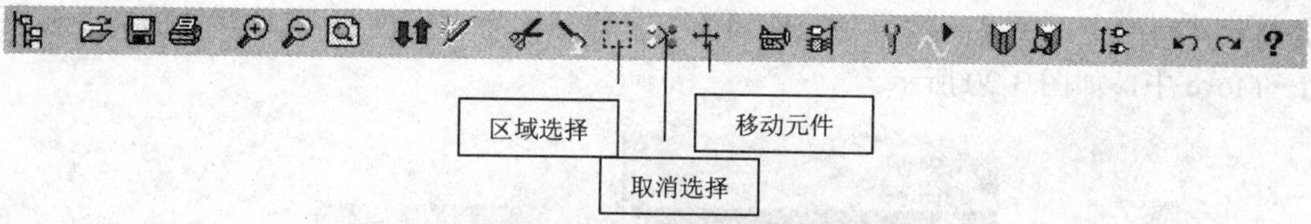

图 3-18　工具栏里的选取工具

区域选取工具的功能是选中区域里的零件。它与前面介绍的方法基本相同。惟一的区别是：单击主工具栏里的区域选取图标后，光标从开始起就一直是十字状，在形成选择区域的过程中，不需要一直按住鼠标。

取消选取工具的功能是取消图纸上所有被选零件的选取状态。单击图标后，图纸上所有带黄框的被选对象全部取消被选状态，黄色框消失。

移动被选零件工具的功能是移动图纸上被选取的元件。单击图标后，光标变成十字状，单击任何一个带黄框的被选对象，移动光标，图纸上所有带黄框的元件（被选元件）都随光标一起移动。

3．菜单中的有关选取命令

在菜单 Edit 中有几个关于选取的命令，如图 3-19 所示。

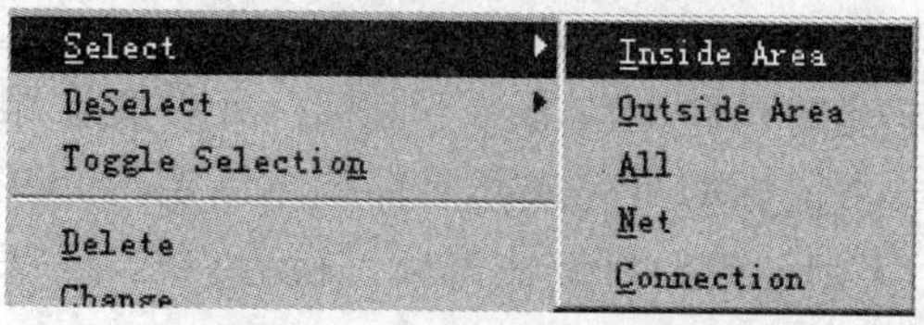

图 3-19　菜单中的选取命令

（1）Inside Area　区域选取命令，用于选取区域内的元件。

（2）Outside Area　区域外选取命令，用于选取区域外的元件。

（3）All　选取所有元件，用于选取图纸内所有元件。

（4）Net　选取网络命令，用于选取指定网络。使用这一命令，只要属于同一个网络名称的导线，不管在电路图上是否有连接线，都属于同一网络，都被选中。执行该命令后，光标变成十字状，在某一导线上单击鼠标，不仅将该导线和与该导线连接的所有导线选中，而且将和该导线具有相同网络名称的导线也一并选中。

（5）Connection　选取连线命令，用于选取指定连接导线。使用这一命令，只要相互连接的导线，都被选中。执行该命令后，光标变成十字状，在某一导线上单击鼠标，将该导线以及与该导线有连接关系的所有导线选中。

（6）Toggle Selection　切换式选取。执行该命令后，光标变成十字状，在某一元件上单击鼠标，如果该元件以前被选中，则元件的选中状态被取消；如果该元件以前没有被选中，则该元件被选中。

3.4.2　元件的移动

在 Protel 99 SE 中，元件的移动大致可以分成两种情况：一种情况是元件在平面里移动，简称“平移”。另外一种情况是当一个元件将另外一个元件遮盖住的时候，也需要移动元件来调整元件间的上下关系，将这种元件间的上下移动称为“层移”。元件移动的命令在菜单 Edit→Move 中，如图 3-20 所示。

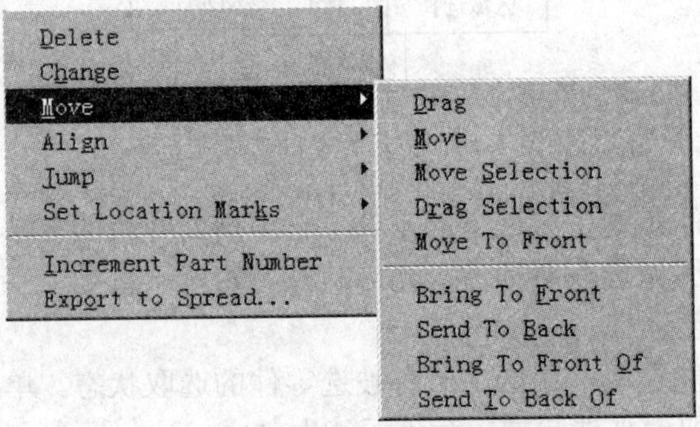

图 3-20　菜单中的“移动”命令

移动元件最简单的方法是：将光标移动到元件中央，按住鼠标，元件周围出现虚框，拖动元件到合适的位置，即可实现该元件的移动。

菜单 Edit→Move 中各个移动命令的功能如下所述。

（1）Drag　是一个很有用的命令，特别是当连接完线路后，用此命令移动元件，元件上的所有连线也会跟着移动，不会断线。执行该命令前，不需要选取元件。执行该命令后，光标变成十字状。在需要拖动的元件上单击一下鼠标，元件就会跟着光标一起移动，将元件移到合适的位置。再单击一下鼠标即可完成此元件的重新定位。在具体操作时，将光标移到要拖动的元件上，先按住“Ctrl”键，再按住鼠标，接着再松开“Ctrl”键，然后拖动鼠标，也可以实现 Drag 的功能。

（2）Move　用于移动元件。但它只移动元件，与元件相连接的导线不会跟着它一起移动，操作方法同 Drag 命令。

（3）Move Selection 和 Drag Selection　与 Move 和 Drag 命令相似，只是它们移动的是选定的元件。另外，这两个命令适用于多个元件同时移动的情况。

（4）Move To Front　在最上层移动元件，这个命令是平移和层移的混合命令。它的功能是移动元件，并且将它放在重叠零件的最上层，操作方法同 Drag 命令。

（5）Bring To Front　将元件移动到重叠元件的最上层。执行该命令后，光标变成十字状，单击需要层移的元件，该元件立即被移到重叠元件的最上层。单击鼠标右键，结束系统层移状态。

（6）Send To Back　将元件移动到重叠元件的最下层。执行该命令后，光标变成十字状，单击要层移的元件，该元件立即被移到重叠元件的最下层。单击鼠标右键，结束操作。

（7）Bring To Front Of　将元件移动到某元件的上层。执行该命令后，光标变成十字状。单击要层移的元件，该元件暂时消失，光标还是十字状，选择参考元件，单击鼠标，原先暂时消失的元件重新出现，并且被置于参考元件的上面。

（8）Send to Back Of　将元件移动到某元件的下层，操作方法同 Bring To Front Of 命令。

3.4.3　单个元件的移动

假设要移动图 3-15 中的电容 C1 和电阻 R4，具体操作过程如下。

（1）首先选中目标。在需要选中的对象（电容 C1）处单击鼠标左键，选中状态如图 3-21 所示，然后按住鼠标左键，所选中的对象出现十字光标，并在元件周围出现虚框，表示已选中目标物，并可以移动该对象。

（2）移动目标。拖动鼠标移动十字光标，将其拖曳到用户需要的位置，移动状态如图 3-22 所示。松开鼠标左键即完成移动任务。移动对象后的图形如图 3-23 所示。

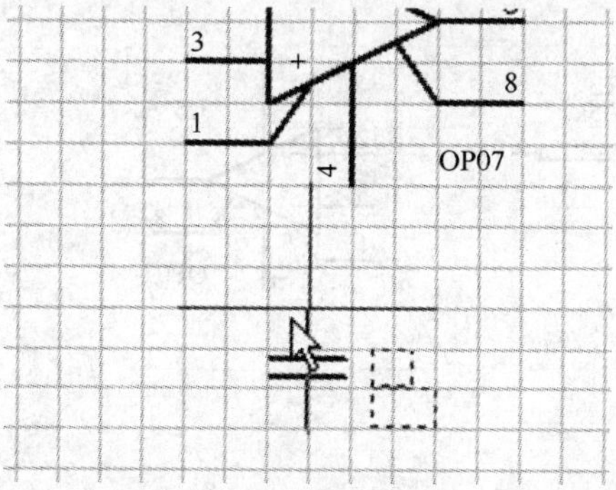

图 3-21　移动元件时的选中状态

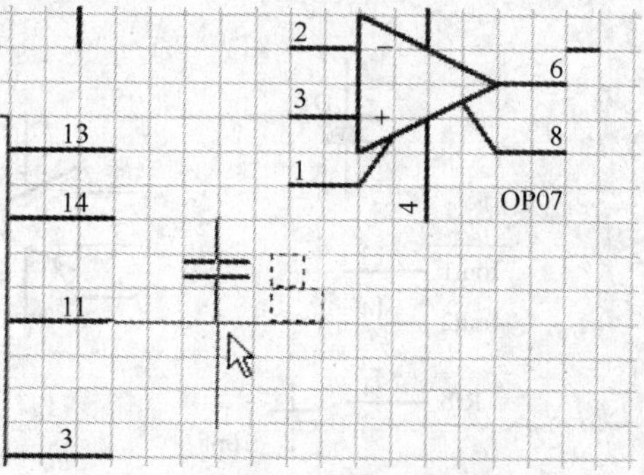

图 3-22　元件的移动状态

（3）再执行上述操作，移动电阻 R4，移动后的图形如图 3-23 所示。

同样，执行菜单命令 Edit→Move→Move，按上述步骤也可完成此功能。不同的是执行菜单命令完成任务后，仍处于此命令状态，可以继续移动其他元器件。

从图 3-23 可以看出电阻 R4 移动了一定的距离。移动其他对象如线条、文字标注等的方法与此类似。

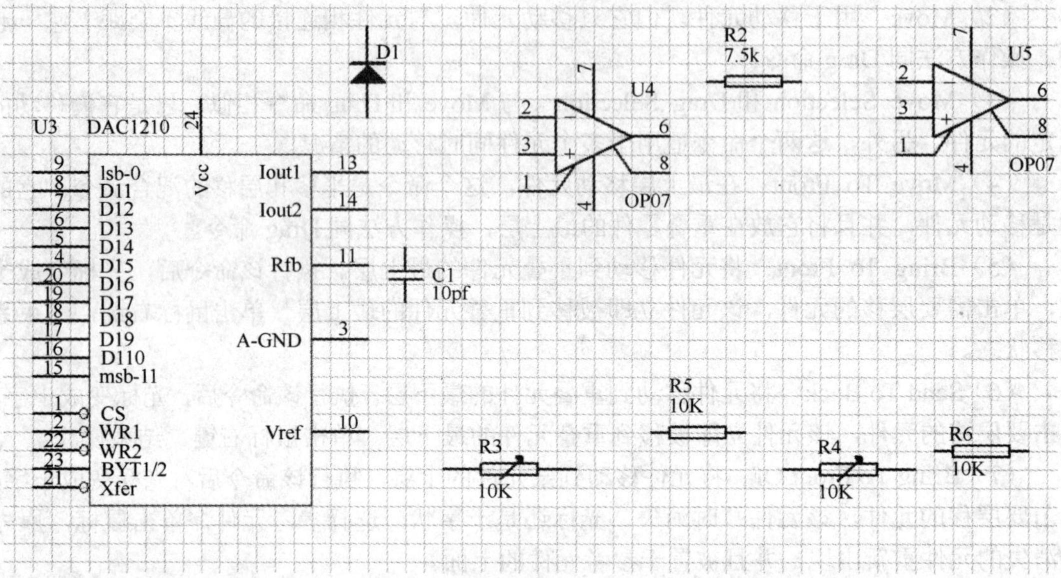

图 3-23　移动电容和电阻后的电路器件布置图

3.4.4　多个元件的移动

除了单个元件的移动外，还可以同时移动多个元件。要移动多个元件，首先要选中它们。Protel 99 SE 提供了多种选择的方法。

1．选中多个元件

（1）依次选中多个元件　执行菜单命令 Edit→Toggle Selection。出现十字光标，移动光标到目标元件，单击鼠标左键即可选中。用同样的方法可选中其他的目标元件，如图 3-24 所示为选中了的多个元件。

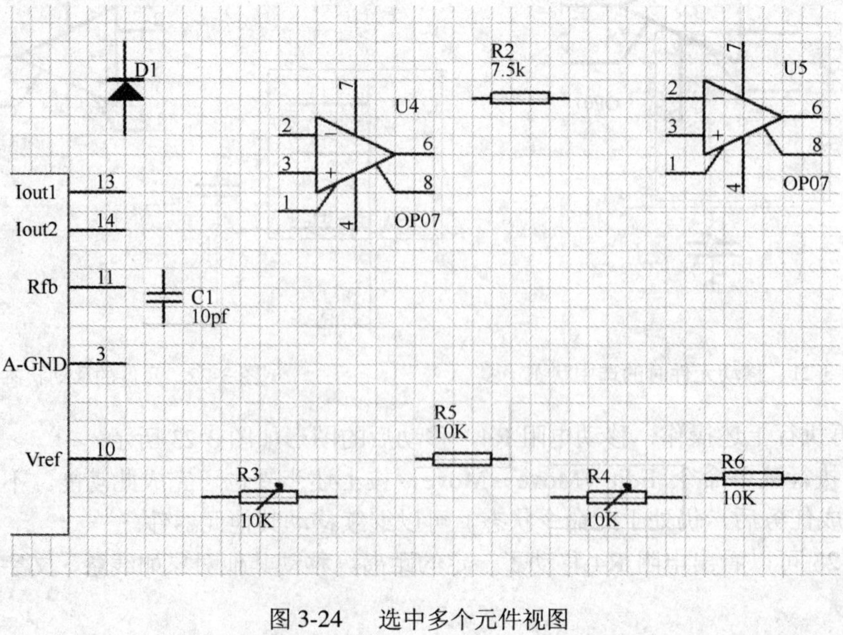

图 3-24　选中多个元件视图

也可以按住“Shift”键，然后使用鼠标逐个选中所需要选择的元件。

（2）同时选中多个元件　将鼠标光标移动到目标元件组的左上角，按住鼠标左键，然后将光标拖曳到目标区域的右下角，将要移动的元件组全部围起来，松开左键，如被围起来的元件变成黄色，则表明被选中。另外，使用主工具栏里的按钮也可完成任务。

2．移动选中的多个元件

用鼠标左键单击被选中的元件组中的任意一个元件不放，待十字光标出现即可移动被选择的元件组到适当的位置，然后松开鼠标左键，便可完成任务。

另外，可以执行菜单命令 Edit→Move→Move Selection 来实现元件的移动操作。

3.4.5　元件的旋转

元件的旋转实际上就是改变元件的放置方向。Protel 99 SE 提供了很方便的旋转操作，操作方法如下：

（1）首先在元件所在位置单击鼠标左键选中单个元件，并按住鼠标左键。

（2）然后按“Space”键，就可以让元件旋转 90°，这样就可以实现图形元件的旋转。

用户还可以使用快捷菜单命令 Properties 来实现。即使用鼠标选中需要旋转的元件后，按鼠标右键，从弹出的快捷菜单中选择执行 Properties 命令，系统将弹出 Part 对话框，此时选择 Graphical Atrrs 选项卡，如图 3-12 所示。

此时用户可以修改 X、Y 位置坐标，移动元件位置。设定一定旋转角度，以旋转当前编辑的元器件，如设定图 3-23 中的电阻 R6 旋转 90º，其他电阻元件的旋转角不变，得到元件图如图 3-25 所示。

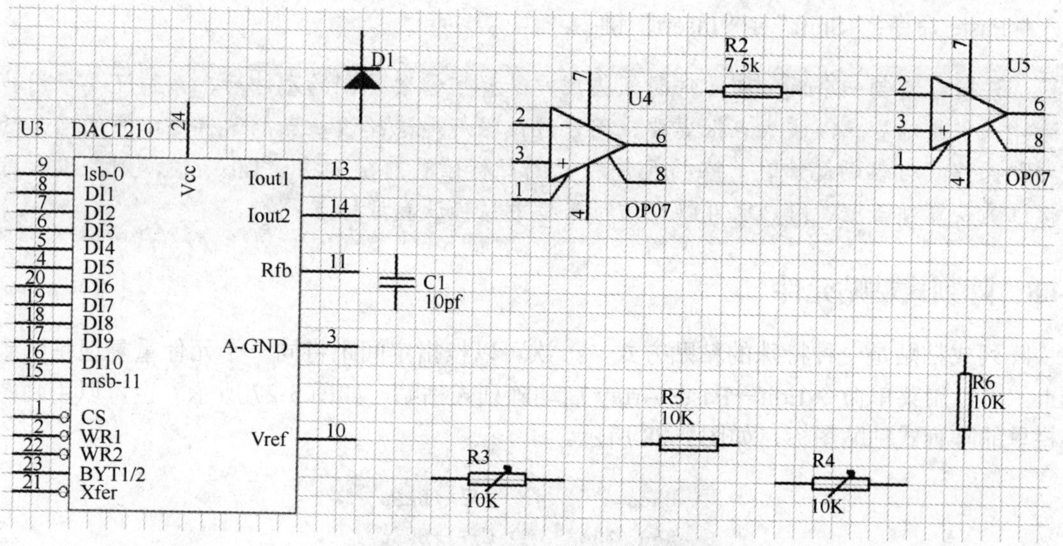

图 3-25　旋转元件后的图形

3.4.6　取消元件的选择

要取消元件的选择，可以使用 Edit→DeSelect 菜单命令来实现。该菜单如图 3-26 所示，其中包括三个选项。

图 3-26　DeSelect 子菜单

（1）执行菜单命令 Edit→DeSelect→Inside Area，先将鼠标光标移动到目标区的左上角，单击鼠标左键，然后将光标移到目标区域的右下角，再单击鼠标左键，确定了一个选框，就会将选框中所包含的元件的选中状态取消。

（2）执行菜单命令 Edit→DeSelect→Outside Area，操作同上，结果是保留选择框中的状态，而将选择框外所包含的元件的选中状态取消。

（3）执行菜单命令 Edit→DeSelect→All，可取消工作平面上所有元件的选中状态。

3.4.7　复制粘贴元件

Protel 99 SE 同样有“剪贴”操作，包括对元件的复制、剪切和粘贴。

（1）复制　执行 Edit→Copy 命令，将选取的元件作为副本，放入剪贴板中。

（2）剪切　执行 Edit→Cut 命令，将选取的元件直接移入剪贴板中，同时电路图上的被选元件被删除。

（3）粘贴　执行 Edit→Paste 命令，将剪贴板里的内容作为副本，粘贴到电路图中。

这些命令也可以在主工具栏中选择执行。另外系统还提供了功能热键来实现剪贴、复制。

- Copy 命令：“Ctrl”+“Insert”键
- Cut 命令：“Shift”+“Delete”键
- Paste 命令：“Shift”+“Insert”键

注意：复制一个或一组元件时，当用户选择了需要复制的元件后，系统还要求用户选择一个复制基点，该基点很重要，用户应该很好地选择该基点，这样可以方便后面的粘贴操作。当粘贴元件时，在将元件放置到目标位置前，如按“Tab”键，则会进入目标位置设置对话框，用户也可以在该对话框中精确设置目标点。

3.4.8　阵列式粘贴元件

阵列式粘贴是一种特殊的粘贴方式，一次可以按指定间距将同一个元件重复地粘贴到图纸上。可以用菜单命令 Edit→Paste Array 启动阵列式粘贴，如图 3-27 所示。也可以用画图工具栏里的阵列式粘贴图标，如图 3-28 所示。

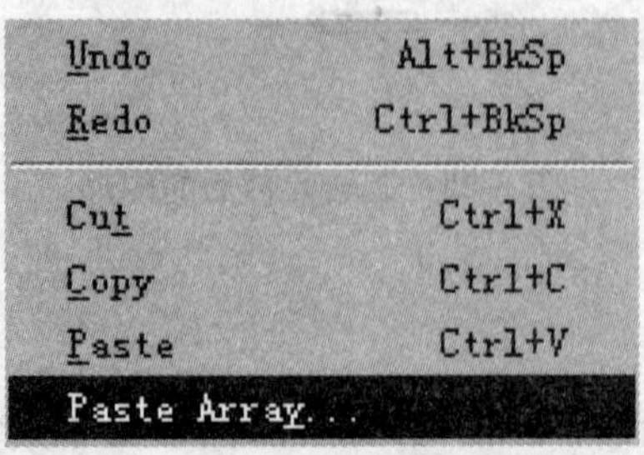

图 3-27　Edit 菜单命令 Paste Array

图 3-28　阵列式粘贴选项

启动阵列式粘贴命令后，屏幕会出现如图 3-29 所示的阵列式粘贴对话框。

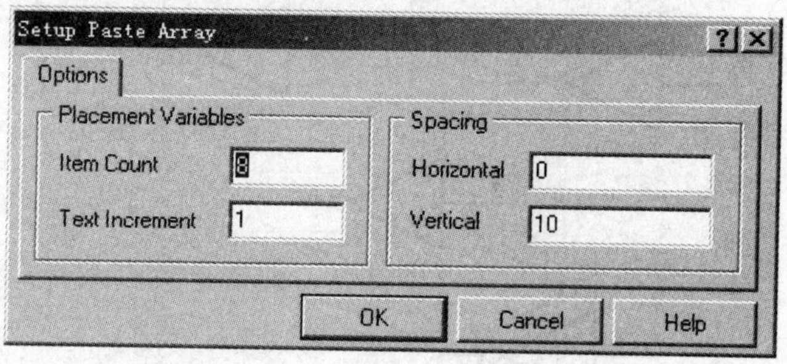

图 3-29　阵列式粘贴设置对话框

对话框中的各操作选项功能如下。

（1）Item Count 编辑框，用于设置所要粘贴的元件个数。

（2）Text Increment 编辑框，用于设置所要粘贴元件序号的增量值。如果将该值设定为 1，且元件序号为 R1，则重复放置的元件中，序号分别为 R2、R3、R4。

（3）Horizontal 编辑框，用于设置所要粘帖的元件间的水平间距。

（4）Vertical 编辑框，用于设置所要粘帖的元件间的垂直间距。

下面以如图 3-30 所示的非门元件为例来讲述如何实现阵列粘贴。

首先执行 Edit→Select 菜单中的命令，选中需要复制粘贴的元件，如图 3-30 中的非门元件。然后执行 Copy 命令，此时系统会要求用户继续选择一个复制基点，该点将是复制插入时的基点。

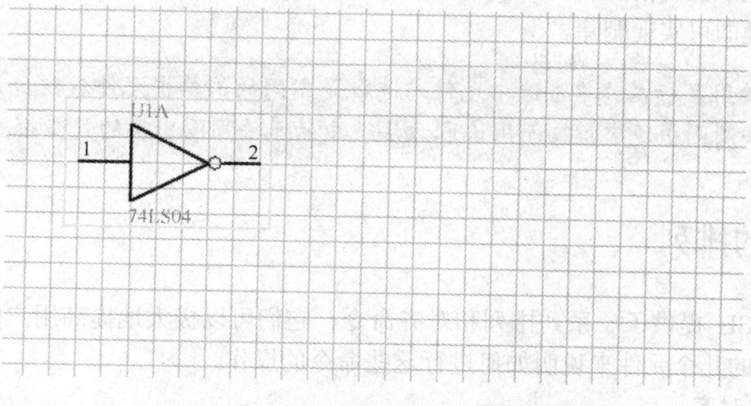

图 3-30　阵列粘贴前存在的非门元件

然后执行 Edit→Paste Array 命令，系统将弹出如图 3-31 所示的对话框，此时在对话框中输入复制数目为 4，文本增量为 1，水平和垂直间距均为 50。

最后按“OK”按钮，系统将要求用户在图纸上选择一个合适的点作为插入点，选择了插入点后，系统就在图纸上生成 4 个新运放，如图 3-31 所示。

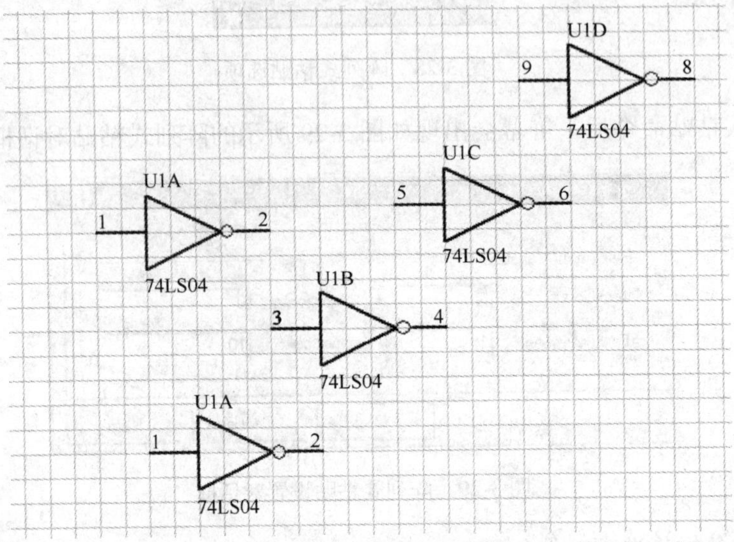

图 3-31　阵列复制元件

3.4.9　元件的删除

当图形中的某个元件不需要或错误时，可以将其删除。要删除元件，可以使用 Eidt 菜单中的两个删除命令，即 Clear 和 Delete。

Clear 命令的功能是删除已选取的元件。执行 Clear 命令之前需要选取元件，执行 Clear 命令之后，已选取的元件立刻被删除。

Delete 命令的功能也是删除元件，只是执行 Delete 命令之前不需要选取元件，执行 Delete 命令之后，光标变成十字状，将光标移到所要删除的元件上点击鼠标，即可删除元件。

另外一种删除元件的方法是：使用鼠标左键单击元件，选中元件后，元件周围会出现虚框，按此快捷键即可实现删除。

说明：使用鼠标左键单击选中元件与选取是不同的，单击元件后仅仅是选中元件，被选中的元件周围出现虚框，而用选取方法选中的元件周围出现的是黄框。

3.5　元件的排列

Protel 99 SE 提供了一系列排列和对齐命令，它们可以极大地提高用户的工作效率。下面以图 3-32 中的几个元件来说明如何进行这些命令的操作。

1．元件左对齐

（1）执行菜单命令 Edit→Select→Inside Area，选取元件。

（2）此时光标变为十字形状，移动光标到所要排列对齐的元件的某个角，单击鼠标左键，然后拉开虚框以包容这四个元件，再单击鼠标左键可选中虚框包含的元件。

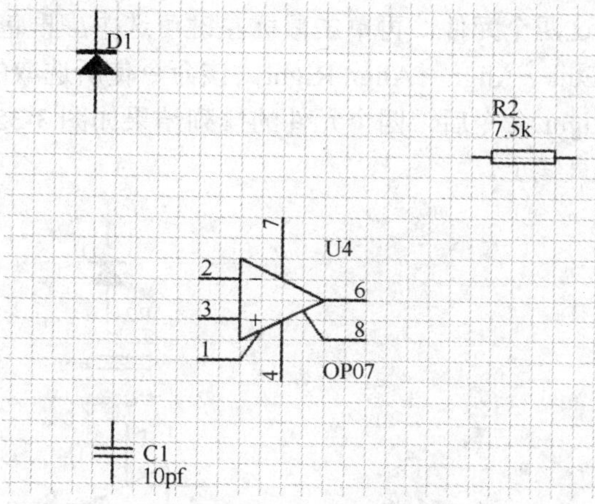

图 3-32　排列前的元器件

（3）执行菜单命令 Edit→Align→Align Left，将出现如图 3-35 所示的菜单命令。该命令使所选取的元件左边对齐。

（4）选中 D1、U4、C1、R2 元件，执行 Align Left 命令，这四个元件的排列结果如图 3-34 所示。可以看到，随机分布的四个元件的最左边处于同一条直线上。

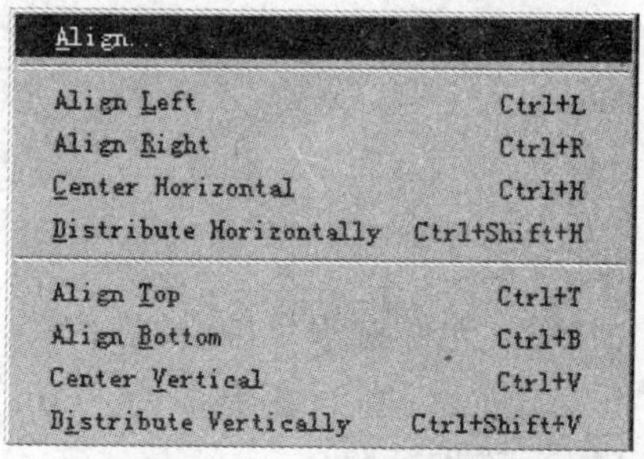

图 3-33　Align 子菜单

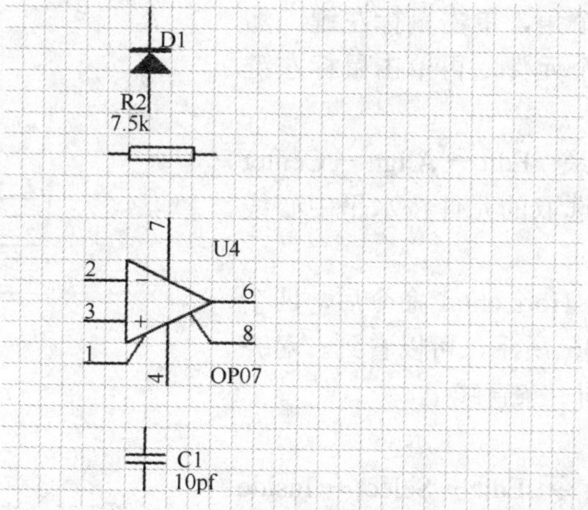

图 3-34　左对齐的元件

注意：如果所选取的元件是水平放置的，执行此命令会造成元件重叠。

2. 元件右对齐

（1）执行菜单命令 Edit→Select→Inside Area，选取元件。

（2）此时光标变为十字形状，移动光标到所要排列对齐的元件的某个角，单击鼠标左键，然后拉开虚框以包容这四个元件，再单击鼠标左键可选中虚框包含的元件。

（3）执行菜单命令 Edit→Align→Align Right。该命令使所选取的元件右对齐。

（4）执行了 Align Right 命令后，四个元件的排列结果如图 3-35 所示。可以看到，四个元件的最右边处于同一条直线上。

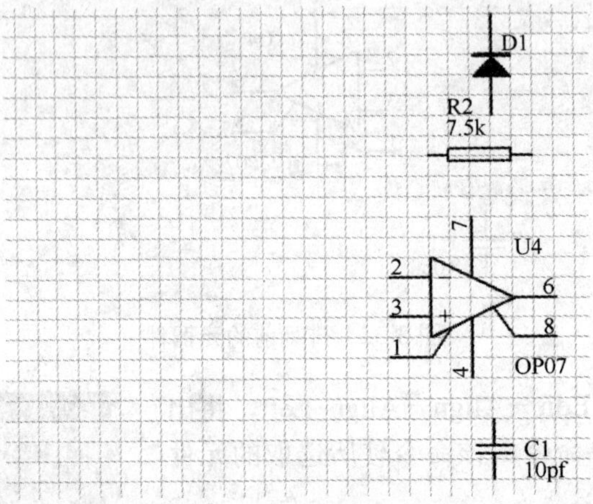

图 3-35　右对齐的元件

3. 元件按水平中心线对齐

（1）执行菜单命令 Edit→Select→Inside Area，选取元件。

（2）此时光标变为十字形状，移动光标到所要排列对齐的元件的某个角，单击鼠标左键，然后拉开虚框以包容这四个元件，再单击鼠标左键可选中虚框包含的元件。

（3）执行菜单命令 Edit→Align→Center Horizontal。该命令使所选取的元件按水平中心线对齐。

（4）执行了 Center Horizontal 命令后，四个元件的对齐结果如图 3-36 所示，可以看到，对齐后四个元件的中心处于同一条直线上。

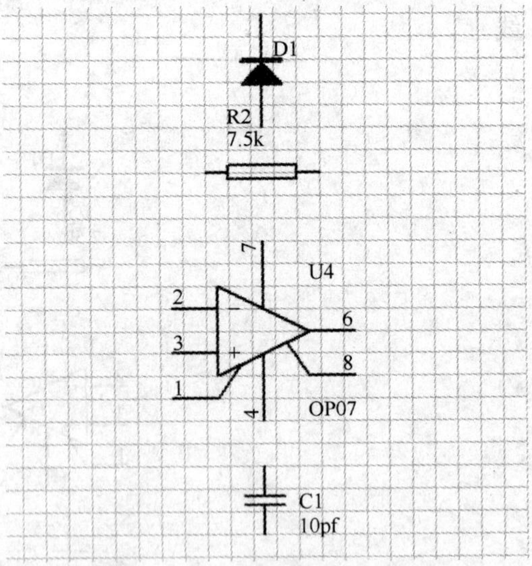

图 3-36　按水平中心对齐后的元件

4. 元件水平平铺

（1）执行菜单命令 Edit→Select→Inside Area，选取元件。

（2）此时光标变为十字形状，移动光标到所要排列对齐的元件的某个角，单击鼠标左键，然后拉开虚框以包容这四个元件，再单击鼠标左键可选中虚框包含的元件。

（3）执行菜单命令 Edit→Align→Distribute Horizontally，使所选取的元件水平平铺。

（4）执行了 Distribute Horizontally 命令后，四个元件的对齐结果如图 3-37 所示。可以看到，四个元件沿水平方向平铺，即水平方向间距相等。

5. 元件顶端对齐

（1）执行菜单命令 Edit→Select→Inside Area，选取元件。

（2）执行菜单命令 Edit→Align→Align Top。该命令使所选取的元件顶端对齐。

6. 元件底端对齐

（1）执行菜单命令 Edit→Select→Inside Area，选取元件。

（2）执行菜单命令 Edit→Align→Align Bottom。该命令使所选取的元件底端对齐。

7. 元件按垂直中心线对齐

（1）执行菜单命令 Edit→Select→Inside Area，选取元件。

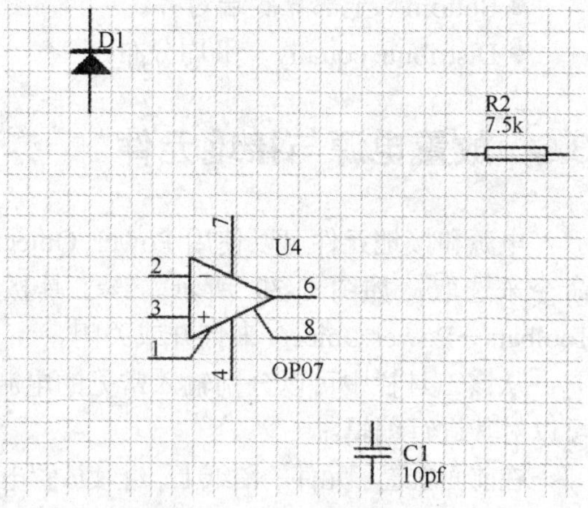

图 3-37　水平平铺的元件

（2）此时光标变为十字形状，移动光标到所要排列对齐的元件的某个角，单击鼠标左键，然后拉开虚框以包容这四个元件，再单击鼠标左键可选中虚框包含的元件。

（3）执行菜单命令 Edit→Align→Center Vertical。该命令使所选取的元件按水平中心线对齐。

8. 元件垂直均布

（1）执行菜单命令 Edit→Select→Inside Area，选取元件。

（2）执行菜单命令 Edit/Align/Distribute Vertically。该命令使所选取的元件垂直均布。

9. 同时进行综合排列或对齐

上面介绍的几种方法，一次只能做一种操作，如果要同时进行两种不同的排列或对齐操作，可以使用 Align objects 对话框来进行。

（1）执行菜单命令 Edit→Select→Inside Area，选取元件。

（2）执行菜单命令 Edit→Align→Align。

（3）执行该命令后，将显示 Align objects 对话框，如图 3-38 所示。该对话框可以用来进行综合排列或对齐设置。

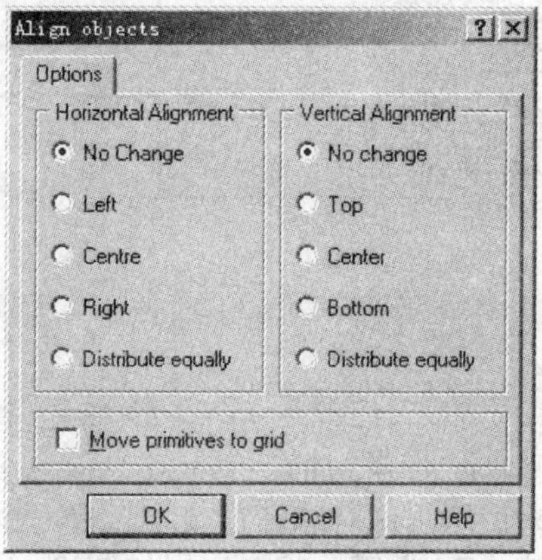

图 3-38　元件对齐设置对话框

该对话框分为两部分，分别为水平排列选项（Horizontal Alignment）和垂直排列选项（Vertical Alignment）。

1）水平排列（Horizontal Alignment）选项有：

- No Change　不改变位置。
- Left　全部靠左边对齐。
- Centre　全部靠中间对齐。
- Right　全部靠右边对齐。
- Distribute equally　平均分布。

2）垂直排列（Vertical Alignment）选项有：

- No Change　不改变位置。
- Top　全部靠顶端对齐。
- Center　全部靠中间对齐。

● Bottom　全部靠底端对齐。

● Distribute equally　平均分布。

3.6 放置电源与接地元件

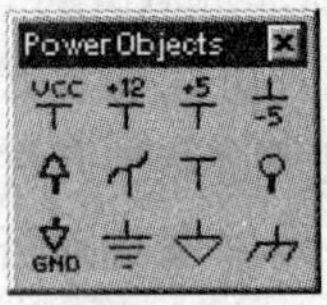

图 3-39　Power Objects 工具栏

电源和接地元件可以使用 Power Objects 工具栏上对应的命令来选取，如图 3-39 所示。该工具栏可以通过 View→Toolbars→Power Objects 来打开或关闭。

从该工具栏中可以分别输入常见的电源节点元件，在图纸上放置了这些元件后，用户还可以对其进行编辑。

在前面放置了元件的图纸上，继续放置电源元件，分别在 U4 和 U5 的 7 脚上放置+VCC 电源，在 U4 和 U5 的 4 脚上放置-VCC 电源，排列元件后，没有放置电源和接地的图形如图 3-40 所示。

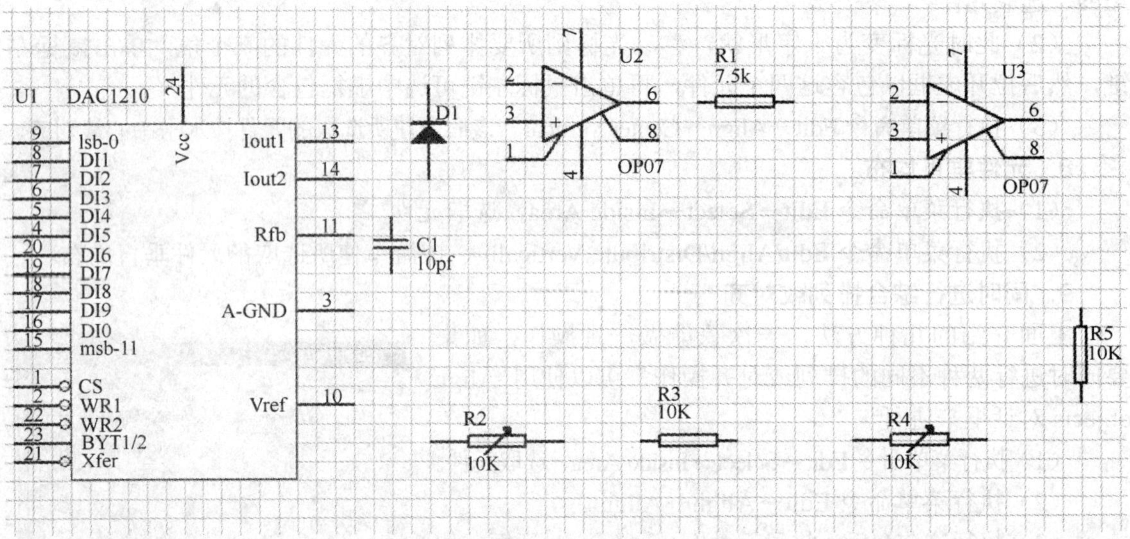

图 3-40　放置电源元件前的图形

VCC 电源与 GND 接地有别于一般电气元件。它们必须通过菜单命令 Place→Power Port 或原理图布线工具栏上的按钮来调用，这时编辑窗口中会有一个随鼠标指针移动的电源符号，按“Tab”键，将会出现如图 3-41 所示的 Power Port 对话框，或者在放置了电源元件的图形上，双击电源元件或使用快捷菜单的 Properties 命令，也可以弹出 Power Part 对话框。

在对话框中可以编辑电源属性，在 Net 栏中修改电源符号的网络名称，在 Style 栏中修改电源类型。当前符号的放置角度（Orientation）为 0 Degrees（即 0°），这和大家平时绘制电路图的习惯不太一样，因此在实际应用中常把电源对象旋转 90°放置，而接地对象通常旋转 270°放置。电源与接地符号在 Style 下拉列表框中有多种类型可供选择，如图 3-42 所示。

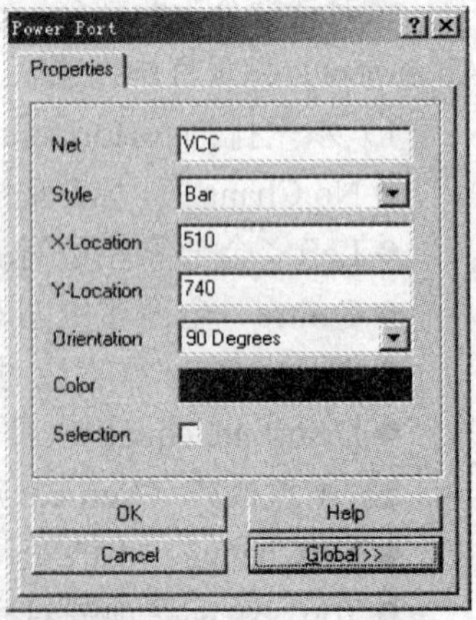

图 3-41　Power Port 对话框

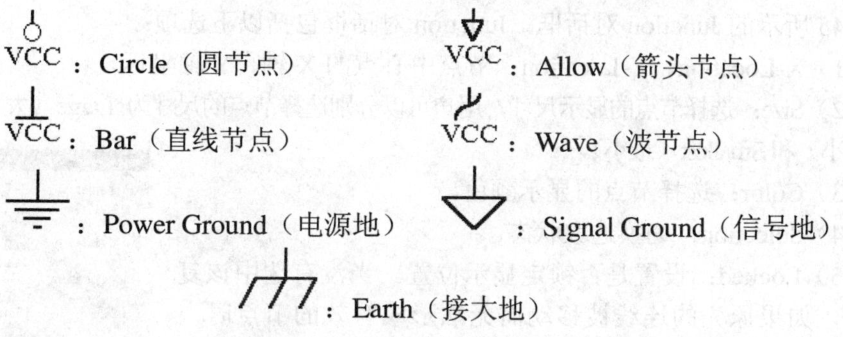

图 3-42　电源的类型

现在可以使用上面介绍的方式放置电源和接地，并分别修改电源元件的颜色、类型和数值，颜色设定为传统的棕红色。电源网络名称设置为 VCC，方位均为 90°；-VCC 的方位为 270°。图形类型仍然选择 Bar 结构，放置了电源元件后如图 3-43 所示。

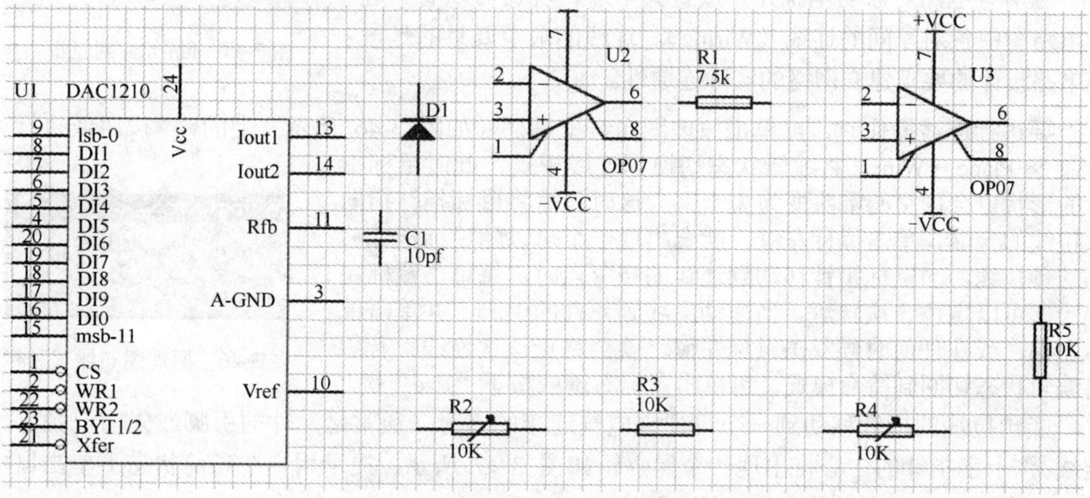

图 3-43　放置电源元件后的图形

3.7　放置节点和连接线路

3.7.1　放置节点

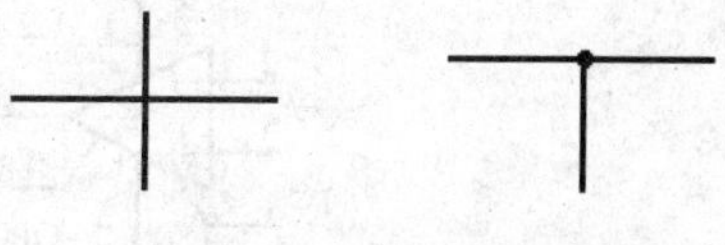

图 3-44　连接类型

在某些情况下 Schematic 会自动在连线上加上节点（Junction）。但是，通常许多节点需要手动添加，譬如默认情况下十字交叉的连线是不会自动加上节点的，如图 3-44 所示。

若要自行放置节点，可单击原理图布线工具栏上的按钮或执行菜单命令 Place→Junction，将编辑状态切换到放置节点模式，此时鼠标指针会由空心箭头变为大十字，并且中间还有一个小黑点。这时，只需将鼠标指针指向欲放置接点的位置上，然后单击鼠标左键即可。要将编辑状态切换回待命模式，可单击鼠标右键或按下“Esc”键。

在节点尚未放置到图纸中之前按下“Tab”键或是直接在节点上双击鼠标左键，可打开如图 3-45 所示的 Junction 对话框。Junction 对话框包括以下选项：

（1）X-Location、Y-Location：节点中心点的 X 轴、Y 轴坐标。

（2）Size：选择节点的显示尺寸，用户可以分别选择节点的尺寸为 Large（大）、Medium（中）、Small（小）和 Smallest（最小）。

（3）Color：选择节点的显示颜色。

（4）Selection：切换选取状态。

（5）Locked：设置是否锁定显示位置。当没有选中该复选框时，如果原先的连线被移动而无法形成有效的节点时，本节点将自动消失；当选中该复选框时，无论怎样移动连线，节点都将维持在原先的位置上。

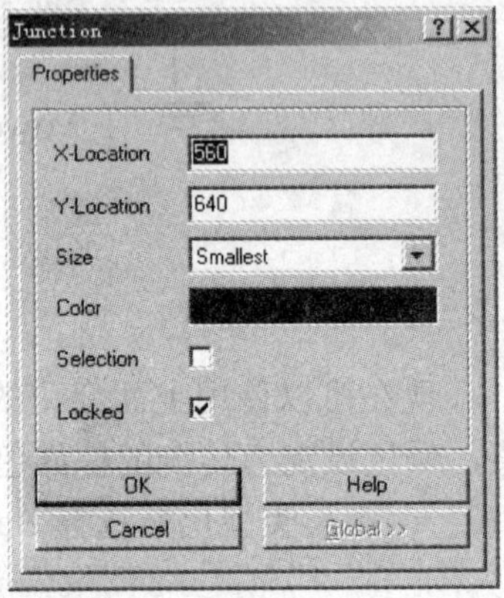

图 3-45　Junction 对话框

3.7.2　连接线路

当所有电路对象与电源元件放置完毕后，现在可以着手进行电路图中各对象间的连线（Wiring）。连线的最主要目的是按照电路设计的要求建立网络的实际连通性。

要进行连线操作时，可单击原理图布线工具栏（如图 3-46 所示）上的按钮或执行菜单命令 Place→Wire，将编辑状态切换到连线模式，此时鼠标指针的形状也会由空心箭头变为大十字。这时只需将鼠标指针指向预拉线的一端，单击鼠标左键，就会出现一个可以随鼠标指针移动的预拉线，当鼠标指针移动到连线的转弯点时，每单击鼠标左键一次可以定位一次转弯。当拖动虚线到元件的引脚上并单击鼠标左键，或在任何时候双击鼠标左键，就会终止该次连线。若想将编辑状态切回到待命模式，可单击鼠标右键或按下“Esc”键。

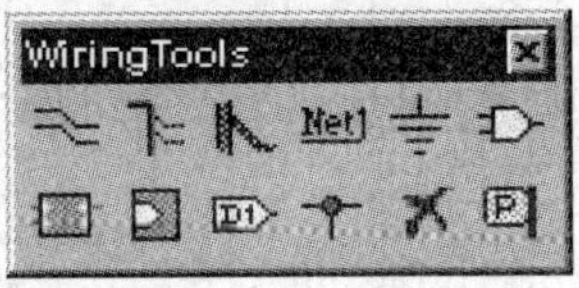

图 3-46　原理图布线工具栏

当预拉线的指针移动到一个可建立电气连接的点时（通常是元件的引脚或先前已拉好的连线），十字指针的中心将出现一个黑点，如图 3-47 所示，提示用户在当前状态下单击鼠标左键就会形成一个有效的电气连接。

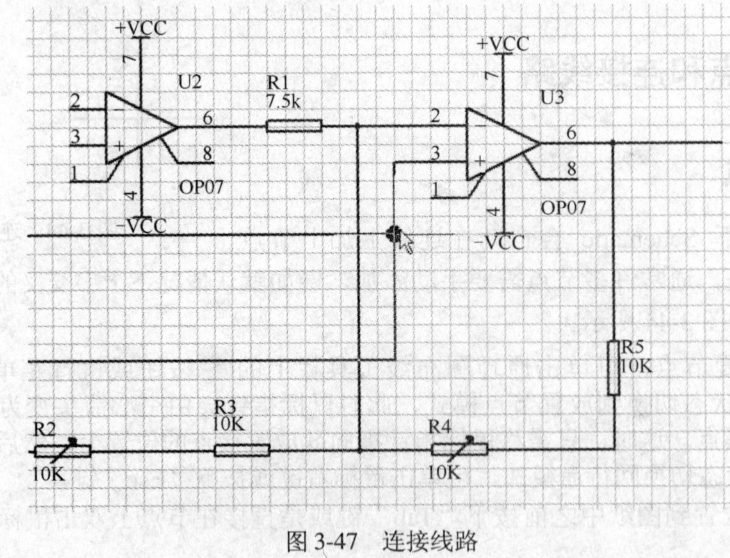

图 3-47　连接线路

3.8 更新元件流水号

绘制完电路图后，有时候需要将电路图中的元件进行重新编号，即设置元件流水号，这可以通过菜单 Tools→Annotate 命令来实现（如图 3-48 所示），这项工作由系统自动进行。执行此命令后，会出现如图 3-49 所示的“标注设置”对话框，在该对话框中，可以设置重新编号的方式。下面简单介绍“标注设置”对话框格操作选项。

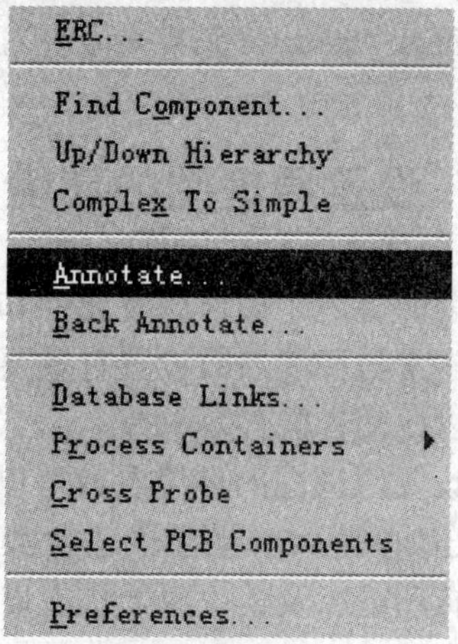

图 3-48 执行菜单命令 Tools→Annotate

（1）Annotate Options 该操作框的各操作项主要用来设定流水号重新设置的作用范围。

下拉列表中有四个选项：?Parts 选项的意义是只对有“? “号的元件重新设置流水号；All Parts 选项的意义是对所有元件进行编号；Reset Designators 选项的意义是对所有元件复位原始状态；Update Sheets Number Only 选项的意义是仅更新原理图的图号。

（2）Current sheet only 该复选框的意义是更新元件流水号仅仅对当前原理图有效。

（3）Ignore selected parts 该复选框的意义是重新对元件进行编号时，忽略所选中的元件。

（4）Group Parts Together If Match By 该操作框中的各复选框主要是用来匹配成组的元件（也称为复合封装的元件），如果选中的域匹配了，则认为匹配的元件是一个组，将按组元件的方式设置（如 U1A，U1B….）。

（5）Re-annotate Method 该操作框中的各单选框用来设定重新编好的方式，选中某个方式后，会在其右边显示这种设置方式。

设定个选项后，单击“OK”按钮，即可自动实现原理图中元件的重新编号。如果想进一步设置编号的方式，可以进入高级设置选项卡，如图 3-50 所示。

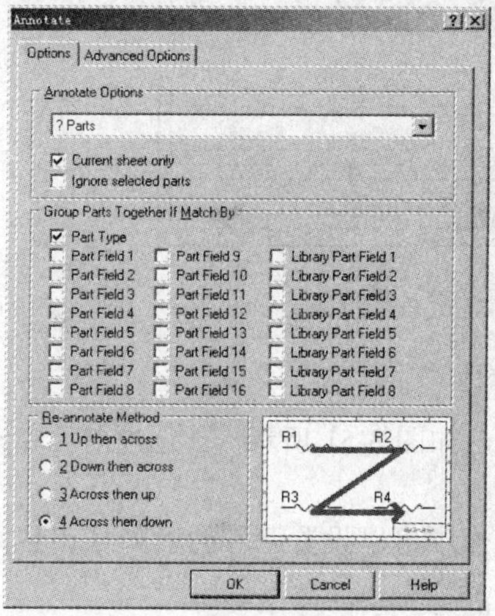

图 3-49 “标注设置”对话框

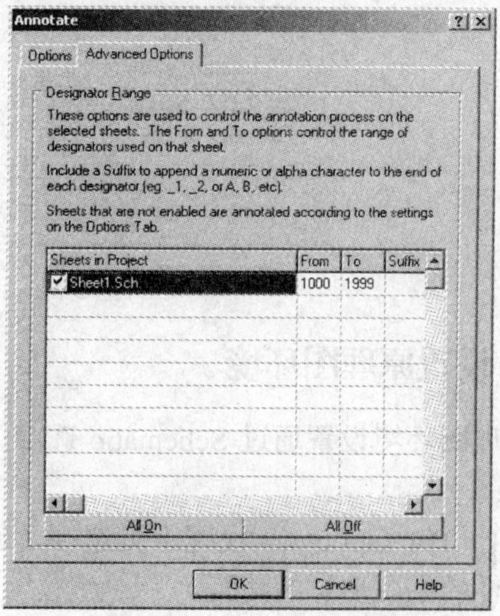

图 3-50 “高级设置”选项卡

此时，可以设置流水编号的范围，在 From 编辑框中填入起始编号，To 编辑框中填入终止的编号，Suffix 编辑框中填入编号的后缀。

如果是一个层次原理图项目，则会在该选项卡中显示项目中的所有文件，此时可以按 All On 按钮全部选中所有需要重新编号的文件，All Off 为不选择任何采用这种方式的文件。

设定了起始编号和终止编号并执行了重新编号后，元件的流水号将限制在这个范围。

注意：如果重新编号后，感觉不满意，可以恢复原来的编号，此时只要执行 Tools→Back Annotate 菜单命令即可。

3.9 设置原理图的环境参数

前面讲述了如何放置元件和基本的原理图绘制知识，但是一张原理图绘制的效率和正确性，常常与环境参数设置有重要的关系，本章特将此节安排在讲述了图形绘制基础知识后讲解，以便读者能有效掌握。

设置原理图的环境参数可以执行 Tools→Preferences 命令来实现，执行该命令后，系统将弹出如图 3-51 所示的“参数设置”对话框。通过该对话框可以分别设置原理图环境、图形编辑环境以及默认原始状态设置等，分别可以通过 Schematic 选项卡、Graphical Editing 选项卡和 Default Primitives 选项卡实现。下面分别对这三个选项卡的操作进行讲解。

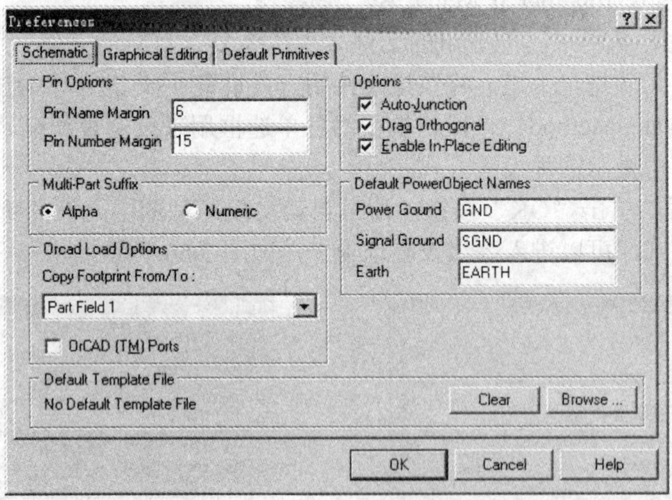

图 3-51 “参数设置”对话框

3.9.1 设置原理图环境

原理图环境设置通过 Schematic 选项卡来实现，如图 3-51 所示，该选项卡可以设置的参数如下：

（1）Pin Options 设置引脚选项，通过该操作项可以设置元件的引脚号和名称距离边界（元件的主图形）的间距。

● Pin Name Margin 在该编辑框输入的值可以设置引脚名离边界的距离。

● Pin Number Margin　在该编辑框输入的值可以设置引脚号离边界的距离。

（2）Multi-Part suffix　设置多元件流水号的后缀，有些元件内部是由多个元件组成的，比如 74LS04 就是由 6 个非门组成，则通过该编辑框就可以设置元件的后缀。

● Alpha　选中该编辑框，则后缀以字母表示，如 A、B 等，如图 3-52 所示为选中该选项时的后缀显示。

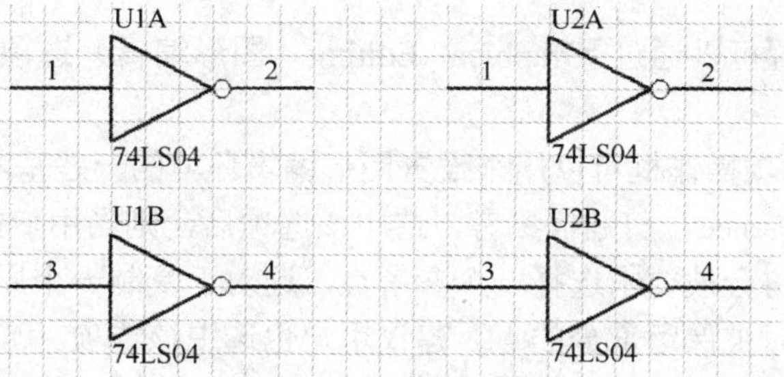

图 3-52　以字母显示后缀

● Numeric　选中该编辑框，则后缀以数字表示，如 1、2 等，如图 3-53 所示为选中该选项时的后缀显示。

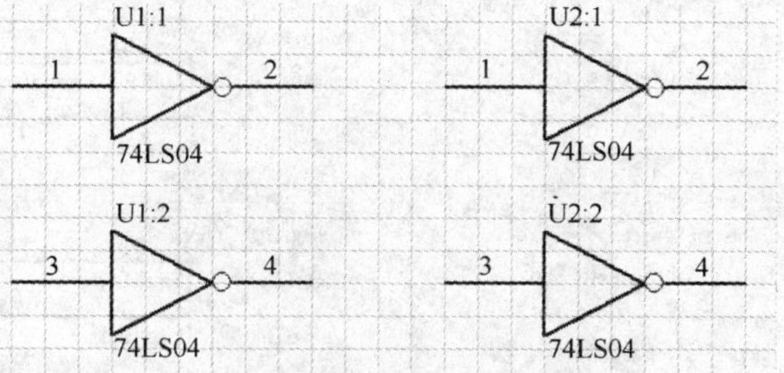

图 3-53　以数字显示后缀

（3）Orcad Load Options　该操作框设置 Orcad 加载选项，当设置了该项后，用户如果使用 Orcad 软件加载该文件时，将只加载所设置域的引脚。

（4）Options　选项设置，该操作框有三个复选框，其意义分别如下：

● Auto-Junction　选中该选项，则用户在画导线时，就会在导线 T 字相接处自动产生节点，而“十”字相接处不会产生节点；如果没选中本选项，则无论在 T 字或“十”字相连接处都不会自动产生节点，用户必须手动添加节点。

● Drag Orthogonal　选中该选项后，则只能以正交方式拖动或插入元件，或者绘制图形对象，如果不选中该选项，则以环境所设置的分辨率拖动对象。

● Enable In-Place Editing　选中该选项后，用户可以实现对嵌套对象进行编辑，即可以对插入的连接对象实现编辑。

（5）Default PowerObject Names　该操作框的各操作项用来设置默认的电源的接地名称，可以分别设置电源地、信号地、地球地的默认名称。

● Power Gound　该编辑框用来设置电源地的名称，如 GND。

● Signal Gound　该编辑框用来设置信号地的名称，如 SGND。

● Earth　该编辑框用来设置大地信号的名称，如 EARTH。

（6）Default Template File　该操作框可以用来设置默认的模板文件，当设置了该文件后，下次进行新的原理图设计时，就会调用该模板文件来设置新文件的环境变量。单击 Browse 按钮可以从一个对话框选择模板文件，单击 Clear 按钮则清除模板文件。

3.9.2 设置图形编辑环境

图形编辑环境设置可以通过 Graphical Editing（图形编辑）选项卡来实现，该选项卡如图 3-54 所示。

（1）Options　选项操作框可以用来设置图形编辑环境的一些基本参数，分别介绍如下：

- Clipboard Reference　剪贴板参考，选中该选项后，则当用户执行 Edit→Copy 或 Cut 命令时，用户将会被要求选择一个参考点，这对于复制一个原理图部分很重要。该参考点将是粘贴时被保留部分的点。建议用户也选中该选项。
- Add Template to Clipboard　添加模板到剪贴板，选中该选项后，则当用户执行 Edit→Copy 或 Cut 命令时，系统将会把模板文件的添加到剪贴板。建议用户也选中该选项，以便保持环境一致性。

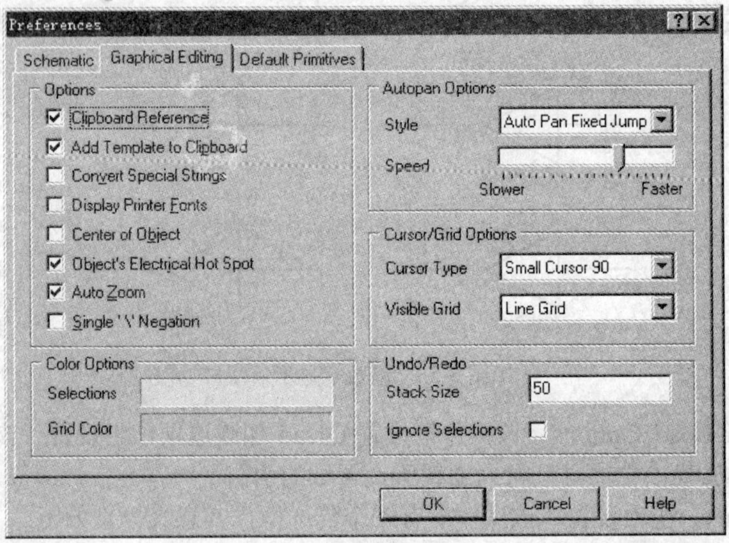

图 3-54　“图形编辑”选项卡

- Convert Special Strings　转换特殊字符串，如果选中该选项后，用户将可以在屏幕上看到特殊字符串的内容。
- Display Printer Fonts　选中该选项后，用户可以看到那些文本可以与打印出的文本一致，因为并不是所有文本都会被输出设备所支持。
- Center of Object　选中该选项后，将可以使对象通过参考点或对象的中心进行移动或者拖动。
- Object's Electrical Hot Spot　选中该选项后，可以通过对象最近的电气点移动或拖动对象。
- Auto Zoom　如果选中该选项，则当插入元件时，原理图可以自动实现缩放。

● Single '\'Negation　选中该选项后，则可以以'\'表示某字符为非或负。

（2）Color Options　该操作框用来设置所选择的对象和栅格的颜色。

● Selectuions　该颜色设置项用来设置所选中的对象的颜色，默认为黄色。

● Grid Color　该颜色设置项用来设置栅格线的颜色，默认颜色为 213 号颜色。

（3）AutoPan Options　该操作框各操作项用来自动移动参数，即绘制原理图时，常常要平移图形，通过该操作框可设置移动形式和速度。

（4）Cursor→Grid Options　该操作框用来设置光标形式和栅格的类型，其中：

● Cursor Type　该选择框可设置光标类型，用户可以设置三种：90°大光标、90°小光标和 45°小光标。

● Visible Grid　该选择框用来设置栅格类型，包括点栅格和线栅格两种。

（5）Undo/Redo　设置撤销操作和重操作的最深堆栈次数。设置了该数目后，则用户可以执行此数目的撤销和重操作。如果选择了 Ignore Selections 复选框，则会忽略选择对象的操作。

3.9.3 设置默认原始环境

“默认原始环境设置”可通过 Default Primitives 选项卡（如图 3-55 所示）实现。

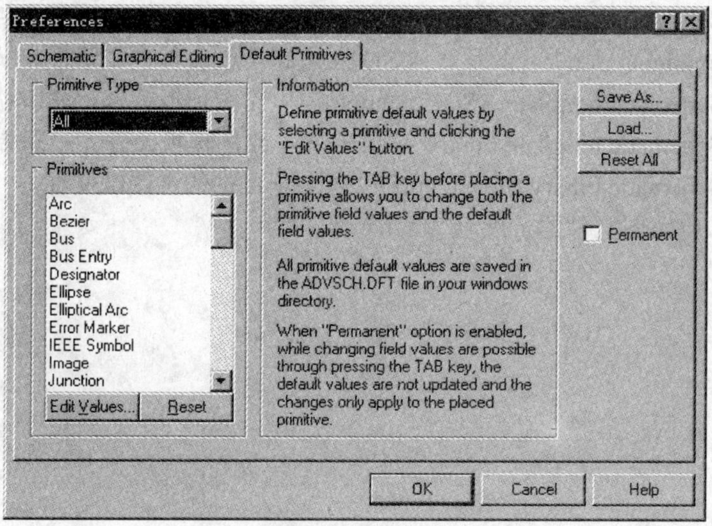

图 3-55　“默认原始环境设置”选项卡

用户可以通过该选项卡设置对象的默认设置。选中原始默认设置类型（Primitive Type），然后在 Primitives 列表框中选择所需要设置的对象，使用鼠标双击选项（或单击“Edit Values”按钮，按“Reset”按钮使设置复原）后，系统即可弹出对象属性设置对话框。用户设置了各对象的原始默认属性后，再执行图形绘制或插入元件操作时，就会以该设置的原始默认设置为基准进行操作。

3.10 保存文件

电路图绘制完毕后要保存起来，以供日后取出修改及使用。当用户打开一个旧的电路图文件并进行修改之后，执行菜单命令 File→Save 可自动按原文件名将其保存，同时覆盖原先的文件。

在保存时如果不希望覆盖原先的文件，可采用换名保存的方法。具体作法是执行 Save Copy As 菜单命令，打开如图 3-56 所示的 Save Copy As 对话框，在此对话框中指定新的存盘文件名即可。

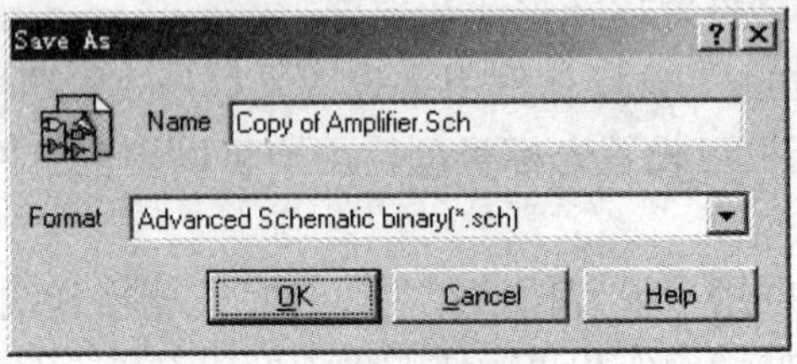

图 3-56 另存文件对话框

在 Save Copy As 对话框中打开 Format 下拉列表框，就可以看到 Schematic 所能够处理的各种文件格式如下：

- Advanced Schematic binary（*.sch） Advanced Schematic 电路图纸文件，二进制格式。
- Advanced Schematic ASCII（*.asc） Advanced Schematic 电路图纸文件，文本格式。
- Orcad Schematic（*.sch） SDT4 电路图纸文件，二进制格式。
- Advanced Schematic template ASCII（*.dot） 电路图模板文件，文本格式。
- Advanced Schematic template binary（*.dot） 电路图模板文件，二进制格式。
- Advanced Schematic binary files（*.prj） 项目中的主图纸文件。

默认情况下，电路图文件的扩展名为.sch。

第4章　完成电路原理图的绘制

本章主要讲述 Protel 99 SE 高级布线工具、绘图工具、元器件的编辑等，学习了本章后，读者将能绘制出完整的电路原理图。

4.1　使用原理图布线工具

Protel 99 SE 提供了三种方法来进行原理图的绘制。

图 4-1　原理图布线工具栏

1．利用原理图布线工具栏（Wiring Tools）

该方法直接用鼠标单击原理图布线工具栏中的各个按钮，以选择适当的工具。原理图布线工具栏的各个按钮如图 4-1 所示。

表 4-1 介绍了工具栏中各个按钮的功能。

表 4-1　绘制原理图工具栏的按钮及其功能

按　钮	功　能	按　钮	功　能
	绘制导线		放置电路方块图
	绘制总线		放置电路方块图进出点
	绘制总线出入端口		放置输入/输出端口
Net1	设置网络标号		放置节点
	绘制电源或接地端口		放置 ERC 测试点
	放置元件		放置 PCB 布线指示

2．利用菜单命令

选择 Place 菜单下的各选项，这些选项与上面绘制原理图工具栏上的各个按钮相互对应。只要选取相应的菜单命令就可以绘制原理图了。

3．利用快捷键

对于菜单中的每个命令下都有一个带下划线的字母。可按住“Alt”+“P”键，再按对应每个命令的下划线字母就可执行选取该命令，这些按键也被称为功能键。

4.1.1　画导线

导线是原理图中最重要的图元之一。绘制原理图工具中的导线具有电气连接意义，它不同于画图工具中的画线工具，后者没有电气连接意义。

1．执行画导线（Wire）命令

执行画导线命令最常用的方法有如下两种：

（1）单击绘制原理图工具栏内的图标。

（2）单击菜单 Place→Wire 命令。

2．画导线步骤

执行画导线命令后，光标变成十字状，表示系统处于画导线状态。

画导线的步骤如下：

（1）将光标移到所画导线的起点，单击鼠标左键，再将光标移动到下一点或导线终点，再单击一下鼠标左键，即可绘制出第一条导线。以该点为新的起点，继续移动光标，绘制第二条导线。

（2）如果要绘制不连续的导线，可以在画完前一条导线后，单击鼠标右键或按“ESC”键，然后将光标移动到新导线的起点，单击鼠标左键，再按前面的步骤绘制另一条导线。

（3）画完所有导线后，连续单击鼠标右键两次，即可结束画导线状态，光标由十字形状变成箭头形状。

在绘制电路图的过程中，按空格键可以切换画导线模式。Protel 99 SE 中提供 3 种画导线方式，分别是直角走线、45°走线、任意角度走线。绘制的导线如图 4-2 所示。

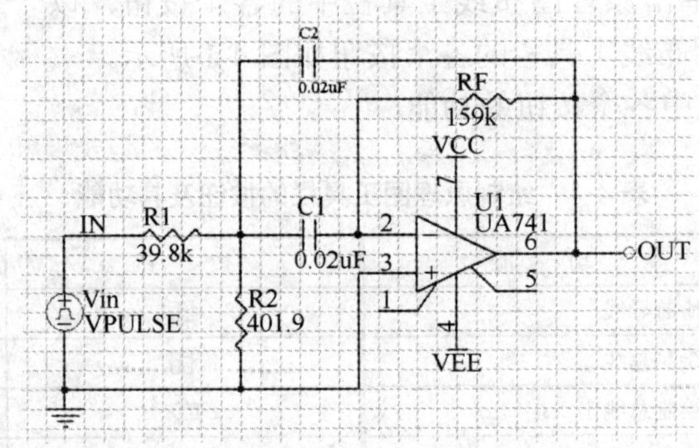

图 4-2　画导线

3．导线属性对话框的设置

在画导线状态下，按“Tab”键，即可打开“导线属性”对话框，进行导线设置，如图 4-3 所示。其中有几项设置，分别介绍如下。

（1）Wire 项设置。Wire 项用于设置导线的宽度，单击 Wire 项右边的下拉式箭头即可打开如图 4-4 所示的下拉式列表，列表中有四项选择，即 Smallest、Small、Medium 和 Large，分别对应最细、细、中和粗导线。

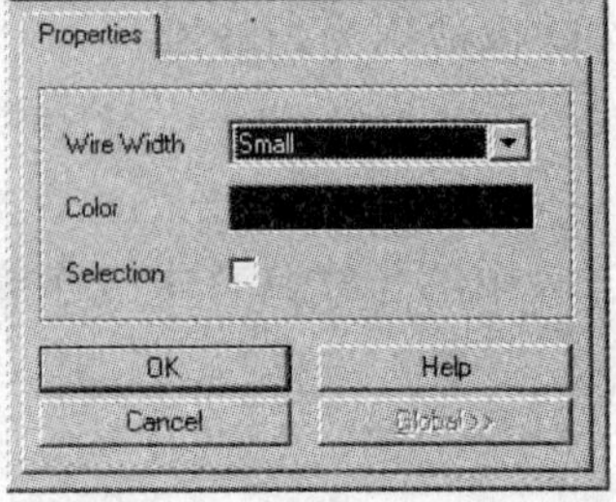

图 4-3　“导线属性”对话框

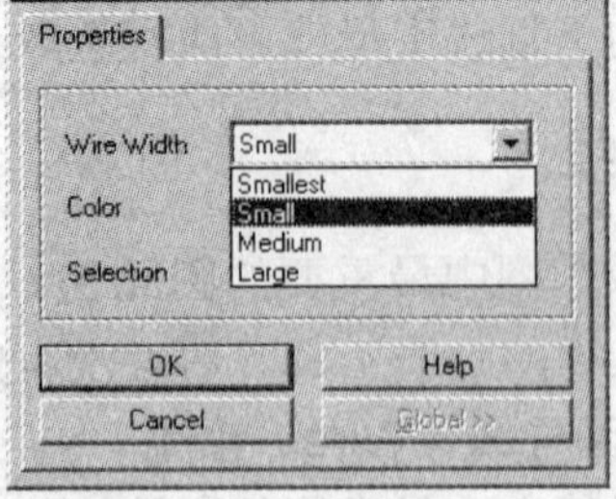

图 4-4　设置导线宽度

（2）Color 项设置，Color 项用于设置导线的颜色。单击 Color 项右边的色块后，屏幕会出现如图 4-5 所示对话框。它提供 238 种预设颜色。选择所要的颜色，单击“OK”按钮，即可完成导线颜色的设置。也可以单击图 4-5 所示对话框中的“Define Custom Colors”按钮，选择自定义颜色。

（3）Selection 项设置，Selection 项的功能是设定画完导线后，该导线是否处于被选取状态。如果选中此项，那么画完导线后，该导线处于被选取状态，导线颜色为黄色。

（4）Global 项，选中一条导线，双击鼠标也可打开导线属性对话框，如图 4-3 所示。值得注意的是，在画导线状态下，按“Tab”键，在打开的导线属性对话框中的“Global”按钮是灰色的，表示此按钮此时无效，而这种情况下对话框中“Global”按钮是可用的。

Global 项的功能是进行全局修改，即在电路图中，如果有同类的元件也一起更改。基本上，双击任何一个图元都有这一项全局修改功能。以导线的 Global 项为例，单击“Global”按钮，屏幕会出现如图 4-6 所示的对话框。在该对话框中，单击“Local”按钮，对话框又会回到图 4-3 所示的对话框。

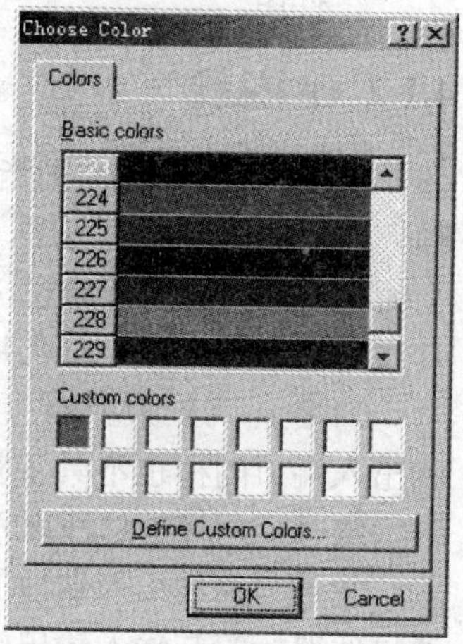

图 4-5 “设置颜色”对话框

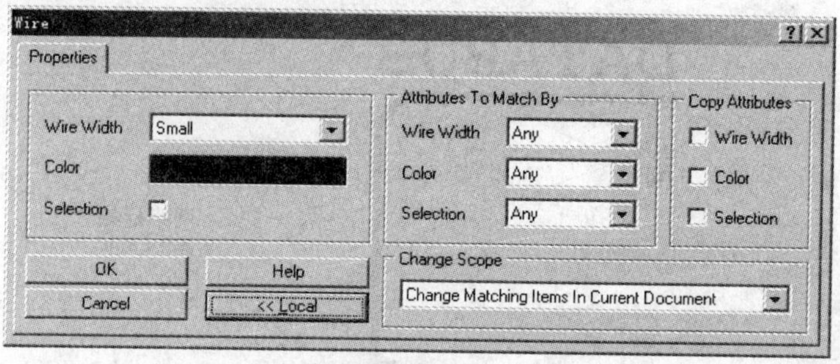

图 4-6 Global 项打开后的对话框

图 4-6 与图 4-3 相比，多出了 3 个设置区域，即 Attributes Match By、Copy Attributes 和 Change Scope。

1）Attributes Match By，其功能是设定符合全局修改的条件，包括以导线粗细（Wire 项）为筛选条件、以导线颜色（Color 项）为筛选条件和以导线是否为选择状态（Selection 项）为筛选条件。它们的右边各有一个下拉式按钮，其中的选项是完全一样的，包括 Any（不管什么条件都符合全局修改条件）、Same（只有完全一样才符合全局修改条件）、Different（不一样的选项才符合全局修改的条件）。

2）Copy Attributes，其功能是设定所要全局修改的对象，包括 Wire 项（将符合条件的导线改为本对话框所设定的导线粗细）、Color 项（将符合条件的导线改为本对话框所设定的导线颜色）和 Selection 项（将符合条件的导线改为本对话框所设定的选取状态）。

3）Change Scope，其功能是设定全局修改的范围，其中包括 3 项：

- Change This Item Only　设定全局修改的范围为本元件。
- Change Matching Items In Current Document　设定全局修改的范围为目前正在编辑的元件图。

● Change Matching Items In All Document　设定全局修改的范围为目前所有已打开的元件图。

4.1.2　画总线

所谓总线（Bus）是指一组具有相关性的信号线。在 Schematic 中，总线纯粹是为了照顾人们绘制电路图的习惯，其目的仅是为了简化连线的表现方式。总线本身并没有任何实质上的电气意义。也就是说，尽管在绘制总线时会出现热点，而且在拖动操作时总线也会维持其原先的连接状态，但这并不表明总线就真的具有电气性质的连接。

习惯上，连线应该使用总线出入端口（Bus Entry）符号来表示与总线的连接。但是，总线出入端口同样也不具备实际的电气意义。所以当用户通过 Edit→Select/Net 菜单命令来选取网络时，总线与总线出入端口并不呈现高亮显示。

总线与总线出入端口的示意图如图 4-7 所示。在总线中，真正代表实际的电气意义的是通过线路标签与输入输出端口来表示的逻辑连通性。通常，线路标签名称应该包括全部总线中网络的名称，例如 A（0...10）就代表名称为 A0、A1、A2 直到 A10 的网络。假如总线连接到输入输出端口时，这个总线必须在输入输出端口的结束点上终止才行。

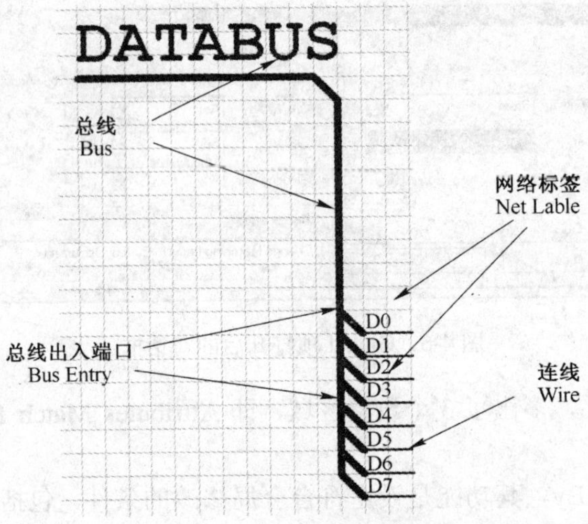

图 4-7　总线与总线出入端口

绘制总线可用电路绘制工具栏上的按钮或通过菜单命令 Place/Bus 来实现，总线的属性设置与导线的相同，可以参考前一节。

没有绘制数据总线的电路图如图 4-8 所示，下面就在该图形基础上绘制数据总线。

执行菜单命令 Place→Bus 或从 Wiring Tools 工具栏上选择，然后在图形屏幕上绘制数据总线，绘制的位置可以根据要求确定，如果位置不合适，还可以手动调整。绘制数据总线后的图形如图 4-9 所示。

4.1.3　画总线出入端口

总线出入端口（Bus Entry）是单一导线进出总线的端点，如图 4-7 所示。总线出入端口没有任何的电气连接意义，只是让绘制的电路图看上去更具有专业水准。因此有没有总线出入端口，与电气连接没有任何关系。

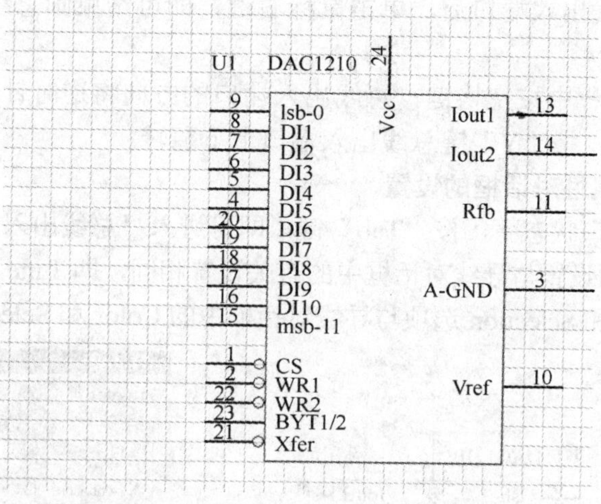

图 4-8　没有绘制总线的图形

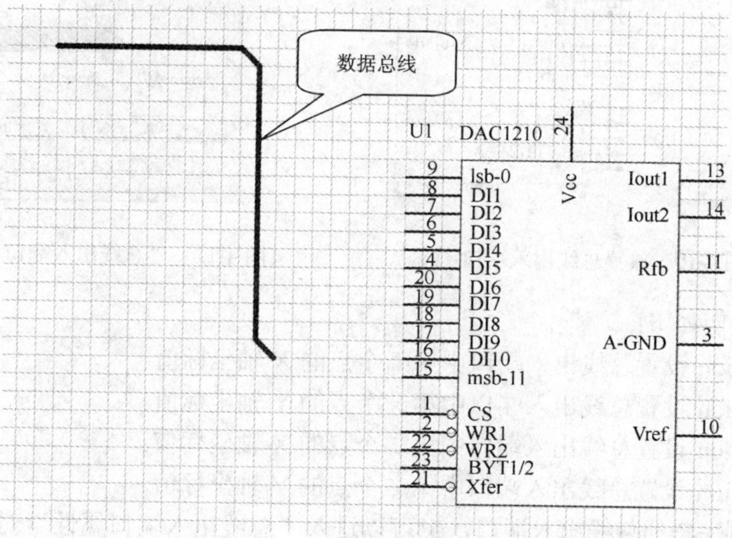

图 4-9　绘制数据总线后的图形

1．执行画总线出入端口命令

执行画总线出入端口命令的方法有如下两种：

（1）单击画电路图工具栏内的图标。

（2）单击菜单 Place→Bus Entry 命令。

2．画总线出入端口步骤

执行画总线出入端口命令，光标变成十字状，并且上面有一段 45°或 135°的线，表示系统处于画总线出入端口状态，如图 4-10 所示。

画总线出入端口的步骤如下：

（1）将光标移到所要放置总线出入端口的位置，光标上出现一个圆点，表示移到了合适的放置位置，单击鼠标左键可完成一个总线出入端口的放置。

（2）画完所有总线出入端口后，单击鼠标右键，即可结束画总线出入端口状态，光标由十字形状变成箭头形状。

在绘制电路图的过程中按空格键，总线出入端口的方向将逆时针旋转 90°；按“X”键总线出入端口左右翻转；按“Y”键总线出入端口上下翻转。

3．总线出入端口属性对话框的设置

在放置总线出入端口状态下，按“Tab”键，即可进入“总线出入端口属性”对话框，如图 4-11 所示。其中三项设置与导线对话框中的有关设置相同，即 Line Width 相当于导线对话框中的 Wire 项；Color 和 Selection 选项与导线对话框中的 Color 和 Selection 选项完全一样。

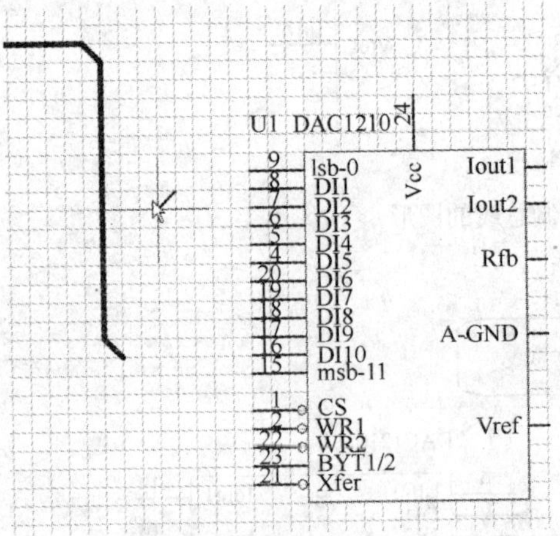

图 4-10　放置总线出入端口

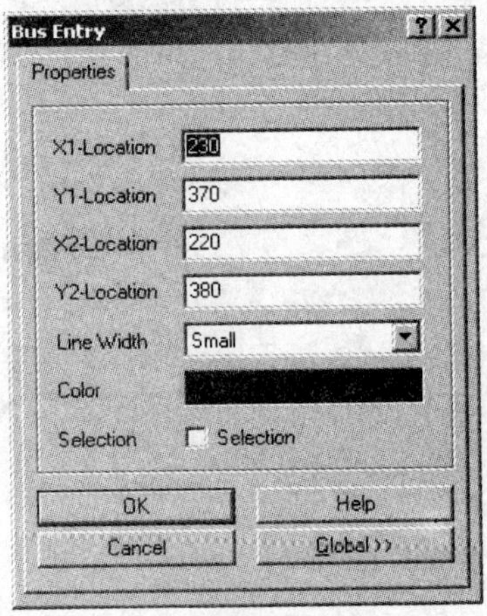

图 4-11　“总线出入端口属性”对话框

其他四项说明如下：

- X1-Location 设置总线出入端口中第一个点的 X 轴坐标值。
- Y1-Location 设置总线出入端口中第一个点的 Y 轴坐标值。
- X2-Location 设置总线出入端口中第二个点的 X 轴坐标值。
- Y2-Location 设置总线出入端口中第二个点的 Y 轴坐标值。

双击已绘制完毕的总线出入端口，也可以进入“总线出入端口属性”对话框，只是其中的 Global 项是可用的，单击 Global 按钮，即可进入 “总线出入端口属性”对话框的全局设置。其中的设置与导线的修改设置很类似。

现在通过实例讲述如何添加总线出入端口。以图 4-9 所示绘制的总线为基础，执行菜单命令 Place→Bus Entry 或从 Wiring Tools 工具栏上选择。然后在总线处绘制总线出入端口线。如图 4-12 所示。

技巧：当放置一些标准元件或图形时，可以在绘制前调整位置，调整的方法为：在选择了元件，但还没有放置前，按住“Space”键，即可旋转元件，此时可以选择需要的角度放置元件。如果按“Tab”键，则会进入元件属性对话框，用户也可以在属性对话框中进行设置。

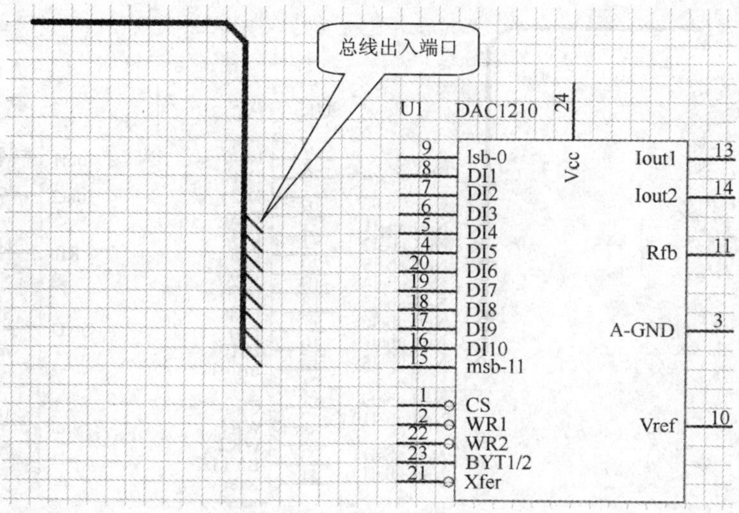

图 4-12　绘制了总线出入端口后的图形

4.1.4　设置网络名称

网络名称具有实际的电气连接意义，具有相同网络名称的导线不管图上是否连接在一起，都被视为同一条导线。

通常在以下场合使用网络名称。

（1）简化电路图　在连接线路比较远或线路过于复杂而使走线困难时，利用网络名称代替实际走线可使电路图简化。

（2）连接时表示各导线间的连接关系　通过总线连接的各个导线只有标上相应的网络名称，才能达到电气连接的目的。

（3）层次式电路或多重式电路　在这些电路中表示各个模块电路之间的连接。

1．执行放置网络名称（Net Label）命令

执行放置网络名称（Net Label）主要有两种方法：

（1）使用鼠标单击画电路图工具栏中的Net1图标。

（2）使用鼠标选择菜单 Place→Net Label 命令。

2．放置网络名称（Net Label）的步骤

放置网络名称（Net Label）的步骤如下。

（1）执行放置网络名称命令后，将光标移到放置网络名称的导线或总线上，光标上产生一个小圆点，表示光标已捕捉到该导线，单击鼠标即可正确放置一个网络名称。

（2）将光标移到其他需要放置网络名称的地方，继续放置网络名称。单击鼠标右键可结束放置网络名称状态。

在放置过程中，如果网络名称的头和尾是数字，则这些数字会自动增加。如现在放置的网络名称为 D0，则下一个网络名称自动变为 Dl；同样，如果现在放置的网络名称为 1A，则下一个网络名称自动变为 2A，如图 4-13 所示，即为顺序放置网络名称的电路图部分。

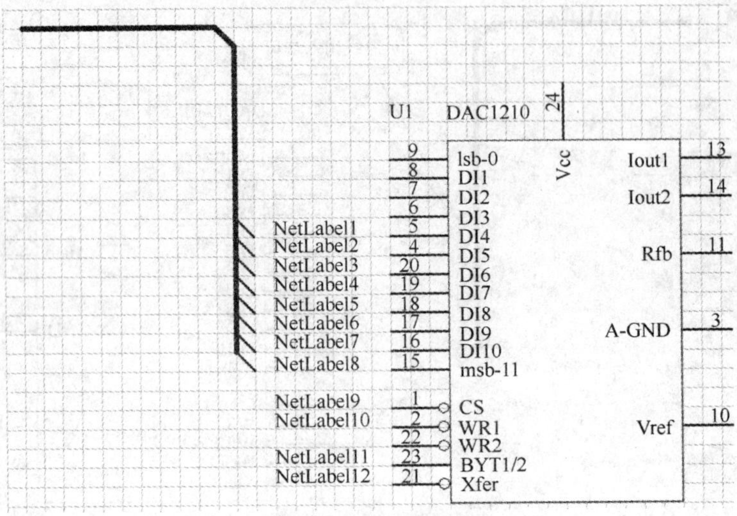

图 4-13　放置网络名称的图形

3. 设置网络名称（Net Label）属性对话框

在放置网络名称的状态下，如果用户要编辑所要放置的网络名称，按“Tab”键即可打开“网络名称属性”对话框，如图 4-14 所示。其中 Color 项和 Selection 项与导线属性对话框内有关设置相同，这里不再叙述。其余各个设置项功能说明如下：

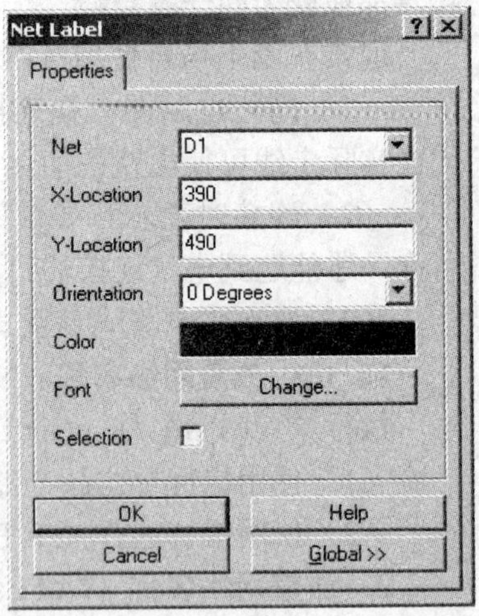

图 4-14　“网络名称属性”对话框

- Net 设置项设置网络名称。
- X－Location 设置项设置网络名称所放位置的 X 坐标值。
- Y－Location 设置项设置网络名称所放位置的 Y 坐标值。
- Orientation 设置项设置网络名称放置的方向。单击选项右边的下拉式按钮即可打开下拉式列表。其中包括四个选项 0 Degrees、90 Degrees、180 Degrees 和 270 Degrees，分别表示网络名称的放置方向为 0°、90°、180°和 270°。但一般不在对话框内设置网络名称的方向，而是在放置网络名称状态下，通过按空格键来设置网络名称合适的放置方向。
- Font 设置项设置所要放置文字的字体，单击 Change，会出现设置字体对话框。
- Global 设置项选中一个网络名称，双击鼠标也可打开网络名称属性对话框，单击 Global 按钮即可进入全局修改或设置，如图 4-15 所示。其中的设置基本与导线的全局设置类似，这里仅介绍几项特殊的设置。

在 Attributes To Match By 区域中的 Wild 设置项内，填入“*”表示不管电路图中其他的网络名称是什么，都符合全局修改条件。也可以指定某个特定网络名称，表示整个电路图中所有同名的网络名称都符合全局修改条件。

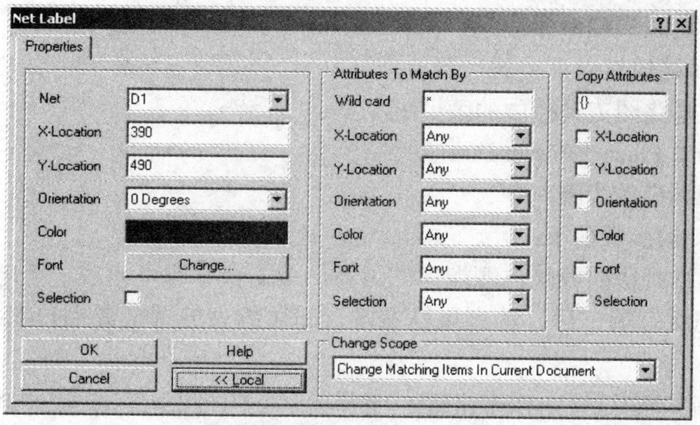

图 4-15　网络名称修改对话框

在 Copy Attributes 区域中，“{}”用以指定如何修改。例如，要将已放置在电路图中的 Net1、Net2、Net3…网络名称更改为 D1、D2、D3…，那么在 Wild 设置项中填入“Net*”，在 Copy Attributes 区域中填入“{Net=D}”，最后按“OK”按钮，即可完成网络名称的全局修改。

如图 4-13 所示，用户已经放置了网络名称。现在可以对各网络名进行属性编辑，可以逐个修改各个网络名，也可以使用上面讲的全局修改方式来实现。可以在 Wild 编辑框中输入 NetLabel*，而在 Copy Attributes 区域输入{NetLabel=D}，然后单击属性修改对话框的 OK 按钮，即实现所有 NetLabel*的前面的字符的修改。然后对 D9、D10、D11 和 D12 进行相应修改，修改后的网络如图 4-16 所示。

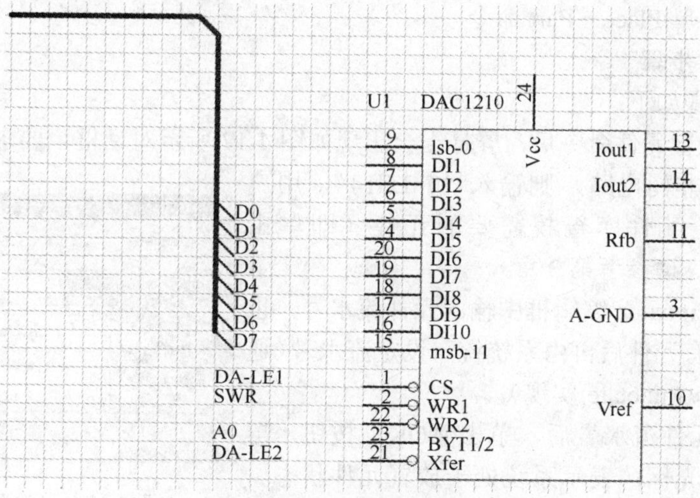

图 4-16　修改所放置的网络名后的图形

4.1.5　放置电源端口

电源端口是电路图不可缺少的组件，它一般包括电源和接地。Schematic 通过网络名称将电源和接地端口区别开来。

1. 执行放置电源端口命令

执行放置电源端口有以下方式：

（1）单击画电路图工具栏中的图标。

（2）选择菜单 Place→Power Port 命令。

2. 放置电源端口的步骤

放置电源端口的步骤如下：

（1）将光标移到所要放置电源端口的位置，单击鼠标即可完成一个电源端口的放置。

（2）放置完所有端口后，单击鼠标右键，即可结束放置电源端口状态，光标由十字变成箭头。

在放置电源端口的过程中按空格键，电源端口方向将逆时针旋转 90°；按“X”键左右翻转；按“Y”键上下翻转。

说明：关于电源端口的放置和编辑操作，可参考 3.6 节。

4.1.6 放置元件

元件是原理图中最为重要的部分。元件来自相应的元件库，在放置元件前应该先添加元件所在的元件库。

1. 执行放置元件（Part）命令

执行放置元件（Part）命令的方法有如下几种。

（1）单击画电路图工具栏内的图标。

（2）在元件管理器中双击所要放置的元件。

（3）选择菜单 Place→Part 命令。

2. 放置元件步骤

放置元件步骤如下：

（1）执行放置元件命令后，屏幕上会出现如图 4-17 所示对话框，要求输入取用元件名。例如，要取用与非门电路，则输入“74LS14”，用户也可以通过浏览元件库查找需要的元件（即单击“Browse”按钮，请参考第 3 章）。

（2）在 Designator 编辑框中输入元件流水号，也可以等放置了所有元件后再由系统统一设定流水号（通过菜单命令 Tools/Annotate 实现）。

（3）输入元件流水号后，单击“OK”按钮，屏幕出现一个十字光标，表示系统处于放置元件状态。将光标移动到合适的位置单击鼠标，将该元件定位。

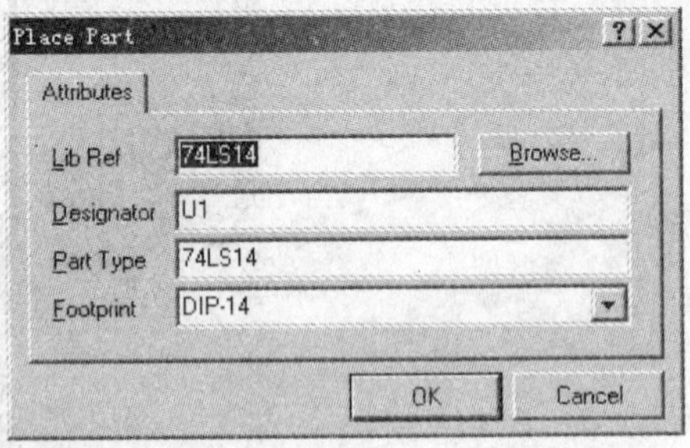

图 4-17 “放置元件”对话框

屏幕又会出现如图 4-18 所示对话框，其中默认的元件库名，正是上次取用的元件库名。指定取用的元件库名后，再单击“OK”按钮，屏幕再次出现要求输入元件序号对话框，其中默认的元件序号将自动加 1，例如上次取用元件序号为 U1，这次自动变为 U2。单击鼠标右键，系统退出放置元件状态。

3. 元件属性对话框

在已放置的元件上双击鼠标即可打开如图 4-18 所示的“元件属性”对话框。“元件属性”对话框有 4 个选项卡，它们是元件属性选项卡（Attributes）、元件图形属性选项卡（Graphical Attrs）、Part Fields 选项卡和 Read-Only Fields 选项卡，下面分别进行说明。

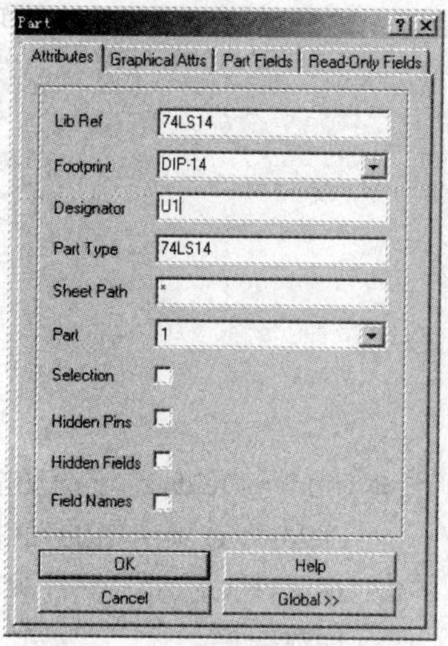

图 4-18 “元件属性”对话框

（1）元件属性选项卡（Attributes），元件属性选项卡（Attributes）的功能是设置元件的电气属性。元件属性选项卡如图 4-18 所示，包括如下选项。

- Lib Ref 选项的功能是选择元件库，修改此项可以直接替换原有的元件，元件库名不会显示在元件图上。
- Footprint 选项的功能是选择元件的封装方式。对于同一种元件，可以有不同的元件封装方式，如 74LS00，最普遍采用 DIP14（双排直插）的封装方式，但也可以采用 SOP14（小尺寸封装）的封装方式。元件的封装方式也不会在电路图上显示。
- Designator 选项的功能是设置元件序号。
- Part Type 选项的功能是设置元件在电路图上显示的元件名称，它与元件库名、元件序号是不同的。
- Sheet Path 选项的功能是指定子电路图名，以便能够将该电路图连接到层次原理图中，这只在层次原理图设计时才使用。子电路图名不会显示在当前电路图上。
- Part 选项是针对复合式封装的元件而设定的。它的功能是指定复合式封装元件中的元件。复合式封装元件有逻辑门、运算放大器等，例如 74LS14 是由几个与门组成的。指定不同的元件，其引脚也将随之发生变化。Part 项选择 1 时，电路图上该元件的序号为 U1A，其输入引脚为 1 脚，输出引脚为 2 脚；Part 项选择 2 时，电路图上该元件的序号为 U1B，其输入引脚为 3 脚，输出引脚为 4 脚；Part 项选择 3 时，电路图上该元件的序号为 U1C，其输入引脚为 5 脚，输出引脚为 6 脚；依次类推，如图 4-19 所示。

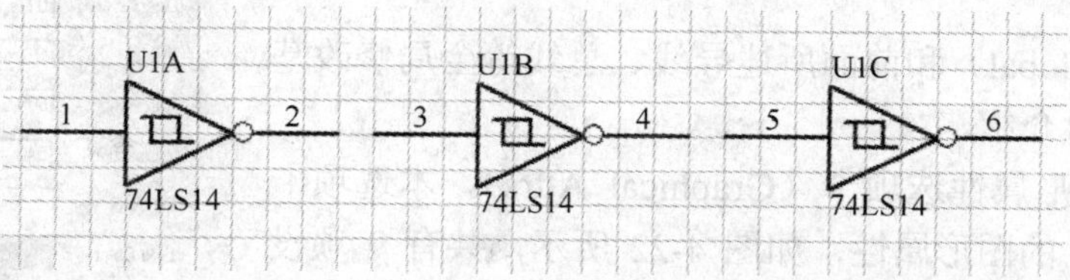

图 4-19 选择不同管脚的元件图形示例

此时使用鼠标分别双击三个元件，进入其属性编辑对话框，可以看到“Part”编辑框中分别为 1、2、3。

- Selection 选项的功能是在元件放置后，将该元件置于被选状态，元件四周会出现黄框，并且元件序号和元件名称也变为黄色。
- Hidden Pins 选项的功能是设置是否显示隐藏的引脚，通常隐藏的引脚是不会显示在电路图上的。如果选中本项，隐藏的引脚将在电路图上显示出来，如图 4-20 所示。

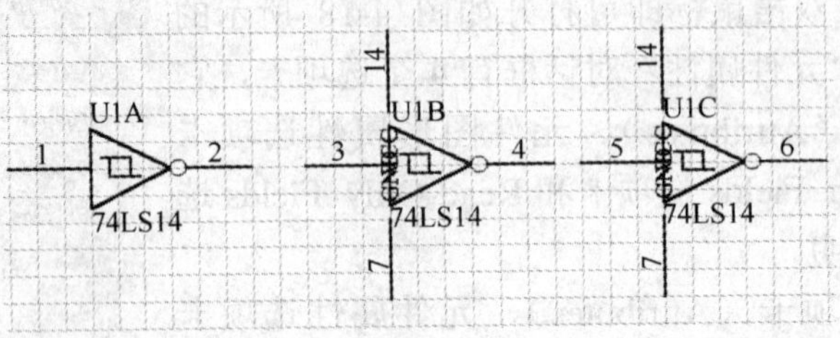

图 4-20　显示隐藏的引脚

● Hidden Fields 选项的功能是设置是否显示元件标注（共 16 个标注项），即是否显示"Part Fields"选项卡中的元件数据栏。如果元件标注栏里没有文字的话，将显示"*"号。在元件上显示了元件数据栏的元件图如图 4.21 所示，中间的 U1B 元件即为显示了元件数据栏。

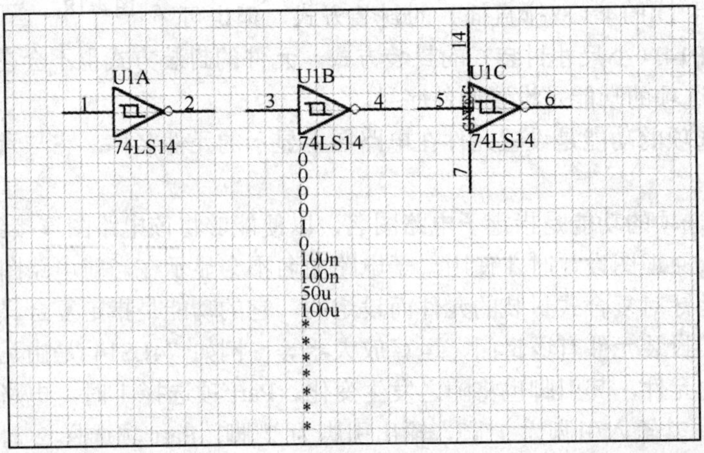

图 4-21　显示元件数据栏的元件

● Hidden Names 选项的功能是设置是否显示元件标注栏的栏名。

全局修改（Global）和前面所述导线、总线等全局修改基本一致，这里不再介绍。

（2）元件图形属性选项卡（Graphical Attrs），本选项卡的功能是设置元件的图形属性，如图 4-22 所示，共有 9 项设置。它们是元件方向选项（Orientation）、元件模式选项（Mode）、X－Location 设置项、Y－Location 设置项、元件填充颜色选项（Fill Color）、元件外框颜色选项（Line Color）、元件引脚颜色选项（Pin Color）、指定颜色有效选项（Local Colors）和元件翻转选项（Mirrored）。

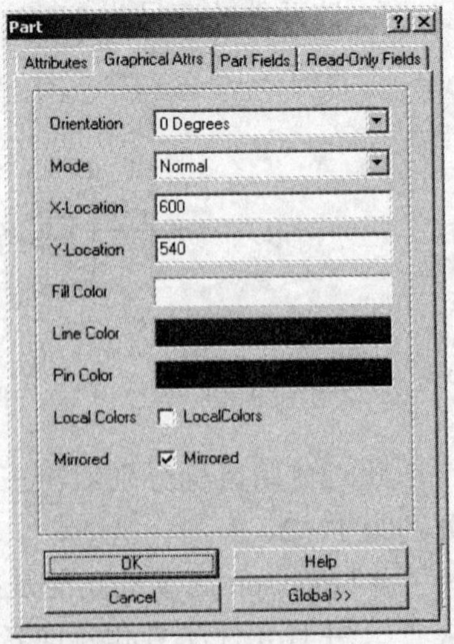

图 4-22　图形属性选项卡

● 元件方向选项（Orientation）、X－Location 设置项和 Y－Location 设置项在前面讲解放置网络名称和网络进出点时已经介绍过，这里就不再重复了。下面对其他的几项进行说明。

- Mode 选项的功能是设定元件的模式，单击 Mode 选项右边的下拉式按钮会弹出一个下拉式列表。列表中包括三种元件模式选项，即正常模式（Normal）、狄摩根模式（DeMorgan）和电子与工程协会模式（IEEE）。
- Fill Color 选项的功能是设置元件内部所要填充的颜色。
- Line Color 选项的功能是设定元件轮廓的线条颜色。
- Pin Color 选项的功能是设定元件引脚的颜色。

以上 3 个关于元件颜色选项的具体设置同导线颜色的设置完全一样，设置方法见导线颜色的有关设置。

- Local Colors 选项的功能是指定上面 3 项元件颜色的设置是否应用于该元件。
- Mirrored 选项的功能是使元件水平翻转，相当于在放置元件时按“X”键，这时图 4-18 镜像处理后的元件图形将如图 4-23 所示。

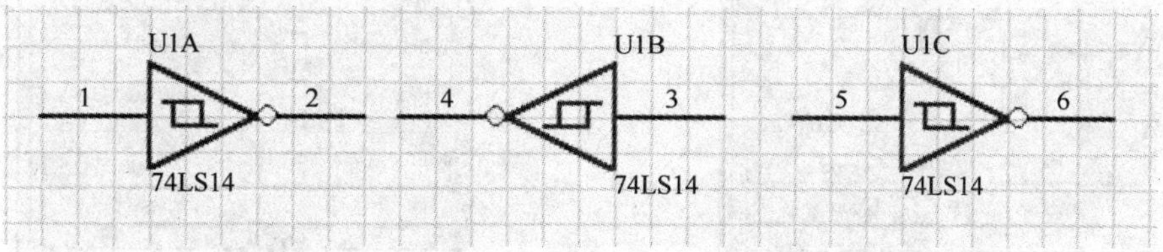

图 4-23　镜像处理 U1B 后的元件视图

（3）Part Fields 选项卡，Part Fields 选项卡的功能是设置元件的 16 项标注，如图 4-24 所示。可以直接在标注栏里输入标注文字。

（4）Read-Only Fields 选项卡，Read-Only Fields 选项卡的功能是设置元件的只读标注。如图 4-25 所示，这些标注文字不能直接在电路图中修改。

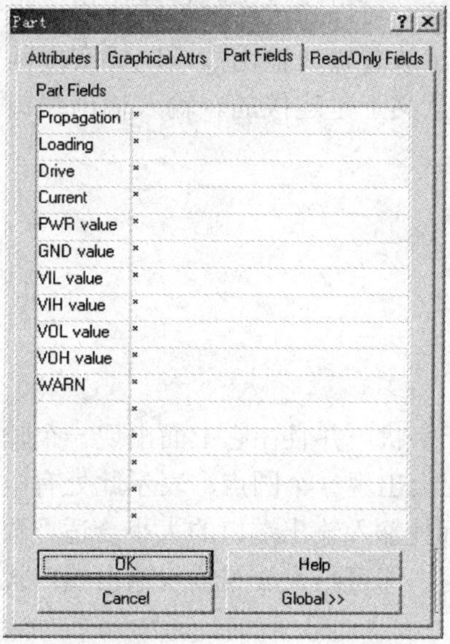

图 4-24　Part Fields 选项卡

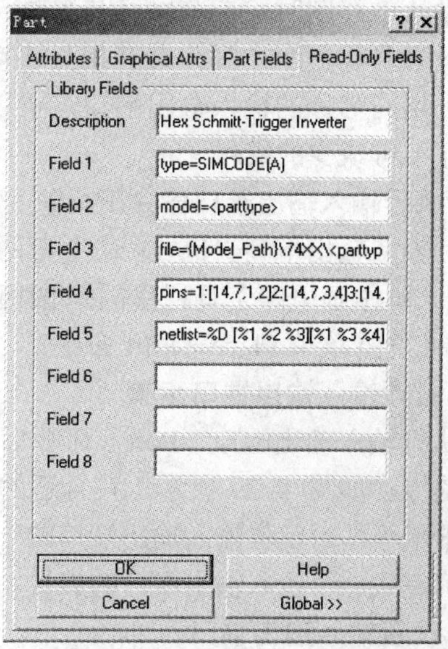

图 4-25　Read-Only Fields 选项卡

（5）编辑元件的序号或名称，对于放置完毕的元件，可以单独编辑其元件序号或元件名称。将光标移动到所要编辑的元件序号或元件名称中间，双击鼠标，即可打开相应的编辑对话框。图 4-26 和图 4-27 分别是元件序号编辑对话框和元件名称编辑对话框，这两个对话框和网络名称属性对话框很类似，只是多出了 Hide 选项，Hide 选项的功能是设定元件序号或元件名称是否显示在元件图上。

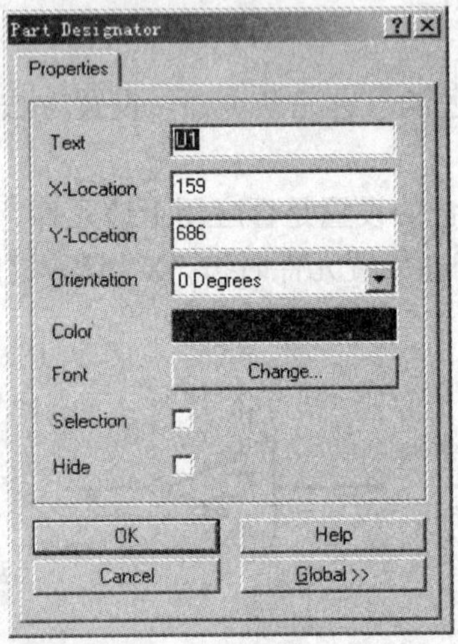

图 4-26　元件序号对话框

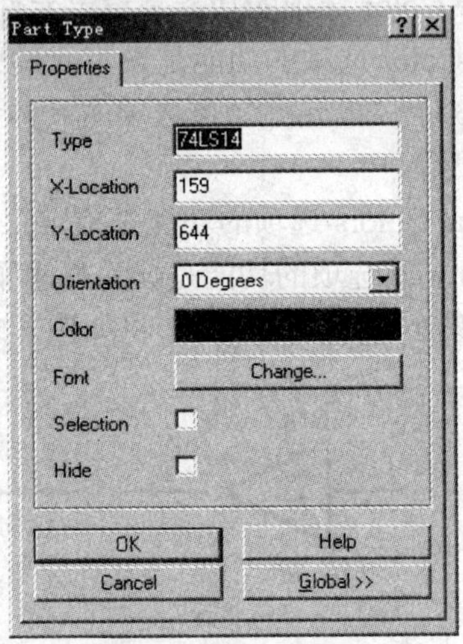

图 4-27　元件名称对话框

另外，还可以通过拖曳的方法直接将元件序号或元件名称拖动到合适的位置，松开鼠标即可将元件序号或元件名重定位。

4.1.7　放置输入输出端口

在设计电路图时，一个网络与另外一个网络的连接，可以通过实际导线连接，也可以通过放置网络名称使两个网路具有相互连接的电气意义。放置输人输出点，同样实现两个网路的连接，相同名称的输入输出端口，可以认为在电气意义上是连接的。输入输出端口也是层次图设计不可缺少的组件。

1．执行输入输出端口命令(Port)

执行输入输出端口（Port）命令有两种方式：

（1）单击画电路工具栏里的图标。

（2）选择菜单 Place→Port 命令。

2．放置输入输出端口步骤

在执行输入输出端口（Port）命令后，光标变成十字状，并且在它上面出现一个输入输出端口的图标，如图 4-28 所示。在合适的位置，光标上会出现一个圆点，表示此处有电气连接点。单击鼠标即可定位输入输出端口的一端，移动鼠标使输入输出端口的大小合适，再单击鼠标，即可完成一个输入输出端口的放置。单击鼠标右键，即可结束放置输入输出端口状态。

3．设置输入输出端口

在放置输入输出端口状态下，按“Tab”键，即可开启如图 4-29 所示的对话框。对话框中共有 11 个设置项，下面介绍几个主要选项的内容。

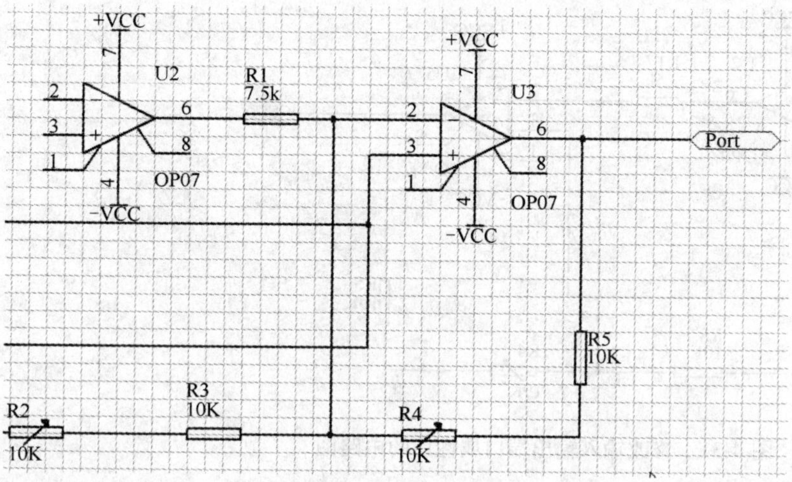

图 4-28　绘制输入输出端口

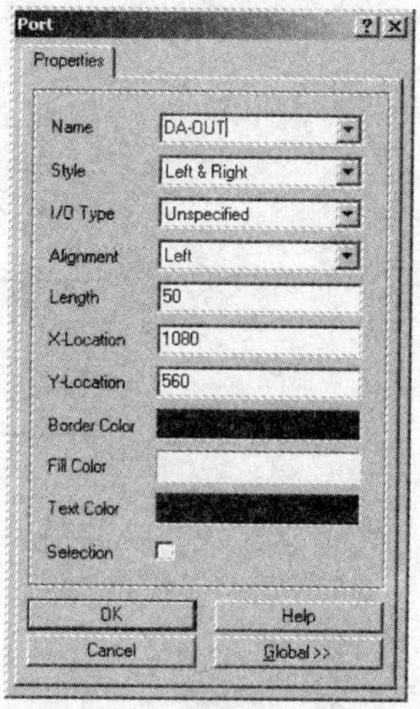

图 4-29　“端口属性”对话框

（1）Name 定义 I/O 端口的名称，具有相同名称的 I/O 端口的线路在电气上是连接在一起的。图中的名称默认值为 Port。

（2）端口外形的设定（Style），I/O 端口的外形种类一共有 8 种如图 4-30 所示。本实例中设定为 Left＆Right。

（3）设置端口的电气特性（I/O Type），设置端口的电气特性也就是对端口的 I/O 类型设置，它会对电气法则测试（ERC）提供一些依据。例如，当两个同属 Input 输入类型的端口连接在一起的时候，电气法检测时，会产生错误报告。端口的类型设置有以下四种：

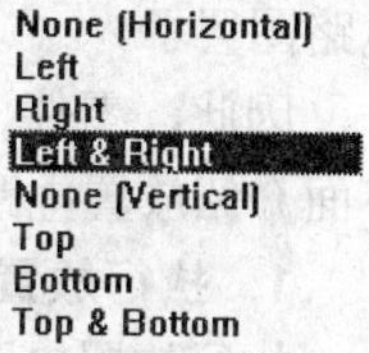

图 4-30　端口外形

- Unspecified　未指明或不确定。
- Output　输出端口型。
- Input　输入端口型。
- Bidirectional　双向型。

（4）设置端口的形式（Alignment）　端口的形式与端口的类型是不同的概念，端口的形式仅用来确定 I/O 端口的名称在端口符号中的位置，而不具有电气特性。端口的形式共有 3 种：Center、Left 和 Right。

其他项目的设置包括 I/O 端口的宽度、位置、边线的颜色、填充颜色、及文字标注的颜色等等。这些用户可以根据自己的要求来设置。

下面对图 4-28 所示的端口进行修改设置，Name（名称）修改为 DA-OUT；Style（端口的外形）为 Left＆Right；I/O Type（I/O 类型）修改为 Output（输出型端口）；Alignment（名称布置）为 Center（中心）；Length（长度）为 50；其他不变。修改后的端口如图 4-31 所示。

4.1.8　放置电路方块图

电路方块图（Sheet Symbol）是层次式电路设计不可缺少的组件，层次式电路设计将在以后的章节里详细介绍。

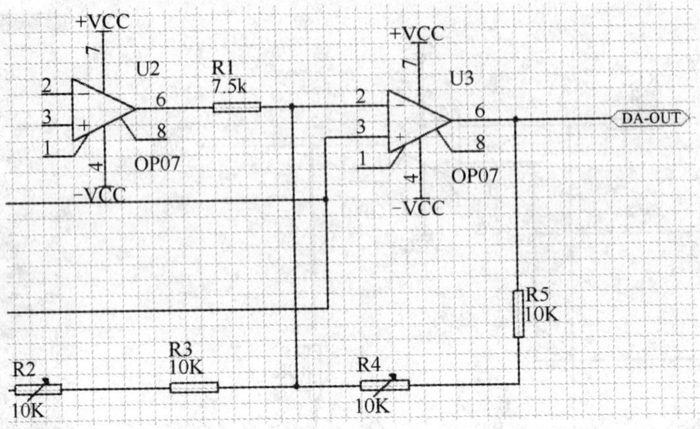

图 4-31　修改输入输出端口属性后的电路图

简单地说，电路方块图就是设计者通过组合其他元器件，自己定义的一个复杂器件。这个复杂器件在图纸上用简单的方块图来表示，至于这个复杂器件由哪些元件组成、内部的接线又如何，可以由另外一张电路图来详细描述。这和元件图是非常相似的，在前面介绍设置元件属性对话框时，介绍过 Attributes 标签页里的 Sheet Path 选项，如图 4-18 所示。它的功能是指定该零件内部电路图所在的文件，只是对于标准化零件，普通用户很少去关心其内部电路图罢了。

因此，零件、自定义零件、电路方块图没有本质上的区别，大致可以将它们等同看待。下面介绍放置电路方块图的方法。

1．执行放置电路方块图命令

执行放置电路方块图的方式有两种：

（1）使用鼠标单击画电路图工具栏里的图标。

（2）使用鼠标选择菜单 Place→Sheet Symbol 命令。

2．放置电路方块图

执行放置电路方块图命令后，光标变成十字状，在电路方块图一角，单击鼠标，再将光标移到方块图的另一角，即可展开一个区域，再单击鼠标，即可完成该方块图的放置。单击鼠标右键，即可退出放置电路方块图状态。绘制的电路方块图如图 4-32 所示。

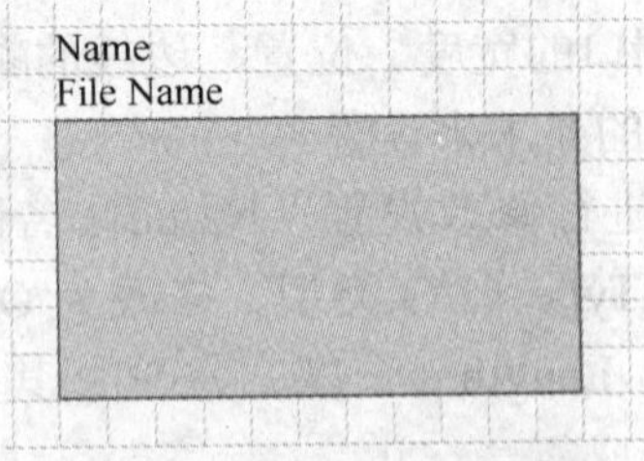

图 4-32　绘制电路方块图

3．编辑电路方块图属性

在放置电路方块图状态下，按“Tab”键，即可打开如图 4-33 所示的电路方块图属性对话框，或者放置了电路方块图后，可以使用鼠标双击元件，或者选中元件再单击鼠标右键，从弹出的快捷菜单中选择执行 Properties 命令。

对话框中共有 12 个设置项，其中 X-Location、Y-Location、Fill Color 和 Selection 设置项与设置网络名称属性对话框的相应选项操作一样。下面介绍剩下的 8 个设置项。

（1）Border Width 选择项的功能是选择电路方块图边框的宽度。单击 Border Width 选择项右侧的下拉式按钮中，共有 4 种边线的宽度，即最细（Smallest）、细（Small）、中（Medium）和粗（Large）。

（2）X-Size 设置项的功能是设置电路方块图的宽度。

（3）Y-Size 设置项的功能是设置电路方块图的高度。

（4）Border Color 设置项的功能是设置电路方块图的边框颜色。

（5）Draw Solid 选项的功能是设置电路方块图内是否要填入 Fill Color 所设置的颜色。

（6）Show Hidden 复选框选中后，可以显示一些关于方块图的辅助信息。

（7）Filename 设置项的功能是设置电路方块图所对应的文件名称，和元件编辑对话框内的 Sheet 设置项类似。

（8）Name 设置项的功能是设置电路方块图的名称。

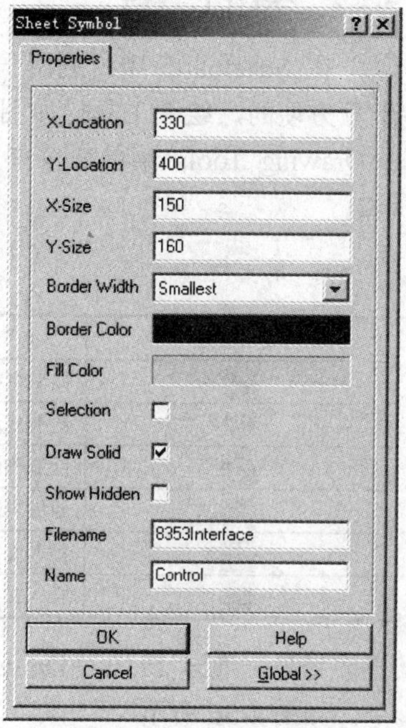

图 4-33　电路方块图属性

下面对如图 4-32 所示的电路方块图进行修改设置。Fill Color（填充颜色）不变；Name 修改为 D/A Circuit；Filename 修改为 Board1。修改后的电路方块图如图 4-34 所示。

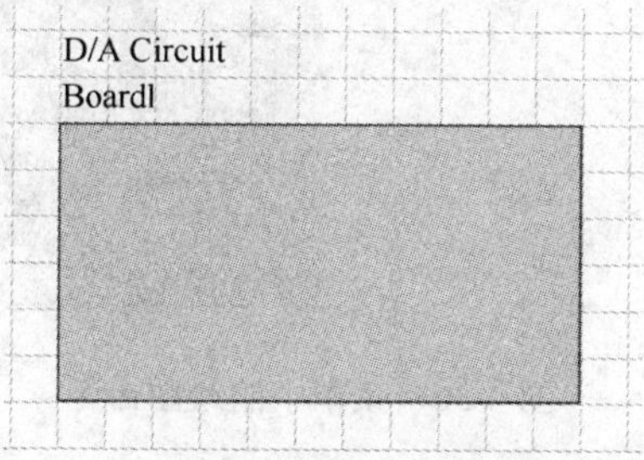

图 4-34　修改方块图属性后的图形

另外可以直接对 Name 和 Filename 属性进行操作。可以单独选取它们，然后在其属性对话框中修改。

4.2　绘制图形

在电路图中加上一些说明性的文字或是图形，除了可以让整个绘图页显得生动活泼，还可以增强电路图的说服力及数据的完整性。Schematic 提供了很好的绘图功能，足以满足绘制说明性图形的基本要求。由于图形对象并不具备电气特性，所以在作电气规则检查 ERC 和转换成网络表时，它们并不产生任何影响，也不会附加在网络表数据中。

4.2.1 绘图工具栏

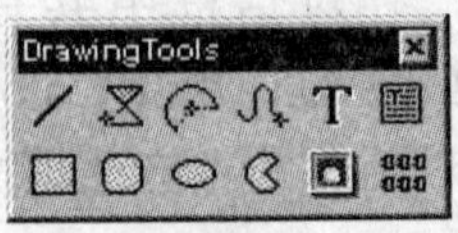

图 4-35 绘图工具栏

在 Schematic 中，利用一般绘图工具栏上的各个按钮进行绘图是十分方便的，绘图工具栏如图 4-35 所示，可以通过 View→ToolBars→Drawing Tools 菜单命令来显示。绘图工具栏上各按钮的功能见表 4-2。

表 4-2 绘图工具栏的按钮及其功能

按 钮	功 能	按 钮	功 能
	绘制直线		绘制实心直角矩形
	绘制多边形		绘制实心圆角矩形
	绘制椭圆弧线		绘制椭圆形及圆形
	绘制贝塞尔曲线		绘制饼图
	插入文字		插入图片
	插入文字框		将剪贴板上的内容矩阵排列

另外，通过 Place→Drawing Tools 菜单命令也可以找到绘图工具栏上各按钮所对应的命令，如图 4-36 所示。

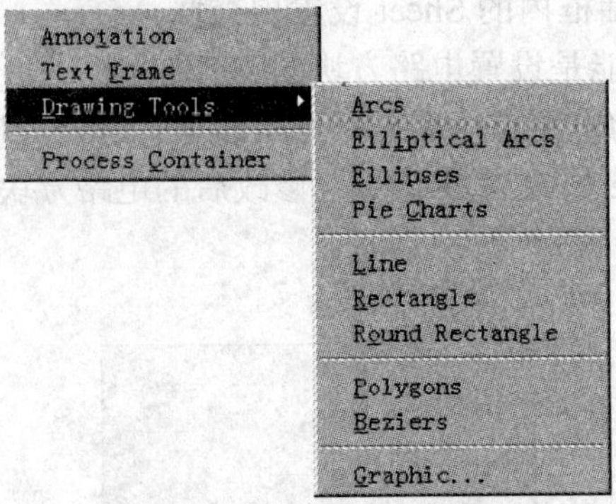

图 4-36 菜单中的绘图命令

4.2.2 绘制直线

直线（Line）在功能上完全不同于元件间的导线（Wire）。导线具有电气意义，通常用来表现元件间的物理连通性，而直线并不具备任何电气意义。

要绘制直线，可通过菜单命令 Place→Drawing Tools→Lines 或单击一般绘图工具栏上的按钮，将编辑模式切换到画直线模式，此时鼠标指针除了原先的空心箭头之外，还多出了一个大十字符号。在绘制直线状态下，将大十字指针符号移动到直线的起点，单击鼠标左键，然后移动鼠标，屏幕上会出现一条随鼠标指针移动的预拉线。如果不满意这条预拉线，可以单击鼠标右键或按下“Esc”键取消这条直线的绘制。如果还处于绘制直线模式下，则可以继续绘制下一条直线，直到单击鼠标右键或按下“Esc”按键退出绘图状态。

如果在绘制直线的过程中按下“Tab”键，或在已绘制好的直线上双击鼠标左键，即可打开如图 4-37 所示的 PolyLine 对话框，从中可以设置关于该直线的一些属性，包括 Line Width（线宽，有 Smallest、Small、Medium、Large 几种），Line Style（线型，有实线 Solid、虚线 Dashed 和点线 Dotted 几种），Color（直线的颜色），Selection（切换选取状态）。

单击已绘制好的直线，可使其进入选中状态，此时直线的两端会各自出现一个四方形的小黑点，即所谓的控制点，如图 4-38 所示。可以通过拖动控制点来调整这条直线的起点与终点位置。另外，还可以直接拖动直线本身来改变其位置。

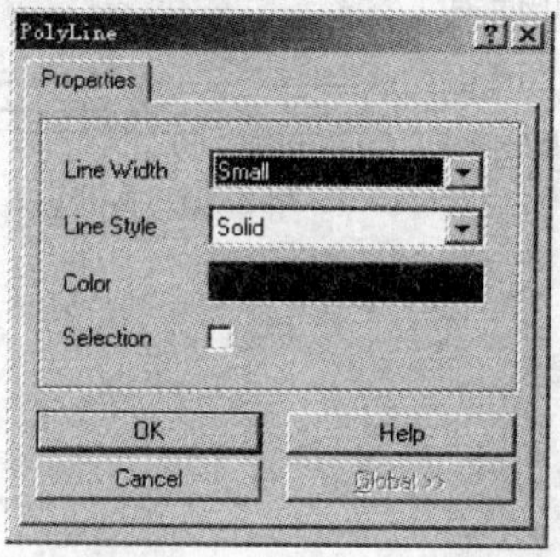

图 4-37　PolyLine 对话框

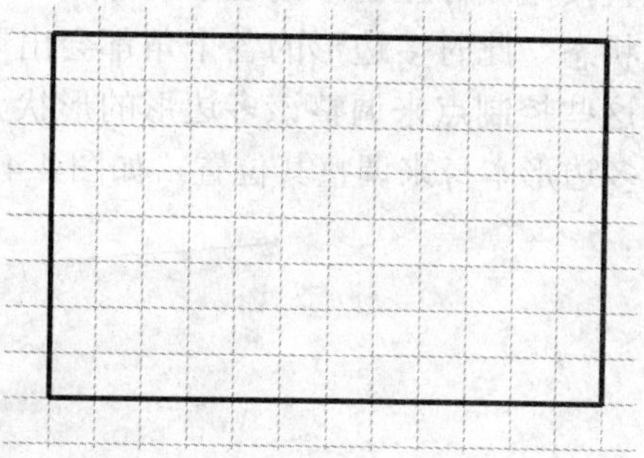

图 4-38　绘制直线

4.2.3　绘制多边形

所谓多边形（Polygon）是指利用鼠标指针依次定义出图形的各条边所形成的封闭区域。

1．执行绘制多边形命令

绘制多边形可通过菜单命令 Place→Drawing Tools→Polygon 或单击绘图工具栏上的按钮 ，将编辑状态切换到绘制多边形模式。

2．绘制多边形

执行此命令后，鼠标指针旁边会多出一个大十字符号。在待绘制图形的一个角单击鼠标左键，移动鼠标到第二个角单击鼠标左键形成一条直线。移动鼠标，这时会出现一个随鼠标指针移动的预拉封闭区域。现在依次移动鼠标到待绘制图形的其他角单击左键。如果单击鼠标右键就会结束当前多边形的绘制，开始进入下一个绘制多边形的过程。如果要将编辑模式切换回待命模式，可再单击鼠标右键或按下“Esc”键。绘制的多边形如图 4-39 所示。

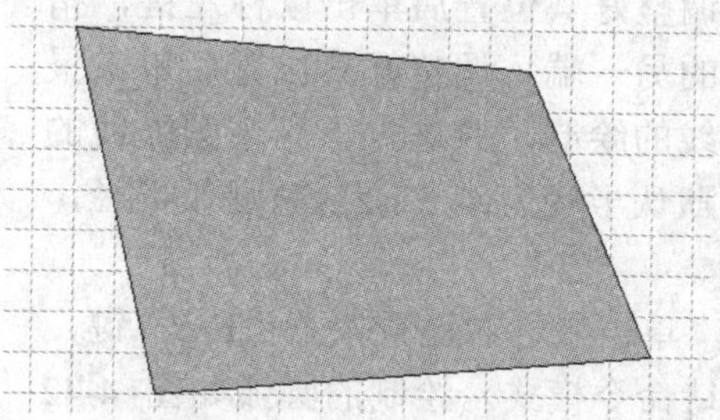

图 4-39　绘制多边形

3. 编辑多边形属性

如果在绘制多边形的过程中按下“Tab”键，或是在已绘制好的多边形上双击鼠标左键，就会打开如图 4-40 所示的 Polygon 对话框，可从中设置该多边形的一些属性，如 Border Width（边框宽度）、Border Color（边框颜色）、Fill Color（填充颜色）、Draw Solid（设置为实心多边形）、Selection（切换选取状态）。

如果直接用鼠标左键单击已绘制好的多边形，则可使其进入选取状态，此时多边形的各个角都会出现控制点，可以通过拖动这些控制点来调整该多边形的形状。此外，也可以直接拖动多边形本身来调整其位置，如图 4-41 所示。

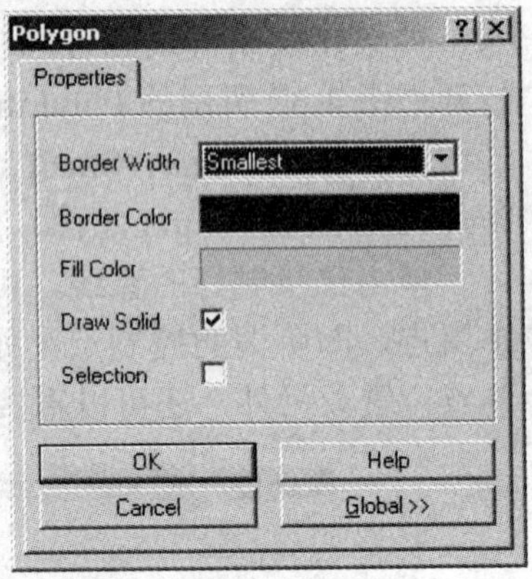

图 4-40　Polygon 对话框

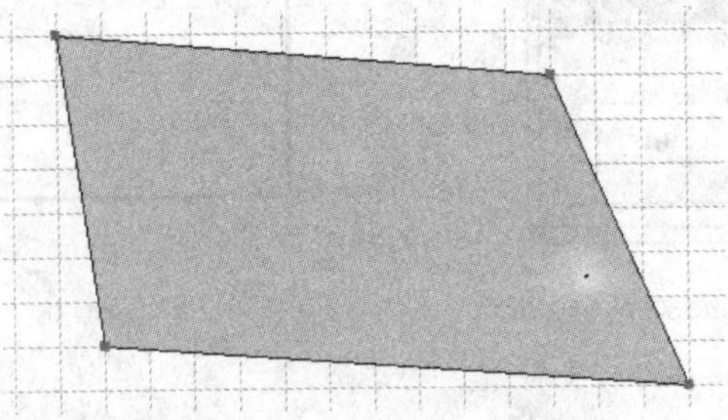

图 4-41　改变多边形形状

4.2.4　绘制圆弧与椭圆弧

1. 执行绘制圆弧与椭圆弧命令

要绘制圆弧线，可通过菜单命令 Place→Drawing Tools→Arcs，将编辑模式切换到绘制圆弧线模式。绘制椭圆弧线可使用菜单命令 Place→Drawing Tools→Elliptic Arcs 或单击绘图工具栏上的按钮。

2. 绘制图形

（1）绘制圆弧。绘制圆弧的操作过程如下：

首先在待绘图形的圆弧中心处单击鼠标左键，然后移动鼠标会出现圆弧预拉线。

接着调整好圆弧半径，然后单击鼠标左键，指针会自动移动到圆弧缺口的一端，调整好其位置后单击鼠标左键，指针会自动移动到圆弧缺口的另一端，调整好其位置后单击鼠标左键，就结束了该圆弧线的绘制，并进入下一个圆弧线的绘制流程，下一次圆弧的默认半径为刚才绘制的圆弧半径，开口也一致。

结束绘制圆弧操作后，单击鼠标右键或按下“Esc”键，即可将编辑模式切换回等待命令模式。绘制的圆弧如图 4-42 所示。

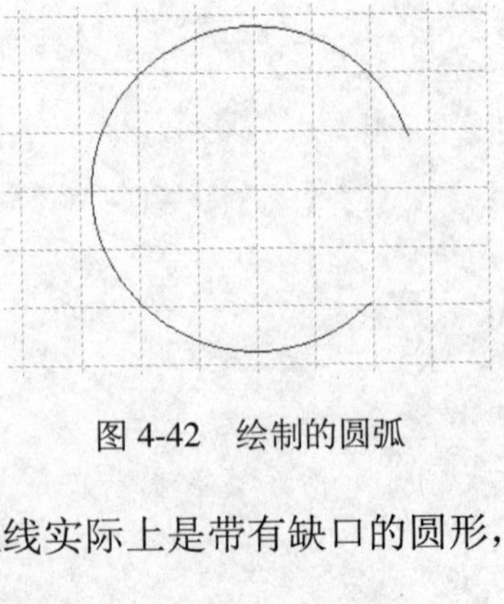

图 4-42　绘制的圆弧

（2）绘制椭圆弧。所谓椭圆弧线与圆弧线略有不同，圆弧线实际上是带有缺口的圆形，而椭圆弧线则为带有缺口的椭圆形。所以利用绘制椭圆弧线的功能也可以绘制出圆弧线。椭圆弧绘制的操作过程如下：

首先在待绘制图形的椭圆弧中心点处单击鼠标左键，然后移动鼠标会出现椭圆弧预拉线。

接着调整好椭圆弧 X 轴半径后单击鼠标左键，然后移动鼠标调整好椭圆弧 Y 轴半径后单击鼠标左键，指针会自动移动到椭圆弧缺口的一端，调整好其位置后单击鼠标左键，指针会自动移动到椭圆弧缺口的另一端，调整好其位置后单击鼠标左键，就结束了该椭圆弧线的绘制，同时进入下一个椭圆弧线的绘制流程。

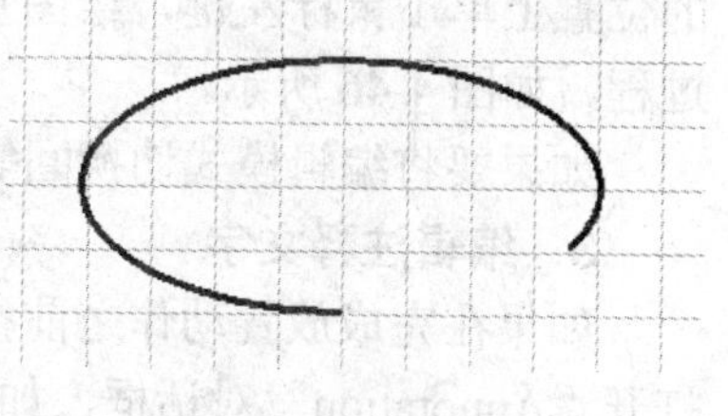

图 4-43　绘制的椭圆弧

结束绘制椭圆弧操作后，单击鼠标右键或按下“Esc”键，即可将编辑模式切换回等待命令模式。绘制的图形如图 4-43 所示。

3．编辑图形属性

如果在绘制圆弧线或椭圆弧线的过程中按下“Tab”键，或者单击已绘制好的圆弧线或椭圆弧线，可打开其属性对话框。“圆弧属性”和“椭圆弧属性”对话框内容差不多，如图 4-44 和图 4-45 所示，只不过“Arc”对话框中控制半径的参数只有 Radius 一项，而“Elliptical Arc”对话框则有 X-Radius、Y-Radius（X 轴、Y 轴半径）两种。其他的属性有 X-Location、Y-Location（中心点的 X 轴、Y 轴坐标）、LineWidth（线宽）、Start Angle（缺口起始角度）、End Angle（缺口结束角度）、Color（线条颜色）、Selection（切换选取状态）。

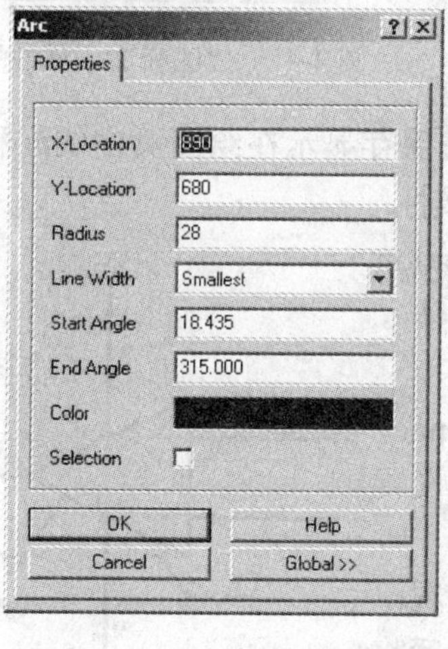

图 4-44　“圆弧属性”对话框

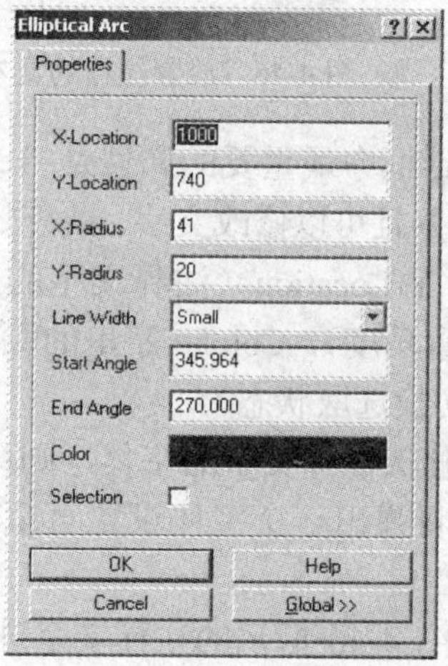

图 4-45　“椭圆弧属性”对话框

如果用鼠标左键单击已绘制好的圆弧线或椭圆弧线，可使其进入选取状态，此时其半径及缺口端点会出现控制点，我们拖动这些控制点来调整圆弧线或椭圆弧线的形状。此外，也可以直接拖动圆弧线或椭圆弧线本身来调整其位置。

4.2.5　放置注释文字

1．执行放置注释文字命令

要在绘图页上加上注释文字（Annotation），可以通过菜单命令 Place→Annotation 或单击绘图工具栏上的 T 按钮，将编辑模式切换到放置注释文字模式。

2．放置注释文字

执行此命令后，此时鼠标指针旁边会多出一个大十字和一个虚线框，在想放置注释文字的位置上单击鼠标左键，绘图页面中就会出现一个名为“Text”的字串，并进入下一次操作过程，如图 4-46 所示。

如果要将编辑模式切换回等待命令模式，可在此时单击鼠标右键或按下“Esc”键。

3．编辑注释文字

如果在完成放置动作之前按下 Tab 键，或者直接在“Text”字串上双击鼠标左键，即可打开“Annotation”对话框，如图 4-47 所示。

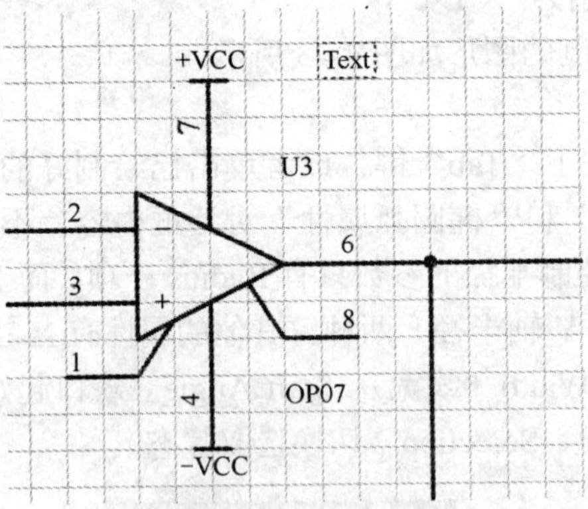

图 4-46　放置注释的文本

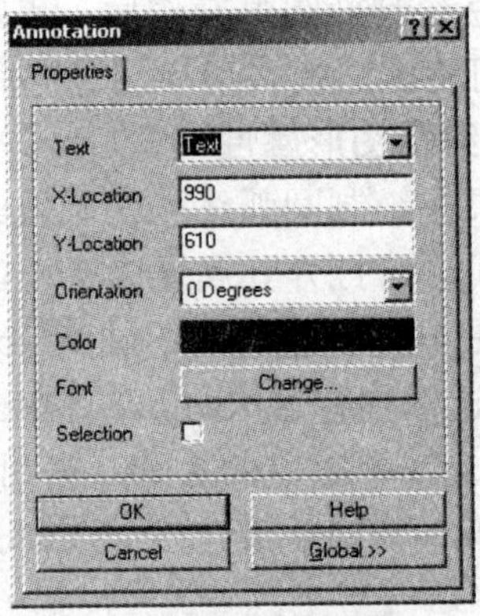

图 4-47　“注释文字属性”对话框

在此对话框中最重要的属性是 Text 栏，它负责保存显示在绘图页中的注释文字字串（只能是一行），并且可以修改文字。此外还有其他几项属性：X-Location、Y-Location（注释文字的坐标），Orientation（字串的放置角度），Color（字串的颜色），Font（字体），Selection（切换选取状态）。

如果想修改注释文字的字体，则可以单击“Change”按钮，系统将弹出一个字体设置对话框，此时可以设置字体的属性。

下面对图 4-46 所示的注释文字进行属性修改设置。在“注释文字属性”对话框单击 Change 按钮，然后将“Text”文本修改为“D/A 模块”，颜色修改为红色，字体修改为楷体 GB2312。修改属性后的注释文字如图 4-48 所示。

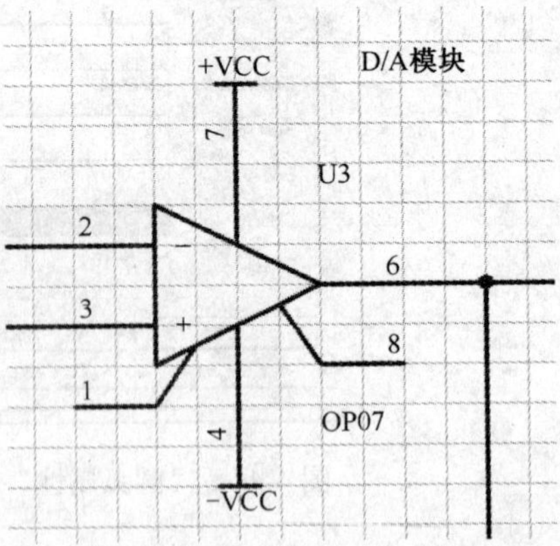

图 4-48　修改注释文字属性后的图形

4.2.6　放置文本框

1．执行放置文本框命令

要在绘图页上放置文本框，可通过菜单命令 Place→Text Frame 或单击绘图工具栏上的按钮，将编辑状态切换到放置文本框模式。

2. 放置文本框

前面所介绍的注释文字仅限于一行的范围，如果需要多行的注释文字，就必须使用文本框（Text Frame）。

执行此命令后，此时鼠标指针旁边会多出一个大十字符号，在需要放置文本框的一个边角处单击鼠标左键，然后移动鼠标就可以在屏幕上看到一个虚线的预拉框，用鼠标左键单击该预拉框的对角位置，就结束了当前文本框的放置过程，并自动进入下一个放置过程。

放置了文本框当前屏幕上应该有一个白底的矩形框，其中有一个“Text”字串，如图 4-49 所示。如果要将编辑状态切换回等待命令模式，可在此时单击鼠标右键或按下“Esc”键。

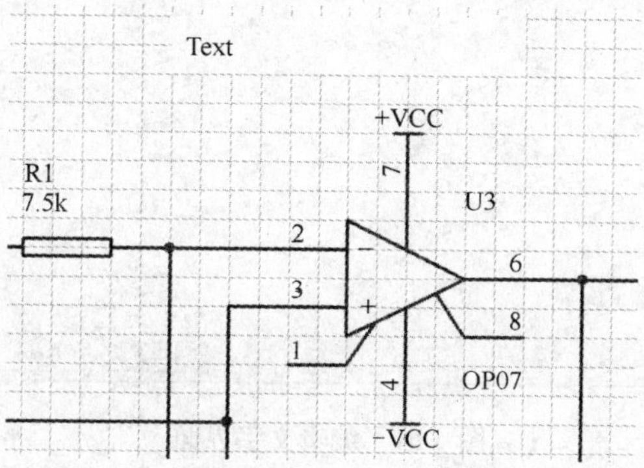

图 4-49　放置文本框

3. 编辑文本框

如果在完成放置文本框的动作之前按下 Tab 键，或者直接用鼠标左键双击文本框，就会打开“Text Frame”对话框，如图 4-50 所示。

在这个对话框中最重要的选项是 Text 栏，它负责保存显示在绘图页中的注释文字串，但在此处并不局限于一行。单击 Text 栏右边的 Change 按钮可打开如图 4-51 所示的“Edit TextFrame Text”窗口，这是一个文字编辑窗口，可以在此编辑显示字串。

在“Text Frame”对话框中还有其他一些选项，如：X1-Location、Y1-Location（文本框左上角坐标），X2-Location、Y2-Location（文本框右下角坐标），Border Width（边框宽度），Border Color（边框颜色），Fill Color（填充颜色），Text Color（文本颜色），Font（字体），Draw Solid（设置为实心多边形），Show Border（设置是否显示文本框边框），Alignment（文本框内文字对齐的方向），Word Warp（设置字回绕），Clip To Area（当文字长度超出文本框宽度时，自动截去超出部分）、Selection（切换选取状态）。

如果直接用鼠标左键单击文本框，可使其进入选中状态，同时出现一个环绕整个文本框的虚线边框，此时可直接拖动文本框本身来改变其放置的位置。

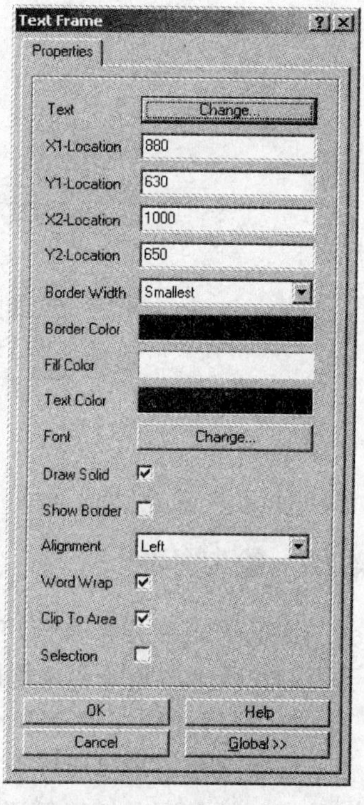

图 4-50　文本框属性

下面对图 4-49 所示的文本框进行属性修改设置，文本修改为如图 4-51 界面中所示；字体修改为楷体 GB3212，字号为 10 号；Alignment（文本布置）设定为 Left；其他不变，修改属性后的文本框如图 4-52 所示。如果文本框不能容纳所有文本，可以使用属性对话框修改 X、Y 对角坐标，或拖动选中的文本框的控制点来调整。

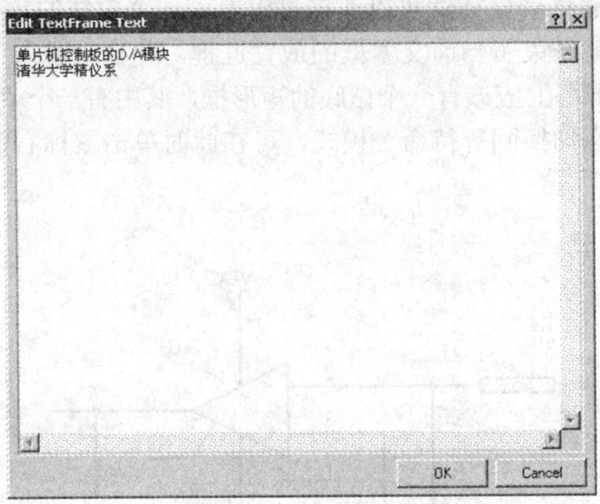

图 4-51　编辑文字界面

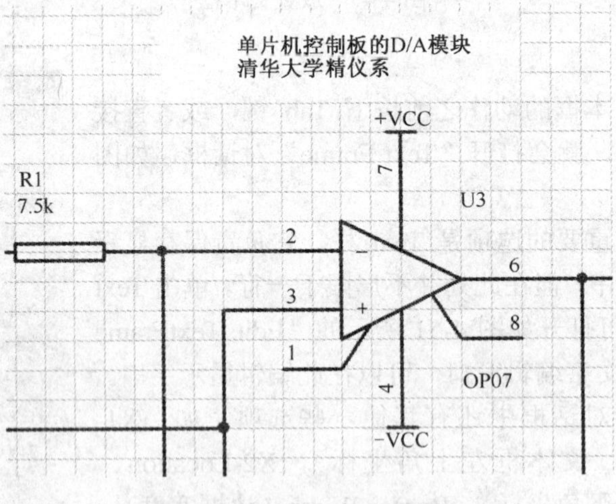

图 4-52　修改文本属性后的图形

4.2.7　绘制矩形

这里的矩形分为直角矩形（Rectangle）与圆角矩形（Round Rectangle），它们的差别在于矩形的四个边角是否由椭圆弧线所构成。除此之外，这二者的绘制方式与属性均十分相似。

1. 执行绘制矩形命令

绘制直角矩形可通过菜单命令 Place→Drawing Tools→Rectangle 或单击绘图工具栏上的□按钮。绘制圆角矩形可通过菜单命令 Place→Drawing Tools→Round Rectangle 或单击绘图工具栏上的▢按钮。

2．绘制矩形

执行绘制矩形命令后，此时鼠标指针旁边会多出一个大十字符号，然后在待绘制矩形的一个角上单击鼠标左键，接着移动鼠标到矩形的对角，再单击鼠标左键，即完成当前这个矩形的绘制过程，同时进入下一个绘制矩形的过程。

若要将编辑模式切换回等待命令模式，可在此时单击鼠标右键或按下“Esc”键。绘制的矩形和圆角矩形如图 4-53 所示。

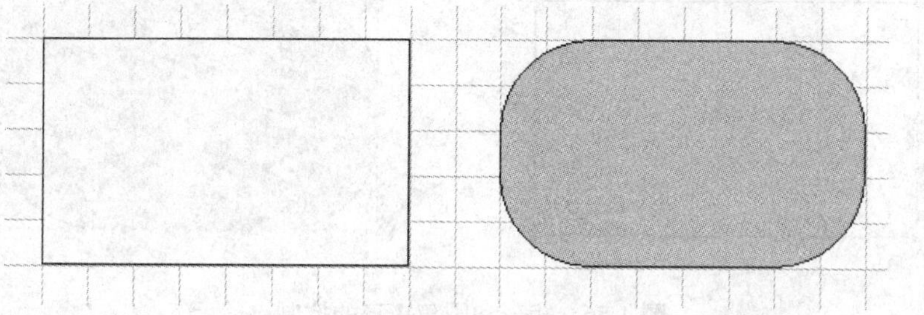

图 4-53　绘制的矩形和圆角矩形

3．编辑修改矩形属性

在绘制矩形的过程中按下“Tab”键，或者直接用鼠标左键双击已绘制好的矩形，就会打开如图 4-54 或图 4-55 所示的“Rectangle（矩形）”或“Round Rectangle（圆角矩形）”对话框。

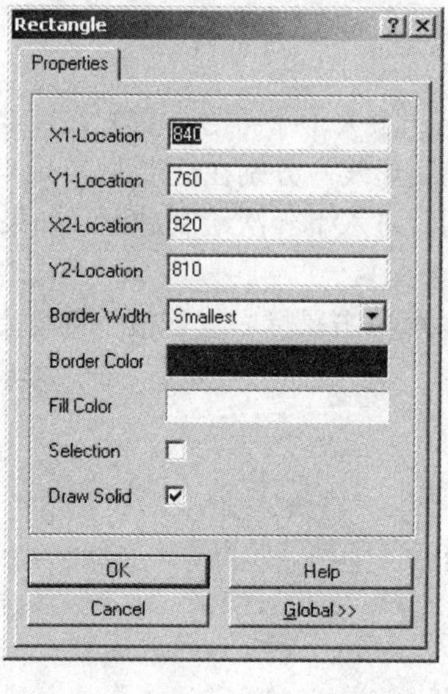

图 4-54　直角矩形属性对话框

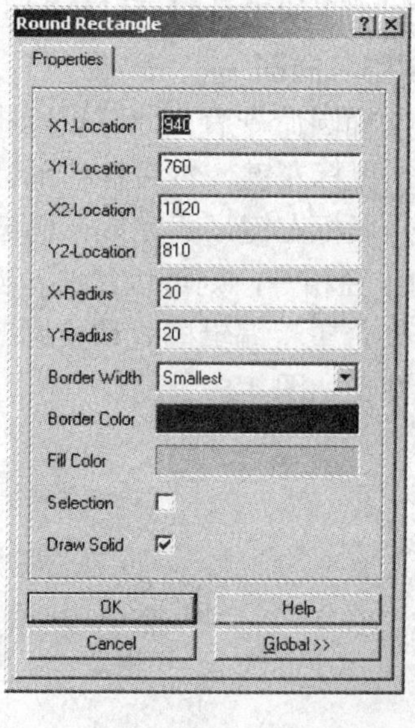

图 4-55　圆角矩形属性对话框

其中圆角矩形比直角矩形多两个属性：X-Radius 和 Y-Radius，它们是圆角矩形四个椭圆角的 X 轴与 Y 轴半径。除此之外，直角矩形与圆角矩形共有的属性包括：X1-Location、Y1-Location（矩形左上角坐标）、X2-Location、Y2-Location（矩形右下角坐标）、Border Width（边框宽度）、Border Color（边框颜色）、Fill Color（填充颜色）、Selection（切换选取状态）和 Draw Solid（设置为实心多边形）。

如果直接用鼠标左键单击已绘制好的矩形，可将其选中，在此状态下可以通过移动矩形本身来调整其放置的位置。在选中状态下，直角矩形的四个角和各边的中点都会出现控制点，可以通过拖动这些控制点来调整该直角矩形的形状。对于圆角矩形来说，除了上述控制点之外，在矩形的四个角内侧还会出现一个控制点，这是用来调整椭圆角的半径的，如图 4-56 所示。

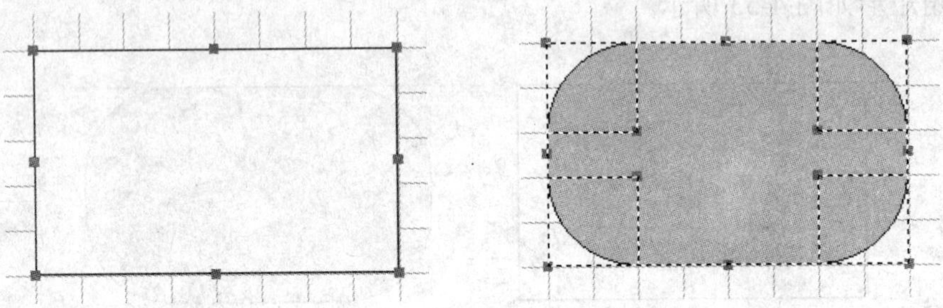

图 4-56　矩形和圆角矩形的控制点

4.2.8　绘制圆与椭圆

1．执行绘制椭圆或圆命令

要绘制椭圆（Ellipses），可通过菜单命令 Place→Drawing Tools→Ellipses 或单击绘图工具栏上的按钮，将编辑状态切换到绘制椭圆模式。由于圆是 X 轴与 Y 轴半径一样的椭圆，所以利用绘制椭圆的工具即可以绘制出标准的圆。

2．绘制圆与椭圆

执行绘制椭圆命令后，此时鼠标指针旁边会多出一个大十字符号，首先在待绘制图形的中心点处单击鼠标左键，然后移动鼠标会出现预拉椭圆形线，分别在适当的 X 轴半径处与 Y 轴半径处单击鼠标左键，即完成该椭圆形的绘制，同时进入下一次绘制过程。如果设置的 X 轴与 Y 轴的半径相等，则可以绘制正圆。

此时如果希望将编辑模式切换回等待命令模式，可单击鼠标右键或按下键盘上的“Esc”键。绘制的图形如图 4-57 所示。

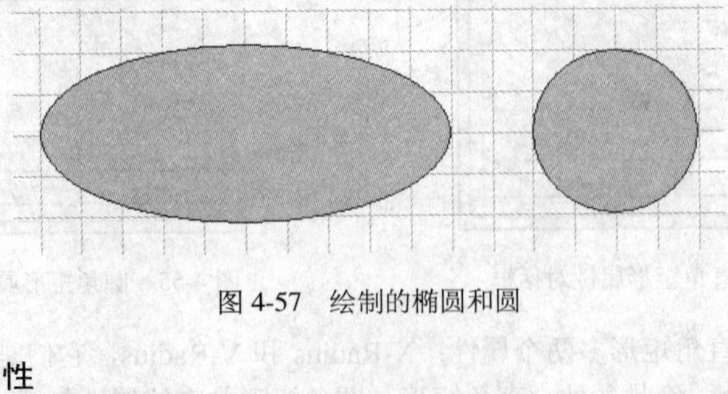

图 4-57　绘制的椭圆和圆

3．编辑图形属性

如果在绘制椭圆形的过程中按下“Tab”键，或是直接用鼠标左键双击已绘制好的椭圆形，即可打开如图 4-58 所示的“Ellipse”对话框，可以在此对话框中设置该椭圆形的一些属性，如 X-Location、Y-Location（椭圆形的中心点坐标），X-Radius 和 Y-Radius（椭圆的 X

轴与 Y 轴半径），Border Width（边框宽度），Border Color（边框颜色），Fill Color（填充颜色），Draw Solid（设置为实心多边形），Selection（切换选取状态）。

如果想将一个椭圆改变为标准圆，可以修改 X-Radius 和 Y-Radius 编辑框中的数值，使之相等即可。

4.2.9 绘制饼图

1. 执行绘制饼图命令

所谓饼图（Pie Charts）就是有缺口的圆形，若要绘制饼图，可通过菜单命令 Place→Drawing Tools→Pie Charts 或单击绘图工具栏上的按钮，将编辑模式切换到绘制饼图模式。

2. 绘制饼图

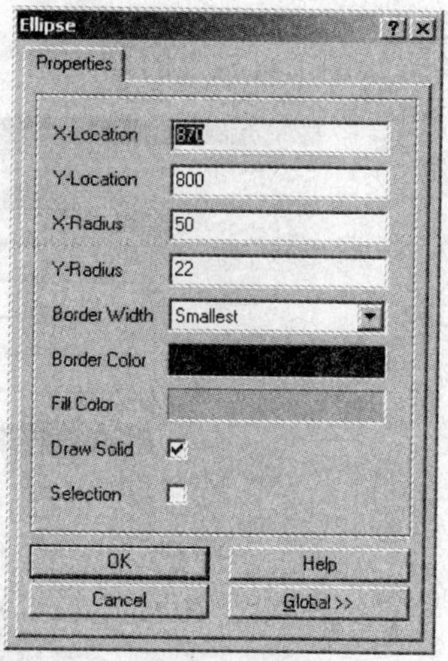

图 4-58　椭圆属性对话框

执行绘制饼图命令后，此时鼠标指针旁边会多出一个饼图形，首先，在待绘制图形的中心处单击鼠标左键，然后移动鼠标会出现饼图预拉线。调整好饼图半径后单击鼠标左键，鼠标指针会自动移到饼图缺口的一端，调整好其位置后单击鼠标左键，鼠标指针会自动移到饼图缺口的另一端，调整好其位置后再单击鼠标左键，即可结束该饼图的绘制，同时进入下一个饼图的绘制流程。此时如果我们单击鼠标右键或按下“Esc”键，可将编辑模式切换回待命模式。绘制的饼图如图 4-59 所示。

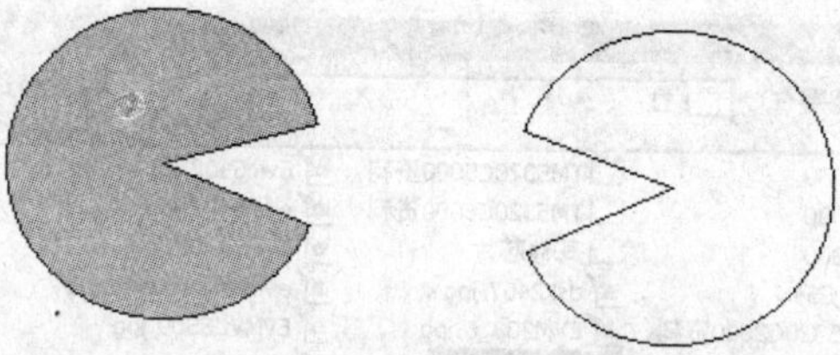
图 4-59　绘制的饼图

3. 编辑饼图

如果在绘制饼图过程中按下“Tab”键，或者直接用鼠标左键双击已绘制好的饼图，可打开如图 4-60 所示的 Pie Chart 对话框。在该对话框中可设置如下属性：X-Location，Y-Location（中心点的 X 轴、Y 轴坐标），Radius（半径），Border Width（边框宽度），Start Angle（缺口起始角度），End Angle（缺口结束角度），Border Color（边框颜色），Fill Color（填充颜色）、Draw Solid（设置为实心饼图）、Selection（切换选取状态）。

如果直接用鼠标左键单击已绘制好的饼图，可使其进入选中状态，此时可拖动饼图以调整其位置。在选中状态下，饼图的半径及其缺口的两端都会出现控制点，分别拖动这些控制点可以调整饼图的形状，如图 4-61 所示。

4.2.10 插入图片

1. 执行插入图片的命令

如果希望在绘图页内插入图像文件，可通过菜单命令 Place→Drawing Tools→Graphic 或单击绘图工具栏上的□按钮。

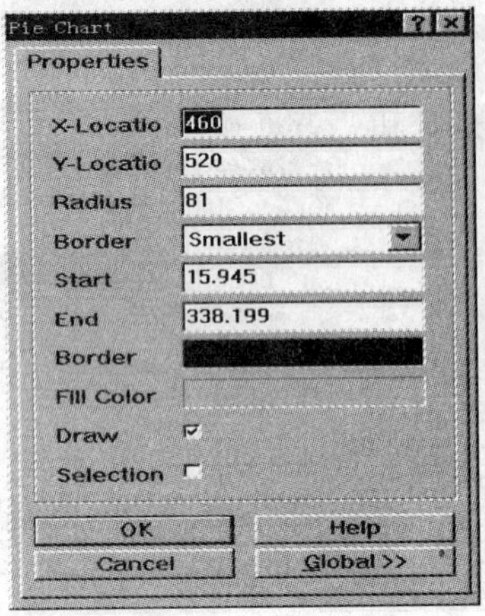

图 4-60　Pie Chart 对话框

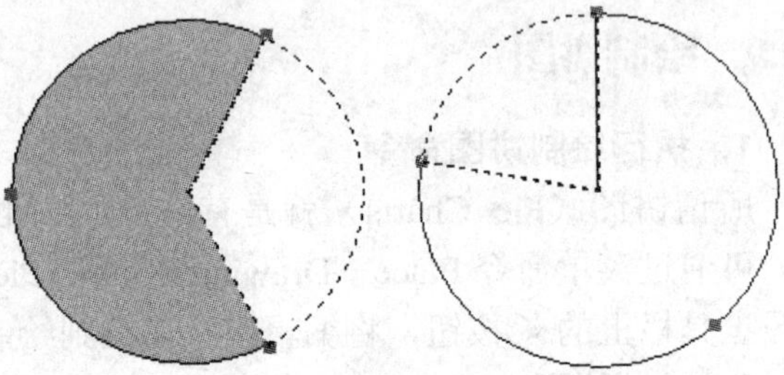

图 4-61　调整形状

2. 插入图片

执行此命令后，将打开如图 4-62 所示的 Image File 对话框。可以在“查找范围”栏中指定图片所在的文件夹，在“文件类型”栏中指定图片的格式，然后在文件列表中选定相应的图像文件名，单击“打开”按钮即可插入图片。图片插入完毕后，系统会返回 Image File 对话框，进入下一次操作流程。插入的图片如图 4-63 所示。

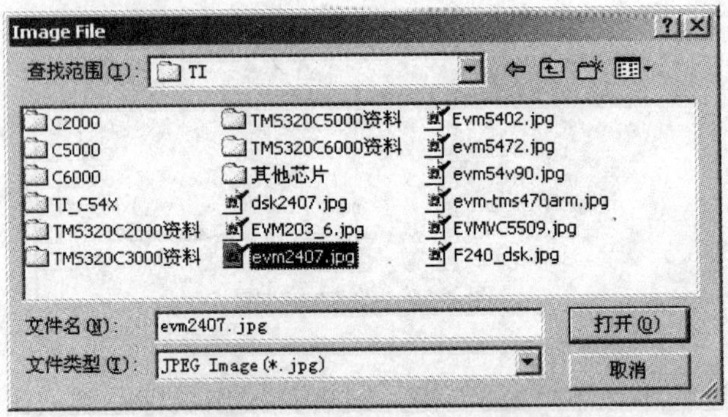

图 4-62　Image File 对话框

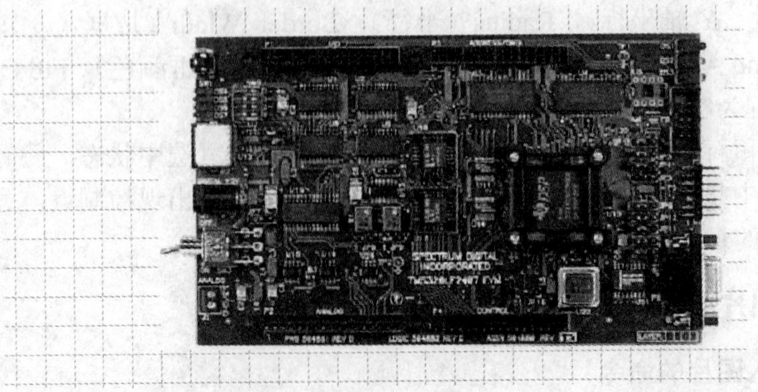

图 4-63　插入的图片

3. 编辑图片

如果直接双击已插入的图片，或在插入图片的过程中按“Tab”键，可打开如图 4-64 所示的 Graphic 对话框。该对话框中包括如下选项：File Name（图片的文件名，包括其所在路径）、X1-Location，Y1-Location（矩形左上角坐标）、X2-Location、Y2-Location（矩形右下角坐标）、Border Width（边框宽度）、Border Color（边框颜色）、Selection（切换选取状态）、Border On（设置显示边框）、X：Y Ratio 1：1（保持 X 轴与 Y 轴比例）。单击 File Name 栏右边的 Browse 按钮，可打开一个与 Image File 对话框很相似的“打开文件”对话框，我们可以在此重新指定显示图片所对应的文件。

如果直接单击已放置好的图片，可使其进入选中状态，此时就可以拖动图片本身来调整其位置。在选中状态下，图片的四个角及四个边的中心点处都会出现控制点，用鼠标拖动这些控制点可以调整图片的形状。

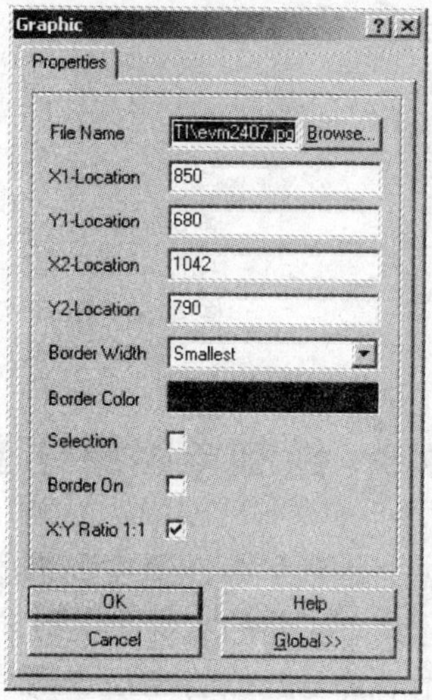

图 4-64 “图片属性”对话框

4.2.11 绘制 Bezier 曲线

Bezier 曲线的绘制命令可以通过执行菜单命令 Place→Drawing Tools→Beziers 或单击绘图工具栏上的按钮来激活。

当激活该命令后，将在鼠标边上出现一个大十字，此时可以在图纸上绘制曲线，当确定第一点后，系统会要求确定第二点，确定的点数大于或等于 2，就可以生成曲线，当只有两点时，就生成了一直线。确定了第二点后，可以继续确定第三点，一直可以延续下去，直到用户单击鼠标右键结束。绘制 Bezier 曲线的过程如图 4-65 所示。

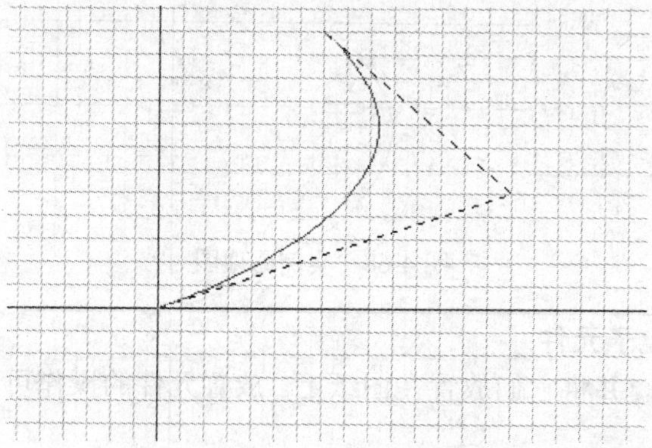

图 4-65 绘制 Bezier 曲线示意图

如果选中 Bezier 曲线，则会显示绘制曲线时生成的控制点，如图 4-66 所示，这些控制点其实就是绘制曲线时确定的点。

如果想编辑曲线的属性，则可以使用鼠标双击曲线，或选中曲线后单击鼠标右键，从快捷菜单中选取 Properties 命令，就可以进入属性对话框，如图 4-67 所示。

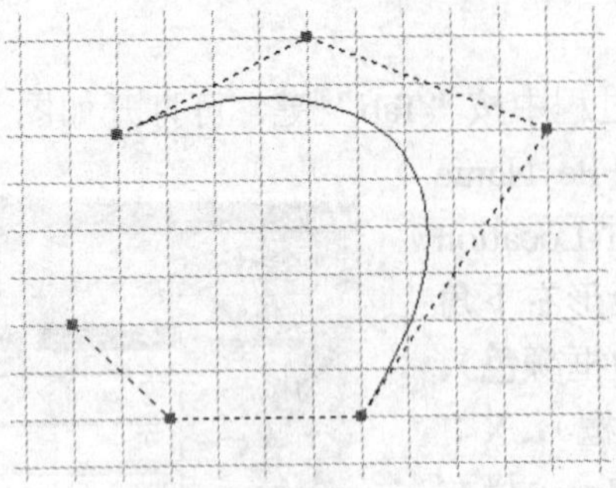

图 4-66　Bezier 曲线控制点

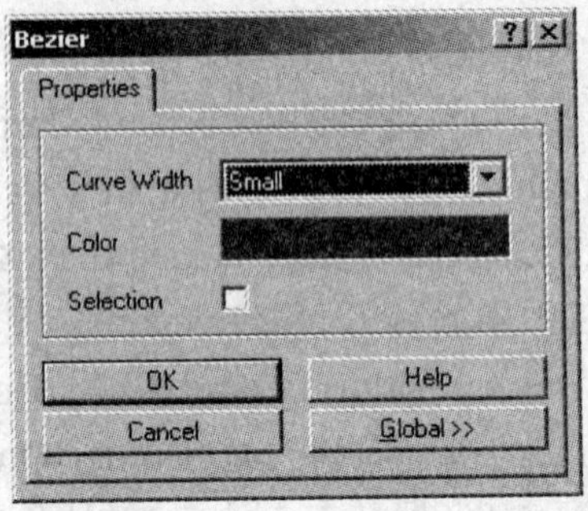

图 4-67　Bezier 曲线属性对话框

4.3　绘制电路原理图实例

本章和第 3 章主要讲述了如何放置元器件、连接电路、绘制图形和编辑元件，现在来进行一个完整的实例图绘制，实例原理图如图 4-68 所示。本实例为一个 D/A 功能模块，其中由一片 12 位的 D/A、两片运放、一些电阻和电容组成。下面将放置的元件按照原理图需要连接起来，具体操作过程如下。

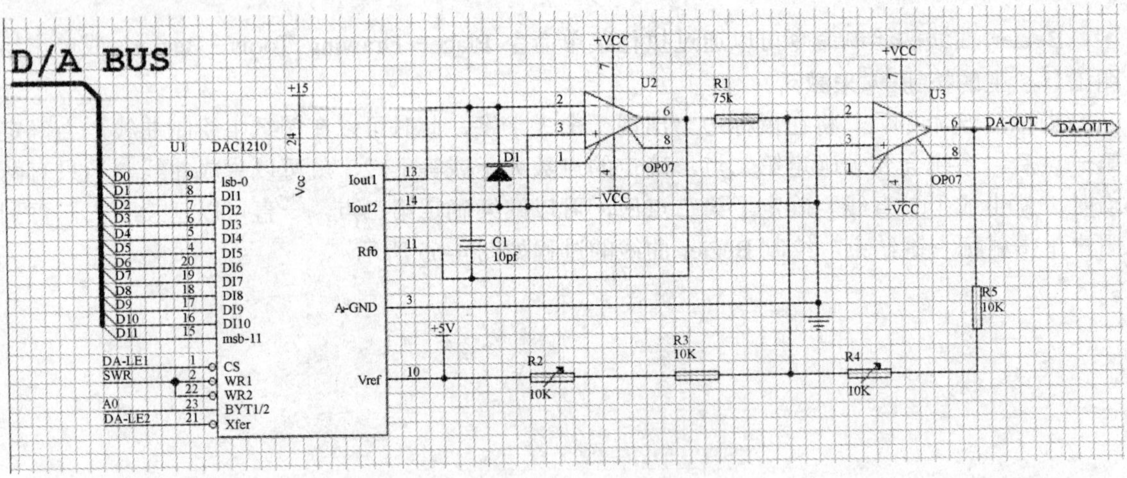

图 4-68　实例原理图

1．选择放置多个电子元件

选择需要的元器件，并将它们放置在图纸上。放置元件的操作可以参考本章前面的讲解。

2．编辑各元器件

如果需要修改各元件的属性，则可以执行编辑命令，对各元器件进行编辑。编辑元器件操作的详细过程均可以参考前面有关章节的讲解。

3．精确调整元件位置

如果元件的位置放置很零乱，则可以对元件的位置进行调整，精确调整位置后，元件的位置如图 4-69 所时。此时就可以进行线路连接操作，线路连接与节点放置是同时进行的。

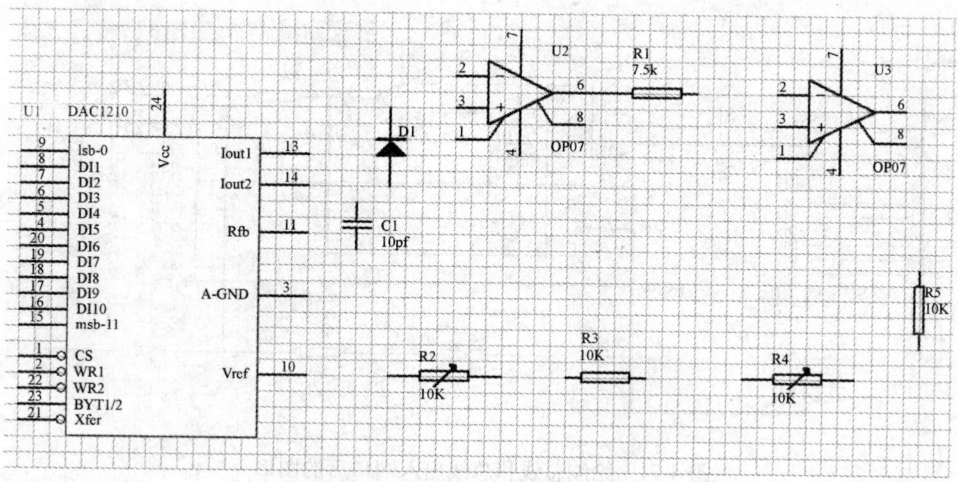

图 4-69 调整了位置的元件图布置

4. 连接线路

首先将 Wiring Tools 工具栏装载到当前图纸，然后执行连线命令，也可以执行 Place→Wire 命令来实现。

执行该命令后，就可以进行各节点的连线的布置，对相关元件连线并放置节点的电路图视图如图 4-70 所示。

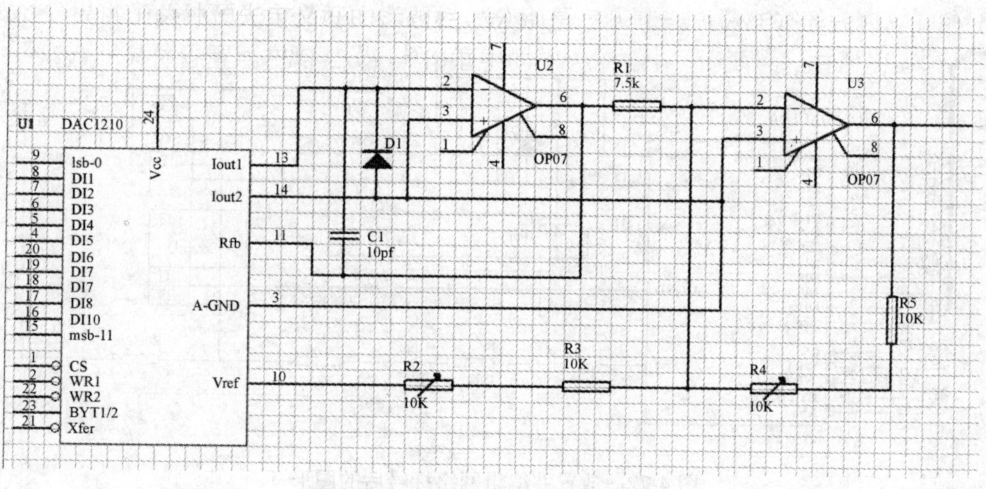

图 4-70 连接了部分连线后的视图

5. 绘制总线和总线出入端口

（1）执行 Place→Bus 命令，或者从原理图布线工具栏上选择该命令。执行该命令后，就可以绘制总线。绘制的总线如图 4-71 所示。

（2）执行 Place→Bus Entry 命令，或者从原理图布线工具栏上选择该命令。执行该命令后，就可以绘制总线出入端口。绘制的总线出入端口如图 4-71 所示。

（3）执行 Place→Wire 命令，连接总线出入端口和 U1 的相应引脚，如图 4-71 所示。

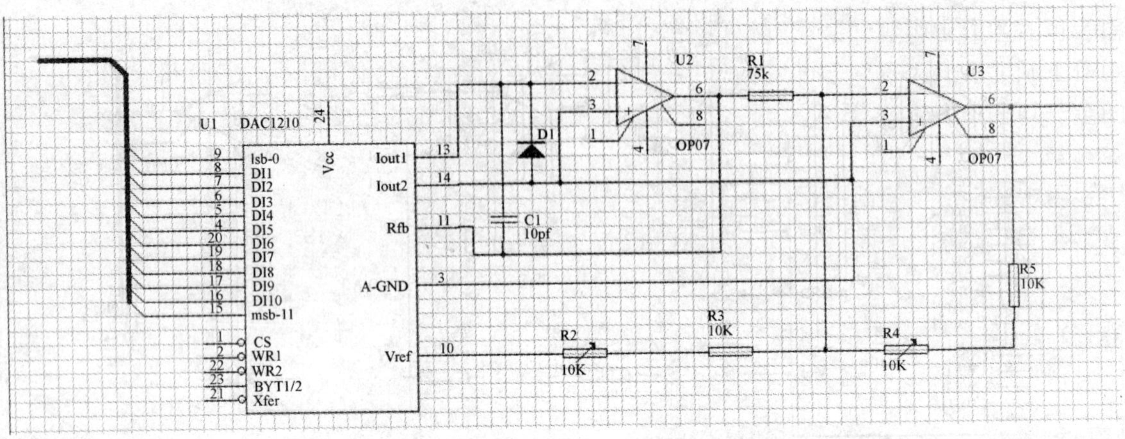

图 4-71　绘制总线和总线出入端口后的图形

6. 放置网络标号

（1）执行 Place→Net Lable 命令，或者从原理图布线工具栏上选择该命令，分别放置网络标号，并按照如图 4-68 所示的目标图形进行编辑。放置并编辑网络标号后的图形如图 4-72 所示。

（2）执行 Place→Wire 命令，按照图 4-68 所示，绘制 U1 的 1、2、21、22 和、23 引脚处的连线。绘制连线后的图形如图 4-72 所示。

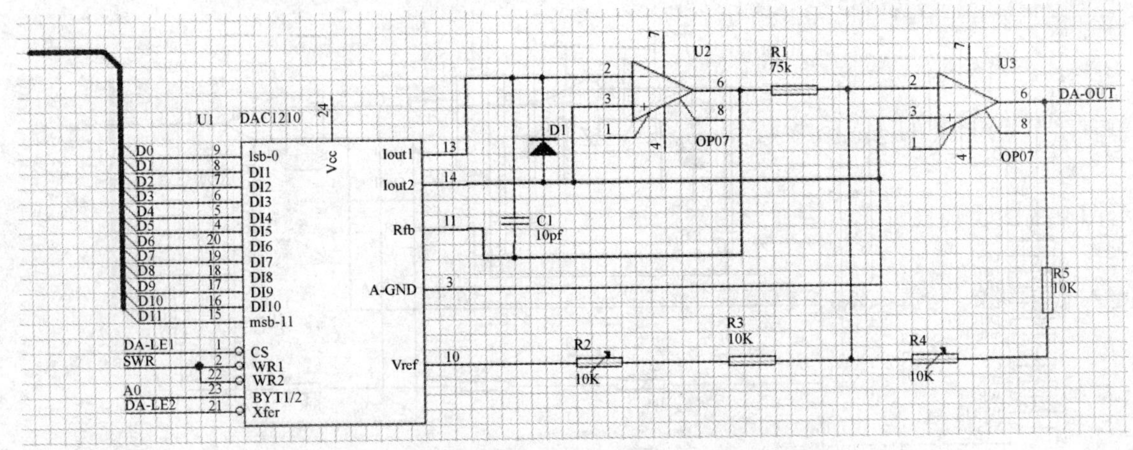

图 4-72　放置并编辑网络标号后的图形

7. 放置电源和输入输出端口

（1）执行 Place→Power Port 命令，或者从 Power Objects 工具栏上选择相应的电源图形符号，放置了相应的电源后，再按照如图 4-68 所示的目标图形进行编辑。放置并编辑电源后的图形如图 4-73 所示。

（2）执行 Place→Wire 命令，将放置的电源与对应的连接点连接起来。

（3）执行 Place→Port 命令，或者从原理图布线工具栏上选择该命令，放置输入输出端口，并按照如图 4-68 所示的目标图形进行编辑，端口的 I/O Type（输入输出类型）设置为“Out”。放置并编辑输入输出端口后的图形如图 4-73 所示。

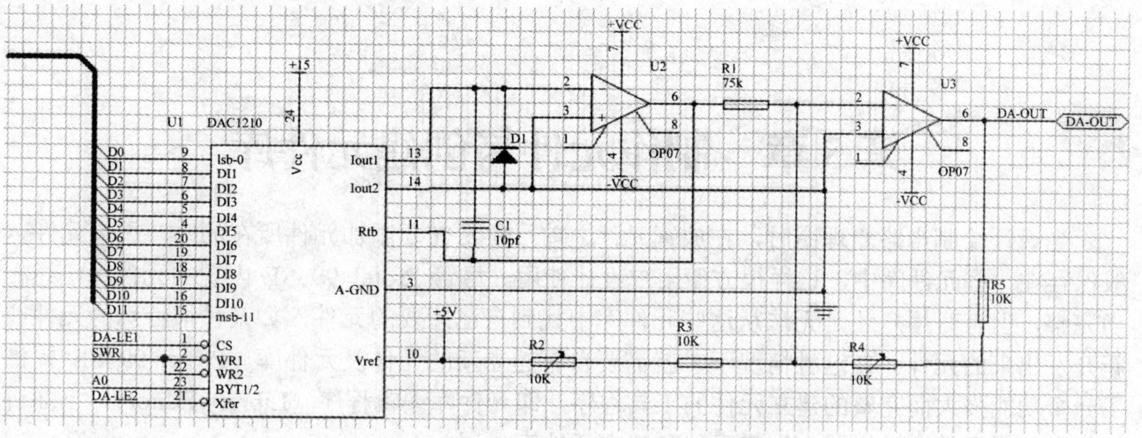

图 4-73　放置电源和输入输出端口后的图形

8．最后放置注释文字

执行 Place→Annotation 命令，或者从绘图工具栏上选择该命令，放置注释文字“D/A BUS”。放置注释文字后，该 D/A 输出模块就算完成，最后获得的图形如图 4-68 所示。

第 5 章　制作元件与创建元件库

当设计绘制电路原理图时，在放置元件之前，常常需要添加元件所在的库，因为元件一般保存在一些元件库中，这样很方便用户设计使用。尽管 Protel 99 SE 内置的元件库已经相当完整，但有时用户还是无法从这些元件库中找到自己想要的元件，如某种很特殊的元件或新开发出来的元件。在这种情况下，就需要自行建立新的元件及元件库。Protel 99 SE 提供了一个功能强大而完整的建立元件的工具程序，即元件库编辑程序（Library Editor）。下面讲解如何使用元件库编辑器来生成元件和建立元件库。

5.1　元件库编辑器

制作元件和建立元件库是使用 Protel 99 SE 的元件库编辑器来进行的，在进行元件制作讲解前，先熟悉一下元件库编辑器。

5.1.1　加载元件库编辑器

原理图元件库编辑器的启动方法如下。

（1）首先在当前设计管理器环境下，执行菜单命令 File ▸New，系统将显示新建文件对话框，如图 5-1 所示。

（2）然后从对话框中选择原理图元件库编辑器图标，如图 5-1 所示。

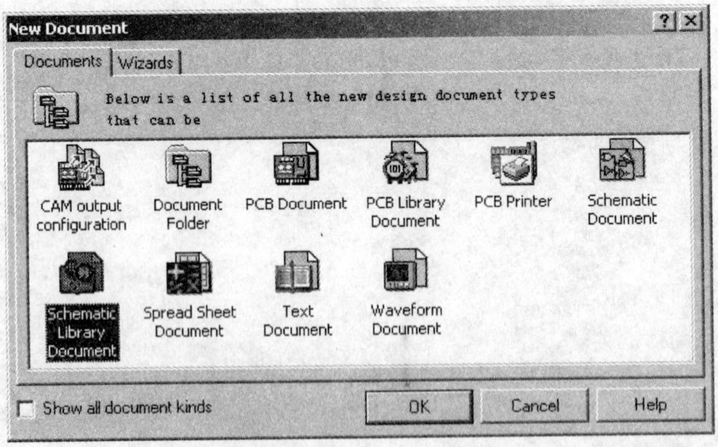

图 5-1　新建文件对话框

（3）接着双击图标或者单击“OK”按钮，系统便在当前设计管理器中创建了一个新元件库文档，此时用户可以修改文档名。

（4）双击设计管理器中的电路原理图元件库文档图标，就可以进入原理图元件库编辑工作界面，如图 5-2 所示。

5.1.2 元件库编辑器界面简介

当用户启动元件库编辑器后，屏幕将出现如图 5-2 所示的元件库编辑器界面。

元件库编辑编辑器与原理图设计编辑器界面相似。主要有元件管理器、主工具栏、菜单、常用工具栏、编辑区等组成。不同的是在编辑区有一个十字坐标轴，将元件编辑区划分为四个象限。象限的定义和数学上的定义相同，即右上角为第一象限，左上角为第二象限，左下角为第三象限，右下角为第四象限，一般在第四象限进行元件的编辑工作。

除了主工具栏以外，元件库编辑器提供了两个重要的工具栏，即图形绘制工具栏和 IEEE 符号工具栏，如图 5-2 所示，后面将会介绍。

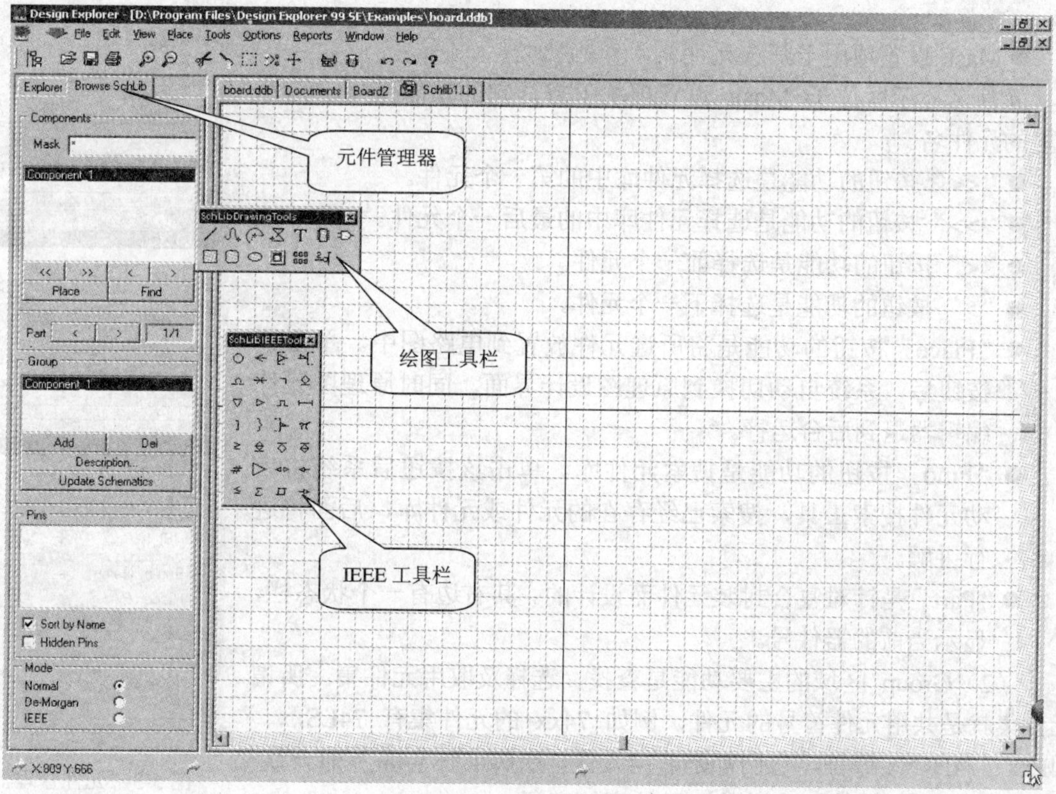

图 5-2　元件库编辑器界面

5.2 元件库的管理

在制作元件和创建元件库前，应该先了解元件管理工具的使用，以便为后面创建新元件时可以有效管理。下面主要介绍元件库编辑器左边的元件管理器的组成和使用方法，同时还将介绍其他的一些相关命令。

5.2.1 元件管理器

单击如图 5-2 所示的元件管理器的选项卡 Browse Schlib，就可以看到元件管理器，如图

5-3 所示。元件管理器有四个区域：Components（元件）区域、Group（组）区域、Pins（引脚）区域、Mode（元件模式）区域。Components 区域的功能主要是查找、选择及取用元件；Group 区域的功能主要是查找、选择及取用元件集，所谓元件集就是共用元件符号的元件；Pins 区域的功能主要是列出当前工作中元件的引脚名称和状态；Mode 区域的主要功能是切换元件的显示模式。

（1）Components 区域的主要功能是查找、选择及取用元件。当用户打开一个元件库时，元件列表就会罗列出本元件库内所有元件的名称。要取用元件，只要将光标移动到该元件名称上，然后单击 Place 按钮即可。如果直接双击某个元件名称，也可以取出该元件。

- Mask 设置项用于筛选元件。

元件名显示区位于 Mask 设置项的下方，它的功能是显示元件库里的元件名。

- “<<”按钮的功能是选择元件库中的第一个元件。
- “>>”按钮的功能是选择元件库中的最后一个元件。
- “<”按钮的功能是选择前一个元件。
- “>”按钮的功能是选择下一个元件。
- “Place”按钮的功能是将所选元件放置到电路图中。单击该按钮后，系统自动切换到原理图设计界面，同时原理图元件编辑器退到后台运行。
- “Find”按钮的功能是搜索元件库。单击该按钮后系统将启动元件搜索工具，搜索已经存在的元件或元件库，后面将进行讲解。
- “Part”是针对复合封装元件而设计的。其右边有一个状态栏，显示当前的器件号。

（2）Group 区域的主要功能是查找、选择及取用元件集。所谓元件集就是共用元件符号的元件，例如 74xx 的元件集有 74LSxx、74Fxx、74HCxx 等等，它们都是非门元件，引脚名称与编号都一致，所以可以共用元件符号，以节省元件库的空间。

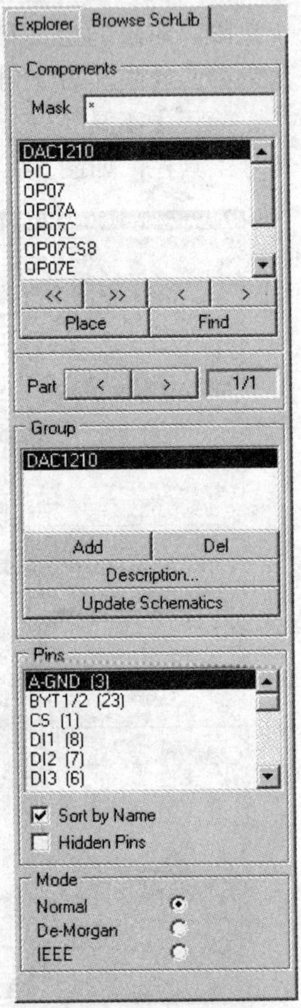

图 5-3　元件管理器

- “Add”按钮的功能是添加元件组，将指定的元件名称归入该元件库。单击该按钮后，会出现如图 5-4 所示的对话框。输入指定的元件名称，单击“OK”按钮即可将指定元件添加进元件组。

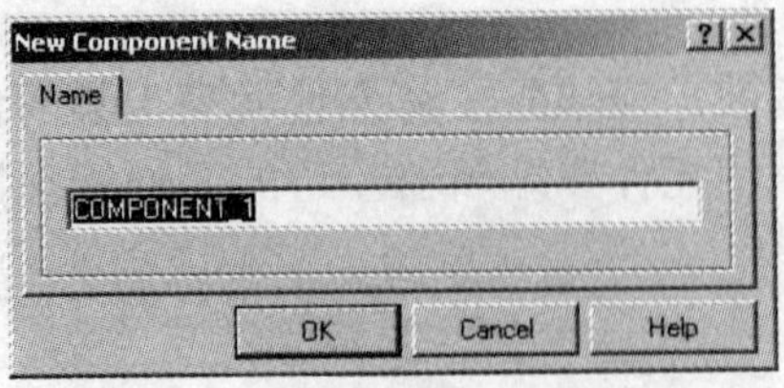

图 5-4　添加元件组对话框

● “Del”按钮用于将元件组的显示区内指定的元件从该元件组里删除。

● 单击“Description”按钮，将显示 Component Text Fields 对话框，如图 5-5 所示。这个对话框共有 Designator、Library Fields 和 Part Field Names 三个选项卡。

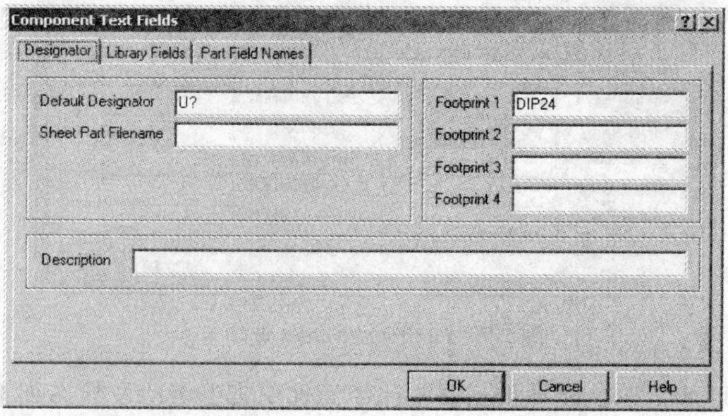

图 5-5　Component Text Fields 对话框

Designator 选项卡包括如下选项：Default Designator（默认的流水序号，如 U?），Sheet Part Filename（如果该元件是绘图页元件，则在此处设置对应子绘图页的路径及文件名），Description（元件描述，通常是关于本元件功能的简要说明），Footprint（元件封装形式，共有四栏）。

Component Text Fields 对话框的 Library Fields 选项卡如图 5-6 所示，共有 8 个 Text Field 栏，用户可根据需要进行设置，它将来会显示在元件属性对话框中，但不能在原理图中修改。每个数据栏最多能够容纳 255 个字符。

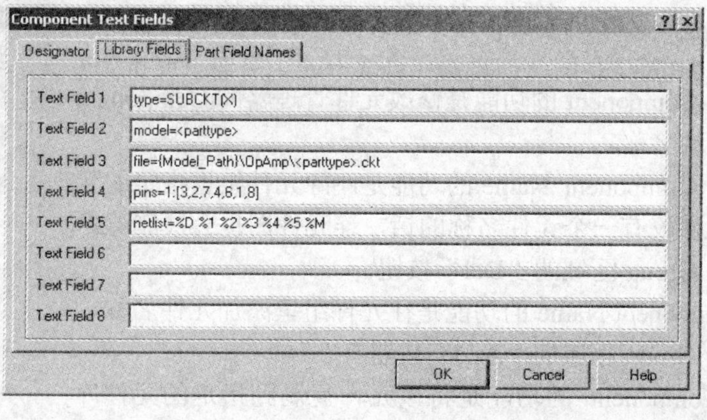

图 5-6　Library Fields 选项卡

Component Text Fields 对话框的 Part Field Names 选项卡如图 5-7 所示，一共有 16 个 Part Field Name 栏，用户可根据需要进行设置，比如输入元件制造商和产品目录数。每个数据栏最多能够容纳 255 个字符。当用户在绘制原理图中使用该元件时，可以看到这些数据内容，用户可以对其进行修改。

● Update Schematics 按钮的功能是更新电路图中有关该元件的部分。单击该按钮，系统将该元件在元件编辑编辑器所做的修改反映到原理图中。

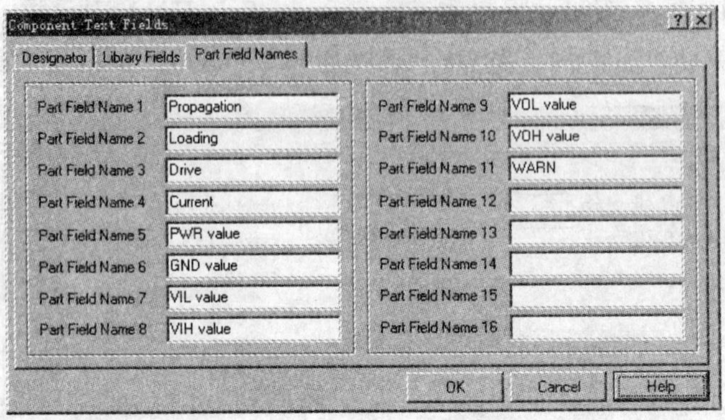

图 5-7　Part Field Names 选项卡

（3）Pins 区域的主要功能是将当前工作中元件引脚的名称及状态列于引脚列表中，引脚区域用于显示引脚信息。

- Sort by Name 指定按名称排列。
- Hidden Pins 选项的功能是设置是否在元件图中显示隐含引脚。

（4）Mode 区域的功能是指定元件的模式，包括 Normal、De-Morgan 和 IEEE 三种模式。

5.2.2　利用 Tools 菜单管理元件

元件管理器的功能也可以通过 Tools 菜单命令来实现，Tools 菜单如图 5-8 所示。各项命令说明如下：

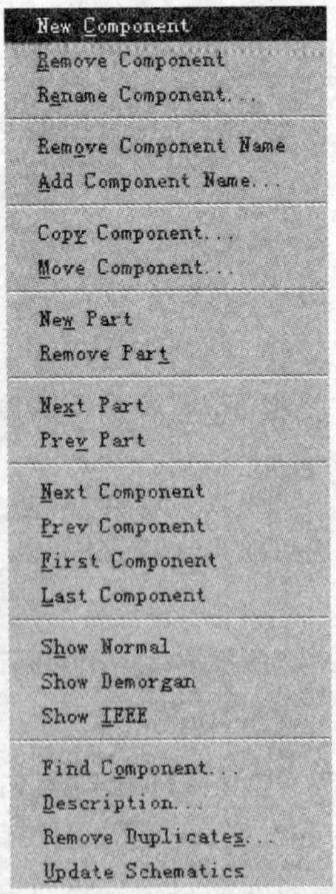

图 5-8　Tools 菜单项

（1）New Component 的功能是添加元件。

（2）Remove Component 的功能是删除元件管理器的 Component 区域中指定的元件。

（3）Rename Component 的功能是修改元件管理器的 Component 区域中的指定元件的名称。

（4）Remove Component Name 的功能是删除元件组里指定的元件名称。如果该元件仅有一个元件名称的话，连元件图也会被删除。此命令相当于单击 Group 区域的“Del”按钮。

（5）Add Component Name 的功能是往元件组里添加元件名称。此命令相当于单击 Group 区域的“Add”按钮。

（6）Copy Component 的功能是将该元件复制到指定的元件库中。单击此命令后，会弹出对话框。选择元件库后按“OK”按钮即可将该元件复制到指定的元件库中。

（7）Move Component 的功能是将该元件移到指定的元件库中。单击此命令后，会出现对话框。选择元件库后按“OK”按钮即可将该元件移到指定的元件库中。

（8）New Part 的功能是在复合封装元件中新增元件。

（9）Remove Part 的功能是删除复合封装元件中的元件。

（10）Next Part 的功能是切换到复合封装元件中的下一个元件。相当于 Component 区域中 Part 右边的“<”按钮。

（11）Prev Part 的功能是切换到复合封装元件中的前一个元件。相当于 Component 区域中 Part 右边的“>”按钮。

（12）Next Component 的功能是切换到元件中的下一个元件。相当于 Component 区域中 Part 右边的“<”按钮。

（13）Prev Component 的功能是切换到元件中的前一个元件。相当于 Component 区域中 Part 右边的“>”按钮。

（14）First Component 的功能是切换到元件库中的第一个元件，相当于 Component 区域中“<<”按钮。

（15）Last Component 的功能是切换到元件库中的最后一个元件，相当于 Component 区域中“>>”按钮。

（16）Show Normal 相当于 Mode 区域中的 Normal 选项。

（17）Show Demorgan 相当于 Mode 区域中的 Demorgan 选项。

（18）Show IEEE 相当于 Mode 区域中的 IEEE 选项。

（19）Find Component 相当于 Component 区域中的 Find 按钮。

（20）Description 的功能是启动元件描述对话框，相当于 Group 区域中的 Description 按钮。

（21）Remove Duplicates 的功能是删除元件库中重复的元件名。

（22）Update Schematics 的功能是将元件库编辑器中所做的修改，更新到打开的原理图中，相当于 Group 区域中的 Update Schematics 按钮。

5.2.3 查找元件

元件管理器为用户提供了查找元器件的工具。即在元件管理器中，单击 Find 按钮，系统将弹出如图 5-9 所示的查找元件对话框，在该对话框中，可以设定查找对象，以及查找范围，可以查找的对象为包含在.ddb 和.lib 文件中的元件。该对话框的操作使用方法如下：

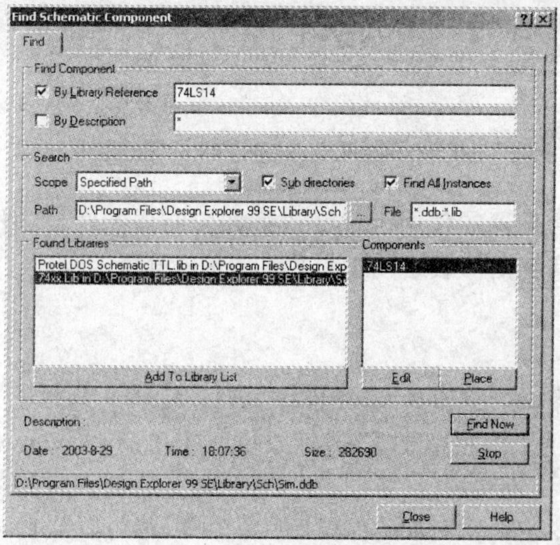

图 5-9　查找元件对话框

（1）Find Component 操作框，该操作框用来设定查找的对象，可以在选择 By Library Reference 复选框后，并在其编辑框中填入搜索的元件名。也可以选择 By Description 复选框，然后在其编辑框中输入日期、时间或元件大小等描述对象，系统将会搜索所有符合对象描述的元件。

（2）Search 操作框，该操作框用来设定搜索方位，查找元件时可以根据情况设定查找的路径、目录和文件后缀等。如果单击 Path 右侧的按钮 ，则系统会弹出如图 5-10 所示的浏览文件夹，可以设置搜索路径。

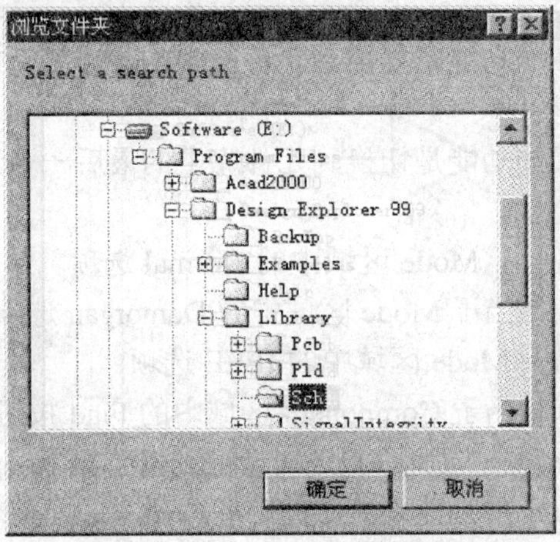

图 5-10　浏览文件夹对话框

（3）Found Libraries 操作框，在描述列表框中将显示所搜索到元件所属的元件库，如果单击“Add To Library List”按钮，则将选中的元件库加到当前元件库管理器中。单击 Edit 按钮则对选中的元件进行编辑。单击“Place”按钮则自动切换到原理图设计界面，同时原理图元件编辑器退到后台运行。

如果需要停止搜索，则可以按“Stop”按钮。

注意：在整个搜索过程中速度可能比较慢，用户需要耐心等待。

5.3　元件绘图工具

前面讲述了元件库管理器的使用，现在讲解如何制作元件。制作元件可以利用绘图工具来进行，常用的绘图工具包括一般绘图工具栏和 IEEE 符号工具栏。

5.3.1　一般绘图工具

图 5-11 为元件库编辑系统中的一般绘图工具栏。绘图工具栏的打开与关闭可以通过选取主工具栏里的 图标或执行菜单命令 View→Toolbars→Drawing Toolbar 来实现。

图 5-11　绘图工具栏

绘图工具栏上的命令也对应 Place 菜单上的各命令。也可以从 Place 菜单上直接选取命令。工具栏上各按钮的功能见表 5-1。

表 5-1　一般绘图工具栏按钮功能

按　钮	对应菜单命令	功　能
	Place→Line	绘制直线
	Place→Beziers	绘制贝塞尔曲线
	Place→Elliptical Arcs	绘制椭圆弧线
	Place→Polygons	绘制多边形
	Place→Text	插入文字
	Tools→New Component	插入新部件
		添加新部件至当前显示的元件
	Place→Rectangle	绘制直角矩形
	Place→Round Rectangle	绘制圆角矩形
	Place→Ellipses	绘制椭圆形及圆形
	Place→Graphic	插入图片
	Edit→Paste Array	将剪贴板的内容阵列粘贴
	Place→Pins	绘制引脚

这些命令中大部分与第 4 章介绍的绘图工具栏操作一致，这里将讲述前面没有讲过的命令和不同的命令。下面仅对绘制引脚命令进行实例讲解。

5.3.2　绘制引脚

执行菜单命令 Place→Pins 或单击一般绘图工具栏上的按钮，可将编辑模式切换到放置引脚模式，此时鼠标指针旁边会多出一个大十字符号及一条短线，这时就可以进行引脚的绘制工作。如果在放置引脚前按“Tab”键，则会打开当前引脚属性编辑对话框，此时可以先设置引脚属性。放置完毕引脚后，单击鼠标右键结束操作，图 5-12 即为绘制的引脚实例，引脚在元件图上放置是按顺序增加流水号。

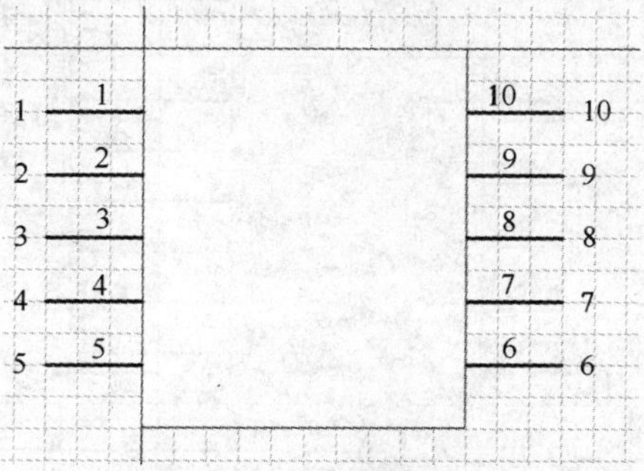

图 5-12　绘制引脚的图形

如果需要编辑放置的引脚，则可以双击需要编辑的引脚，或者先选中引脚，然后单击鼠标右键，从快捷菜单中选取 Properties 命令，就可以进入属性对话框，如图 5-13 所示

引脚属性编辑框的各操作框的意义如下。

- Name 编辑框中为引脚名，是引脚左边的一个符号，用户可以进行修改。
- Number 编辑框中为引脚号，是引脚右边的一个符号，用户也可以进行修改。

● X-Location 编辑框中为引脚 X 向位置。

● Y-Location 编辑框中为引脚 Y 向位置。

● Orientation 是一个下拉列表选择框，为引脚方向选择，有 0º、90º、180º和 270º四种旋转角度。

● Color 操作框为引脚颜色设定。

● Dot Symbol 复选框为是否在引脚上加一圆点。

● Clk Symbol 复选框为是否在引脚上加一个时钟符号。

● Electrical Type 下拉列表选项为用来设定该引脚的电气性质。

● Hidden 复选框为是否隐藏该引脚。

● Show Name 复选框为是否显示引脚名。选中为显示，否则为不显示。

● Show Number 复选框为是否显示引脚号。选中为显示，否则为不显示。

● Pin Length 编辑框用来设置引脚的长度。

● Selection 复选框用来确定是否选中该引脚。

● 单击“Global”按钮可进入全局属性对话框，如图 5-14 所示。

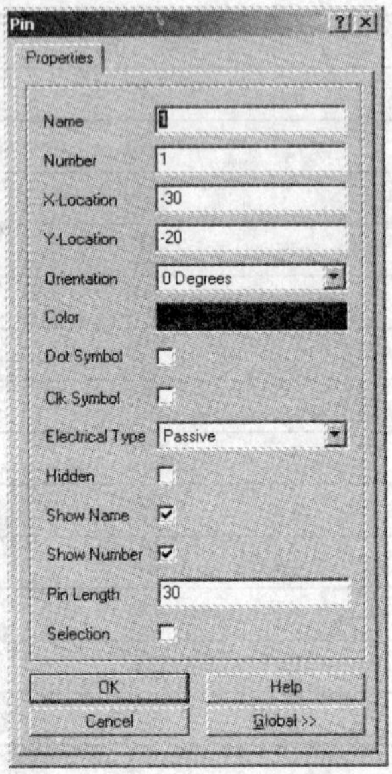

图 5-13　引脚属性编辑框

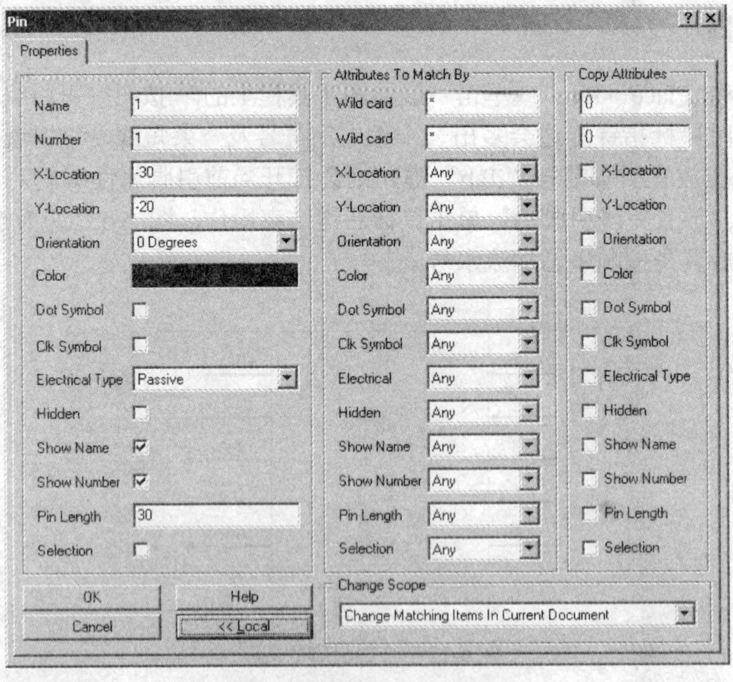

图 5-14　引脚全局属性对话框

在 Attributes To Match By 区域中的 Wild 设置项内，填入“*”表示不管电路图中其他的引脚名或引脚号是什么，都符合整体修改条件。也可以指定某个特定网络名称，表示整个电路图中所有同名的网络名称都符合整体修改条件。

Copy Attributes 区域中，“{}”用以指定如何修改。例如，要将已放置在引脚图中的 N1、N2、N3…引脚名称或引脚号更改为 D1、D2、D3…，那么在 Wild 设置项中填入“N*”，在 Copy Attributes 区域中填入“{N=D}”，最后按“OK”按钮，即可完成网络名称的整体修改。

5.3.3 IEEE 符号

图 5-15 为元件库编辑系统中的 IEEE 符号工具栏。IEEE 符号工具栏的打开与关闭可以通过选取主工具栏里的[图标]图标或执行菜单命令 View→Toolbars→IEEE Toolbar 来实现。

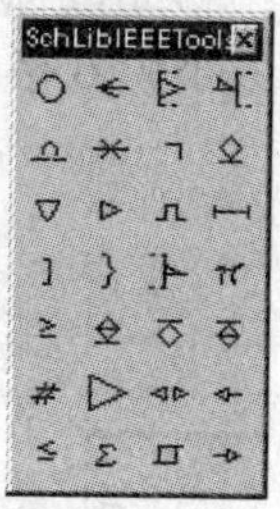

图 5-15 IEEE 符号工具栏

IEEE 符号工具栏上的命令也对应 Place 菜单上 IEEE Symbols 子菜单上的各命令，也可以从 Place 菜单上直接选取命令。工具栏上各按钮的功能如表 5-2 所示。

表 5-2 放置 IEEE 符号工具栏各项功能

图标	功能	图标	功能
	放置低态触发符号		放置低态触发输出符号
	放置左向信号		放置 π 符号
	放置上升沿触发时钟脉冲		放置大于等于号
	放置低态触发输入符号		放置具有提高阻抗的开集性输出符号
	放置模拟信号输入符号		放置开射极输出符号
	放置无逻辑性连接符号		放置具有电阻接地的开射极输出符号
	放置具有暂缓性输出的符号		放置数字输入信号
	放置具有开集性输出的符号		放置反相器符号
	放置高阻抗状态符号		放置双向信号
	放置高输出电流符号		放置数据左移符号
	放置脉冲符号		放置小于等于号
	放置延时符号		放置 Σ 符号
	放置多条 I/O 线组合符号		放置施密特触发输入特性的符号
	放置二进制组合的符号		放置数据右移符号

5.4 制作一个元件

现在利用前面介绍的制作工具，来绘制一个元件。绘制的实例为图 5-16 所示的触发器，并将它保存在“board2.lib”元件库中，具体操作步骤如下。

（1）单击菜单 File→New 命令，从编辑器选择框中选中原理图元件库编辑器，然后双击元件库文件图标，默认名为 schlib1.lib，可以重新保存为 board2.lib，或者重命名为 board2.lib。然后进入原理图元件库编辑工作界面。

（2）使用菜单命令 View→Zoom In 或按“Page Up”键将元件绘图页的四个象限相交点处放大到足够程度，因为一般元件均是放置在第四象限，而象限交点即为元件基准点。

（3）使用菜单命令 Place→Rectangle 或单击一般绘图工具栏上的 按钮来绘制一个直角矩形，将编辑状态切换到画直角矩形模式。此时鼠标指针旁边会多出一个大十字符号，将大十字指针中心移动到坐标轴原点处（X：0，Y：0），单击鼠标左键，把它定为直角矩形的左上角；移动鼠标指针到矩形的右下角，再单击鼠标左键，结束这个矩形的绘制过程，直角矩形的大小为 6 格×6 格，如图 5-17 所示。

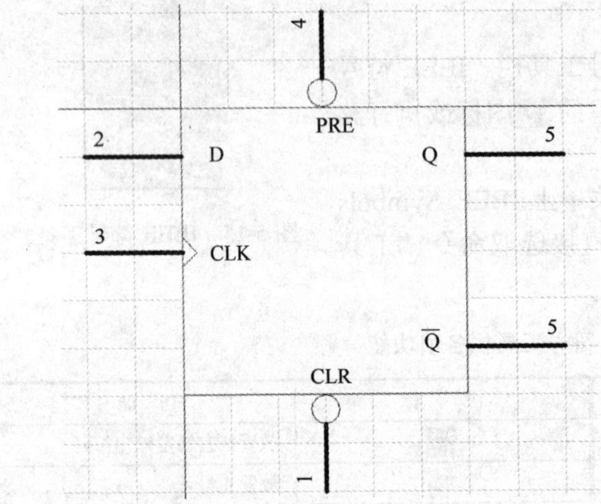

图 5-16　触发器实例

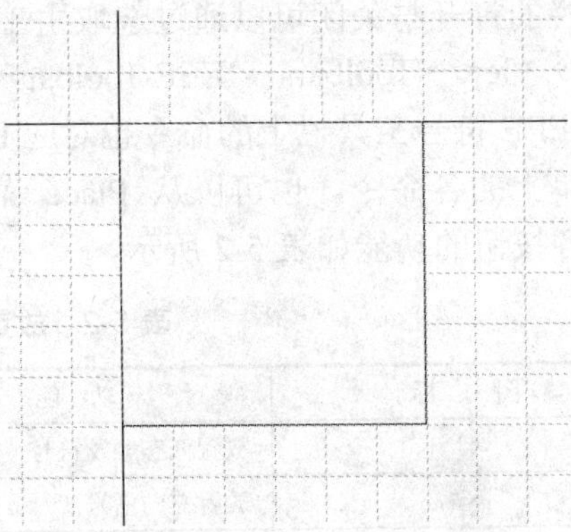

图 5-17　绘制矩形

（4）接下来绘制元件的引脚。执行菜单命令 Place→Pins 或单击一般绘图工具栏上的 按钮，可将编辑模式切换到放置引脚模式，此时鼠标指针旁边会多出一个大十字符号及一条短线，此时按“Tab”键进入“引脚编辑”对话框，如图 5-18 所示。将引脚长度（Pin Length）修改为 20。

（5）接着分别绘制 6 根引脚，如图 5-19 所示。放置引脚时可以先按空格键使引脚旋转 90º，使大十字处于矩形边框上。

（6）接着编辑各管脚，双击需要编辑的引脚，或者先选中引脚，然后单击鼠标右键，从快捷菜单中选取 Properties 命令，进入引脚属性对话框，如图 5-18 所示，在对话框对引脚进行属性修改。具体修改方式如下。

- 引脚 1　名称 Name 修改为 C\L\R\，并选中 Dot 复选框，Show Name 复选框不选中（因为引脚名一般是水平布置的，而旋转后名称也旋转了），旋转角度为 270º，引脚的电气类型为 Input。
- 引脚 2　名称 Name 修改为 D，旋转角度为 180º，引脚的电气类型为 Input。

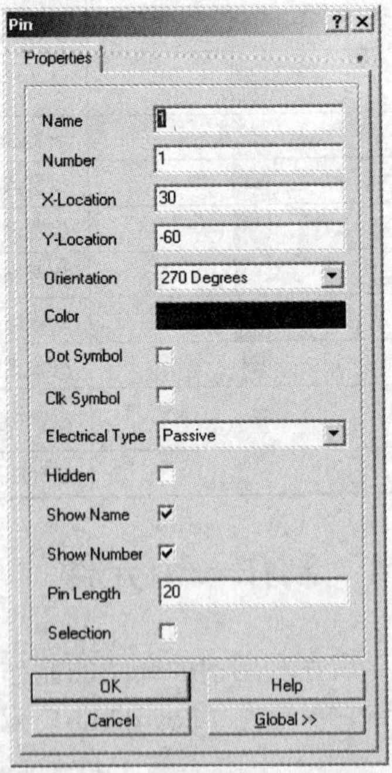

图 5-18　“引脚编辑”对话框

注意：放置引脚时，基准点是出现在图形界面中的一个大十字。将大十字对准需要放置引脚的矩形边框，就可以完成一条引脚的放置。

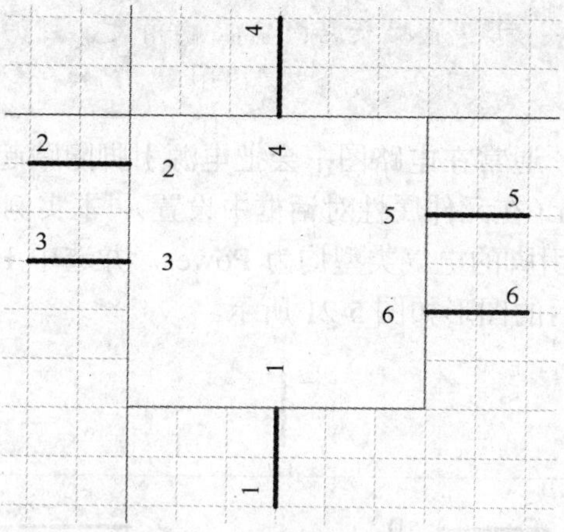

图 5-19 放置引脚后的图形

- 引脚 3 名称 Name 修改为 CLK，选中 CLK 复选框，旋转角度为 180º，引脚的电气类型为 Input。
- 引脚 4 名称 Name 修改为 P\R\E\，选中 Dot 复选框，旋转角度为 90º，Show Name 复选框不选中（因为引脚名一般是水平布置的，而旋转后名称也旋转了），引脚的电气类型为 Input。
- 引脚 5 名称 Name 修改为 Q，旋转角度为 0º，引脚的电气类型为 Output。
- 引脚 6 名称 Name 修改为 $\overline{Q}$，当用户需要输入字母上带一横的字符时，可以使用"Q\"来实现，本例中引脚 6 的 Name 编辑框中输入"Q\"，在图形中显示的即为 $\overline{Q}$，旋转角度为 0º，引脚的电气类型为 Output。

管脚属性修改后的图形如图 5-20 所示。

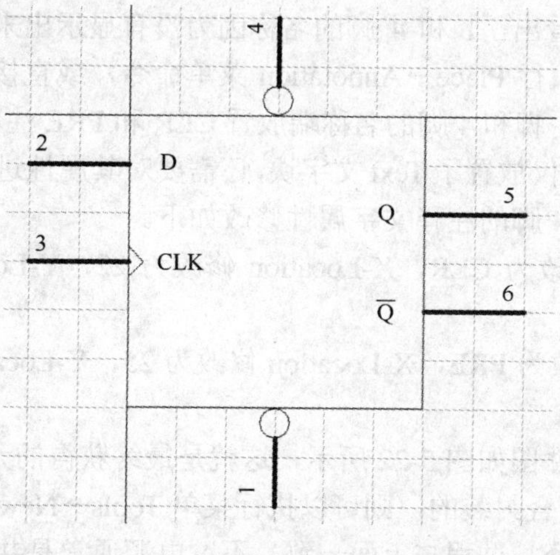

图 5-20 修改引脚属性后的图形

注意：当用户需要输入字母上带一横的字符时，可以使用"*\"来实现，本例中引脚 6 的 Name 编辑框中输入"Q\"，在图形中显示的即为 $\overline{Q}$。

说明：当放置引脚时，可以直接旋转到需要的角度，因为引脚 0°时的电气段为左侧，所以需要旋转设置。

（7）绘制隐藏的引脚，通常在电路图中会把电源引脚隐藏起来。所以绘制电源引脚时，需要将其属性设置为 Hidden（在元件属性对话框中设置）。本实例分别绘制两个电源引脚：14 为 VCC，7 为接地 GND，引脚的电气类型均为 Power，并选中 Hidden 复选框（将电源引脚隐藏）。绘制了这两个引脚后的图形如图 5-21 所示。

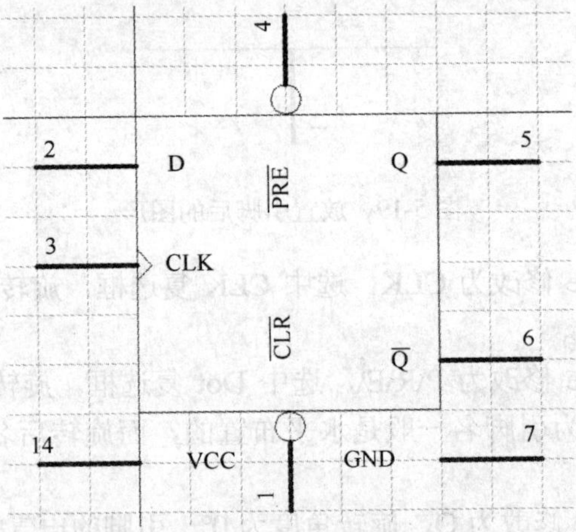

图 5-21　绘制电源引脚后的元件图

说明：图 5-21 显示了 $\overline{\text{PRE}}$ 和 $\overline{\text{CLR}}$ 引脚名，因为此时将元件管理器的 Hidden Pins 复选框选中了，这样有助于绘制电源引脚图。

（8）从图 5-20 可以看出，1 和 4 脚的名称因为没有显示出来，所以有必要分别向这两个引脚添加注释文字，即执行 Place→Annotation 菜单命令，或直接从绘图工具栏上选择放置注释文本的命令。分别在 1 脚和 4 脚的名称端放置 CLR 和 PRE 注释文字。

刚放置注释文字时，仅仅放置了 Text 文字块，还需要对其属性进行修改才可实现插入 CLR 和 PRE 注释文字，1 脚和 4 脚的注释文字属性修改如下。

- 1 脚：Text 文本修改为 CLR，X-Location 修改为 22，Y-Location 修改为-60，颜色修改为黑色。
- 4 脚：Text 文本修改为 PRE，X-Location 修改为 25，Y-Location 修改为-10，颜色修改为黑色。

插入注释文字后的元件图如图 5-22 所示，这就是最终获得的元件图。

（9）如果该元件是复合封装的，则可以执行菜单 Tools→New Part 命令，即可向该元件中添加绘制封装的另一部分，过程与上面一致，不过电源通常是共用的。

（10）保存已绘制好的元件。执行菜单命令 Tools→Rename Component，打开“New Component Name”对话框，如图 5-23 所示，将元件名称改为 74LS74，然后执行菜单命令 File →Save 将元件保存到当前元件库文件中。

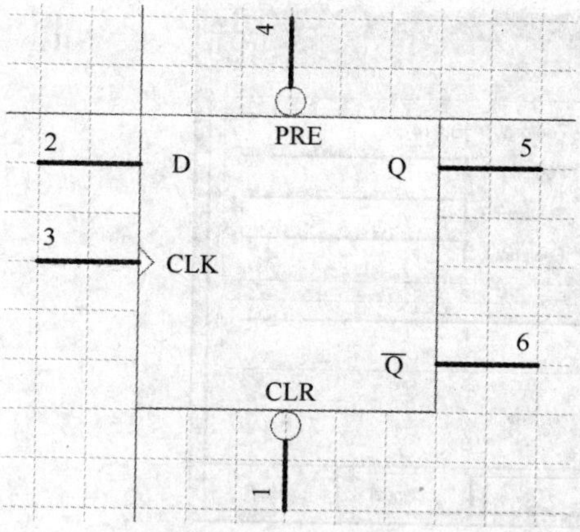

图 5-22　最终获得的元件图

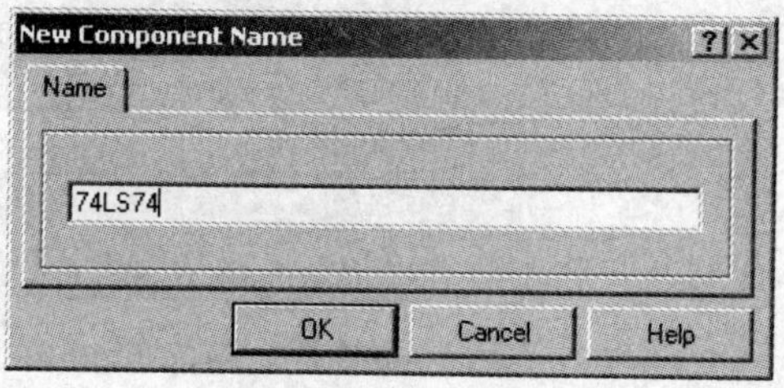

图 5-23　修改元件名称

当执行上述操作后，可以查看一下元件库管理器，如图 5-24 所示。其中已经添加了一个 74LS74 的元件，该元件位于 board2.lib 中，而 board2.lib 属于 board.ddb 数据库文件，因为绘制该元件是在打开的 board.ddb 数据库文件中进行的。

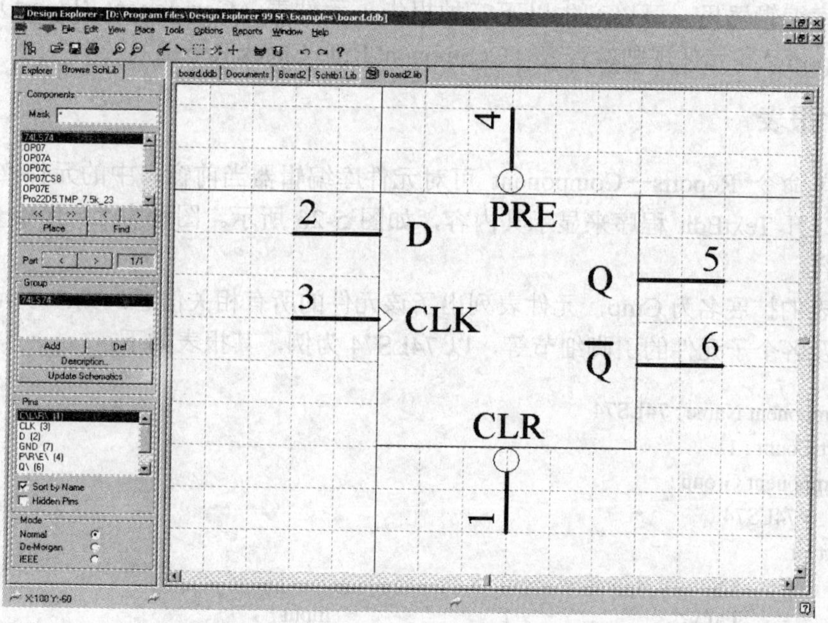

图 5-24　添加了元件 74LS74 后的元件库管理器

（11）最后还需要设置一下元件的描述特性，在元件管理器中选中该元件，然后单击“Description”按钮，系统将弹出如图 5-25 所示的元件文本域设置对话框。此时可以设置默认流水号，元件封装形式，以及其他相关的描述。

如果想在设计原理图时使用此元件，只需将该库文件装载到元件库中，取用元件 74LS74 即可。另外，如果要在现有的元件库中加入新设计的元件，只要进入元件库编辑器，选择现有的元件库文件，再执行菜单命令 Tools→New Component，就可以按照上面的步骤设计新的元件。

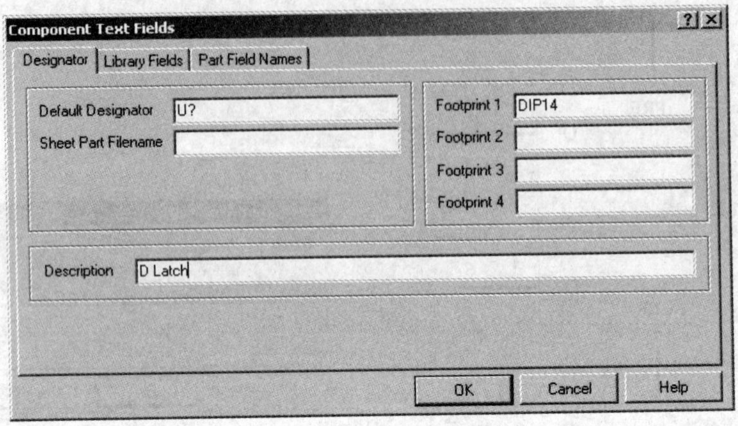

图 5-25　元件文本域设置对话框

5.5 产生元件报表

在元件库编辑器里，可以产生以下三种报告：元件表（Component Report）、元件库表（Library Report）和元件规则检查表（Component Rule Check Report）。

5.5.1 元件报表

通过菜单命令 Reports→Component 可对元件库编辑器当前窗口中的元件产生元件表，系统会自动打开 TextEdit 程序来显示其内容，如图 5-26 所示。图示为上一节制作的 74LS74 的元件表内容。

元件报表的扩展名为.Cmp，元件表列出了该元件的所有相关信息，如：子元件个数、元件组名称以及各个子元件的引脚细节等，以 74LS74 为例，其报表如下。

```
Component Name : 74LS74
Part Count : 1
Component Group :
    74LS74
Part : 1
    Pins - (Normal Representation) : 8
        C\L\R\          1          Input
        D               2          Input
        CLK             3          Input
        P\R\E\          4          Input
        Q               5          Output
        Q\              6          Passive
        Hidden Pins :
        VCC             14         Power
        GND             7          Power
    Pins - (De-Morgan Representation) : 0
        Hidden Pins :
```

Pins - (IEEE Representation) : 0

Hidden Pins :

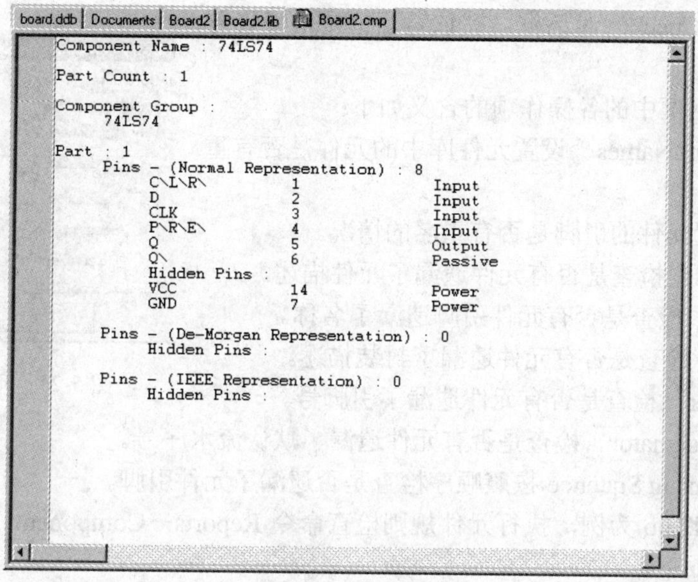

```
board.ddb | Documents | Board2 | Board2.lib | Board2.cmp

Component Name : 74LS74

Part Count : 1

Component Group :
     74LS74

Part : 1
     Pins - (Normal Representation) : 8
          C\L\R\          1          Input
          D               2          Input
          CLK             3          Input
          P\R\E\          4          Input
          Q               5          Output
          Q\              6          Passive
          Hidden Pins :
          VCC             14         Power
          GND             7          Power

     Pins - (De-Morgan Representation) : 0
          Hidden Pins :

     Pins - (IEEE Representation) : 0
          Hidden Pins :
```

图 5-26　元件报表窗口

5.5.2　元件库报表

元件库报表列出了当前元件库中所有元件的名称及其相关描述，元件库报表的扩展名为.Rep。通过菜单命令 Reports→Library 可对元件库编辑器当前的元件库产生元件库表，系统会自动打开 TextEdit 程序来显示其内容。图 5-27 所示为 board2.Lib 元件库的元件库报表内容。

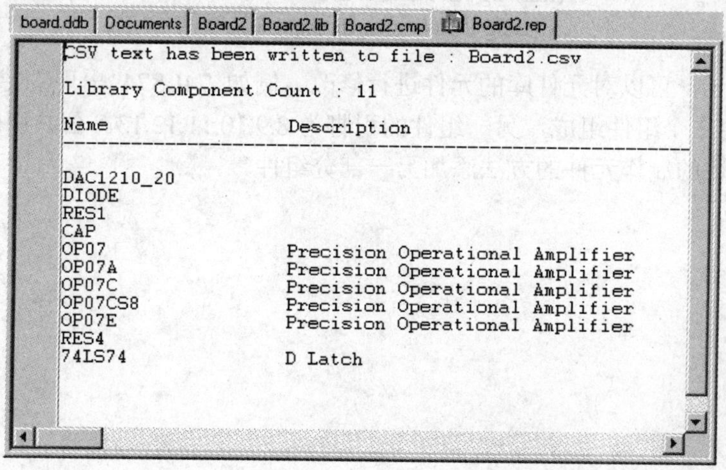

```
board.ddb | Documents | Board2 | Board2.lib | Board2.cmp | Board2.rep

CSV text has been written to file : Board2.csv

Library Component Count : 11

Name                Description
----------------------------------------------------------------

DAC1210_20
DIODE
RES1
CAP
OP07                Precision Operational Amplifier
OP07A               Precision Operational Amplifier
OP07C               Precision Operational Amplifier
OP07CS8             Precision Operational Amplifier
OP07E               Precision Operational Amplifier
RES4
74LS74              D Latch
```

图 5-27　board2.Lib 元件库报表内容

5.5.3　元件规则检查表

元件检查表主要用于帮助用户进行元件的基本验证工作，包括检查元件库中的元件是否有错，并将有错的元件列出来，指明错误原因等。

执行菜单命令 Reports→Component Rule Check，系统将弹出如图 5-28 所示的“Library Component Rule Check”对话框，在该对话框中可以设置检查的属性。

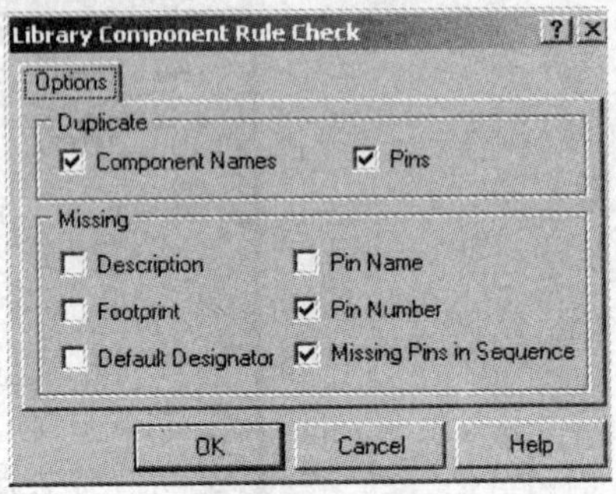

图 5-28　元件检查对话框

元件检查对话框中的各操作项的含义如下：

- Component Names　设置元件库中的元件是否有重名的情况。
- Pins　设置元件的引脚是否有重名的情况。
- Description　检查是否有元件遗漏了元件描述。
- Pin Name　检查是否有元件引脚遗漏了名称。
- Footprint　检查是否有元件遗漏了封装描述。
- Pin Number　检查是否有元件遗漏了引脚号。
- Default Designator　检查是否有元件遗漏了默认流水序号。
- Missing Pins in Squence 按照顺序检查是否遗漏了元件引脚。

这里以 board2.lib 为例，执行元件规则检查命令 Reports→Component Rule Check，则生成的元件检查表如下。

Component Rule Check Report for : Board2.lib

Name	Errors
OP07	(Missing Pin Number In Sequence : 5 [1..8])
OP07A	(Missing Pin Number In Sequence : 5 [1..8])
OP07C	(Missing Pin Number In Sequence : 5 [1..8])
OP07CS8	(Missing Pin Number In Sequence : 5 [1..8])
OP07E	(Missing Pin Number In Sequence : 5 [1..8])
74LS74	(Missing Pin Number In Sequence : 8,9,10,11,12,13

根据这些提示，可以对元件库的元件进行修改。例如 74LS74 出现的错误，主要是因为 74LS74 元件是由 2 个组件组成，另一组件的引脚为 8,9,10,11,12,13。公共引脚为 14 和 7。可以使用前面所讲述的制作元件的方法添加另一部分组件。

第6章　设计层次原理图

层次电路图设计是在实践的基础上提出的，是随着计算机技术的发展而逐步实现的一种先进的原理图设计方法。一个非常庞大的电路原理图，称为项目。一个项目不可能一次完成，也不可能将这个原理图画在一张图纸上，更不可能由一个人单独完成。Protel 99 SE 提供了一个很好的项目组设计工作环境。项目主管的主要工作是将整个原理图划分为各个功能模块，由各个工作组成员来设计各个功能模块。这样，由于网络的广泛应用，整个项目可以多层次并行设计，使得设计进程大大加快。

6.1　层次原理图的设计方法

层次电路图的设计方法实际上是一种模块化的设计方法。用户可以将待设计的系统划分为多个子系统，子系统下面又可划分为若干功能模块，功能模块再细分为若干个基本模块。设计好基本模块，定义好模块之间的连接关系，即可完成整个设计过程。

设计时可以从系统开始，逐级向下进行，也可以从最基本的模块开始，逐级向上进行，还可以调用相同的电路图重复使用。

1. 自上而下的层次图设计方法

所谓自上而下就是由电路方块图产生原理图。因此用自上而下的方法来设计层次图，首先得放置电路方块图。其流程图如图 6-1 所示。

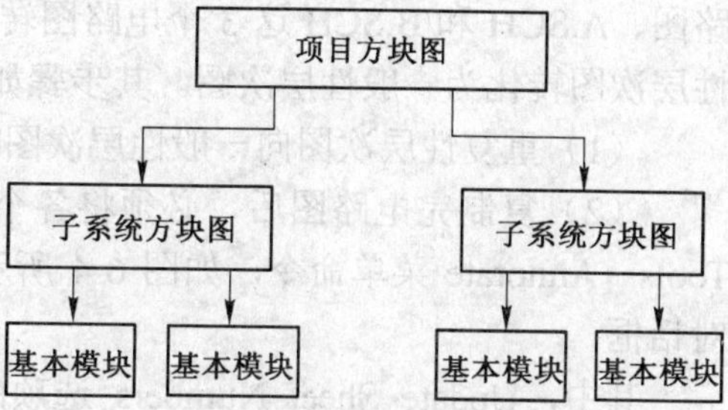

图 6-1　自上而下的层次图设计流程图

2. 自下而上的层次图设计方法

所谓自下而上就是由原理图产生电路方块图。因此用自下而上的方法来设计层次图，首先得放置电路原理图。其流程图如图 6-2 所示。

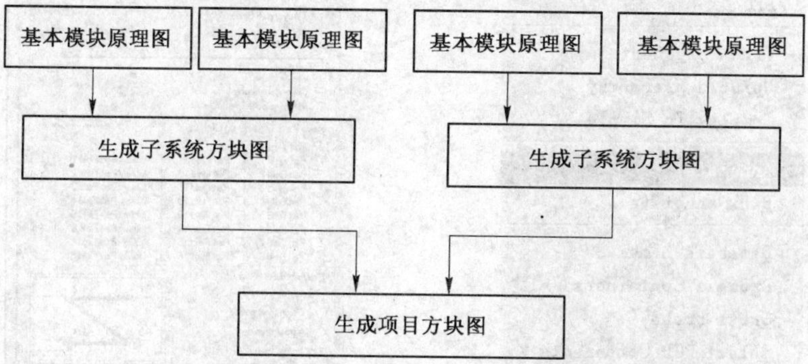

图 6-2　自下而上的层次图设计流程图

3. 重复性层次图的设计方法

所谓重复性层次图是指在层次式电路图中，有一个或多个电路图被重复地调用。绘制电路图时，不必重复绘制相同的电路图。典型的重复性层次图的示意如图 6-3 所示。

图 6-3 中，共有 10 张原理图，除了主电路图外，A.SCH 共出现了 3 次，B.SCH 出现了 6 次。只需绘制其中的 3 张，即主电路图、A.SCH 和 B.SCH。在绘制被重复调用的原理图时，元件序号先不必指定，留待后面让系统自己处理。

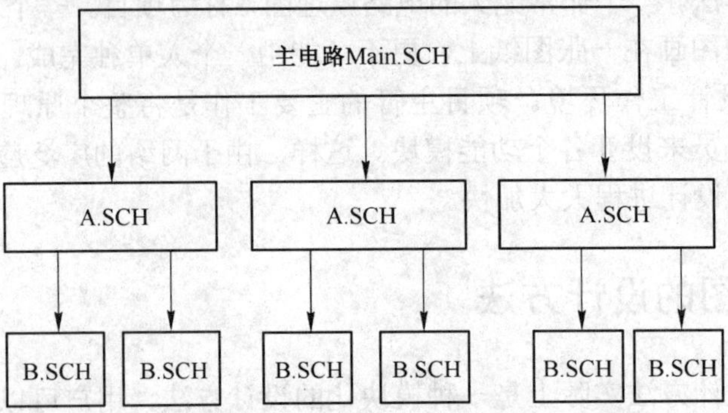

图 6-3　重复性层次图的示意图

要让重复性层次图有实用价值，还必须将各个被重复调用的原理图复制成副本，安排好各个副本中元件的序号，才能够产生网络表，进行电路板设计。以图 6-3 为例，首先将主电路图、A.SCH 和 B.SCH 这 3 个电路图转化成相互独立且相互关联的 10 张电路图，即将重复性层次图转化为一般性层次图。其步骤如下：

（1）重复性层次图向一般性层次图转化，将重复性的原理图复制成层次图。

（2）复制完电路图后，必须将各个电路图中的元件进行编号，即设置元件序号。单击 Tools→Annotate 菜单命令，如图 6-4 所示。执行此命令后，会出现如图 6-5 所示的标注设置对话框。

其中，Update Sheet Numbers 选项的功能是重新编排图号，此项必选；Annotate Option 选项中，?Parts 项是针对整个项目的。如果项目中元件序号还没有编号的话，系统将自动给予编号。图 6-5 所示对话框的详细操作请参考第 3.8 节。

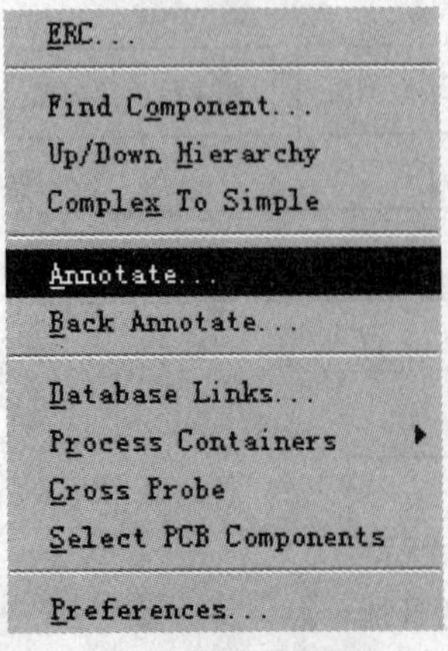

图 6-4　Tools 菜单

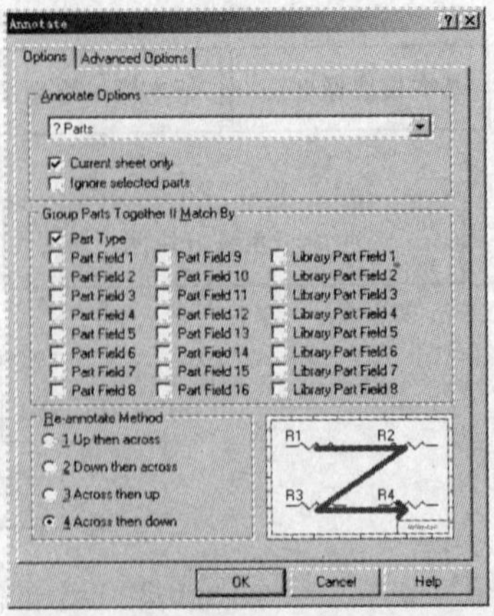

图 6-5　标注设置对话框

（3）设置完对话框后，系统立即自动编号，并将编号的结果存为“*.rep”文件，作为项目的一部分出现在项目管理器中。同时系统还会启动文本编辑器，显示报告文件。

用户还可以执行 Tools→Back Annotate 命令返回重新编号前的情况。

6.2 建立层次原理图

前面讲到了层次电路图设计的几种方法，现在就利用其中的自上而下的层次图设计方法，用 Protel 99 SE 提供的实例（如图 6-6 所示），来讲一下绘制层次原理图的一般过程。

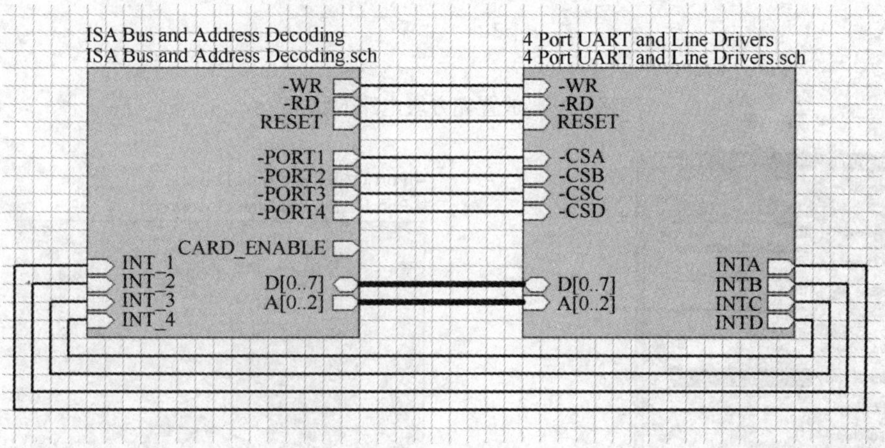

图 6-6　绘制层次原理图实例

图 6-6 所示是一个层次原理图，整张原理图表示了一张完整的电路，该电路是一个 4 串行接口的原理图。它分别由串行接口和线驱动模块（4 Port UART and Line Drivers.sch）和 ISA 总线与地址解码模块（ISA Bus and Address Decoding.sch）等 2 个模块组成。其层次结构关系如图 6-7 所示。

图 6-7　层次结构关系

绘制层次原理图一般步骤如下：

（1）启动原理图设计服务器（参见 1.6 节），并建立层次原理的文件名。

（2）在工作平面上打开绘图工具 Wiring Tools，执行绘制方块电路命令，方法如下：

- 用鼠标左键单击 Wiring Tools 中的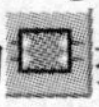按钮。
- 执行菜单命令 Place→Sheet Symbol。

（3）执行该命令后，光标变为十字形状，并带着方块电路，如图 6-8 所示。

在此命令状态下，按“Tab”键，会出现“方块电路属性设置”对话框，如图 6-9 所示。

在对话框中，将 Filename 选项设置为 4 Port UART and Line Drivers.sch。这表明该电路代表了串行接口和线驱动模块。将 Name 选项设置为 4 Port UART and Line Drivers。这就定义了方块电路的名称。

（4）设置完属性后，确定方块电路的大小和位置。将光标移动到适当的位置后，单击鼠标左键，确定方块电路的左上角位置。然后拖动鼠标，移动到适当的位置后，单击鼠标左键，确定方块电路的右下角位置。这样就定义了方块电路的大小和位置，绘制出了一个电路子模块，如图 6-10 所示。

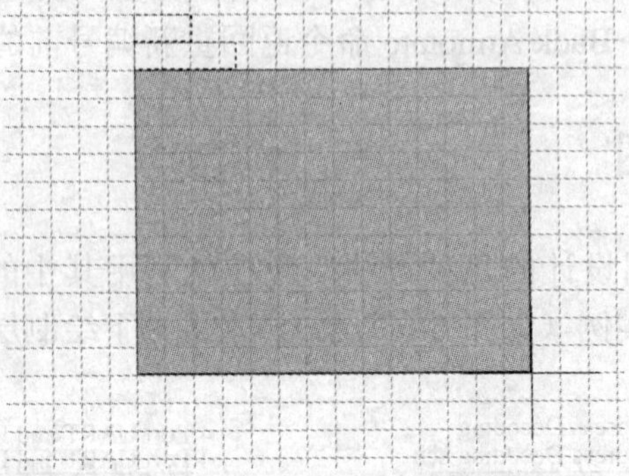

图 6-8　放置完方块电路的状态

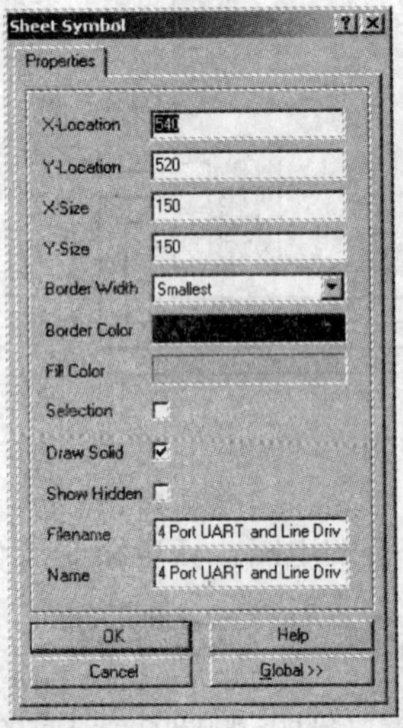

图 6-9　方块电路属性设置对话框

图 6-10　绘制串行接口和线驱动模块的方块电路

用户如果要更改文字标注，只需用鼠标双击文字标注，则会出现如图 6-11 所示的方块电路文字属性设置对话框。

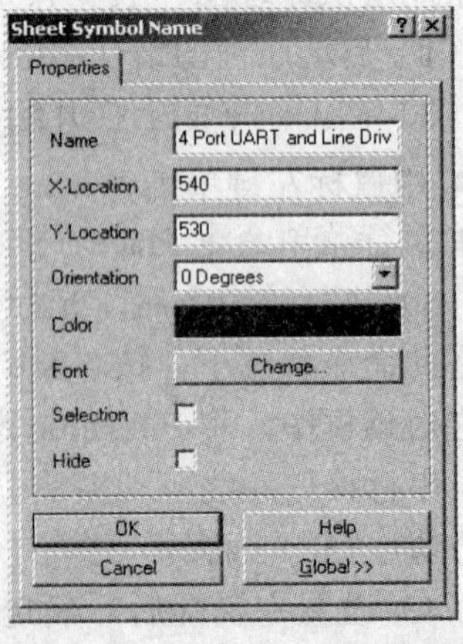

图 6-11　方块电路文字属性设置对话框

（5）绘制完一个方块电路后，仍处于放置方块电路的命令状态下，用户可以用同样的方法放置其他的方块电路，并设置相应的方块图文字属性，结果如图 6-12 所示。

（6）执行放置方块电路端口的命令，方法是用鼠标左键单击 Wiring 工具栏中的 按钮或者执行菜单命令 Place→Sheet Entry。

（7）执行该命令后，光标变为十字形状，然后在需要放置端口的方块图上单击鼠标左键，此时光标处就带着方块电路的端口符号，如图 6-13 所示。

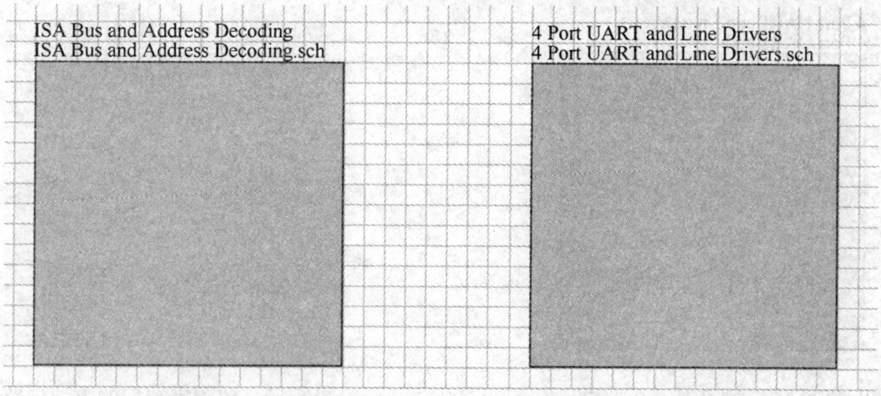

图 6-12　绘制完所有的方块电路

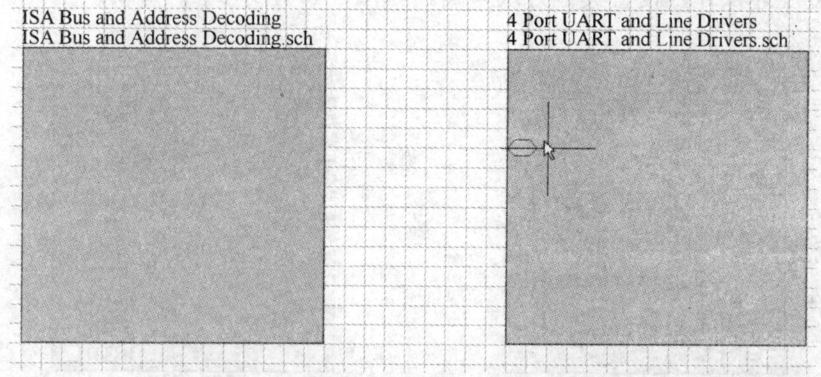

图 6-13　放置方块电路 I/O 端口的状态

注意：当在需要放置端口的方块图上单击鼠标左键，光标处出现方块电路的端口符号后，光标就只能在该方块图内部移动，直到放置了端口并结束该部操作以后，光标才能在绘图区域自由移动。

在此命令状态下，按“Tab”键，会出现方块电路端口属性设置对话框，如图 6-14 所示。

在对话框中，将 Name 选项设置为 WR，即将端口名设为写选通信号。I/O Type 选项有不指定（Unspecified）、输出（Output）、输入（Input）和双向（Bidirectional）4 种。在此设置为 Output，即可将端口设置为输出。

Side 选项用来指定方块电路端口的在方块图中的位置，如左（Left）、右（Right）、顶部（Top）和底部（Bottom）。相应地，在 Style 选项处会出现对应于 Side 选项的设置项。

（8）设置完属性后，将光标移动到适当的位置后，单击鼠标左键将其定位，如图 6-15 所示。同样，根据实际电路的安排，可以在串行接口和线驱动模块上放置其他端口，如图 6-16 所示。

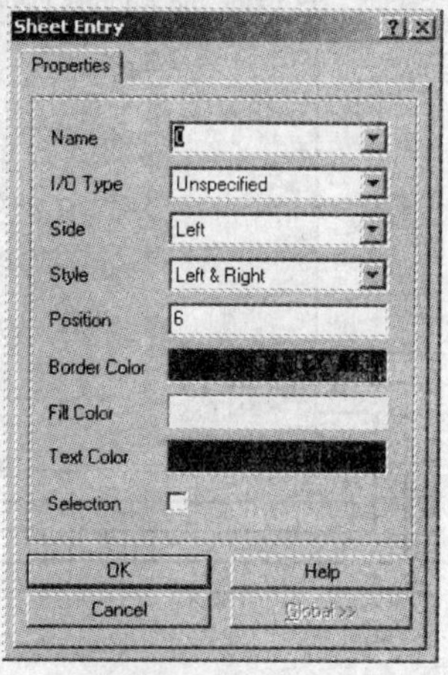

图 6-14　方块电路端口属性设置对话框

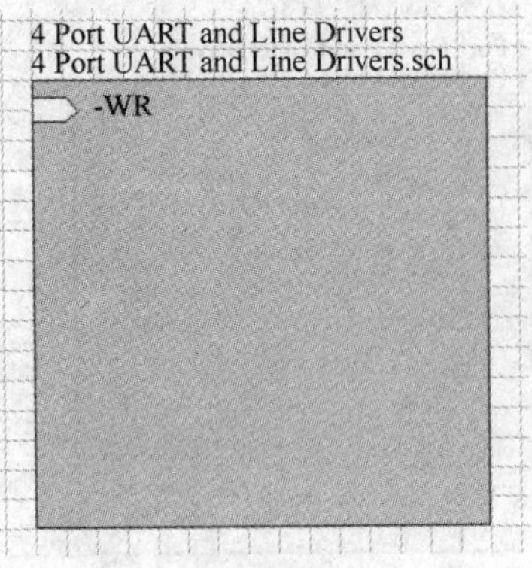

图 6-15　放置完一个端口

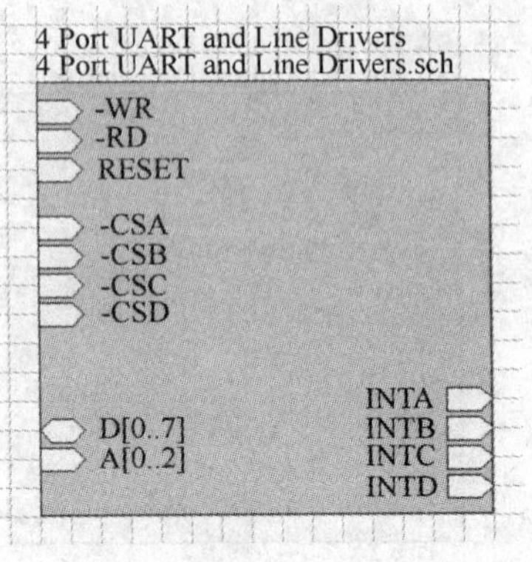

图 6-16　放置完端口的方块电路

（9）重复上述操作，设置其他方块电路，如图 6-17 所示。

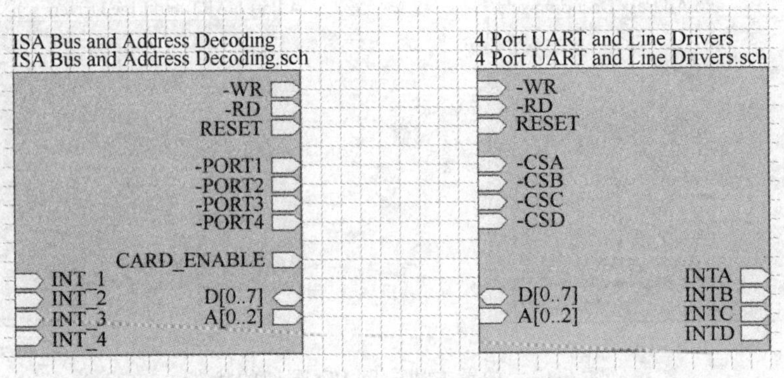

图 6-17　放置完所有端口的原理图

（10）在图 6-17 的基础上，将电气关系上具有相连关系的端口用导线或总线连接在一起，如图 6-18 所示

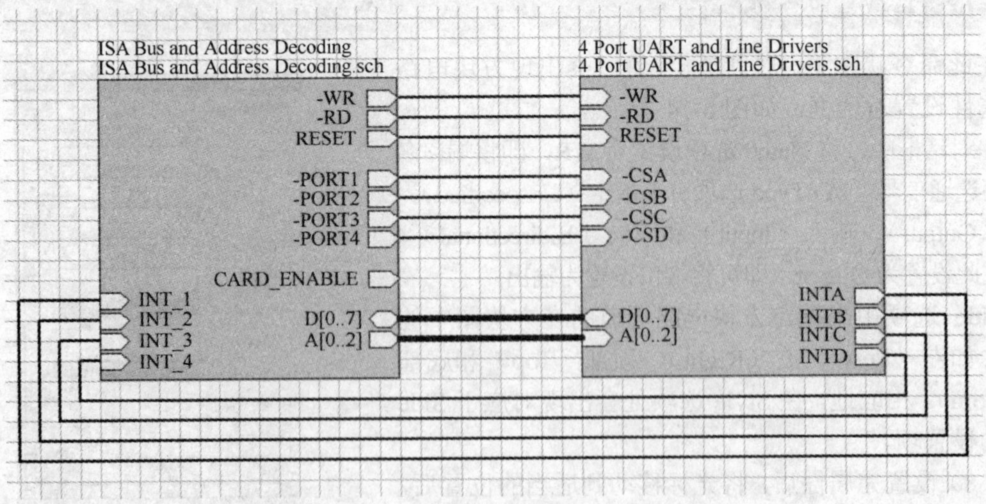

图 6-18　最终结果

（11）在每个模块的原理图中，执行 Place→Port 命令，在对应于图 6-18 的方块图出入端口的连接点添加相应的端口，并设置为与方块图出入端口同名。

通过上述步骤，就建立了一个层次原理图。下面给出了各个模块的原理图，见图 6-19a 和图 6-19b。

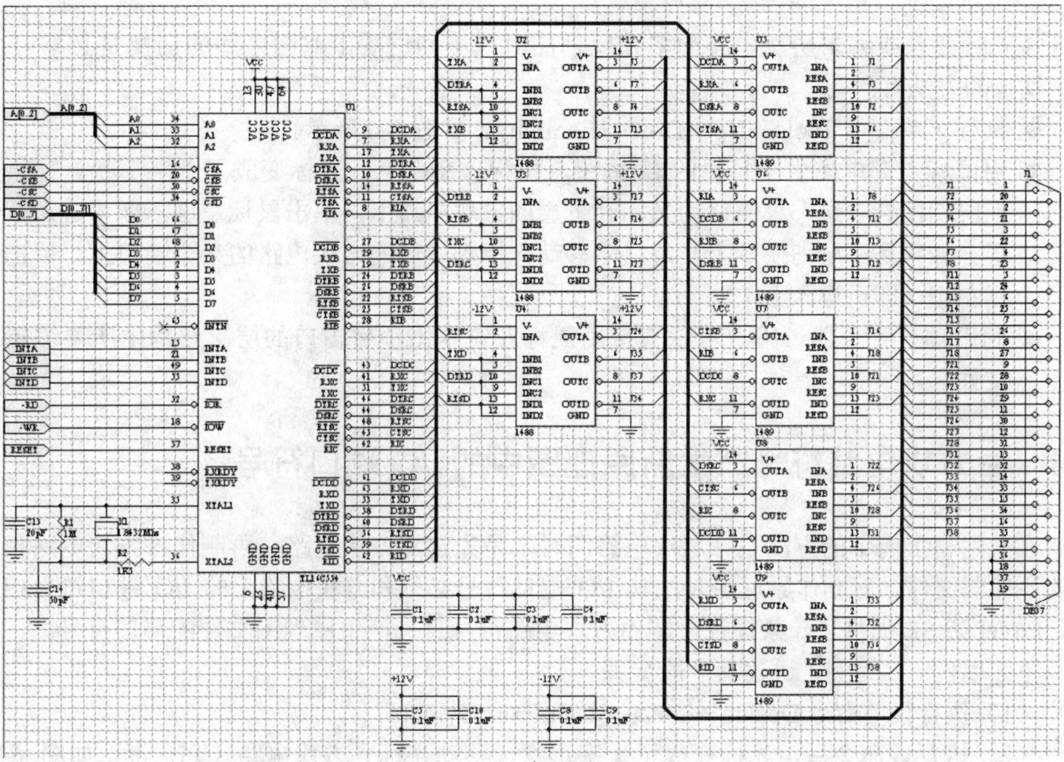

a)

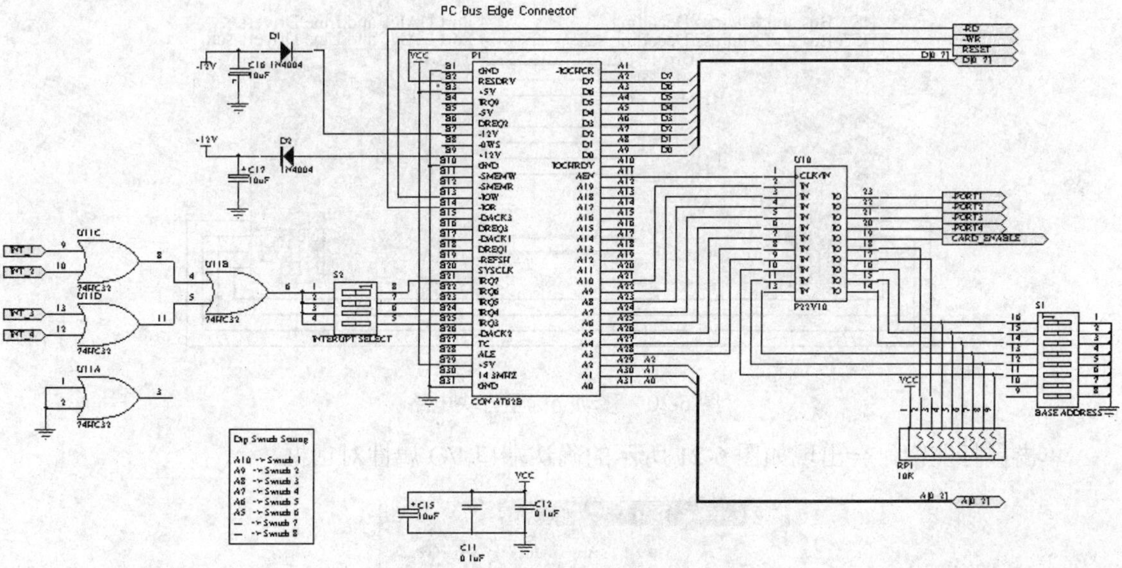

b)

图 6-19　4 串行接口的层次原理图

a)　串行接口和线驱动模块（4 Port UART and Line Drivers.sch）

b) ISA 总线与地址解码模块（ISA Bus and Address Decoding.sch）

6.3　不同层次电路之间的切换

在同时读入或编辑层次电路的多张原理图时，不同层次电路图之间的切换是必不可少的。切换的方法有：

- 执行菜单命令 Tools→Up→Down Hierarchy。如图 6-4 所示。
- 用鼠标左键单击主工具栏的按钮。执行该命令后，光标变成了十字形状。如果是上层切换到下层，只需移动光标到下层的方块电路上，单击鼠标左键，即可进入下一层。如果是下层切换到上层，只需移动光标到下层的方块电路的某个端口上，单击鼠标左键，即可进入上一层。
- 利用项目管理器。用户可以直接用鼠标左键单击项目窗口的层次结构中所要编辑的文件名。

6.4　由方块电路符号产生新原理图中的 I/O 端口符号

在采用自上而下的方法设计层次电路图时，是先建立方块电路，再制作该方块电路相对应的原理图文件。而制作原理图时，其 I/O 端口符号必须和方块电路上的 I/O 端口符号相对应。Protel 99 SE 提供了一条捷径，即由方块电路符号直接产生原理图文件的端口符号。

下面以图 6-6 为例，讲述其一般步骤。

（1）执行菜单命令 Design→Create Sheet From Symbol。

（2）执行该命令后，光标变成了十字形状，移动光标到方块电路 CPU 上，如图 6-20 所示。

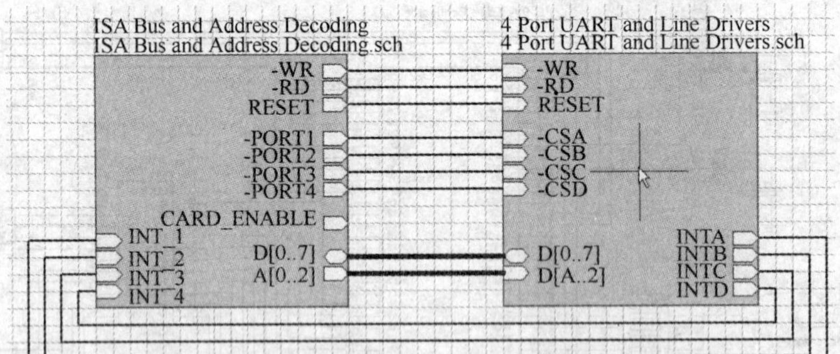

图 6-20　移动光标至方块电路

单击鼠标左键，会出现如图 6-21 所示的确认端口 I/O 属性对话框。

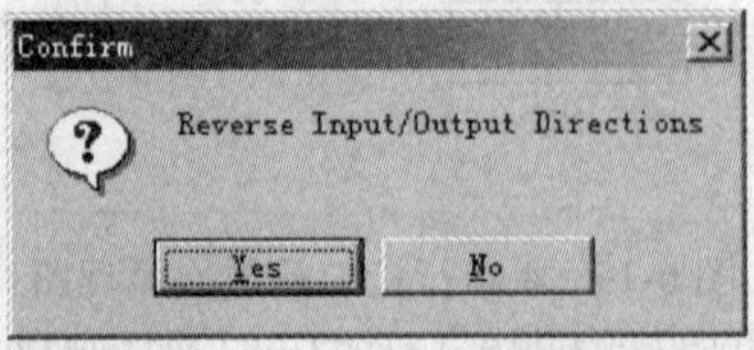

图 6-21　确认端口 I/O 属性对话框

单击对话框中的“Yes”按钮，则产生的 I/O 端口的电气特性与原来的方块电路中相反，即输出变为输入。单击“No”按钮，则产生的 I/O 端口的电气特性与原来的方块电路中相同，即输出仍为输出。

（3）此处选择“Yes”按钮，则 Protel 99 SE 自动生成一个文件名为 CPU.sch 的原理图文件，并布置好 I/O 端口，如图 6-22 所示。

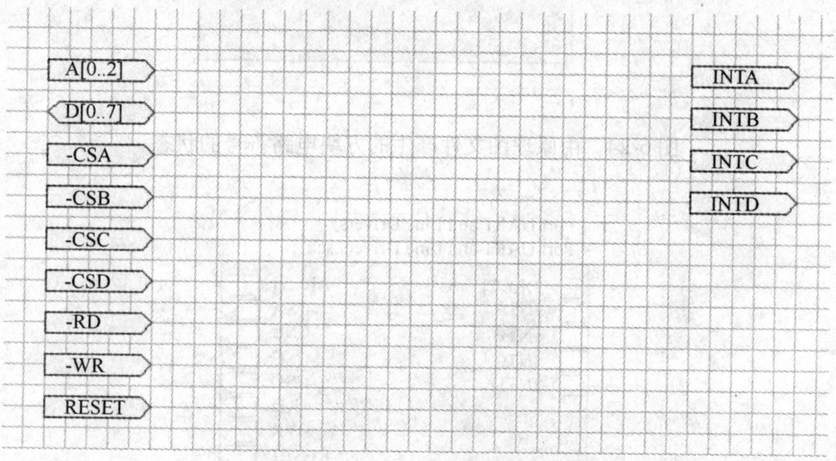

图 6-22　产生的新原理图

6.5　由原理图文件产生方块电路符号

如果在设计中采用自下而上的设计方法，则先设计原理图，再设计方块电路。Protel 99 SE 则又提供了一条捷径，即由一张已经设置好端口的原理图直接产生方块电路符号。

下面仍以图 6-6 为例，讲述其一般步骤。

（1）执行菜单命令 Design→Create Symbol From Sheet。

（2）执行该命令后，会出现如图 6-23 所示的对话框。选择并确认要产生的方块电路的文件。此后，同样会出现如图 6-21 所示的对话框。选择“Yes”按钮，方块电路会出现在光标上，如图 6-24 所示。

（3）移动光标至适当位置，按照前面放置方块电路的方法，将其定位。则可自动生成名为 CPU 的方块电路，如图 6-25 所示。然后根据层次原理图设计的需要，可以对方块电路上的端口进行适当调整。

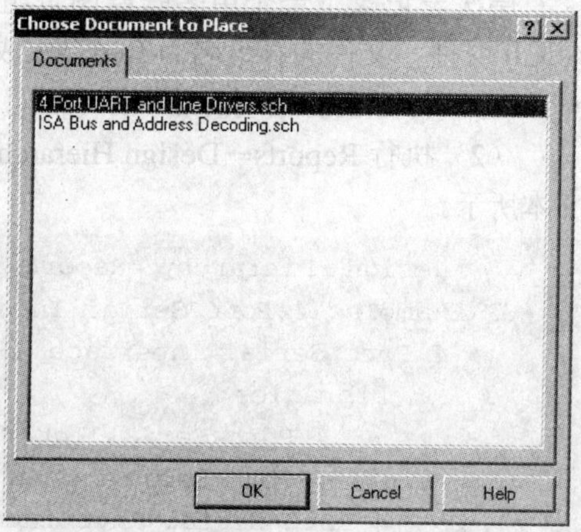

图 6-23　选择产生方块电路的文件

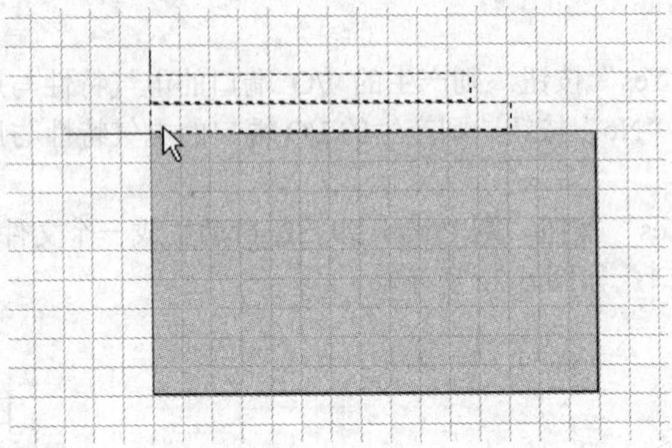

图 6-24　由原理图文件产生的方块电路符号的状态

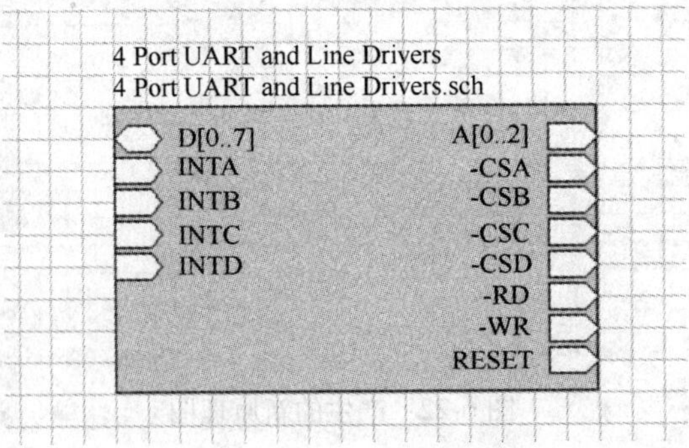

图 6-25　产生的方块电路

6.6　生成层次表

层次表记录了一个由多张绘图页组成的层次原理图的层次结构数据，其输出的结果为 ASCII 文件，文件的存盘名为.Rep。生成层次原理图的操作如下。

（1）打开已经绘制的层次原理图，如前面绘制的层次原理图，如图 6-18 所示。

（2）执行 Reports→Design Hierarchy 命令，系统将会生成该原理图的层次关系，如以下文本所示。

```
    Design Hierarchy Report for D:\Program Files\Design Explorer 99
SE\Examples\4 Port Serial Interface.ddb
    4 Port Serial Interface
       Libraries
          4 Port Serial Interface PCB Library.lib
          4 Port Serial Interface Schematic Library.lib
       4 Port Serial Interface Board.pcb
       4 Port Serial Interface.prj
          4 Port UART and Line Drivers.sch
          ISA Bus and Address Decoding.sch
             Address Decoder.pld
```

从上面的层次表文本中，可以看到原理图的层次关系。

第 7 章 生 成 报 表

7.1 产生 ERC 表

Protel 99 SE 在产生网络表之前，需要测试用户设计的电路原理图信号的正确性，这可以通过检验电气规则来实现。进行电气规则的测试，可以找出电路图中的一些电气连接方面的错误。检验了电路的电气规则后，就可以生成网络表等报表，便于后面的PCB 印制电路板的制作。

Advanced Schematic 提供了一个最基本的测试功能，即电气规则检查(ERC: Electrical Rule Check)。电气规则检查可检查电路图中是否有电气特性不一致的情况。例如，某个输出引脚连接到另一个输出引脚就会造成信号冲突，未连接完整的网络标签会造成信号断线，重复的流水号会使 Advanced Schematic 无法区分出不同的元件等。以上这些都是不合理的电气冲突现象，ERC 会按照用户的设置以及问题的严重性分别用错误（Error）或警告（Warning）信息来提示用户注意。

7.1.1 产生 ERC 表的各种选项

若要进行电气规则检查，可以执行 Tools→ERC 菜单命令打开如图 7-1 所示的 Setup Electrical Rule Check 对话框，该对话框包括 Setup 和 Rule Matrix 两个选项卡。该对话框主要用于设置电气规则的选项、范围和参数，然后执行检查。

（1）Setup选项卡如图7-1所示，其各选项含义如下：

- Multiple net names on net：检查同一个网络上是否拥有多个不同名称的网络标识符。
- Unconnected net labels：检查绘图页中是否有未连接到其他电气对象的网络标签。
- Unconnected power objects：检查是否有未连接到其他电气对象的电源对象。
- Duplicate sheet numbers：检查项目中是否有绘图页号码相同的绘图页。
- Duplicate component designators：检查绘图页中是否有流水号相同的元件。当没有执行过菜单命令 Tools→Annotate 对所有元件重新排号时，或是没有使用 Tools→Complex to Simple 功能将一个复杂层次化项目转换成简单的层次化设计时，这种情况最常发生。

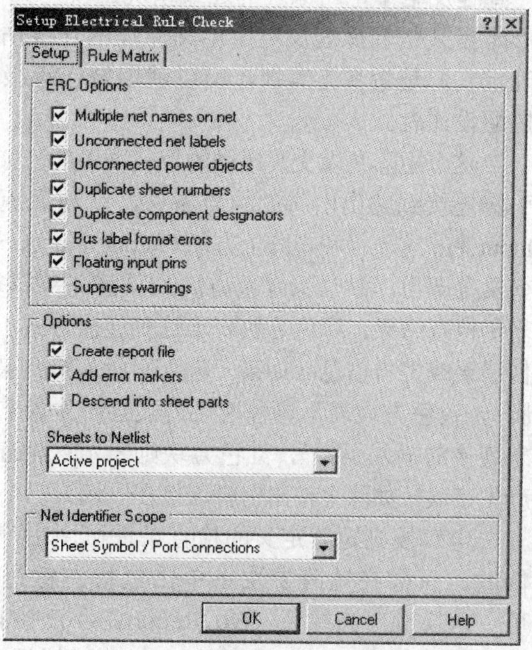

图 7-1 设置电气规则对话框

● Bus label format errors：检查附加在总线上的网络标签的格式是否非法，以致无法正确地反映出信号的名称与范围。由于总线的逻辑连通性是由放置于总线上的网络标签来指定的，所以总线的网络标签应该能够描述全部的信号。

● Floating input pins：检查是否有未连接到任何其他网络的输入引脚，即出现所谓的 Floating（浮空）情形。

● Suppress warnings：设置在执行 ERC 时，忽略警告（Warning）等级的情况，而只对错误（Error）等级的情况进行标识。这种做法主要是为了让设计师省略一部分失误条件以加速 ERC 流程。但是，为了确保电路完美无缺，在作品最后一次进行 ERC 时，千万不要设置这个选项。

● Create report file：设置列出全部 ERC 信息并产生一个文本报告。

● Add error markers：设置在绘图页上有错误或警告情况的位置上放置错误标记（Error Markers）。这些错误标记可以帮助用户精确地找出有问题的网络连线。

● Descend into sheet parts：要求在执行 ERC 时，同时深入绘图页元件中进行检查。所谓绘图页元件（Sheet Parts）就是一个“举止行为”都很像绘图页符号的元件，它的引脚与其对应的子层绘图页上的输入输出端口连通。子层的绘图页文件的路径与名称就定义在该元件的 Sheet Part path 数据栏中。

● Net Identifier Scope：设置网络标识符的工作范围。网络标识符的范围主要是在一个多张绘图页的设计中决定网络连通性的方法。

（2）Rule Matrix 选项卡如图 7-2 所示。这是一个彩色的正方形区块，称为电气规则矩阵。该选项卡主要用来定义各种引脚、输入输出端口、绘图页出入端口彼此间的连接状态是否已经构成错误（Error）或警告（Warning）等级的电气冲突。所谓错误情形是指电路中有严重违反电子电路原理的连线情况出现，如VCC电源与GND接地短路这种情况；所谓警告情形是指某些轻微违反电子电路原理的连线情况（甚至可能是设计者故意的），由于系统不能确定它们是否真正有误，所以就用警告等级的信息来提醒设计者。

这个矩阵是以交叉接触的形式读入的。如要看输入引脚连接到输出引脚的检查条件，就观察矩阵左边的 Input Pin 这一行和矩阵上方的 Output Pin 这一列之间的交叉处即可（默认为绿色方块）。矩阵中以彩色方块来表示检查结果。绿色方块表示这种连接方式不会产生任何错误或警告信息（如某一输入引脚连接到某一输出引脚），黄色方块表示这种连接方式会产生警告信息（如未连接的输入引脚），红色方块则表示这种连接方式会产生错误（如两个输出引脚连接在一起）。

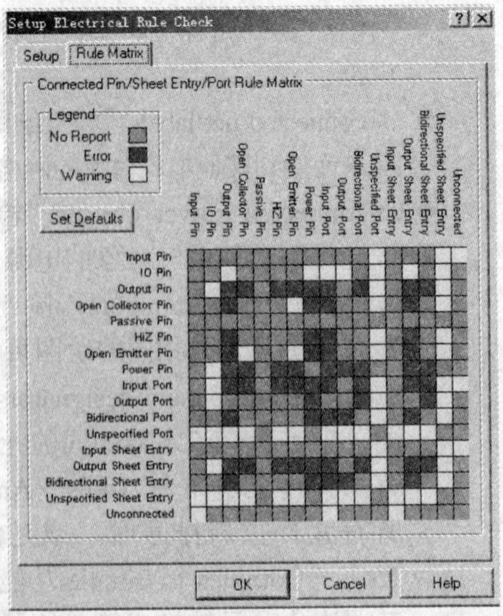

图 7-2 设置电气规则矩阵

电气规则矩阵定义的检查条件可由用户自行加以修改，只需在矩阵方块上单击鼠标左键进行切换即可。切换顺序为绿色（No Report，不产生报表）、黄色（Warning，警告）与红色（Error，错误），然后再回到绿色。

7.1.2 ERC 结果报告

生成 ERC 结果的步骤如下：

（1）打开原理图文件，执行菜单命令 Tools→ERC。

（2）执行该命令后，会出现如图 7-1 所示的对话框，用户可以设置有关电气规则检查的选项。

（3）设置完电气规则检查选项后，程序自动进入文本编辑器并生成相应的检查错误报告。如图 7-3 所示。

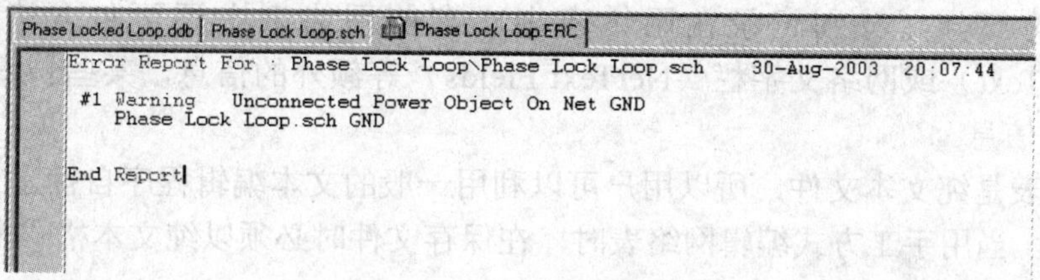

图 7-3　电气规则检查报告

（4）系统在发生错误的位置放置红色的符号，提示错误的位置，如图 7-4 所示。

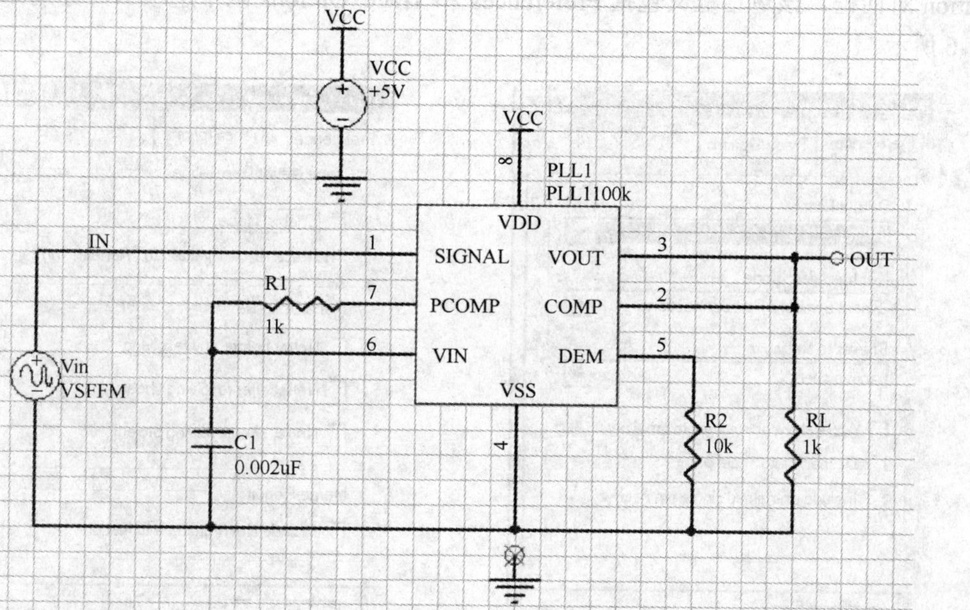

图 7-4　错误标记

7.2　网络表

在 Advanced Schematic 所产生的各种报告中，以网络表（Netlist）最为重要。绘制电路图的最主要的目的就是为了将设计电路转换成一个有效的网络表，以供其他后续处理程序（例如 PCB 程序或仿真程序）使用。由于 Protel 系统高度的集成性，可以在不离开绘图页编辑程序的情况下，直接执行命令产生当前原理图或整个项目的网络表。

在由原理图产生网络表时，使用的是逻辑的连通性原则，而非物理的连通性。也就是说，只要是通过网络标签所连接的网络就被视为有效的连接，而并不需要真正地由连线（Wire）将网络各端点实际地连接在一起。

网络表有很多种格式，通常为 ASCII 码文本文件。网络表的内容主要为原理图中各元件的数据（流水号、元件类型与包装信息）以及元件之间网络连接的数据。某些网络表格式可以在一行包括这两种数据，但是 Protel 中大部分的网络表格式都是将这两种数据分为不同的部分，分别记录在网络表中。有些网络表中还可包含诸如元件文字（Component Text）或网络文字栏（NetText Fields）等额外的信息，某些仿真程序或 PCB 程序需要这些信息。

由于网络表是纯文本文件，所以用户可以利用一般的文本编辑程序自行建立或是修改已存在的网络表。当用手工方式编辑网络表时，在保存文件时必须以纯文本格式来保存。

7.2.1 产生网络表的各种选项

要产生网络表，可以执行 Design→Create Netlist 菜单命令。执行该命令后将打开 Netlist Creation 对话框，该对话框又包括 Preferences 和 Trace Options 两个选项卡，分别如图 7-5 和图 7-6 所示。

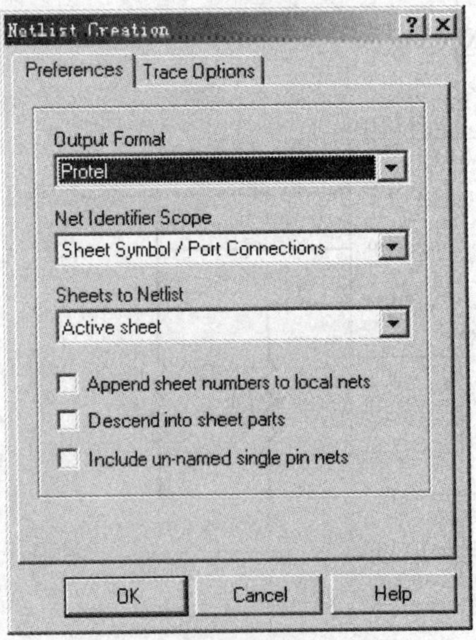

图 7-5 Preferences 选项卡

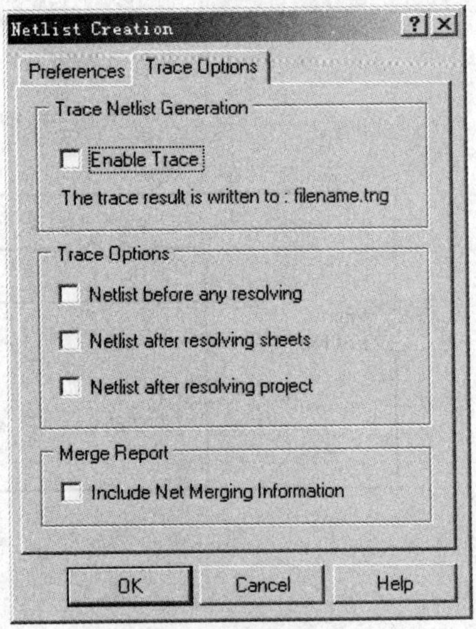

图 7-6 Trace Options 选项卡

（1）Preferences 选项卡 Preferences 选项卡中各选项的含义如下：

- Output Format：选择网络表输出的格式。
- Net Identifier Scope：设置网络标识符的工作范围。如同 ERC 表的设置，包括 Net Labels and PortsGlobal，Only Ports Global 和 Sheet Symbol/Port Connections 三个可选项。
- Append sheet number to local net names：设置在产生网络表时，为每个网络编号附加

绘图页号码数据。假如用户在 Net Identifier Scope（网络标识符范围）栏中选择 Only Ports Global 项，那么各绘图页中的网络标签为区域性的。也就是说，在不同的绘图页中可能有名称相同的网络标签。通过附加绘图页号码的功能，可以确保在产生的网络表中每个网络的编号都是独一无二的。

- Descend into sheet parts：当使用绘图页元件时，应该激活这个选项，从而使产生的网络表将绘图页元件层次下的绘图页也包含在内。绘图页元件必须在其 Part 对话框的 Sheet Path 数据栏中标示出其对应的子绘图页文件路径与名称。
- Include un-named single pins net：设置产生网络表时，也将所有未命名的单边连线都包含在内。所谓单边连线指的是只有一端接到电气对象、而另一端空接（Floating）的连线。

（2）Trace Options 选项卡　Trace Options 选项卡中各选项的含义如下：

- Enable Trace：设置将产生网络表的过程记录下来，并存入.tng 跟踪记录文件中。
- Netlist before any resolving：设置在分解电路之前就产生网络表。
- Netlist after resolving sheets：设置在分解打开的绘图页后才产生网络表。
- Netlist after resolving project：设置在分解整个项目后才产生网络表。
- Include Net Merging information：设置将合并网络的数据也含入跟踪记录文件中。

7.2.2 Protel 网络表格式

标准的 Protel 网络表文件是一个简单的 ASCII 码文本文件，在结构上大致可分为元件描述和网络连接描述两部分。

（1）元件的描述格式如下：

[	元件声明开始
C1	元件序号
RAD0.2	元件封装
0.1uf	元件注释
]	元件声明结束

元件的声明以“[”开始，以“]”结束，将其内容包含在内。

网络经过的每一个元件都必须有声明。

（2）网络连接描述格式如下：

(	网络定义开始
NetU1_15	网络名称
U1-15	元件序号及元件引脚号
U11-9	元件序号及元件引脚号
)	网络定义结束

网络定义以“(”开始，以“)”结束，将其内容包含在内。网络定义首先要定义该网络的各端口。网络定义中必须列出连接网络的各个端口。

7.2.3 生成网络表

下面以图 7-7 为例，介绍生成网络表的一般步骤。

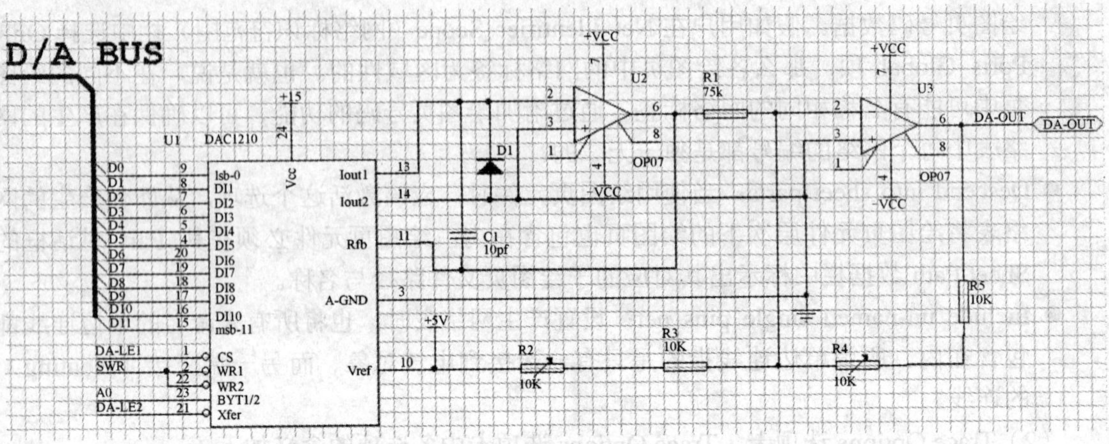

图 7-7　原理图

（1）执行 Design→Create Netlist 菜单命令。

（2）执行该命令后，会出现如图 7-5 所示的对话框，用户可以进行对话框设置。

（3）对话框设置完后，将进入 Protel 99 SE 的记事本程序，将结果保存为.net 文件，产生如图 7-8 所示的网络表。

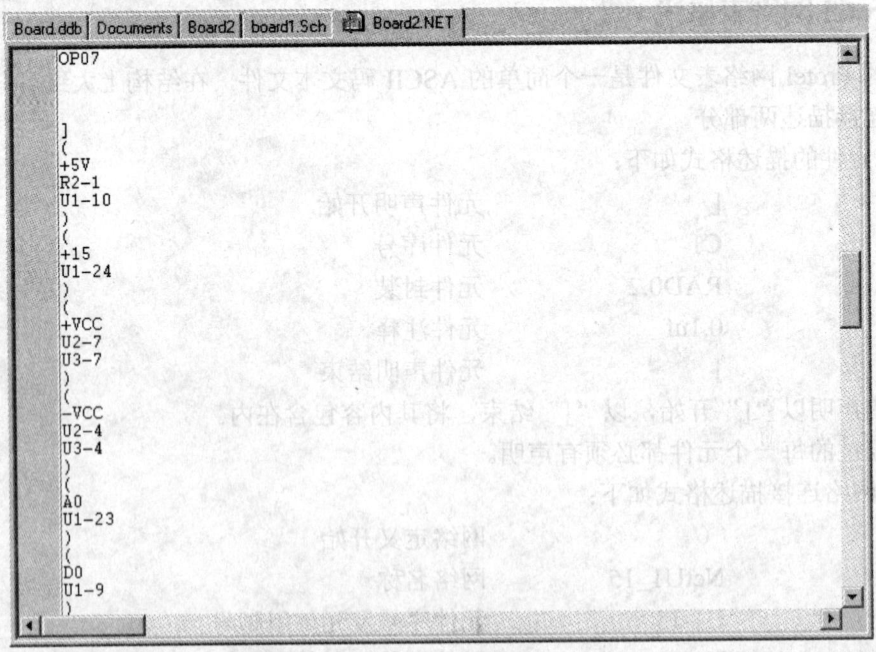

图 7-8　网络表文件

注意：网络表是联系原理图和 PCB 板的中间文件，PCB 板布线需要网络表文件（.net）。需要知道的是，网络表文件不但可以从原理图获得，而且还可以自己按规则编写，同样可以用来建立 PCB 板。

7.3 产生元件列表

元件的列表主要是用于整理一个电路或一个项目文件中的所有元件。它主要包括元件的名称、标注、封装等内容。本节以图 7-7 为例，讲述产生原理图的元件列表的基本步骤。

（1）打开原理图文件，执行 Report→Bill of Material 菜单命令。

（2）执行该命令后，系统会弹出如图 7-9 所示的对话框，可以选择是产生整个项目（Project）的元件列表，还是产生当前原理图（Sheet）的元件列表。用鼠标单击图中的“Next”按钮进入如图 7-10 所示的对话框，此对话框主要用于设置元件报表中所包含的内容。

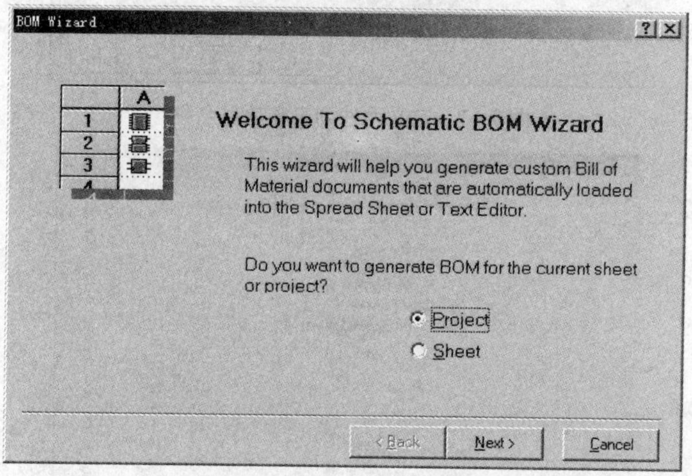

图 7-9　BOM Wizard 窗口

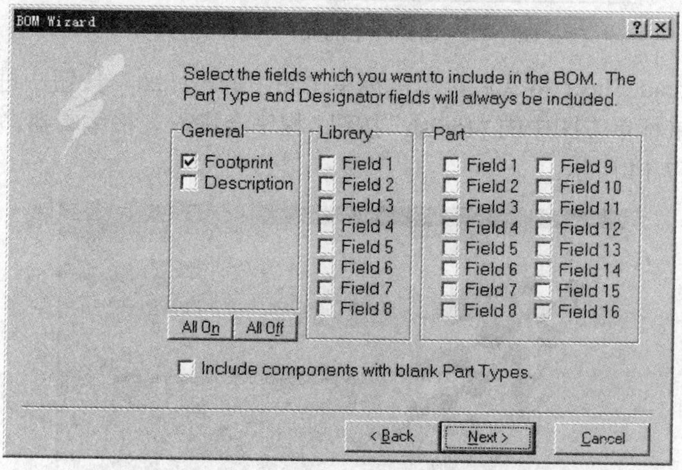

图 7-10　设置元件报表内容

（3）设置完毕，单击图中的“Next”按钮，进入如图 7-11 所示的对话框，选择需要加入表中的文字栏，单击“Next”按钮，进入如图 7-12 所示的对话框。在该对话框中选择最终的元件列表以何种格式产生，系统共提供了 Protel Format、CSV Format 和 Client Spreadsheet 这 3 种格式。在本例中选择 Client Spreadsheet 选项（即电子表格格式）。

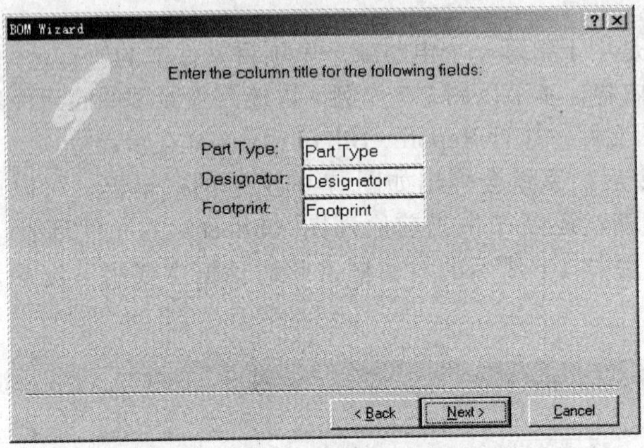

图 7-11　定义元件列表和项目名称

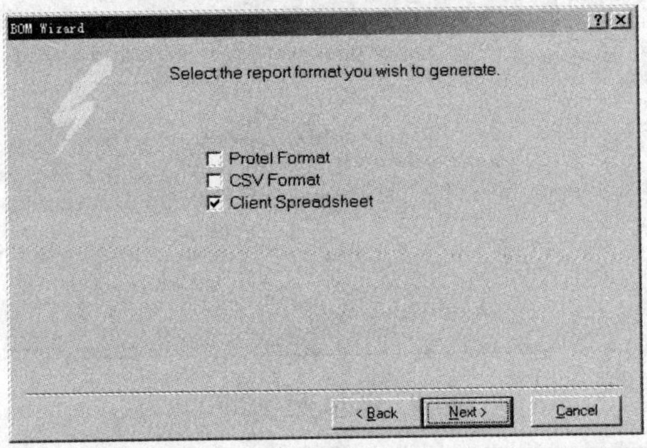

图 7-12　选择产生的元件列表的格式

（4）选择 Spread Sheet 格式后，用鼠标单击图中的“Next”按钮，进入如图 7-13 所示的对话框。然后用鼠标单击图中的“Finish”按钮，程序会进入表格编辑器，并生成后缀为*.xls 的元件列表，如图 7-14 所示。

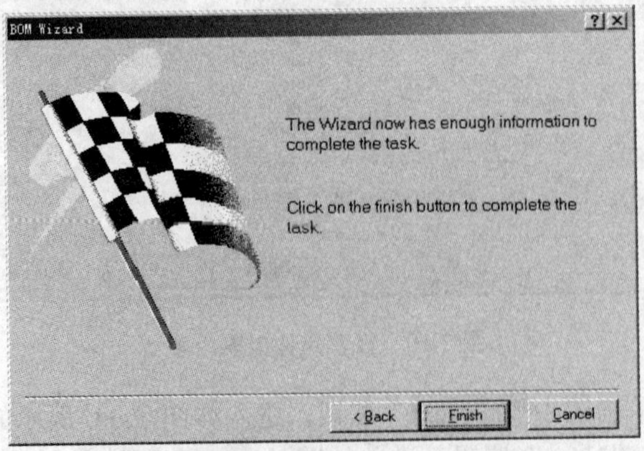

图 7-13　执行元件列表产生命令对话框

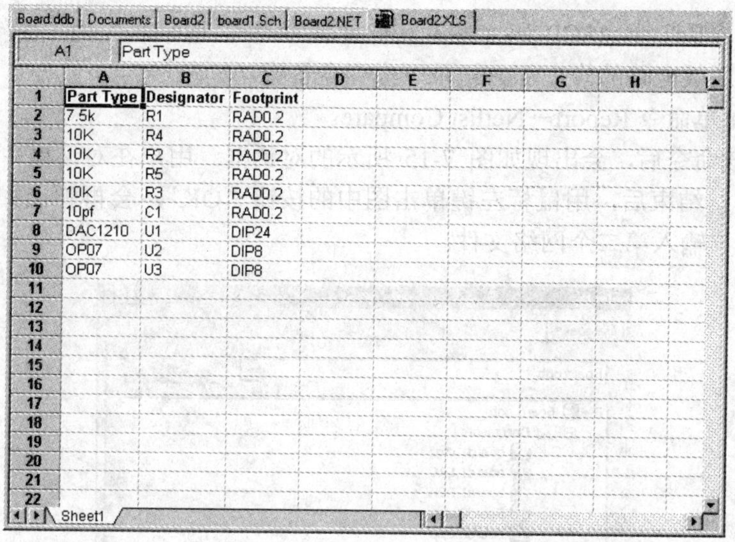

	A	B	C	D	E	F	G	H
1	Part Type	Designator	Footprint					
2	7.5k	R1	RAD0.2					
3	10K	R4	RAD0.2					
4	10K	R2	RAD0.2					
5	10K	R5	RAD0.2					
6	10K	R3	RAD0.2					
7	10pf	C1	RAD0.2					
8	DAC1210	U1	DIP24					
9	OP07	U2	DIP8					
10	OP07	U3	DIP8					

图 7-14　元件列表表格文件

7.4　交叉参考表

交叉参考表（Cross Reference）可为多张原理图中的每个元件列出其元件类型、流水号和隶属的绘图页文件名称。这是一个 ASCII 码文件，扩展名为.xrf。建立交叉参考表的步骤如下：

（1）执行 Reports/Cross Reference 菜单命令。

（2）执行该命令后，程序就会进入 Protel 99 SE 的 TextEdit 文本编辑器，并生成相应的报表文件，如下所示：

```
Part Cross Reference Report For : Board2.xrf      30-Aug-2003    20:37:06
Designator      Component              Library Reference Sheet
----------------------------------------------------------------

C1              10pf                      Board2
D1                                        Board2
R1              7.5k                      Board2
R2              10K                       Board2
R3              10K                       Board2
R4              10K                       Board2
R5              10K                       Board2
U1              DAC1210                   Board2
U2              OP07                      Board2
U3              OP07                      Board2
```

7.5　网络比较表

网络比较表（Netlist Comparison）可比较用户指定的两份网络表，并将二者的差别列成文件。网络比较表是一个 ASCII 码文件，其扩展名为.rep。通常，当用户更新电路图版本时，可利用该功能将新版电路的修正部分记录下来存盘备查。

（1）执行菜单命令 Report→Netlist Compare。

（2）执行该命令后，会出现如图 7-15 所示的对话框。用户在对话框中输入参与比较的第一个网络文件。结束后，用鼠标左键单击图中的按钮“OK”，会再弹出如图 7-15 所示的对话框，提示用户输入第二个网络文件。

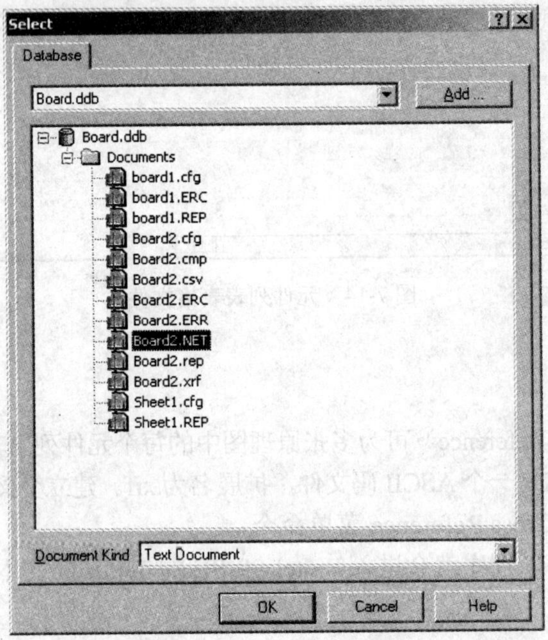

图 7-15　输入第一个网络文件

（3）比较后，程序自动进入文本编辑框，并产生如下的报表文件：

Extra Net SWR In Board2.NET
Extra Net NetU1_13 In Board2.NET
Extra Net NetU1_11 In Board2.NET
Extra Net NetR4_2 In Board2.NET
Extra Net NetR3_2 In Board2.NET
Extra Net NetR2_2 In Board2.NET
Extra Net GND In Board2.NET
Extra Net DA-OUT In Board2.NET
Extra Net DA-LE2 In Board2.NET
Extra Net DA-LE1 In Board2.NET
Extra Net D11 In Board2.NET
Extra Net D10 In Board2.NET
Extra Net D9 In Board2.NET
Extra Net D8 In Board2.NET

Extra Net D7 In Board2.NET
Extra Net D6 In Board2.NET
Extra Net D5 In Board2.NET
Extra Net D4 In Board2.NET
Extra Net D3 In Board2.NET
Extra Net D2 In Board2.NET
Extra Net D1 In Board2.NET
Extra Net D0 In Board2.NET
Extra Net A0 In Board2.NET
Extra Net -VCC In Board2.NET
Extra Net +VCC In Board2.NET
Extra Net +15 In Board2.NET
Extra Net +5V In Board2.NET

Total Matched Nets = 0
Total Partially Matched Nets = 0
Total Extra Nets in Board2.NET = 27
Total Extra Nets in Root = 0
Total Nets in Board2.NET = 27
Total Nets in Root = 0

7.6 原理图的输出

原理图绘制结束后，往往要通过打印机或绘图仪输出，以供设计人员参考、备档。用打印机打印输出，首先要对打印机进行设置，包括打印机的类型设置、纸张大小的设定、原理图纸的设定等内容。其基本步骤如下：

（1）执行 File→Setup Printer 菜单命令，系统将弹出如图 7-16 所示的对话框。

（2）设置各项参数。在这个对话框中需要设置打印机类型，选择目标图形文件类型，设置颜色等。

- Select Printer：选择打印机。用户根据实际的硬件配置来进行设定。
- Batch Type：选择输出的目标图形文件。有两种选择。
- Current Document：只打印当前正在编辑的图形文件。
- All Document：打印输出整个项目中的所有文件。
- Color Mode：输出颜色的设置。
- Color：彩色输出。
- Monochrome：单色输出。
- Margin：设置页边空白宽度。
- Scale：设置缩放比例。

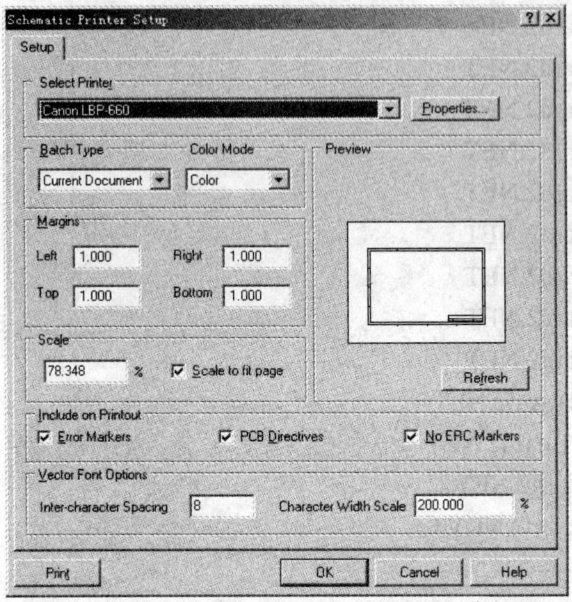

图 7-16　Schematic Printer Setup 对话框

（3）用鼠标左键单击图 7-16 中的“Properties”按钮，会出现如图 7-17 所示的对话框，可以进行打印机分辨率、纸张的大小、纸张的方向的设置。

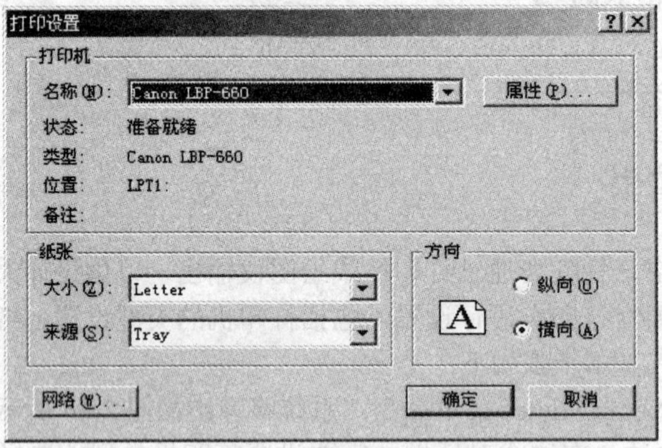

图 7-17　设置其他属性

用户只需单击属性按钮，即可对打印机属性进行设置。

（4）执行 File→Print 菜单命令，系统会按照上述设置进行打印。

第 8 章　PCB 印制电路板基础

本章主要讲述与印制电路板（PCB）设计密切相关的一些基本概念，包括印制电路板的结构以及经常在 PCB 设计时使用到的一些相关概念，如元件封装、飞线、导线、焊盘、盲孔和过孔等，再结合 Protel 软件的使用，讲述一些基本的操作方法，为后面进行 PCB 设计制作准备基础知识。

8.1　印制电路板基础

在用 PCB 系统进行设计前，应了解一下印制电路板的结构，理解一些基本概念，当涉及布线规则时，这些概念很重要。

8.1.1　印制电路板结构

一般来说，印制电路板的结构有单面板、双面板和多层板 3 种。

1．单面板

单面板是一种一面有敷铜，另一面没有敷铜的电路板，用户只可在敷铜的一面布线并放置元件。单面板由于其成本低，不用打过孔而被广泛应用。由于单面板走线只能在一面上进行，因此，它的设计往往比双面板或多层板困难得多。

2．双面板

双面板包括顶层（Top Layer）和底层（Bottom Layer）两层，顶层一般为元件面，底层一般为焊锡层面，双面板的双面都有敷铜，都可以布线。双面板的电路一般比单面板的电路复杂，但布线比较容易，是制作电路板比较理想的选择。

3．多层板

多层板就是包含了多个工作层的电路板。除了上面讲到的顶层、底层以外，还包括中间层、内部电源或接地层等。随着电子技术的高速发展，电子产品越来越精密，电路板也就越来越复杂，多层电路板的应用也越来越广泛。多层电路板一般指三层以上的电路板。

8.1.2　元件封装

通常设计完印制电路板后，要将它拿到专门制作电路板的单位，制作电路板。取回制好的电路板后，要将元件焊接上去。那么如何保证取用元件的引脚和印制电路板上的焊盘一致呢？那就得靠元件封装了。

元件封装是指元件焊接到电路板时所指的外观和焊盘位置。既然元件封装只是元件的外观和焊盘位置，那么纯粹的元件封装仅仅是空间的概念，因此，不同的元件可以共用同一个元件封装；另一方面，同种元件也可以有不同的封装，如 RES 代表电阻，它的封装形式有 AXIAL0.3、AXIAL0.4、AXIAL0.6 等等，所以在取用焊接元件时，不仅要知道元件名称还要知道元件的封装。元件的封装可以在设计电路图时指定，也可以在引进网络表时指定。

1. 元件封装的分类

元件的封装形式可以分成两大类，即针脚式元件封装和 STM（表面粘贴式）元件封装。

（1）DIP 封装　双列直插封装，简称 DIP(Dual In-line Package)，如图 8-1 所示。DIP 封装结构具有以下特点：

- 适合 PCB 的穿孔安装。
- 易于对 PCB 布线。
- 操作方便。

DIP 封装结构形式有:多层陶瓷双列直插式 DIP，单层陶瓷双列直插式 DIP，引线框架式 DIP(含玻璃陶瓷封装式、塑料包封结构式和陶瓷低熔玻璃封装式)，

针脚类元件焊接时先要将元件针脚插入焊盘导通孔，然后再焊锡。由于针脚式元件封装的焊盘过孔贯穿整个电路板，所以其焊盘的属性对话框中，PCB 板的层属性必须为 Multi Layer（多层）。

（2）芯片载体封装　芯片载体封装有陶瓷无引线芯片载体 LCCC(Leadless Ceramic Chip Carrier)（如图 8-2 所示）、塑料有引线芯片载体 PLCC(Plastic Leaded Chip Carrier)（如图 8-3 所示，与 LCCC 相似）、小尺寸封装 SOP(Small Outline Package)（如图 8-4 所示）、塑料四边引出扁平封装 PQFP(Plastic Quad Flat Package)（如图 8-5 所示）。

说明：SOP 和 PQFP 一般采用 SMT 表面封装技术，SMT 元件封装的焊盘只限于表面层。其焊盘的属性对话框中，Layer 层属性必须为单一表面，如 Top layer 或者 Bottom layer。

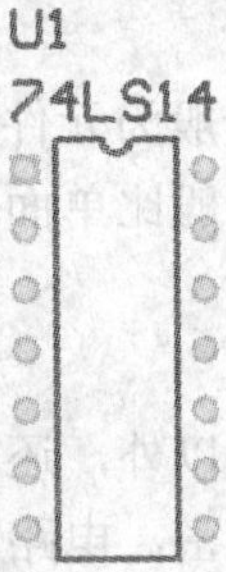

图 8-1　双列直插封装

图 8-2　LCCC 封装

图 8-3　PLCC 封装

图 8-4　小尺寸（SOP）封装

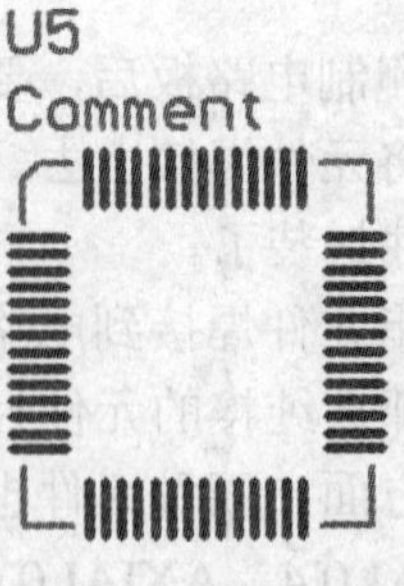

图 8-5　PQFP 封装

2．元件封装的编号

元件封装的编号一般为元件类型+焊盘距离（焊盘数）+元件外形尺寸。可以根据元件封装编号来判别元件封装的规格。如 AXIAL0.4 表示此元件封装为轴状的，两焊盘间的距离为 400mil（约等于 10mm）；DIP16 表示双排引脚的元件封装，两排共 16 个引脚；RB.2/.4 表示极性电容类元件封装，引脚间距离为 200mil，元件直径为 400mil。这里.2 和 0.2 都表示 200mil。

说明：Protel 可以使用两种单位，即英制和公制。英制单位为 inch（英寸），在 Protel 中一般使用的 mil，即微英寸，1/1000 英寸。公制单位一般为 mm（毫米），1 inch 为 25.4mm，而 1 mil 为 0.0254mm。本书中可能会出现 mil 和 mm 两种单位，请注意换算。

8.1.3 铜膜导线

铜膜导线也称铜膜走线，简称导线，用于连接各个焊盘，是印制电路板最重要的部分。印制电路板设计都是围绕如何布置导线来进行的。

与导线有关的另外一种线，常称之为飞线，即预拉线，飞线是在引入网络表后，系统根据规则生成的，用来指引布线的一种连线。

飞线与导线有本质的区别，飞线只是一种形式上的连线。它只是表示各个焊盘间的连接关系，没有电气的连接意义。导线则是根据飞线指示的焊盘间的连接关系而布置的，是具有电气连接意义的连接线路。

8.1.4 助焊膜和阻焊膜

各类膜（Mask）不仅是 PCB 制作工艺过程中必不可少的，而且更是元件焊装的必要条件。按膜所处的位置及其作用，膜可分为元件面（或焊接面）助焊膜（TOP or Bottom Solder）和元件面（或焊接面）阻焊膜（TOP or Bottom Paste Mask）两类。助焊膜是涂于焊盘上，提高可焊性能的一层膜，也就是在绿色板子上比焊盘略大的浅色圆。阻焊膜的情况正好相反，为了使制成的板子适应波峰焊等焊接形式，要求板子上非焊盘处的铜箔不能粘锡，因此在焊盘以外的各部位都要涂覆一层涂料，用于阻止这些部位上锡。可见，这两种膜是一种互补关系。

8.1.5 层

Protel 的“层”不是虚拟的，而是印制板材料本身实实在在的铜箔层。现今，由于电子线路的元件密集安装、抗干扰和布线等特殊要求，一些较新的电子产品中所用的印制板不仅上下两面可供走线，在板的中间还设有能被特殊加工的夹层铜箔，例如，现在的计算机主板所用的印制板材料大多在 4 层以上。这些层因加工难度相对较大而大多用于设置走线较为简单的电源布线层（Ground Dever 和 Power Dever），并常用大面积填充的办法来布线（如 Fill）。上下位置的表面层与中间各层需要连通的地方用“过孔”（Via）来沟通。要提醒的是，一旦选定了所用印制板的层数，务必关闭那些未被使用的层，以免布线出现差错。

8.1.6 焊盘和过孔

（1）焊盘（Pad）　焊盘的作用是放置焊锡、连接导线和元件引脚。焊盘是 PCB 设计中最常接触也是最重要的概念，但初学者却容易忽视它的选择和修正，在设计中千篇一律地使用圆形焊盘。选择元件的焊盘类型要综合考虑该元件的形状、大小、布置形式、振动和受热情况、受力方向等因素。Protel 在封装库中给出了一系列不同大小和形状的焊盘，如圆、方、八角、圆方和定位用焊盘等，但有时这还不够用，需要自己编辑。例如，对发热且受力较大、电流较大的焊盘，可自行设计成“泪滴状”。一般而言，自行编辑焊盘时除了以上所讲的外，还要考虑以下原则：

- 形状上长短不一致时，要考虑连线宽度与焊盘特定边长的大小差异不能过大。
- 需要在元件引脚之间走线时，选用长短不对称的焊盘往往事半功倍。
- 各元件焊盘孔的大小要按元件引脚粗细分别编辑确定，原则是孔的尺寸比引脚直径大 0.2～0.4mm。

（2）过孔（Via）　为连通各层之间的线路，在各层需要连通的导线的文汇处钻上一个公共孔，这就是过孔。过孔有 3 种，即从顶层贯通到底层的穿透式过孔、从顶层通到内层或从内层通到底层的盲过孔以及内层间的隐藏过孔。

过孔从上面看上去，有两个尺寸，即通孔直径和过孔直径，如图 8-6 所示。通孔和过孔之间的孔壁，由与导线相同的材料构成，用于连接不同层的导线。

一般而言，设计线路时对过孔的处理有以下原则：

- 尽量少用过孔，一旦选用了过孔，务必处理好它与周边各实体的间隙，特别是容易被忽视的中间各层与过孔不相连的线与过孔的间隙。
- 需要的载流量越大，所需的过孔尺寸越大，如电源层和地层与其它层联接所用的过孔就要大一些。

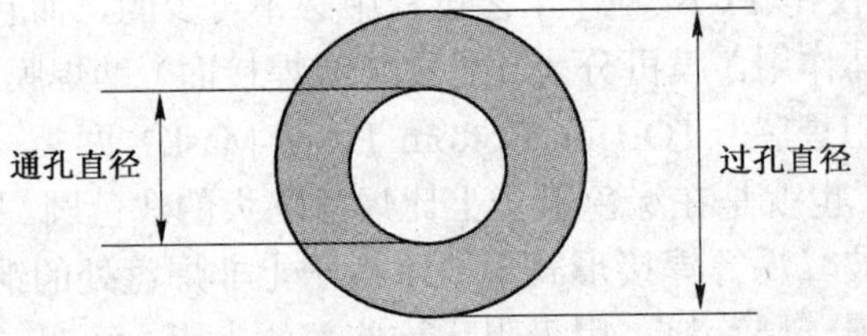

图 8-6　过孔尺寸

8.1.7　丝印层

为方便电路的安装和维修等，在印制板的上下两表面印制上所需要的标志图案和文字代号等，例如元件标号和标称值、元件外廓形状和厂家标志、生产日期等等，这就称为丝印层（Silkscreen Top/Bottom Overlay）。不少初学者设计丝印层的有关内容时，只注意文字符号放置得整齐美观，而忽略了实际制出的 PCB 效果。在他们设计的印制板上，字符不是被元件挡住就是侵入了助焊区而被抹除，还有的把元件标号打在相邻元件上，如此种种的设计都将会给装配和维修带来很大不便。正确的丝印层字符布置原则是：“不出歧义，见缝插针，美观大方”。

8.2　印制电路板布线流程

印制电路板设计的一般步骤如下：

（1）绘制电路图。这是电路板设计的先期工作，主要是完成电路原理图的绘制，包括生成网络表。当然，有时也可以不进行原理图的绘制，而直接进入 PCB 设计系统。

（2）规划电路板。在绘制印制电路板之前，用户要对电路板有一个初步的规划，例如电路板采用多大的物理尺寸、采用几层电路板（单面板还是双面板）、各元件采用何种封装形式及其安装位置等。这是一项极其重要的工作，是确定电路板设计的框架。

（3）设置参数。参数的设置是电路板设计的重要步骤。设置参数主要是设置元件的布置参数、层参数、布线参数等等。一般说来，有些参数用其默认值即可，有些参数在使用过 Protel 99 SE 以后，即第一次设置后，以后几乎无需修改。

（4）装入网络表及元件封装。网络表是电路板自动布线的灵魂，也是电路原理图设计系统与印制电路板设计系统的接口。因此这一步也是非常重要的环节。只有将网络表装入之后，才可能完成对电路板的自动布线。元件的封装就是元件的外形，对于每个装入的元件必须有相应的外形封装，才能保证电路板布线的顺利进行。

（5）元件的布局。元件的布局可以让 Protel 99 SE 自动布局。规划好电路板并装入网络表后，用户可以让程序自动装入元件，并自动将元件布置在电路板边框内。Protel 99 SE 也可以让用户手工布局。元件的布局合理，才能进行下一步的布线工作。

（6）自动布线。Protel 99 SE 采用世界最先进的无网格、基于形状的对角线自动布线技术。只要将有关的参数设置得当，元件的布局合理，自动布线的成功率几乎是 100%。

（7）手工调整。自动布线结束后，往往存在令人不满意的地方，需要手工调整。

（8）文件保存及输出。完成电路板的布线后，保存完成的电路线路图文件。然后利用各种图形输出设备，如打印机或绘图仪输出电路板的布线图。

8.3 PCB 板设计的基本原则

PCB 板设计的好坏对电路板抗干扰能力影响很大。因此，在进行 PCB 设计时．必须遵守 PCB 设计的一般原则，并应符合抗干扰设计的要求。要使电子电路获得最佳性能，元件的布局及导线的布设是很重要的。为了设计质量好、造价低的 PCB，应遵循下面讲述的一般原则。

8.3.1 布局

首先，要考虑 PCB 尺寸大小。PCB 尺寸过大时，印制线路长，阻抗增加，抗噪声能力下降，成本也增加；尺寸过小，则散热不好，且邻近线条易受干扰。在确定 PCB 尺寸后，再确定特殊元件的位置。最后，根据电路的功能单元，对电路的全部元件进行布局。

（1）在确定特殊元件的位置时要遵循以下原则：

- 尽可能缩短高频元件之间的连线，设法减少它们的分布参数和相互间的电磁干扰。易受干扰的元件不能相互挨得太近，输入和输出元件应尽量远离。
- 某些元件或导线之间可能有较高的电位差，应加大它们之间的距离，以免放电引出意外短路。带强电的元件应尽量布置在调试时手不易触及的地方。
- 重量超过 15g 的元件，应当用支架加以固定，然后焊接。那些又大又重、发热量多的元件，不宜装在印制板上，而应装在整机的机箱底板上，且应考虑散热问题。热敏元件应远离发热元件。

- 对于电位器、可调电感线圈、可变电容器、微动开关等可调元件的布局应考虑整机的结构要求。若是机内调节，应放在印制板上方便于调节的地方；若是机外调节，其位置要与调节旋钮在机箱面板上的位置相适应。
- 应留出印制板的定位孔和固定支架所占用的位置。

（2）根据电路的功能单元．对电路的全部元件进行布局时，要符合以下原则：

- 按照电路的流程安排各个功能电路单元的位置，使布局便于信号流通，并使信号尽可能保持一致的方向。
- 以每个功能电路的核心元件为中心，围绕它来进行布局。元件应均匀、整齐、紧凑地排列在 PCB 上．尽量减少和缩短各元件之间的引线和连接。
- 在高频状态下工作的电路，要考虑元件之间的分布参数。一般电路应尽可能使元件平行排列。这样，不但美观，而且焊接容易，易于批量生产。
- 位于电路板边缘的元件，离电路板边缘一般不小于 2mm。电路板的最佳形状为矩形，长宽比为 3:2 或 4:3。电路板面尺寸大于 200mm×150mm 时．应考虑电路板所受的机械强度。

8.3.2 布线

布线的方法以及布线的结果对 PCB 板性能的影响也很大，一般布线要遵循以下原则：

（1）输入和输出端的导线应尽量避免相邻平行。最好在输入输出端的导线之间添加地线，以免发生反馈耦合。

（2）印制板导线的最小宽度主要由导线与绝缘基板间的粘附强度和流过它们的电流值决定。

对于集成电路，尤其是数字电路，通常选 0.2~0.3mm 导线宽度。当然，只要允许，还是尽可能用较宽的线．尤其是电源线和地线。

导线的最小间距主要由最坏情况下的线之间绝缘电阻和击穿电压决定。对于集成电路，尤其是数字电路，只要工艺允许，可使间距小于 5~8mm。

（3）印制板导线拐弯一般取圆弧形，而直角或夹角在高频电路中会影响电气性能。此外，应尽量避免使用大面积铜箔，否则．长时间受热时，易发生铜箔膨胀和脱落现象。必须用大面积铜箔时，最好做成栅格状，这样有利于排除铜箔与基板间粘合剂受热产生的挥发性气体。

8.3.3 焊盘大小

焊盘中心孔要比器件引线直径稍大一些。焊盘太大易形成虚焊。焊盘外径 D 一般不小于（d+1.2）mm，其中 d 为引线孔径。对高密度的数字电路，焊盘最小直径可取（d+1.0）mm。

8.3.4 PCB 板电路的抗干扰措施

印制电路板的抗干扰设计与具体电路有着密切的关系，这里仅就 PCB 抗干扰设计的几项常用措施做一些说明。

（1）电源线设计　根据印制线路板电流的大小，尽量加粗电源线宽度，减少环路电阻。

同时，使电源线、地线的走向和数据传递的方向一致，这样有助于增强抗噪声能力。

（2）地线设计　地线设计的原则是：

- 数字地与模拟地分开。若线路板上既有数字电路又有模拟电路，应使它们尽量分开。低频电路的地应尽量采用单点并联接地，实际布线有困难时可部分串联后再并联接地。高频电路宜采用多点串联接地，地线应短而租，高频元件周围尽量用栅格状的大面积铜箔。
- 接地线应尽量加粗。若接地线用很细的线条，则接地电位随电流的变化而变化，使抗噪性能降低。因此应将接地线加粗，使它能通过三倍于印制板上的允许电流。如有可能，接地线应在 2~3mm 以上。
- 接地线构成闭环路。只由数字电路组成的印制板，其接地电路布成团环路大多能提高抗噪声能力。

8.3.5　去耦电容配置

PCB 设计的常规做法之一是在印制板的各个关键部位配置适当的去藕电容。去藕电容的一般配置原则是：

（1）电源输入端跨接 10~100μF 的电解电容器。如有可能，接 100μF 以上的更好。

（2）原则上每个集成电路芯片都应布置一个 0.01pF 的瓷片电容，如遇印制板空隙不够，可每 4~8 个芯片布置一个 1~10pF 的但电容。

（3）对于抗噪能力弱、关断时电源变化大的器件，如 RAM、ROM 存储器件，应在芯片的电源线和地线之间直接接入去藕电容。

（4）电容引线不能太长，尤其是高频旁路电容不能有引线。此外，还应注意以下两点：

- 若在印制板中有接触器、继电器、按钮等元件，操作它们时均会产生较大火花放电，必须采用 RC 电路来吸收放电电流。一般 R 取 1~2kΩ，C 取 2.2~47μF。
- CMOS 的输入阻抗很高，且易受感应，因此在使用时对不用端口要接地或接正电源。

8.3.6　各元件之间的接线

按照原理图，将各个元件位置初步确定下来，然后经过不断调整使布局更加合理，最后就需要对印制电路板中各元件进行接线，元件之间的接线安排方式如下：

（1）印制电路中不允许有交叉电路，对于可能交叉的线条，可以用“钻”、“绕”两种办法解决。即，让某引线从别的电阻、电容、三极管脚下的空隙处“钻”过去，或从可能交叉的某条引线的一端“绕”过去。在特殊情况下，如果电路很复杂，为简化设计也允许用导线跨接，解决交叉电路问题。

（2）电阻、二极管、管状电容器等元件有“立式”和“卧式”两种安装方式。立式指的是元件体垂直于电路板安装、焊接，其优点是节省空间，卧式指的是元件体平行并紧贴于电路板安装，焊接，其优点是元件安装的机械强度较好。对于这两种不同的安装元件，印制电路板上的元件孔距是不一样的。

（3）同一级电路的接地点应尽量靠近，并且本级电路的电源滤波电容也应接在该级接地点上。特别是本级晶体管基极、发射极的接地不能离得太远，否则因两个接地间的铜箔太长会引起干扰与自激，采用这样“一点接地法”的电路，工作较稳定，不易自激。

（4）总地线必须严格按高频—中频—低频逐级按弱电到强电的顺序排列原则，切不可随便乱接，级间宁可接线长点，也要遵守这一规定。特别是变频头、再生头、调频头的接地线安排要求更为严格，如有不当就会产生自激以致无法工作。调频头等高频电路常采用大面积包围式地线，以保证有良好的屏蔽效果。

（5）强电流引线（公共地线，功放电源引线等）应尽可能宽些，以降低布线电阻及其电压降，可减小寄生耦合而产生的自激。

（6）阻抗高的走线尽量短，阻抗低的走线可长一些，因为阻抗高的走线容易发射和吸收信号，引起电路不稳定。电源线、地线、无反馈元件的基极走线、发射极引线等均属低阻抗走线。

（7）电位器安放位置应当满中整机结构安装及面板布局的要求，因此应尽可能放在板的边缘，旋转柄朝外。

（8）IC 座，设计印制板图时，在使用 IC 座的场合下，一定要特别注意 IC 座上定位槽放置的方位是否正确，并注意各个 IC 脚位置是否正确，例如第 1 脚只能位于 IC 座的右下角或者左上角，而且紧靠定位槽（从焊接面看）。

（9）进出接线端布置，相关联的两引线端的距离不要太大，一般为 0.2～0.3in 左右较合适。进出接线端尽可能集中在 1 至 2 个侧面，不要过于分散。

（10）在保证电路性能要求的前提下，设计时应力求合理走线，少用外接跨线，并按一定顺序要求走线，力求直观，便于安装，高度和检修。

（11）设计应按一定顺序方向进行，例如可以由左往右和由上而下的顺序进行。

8.4 PCB 设计编辑器

进入 PCB 设计系统，实际上就是启动 Protel 99 SE 的 PCB 设计编辑器。前面介绍过启动原理图设计编辑器的步骤，启动 PCB 设计编辑器与之类似。

（1）进入 Protel 99 SE 系统，从 File 菜单中打开一个已存在的设计库，或执行 File→New 命令建立新的设计管理器。

（2）进入设计管理器后，接着在设计管理器环境下执行 File→New 命令，系统将弹出 New Document 对话框，如图 8-7 所示。选取 PCB Document 图标，单击“OK”按钮。

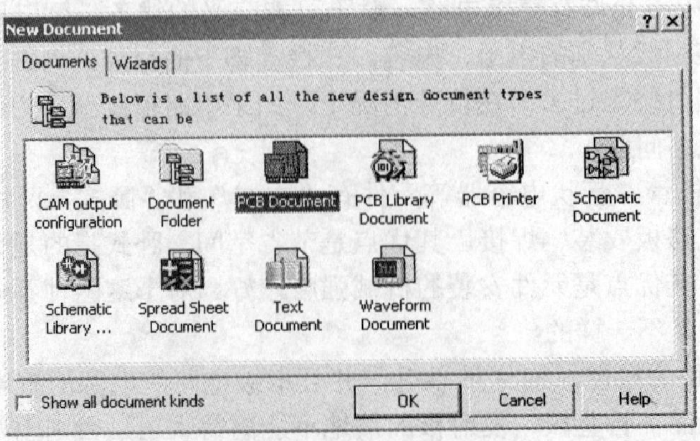

图 8-7　新建文件对话框

（3）新建立的文件将包含在当前的设计库中。可以在设计管理器中更改文件的文件名。单击此文件，系统将进入印制电路板编辑器，如图 8-8 所示。

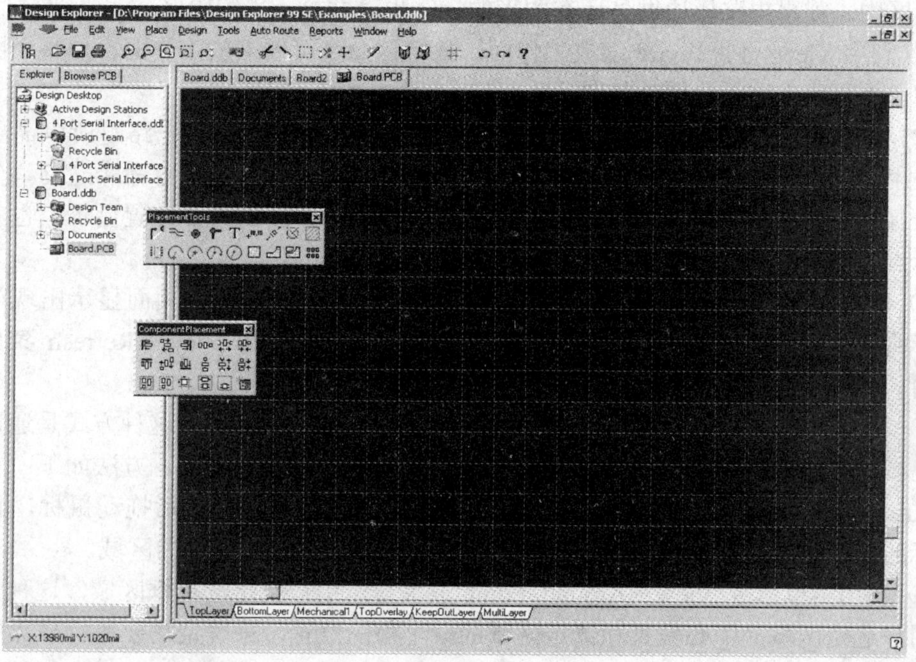

图 8-8　印制电路编辑器界面

8.4.1　PCB 编辑器界面缩放

设计工作人员在设计线路图时，往往需要对编辑区的工作画面进行缩放或局部显示等，以方便设计者编辑、调整。实现的方法比较灵活，可以执行菜单命令，可以单击主工具栏里的图标，也可以使用快捷键。

1．命令状态下的缩放

当系统处于其他命令状态下时，鼠标无法移出工作区去执行一般的命令。此时要缩、放显示状态，必须用快捷键来完成此项工作。

（1）放大，按“PageUp”键，编辑区会放大显示状态。

（2）缩小，按“PageDown”键，编辑区会缩小显示状态。

（3）更新，如果显示画面出现杂点或变形时，按“End”键后，程序会更新画面，恢复正确的显示图形。

2．空闲状态下的缩、放命令

当系统未执行其他命令而处于空闲状态时，可以执行菜单里的命令或单击主工具栏里的按钮，也可以使用快捷键。

（1）放大，用鼠标单击主工具栏的按钮或执行下拉菜单命令 View→Zoom In，如图 8-9 所示。

（2）缩小，用鼠标单击主工具栏的按钮或执行图 8-9 中的下拉菜单命令 View→Zoom Out。

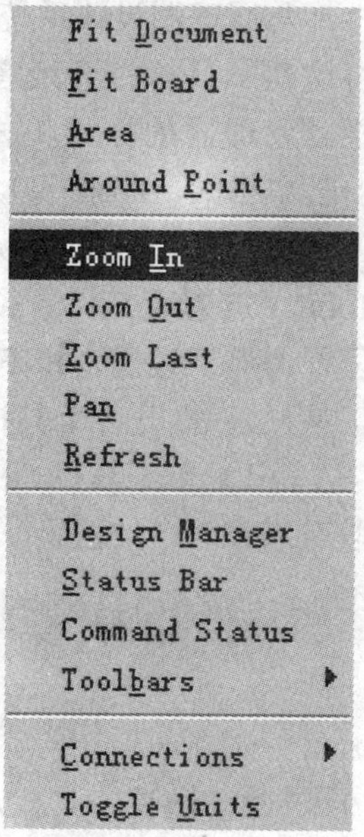

图 8-9　View 菜单

（3）采用上次显示比例显示，执行图 8-9 中的下拉菜单命令 View→Zoom Last。

（4）利用 View→Fit Document 缩放工作面，执行该命令可以缩放工作面，使整个图面置于编辑区中。如果电路板边框外还有图形的话，也一并显示于编辑区。

（5）利用 View→Fit Board 缩放工作面，执行该命令可以缩放工作面，使整个图面置于编辑区中，不显示电路板边框外的图形。

（6）移动显示位置，在设计电路时，需要经常查看各个部分的电路，所以需要移动显示位置。用户可执行图 8-9 中的菜单命令 View→Pan。方法是：在执行命令之前，先将光标移动到目标点，然后执行本命令，目标点位置就会移到工作区的中心位置显示。也就是说，以该目标点为屏幕中心，显示整个屏幕。

（7）更新画面，在设计中，经常碰到由于移动元件等操作而使画面显示出现问题，虽然这不影响电路的正确性但不美观。这时，可以通过图 8-9 中的 View→Refresh 菜单命令来更新画面。

（8）利用菜单命令 View→Area 放大显示用户设定选择框区域，这种方式是通过确定用户选定区域中对角线上的两个角的位置，来确定需要进行放大的区域。方法如下：首先执行 View→Area 菜单命令，接着移动十字光标到目标的左上角位置，然后拖动鼠标，将光标移动到目标的右下适当位置，再单击鼠标加以确认，即可放大所选框中的区域。

（9）利用菜单命令 View→Around Point 放大显示用户设定选择框区域，这种方式是通过确定用户选定区域的中心位置和选定区域的一个角的位置，来确定需要进行放大的区域。方法如下：首先执行菜单命令 View→Around Point，接着移动十字光标到目标区的中心，单击鼠标，然后将光标移动到目标区的右下角，再单击鼠标加以确认，即可放大所选框中的区域。

8.4.2　工具栏的使用

与原理图设计系统一样，PCB 也提供了各种工具栏。在实际工作过程中往往要根据需要将这些工具栏打开或者关闭，常用工具栏、状态栏、管理器的打开和关闭方法与原理图设计系统的基本相同，Protel 99 SE 为 PCB 设计提供了 4 个工具栏，包括 Main Toolbar（主工具栏）、Placement Tools（放置工具栏）、Component Placement（元件位置调整工具栏）和 Find Selections（查找选择集工具栏），打开各工具栏可通过如图 8-10 所示的菜单实现。

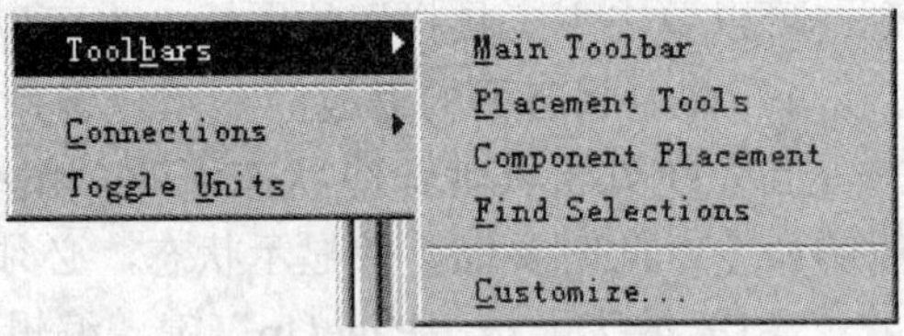

图 8-10　Toolbars 子菜单

（1）主工具栏，Protel 99 SE 主工具栏如图 8-11 所示，该工具栏为用户提供了缩放、选取对象等命令按钮。

图 8-11　Protel 99 SE 主工具栏

（2）放置工具栏，Protel 99 SE 放置工具栏（Placement Tools）如图 8-12 所示。该工具栏主要为用户提供了图形绘制以及布线命令。

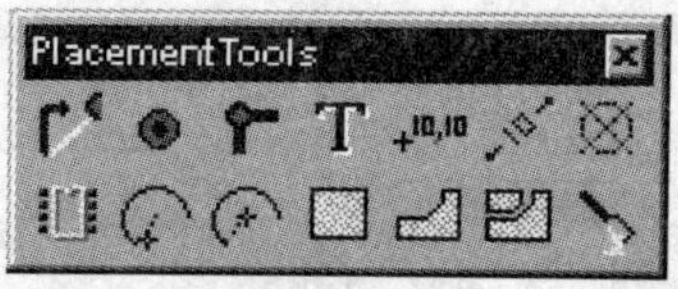

图 8-12　Placement Tools 工具栏

（3）元件位置调整工具栏，Protel 99 SE 为用户提供了方便元件排列和布局的工具栏 Component Placement（元件位置调整工具栏），如图 8-13 所示。

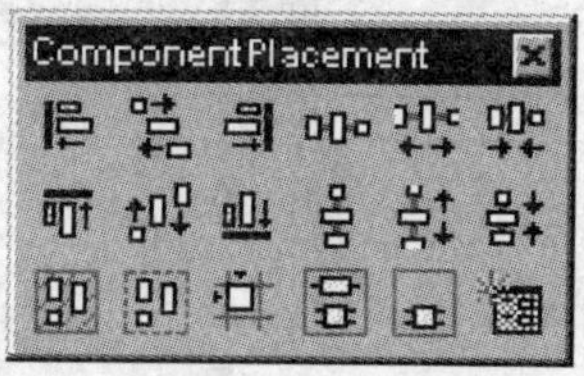

图 8-13　Component Placement 工具栏

（4）查找选择集工具栏，Protel 99 SE 为用户提供了方便选择原来所选择的对象的工具栏 Find Selections（查找选择集工具栏），如图 8-14 所示。

图 8-14　Find Selections 工具栏

工具栏上的按钮允许从一个选择物体以向前或向后的方向走向下一个。这种方式很有用，用户既能在选择的属性中也能在选择的元件中查找。

8.5　设置电路板工作层

8.5.1　层的管理

Protel99 SE 现扩展到 32 个信号层，16 个内层电源/接地层，16 个机械层。在层堆栈管理器用户可定义层的结构，可以看到层堆栈的立体效果。对电路板工作层的管理可以执行 Design/Layer Stack Manager 命令后，系统将弹出如图 8-15 所示的对话框。

- 单击“Add Layer”按钮可以添加信号层。
- 单击“Add Plane”按钮可添加内层电源/接地层，不过添加信号层前，应该首先使用鼠标单击信号层添加位置处，然后再设置。
- 如果选中 Top Dielectric 复选框则在顶层添加绝缘层。
- 如果选中 Bottom Dielectric 复选框则在底层添加绝缘层。
- 如果用户需要设置中心层的厚度，则可以在 Core 处编辑设定厚度。
- 如果用户想重新排列中间的信号层，可以使用“Move Up”和“Move Down”按钮来操作。如果用户需要设置某一层的厚度，则可以选中该层，然后单击“Properties”按钮，系统将弹出如图 8-16 所示的对话框设置信号层的厚度，还可以设置层名。

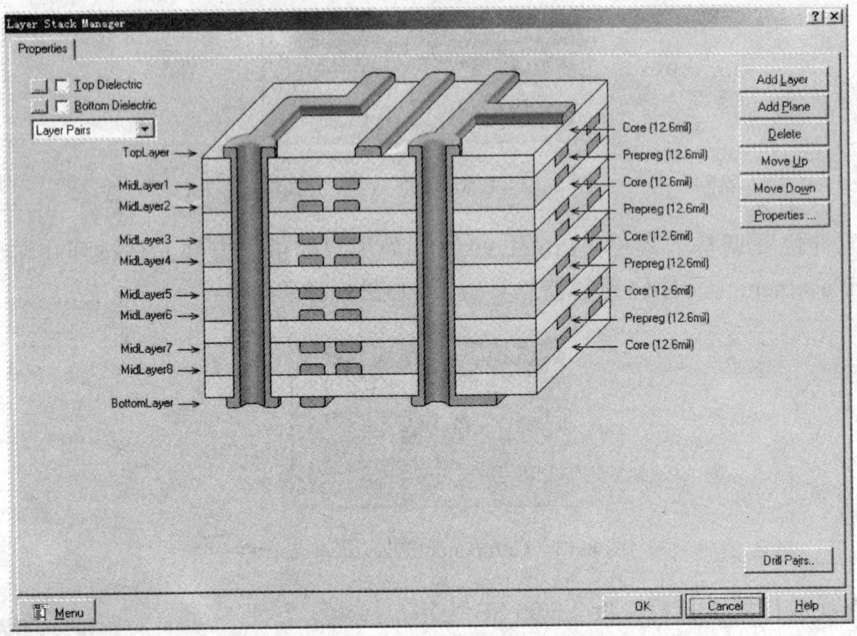

图 8-15　PCB 层管理器

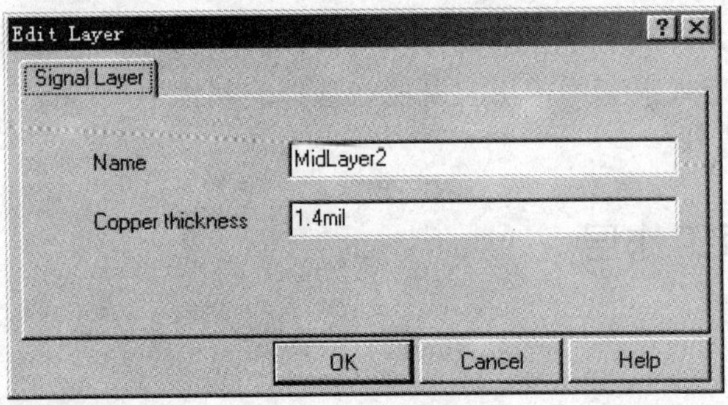

图 8-16　层设置对话框

系统还提供了一些多层板实例样板给用户选择使用，要使用该功能设置多层板，可以在 PCB 层堆栈管理器（Layer Stack Manager）中单击鼠标右键，弹出的菜单中有一个 Example Layer Stack 子菜单，如图 8-17 所示，通过它可以选择设置多层板。

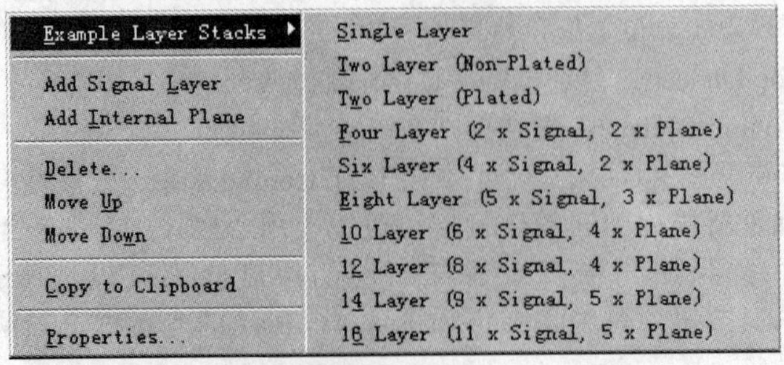

图 8-17　PCB 层堆栈管理器快捷菜单

8.5.2 工作层的类型

在设计印制电路板时，往往会碰到工作层选择的问题。Protel 99 SE 提供了多个工作层供用户选择，用户可以在各个工作层上进行不同的操作。当进行工作层设置时，应该执行 PCB 设计管理器的 Design→Options 命令，系统将弹出如图 8-18 所示的 Document Options 对话框，其中只显示用到的信号层、电源层、机械层。

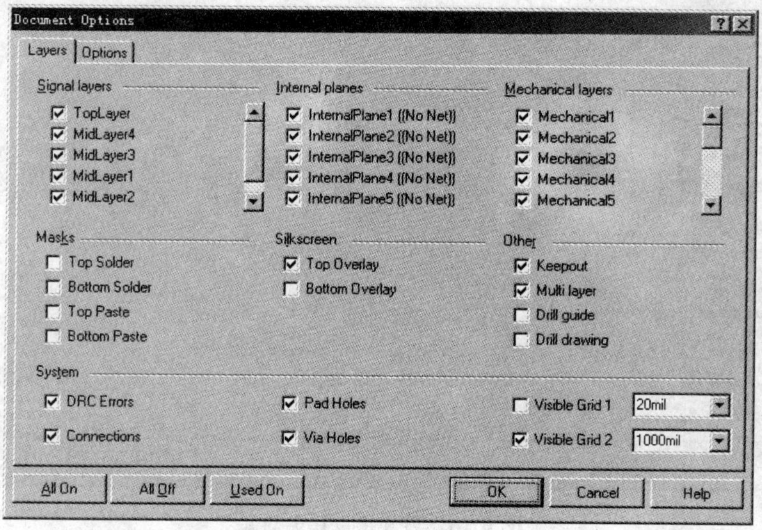

图 8-18 Document Options 对话框

Protel 99 SE 提供的工作层在图 8-18 的 Layers 选项卡中设置，主要有以下几种。

1. 信号层

Protel 99 SE 可以绘制多层板。如果当前板是多层板，则信号层（Signal Layers）可以全部显示出来，用户可以选择其中的层面，主要有 Top、Bottom、Mid1、Mid2……，如果用户没有设置 Mid 层，则这些层不会显示在该对话框中，用户可以执行 Design→Layer Stack Manager 命令设置信号层，执行该命令后，系统弹出如图 8-15 所示的对话框。此时用户可以设置多层板。

信号层主要用于放置与信号有关的电气元素，如 Top Layer 为顶层用于放置元件面；Bottom 为底层用作焊锡面；Mid 层为中间工作层，用于布置信号线。

2. 内层电源/接地层

如果用户绘制的是多层板，则可以执行 Design→Layer Stack Manager 命令设置内层电源/接地层（Internal Plane）。如果用户设置内层电源→接地层，则会显示如图 8-15 所示的层面，否则不会显示。其中 Plane1 表示设置内层电源→接地第一层，Plane2、Plane3 依此类推。内层电源/接地层主要用于布置电源线及接地线。

3. 机械层

制作 PCB 板时，系统默认的信号层为两层，所以机械层（Mechanical Layers）默认只有一层，不过用户可以执行 Design→Mechanical Layers 命令为 PCB 板设置更多的机械层，在 Protel99 SE 中最多可以设置 16 个机械层，执行该命令后，系统将弹出如图 8-19 所示的设置机械层对话框。

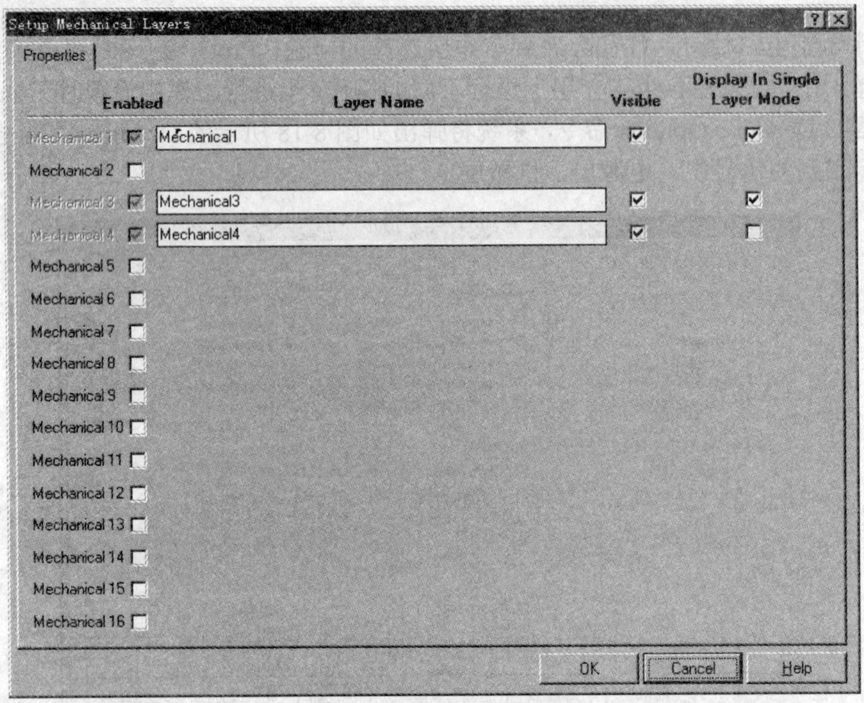

图 8-19　设置机械层对话框

通过该对话框可以选定使用哪一个机械层，Visible 复选框用来确定可见方式，Display In Single Layer Mode 复选框用来授权是否可以在单层显示时放到各个层上。

4．助焊膜及阻焊膜

Protel 99 SE 提供的助焊膜及阻焊膜（Solder Mask & Paste Mask）有：Top Solder Mask 为设置顶层助焊膜、Bottom Solder Mask 为设置底层助焊膜、Top Paste Mask 为设置顶层阻焊膜、Bottom Paste Mask 为设置底层阻焊膜。

5．丝印层

丝印层（Silkscreen）主要用于在印刷板的上下两表面印刷上所需要的标志图案和文字代号等，主要包括顶层丝印层（Top）、底层丝印层（Bottom）两种。

6．其他工作层

Protel 99 SE 除了提供以上的工作层以外，还提供有以下的其他工作层（Others），其他工作层共有 4 个复选框，各复选框的意义如下：

- Keep Out 用于设置是否禁止布线层，用于设定电气边界，此边界外不会布线。
- Multi Layer 用于设置是否显示复合层，如果不选择此项，过孔就无法显示出来。
- Drill Gride 主要用来选择绘制钻孔导引层。
- Drill drawing 主要用来选择绘制钻孔图层。

7．系统设置

用户还可以在 System 操作框设置 PCB 设计系统参数，各选项如下：

- Connect 用于设置是否显示飞线，在绝大多数情况下都要显示飞线。

● DRC Error 用于设置是否显示自动布线检查错误信息。
● Pad Hole 用于设置是否显示焊盘通孔。
● Via Hole 用于设置是否显示过孔的通孔。
● Visible Grid1 用于设置是否显示第一组栅格。
● Visible Grid2 用于设置是否显示第二组栅格。

8.5.3 工作层的设置

在实际的设计过程中，几乎不可能打开所有的工作层，这就需要用户设置工作层，将自己需要的工作层打开。

1．工作层设置步骤

（1）执行 Design→Options 菜单命令，系统将会出现如图 8-18 所示的 Document Options 对话框。

（2）在该对话框中，用鼠标单击 Layers 选项卡，即可进入工作层设置对话框。从对话框中可以发现每一个工作层前都有一个复选框。如果工作层前的复选框中有符号“√”，则表明工作层被打开，否则该工作层处于关闭状态。当单击按钮“All On”时，将打开所有的工作层；单击按钮“All Off”时，所有的工作层将处于关闭状态；单击按钮“Used On”时，则可以由用户设定工作层。

（3）在图 8-18 中，用鼠标单击 Options 选项卡，即可设置 Options 选项，如图 8-20 所示。Options 选项包括栅格设置（Snap）、电气栅格设置(Electrical)、计量单位设置等。

2．设置参数

在图 8-20 的各个选项中可以进行相关参数设置。

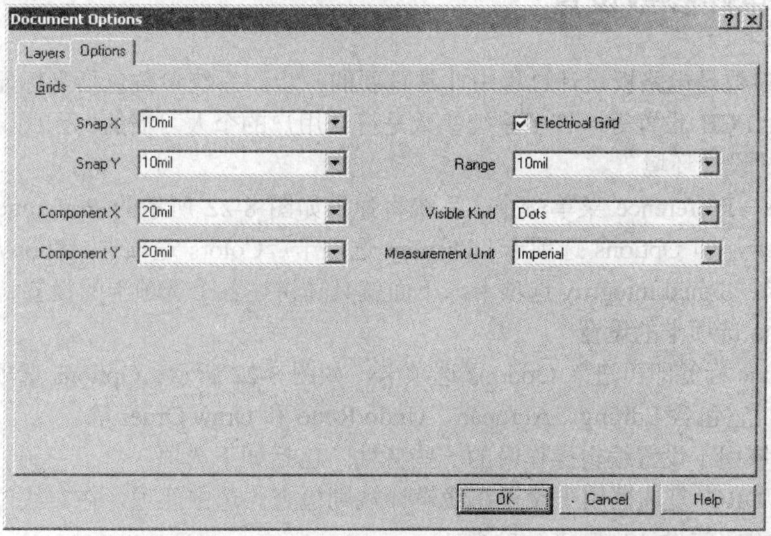

图 8-20 设置 Options 选项

（1）栅格的设置包括移动栅格的设置和可视栅格的设置。移动栅格主要用于控制工作空间的对象移动栅格的间距。光标移动的间距由在 Snap 右边的编辑框输入的尺寸确定，用户可以分别设置 X、Y 向的栅格间距。

如果用户已经在设计 PCB 板的工作界面中，可以使用“Ctrl”+“G”快捷键打开设置 Snap Grids 的对话框。

（2）Component X/Y 用来设置控制元件移动的间距。

- Component X：用于设置 X 向栅格间距。
- Component Y：用于设置 Y 向栅格间距。
- Visible kind：用于设置显示栅格的类型。系统提供了两种栅格类型，即 Lines（线状）和 Dots（点状）。

（3）电气栅格设置主要用于设置电气栅格的属性。它的含义与原理图中的电气栅格的相同。选中 Electrical Grids 复选框表示具有自动捕捉焊盘的功能。Range（范围）用于设置捕捉半径。在布置导线时，系统会以当前光标为中心，以 Grid 设置值为半径捕捉焊盘，一旦捕捉到焊盘，光标会自动加到该焊盘上。

（4）Measurement Units (度量单位)用于设置系统度量单位，系统提供了两种度量单位，即 Imperial（英制）和 Metric（公制），系统默认为英制。

技巧：工作层的选择也可直接使用鼠标单击图纸屏幕上的标签，如图 8-21 所示。

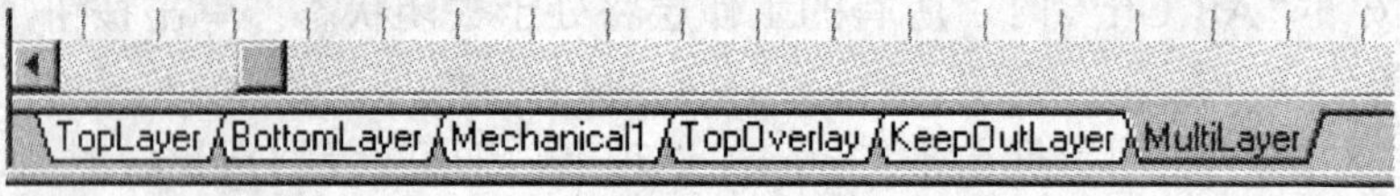

图 8-21　工作层选择标签

8.6　PCB 电路参数设置

设置系统参数是电路板设计过程中非常重要的一步。系统参数包括光标显示、层颜色、系统默认设置、PCB 设置等。许多系统参数是符合用户的个人习惯的，因此一旦设定，将成为用户个性化的设计环境。

执行 Tools→Preference 菜单命令，系统将弹出如图 8-22 所示的 Preferences 对话框。它共有 6 个选项卡，即 Options 选项卡、Display 选项卡、Colors 选项卡、Show/Hide 选项卡、Defaults 选项卡、Signal Integrity 选项卡。下面就具体讲述各个选项卡的设置。

1．Options 选项卡的设置

单击 Options 标签即可进入 Options 选项卡，如图 8-22 所示。Options 选项卡用于设置一些特殊的功能。它包含 Editing、Autopan、Undo/Redo 和 Draw Order 等。

Editing 区域用于设置编辑操作时的一些特性。包括如下选项：

- Online DRC 复选框用于设置在线设计规则检查。选中此项，在布线过程中，系统自动根据设定的设计规则进行检查。
- Snap To Center 用于设置当移动元件封装或字符串时，光标是否自动移动到元件封装或字符串参考点。系统默认时选中此项。
- Extend Selection 用于设置当选取电路板组件时，是否取消原来选取的组件。选中此项，系统不会取消原来选取的组件，连同新选取的组件一起处于选取状态。系统默认选中此项。

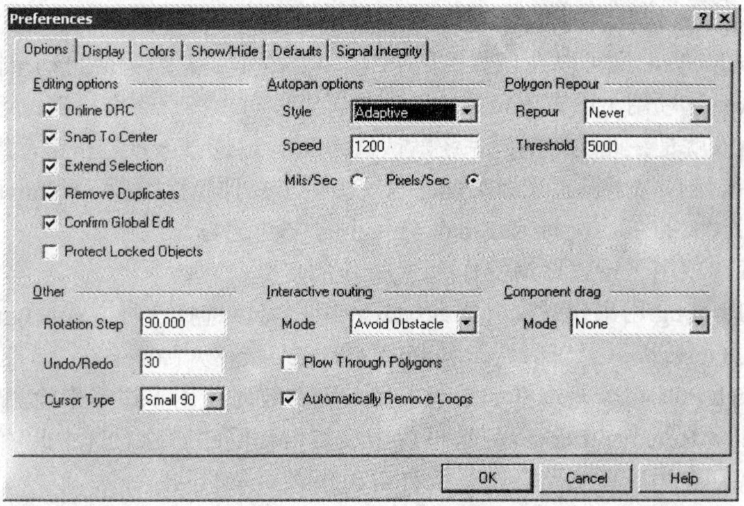

图 8-22 Preferences 对话框

- Remove Duplicates 用于设置系统是否自动删除重复的组件。系统默认时选中此项。
- Confirm Global Edit 用于设置在进行整体修改时，系统是否出现整体修改结果提示对话框。系统默认时选中此项。
- Protect Locked Objects 用于保护锁定的对象，选中该复选框有效。

Autopan 区域用于设置自动移动功能。Style 选项用于设置移动模式，系统共提供了如下 7 种移动模式：

- Adaptive 为自适应模式，系统将会根据当前图形的位置自适应选择移动方式。
- Disable 模式，取消移动功能。
- Re-Center 模式，当光标移到编辑区边缘时，系统将光标所在的位置设置为新的编辑区中心。
- Fixed Size Jump 模式，当光标移到编辑区边缘时，系统将以 Step 项的设定值为移动量向未显示的部分移动。当按下“Shift”键后，系统将以 Shift Step 项的设定值为移动量向未显示的部分移动。
- Shift Accelerate 模式，当光标移到编辑区边缘时，如果 Shift Step 项的设定值比 Step 项的设定值大的话，系统将以 Step 项的设定值为移动量向未显示的部分移动。当按下 Shift 键后，系统将以 Shift Step 项的设定值为移动量向未显示的部分移动。如果 Shift Step 项的设定值比 Step 项的设定值小的话，无论按不按“Shift”键，系统都将以 Shift Step 项的设定值为移动量向未显示的部分移动。
- Shift Decelerate 模式，当光标移到编辑区边缘时，如果 Shift Step 项的设定值比 Step 项的设定值大的话，系统将以 Shift Step 项的设定值为移动量向未显示的部分移动。当按下 Shift 键后，系统将以 Step 项的设定值为移动量向未显示的部分移动。如果 Shift Step 项的设定值比 Step 项的设定值小的话，无论按不按“Shift”键，系统都将以 Shift Step 项的设定值为移动量向未显示的部分移动。
- Ballistic 模式，当光标移到编辑区边缘时，越往编辑区边缘移动，移动速度越快。系统默认移动模式为 Fixed Size Jump 模式。

Polygon Repour 区域用于设置交互布线中的避免障碍和推挤布线方式。如果 Polygon Repour 中选为 Always，则可以在已敷铜的 PCB 中修改走线，敷铜会自动重铺。

Rotation Step 选项用于设置旋转角度。在放置组件时，按一次空格键，组件会旋转一个角度，这个旋转角度就是在此设置的。系统默认值为 90°，即按一次空格键，组件会旋转 90°。

Cursor Types 选项用于设置光标类型。系统提供了 3 种光标类型，即 Small 90（小的 90°光标）、Large 90（大的 90°光标）、Small 45（小的 45°光标）。

Undo/Redo 选项用于设置撤消操作/重复操作的步数。

Interactive Routing 用来设置交互布线模式，用户可以选择 3 种方式：Ignore Obstacle（忽略障碍）、Avoid Obstacle（避开障碍）和 Push Obstacle（移开障碍）。

Plow Through Polygons 复选框如果选中后，则布线时使用多边形来检测布线障碍。

Automatically Remove Loops 复选框用于设置自动回路删除。选中此项，在绘制一条导线后，如果发现存在另一条回路，则系统将自动删除原来的回路。

Component drag 区域的 Mode 列表框中共有两个选项。即 Component Tracks 和 None。选择 Component Tracks 项，在使用菜单命令 Edit→Move→Drag 移动组件时，与组件连接的铜膜导线会随着组件一起伸缩，不会和组件断开；选择 None 项，在使用菜单命令 Edit→Move→Drag 移动组件时，与组件连接的铜膜导线会和组件断开，此时菜单命令 Edit→Move→Drag 和 Edit→Move→Move 没有区别。

2. Display 选项卡的设置

单击 Display 标签即可进入 Display 选项卡，如图 8-23 所示。Display 选项卡用于设置屏幕显示和元件显示模式，其中主要可以设置如下一些选项。

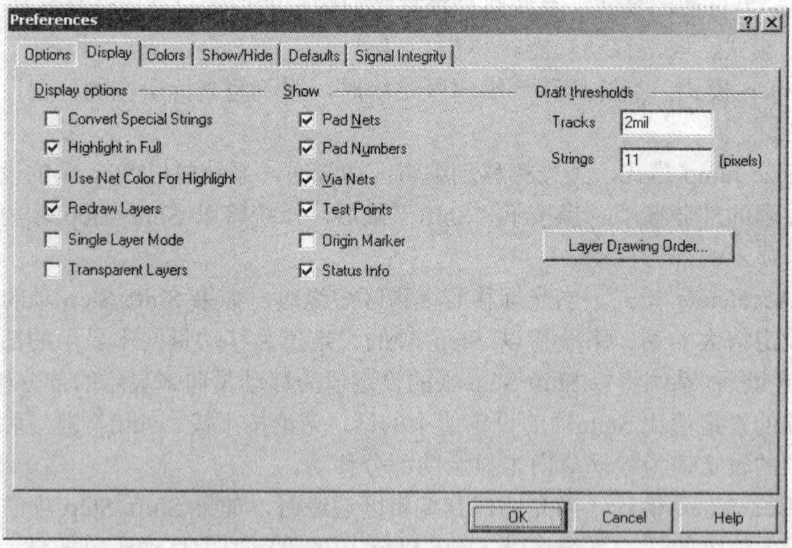

图 8-23 Display 选项卡

（1）屏幕显示设置　屏幕显示可以通过 Display 区域的选项设置。

- Convert Special Strings 复选框用于设置是否将特殊字符串转化成它所代表的文字。
- Highlight in for Net 复选框用于使所选网络亮显。

- Use Net Color For Highlight 复选框对于选中的网络，用于设置是否仍然使用网络的颜色，还是一律采用黄色。
- Redraw Layer 复选框用于设置当重画电路板时，系统将一层一层地重画。当前的层最后才会重画，所以最清楚。
- Single Layer Mode 复选框用于设置只显示当前编辑的层，其他层不被显示。
- Transparent Layer 复选框用于设置所有的层都为透明状，选择此项后，所有的导线、焊盘都变成了透明色。

（2）PCB 板显示设置　PCB 板显示设置可以通过 Show 区域选项设置。

- Pan Nets 用于设置是否显示焊盘的网络名称。
- Pad Number 用于设置是否显示焊盘序号。
- Test Points 选中后，可显示测试点。
- Origin Marker 用于设置是否显示指示绝对坐标的黑色带叉圆圈。

（3）显示模式　Draft thresholds 区域用于设置显示图形显示极限，Tracks 框设置的数目为导线显示极限，如果大于该值的导线，则以实际轮廓显示，否则只以简单直线显示；Strings 框设置的数目为字符显示极限，如果像素大于该值的字符，则以文本显示，否则只以框显示。

3. Colors 选项卡的设置

单击 Colors 选项即可进入 Colors 选项卡，如图 8-24 所示，该选项卡用于设置层的颜色。

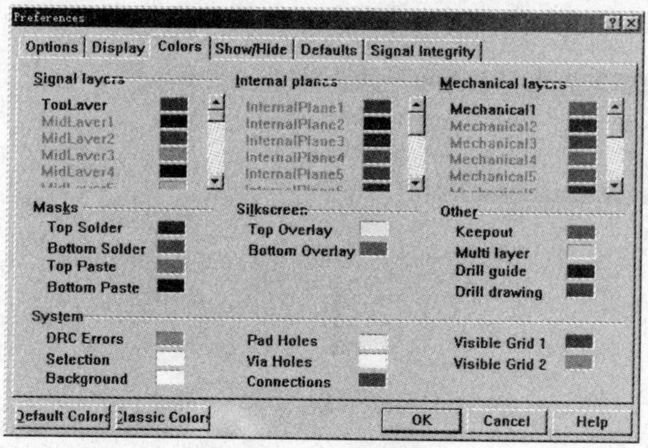

图 8-24　Colors 选项卡

设置层颜色时，单击层右边的颜色块即可打开如图 8-25 所示的颜色选择对话框。层颜色设置对话框中有一个“Default”按钮。单击该按钮，层颜色被恢复成系统默认的颜色。另外，单击“Classic”按钮，系统会将层颜色指定为传统的设置颜色，即 DOS 中采用的黑底设计界面。

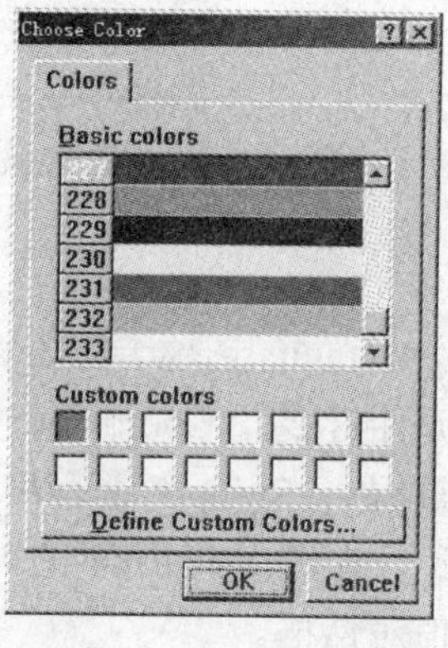

图 8-25　颜色选择对话框

4. Show/Hide 选项卡的设置

单击 Show/Hide 标签即可进入 Show/Hide 选项卡，如图 8-26 所示，Show/Hide 选项卡用于设置各种图形的显示模式。

选项卡中每一项，都有相同的 3 种显示模式，即 Final（精细）显示模式、Draft（简易）显示模式和不显示模式。

在该选项卡中，用户可以分别设置 PCB 板的几何对象的显示模式。

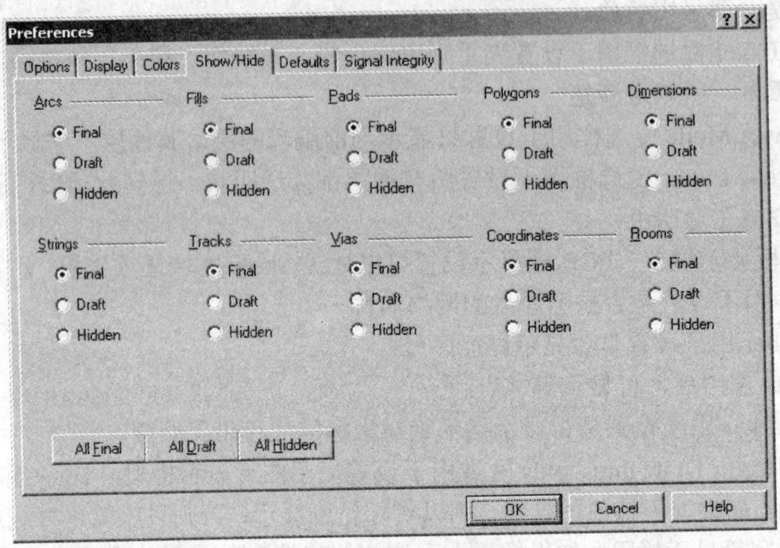

图 8-26　Show/Hide 选项卡

5. Defaults 选项卡的设置

单击 Defaults 标签即可进入 Defaults 选项卡，如图 8-27 所示。

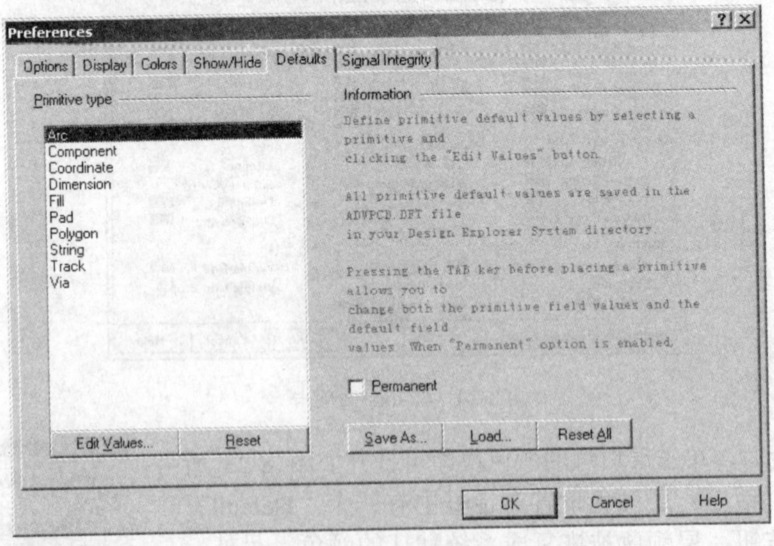

图 8-27　Defaults 选项卡

Defaults 选项卡用于设置各个组件的系统默认设置。各个组件包括 Arc（圆弧）、Component（元件封装）、Coordinate（坐标）、Dimension（尺寸）、Fill（金属填充）、Pad（焊盘）、Polygon（敷铜）、String（字符串）、Track（铜膜导线）、Via（过孔）等。要将系统设置为默认设置的话，在图 8-27 所示的对话框中，选中组件，单击“Edit Values”按钮即可进入编辑系统默认值对话框。

假设选中了元件封装组件，则单击“Edit Values”按钮即可进入元件封装的系统默认值编辑对话框，如图 8-28 所示。各项的修改会在取用元件封装时反映出来。

6．Signal Integrity（信号完整性）选项卡的设置

设置选项卡如图 8-29 所示。通过该选项卡可以设置元件标号和元件类型之间的对应关系，为信号完整性分析提供信息。

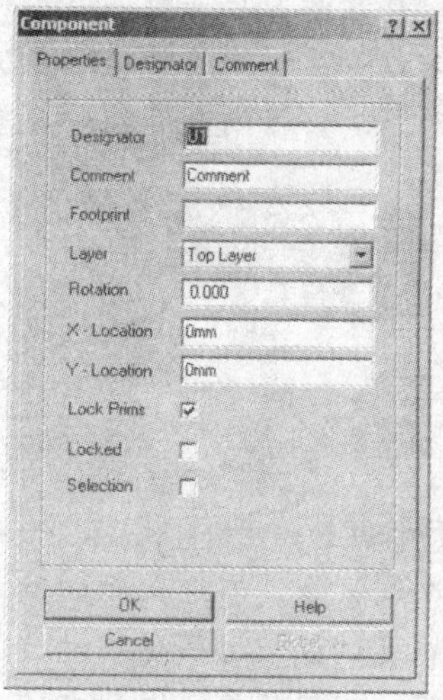

图 8-28　系统默认值编辑对话框

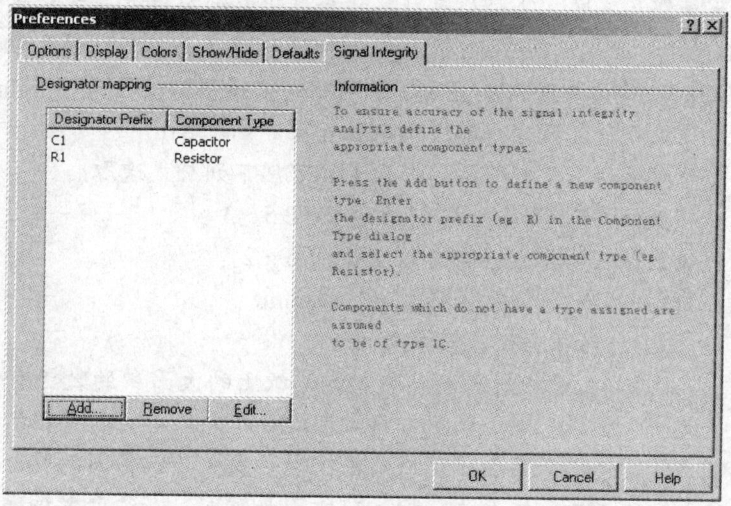

图 8-29　Signal Integrity（信号完整性）设置选项卡

单击图 8-29 中的“Add”按钮，系统将弹出如图 8-30 所示的元件标号设置对话框。在该对话框中，可以输入所用的元件标号，设计者还需要从 Component Type（元件类型）下拉列表（如图 8-31）选中元件类型，如 Resistor（电阻）。

在此添加完元件标号后，下一步就可以进行 PCB 的 DRC 检查，这将在后面有关章节讲解。

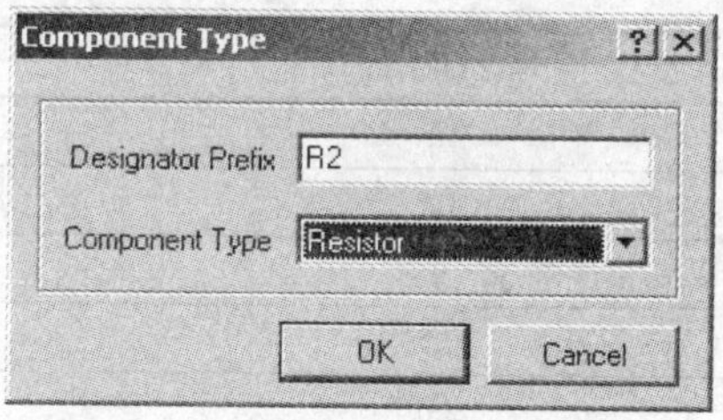

图 8-30　元件标号设置对话框

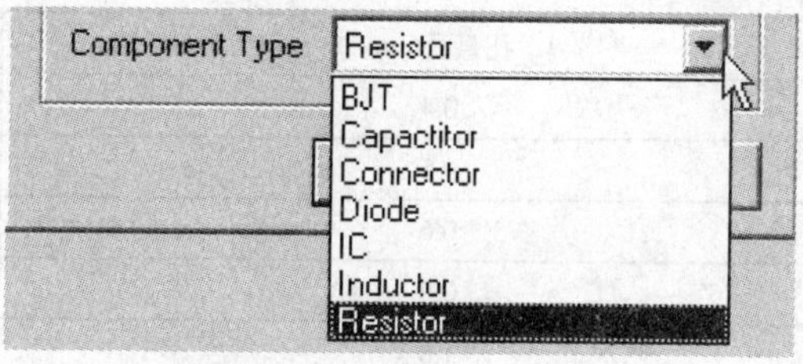

图 8-31　元件类型选择下拉列表

技巧：

（1）印制导线的宽度　导线宽度应以能满足电气性能要求而又便于生产为宜，它的最小值由承受的电流大小而定，但最小不宜小于 0.2mm。在高密度、高精度的印制线路中，导线宽度和间距一般可取 0.3mm。导线宽度在大电流情况下还要考虑其温升，单面板实验表明，当铜箔厚度为 50μm、导线宽度 1～1.5mm、通过电流 2A 时，温升很小，因此，一般选用 1～1.5mm 宽度导线就可能满足设计要求而不致引起温升。印制导线的公共地线应尽可能地粗，可能的话，使用大于 2～3mm 的线条，这点在带有微处理器的电路中尤为重要，因为当地线过细时，由于流过的电流的变化，地电位变动，微处理器定时信号的电平不稳，会使噪声容限劣化。在 DIP 封装的 IC 脚间走线，可应用 10-10 与 12-12 原则，即当两脚间通过 2 根线时，焊盘直径可设为 50mil、线宽与线距都为 10mil，当两脚间只通过 1 根线时，焊盘直径可设为 64mil、线宽与线距都为 12mil。

（2）焊盘的直径和内孔尺寸　焊盘的内孔尺寸必须从元件引线直径和公差尺寸以及搪锡层厚度、孔径公差、孔的金属化电镀层厚度等方面考虑，焊盘的内孔一般不小于 0.6mm，因为小于 0.6mm 的孔开模冲孔时不易加工，通常情况下以金属引脚直径值加上 0.2mm 作为焊盘内孔直径，如电阻的金属引脚直径为 0.5mm 时，其焊盘内孔直径对应为 0.7mm，焊盘直径取决于内孔直径，如表 8-1。

对于超出表中范围的焊盘直径可用下列公式选取：

直径小于 0.4mm 的孔：$D/d=0.5\sim3$

直径大于 2mm 的孔：$D/d=1.5\sim2$

式中 D——焊盘直径，单位为 mm；

d——内孔直径，单位为 mm。

（3）大面积的敷铜　印制线路板上的大面积的敷铜有两种作用，一种是散热，一种是用于屏蔽来减小干扰。初学者设计印制线路板时常犯的一个错误是没有在大面积敷铜上开窗口，而由于印制线路板板材的基板与铜箔间的粘合剂在浸焊或长时间受热时，会产生挥发性气体无法排除，热量不易散发，以致产生铜箔膨胀，脱落现象。因此在使用大面积的敷铜时，应将其开窗口，设计成网状。

（4）印制线路板的厚度应根据印制板的功能及所装元件的重量、印制板插座规格、印制板的外形尺寸和所承受的机械负荷来决定。多层印制板的总厚度及各层间厚度的分配应根据电气和结构性能的需要以及覆箔板的标准规格来选取。常见的印制线路板厚度有 0.5mm、1mm、1.5mm、2mm 等。

表 8-1　孔直径与焊盘直径对照

孔直径/mm	焊盘直径/mm
0.4	1.5
0.5	1.5
0.6	2
0.8	2.5
1.0	3.0
1.2	3.5
1.6	4
2.0	5

第 9 章　制作印制电路板

本章将结合实例讲述如何使用 Protel 99 SE 制作 PCB（印制电路板），以及制作 PCB 所需的绘图工具和布线知识。

9.1　PCB 绘图工具

PCB 设计服务器提供了绘图工具 Placement Tools，如图 9-1 所示。可以通过执行命令 View→Toolbars→Placement Tools 来实现工具栏的打开与关闭，工具栏中每一项都与命令 Place 下的各项对应。

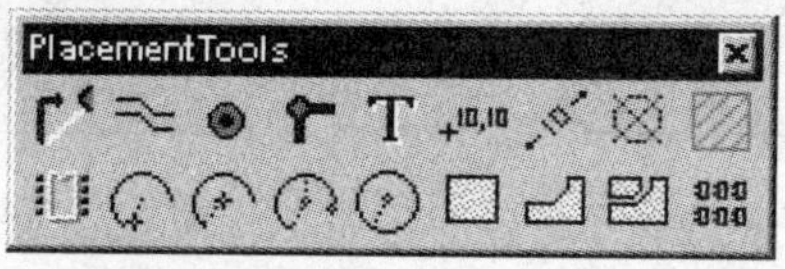

图 9-1　Placement Tools 工具栏

9.1.1　绘制导线

当需要绘制导线时，一般要先选择绘制导线命令 Place→Keepout→Track 或用鼠标单击绘图工具栏中的按钮，执行绘制导线命令。执行绘制导线命令后，光标变成十字形状。将光标移到所需的位置，单击鼠标，确定导线的起点，然后将光标移到导线的终点，再单击鼠标，即可绘制出一条导线，如图 9-2 所示。在放置导线的同时，可以按“Tab”键打开导线属性设置对话框，设置导线的参数。

将光标移到新的位置，按照上述步骤，再绘制其他导线。双击鼠标右键，光标变成箭头后，退出该命令状态。

绘制了导线后，还可以对导线进行编辑处理，并设置导线的属性。

使用鼠标双击已布的导线，或者在进入绘制导线状态时按“Tab”键，或者选中导线后单击鼠标右键，从弹出的快捷菜单中选取 Properties 命令，系统将弹出如图 9-3 所示的导线属性设置对话框，对话框中的各个选项说明如下：

- Width：设定导线宽度。
- Layer：设定导线所在的层。
- Net：设定导线所在的网络。
- Locked：设定导线位置是否锁定。
- Selection：设定导线是否处于选取状态。
- Start-X：设定导线起点的 X 轴坐标。
- Start-Y：设定导线起点的 Y 轴坐标。

- End－X：设定导线终点的 X 轴坐标。
- End－Y：设定导线终点的 Y 轴坐标。
- Keepout：该复选框选中后，此导线具有电气边界特性。

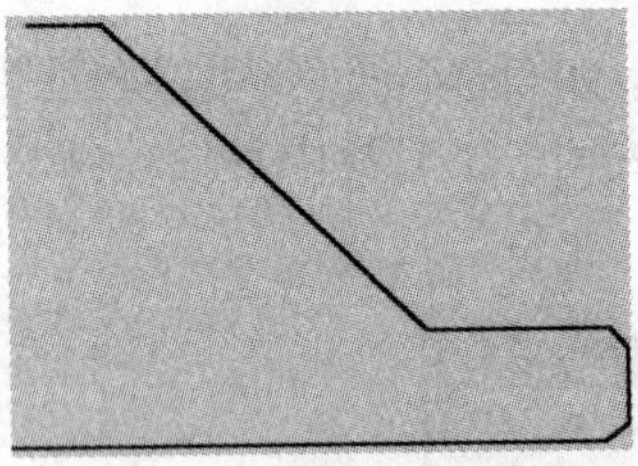

图 9-2 绘制出一根导线

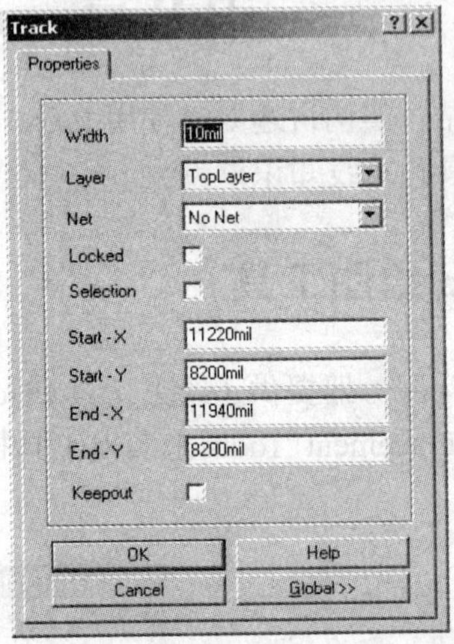

图 9-3 导线属性设置对话框

9.1.2 放置焊盘

1．放置焊盘的步骤

（1）首先用鼠标单击绘图工具栏中的放置焊盘命令按钮，或执行 Place/Pad 命令。

（2）执行该命令后，光标变成了十字形状，将光标移到所需的位置，单击鼠标，即可将一个焊盘放置在该处。

（3）将光标移到新的位置，按照上述步骤，再放置其他焊盘。如图 9-4 所示为放置了多个焊盘的电路板。双击鼠标右键，光标变成箭头后，退出该命令状态。

图 9-4 放置焊盘

（4）用户还可以在此命令状态下，单击“Tab”键，进入如图 9-5 所示的焊盘属性对话框，作进一步的修改。

2．焊盘属性设置

在放置焊盘的状态下按 Tab 键或在已放置的焊盘上双击鼠标，都可以打开如图 9-5 所示的焊盘属性设置对话框。对话框中包括 3 个选项卡。

（1）Properties 选项卡

- Use Pad Stack：设定采用特殊焊盘，选择此复选框本选项卡将不可设置。
- X－Size：设定焊盘 X 轴尺寸。
- Y－Size：设定焊盘 Y 轴尺寸。
- Shape：选择焊盘形状。单击右侧的下拉式按钮，即可选择焊盘形状，这里共有 3 种焊盘形状，即 Round（圆形）、Rectangle（正方形）和 Octagonal（八角形）。
- Designator：设定焊盘序号。
- Hole Size：设定焊盘通孔直径。
- Layer：设定焊盘所在层。通常多层电路板焊盘层为 Multi Layer。
- Rotation：设定焊盘旋转角度，对圆形焊盘没有意义。
- X－Location：设定焊盘的 X 轴坐标。
- Y－Location：设定焊盘的 Y 轴坐标。
- Testpoint：有两个选项，即 Top 和 Bottom，如果选择了这两个复选框，则可以分别设置该焊盘的顶层或底层为测试点，设置测试点属性后，在焊盘上会显示 Top & Bottom Test-point 文本，并且 Locked 属性同时也被自动选中，使该焊盘被锁定。

（2）Pad Stack 选项卡

Pad Stack 选项卡中共有 3 个区域，即 Top、Middle 和 Bottom 区域，如图 9-6 所示。

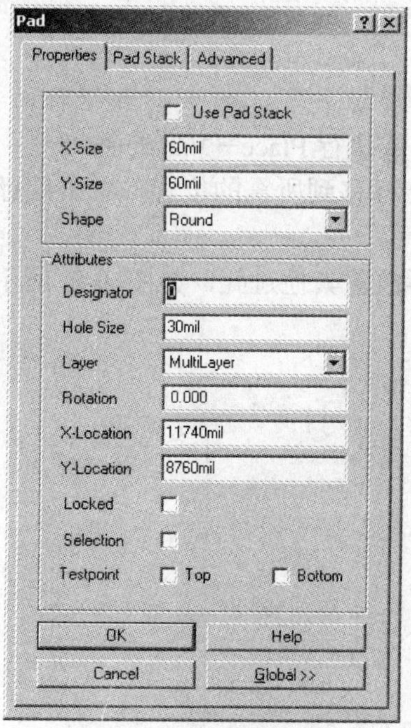

图 9-5　焊盘属性对话框

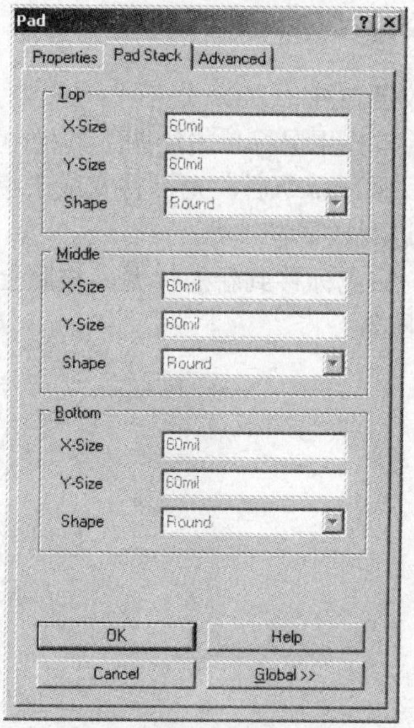

图 9-6　Pad Stack 选项卡

3 个区域分别用于指定焊盘在顶层、中间层和底层的大小和形状。每个区域里的选项都具有相同的 3 个选项。

- X－Size：设定焊盘 X 轴尺寸。
- Y－Size：设定焊盘 Y 轴尺寸。
- Shape：选择焊盘形状。单击右侧的下拉式按钮，即可选择焊盘形状。焊盘形状有 3 种，即 Round（圆形）、Rectangle（正方形）和 Octagonal（八角形）。

（3）Advanced 选项卡

Advanced 选项卡共有 3 个选项，如图 9-7 所示。

- Net：设定焊盘所在网络。
- Electrical type：指定焊盘在网络中的电气属性，它包括 Load（中间点）、Source（起点）和 Terminator（终点）。
- Plated：设定是否将焊盘的通孔孔壁加以电镀。
- Solder Mask：为设置焊盘的助焊膜属性，选择 Override 可设置助焊延伸值，这对于设置 SMT（贴片封装）式的焊点非常有用。如果选中 Tenting，则助焊膜是一个隆起，此时不能设置助焊延伸值。
- Paste Mask：为设置焊盘阻焊膜的属性，可以修改 Override 阻焊延伸值。

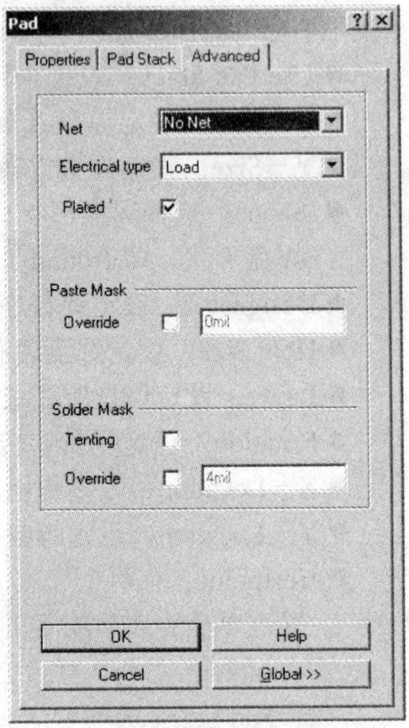

图 9-7　Advanced 选项卡

9.1.3　放置过孔

1．放置过孔

（1）首先用鼠标单击绘图工具栏中的按钮，或执行 Place→Via 命令。

（2）执行命令后，光标将变成十字形状，将光标移到所需的位置，单击鼠标左键，即可将一个过孔放置在该处。

（3）将光标移到新的位置，按照上述步骤，再放置其他过孔，如图 9-8 所示为放置了过孔后的图形。

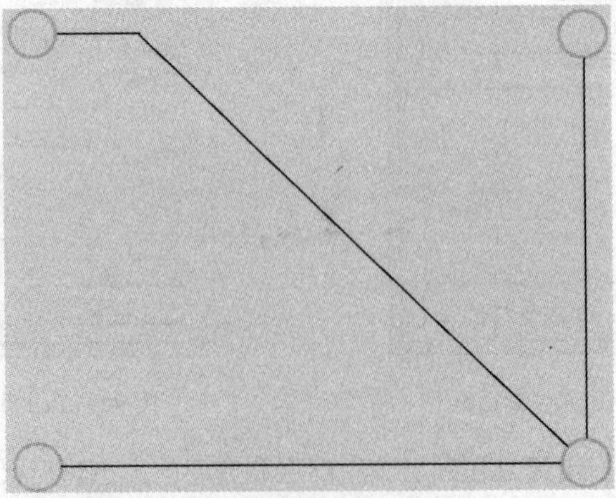

图 9-8　放置多个过孔

（4）双击鼠标右键，光标变成箭头后，退出该命令状态。

2. 过孔属性设置

在放置过孔时按“Tab”键或者在电路板上用鼠标双击过孔，系统将会弹出如图 9-9 所示的过孔属性对话框。

如图 9-9 所示，Properties 选项卡中各选项的意义如下：

- Diameter：设定过孔直径。
- Hole Size：设定过孔的通孔直径。
- Start Layer：设定过孔穿过的开始层，设计者可以分别选择 Top（顶层）和 Bottom（底层）。
- End Layer：设定过孔穿过的结束层，设计者也可以分别选择 Top（顶层）和 Bottom（底层）。
- Net：将会显示该过孔是否与 PCB 板的网络相连。
- Testpoint：与焊盘的属性对话框相应的选项意义一致。
- Solder Mask 为设置过孔的助焊膜属性，用户可以选择 Override 可设置助焊延伸值。如果选中 Tenting，则助焊膜是一个隆起，此时不能设置助焊延伸值。

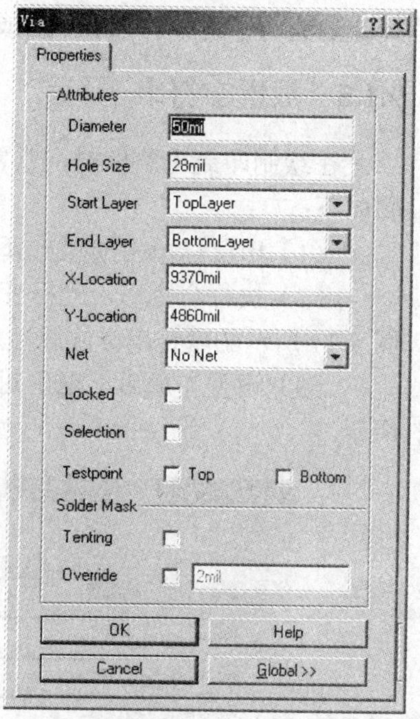

图 9-9 过孔属性对话框

如果设计者想设置过孔的更多属性，可以单击“Global”按钮，系统将会打开过孔属性全局对话框，用户可以设置其他属性。

9.1.4 补泪滴设置

焊盘和过孔等可以进行补泪滴设置。泪滴焊盘和过孔形状可以定义为弧形或线性，可以对选中的实体，也可以对所有过孔或焊盘进行设置。可以执行选项命令 Tools→Teardrop Options 来进行设置，执行该命令后，系统将弹出如图 9-10 所示的补泪滴设置对话框。

注意：对于贴片和单面板一定要对过孔和焊盘补泪滴。

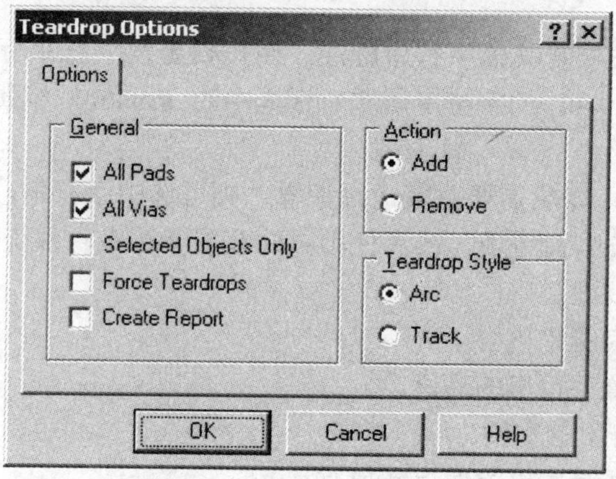

图 9-10 补泪滴设置对话框

如果要对单个焊盘或过孔补泪滴，可以先双击焊盘或过孔，使其处于选中状态，然后选择补泪滴对话框中的 All Pads 或 Selected Objects Only 选项，最后单击“OK”按钮结束。

9.1.5 放置字符串

在绘制印制电路板时，常常需要在板上放置字符串（仅为英文），放置字符串的具体步骤如下：

（1）用鼠标单击绘图工具栏中的 T 按钮。

（2）执行命令后，光标变成了十字形状，在此命令状态下，单击“Tab”键，会出现如图 9-11 所示的字符串标注属性对话框，在这里可以设置字符串的内容和大小。

（3）设置完成后，退出对话框，单击鼠标左键，把字符串放到相应的位置，如图 9-12 所示。

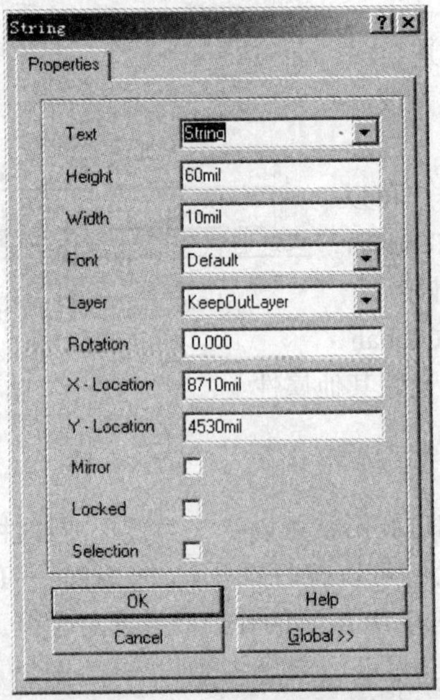

图 9-11　字符串标注属性对话框

图 9-12　放置多个字符串

（4）用同样的方法放置其他字符串标注。用户要更换字符串标注的方向只须按空格键即可进行调整，或在图 9-11 的字符串属性对话框中的 Rotation 编辑框中输入字符串旋转角度。

当放置了字符串后，如果需要对其进行编辑，则可选中字符串，然后单击鼠标右键，从快捷菜单中选取 Properties 命令项，或者使用鼠标双击字符串，系统也将会弹出如图 9-11 所示的字符串属性编辑对话框。

- Text：用来输入字符串内容。
- Height：用来设置字符串的高度。
- Width：设置字符串的宽度。
- Mirror：选中则字符串以镜像方式放置。

9.1.6 放置坐标

此命令是将当前鼠标所处位置的坐标放置在工作平面上，其具体步骤如下：

（1）用鼠标单击绘图工具栏中的按钮。

（2）执行命令后，光标变成了十字形状，在此命令状态下，单击“Tab”键，会出现如图 9-13 所示的坐标属性对话框。按要求设置该对话框。

（3）设置完成后，退出对话框，单击鼠标左键，把坐标放到相应的位置，如图 9-14 所示。

（4）用同样的方法放置其他坐标放置。

当放置了坐标后，如果需要对其进行编辑，则可选中坐标，然后单击鼠标右键，从快捷菜单中选取 Properties 命令项，或者用鼠标双击坐标，系统也将会弹出如图 9-13 所示的坐标属性对话框。

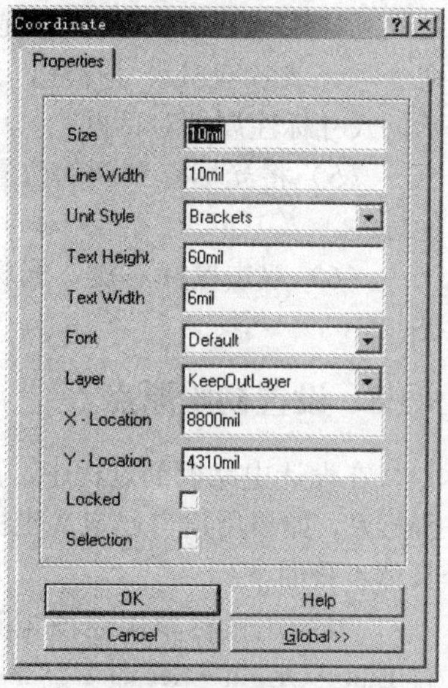

图 9-13　坐标属性对话框

9.1.7 放置尺寸标注

在设计印制电路板时，有时需要标注某些尺寸的大小，以方便印制电路板的制造。放置尺寸标注的具体步骤如下：

（1）用鼠标单击绘图工具栏中的按钮，系统出现如图 9-15 所示的状态。

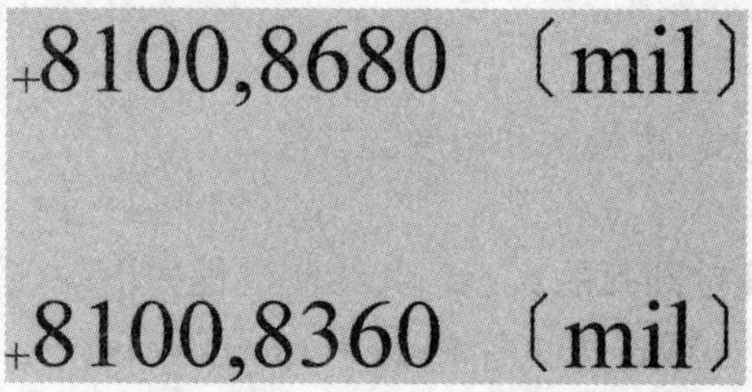

图 9-14　放置多个坐标

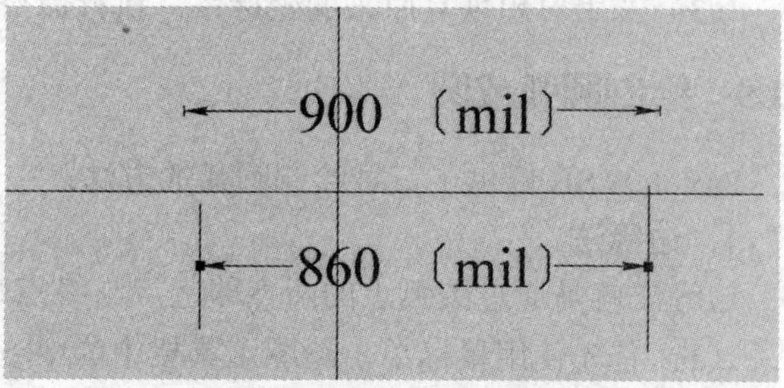

图 9-15　执行尺寸标注命令后的状态

（2）移动光标到尺寸的起点，单击鼠标左键，即可确定标注尺寸的起始位置。

（3）移动光标，中间显示的尺寸随着光标的移动而不断地发生变化，到合适的位置单击鼠标左键加以确认，即可完成尺寸标注，如图 9-16 所示。

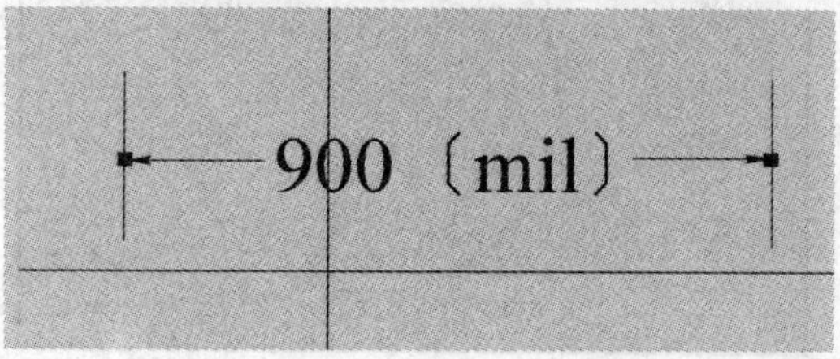

图 9-16　完成的一个尺寸标注

（4）用户还可以在放置尺寸标注命令状态下，单击“Tab”键，进入如图 9-17 所示的尺寸标注属性对话框，作更一步的修改。

当放置了尺寸标注后，如果需要对其进行编辑，则可选中尺寸标注，然后单击鼠标右键，从快捷菜单中选取 Properties 命令项，或者双击尺寸标注，系统也将会弹出如图 9-17 所示的尺寸标注属性对话框。

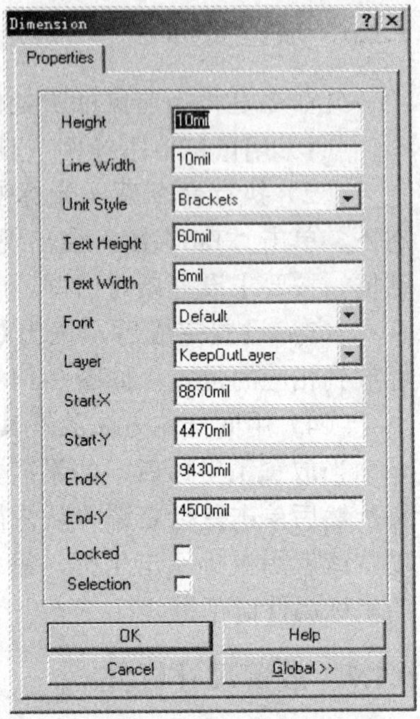

图 9-17　尺寸标注属性对话框

（5）将光标移到新的位置，按照上述步骤，再放置其他标注。

（6）双击鼠标右键，光标变成箭头后，退出该命令状态。

9.1.8　设置初始原点

在设计电路板的过程中，用户一般使用程序本身提供的坐标系，如果用户自己定义坐标系，只须设置用户坐标原点，具体步骤如下：

（1）用鼠标单击绘图工具栏中的按钮，或者选择执行 Edit→Origin→Set 命令。

（2）执行命令后，光标变成了十字形状，将光标移到所需的位置，单击鼠标左键，即可将该点设置为用户定义坐标系的原点。

（3）若用户想恢复原来的坐标系，执行命令 Edit→Origin→Reset 即可。

9.1.9　绘制圆弧或圆

Protel 99 SE 提供了三种绘制圆弧的方法：中心法、边缘法和角度旋转法。

1．边缘法

边缘法就是通过圆弧上的两点即起点与终点来确定圆弧的大小，其绘制过程如下：

（1）首先使用鼠标单击绘图工具栏中的按钮，或选择执行 Place→Arc(Edge)命令。

（2）执行该命令后，光标将变成十字形状。将光标移到所需的位置，单击鼠标左键，确定圆弧的起点。然后再移动鼠标到适当位置单击鼠标左键，确定圆弧的终点。

（3）单击鼠标左键确认，即得到一个圆弧。如图 9-18 所示为使用边缘法绘制的圆弧。

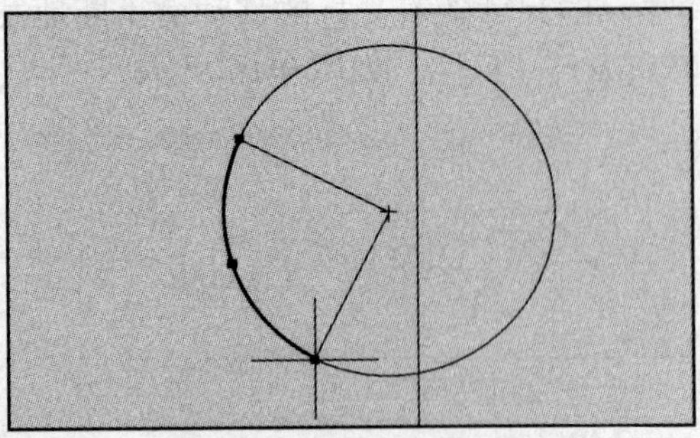

图 9-18　边缘法绘制圆弧

2. 中心法

中心法绘制圆弧就是通过确定圆弧中心、圆弧的起点和终点来确定一个圆弧。

（1）首先使用鼠标单击绘图工具栏中的按钮，或选择执行 Place→Arc（Center）命令。

（2）执行该命令后，光标将变成十字形状，将光标移到所需的位置，单击鼠标左键，确定圆弧的中心。

（3）将光标移到所需的位置，单击鼠标左键，确定圆弧的起点，再移动鼠标到适当位置单击鼠标左键，确定圆弧的终点。

（4）单击鼠标左键确认，即可得到一个圆弧。图 9-19 所示为使用中心法绘制的圆弧。

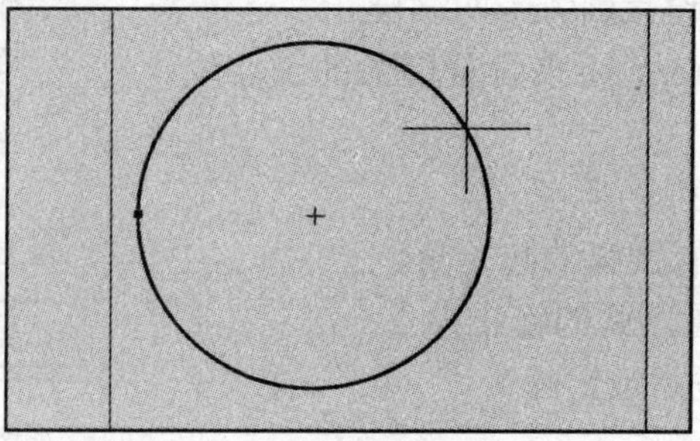

图 9-19　中心法绘制圆弧

3. 角度旋转法

（1）首先使用鼠标单击绘图工具栏中的按钮，或执行 Place→Arc(Any Angle)命令。

（2）执行该命令后，光标将变成十字形状，将光标移到所需的位置，单击鼠标左键，确定圆弧的起点。然后再移动鼠标到适当位置单击鼠标左键，确定圆弧的圆心，最后再单击鼠标左键确定圆弧终点。

（3）单击鼠标左键加以确认，即可得到一个圆弧。

4. 绘制圆

（1）首先使用鼠标单击绘图工具栏中的按钮，或选择执行 Place→Full Circle 命令。

（2）执行该命令后，光标变成了十字形状，将光标移到所需的位置，单击鼠标左键，确定圆的圆心，然后再单击鼠标左键确定圆的大小。

（3）单击鼠标左键加以确认，即可得到一个圆，如图 9-20 所示。

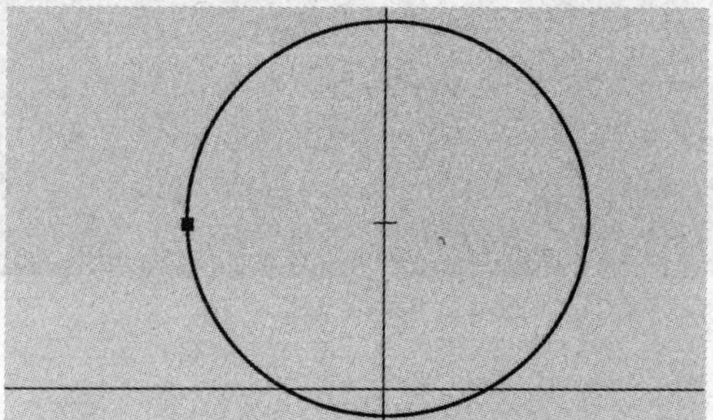

图 9-20　绘制的圆

5. 编辑圆弧

当绘制好圆弧后，如果需要对其进行编辑，则可选中圆弧，然后单击鼠标右键，从快捷菜单中选取 Properties 命令项，或者使用鼠标双击圆弧，系统也将会弹出如图 9-21 所示的圆弧属性编辑对话框。在绘制圆弧状态下，也可以按“Tab”键，先编辑好对象，再绘制圆弧。

- Width：为设置圆弧的宽度。
- Layer 下拉列表：用来选择圆弧所放置的层位置。
- Net 下拉列表：用来设置圆弧的网络层。
- X-Center 和 Y-Center：用来设置圆弧的圆心位置。
- Radius：用来设置圆弧的半径。
- Start Angle：用来设置圆弧的起始角。
- End Angle：用来设置圆弧的终止角。
- Locked：用来设定是否锁定圆弧。

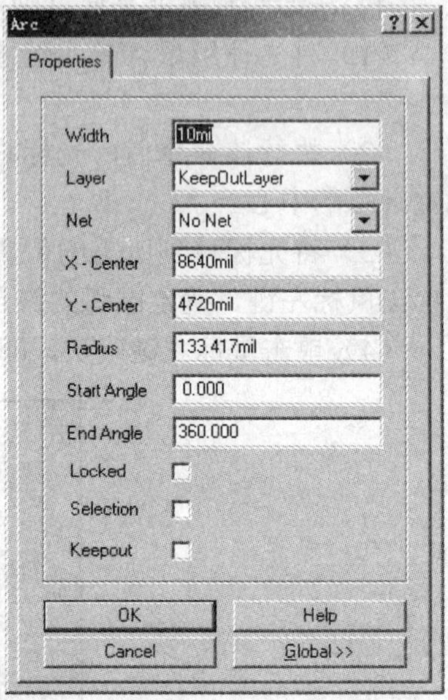

图 9-21　圆弧属性对话框

9.1.10　放置填充

填充一般用于制作 PCB 插件的接触面或者用于增强系统的抗干扰性而设置的大面积电源或地。在制作电路板的接触面时，则放置填充的部分在实际制作的电路板上是外露的敷铜区。填充通常放置在 PCB 的顶层、底层或内部的电源和接地层上，放置填充的一般操作方法如下：

（1）首先使用鼠标单击绘图工具栏中的按钮，或选择执行 Place→Keepout→Fill 命令。

（2）执行该命令后，用户只须确定矩形块的左上角和右下角位置即可，如图 9-22 所示为放置的填充。

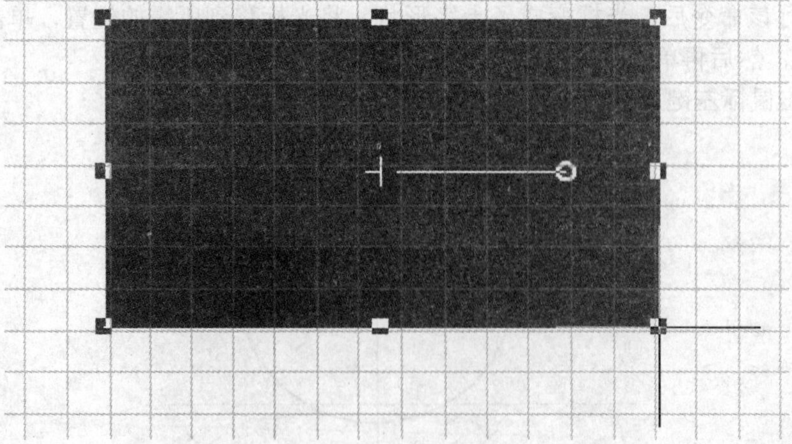

图 9-22　放置的填充

当放置了填充后，如果需要对其进行编辑，则可选中填充，然后单击鼠标右键，从快捷菜单中选取 Properties 命令项，或者使用鼠标双击坐标，系统也将会弹出如图 9-23 所示的填充属性对话框。在放置填充状态下，也可以按“Tab”键，先编辑好对象，再放置填充。

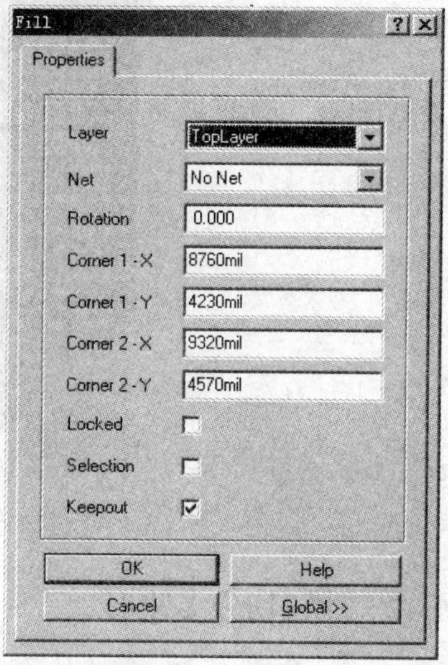

图 9-23　填充属性对话框

9.1.11　放置多边形平面

多边形平面与填充类似，经常用于大面积电源或接地，以增强系统的抗干扰性。下面讲述放置多边形的方法。

（1）首先使用鼠标单击绘图工具栏中的按钮，或选择执行 Place→Polygon Plane 命令。

（2）执行此命令后，系统会弹出如图 9-24 所示的设置多边形属性对话框。

（3）设置完对话框后，光标将变成十字形状，将光标移到所需的位置，单击鼠标左键，确定多边形的起点。然后再移动鼠标到适当位置单击鼠标左键，确定多边形的中间点。

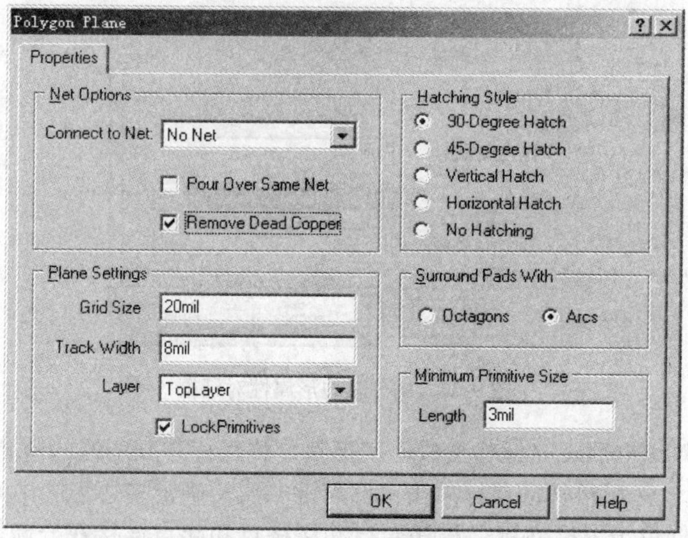

图 9-24　多边形属性对话框

（4）在终点处单击鼠标右键，程序会自动将终点和起点连接在一起，形成一个封闭的多边形平面，如图 9-25 所示。

当放置了多边形平面后，如果需要对其进行编辑，则可选中多边形平面，然后单击鼠标右键，从快捷菜单中选取 Properties 命令项，或者用鼠标双击坐标，系统也将会弹出如图 9-24 所示的多边形属性编辑对话框。

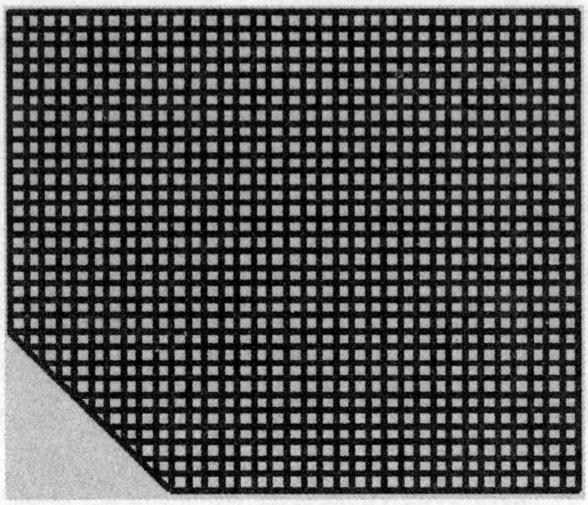

图 9-25　多边形平面填充

9.1.12　放置切分多边形

切分多边形与多边形类似，不过它是用来切分内部电源层（Internal Plane）或接地层的。下面讲述放置切分多边形的方法。

（1）首先使用鼠标单击绘图工具栏中的按钮，或选择执行 Place→Split Plane 命令。

（2）执行此命令后，系统将会弹出如图 9-26 所示的切分多边形属性对话框。

图 9-26　切分多边形属性对话框

（3）设置完对话框后，光标将变成十字形状，将光标移到所需的位置，单击鼠标左键，确定多边形的起点。然后再移动鼠标单击鼠标左键一次，确定多边形的中间点。

（4）在终点处单击鼠标右键，程序会自动将终点和起点连接在一起，形成一个封闭的切分多边形，如图 9-27 所示。

当放置了切分多边形后，如果需要对其进行编辑，则可选中切分多边形，然后单击鼠标右键，从快捷菜单中选取 Properties 命令项，或者使用鼠标双击坐标，系统也将会弹出如图 9-26 所示的切分属性编辑对话框。

注意：要设置切分多边形填充，必须已经设置了内部电源（Internal Plane）或接地层，否则该命令不起作用。

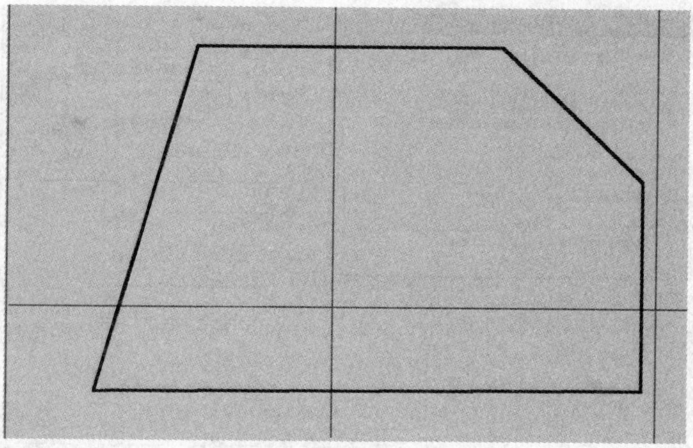

图 9-27　切分多边形填充

9.1.13　放置空间定义

在对电路图布线获取 PCB 图形时，可以将元件、元件类或封装分配给一个空间，空间可以定义在顶层或底层，并且可以确定目标保持在其内或其外。当移动空间时，空间内的实体也随之移动。空间定义可以设定无效，也可以被锁定。

放置空间定义可以通过执行 Place→Room 命令实现，也可以直接单击绘图工具栏中的▨按钮激活该命令，具体操作过程如下：

（1）首先使用鼠标单击绘图工具栏中的▨按钮，或选择执行 Place→Room 命令。

（2）将光标移到所需的位置，单击鼠标左键，确定空间定义的起点。然后再移动鼠标，单击鼠标左键一次，确定空间定义的对角点。放置的空间定义如图 9-28 所示。如果继续在其他地方放置空间定义，则 Room Definition 会自动增加序列，用户也可以修改这个名称，这需要在空间定义属性对话框中实现。

图 9-28　放置空间定义

当放置了空间定义后，如果需要对其进行编辑，则可选中空间定义，然后单击鼠标右键，从快捷菜单中选取 Properties 命令项，或者使用鼠标双击空间定义，系统也会弹出如图 9-29 所示的空间定义属性编辑对话框。

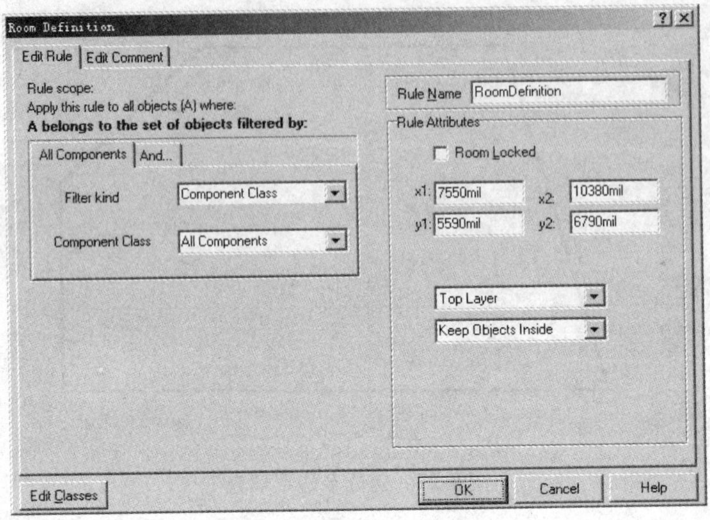

图 9-29　空间定义属性编辑对话框

- Rule Name（规则名）：用户可以设置该空间定义所应用的规则名，也可以输入自己定义的名称。
- Room Locked：该复选框选中后，该空间定义被锁定。
- X1/Y1/X2/Y2：这 4 个编辑框用来设定空间定义的对角点坐标，以确定空间定义大小。

用户可以选择空间定义的位置是 PCB 板的顶层（Top Layer）还是底层(Bottom Layer)，也可以选择空间内部是否允许存在对象(选择 Keep Object Inside 或 Kccp Object Outside)。

用户还可以设置空间定义所应用的范围，这可以通过 Filter Kind（筛选种类）列表框设置，并可选择所筛选类别的子类（Class）。

9.2　单面板与多层板制作简介

印制电路板有单面板、双面板和多层板三种。在印制电路板设计中，单面板设计是一个重要的组成部分，也是印制电路板设计的起步。双面板的电路一般比单面板复杂，但是由于双面都能布线，设计并不比单面板困难，深受广大设计人员的喜爱。如图 9-30 所示为几种多层板。

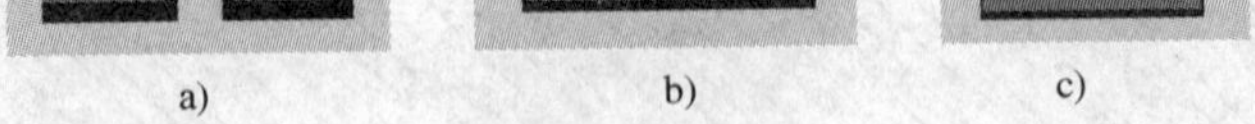

图 9-30　几种多层板

a) 双面板　b) 四层板　c) 六层板

单面板与双面板两者的设计过程类似，均可按照电路板设计的一般步骤进行。在设计电路板之前，准备好原理图和网络表，为设计印制电路板打下基础。然后进行电路板的规划，也就是电路板板边的确定，即确定电路板的尺寸。规划好电路板后，接下来的任务就是将网络表和元件封装装入。装入元件封装后，元件是重叠的，需要对元件封装进行布局。布局的好坏直接影响到电路板的自动布线，因此非常重要。元件的布局可以采用自动布局，也可以手工对元件布局进行调整。元件封装在规划好的电路板上布完后，可以利用 Protel 99 SE 提供的强大的自动布线功能，进行自动布线。在自动布线结束之后，往往还存在一些不令人满意的地方，这就需要设计人员利用经验通过手工去修改调整。当然对于那些经验丰富的设计人员，从元件封装的布局到布线，都可以用手工去完成。

现在最普遍的电路设计方式是用双面板设计。双面板的主要特点是可以跨线。当两点之间的连线不能在一面布通时，可以通过过孔到另一面接着布线。一般说来，在线密度允许的情况下，双面板的线路一般都能布通。因此双面板能够制作比较复杂的电路。随着电子技术的飞速发展，集成电路已经渗透到了生活中的各个领域，应用这些集成电路的电子产品也就不断涌现。而双面板由于布线比单面板简单，又比多层板制作费用低，工艺要求简单，因此深受广大设计人员的青睐，需求量也就日益增加。本书主要以双面板设计为基础来给读者介绍印制电路板的设计。

9.3 准备原理图和网络表

下面以图 9-31 所示的电路原理图为例讲述如何制作一块电路板。要制作印制电路板，需要有原理图和网络表，这是制作印制电路板的前提。

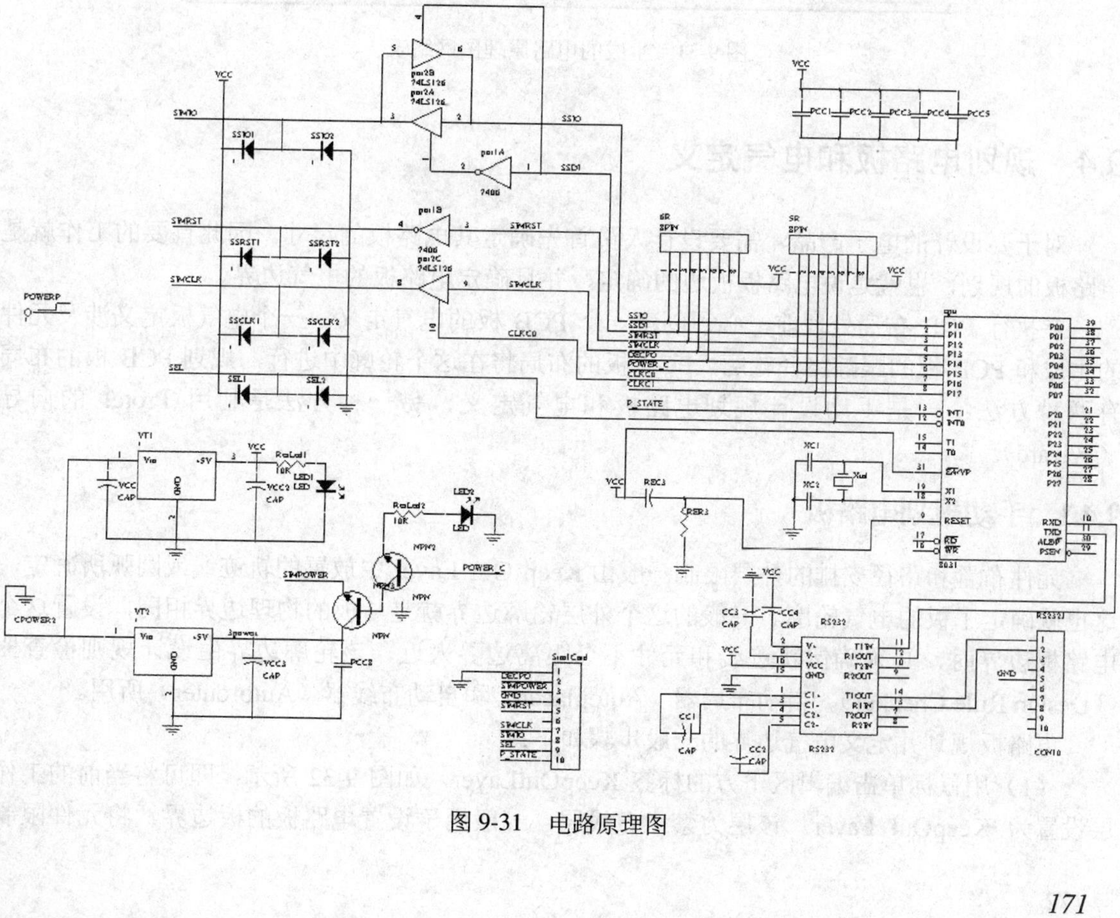

图 9-31 电路原理图

执行网络表生成命令 Design→Create Netlist，系统将生成一个对应于该电路原理图的网络表，该电路原理图生成的网络表如图 9-32 所示。

该网络表文件名为 8031.Net，将在后面生成 PCB 时使用。

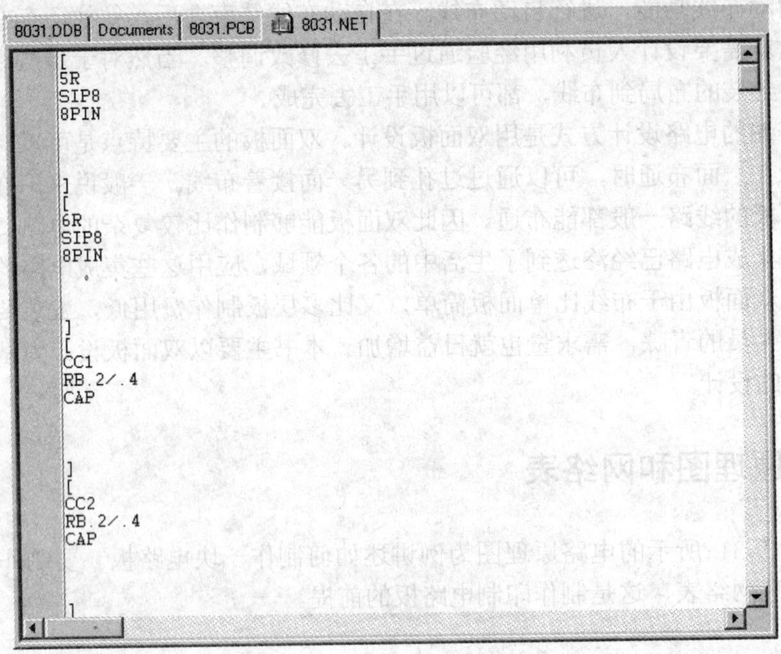

图 9-31　生成的电路原理图网络表

9.4　规划电路板和电气定义

对于要设计的电子产品，需要设计人员首先确定其电路板的尺寸。因此首要的工作就是电路板的规划，也就是说电路板板边的确定，并且确定电路板的电气边界。

在执行 PCB 布局处理前，必须创建一个 PCB 板的电气定义。一个电气板定义涉及元件的生成和 PCB 板的跟踪路径轮廓，PCB 板的布局将在这个轮廓中进行，规划 PCB 板的布局有两种方法：一是手动设计规划电路板和电气定义，另一种方法是利用 Protel 的向导（Wizard）。

9.4.1　手动规划电路板

元件布置和路径安排的外层限制一般由 Keep Out Layer 中放置的轨迹线或圆弧所确定，这也就确定了板的电气轮廓。一般的这个外层轮廓边界就是与板的物理边界相同，设置这个电路板边界时，必须确保轨迹线和元件不会距离边界太近，该轮廓边界由设计规则检查器（Design Rule Checker）、自动布局器（Autoplacer）和自动布线器（Autorouter）所用。

电路板规划并定义电气边界的一般步骤如下：

（1）用鼠标单击编辑区下方的标签 KeepOutLayer，如图 9-32 所示，即可将当前的工作层设置为 KeepOut Layer。该层为禁止布线层，一般用于设置电路板的板边界，将元件限制这个范围之内。

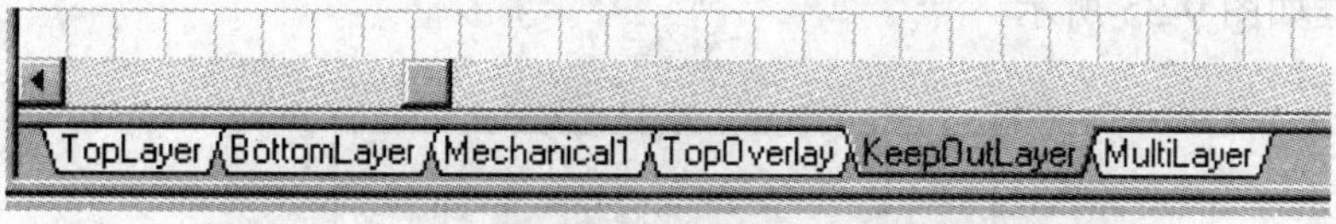

图 9-32　当前的工作层设置为 Keep Out Layer

（2）执行命令 Place→Keepout→Track，或单击 Placement Tools 工具栏中相应的按钮。

（3）执行该命令后，光标会变成十字。将光标移动到适当的位置，单击鼠标左键，即可确定第一条板边的起点。然后拖动鼠标，将光标移动到合适位置，单击鼠标左键，即可确定第一条板边的终点。用户在该命令状态下，按“Tab”键，可进入 Line Constraints 属性对话框，如图 9-33 所示，此时可以设置板边的线宽和层面。

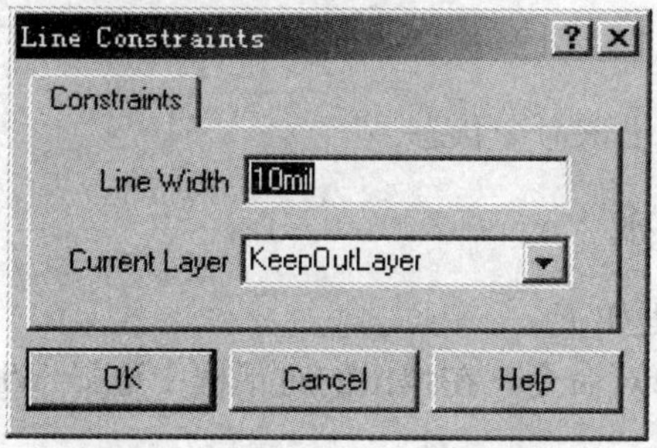

图 9-33　Line Constraints 属性对话框

如果用户已经绘制了封闭的 PCB 板的限制区域，则使用鼠标双击区域的板边，系统将会弹出如图 9-34 所示的 Track 属性对话框，在该对话框中可以很精确地进行定位，并且可以设置工作层和线宽。

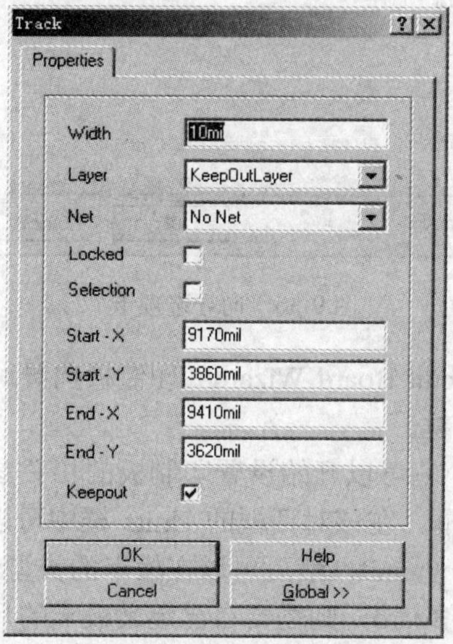

图 9-34　Track 属性对话框

（4）用同样的方法绘制其他三条板边，并对各边进行精确编辑，使之首尾相连。绘制完的电路板边框如图 9-35 所示。

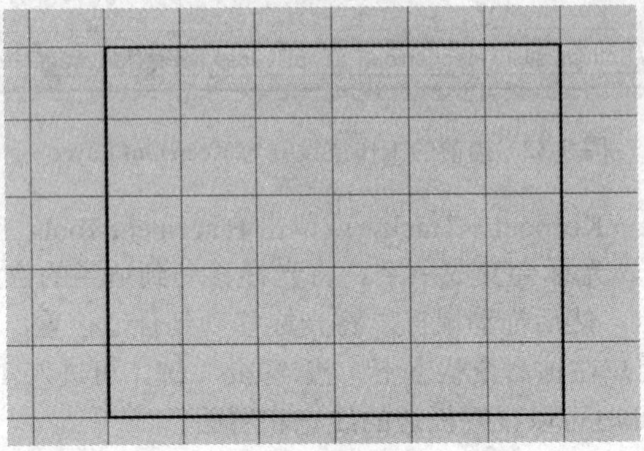

图 9-35　设置完电路板的板边

（5）单击鼠标右键，退出该命令状态。

9.4.2　使用向导生成电路板

使用向导的具体操作过程如下：

（1）首先执行 File→New 命令，在弹出的对话框中选择 Wizards 选项卡，如图 9-36 所示。

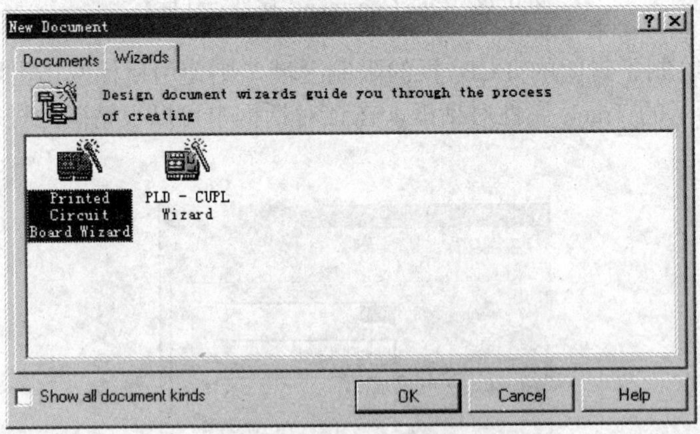

图 9-36　向导选项卡

（2）然后选择 Printed Circuit Board Wizard（印制板向导）图标，单击“OK”按钮，系统将弹出如图 9-37 所示的对话框。

（3）单击“Next”按钮，就可以开始设置印制板的相关参数，此时系统弹出如图 9-38 所示的选择预定义标准板对话框。在该对话框的 Units 框中可以选择印制板的单位，Imperial 为英制（Mil），Metric 为公制（mm），然后可以在板卡的类型选择下拉列表中选择板卡的类型。如果选择了 Custom Made Board，则需要自己定义板卡的尺寸、边界和图形标志等参数，而选择其他选项则直接采用系统已经定义的参数。

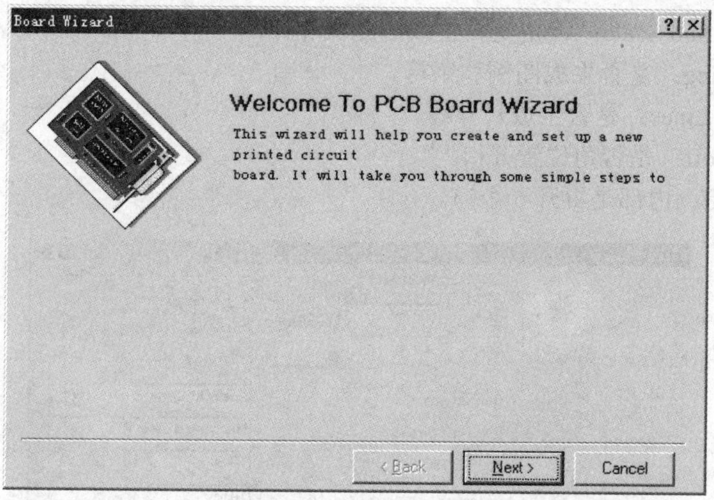

图 9-37　生成印制板向导

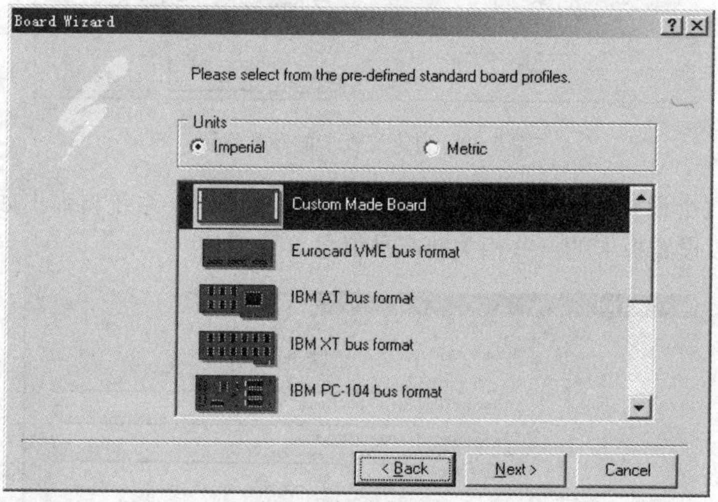

图 9-38　选择预定义标准板对话框

（4）如果选择了 Custom Made Board，则单击“Next”按钮后，系统将弹出如图 9-39 所示的对话框，在该对话框中可以设定板卡的相关属性，具体如下：

- Width：设定板卡的宽度。
- Height：设定板卡的高度。
- Rectangular：设定板卡为矩形（选择该项，就可以设定前面的宽和稿）。
- Circular：设定板卡为圆形（选择该项，则需要设定的几何参数为 Radius，即半径）。
- Custom：用户自定义板卡形状。
- Boundary Layer：设定板卡边界所在的层，一般为 Keep Out Layer。
- Dimension Layer：设定板卡的尺寸所在的层，一般选择机械层(Mechanical Layer)。
- Track Width：设定导线宽度。
- Dimension Line Width：设定尺寸线宽。

● Title Block and Scale：设定是否生成标题块和比例。
● Legend String：是否生成图例和字符。
● Dimension Lines：是否生成尺寸线。
● Corner Cutoff：是否角位置开口。
● Inner Cutoff：内部是否开一个口。

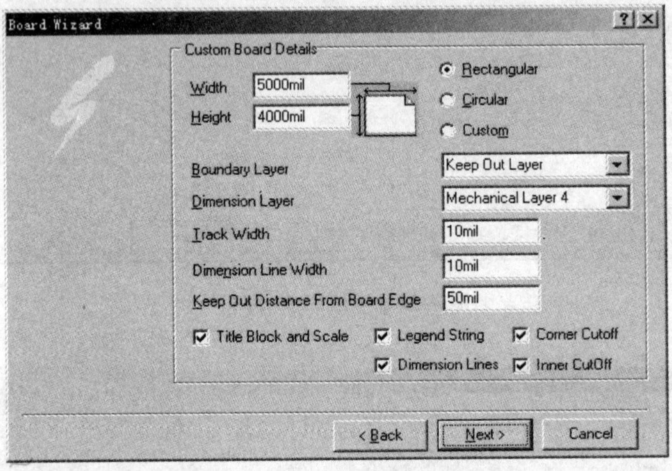

图 9-39　自定义板卡的参数设置

系统将弹出几个设置板卡几何参数的对话框。设置完毕，系统将弹出如图 9-40 所示的对话框，此时可以设置板卡的一些相关的产品信息。

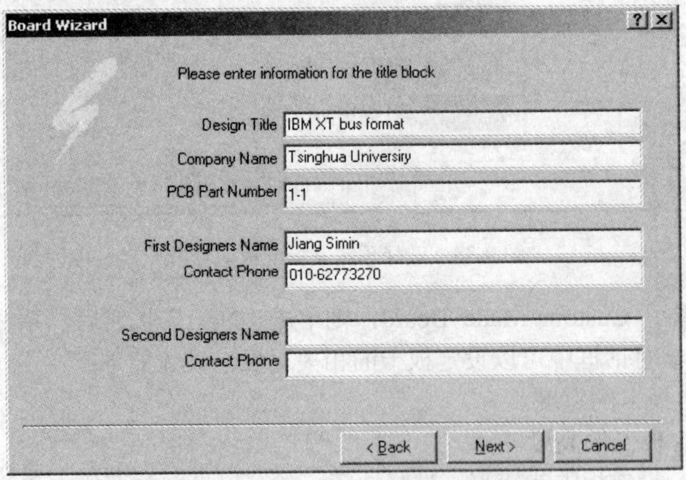

图 9-40　板卡产品信息设置对话框

如果第（3）步选择的是标准板，则单击“Next”按钮后系统会弹出如图 9-41 所示的对话框，此时可以选择自己需要的板卡类型，再单击“Next”按钮，这时也会弹出如图 9-40 所示的对话框。

（5）单击“Next”按钮后，系统弹出如图 9-42 所示的对话框，此时可以设置信号层的数量和类型，以及电源和地可以放的层等。

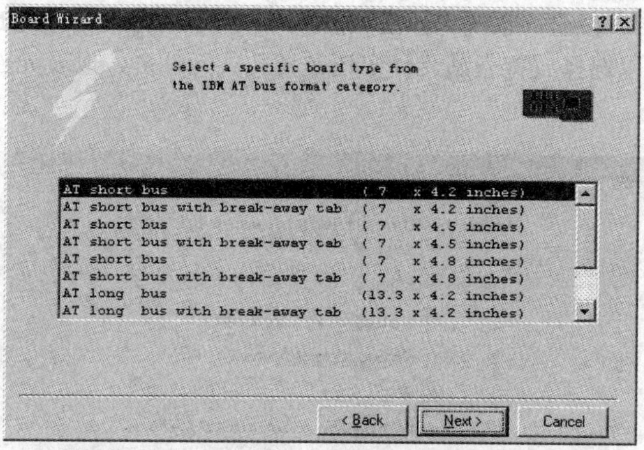

图 9-41　选择板卡类别对话框

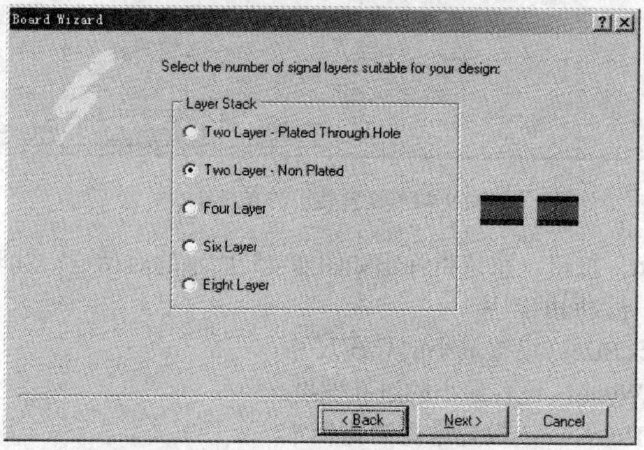

图 9-42　设置信号层的数量和类型

（6）然后单击“Next”按钮，系统将弹出如图 9-43 所示的对话框，此时可以设置过孔类型，是设置为通孔、还是盲孔或埋孔。

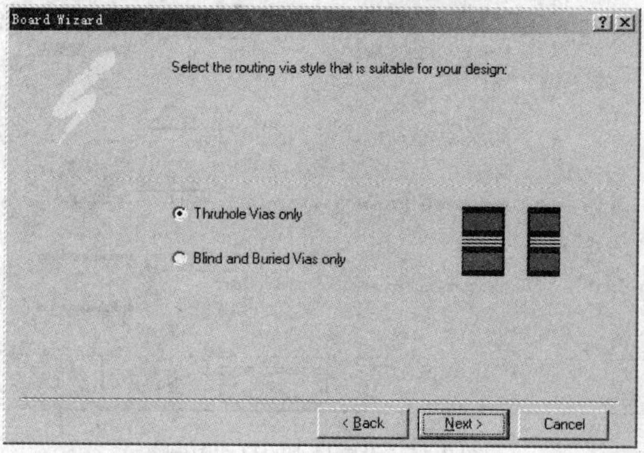

图 9-43　设置过孔类型

（7）单击“Next”按钮，系统将弹出如图 9-44 所示的对话框，此时可以设置将要使用的布线技术，用户可以选择放置表贴元件多还是插孔式元件多，以及元件是否放置在板的两面。

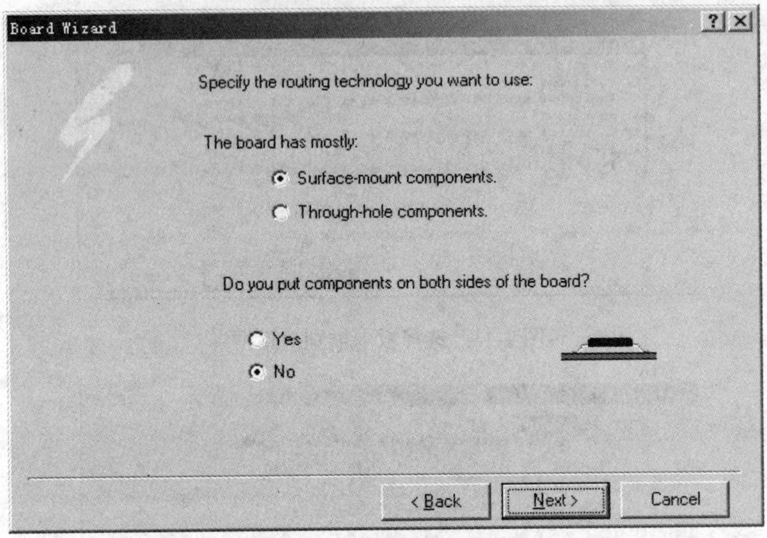

图 9-44　设置使用的布线技术

（8）单击“Next”按钮，系统将弹出如图 9-45 所示的对话框，此时可以设置最小的导线尺寸、过孔尺寸和导线间的距离。

- Minimum Track Size：设置最小的导线尺寸。
- Minimum Via Width：设置最小的过孔宽度。
- Minimum Via HoleSize：设置过孔的孔尺寸。
- Minimum Clearance：设置最小的线间距。

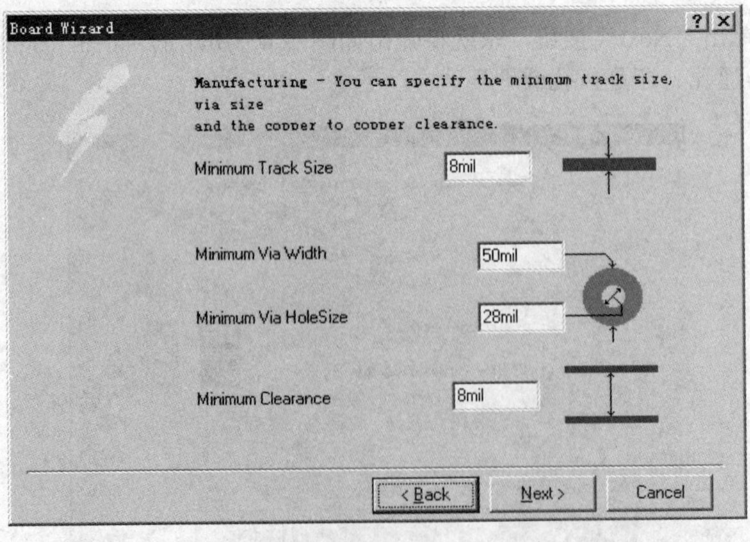

图 9-45　设置最小的尺寸限制

（9）单击“Next”按钮，最后将弹出完成对话框，此时单击“Finish”按钮完成生成印制板的过程，如图 9-46 所示，该印制板为已经规划好的板，可以直接在上面放置网络和元件。

技巧：对于初学者来说，建议使用向导来规划电路板，这样 Protel 会按照上面各步骤指导用户完成 PCB 板的规划。

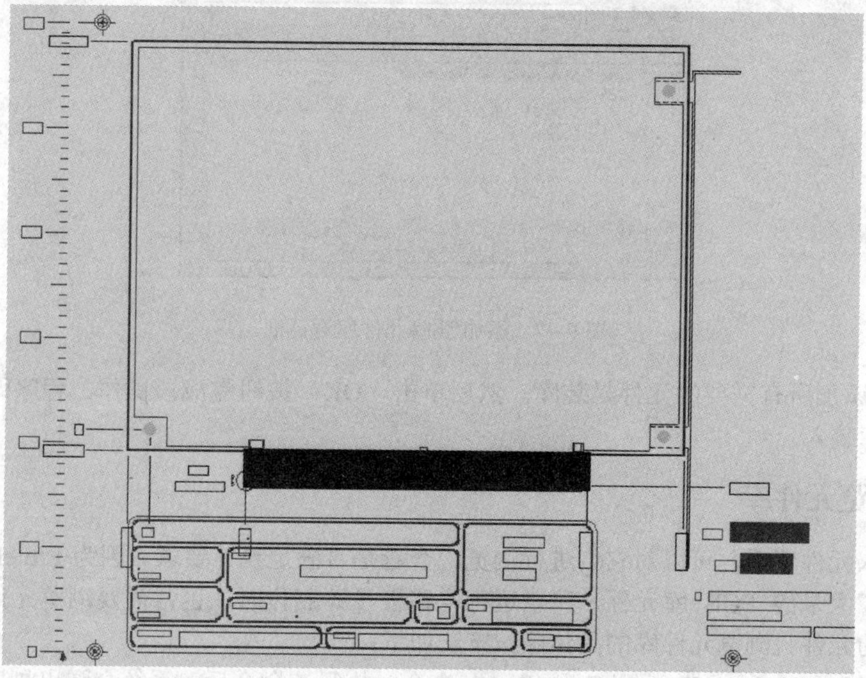

图 9-46　新生成的 PCB 板

9.5　网络表与元件的装入

电路板规划好后，接下来的任务就是装入网络表和元件封装。在装入网络表和元件封装之前，必须装入所需的元件封装库。如果没有装入元件封装库，在装入网络表及元件的过程中程序会提示找不到元件封装，从而导致装入过程失败。

9.5.1　装入元件库

根据设计的需要，装入设计印制电路板所需要使用的几个元件库，其基本步骤如下：

（1）执行 Design→Add→Remove Library 命令。

（2）执行该命令后，系统会弹出添加/删除元件库对话框，如图 9-47 所示。在该对话框中，找出原理图中的所有元件所对应的元件封装库。选中这些库，用鼠标单击按钮“Add”，即可添加这些元件库。在制作 PCB 时比较常用的元件封装库有：Advpcb.ddb、DC to DC.ddb、General IC.ddb 等，用户还可以选择一些自己设计所需的元件库。

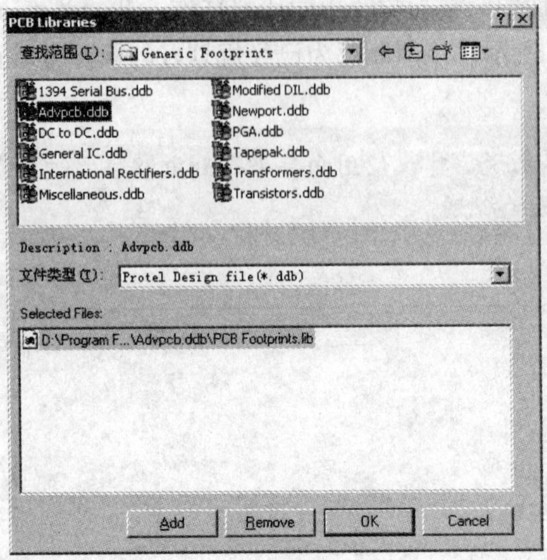

图 9-47　添加/删除元件库对话框

（3）添加所有需要的元件封装库，然后单击“OK”按钮完成该操作，程序即可将所选中的元件库装入。

9.5.2　浏览元件库

当装入元件库后，可以对它们进行浏览，查看是否满足设计要求。因为 Protel 99 SE 为用户提供了大量的 PCB 库元件，所以进行电路板设计制作时，也常需要浏览元件库，选择自己需要的元件。浏览元件库的具体操作方法如下：

（1）执行 Design→Browse Components 命令，执行该命令后，系统会弹出浏览元件库对话框，如图 9-48 所示。

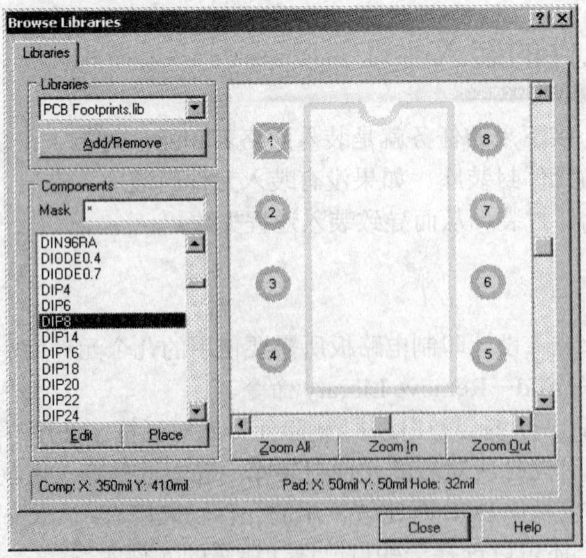

图 9-48　浏览元件库对话框

（2）在该对话框中可以查看元件的类别和形状等。用户还可以按“Edit”按钮对选中的元件进行编辑。也可以按“Place”按钮将选中的元件放置到电路板上。

9.5.3 网络表与元件的装入

装入元件库以后，就可以装入网络表与元件了。网络表与元件的装入过程实际上是将原理图设计的数据装入印制电路板设计系统 PCB 的过程。PCB 设计系统中的数据的所有变化，都可以通过网络宏（Netlist Macro）来完成。通过分析网络表文件和 PCB 系统内部的数据，可以自动生成网络宏。

如果用户是第一次装入网络表文件，则网络宏是为整个网络表文件生成的。如果用户不是首次装入网络表文件，而是在原有网络表的基础上进行的修改、添加，则网络宏仅是针对修改、添加的那一部分设计而言的。用户可以通过修改、添加或删除网络宏来更改原先的设计。

如果确定所需元件库已经装入程序，那么用户就可以按照下面的步骤将网络表与元件装入。

1．网络表与元件的装入步骤

（1）打开已经创建的 PCB 文件，本实例的 PCB 文件如图 9-46 所示。

（2）执行命令 Design→Load Nets。

（3）执行该命令后，系统会弹出如图 9-49 所示的装入网络表与元件对话框。

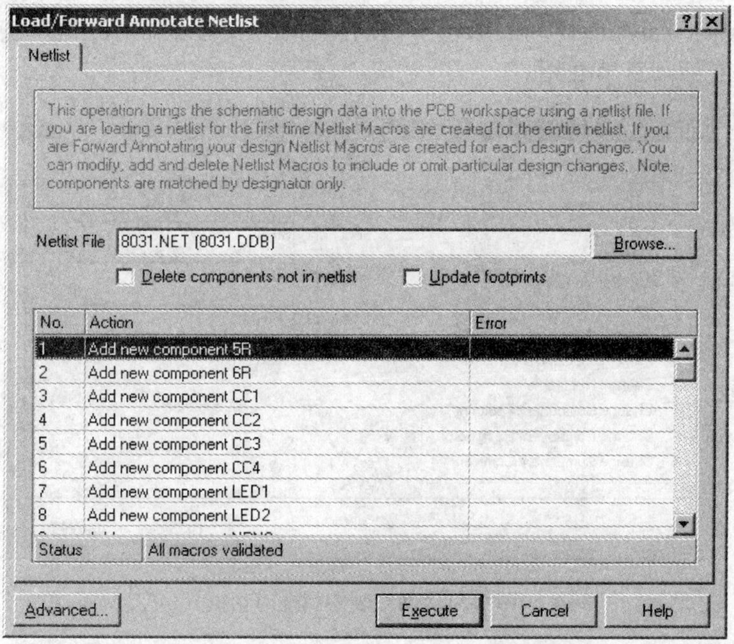

图 9-49　装入网络表与元件的对话框

（4）在 Netlist File 输入选框中，输入网络表文件名。

如果不知道网络表文件所在位置，可以单击对话框中的“Browse”按钮，则系统将弹出如图 9-50 所示的网络表文件选择对话框，在该对话框中，用户可以选取网络表目标文件。

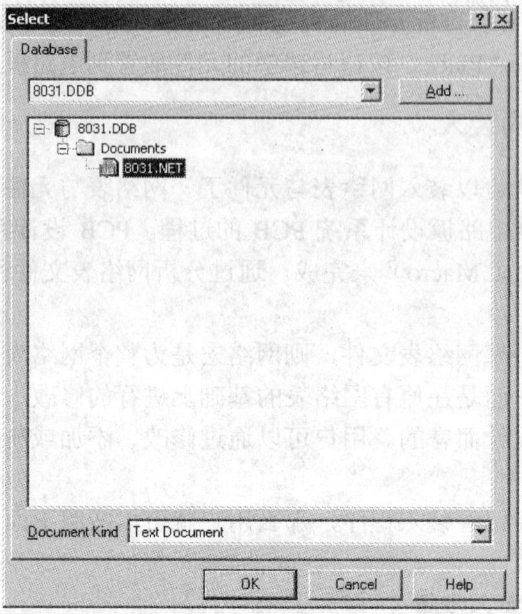

图 9-50　网络表文件选择对话框

如果用户想查看网络表所生成的宏，可以双击图 9-49 所示的列表中的对象，系统将弹出如图 9-51 所示的对话框，在该对话框中显示该宏的属性，用户还可以修改宏。

如果用户选中“Advanced”按钮，则可以打开网络表管理器对话框，实现对网络表的管理和操作。这将在后续章节介绍。

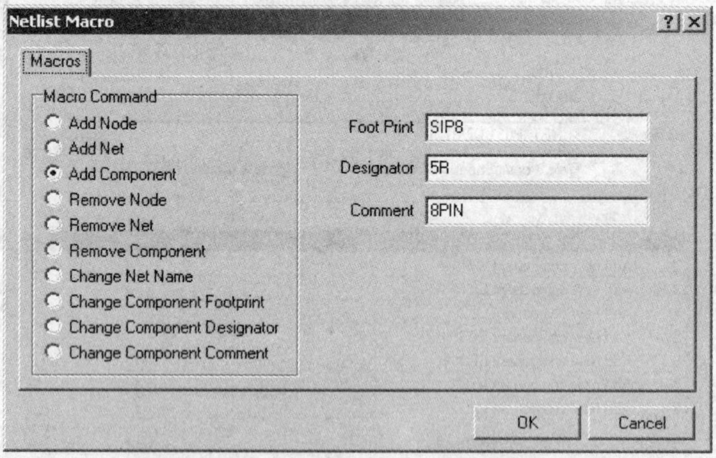

图 9-51　网络表宏属性对话框

注意：每个元件必须具有管脚的封装形式，对于电路原理图中从元件库中装载的元件，一般均具有封装形式，但是如果是用户自己创建的元件库或从 Digital Tools 工具栏上选择装载的元件，则应该设定其封装形式（即属性 Footprint 项），例如电阻管脚封装可设定为 AXIAL0.4。

如果没有设定封装形式，或者封装形式不匹配，则在装入网络表时，会在列表框中显示某些宏是错误的，这将不能正确加载该元件。用户应该返回电路原理图，修改该元件的属性，或电路连接，再重新生成网络表，然后切换到PCB文件中进行操作。

（5）最后单击“Execute”按钮，即可实现装入网络表与元件。结果如图9-52所示。

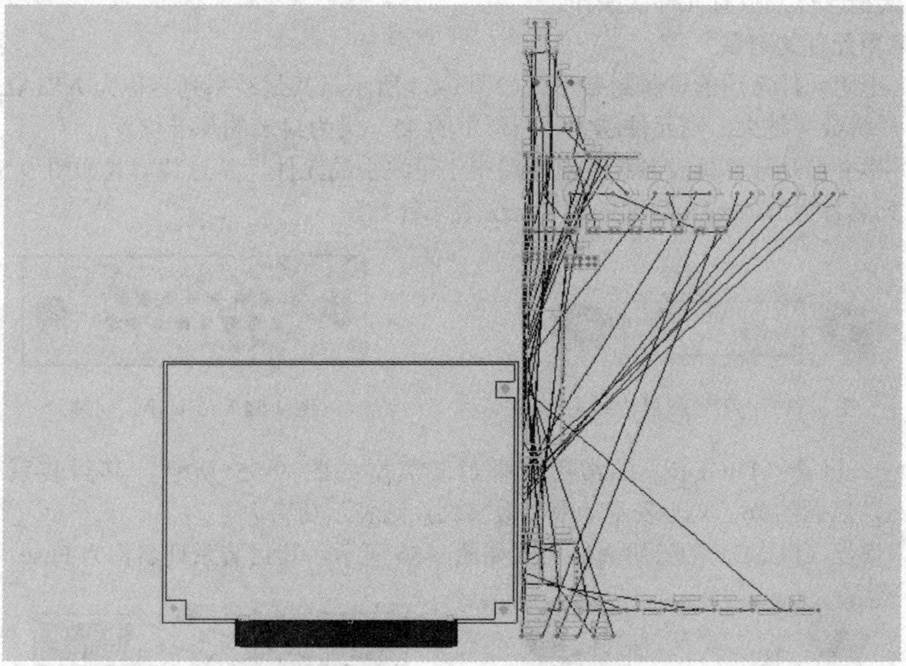

图9-52　装入的网络表与元件

2．装入网络表与元件对话框说明

（1）Netlist File栏下面有两个复选框，即Delete Components not in netlist选项和Update footprints选项。

- 如果选中Delete Components not in netlist选项，则系统将删除没有连线的元件。
- 如果选中Update footprints选项，则允许用户遇到不同的元件封装时，进行元件封装的更新。

（2）引入网络表后，文件名出现在Netlist File栏里，并且引入的网络表以网络宏的形式出现在Netlist Macros栏中。网络宏其实就是将外部网络表转化为PCB内部网络表时需要执行的操作。

Netlist Macros栏包括3列属性，即No.列、Action列和Error列。

- No.列用于显示转换网络表的步骤编号。
- Action列用于显示转换网络表时将要执行的操作内容。
- Error列用于显示网络表中出现的错误。

（3）Netlist Macros栏的下部还有一个网络表状态栏，用于显示网络表是否有错误。如果有错误的话，其中将显示错误的个数；如果没有错误的话，状态栏将显示All macros validated字样，警告信息不会在状态栏显示。

9.6 元件封装

前面已经讲述了 PCB 制作的一些重要知识，在进行具体布局和布线之前，先讲述一下元件的封装概念以及放置元件的操作。

1．常用元件的封装

（1）电阻元件常用的管脚封装形式如图 9-53 所示，其封装系列名称为 AXIALxxx，xxx 为数字，后缀数字越大，则元件越大。图形中的 45°叉为封装的基准位置。

（2）串并口是计算机及各种控制电路中不可缺少的元件，其封装形式如图 9-54 所示，其封装系列名称为 DBxxx，后面的数字 xxx 表示针数。

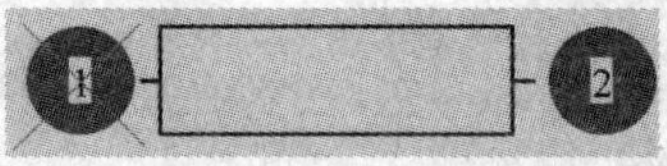

图 9-53 电阻管脚封装形式

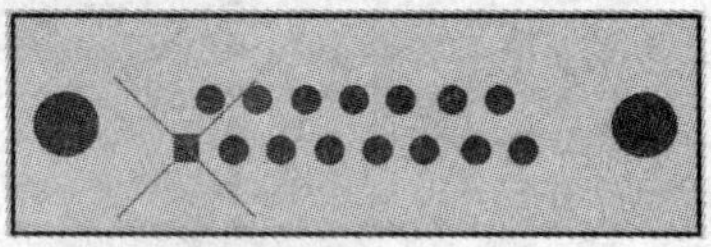

图 9-54 15 针串口封装

（3）二极管（DIODE）的常用管脚封装类型如图 9-55 所示，其封装系列名称为 DIODExxx，后面的数字 xxx 表示功率，数字大，则表示功率大。

（4）熔丝（FUSE）的管脚封装形式如图 9-56 所示，其封装系列名称为 Fuse。

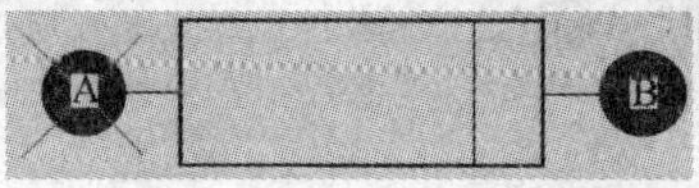

图 9-55 二极管封装形式

图 9-56 熔丝封装形式

（5）双列直插式元件的封装形式如图 9-57 所示，其封装系列名称为 DIPxxx，后缀 xxx 表示管脚数。

（6）电位器元件的封装形式如图 9-58 所示，其封装系列名称为 VRxxx，后缀 xxx 表示管脚形状。

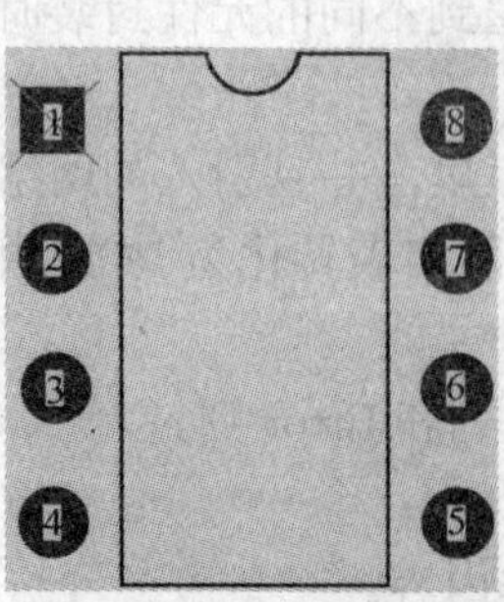

图 9-57 双列直插式元件封装形式

图 9-58 电位器封装形式

（7）电容元件的封装形式如图 9-59 所示，其封装系列名称为 RADxxx 或 RBxxx，后缀 xxx 表示电容量，数值越大，电容量越大。

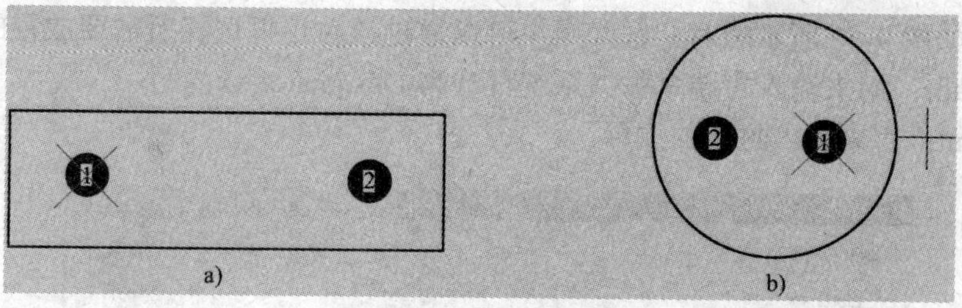

图 9-59 电容封装形式

a) RADxxx 系列电容封装 b）RBxxx 系列电容封装

（8）三极管元件的封装形式如图 9-60 所示，其封装系列名称为 TOxxx，后缀 xxx 表示三极管的类型，包括一般三极管、大功率管等。

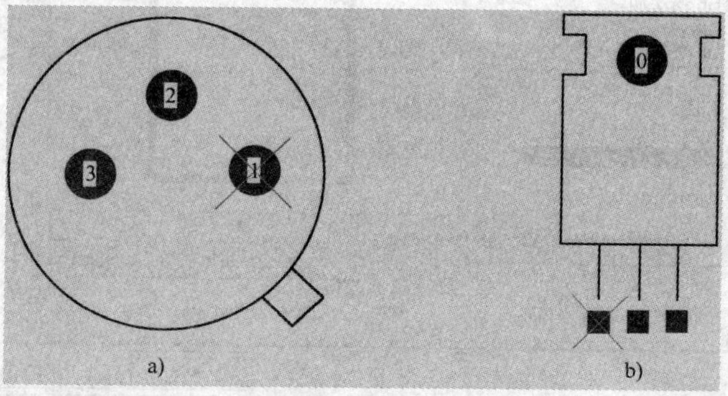

图 9-60 三极管封装形式

a) TO-18 三极管封装 b) TO-220 三极管封装

2．放置元件封装的操作步骤

当进行 PCB 布局时，需要在板上放置相应的元件封装，然后再进行连线，才能生成 PCB，放置元件封装的操作步骤如下：

（1）首先使用鼠标单击绘图工具栏中的按钮，或者执行 Place→Component 命令。

（2）执行此命令后，系统会弹出如图 9-61 所示的对话框。用户可以在该对话框中输入元件的封装、标号、注释等参数。

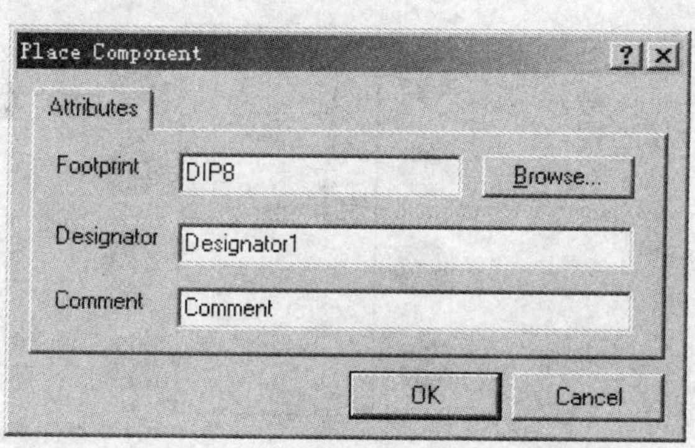

图 9-61 放置元件封装对话框

● Footprint：用来输入封装，即装载哪种封装。用户也可以单击“Browse”按钮，系统将弹出如图 9-62 所示的对话框，用户可以通过该对话框选择所需要放置的封装。

● Designator：用来输入封装名称，系统默认为 Designator xx。

● Comment：用来输入封装的注释。

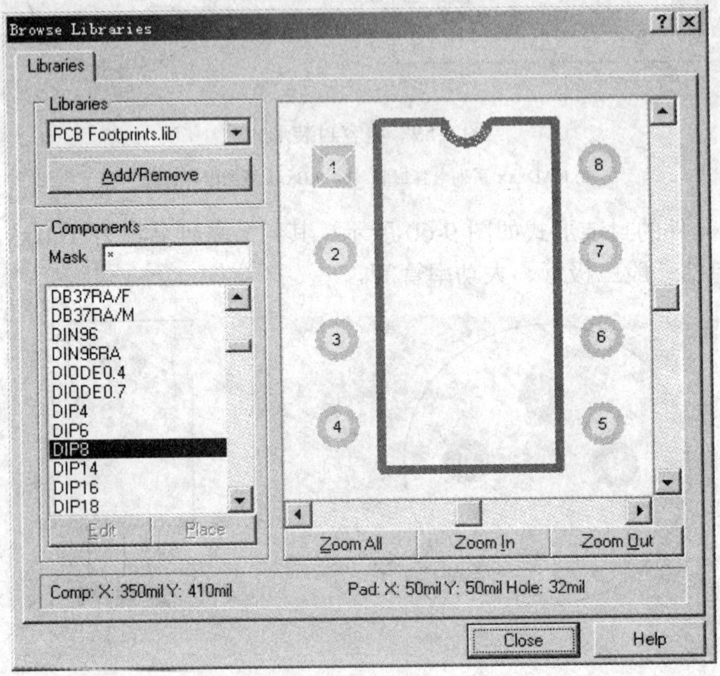

图 9-62　浏览元件库对话框

（3）用户还可以在放置封装前，即在命令状态下，单击“Tab”键，进入元件封装属性对话框，进行封装属性的设置。

（4）用户可以根据实际需要，设置完参数后，即可把元件放置到工作区中，如图 9-63 所示。

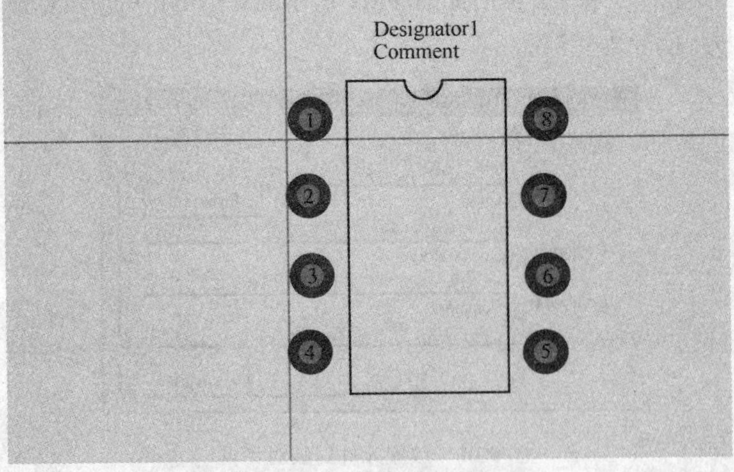

图 9-63　放置的元件封装

3. 设置元件封装属性

设置元件封装属性需要开启元件属性设置对话框。当在放置元件封装时按“Tab”键，或者使用鼠标双击在电路板上已经放置的元件封装，或者选中封装，然后单击鼠标右键，从快捷菜单中选取 Properties 命令，均可以开启如图 9-64 所示的元件封装属性对话框。

图 9-64 所示的元件封装属性对话框中有 3 个选项卡，即 Properties 标签、Designator 标签和 Comment 标签，单击不同的标签即可进入相应的选项卡。

(1)Properties 选项卡　单击 Properties 标签即可进入如图 9-64 所示的 Properties 选项卡。

- Designator：设定元件封装的序号。
- Comment：设定元件包装的名称或标注元件封装。
- Footprint：设定元件封装。
- Layer：设定元件封装所在的层。
- Rotation：设定元件封装旋转角度。
- X－Location：设定元件封装 X 轴坐标。
- Y－Location：设定元件封装 Y 轴坐标。
- Lock Prims：设定是否锁定元件封装结构。
- Locked：设定是否锁定元件封装的位置。
- Selection：设定元件封装是否处于选择状态。

(2) Designator 选项卡　单击 Designator 标签，即可进入如图 9-65 所示的 Designstor 选项卡。

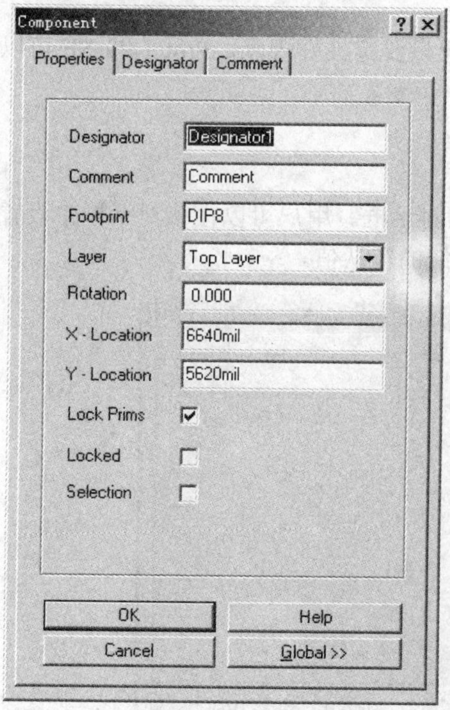

图 9-64　元件封装属性对话框

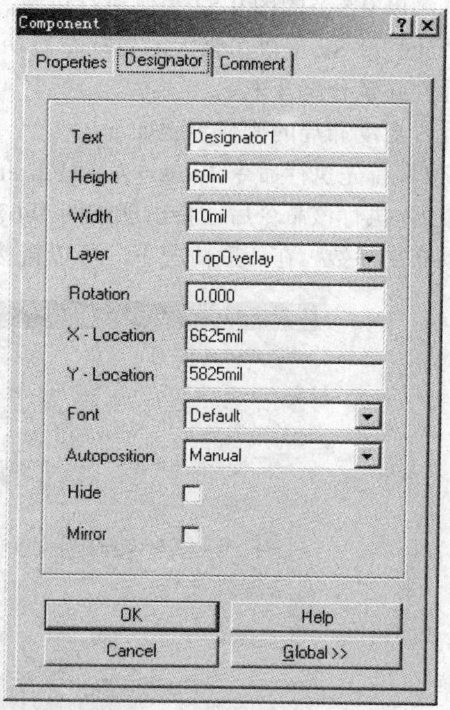

图 9-65　Designator 选项卡

- Text：设定元件封装的序号。
- Height：设定元件封装序号文字的高度。
- Width：设定元件封装序号文字的线宽。
- Font：设定元件封装序号文字的字体。
- Layer：设定元件封装序号文字所在的层。
- Rotation：设定元件封装序号旋转角度。
- Hide：设定元件封装序号是否隐藏。
- Mirror：设定元件封装序号是否翻转。

（3）Comment 选项卡　单击 Comment 标签，即可进入如图 9-66 所示的 Comment 选项卡，各选项的意义与 Designator 选项卡的意义一样。

用户还可以对文本和管脚进行编辑，当单独编辑它们时，只需使用鼠标双击文本或管脚即可进入相应的属性对话框中进行编辑调整，具体方法可以参考 9.2 节的有关讲解。

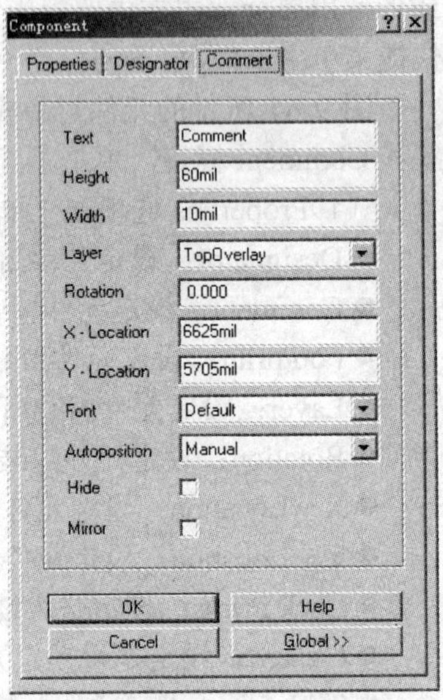

图 9-66　Comment 选项卡

9.7　元件的自动布局

装入网络表和元件封装后，要把元件封装放入工作区，这就需要对元件封装进行布局，下面继续以 9.5 节的图 9-52 为例进行讲解。

Protel 99 SE 提供了强大的自动布局功能，用户只要定义好规则，Protel 99 SE 可以将重叠的元件封装分离开来。

元件自动布局的操作步骤如下：

（1）首先执行命令 Tools→Auto Placement。

（2）执行该命令后，会出现如图 9-67 所示的对话框。用户可以在该对话框中设置有关的自动布局参数。在一般情况下，可以直接利用系统的默认值。

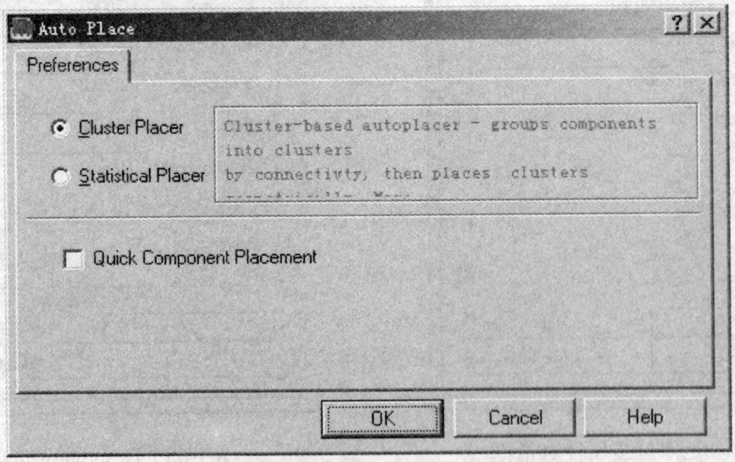

图 9-67　设置元件自动布局的对话框

Protel99 PCB 编辑器提供了两个自动布线方式，它们是 Cluster Placer 和 Statistical Placer，每种方式均使用不同的计算和优化元件位置的方法。

Cluster Placer 是自动布局器。这种部局方式将元件按它们的连通属性分为不同的元件束，并且将这些元件按照一定几何位置布局。这种布局方式适合元件数量（小于 100）较少的 PCB 板制作。Cluster Placer 如图 9-68 所示。

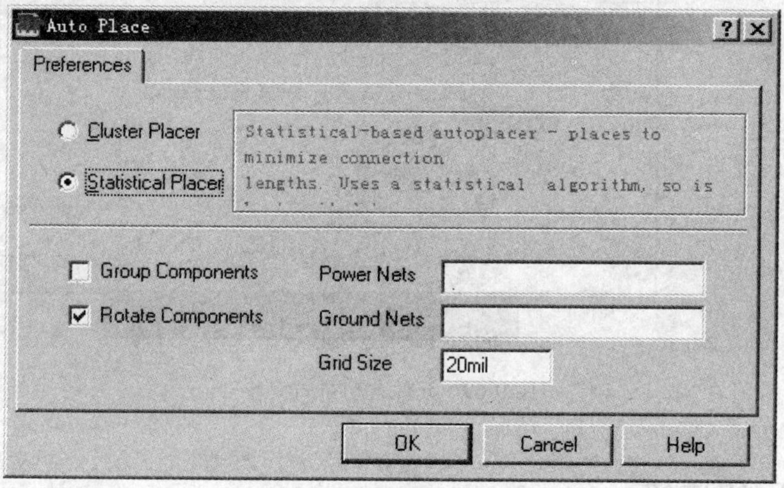

图 9-68 Statistical Placer 布局选项

Statistical Placer 是统计布局器也称为 Global Placer。它使用一种统计算法来放置元件，以便使连接长度最优化。一般如果元件数量超过 100，应该使用 Statistical Placer。

Statistical Placer 选项如图 9-69 所示，下面介绍各项的含义：

- Group Components：该项的功能是将在当前网络中连接密切的元件归为一组。在排列时，将该组的元件作为群体而不是个体来考虑。
- Rotate Components：该项的功能是依据当前网络连接与排列的需要，使元件重组转向。如果不选用该项，则元件将按原始位置布置，不进行元件的转向动作。
- Power Nets：定义电源网络名称。
- Ground Nets：定义接地网络名称。
- Grid Size：设置元件自动布局时的栅格间距的大小。

（3）选择 Statistical Placer 布局方式，然后单击“OK”按钮，系统出现如图 9-69 所示的画面，该图为元件自动布局完成后的状态，系统自动生成另一个 PCB 文件，将当前结果保存在此文件中，本实例保存为 8031.pcb 文件，如图 9-69 所示。

注意：在运行自动布局前，应确保已经定义了一个 PCB 板的电气边界，并确保电气边界的属性选择为 Keep out（参考 9.4 节）。

在执行一个自动布局前，应该将当前原点设置为系统默认的绝对原点位置（可以执行 Edit→Origin→Reset 命令），因为自动布局使用绝对原点为参考点。

设计者执行自动布局前，最好参考 9.4 节的有关电气边界的定义。

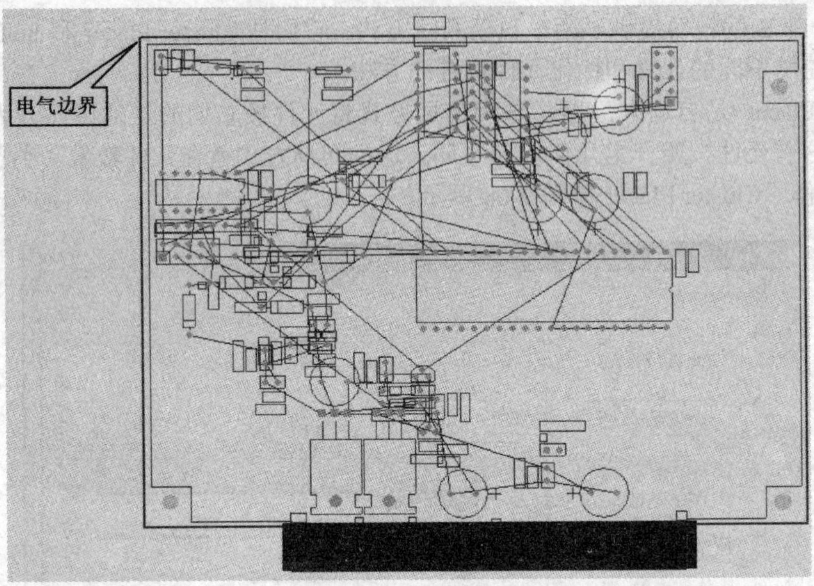

图 9-69　元件自动布局状态

9.8　添加网络连接

当在 PCB 中装载了网络表后，一般还有些网络需要用户自行添加，例如与总线的连接，与电源的连接等。本节将详细讲述如何在 PCB 板中添加网络连接，具体操作步骤如下：

（1）首先在打开的 PCB 文件中（需要装载了网络表文件）执行 Design→Netlist Manager 命令，系统将弹出如图 9-70 所示的网络表管理器对话框。

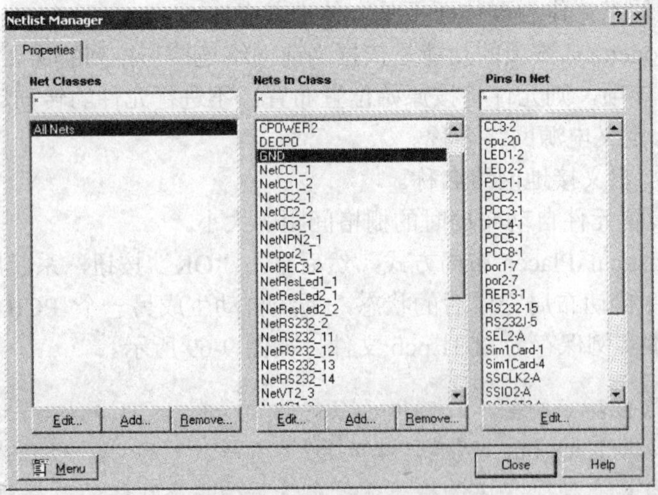

图 9-70　网络表管理器

（2）此时，可以在 Nets in Class 列表中选择需要连接的网络，例如 GND，然后双击该网络名或者单击下面的 Edit 按钮，系统将弹出图 9-71 所示的网络编辑对话框，此时可以选择添加连接该网络的元件引脚，如 PCC1-1。

在 Nets in Class 列表中单击下面的“Add”按钮，可以向 PCB 板添加新的网络，系统弹出的对话框与图 9-71 一样。可以在 Net Name 编辑框中输入新的网络名，并可以分别添加该网络的连接。

在 Nets in Class 列表中单击下面的 Remove 按钮，可以从 PCB 板移去已有的网络。

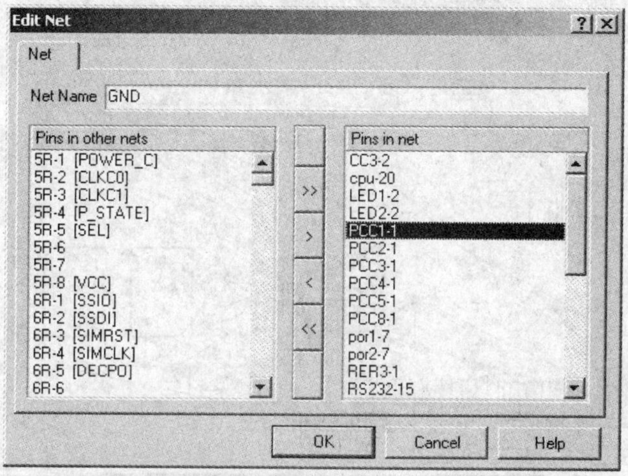

图 9-71　网络编辑对话框

技巧： 网络连接也可以直接在焊盘属性对话框中修改或添加。如果新放置了一个焊盘，那么可以直接打开其属性对话框，如图 9-72 所示，进入 Advanced 选项卡，在 Net 下拉列表中选择该焊盘的网络连接。

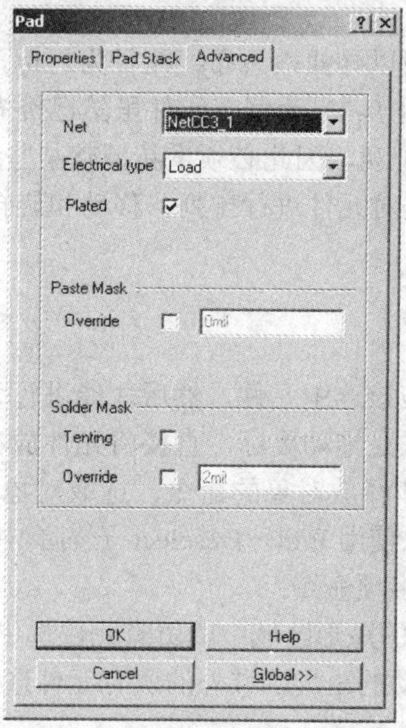

图 9-72　焊盘网络连接设置

（3）添加了网络连接后，重新执行 Tools→Auto Placement→Auto Placer 命令。重新布局的 PCB 板如图 9-73 所示。

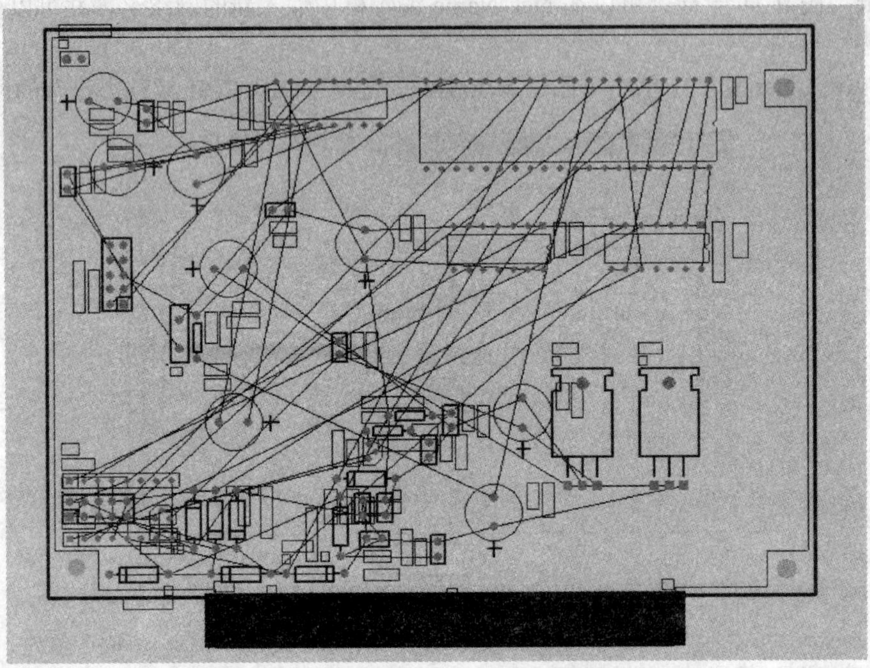

图 9-73　添加了新的网络连接

9.9　手工编辑调整元件的布局

程序对元件的自动布局一般以寻找最短布线路径为目标，因此元件的自动布局往往不太理想，需要用户手工调整。以图 9-73 为例，元件虽然已经布置好了，但元件的位置还不够整齐，这样设计出的 PCB 板不美观，因此必须重新调整某些元件的位置。

进行位置调整，实际上就是对元件进行排列、移动和旋转等操作。下面以图 9-73 为例，讲述如何手工调整元件的布局。

9.9.1　选取元件

手工调整元件的布局前，应该选中元件，然后才能进行元件的移动、旋转、翻转等编辑操作。选中元件的最简单的方法是拖动鼠标，直接将元件放在一个鼠标所包含的矩形框中。系统也提供了专门的选取对象和释放对象的命令，选取对象的菜单命令为 Edit→Select。如果用户想释放元件的选择，可以使用 Edit→Deselect 子菜单中的命令来实现。

Edit→Select 子菜单有如下多项命令：

- Inside Area：将鼠标拖动的矩形区域中的所有元件选中。
- Outside Area：将鼠标拖动的矩形区域外的所有元件选中。
- All：将所有元件选中。

- Net：将组成某网络的元件选中。
- Connected Copper：通过敷铜的对象来选定相应网络中的对象。当执行该命令后，如果选中某条走线或焊盘，则该走线或者焊盘所在的网络对象上的所有元件均被选中。
- Physical Connection：表示通过物理连接来选中对象。
- All on Layer：选定当前工作层上的所有对象。
- Free Objects：选中所有自由对象，即不与电路相连的任何对象。
- All Locked：选中所有锁定的对象。
- Off Grid Pads：选中图中的所有焊盘。
- Hole Size：选中内孔直径满足定制条件的焊盘和过孔。执行该命令后，系统将弹出如图 9-74 所示的对话框，用户可以定义孔直径。

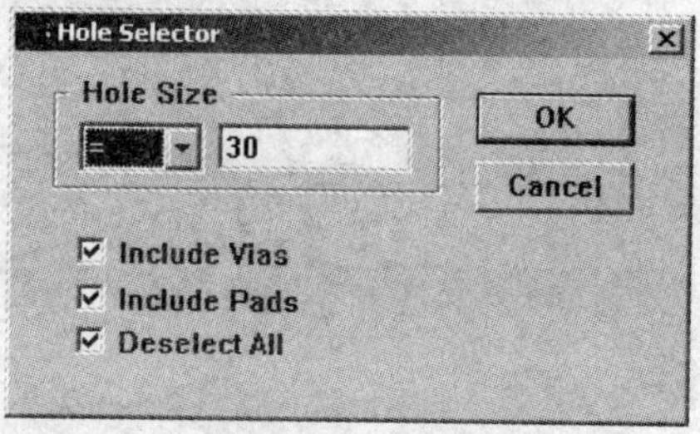

图 9-74　孔直径和选择条件设定对话框

其中有 3 个复选框：Include Vias 表示选中所有满足条件的过孔；Include Pads 表示包括所有焊盘；Deselect All 表示选定对象之前，先释放所有已选定的对象。

- Toggle Selection：逐个选取对象，最后构成一由所选中的元件组成的集合。

释放选取对象的命令的各选项与对应的选择对象命令的功能相反，操作一样，这里就不再重述。

9.9.2　旋转元件

从图 9-75 所示可以看见有些元件的方向排列还不一致，这就需要将各元件的排列方向也调整为一致，这就需要对元件进行旋转操作。系统提供两个旋转操作，即 Edit→Move→Rotate Selection。元件旋转的具体操作过程如下：

（1）首先执行 Edit→Select→Inside all 命令，然后拖动鼠标选中需要旋转的元件。另外也可以直接拖动鼠标选中元件对象。

（2）接着执行 Edit→Move→Rotate Seclection 命令，系统将弹出如图 9-75 所示的旋转角度设置对话框。

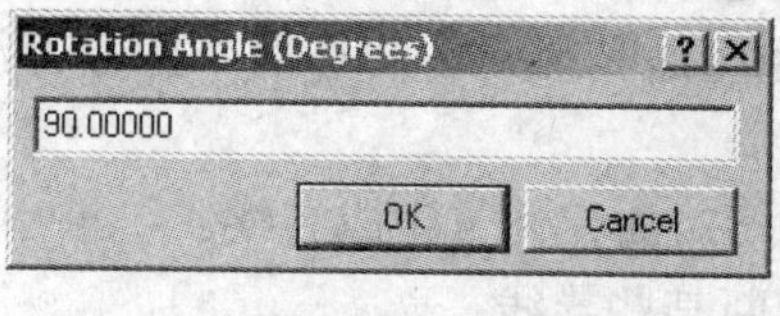

图 9-75　旋转角度设置对话框

（3）设定了角度（例如 90º）后，单击“OK”按钮，系统将提示用户在图纸上选取旋转基准点。当用户用鼠标在图纸上选定了一个旋转基点后，选中的元件就实现了旋转。

（4）将一个集成元件旋转 180º后的 PCB 布局图如图 9-76 所示，旋转的元件为 74LS126。

技巧：用户也可以使用一种简单的操作方法实现对象旋转，直接使用鼠标双击需要旋转的元件，然后在其属性对话框中设定旋转角度。

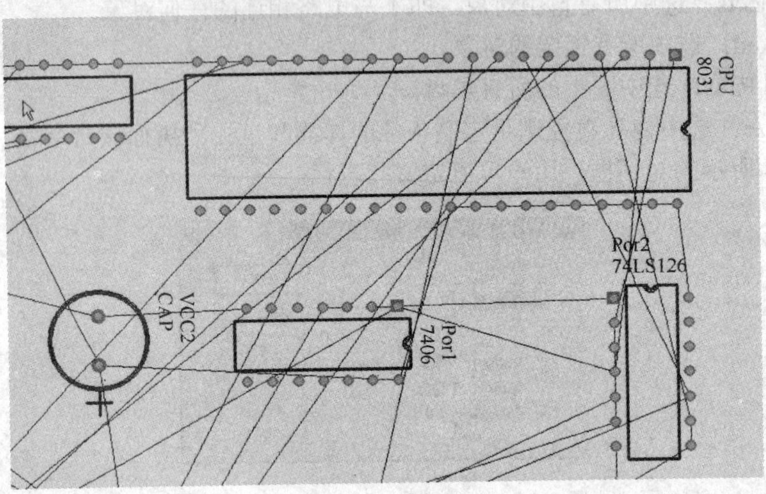

图 9-76　旋转调整所有元件方向的 PCB 布局

9.9.3　移动元件

Protel 99 中，可以使用命令来实现元件的移动，当选择了元件后，执行移动命令就可以实现移动操作。元件移动的命令在菜单 Edit→Move 中，其子菜单如图 9-77 所示。子菜单 Edit→Move 中各个移动命令的功能如下所述。

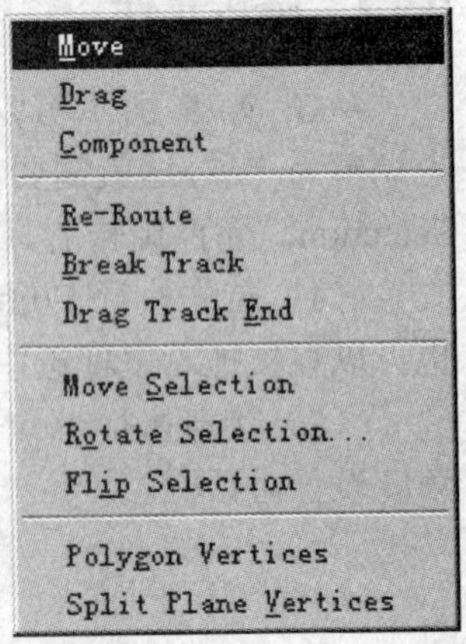

图 9-77　Edit/Move 子菜单

- Move 命令用于移动元件。当选中元件后，选择该命令，用户就可以拖动鼠标，将元件移动到合适的位置，这种移动方法不够精确，但很方便。当然在使用该命令时，也可以不先选中元件，可以在执行命令后选择元件。
- Drag 也是一个很有用的命令，启动该命令前，可以先选中元件，也可以不选中元件。启动该命令后，光标变成十字状。在需要拖动的元件上单击一下鼠标，元件就会跟着光标一起移动，将元件移到合适的位置。再单击一下鼠标即可完成此元件的重新定位。
- Component 命令的功能也是实现元件的移动，操作方法与上述两个命令类似。
- Re-Route 命令用来对移动后的元件重生成布线。
- Break Track 命令用来打断某些导线。
- Drag Track End 用来选取导线的端点为基准移动元件对象。
- Move Selection 命令用来将选中的多个元件移动到目标位置，该命令只有在选中了元件（可以选中多个）后，才生效。

- Rotate Selection 命令用来旋转选中的对象，执行该命令前必须先选中元件。
- Flip Selection 命令用来将所选的对象翻转 180º，与旋转不同。

下面以图 9-73 为例来讲述移动元件的操作步骤。

（1）首先执行 Edit→Select→Inside all 命令，然后拖动鼠标选中需要移动的元件，图 9-78 为选中的将要移动的元件对象。另外，用户也可以直接拖动鼠标选中元件对象。

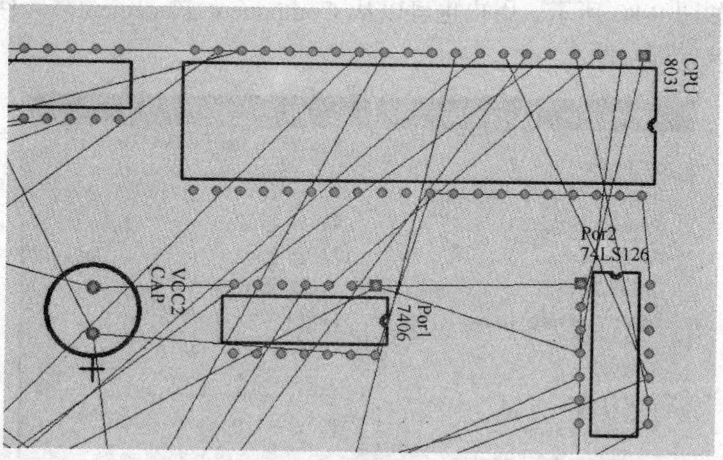

图 9-78 par2 即为选中的元件

（2）接着执行 Edit→Move 或其他相关的移动对象命令，对选定的对象实现移动操作。用户也可以在选中元件后直接拖动鼠标移动对象。经过移动调整后 PCB 布局图如图 9-79 所示。

在进行手动移动器件期间，单击“N”键可以使网络飞线暂时消失，当移动到指定位置后，网络飞线自动恢复。

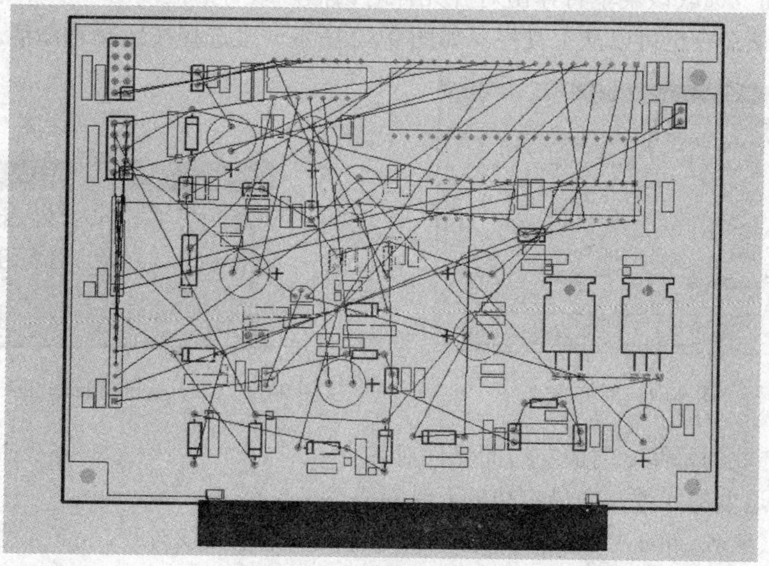

图 9-79 元件移动后的布局

用户也可以使用一种简单的操作方法：首先用鼠标左键单击需要移动的元件，并按住左键不放，此时光标变为十字，表明已选中要移动的元件了。按住左键不放，然后拖动鼠标，则十字光标会带动被选中的元件进行移动，将元件移动到适当的位置后，松开鼠标左键即可。

9.9.4 排列元件

排列元件可以用 Tools→Interactive Placement 子菜单的相关命令来实现，该子菜单提供多种排列方式，如图 9-80 所示。用户也可以从 Component Placement（元件位置调整）工具栏选取相应命令来排列元件。

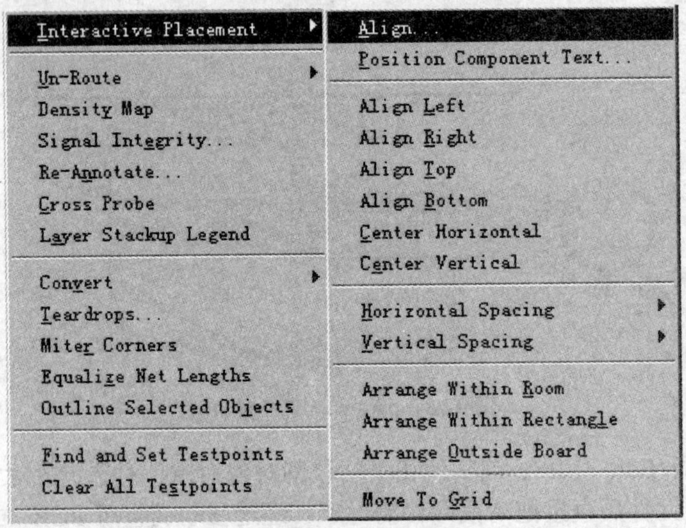

图 9-80 排列方式菜单

1. 子菜单中的主要命令和功能

（1）Align 选取该菜单将弹出对齐元件对话框，该对话框列出了多种对齐的方式，如图 9-81 所示，该命令也可以从工具栏（如图 9-82 所示）上选择按钮来激活。

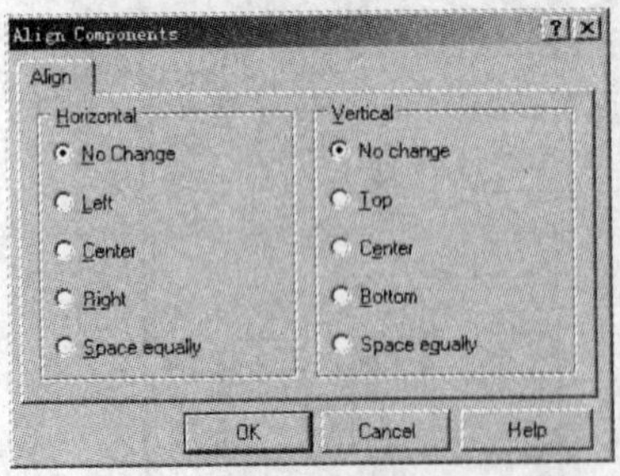

图 9-81 对齐方式

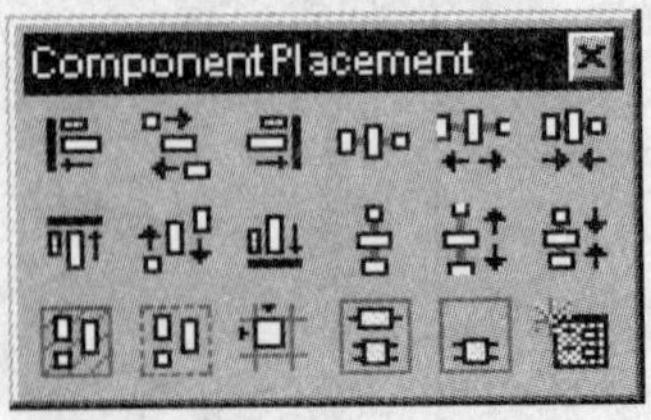

图 9-82 Component Placement 工具栏

- Left：选取的元件，向最左边的元件对齐。
- Right：选取的元件，向最右边的元件对齐。
- Center（Horizontal）：选取的元件，按元件的水平中心线对齐。
- Space equally（Horizontal）：选取的元件，水平平铺，相应的工具栏按钮为。

● Top：选取的元件，向最上面的元件对齐。

● Bottom：选取的元件，向最下面的元件对齐。

● Center（Vertical）：选取的元件，按元件的垂直中心线对齐。

● Space equally（Vertical）：选取的元件，垂直平铺，相应的工具栏按钮为。

（2）Component Text Position　执行该命令后，系统弹出如图9-83所示的元件文本位置设置对话框，可以在该对话框中设置元件文本的位置，也可以直接手动调整文本位置。

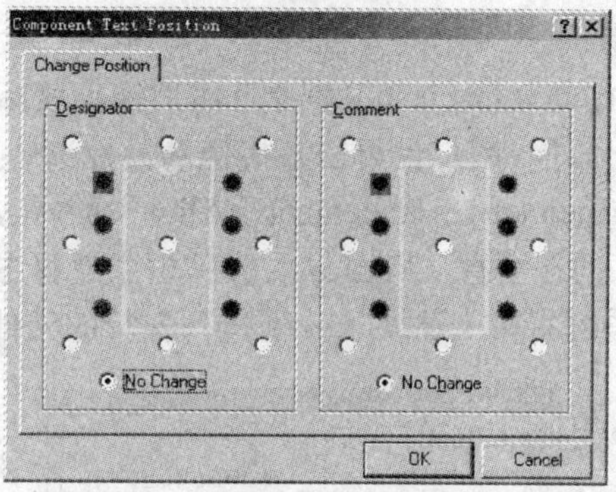

图9-83　元件文本位置设置对话框

（3）Align Left　将选取的元件，向最左边的元件对齐，相应的工具栏按钮为。

（4）Align Right　将选取的元件，向最右边的元件对齐，相应的工具栏按钮为。

（5）Align Top　将选取的元件，向最顶部的元件对齐，相应的工具栏按钮为。

（6）Align Bottom　将选取的元件，向最底部的元件对齐，相应的工具栏按钮为。

（7）Center Horizontal　将选取的元件，按元件的水平中心线对齐。，相应的工具栏按钮为。

（8）Center Vertical　将选取的元件，按元件的垂直中心线对齐。，相应的工具栏按钮为。

（9）Horizontal Spacing 子菜单中有如下三个命令选项。

● Make Equal：将选取的元件，水平平铺，相应的工具栏按钮为。

● Increase：将选取的元件的水平间距增大，相应的工具栏按钮为。

● Decrease：将选取的元件的水平间距减小，相应的工具栏按钮为

（10）Vertical Spacing 子菜单中有如下三个命令选项。

● Make Equal：将选取的元件，垂直平铺，相应的工具栏按钮为。

● Increase：将选取的元件的垂直间距增大，相应的工具栏按钮为。

● Decrease：将选取的元件的垂直间距减小，相应的工具栏按钮为。

（11）Arrange within Room 命令为将选取的元件的在空间定义内部排列，相应的工具栏按钮为。

（12）Arrange within Rectangle 命令为将选取的元件的在一个矩形内部排列，相应的工具栏按钮为。

（13）Arrange Outside Board 命令为将选取的元件的在一个 PCB 板的外部进行排列

（14）Move To Grid　将被选取的元件移动到栅格上，执行该命令选项后，会出现如图

9-84 所示的对话框。用户可根据实际需要输入栅格值。

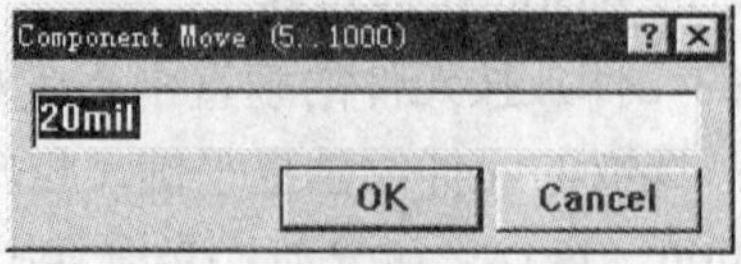

图 9-84　设置栅格值对话框

2．排列元件的操作步骤

（1）首先执行 Edit→Select→Inside all 命令，然后拖动鼠标选中需要移动的元件，这里先对每一行元件进行排列。另外，用户也可以直接拖动鼠标选中元件对象。

（2）接着执行 Tools→Interactive Placement→Align 命令，在水平（Horizontal）操作框中选择 No Change 单选框，而在垂直（Vertical）操作框中选择 Bottom 单选框，如图 9-85 所示。单击“OK”按钮后，系统将按上述要求分别排列各行的元件。

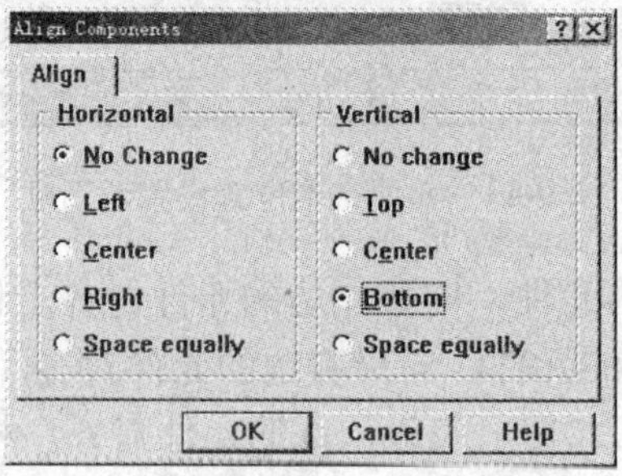

图 9-85　排列设置话框

（3）接着选中各列的元件，对其进行左右对准排列，操作过程可以参考前面的讲解。

（4）用户可以根据需要，选择不同的方式对被选择的元件进行排列，排列各元件后的布局如图 9-86 所示。

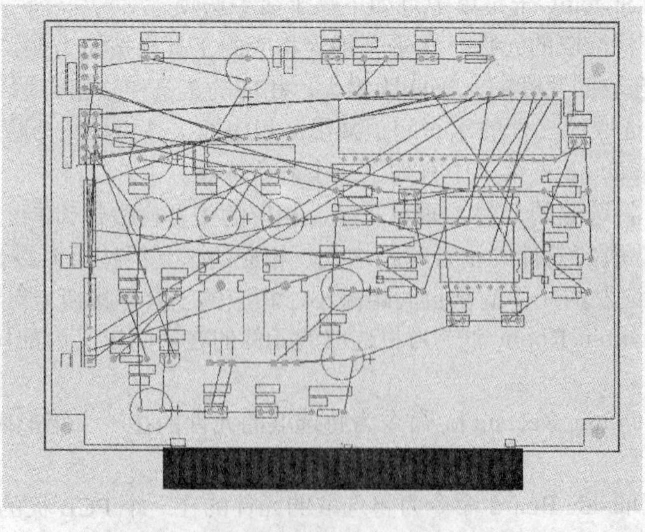

图 9-86　排列元件后的 PCB 布局

9.9.5 调整元件标注

元件的标注虽然不会影响电路的正确性，但是对于一个有经验的电路设计人员来说，电路板的版面的美观也是很重要的。因此，用户可按如下步骤对不合适的元件标注加以调整：

选中字符串，单击鼠标右键，从快捷菜单中选取 Properties 命令项，或者使用鼠标双击字符串，系统均会弹出如图 9-87 所示的字符串属性对话框，此时可以设置文字标注属性。

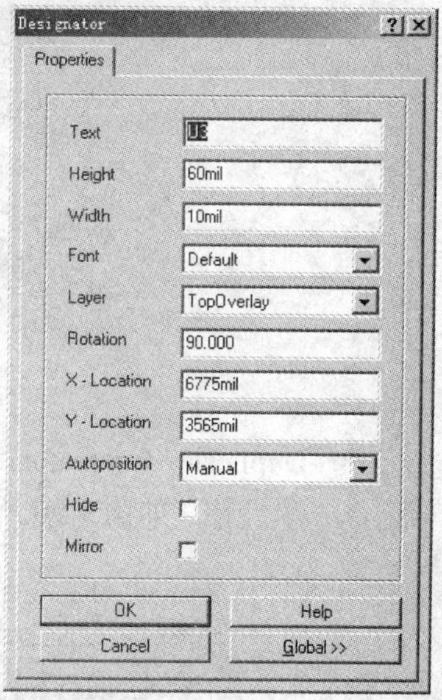

图 9-87 字符串属性对话框

9.9.6 剪贴复制元件

1. 一般性粘贴

当需要复制元件时，可以使用 Protel 99 SE 提供的复制、剪切和粘贴元件的命令。

（1）复制，执行 Edit→Copy 命令，将选取的元件作为副本，放入剪贴板中。

（2）剪切，执行 Edit→Cut 命令，将选取的元件直接移入剪贴板中，同时电路图上的被选元件被删除。

（3）粘贴，执行 Edit→Paste 命令，将剪贴板里的内容作为副本，复制到电路图中。

这些命令也可以在主工具栏中选择执行。另外，系统还提供了功能热键来实现剪贴复制操作。

- Copy 命令"Ctrl"+"Insert"键。
- Cut 命令"Shift"+"Delete"键。
- Paste 命令"Shift"+"Insert"键。

> 注意：复制一个或一组元件时，当用户选择了需要复制的元件后，系统还要求用户选择一个复制基点，该基点很重要，用户应该选择合适基点，这样可以方便后面的粘贴操作。

2. 选择性粘贴

选择性粘贴是一种特别的粘贴方式，选择性粘贴可以按设定的粘贴方式复制元件，也可以采用阵列方式粘贴元件，选择性粘贴操作步骤如下：

（1）执行命令 Edit→Paste Special，启动阵列式粘贴，系统将弹出图 9-88 所示的对话框。

（2）设置选择性粘贴方式。在图 9-88 所示的对话框中，可以设置粘贴方式。各选项的意义如下。

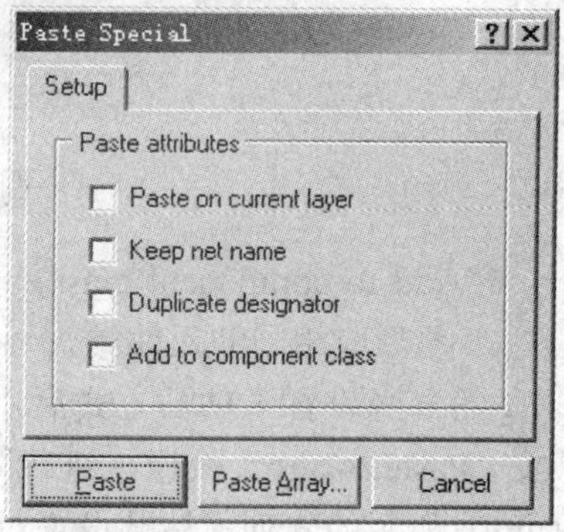

图 9-88 选择性粘贴对话框

- Paste on current：表示将对象粘贴在当前的工作层上，但是对象的焊盘、过孔、位于丝印层上的元件标号、形状和注释保留在原来工作层上。
- Keep net name：表示如果元件粘贴在同一个文档

中，则相同复制对象会保持电气网络连接，如图 9-89 所示。

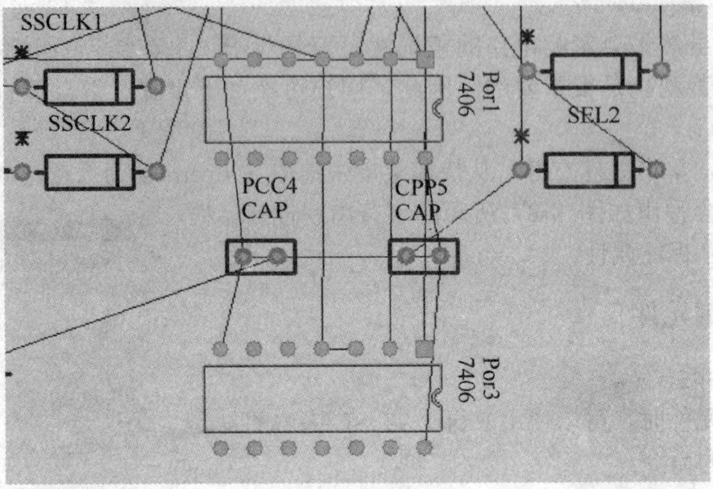

图 9-89　粘贴后两元件间生成的网络连接

● Duplicate designator：表示对象如果粘贴在同一文档中时，被粘贴的对象名称与源对象一样。如图 9-90 所示为选择 Duplicate designator 后粘贴的对象。

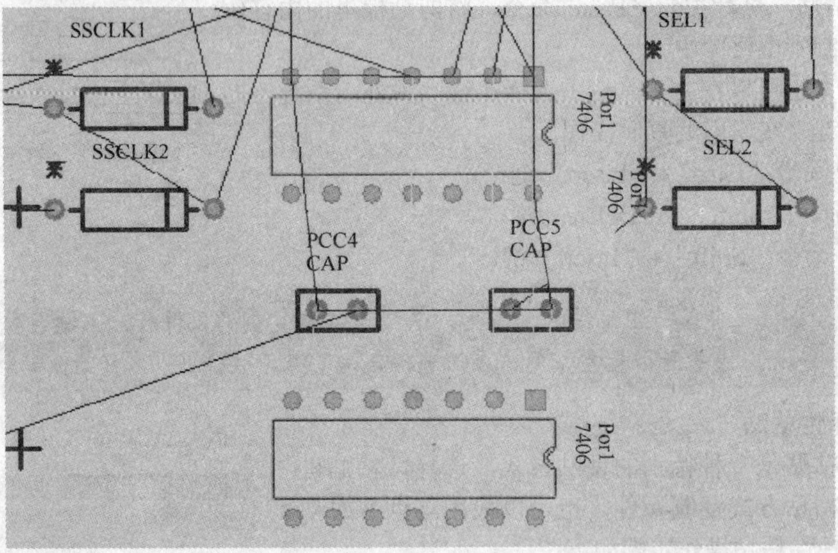

图 9-90　粘贴的对象与原对象同名

● Add to component class：表示如果将对象粘贴在同一文档中，被粘贴的对象将与源对象形成相同的元件类。

（3）当设置了粘贴方式后，就可以按“Paste”按钮直接将对象粘贴到目标位置，也可以按“Paste Array”按钮，进行阵列粘贴对象。如果采用阵列粘贴对象，则系统将会弹出如图 9-91 所示的阵列式粘贴设置对话框，该按钮功能也可以从 Placement Tools 工具栏选择按钮▦来执行。

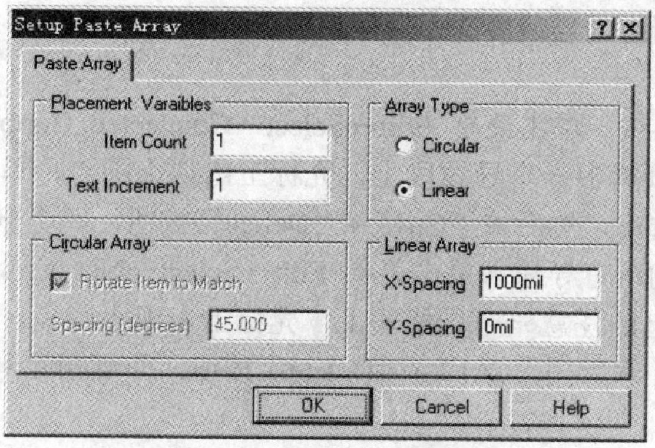

图 9-91　阵列式粘贴对话框

该对话框中的各选项功能如下：

● Placement Varaibles：其中有两个编辑框，Item Count 编辑框用于设置所要粘贴的元件个数；Text Increment 编辑框用于设置所要粘贴元件序号的增量值。如果将该值设定为 1，且元件序号为 R1，则重复放置的元件中，序号分别为 R2、R3、R4。

● Array Type：用来设置阵列复制类型，Circular 选项为周向阵列复制；Linear 选项为沿直线阵列复制。

● Circular Array：在选择了 Circular 阵列类型时有效，其中 Rotate Item to Match 复选框选中，表示适当旋转对象以匹配放置的位置；Spacing（degrees）编辑框用来设置周向阵列的间距（角度）。

● Linear Array：在选择了 Linear 阵列类型时有效，其中 X-Spacing 编辑框用来设置 X 向的间距；Y-Spacing 编辑框用来设置 Y 向的间距。

9.9.7　元件的删除

1．一般元件的删除

当图形中的某个元件不需要时，可以删除它。删除元件可以使用 Eidt 菜单中的两个删除命令，即 Clear 和 Delete 命令。

Clear 命令的功能是删除已选取的元件。启动 Clear 命令之前需要选取元件，启动 Clear 命令之后，已选取的元件立刻被删除。

Delete 命令的功能也是删除元件，只是启动 Delete 命令之前不需要选取元件，启动 Delete 命令后，光标变成十字状，将光标移到所要删除的元件上单击鼠标，即可删除元件。

2．导线的删除

选中导线后，按“Delete”键即可将选中的对象删除。下面为各种导线段的删除方法。

● 导线段的删除　删除导线段时，可以选中所要删除的导线段（在要删除的导线段上单击鼠标），然后按“Delete”按钮，即可实现导线段的删除。

另外，还有一个很好用的命令。单击菜单 Edit→Delete 命令，光标变成十字状，将光标移到任意一个导线段上，光标上出现小圆点，单击鼠标，即可删除该导线段。

● 两焊盘间导线的删除　单击菜单 Edit→Select→Physical Connection 命令，光标变成十字状。将光标移到连接两焊盘的任意一个导线段上，光标上出现小圆点，单击鼠标，可将两焊盘间所有的导线段选中，然后按“Ctrl”+“Delete”按钮，即可将两焊盘间的导线删除。

- 删除相连接的导线　单击菜单 Edit→Select→Connected Copper 命令，光标变成十字状。将光标移到其中一个导线段上，光标上出现小圆点，单击鼠标，可将所有有连接关系的导线选中，然后按“Ctrl”+“Delete”按钮，即可删除连接的导线。
- 删除同一网络的所有导线　单击菜单 Edit→Select→Net 命令，光标变成十字状。将光标移到网络上的任意一个导线段上，光标上出现小圆点，单击鼠标，可将网络上所有导线选中，然后按“Ctrl”+“Delete”按钮，即可删除网络的所有导线。

9.10　自动布线

在印制电路板布局结束后，便进入电路板的布线过程。一般说来，用户先是对电路板布线提出某些要求，然后按照这些要求来预置布线设计规则。预置布线设计规则设定得是否合理将直接影响布线的质量和成功率。设置完布线规则后，程序将依据这些规则进行自动布线。因此。自动布线之前，首先要进行参数设置。

9.10.1　自动布线设计规则的设定

1. 布线基本知识

下面讲述一下布线的基本知识。

（1）工作层

- 信号层（Signal Layer）　对于双面板而言，信号层必须有两个，即顶层（Top Layer）和底层（Bottom Layer），这两个工作层必须设置为打开状态，而信号层的其他层面均可以处于关闭状态。
- 丝印层（Silkscreen Layer）　对于双面板而言，只需打开顶层丝印层。
- 其他层面（Others）　根据实际需要，还需要打开禁止布线层（Keep Out Layer）和多层（Multi-Layer）。它们主要用于放置电路板板边和文字标注等。

（2）布线规则

- 安全间距允许值（Clearance Constrant）　在布线之前，需要定义同一个层面上两个图元之间所允许的最小间距，即安全间距。根据经验结合本例的具体情况，可以设置为 10mil。
- 布线拐角模式　根据电路板的需要，将电路板上的布线拐角模式设置为 45° 角模式。
- 布线层的确定　对于双面板而言，一般将顶层布线设置为沿垂直方向，将底层布线设置为沿水平方向。
- 布线优先级（Routing Priority）　在这里布线优先级设置为 2。
- 布线原则（Routing Topology）　一般说来，确定一条网络的走线方式是以布线的总线长为最短作为设计原则。
- 过孔的类型（Routing Via Style）　对于过孔类型，应该与电源/接地线以及信号线区别对待。在这里设置为通孔（Through Hole）。对电源/接地线的过孔要求的孔径参数为：孔径（Hole Size）为 20mil，宽度（Width）为 50mil。一般信号类型的过孔则为孔径 20mil，宽度 40mil。

- 对走线宽度的要求　根据电路的抗干扰性和实际的电流的大小，将电源和接地的线宽确定为 20mil，其他的走线宽度为 10mil。

2. 工作层的设置

进行布线前，还应该设置工作层，以便在布线时可以合理安排线路的布局。工作层的设置步骤如下。

（1）执行命令 Design→Options，系统将会弹出设置工作层的对话框，如图 9-93 所示。

（2）在对话框中进行工作层的设置，双面板需要选定信号层的 Top 和 Bottom 复选框，其他选取系统默认值即可。

该对话框各选项的意义和设置可以参考 8.5 节的讲解，这里不再赘述。

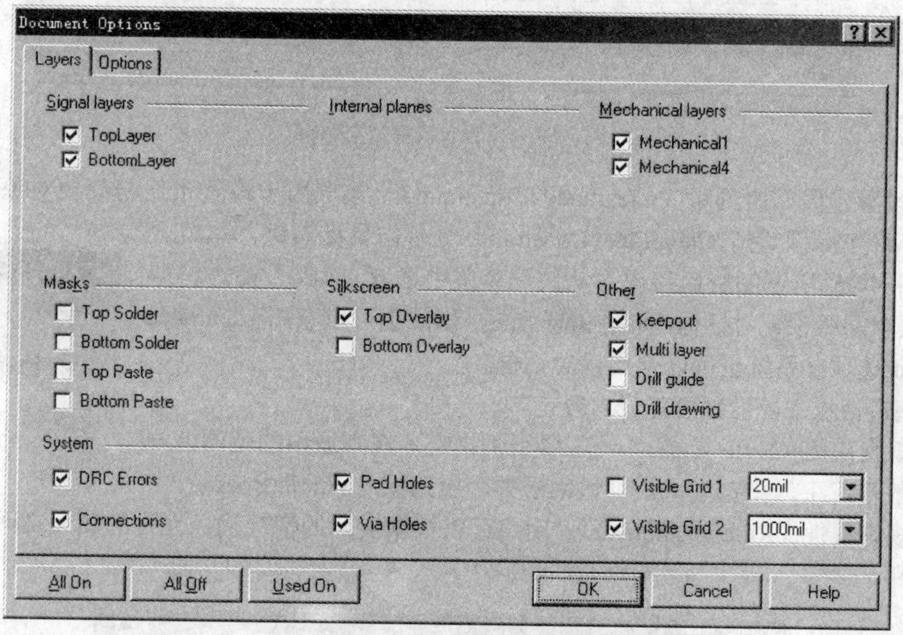

图 9-93　设置工作层对话框

3. 自动布线参数的设置

Protel 99 SE 为用户提供了自动布线的功能。在自动布线之前，必须先进行参数的设置，下面讲述自动布线参数的设置过程。

（1）首先执行命令 Design→Rules，系统会弹出如图 9-94 所示的对话框，在此对话框中可以设置布线参数。

（2）使用鼠标左键单击图 9-94 中的 Routing 选项卡，即可进入布线参数的设定。布线规则一般都集中在规则类（Rule Classes）中。在该选项卡中可以设置：走线间距约束（Clearance Constrant）；布线拐角模式（Routing Corners）；布线工作层（Routing Layers）；布线优先级（Routing Priority）；布线的拓扑结构（Routing Topology）；过孔的类型（Routing Via Style）；走线拐弯处与磁敏二极管的距离（SMD To Corner Constraint）；走线宽度（Width Constraint）。下面分别讲述这些选项的设置。

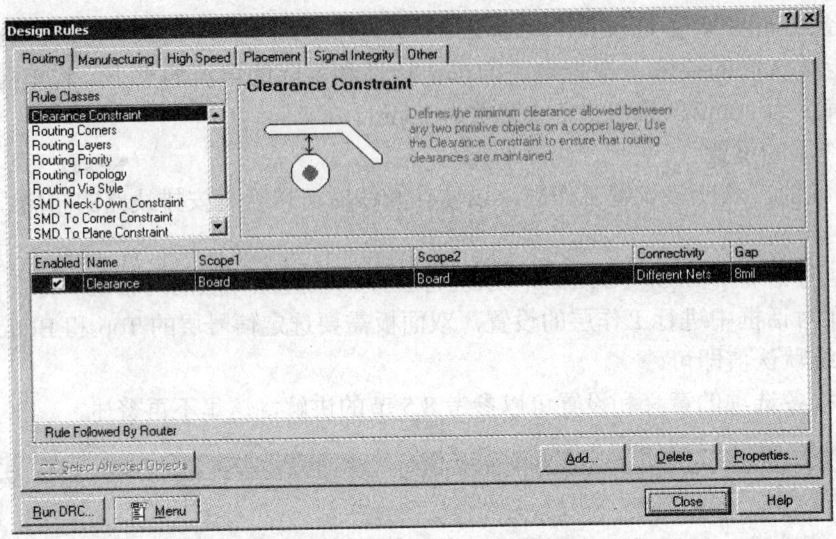

图 9-94　设置布线参数对话框

1）设置走线间距约束（Clearance Constraint）。该项用于设置走线与其他对象之间的最小距离。将光标移动到 Clearance Constraint 处单击鼠标右键，系统会弹出如图 9-95 所示的快捷菜单。从快捷菜单中选取“Add”命令，即可进入安全间距设置对话框，如图 9-96 所示。用户也可以双击 Clearance Constraint 选项，系统也可以弹出该对话框。

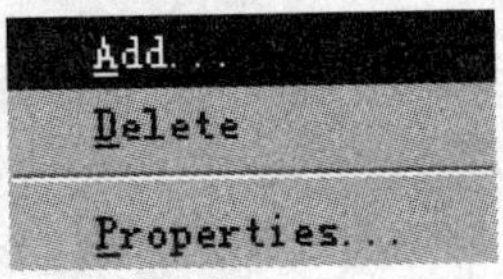

图 9-95　快捷菜单

在该对话框主要设置两部分内容：

- 规则范围（Rule scope）　主要用于指定本规则适用的范围，一般情况下，指定为该规则适用于整个电路板（Whole Board）。
- 规则属性（Rule attributes）　用户可以根据实际的情况输入允许的图元之间的最小间距。

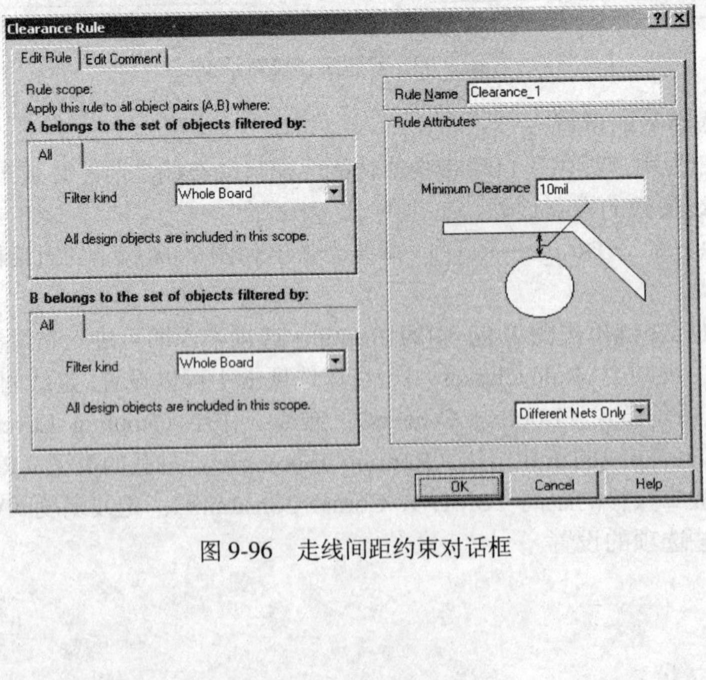

图 9-96　走线间距约束对话框

2）设置布线拐角模式（Routing Corners）。该选项用来设置走线拐弯的样式。双击 Routing Corners 选项，系统将弹出如图 9-97 所示的对话框。在该对话框中的规则属性（Rule attributes）用于设定拐角模式。拐角模式有 45°、90°和圆弧等，这里均取系统的默认值。

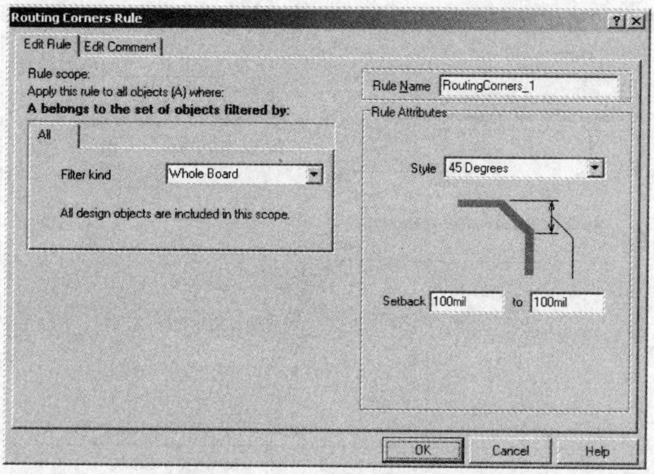

图 9-97　布线拐角模式对话框

3）设置布线工作层（Routing Layers）。该选项用来设置在自动布线过程中哪些信号层可以使用。使用鼠标双击 Routing Layers 选项，系统将会弹出如图 9-98 所示的布线工作层对话框。

该对话框中用大写字母“T”代表顶层（Top Layer），数字 1～14 代表中间层，字母“B”代表底层（Bottom Layer），各项一般可以设置为 Horizontal（水平）或 Vertical（垂直），Horizontal（水平）表示该工作层布线以水平为主，Vertical（垂直）表示该工作层布线以垂直为主。

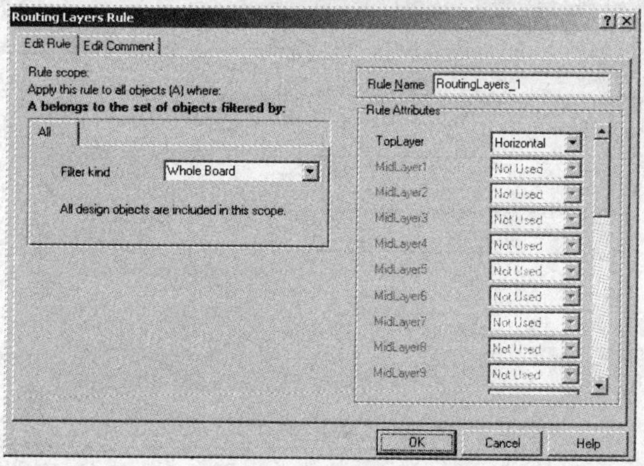

图 9-98　布线工作层对话框

4）布线优先级（Routing Priority）。该选项可以设置布线的优先级，即布线的先后顺序。先布线的网络的优先权比后布线的网络的优先权要高。Protel 提供了 0～100 共 101 个优先权，数字 0 代表的优先权最低，数字 100 代表该网络的布线优先权最高。双击 Routing Priority 选项，系统将会弹出如图 9-99 所示的布线优先级对话框。用户也可以将光标移动到 Routing Priority 处单击鼠标右键，然后选择快捷菜单中的 Properties 选项，进入布线优先级设置对话框。

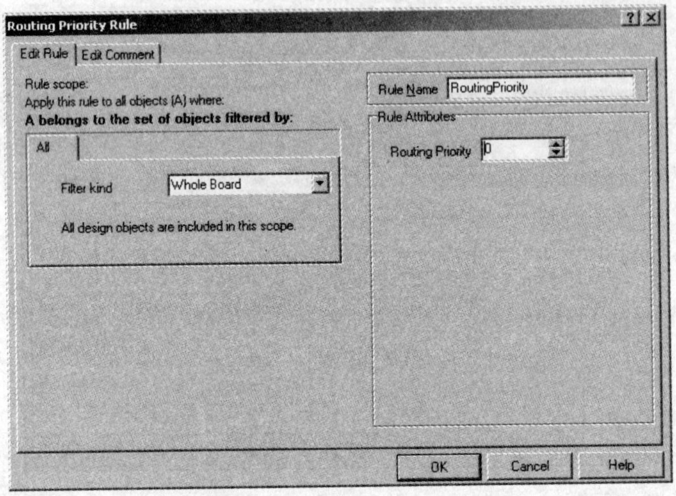

图 9-99 布线优先级对话框

5）布线拓扑结构（Routing Topology）。该选项用来设置布线的拓扑结构。双击该选项后，系统会弹出如图 9-100 所示的布线拓扑结构对话框。通常系统在自动布线时，以整个布线的线长最短为目标。用户也可以选择 Horizontal、Vertical、Daisy-Simple、Diasy-MidDriven、Diasy-Balanced 和 Starburst 等拓扑选项，选中各选项时，相应的拓扑结构会显示在对话框中。在本实例使用默认值 Shortest。

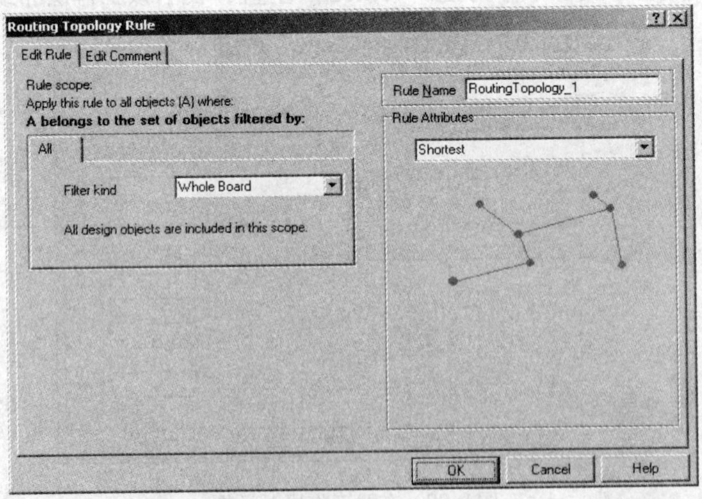

图 9-100 布线拓扑结构对话框

6）设置过孔的类型（Routing Via Style）。该选项用来设置自动布线过程中使用的过孔的样式。使用鼠标双击 Routing Via Style 选项，系统会弹出如图 9-101 所示的过孔的类型对话框。用户也可以将光标移动到 Routing Via Style 处单击鼠标右键，然后选择快捷菜单的

Properties 选项，也可进入过孔的类型对话框。

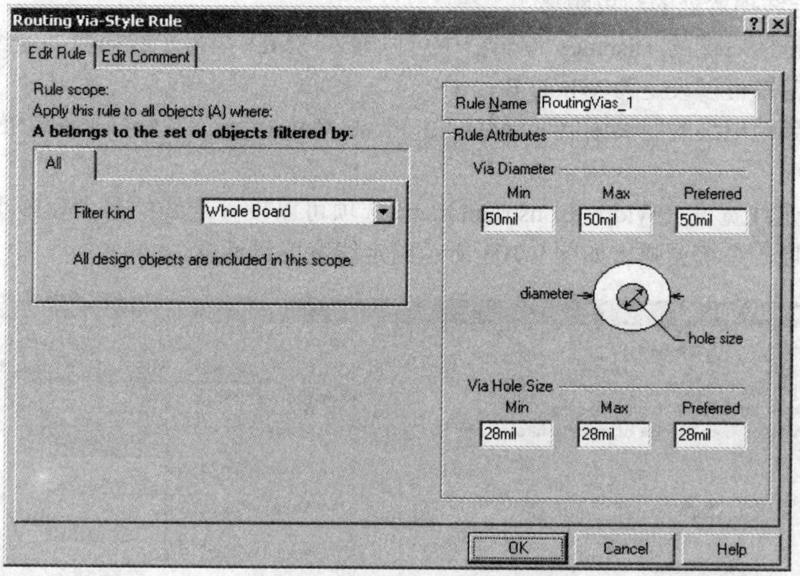

图 9-101　过孔的类型对话框

通常过孔类型包括通孔（Through Hole）、层附近隐藏式盲孔（Blind Buried [Adjacent Layer]）和任何层对的隐藏式盲孔（Blind Buried [Any Layer Pair]）。层附近隐藏式盲孔只穿透相邻的两个工作层；任何层对的隐藏式盲孔可以穿透定工作层对之间的任何工作层。本实例中选择通孔（Through Hole）。

7）SMD 的瓶颈限制（SMD Neck-Down Constraint）。该选项定义 SMD 的瓶颈限制。即 SMD 的焊盘宽度与引出导线宽度的百分比。使用鼠标双击该选项后，系统会弹出如图 9-102 所示的 SMD 的瓶颈限制对话框。

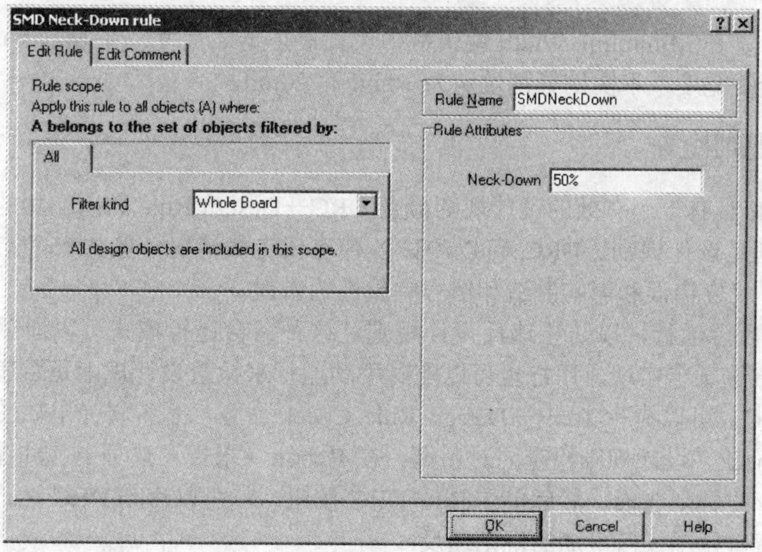

图 9-102　SMD 的瓶颈限制对话框

8）设置 SMD 焊盘走线拐弯处的约束距离（SMD To Corner Constraint）。该选项用来设置 SMD 焊盘走线拐弯处的约束距离。

在该对话框的右侧的 Distance 编辑框中可以输入 SMD 焊盘走线拐弯处的约束距离，另外规则的适用范围可以设定为 Whole Board。

9）SMD 到地电层的距离限制（SMD To Plane Constraint）。该选项定义 SMD 到地电层的距离限制。

10）设置走线宽度（Width Constraint）。该选项可以设置走线的最大和最小宽度。使用鼠标双击该选项，系统会弹出如图 9-103 所示的走线宽度对话框。

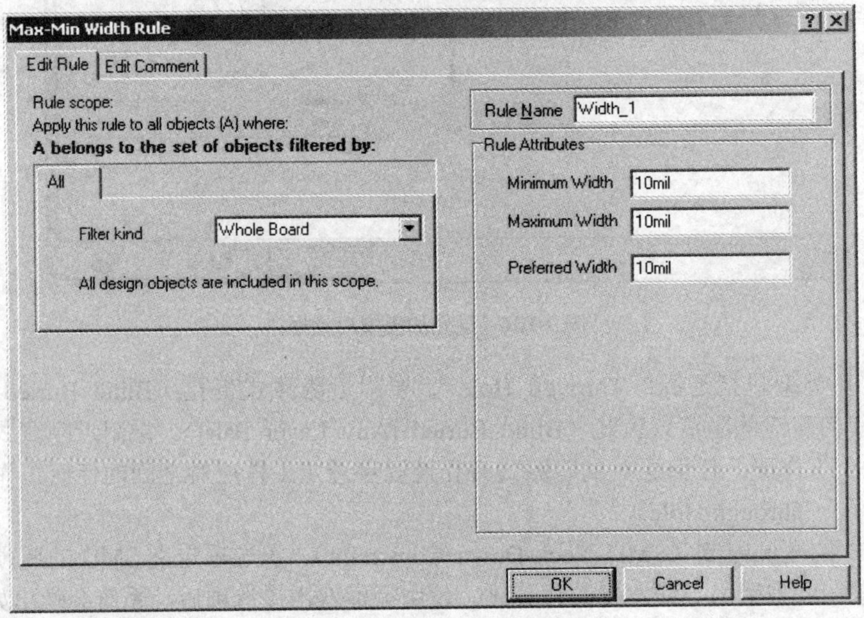

图 9-103　走线宽度设置对话框

用户可以分别在 Minimum Width 编辑框中设置最小走线宽度，在 Maximum Width 编辑框中设置最大走线宽度，本实例分别设定为 10mil 和 20mil。

9.10.2　设计规则检查

Protel 99 SE 具有一个有效的设计规则检查(DRC—Design Rule Check)功能，该功能可以确认设计是否满足设计规则。DRC 可以测试各种违反走线情况，例如安全错误、未走线网络、宽度错误、长度错误和影响制造和信号完整性的错误。

DRC 可以后台运行，以防止违反设计规则。这种后台运行模式可以通过设计规则检查对话框的 Online 选项卡实现。用户也可以随时手动运行来检查设计规则是否违反。

要运行 DRC，可以执行 Tools→Design Rule Check 命令，系统将弹出如图 9-104 所示的 Design Rule Check（设计规则检查）对话框。在 Report（报告）选项卡（如图 9-104 所示）中设定需要检查的规则选项。然后单击 Run DRC 按钮，就可以启动 DRC 运行模式，完成检查后将在设计窗口显示任何可能的规则违反。

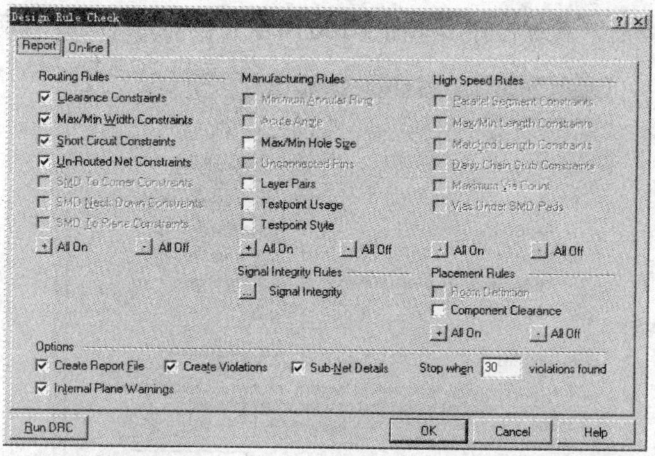

图 9-104　设计规则检查对话框

注意：设计规则检查（DRC）是一个有效的自动检查功能，既能够检查用户设计的逻辑完整性，也可以检查物理完整性。在设计任何 PCB 板时均应该运行该功能，对涉及的规则进行检查，以确保设计符合安全规则，并且没有违反任何规则。

当用户想在线运行 DRC 时，可以单击 9-104 所示对话框的 On-line 标签，进入 On-line 选项卡，如图 9-105 所示，在该选项卡中，用户可以设置在线规则检查选项，设置了选项后，单击 Run DRC 按钮，即可进行后台检查。

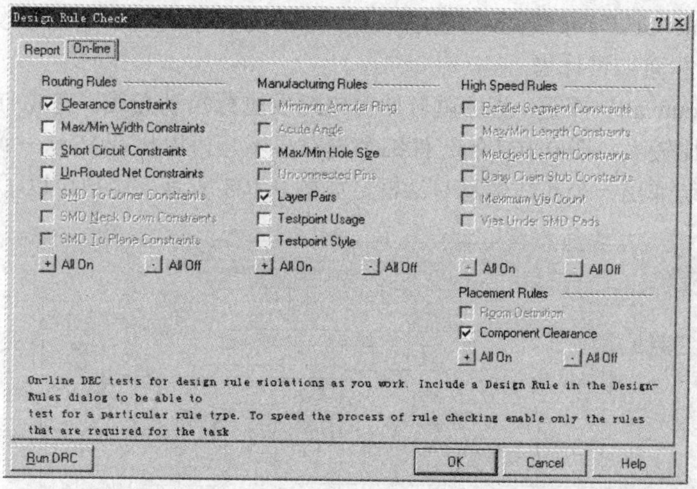

图 9-105　设计规则检查 On-line 选项卡

9.10.3　自动布线

布线参数设置好后，就可以利用 Protel 99 SE 提供的世界一流的布线器进行自动布线了。执行自动布线的方法主要有以下几种。

1．全局布线

（1）首先执行 Auto Route→All 命令，对整个电路板进行布线。

（2）执行该命令后，系统将弹出如图 9-106 所示的自动布线设置对话框。

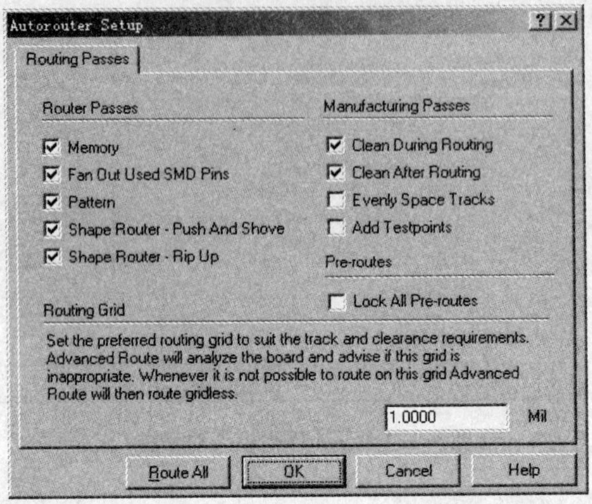

图 9-106　自动布线设置对话框

通常，用户采用对话框中的默认设置，就可以实现 PCB 板的自动布线，但是如果用户需要设置某些项，可以通过对话框的各选项实现。用户可以分别设置 Router Passes（走线通过）的各选项和 Manufacturing Passes（制造通过）的各选项，如果用户需要设置测试点，则可以选中 Add Testpoints（添加测试点）复选框；如果用户已经手动实现了一部分布线，而且不想让自动布线处理这部分布线的话，可以选中 Lock All Pre-Routes（锁定所有预拉线）复选框。在 Routing Grid（布线间距）编辑框中可以设置布线间距，如果设置不合理，系统会对其进行分析，并通知设计者。

（3）单击“Route all”按钮，程序就开始对电路板进行自动布线。完成布线结果如图 9-107 所示。因为电路图比较大，图 9-107 的元件细节没有显示，可以执行 View→Area 命令局部放大某些部分。最后系统弹出一个布线信息对话框，如图 9-108 所示，用户可以了解到布线的情况。

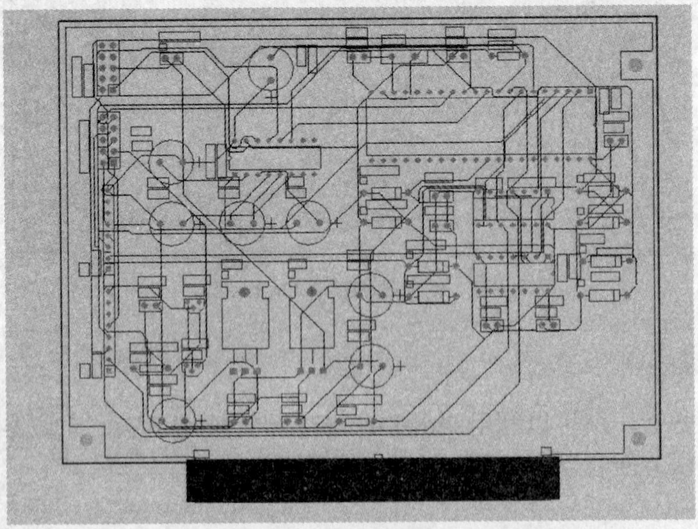

图 9-107　自动布线所得到的 PCB 布线图

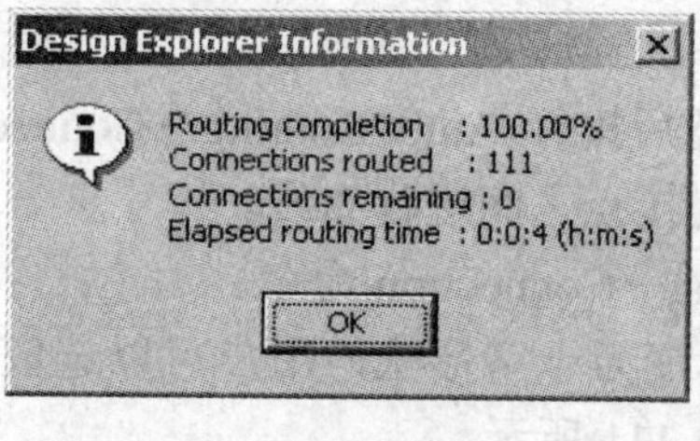

图 9-108　布线信息对话框

2．对选定网络进行布线

用户首先定义需要自动布线的网络，然后执行 Auto Route→Net 命令，由程序对选定的网络进行布线工作。

（1）首先执行 Auto Route→Net 命令。

（2）执行该命令后，光标变为十字形状，用户可以选取需要进行布线的网络。当用户单击的地方靠近焊盘时，系统可能会弹出如图 9-109 所示的菜单（该菜单对于不同焊盘可能不同），一般应该选择 Pad 和 Connection 选项，而不选择 Component 选项，因为 Component 选项仅仅是局限于当前元件的布线。

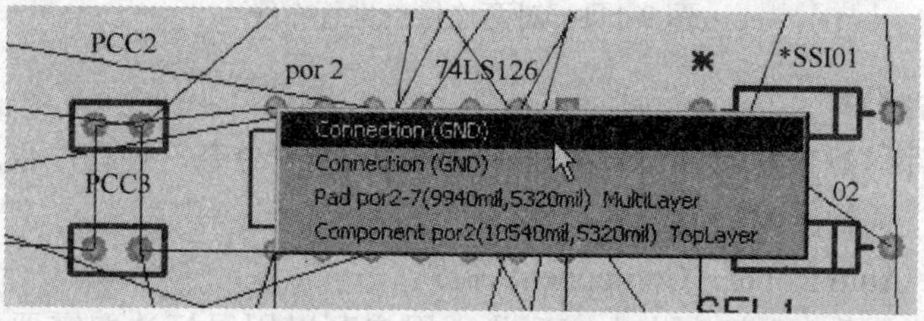

图 9-109　网络布线方式选项菜单

技巧：在元件排列比较紧密的情况下，用户选择元件时，也会弹出类似的菜单。用户可以通过这种菜单选择元件。

本实例选取元件 par2、PCC2、PCC3 和 SSIO1 之间的部分网络飞线，由图 9-110 可以看到与这些飞线相连的网络都已被自动布线。

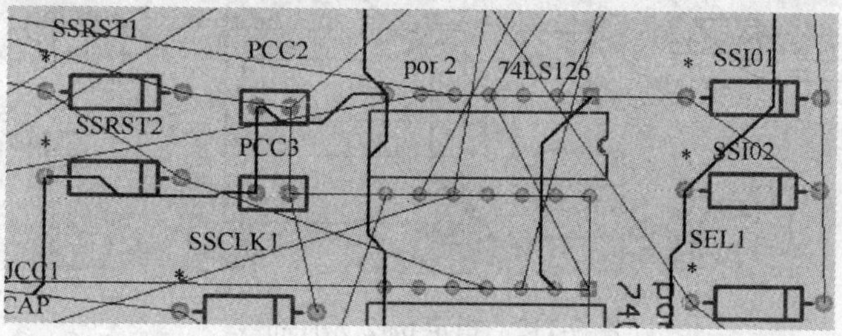

图 9-110　选定网络进行布线

注意：一般以 Net 选项进行布线时，若选中某网络连线，则与该网络连线相连接的所有网络线均被布线，如图 9-110 所示的布线即存在这种情况。

3. 对两连接点进行布线

用户可以定义某条连线，然后执行 Auto Routing→Connection 命令，使程序仅对该条连线进行自动布线，也就是对两连接点之间进行布线。

（1）首先执行 Auto Routing→Connection 命令。

（2）执行该命令后，光标变为十字形状，用户可以选取需要进行布线的一条连线，对部分连接点布线后的结果如图 9-111 所示。

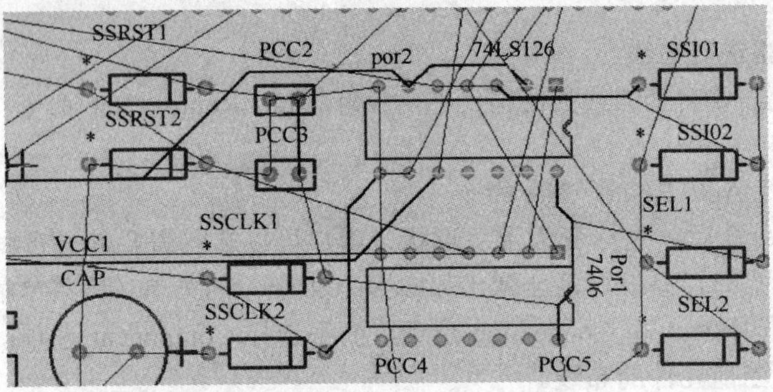

图 9-111　对两连接点进行布线

4. 指定元件布线

用户定义某元件，然后执行 Auto Route→Component 命令，使程序仅对与该元件相连的网络进行布线。

（1）首先执行 Auto Route→Component 命令。

（2）执行该命令后，光标变为十字形状，用户可以用鼠标选取需要进行布线的元件，本实例选取元件 par2 进行布线，可以看到系统完成了与 par2 有关的布线，如图 9-112 所示。

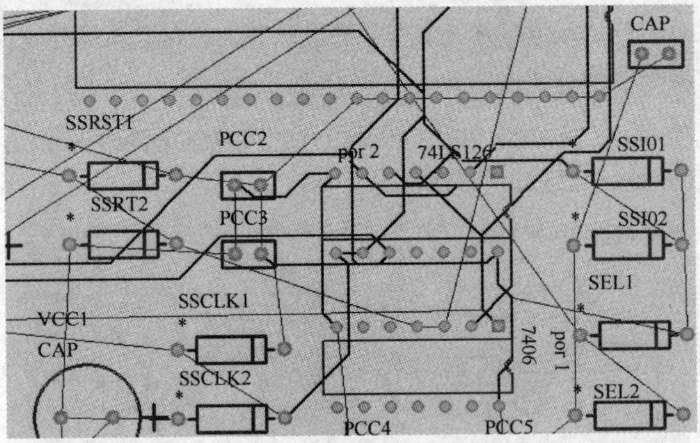

图 9-112　指定 par2 元件布线

5. 指定区域进行布线

用户自己定义好布线区域，然后执行 Auto Route→Area 命令，使程序的自动布线范围仅限于该定义区域内。

（1）首先执行 Auto Route→Area 命令。

（2）执行该命令后，光标变为十字形状，用户可以拖动鼠标选取需要进行布线的区域，该区域包括 PCC2、PCC3、par2 和 par1 等元件，系统将会对此区域进行自动布线，如图 9-113 所示，可以看出与上述所选元件没有连线关系的地方没有布线。

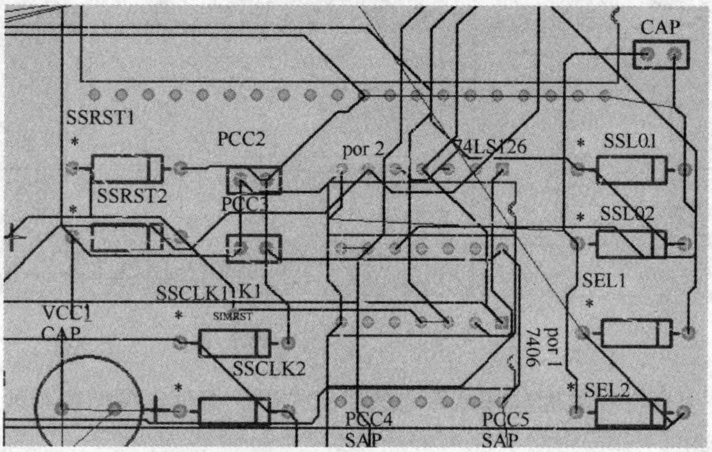

图 9-113　指定区域进行布线

6．其他布线命令

还有其他与自动布线相关的命令，各命令功能与操作如下：

● Stop：终止自动布线过程。

● Reset：对终止自动布线进行恢复。

● Pause：暂停自动布线过程。

● Restart：重新开始暂停的自动布线过程。

7．自动布线设置

当用户执行命令 Auto Route→Setup 后，系统会弹出如图 9-106 所示的自动布线设置对话框。用户可以设置一些规则和测试点的特性。

9.11　手工调整布线

Protel 99 SE 的自动布线功能虽然非常强大，但是自动布线时多少也会存在一些令人不满意的地方。而一个设计美观的印制电路板往往都是在自动布线的基础上进行多次修改，才得到的。下面讲述如何进行手工调整。

9.11.1　调整布线

在 Tools→Un-Route 菜单下提供了几个常用于手工调整布线的命令，这些命令可以分别用来进行不同方式的布线调整。

● All：拆除所有布线，进行手动调整。

● Net：拆除所选布线网络，进行手动调整。

● Connection：拆除所选的一条连线，进行手动调整。

● Component：拆除与所选的元件相连的导线，进行手动调整。

下面以 Connection 命令为例来介绍调整布线的操作步骤。如图 9-114 所示连接线路进行手工调整。

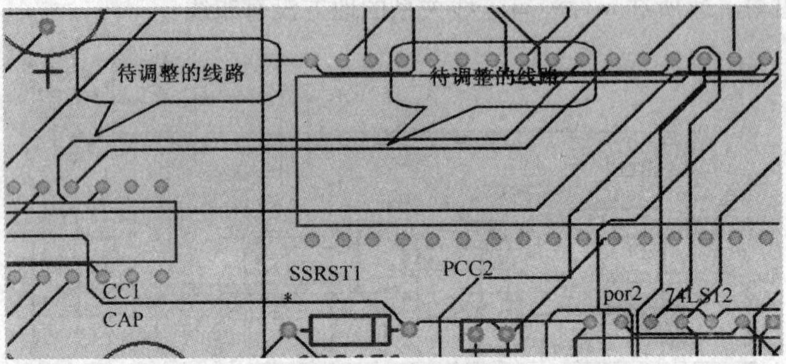

图 9-114　待调整的线路

（1）首先使用鼠标在层面选择标签上选择工作层，将工作层切换到顶层（Top Layer），使顶层为当前活动的工作层。

（2）然后执行 Tools→Un-Route→Connection 命令。

（3）执行该命令后，光标变为十字。移动光标到要拆除的网络上，单击鼠标左键确定。此时发现原先的连线会消失，如图 9-115 所示。

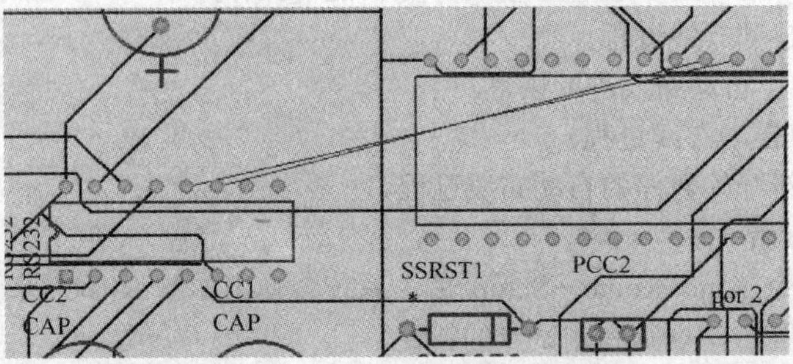

图 9-115　拆线后的结果

（4）接着进入 Top 工作层，执行 Place→Interactive Routing 命令，将上述已拆除的飞线重新走线。重新走线后的布线如图 9-116 所示。

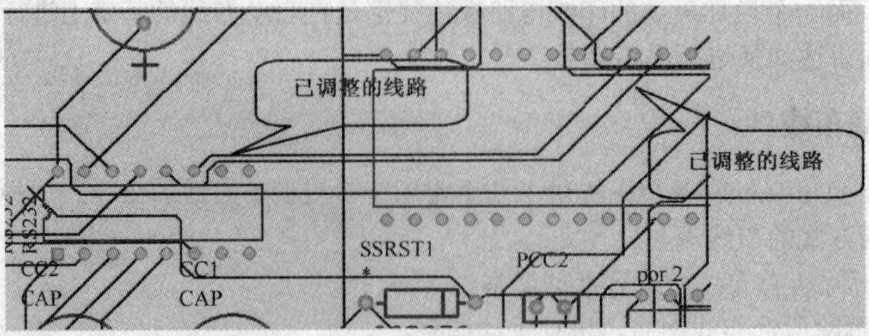

图 9-116　重新布线后的 PCB 电路图

9.11.2 电源/接地线的加宽

为了提高抗干扰能力，增加系统的可靠性，往往需要将电源/接地线和一些过电流较大的线加宽。

（1）移动光标，将光标指向需要加宽的电源/接地线或其他线。

（2）双击鼠标，会出现如图 9-117 所示的对话框。

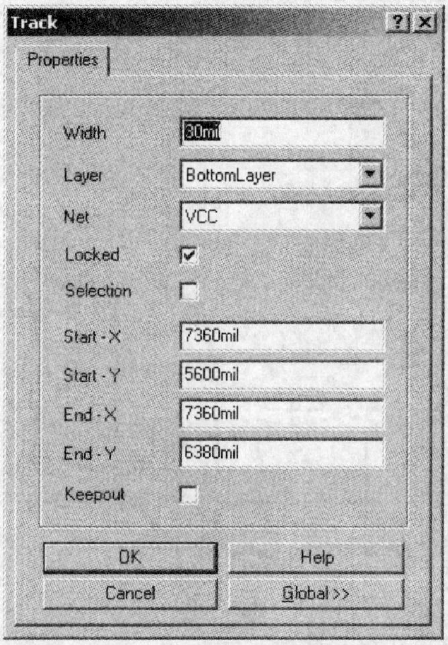

图 9-117　设置导线属性对话框

（3）用户在对话框中的 Width 选项中输入实际需要的宽度值即可。电源/接地线被加宽后结果如图 9-118 所示，如果要加宽其他线，也可按同样方法进行操作。

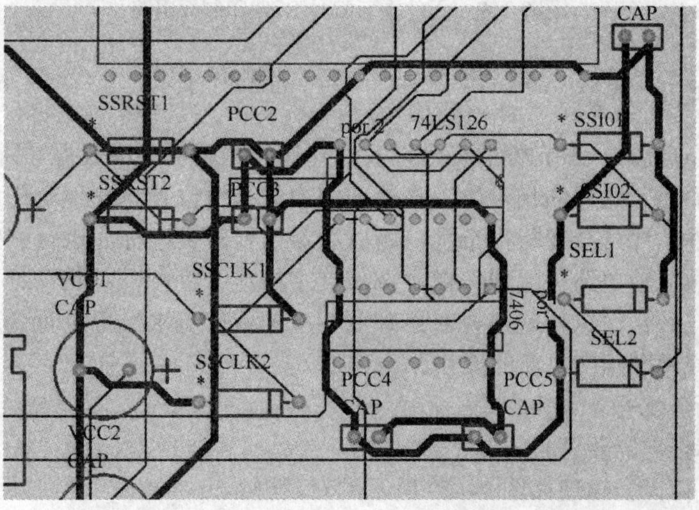

图 9-118　电源/接地线被加宽后结果

对电源和接地线的加宽，通常在布线的起始阶段进行。即首先执行 Design→Rules 命令，然后设置布线的宽度约束，可以设置布线宽度为 30mil，然后执行 Auto Route→Net 命令，对电源和接地分别进行布线。

然后将这些预布的线锁定，在布线规则中修改布线宽度为 10mil。接着布其他的连线。先对电源和接地布线，再布其他线的 PCB 电路板，如图 9-119 所示。

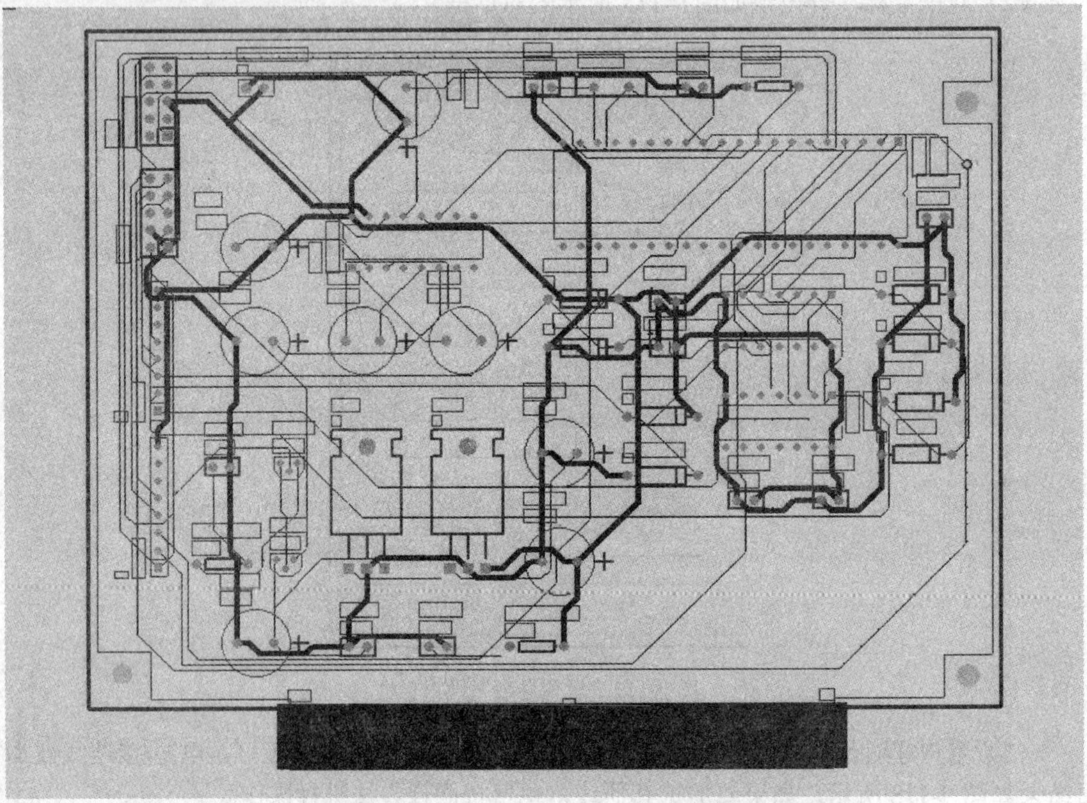

图 9-119　元件重新编号 PCB 印制板电路

9.11.3　文字标注的调整

在进行自动布局时，一般元件的标号以及注释等将从网络表中获得，并被自动放置到 PCB 上。经过自动布局后，元件的相对位置与原理图中的相对位置将发生变化，在经过手动布局调整后，有时元件的序号会变得很杂乱，所以经常需要对文字标注进行调整，使文字标注排列整齐，字体一致，使电路板更加美观。调整文字标注一般可以对元件进行流水号更新，使流水号排列保持一致性，这样就需要对原理图相应的元件流水号也进行更新。下面分别讲述流水号更新以及原理图相应更新的操作。

1．手动更新流水号

（1）将光标指向需要调整的文字标注。

（2）双击鼠标，会出现如图 9-120 所示的对话框。

（3）此时用户可以修改流水号，也可根据需要，修改对话框中文字标注的内容、字体、大小、位置及放置方向等。

2. 自动更新流水号

（1）执行 Tools→Re-Annotate 命令，系统将弹出如图 9-121 所示的选择流水号方式对话框。

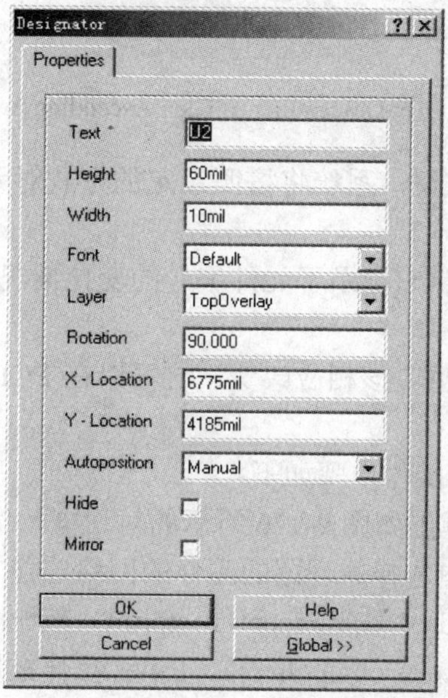

图 9-120 文字标注设置对话框

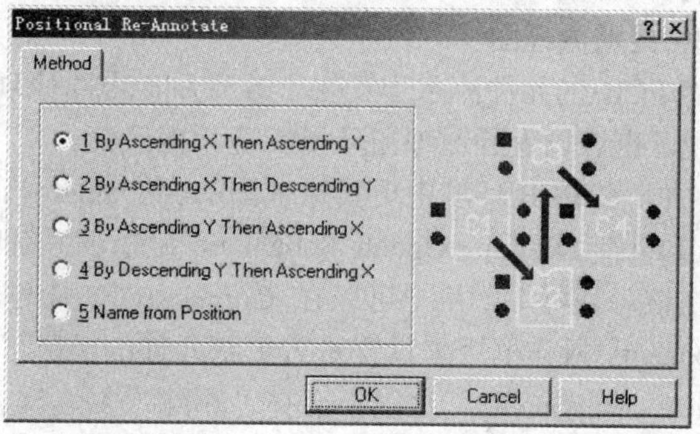

图 9-121 选择流水号方式对话框

系统提供了 5 种更新方式，下面分别说明。

- By Ascending X Then Ascending Y 选项，该选项表示先按横坐标从左到右，然后再按纵坐标从下到上编号，如图 9-122 所示。
- By Ascending X Then Descending Y：表示先按横坐标从左到右，然后再按纵坐标从上到下编号，如图 9-123 所示。

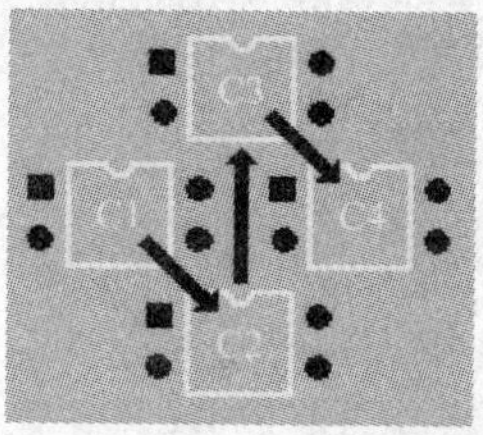

图 9-122 By Ascending X Then Ascending Y 方式

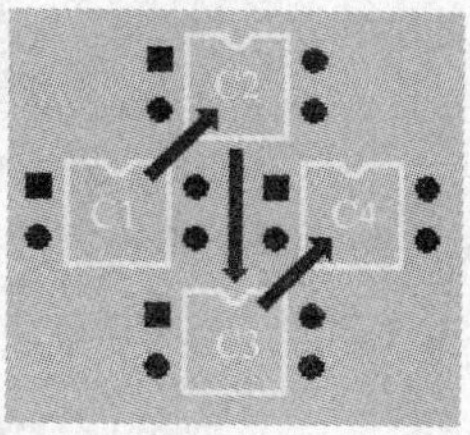

图 9-123 By Ascending X Then Descending Y 方式

- By Ascending Y Then Ascending X：表示先按纵坐标从下到上，然后再按横坐标从左到右编号，如图 9-124 所示。
- By Descending Y Then Ascending X：表示先按纵坐标从上到下，然后再按横坐标从左到右编号，如图 9-125 所示。
- Name from Position：表示根据坐标位置进行编号。

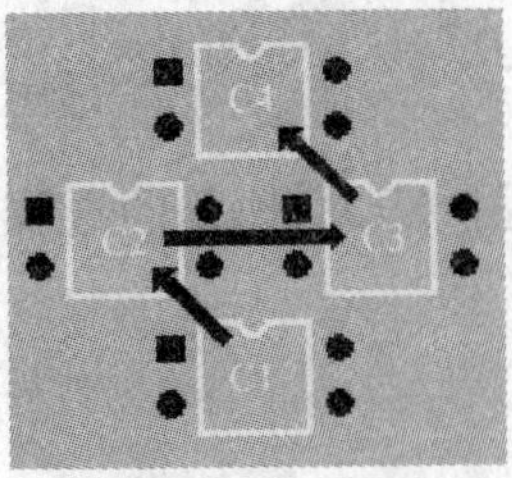

图 9-124 By Ascending Y Then Ascending X 方式

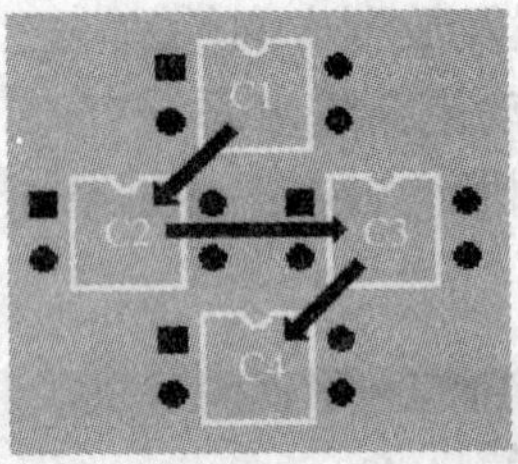

图 9-125 By Descending Y Then Ascending X 方式

（2）当完成上面方式选择后，可以单击“OK”按钮，系统将按照设定的方式对元件流水号重新编号。这里选择第 1 种方式进行流水号排列。

元件重新编号后，系统将同时生成一个.WAS 文件，它记录了元件编号的变化情况。

3. 更新原理图

当 PCB 的元件流水号发生了改变后，电路原理图也应该相应改变，这可以在 PCB 环境下实现，也可以返回原理图环境实现相应改变。

（1）在 PCB 环境中更新原理图的相应流水号，其操作步骤如下：

1）执行 Design→Update Schematic 命令，系统将弹出如图 9-126 所示的对话框

在该对话框中，用户可以在 Connectivity 操作框中选择原理图的元件的网络连接方式。Components 操作框用来设置是否更新元件的引脚（Update component footprint）或删除元件（Delete component），这里不选择“删除“复选框（Delete component）。Rules 操作框用来设置是否根据原理图生成 PCB 规则。

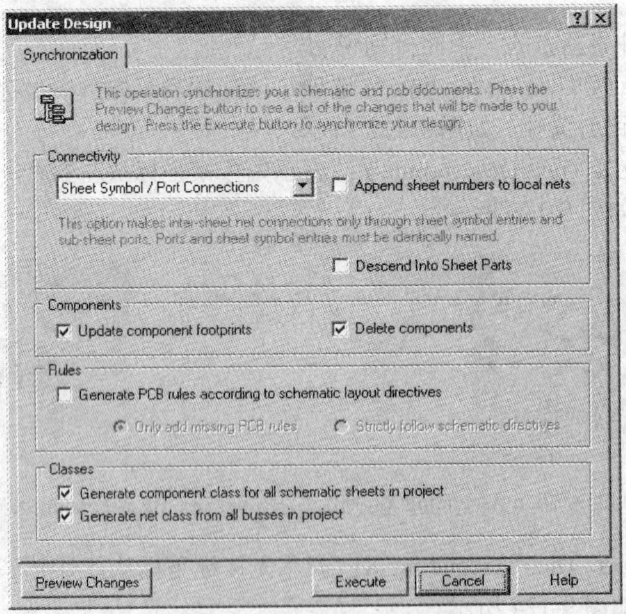

图 9-126 更新设计对话框

2）按“Execute”按钮，系统将弹出如图 9-127 所示的元件匹配情况设置对话框，从图中可以看出存在不匹配的元件。

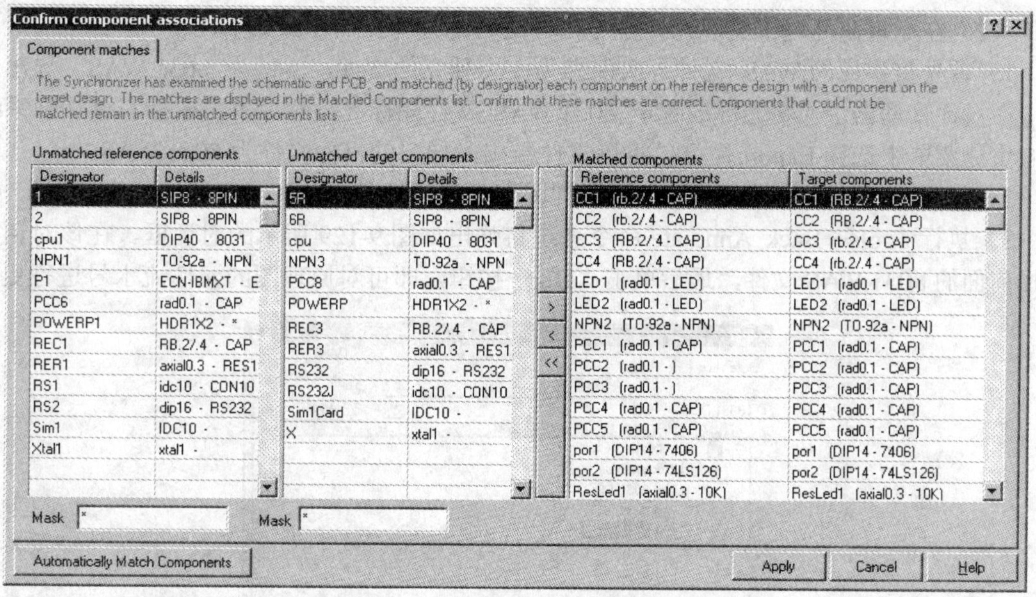

图 9-127　原理图和 PCB 图元件匹配对话框

对于对话框中显示的不匹配的元件，可以分别在左边的 Unmatched reference 和 Unmatched target 列表中选中不匹配元件，然后按对话框中的“>”按钮，就可以对这些元件进行匹配操作。最后对话框中的元件匹配成功，如图 9-128 所示。

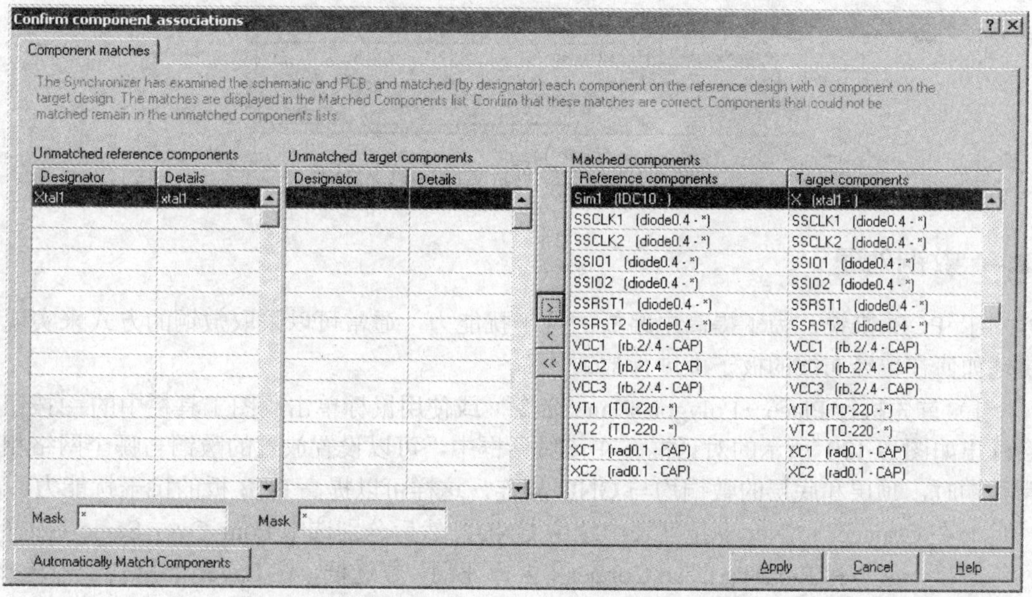

图 9-128　匹配元件后的对话框

3）单击“Apply”按钮，系统会弹出确认提示框，用户可以确定是否把这些修改应用到原理图上。

4）单击“Yes”按钮确认以后，系统将对原理图进行相应的更新。

（2）在原理图环境下实现元件序号相应更新，具体操作步骤如下：

1）首先将生成的.WAS 文件导出保存为一个独立的文件，本例为 8031.WAS。导出方法为：在设计管理器中，将光标放置于 8031.WAS 文件图标处，然后单击鼠标右键，从系统弹出的快捷菜单中选择 Export 命令，将该文件导出，导出的目标文件为 8031.WAS。

2）打开 8031.Sch 文档，并切换到原理图管理器环境。

3）执行 Tools→Back Annotate 命令系统将弹出如图 9-129 所示的对话框。在该对话框中选择前面的 8031.WAS 文件，最后单击“OK”按钮，即可对原理图的元件流水号进行更新。

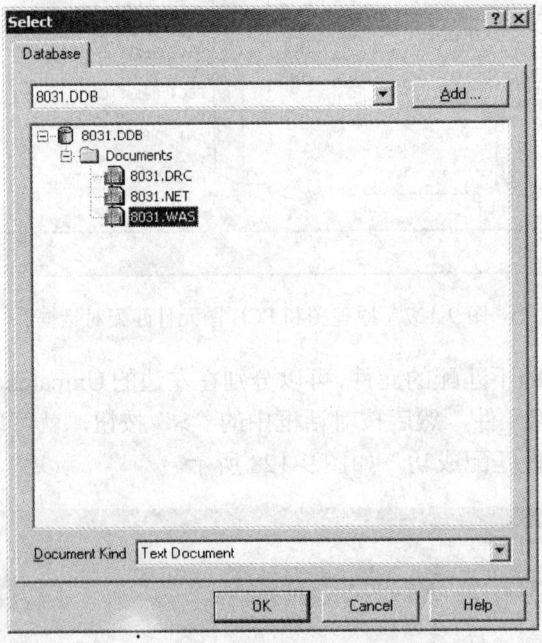

图 9-129　选择更新文件 8031.WAS

9.11.4　敷铜处理

对于 PCB 来说，为了提高电路板的抗干扰能力，通常可以采取敷铜的方式来实现。下面讲述如何在已经布线的板子上进行敷铜。

（1）首先执行 Place→Polygon Plane 命令，或使用鼠标单击绘图工具栏中的按钮，系统会弹出如图 9-130 所示的对话框。在该对话框中，可以设置放置的敷铜与哪个网络相连。通常敷铜时，顶层和底层的敷铜均与 GND 相连，这样可以提高 PCB 板的抗干扰能力。

此时在 Connect to Net 下拉列表中选中 GND，然后分别选中 Pour Over Same Net（相同的网络连接一起）和 Remove Dead Copper（去掉死铜）复选框，在 Layer 下拉列表中选择 Top Layer，其他设置项可以取默认值。

（3）设置完毕，按“OK”按钮，光标会变成十字形状。将光标移到所需的位置，单击鼠标左键，确定多边形的起点。然后移动鼠标到适当位置单击鼠标左键，确定多边形的中间点。

（4）在终点处单击鼠标右键，程序会自动将终点和起点连接在一起，并且去除死铜，形成板上敷铜，如图 9-131 所示。

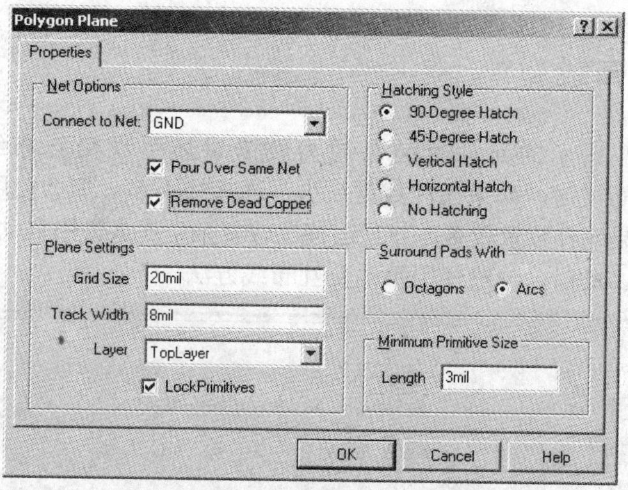

图 9-130　多边形平面属性对话框

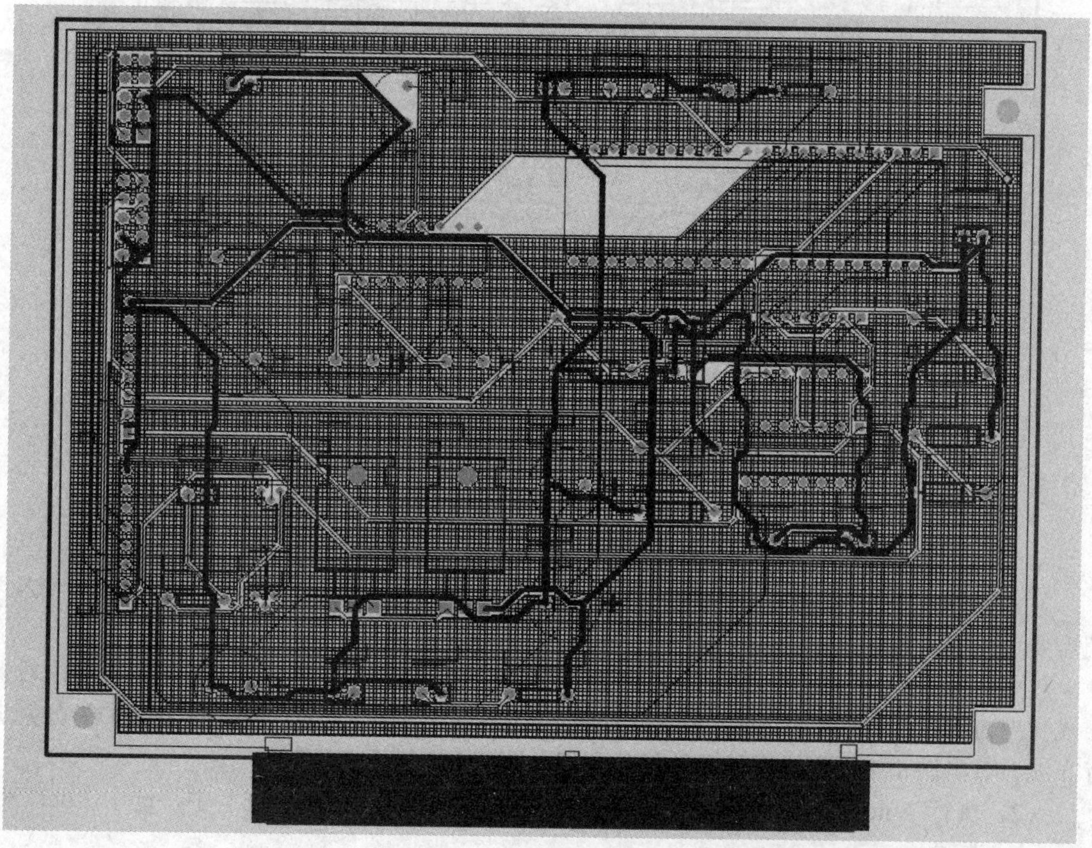

图 9-131　敷铜后的 PCB

对底层的敷铜操作与上面一样，只是在 Layer 下拉列表中选择 Bottom Layer。

注意： 在进行敷铜操作时，应该选中 Lock Primitives（锁定图元）复选框，这样敷铜不会影响原来布线的 PCB。

9.12 手动交互布线

下面以图 9-132 所示的元件封装布局为例来讲述手动交互布线方法，文件名为 PWM.pcb。在 PCB 布线时，如果元件数量很少，连接线不多，那么使用自动布线可以获得较好的效果。但是如果元件数量较多，并且连接比较复杂，那么使用自动布线的效果并不好，有时还可能会布不通。此时，一般使用手动交互布线方法。

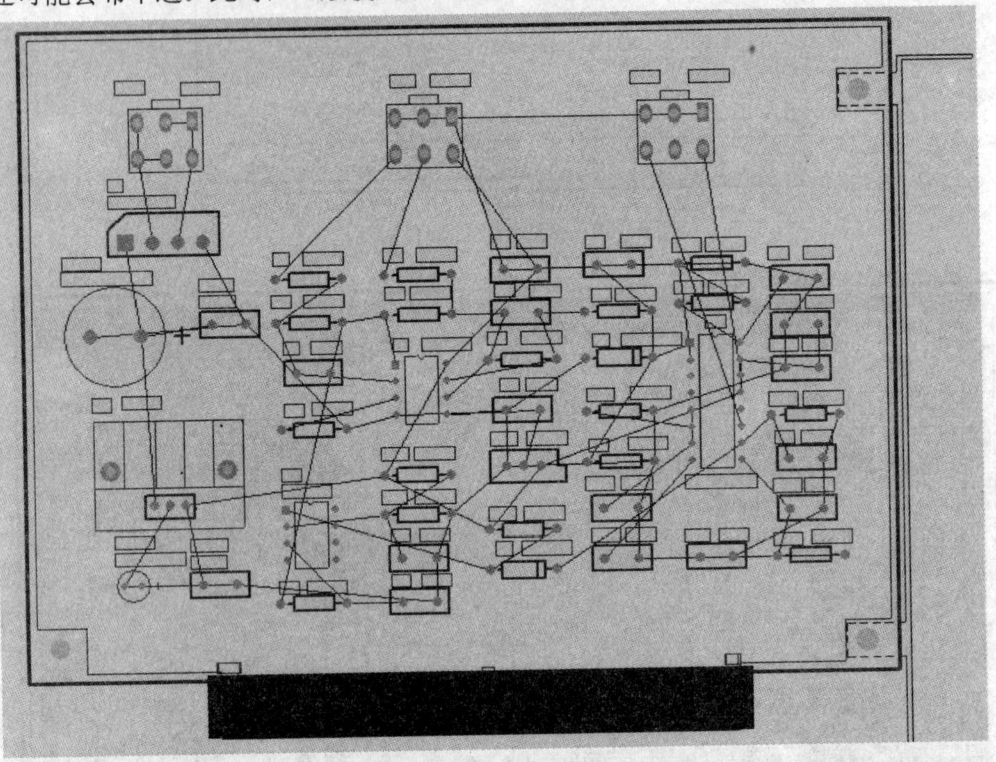

图 9-132 未布线的封装布局

（1）对电源和接地进行预布线。通常电源和接地需要的线宽比普通导线要宽，因为它们需要承载较大的电流。

首先执行 Design→Rules 命令，然后设置布线的宽度约束（Width Constraint），可以设置布线宽度为 30mil，再执行 Auto Route→Net 命令，对电源（+15V）和接地（GND）分别进行布线。对电源和接地布线后的元件封装布局如图 9-133 所示。

（2）执行 Auto Route→Setup 命令，从弹出的对话框（如图 9-106）中，选中 Lock All Pre-routes 选项。

（3）执行 Design→Rules 命令，然后设置布线的宽度约束（Width Constraint），可以设置布线宽度为 10mil（普通导线宽度）。

（4）执行 Auto Route/Net 或其他相应的交互布线命令，对逐条连接线进行布线处理。

（5）补泪滴处理。执行 Tools→Teardrops 命令，对 PCB 板上的焊盘和过孔进行补泪滴设置。补泪滴设置主要是为了提高助焊膜的助焊性能，而提高阻焊膜的阻焊性能。设置了补泪滴后并布线后的 PCB 板如图 9-134 所示。

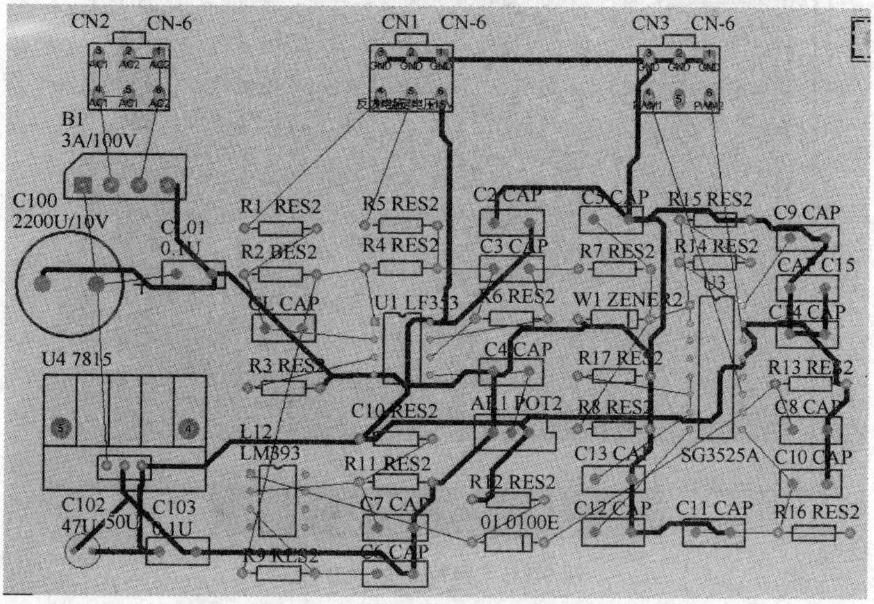

图 9-133　对电源和接地布线后的 PCB 示图

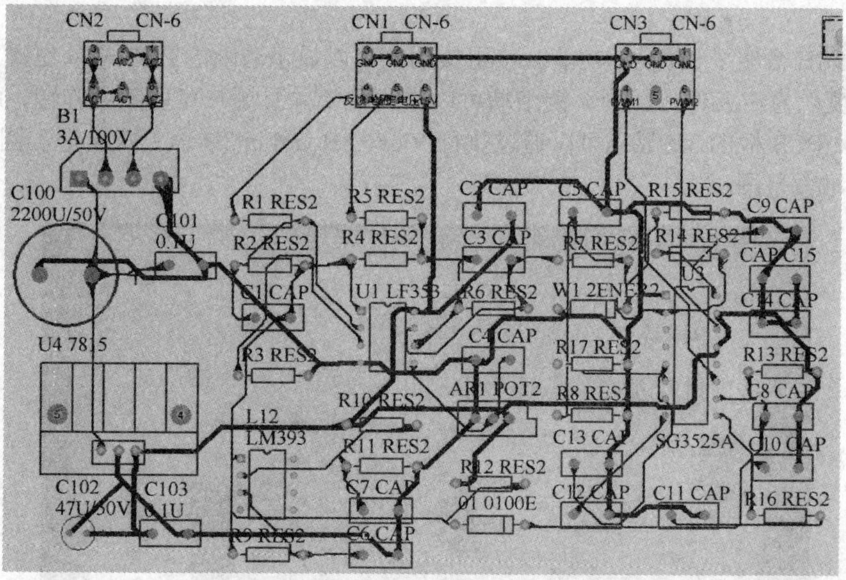

图 9-134　逐条布线并补泪滴后的 PCB 示图

（6）执行 Place→Polygon Plane 命令进行敷铜处理。通常敷铜时，顶层和底层的敷铜均与 GND 相连，这样可以提高 PCB 板的抗干扰能力。在 Connect to Net 下拉列表中选中 GND，然后分别选中 Pour Over Same Net（相同的网络连接一起）和 Remove Dead Copper（去掉死铜）复选框，Layer 选择 Top Layer，其他设置项可以取默认值。最后切换到 Bottom 层进行敷铜处理。敷铜后的 PCB 板如图 9-135 所示。

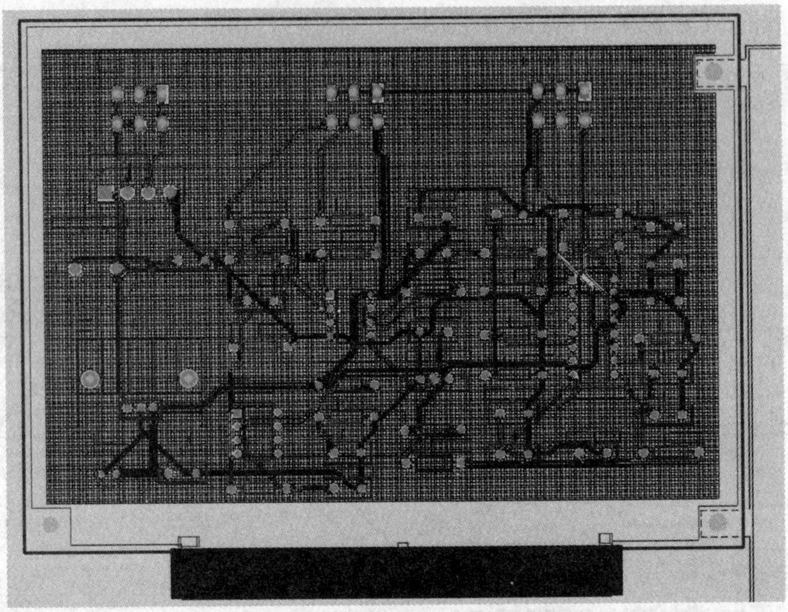

图 9-135 敷铜后的 PCB 板

9.13 PCB 板的 3D 显示

Protcl 99SE 增加了 3D 显示功能。使用该功能可以显示清晰的 PCB 板的三维立体效果，不用附加高度信息，元件、丝网、铜箔均可以被隐藏。并且用户可以随意旋转、缩放、改变背景颜色等。PCB 板的 3D 显示可以通过执行 View→Board in 3D 命令来实现，图 9-136 即为 PCB 板的三维效果图。

图 9-136 PCB 板的三维效果图

自己的专用库，元件库的文件名为 PCBlib1.lib，并将要创建的新元件封装放置到该元件库中。

下面以图 10-3 所示的实例，来介绍如何手工创建元件封装。通过手工创建元件封装，实际上就是利用 Protel 99 SE 提供的绘图工具，按照实际的尺寸绘制出该元件封装。

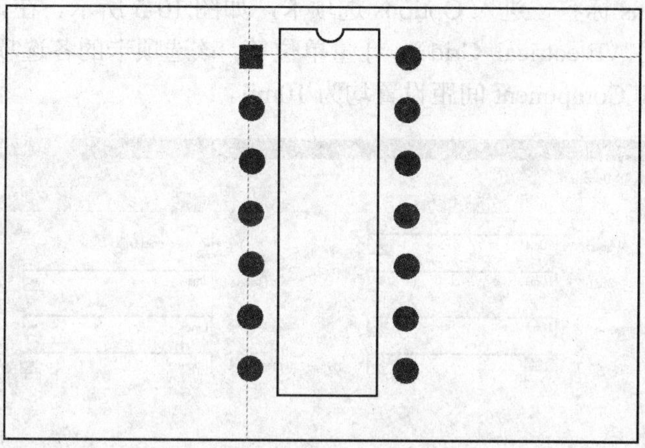

图 10-3　手工创建元件封装实例

手工创建新的元件封装一般需要首先设置封装参数，然后再放置图形对象，最后还需要设定插入参考点。下面分别结合实例进行讲解。

10.3.1　元件封装参数设置

要新建一个 PCB 元件封装库文件，一般需要先设置一些基本参数，例如度量单位、过孔的内孔层、设置鼠标移动的最小间距等，但是创建元件封装不需要设置布局区域，因为系统会自动开辟一个区域供用户使用。

1．板面参数设置

设置板面参数的操作步骤如下。

（1）执行 Tools→Library Options 命令，系统将弹出如图 10-4 所示的板面参数设置对话框。

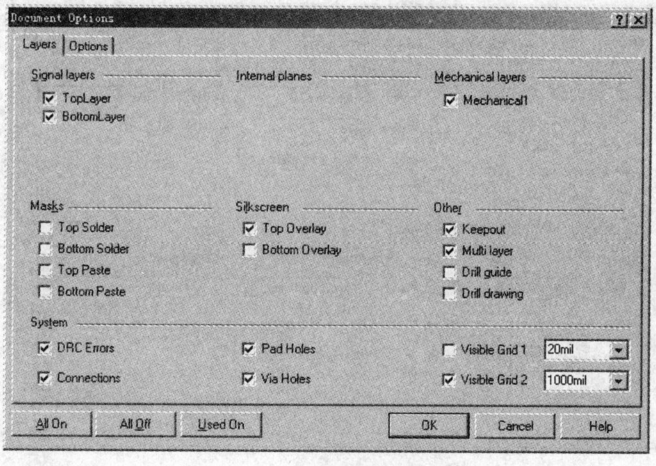

图 10-4　工作板面参数设置

（2）在如图 10-4 所示的 Layers 选项卡中，可以设置元件封装的层参数，一般用户可以选中 Pad Holes（焊盘内孔）和 Via Holes（过孔）两个复选框，其他选项用默认设置，该选项卡的各操作选项可参考 8.5 的相关介绍。

（3）单击 Options 标签，进入 Options 选项卡，如图 10-5 所示。在该选项卡中可设置格点（Snap）、电气栅格（Electrical Grid）、计量单位等，该选项卡的各选项可参考 8.5 的相关介绍，在这里 Snap 和 Component 间距设置均为 10mil。

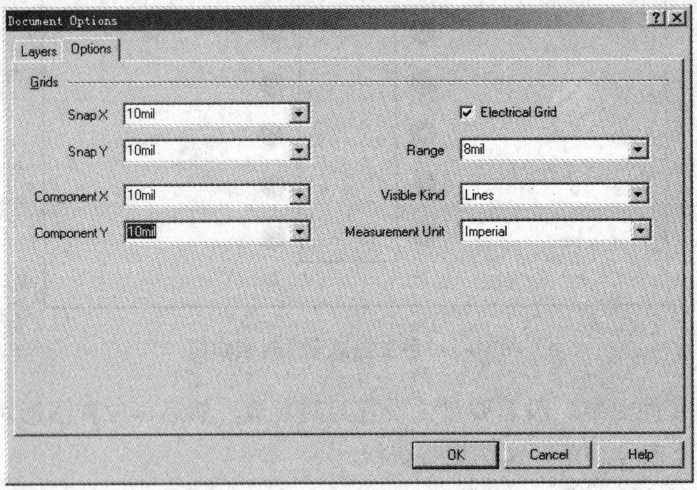

图 10-5　Options 选项卡

（4）设置结束后，单击“OK”按钮。

2．系统参数设置

首先执行 Tools→Preferences 命令，系统将弹出如图 10-6 所示的 Preferences 设置对话框。它共有 6 个选项卡，即 Options 选项卡、Display 选项卡、Colors 选项卡、Show/Hide 选项卡、Defaults 选项卡、Signal Integrity 选项卡，一般设定 Options 选项卡的各项参数即可，该选项卡的各项选项的设置可以参考 8.6 节。

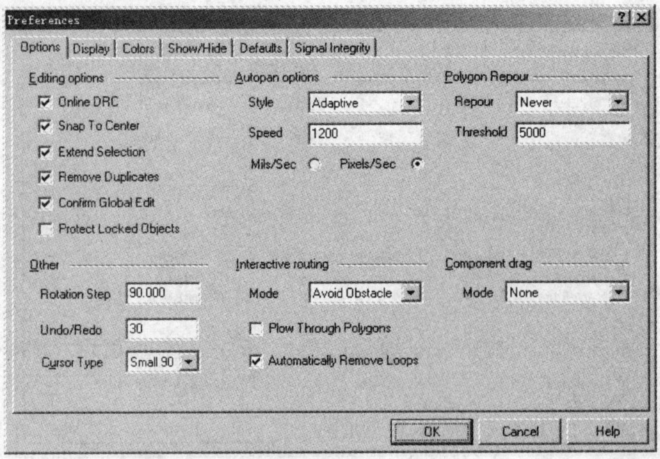

图 10-6　Preferences 设置对话框

在设置元件颜色时，通常顶层丝印层（Top OverLayer）颜色为深绿色，Pad Holes 颜色设置为白色（White），颜色设置可以通过 Display 选项卡实现。

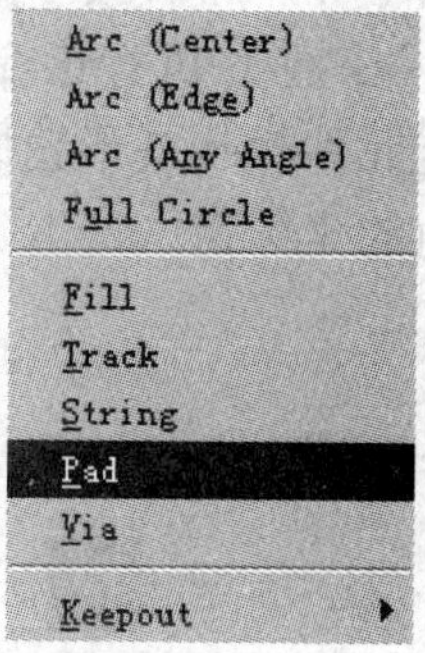

图 10-7 Place 菜单

10.3.2 放置元件

下面通过一个实例来讲述创建元件封装的具体过程。手工创建的一般步骤如下：

（1）执行 Place→Pad 菜单命令，如图 10-7 所示。也可以单击绘图工具栏中相应的按钮。

（2）执行该命令后，光标变为十字，中间带有一个焊盘，如图 10-8 所示。随着光标的移动，焊盘跟着移动，移动到适当的位置后，单击鼠标将其定位。

在放置焊盘时，先按“Tab”键进入焊盘属性对话框，设置焊盘的属性。本实例焊盘的属性设置如图 10-9 所示。方形焊盘和圆形焊盘可以在 Shape 编辑框中选定。其他选项卡参数取默认值。

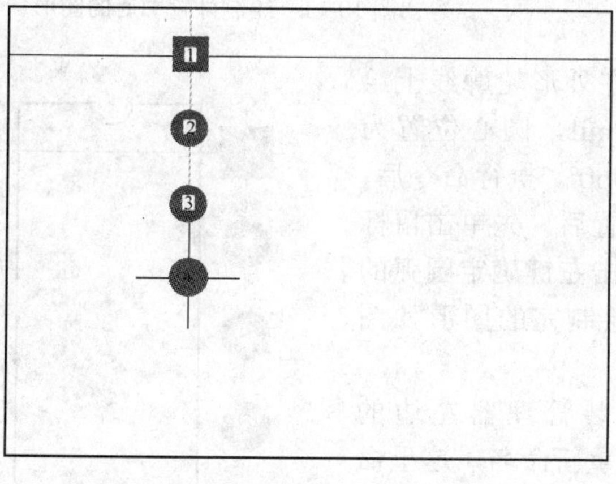

图 10-8 在图纸上放置焊盘

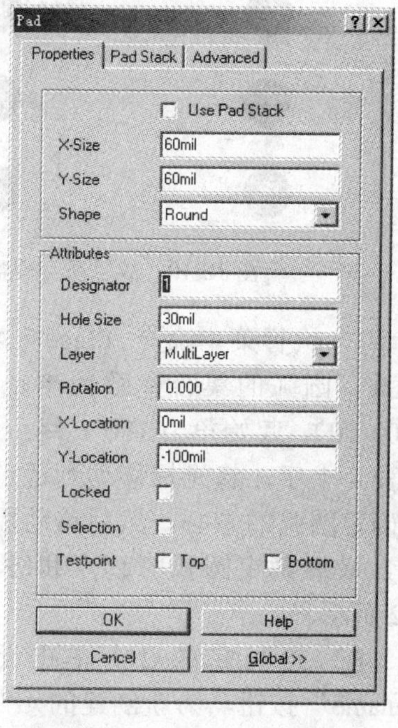

图 10-9 焊盘属性设置

（3）按照同样的方法，再根据元件引脚之间的实际间距将其设定为垂直距离为 100mil，水平距离为 300 mil，1 号焊盘放置于（0，0）点，并相应放置其他焊盘，如图 10-10 所示。

（4）根据实际需要，设置焊盘的实际参数。假设将焊盘的直径设置为 60mil，焊盘的孔径设置为 30mil。如果用户想编辑焊盘，则可以将光标移动到焊盘上，双击鼠标，即会弹出如图 10-9 所示的对话框，通过修改其中的选项设置焊盘的参数。

（5）将工作层面切换到顶层丝印层，即 TopOverlay 层，这只需在 TopOverlay 标签上选择即可，然后执行菜单命令 Place→Track。

（6）执行该命令后，光标变为十字，将光标移动到适当的位置后，单击鼠标左键确定元件封装外形轮廓线的起点，随之绘制元件的外形轮廓，左上角坐标为（50，50），右下角的坐标为（250，-650），如图 10-11 所示。上端开口的坐标分别为（125，50）和（175，50）。

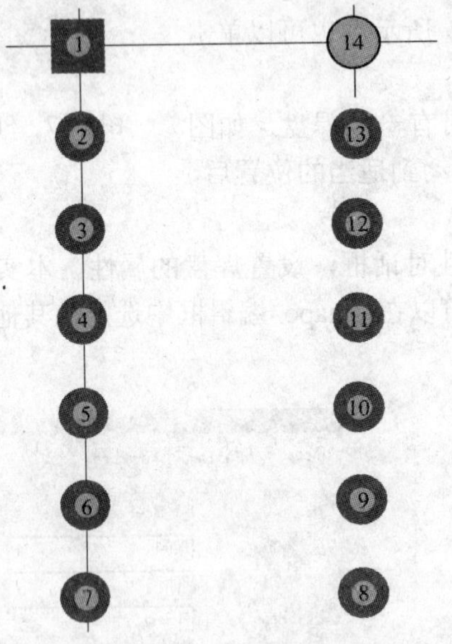

图 10-10　放置所有焊盘

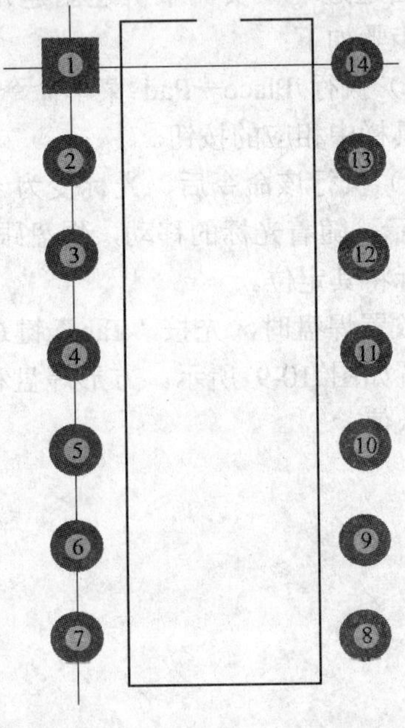

图 10-11　绘制外轮廓后的图形

（7）执行菜单命令 Place→Arc，在外形轮廓线上绘制圆弧，圆弧的集合参数为半径为 25mil，圆心位置为（150，50），起始角为 180º，终止角为 360º。执行命令后，光标变为十字，将光标移动到适当的位置后，先单击鼠标左键确定圆弧的中心，然后移动鼠标单击左键确定圆弧的半径，最后确定圆弧的起点和终点。绘制完的图形如图 10-12 所示。

（8）绘制完成后，单击元件封装管理器左边的“Rename”按钮，为新创建的元件封装重新命名，这里命名为 Amplif-14，如图 10-13 所示。

（9）重命名以及保存文件后，该元件封装就创建成功了，以后可以把它作为一个块进行调用。

输入元件封装的名称后，可以看到元件封装管理器中的元件名称也相应改变了。

（10）最后执行菜单命令 File→Save，保存新建的元件库。

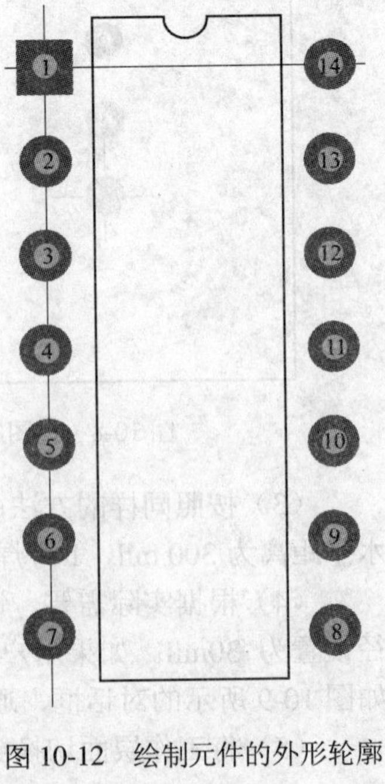

图 10-12　绘制元件的外形轮廓

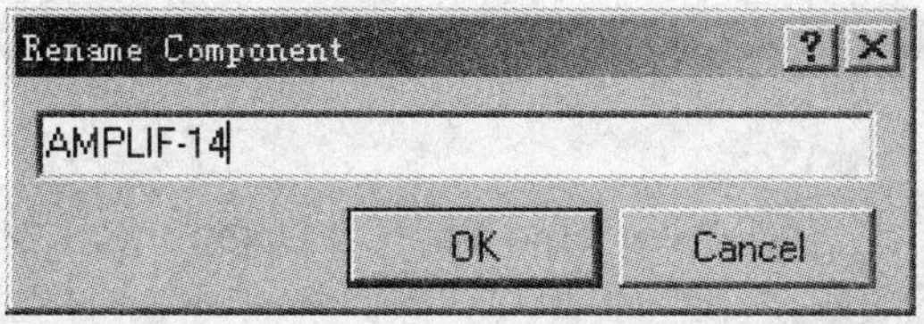

图 10-13　输入元件封装的名称

10.3.3　设置元件封装的参考点

为了标记一个 PCB 元件，用作元件封装，需要设定元件的参考坐标，通常设定 Pin1（即元件的引脚 1）为参考坐标。

设置元件封装的参考点可以执行 Edit→Set Reference 子菜单中的相关命令。其中有 Pin1、Center 和 Location 三条命令。如果执行 Pin1 命令，则设置引脚 1 为元件的参考点；如果执行的是 Center，则表示将元件的几何中心作为元件的参考点；如果执行的是 Location 命令，则表示由用户选择一个位置作为元件的参考点。

10.4　使用向导创建元件封装

Protel 99 SE 提供的元件向导是电子设计领域里的新概念，它允许用户预先定义设计规则，在这些设计规则定义结束后，元件封装库编辑器会自动生成相应的新元件封装。

下面以图 10-14 所示的实例，来介绍利用向导创建元件封装的基本步骤。

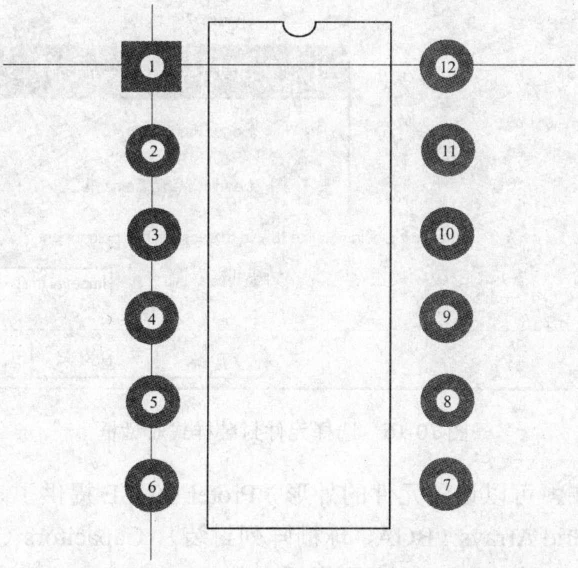

图 10-14　利用向导创建元件封装的实例

（1）启动并进入元件封装编辑服务器。

（2）执行 Tools→New Component 菜单命令。系统会弹出如图 10-15 所示的界面。这就进入了元件封装创建向导，接下去可以选择封装形式，并可以定义设计规则。

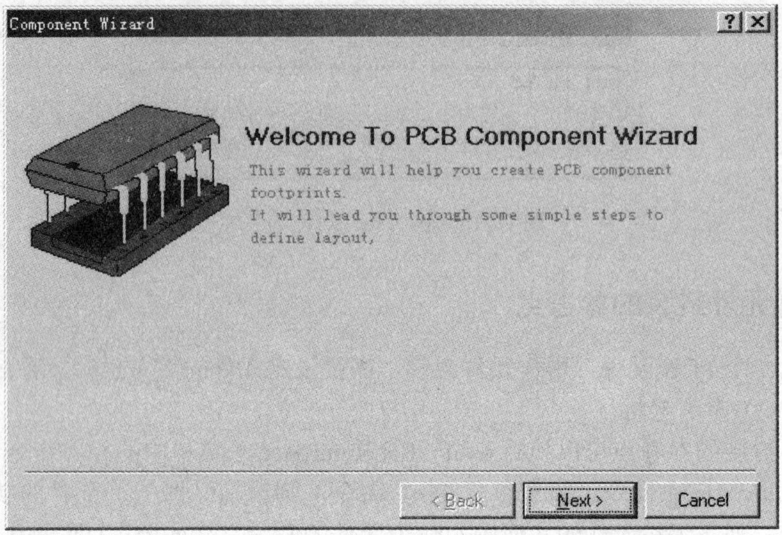

图 10-15　元件封装向导界面

（3）用鼠标左键单击图 10-15 中的“Next”按钮，系统将弹出如图 10-16 所示的选择元件封装样式对话框。

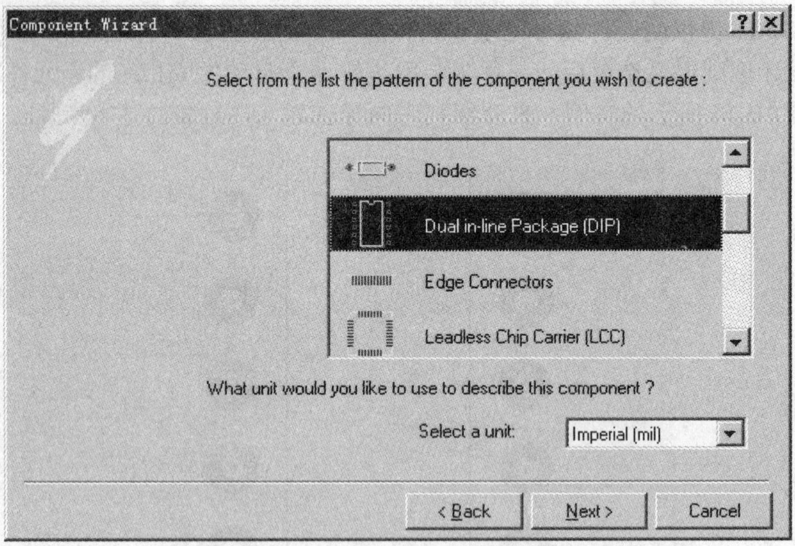

图 10-16　选择元件封装样式对话框

用户在该对话框中，可以设置元件的外形。Protel 99 SE 提供了 11 种元件的外形供用户选择，其中包括 Ball Grid Arrays（BGA，球栅阵列封装）、Capacitors（电容封装）、Diodes（二极管封装）、Dual in-line Package（DIP，双列直插封装）、Edge Connectors（边连接样式）、Leadless Chip Carrier（LCC，无引线芯片载体封装）、Pin Grid Arrays（PGA，引脚网格阵列封装）、Quad Packs（QUAD，四边引出扁平封装 PQFP）、SOP（Small Outline Package，小尺寸封装）、Resistors（电阻样式）等。

根据本例要求，选择[DIP]封装外形。另外在对话框的下面还可以选择元件封装的度量单位，有 Metric（mm）（米制）和 Imperial（mil）(英制)。

（4）单击图 10-16 中的“Next”按钮，系统会弹出如图 10-17 所示的对话框。用户在该对话框中，可以设置焊盘的有关尺寸。只需在需要修改的地方单击鼠标，然后输入尺寸即可。

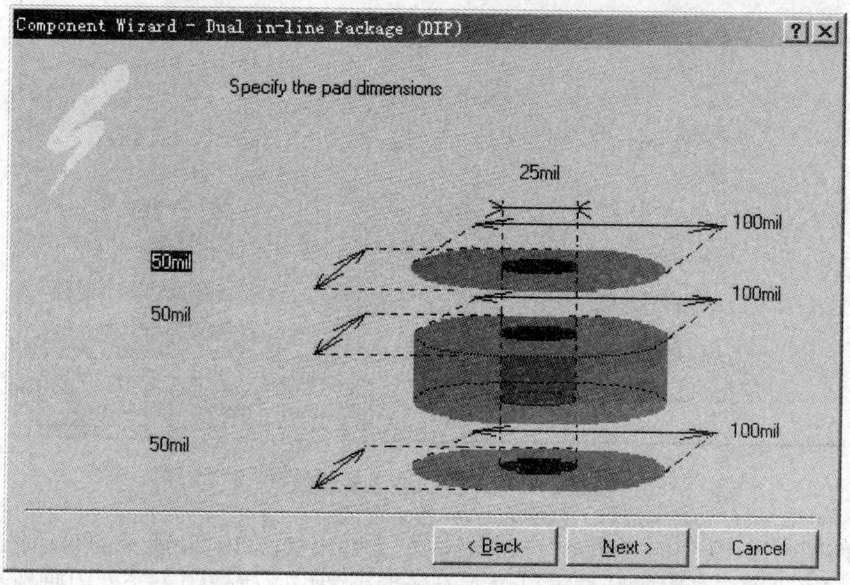

图 10-17　设置焊盘尺寸

（5）单击图 10-17 中的“Next”按钮，系统会弹出如图 10-18 所示的对话框。用户在该对话框中，可以设置引脚的水平间距、垂直间距和尺寸。设置方法同上一步。

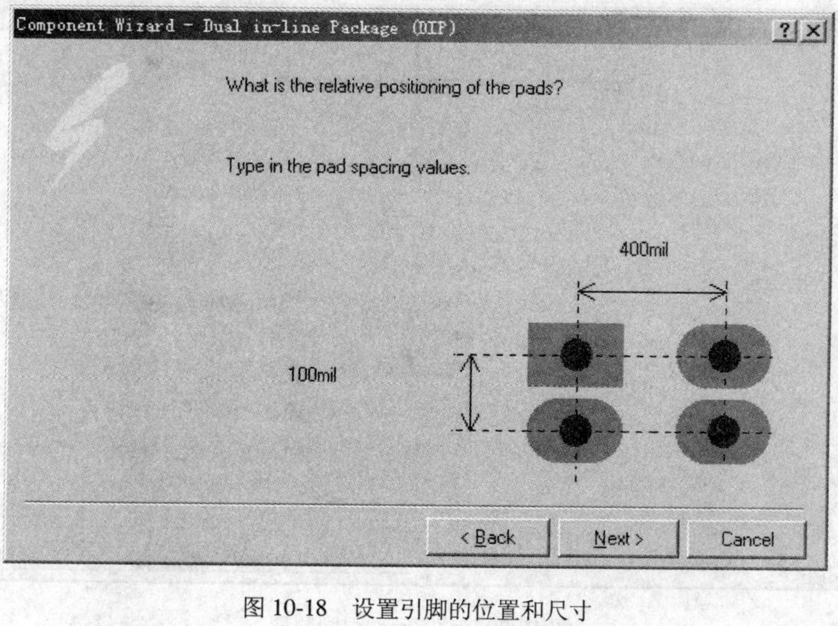

图 10-18　设置引脚的位置和尺寸

（6）单击图 10-18 中的“Next”按钮，系统会弹出如图 10-19 所示的对话框。用户在该对话框中，可以设置元件的轮廓线宽。设置方法同上一步。

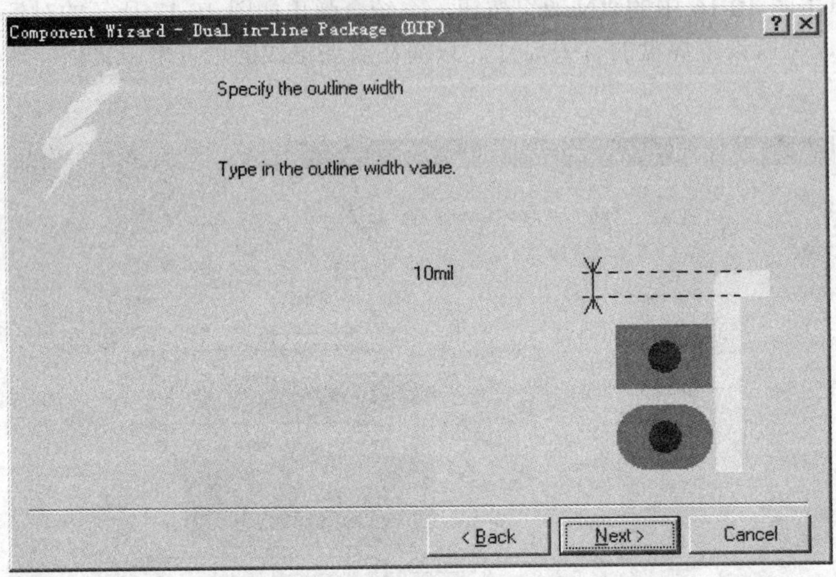

图 10-19　设置元件的轮廓线宽

（7）单击图 10-19 中的“Next”按钮，系统会弹出如图 10-20 所示的对话框。用户在该对话框中，可以设置元件引脚数量。只需在对话框中的指定位置输入元件引脚数量即可。

（8）单击图 10-20 中的“Next”按钮，系统会弹出如图 10-21 所示的设置元件封装名称的对话框。在该对话框中，用户可以设置元件的名称，在此设置为 JDIP12。

（9）再单击图 10-21 中的“Next”按钮，系统会弹出如图 10-22 所示的“完成”对话框。

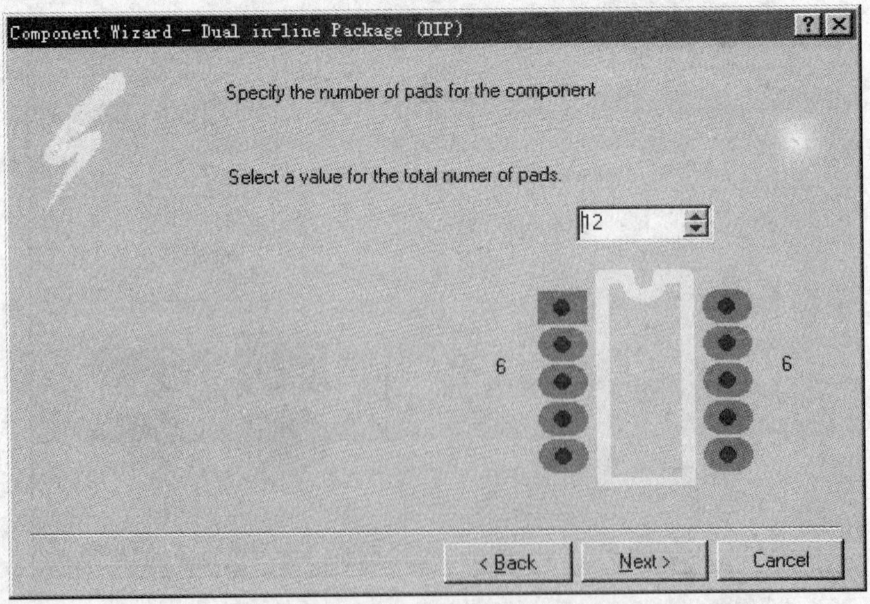

图 10-20　设置元件引脚数量

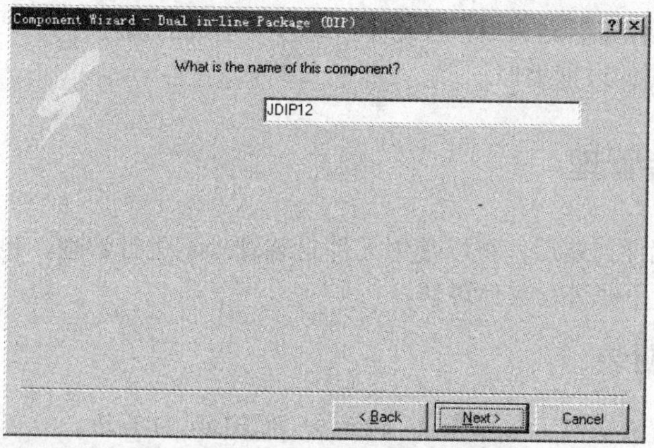

图 10-21　设置元件封装的名称

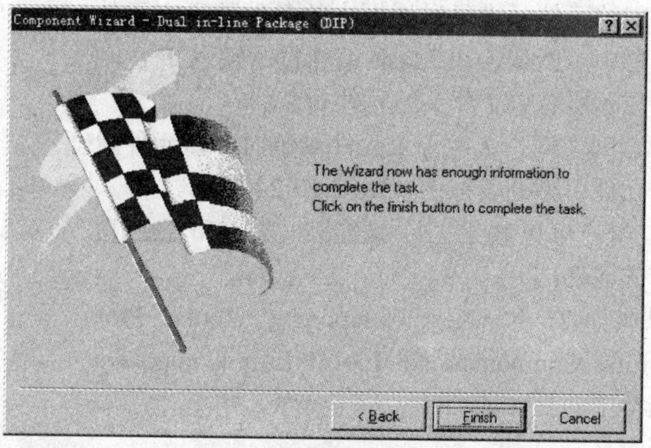

图 10-22　“完成”对话框

单击图 10-22 中的“Finish”按钮，即可完成对新元件封装设计规则的定义，同时程序按设计规则生成了新元件封装。完成后的元件封装如图 10-23 所示。

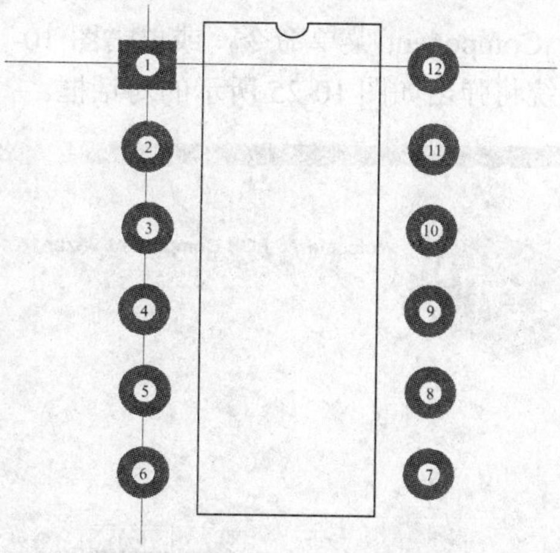

图 10-23　完成后的元件封装

使用向导创建元件封装结束后，系统会自动打开生成的新元件封装，供用户进一步修改，其操作与设计 PCB 图的过程类似。

10.5 元件封装管理

当创建了新的元件封装后，可以使用元件封装管理器进行管理，包括元件封装的浏览、添加、删除等操作，下面进行具体讲解。

10.5.1 浏览元件封装

当用户创建元件封装时，可以单击 Browse PCBLib 标签进入元件封装浏览管理器，见图 10-24。

在 PCB 浏览管理器中，元件过滤框（Mask 框）用于过滤当前 PCB 元件封装库中的元件，满足过滤框中的条件的所有元件将会显示在元件列表框中。例如，在 Mask 编辑框中输入 J*，则在元件列表框中将会显示所有以 J 开头的元件封装。

当用户在元件封装列表框中选中一个元件封装时，该元件封装的引脚将会显示在元件引脚列表框中，如图 10-24 所示。

在该对话框中，用户可以按 < 、 << 、 >> 和 > 按钮选择元件列表框中的元件。

另外用户也可以执行 Tools→Next Component、Tools→Prev Component、Tools→First Component 和 Tools→Last Component 命令来选择元件列表框中的元件。

10.5.2 添加元件封装

当新建一个 PCB 元件封装文档时，系统会自动建立一个名称为 PCBCOMPONENT_1 的空文件。添加新元件封装的操作步骤如下：

（1）执行 Tools→New Component 菜单命令，或单击图 10-24 所示的“Add”按钮，系统将弹出如图 10-25 所示的对话框。

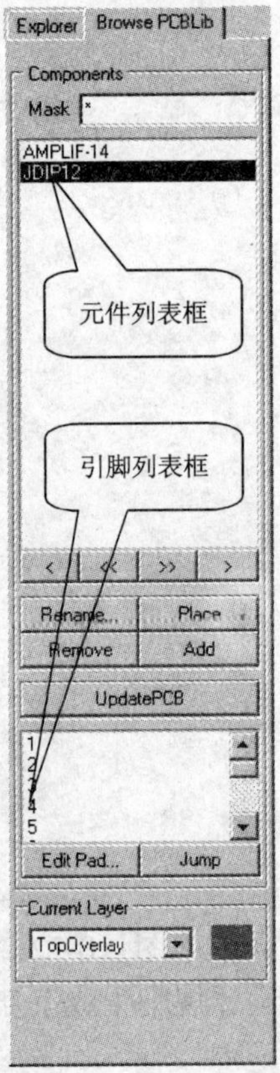

图 10-24　元件封装浏览器

图 10-25　创建新元件封装向导

（2）此时如果单击“Next”按钮，将会按照向导进行创建新元件封装，这可以参考 10.4 节的讲解。如果单击“Cancel”按钮，系统将会生成一个 PCBCOMPONENT_1 空文件。

然后用户可以对该元件封装进行重命名，并可进行绘图操作，生成一个元件封装。

10.5.3 元件封装重命名

当创建了一个元件后，用户还可以对该元件进行重命名，具体操作如下：

（1）在元件列表框中选中一个元件封装，然后单击“Rename”按钮，系统将会弹出如图 10-26 所示的重命名元件封装对话框。

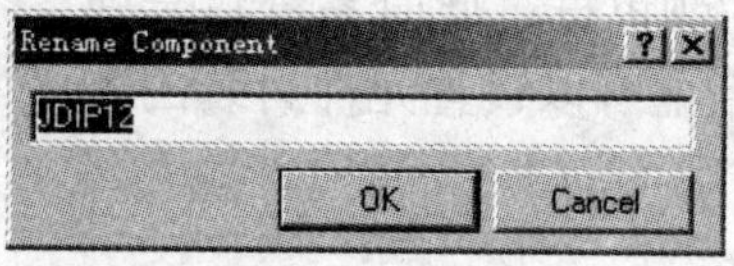

图 10-26　重命名对话框

（2）在对话框中可以输入元件的新名称，然后单击“OK”按钮即完成重命名操作。

10.5.4 删除元件封装

如果用户想从元件库中删除一个元件封装，可以先选中它，然后单击“Remove”按钮，系统会弹出如图 10-27 所示的提示框，如果用户单击“Yes”按钮，程序会执行删除操作，如果单击“No”按钮，则取消删除操作。

图 10-27　确认对话框

10.5.5 放置元件封装

通过元件封装浏览管理器，还可以进行放置元件封装的操作。用户也可以使用第 9 章讲述的方法放置元件封装。

如果用户想通过元件封装浏览管理器放置元件封装，可以先选中需要放置的元件封装，然后按“Place”按钮，系统将会切换到当前打开的 PCB 设计管理器中，用户可以将该元件封装放置在适当位置。

10.5.6 编辑元件封装引脚焊盘

还可以使用 PCBLIB 元件封装浏览管理器编辑封装引脚焊盘的属性，具体操作过程如下。

（1）在元件列表框中选中元件封装，然后在引脚列表框选中需要编辑的焊盘。

（2）双击选中的对象，或按“Edit Pad”按钮，系统将弹出焊盘属性对话框，如图 10-28 所示，在该对话框中可以实现焊盘属性的编辑，也可以直接双击焊盘进入焊盘属性对话框。

如果用户想快速定位到某个元件引脚焊盘，可以单击“Jump”按钮，系统会亮显并放大所选焊盘。

10.5.7 设置信号层的颜色

在 Current Layer 操作框中，用户可以修改或设置元件封装的各层的颜色，具体操作步骤如下：

（1）首先在 Current Layer 下拉列表中选中需要修改或设置颜色的层。

（2）使用鼠标双击右边的颜色框，此时系统将会弹出颜色设置对话框，通过该对话框可以设置元件封装的各层颜色。

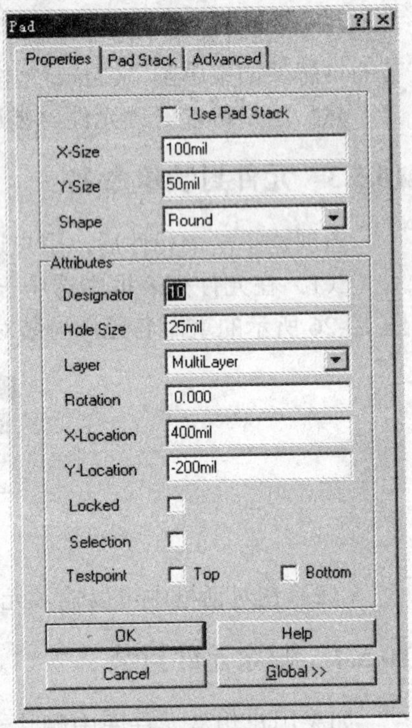

图 10-28 焊盘属性编辑对话框

10.6 创建项目元件封装库

项目元件封装库是按照本项目电路图上的元件生成的一个元件封装库。项目元件封装库实际就是把整个项目中所用到的元件整理并存入一个元件库文件中。

下面以第 9 章创建的 PWM.pcb 板为例，讲述一下创建项目元件库的步骤。

（1）执行菜单命令 File→Open，打开 PWM.PCB 所属的设计数据库，如前面创建的 PWM.PCB 文件所属的“脉宽调制信号控制电路.ddb”数据库，装入该项目文件，如图 10-29 所示

（2）在 PWM.ddb 项目中，打开 PWM.PCB 文件。

（3）执行 Tools→Make Library 菜单命令。此时执行该命令后程序会自动切换到元件封装库编辑服务器，生成相应的项目文件库 PWM.lib。在图 10-30 所示的元件封装浏览管理器所列出的元件封装库中，包括 AXIAL0.4、DIP8 和 DIP16 等。

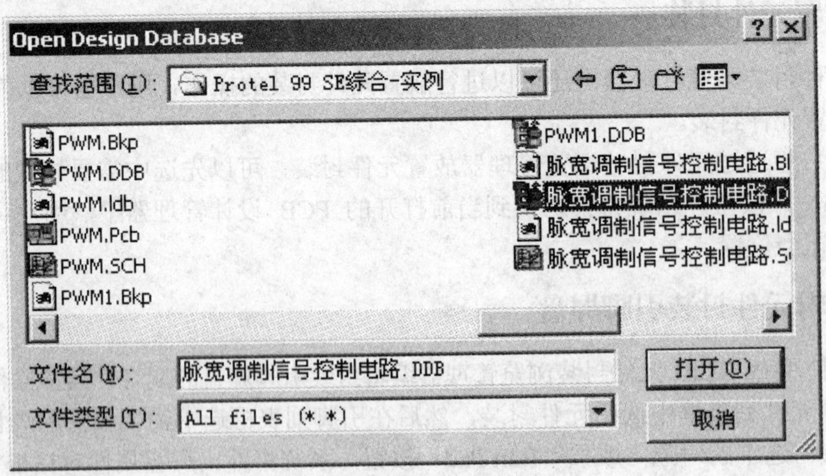

图 10-29 选择 PWM.ddb 数据库

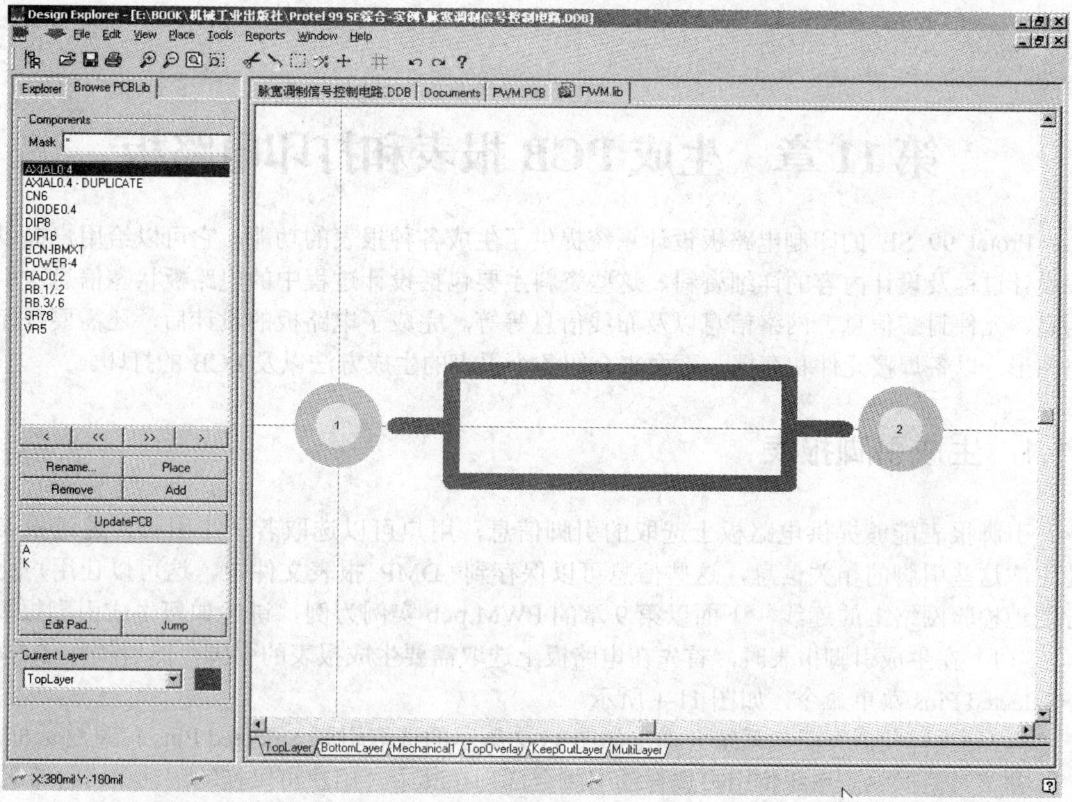

图 10-30　生成新的元件封装库

注意：如果需要自己制作新的元件封装，一定要事先仔细阅读元件的产品信息，了解该元件的尺寸和封装类型，然后再进行元件封装的绘制和定义。当绘制好了一个自定义元件封装后，还应该使用打印机按 1:1 的比例打印出来，与产品信息中元件实际尺寸进行比较，如果正确则可以使用。

第 11 章　生成 PCB 报表和打印电路板

Protel 99 SE 的印制电路板设计系统提供了生成各种报表的功能，它可以给用户提供有关设计过程及设计内容的详细资料。这些资料主要包括设计过程中的电路板状态信息、引脚信息、元件封装信息、网络信息以及布线信息等等。完成了电路板的设计后，还需要打印输出图形，以备焊接元件和存档。下面来介绍各个报表的生成方法以及 PCB 的打印。

11.1　生成引脚报表

引脚报表能够提供电路板上选取的引脚信息，用户可以选取若干个引脚，通过报表功能生成这些引脚的相关信息，这些信息可以保存到*.DMP 报表文件中，这可以让用户比较方便地检验网络上的连线。下面以第 9 章的 PWM.pcb 实例为例，讲述如何生成引脚报表。

（1）在生成引脚报表时，首先在电路板上选取需要生成报表的引脚，然后执行 Reports→Selected Pins 菜单命令，如图 11-1 所示。

（2）执行此命令后，系统会弹出如图 11-2 所示的选取引脚 Selected Pins 信息对话框。在该对话框中，系统将用户选择的引脚全部列在其中，用户可以拖动滚动条进行查看。

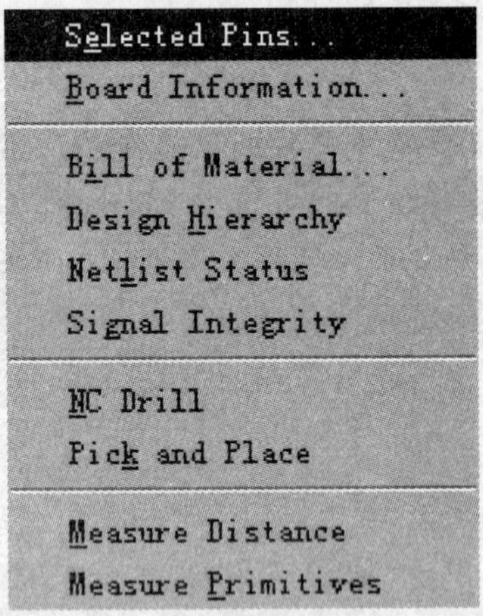

图 11-1　Reports 菜单

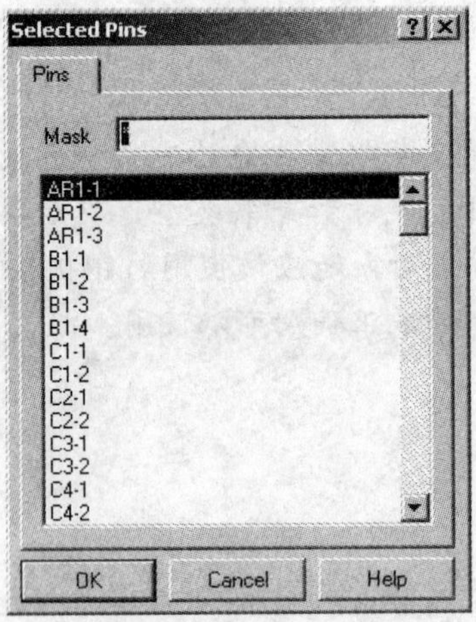

图 11-2　选取引脚对话框

（3）对话框中列出了选取引脚的信息，如果单击“OK”按钮，系统会切换到文本编辑器中，并生成引脚报表文件*.DMP，下面为报表文件的部分内容：

AR1-1	AR1-2	AR1-3
C2-1	C2-2	C3-1
C3-2	C4-1	C4-2
C5-1	C5-2	C8-1
C8-2	C9-1	C9-2

C14-1	C14-2	C15-1
C15-2	R6-1	R6-2
R7-1	R7-2	R8-1
R8-2	R13-1	R13-2

11.2 生成电路板信息报表

电路板信息报表的作用是给用户提供一个电路板的完整信息，包括电路板尺寸、电路板上的焊点、导孔的数量以及电路板上的元件标号等等，下面讲述如何生成电路板的有关信息报表。

（1）执行 Reports→Board Information 菜单命令。系统会弹出如图 11-3 所示的电路板信息对话框。

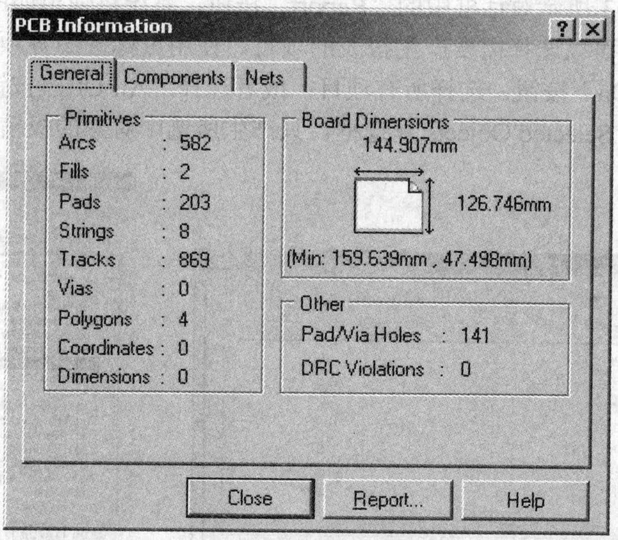

图 11-3　电路板信息对话框

图 11-3 所示的对话框中包括 3 个选项卡，分别说明如下。

- General 选项卡，主要用于显示电路板的一般信息，如电路板大小，电路板上各个组件的数量，如导线数、焊点数、导孔数、敷铜数、违反设计规则的数量等。
- Components 选项卡，用于显示当前电路板上使用的元件序号以及元件所在的层等信息，如图 11-4 所示。
- Nets 选项卡，用于显示当前电路板中的网络信息，如图 11-5 所示。

如果单击 Nets 选项卡中的“Pwr/Gnd”按钮，系统会弹出如图 11-6 所示的内部层信息对话框。内部层信息对话框列出了各个内部层所接的网络、导孔和焊点以及导孔或焊点和内部层间的连接方式。

本实例的电路板没有内部层网络，所以在图 11-6 所示对话框中没有显示层信息，也没有内部层网络。

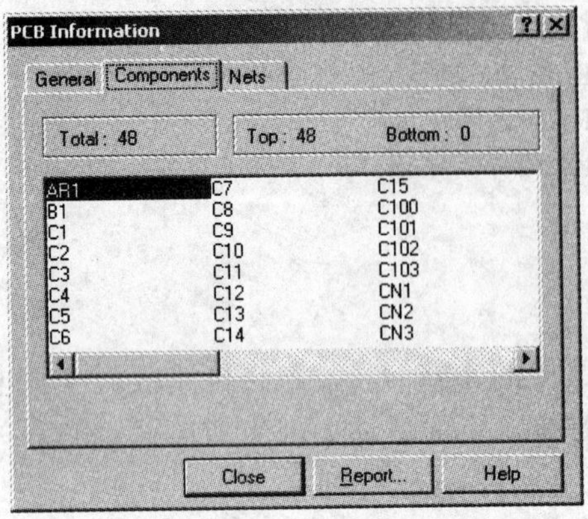

图 11-4　Components 选项卡

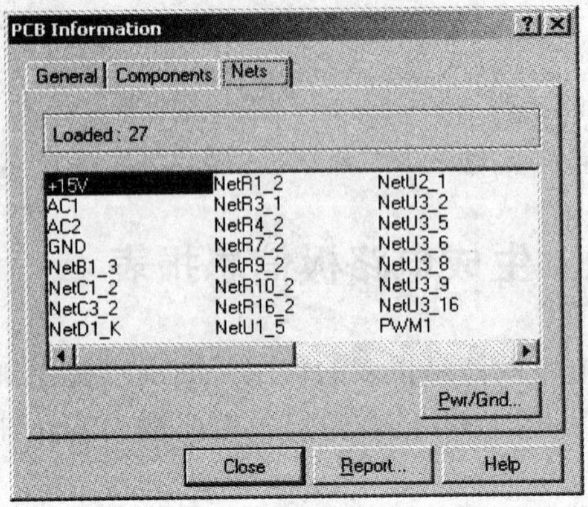

图 11-5　Nets 选项卡

（2）单击图 11-3 所示对话框中的“Report”按钮，系统将弹出如图 11-7 所示的选择报表项目对话框，用户可以选择需要产生报表的项目，使用鼠标选中各项目的复选框即可。用户也可以选择“All On”按钮，选择所有项目；或者选择“All Off”按钮，不选择任何项目。另外用户也可以选中 Selected Objects 复选框，只产生所选中对象的板信息报表。

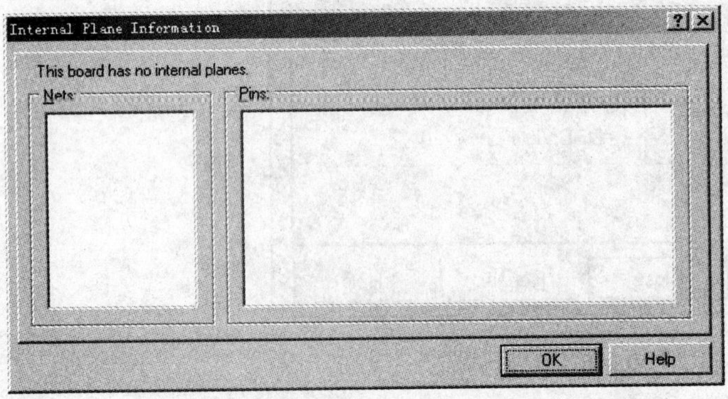

图 11-6　内部层信息对话框

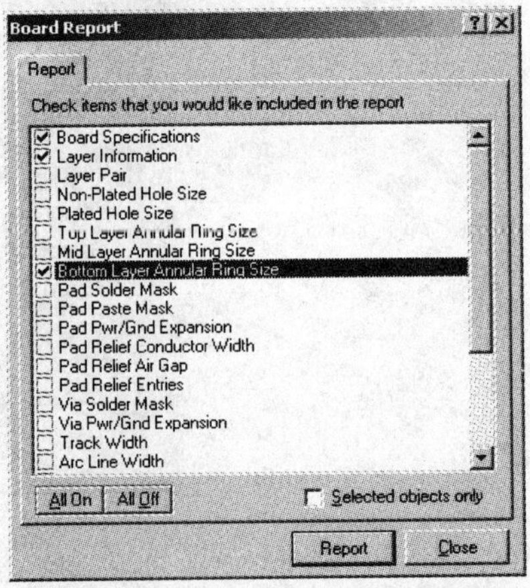

图 11-7　选择报表项目对话框

（3）接着可以在任何一个选项卡中单击“Report”按钮，根据电路板信息生成相应的报表文件，生成的文件以.REP 为后缀。根据第 9 章的 PWM.Pcb 生成的电路板信息报表部分文档如下：

```
Specifications For PWM.PCB
On 3-Sep-2003   at 20:39:13
Size Of board                    0.14491 x 0.12675 sq m
Equivalent 14 pin components       1285646720.00 sq mm/14 pin component
Components on board                  48
 Layer                        Route    Pads   Tracks    Fills    Arcs    Text
---------------------------------------------------------------
 TopLayer                                31     279        0      263      0
 BottomLayer                             31     276        0      314      0
```

Mechanical1	0	13	0	0	0
Mechanical3	0	33	0	0	0
TopOverlay	0	252	0	5	102
BottomOverlay	0	0	0	0	2
TopSolder	0	0	1	0	0
BottomSolder	0	0	1	0	0
KeepOutLayer	0	16	0	0	0
MultiLayer	141	0	0	0	0
Total	203	869	2	582	104

Bottom Layer Annular Ring Size	Count
-2.286mm (-90mil)	2
-1.905mm (-75mil)	1
0.4572mm (18mil)	32
0.6748mm (26.567mil)	3
0.762mm (30mil)	38
0.77mm (30.315mil)	2
0.8636mm (34mil)	37
1.5mm (59.055mil)	18
1.74mm (68.504mil)	4
1.778mm (70mil)	2
1.8288mm (72mil)	2
Total	141

11.3 生成网络状态报表

网络状态报表用于列出电路板中每一条网络的长度。要生成网络状态报表，可以执行 Reports→Netlist Status 菜单命令，系统将打开文本编辑器，产生相应的网络状态报表。根据第 9 章的 PWM.pcb 电路板可生成网络状态报表，生成的文件以.Rep 为后缀名（下面为详细的网络状态信息报表），下面为生成的网络状态表的部分内容。

+15V	Signal Layers Only	Length:271 mms
AC1	Signal Layers Only	Length:58 mms
AC2	Signal Layers Only	Length:58 mms
GND	Signal Layers Only	Length:572 mms
NetB1_3	Signal Layers Only	Length:114 mms
NetC1_2	Signal Layers Only	Length:108 mms
NetC3_2	Signal Layers Only	Length:68 mms
NetD1_K	Signal Layers Only	Length:90 mms
NetR10_2	Signal Layers Only	Length:77 mms
NetR16_2	Signal Layers Only	Length:27 mms
NetR1_2	Signal Layers Only	Length:70 mms

……

11.4 生成设计层次报表

Protel 99 SE 可生成有关 PCB 文件层次的报表，该报表指出了文件系统的构成。生成设计层次报表的具体操作过程如下：

执行 Reports→Design Hierarchy 菜单命令。系统将切换到文本编辑器，在其中产生 PCB 文件相应的设计层次报表。下面即为本实例生成的设计层次报表，文件以.Rep 为后缀名。

Design Hierarchy Report for E:\BOOK\机械工业出版社\Protel 99 SE 综合-实例\脉宽调制信号控制电路.DDB

Documents

    Place1.Plc
    PWM.lib
    PWM.PCB
    PWM.SCH
    脉宽调制信号控制电路.ERC
    脉宽调制信号控制电路.NET
    PWM.DMP
    PWM.REP

11.5 生成 NC 钻孔报表

钻孔文件用于提供制作电路板时所需的钻孔资料，该资料可直接用于数控钻孔机，生成 NC 钻孔报表的具体操作如下：

（1）执行 File→New 菜单命令，系统将弹出如图 11-8 所示的新建文件对话框。

（2）单击 CAM Output Configure 图标（生成辅助制造输出文件），然后单击“OK”按钮。

（3）系统将弹出如图 11-9 所示的对话框，在该对话框中，用户可以选择需要产生报表的 PCB 文件，然后单击“OK”按钮。

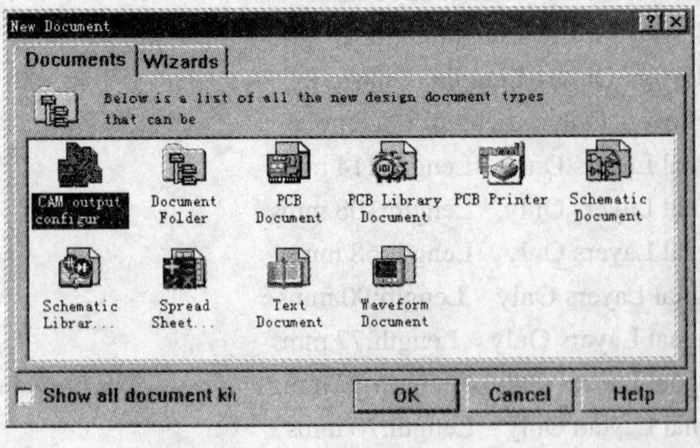

图 11-8　新建文件对话框

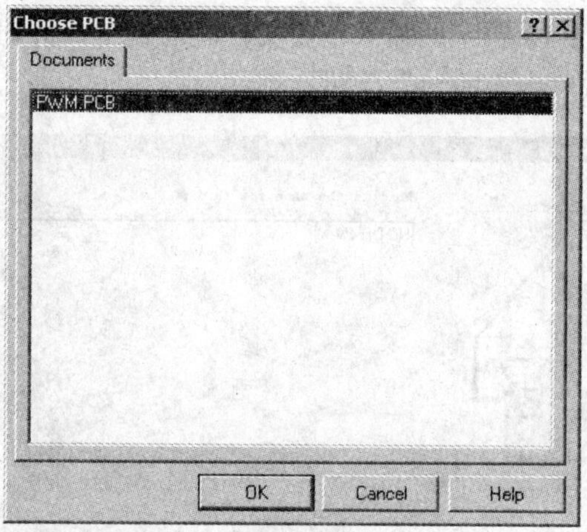

图 11-9　选择 PCB 文件对话框

（4）系统弹出如图 11-10 所示的生成输出向导对话框。单击“Next”按钮。

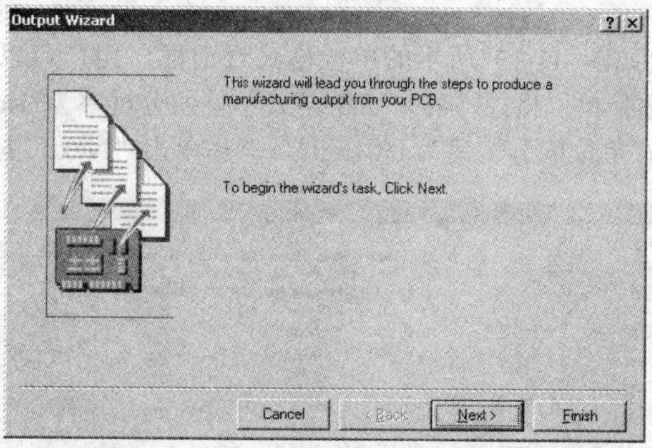

图 11-10　生成输出向导对话框

（5）系统将弹出如图 11-11 所示的选择生成文件类型对话框，此时选择 NC Drill 类型，也可以选择 BOM（元件报表）等类型，然后单击“Next”按钮。

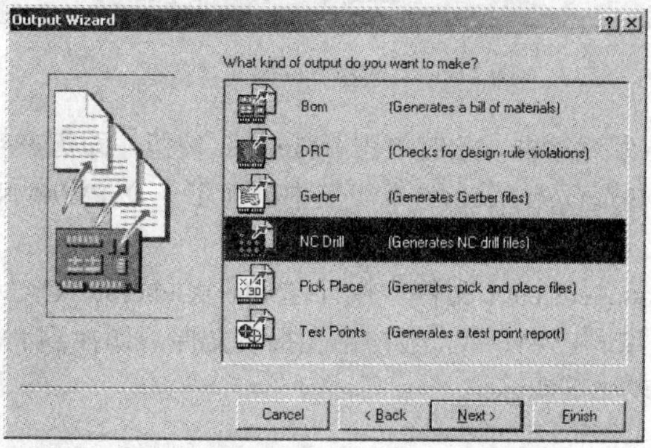

图 11-11　选择生成文件类型对话框

（6）系统弹出如图 11-12 所示的输入报表文件名对话框，此时可输入 NC Drill 文件名，在此输入 PWM-NC，然后单击“Next”按钮。

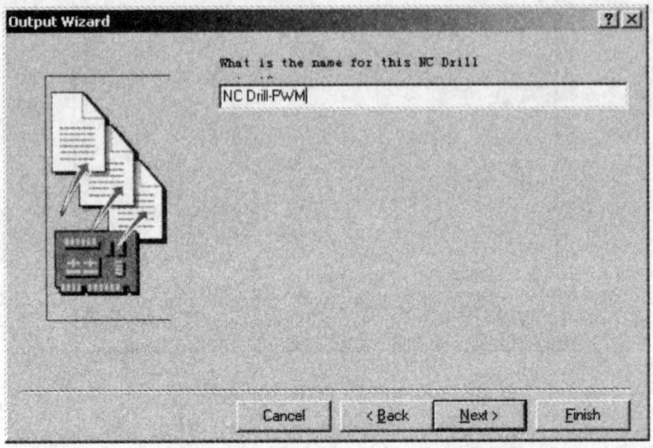

图 11-12　输入报表文件名对话框

（7）系统将弹出如图 11-13 所示的单位格式对话框，用户可以选择单位（Inches 或 Millimeters），还可以选择单位格式（其中 2:3 格式单位的分辨率为 1mil，2:4 格式单位的分辨率为 0.1mil，2:5 格式单位的分辨率为 0.01mil），然后单击“Next”按钮。

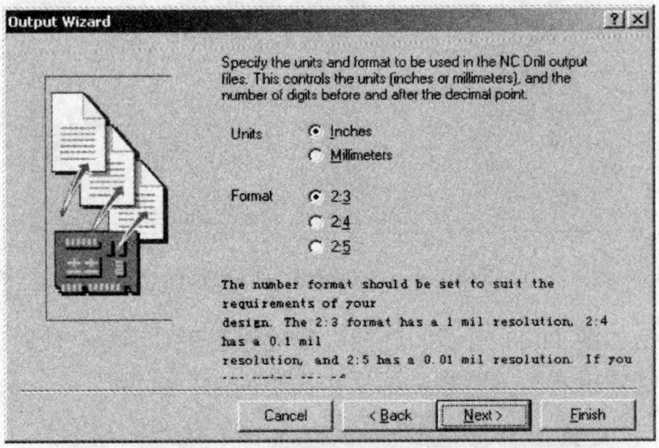

图 11-13　选择单位格式对话框

（8）系统将弹出结束对话框，此时单击“Finish”按钮，即可产生辅助制造管理器文件，系统默认文件名为 CAMManager1.cam。本实例中创建了一个 PWM-NC 报表，不过此时还不能查看报表的内容。

（9）打开 CAMManager1.cam 文件，执行 Tools→Generate CAM Files 命令，系统将产生 PWM.DRR（在 Cam for PWM 中）数控钻孔报表文件。切换到 PWM.DRR 文件，可以看到本实例的数控钻孔报表如下所示。

```
------------------------------------------------------------------------
NCDrill File Report For: PWM.PCB     3-Sep-2003     20:47:59
```

Layer Pair : TopLayer to BottomLayer

ASCII File : NCDrillOutput.TXT

EIA File　: NCDrillOutput.DRL

Tool	Hole Size	Hole Count Plated	Tool Travel
T1	20mil (0.508mm)	2	7.83 Inch (198.84 mm)
T2	28mil (0.7112mm)	39	22.28 Inch (565.80 mm)
T3	31mil (0.7874mm)	4	9.36 Inch (237.78 mm)
T4	32mil (0.8128mm)	70	31.03 Inch (788.15 mm)
T5	35mil (0.889mm)	3	8.31 Inch (211.16 mm)
T6	55mil (1.397mm)	2	8.71 Inch (221.27 mm)
T7	59mil (1.4986mm)	18	19.04 Inch (483.73 mm)
T8	125mil (3.175mm)	1	7.22 Inch (183.35 mm)
T9	140mil (3.556mm)	2	15.03 Inch (381.86 mm)
Totals		141	128.82 Inch (3271.95 mm)

Total Processing Time : 00:00:00

其实系统总共产生了 3 个文件，即 PWM.TXT、PWM.DRL、PWM.DRR，真正的数控程序以文本文件的方式保存为 PWM.TXT，图 11-14 为数控程序的部分内容。

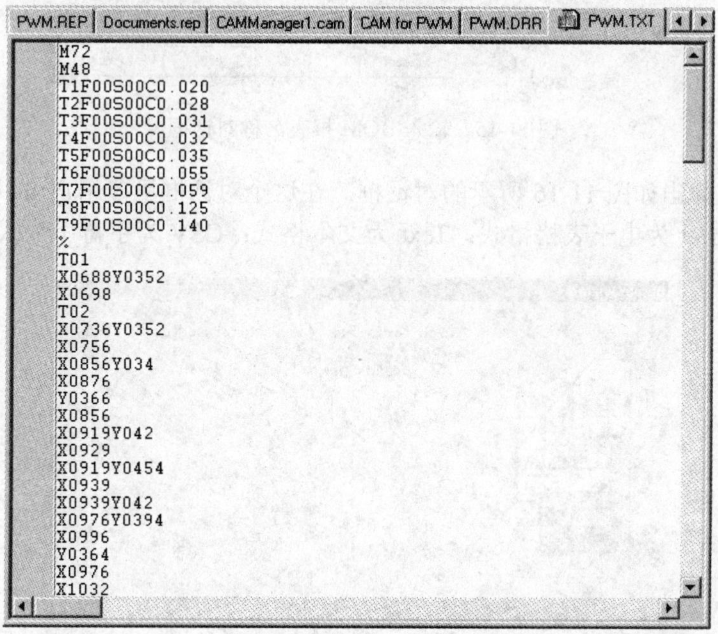


```
M72
M48
T1F00S00C0.020
T2F00S00C0.028
T3F00S00C0.031
T4F00S00C0.032
T5F00S00C0.035
T6F00S00C0.055
T7F00S00C0.059
T8F00S00C0.125
T9F00S00C0.140
%
T01
X0688Y0352
X0698
T02
X0736Y0352
X0756
X0856Y034
X0876
Y0366
X0856
X0919Y042
X0929
X0919Y0454
X0939
X0939Y042
X0976Y0394
X0996
Y0364
X0976
X1032
```

图 11-14　NC 钻孔数控程序

11.6　生成元件报表

元件报表功能可以用来整理一个电路或一个项目中的元件，形成一个元件列表，以供用户查询，生成元件报表的操作过程如下：

（1）同 11.5 节的（1）。

（2）同 11.5 节的（2）。

（3）同 11.5 节的（3）。

（4）同 11.5 节的（4）。

（5）系统弹出如图 11-11 所示的选择产生文件类型对话框，此时选择 BOM（Bill of Material）类型，然后单击“Next”按钮。

（6）系统将弹出如图 11-15 所示的对话框。在这个对话框里可以输入 BOM 名称，如本实例的 PWM-Bom，然后单击“Next”按钮。

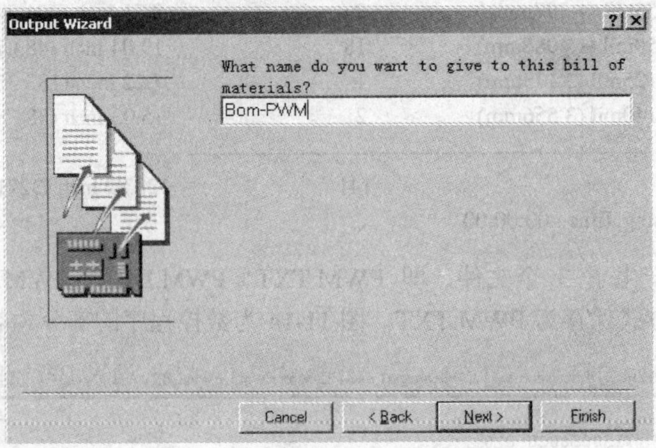

图 11-15　输入 BOM 报表名称对话框

（7）系统将弹出如图 11-16 所示的对话框。在这个对话框里，用户可以选择 BOM 报表的各式，Spreadsheet 为电子表格格式；Text 为文本格式；CSV 为字符串形式。

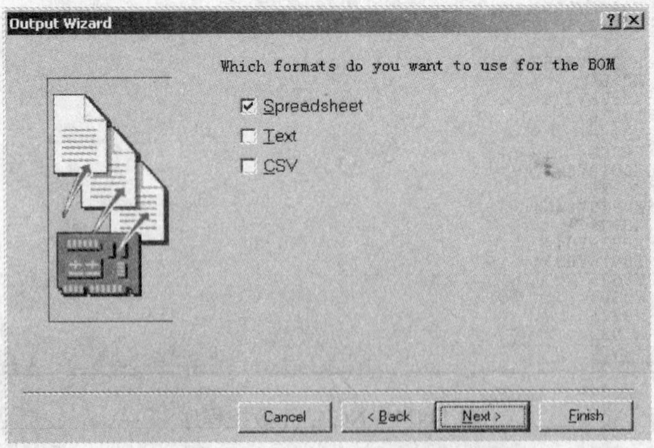

图 11-16　文件格式选择对话框

（8）单击“Next”按钮，系统将弹出如图 11-17 所示的对话框。在这个对话框里可以选择元件的列表形式，系统提供了如下两种列表形式：

● List：该选项为将当前电路板上所有元件列表，每一个元件占一行，所有元件按顺序向下排列。

● Group：该选项为将当前电路板上的具有相同元件封装和元件名称的元件作为一组，每一组占一行。

（9）选择了列表形式后，单击“Next”按钮，系统将弹出如图 11-18 所示的对话框。该对话框中 Select the sorting method 选项用于选择排序的依据。如选择 Comment，则用元件名称来对元件报表排序；Check the fields to included in the report 选项用于选择报表所要包含的范围，包括 Designator、Footprint 和 Comment。

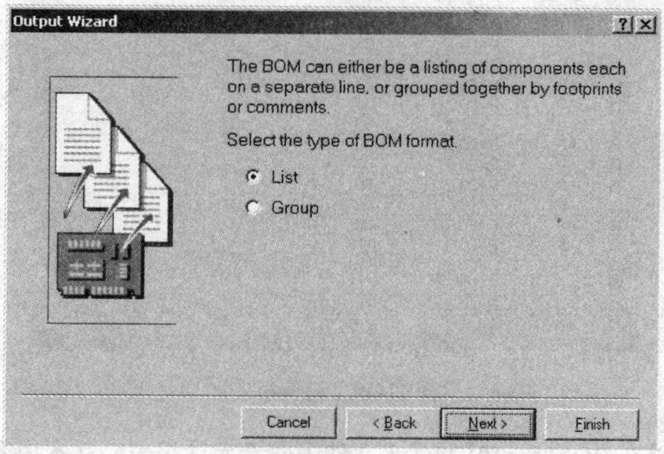

图 11-17　选择元件的列表形式

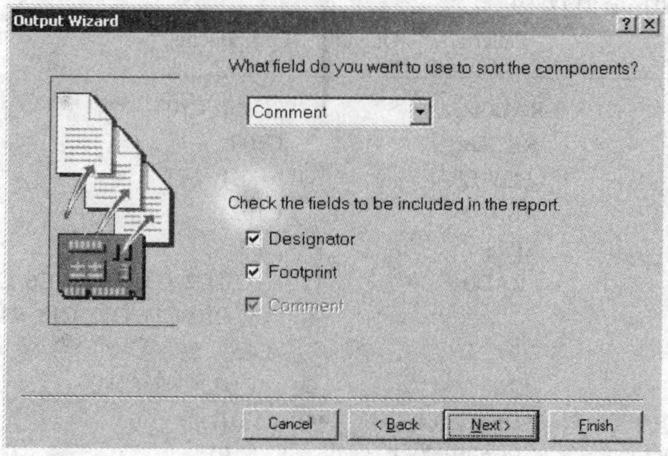

图 11-18　选择元件排序依据

（10）选择了报表包含的范围后，单击“Next”按钮，系统将弹出“完成”对话框。如果想更改上面某一步，可以单击“Back”按钮返回前面的操作对话框，进行重新设置。

（11）系统弹出结束对话框，此时单击“Finish”按钮，即可产生辅助制造管理器文件，系统默认文件名为 CAMManager2.cam，本实例中创建了一个 PWM-BOM 报表，不过此时还不能查看报表的内容。

（12）进入 CAMManager2.cam 文件，执行 Tools→Generate CAM Files 命令，系统将产生 BOM for PWM.Bom/txt/Csv 等元件报表文件，可以看到本实例的元件报表 BOM for PWM.Bom 如图 11-19 所示（以表格显示）。

A1 Comment

	A	B	C	D	E	F	G
1	Comment	Footprint	Designators				
2	0.1u	RAD0.2	C101				
3	0.1u	RAD0.2	C103				
4	2200u/50V	RB.3/.6	C100				
5	3A/100V	POWER-4	B1				
6	47u/50V	RB.1/.2	C102				
7	7815	SR78	U4				
8	CAP	RAD0.2	C1				
9	CAP	RAD0.2	C2				
10	CAP	RAD0.2	C3				
11	CAP	RAD0.2	C4				
12	CAP	RAD0.2	C5				
13	CAP	RAD0.2	C6				
14	CAP	RAD0.2	C7				
15	CAP	RAD0.2	C8				
16	CAP	RAD0.2	C9				
17	CAP	RAD0.2	C10				
18	CAP	RAD0.2	C11				
19	CAP	RAD0.2	C12				
20	CAP	RAD0.2	C13				
21	CAP	RAD0.2	C14				
22	CAP	RAD0.2	C15				

Sheet1

图 11-19　元件报表

另外用户也可以在 BOM for PWM.Txt 文件中察看元件报表，文本内容如下：

```
Bill Of Material For PWM.PCB
On 3-Sep-2003    at 21:00:59
 Comment              Pattern        Quantity   Components
------------------------------------------------------------------
 0.1u                 RAD0.2            2       C101, C103
 2200u/50V            RB.3/.6           1       C100
 3A/100V              POWER-4           1       B1
 47u/50V              RB.1/.2           1       C102
 7815                 SR78              1       U4
 CAP                  RAD0.2            15      C1, C2, C3, C4, C5, C6, C7, C8,
                                                C9, C10, C11, C12, C13, C14,
                                                C15
 CN-6                 CN6               3       CN1, CN2, CN3
 DIODE                DIODE0.4          1       D1
 ECN-IBMXT            ECN-IBMXT         1       P1
 LF353                DIP8              1       U1
 LM393                DIP8              1       U2
 POT2                 VR5               1       AR1
 RES2                 AXIAL0.4          16      R1, R2, R3, R4, R5, R6, R7, R8,
                                                R9, R10, R11, R12, R14, R15,
                                                R16, R17
 RES2                 axial0.4          1       R13
```

SG3525A	DIP16	1	U3
ZENER2	DIODE0.4	1	W1

11.7 生成电路特性报表

Protel 99 SE 为用户提供了生成电路特性报表的命令。电路特性报表用于提供一些有关元件的电特性资料，生成电路特性报表的操作方法如下：

（1）执行 Reports→Signal Integrity 菜单命令。

（2）执行该命令后，系统将切换到文本编辑器，并在其中产生电路特性报表，本实例生成的电路特性报表为 PWM.SIG 部分内容如下：

```
Documents\PWM.SIG - Signal Integrity Report
------------------------------------------
Designator to Component Type Specification
----------------------------------------
Warning! No designator to component type mapping defined.
All components considered as type IC.
Power Supply Nets
-----------------
Warning! No supply nets defined. Results may be unreliable.
ICs with valid models
--------------------
ICs With No Valid Model
----------------------
W1          ZENER2       Closest match in library will be used
U3          SG3525A      Closest match in library will be used
R13         RES2         Closest match in library will be used
R17         RES2         Closest match in library will be used
R16         RES2         Closest match in library will be used
R15         RES2         Closest match in library will be used
R14         RES2         Closest match in library will be used
R12         RES2         Closest match in library will be used
R11         RES2         Closest match in library will be used
R10         RES2         Closest match in library will be used
R9          RES2         Closest match in library will be used
R8          RES2         Closest match in library will be used
R7          RES2         Closest match in library will be used
```

11.8 生成元件位置报表

Protel 99 SE 为用户提供了生成元件位置报表的命令。元件位置报表用于提供元件之间的距离、以判断元件的位置布置是否合理，生成元件位置报表的操作方法如下：

（1）同 11.5 节的（1）。

（2）同 11.5 节的（2）。

（3）同 11.5 节的（3）。

（4）同 11.5 节的（4）。

（5）系统弹出如图 11-11 所示的选择产生文件类型对话框，此时选择 Pick Place（Generate Pick and Place File）类型，然后单击“Next”按钮。

（6）系统将弹出如图 11-20 所示的对话框。在这个对话框里可以输入位置文件名称，如本实例的 PWM-PickPlace，然后单击“Next”按钮。

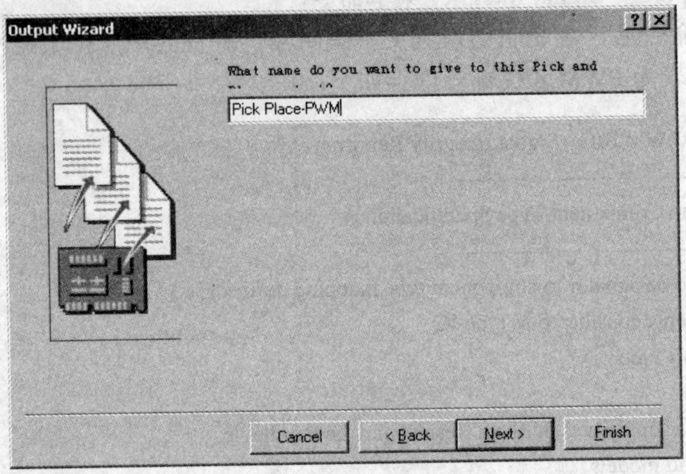

图 11-20　输入元件位置报表名称对话框

（7）系统将弹出如图 11-21 所示的对话框。在这个对话框里，用户可以选择 BOM 报表的各式，Spreadsheet 为电子表格格式；Text 为文本格式；CSV 为字符串形式，然后单击“Next”按钮。

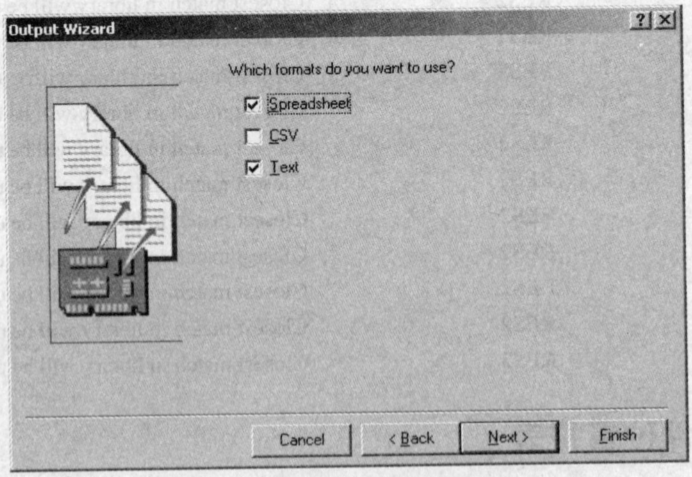

图 11-21　文件格式选择对话框

（8）系统将弹出如图 11-22 所示的单位设置对话框，用户可以选择单位（Inches 或 Millimeters），然后单击“Next”按钮。

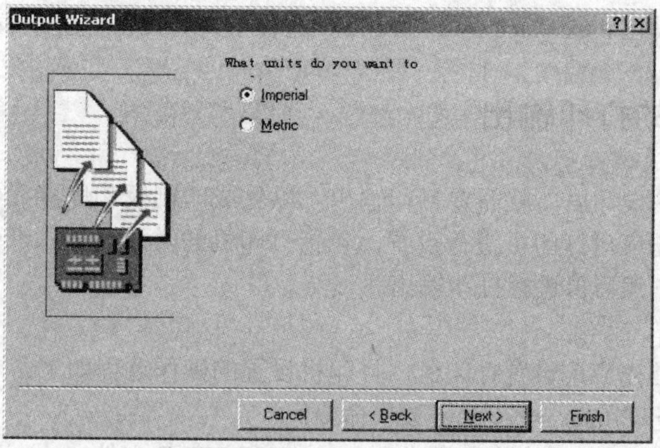

图 11-22　选择单位对话框

（9）选择了报表包含的范围后，单击“Next”按钮，系统将弹出“完成”对话框。如果想更改上面某一步，可以单击“Back”按钮返回前面的操作对话框，进行重新设置。

（10）系统弹出结束对话框，此时单击“Finish”按钮，即可产生辅助制造管理器文件，系统默认文件名为 CAMManager3.cam，本实例中创建了一个 PWM-PickPlace 报表，不过此时还不能查看报表的内容。

（11）进入 CAMManager3.cam 文件，执行 Tools→Generate CAM Files 命令，系统将产生 Pick Place for PWM..pik/txt/Csv 元件位置报表文件，可以看到本实例的元件位置报表 Pick Place for PWM..pik，如图 11-23 所示（以表格显示）。

	A	B	C	D	E	F	G	H	I	J	K	L
1	Designator	Footprint	Mid X	Mid Y	Ref X	Ref Y	Pad X	Pad Y	Layer	Rotation	Comment	
2	C101	RAD0.2	7540.15mi	5080.331m	7440mil	5080mil	7440.15mi	5080.331m	T	360	0.1u	
3	C103	RAD0.2	7460.15mi	3520.331m	7360mil	3520mil	7360.15mi	3520.331m	T	360	0.1u	
4	C100	RB.3/.6	6850.394m	5020.221m	7000mil	5020mil	7000.394m	5020.221m	T	360	2200u/50V	
5	B1	POWER-4	7155.819m	5579.772m	6920mil	5580mil	7077.078m	5579.772m	T	360	3A/100V	
6	C102	RB.1/.2	6930.087m	3520.378m	6880mil	3520mil	6980.087m	3520.378m	T	360	47u/50V	
7	U4	SR78	7159.921m	4106.205m	7160mil	4000mil	7061.496m	4002.071m	T	270	7815	
8	C1	RAD0.2	8040.15mi	4780.331m	7940mil	4780mil	7940.15mi	4780.331m	T	360	CAP	
9	C2	RAD0.2	9290.15mi	5380.331m	9190mil	5380mil	9190.15mi	5380.331m	T	360	CAP	
10	C3	RAD0.2	9290.15mi	5120.331m	9190mil	5120mil	9190.15mi	5120.331m	T	360	CAP	
11	C4	RAD0.2	9290.15mi	4540.331m	9190mil	4540mil	9190.15mi	4540.331m	T	360	CAP	
12	C5	RAD0.2	9840.15mi	5400.331m	9740mil	5400mil	9740.15mi	5400.331m	T	360	CAP	
13	C6	RAD0.2	8660.15mi	3400.331m	8560mil	3400mil	8560.15mi	3400.331m	T	360	CAP	
14	C7	RAD0.2	8660.15mi	3660.331m	8560mil	3660mil	8560.15mi	3660.331m	T	360	CAP	
15	C8	RAD0.2	10960.15m	4220.331m	10860mil	4220mil	10860.15m	4220.331m	T	360	CAP	
16	C9	RAD0.2	10940.15m	5300.331m	10840mil	5300mil	10840.15m	5300.331m	T	360	CAP	
17	C10	RAD0.2	10960.15m	3920.331m	10860mil	3920mil	10860.15m	3920.331m	T	360	CAP	
18	C11	RAD0.2	10420.15m	3640.331m	10320mil	3640mil	10320.15m	3640.331m	T	360	CAP	
19	C12	RAD0.2	9860.15mi	3640.331m	9760mil	3640mil	9760.15mi	3640.331m	T	360	CAP	
20	C13	RAD0.2	9860.15mi	3940.331m	9760mil	3940mil	9760.15mi	3940.331m	T	360	CAP	
21	C14	RAD0.2	10940.15m	4760.331m	10840mil	4760mil	10840.15m	4760.331m	T	360	CAP	
22	C15	RAD0.2	10940.15m	5020.331m	10840mil	5020mil	10840.15m	5020.331m	T	360	CAP	
23	CN1	CN6	8733mil	6191.378m	8900mil	6300mil	8900.323m	6299.646m	T	270	CN-6	
24	CN2	CN6	7173mil	6191.378m	7340mil	6300mil	7340.323m	6299.646m	T	270	CN-6	
25	CN3	CN6	10213mil	6191.378m	10380mil	6300mil	10380.323	6299.646m	T	270	CN-6	
26	D1	DIODE0.4	9279.543m	3580.126m	9080mil	3580mil	9079.543m	3580.126m	T	360	DIODE	
27	P1	ECN-IBMX	9000mil	2800mil	10500mil	2800mil	10500mil	2800mil	T	0	ECN-IBMXT	
28	U1	DIP8	8690.165m	4670.205m	8540mil	4820mil	8540.165m	4820.205m	T	360	LF353	
29	U2	DIP8	8010.165m	3810.205m	7860mil	3960mil	7860.165m	3960.205m	T	360	LM393	
30	AR1	VR5	9289.795m	4199.795m	9190mil	4200mil	9189.795m	4199.795m	T	360	POT2	
31	R1	AXIAL0.4	8020.087m	5340.378m	7820mil	5340mil	7820.087m	5340.378m	T	360	RES2	
32	R2	AXIAL0.4	8020.087m	5080.378m	7820mil	5080mil	7820.087m	5080.378m	T	360	RES2	
33	R3	AXIAL0.4	8040.087m	4440.378m	7840mil	4440mil	7840.087m	4440.378m	T	360	RES2	
34	R4	AXIAL0.4	8680.087m	5120.378m	8480mil	5120mil	8480.087m	5120.378m	T	360	RES2	

图 11-23　元件位置报表

另外用户也可以在 Pick Place for PWM..Txt 文件中查看元件位置报表。

11.9 PCB 板的打印输出

完成了 PCB 的设计后，就需要打印输出，以生成印刷板和焊接元件。要使用打印机打印输出电路板，首先应对打印机进行设置，包括打印机的类型设置、纸张大小的设定、电路图纸的设定等内容，然后再进行打印输出。

1．打印机设置

打印输出前，首先应该设置打印机，打印机设置的操作过程如下：

（1）执行 File→Printer→Preview 菜单命令。

（2）执行此命令后，系统将会生成 Preview PWM.PRC 文件。

（3）进入 Preview PWM.PRC 文件，选择 File→Setup Printer 命令，系统将弹出如图 11-24 所示的对话框，此时可以设置打印机的类型。

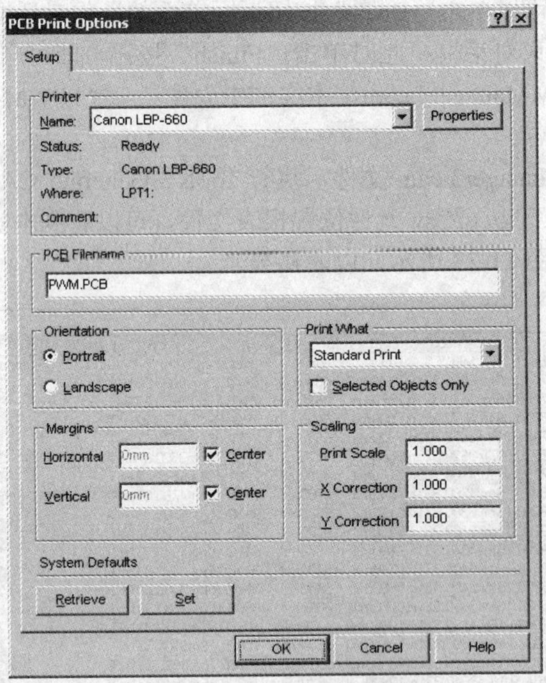

图 11-24　Printer Setup 对话框

（4）在 Printer 操作框中可选择打印机名。在 PCB Filename 编辑框显示了所要打印的文件名。

在 Orientation 互斥选择框中可选择打印方向：Portrait（纵向）和 Landscape（横向）。

Print What 选择下拉列表中可选择打印的对象，Standard（标准形式）、Whole Board on Page（整块板打印在一页上）和 PCB Screen Region（PCB 区域）。

其它选项为边界和打印比例设置。

（5）设置完毕，单击“OK”按钮，完成打印设置操作。

2. 打印输出

设置了打印机后，可执行菜单命令 File→Print 的相关命令进行打印。打印 PCB 板图形的命令有：

（1）Print→All 打印所有图形。

（2）Print→Job 打印操作对象。

（3）Print→Page 打印给定的页面，执行该命令后，系统将弹出如图 11-25 所示的页码输入对话框，用户可以输入需要打印的页码。

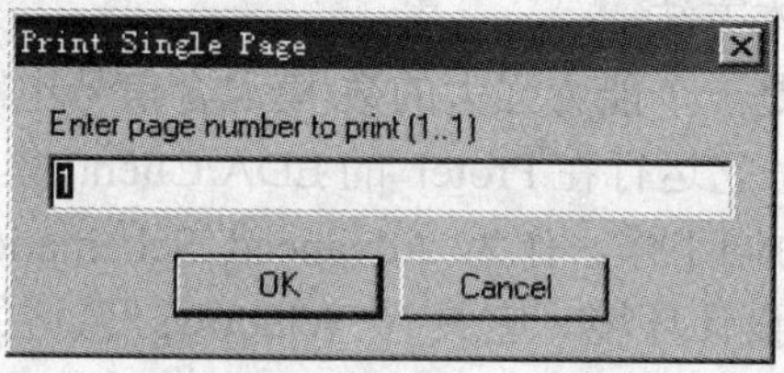

图 11-25　页码输入对话框

（4）Print→Current 打印当前页。

第12章 电路仿真

Protel 99 SE 不但可以绘制电路图和制作印制电路板，而且还提供了电路仿真工具。用户可以方便地对设计的电路信号进行模拟仿真。本章将讲述 Protel 99 SE 的仿真工具的设置和使用，以及电路仿真的基本方法。

Protel Advanced SIM 99 是一个能力强大的数/模混合信号电路仿真器，能提供连续的模拟信号和离散的数字信号仿真。它运行在 Protel 的 EDA/Client 集成环境下，与 Protel Advanced Schematic 原理图输入程序协同工作，作为 Advanced Schematic 的扩展，为用户提供了一个完整的从设计到验证的仿真设计环境。它具有 Windows 风格的菜单、对话框和工具栏，使得用户可以很方便地对仿真器进行设置、运行，仿真工作更加轻松自如。

在 Protel 99 SE 中执行仿真，只需简单地从仿真用元件库中放置所需的元件，连接好原理图，加上激励源，然后单击仿真按钮即可自动开始。

SIM 99 是一个强大的数模混合仿真器，它与 Protel 原理图设计模块协同工作，以提供一个完整的前端设计方案。

作为一个真正的混合信号仿真器，SIM 99 集成了连续的模拟波形和离散的数字信号。可以同时观察复杂的模拟信号和数字信号波形，以及得到电路性能的全部波形。

SIM 99 在 Protel 99 SE 的综合设计管理器环境中运行，与其他 EDA/Client 程序完全集成。用户可以方便地从综合菜单、对话框和工具栏中设置和运行仿真操作。也可在设计管理器中直接调用和编辑各种仿真文件，给予设计者更多的仿真控制手段和灵活性。

12.1 SIM 99 仿真库中的元件

在 SIM 99 的仿真元件库（Library/Sch/Sim.ddb）中，包含了如下主要的仿真用元件。

12.1.1 电阻

在库 Simulation Symbols.Lib 中，包含了如下的电阻器：

（1）RES：固定电阻（定阻）。

（2）RESSEMI：半导体电阻。

（3）RPOT：电位计。

（4）RVAR：变电阻。

上述符号代表了一般的电阻类型，如图 12-1 所示。

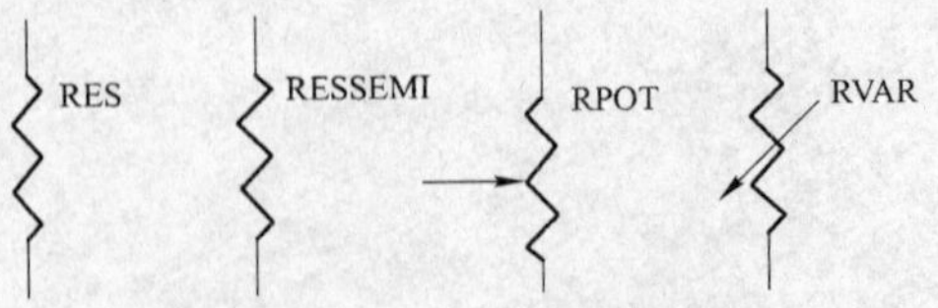

图 12-1 仿真库中的电阻类型

这些元件有一些特殊的仿真属性域。在放置过程中按“Tab”键，或者放置元件后双击该元件将弹出属性设置对话框，可设置如下参数：

● Designator：电阻器名称（如 R1）。

● Part Type：以欧姆（Ω）为单位的电阻值（如 100 k Ω）。
● L：在 Part Fields 选项卡设置，以米（m）为单位的电阻的长度（半导体电阻）。
● W：在 Part Fields 选项卡设置，以米（m）为单位的电阻的宽度（半导体电阻）。
● Temp：在 Part Fields 选项卡设置，元件工作温度，以摄氏度（℃）为单位。默认时为 27（半导体电阻）。
● Set：在 Part Fields 选项卡设置，仅对电位计和可变电阻有效。

12.1.2 电容

在库 Simulation Symbols.Lib 中，包含了如下的电容：

（1）CAP：定值无极性电容。

（2）CAP2：定值有极性电容。

（3）CAPSEMI：半导体电容。

这些符号表示了一般的电容类型，如图 12-2 所示。

在电容的属性对话框中可设置如下参数：

● Designator：电容名称（如 C1）。
● Part Type：以法拉（F）为单位的电容值（如 22μf）。
● L：在 Part Fields 选项卡设置，以米（m）为单位的电容的长度（仅用于半导体电容）。

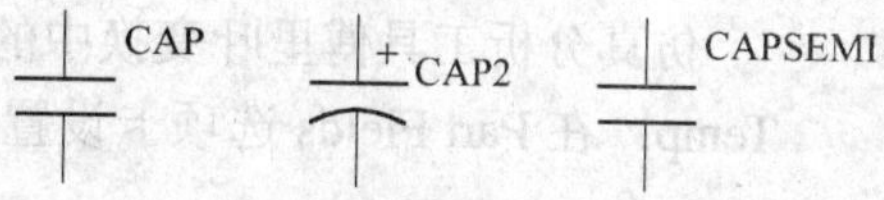

图 12-2 仿真库中的电容类型

● W：在 Part Fields 选项卡设置，以米（m）为单位的电容的宽度（仅用于半导体电容）。
● IC：在 Part Fields 选项卡设置，表示初始条件，即电容的初始电压值。该项仅在仿真分析工具傅里叶变换中的初始条件选项被选中后才有效。

12.1.3 电感

在库 Simulation Symbols.Lib 中，包含的电感为 INDUCTOR。在电感的属性对话框中可设置如下参数：

● Designator：电感名称（如 L1）。
● Part Type：以微亨（μH）为单位的电感值（如 47μH）。
● IC：在 Part Fields 选项卡设置，表初始条件，即电感的初始电压值。该项仅在仿真分析工具傅里叶变换中的初始条件被选中后，才有效。

12.1.4 二极管

在库 Diode .lib 中，包含了数目巨大的以工业标准部件命名的二极管。图 12-3 中简单列出了库中包含的几种二极管。

在二极管的属性对话框中可设置如下参数：

● Designator：二极管名称（如 D1）。
● Area：在 Part Fields 选项卡设置，其属性定义了所定义的模型下的并行元件数。该选项将影响该模型的许多参数。

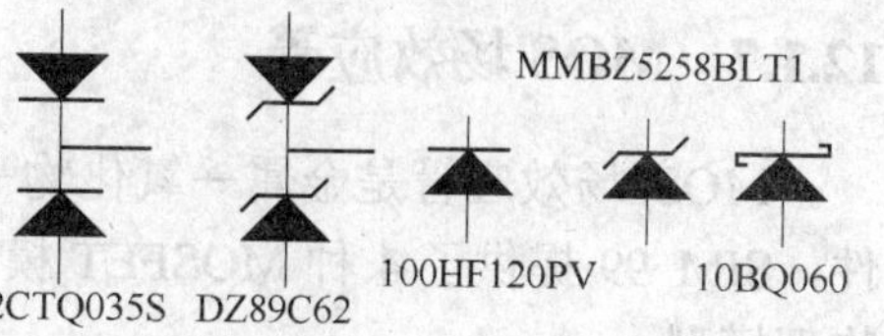

图 12-3 仿真库中的二极管类型

● Off：在 Part Fields 选项卡设置，在操作点分析中使二极管电压为零。

● IC：在 Part Fields 选项卡设置，表初始条件，即通过二极管的初始电压值。该项仅在仿真分析工具傅里叶变换中的使用初始条件被选中后，才有效。

● Temp：在 Part Fields 选项卡设置，元件工作温度，以摄氏度为单位，默认为 27℃。

12.1.5 三极管

在库 Bjt. lib 中，包含了数目巨大的以工业标准部件命名的三极管。图 12-4 中简单列出了库中包含的三极管。

在三极管的属性对话框中可设置如下参数：

● Designator：三极管名称(如 Q1)。

● Area：在 Part Fields 选项卡设置，其属性定义了所定义的模型下的并行元件数。该选项将影响模型的许多参数。

● Off：在 Part Fields 选项卡设置，在操作点分析中使三极管电压为零。

● IC：在 Part Fields 选项卡设置，表初始条件，即通过三极管的初始电压值。该项仅在仿真分析工具傅里叶变换中的使用初始条件被选中后，才有效。

Temp：在 Part Fields 选项卡设置，元件工作温度，以摄氏度为单位。

12.1.6 JFET 结型场效应管

结型场效应管包含在 Jfet.lib 库文件中。结型场效应管的模型是建立在 Shichman 和 Hodges 的场效应管的模型上的。图 12-5 中简单列出了库中包含的结型场效应管。

在结型场效应管的属性对话框中可设置如下参数：

● Designator：结型场效应管名称（如 Q1）。

● Area：在 Part Fields 选项卡设置，该属性定义了所定义的模型下的并行元件数。该选项将影响该模型的许多参数。

● OFF：在 Part Fields 选项卡设置，在操作点分析中使终止电压为零。

● IC：在 Part Fields 选项卡设置，表示初始条件，即通过 JFET 结型场效应管的初始电压值。该项仅在仿真分析工具傅里叶变换中的初始条件选项被选中后才有效。

● Temp：在 Part Fields 选项卡设置，元件工作温度，以摄氏度为单位，默认为 27℃。

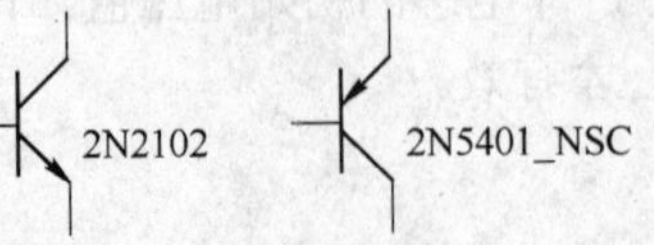

图 12-4 仿真库中的三极管类型

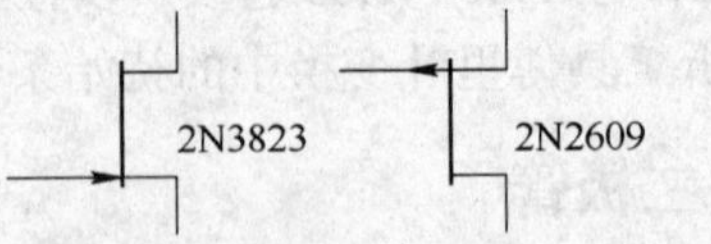

图 12-5 仿真库中的结型场效应管类型

12.1.7 MOS 场效应管

MOS 场效应管是金属－氧化物－半导体场效应晶体管，是现代集成电路中最常用的元件。SIM 99 提供了 4 种 MOSFET 模型，它们的伏安特性公式各不相同，但它们基于相同的物理模型。

在库 Mosfet.lib 中，包含了数目巨大的以工业标准部件命名的 MOS 场效应管。仿真器支持 Shichman Hodges，BSIM 1、2、3 和 MOS 2、3、6 模型。如图 12-6 所示，该图简单列出了库中包含的 MOS 场效应管。

在 MOS 场效应管的属性对话框中可设置如下参数：

- Designator：MOS 场效应管名称（如 Q1）。
- L：沟道长度，单位为米（m），在 Part Fields 选项卡设置。
- W：沟道宽度，单位为米（m）。
- AD：漏区面积，单位为平方米（m^2）。
- AS：源区面积，单位为平方米（m^2）。
- PD：漏区周长，单位为米（m）。
- PS：源区周长，单位为米（m）。
- NRD：漏极的相对电阻率的方块数。
- NRS：源极的相对电阻率的方块数。
- OFF：可选项，在操作点分析中使终止电压为零。
- IC：可选项，表初始条件，即通过 MOS 场效应管的初始值。该项仅在仿真分析工具傅里叶变换中的初始条件选项被选中后才有效。
- Temp：可选项，元件工作温度，以摄氏度为单位，默认为 27℃。

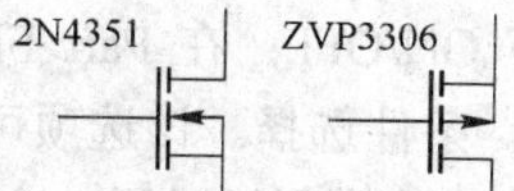

图 12-6　仿真库中的 MOS 场效应管类型

12.1.8　MES 场效应管

库 Mesfet.lib 中包含了一般的 MES 场效应管。MES 场效应管模型是从 Statz 的砷化镓场效应管的模型得到的。如图 12-7 所示，该图简单列出了库中包含的 MES 场效应管。

在 MES 场效应管的属性对话框中可设置如下参数：

- Designator：MES 场效应管名称（如 Q1）。
- Area：在 Part Fields 选项卡设置，其属性定义了所定义的模型下的并行元件数。该选项将影响该模型许多参数。

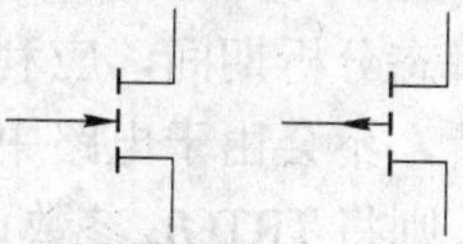

图 12-7　仿真库中的 MES 场效应管类型

- OFF：在 Part Fields 选项卡设置，在操作点分析中使终止电压为零。
- IC：在 Part Fields 选项卡设置，表初始条件，即通过 MES 场效应管的初始值。该项仅在仿真分析工具傅里叶变换中的使用初始条件被选中后，才有效。

12.1.9　电流 / 电压控制开关

库 Switch.lib 包含了如下的可用于原理图的开关：

（1）CSW：默认电流控制开关。

（2）SW：默认电压控制开关。

（3）SW05：VT=500.0m 的电压控制开关。

（4）SWM10：VT=0.01 的电压控制开关。

（5）SWP10：VT=0.01 的电压控制开关。

（6）STTL：VT=2.5 VH=0.1 的电压控制开关。

（7）TTL：VT=2 VH=1.2 ROFF=100E+6 的电压控制开关。

（8）TRIAC：VT=0.99 RON=0.1 ROFF=1E+7 的电压控制开关。

如图 12-8 所示，该图简单列出了库中包含的电流 / 电压控制开关。

在电流/电压控制开关的属性对话框中可设置如下参数：

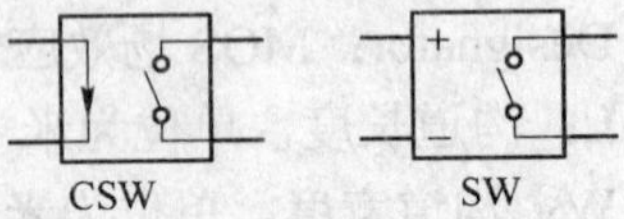

图 12-8 仿真库中的电流/电压控制开关类型

● Designator：电流/电压控制开关名称（如 S1）。

● ON/OFF：在 Part Fields 选项卡设置，初始条件选择。该选项可为 ON 或 OFF。

此开关模型描述了一个几乎理想化的开关。开关不十分理想，是因为电阻值不能从零到无穷大变化，而是总有一个有限的正值。通过适当选择开态和关态电阻，可使得这两个电阻与其他电路元件相比较时能看做零和无穷大。

注意：理想元件是高度非线性的，例如开关。使用这些元件会使电路节点电压出现大的、不连续的迅速变化，比如开关改变状态引起的变化，能够引起数字上的舍入或容差问题，会导致错误的结果，或者在设置时间步长时产生困难。

因而在使用开关时，应当注意这个问题。设计者可以采用如下步骤改善这种情况。

● 将理想开关阻抗设置到和其他电路元件相比足够大或低到可以忽略是明智的。在所有的情况下用近似于理想的开关阻抗将加剧上面所提到的不连续问题。当然，在模拟实际的元件如 MOSFET 时，开态电阻将按模拟的元件尺寸调整到实际水平。

● 对于如 MOS 场效应管元件的模型，设置现实的阻抗值。

● 如果在开关模型中必须使用大范围的开态到关态电阻(ROFF / RON >1 E +12)，那么在瞬态分析期间，应利用所允许误差的容限。利用此容限后，在开关点附近将更加平滑，不会由于电路中的迅速变化而产生误差。如果在傅里叶变换中减少容许的误差，则将 TRTOL 参数设为 1。

● 如开关放置在电容周围，则参数 CHGTOL 同样应当减少（可尝试 1E-16）。

上述的 TRTOL 和 CHGTOL 参数可在 Simulate Setup→Advanced→Analyses setup 中设置。SPICE 仿真器内支持如表 12-1 所示的开关参数。

表 12-1 开关模型的参数

模型参数	定义	单位	默认值
VT	阈值电压	V	0.0
IT	阈值电流	A	0.0
VH	滞后电压	V	0.0
IH	滞后电流	A	0.0
RON	开态电阻	Ω	1.0
ROFF	关态电阻	Ω	1/GMIN

12.1.10 熔丝

Fuse.lib 包含了一般的熔丝元件。在熔丝的属性对话框中可设置如下参数：

- Designator：熔丝名称(如 F1)。
- Current：熔断电流(单位 A)，如 250 mA。
- Resistance：在 Part Fields 选项卡设置，以欧姆为单位的串联的熔丝的阻抗。

12.1.11 晶振

库 Crystal.lib 中包含了不同规格的晶振。对晶振的属性可设置如下参数：

- Designator：晶振名称(如 Y1)。
- Freq：在 Part Fields 选项卡设置晶振频率，如 2.5MHz。这将改变模型的默认值。
- RS：在 Part Fields 选项卡设置以欧姆为单位的串阻值。
- C：以法[拉]（F）为单位的电容值，在 Part Fields 选项卡设置。
- Q：等效电路的 Q。

12.1.12 继电器（RELAY）

库 Relay.lib 包括了大量的继电器，如图 12-9 所示。在继电器的属性对话框中可设置如下参数：

- Designator：继电器名称。
- Pullin：触点引入电压，在 Part Fields 选项卡设置。
- Dropoff：触点偏离电压。
- Contar：触点阻抗。
- Resistance：线圈阻抗。
- Inductor：线圈电感。

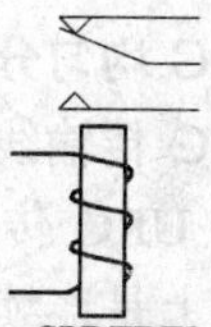

图 12-9 仿真库中的继电器

12.1.13 互感器（电感耦合器）

库 Transformer.lib 包括了大量的电感耦合器，在电感耦合器的属性对话框中可设置如下参数：

Designator：电感耦合器名称（如 T1）。

- Ratio：二次/一次转换比，这将改变模型的默认值，在 Part Fields 选项卡设置。
- RP：可选项，一次阻抗。
- RS：可选项，二次阻抗。
- LEAK：泄放电感。
- MAG：磁化电感。

12.1.14 传输线

库 Transline.lib 中包含了如下的几种传输线，如图 12-10 所示。

1. LLTRA 无损耗传输线

该传输线是一个双向的理想的延迟线，有两个端口。节点定义了端口的正电压的极性。

在无损耗传输线的属性对话框中可设置如下参数：

- Designator：无损耗传输线名称。
- ZO：可选项，特征阻抗，单位为欧姆（Ω），在 Part Fields 选项卡设置。
- TD：传输线的延时(指节点间)。
- F：频率(指节点间)。
- NL：在频率为 F 时相对于传输线波长归一化的传输线电学长度（指节点间）。

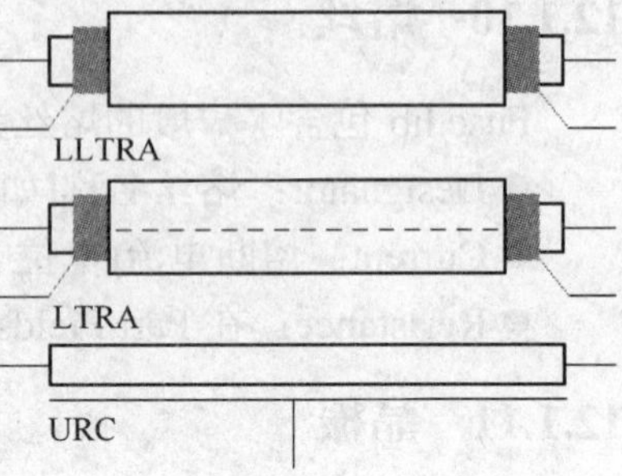

图 12-10　仿真库中包含的传输线类

传输线长度可用两种形式表示：一种是由传输线的延时 TD 确定的，例如 TD=10ns；另一种是给出一个频率 F 和参数 NL 来确定。如规定了 F 而未给出 NL，则认为 NL=0.25(即频率为 1/4 波长，F 为二次谐波频率)。

注意：传输线长度可用两种形式表示且作为任选项，但必须规定其中的一种。

2．LTRA 有损耗传输线

单一的损耗传输线将使用两端口响应模型。这个模型属性包含了电阻值、电感值、电容值和长度，这些参数不可能直接在原理图文件中设置，但设计者可以创建和引用自己的模型文件。

3．URC 均匀分布传输线

分布 RC 传输线模型（即 URC 模型）是从 L.Gertzberrg 在 1974 年所提出的模型上导出的。模型由 URC 传输线的子电路类型扩展成内部产生节点的集总 RC 分段网络而获得。RC 各段在几何上是连续的。

URC 线必须严格由电阻和电容段构成，在均匀分布传输线的属性对话框中可设置如下参数：

- Designator：均匀分布传输线名称。
- L：可选项，RC 传输线的长度，在 Part Fields 选项卡设置。
- N：可选项，RC 线模型使用的段数。

12.1.15　TTL 和 CMOS 数字电路元件

库 74xx.lib 包含了 74XX 系列的 TTL 逻辑元件；库 Cmos.lib 包含了 4000 系列的 CMOS 逻辑元件。设计者可使用上述的元件库包含数字电路元件到所设计的原理图中。

对数字电路元件的属性可设置如下参数：

- Designator：数字电路元件名称，如 U1。
- Propagation ：可选项，元件的延时，可以设置为最大延时值或最小延时值，默认值为典型值，在 Part Fields 选项卡设置。
- Drive：可选项，输出驱动特性，可以设置为最大或最小值，默认值为典型值。
- Current：可选项，标识元件功率的输出电流，可以设置为最大或最小值，默认值为典型值。
- PWR Value：可选项，电源支持电压。将改变默认数字元件支持电压值，一旦定义该值，则 GND Value 值也需要定义。

- GND Value：可选项，信号地支持电压。将改变默认数字元件支持电压值，一旦定义该值，则 PWR Value 值也需定义。
- VIL Value：低电平输入电压。
- VIH Value：高电平输入电压。
- VOL Value：低电平输出电压。
- VOH Value：高电平输出电压。

WARN：在类 C 的模型中，设置该项为开状态，则将显示诸如无效功能等等的警告信息，默认为关状态。

> **注意**：设计者可以通过类 C 模型改变上述的 PWR、GND、VIL、VIH、VOL、VOH 的值，其中的任一个如果没有设置，将在属性对话框中显示 *，那么将会使用类 C 模型中定义的值，如果定义了该值，则将改变类 C 模型中的值。

例如一个 CMOS 数字元件支持 5V 电压，一般情况下，它的任一输出管脚的高电平为 5V，但是，一旦 VOH 被设置为 8V，那么输出管脚的高电平将为 8V。

12.1.16 集成块

SIM 99 中复杂元件都被用 SPICE 子电路完全模型化，该元件没有需要设计者设置的选项。对于这些元件，设计者只需放置并设置该标号。所有的仿真用参数都已在 SPICE 子电路设定好。表 12-2 是 SIM 99 中的仿真用数据库中包含的元件库，以及所包含的复杂元件的不同类型的符号。

表 12-2 集成块所在的元件库及其说明

库 名	说 明
Tsegdisp . lib	一般显示不同颜色的 7 段 LED
Buffer . lib	按工业标准部件排序的缓冲器集成块
Camp . lib	按工业标准部件排序的电流放大器
Comparator.lib	按工业标准部件排序的比较器
IGBT . lib	双极晶体管
Math . lib	带有数学传递功能的两端口元件
Misc . lib	各种集成块和其他元件
Opamp . lib	按工业标准部件排序的不传热集成块
Opto . lib	一般隔离
Regulator . lib	按工业标准部件排序的标准钟集成块
SLR . lib	晶闸管整流器
Timer . lib	555 时钟
Triac . lib	三端双向晶闸管元件
Tube . lib	不同的阀门
UJT . lib	不同的单结晶体管

注意：在上述所有元件的属性对话框中的 Part Type 域中，包括了该元件的 SPICE 模型，如果设计者不愿修改所引用的 SPICE 模型，请不要修改该 Part Type 域，所有标识可选项均有默认值，一般情况下，该默认值适用于大多数仿真，设计者一般无需修改这些值。

12.2 SIM 99 中的激励源描述

12.2.1 直流源

在库 Simulation Symbols . lib 中，包含了如下的直流源元件：

（1）VSRC：电压源。

（2）ISRC：电流源。

仿真库中的电压/电流源符号如图 12-11 所示。

这些源提供了用来激励电路的一个不变的电压或电流输出。

在直流源的属性对话框中可设置如下参数：

- Designator：直流源元件名称。
- AC Magnitude：如果设计者欲在此电源上进行交流小信号分析，可设置此项（典型值为 1），在 Part Fields 选项卡设置。
- AC Phase：小信号的电压相位。

12.2.2 正弦仿真源

库 Simulation Symbols .lib 中，包含了如下的正弦源元件：

（1）VSIN：正弦电压源。

（2）ISIN：正弦电流源。

仿真库中的正弦电压/电流源符号如图 12-12 所示，通过这些源可创建正弦波电压和电流源。在正弦仿真源的属性对话框中可设置如下参数：

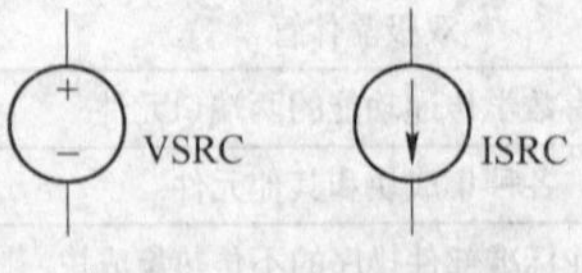

图 12-11　电压/电流源符号

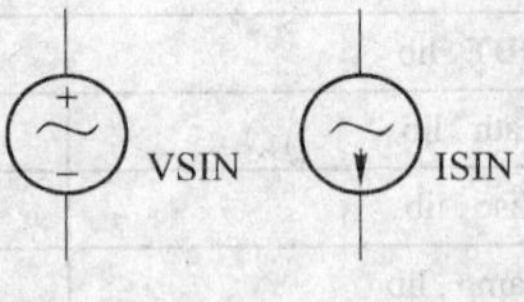

图 12-12　正弦电压/电流源符号

- Designator：设置所需的激励源元件名称，如 INPUT 。
- DC Magnitude：此项将不设置。
- AC Magnitude：如果设计者欲在此电源上进行交流小信号分析，可设置此项（典型值为 1），在 Part Fields 选项卡设置。
- AC Phase：小信号的电压相位。
- OFFSET：电压或电流的正弦偏置。

- Amplitude：正弦曲线的峰值，如 100（mV 或 mA）。
- Frequency：正弦波的频率，单位为 Hz。
- Delay：激励源开始的延时时间，单位为 s。
- Damping Factor：每秒正弦波幅值上的减少量，设置为正值将使正弦波以指数形式减少。为负值则将使幅值增加。如果为 0，则给出一个不变幅值的正弦波。
- Phase Delay：时间为 0 时的正弦波的相移，如 0。

12.2.3 周期脉冲源

库 Simulation Symbols .lib 中，包含了如下的周期脉冲源元件：

（1）VPULSE：电压脉冲源。

（2）IPULSE：电流脉冲源。

利用这些源可以创建周期性的连续的脉冲。在周期脉冲源的属性对话框中可设置如下参数：

- Designator：设置所需的激励源元件名称，如 INPUT。
- DC：此项将被忽略，在 Part Fields 选项卡设置。
- AC：如果设计者欲在此电源上进行交流小信号分析，可设置此项（典型值为 1）。
- AC Phase：小信号的电压相位。
- Initial Value：电压或电流的起始值。
- Pulsed：延时和上升时间时的电压或电流值。
- Time Delay：激励源从初始状态到激发时的延时，单位为 s。
- Rise Time：上升时间，必须大于 0。
- Fall Time：下降时间，必须大于 0。
- Pulse Width：脉冲宽度，即脉冲激发状态的时间，单位为 s。
- Period：脉冲周期，单位为 s，如 5s。

12.2.4 分段线性源

库 Simulation Symbols .lib 中，包含了如下的分段线性源元件：

（1）VPWL：分段线性电压源。

（2）IPWL：分段线性电流源。

图 12-13 中是仿真库中的分段线性源元件，使用该分段线性源可以创建任意形状的波形。在分段线性源的属性对话框中可设置如下参数：

- Designator：设置所需的激励源元件名称，如 INPUT。
- DC：此项将被忽略，在 Part Fields 选项卡设置。
- AC：如果设计者欲在此电源上进行交流小信号分析，可设置此项（典型值为 1）。
- AC Phase：小信号的电压相位。

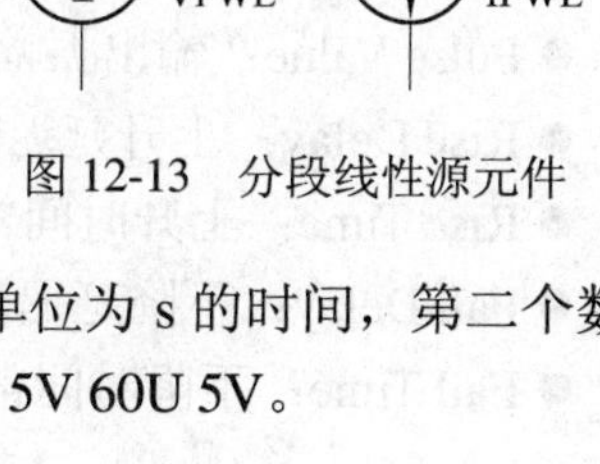

图 12-13 分段线性源元件

- Time/Voltage：这一对数为时间 / 幅值，输入由空格隔开的最多 8 对数。该对数的 Time/Current 第一个数是单位为 s 的时间，第二个数为当时的电压或电流的幅值，如 0U 5V 5U 5V 12U 0V 50U 5V 60U 5V。

● File Name：包含分段线性源数据的外部文件。这一文件必须在同一目录下，文件的扩展名为“.pwl”。

注意：分段线性源可通过两种途径获得数据。

如下为分段线性源获得数据的两种途径。

（1）设计者可以用一列多达 8 个点的数据描述这个波形，可以直接在属性对话框中输入。后面的点所定义的时间必须大于前面的点，否则，循环将终止。

（2）设计者可以通过一个 ASCII 码文本文件定义该波形，该文件包含不确定数目的点，该文件必须在同一目录下，同时该文件扩展名为 pwl。该点的数据需成对输入。

格式为：时间位置后跟幅值（如图 12-14 所示）。

文件中每一个数据行的起始符必须是一脉冲符+，并且每一行包括最多 255 个字符。该文件中的值必须以一个或多个空格或“Tab”符隔开。注解行的起始符必须是星号（*），如图 12-14 所示。

```
*Random Noise Data

+0.00000e-3  0.6667   0.00781e-3  0.6372   0.01563e-3 -0.1177
+0.02344e-3  -0.6058  0.03125e-3  0.2386   0.03906e-3 -1.1258
+0.01688e-3  1.6164   0.05469e-3  -0.3136  0.06250e-3 -1.0934
```

图 12-14　定义分段线性源的文本文件的数据

12.2.5　指数激励源

库 Simulation Symbols .lib 中，包含了如下的指数激励源元件：

（1）VEXP：指数激励电压源。

（2）IEXP：指数激励电流源。

图 12-15 中是仿真库中的分段线性源元件，通过这些源可创建带有指数上升沿和(或)下降沿的脉冲波形。在指数激励源的属性对话框中可设置如下参数：

● Designator：设置所需的激励源元件名称，如 INPUT。

● DC：忽略此项，在 Part Fields 选项卡设置。

● AC：如果设计者欲在此电源上进行交流小信号分析，可设置此项（典型值为 1），在 Part Fields 选项卡设置。

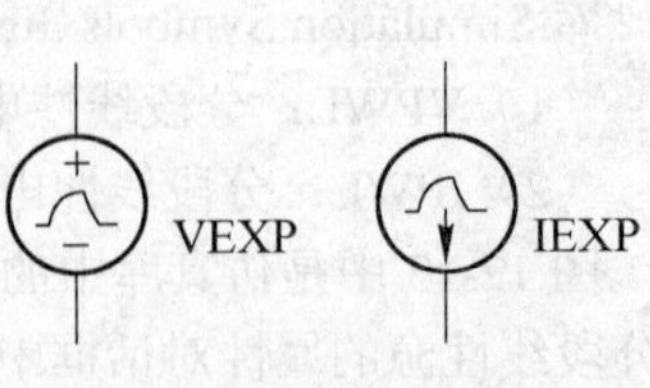

图 12-15　分段线性源元件

● AC Phase：小信号的电压相位。

● Initial Value：时间为 0 时的电压或电流的幅值。

● Pulse Value：输出振幅的最大幅值。

● Rise Delay：上升延迟时间，即输出值从起始值到峰值间的时间差，单位为 s。

● Rise Time：上升时间常数。

● Fall Delay：下降延迟时间，即输出值从峰值到起始值间的时间差，单位为 s。

● Fall Time：下降时间常数。

12.2.6 单频调频源

库 Simulation Symbols .lib 中，包含了如下的单频调频源元件：

（1）VSFFM：电压源。

（2）ISFFM：电流源。

图 12-16 中是仿真库中的单频调频源元件,通过这些源可创建一个单频调频波。在单频调频源的属性对话框中可设置如下参数：

- Designator：设置所需的激励源元件名称，如 INPUT。
- DC：此项将被忽略。
- AC：如果设计者欲在此电源上进行交流小信号分析，可设置此项（典型值为 1），在 Part Fields 选项卡设置。
- AC Phase：小信号的电压相位。
- OFFSET：偏置，如 2.5。
- Amplitude：输出电压或电流的峰值，如 2.5
- Carrier：载频，如 100kHz。
- Modulation：调制指数，如 5。
- Signal：调制信号频率，如 10kHz。

图 12-16 单频调频源

注意：波形将用如下的公式定义：

$$V(t) = VO + VA*\sin(2*PI*Fc*t + MDI*\sin(2*PI*Fs*t))$$

式中， t 为当时时间（s） VO 为偏置（V） VA 为峰值（V）

Fc 为载频（Hz） MDI 为调制指数（V） Fs 为调制信号频率（Hz）

12.2.7 线性受控源

库 Simulation Symbols .lib 中，包含了如下的线性受控源元件：

（1）HSRC：线性电流控制电压源。

（2）GSRC：线性电压控制电流源。

（3）ESRC：线性电压控制电压源。

（4）FSRC：线性电流控制电流源。

图 12-17 是仿真器中包括的线性受控源元件。

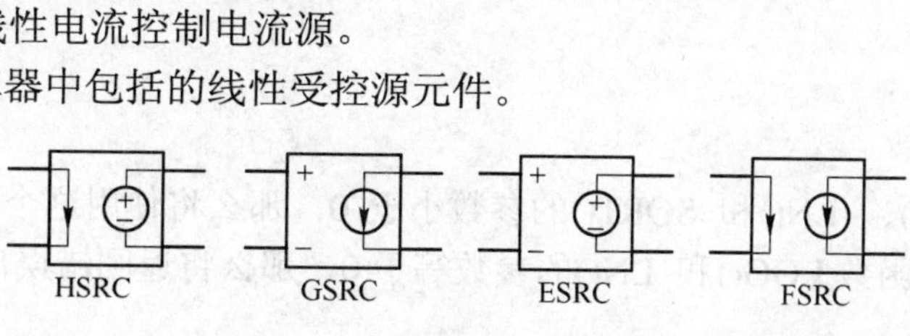

图 12-17 线性受控源元件

以上是标准的 SPICE 线性受控源，每个线性受控源都有两个输入节点和两个输出节点。输出节点间的电压或电流是输入节点间的电压或电流的线性函数，一般由源的增益、跨导等决定。在线性受控源的属性对话框中可设置如下参数：

- Designator：设置所需的激励源元件名称，如 GSRC1。

- Part Type：对于线性电压控制电流源，设置跨导，单位为 S （西门子）。
- 对于线性电压控制电压源，设置电压增益，其量纲为 1。
- 对于线性电流控制电压源，设置互阻，单位为Ω。
- 对于线性电流控制电压源，设置电流增益，其量纲为 1。

12.2.8 非线性受控源

库 Simulation Symbols .lib 中包含了如下的非线性受控源元件：

- BVSRC：电压源
- BISRC：电流源

图 12-18 是仿真器中包括的非线性受控源元件。

标准 SPICE 非线性电压或电流源，有时被称为方程定义源，因为它的输出由设计者的方程定义，并且经常引用电路中其他节点的电压或电流值。在线性受控源的属性对话框中可设置如下参数：

图 12-18 非线性受控源元件

- Designator：设置所需的激励源元件名称。
- Part Type：定义源波形的表达式，如 V(IN)^2。

> 注意：电压或电流波形为：
> V = 表达式 或 I = 表达式。
> 其中，表达式是在 Part Type 中输入的方程。

设计中可使用标准函数来创建一个表达式，表达式中也可包含如下的一些标准函数：

ABS	LN	SQRT	LOG	EXP	SIN	ASIN	ASINH
SINH	COS	ACOS	ACOSH	COSH	TAN	ATAN	ATANH

为了在表达式中引用所设计的电路中的节点的电压和电流，设计者必须首先在原理图中为该节点定义一个网络标号。这样设计者就可以使用如下的语法来引用该节点：

V(NET) 表示在节点 NET 处的电压。

I(NET) 表示在节点 NET 处的电流。

假设设计者已在电路图中定义了名为 IN 的网络标号，那么在 Part Type 中输入的如下表达式将是有效的。

V(IN)^3

COS(V(IN))

如果函数 LOG()、 LN()和 SQRT()的参数小于 0，那么将使用这个参数的绝对值。如果一个除数是 0，或者函数 LOG()和 LN()的参数等于 0，那么将返回错误信息。

12.2.9 频率 / 电压转换器

库 Simulation Symbols .lib 中，包含了如下的频率 / 电压转换器：FTOV 。在频率 / 电压转换器的属性对话框中可设置如下参数：

- Designator：设置所需的激励源元件名称，如 FTOV 1 。
- VIL：输入门限低电平，在 Part Fields 选项卡设置。

● VIH：输入门限高电平。
● CYCLES：输出每伏电压周期数。

注意：输出是电压，它是输入频率的线性函数。

12.2.10 压控振荡器(VCO)仿真源

库 Simulation Symbols .lib 中，包含了如下的压控振荡源元件：

（1）SINEVCO：压控正弦振荡器。

（2）SQRVCO：压控方波振荡器。

（3）TRIVCO：压控三角波振荡器。

图 12-19 是仿真器中包括的压控振荡源元件。设计者可利用以上元件在原理图中创建压控振荡器。在压控振荡器的属性对话框中可设置如下参数：

图 12-19 压控振荡源元件

● Designator：设置所需的激励源元件名称，如 SQRVCO1。
● LOW：输出最小值，默认为 0 。
● HIGH：输出最大值，默认为 5 。
● CYCLE：频宽比，该数值从 0 到 1 ，默认为 0.5。该参数仅对压控方波振荡器和压控三角波振荡器。
● RISE：上升时间，默认为 1μ s。该参数仅对压控方波振荡器。
● FALL：下降时间，默认为 1 μ s。该参数仅对压控方波振荡器。
● C1：输入控制电压点 1，默认为 0 V。
● C2：输入控制电压点 2，默认为 1V。
● C3：输入控制电压点 3，默认为 2V。
● C4：输入控制电压点 4，默认为 3V。
● C5：输入控制电压点 5，默认为 4V。
● F1：输出频率点 1，默认为 0 kHz。
● F2：输出频率点 2，默认为 1kHz。
● F3：输出频率点 3，默认为 2kHz。
● F4：输出频率点 4，默认为 3kHz。
● F5：输出频率点 5，默认为 4kHz。

12.3 初始状态的设置

设置初始状态是为计算偏置点而设定一个或多个电压(或电流值)。在模拟非线性电路、振荡电路及触发器电路的直流或瞬态特性时，常出现解的不收敛现象，当然实际电路是有解的。其原因是偏置点发散或收敛的偏置点不能适应多种情况。设置初始值最通常的目的就是在两个或更多的稳定工作点中选择一个，使模拟顺利进行。

库 Simulation Symbols . LIB 中，包含了两个特别的初始状态定义符：

（1）NS NODESET。

（2）IC Initial Condition。

12.3.1 节点电压设置 NS

该设置使指定的节点固定在所给定的电压下，仿真器按这些节点电压求得直流或瞬态的初始解。

该设置对双稳态或非稳态电路的计算收敛可能是必须的，它可使电路摆脱“停顿”状态，而进入所希望的状态。一般情况下，设置是不必要。

对节点电压设置的属性对话框中可如下设置：

- Designator：元件名称，每个节点电压设置必须有惟一的标识符，如 NS 1 。
- Part Type：节点电压的初始幅值，如 12V。

12.3.2 初始条件设置 IC

该设置是用来设置瞬态初始条件的，不要把该设置和上述的设置相混淆。“.NS”只是用来帮助直流解的收敛，并不影响最后的工作点（多稳态电路除外）。“.IC”仅用于设置偏置点的初始条件，它不影响 DC 扫描。

瞬态分析中一旦设置了参数 Use Initial Conditions 和“.IC”时，瞬态分析就先不进行直流工作点的分析（初始瞬态值），因而应在该“.IC”中设定各点的直流电压。

如果瞬态分析中没有设置参数 Use Initial Conditions，那么在瞬态分析前计算直流偏置(初始瞬态)解。这时，“.IC”设置中指定的节点电压仅当做求解直流工作点时相应的节点的初始值。

对初始条件设置的属性对话框中，可作如下设置：

Designator：元件名称，每个初始条件设置必须有惟一的标识符，如 IC 1 。

Part Type：节点电压的初始幅值，如 5V。

> 注意：设计者也可以通过设置每个元件的属性来定义每个元件的初始状态。同时，在每个元件中规定的初始状态将优先于“.IC”设置中的值被考虑。

综上所述，初始状态的设置共有 3 种途径：“.IC”设置、“.NS”设置和定义元件属性。在电路模拟中，如有这 3 种或两种共存时，在分析中优先考虑的次序是定义元件属性、“.IC”设置、“.NS”设置。如果“.NS”和“.IC”共存时，则“.IC”设置将取代“.NS”设置。

12.4 仿真器的设置

在进行仿真前，设计者必须确定对电路进行哪种分析，要收集哪个变量数据，以及仿真完成后要自动显示哪个变量的波形等。

12.4.1 进入分析主菜单

当完成了对电路的编辑后，设计者可对电路进行分析工作。

（1）单击 Simulate→Setup 命令，进入仿真器的设置。

（2）单击 Setup 选项，将启动仿真器设置对话框，如图 12-20 所示。

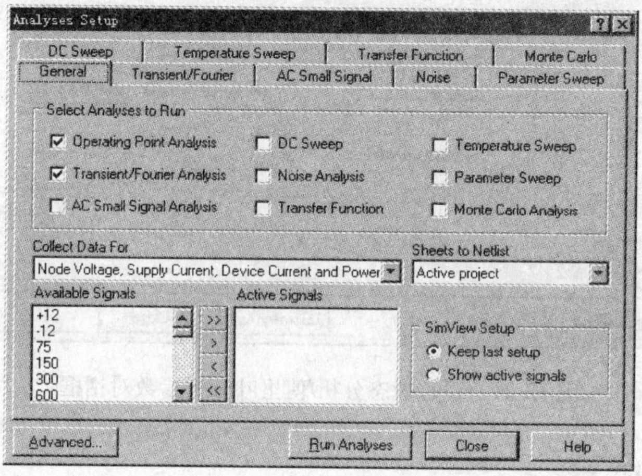

图 12-20　仿真器设置对话框

在 General 选项中，设计者可以选择分析类别。

12.4.2 瞬态特性分析

瞬态特性分析（Transient Analysis）是从时间零开始，到用户规定的时间范围内进行的。设计者可规定输出的开始到终止的时间和分析的步长，初始值可由直流分析部分自动确定，所有与时间无关的源，用它们的直流值，也可以在设计者规定的各元件上的电平值作为初始条件进行瞬态分析。

瞬态分析的输出是在一个类似示波器的窗口中，在设计者定义的时间间隔内计算变量瞬态输出电流或电压值。如果不使用初始条件，则静态工作点分析将在瞬态分析前自动执行，以测得电路的直流偏置。

瞬态分析通常从时间零开始。在时间零和开始时间（Start Time）之间，瞬态分析照样进行，但并不保存结果。在开始时间（Start Time）和终止时间（Stop Time）的间隔内将保存结果，用于显示。

步长（Step Time）通常是用在瞬态分析中的时间增量。实际上，该步长不是固定不变的。采用变步长，是为了自动完成收敛。最大步长（Maximum Step）限制了分析瞬态数据时的时间片的变化量。

仿真时，如果设计者并不确定所需输入的值，可选择默认值，从而自动获得瞬态分析用参数。开始时间（Start Time）一般设置为 0。Stop Time、Step Time 和 Maximum Step 将和显示周期（Cyller Displayed）、每周期中的点数以及电路激励源的最低频率有关。如选中 Always set defaults for transient 选项，则每次仿真时将自动计算参数。

在 SIM 99 中设置瞬态分析的参数，可以通过激活 Transient/Fourier 选项，在如图 12-21

所示的设置瞬态分析/傅里叶分析参数对话框进行设制。

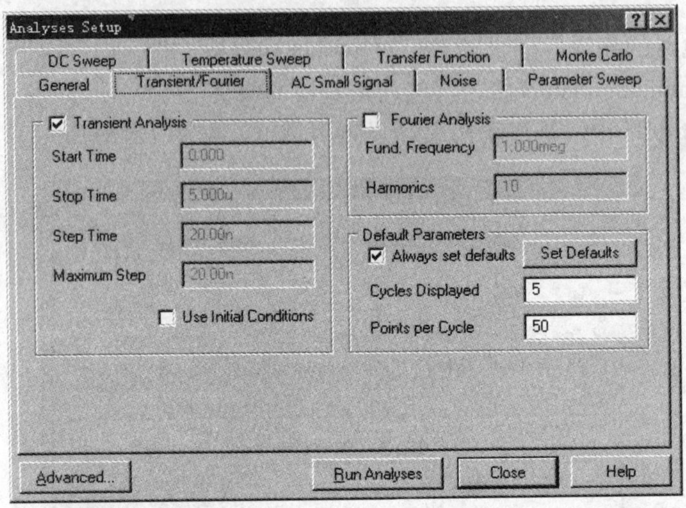

图 12-21　设置瞬态分析/傅里叶分析参数对话框

12.4.3　傅里叶分析

傅里叶分析（Fourier Analysis）是计算瞬态分析结果的一部分，得到基频、DC 分量和谐波。不是所有的瞬态结果都要用到，只用到瞬态分析终止时间之前的基频的一个周期。若 PERIOD 是基频的周期，则 PERIOD=1 / FREQ，即瞬态分析至少要持续 1 / FREQ (s)。

如图 12-21 所示，要进行傅里叶分析，必须选中 Transient/Fourier 选项。在此对话框中，可设置傅里叶分析的参数：

- Fund Frequency：傅里叶分析的基频。
- Harmonics：所需要的谐波数。

傅里叶分析中的每次谐波的幅值和相位信息将保存在 Filename.sim 文件中。

12.4.4　交流小信号分析

交流小信号分析（AC Small Signal Analysis）将交流输出变量作为频率的函数计算出来。先计算电路的直流工作点，决定电路中所有非线性元件的线性化小信号模型参数，然后在设计者所指定的频率范围内对该线性化电路进行分析。

交流小信号分析所希望的输出通常是一个传递函数，如电压增益、传输阻抗等。

激活 AC Small Signal 选项可得如图 12-22 所示的交流小信号分析参数设置对话框。

上图中的扫描类型和测试点数目决定了频率的增量。关于它们的定义见表 12-3。

表 12-3　扫描类型和测试点数的定义

扫 描 类 型	测试点数定义
Linear	定义了扫描中测试点总数
Decade	定义了扫描中每 10 的测试点总数
Octave	定义了扫描中每 8 的测试点总数

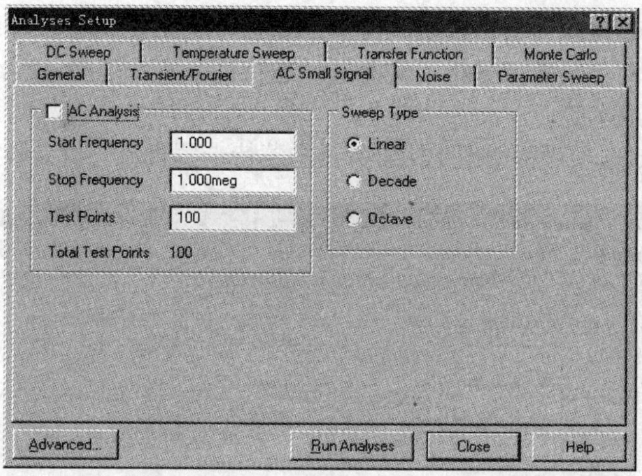

图 12-22　交流小信号分析参数设置话框

在进行交流小信号分析前，电路原理图必须包括至少一个交流源，且该交流源已适当设置过。

扫描正弦波的幅值和相位在原理图中的激励源属性对话框的 Part Field 中定义。

12.4.5　直流分析

直流分析（DC Sweep Analysis）产生直流转移曲线。直流分析将执行一系列的静态工作点的分析，从而改变前述定义的所选择源的电压。设置中，可定义可选辅助源。

激活 DC Sweep 选项可得如图 12-23 所示的直流分析参数设置对话框。

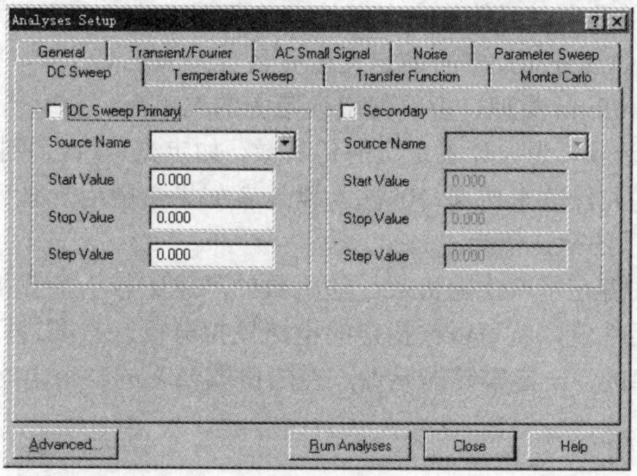

图 12-23　直流分析参数设置对话框

图 12-23 中的 Source Name 定义了电路中的独立电源；Start Value、Stop Value 和 Step Value，定义了扫描范围和分辨率。

12.4.6　蒙特卡罗分析

蒙特卡罗分析（Monte Carlo Analysis）是使用随机数发生器按元件值的概率分布来选择

元件，然后对电路进行模拟分析。所以蒙特卡罗分析可在元件模型参数赋给的容差范围内，进行各种复杂的分析，包括直流分析、交流及瞬态特性分析。这些分析结果可以用来预测电路生产时的成品率及成本等。

激活 Monte Carlo 选项可得如图 12-24 所示的蒙特卡罗直流分析参数设置对话框。

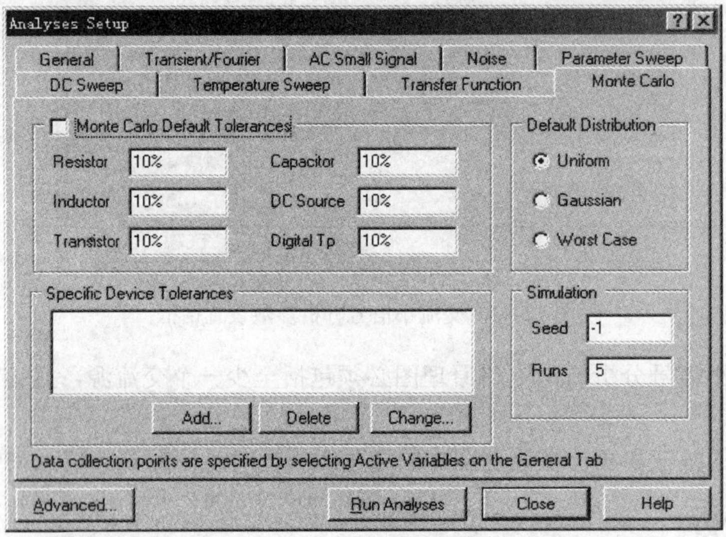

图 12-24　蒙特卡罗分析参数设置对话框

蒙特卡罗分析是在给定电路中各元件容差范围内的分布规律，然后用一组组的随机数对各元件取值。SIM 99 中元件的分布规律有：

- Uniform：平直的分布，元件值在定义的容差范围内统一分布。
- Gaussian：高斯曲线分布，中心的定义值并且容差为±3。
- Worst Case 与 Uniform 类似，但只使用该范围的结束点。

对话框中的 Runs 选项，为设计者定义的仿真数，如定义 10 次，则将在容差允许范围内，每次运行将使用不同的元件值来仿真 10 次。设计者如果希望用一系列的随机数来仿真，则可设置 Seed 选项，该项的默认值为-1。

蒙特卡罗分析的关键在于产生随机数。随机数的产生依赖于计算机的具体字长。用一组随机数确定一组新的元件值，就可以作指定的电路模拟分析。只要进行的次数足够多，就可得出满足一定分布规律的、一定容差的元件，在随机取值下的整个电路性能的统计分析。

12.4.7　扫描参数分析

扫描参数分析（Parameter Sweep Analysis）允许设计者以自定义的增幅扫描元件的值。扫描参数分析可以改变基本的元件和模式，但并不改变子电路的数据。

激活 Parameter Sweep 选项，可得如图 12-25 所示的扫描参数分析对话框。

在参数域中输入参数。该参数可以是一个单独的标识符，如 C2；也可以是带有元件参数的标识符，如 U5[tp_val]。

Start Value 和 Stop Value 定义了扫描的范围，Step Value 定义了扫描的步幅。

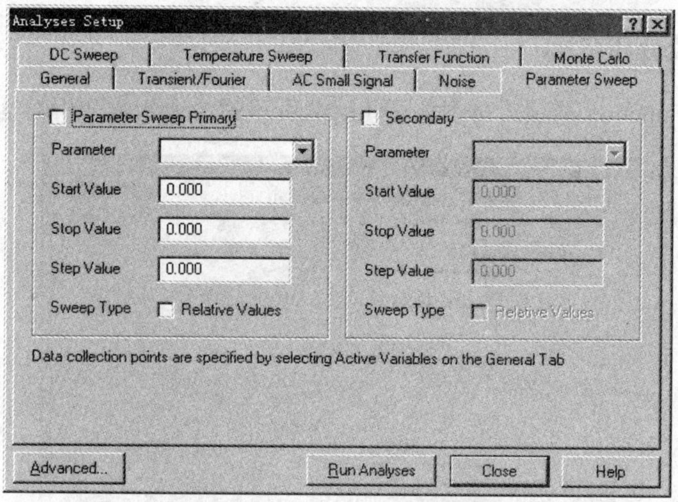

图 12-25　扫描参数分析对话框

如设计者选择了 Use Relative Values 选项，则将设计者输入的上述值添加到已存在的参数中或作为默认值。

12.4.8　扫描温度分析

扫描温度分析（Temperature Sweep Analysis）是和交流小信号分析、直流分析及瞬态特性分析中的一种或几种相连的。该设置规定了在什么温度下进行模拟。如设计者给了几个温度，则对每个温度都要作一遍所有的分析。

激活 Temperature Sweep 选项，可得如图 12-26 所示的扫描温度分析对话框。

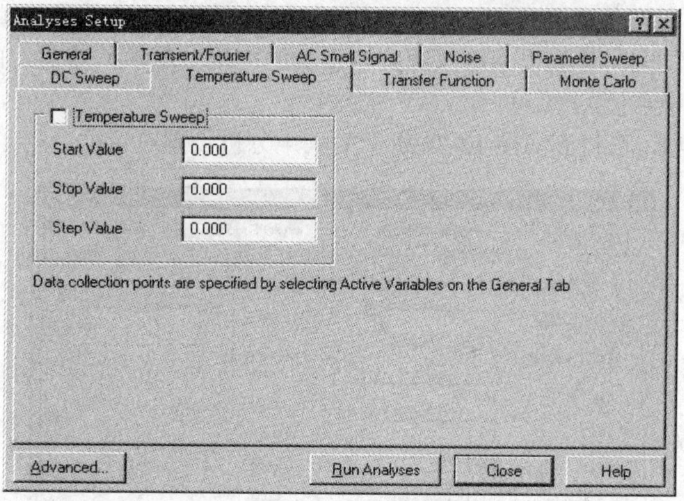

图 12-26　扫描温度分析对话框

Start Value 和 Stop Value 定义了扫描的范围，Step Value 定义了扫描的步幅。在仿真中，如要进行扫描温度分析，则必须定义相关的标准分析。扫描温度分析只能用在激活变量中定义的节点计算。

12.4.9 传递函数分析

激活 Transfer Function 选项，可得如图 12-27 所示的传递函数分析对话框。

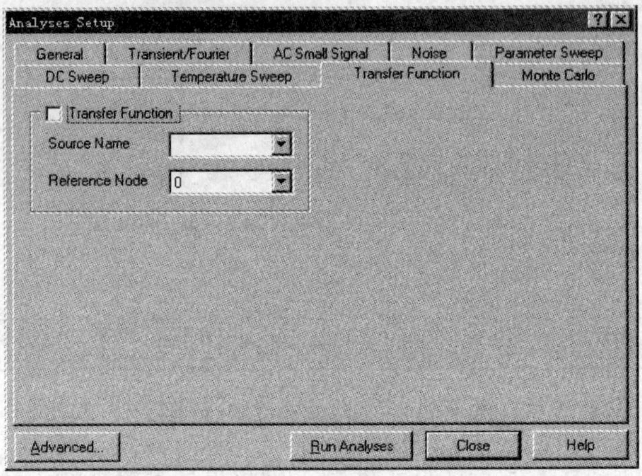

图 12-27 传递函数分析对话框

传递函数分析计算直流输入阻抗、输出阻抗以及直流增益。

Source Name 中定义了引用的输入源。Reference Node 设置了源的参数。

12.4.10 噪声分析

噪声分析（Noise Analysis）是同交流分析一起进行的。电路中产生噪声的元件有电阻器和半导体元件，每个元件的噪声源在交流小信号分析的每个频率计算出相应的噪声，并传送到一个输出节点，所有传送到该节点的噪声进行 RMS（均方根）相加，就得到了指定输出端的等效输出噪声。同时计算出从输入源到输出端的电压（电流）增益，由输出噪声和增益就可得到等效输入噪声值。

激活 Noise 选项，可得到如图 12-28 所示的噪声分析设置对话框。

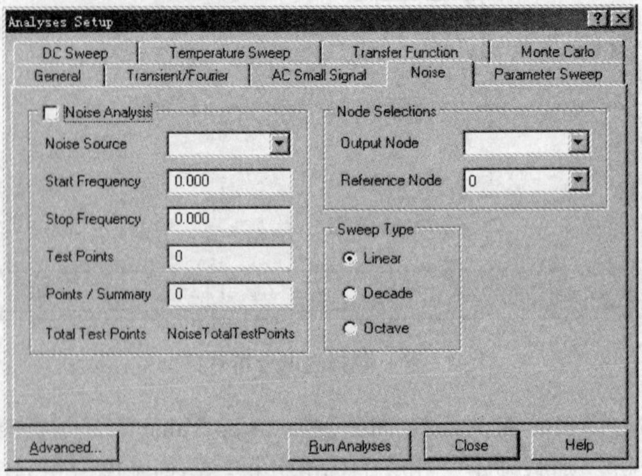

图 12-28 噪声分析设置对话框

12.5 设计仿真原理图

采用 SIM 99 进行混合信号仿真的设计流程如图 12-29 所示。

在仿真原理图文件前，该原理图文件必须包含所有所需的信息。以下是为使仿真可靠运行而须遵守的一些规则：

- 所有的元件必须引用适当的仿真元件模型。
- 设计者必须放置和连接可靠的信号源，以便仿真过程中驱动整个电路。
- 设计者在需要绘制仿真数据的节点处必须添加网络标号。
- 如果必要的话，设计者必须定义电路的仿真初始条件。

设计原理图的一般流程图如图 12-30 所示。

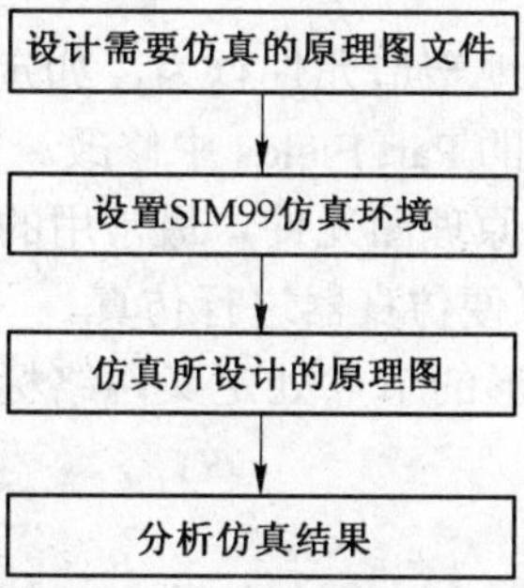

图 12-29　电路仿真的一般流程

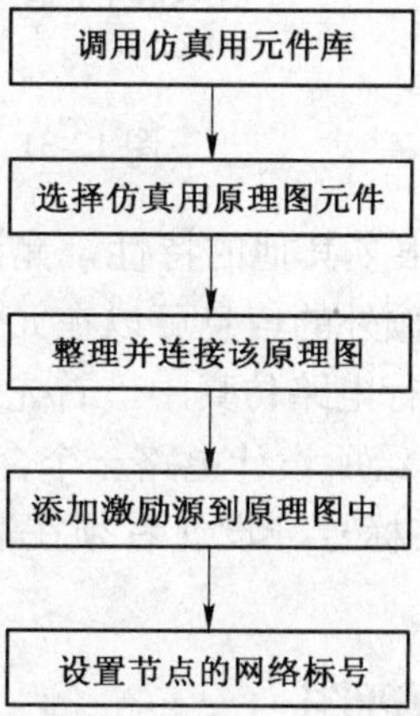

图 12-30　原理图设计的流程图

在接下来的几小节中，将简单介绍仿真用原理图的创建。在此，对于一般的操作将不作详细的介绍，读者可参阅本书中关于原理图设计的章节。

12.5.1 调用元件库

在 Protel 99 SE 中，默认的原理图库包含在一系列的设计数据库中，每个数据库中都有数目不等的原理图库。设计中，一旦加载数据库，则该数据库下的所有库都将列出来。原理图仿真用库在 \Library \Sch \SIM . ddb 中。

在加载仿真用数据库 SIM.ddb 后，Browse 栏内将列出如图 12-31 所示的包含在 SIM.ddb 中的 28 个后缀名为.lib 的原理图库。

12.5.2 选择仿真用原理图元件

为了执行仿真分析，原理图中放置的所有部件都必须包含特别的仿真信息，以便仿真器正确对待它们。一般情况下，原理图中的部件必须引用适当的 Spice 元件模型。

创建仿真用原理图的简便方法是使用 Protel 仿真库中的部件。Protel 99 SE 包含了大约 6400 多个元件模型，这些模型都是为仿真准备的。只要将它们放在原理图上，该元件将自动连接到相应的仿真模型文件上。在大多数情况下，设计者只要从如图 12-31 所示的库中选择一个元件，设定它的值，就可以进行仿真了。每个元件包含了 Spice 仿真用的所有的信息，包括标号前缀信息和多部分管脚的映射。

74xx.Lib	MOSFET.LIB
7SEGDISP.LIB	OpAmp.Lib
BJT.LIB	OPTO.LIB
BUFFER.LIB	REGULATOR.LIB
CAMP.LIB	Relay.Lib
CMOS.Lib	SCR.LIB
COMPARATOR.LIB	Simulation Symbols.Lib
CRYSTAL.LIB	SWITCH.LIB
DIODE.LIB	TIMER.LIB
IGBT.LIB	TRANSFORMER.LIB
JFET.LIB	TRANSLINE.LIB
MATH.LIB	TRIAC.LIB
MESFET.LIB	TUBE.LIB
Misc.Lib	UJT.LIB

图 12-31　SIM . ddb 中包含的.lib 库文件

Spice 支持很多其他的特性，允许设计者更精确地塑造元件行为，如定义一个电阻的操作温度等。这个额外的信息可以在元件属性对话框中的 Part Fields 中修改。

通常，在进行电路仿真中，首先必须选择仿真用原理图元件，最常用的仿真元件如下。

- 激励源　给所设计电路一个合适的激励源，以便仿真器进行仿真。
- 添加网络标号　设计者须在需要观测输出波形的节点处定义网络标号，以便仿真器的识别。

12.5.3　仿真原理图

设计完原理图，要对该原理图进行 ERC 检查，如有错误，应返回原理图设计。

然后设计者就需对该仿真器设置，决定对原理图进行何种分析，并确定该分析采用的参数。若设置不正确，仿真器可能在仿真前报告警告信息，仿真后将仿真过程中的错误写入 Filename . err 文件中。

仿真完成后，将输出一系列的文件，供设计者对所设计的电路进行分析。具体的输出文件和具体的步骤详见下面的实例。

12.6　模拟电路仿真实例

下面将通过对一个简单模拟电路的仿真，具体说明 Protel 99 SE 中仿真器的使用。

（1）生成原理图文件。这是进行仿真的基础和前提。在此实例中，采用如图 12-32 所示的模拟电路。这是一个简单的电源转换电路。一幅值为 200V 的正弦波信号经过 10:1 的变压器变压、全波整流桥的整流以及滤波等等一系列的变化后，得到一个相当平稳的低压直流信号。在此采用这一简单的电路，是希望更好地说明电路的仿真过程。

在该电路中定义了一个幅值为 200V，频率为 60kHz 的正弦波激励源。同时，在需要显示波形的几处添加了网络标号，用于显示输入波形、输出波形以及一些中间波形。

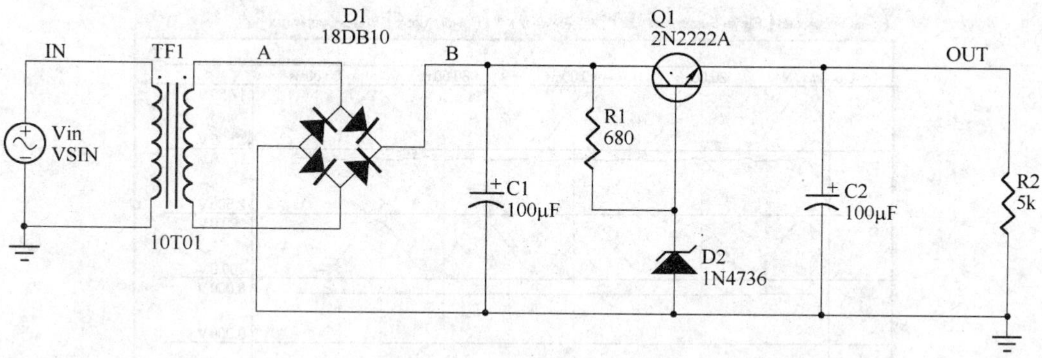

图 12-32　电源转换电路实例

（2）设置仿真器。仿真的设置视具体的电路而定。在本次仿真中，采用如图 12-33 所示的仿真设置。将对电路进行瞬态分析和交流小信号分析。

设置完毕，单击“Run Analyses”按钮开始仿真，或单击“Close”按钮结束该设置。

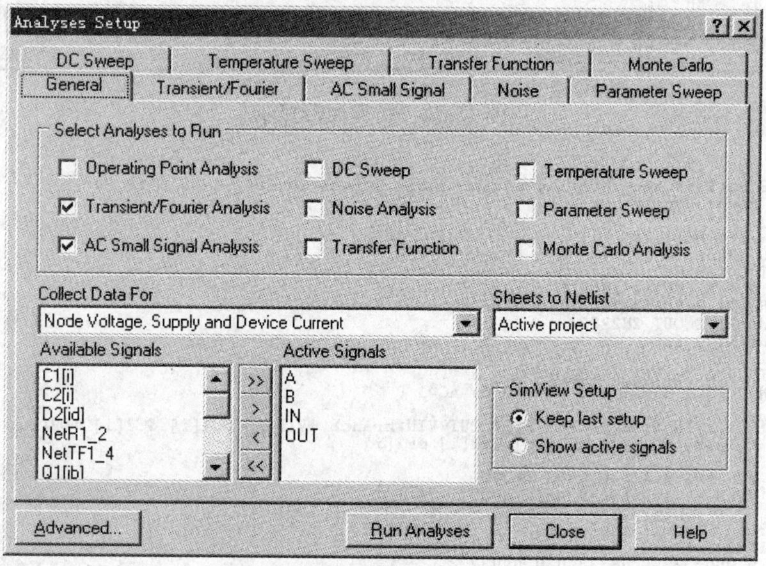

图 12-33　仿真该原理图时的仿真器设置

在仿真设置后，将生成“.cfg”文件。该文件以文本的方式记录下了仿真器的设置环境。配置文件是相应于图 12-33 选择项的一些配置，读者可一一对应。至于其他的配置，配置文件中关于该设置的等式右边都为空，或为 0（或 False）。

（3）仿真器将输出仿真结果。仿真器的输出文件为“. sdf”文件，“.sdf”文件为输出波形的显示，如图 12-34 为本实例的仿真波形显示。

（4）创建 SPICE 网络表。在电路仿真过程中，为了使设计者通过该文件更好地完善原理图的设计，可以创建 SPICE 网络表。单击 Simulate→Create SPICE Netlist 命令选项，执行该命令后，仿真器就生成一个后缀为“. nsx”的文件，“. nsx”文件为原理图的 SPICE 模式表示。如图 12-35 所示。

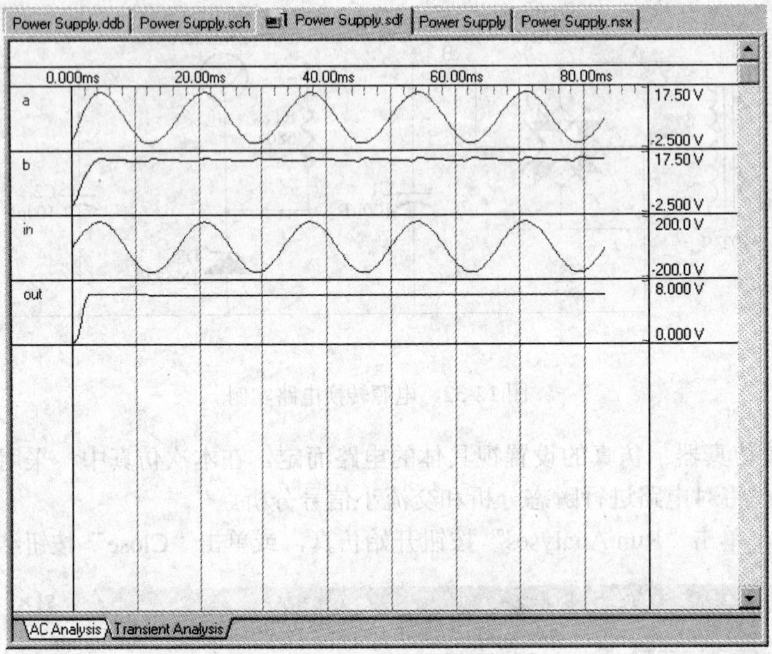

图 12-34　仿真波形显示

```
*SPICE Netlist generated by Advanced Sim server on 2002-4-30 0:10:30
*for: Power Supply.nsx

*Schematic Netlist:
C1 B 0 100uF
C2 OUT 0 100uF
XD1 0 A B NetTF1_4 18DB10
D2 0 NetR1_2 1N4736
Q1 B NetR1_2 OUT 2N2222A
R1 B NetR1_2 680
R2 OUT 0 5k
XTF1 IN 0 A NetTF1_4 10TO1
VIN IN 0 DC 0 SIN(0 170 60 0 0 0) AC 1 0

.SAVE 0 A B IN NetR1_2 NetTF1_4 OUT VIN#branch @VIN[z] @C1[i] @C2[i] @D2[id]
.SAVE @Q1[ib] @Q1[ic] @Q1[ie] @R1[i] @R2[i]

*PLOT AC -1 1 A=A A=B A=IN A=OUT
*PLOT TRAN -1 1 A=A A=B A=IN A=OUT

*Selected Circuit Analyses:
.AC LIN 3 1 4
.TRAN 0.0003333 0.08333 0 0.0003333

*Models and Subcircuit:
.SUBCKT 18DB10 1 2 3 4
D1 1 2 18DB10
D2 1 4 18DB10
D3 2 3 18DB10
D4 4 3 18DB10
.MODEL 18DB10 D (IS=4.94N RS=42M N=1.75 BV=1K IBV=191U CJO=75.3P VJ=.75 M=.333
+ TT=4.32U)
.ENDS 18DB10

.MODEL 1N4736 D(IS=7.76E-16 RS=1 TT=5.01E-8 CJO=1.23E-10 VJ=0.75 M=0.33 BV=6.766
+ IBV=0.037 )

.MODEL 2N2222A NPN(IS=8.11E-14 BF=205 VAF=113 IKF=0.5 ISE=1.06E-11 NE=2 BR=4
+ VAR=24 IKR=0.225 RB=1.37 RE=0.343 RC=0.137 CJE=2.95E-11 TF=3.97E-10 CJC=1.52E-11
+ TR=8.5E-8 XTB=1.5 )

.SUBCKT 10TO1 1 2 3 4
VISRC 9 4 DC 0V
FCTRL 6 2 VISRC 1E-1
EVCVS 8 9 5 2 1E-1
RPRI 1 7 1E-1
RSEC 8 3 1E-1
```

图 12-35　仿真器生成的“.nsx”文件

打开“.nsx”文件，此时系统切换到仿真器界面。执行 Simulate→Run 命令，即可实现电路仿真，这种方式和直接从电路原理图进行仿真生成的波形文件相同。

（5）仿真数据浏览器如图 12-36 所示。下面简单介绍一下仿真数据浏览器。

● 波形(Waveforms）栏内列出了所能显示的原理图中节点的波形，或某节点信号的多次谐波波形。该栏下的三个按钮“Show”、“Hide”和“Color”分别用于显示波形、隐藏波形和改变波形颜色等，选中一个节点再按这几个按钮即可实现所选节点处的波形观察。

● 仿真数据浏览器中的 View 选项用于选择在波形显示界面中是显示单一波形（Single Cell），还是显示所有选择了的波形（All Cells）。为更好地显示和比较波形，在此选择显示所有波形（All Cells）。

● 在仿真数据浏览器中可选择波形的时间上的增幅，以适应变化快的信号。

（6）瞬态分析。下面将通过这个波形显示器显示仿真后的一系列的波形。对原理图进行瞬态分析后，可得到如下的一些信号波形。

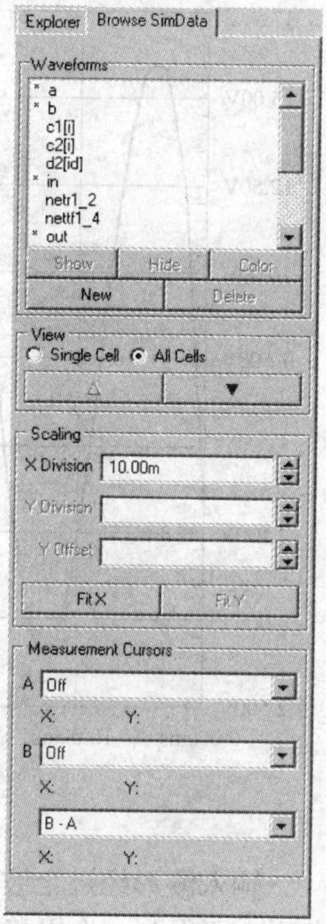

图 12-36　波形编辑器窗口

输入信号 IN 的波形，如图 12-37 所示，该输入信号为周期约为 16ms，幅值为 170V 的正弦波信号。

将该信号变压后可得到节点 a 的波形，如图 12-38 所示。

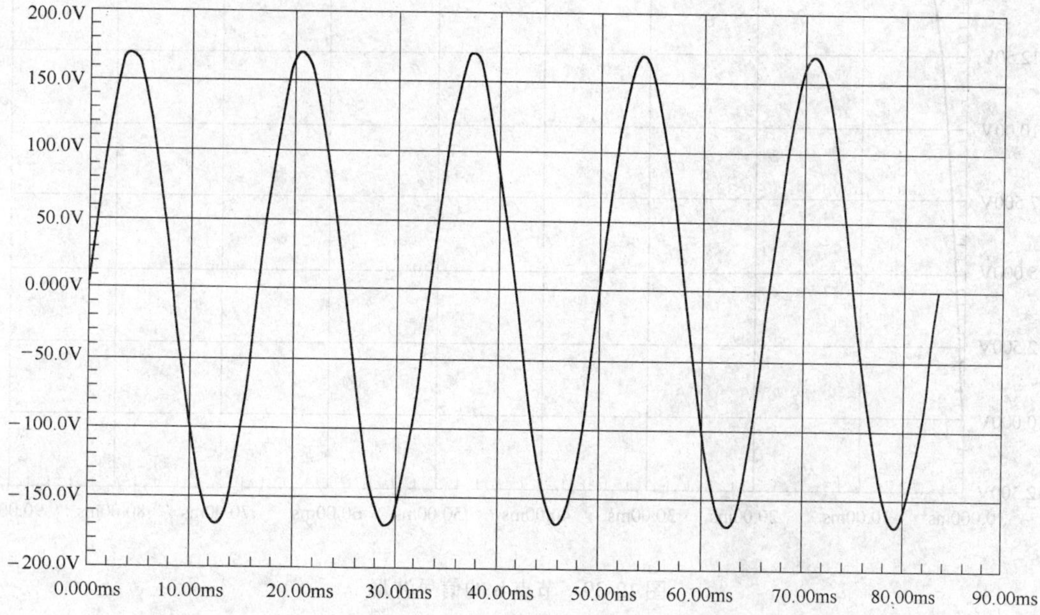

图 12-37　输入的周期正弦波信号

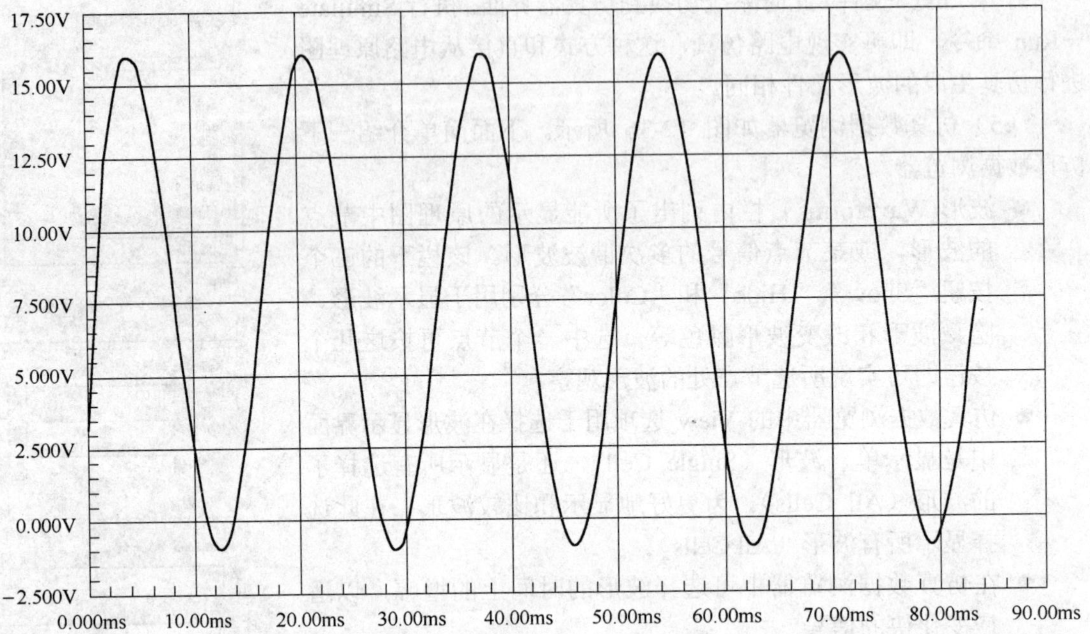

图 12-38　节点 a 处的信号波形

输入波形经过全波整流后可得到节点 b 的波形，如图 12-39，将该信号再经过滤波等环节后，可得到一个平稳的输出直流波形，如图 12-40 所示。

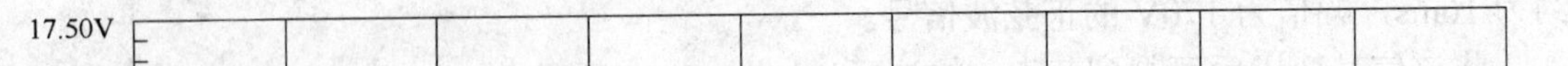

图 12-39　节点 b 的信号波形

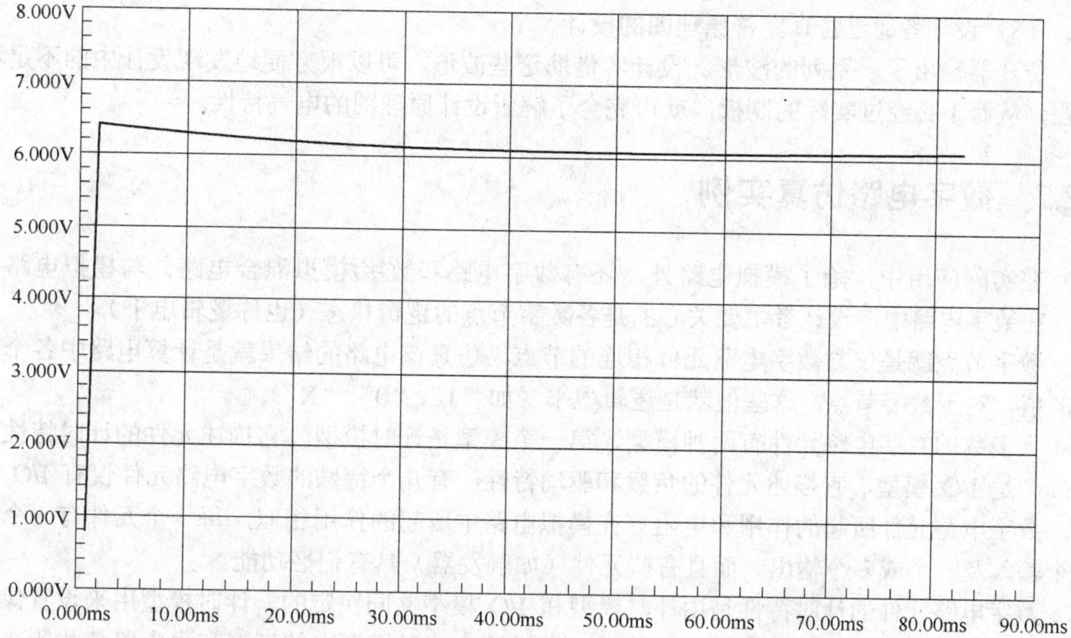

图 12-40　输出近似直流波形

设计者如选择多波形显示，则选择的波形将显示在同一窗口中。如图 12-34 所示。这便于信号间的比较。在该仿真中，则将上述的波形显示在同一窗口中。

（7）交流小信号分析。对原电路进行交流小信号分析后，可得如图 12-41 所示的波形。

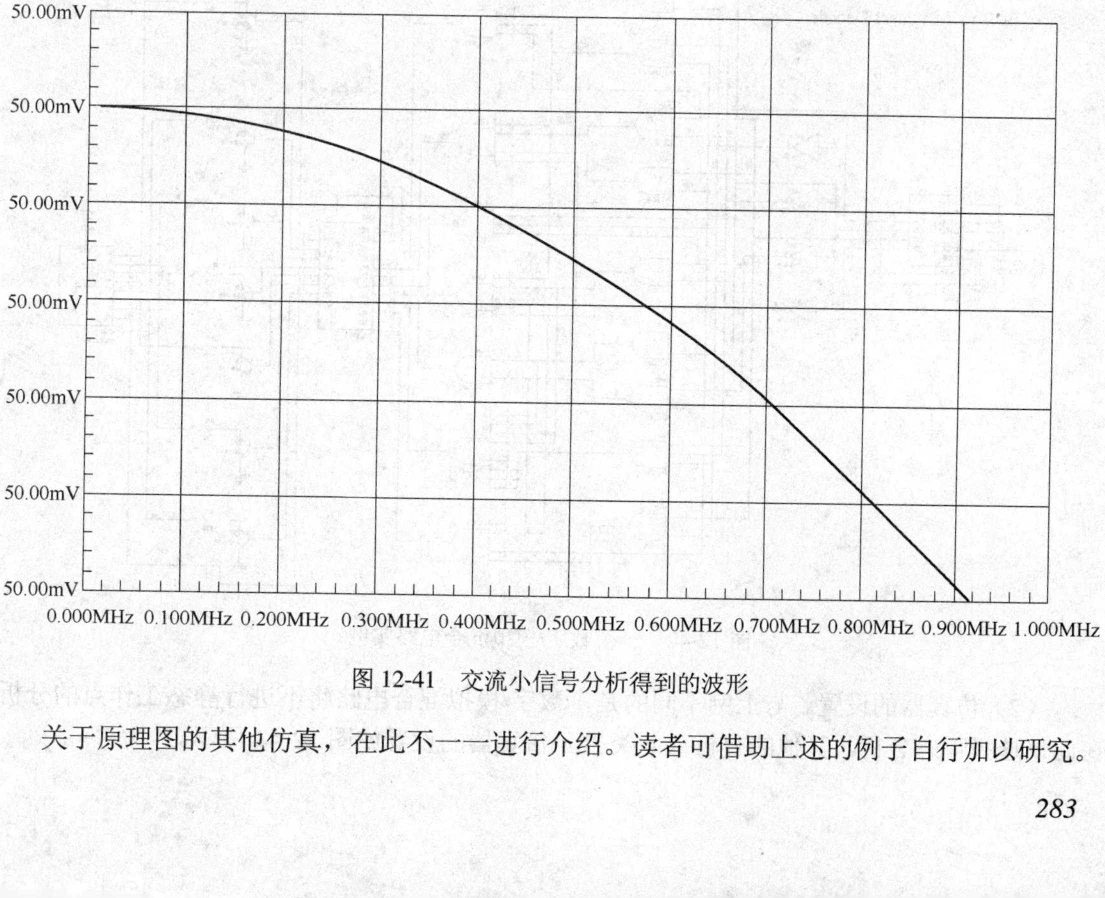

图 12-41　交流小信号分析得到的波形

关于原理图的其他仿真，在此不一一进行介绍。读者可借助上述的例子自行加以研究。

（8）设计者通过仿真完善原理图的设计。

仿真器输出了一系列的波形。设计者借助这些波形，可以很方便地发现设计中的不足和问题，从而不必经过实际的制板，就可完全了解所设计原理图的电气特性。

12.7 数字电路仿真实例

在实际应用中，除了模拟电路外，还有数字电路和数字/模拟混合电路。与模拟电路不同，在数字电路中，设计者主要关心的是各数字节点的逻辑状态（也称逻辑电平）。

数字节点就是仅与数字电路元件相连的节点，仿真该电路的结果就是计算电路中各个节点的值，对于数字节点，这些值就是逻辑电平（如“1”、“0”、“X”）。

大多数的数字电路元件有两种模型，第一个模型是计时模型，它描述元件的计时特性。第二个是 I/O 模型，它描述元件的负载和驱动特性，有几个特殊的数字电路元件仅有 I/O 模型。数字电路元件所起的作用和电阻等在模拟电路中所起的作用相似，每一个元件有一个或多个输入及一个或多个输出。而且有些元件（如触发器）具有记忆功能。

数字电路元件的计时特性是由计时模型和 I/O 模型共同决定的，计时模型用来设置像建立和持续时间那样的时间约束条件，传播延迟设置为计时模型中的延迟和由电路负载所决定的附加延迟之和，对于每个元件，其负载延迟由其负载及引线电容共同决定。

（1）生成原理图文件。在此例中，采用如图的数字/模拟混合电路。该电路用来显示一个 BCD 码。电路的前部分是数字电路部分，后部分是模拟电路部分。电路如图 12-42 所示。

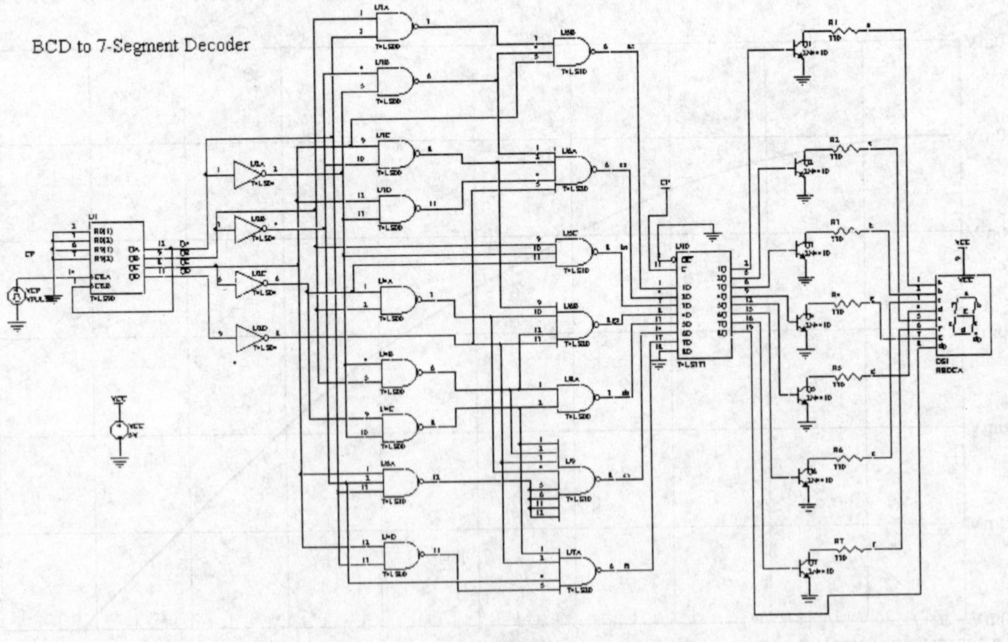

图 12-42　一个数字/模拟混合电路实例

（2）仿真器的设置。与上例不同的是，数字/模拟混合电路将不进行静态工作点的分析。在此仅选择瞬态分析。其他的分析依此类推。仿真器的设置如图 12-43 所示。

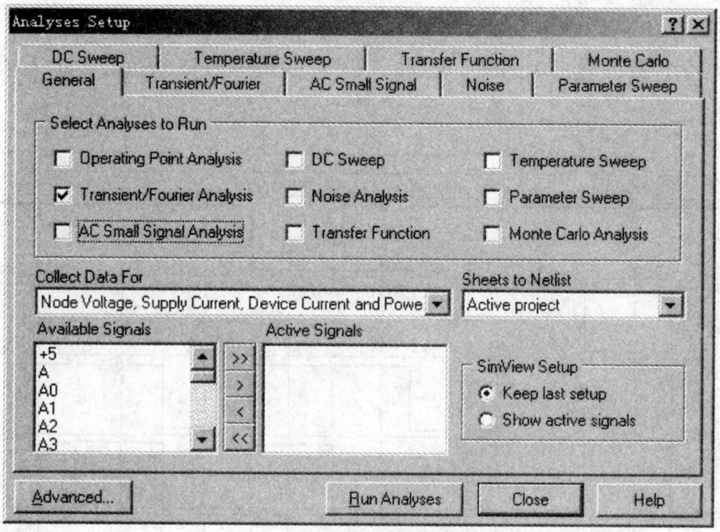

图 12-43　仿真器设置对话框

（3）仿真器输出的仿真结果。如图 12-44 所示，采用该设置完成仿真后，仿真器将输出“. sdf”文件，“. sdf”为输出波形的显示。

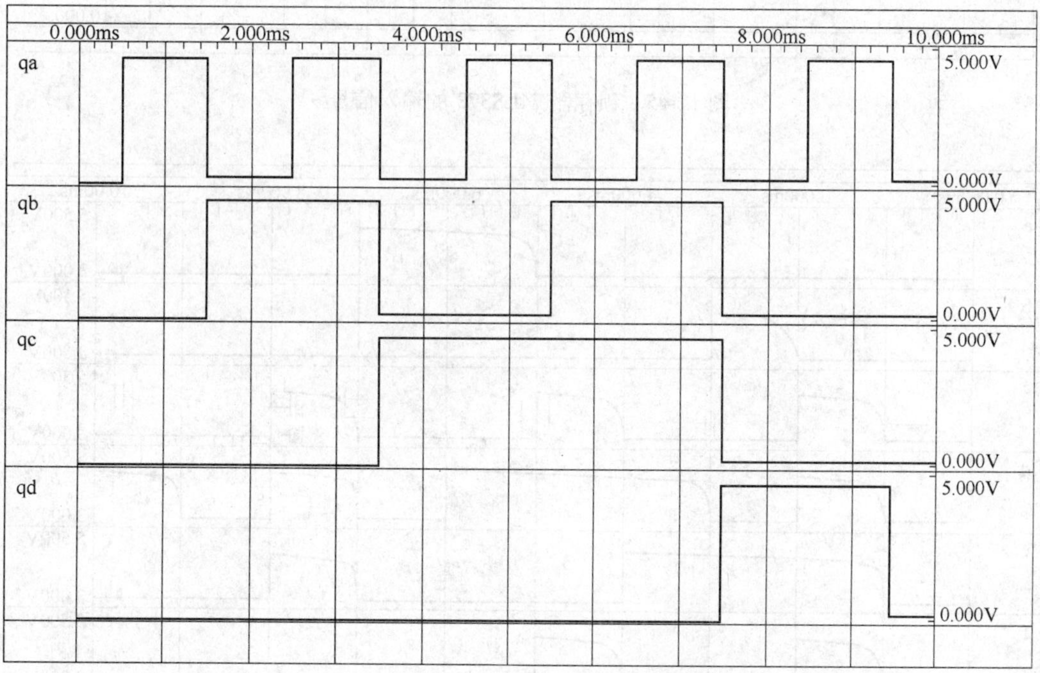

图 12-44　74LS90 的输出波形

如果执行 Simulate→Create SPICE Netlist 命令，则会生成“. nsx”文件（原理图的 SPICE 模式表示）。

（4）通过该文件的波形显示，可以更清楚地了解原理图电路的时序关系。

原理图电路中，74LS90 的输出波形如图 12-44 所示。当图 12-44 的输出信号经过一系列的数字逻辑运算以后，锁存器 74LS373 的输入信号如图 12-45 所示，而 7 段 LED 输入端的信号如图 12-46 所示。

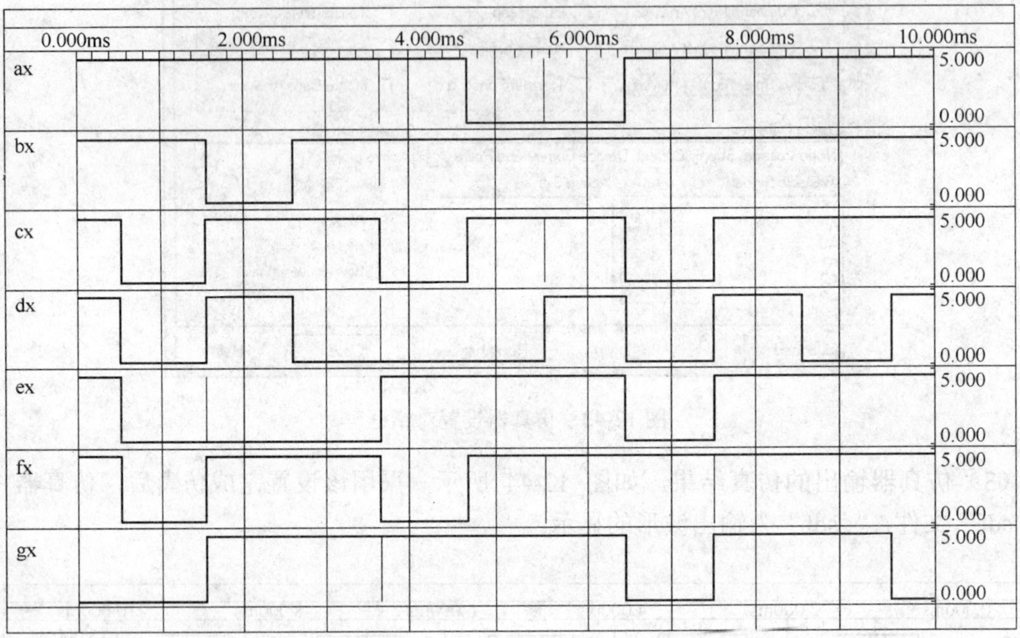

图 12-45　锁存器 74LS373 的输入信号

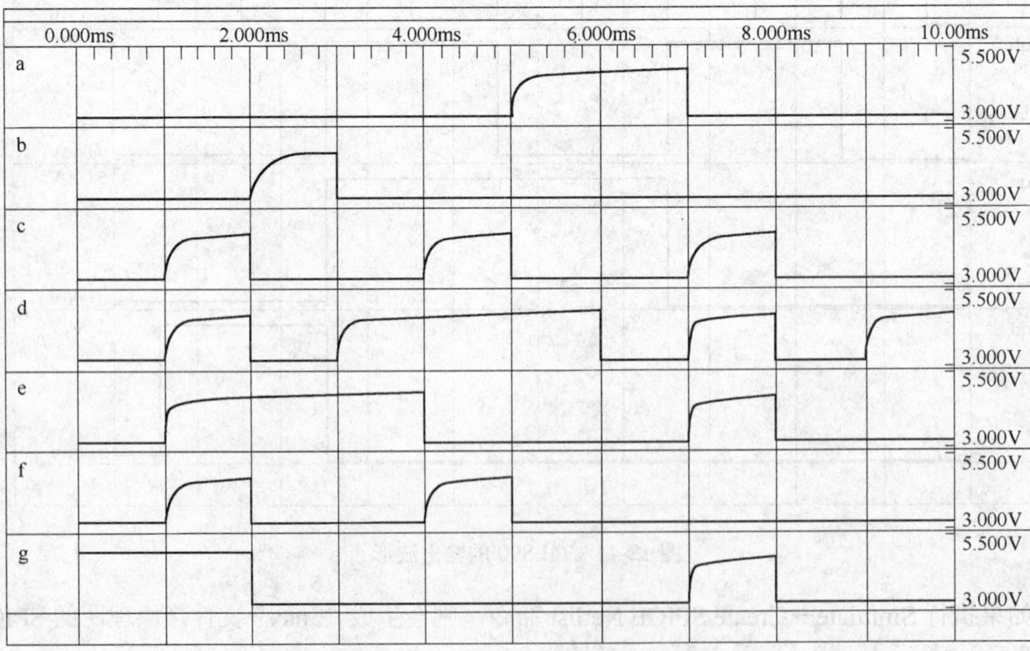

图 12-46　7 段 LED 输入端的信号

（5）设计者通过仿真完善原理图的设计。通过上述的波形，可以使设计者不必通过元件的连接，就可知道各部分的时序关系。从而得以检查所设计电路与所期望的电路功能是否一致，从而很方便地完成原理图的设计。

综上所述，SIM 99 提供了一种很方便的电路仿真方式。设计者通过该仿真程序可以在制版前发现原理图设计中可能存在的问题，减少重复设计。

本章只简单介绍了 SIM 99，在实践中只有多使用才可获得更丰富的经验。